主编：SREA 山西省房地产业协会

山西省房地产年鉴

THE ALMANAC OF SHANXI REAL ESTATE

2015

中国国际新闻出版社

山西省房地产年鉴 2015

编　　者：山西省房地产业协会
责任编辑：关生唐

出　　版：中国国际新闻出版社
（北京市朝阳区裕民路12号元辰鑫大厦E1座）
网　　址：http://www.gjxwcb.cn
电　　话：010-51455165
发　　行：中国国际新闻出版社发行部
印　　刷：郑州飞凰印务有限公司
开　　本：210×285　1/16
印　　次：2016年3月第一版　2016年3月第一次印刷
版　　次：2016年3月
书　　号：ESBN978-988-99847-8-6
定　　价：480.00元

版权所有　翻版必究

前　言

2014 年是山西省房地产业平稳健康发展的一年。一年来，全省积极推进房地产业发展和保障性住房建设，坚定不移地贯彻国家房地产市场“分类调控”政策，实现了房地产开发投资和商品住房施工面积平稳增长，商品住房销售面积基本稳定，商品住房销售价格稳中有降。保障性住房建设和完成投资实现历史最好水平。全省房地产业呈现出平稳健康发展态势，在扩大内需、促进消费、拉动投资、改善居民居住条件方面发挥了重要的作用。

为了客观如实地实录我省房地产业发展情况，更好地为政府决策服务、为行业发展服务、为会员单位服务，并为社会各界全面提供我省房地产市场信息，山西省房地产业协会在编纂《山西省房地产年鉴 2014》的基础上，总结经验，编纂了《山西省房地产年鉴 2015》。

《山西省房地产年鉴 2015》共分特刊、工作报告、分析研究报告、产业发展报告、市场运行监测报告、政策法规、统计资料和附录 8 大部分，并收录了山西省房地产业协会第三次会员代表大会的文件和会员名录，比较全面地反映了我省2014年房地产业发展和房地产市场运行情况，为行业及相关机构人士提供一个了解和把握山西省房地产市场发展脉搏的重要参考工具。

《山西省房地产年鉴 2015》在编纂过程中得到省住房和城乡建设厅、省统计局的指导和支持。省住房和城乡建设厅、省统计局的有关处室，中房信息集团太原机构和各市住房保障和城乡建设局（委）、房产管理局、房地产业协会（房地产开发协会）等为年鉴提供了大量的文稿资料，我们谨表示衷心感谢。

《年鉴》内容涉及面广，专业性强，一些数据由于来源不同也不尽一致，诸多问题还在探索之中。更由于我们经验不足，水平有限，《年鉴》难免存在一定的局限和不足，恳请读者在使用之中给予谅解和批评指正，以便在今后的编纂工作中加以改进。

2015年11月

ANNUAL 2015年

编辑委员会

名誉主任： 李栋梁　翟振新　郭燕平　冯占雄

主　　任： 于世玮

委　　员：（以姓氏笔画为序）

白武魁　刘文斌　刘志军　闫玉变　李　瑞　李　峰
李秀亭　李明德　李建明　李海龙　杨　设　张　和
陈新华　周晓涛　周喜文　苑俊生　郑耀东　赵富英
郝志军　段燕临　宣伟民　贾云植　崔学锋　梁晓军
程永平　裴小波　薛团明　郑建文　梁晋武　王　姝

主　　编： 段燕临

执行主编： 关生唐

责任编辑： 王　云

编　　辑：（以姓氏笔画为序）

马　超　王　拯　王　斌　王　鹰　王强民　牛佩华
尹志勇　任晓亮　刘银栋　陈　敏　吴叶飞　林月花
郭清彪　裴桂兰

特邀编委

顾朝晖　相立军　闫作利　卫长义　肖志荣　孟向阳　王继峰

贾　滨　孟兆国　苑俊生　张俊生　任永平　杨明峰　武　军

赵岗飞　刘仁旺　陈美善　陈丽媛　苏志远　刘忠森　王　钊

祁伟成

鸣谢单位

大同市房产管理局

长治市住房保障和城乡建设管理局

朔州市住房保障和城乡建设管理局

运城市住房保障和城乡建设管理局

太原市房地产业协会

大同市房地产业和物业管理协会

长治市房地产行业协会

运城市房地产业协会

临汾市房地产业协会

阳泉市住房保障和城乡建设管理局

晋城市住房保障和城乡建设管理局

晋中市住房保障和城乡建设管理局

吕梁市住房保障和城乡建设管理局

太原市房地产开发协会

阳泉市房地产业协会

晋城市房地产业协会

朔州市房地产业协会

忻州市房地产业协会

THE GEM CITY
CHINA TAIYUAN

*Vip Line+ 0351-*569-9999
中国·太原亲贤北街9号昌盛·双喜城接待中心

昌盛·双喜城

用实景兑现承诺，以事实赢得信赖

学区现房，成熟品质，实景大宅钜献

With real promise, to win the trust of the facts

亲贤核心 大城品质

40000m² 异域水景园林 /80 米长四季恒温泳池 / 紫金泰和顶级私人俱乐部
美特好精品超市 / 国际级吉的堡双语幼儿园鼎力入驻
城南重点八一小学学区

CHINA TAI YUANTHE GEM CITY

ARE YOU MR.MAX
•VIP EXCLUSIVE•
THE INTERNATIONAL STANDARD OF LIVING

国际标准人居 大人物专属

103-300m²经典争藏户型，空间打造时尚人居
昌盛呕心力作，钜献成熟大宅标杆

昌盛·双喜城
THE GEM CITY
一主 一城 双喜城

开发商：山西大唐双喜置业有限公司 / 投资商：昌盛中国地产 / 建筑规划：香港许李严（亚洲）建筑设计公司
园林规划：贝尔高林园林艺术有限公司 / 全案推广：RDC瑞邦广告
（2013并商房预售字第0043号）

富力筑居 再创辉煌 领跑三晋

R & F and you run

载誉前行 剑指巅峰

太原迈向国际化都市的浪潮之中，从有房住到住得好，是城市进程的必然课题。
富力地产，携其22载筑居经验，怀揣对品质的挚诚坚守，前瞻龙城澎湃之势，鼎力城市发展，
2015铿锵有力，富力生活全年飘红。

富力城

LUXURIOUS MANSION 富力華庭

富力熙悦居 BEAUTIFUL GARDEN

富力中心 R&F CENTER

富力桃园

Let more people live in the R & F

富力深耕年 土地储备行业首位

2016 R&F 富力地产 R&F PROPERTIES

让更多的人住进富力

3个新地块陆续拿定，汇集500万平米土地储备，8个项目启动销售，3个百万平米大盘……

涵盖刚需住宅、改善住宅、高端住宅、度假养老物业、商用物业等全功能产品类型，富力深耕年，蓄势待发！

2016 敬请期待

敦化坊地块

富力现代广场

富力·阳光美园

富力山

富力天禧城

富力金禧城

富力·尚悦居 INTELLIGENT PALACE

山西西建集团有限公司企业展示

集团简介>>>

山西西建集团有限公司成立于1981年，经过30余年的发展，已成为房屋建筑施工总承包一级资质企业，是一个集房地产开发、房屋建筑、商业、教育、物业、市政公用为一体的综合性企业集团。公司连续10年被评为山西省"守合同重信用"企业。

公司现有净资产8亿余元，职工4000余人，工程技术及经济类管理人员500余人，年营业收入10亿余元。公司先后承建施工的500多项工程，地级以上优良工程100余项，省优工程50余项，"关公杯"80余项。集团十年时间先后在运城及周边县市完成了**南风集团工业园**、山西水利学院教学大楼、**运城市烟草公司办公楼**、山西省三管局办公楼、**芮城县会展中心**、夏县幼儿园、**稷山县四馆一中心**、永济市舜都文化中心、**河津烟草公司办公楼**、临猗县涑水河治理工程、**晋城市张峰水库管理站办公楼**、临汾市大宁收费站服务区、**四川亚宝工业园**，并承建了运城市体育馆等一大批大型建筑工程，年施工产值达10亿余元，足迹遍布山西各市及四川省等地。

西建集团所属**山西天茂房产开发有限公司**，目前在运城开发了红盾小区、国税小区、天茂城等，在夏县开发了瑶台花园小区，在芮城开发了丰盛园、御鑫园、鑫园小区、奥运花园等。西建集团所属**东茂广场和东茂商业街**建筑面积6万余平方米，集大型超市、精品百货、儿童游艺中心、娱乐院线、主题餐饮、欢乐KTV等多种商业形态完美结合的芮城首个时尚商业综合体项目。西建集团所属**国贸大楼**是集服装超市、餐饮娱乐为一体的综合性商业零售企业，总建筑面积7600余平方米。西建集团所属**博立中学**现有教职工106人，其中研究生2人，高级职称22人，中级职称32人。西建集团所属**西建混凝土公司**占地50余亩，总投资5000余万元，拥有现代化的120m³/h大型搅拌设施2套，37m 泵车1台，47泵车2台，9m³混凝土罐车13辆等,专业检测人员20名。

西建集团在"抢抓机遇，稳中求进，诚信为本，纵横发展"的经营理念下，在"三统一"（即人员与机具调配统一、承揽施工任务统一、财务管理统一）的管理模式下，大力拓展业务，同时积极回报社会。西建集团在激烈的市场竞争中，以科学发展观指导企业，朝着更强大的目标前进。

西建集团天茂房产业绩展示

【芮城金茂城】
建筑面积：385194m²
总投资：5.7亿余元

【芮城东茂城】
建筑面积：9.6万m²
总投资：2亿余元

【芮城御鑫源小区】
建筑面积：147410m²
总投资：2.8亿余元

【夏县瑶台花园小区】
建筑面积：56000m²
总投资：1亿余元

西建集团运城开发项目—西建·天茂城

一期 二期完美收官 三期华丽绽放

西建·天茂城，是由山西西建集团投资的运城市北区高品质住宅小区，项目位于两大交通枢纽——学苑路与国粮街交汇处西南角，北临90米宽国粮街，东临80米宽学苑路，距运城职业技术学院仅300米，交通便利。项目净占地150.15亩，总规划30栋小高层及高层建筑，总建筑面积30余万平米，可建住宅2500余套，小区采用地热井供暖，绿化率高达45%，总投资近10亿元。一、二期15栋小高层现已成功入住，三期高层即将交付使用，续建一期即将全面开工。作为运城市"北展东扩"的主要发展方向之一，北新区未来将进一步完成和体现城市新经济增长点及新城市中心地位，升值潜力无限。

西建·天茂城—实景展示

天茂城小区大门实景图

天茂城小区实景图

天茂城小区实景图

天茂城小区实景图

选择西建·天茂城—八个理由

微信扫一扫
更多惊喜等你来拿

品鉴热线 0359+ **2280666/2280777** | 项目地址：运城市学苑路与涑水街（原国粮街）交会处西南角 | 投资商：山西西建集团有限公司 设计单位：中国建筑上海设计研究院

山西翔建房地产开发有限公司

山西翔建房地产开发有限公司成立于2012年5月，公司注册资金2000万元，隶属于山西八建集团。

公司坚持“立足山西、面向全国、开拓海外”的经营发展战略，施行“奉献精品工程”的质量管理理念，始终坚持以市场为导向，紧紧围绕国家对房地产行业的政策调整，积极寻求探索与市场机制相适应的经营理念，走品牌化战略。

翔建地产是房地产行业的新生力量，但却是建筑界的行家。翔建地产所属的山西八建集团是具有房屋建筑工程施工总承包一级资质的大型建筑集团公司，是山西建筑工程【集团】总公司的骨干企业先后承建了一大批国家、省、市级重点工程。其中大家耳熟能详的项目有山西博物院、太原武宿国际机场航站楼、中国（太原）煤炭交易中心、山西大医院、太原博物馆等。企业先后获得中国建筑质量最高奖——“鲁班奖”四项。

公司成立以来，以科学发展观为指导，不断加强员工队伍建设，以制度为基础，以理念为先导，紧紧围绕集团公司发展战略，积极参与绿色建筑的研发和推广，为把山西翔建房地产开发有限公司建成社会公认、群众信赖的山西本土品牌房地产公司而努力奋斗。

翔建地产首个精品项目——翔建·御景华府承袭八建集团“精益求精”的精工品质，倾力打造了一个集住宅、风情商业、酒店、幼儿园于一体的30万方鲁班品质住区。翔建·御景华府先后被评为山西省建筑安全标准化工地、全国建筑业绿色施工示范工程、太原市2015年度最佳性价比楼盘。2015年10月首次开盘当天，销售额即突破4.3亿元。90—193㎡鲁班品质家，五证全/准现房，现正全城限量加推中！

中国（太原）煤炭交易中心

太原武宿国际机场航站楼 / 山西博物院

太原博物馆

建筑设计/德森建筑　园林设计/棕榈国际园林　承建商/山西八建集团有限公司

开发商/山西翔建房地产开发有限公司　项目地址/和平北路西侧西宫南二巷50号

VIPLine 0351-6222 666

山西省建筑设计研究院

我院成立于1953年，是山西省成立最早、规模最大并第一批同时获得国际ISO9001:2008、ISO14001:2004和OHSAS18001：2007三个体系认证的综合性甲级建筑设计研究院。业务范围包括建筑设计、工程勘察、工程咨询、城市规划、工程监理、工程代建、市政工程等。现有职工652人，其中中级以上职称专业技术人员430余人，有建筑、结构、规划、设备、岩土、工程造价等各类注册人员180余人，享受国务院特殊津贴专家9人，山西省优秀专家8人，具有一批较高学术造诣、省内外知名的专业技术带头人。

建院60余年来，秉持"精致建筑、精彩生活"的设计理念和"想你所做，与你同创；做你所思，与你共享"的经营理念，立足山西，面向全国，高质量完成了大批城市公共建筑、工业建筑和居住建筑，设计项目涵盖卫生、教育、文化、体育、商业、金融、航空、邮政、电力、宾馆办公、住宅、工业等各个领域，工程遍及全国20多个省、自治区、直辖市及世界10多个国家和地区，获国家及部、省级优秀设计奖150余项，为国家经济建设和山西城乡建设的发展做出了突出贡献，受到社会广泛赞誉。

地址：山西省太原市府东街5号　邮编：030013　电话：0351-3285361　3285380　传真：0351-3073613　网址：www.sxjzsj.com.cn

汾酒文化商务中心

山西科创城

山西饭店

忻州大剧院

太原市第五中学新校区

山西省儿童医院

太原市六十七中

地址：山西省太原市府东街5号

邮编：030013

电话：0351-3285361 3285380

传真：0351-3073613

网址：www.sxjzsj.com.cn

山西省城乡规划设计研究院

Shanxi Urban and Rural Planning and Design Institute

院 长 孟兆国

院领导集体

五台山风景名胜区总体规划

新疆农六师102团安置小区西区鸟瞰

山西省城乡规划设计研究院成立于1981年，是隶属于省住房和城乡建设厅的全额事业单位，是具有国家城市规划编制甲级，建筑工程设计甲级，风景园林工程设计专项甲级，市政公用行业给水、排水和道路工程设计甲级和工程咨询甲级的综合性设计单位，2005年通过了GB/TI9001—2000国际质量体系认证，2011年经省编办批准，加挂“山西省城镇化与城乡规划监测中心”牌子。

山西省规划院承担的主要职责任务为：开展城乡规划编制、研究和实施评估工作；开展建筑工程设计、市政工程设计、风景园林规划设计以及相关专业的技术咨询和研究开发工作；承担全省城镇化发展和重点城乡规划实施的动态监测及年度发展报告的编制工作；承担全省城乡规划、风景园林规划编制成果的技术审查和备案工作；协助编制全省城镇化发展战略和制定城乡规划技术标准；管理全省城乡规划信息系统；协助政府完成相关公益性和培训类任务。

近年来，山西省规划院分别获得国家人力资源和社会保障部与住房和城乡建设部颁发的“全国建设系统先进集体”、国家住房城乡建设部、中规协、省委省政府及省住房城乡建设厅授予的“抗震救灾先进单位”称号多次被省直工委和省住房城乡建设厅党组授予“先进基层党组织”和“党风廉政建设先进集体”；连续八年被评为“省直文明和谐单位”；先后获省直工委和省劳动竞赛委员会颁发的“五一劳动奖状”和“模范单位”，被省勘察设计协会评为“山西省十佳设计院”；获得了中国城市规划学会颁发的中国城市规划年会优秀组织奖，中国城市规划协会颁发的全国优秀城乡规划设计奖评选活动最佳组织；在创先争优活动中，山西省规划院分获省直工委颁发的“创先争优”活动党风廉政建设先进集体和省住房城乡建设厅颁发的“创先争优”活动先进基层党组织。在集体荣誉取得丰收的同时，山西省规划院也涌现出了一批先进事迹和个人，先后共计60余人获“中国青年科技奖”、“山西青年五四奖章”、“山西青年科技奖”、“山西省科技奉献奖”、“山西省直劳动模范”、“山西省五一劳动奖章”、“山西省十大科技贡献杰出人物”等各类省级以上奖项。

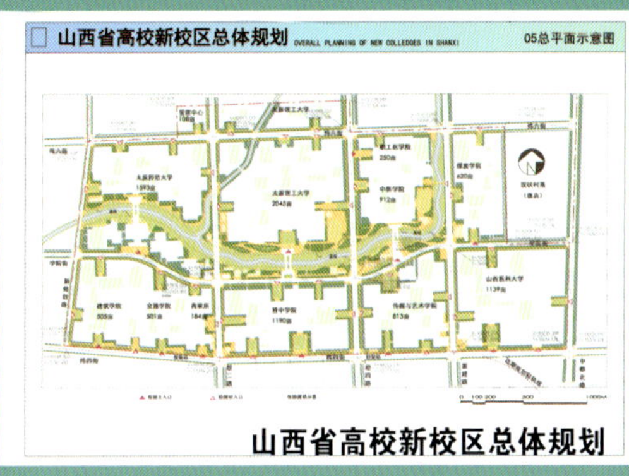

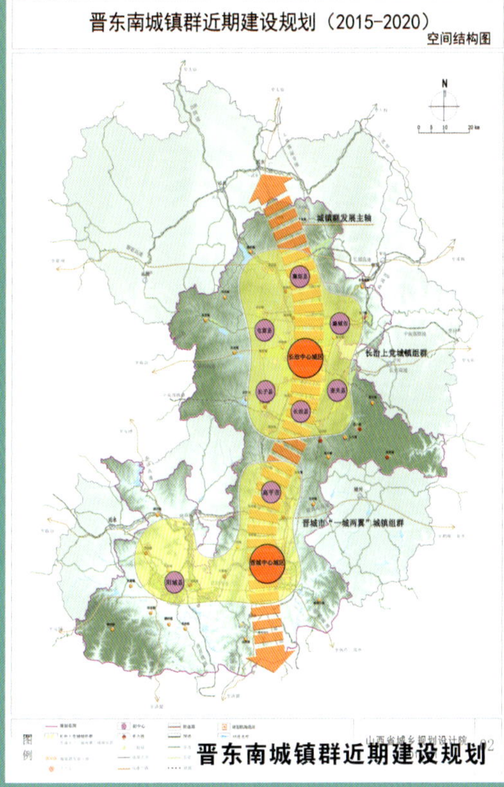

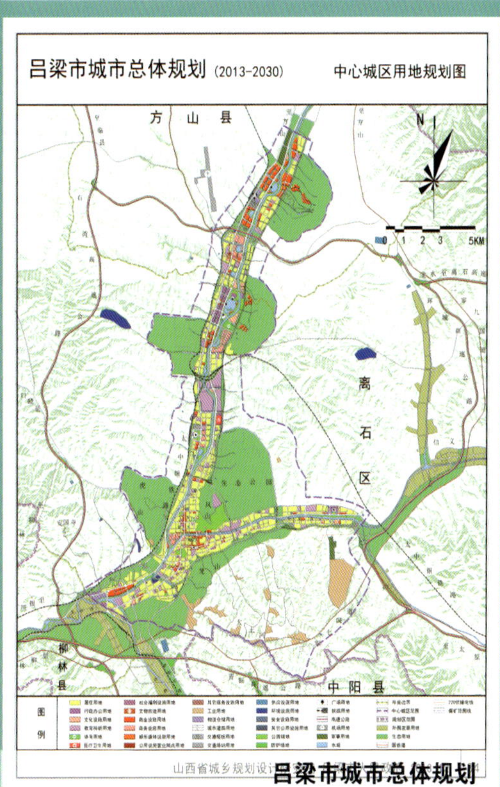

30多年来，山西省规划院圆满完成了山西省域内主要的城乡规划编制和设计研究任务，同时，工作足迹遍及海南、山东、内蒙、河北、陕西、新疆、重庆、湖北等省区，完成各类规划、工程设计项目4000余项，为山西乃至全国的城市规划、建设和经济社会发展做出了突出的贡献。在完成的项目中，共获国家、省、地级优秀规划、设计奖项300余项，其中省部级以上奖项100余项。特别是《“一圈”、“三群”规划》、《五台山风景名胜区总体规划》、《平遥历史文化名城保护规划》、《大同煤矿棚户区改造规划设计项目》、《太原市汾河治理美化工程》、《忻州市总体规划及部分详规》、《临汾市基础设施各专项规划》、《吕梁市总体规划》、《朔州市总体规划》等一批重点、大型、特大型综合性项目得到了国家、省部级领导和知名专家的一致好评。

新一届领导班子确定的“3322”战略

发展方向上实现“三个转变”、在路径上推进“三大战略”、在支撑上强化“两大保障”，加快建设专业化、特色化国内强院的总体思路和目标，并在全院部署开展技术提升和作风转变“两个年”活动。

三个转变：以规划编制为主向以规划创研与编制相结合转变；以市场导向为主向以政府战略咨询服务与市场服务相结合转变；以规划为主导业务到以规划为引领并与相关专业集成化发展相结合的转变。

三大战略：一是要强化开放理念，大力实施“走出去”战略。二是强化整合互动机制，大力实施集成化发展战略。三是强化技术支撑作用，大力实施质量提升战略。

两大保障：一要把强化顶层设计作为我们推进转型升级的重要保障。二要把培育、打造员工团队新的核心价值观作为我们转型升级的根本保障。

两个年：技术提升年活动和作风转变年活动。

2016年全院工作总的指导思想是：认真贯彻党的十八届五中全会和中央城市工作会议精神，按照省住建厅党组的要求，坚持以创新为引领，保持静心、增强定力苦练内功、厚植优势，全面提升落实“3322”战略思路，扎实推进专业化、特色化强院建设，努力积聚我院持续稳定发展的新动能，为全省全面建成小康社会争做新的贡献。

山西潞安房地产开发有限公司

厚德·博学·创新·卓越

潞城潞安·颐龙湾鸟瞰图

长治潞安·颐龙湾项目

山西潞安房地产开发有限公司2001年成立，主要从事房地产项目开发、策划、咨询、中介、销售、物业管理等工作，注册资本3000万元，山西省建设厅批准的贰级房地产开发资质企业。

通过十余年年的市场开发，已形成了一支高素质的管理团队。公司下设工程部、财务部、技术中心、综合办公室、企划部、经营部、党群部7个主要业务部室。现有职工72人，全部具有大专以上学历。其中具有高级职称的管理人员5人，中级职称的管理人员25人。

公司自成立以来，始终坚持“厚德、博学、创新、卓越”的企业理念，坚持“经济效益、社会效益、环境效益”并重的原则，以长治为基地，逐步向周边及其他城市扩展，自成立以来累计开发规模超过100万平方米，总投资超过60亿元，土地储备规模超过200万平方米，拥有较高的市场知名度和品牌影响力，是山西省最具实力的房地产开发企业之一。

2005年公司成功地开发了十万平方米的文教社区—潞安·颐丰苑。，该小区先后获得“中国建设精品楼盘”、“山西省建筑业新技术应用示范工程”、长治市“模范住宅”、“园林式庭院”等多项荣誉，为长治市旧城改造、魅力城市创建、园林城市建设作出了应有贡献。公司也先后荣获“中国知名房地产企业”、“中国企业最佳开拓力团队”等称号。2007年公司在长治西一环路开发建设潞安·颐龙湾项目，占地400余亩，建筑面积62万平米，包含高层、小高层、多层等建筑类型。公司本着建良心房、做永久人的建房宗旨，高起点、高标准建设精品工程，在长治市率先采用以预制高强混凝土管桩技术、现浇混凝土空心无梁楼盖技术为代表的新型施工技术，以大模板施工为代表的新型施工工艺，以太阳能利用的热水系统、路灯照明、供电、屋顶亮化以及园林绿化保养中的雨水收集系统等为代表的新能源利用技术，在住宅建设中再次引领了本地区行业发展的技术水平。小区内配套较为完善，有多功能会所、幼儿园、大型地下停车场、游泳馆、网球场、高尔夫练习场、国际标准乒乓球室等公建服务设施。小区西、东、北部分别规划有黑龙潭公园、十字街公园、滨河游园三个大型公园，小区内部有融休闲、健身、观赏为一体的多个主题公园景观，绿化率达到45.5%，被誉为长治市最适宜人居住的大型花园住宅小区。项目开工以来，作为长治市规模大、景观好、手续齐全、质量无忧的样板工程，多次接待省、市领导，政府部门及金融行业的参观调研。

2010年以来，公司开始向长治周边地区辐射开发，先后在潞城市、屯留县等周边县市开发多个潞安·颐龙湾项目楼盘。2015年公司还被中国房地产业协会评为房地产行业信用3A企业，潞安房地产在长治已是家喻户晓，潞安·颐龙湾高端产品的形象更是深入人心。

放眼未来，公司将秉承“建良心房，做永久人”的宗旨，通过收购、兼并、控股等形式，整合优势资源，走强强联合发展道路，使“潞安房地产”成为二三线城市具有低碳经济、文化内涵、社会责任等产业特色新型房地产著名品牌！

潞城潞安·颐龙湾临街效果图

潞城潞安·颐龙湾效果图

山西省第三建筑工程公司

SHANXI PROVINCE THIRD CONSTRUCTION COMPANY

山西省第三建筑工程公司组建于1952年，属于山西建筑工程（集团）总公司的核心骨干成员之一。2000年涉足于房地产开发，具有房地产开发贰级资质。

公司是国家施工企业最大经营规模500强之一，具有房屋建筑工程总承包一级资质、市政公用工程施工总承包一级资质、机电安装工程施工总承包一级资质、钢结构工程专业承包一级资质等十八项资质的大型综合性施工企业。公司现有员工3100多人，其中各类专业技术和管理人员2800多人。公司注册资本金5435万元，年综经营承包能力在60亿元以上。

公司履行“发展企业、服务社会、富裕职工”的历史责任，坚持“稳固太行、覆盖山西、走向全国、开拓海外”的市场战略，弘扬“诚与信为本、优与效至上”的企业精神，践行“建德、建友、建业”的核心价值观，施工项目遍布国内十多个省市并远征海外，形成了以房屋建筑工程施工总承包为主、覆盖房地产开发、市政公用、金属结构、公路桥梁等多领域、多元化的市场经营格局，承建过煤炭、电力、冶金、矿山、机械、化工、市政、水利、道桥、航空、教育、卫生、住宅小区等一大批国家、省、市重点工程项目和工业与民用工程项目。

公司在国内建筑行业率先通过ISO9001/GB/T24001/GB/T28001质量/环境/职业健康安全管理体系认证，以严格的管理、良好的质量优质的服务，获得了“全国优秀施工企业”、“中国施工企业信用评价AAA企业”、“全国百家全面质量管理排头兵企业”、“全国工程建设质量管理优秀企业”、“全国用户满意施工企业”、“中国企业诚信经营示范单位”、“信誉卓著、质量卓越、连续五年中国质量无投诉记录典范企业”“全国精神文明建设先进单位”、“山西省最佳企业”、“山西省优秀建筑企业”、“山西省省管国有企业文明单位标兵”等荣誉，并连续多年保持山西省“重合同、守信用”单位荣誉，赢得了广泛的社会信誉和良好的企业形象，增强了企业综合实力。

山西三建商务大厦（夜景）

榆次住宅基地

山西三建商务大厦

公司大力实施人才战略、科技战略、品牌战略，获得了一批科技成果，通过了质量、环境、职业健康安全管理体系“三标一体”认证，提升了企业的核心竞争力。创出了以太原飞机场候机楼、长治市国税大厦“鲁班奖”、长治东明国际大酒店“国家优质工程”和山西省“汾水杯”、“太行杯”为代表的一大批优质精品工程共计300余项，极大地提升了“山西三建”品牌形象。

公司始终发扬“诚与信为本、优与效至上”的企业精神，坚持“精心施工力求完美、追求卓越塑造精品”的质量方针，实施“立足山西、拓展全国、走向世界”的经营战略，秉承“创新领先、诚信、双赢”的经营理念，愿以一流的质量、一流的服务、一流的管理与社会各界朋友真诚合作，为客户实现最大的价值，为社会奉献精品工程。

长治玉皇小区

山西古典建筑工程有限公司

山西太原市天龙山漫山阁复建工程

山西太原市双塔寺环境综合整治工程

山西古典建筑工程有限公司，成立于二十世纪八十年代，其前身为定襄县芳兰古建工程队，其主要经营范围：地产开发、文物古迹、遗址保护、古建筑、仿古园林建筑、彩塑、壁画、仿古装饰装修、室内陈设、旧址恢复、工程测绘、古建筑模型、沙盘规划设计与修缮施工的集团化管理规模的施工企业。

三十多年来，公司修复的国家级、省级文物保护项目多达百余处，其中代表性的项目有：

石窟保护：山西省太原市天龙山石窟保护工程（北齐）；
墓葬保护：山西省太原市徐显秀墓修缮监理工程（北齐）；
佛像保护：山西省太原市天龙山漫山阁三尊大佛修复保护(唐代);
城墙保护：山西省太原市拱极门城墙保护修复工程（明代）；
壁画保护：山西省太原市阳曲县卜二寺壁画工程（元代）；
悬塑保护：山西省平遥县双林寺释迦殿悬塑保护工程（明代）；
抢险加固：山西省应县木塔抢险加固工程（辽代）；
石作修复：山西省太原市晋祠圣母殿石作工程（宋代）；
仿古建筑：山西省太原市天龙山漫山阁复建工程（获罗哲文奖）；
迁移工程：山西省太原市阳曲县卜二寺迁移工程（元代）；
塔式建筑：山西省平遥县慈相寺麓苔塔修缮工程（金代）；
环境整治：山西省太原市晋祠公园老君庙环境综合整治工程（明代）；
文物修缮：山西省陵川县崇安寺文物保护修缮工程（金代）；
油饰彩绘：山西省太原市并州饭店油饰彩绘工程（历史文物）；
教学用具：山西省建筑学院2000 m²学生实践建筑教具；
展馆建设：山西省太原市国民师范旧址革命活动纪念馆陈展场馆建设工程（仿古）；
陈列布展：山西省太原市国民师范旧址革命活动纪念馆旧址恢复工程（民国）；
民居保护：山西省方山县于成龙故居修缮工程（明末）；
茔园保护：山西省方山县于成龙墓地修复工程（清代）；
装饰装修：北京市国家文史馆互动厅（仿古）；
沙盘制作：香港志莲净苑（仿唐）；
模型制作：应县木塔、黄鹤楼、鹳雀楼、岳阳楼、滕王阁（获创新奖）；
设计项目：山西省祁县乔家大院修缮设计方案（清代）；
文物断代：山西省太原市晋祠博物馆馆藏建筑小样（宋代）；
科研项目：山西省五台山佛光寺东大殿制作技术；

2006年公司制作的古代建筑模型获中国建筑行业创新奖。其中，应县木塔、故宫太和殿、天安门、五台山佛光寺东大殿、南禅寺大殿、晋祠圣母殿等一大批古建筑模型，被多所大学作为教学用具收藏，1992年原国家总理李鹏赴意大利访问时携我公司所制作的模型展出，获得了国际友人对中国文化的高度赞誉。现模型被太原市美术馆收藏，对外进行展示。模型制作精良，工艺精湛，深受广大专家与社会好评，应县木塔模型更是作为珍品被省政府赠送国际友人。

公司于2011年成功举办了第四届中国民族建筑研讨会，与此同时，公司也成为中国《古建园林技术》杂志的常务理事单位。

公司成立以来，秉承古建传统的优良作风，不断进步、创新规模逐渐发展壮大，现设有山西古典艺术研究院、山西古典建筑规划设计院、山西古典艺术收藏馆、山西古典艺术礼品开发公司等一系列众多分支机构的集团化企业，并于2014年被评为国家级非物质文物遗产传承单位，使得公司永远走在前进的道路上，蒸蒸日上！

湖南岳阳楼模型

江西南昌滕王阁模型

山西永济鹳鹊楼模型

武汉黄鹤楼模型

香港志莲净苑前期规划

祁伟成

董事长风采

古建筑高级工程师
国家级非物质文化遗产传承人
国家综合评标专家库评标专家
中国当代文博专家
中国民族建筑营造大师

祁伟成，山西省定襄县人，出身于书香世家，家学渊源，受文革浪潮的影响，从上世纪八十年代开始，便步入古建筑行业，从事古建筑修缮和模型制作，到了二十一世纪，他凭借自身实力考入中国社会科学院研究生院深造，随后不仅进入了古建筑高级工程师行列，并于2006年6月被法国巴黎书画学会授予"中欧文化艺术特使"称号；2007年当选中国当代文博专家，同年被授予"园林古建筑技术名师"；次年，被聘为山西省评标专家库专家；2011年被授予中国民族优秀建筑"营造大师"荣誉称号，同年被聘为中国管理科学研究院人文科学研究所特约研究员；又于2012年被聘为中国民族建筑研究会专家；同时 也是山西省20余所文管所和博物馆的古建筑维修顾问，并于2014年11月经国务院批准成为国家级非物质文化遗产代表性项目——古建筑模型制作技术的传承人，享受国务院特殊津贴，现任山西古典艺术研究院院长，山西古典建筑工程有限公司执行董事，山西省古建筑协会副会长。

从事古建筑修缮的三十年来，他本人主持和参与的国家级、省级保护项目多达百余处，所修缮项目多次被评为优质工程。

秉承师传技艺，由他主持并组织人员制作古建筑模型多达百余件，将古建筑中的主要部位制作成可拆卸的教具，供有关院校教学使用。模型做工精湛，深受专家与社会好评，曾多次作为中国传统文化到国外展览，其中，应县木塔模型作为珍品多次被省政府赠予国际友人。

他本人在工作的同时，参加了数项文物修复、古代木材鉴定等培训与学术交流的活动，经过多年的学识研究及实践经验的积累，并对得出的结论进行梳理总结，先后在各大杂志、刊物发表相关专业论著，努力推动建筑历史之光的延续与发展，主要著述有：

《文物世界》总76期（2006年第五期）发表《中国古建筑装修上的楔钉销砦》；《古建园林技术》第93期中发表《中国古建筑装修上的楔钉销砦》插图版；《投资与营销》2006年发表《让古建筑历史之光璀璨艺术殿堂》，并作为封面人物刊登报导；《中国文物报》2012年发表《中国古代建筑的修缮原则及技术传承》；《山西建筑业》总253期（2007年第四期）专门就"中国建设行业百名管理英才"、"中国建设行业创新成果"奖的获得者祁伟成写《他热衷于古建筑艺术》一文；《山西建筑业》总255期（2007年第六期）发表《传承古建筑修缮技术重视古建人才培养》；《科学之友》2011年4月发表《中国古代建筑传统修缮技术的发展》；《人文科学》2011年4月发表《中国古建筑的修缮原则及技术传承》；《建筑》2011年6月发表《中国古建筑的修缮原则及技术传承》，被编入《中国建设英才年鉴》图书中；被编入《中国企业家思想经典》图书中；被编入《中国当代文博专家志》图书中；被编入《让思想启迪未来》图书中；被编入《领导干部创新社会管理的理论与实践》图书中；被编入《求新创新论坛》与新版《世界优秀专家人才名典》第二卷中；2013年，为太原市晋祠博物馆馆藏"宋代小样"作出了断代结论和修复建议，并于《中国文物报》中发表。

随后又出版了《中国古建筑制作技术五台佛光寺东大殿》及《天龙山石窟的保护研究》两部论著。所出版的书籍已在多所大学和图书馆收藏。

目前，由他本人主讲、文化部主办的抢救性"非遗"影像资料——古建筑模型制作技艺，正在拍摄录制当中，同时也正在为古建筑模型进入人类非物质文化遗产做准备工作；近期，位于河南洛阳白马寺清凉台北面100多米处的万佛殿修建即将开工，应白马寺筹委会邀请，他本人参与了此项目方案的评审工作，万佛殿项目在中轴礼佛区，将采用全木结构，汉代风格，大坡屋顶，建筑高度40余米，占地约6亩，目前拟建位置文物普探和发掘工作基本结束，待设计方案最终确定后，正式开建。

久经考验，祁伟成同志为古建筑事业尽心竭力奉献自身力量，以极大的热情投入工作，同时也注重人才的培养与技艺的传承，针对古建筑塑像与壁画人才的稀缺现象，组织人才培训学习，不仅壮大了企业的规模，同时也为古建筑修缮技艺做到了后继有人，使其传承、发展、创新等，是老一辈占建筑工人师傅的心愿，同时也成为了他本人努力的方向！

山西阳曲县暖泉湾天主教堂修缮工程

壹座城市，壹个中心

启幕一席世人仰慕的家族地脉传说

唯有佰汇中心，非定制，不足以向世人展示自我非凡的地位与人生辉煌

以俯瞰者的姿态，傲立于城市之巅，以270度广角景观平台，颠覆视觉障碍
心境也随之豁然开朗；毕竟，唯有“高度”，才能超越平凡
佰汇中心-超越梦想的居住峰层

· 区域升级 ·

太榆同城化筑造繁华舞台，低密度住宅
一站式生活就在家门口

· 空间升级 ·

90-140m²雍容空间，设计遵循“引景入户”
270度观景飘窗，24小时尊享阳光沐浴

· 精

坐拥中央核心生

出则耀世

展示中心：汇通路与顺城西街十字路口西500米　**开发商：**

鉴赏预约：0354-2419 888

级·
领袖般尊崇感受
宁静悠然

·安全升级·

可视对讲，电梯入户设计，更私密，更安全
甄选中国顶级建材，设计风格雍容典雅

·配套升级·

顺城西街，数年积淀，已成经典
商政、生态圈，三圈合一，生活工作一键切换

华泰保障住房开发有限公司 / 晋中华晟房地产开发有限公司

中房集团山西天泰房地产开发有限公司

CRED Group,Shanxi Tiantai real estate development co., ltd.

集团董事长 卫长义

中房集团山西天泰房地产开发有限公司成立于1993年隶属于运城市建设局，2000年完成企业改制，注册资本金6000万元人民币，拥有房地产开发一级资质，是山西天泰投资集团核心企业。公司下辖北京天泰、太原天泰、运城天泰、永济天泰，开发业务涉及北京、太原、运城、永济河津、临猗等地。公司成立以来累计征地2000余亩，开发住宅、商业面积300余万平方米，总资产逾20亿元，已形成年开发30万平方米能力的跨区域发展的专业化房地产开发公司。

公司成立以来先后开发建设了运城天泰金水湾、凤凰小区、禹都花园、天泰文化苑、运城建设大厦、天泰商城、天泰家居城；临猗天泰郇都花园、天泰府东花园；永济舜都市场、银杏小区、唐牛炫；太原天泰玉泽园、天泰迎西城、东方雅园、雅典金座；北京中科院玉泉综合楼等项目。

天泰 · 金水湾

天泰.迎西城·尚景佳园

公司在发展中，始终坚持以人为本，精心打造“天泰房产、中房精品”品牌，先后荣获中国房地产行业品牌企业、中国建设行业企业信用AAA级资信单位、中国房地产领先企业、中国地产十年城市建设杰出贡献百强企业、山西省功勋企业、省市建设系统先进企业、中房集团双文明企业等诸多荣誉。

公司为适应房地业的发展，积极探寻产业升级，已将居家养老社区、智能化社区的建设植入开发项目中，形成了公司独特的产品特点，增强了企业的核心竞争力。

公司秉承“振兴民族经济，缔造百年天泰”的理想信念，发扬“团结、拼搏、诚信奉献”的企业精神，与时俱进、开拓创新，打造自身品牌、服务社会民生、造就中房天泰百年伟业。

振兴民族经济　缔造百年天泰

天泰·玉泽园

沪港通标的股:恒大地产 香港上市股票代码: 3333

无理由退房

年度 狂销20亿

2000家庭幸福之选

建面约74-152㎡湖景华宅

首付2万起 送价值1600元/㎡9A精装

预售许可证编号：（2015）并商房预售字第0136号

注：首付2万为4B-2-301房源，以上优惠政策执行时间为2015年，所示房屋面积为建筑面积。

学校°

凤凰双语小学

会所°

逾2500m²

社区药店°

Community pharmacy

购物°

Shopping

儿童乐园°

逾360m²

特色小吃街°

逾300m²

社区银行°

Community Banks

森林广场°

逾460m²

健身设施°

逾270m²

漪 汾 桥 · 名 校 旁 · 城 央 华 府

销售专线 0351-633 5555

项目地址：漪汾街与文兴路交汇处向北 100 米（滨河体育中心北侧）

陆延房地产集团荣誉巨献

购“如意养生权益卡”尊享海南富硒养生社区

25万即得精装公寓，入住权益享不停

五年到期一次性现金返还本金 或尊享约定价格购买所住房屋

LUYAN Group profile

陆延集团简介

陆延房地产集团成立于2003年，注册资金3.544亿元，其中母公司2亿元，是集房地产规划设计、市场开发、项目建设、营销策划及酒店和物业管理为一体的企业集团，拥有房地产开发一级资质、物业管理二级资质、建筑设计行业甲级资质、造价咨询甲级资质等。集团以普通住宅、旅游休闲、养老房地产开发等为主打产品，价值链覆盖房地产开发、运营全过程，下辖十八个子公司、多个分公司及项目部，开发项目分布在包头、宣化、海南、太原等地区。

陆延房地产积极探索“陆延+大家”商业模式转型发展，汇集优势资源，形成强大合力，深耕管理制度和流程、深耕同心文化、深耕海南发展、深耕协同发展，全面实施“如意”品牌，践行“服务感动生活”的经营理念，共同致力于“建筑人类美好家园”伟大使命，在做好旅游休闲、养老地产的基础上，探索开发其他高附加值的房地产升级版产品，为实现“成为房地产行业领先的企业集团”愿景而努力奋斗。

Decipherment of "WISHFUL·BAMBOO GARDEN"

如意·竹苑解读

在中国的宝岛海南东线定安，有这样一处怡然养心之地——陆延如意竹苑，葱茏的绿植、整洁的道路、恰到好处的居住空间、还有那些每每遇到都面带微笑的山西同乡，使得这里成为胜似桃花源的静谧居所。每日里，带上老人、孩子，将纷扰与忧愁抛之脑后，自由地呼吸最纯真清新的空气，或许这才是生活！

Remember initial determination, Alaways, Here for good

不忘初心，始终如一

陆延集团——深耕海南，淬砺8年，不忘初心，始终如一。从海岛一号作品“晋如意”到“如意竹苑”，最先提出“山西人在海南的家”的理念，立志打造最大规模的山西籍老乡海岛聚居社区。陆延人凭借过硬的建筑施工质量、周到的物管、优质的景观配套，赢得社会各界赞誉。公司每年精心筹备组织“晋情晋韵、如意有约”业主联谊会，聆听业主心声，以期把和谐社区的生活典范树立得更高、更远。如意竹苑社区现已全景呈现，期待您和您的家人加入我们，共享如意旅居生活！

温馨提示：一张如意安养权益卡对应一套如意竹苑精装公寓房源，房源有限，每人限购1套，以交付定金先后顺序进行选房。

权益一 尊享海南如意·竹苑住宅小区一套精装公寓房5年的居住权；

权益二 5年期限内，尊享以约定价格购买所住房屋的优先购买权，房屋增值部分会员独享，5年到期一次性现金全额返还购卡本金；

权益三 尊享海南如意·竹苑住宅小区一个车位5年的使用权（不固定车位）；

权益四 尊享免5年物业管理费的权益，每年一次海口美兰机场免费接送服务，房间通风服务；

权益五 尊享小区配套的绿色健康采摘园，供您选购最新鲜、最健康的水果。

如意·竹苑
WISHFUL BAMBOO GARDEN
0351-2777000 2797777
项目地址：中国•海南•黄竹
接待中心：太原市千峰南路昌陆集团2层

目　录

领导讲话

工作报告

分析研究报告

产业发展报告

市场运行监测报告

政策法规

统计资料

山西省房地产业协会

附录

领导讲话

Leadership speech

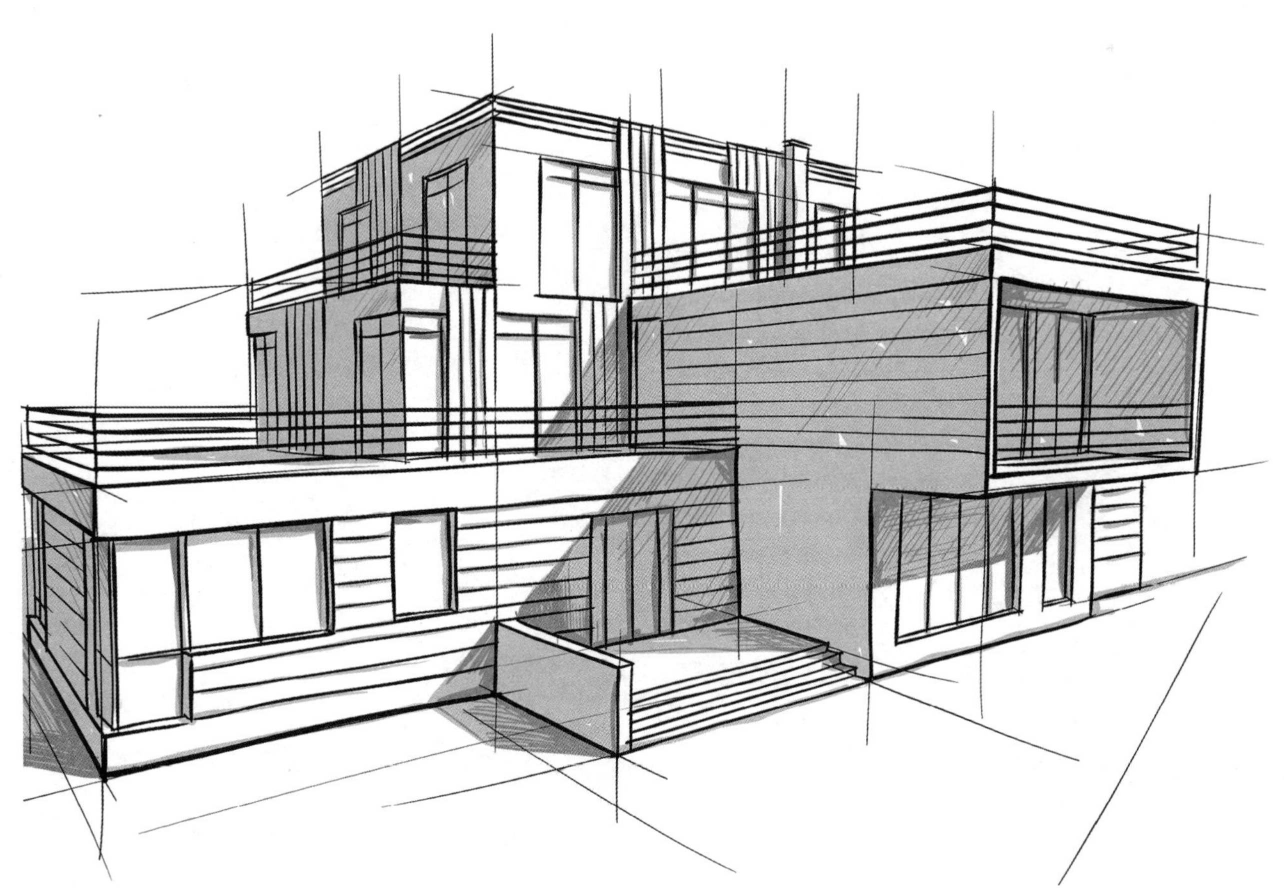

在中共中央政治局第十次集体学习的讲话

习近平

加快推进住房保障和供应体系建设，是满足群众基本住房需求、实现全体人民住有所居目标的重要任务，是促进社会公平正义、保证人民群众共享改革发展成果的必然要求。各级党委和政府要加强组织领导，落实各项目标任务和政策措施，努力把住房保障和供应体系建设办成一项经得起实践、人民、历史检验的德政工程。

住房问题既是民生问题也是发展问题，关系千家万户切身利益，关系人民安居乐业，关系经济社会发展全局，关系社会和谐稳定。党和国家历来高度重视群众住房问题。经过长期努力，我国住房发展取得巨大成就。同时，我们也要看到，解决群众住房问题是一项长期任务，还存在着住房困难家庭的基本需求尚未根本解决、保障性住房总体不足、住房资源配置不合理不平衡等问题。人民群众对实现住有所居充满期待，我们必须下更大决心、花更大气力解决好住房发展中存在的各种问题。

加快推进住房保障和供应体系建设，要处理好政府提供公共服务和市场化的关系、住房发展的经济功能和社会功能的关系、需要和可能的关系、住房保障和防止福利陷阱的关系。只有坚持市场化改革方向，才能充分激发市场活力，满足多层次住房需求。同时，总有一部分群众由于劳动技能不适应、就业不充分、收入水平低等原因而面临住房困难，政府必须“补好位”，为困难群众提供基本住房保障。

从我国国情看，总的方向是构建以政府为主提供基本保障、以市场为主满足多层次需求的住房供应体系。要总结我国住房改革发展经验，借鉴其他国家解决住房问题的有益做法，深入研究住房建设的规律性问题，加强顶层设计，加快建立统一、规范、成熟、稳定的住房供应体系。要千方百计增加住房供应，同时要把调节人民群众住房需求放在重要位置，建立健全经济、适用、环保、节约资源、安全的住房标准体系，倡导符合国情的住房消费模式。

“十二五”规划提出，建设城镇保障性住房和棚户区改造住房3600万套（户），到2015年全国保障性住房覆盖面达到20%左右，这是政府对人民作出的承诺，要全力完成。要重点发展公共租赁住房，加快建设廉租住房，加快实施各类棚户区改造。在推进这项工作的过程中，要注意尽力而为和量力而行相结合，努力满足基本住房需求。住房是群众安身立命之所，质量安全至关重要。要优化保障性住房规划布局、设施配套和户型设计，抓好工程质量。

要完善住房支持政策，注重发挥政策的扶持、导向、带动作用，调动各方面积极性和主动性。要完善土地政策，坚持民生优先，科学编制土地供应计划，增加住房用地供应总量，优先安排保障性住房用地。要完善财政政策，适当加大财政性资金对保障性住房建设投入力度。要综合运用政策措施，吸引企业和其他机构参与公共租赁住房建设和运营。要积极探索建立非营利机构参与保障性住房建设和运营管理的体制机制，形成各方面共同参与的局面。

保障性住房建设是一件利国利民的大好事，但要把这件好事办好、真正使需要帮助的住房困难群众受益，就必须加强管理，在准入、使用、退出等方面建立规范机制，实现公共资源公平善用。要坚持公平分配，使该保障的群众真正受益。要对非法占有保障性住房行为进行有效治理，同时要从制度上堵塞漏洞、加以防范。对非法占有保障性住房的，要依法依规惩处。

（据：新华社）

工作报告
Work Statement

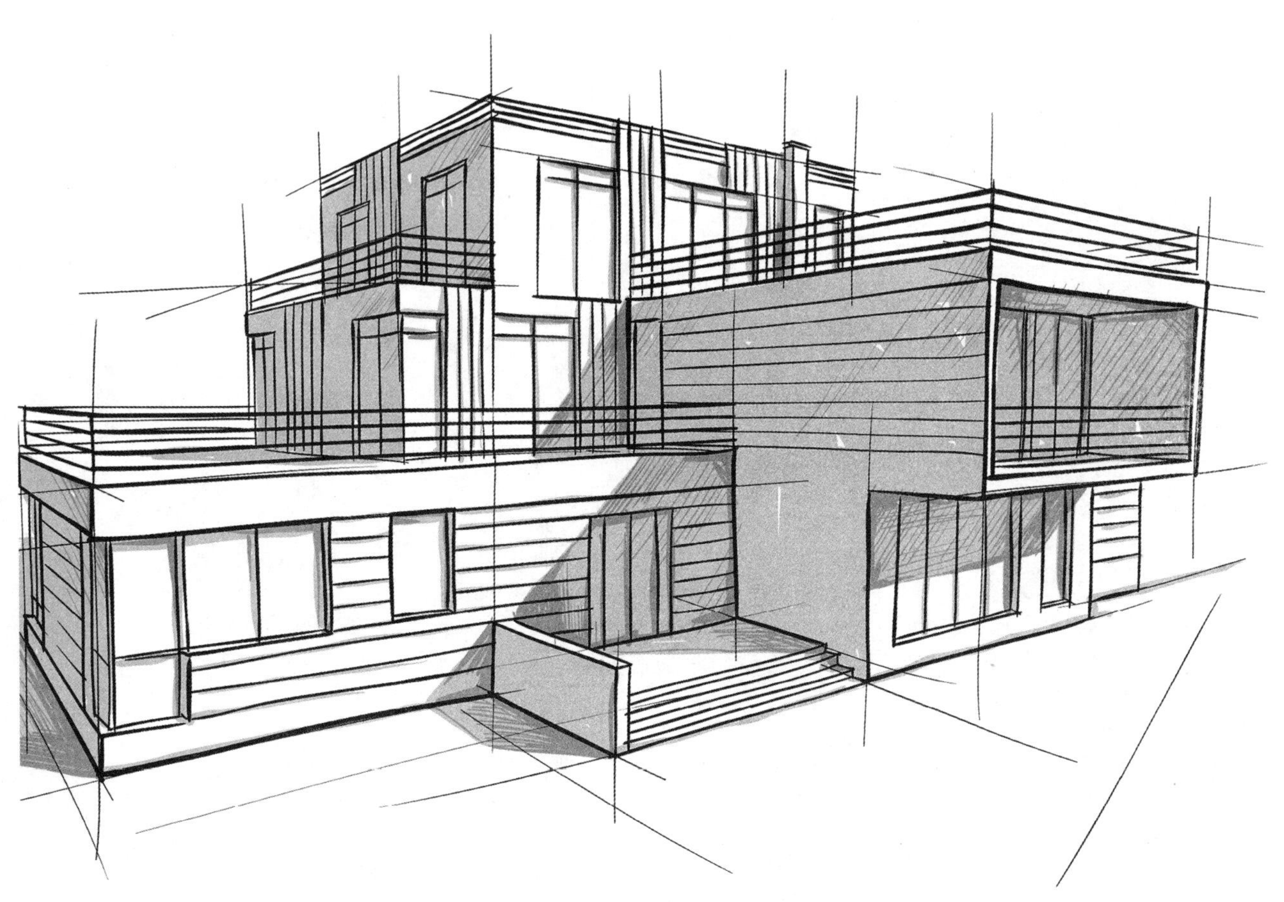

建设美丽城乡 促进富民强省
努力开创住房城乡建设事业发展新局面
——在全省住房城乡建设暨党风廉政建设工作会议上的报告

山西省住房和城乡建设厅厅长 李栋梁

（2015 年 2 月 13 日）

同志们：

这次会议的主要任务是，贯彻落实党的十八届三中、四中全会和全国住房城乡建设工作会议、省委十届六次全会、全省经济工作会议及省“两会”精神，回顾总结 2014 年全省住房城乡建设工作，安排部署今年的任务。

一、2014 年工作回顾

2014 年，面对严峻复杂的形势，各级住建部门和全系统广大干部职工，认真贯彻落实省委、省政府的决策部署，坚持改革创新，奋力争先进位，创造性地推进各项工作，圆满完成了年初确定的目标任务，为促进全省经济社会发展作出了重要贡献。

一年来，我们全面加强规划建设管理，进一步提升了城镇综合承载能力。

一年来，我们积极推进房地产业发展和保障性住房建设，进一步改善了人民群众的居住条件。

针对房地产市场出现的变化，加强了市场分析研究和运行监测，针对性地采取措施，积极帮助项目解决推进中的困难和问题；强化房地产企业资质动态考核及信用评价，开展房地产市场全面检查和国有土地上房屋征收与补偿专项检查，切实规范市场秩序，保障了房地产市场的稳定发展。大力加强住房保障工作。

一年来，我们着力推动建筑业发展和加强工程质量安全监管，进一步发挥了建筑业的支柱产业作用。强化建筑市场监管，开展了招投标、勘察设计、打击违法转包分包专项检查和建筑市场执法督查，进一步规范了建筑市场秩序；积极支持建筑业企业做大做强，新培育 2 家施工总承包特级企业、16 家总承包一级企业，本省企业的市场竞争能力不断提升；加强对建筑业的运行监测和统计分析，帮助企业解决存在的困难和问题，促进了建筑业的持续稳定发展。

一年来，我们加快推进新型城镇化，进一步提升了城镇化的质量和水平。认真贯彻落实全国和全省城镇化工作会议精神，积极研究破解“人、地、钱”等制约城镇化发展的突出问题，围绕“一核一圈三群”总体布局，大力加强城镇市政基础设施、公共服务设施和产业园区建设，全面推进太原都市圈和晋北、晋南、晋东南城镇群建设，圆满完成了年初确定的 20 项指标、30 项任务，城镇化的内生动力进一步增强，质量和水平持续提升。预计全省城镇化率达到 54%，同比提高 1.5 个百分点。

一年来，我们“六位一体”统筹推进重点工程，进一步增强了对经济增长的贡献度。紧紧按照省委、省政府“项目见效年”的工作部署，坚持和完善“六位一体”工作机制，采取逐月调度分析、领导对口联系、进工地解难题等一系列行之有效的工作措施，项目储备、签约、落地、开工、建设、投产均超额完成了年度目标任务。其中，省重点工程完成投资 4824 亿元，占到全省固定资产投资的 39%，充分发挥了拉动投资增长的主力军和排头兵作用，为促进全省经济发展作出了重要贡献。

一年来，我们大力推进乡村清洁工程和农村危房改造，进一步改善了农村环境面貌和困难家庭住房条件。

一年来，我们全面落实“两个责任”，进一步加强了党风廉政建设。按照中央和省委从严治党的要求，各级住建部门认真落实党组（党委）党风廉政建设主体责任和纪检监察监督责任，细化任务、明确责任、健全机制，保持反腐败斗争高压态势，毫不放松狠刹“四风”，持之以恒转变作风，有力地推动了工作落实，促进了全省住建事业持续健康发展。

在着力抓好上述工作的同时，协调推进综改试验、法治建设、标准定额、建设稽查、古村落保护、风景名胜监管、行政审批制度改革、精神文明创建等各项工作，均取得了新的成绩。厅直各单位和厅属各社团紧紧围绕中心工作，圆满完成了承担的各项任务，为行业发展作出了积极贡献。

上述成绩的取得，是省委、省政府正确领导的结果，是省直各部门和社会各界大力支持的结果，更是全系统广大干部职工团结奋斗、辛勤工作的结果。借此机会，我代表厅党组，向大家表示崇高的敬意和衷心的感谢！

在充分肯定成绩的同时，我们也要清醒地认识到，当前工作中还存在一些差距和薄弱环节，主要是：城乡规划编制滞后，特别是城市控制性详细规划覆盖率低、村镇规划严重缺失，随意变更规划的违法建设问题时有发生；城市市政基础设施建设还存在薄弱环节，污水处理设施改造提升任务艰巨，地下管线建设管理亟需加强；房地产业和建筑业市场秩序还不够规范，抵御市场风险的能力还不够强；棚户区改造中还存在着房屋征收拆迁难的问题，影响了改造进度；制约城镇化健康发展的"人、地、钱"等瓶颈问题还没有真正得到破解。这些问题，都需要在今后的工作中认真加以研究解决。

二、2015 年工作安排

2015 年，全省住房城乡建设工作的总体思路是：以党的十八届三中、四中全会精神为指导，认真贯彻落实省委十届六次全会精神，运用法治思维，坚持改革创新，大力推进改善城市人居环境、新型城镇化、重点工程"三项重点"，着力强化城乡规划、村镇建设、建筑业发展、工程质量安全监管、建筑节能、住房公积金缴存使用"六项工作"，全面落实党风廉政建设"两个责任"，推动住房城乡建设工作整体迈上新台阶，为实现我省弊革风清、富民强省目标作出积极的贡献。

围绕上述总体思路，重点抓好以下几个方面工作：

（一）实施"四大工程"，全面推进改善城市人居环境

省政府提出，从 2015 年到 2017 年用 3 年时间，集中实施设施提升、城市安居、城中村改造、环境提质"四大工程"，加快推进城市人居环境改善，力争早日实现全省城市建成区水电气热、通信、污水和垃圾处理全覆盖，公共交通体系基本形成，棚户区基本消除，城中村改造取得阶段性成果，环境质量明显改善。

在设施提升方面。坚持地上、地下并重，建设管理并举。一是要加大城市道路建设改造力度，完成建设改造 1300 公里，人均道路面积提高 0.53 平方米，进一步完善城市路网结构，为市民出行提供更多方便。二是要加快地下管网建设改造，设市城市 9 月底前完成地下管线普查成果验收和归档移交工作，年底前建成地下管线综合管理信息系统，编制完成地下管线综合规划。

在城市安居方面。坚持保障性住房建设和房地产开发同步推进，加快构建以政府为主提供基本保障，以市场为主满足多层次需求的住房保障和供应体系。一是要加大保障性住房建设力度。要切实加快棚户区改造，各市县要按照省政府《山西省棚户区改造工作实施方案》的要求，结合各自实际，合理确定棚户区改造范围，编制棚户区改造规划，采取货币化安置、购买商品房作为房源、组织棚户区居民自愿购买商品房、新建安置房等多种形式，加快棚户区改造进度，确保开工量达到 5 年规划量的 70% 左右。今年要基本完成林区和垦区的棚户区改造任务。同时，要同步推进公共租赁住房建设。要切实规范保障性住房运行管理，进一步健全完善建设、分配、运营、退出等相关制度，重点要加快公共租赁住房配套设施建设，抓好竣工项目的分配入住，让住房困难群众早日搬入新居。要积极探索发展共有产权住房，探索推行将土地作为政府产权、购房者出资作为个人产权，由政府和个人共同拥有住房产权的住房模式，支持城市中低收入群体自住需求。二是要有序推进商品房开发。去年以来，房地产市场供求状况发生了一些变化，但房地产在改善人民群众住房条件中的作用不会变，在拉动经济增长中的作用也不会变。随着城镇化的快速推进和城市居民收入水平的不断提高，商品房需求空间还在增大。我们在这个问题上要有一个清醒的认识。要着力保持房地产市场的稳定健康发展，加强对市场的分析研究，准确把握市场运行中出现的新情况、新问题，针对性地制定政策措施，引导住房合理需求，稳定新建商品住房市场，发展租赁住房市场。商品房库存较大的城市要积极推进购置存量商品住房作为棚户区改造安置住房工作，加快消化商品房库存。要不断提升房地产业发展水平，加大省地节能环保型住宅建设力度，推进住宅全装修工作，打造一批精品示范项目。要积极创新房地产市场监管方式，逐步建立全省统一的综合信息平台，深入开展违规变更容积率、违规开发、违规销售等突出问题专项整治，进一步规范房地产市场秩序。

在城中村改造方面。要认真开展调查摸底，科学编制改造规划和分年度实施计划，各市县要结合当地城镇化发展和城市基础设施建设情况，按照轻重缓急的原则，扎实有序推进城中村改造。要以城市总体规划为指导，将城中村改造纳入城市规划体系，合理安排用地功能、基础设施和公用服务设施布局。要切实加快改造步伐，将城中村改造纳入城市棚户区改造政策范围，同步完善城市功能和配套设施，重点是加强基础设施建设，着力解决环境脏乱差等问题，不断改善城中村居民的生产生活条件。

在环境提质方面。要切实加强城市园林建设，实施"300 米见绿、500 米见园"工程，持续加快道路绿化和公园游园建设，新增城市绿化面积 2000 万平方米；大力推进园林城市建设，创建 5 个以上国家和省级园林城市（县城），全省城市建成区绿化覆盖率提高 0.6%。要大力开展城市环境卫生集中整治，全省城市道路机械化清扫率同比提高 6 个百分点，创建省级容貌示范街道和保洁示范街道各 36 条。

（二）坚持"以人为本"，加快推进特色新型城镇化

城镇化是现代化的必由之路。推进城镇化是解决农业、农村、农民问题的重要途径，是推动区域协调发展的有力支撑，是扩大内需和促进产业升级的重要抓手。

一是要全面实施年度行动计划。围绕新型城镇化 20 项指标，科学制定年度行动计划和工作任务。着力提升城镇基本公共服务能力，进一步提高教育、养老、医疗、住房等基本公共服务常住人口覆盖率；全面提高城镇市政公用设施水平，切实加强城镇公共交通、电信、社区综合服务设施建设，进一步提升城镇综合承载能力；协调推进城镇园林绿化建设、绿色建筑发展和城镇可再生能源建设、植树造林、大气污染防治，进一步提升城镇环境资源质量；持续提升城镇化水平和质量，再吸纳 40 万左右的农村人口向城镇转移，城镇化率达到 55%。

二是要着力加快城镇群建设。围绕"一核一圈三群"城镇总体布局，坚持分类指导、分级推进，推行"多规合

一”，不断完善城镇化空间规划体系。以太原晋中同城化和晋中108廊带建设为抓手，实施一批道路、公交、通讯、金融等方面的重大项目，逐步实现一体化发展，引领带动孝汾平介灵、阳泉、忻定原、离柳中四个城镇组群建设，加快太原都市圈发展。

积极推进晋北、晋南、晋东南城镇群发展，充分发挥中心城市的带动作用，重点抓好大同、朔州、临汾、运城、长治、晋城等区域中心城市建设和大同都市区、上党城镇群、临汾百里汾河新型经济带等城镇组群建设，每市实施2个以上区域重大基础设施项目，推动城镇群设施、产业、市场、服务等一体布局、均衡发展，进一步增强竞争力。

三是要抓好新型城镇化综合试点工作。介休市要按照国家新型城镇化试点工作方案要求，大胆探索、先行先试，积极创新推进新型城镇化的体制机制和政策措施，为全省积累经验。省市住建部门要加强对介休市试点工作的指导和支持。每市要选择1个建制镇开展新型城镇化综合试点，制定实施方案，明确试点任务，落实工作责任，综合推进农民市民化成本分担机制、城镇化投融资机制、农村宅基地制度、城镇管理机制等方面的改革创新，在放宽县城和建制镇落户限制、提高土地利用效率、拓宽城镇建设融资渠道等方面出台具体的政策措施，推动我省新型城镇化发展取得新的突破。

（三）坚持“六位一体”，强力推进重点工程建设

2015年重点工程工作总的要求是，按照“调整存量、做优增量”的原则，紧扣“项目提质增效年”主题，坚持“六位一体”工作机制，围绕重大基础设施建设、产业转型、城镇化和生态环保、民生和社会事业四个方面，着力推进铁路、公路、新兴产业等“十大重点领域”项目建设。

各级重点工程管理部门要不断完善工作机制，创新工作措施，切实加强协调服务，强化督促检查，帮助项目解决好手续办理、征地拆迁、资金筹措等方面的问题，促进项目早开工、快建设，进一步发挥重点工程的“火车头、排头兵、主力军”作用。

（四）切实提高规划编制实施水平，更好地发挥规划对城乡建设和城镇化的引领作用

坚持一手抓规划编制，一手抓规划实施，不断提高规划的质量和水平，切实维护规划的法律权威性和严肃性。

一要加大控制性详细规划编制力度。控制性详规对建设用地的使用性质和使用强度、道路和工程管线的位置以及景观环境控制等，都有明确的规定，对于具体建设行为有着直接的指导和约束作用。当前，我省的控规覆盖面还不够高，客观上导致了无序建设行为的发生。

二要积极开展城市设计。这是一项新的工作，国内已有一些先进城市开展试点，我省还几乎是空白。陈政高部长在今年的全国住建工作会议上，对这项工作进行了具体的安排部署。我们要按照部里的部署和要求，积极开展城市设计工作。今年，各市要积极开展城市总体设计和城市重点区域、重点地段设计试点，为下一步全面开展城市设计工作打好基础。

三要全面启动村庄规划编制。我省农村普遍缺少规划，基础设施和房屋建设随意性强。随着城乡一体化的快速发展，开展村庄规划势在必行。今年，要对全省村庄规划编制和实施情况进行全面调查摸底，制定工作规划，按照因地制宜、解决问题、突出特色、易于实施的原则，启动35个村庄规划试点，有序推进村庄规划的编制工作。

四要严格规划的实施。以强化房地产开发项目监管和城乡规划督察为突破口，制定和完善相关制度，进一步明确房地产开发项目规划许可和批后监管的责任和要求，加强对市县规划编制、修改和实施的监督检查，坚决扼制违反规划和违法建设行为，维护规划的法律权威性和严肃性。

（五）大力加强村镇建设，努力打造美丽乡村

一是要加大小城镇建设力度。重点是抓好小城镇基础设施建设，继续抓好100个重点镇的市政公用设施、公共服务设施建设和景观风貌、环境卫生整治，合理安排今年的建设项目，并搞好评估验收。扎实推进特色小城镇建设，因地制宜、突出特色，创建一批园林城镇、特色景观旅游名镇、宜居小镇，持续提升小城镇吸纳人口、集聚产业的综合承载能力，推动农民就地城镇化。

二是要深入推进乡村清洁工程。按照五个全覆盖的要求，继续推进清扫保洁、“四堆”清理、村容整饰，重点抓好垃圾转运站和处置点的建设。

三是要加快实施农村危房改造。省政府按照2013–2017年本届政府任期内全面完成农村危房改造的部署和要求，各市县要及早动手，积极落实配套资金，将任务分解落实到乡、到村、到户，重点抓好特困户危房改造，切实把好建设质量关，加快改造进度。同时，继续开展农房抗震改建

四是要加强传统村落保护修复。根据新的要求，修改《山西省古村落保护管理办法》等规范性文件，进一步完善传统村落保护的法律法规，坚持依法依规对传统村落进行保护和开发利用。加强传统村落保护规划编制，传承传统文化，体现群众意愿，切实提高规划的编制质量和实施效果，有序推进传统村落的保护和发展。总结推广21个国家试点村落的保护修复利用经验，开展省级传统村落保护利用试点工作，结合旅游产业发展和农村人居环境整治，打造一批具有浓郁传统文化和地方特色的美丽乡村。

（六）着力规范市场秩序，推动建筑业持续健康发展

建筑业是国民经济的支柱产业，对经济贡献大，吸纳就业能力强。近年来我省建筑业发展较快，但与周边省份相比，还有很大的差距。住建部今年将要召开全国建筑业大会，我们要及早研究部署，认真抓好加快建筑业发展的各项工作。

一是要积极推进建筑业改革创新。贯彻落实住建部《关于推进建筑业发展和改革的若干意见》，制定出台我省的实施意见，全面推进建筑市场开放、招投标制度改革、工程总承包等各项工作，为建筑业发展营造良好的环境。同时，研究制定发展规划，出台具体的政策措施，加快推进建筑产业现代化。各地要结合本地实际积极支持企业做大

做强，实现建筑业总量和规模的跃升，力争全年完成建筑业产值3200亿元，实现增加值800亿元.

二是要切实加强建筑市场监管。重点强化对招投标市场的监管，修订《房屋建筑和市政基础设施工程施工评标办法》，制定《工程勘察设计招标评标办法》，探索放开非国有资金投资项目招投标，把监管重点放在国有投资项目上，依法严厉打击肢解发包、虚假招标、明招暗定、围标串标、转包挂靠等违法行为，严惩一批违规违法企业。

三是要全面完成诚信体系建设。进一步完善建筑市场监管信息系统，充实完善企业、人员和项目数据库，建立省、市、县三级监管平台，实现监管的信息化和实时化。在此基础上，积极开展建筑企业诚信评价工作，将诚信评价结果应用于企业资质管理、招标投标、评优评奖等各个方面，加快建立优胜劣汰、公平竞争的市场机制，营造诚信激励、失信惩戒的市场氛围。

（七）突出重点加强监管，稳步提升建筑质量和安全水平

一是要深化工程质量治理两年行动。按照住建部的统一部署，进一步改进检查方式，加大检查频次，严格落实建筑工程七方主体质量终身责任制，强化项目经理质量安全责任记分管理，对问题突出的项目和企业实行重点监管，促进建筑工程质量的稳定提升。

二是要毫不松懈抓好安全生产。加大房屋建筑和市政基础设施工程施工安全法律法规宣传力度，实现安全监管人员全覆盖。全面启动建筑工程项目安全生产标准化考评工作，实行建筑安全监管闭合管理。开展建筑施工和城市供气、供热、供水安全专项检查，加强隐患排查和整治，加大对安全事故的处罚和问责力度，最大限度减少生产安全事故的发生。

（八）开展绿色建筑行动，全面推进建筑节能各项工作

一是要大力发展绿色建筑。22个设市城市要全面启动集中区绿色建筑专项规划编制。政府投资类公益性工程、大型公共建筑和太原市区的新建保障性住房，要全面执行绿色建筑标准，其他市区的新建保障性住房执行绿色建筑标准比例不低于20%。

二是要积极推进既有居住建筑节能改造。为落实国家大气污染防治行动计划要求，省里正在积极落实改造奖励资金，各市要积极行动起来，多方筹措资金，抓紧实施改造，确保完成任务。同时，要积极推进供热计量收费工作。

三是要加大可再生能源在新建筑中的应用力度。重点发展太阳能光热一体化应用和工业余热、地热能、污水能利用，完善相关标准，搞好典型示范，推广成熟经验，加快推进可再生能源在新建建筑中的应用，比例达到40%。

同时，要继续稳步推进智慧城市创建工作。

（九）加强缴存使用管理，更好地发挥住房公积金的综合效益

一是要提高缴存数量。认真落实省委书记王儒林和省长李小鹏的讲话和批示精神，切实抓好住房公积金扩面工作，同时，进一步提高住房公积金缴存基数和个人缴存比例，让住房公积金这一保障制度更好地惠及群众。

二是要提高使用效率。进一步放宽提取条件，提高放贷额度，简化审批手续，在保障资金安全的前提下，加大住房公积金贷款发放力度，落实国家租房提取政策，满足缴存职工的不同消费需求，有效提高城镇职工的住房消费能力。太原、晋中、朔州要继续搞好住房公积金贷款支持保障性住房建设试点工作。

三是要提高安全保障。制定出台住房公积金档案管理办法，进一步加强贷后监管；组织开展廉政风险防控专项检查，严肃查处违规缴存和骗提、骗贷行为，坚决杜绝违规发放贷款和挪用资金行为。同时，要按照住建部要求，加快推进住房公积金12329服务热线和短信平台建设，积极开展公积金数据贯标工作，不断提高服务水平。

（十）深入落实“两个责任”，全面加强党风廉政建设和反腐败工作

对于住建系统来讲，抓好党风廉政建设具有十分重要的意义。在当前的形势下，我们应该比以往任何时候都要更加重视这项工作。

一要认真落实党组（党委）的主体责任。各级住建部门党组（党委）是本部门、本单位党风廉政建设的责任主体，对职责范围内的党风廉政建设负全面领导责任。要切实按照中央和省委的要求，进一步明确党组（党委）主要负责人的第一责任和领导班子成员的“一岗双责”领导责任。要结合本部门、本单位实际，研究制定党风廉政建设工作规划和年度计划，进一步明确和落实工作任务、工作责任、工作措施，并进行签字背书。要把党风廉政建设工作与业务工作同部署、同推进、同考核，定期听取工作汇报并研究解决工作推进中的困难和问题，加快推进惩治和预防腐败体系建设，健全完善有效管用的制度体系，扎扎实实抓好党风廉政建设的各项工作。

二要认真落实纪检监察机构的监督责任。各级住建部门纪检监察驻在机构要真正做到“三转”，切实担负起党风廉政建设的监督责任，重点加强对驻在部门党组（党委）执行党的纪律、特别是党的政治纪律和政治规矩情况，贯彻落实党的路线方针政策和决议情况，履行党风廉政建设主体责任情况的监督检查，严肃查处发生的腐败问题。各级住建部门党组（党委）要积极支持驻在机构开展工作，并自觉接受监督。

三要抓好突出问题专项治理。结合正在开展的“学习讨论落实活动”，认真抓好房地产开发经营管理、建筑工程招投标、建设类行政审批、城乡规划编制实施、建设类补助资金使用等领域和环节中存在的突出问题，建立健全相关制度，严肃查处一批案件，坚决杜绝腐败现象的发生。

四要坚持不懈推进作风建设。深入落实中央“八项规定”精神，持之以恒纠正“四风”，弘扬改革精神，确立法治思维，坚决杜绝懒政怠政现象，促进干部作风持续转变，以干部作风的转变带动政风行风转变，促进各项工作落实。

同志们，住房城乡建设工作在全省经济社会发展中的地位和作用越来越重要，我们的责任也越来越重。让我们紧密团结在以习 近平同志为总书记的党中央周围，在省委、省政府的坚强领导下，深入贯彻十八届三中、四中全会精神，发扬良好作风、狠抓工作落实，不断开创全省住房城乡建设事业发展的新局面，为建设美丽城乡、实现富民强省，作出新的更大贡献！

谢谢大家！

分析研究报告

Analysis And Research Report

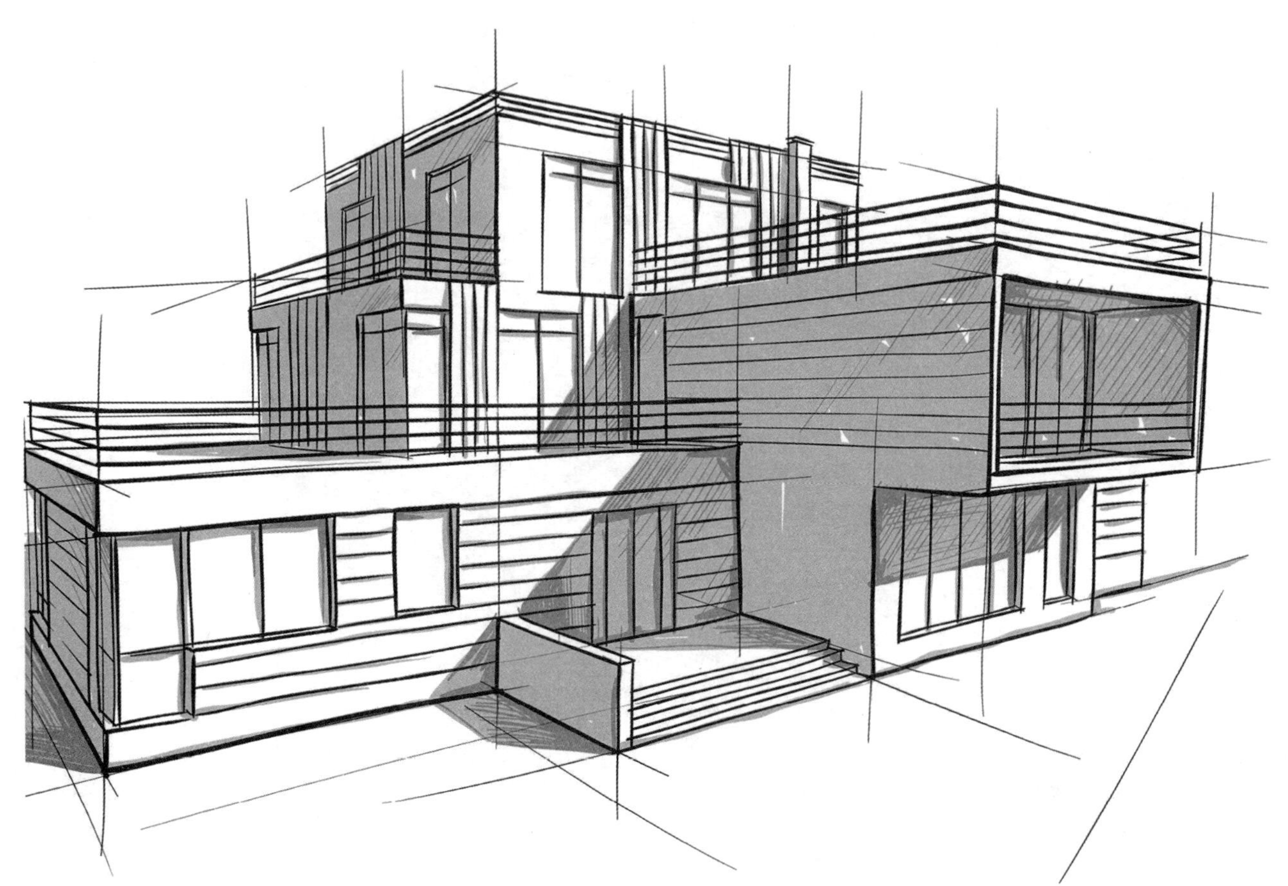

2014 年全国房地产开发和销售情况

国家统计局

一、房地产开发投资完成情况

2014 年，全国房地产开发投资 95036 亿元，比上年名义增长 10.5%（扣除价格因素实际增长 9.9%），增速比 1–11 月份回落 1.4 个百分点，比 2013 年回落 9.3 个百分点。其中，住宅投资 64352 亿元，增长 9.2%，增速比 1–11 月份回落 1.3 个百分点。住宅投资占房地产开发投资的比重为 67.7%。

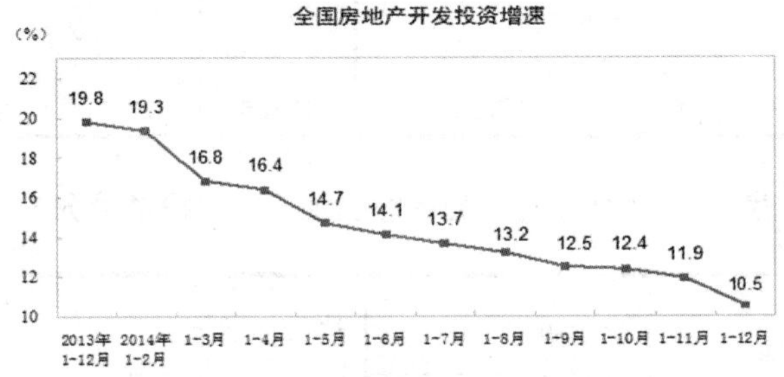

2014 年，东部地区房地产开发投资 52941 亿元，比上年增长 10.4%，增速比 1–11 月份回落 1.6 个百分点；中部地区投资 20662 亿元，增长 8.5%，增速回落 0.7 个百分点；西部地区投资 21433 亿元，增长 12.8%，增速回落 1.4 个百分点。

2014 年，房地产开发企业房屋施工面积 726482 万平方米，比上年增长 9.2%，增速比 1–11 月份回落 0.9 个百分点。其中，住宅施工面积 515096 万平方米，增长 5.9%。房屋新开工面积 179592 万平方米，下降 10.7%，降幅扩大 1.7 个百分点。其中，住宅新开工面积 124877 万平方米，下降 14.4%。房屋竣工面积 107459 万平方米，增长 5.9%，增速回落 2.2 个百分点。其中，住宅竣工面积 80868 万平方米，增长 2.7%。

2014 年，房地产开发企业土地购置面积 33383 万平方米，比上年下降 14.0%，降幅比 1–11 月份收窄 0.5 个百分点；土地成交价款 10020 亿元，增长 1.0%，1–11 月份为下降 0.1%。

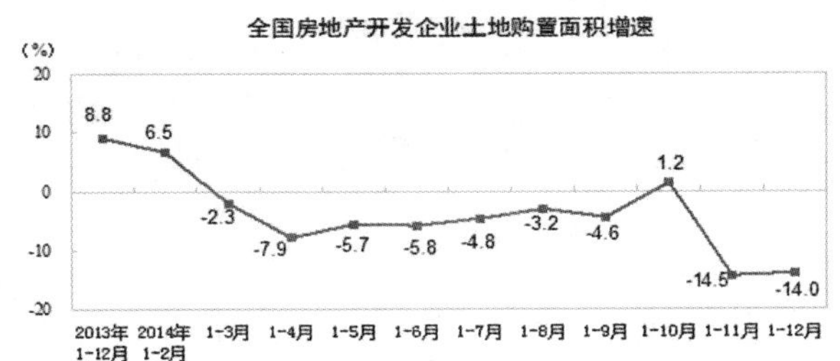

二、商品房销售和待售情况

2014 年，商品房销售面积 120649 万平方米，比上年下降 7.6%，降幅比 1–11 月份收窄 0.6 个百分点，2013 年为增长 17.3%。其中，住宅销售面积下降 9.1%，办公楼销售面积下降 13.4%，商业营业用房销售面积增长 7.2%。商品房销售额 76292 亿元，下降 6.3%，降幅比 1–11 月份收窄 1.5 个百分点，2013 年为增长 26.3%。其中，住宅销售额下降 7.8%，办公楼销售额下降 21.4%，商业营业用房销售额增长 7.6%。

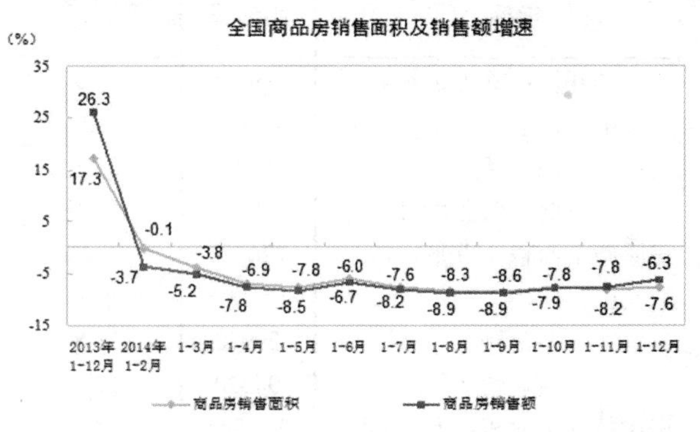

2014 年，东部地区商品房销售面积 54756 万平方米，比上年下降 13.7%，降幅比 1–11 月份收窄 1.3 个百分点；销售额 43607 亿元，下降 11.6%，降幅收窄 2.1 个百分点。中部地区商品房销售面积 33824 万平方米，下降 3.9%，降幅收窄 0.4 个百分点；销售额 16558 亿元，增长 0.2%，1–11 月份为下降 0.9%。西部地区商品房销售面积 32068 万平方米，增长 0.6%，增速回落 0.6 个百分点；销售额 16127 亿元，增长 3.5%，增速回落 0.6 个百分点。

2014 年末，商品房待售面积 62169 万平方米，比 11 月末增加 2374 万平方米，比 2013 年末增加 12874 万平方米。其中，住宅待售面积比 11 月末增加 1352 万平方米，办公楼待售面积增加 202 万平方米，商业营业用房待售面积增加 361 万平方米。

三、房地产开发企业到位资金情况

2014 年，房地产开发企业到位资金 121991 亿元，比上年下降 0.1%，1–11 月份为增长 0.6%，2013 年为增长 26.5%。其中，国内贷款 21243 亿元，增长 8.0%；利用外资 639 亿元，增长 19.7%；自筹资金 50420 亿元，增长 6.3%；其他资金 49690 亿元，下降 8.8%。在其他资金中，定金及预收款 30238 亿元，下降 12.4%；个人按揭贷款 13665 亿元，下降 2.6%。

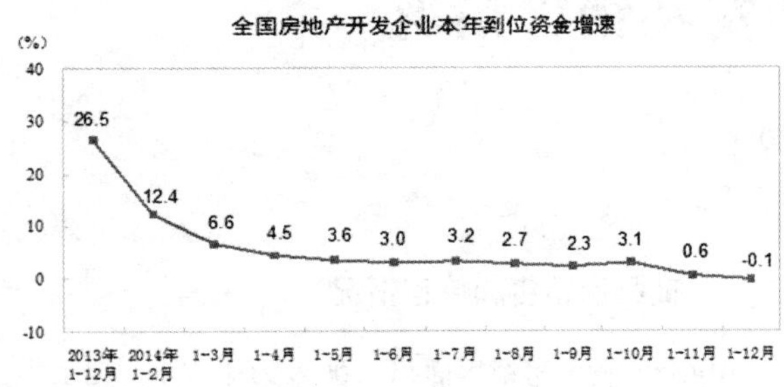

四、房地产开发景气指数

2014 年 12 月份，房地产开发景气指数（简称“国房景气指数”）为 93.93，比上月回落 0.37 点。

表 1　2014 年全国房地产开发和销售情况

指标	绝对量	比上年增长（%）
房地产开发投资（亿元）	95036	10.5
其中：住宅	64352	9.2
办公楼	5641	21.3
商业营业用房	14346	20.1
房屋施工面积（万平方米）	726482	9.2
其中：住宅	515096	5.9
办公楼	29928	21.8
商业营业用房	94320	17.0
房屋新开工面积(万平方米）	179592	−10.7
其中：住宅	124877	−14.4
办公楼	7349	6.7
商业营业用房	25048	−3.3
房屋竣工面积（万平方米）	107459	5.9
其中：住宅	80868	2.7
办公楼	3144	12.7
商业营业用房	12084	11.3
土地购置面积（万平方米）	33383	−14.0
土地成交价款（亿元）	10020	1.0
商品房销售面积(万平方米）	120649	−7.6
其中：住宅	105182	−9.1
办公楼	2498	−13.4
商业营业用房	9075	7.2
商品房销售额（亿元）	76292	−6.3
其中：住宅	62396	−7.8
办公楼	2944	−21.4
商业营业用房	8906	7.6
商品房待售面积(万平方米）	62169	26.1
其中：住宅	40684	25.6
办公楼	2627	34.4
商业营业用房	11773	26.0
房地产开发企业到位资金(亿元）	121991	−0.1
其中：国内贷款	21243	8.0
利用外资	639	19.7
自筹资金	50420	6.3
其他资金	49690	−8.8
其中：定金及预收款	30238	−12.4
个人按揭贷款	13665	−2.6

表 2 2014 年东中西部地区房地产开发投资情况

地　区	投资额（亿元）		比上年增长（%）	
		住　宅		住　宅
全国总计	95036	64352	10.5	9.2
东部地区	52941	35477	10.4	8.5
中部地区	20662	14552	8.5	9.7
西部地区	21433	14323	12.8	10.3

表 3　2014 年东中西部地区房地产销售情况

地　区	商品房销售面积		商品房销售额	
	绝对数（万平方米）	比上年增长（%）	绝对数（亿元）	比上年增长（%）
全国总计	120649	−7.6	76292	−6.3
东部地区	54756	−13.7	43607	−11.6
中部地区	33824	−3.9	16558	0.2
西部地区	32068	0.6	16127	3.5

2014年中国房地产市场形势分析与2015年发展展望

国家信息中心

2014年，全国房地产市场整体出现较为明显的调整和回落态势，部分指标出现负增长。具体来看，房地产开发投资和资金来源增速明显回落，土地购置面积增速再次出现负增长，房价上涨幅度逐月回落，三季度末房价同比涨幅出现负增长，不同城市间分化趋势更加明显。

一、政策影响分析

2014年以来，由于银行房贷收紧、供求关系转变、市场预期下行，再加上市场需求和购买力在前几年被大量透支，全国房地产市场迅速转冷。为抑制楼市持续下行，在"双向调控、分类指导"的基调下，全国范围内共经历了三轮楼市政策松绑。第一阶段是，中央相继以"央五条"、定向降准等手段"微刺激"以保障自住购房信贷需求；第二阶段是5月起地方政府相继出台各类"救市"政策，手段多样化、纵深化，"限购"政策也随之土崩瓦解；第三阶段是，9月底起，中央放松"限贷"，房地产市场出现企稳迹象，随后，为防止经济下滑，央行进一步在11月份宣布降息，房地产市场也随之受益。

在中央层面，中央政府更注重长效机构的建设，逐步将重心由短期调控转移至住房制度建设上来，《新型城镇化规划》发布，不动产统一登记工作平稳展开，户籍制度改革加速推进。

在货币层面，5月份央行召开住房金融服务专题座谈会，研究落实差别化住房信贷政策、改进住房金融服务工作；9月份，央行又出台《关于进一步做好住房金融服务工作的通知》，大规模放松住房信贷政策；11月份，又再次祭起降息利器，力促经济平衡增长。

从地方层面来看，在"分类调控"原则的指引下，调控的权力和责任转移至各地方政府。地方政府根据当地的实际情况，有针对性的出台调控政策。一线城市的楼市政策仅有微调，以继续抑制投资投机性需求，满足自住型需求。而那些库存量较高、供大于求的城市，地方政府积极出台利好政策，全力去库存。

从政策影响看，随着地方政府松绑限购、央行放松限贷以及降息等利好政策的引导下，全国房地产市场下滑的势头有所减缓，特别是四季度以来，房屋成交量有所回升，房价环比跌幅也逐渐收窄。

从未来政策走向看，预计2015年房地产政策将延续"分类调控"的思路，政策整体保持适度宽松，金融领域预计将继续实施降息和降准政策，房地产市场整体谨慎乐观。

二、2014年全国房地产市场运行情况

1. 房地产开发投资增速明显回落

2014年1-10月，全国房地产开发投资77220亿元，同比增长12.4%，与2013年全年相比增速回落7.4个百分点。其中，商品住宅完成投资52464亿元，增长11.1%，同比回落8.3个百分点。房地产投资增幅创住房制度改革以来最低值。

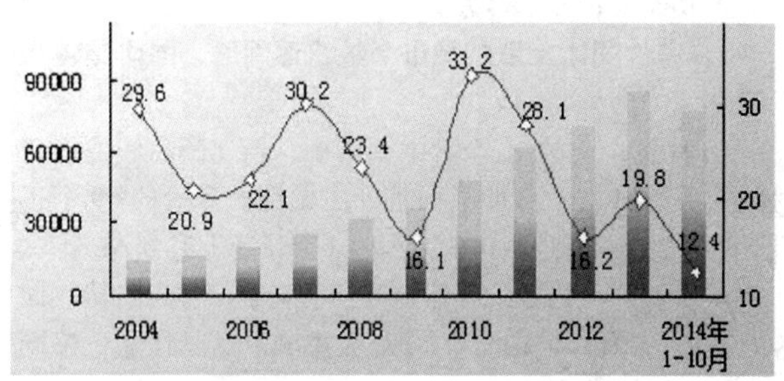

2. 新开工面积再次出现负增长

2014年1-10月，全国商品房新开工面积为14.77亿平方米，同比下降5.5%，这是继2012年后商品房新开工面积下降后再次出现负增长。

3. 房屋销售再次出现负增长，但跌幅好于2008年

2014年1-10月全国商品房累计销售面积8.85亿平方米，同比下跌7.8%，与2013年全年相比回落25.1个百分点。这是住房制度改革以来房屋销售面积第二次出现下降，但降幅比2008年少6.9个点。

标杆房企房屋销售好于行业平均水平。2014年1-10月，22家标杆房企实现房屋销售面积10330万平方米，同比增长9.9%，销售额实现11146亿元，增长10.6%，增速明显好于行业平均水平。从标杆企业房屋平均销售价格来看，涨幅明显放缓，前10个月平均房价与上年同期相比仅上涨0.6%。

4. 房地产开发资金来源增速明显回落

随着房地产市场销售形势的下滑，2014年房地产开发资金来源增速出现明显回落。2014年1-10月，全国房地产开发企业资金来源为100241亿元，同比增长3.1%，增速比2013年全年回落23.4个百分点，资金来源增速创住房制度改革以来新低。

房地产贷款余额增速回落，个人住房贷款增速平稳回落。2014年前三季度末，主要金融机构（含外资）房地产贷款余额16.7万亿元，同比增长18.2%，增速比2013年末低0.9个百分点。房地产贷款余额占各项贷款余额的21%，与2013年末持平。其中，个人住房贷款余额10.2万亿元，同比增长17.6%，增速比6月末低0.9个百分点；

住房开发贷款余额 3.2 万亿元，同比增长 24.5%，增速比 6 月末低 2.4 个百分点；地产开发贷款余额 1.2 万亿元，同比增长 12.7%，比 6 月末高 3 个百分点。前三季度，新增房地产贷款 21127 亿元，占各项贷款新增额的 27.5%，比上半年高 0.7 个百分点。

5. 土地购置面积保持低速增长

2014 年 1–10 月，全国房地产企业土地购置面积为 26972 万平方米，增长 1.2%，与上年全年相比增幅回落 7.4 个百分点。

前 10 个月，土地成交价款为 7747 亿元，同比增长 20.4%，增幅与上年全年相比回落 13.5 个百分点。从房地产企业土地平均购置价格来看，2014 年前 10 个月房企土地购置价格为 2872 元 / 平方米，同比上涨 12.4%，涨幅较上年全年回落 10.6 个百分点。

6. 房价同比上涨的城市个数快速回落，同比整体出现下跌

10 月份，全国 70 个大中城市中，新建商品住宅价格同比上涨的城市个数明显回落，由此前 6 月份的 69 个迅速下降到 3 个，下跌城市的个数由 1 个快速上升到 67 个。。

从房价同比指数的整体走势情况来看，呈现出持续回落的态势。2014 年 10 月，70 个大中城市商品住宅价格同比指数的加权平均值为 97.3，比 2013 年 12 月回落 13.4 个百分点；算术平均值为 97.4，比 2013 年 12 月份回落 12.3 个百分点。下图是近期 70 个大中城市商品住宅价格同比上涨情况的走势图，从图中可以明显看出，2012 年全年，房价指数整体呈现出低位运行的态势，2013 年起，房价指数迅速上升，至年底达到最高点，2014 年房价则出现持续回落，9 月份起整体出现下跌。

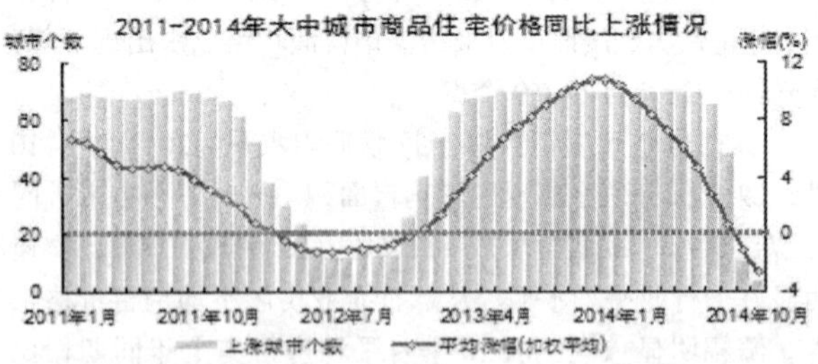

从具体城市分布来看，全国 70 个大中城市仅余厦门、合肥、郑州等 3 个城市房价同比仍保持上涨，但涨幅已明显回落，最高涨幅为 3.8%，其余 67 个城市房价同比出现下跌，其中杭州、温州、韶关等城市跌幅较大。

房价环比全线止涨，下跌城市个数持续高位，但跌幅出现企稳收窄迹象。自 2014 年 5 月份起，环比下跌的城市个数就开始超过上涨城市的个数。10 月份，70 个大中城市中新建商品住宅价格环比全线止涨，除郑州房价与上月持平外，其余城市均出现下跌，下跌城市个数持续高位。从环比下跌幅度来看，各城市跌幅较上月有所缩小。

从房价环比指数的整体走势情况来看，10 月份降幅继续收窄，房价环比出现企稳迹象。2014 年 10 月，70 个大中城市商品住宅价格环比指数的加权平均值为 99.2，比 8 月份回升 0.3 个百分点。从 10 月份 70 个大中城市的最小值、第 1 四分位数、第 3 四分位数来看，均较 9 月份出现回升，表明市场的整体跌幅在缩小。下图是近两年 70 个大中城市商品住宅价格环比上涨情况的走势图，从图中可以明显看出，近期房价仍保持上涨的城市个数出现快速回落，连续 5 个月上涨城市个数低于 10 个，与此同时，房价环比价格整体也由涨转跌，但从 9 月份起，房价环比跌幅连续两个月收窄。

从具体城市来看，10 月份商品住宅价格环比指数只有厦门 1 个城市持平，其余 69 个城市均出现下跌。在下跌的城市中，泸州、蚌埠、桂林、重庆、福州等城市降幅较大。

7. 不同城市间分化趋势不断加强

从重点城市的运行数据来看，2014 年前 10 个月，40 个重点城市房地产开发投资完成 41254 亿元，同比增长 12.5%，增速比全国略高 0.1 个百分点，实现商品房销售面积 3.42 亿平方米，下降 8.1%。跌幅较全国大 0.3 个百分点。

从具体城市的情况来看，城市间的分化趋势仍在延续。从投资来看，40 个重点城市中有 6 个城市出现下跌，其中除南昌和呼和浩特外，其余 4 个城市均属于东北地区省会城市和计划单列市。其余 34 个城市仍保持增长，但增速有所回落。具体来看，乌鲁木齐、厦门、杭州、南宁、郑州、兰州等城市增长较快。

从房屋销售面积来看，有 28 个城市出现下降，其余 12 个城市保持增长，但增速多数出现回落。从房屋销售面积保持增长的城市来看，兰州销售增长最快，增长 108.9%，其次是西宁、银川等西部省会城市。从房屋销售出现下跌的城市来看，三亚、大连、北京、贵阳、福州、深圳、长沙、海口、上海、沈阳、哈尔滨等 11 个城市下滑较为显著，降幅超过 20%。

综合 40 个大中城市投资增速和销售增速的数据，投资和销售双降的城市个数有 6 个，投资保持增长、但销售下降的城市个数有 22 个，投资销售均保持增长的城市个数有 12 个。其中，北上广深等一线城市均呈现出投资增长但销售下降的特征。

从土地购置面积来看，城市间分化显著。有 21 个城市房地产企业土地购置面积出现下降，其中贵阳、昆明、沈阳、太原、南昌等城市跌幅超过 50%，另外 19 个城市土地购置面积保持增长，其中南宁、西宁、兰州、温州、海口、济南等 6 城市增速超过 100%。

三、重点区域和城市运行分析

（一）环渤海地区：供给稳中有降，住宅需求出现回落

从供给方面来看，2014 年 1–10 月，环渤海地区房地产开发投资额为 9961.3 亿元，同比增长 6.6%，其中住宅投资 6309.9 亿元，增长 4.6%；土地购置面积为 1811.7 万平方米，同比下降 19.4%。商品住宅新开工面积 7319.8 万

平方米，同比下降 8.5%；商品住宅竣工面积为 3471.9 万平方米，同比下降 4.1%。供给稳中有降。

从需求方面来看，2014 年 1-10 月，环渤海地区商品住宅销售面积为 5421.4 万平方米，同比下降 4.1%；商品住宅销售额为4863.1亿元,同比下降 17.8%。需求出现回落。

从价格上看，2014 年 1-10 月，环渤海地区重点城市商品住宅平均价格为 8970.2 元 / 平方米，同比下滑 1.3%。

典型城市分析：北京

2014 年 1-10 月，北京市完成房地产开发投资 2837.2 亿元，增长 14.6%；其中，住宅完成投资 1419.5 亿元，增长 16.1%。北京市土地购置面积为 504.1 万平方米，同比上涨 14.8%。

2014 年 1-10 月，北京市商品房新开工面积为 1945.8 万平方米，同比下滑 24.4%。其中，商品住宅新开工面积为 1074.2 万平方米，同比下降 17.0%。

2014 年 1-10 月，北京市商品房销售面积为 1025.6 万平方米，同比下降 29.4%。其中，商品住宅销售面积为 797.1 万平方米，同比下降 23.7%。商品房销售金额为 1919.5 亿元，同比下降 31.4%。其中，商品住宅销售金额为 1474.0 亿元，同比下降 25.1%。从商品住宅平均销售价格来看，2014 年 1-10 月，北京市商品住宅均价为 18492.8 元 / 平方米，同比下降 1.9%。

（二）长三角地区：供给增长平缓，住宅需求增长下滑

从供给方面来看，2014 年 1-10 月，长三角地区房地产开发投资额为 6373.4 亿元，同比增长 16.3%，其中住宅投资 3770.4 亿元，增长 14%；土地购置面积为 568.2 万平方米,同比下降 0.9%。商品住宅新开工面积 3673 万平方米，同比下降 1.1%；商品住宅竣工面积为 2472.5 方米，同比增长 13.2%。供给增长平缓。

从需求方面来看，2014 年 1-10 月，长三角地区商品住宅销售面积为 3148.9 万平方米，同比下降 16.2%；商品住宅销售额为 4366 亿元，同比下降 18.3%。需求增长下滑。

从价格上看，2014 年 1-10 月，长三角地区重点城市商品住宅平均价格为 13865.3 元 / 平方米，同比下降 2.5%。

典型城市分析：上海

2014 年 1-10 月，上海市完成房地产开发投资 2498.4 亿元，增长 9.6%；其中，住宅完成投资 1377.8 亿元，增长 7.5%。上海市土地购置面积为 236.2 万平方米，同比下降 7.6%。

2014 年 1-10 月，上海市商品房新开工面积为 2137.8 万平方米，同比增长 4.1%。其中，商品住宅新开工面积为 1159.4 万平方米，同比下降 7.7%。

2014 年 1-10 月，上海市商品房销售面积为 1486.7 万平方米，同比下降 22.4%。其中，商品住宅销售面积为 1274.6 万平方米，同比下降 22.2%。商品房销售金额为 2465.8 亿元，同比下降 22%。其中，商品住宅销售金额为 2072.9 亿元，同比下降 22.4%。从商品住宅平均销售价格来看，2014 年 1-10 月，上海市商品住宅平均销售价格为 16262.3 元 / 平米，同比下降 0.3%。。

（三）泛珠三角地区：供给涨跌分化，需求增长出现回落

从供给方面来看，2014 年 1-10 月，泛珠三角地区房地产开发投资额为 2878 亿元，同比增长 18.8%，其中住宅投资 1776.2 亿元，增长 10.6%；土地购置面积为 567.7 万平方米，同比增长 121%。商品住宅新开工面积 2181.1 万平方米，同比下降 7.3%；商品住宅竣工面积为 1039.7 方米，同比增长 26.2%。供给出现涨跌分化。

从需求方面来看，2014 年 1-10 月，泛珠三角地区商品住宅销售面积为 1938.2 万平方米，同比下降 16.1%；商品住宅销售额为 2558 亿元，同比下降 17.3%。需求增长出现回落。

从价格上看，2014 年 1-10 月，泛珠三角地区重点城市商品住宅平均价格为 13197.7 元 / 平方米，同比下降 1.5%。

典型城市分析：广州

2014 年 1-10 月，广州市完成房地产开发投资 1428.6 亿元，增长 18.6%；其中，住宅完成投资 779.1 亿元，增长 4.4%。广州市土地购置面积为 194 万平方米，同比上涨 51.3%。

2014 年 1-10 月，广州市商品房新开工面积为 1955.4 万平方米，同比上涨 18.3%。其中，商品住宅新开工面积为 1188.2 万平方米，同比上涨 9.2%。

2014 年 1-10 月，广州市商品房销售面积为 1165.8 万平方米，同比下降 13.7%。其中，商品住宅销售面积为 905.8 万平方米，同比下降 19.3%。商品房销售金额为 1878.2 亿元，同比下降 10%。其中，商品住宅销售金额为 1339.8 亿元，同比下降 16.3%。从商品住宅平均销售价格来看，2014 年 1-10 月，广州市商品住宅平均价格为 14792.1 元 / 平米，同比上涨 3.7%。

四、2015 年房地产市场走势预测

通过对 1998 年 1 月 -2014 年 11 月各月房地产有关统计数据的分析，考虑到国内外宏观经济环境的变化以及未来的政策走向，利用 ARIMA 预测模型，我们对 2015 年全国房地产市场的主要指标预测如下：

2015 年，预计全国房地产市场将延续调整的发展态势，房地产开发投资增速继续回落，但房屋销售会受利好政策刺激影响有所好转，房价保持低位震荡，土地购置意愿依然较低。具体来看：

2015 年全年，预计全国房地产市场将延续调整态势，与 2014 年相比，部分指标出现回升，但整体增幅都比较低，多数属于个位数增长，新开工面积和土地购置面积继续保持负增长。

2011-2015 年房地产主要指标预测情况

单位：亿元、万平方米、%

指标	2011年		2012年		2013年		2014年		2015年	
	完成值	增长	完成值	增长	完成值	增长	预测值	增长	预测值	增长
固定资产投资	301933	23.8	364835	20.6	434883	19.2	499942	15.0	573946	14.4
房地产开发投资	61740	27.9	71804	16.3	86013	19.8	95750	11.3	102968	7.5
房地产开发资金来源	85689	14.1	96537	12.7	122122	26.5	124491	1.9	137272	10.3
其中：国内贷款	12564	0.2	14778	17.6	19673	33.1	21017	6.8	22774	8.4
其中：个人按揭贷款	8360	-9.2	10524	25.9	14033	33.3	13267	-5.5	14145	6.6
施工面积	506776	25.3	573418	13.2	665572	16.1	726405	9.1	788150	8.5
新开工面积	191237	16.2	177334	-7.3	201208	13.5	184407	-8.4	177400	-3.8
竣工面积	92620	13.3	99425	7.3	101435	2.0	99771	-1.6	95292	-4.5
销售面积	109367	5.0	111304	1.8	130551	17.3	120825	-7.5	127295	5.4
销售额	58589	12.1	64456	10.0	81428	26.3	74906	-8.0	81025	8.2
土地购置面积	44327	11.0	35667	-19.5	38814	8.8	37479	-3.4	40286	7.5

数据来源：国家统计局，国家信息中心中国房地产信息网(www.realestate.cei.gov.cn)。

投资：固定资产投资和房地产开发投资增幅双双回落

预计 2014 年全年，固定资产投资完成额（不含农户）达到 49.99 万亿元，增长 15.0%，增速较 2013 年回落 4.2 个百分点。其中房地产开发投资完成 9.57 万亿元，增长 11.3%，增幅同比回落 8.5 个百分点。

2015 年，预计固定资产投资和房地产开发投资仍保持增速回落的特征。其中，固定资产投资（不含农户）完成 57.39 万亿，增长 14.4%，增速较上年回落 0.6 个百分点；房地产开发投资完成 11.19 万亿，增长 7.5%，增速回落 3.8 个百分点。

资金来源：增幅回升

预计 2014 年全年，房地产开发资金来源达到 12.45 万亿元，增长 1.9%，增幅同比回落 24.6 个百分点，增幅创住房制度改革以来新低。与房地产完成开发投资增幅相比，增幅低 9.4 个百分点。

2015 年，房地产开发资金来源预计会出现回升，预计增长 10.3%，达 14.45 万亿元，增速与上年相比加快 8.3 个百分点。其中，国内贷款达 2.28 万亿元，增长 8.4%，增速加快 1.5 个百分点，个人按揭贷款达 1.57 万亿元，增长 6.6%，增幅同比加快 12.1 个百分点。

房屋建设：新开工面积降幅收窄，竣工面积出现负增长。

2014 年，商品房施工面积增幅出现较大幅度回落，新开工面积和竣工面积均出现负增长。预计 2014 年全年商品房新开工面积 18.44 亿平方米，下降 8.4%。商品房竣工面积出现小幅下跌，2014 年商品房竣工 9.98 亿平方米，下降 1.6%，这是自 1998 年住房制度改革以来商品房竣工面积首次出现负增长。

2015 年，预计受市场形势偏冷影响，房地产开发企业房屋新开工面积预计仍保持负增长，新开工面积实现 19.62 亿平方米，下降 3.8%，降幅较 2014 年收窄 4.6 个百分点。商品房竣工面积 9.53 亿平方米，下降 4.5%。

销售：2014 年销售出现负增长，2015 年销售形势有所好转

2014 年，房地产市场销售形势十分严峻，尽管政府通过放松限购、放松限贷、降息、减税、改善公积金贷款条件等多种方式刺激市场，但全年房屋销售依然保持负增长。全年实现商品房销售面积 12.08 亿平方米，下降 7.5%，实现销售额 7.49 亿元，下降 8.0%，增速较 2013 年分别回落 24.7 和 34.3 个百分点。

2015 年，随着房地产相关政策环境趋向宽松，预计房地产销售形势会有所好转。预计 2015 年全年商品房销售面积和销售额分别实现 13.40 亿平方米和 9.21 亿元，分别增长 5.4% 和 8.2%，增幅较 2014 年分别加快 12.8 和 16.2 个百分点。

土地：2014 年土地购置面积出现负增长，2015 年明显好转

2014 年，随着房屋销售形势的低迷，土地购置意愿明显下降。预计全年完成购置土地面积为 3.75 亿平方米，同比下降 3.4%，增幅较 2013 年相比回落 12.3 个百分点。

2015 年，随着全国房地产市场形势的好转，预计土地购置意愿会有所改善将受到抑制，预计土地购置面积将再次出现负增长，但降幅较小。预计 2015 年土地购置面积为 4.03 万平方米，同比增长 7.5%。

全国住房公积金2014年年度报告

住房和城乡建设部

为贯彻落实十八届三中全会《关于全面深化改革若干重大问题的决定》"建立公开规范的住房公积金制度，改进住房公积金提取、使用、监管机制"要求，根据住房和城乡建设部、财政部、中国人民银行《关于健全住房公积金信息披露制度的通知》（建金〔2015〕26号）规定，现将全国住房公积金2014年年度报告公布如下。

一、机构概况

（一）住房城乡建设部会同财政部、人民银行负责拟定住房公积金政策，并监督执行。省、自治区住房城乡建设厅会同财政厅以及人民银行分支机构，负责本行政区域内住房公积金管理法规、政策执行情况的监督。2008年，住房城乡建设部设立住房公积金监管司。各省、自治区住房城乡建设厅设立住房公积金监管处(办)。截至2014年末，部省两级住房公积金专职监管人员134人。

（二）直辖市和省、自治区人民政府所在地的市以及设区的市（地、州、盟）设立住房公积金管理委员会。住房公积金管理委员会是城市住房公积金管理的决策机构，负责制定和调整住房公积金的具体管理措施并监督实施；审批住房公积金缴存、使用计划和执行情况报告；审议住房公积金增值收益分配方案等。住房公积金管理委员会由人民政府负责人和建设、财政、人民银行等有关部门负责人以及有关专家、工会代表、职工代表和单位代表组成。

（三）直辖市和省、自治区人民政府所在地以及其他设区的城市设立一个住房公积金管理中心。住房公积金管理中心是直属城市人民政府的独立的事业单位，负责住房公积金的管理运作。

截至2014年末，全国设区城市（含新疆生产建设兵团）共设立342个住房公积金管理中心，其中：参公管理事业单位129个，一般事业单位213个。未纳入设区城市统一管理的分中心208个，其中：县（市、区）分中心98个，石油、电力、煤炭等企业分中心86个，省直分中心24个。全国住房公积金管理机构从业人员3.66万人，其中在编2.57万人，非在编1.09万人。

（四）住房公积金管理委员会按照人民银行的规定，指定受委托办理住房公积金金融业务的商业银行。住房公积金管理中心通过签订委托合同，委托受托银行办理住房公积金贷款、结算等金融业务和住房公积金账户的设立、缴存、归还等手续。目前，各城市主要受托银行为工商银行、农业银行、中国银行、建设银行和交通银行。

二、运行情况

（一）**缴存**。按照《住房公积金管理条例》及有关政策规定，单位和职工每月应分别按不低于职工上一年度月平均工资的5%缴存住房公积金，最高缴存比例原则上不高于12%。缴存住房公积金的月工资基数，原则上不应超过职工工作地所在设区城市统计部门公布的上一年度职工月平均工资的2倍或3倍。单位和职工个人缴存的住房公积金均属于职工个人所有。住房公积金管理中心按人民银行规定利率向缴存职工计付利息。

全年住房公积金实缴单位206.50万个，实缴职工11877.39万人，分别比上年增长14.05%和9.19%。全年新开户单位22.68万个，新开户职工1575.70万人，净增实缴单位25.44万个，净增实缴职工999.53万人。

全年住房公积金缴存额12956.87亿元，比上年增长12.41%。年末缴存总额74852.68亿元，扣除提取后的缴存余额37046.83亿元，分别比上年末增长20.88%和16.97%。

表1　住房公积金缴存情况表

地区	实缴单位数（万个）	实缴职工数（万人）	全年缴存额（亿元）	缴存总额（亿元）	缴存余额（亿元）
全国	206.50	11877.39	12956.87	74852.68	37046.83
北京	10.03	571.39	1140.33	6605.12	2522.98
天津	4.14	226.02	343.59	2189.81	954.35
河北	5.83	494.81	393.98	2370.20	1324.47
山西	4.16	400.40	263.92	1492.58	1025.36
内蒙古	3.52	186.94	260.59	1380.27	901.48
辽宁	7.61	463.03	574.66	3683.33	1846.27
吉林	3.41	206.75	218.43	1355.10	749.58
黑龙江	3.18	289.91	279.19	1805.84	966.82

续表

地区	实缴单位数（万个）	实缴职工数（万人）	全年缴存额（亿元）	缴存总额（亿元）	缴存余额（亿元）
上海	21.01	662.84	786.87	5215.59	2452.08
江苏	26.96	957.00	1039.87	5874.41	2675.52
浙江	13.63	500.60	783.20	4874.66	2100.03
安徽	4.90	342.40	457.49	2579.01	1156.93
福建	7.71	313.03	359.34	2136.36	970.92
江西	3.93	221.15	216.76	1073.10	685.82
山东	10.81	777.88	706.60	4086.26	2198.50
河南	6.17	618.52	413.97	2300.51	1397.79
湖北	5.73	425.75	407.65	2326.54	1383.06
湖南	5.90	433.18	334.64	1826.45	1061.95
广东	20.88	1410.72	1440.72	7549.56	3179.06
广西	4.56	241.45	244.49	1500.39	699.68
海南	1.73	86.28	79.55	396.68	229.74
重庆	2.64	223.91	231.60	1188.56	573.99
四川	8.33	510.54	587.73	3116.05	1642.60
贵州	3.12	201.68	186.33	889.05	537.63
云南	3.99	247.51	286.82	1786.11	909.24
西藏	0.35	21.00	41.77	211.10	121.89
陕西	4.32	370.33	278.97	1645.47	937.38
甘肃	2.91	180.67	174.25	1013.88	637.44
青海	0.89	42.84	71.77	404.80	224.22
宁夏	0.85	52.85	70.87	430.17	202.40
新疆	2.94	169.15	256.70	1427.98	707.73
建设兵团	0.36	26.86	24.22	117.74	69.92

图 1：2014 年实缴职工人数按所在单位性质分类占比图

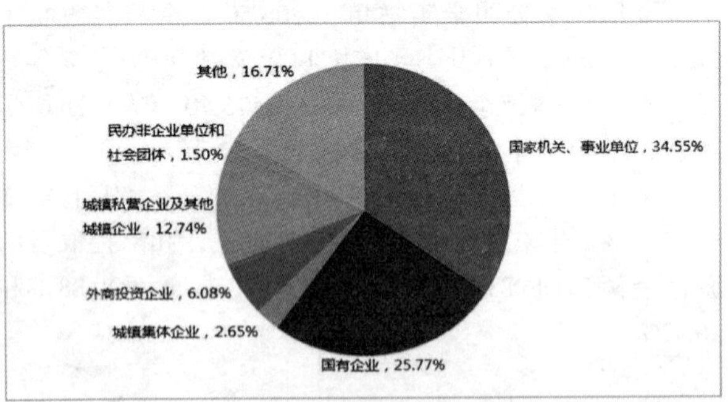

（二）提取。《住房公积金管理条例》规定，缴存职工购买、建造、翻建、大修自住住房，偿还购房贷款本息，房租超出家庭工资收入的规定比例以及离退休等，可以提取职工个人账户的住房公积金。缴存职工离退休、完全丧失劳动能力且与单位终止劳动关系、出境定居、死亡或宣告死亡等，可全额提取个人的住房公积金，并注销账户。

全年住房公积金提取额 7581.96 亿元，占全年缴存额的 58.52%；比上年增长 13.99%。其中，住房消费类提取 5714.52 亿元，非住房消费类提取 1867.44 亿元，分别占 75.37%、24.63%。

年末住房公积金提取总额 37806.26 亿元，占缴存总额的 50.51%。

图 2：2014 年提取额按提取原因分类占比图

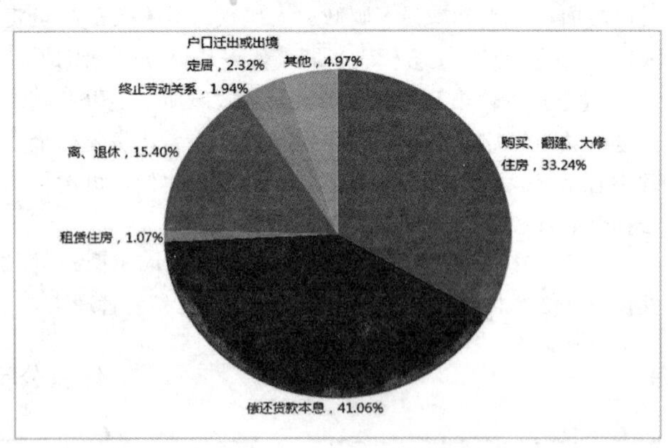

（三）贷款

1、个人住房贷款。《住房公积金管理条例》规定，缴存职工购买、建造、翻建、大修自住住房，可以申请住房公积金贷款。住房公积金贷款最高额度和具体贷款条件由各设区城市住房公积金管理委员会确定，贷款利率按人民银行规定执行。

全年发放个人住房贷款 222.51 万笔、6593.02 亿元，分别比上年减少 13.14%、14.18%；全年收回个人住房贷款 2786.90 亿元，比上年增长 12.16%；全年个人住房贷款新增余额 3806.12 亿元，市场占有率（全年住房公积金个人住房贷款新增余额占商业性个人住房贷款和住房公积金个人住房贷款新增余额总和的比例）为19.22%。

截至2014年末，累计发放个人住房贷款2185.85万笔、42245.30亿元，分别比上年末增长11.32%、18.49%。年末个人住房贷款余额25521.94亿元，个人住房贷款率（以下简称"个贷率"）68.89%，比上年末增加0.33个百分点。

表2　　住房公积金个人住房贷款情况表

地区	全年发放笔数（万笔）	全年发放金额（亿元）	累计发放笔数（万笔）	累计发放额（亿元）	贷款余额（亿元）	个贷率（%）
全国	222.51	6593.02	2185.85	42245.30	25521.94	68.89
北京	4.93	307.97	75.41	3069.27	1871.81	74.19
天津	5.72	220.59	69.27	1664.37	787.37	82.50
河北	7.45	178.33	64.28	1169.72	791.48	59.76
山西	3.99	92.36	30.22	391.26	245.02	23.90
内蒙古	5.79	147.20	71.55	911.91	490.90	54.45
辽宁	11.86	317.75	116.08	2082.38	1263.93	68.46
吉林	4.69	115.46	44.07	728.72	475.41	63.42
黑龙江	4.94	121.21	58.60	941.77	513.22	53.08
上海	12.15	472.20	195.55	4095.36	2012.00	82.05
江苏	20.63	621.78	202.18	4233.57	2443.67	91.33
浙江	10.15	428.08	122.08	3082.63	1779.79	84.75
安徽	9.47	241.85	79.78	1383.48	916.54	79.22
福建	5.89	208.55	69.16	1375.07	855.96	88.16
江西	4.63	134.73	44.47	700.93	423.59	61.76
山东	14.16	370.13	125.61	2318.36	1467.51	66.75
河南	10.03	231.37	68.42	1176.30	805.64	57.64
湖北	9.38	273.80	77.27	1459.34	940.36	67.99
湖南	7.41	181.95	80.18	1171.46	740.58	69.74
广东	15.70	607.94	107.52	2987.74	2049.83	64.48
广西	4.84	114.99	41.88	677.95	460.85	65.87
海南	1.72	47.25	9.37	190.69	154.06	67.06
重庆	3.88	129.21	33.00	706.32	536.33	93.44
四川	10.82	272.64	86.78	1542.86	1061.59	64.63
贵州	5.31	124.36	37.64	614.75	430.50	80.07
云南	6.29	163.27	83.51	1108.34	593.18	65.24
西藏	0.56	20.94	4.14	85.54	41.80	34.29
陕西	4.67	111.33	40.53	602.87	409.28	43.66
甘肃	5.02	109.21	47.05	490.48	281.52	44.16
青海	1.65	33.22	18.03	210.43	84.53	37.70
宁夏	1.90	50.04	18.63	264.16	121.31	59.94
新疆	6.54	136.53	60.22	768.59	452.50	63.94
建设兵团	0.34	6.78	3.37	38.68	19.88	28.43

支持保障性住房建设项目贷款。根据经国务院同意，住房城乡建设部、财政部等七部委印发的《关于利用住房公积金贷款支持保障性住房建设试点工作的实施意见》（建金〔2009〕160号）规定，经住房城乡建设部会同财政部、人民银行批准，全国共有项目贷款试点城市93个，试点项目439个，贷款额度1248.03亿元。

全年发放试点项目贷款143.21亿元。其中，经济适用住房45.72亿元，棚户区改造安置用房45.76亿元，公共租赁住房51.73亿元。应还项目贷款本金135.16亿元，实际收回172.76亿元。

截至2014年末，累计发放试点项目贷款775.80亿元。其中，经济适用住房209.60亿元，棚户区改造安置用房313.21亿元，公共租赁住房252.99亿元。累计收回项目贷款本金324.94亿元，项目贷款余额450.86亿元。104个试点项目的贷款本息已结清。

表 3 住房公积金试点项目贷款情况表

地区	试点项目数（个）	全年发放额（亿元）	全年收回 额（亿元）	累计发放额（亿元）	累计收回额（亿元）	贷款余额（亿元）
全国	439	143.21	172.76	775.80	324.94	450.86
北京	37	44.81	24.35	167.37	33.46	133.91
天津	10	7.09	5.50	24.19	12.17	12.02
河北	23	1.70	4.40	28.70	13.10	15.60
山西	9	4.03	2.25	8.33	4.33	4.00
内蒙古	14	4.20	2.15	13.12	5.17	7.95
辽宁	9	1.57	5.71	30.78	13.71	17.07
吉林	12	0.80	1.34	14.60	11.34	3.26
黑龙江	5	1.64	13.50	46.14	33.00	13.14
上海	15	8.94	24.78	88.54	32.86	55.68
江苏	6	2.36	0.24	9.92	3.24	6.68
浙江	13	0.30	4.06	14.92	12.58	2.34
安徽	23	5.46	13.36	34.91	15.79	19.12
福建	10	0.00	0.00	8.75	4.15	4.60
江西	6	1.97	0.33	4.76	0.33	4.43
山东	28	2.13	13.08	22.61	17.77	4.84
河南	17	1.63	3.09	8.53	6.59	1.94
湖北	6	0.00	1.78	5.20	2.88	2.32
湖南	15	8.61	2.39	21.39	2.64	18.75
广东	5	1.67	0.04	3.55	0.05	3.50
广西	5	1.05	0.00	2.06	0.00	2.06
海南	5	0.55	0.66	3.74	3.05	0.69
重庆	12	0.00	15.50	30.00	19.00	11.00
四川	38	5.28	7.30	31.49	14.27	17.22
贵州	14	6.37	1.10	14.32	1.10	13.22
云南	3	0.00	0.19	7.46	4.51	2.95
西藏	——	——	——	——	——	——
陕西	29	20.30	5.65	61.20	22.25	38.95
甘肃	21	1.38	0.42	12.88	5.92	6.96
青海	9	0.73	0.39	2.07	0.51	1.56
宁夏	7	2.50	1.52	8.74	4.44	4.30
新疆	32	5.20	17.68	41.59	24.73	16.86
建设兵团	1	0.94	0.00	3.94	0.00	3.94

（四）国债。《住房公积金管理条例》规定，住房公积金管理中心在保证提取和贷款的前提下，经设区城市住房公积金管理委员会批准，可将住房公积金用于购买国债。年末国债余额48.86亿元，比上年末减少60.37亿元。

三、业务收支及增值收益情况

（一）业务收入。全年住房公积金业务收入1496.73亿元，比上年增长19.51%。其中，委托存款利息收入404.96亿元，委托贷款利息收入1081.92亿元，国债利息收入6.08亿元，其他收入3.77亿元。

（二）业务支出。全年住房公积金业务支出819.71亿元，比上年增长14.56%。其中，支付缴存职工利息751.84亿元，归集手续费20.03亿元，委托贷款手续费42.98亿元，其他支出4.86亿元。

（三）增值收益。住房公积金增值收益是住房公积金业务收入扣除业务支出的差额。全年增值收益677.02亿元，比上年增长26.09%。

（四）增值收益分配。按照《住房公积金管理条例》及有关政策规定，住房公积金增值收益应当用于建立住房公积金贷款风险准备金、住房公积金管理中心的管理费用和建设城市公共租赁住房（廉租住房）的补充资金。建立住房公积金个人贷款风险准备金的比例按不低于住房公积金增值收益60%核定，或按不低于年度住房公积金贷款余额的1%核定。

全年提取住房公积金贷款风险准备金154.70亿元，提取管理费用87.21亿元，提取城市公共租赁住房（廉租住房）建设补充资金432.15亿元，待分配增值收益2.96亿元。截至2014年末，累计提取城市公共租赁住房（廉租住房）建设补充资金1186.46亿元。

（五）管理费用支出。管理费用支出指各地公积金中心为保障住房公积金管理、运作，按规定列支的经费，包括人员经费、公用经费和专项经费。全年管理费用实际支出70.98亿元，比上年减少5.41%。其中，人员经费29.13亿元，公用经费11.09亿元，专项经费30.76亿元，分别占41.04%、15.62%和43.34%。

四、资产风险情况

（一）个人住房贷款。年末个人住房贷款逾期额3.16亿元，逾期率0.12‰，比上年末上升0.01个千分点。全年使用个人住房贷款风险准备金核销呆坏账0.01亿元。年末个人住房贷款风险准备金余额895.07亿元，占个人住房贷款余额的3.51%；个人住房贷款逾期额与个人住房贷款风险准备金余额的比例为3.53%。

（二）试点项目贷款。年末试点项目贷款无逾期。全年未使用项目贷款风险准备金。年末项目贷款风险准备金余额25.41亿元，占试点项目贷款余额的5.64%。

（三）历史遗留风险资产。历史遗留风险资产是指住房公积金制度建立初期，由于制度不健全、管理不规范，在项目贷款、购买国债中形成的逾期未能收回和一些地方政府挤占、挪用未归还的住房公积金本金及利息。

全年清收历史遗留风险资产5.55亿元，截至2014年底，全国住房公积金历史遗留风险资产总额为7.24亿元。2015年1-5月，各地加大清收工作力度，又收回资金2.89亿元。截至5月31日，全国住房公积金历史遗留风险资产总额为4.35亿元。其中，历史遗留项目贷款和挤占挪用资金1.15亿元，历史遗留逾期国债资金3.20亿元。

表4　　历史遗留风险资产情况表

单位：万元

地区	城市	项目贷款和挤占挪用资金	逾期国债资金	小计	合计
辽宁	抚顺	4978.00	——	4978.00	13510.38
	大连	——	3643.09	3643.09	
	省直	——	4552.80	4552.80	
	辽阳	——	336.49	336.49	
湖北	黄冈	——	6458.87	6458.87	9300.11
	武汉	567.70	2273.54	2841.24	
云南	丽江	——	6294.96	6294.96	6294.96
山东	济南	——	4537.22	4537.22	4537.22
吉林	长春	3008.72	300.00	3308.72	3308.72
新疆	昌吉	——	2999.06	2999.06	2999.06
江苏	徐州	2589.21	——	2589.21	2589.21
河北	保定	——	413.07	413.07	413.07
广西	贺州	209.09	——	209.09	209.09
青海	西宁	10.00	151.00	161.00	161.00
陕西	省直	107.86	——	107.86	107.86
总计		11470.58	31960.10	43430.68	43430.68

五、重要事项

（一）扩大使用范围，调整个人住房贷款政策。为更好地支持缴存职工购买首套和改善型自住住房，2014年10月，住房城乡建设部、财政部、人民银行联合印发《关于发展住房公积金个人住房贷款业务的通知》（建金〔2014〕148号），对降低贷款门槛，提高贷款额度，推进异地贷款业务，降低贷款中间费用，优化贷款办理流程以及盘活存量贷款资产等提出了明确要求。

（二）降低贷款利率，促进住房消费。根据人民银行《关于下调金融机构人民币贷款及存款基准利率并进一步推进利率市场化改革的通知》（银发〔2014〕348号），自 2014 年 11 月 22 日起，下调住房公积金存、贷款利率。

（三）开展专项督查，完善服务体系。为构筑方便快捷的住房公积金管理服务体系，解决群众关注的热点问题，2014 年 7 月至 12 月，住房城乡建设部组织开展了加强和改进住房公积金服务专项督查工作，督促住房公积金服务质量全面提升。

（四）开通 12329 短信服务，拓宽服务渠道。继 2012 年开通 12329 住房公积金热线之后，2014 年，住房城乡建设部在全国范围进一步推进开通 12329 住房公积金短信服务，督促各省加快推进省级 12329 短信平台建设，不断提高住房公积金综合服务水平。

（五）贯彻落实基础数据标准，推广住房公积金银行结算应用系统。2014 年 10 月，住房城乡建设部发布了《住房公积金基础数据标准》，规范各地住房公积金信息化建设。同时，在成功试点的基础上，推广住房公积金银行结算数据应用系统，提高资金结算效率，实现资金、业务、财务管理一体化，增强各地住房公积金中心资金管理和业务能力。

（六）加强廉政风险防控，确保资金安全。为进一步贯彻落实《关于加强住房公积金廉政风险防控工作的通知》（建金〔2011〕170 号），2014 年 8 月起，住房城乡建设部要求各地加快建立住房公积金廉政惩防体系和长效机制，并对廉政风险防控工作开展自查自纠，保障住房公积金资金安全。

2015 年是全国住房公积金行业深入贯彻十八届三中全会《决定》和研究推进住房公积金制度改革的关键一年。随着我国经济发展进入新常态，住房公积金制度的改革发展面临新形势新任务。住房公积金管理工作将积极适应新常态，加大深化改革力度，加快修订《住房公积金管理条例》；完善住房公积金提取使用政策，加大个人住房贷款发放力度，促进住房消费，更好地发挥住房公积金的作用；积极打造住房公积金综合服务平台，提升全行业服务水平；强化住房公积金监管，确保资金安全完整；坚持依法行政，维护缴存职工合法权益，促进缴存职工实现“住有所居”目标。

2014 年山西省房地产业发展报告

山西省住房和城乡建设厅房地产市场监管处

2014 年，在国内外经济下行压力增大、市场需求增速放缓的形势下，通过全省上下的努力，全省房地产开发业呈现出总体运行平稳，开发投资总量继续扩大、非住宅类投资保持较快增长、房屋施工规模继续增大、商品房销售面积降幅收窄等良好态势。但开发企业到位资金紧张、土地市场冷清、库存压力进一步加大等问题仍然突出。进一步充分发挥市场在调整中的决定性作用，调整住房供应结构，培育新的增长点，促进全省房地产开发业健康发展仍需艰苦努力。

2014 年，面对外部经济环境和自身结构性矛盾的双重压力，全省上下坚持稳中求进工作总基调，全面落实各项调控措施，着力推进“六大发展”，全省房地产开发业呈现出投资规模继续扩大，商品房销售量降幅收窄等一些新情况、新变化。

一、新常态下山西房地产开发市场运行特征

（一）房地产开发投资总量继续扩大，增速平稳回落

2014 年，全省房地产开发投资完成 1403.6 亿元，同比增长 7.3%，增幅比上年回落 22_3 个百分点，比全国平均增速低 3.2 个百分点，比同期全省固定资产投资增速低 4.2 个百分点，占全省固定资产的比重由 _L 年 12.0% 下降到 11.7 %。其中，建安工程投资完成 1142.9 亿元，同比增长 2.8%，增幅比上年回落 34.7 个百分点，占全省房地产开发投资的比重由七年 85.0% 下降到 81.4%；支付土地费 160.5 亿元，同比增长 48.6%，增幅比上年加快 56.8 个百分点，占全省房地产开发投资的比重由上年 8.3% 提高到 11.4%。

全国及山西房地产开发投资增长情况

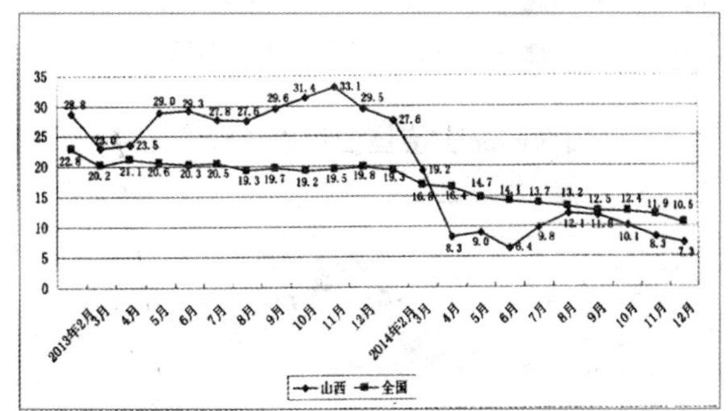

（二）非住宅类房屋投资保持较快增长

2014 年，房地产开发企业住宅投资完成 1010.7 亿元，同比增长 5.4%，增幅比上年回落 24.9 个百分点，占房地产开发投资的比重由上年 73.3% 下降到 72.0%。非住宅类投资完成 392.9 亿元，同比增长 12.3%，增幅比上年回落 15.0 个百分点，占房地产开发投资的比重由上年 26.7% 提高到 28.0%，其中办公楼投资完成 69.2 亿元，同比增长 42.9%，增幅比上年回落 69.5 个百分点，占房地产开发投资的比重由上年 3.7% 提高到 4.9%；商业营业用房投资完成 191.3 亿元，同比增长 4.8%，增幅比上年回落 26.3 个百分点，占房地产开发投资的比重由上年 14.0% 下降到 13.6%；其他类房屋投资完成 132.3 亿元，同比增长 11.4%，增幅比上年加快 6.1 个百分点，占房地产开发投资的比重由上年 9.1% 提高到 9.4%。

（三）民营企业开发投资占比超 9 成

2014 年，在房地产开发投资中，国有投资完成 81.9 亿元，同比下降 34.0%，占全省房地产开发投资的比重由上年 9.5% 下降到 5.8%；非国有投资完成 1321.6 亿元，同比增长 11.6%，占全省房地产开发投资的比重由上年 90.5% 提高到 94.2%，其中民营企业投资完成 1304.3 亿元，同比增长 12.0%，占全省房地产开发投资的比重由上年 89.0% 提高到 92.9%。

（四）房屋施工规模继续增大，竣工面积同比下降

2014 年，全省房地产开发项目房屋施工面积 15476.9 万平方米，同比增长 10.2%，增幅比上年回落 9.6 个百分点，其中住宅施工面积 11471.8 万平方米，同比增长 6.7%，增幅比上年回落 9.0 个百分点；房屋新开工面积 3887.5 万平方米，同比增长 5.8%，增幅比上年加快 17.7 个百分点，其中住宅新开工面积 2740.0 万平方米，同比增长 0.6%，增幅比上年加快 17.4 个百分点；房屋竣工面积 2182.5 万平方米，同比下降 4.5%，增幅比上年下降 36.3 个百分点，其中住宅竣工面积 1701.6 万平方米，同比下降 7.9%，增幅比上年下降 36.6 个百分点。

2014 年房地产开发企业房屋施工、竣工规模增长情况

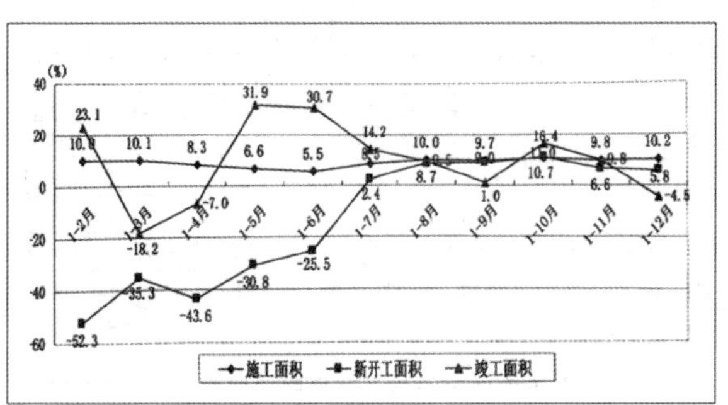

（五）商品房销售面积高开低走，降幅收窄

2014年，全省商品房销售面积1576.3万平方米，同比下降4.1%，增幅比上年下降13.7个百分点，比1-11月收窄1.5个百分点，其中住宅销售面积1433.9万平方米，同比下降3.4%n，增幅比上年下降10.2个百分点，比1-11月收窄2.2个百分点；商品房销售额746.1亿元，同比增长2.5%，增幅比上年回落23.1个百分点，比1-11月加快2.9个百分点，其中住宅销售额639.8亿元，同比增长2.3%，增幅比上年回落19.5个百分点，比1-11月加快5.1个百分点。

2014年商品房销售量增长情况

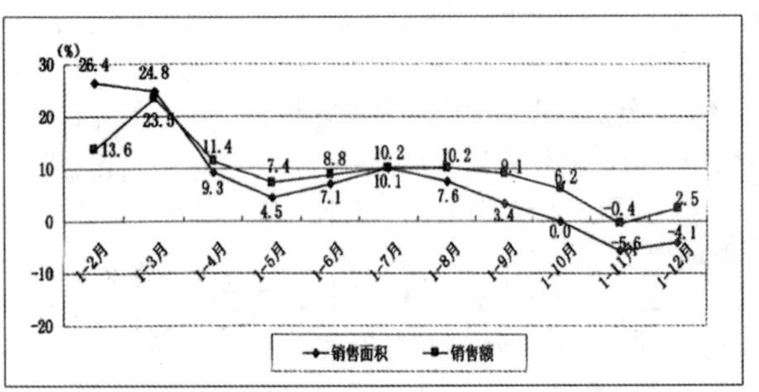

（六）各市房地产开发投资和销售出现明显不平衡

从开发投资增速看，11个市房地产开发投资同比增速表现为“7增4降”，太原、晋城、晋中、运城、忻州、临汾和吕梁房地产开发投资同比增速分别为12.45%、14.5%、46.8%、26.5%、62.0%、28.4%、32.9%;大同、阳泉、长治和朔州房地产开发投资同比下降分别为10.5%、27.2%、20.1%、14.4%。从商品房销售面积增速看，11个市商品房销售面积同比增速表现为“5增6降”，太原、长治、晋中、忻州和临汾商品房销售面积同比增速分别为7.7%、1.8%、7.9%、3.8%、10.3%；大同、阳泉、晋城、朔州、运城和吕梁商品房销售面积同比下降分别为32.3%、13.6%、13.0%、4.4%、13.7%、34.2%。

各市房地产开发及商品房销售情况

地 区	开发投资（亿元）	增速（%）	商品房销售面积（万平方米）	增速（%）	商品房销售额（亿元）	增速（%）
全 省	1403.6	7.3	1576.3	-4.1	746.1	2.5
太 原	483.2	12.4	428.0	7.7	326.0	10.4
大 同	237.3	-10.5	81.7	-32.3	36.8	-34.1
阳 泉	52.7	-27.2	73.7	-13.6	23.3	-16.9
长 治	75.2	-20.1	184.9	1.8	69.3	7.1
晋 城	58.2	14.5	75.4	-13.0	34.1	-11.2
朔 州	77.2	-14.4	132.2	-4.4	45.6	12.3
晋 中	112.9	46.8	136.9	7.9	57.2	17.3
运 城	117.7	26.5	198.0	-13.7	57.2	-12.8
忻 州	61.7	62.0	63.0	3.8	18.2	-1.6
临 汾	84.2	28.4	149.9	10.3	59.7	25.3
吕 梁	43.2	32.9	52.7	-34.2	19.0	-24.8

二、房地产开发运行中存在的问题

（一）开发企业本年到位资金趋紧

2014年，房地产开发企业到位资金1393.5亿元，到位资金比同期开发投资总量少10.1亿元，同比增长1.2%，增幅比上年回落32.4个一百分点，比同期房地产开发投资增速低6.1个百分点。其中，国内贷款123.6亿元，同比增长87.9%，增幅比土年加快79.8个百分点；自筹资金743.3亿元，同比下降2.0%，增幅比上年下降39.7个百分点；定金及预收款380.3亿元，同比下降8.8%，增幅比上年下降39.8个百分点；个人按揭贷款96.2亿元，同比增长1.9%，增幅比上年回落29.0个百分点。

2014年房地产开发投资及资金到位情况

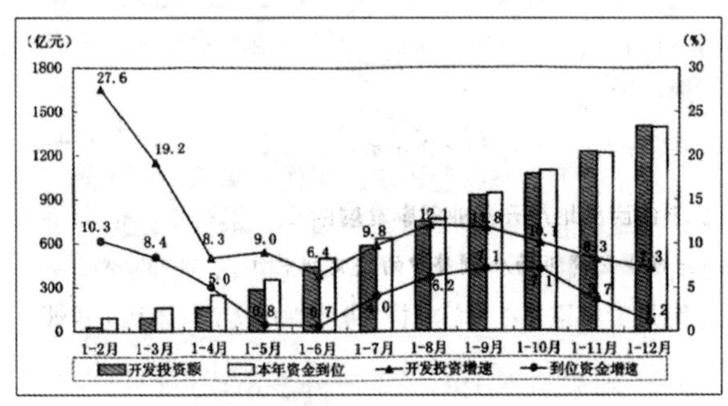

（二）土地市场冷清，开发企业购地热情锐减

2014年，全省房地产开发企业土地购置面积431.7万平方米，同比下降50.7%，增幅比上年下降72.6个百分点；土地成交价款65.5亿元，同比下降54.7%，增幅比上年下降103.0个百分点；待开发土地面积818.5万平方米，同比下降17.2%，增幅比去年下降77.0个百分点。土地先行指标的负增长，将制约全省房地产开发投资的较快发展。

（三）商品房待售面积快速增长，去库存压力进一步增大

2014年，房地产开发企业商品房待售面积1408.5万平方米，比2013年末的1057.5万平方米的待售面积继续增加351.0万平方米，同比增长33.2%。其中商品住宅待售面积1040.4万平方米，同比增长30.1%。今年各月待售面积增幅均在30%以上，说明房地产市场对待售房屋的消化能力较弱，大部分企业面临较大的去库存压力。

山西商品房待售面积增长情况

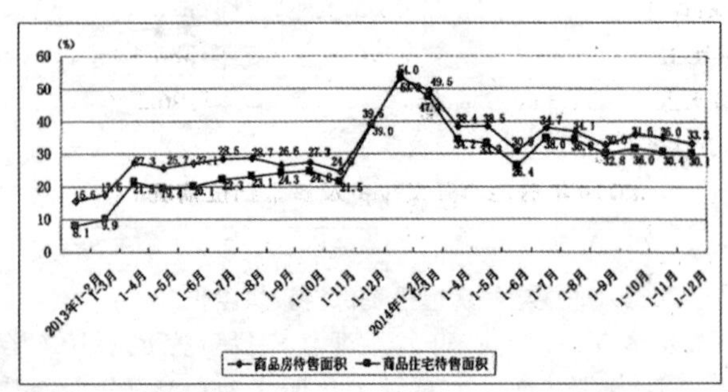

三、促进山西房地产开发业健康发展的几点建议

（一）更好地发挥市场在调整中的决定性作用

近年来，随着城镇化进程的加快、房地产开发市场得到了快速发展，住房需求得到有效解决。当前经济正处于三期叠加阶段，我省房地产市场也出现了自发的调整，多数指标出现回落态势。因此，各级政府继续深化改革，发挥好“两只手的作用”，切实减少政府对资源的直接配置和对微观经济活动的直接干预，让市场在调整中发挥决定性作用，通过住房市场机制，吸收住房价格泡沫，消化新增住房库存，降低住房存量空置，实现住房总量和结构的动态均衡。

（二）调整住房供应结构，促进住房消费

在经济下行压力加大，住房供应结构需要进行合理调整，确保房地产开发市场的健康发展，既有利于居民住房需求的满足，也有利于经济的平稳增长。一是通过信息发布、风险提示等措施，引导形成房地产开发市场将进人中速增长和买方市场时代的稳定一、谨慎、乐观的市场预期；二是加快推进保障性安居工程建设，增加中小套型、中低价位住房供应，满足中低收人家庭住房需求；三是加快发展住房二手房市场和租赁市场，鼓励居民通过多种渠道解决住房问题。

（三）培育新增长点，促进房地产开发业稳定发展

受经济下行压力不断增大、商品房销售市场遇冷，倒逼房地产开发企业挖掘新的增长点，确保企业的可持续发展。一是积极参与保障房建设，增强企业的社会责任；二是从服务养老、医疗、教育、体育、文化、旅游等方面寻找房地产开发业发展的潜力和空间，形成以产品的多样化服务居民的住房消费，提升企业的市场竞争力；三是充分利用当前发展迅猛的电商业，改变宣传、销售模式，促进房地产融资、开发、消费和服务，提升企业抗风险能力。

2014年全省住房公积金缴存使用情况的通报

山西省住房和城乡建设厅住房公积金监管处

现将2014年全省住房公积金缴存、使用情况通报如下：

一、缴存情况

2014年，全省新增住房公积金缴存职工59.1万人，完成年度计划53.58万人的110.3%；缴存额263.92亿元，同比增长11.46%。

截至2014年底，全省住房公积金缴存职工400.4万人，同比增长10.26%；累计缴存总额1492.58亿元，同比增长21.48%；缴存余额1025.36亿元，同比增长18.57%。

二、使用情况

（一）提取、贷款情况

2014年，全省职工提取住房公积金37.37万笔、103.37亿元，同比增长29.92%；发放个人住房贷款3.99万笔、92.36亿元，同比增长20.53%。当期提取率39.17%，当期个贷率35.0%。

截至2014年底，全省职工累计提取住房公积金249.14万笔、467.22亿元；累计发放个人住房贷款30.22万笔、391.26亿元；个贷余额245.02亿元。提取率31.3%，个贷率23.9%，个贷率同比增长2.47个百分点。

（二）利用住房公积金贷款支持保障房建设试点情况

截至2014年底，太原、晋中、朔州3个市共发放试点项目贷款4.03亿元。运城市试点工作圆满完成，共发放试点项目贷款4亿元，收回贷款利息5745.23万元，建成住宅24.4万m^2、2720套和商用、公共设施配套8.7万m^2。

（三）购买国债情况

2014年，全省住房公积金兑付到期国债3.75亿元。截至2014年底，国债余额为3.81亿元，占住房公积金缴存余额的0.37%。

三、增值收益与资金存储情况

2014年，全省实现增值收益19.15亿元，同比增长14.63%，其中，提取风险准备金3.42亿元，可提供廉租住房建设补充资金9.81亿元。

截至2014年底，全省住房公积金银行存款761.57亿元。其中，定期存款731.82亿元，占96.09%，同比提高2.19个百分点；活期、协定及通知存款29.75亿元，占3.91%。

四、存在问题

（一）部分中心及分中心个贷率偏低。截至2014年底，个贷率不足20%的有：晋城18.25%、吕梁17.65%、阳煤14.35%、潞安12.87%、焦煤4.27%、同煤0.11%。

（二）部分中心或分中心活期存款比例过高。活期存款比例超过1%的为：临汾1.00%、省直2.50%、潞安2.17%。

（三）部分中心及分中心个贷发放及增值收益额同比减少。个贷发放额同比减少的为：吕梁–67.66%、忻州–28.57%、潞安–18.16%、阳煤–0.16%；增值收益同比减少的为：潞安–38.97%、同煤–20.83%、焦煤–5.87%、阳泉–2.28%。

五、2015年工作重点

（一）提高覆盖范围。进一步加大住房公积金扩面工作力度，全省新增住房公积金缴存职工38万人。各中心、分中心要根据与住房城乡建设厅年初签定的2015年度目标任务，科学筹划，合理安排，提前部署，采取切实有效措施，确保完成全年扩面工作任务。

（二）提高使用效率。认真落实住建部等三部委《关于发展住房公积金个人住房贷款业务的通知》（建金〔2014〕148号）和《关于放宽提取住房公积金支付房租条件的通知》（建金〔2015〕19号）要求，在保障资金安全的前提下，加强住房公积金提取和个人贷款的发放工作。个贷率明显偏低的晋城、吕梁中心及阳煤、潞安、焦煤、同煤等煤炭分中心要采取切实措施，放宽提取条件，加大贷款发放力度，提高资金使用率，达到或超过全省平均水平。

太原、晋中、朔州3个中心要进一步做好支持保障性住房建设项目贷款的发放和回收工作，做到按进度发放和回收。

（三）保障资金安全。活期及协定存款比例较高及增值收益同比减少的中心及分中心要切实加强资金管理，减少活期及协定存款比例，进一步提高增值收益率。

根据住建部《关于开展住房公积金廉政风险防控检查工作的通知》（建办金函〔2014〕480号）要求，结合各中心、分中心住房公积金廉政风险防控自查报告，省住房城乡建设厅将于2015年4月底之前，完成对各市住房公积金廉政风险防控工作专项检查。

（四）提升服务能力。要认真落实住建部《关于贯彻落实住房公积金基础数据标准的通知》（建办金〔2014〕51号），按照住建部2017年底之前完成基础数据贯标和各地公积金中心信息系统接入全国统一的住房公积金银行结算数据应用系统的要求，拟定贯彻落实计划，并按照进度抓好落实。认真做好住房公积金文明服务工作。继续做好12329住房公积金服务热线系统建设。按照住建部要求，配合做好全省住房公积金12329短信平台建设。

附件：

1.2014年全省住房公积金缴存使用情况表

2.2014年全省住房公积金缴存使用同比增长情况表

3.截至2014年底全省住房公积金缴存使用情况表

4.截至2014年底全省住房公积金银行存款情况表

5.2014年增值收益和增值收益率表

6.2014年全省住房公积金增值收益分配表

附件 1

2014年全省住房公积金缴存使用情况表

指标／中心	归集扩面情况			提取情况			发放贷款情况		
	新增缴存人数（人）	完成年度计划（%）	新增缴存额（万元）	提取笔数（笔）	提取额（万元）	当期提取率（%）	贷款笔数（笔）	贷款额（万元）	当期个贷率（%）
全省	590997	110.30	2639243.26	373664	1033663.32	39.17	39941	923629.92	35.00
太原	82954	138.90	812827.51	116706	360249.53	44.32	11697	356873.62	43.91
大同	38483	124.88	190613.18	25328	84330.97	44.24	1278	61276.71	32.15
阳泉	37243	103.20	83827.65	11592	42610.51	50.83	1087	19415.70	23.16
长治	44652	92.19	128659.70	21990	50380.35	39.16	2450	49963.39	38.83
晋城	51787	103.46	113902.19	8294	25397.36	22.30	2165	43049.20	37.79
朔州	51244	102.37	124462.24	16101	42259.20	33.95	1886	34603.04	27.80
晋中	50336	104.25	138855.29	10981	34546.18	24.88	2192	50547.90	36.40
忻州	47418	115.34	130788.46	55264	42345.92	32.38	2078	42050.50	32.15
临汾	50974	117.41	162581.83	13358	54468.34	33.50	4355	97102.30	59.73
运城	59747	110.85	137853.79	17183	45495.78	33.00	5785	74015.00	53.69
吕梁	76432	103.05	127742.20	7128	30306.84	23.73	460	12109.00	9.48
省直	1904	—	8669.89	302	2580.14	29.76	252	8999.00	103.80
焦煤	9560	256.51	202138.95	14988	90491.47	44.77	1009	19400.56	9.60
同煤	4929	132.46	95358.50	3876	29327.25	30.75	15	337.00	0.35
阳煤	21230	102.65	39172.95	34005	18698.24	47.73	642	8337.00	21.28
潞安	5556	102.53	68880.69	5509	23783.51	34.53	762	12875.00	18.69
晋煤	6087	51.49	72908.24	11059	56391.73	77.35	1828	32675.00	44.82
备注：太原、大同、阳泉、长治、晋城新增扩面人数完成年度计划率分别包括焦煤、同煤、阳煤、潞安、晋煤在内									

附件 2

2014 年全省住房公积金缴存使用同比增长情况表

指标 / 中心	缴存额（万元）			提取额（万元）			个贷发放额（万元）		
	2014 年	2013 年	同比增长（%）	2014 年	2013 年	同比增长（%）	2014 年	2013 年	同比增长（%）
全省	2639243.26	2367967.23	11.46	1033663.32	795603.83	29.92	923629.92	766315.10	20.53
太原	812827.51	729345.48	11.45	360249.53	271739.55	32.57	356873.62	236459.42	50.92
大同	190613.18	164831.01	15.64	84330.97	73825.74	14.23	61276.71	57715.59	6.17
阳泉	83827.65	88164.45	–4.92	42610.51	32712.73	30.26	19415.70	19258.30	0.82
长治	128659.70	115891.14	11.02	50380.35	29435.32	71.16	49963.39	36825.20	35.68
晋城	113902.19	104318.85	9.19	25397.36	17431.99	45.69	43049.20	29252.60	47.16
朔州	124462.24	111531.43	11.59	42259.20	40856.50	3.43	34603.04	31800.10	8.81
晋中	138855.29	132490.78	4.80	34546.18	25675.12	34.55	50547.90	43159.70	17.12
忻州	130788.46	105984.21	23.40	42345.92	19578.97	116.28	42050.50	58865.80	–28.57
临汾	162581.83	147480.37	10.24	54468.34	53670.81	1.49	97102.30	94292.00	2.98
运城	137853.79	118630.71	16.20	45495.78	37375.92	21.72	74015.00	68159.00	8.59
吕梁	127742.20	114719.18	11.35	30306.84	17814.03	70.13	12109.00	37445.73	–67.66
省直	8669.89	6035.52	43.65	2580.14	1333.53	93.48	8999.00	3460.40	160.06
焦煤	202138.95	194427.63	3.97	90491.47	84477.38	7.12	19400.56	12630.86	53.60
同煤	95358.50	65548.49	45.48	29327.25	20157.00	45.49	337.00	0.00	0.00
阳煤	39172.95	41371.05	–5.31	18698.24	12915.57	44.77	8337.00	8971.40	–0.16
潞安	68880.69	58452.43	17.84	23783.51	17149.50	38.68	12875.00	15732.00	–18.16
晋煤	72908.24	68744.50	6.06	56391.73	39454.17	42.93	32675.00	12287.00	165.93

附件 3

截至 2014 年底全省住房公积金缴存使用情况表

指标 中心	应缴职工数（人）	缴存职工数（人）	缴存总额（万元）	累计提取笔数（笔）	个人提取总额（万元）	提取率（%）	缴存余额（万元）	累计放贷笔数（笔）	个贷总额（万元）	个贷余额（万元）	个贷率（%）	个贷逾期率（%）	逾期个贷额（万元）
全省	5435662	4003987	14925819.45	2491433	4672202.22	31.30	10253617.23	302245	3912593.77	2450213.16	23.90	0.02	418.93
太原	1181448	901196	5108503.79	865289	1977664.95	38.71	3130838.84	67113	1206793.64	835287.64	26.68	0.00	0.00
大同	372352	288031	1096379.7	356471	399676.79	36.45	696702.91	14745	248806.80	197829.16	28.40	0.00	0.00
阳泉	185368	136795	521228.92	60238	157463.11	30.21	363765.81	11150	158725.90	86235.88	23.71	0.02	17.27
长治	434503	253332	716913.87	146472	203409.33	28.37	513504.54	12668	182783.02	132342.98	25.77	0.04	53.16
晋城	319828	244240	596849.64	59462	95500.04	16.00	501349.60	9989	138710.59	91519.55	18.25	0.03	23.70
朔州	258589	166252	630412.14	74714	182074.28	28.88	448337.86	15481	200096.16	109245.71	24.37	0.00	0.00
晋中	395635	307813	638769.53	94176	132911.37	20.81	505858.16	17328	197316.03	124955.42	24.70	0.04	45.33
忻州	350860	262655	618174.98	110632	95299.62	15.42	522875.36	19642	246959.62	143685.02	27.48	0.00	0.00
临汾	423983	309922	929185.02	131667	245573.80	26.43	683611.22	40771	462462.75	294044.15	43.01	0.00	0.00
运城	431277	321368	800414.86	145196	243227.77	30.39	557187.09	61300	438989.99	187209.64	33.60	0.15	279.47
吕梁	395704	262906	545472.14	79586	108181.94	19.83	437290.20	11305	147500.93	77163.27	17.65	0.00	0.00
省直	11394	19062	35947.33	935	7095.52	19.74	28851.81	409	14159.40	12902.13	44.72	0.00	0.00
焦煤	198172	165355	1108209.1	98195	316810.12	28.59	791398.98	2771	46218.54	33773.44	4.27	0.00	0.00
同煤	158465	124188	400134.22	117013	89042.33	22.25	311091.89	15	337.00	336.84	0.11	0.00	0.00
阳煤	164210	126047	296087.86	39291	74584.37	25.19	221503.49	5241	58968.40	31783.43	14.35	0.00	0.00
潞安	66062	57938	405845.54	46525	124519.01	30.68	281326.53	5531	71813.70	36211.96	12.87	0.00	0.00
晋煤	95182	56887	477290.81	65571	219167.87	45.92	258122.94	6786	91951.30	55686.94	21.57	0.00	0.00

附件 4

截至 2014 年底全省住房公积金银行存款情况表

单位：万元，%

单位	存款总额	一年以上定期	占比	一年以内定期（含）	占比	定期合计占比	活期	占比	其他	占比
全省	7615619.97	6387166.39	83.87	961733.76	12.63	96.50	36039.17	0.47	230680.65	3.03
太原	2190181.20	1801464.00	82.25	234818.00	10.72	92.97	10875.20	0.50	143024.00	6.53
大同	504773.10	405063.16	80.25	92319.03	18.29	98.54	2309.98	0.46	5080.93	1.00
阳泉	297390.12	250150.00	84.12	19800.00	6.66	90.78	1400.00	0.47	26040.12	8.76
长治	396915.94	306570.00	77.24	89949.00	22.66	99.90	396.94	0.10	0.00	0.00
晋城	422679.16	356530.00	84.35	57277.51	13.55	97.90	1480.95	0.35	7390.70	1.75
晋中	382118.50	345630.10	90.45	16789.00	4.39	94.84	644.72	0.17	19054.68	4.99
朔州	316102.54	298692.66	94.49	17368.00	5.49	99.98	41.88	0.01	0.00	0.00
忻州	405133.53	403443.00	99.58	225.00	0.06	99.64	1465.53	0.36	0.00	0.00
临汾	380150.83	288204.67	75.81	72510.42	19.07	94.88	3791.51	1.00	15644.23	4.12
运城	371513.95	344242.00	92.66	17100.00	4.60	97.26	1404.96	0.38	8766.99	2.36
吕梁	370221.02	177335.00	47.90	191406.80	5.17	53.07	40.22	0.01	1439.00	0.39
省直	16051.21	10800.00	67.28	4850.00	30.22	97.50	401.21	2.50	0.00	0.00
焦煤	630117.80	502492.69	79.75	124086.00	19.69	99.44	3539.11	0.56	0.00	0.00
同煤	309107.14	298900.00	96.70	8815.00	2.85	99.55	1392.14	0.45	0.00	0.00
阳煤	188347.44	187120.00	99.35	0.00	0.00	99.35	1227.44	0.65	0.00	0.00
潞安	243566.13	235029.11	96.49	2520.00	1.03	97.52	5277.02	2.17	740.00	0.30
晋煤	191250.36	175500.00	91.76	11900.00	6.22	97.98	350.36	0.18	3500.00	1.83

附件 5

2014 年增值收益和增值收益率表

单 位	上年增值收益（元）	本年增值收益（元）	增减（元）	增长率（%）	负债总额（元）	增值收益率（%）	排名
合计	1670359804.88	1914729740.21	244369935.33	14.63	105530318249.41	1.814	
太原	511102998.03	562605810.03	51502812.00	10.08	32008497968.55	1.758	10
大同	105092783.87	142295277.41	37202493.54	35.40	7030714390.44	2.024	1
阳泉	76600496.51	74852603.85	−1747892.66	−2.28	3813043177.62	1.963	5
长治	95899495.38	106535112.69	10635617.31	11.09	5291422493.79	2.013	3
晋城	67578902.85	97537639.85	29958737.00	44.33	5266769662.27	1.852	8
朔州	66120156.17	82266020.88	16145864.71	24.42	4573303332.93	1.799	9
晋中	70659694.15	99105005.76	28445311.61	40.26	5185153651.56	1.911	7
忻州	74618392.13	111190248.18	36571856.05	49.01	5492639019.66	2.024	1
临汾	115489904.28	138414959.31	22925055.03	19.85	7180273561.55	1.928	6
运城	92230645.52	112683344.85	20452699.33	22.18	5716367392.22	1.971	4
吕梁	54829542.03	73632876.76	18803334.73	34.29	4472301709.48	1.646	11
省直	2041505.95	3577292.94	1535786.99	75.22	292813046.80	1.222	
焦煤	112931123.17	106304413.28	−6626709.89	−5.87	8061483501.98	1.319	
同煤	60192536.94	47654904.71	−12537632.23	−20.83	3150440406.43	1.513	
阳煤	34306785.51	49513341.89	15206556.38	44.33	2340850270.87	2.115	
潞安	91572985.38	55889517.54	−35683467.84	−38.97	2915098149.82	1.917	
晋煤	39091857.01	50671370.28	11579513.27	29.62	2739146513.44	1.850	

附件 6

2014 年全省住房公积金增值收益分配表

单位：元

单位	上年未分配增值收益	本年增值收益	可供分配增值收益	其中提取风险准备金	风险准备金总额	其中提取管理费用	本年廉租住房补充资金	廉租住房补充资金总额	年末未分配增值收益
合计	637978065.30	1914729159.21	2552707224.51	341909674.38	1088371642.09	263106770.47	981191991.83	2530612796.01	966498787.83
太原	27232476.05	562605810.03	589838286.08	41980322.94	205090669.18	79807100.00	400000000.00	1093612906.04	68050863.14
大同	99804278.14	142295277.41	242099555.55	1788857.74	19887241.26	2475000.00	28280119.85	133685117.79	209555577.96
阳泉	39266983.79	74852603.85	114119587.64	44911562.31	126972362.31	0.00	0.00	16753300.00	69208025.33
长治	180311285.05	106535112.69	286846397.74	1381210.44	45619509.02	371700.00	109914987.20	171361904.80	175178500.10
晋城	51972088.71	97537639.85	149509728.56	3110486.51	17993291.31	35000000.00	51972088.71	78953151.29	59427153.34
朔州	30000000.00	82266020.88	112266020.88	11306571.31	28871341.53	12000000.00	28959449.57	64379433.66	60000000.00
晋中	26531262.09	99105005.76	125636267.85	36586635.93	80809322.53	20793402.54	10000000.00	41000000.00	58256229.38
忻州	0.00	111190248.18	111190248.18	66714148.18	180398669.74	16220000.00	28256100.00	57226100.00	0.00
临汾	0.00	138414959.31	138414959.31	27643982.75	96939032.55	48543985.71	62226990.85	112437481.80	0.00
运城	0.00	112683344.85	112683344.85	48674506.99	83471206.99	18083000.00	45925837.86	120265218.98	0.00
吕梁	0.00	73632876.76	73632876.76	49040034.19	141481651.45	2327512.20	22265330.37	67223862.81	0.00
省直	0.00	3577292.94	3577292.94	3195914.21	3870639.00	381378.73	0.00	0.00	0.00
焦煤	117296092.92	106304413.28	223600506.20	1542636.87	3377343.97	10544265.46	55004100.00	136019273.12	156509503.87
同煤	61125682.81	47654904.71	108780587.52	337000.00	337000.00	8092000.00	0.00	0.00	100351587.52
阳煤	0.00	49513341.89	49513341.89	74607.76	3179425.12	1952068.00	47486666.13	160369080.23	0.00
潞安	0.00	55889517.54	55889517.54	3621196.25	40968319.13	1368000.00	50900321.29	157325965.49	0.00
晋煤	4437915.74	50670789.28	55108705.02	0.00	9104617.00	5147357.83	40000000.00	120000000.00	9961347.19

2014年山西城乡居民住房状况分析报告

城乡住房调查课题组

2014年，山西省政府将着力保障和改善民生作为重要工作之一，不断推进保障性住房建设，公共租赁住房和廉租住房制度并轨，改善农村人居环境，城乡居民居住条件不断改善，居住环境不断优化，但依然存在一些影响城乡居住改善居住条件的因素，部分人群居住环境差、住房困难的问题有待进一步解决和关注。

一、城乡居民居住条件不断改善

（一）城乡居民收入增加，人均住房面积扩大

2014年，山西省委省政府深化收入分配制度改革，促进城乡经济发展完善最低工资制度，健全农民工工资支付保障机制，多渠道不断增加城乡居民收入。调查数据显示：2014年，农村居民人均可支配收入为8809元，比上年增加860元，增长10.8%；城镇居民人均可支配收入为24069元，比上年增加1811元，增长8.1%。2014年山西城镇居民期末拥有住房面积为人均29.3平方米，农村居民人均32.9平方米，较上年分别增加1.5平方米和1.0平方米。随着居民收入不断增加，居民家庭居住环境进一步改善，住房面积持续增加。

（二）城镇三居室住房略有上升，刚需与改善需求仍为主流

近几年，随着人们生活水平不断提高，收入不断增加，对居住条件的要求也越来越高。调查数据显示，2014年，城镇居民三居室单元家庭占调查户的23.2%，比上年上升0.7个百分点。现住房建筑面积90～120平方米家庭占调查户的25.1%，比上年上升1.0个百分点。从调查的八大类居住空间样式看，城镇居民以二居室、三居室为主，农村居民已单栋平房为主，但仍有部分调查户在一居室单元、筒子楼或连片平房中居住。从调查的八大类住房建筑面积看，城镇、农村居民都以60～90平方米、90～120平方米为主，仍有部分住户住房面积在30平方米以下。随着生活水平提高和子女婚嫁需要，部分二居室、小面积的居民需改善目前居住条件，加之外地务工人员随迁入住等需求，刚需型和改善型需求仍是目前主流。

（三）超额完成保障房建设，部分低收入群体实现安居愿望

随着我国住房体制改革的深入，市场在优化住房资源配置、提高住房利用效率方面发挥着越来越重要的作用。但是由于市场本身具有一定的局限性，特别是自国际金融危机以来，居民收入、消费水平均受到一定程度的影响，一些低收入家庭住房问题难以得到解决。2014年，山西继续加大保障房建设，努力帮助低收入家庭解决住房问题。超额提前完成新开工及基本建成任务。2014年初，国家下达山西保障性安居工程任务为新开工18万套，基本建成18万套。山西2014年新开工城镇保障性住房23.26万套，其中棚户区17.37万套；基本建成21.02万套，完成投资528.05亿元，均提前超额完成国家下达任务。截至2014年底，全省城镇保障住房覆盖面积达到21.38%，提前实现了国家“十二五”规划末达到20%的要求，使部分低收入群体得以安居。

（四）农村基础设施不断改善，居住环境不断优化

近几年，政府在解决居民住房问题的基础上，不断加强相关居住生活设施的建设，如农村住宅外道路、管道供水、饮用水净化等。2014年，山西出台“改善农村人居环境2014年行动计划”，从完善提质工程、农民安居工程、环境整治工程和宜居示范工程等四方面着手，农民普遍住安全房、喝干净水、走平坦路，建成一批家园美、田园美、生态美、生活美的美丽宜居乡村。同时在采煤沉陷区、地质灾害易发区、连片特困区重点实施农民安居工程，2014年、2015年将完成对15万户农村困难家庭实施危房改造。调查数据显示：2014年农村居民调查户中住宅外道路为水泥或柏油路面占85.5%，管道供水入户占79.3%，饮用水为净化处理的自来水占38.8%，从调查数据可以看出，农村居民居住生活方面基础设施在不断改善，居住环境不断优化。

二、影响城乡居民改善居住条件因素分析

（一）居民收入相对较低

虽然近几年山西连续出台多项措施，努力提高城乡居民收入，但与全国、中部六省、周边省区相比、山西城乡居民收入增速滞后，绝对额为次居后，差距仍较大。调查数据显示；2014年，山西城镇居民人均可支配收入为24069元，比上年增加1811元，增长8.1%，绝对量居全国31个省（市、区）第22位，增长速度居全国第30位，在中部六省和周边五省中山西增幅均居末位。2014年，全国农村居民人均可支配收入为10489元，比上年增长11.2%，山西农村居民人均可支配收入为8809元，比上年增加860元，增长10.8%，绝对量与增速均居全国第22位，在中部六省和周边五省中山西增幅均居末位。

（二）住房价格仍然偏高，居民住房需求被抑制

房价居高不下与百姓渴望改善居住条件的现实是当前最尖锐的社会矛盾之一。虽然国家不断出台相关政策，控制房价上涨，但整体看依然居高不下。2014年太原新建住宅价格1～8月连续上涨，9～12月连续下降，虽未呈现

全年持续上涨态势，但从全年住宅价格累计指数看，仍保持在上涨区间。大部分刚需型与改善型居民持观望态度，等待房价下跌后再行购入，从而影响住房装潢等居住类消费性支出增长。调查数据显示；2014 年城镇居民人均居住消费性支出为 2898.8 元，比上年减少 25.7 元，占总消费性支出的 19.8%，比上年缩小 1.5 个百分点。2014 年农村居民人均居住消费性支出为 1480.5 元，比上年减少 60.7 元，占总消费性支出的 21.2%，比上年缩小 0.8 个百分点。其中，城镇、农村人均住房维修及管理费用分别比 2013 年减少 39.7 元、81.0 元。

（三）农民工居住支出大幅增长，占总消费的 1 / 3

农民工是城市建设的主力军，近些年政府不断采取多项措施保障和提高农民工收入，但与城镇居民收入相比，农民工收入仍相对较低．租房是农民工解决居住的主要方式，随着房屋租金不断上涨，农民工居住支出也大幅上涨，且上涨速度快于收入的上涨速度 .2014 年农民工监测调查资料显示；山西农村外出从业农民工实际收入人均 25395 元，增加 2127 元，同比增长 9.1%; 外出农民工年消费总支出为 7444 元，同比增长 4.2%, 其中居住支出就达 2340 元，同比增长 32.6%, 占全年消费总支出的 31.4%.

（四）城镇化进程加快，新增城市人口住房需求大

城市化一般指人口向城市地区集聚的过程和乡村地区转变为城市地区的过程．改革开放以后，中国逐步放开了对人口流动的控制，大量农民工流向城市，加快了城市化进程的同时，增加了城市居住压力．随着经济不断发展，城市化进程日益加快 ,2015 年，推进城镇化仍然是山西的工作重点之一，预计将有 40 万左右农村人口不断向城镇转移，如此庞大的城市新增人口，无疑加大了城市的住房需求．

三、进一步改善城乡居民居住条件的建议

（一）利用存量商品房改善居民居住条件

目前受各种因素影响，新建商品房销量大幅下降，库存增加，预计库存消化周期在 2 年以上．政府可以根据实际情况，在存量商品房较多的地区，积极利用存量商品房中适合保障条件的中小户型商品房进行保障性安居工程房、棚户区改造房和公租房的建设配给，让更多符合条件的人在较短的时间买到较高品质的保障性住房现房或准现房，同时也可以让开发商迅速实现资金保本回笼，更好地消化房地产市场积压产品，活跃消费市场．可以通过协商的形式，以成本价或略高于成本价回购符合户型、价格等条件的库存商品房作为保障性住房，拓展保障性住房房源．还可以引导入驻本地的国有大型企业、重大项目建设单位为本单位职工团购商品住房，购买职工公寓、集体宿舍或者办公用房，改善新入职人员的居住条件等．

（二）改造城镇老旧危房，不断改善居民居住条件

目前大部分城市均存在一定数量的房改房、老新村、城中村及私房，这些房屋大多建于 20 世纪 70、80 年代，时间较久，设施简陋，比较破旧，存在严重的安全隐患．如太原市存在约 173 个城中村，除个别改造完的城中村外，其余基本都存在很多老旧的危房有待改善．建议除整村改造的城中村以外，进一步了解城中村以外的危房，通过就地翻建返迁、定销房安置、协议评估补差安置等方式进行危房户解危．要制定危房改造总体规划，出台相应的政策措施，保障危房改造工作顺利实施．

（三）探索经济适用住房与货币化补贴结合的保障方式

经济适用房的货币化保障方式是当前住建部在全国推广的有效方法，这种保障方式的好处在于；一是充分发挥了政府财政资金的杠杆作用，使有限的住房保障资金使用效率最大化；二是让保障家庭自主选房居住，分散而居，避免因集中居住而带来的社会管理难题；三是有效解决集中建设保障房周期长、保障家庭需要轮候等待的问题；四是可以有效破解住房保障退出难题．因此，建议在经济适用房的保障方式基础上，进一步推广货币化经济适用房，根据每年居民人均收入的变化情况，制定申请收入线，可享受经济适用房一定金额的货币补贴．同时，根据物质生活水平的不断提高，适时适当提高补贴标准，扩大保障范围，让更多的百姓得到实惠．

（四）相关政策扶持，激活改善型购房需求

支持居民自住和改善性需求，是 2015 年住房政策的一个很重要的导向．过去对于刚需购房的层面关注比较多，使部分有改善居住条件愿望的群体，由刚需到改善型置业转变的过程中，成本比较高．为了激活压抑的改善性购房需求，需要降低二套房的首付和贷款利率 .2015 年初国家已出台降低二套房首付等相关政策．建议要同时控制房价上涨，以减少建房用地的方式控制新建房数量，根据各地居民人均收入水平等实际情况继续下调二套房首付比例，适当降低贷款利率等．对经济收入较高，但未还清首套房贷款的二套房购买者适当降低首付比例，激活改善型购房需求，鼓励居民改善居住条件．

（五）加大力度推进改善农村人居环境计划

目前城乡之间收入是主要差距，但在现实生活中，体现在居住条件、公共设施、环境卫生等基础设施和基本公共服务的差距上，也是导致农村空心化、农村老龄化、农业兼业化的原因之一．要加大力度推进“改善农村人居环境行动计划”，组织调研组深入采煤沉陷区、地质灾害易发区、连片特困区进行实地调研，摸清情况，统筹制定方案，编制计划；制定上下联动机制，实施细则，不断加强农村路、水、电、气等基础设施建设；特困区重点实施易地搬迁，以有效改造农村困难家庭危房。努力完成对 1 5 万户农村困难家庭危房改造，对全省 1000 个自然村 3.2 万户、10 万人的易地扶贫搬迁任务。

（六）多渠道提供农民工居住场所

随着经济社会发展和城市化进程的加速推进，外来务工人员已经成为城市建设的重要力量，改善其居住条件成为急需解决的问题。一是按照“谁用工、谁负责”的原则，以用工单位为改善农民工居住条件责任主体，为招用的农民工提供符合基本卫生和安全条件的居住场所，并逐步改

善其居住条件；二是用工单位可以采取无偿提供、廉价租赁等方式向农民工提供居住场所，或农民自行安排居住场所，用工单位给予一定住房租金补助；三是城中村改造要考虑农民工居住需要，在符合规划前提下，集中建设向农民工出租的集体宿舍。

十二五期间山西保障性安居工程建设情况

山西省住房和城乡建设厅住房保障处

2014年，为更好地改善民生，解决城乡低收入居民家庭住房困难问题，中央陆续出台了一系列政策措施，加快推进棚户区改造，积极探索共有产权住房模式，多渠道解决城市低收入家庭住房困难的问题。为更有效地推进保障性安居工程建设工作的顺利开展，山西省将保障房建设工作作为改善民生、拉动经济、扩大内需的重点工作，纳入构建和谐山西的指标考核体系。经过各级政府的不懈努力，山西保障性安居工程建设稳步推进，成效显著，但仍存在城中村、棚户区等部分住房困难人群住房条件的问题，有待进一步改善解决。

一、保障性安居工程建设情况及成效

（一）“十二五”规划提前一年完成，实现“双超”

为解决好低收入家庭住房保障建设和城市棚户区改造任务，山西省强化组织协调和监督，层层分解任务，层层签订目标责任书，量化指标，形成了“省级政府负总责，市、县、（市、区）政府抓落实”的工作格局。同时，不断发挥市场机制作用，动员社会力量积极参与，把公租住房建设与经适房建设、城市和煤矿棚户区改造一并纳入城市开发和建设的总体规划，依托企业和社会各方面力量，提高工程效益和建设效率，增加保障性住房建设的可持续性，保障性安居工程建设稳步推进，成效显著，提前一年完成“十二五”规划，实现目标“双超”。一是规划任务超额完成。全国“十二五”规划新开工城镇保障性安居工程3600万套，山西100.78万套，占全国任务得2.8%。截至2014年底，全省实际已开工119.88万套，提前一年超额完成“十二五”规划任务。二是城镇保障性住房建设覆盖面超额完成。国家要求到“十二五”期末城镇保障性住房覆盖面（保障房建成套数占城镇家庭户数的比例）达到20%左右。截至2014年底山西省已达到21.38%，提前一年超额完成城镇保障性住房覆盖面的国家要求。

（二）年度目标任务稳步推进，超额完成国家下达任务

2014年，国家下达山西的城镇保障性住房年度任务为新开工18万套，建成18万套，为进一步加大民生保障力度，山西下达各市城镇保障性住房的目标任务为新开工23万套，年度投资500亿元。山西省住房和城乡建设厅统计数据显示，2014年全省新开工城镇保障性住房23.26万套、基本建成21.02万套、分别超出国家下达任务29.2%和16.8%；完成投资528.05亿元，超出年度计划5.6%。

（三）逐步形成了完善的住房保障制度和工作推进机制

按照中央关于加快住房保障和供应体系建设的要求，研究提出了以公共租赁住房、共有产权住房和棚户区改造为重点的住房保障体系构想，并积极开展了相应的政策制度研究制定工作，逐步建立了一系列工作推进机制。一是报请省人大初审通过了《山西省城镇住房保障条例》，已进入二审程序，待国务院条例出台后，即可修改完善出台；二是经省政府第50次常务会议研究通过，以省政府22号文件印发了《山西省棚户区改造工作实施方案》；三是省住建厅会同发改委、财政厅联合印发了《关于公共租赁住房和廉租住房并轨运行的实施意见》，将廉租住房并入公共租赁住房，实行项目统一规划、工程统一建设、资金统一使用、房源统一分配、后续统一管理；四是研究探索针对城市中低收入群体自住性住房需求的支持政策，组织起草了共有产权住房建设指导意见（初稿）；五是积极制定保障性住房物业管理办法，逐步改善城市人居环境，建立低端有保障、中端有支持、高端有市场的住房保障和供应体系。六是继续实行年度目标责任制、月调度排名通报制、定期汇报研讨制等落实任务和责任。七是依靠“山西省住房保障综合监管平台”系统，来实现省、市、县三级住房保障管理部门对辖区内住房保障工作的数字化动态监管。八是通过“山西省住房保障”门户网站，及时发布国家和省内外动态信息，公示城镇保障性住房项目信息及年度建设任务进展，通报各市排名。九是以巡查机制对各市保障性住房开工和建成项目进行多次监督检查，促进项目建设进度。十是将保障性安居工程作为全省建筑市场质量安全检查的重点进行了多次督查，对各市县保障性住房项目存在的质量安全隐患进行排查和整改，切实加强了在建项目的过程质量和施工安全监管。

二、保障性安居工程建设结构不断调整

（一）保障房结构不断完善，保障方向出现积极变化

2004年起步以来，山西省保障性安居房建设在经济适用房、廉租房、公租房、棚改房、限价房五种形式十个类别构成中结构不断调整和完善，建设中心更加凸显省情特色，建设布局也将公租住房建设与经适房建设、城市和煤矿棚户区改造一并纳入城市开发和建设的总体规划，与普通商品房小区融合在一起，增强了保障性住房建设的可持续性。与此同时，保障方向也出现了一些积极变化，由第一阶段以经济适用房、廉租房为主，到第二阶段以棚改房、廉租房为重点，再到2013年起步，2014年开始实施的公共租赁住房、共有产权住房的棚户区改造为重点的住房保障体系新构想的积极推进，使保障房结构不断完善、

保障方向发生积极变化。

（二）保障房结构渐趋合理，突出重点满足需求

从近三年保障房建设数据分析看，山西省保障房的建设重点无论是建设户（套）数，还是建筑面积，均为棚改房所占比重最大，占55.7%，其次是公租房（含廉租房），占25.9%，第三是经济适用房，占14.6%，最少是限价房，仅占3.8%。这种以棚户区改造、公租房为重点的保障房建设格局，符合保重点对象和应保尽保的要求，更符合当前山西省的实际。2014年已开工建设的23.26万套城镇保障性安居工程中，棚改房建设17.37万套，占比高达74.7%，建设重心更加凸显省情特色。

为满足不同群体对保障房的需求，占比重最少的限价房的建设，2014年已开工建设1.85万套，既保障了城市部分中等收入家庭的利益，又使保障房结构布局渐趋合理，不断完善。限价房是普通商品住房，既具有保障房性质，又具有商品房属性，限价房除享受“双限双竞”和土地优先供应政策外，不享受其他任何政策优惠。“双限双竞”就是限地价、竞房价（低者中标），或者限房价、竞地价（高者中标），保障对象是城市中等收入住房困难家庭（低于当地人均住房面积80%或无住房），其建设标准是建筑面积60平方米以下户型比例不低于15%，60 ~ 90平方米户型比例不超过70%，90 ~ 143平方米户型比例不超过15%。

（三）保障房结构年年在调整，年年有突破

为改善民生，让改革红利更好地惠及民生，2012年底，国家将城中村改造纳入了城市棚户区改造范围。国务院确定2013-2017年改造各类棚户区1000万户，山西省同期规划改造83.8万户，占全国任务的8.4%。2013-2014年山西省已开工改造30.85万户，2014年棚户区改造17.37万户，比去年增长28.9%，完成规划任务的36.8%，占国家同期改造量800万套的3.86%。今年李克强总理在政府工作报告中又明确将城市危房改造也纳入城市棚户区改造范围。从2014年起，廉租住房并入公共租赁住房统筹建设管理，将国有重点煤矿棚户区纳入国有工矿棚户区改造。截至2014年底，全省已累计开工建设城镇保障性住房194.26万套，基本建成145.48万套，完成投资2531.54亿元；城镇保障性住房覆盖面达21.38%。

三、保障性安居工程建设对抑制房价的过快上涨开始显效

保障房是房地产调控中不可或缺的主要组成部分，由于建设周期相对较长，各地保障房刚开始逐步配租。随着保障房的陆续开工、建成，逐步配租、使用，将对过快上涨的房价起到越来越大的抑制作用。2014年山西省房价虽未呈现明显下降，但在各种优惠政策、打折促销下，价格呈实质性下降。调查数据显示，2014年太原房地产价格呈现持续下行走势，环比、同比价格在6月份和9月份分别进入下降区间，整个房地产市场遇冷，新建商品住宅环比，同比价格有所回落。2014年太原新建商品住宅环比涨幅前5个月相对平缓，起伏不大，分别上涨0.7%、0.4%、0.3%、0.1%、0.1%，到6月份环比价格涨幅在连续上涨25个月后，首次呈现下降态势，与上月相比下降0.4%。后续几个月在下降区间小幅震荡，分别下降1.6%、1.2%、1.1%、0.5%、0.4%和0.5%；而同比价格则在9月份开始进入下降区间，且降幅逐月加大，分别下降1%、2.5%、3.1%和3.9%。由此可以看出，保障性安居工程建设对抑制过快上涨的房价开始逐步显效。由于保障性住房建设用地由政府划拨，企业和其他机构投资建设的公共租赁住房，建设用地采用出让、租赁或者作价入股等方式有偿使用。保障性住房建设、经营和管理环节涉及的很多税费全免或部分减免，从而大大降低了保障房的建设成本和销售价格，对抑制过高的房地产市场销售价格将会起到积极的影响。

四、山西保障性安居工程建设存在的主要问题

（一）社会公众认为当前保障房建设存在的主要问题

一是部分地区保障房供应数量少，不能满足需要，申请难，中签更难。二是房贷难，资金压力大。保障房价格虽然不高，但对收入来源少的低收入户来说仍然是一笔不小的开支，向银行贷款，无可抵押物和收入来源的支撑，银行考虑风险问题一般不愿贷款。三是保障房配套设施不完善。保障性住房出于成本考虑一般都选择城市郊区，或者是城乡结合部，交通、教育、医疗等配套基础设施建设不足，造成了住户生活购物、就业、上学都很不方便，社会公认为这无形中增加了低收入群体的经济负担。

（二）开发主体认为当前保障房建设存在的主要问题

由于保障性住房属于民生项目，在既定时期内土地供应量和住房的刚性需求情况下，相关部门需要提供更多的土地用于保障性住房建设，来满足部分居民的住房消费需求，这无形中会造成政府土地出让金收入的减少，从而使得相关部门的支持力度打折扣。

从资金使用情况分析，山西属欠发达地区，财力紧张，保障房建设资金来源除上级拨付外，主要还是地方财政配套承担。这对财力和城镇居民可支配收入在全国靠后而保障性住房建设任务繁重的省份来说，建设资金压力巨大。数据显示，目前中央财政对保障房的资金支持占总投资的35% ~ 40%，地方配套资金比例占60% ~ 65%，而山西2008 ~ 2014年全省共争取各类城镇保障性住房中央补助资金266.85亿元，仅占累计完成投资2531.54亿元的10.54%。2006 ~ 2014年，相应安排的省级配套补助资金43.12亿元，仅占累计完成投资的1.70%。占87.8%的资金缺口要由开发主体垫付，保障房建设利润低，开发商积极性不高。

对于开发商来说，追求合理的利润符合市场基本经济规律，但是保障性住房销售价格大大低于市场价格，造成开发商普遍缺乏积极性。具体表现在如下两个方面:(1)征地拆迁难度大。保障性住房拆迁标准普遍低于商品房拆迁的标准，不愿意、不配合的情况时有发生，导致建设周期拉长；（2）资金占用时间长。和普通商品房达到一定比

例的投资额度就允许对外预售不同，保障性住房在竣工并完成摇号分配后，才允许对外销售。

（三）保障性房的分配方法，缺乏针对性和个性化

保障房的分配方法，目前采取全国通行的摇号方式，并在相关部门的现场监督下进行，保证了抽签工作的公平公正。但调研中一些居民反映，这种摇号方式存在很大的随机性，缺乏针对性和个性化。极个别的特困对象没有足够的经济实力来支付购房款，中签之后悄悄地以低价形式卖指标，不仅影响他们进一步申请廉租房，还给保障房政策的执行带来了一定的偏差。同时，部分城镇居民尤其是老年人由于常年习惯在原来的生活交际圈子居住，在抽中保障性住房指标后宁愿住在原来的地方也不愿意搬迁。

（四）保障房入住后的管理存在困难

保障性住房的保障对象多为低保困难家庭，他们收入较低，对于物价上涨非常敏感，对后续每月所需要的缴纳的物业费有抵触，造成租金和物业费用收取困难，以至于后续运营维修费用入不敷出。

五、对策建议

（一）加强规划和管理，增加保障性住房的有效供给

建议在选址上要尽量满足低收入家庭出行、购物、就医及小孩上学等方面的便利要求，降低本已困难者的生活费用。在土地供应上尽量提供经过三通一平的熟地，确保开发商的利益和工作效率。

（二）进一步拓宽投融资渠道，加大资金投入

保障性住房建设庞大的资金需求，光有政府投入还远远不够，需吸引更多的金融资本和社会资金投入，积极探索多种筹资办法。如设立省、市级政府保障性安居工程建设融资平台，引导金融资本、社会资本投入保障性安居工程建设，破解资金难题。继续推进廉租住房和棚户区改造租售并举、共有产权模式，既满足群众需求，又可缓解地方配套资金压力。

（三）进一步完善社会保障性住房的公共服务设施

在建成的保障房小区，要重视环境绿化和文化环境的营造，增加小区的服务设施，要为居住区提供更好的生活环境，提高居民安定感和幸福感。要借鉴外省一些成功经验和做法，加大保障房建设项目中安排的限价房项目的建设比例，让各个收入层次的居民同住一个院落，有利于加强社会各阶层的交流。

（四）改进工作方法，确保保障房分配公平和分配效率

公平和效率是大规模实施保障性工程的“生命线”。从近年来的实践中，我们认为保障房的分配重点要考虑三个方面：一是建议分区域摇号抽签。尽量做到居民在原有居住区就近安排，保持他们的生活习惯和心理稳定。二是要本着轻重缓急原则，对特别困难家庭提前进入摇号抽签序列，让他们有更多机会最先被安排新房；三是对各类型的保障房要针对不同家庭状况进行区别对待。

（五）加大宣传力度，确保广大居民的知情权和参与度

保障性安居工程政策性强，牵涉面广，群众关注度高，政府和相关部门要通过多种形式和多种渠道加强保障性安居工程建设的政策宣传，做到公开透明，公平公正。努力解决影响山西省保障性安居工程建设、分配、入住后的实际问题，不断完善保障性住房申请、审核、公示、轮候等制度，严把保障性住房准入关，真正把有限的房源分配给需要保障的中低收入家庭。

太原市2014年存量房市场分析报告

山西省房地产业协会咨询服务部

太原我爱我家房地产经纪有限公司

一、房地产市场运行政策环境

总体来说，受宏观经济不景气和房地产市场自身调整的双重影响，2014年，楼市走得很艰难。不过还好，从3月起，尤其是下半年以来，相关部门出台了一系列刺激政策，开始对楼市松绑，也反应可国家对楼市的宏观调控走向，这使得之前被抑制的购买需求得到了一定程度的释放，或多或少地提振了楼市，但对新增购买需求并无大的改善。

（一）双向调控

3月4日，两会召开，面对记者有关房价问题的提问，全国政协委员、住建部副部长齐骥透露了房地产市场“双向调控”的政策信号。一时间，“双向调控”成为一个“四字谜”，引发业界热烈讨论。

对于“双向调控”的具体思路，各方人士给出了多种解读，但大致不外乎三个方面的内容：其一，2014年楼市调控政策将呈现出“差别化”的特征，热点城市的投资投机需求将继续被抑制，非热点城市的调控则会相对放松；其二，继续强调保障房工作，强化共有产权房在保障房领域的市场地位，通过，“双轨制”解决城镇化后顾之忧；其三，在长效调控机制尚未出台之前，以限购为主的行政化手段与经济手段、市场手段仍会并存，但前者将会日益弱化，后两种手段会逐渐突出。综观2014年的楼市调控政策，“双向调控”确实起到了提纲挈领的作用。在这个基本思路的指导下，2014年的中国楼市逐渐进入"新常态“。

（二）新型城镇化

3月末，国务院发布《国家新型城镇化规划(2014-2020年)))。规划提出，未来，我国将推进以人为核心的城镇化，并提出到2020年，常住人口城镇化率达到60%左右、城镇化格局更加优化、城市发展模式科学合理等具体目标。

根据住建部政策研究中心有关负责人分析认为：《国家新型城镇化规划(2014-2020年)}}可能会给房地产业带来3个新变化：其一，房地产市场将会出现分化，从过去的总体上涨到未来有的地方上涨，有的地方平衡，有的地方可能出现一段时间内的低迷甚至是负增长；其二，新房市场的增速将会下降，二手房市场的需求将会增加；其三，商务办公、产业地产、旅游休闲、度假、养生、养老等非传统房地产，将面临新的发展机遇。有鉴于此，住建部相关负责人大胆预测，新规划将会带来60%的新增住房需求。这一分析从理论上来说虽有道理，但预测能否实现还要打上一个问号。因为农业转移人口能否在城市买得起房是个问题，农业转移人口能给哪些城市带来住房需求也还有待观察。不过，新型城镇化对楼市来说无疑是个巨大的利好。

（三）房企再融资解冻

3月初至28日，绿地集团、中茵股份、天保基建等多房地产企业的股票再融资申请获得通过，冰封四年的房企再融资宣告解冻。

房企再融资瓶颈被突破，将直接优化企业的资产负债结构，降低整体融资成本，提升房企盈利能力。不过，多位房地产业内人士直言，整体而言，优先股、再融资等政策的试行主要集中在优质企业，大部分中小地产尚难很快实现。长远来看，房企再融资仍将是结构性开闸，这意味着行业分化将进一步加大。

（四）不动产登记

5月，国土部正式挂牌成立不动产登记局，不动产登记工作整合归一，此后各项工作进展迅速。6月，不动产登记信息平台建设的研究和设计工作正式启动;8月15日，国务院法制办公布《不动产登记暂行条例(征求意见稿)》。不动产登记条例正式发布开始进入倒计时，目前，各个省份的不动产统一登记工作正在密集展开。目前《不动产登记暂行条例》已于2015年3月1口起开始施行。

不动产登记制度的推进，等于给不动产上了户口，有利于对不动产目前的存量和潜在供应有清晰把握。但是，不动产登记制度并不直接瞄准房地产市场调控，更不能简单地理解为房屋登记。新的不动产登记制度只是在信息系统方面的整合，不涉及房地产市场整体供求，即使登记会引起少数抛房现象，也不会撼动当前市场基本面。

（五）限购取消

5月23口，有消息称，除北上广深之外，其他城市的限购政策可以自行调节，尤其是库存过大的地方。这意味着除四大一线城市之外的40多个限购城市，有可能全面松绑限购政策。

事实上，一早在2014年年初，就有个别城市悄悄放开限购了。待到5月官方消息出台之后，加入取消限购大军的城市更是络绎不绝。到了9月底，除北上广深以外，几乎所有曾经限购的城市，都已经取消限购了。8月4日，太原市房管局大厅发布了《关于调整我市住房限购政策促进省城房地产市场健康发展的意见》，意味着从2014年8月4日起，太原市己正式取消限购。限购政策曾经挡住了不少购房者的脚步，但当这个政策取消的时候，却没能重燃大家的购房热情，. 有场依旧不侃不火。究其原因，主要还是因为市场变了，房子的投资价值小了。

（六）限贷松绑

9月30日，央行、银监会联合出台《关于进一步做好住房金融服务工作的通知》放松了一与自住需求密切相关的房贷政策。其中的细则内容主要包括以下几点：对拥有，套住房并已结清相应购房贷款的家庭，为改善居住条件再次申请贷款购买普通商品住房，银行业金融机构执行首套房贷款政策。多套房在非限购城市结清贷款也可以发放贷款；增强金融机构个人住房贷款投放能力；继续支持房地产开发企业的合理融资需求。

此次央行新政的主要受益对象为改善型需求，他们恰好是之前被政策抑制的意愿购房人群。因此，曾有业内人士预测，这一政策起码可以增加30%的可购房人群，对楼市的松绑效果相当于限购松绑影响的5倍以上。但后来的事实证明，30%增量的预测有点过于乐观。之所以效果打折，一是因为最低7折的利率实际落不到实处，二是因为当前楼市已经发生根本性变化，多数住房已经失去投资价值。不过，"9.30新政”仍不失为2014年各种松绑政策中影响最大的一个，对市场信心的恢复和成交量的提升都起到了不可忽视的作用。

（七）公积金新政

10月9日，住房城乡建设部、财政部、人民银行联合印发《关于发展住房公积金个人住房贷款业务的通知》(以下简称《通知》)，通知要求各地降低公积金门槛，包括取消数项收费，只要连缴6个月就能申请贷款，实行异地互认等，而最重要的是表态支持二次使用公积金。

公积金新政对职场新人、刚需购房者来说无疑是一个利好，公积金贷款缴存时间限制的缩短能对这一部分需求起到一定的刺激作用，引导原本资金不足的购房者成为新的购买力。不过，总体来看，公积金贷款新政给楼lb’带来的影响不如商业贷款新政的大，因为其覆盖范围有限。

（八）银行降息

11月21日晚间，中国人民银行宣布：自2014年11月22日起，金融机构一年期贷款基准利率下调0.4个百分点至5.6%:一年期存款基准利率下调0.25个百分点至2.75%，同时结合推进利率市场化改革，将余融机构存款利率浮动区间的上限由存款基准利率的1.1倍调整为1.2倍；其他各档次贷款和存款基准利率相应调整，并对基准利率期限档次作适当简并。

降低房贷利息，无论是对购房者还是对开发商，都是实打实的利好消息。对购房者来说，此次降息相当于给房贷打了9.4折的优惠，优惠力度可观。对开发商来说，降息也降低了融资成本，可以缓解其资金链紧张的局面。因此，业内人十普遍认为，此次降息是继"9.30房贷新政”后，进‘步刺激住房消费的又一人利好。从政策发布后的一个多月来看，不少购房者因此打消了观望情绪，楼市的确有所升温。当然，和其他刺激政策一样，降息只能帮助楼市释放部分先前被压抑了的需求，而不大可能从根本上改变当前楼市不愠不火的局面。

二、存量房市场供需结构分析

（一）市场供给分析

1. 存量房市场供给介绍

存量房即二手房，其市场供给是指在一定时间段内，市场挂牌出售的住房的数量。市场供给作为市场基本的要素之一，其作用不言而喻，有效稳定的的市场供给会为市场的需求提供有效满足的通道。对于存量房市场而言，地理位置优越、总价较低、产权明确、房龄较新的市场供给对于首次置业及部分置业升级的需求人群，其吸引力往往要大于新建商品房。随着房地产市场的发展，越来越多的次新房逐步进入市场，存量房交易量在市场中的份额逐年增加。近几年，我市行业管理部门对新建商品房、已购公房等房产确权工作深入展开，市场存量房供给也呈现出逐年上升的态势，推动了我市存量房市场的逐步繁荣。

2. 市场供给量图表

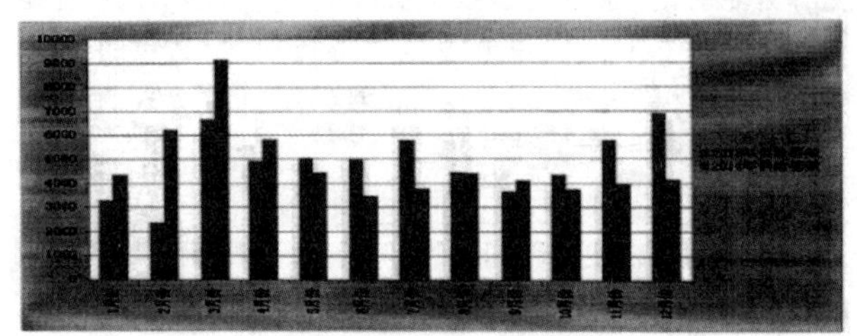

注：以上数据源于我爱我家公司ERP数据库

3. 图示分析说明

从上图可以看出：2014年我市二手房市场供应量呈现前升后降的趋势，春节刚过的2, 3月份，供应量出现大幅增长，同比远高于2013年同期水平。但从5月份以后，受限购取消等政策导向的影响，很多业主开始持房观望，供应量同比、环比都成下降趋势。后半年个月供应量保持低位平稳，同比整体低于2013年同期数量。说明国家的政策导向对售房者的售房时机判断有很大的指导性影响。

（二）市场需求分析

1. 存量房市场需求介绍

相对于市场供给而言，市场需求则决定着整个市场的活跃程度，是房地产市场发展的根本动力，而市场中刚性需求比重较大，说明市场的发展动力稳定而有效，对于政策调控的影响相对较小；而市场中投资性需求偏人，则反映出市场价格短期上升趋势明显，房地产产品投资收益明显或保值性能优于其他产品。从目前我市主要房地产经纪公司一线从业人员反馈来看，我市基本属于刚性自住需求和改善性需求占主导地位，相对与一线城市而言，市场受到政策影响程度总体上要相对较小。

2. 市场需求量图表

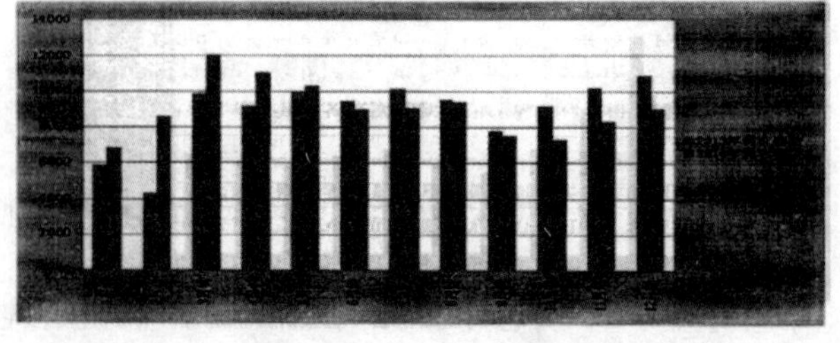

注：以上数据源于我爱我家公司 ERP 数据库

3. 图示分析说明

从上图可以看出：相比于 2013 年，2014 年的需求有所下降，且走势相对波动较大，波动的走势与供应量的走势基本相同，都是前升后降，说明进入 2014 年后半年后，供需量都有所缩减，市场整体不太活跃。

（三）市场供需比分析

1、存量房市场供需情况介绍

市场供给和需求作为两个主要因素，其相互之间的作用是影响市场价格、交易量的动因之一，传统上所讲的买方市场或卖方市场也是根据 _ 卜述两者之间的比例关系来确定的。当市场处于买方市场时，有效需求一方可以承受的价格往往决定市场价格的走向，反之亦然。而作为不动产的二手房有其自身特点，地段、权属、配套等综合条件较好的供给在市场价格影响方面仍起到决定作用。

2. 市场供需比图示

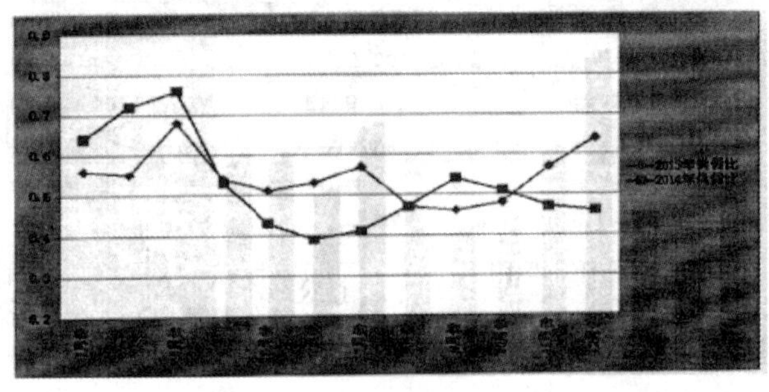

注：以上数据源于我爱我家公司 ERP 数据库

3. 图示分析说明

前几年，随着市场发展进程的加快，越来越多的商品房确权，同时大量的已购公房在市场中释放，市场供给量的递增速度明显要高于需求递增的速度，到 2010 年太原市二手房供需比达到 1.79:1，为历年来最高值。此后，虽然市场仍为买房市场，但供需比的比值已开始回落。2012 年以后，需求量开始超过供给量，虽然各月份有所波动，但整体维持在 0.5:1，的水平上。部分总价低、地段优的稀缺老城区房源不断受到市场的追捧。

三、存量房市场交易量分析

（一）市场概况

2014 年全年，太原市存量房交易办证共 11675 套，成交面积 120.5 万平方米，同比分别增加 11.79% 和 19.35%，其中二手住房 11330 套，成交面积 99.61 万平方米，同比分别增加 10.4% 和 10.48%，增速较前几年有所放缓。

（二）成交量图示

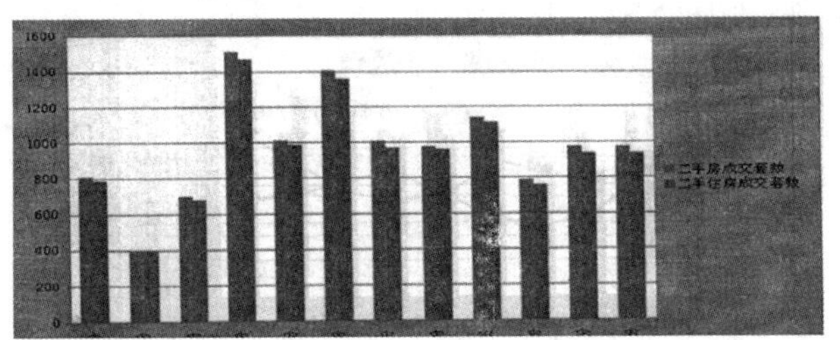

注：以上数据源于太原市房地局网站

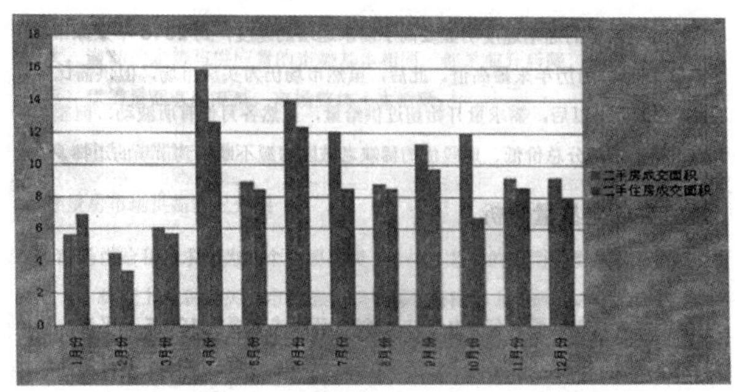

注：以上数据源于太原市房地局网站

（三）图示数据分析

2014 年全年，太原市二手房成交量整体呈现震荡上扬趋势。按季度分析来看，成交量在 2, 3 季度处于高峰期，在 1–7 月份限购令解除之前，分别在 4 月和 6 月出现过两个成交量高点。在 8 月 4 日限购解除之后，8 月当月的二手房成交量并没有立刻呈现增长趋势，主要原因有四点：（1）限购以后，大部分人群并不知道限购解除；（2）部分人群期待房价下降，持币观望；（3）限购解除之后，人们选择新建商品房会多一些；（4）受 2013 年国五条政策的影响，大量的房屋交易在 2013 年上半年基本完成，相对会影响到 2013 年下半年和 2014 年房屋交易量。进入 9 月份后，二手房成交量呈现较快增长趋势，一方面原因是房地产销售进入旺季，另一方面也应为人们对政策的逐渐了解。10 月份黄金周放假时间较长，成交量有所下降，11. 12 月成交量平稳，其原因与将近年底，部分外来人日返乡，部分影响成交有关。

四、二手房市场交易价格分析

（一）市场概况

2014 年全年，太原市存量房交易平均成交价格为 7775 元 / 平米，同比增加 6.25% 。

（二）存量房成交价格图示

单位：元 / 平米

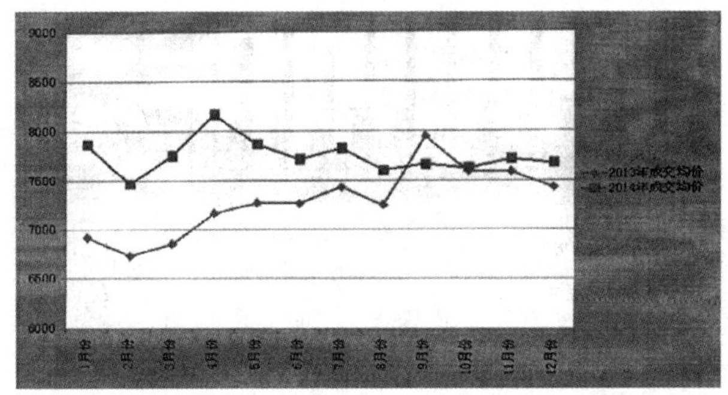

注：以上数据源于我爱我家公司 ERP 数据库

（三）图示数据分析

从上图可以看出，在 2013 年存量房价格的较快增长后，2014 年价格开始趋于平稳，尤其是 2014 后半年，基本维持在 7700 元 / 平米，波动很小。说明解除限购、限贷等政策对存量房市场影响相对较小。

五、二手房市场特征分析

（一）二手房在市场中所占份额分析

2014年太原市新建商品住房共计成交45886套，面积558.87万平米；二手住房交易办证11330套，面积99.61万平米，一、二手成交套数比例为4.05:1，成交面积比例为5.61:1。

从各月成交走势来看，二手房的走势更为平稳，说明二手房成交量受市场环境影响相对较小。从一、二手房成交比例来看，二手房的成交量占市场份额较两年前略有减少(2012年太原市一、二手成交套数比例为3.61:1，成交面积比例为4.75:1)，虽然2014年的一、二手房成交量较前两年都有提高，但二手房的成交增速较新建商品住房还是略低。

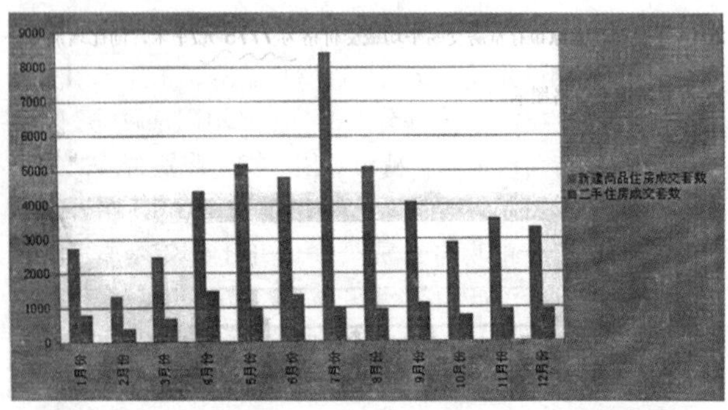

注：以上数据源于太原市房地局网站

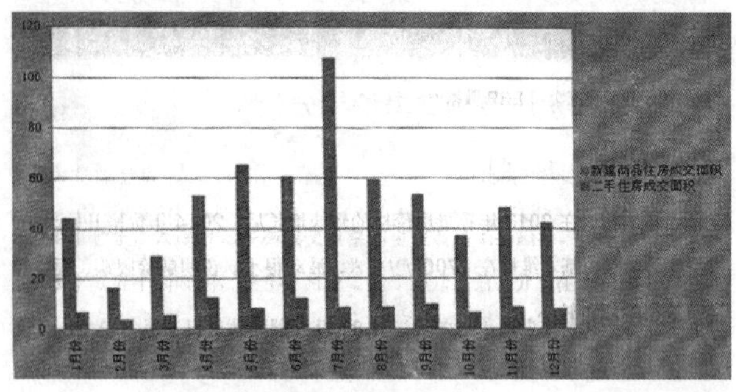

注：以上数据源于太原市房地局网站

二手房在市场交易中所占份额的大小，很大程度上说明市场的成熟程度和梯度消费的合理性，一个发达且稳定的房地产市场，二手房的交易量往往要高于同期新建房的交易量。太原作为传统意义上的二线城市，房地产市场属于逐步上升的发展阶段，二手房市场所占的份额与新建商品住房市场仍存在明显差距。目前市场中二手房源的建筑质量、产权归属、物业服务、配套情况等诸多问题在一定程度上影响的二手房市场的发展，但从长远角度来看，随着太原城市化进程的加快，越来越的的次新房进入二手市场，将使得二手房的市场份额逐步扩大，人们对改善性住房的需求加大也会促使市场梯度消费格局的逐步实现。

（二）二手房需求结构变化分析

1. 交易面积变化

套型	2013年				2014年			
	成交套数	成交面积	平均成交价	面积比例	成交套数	成交面积	平均成交价	面积比例
≤60	383	19310	382643	10.45%	428	21965	418553	11.42%
60-80	657	45788	487950	24.79%	723	50130	522864	26.07%
80-90	263	22325	612071	12.09%	268	22781	656253	11.85%
90-100	189	17902	679265	9.69%	224	21178	730777	11.01%
100-120	264	28890	769912	15.64%	254	27526	834325	14.31%
120-144	201	26334	971016	14.26%	176	23240	1051310	12.08%
144-180	103	16084	1228437	8.71%	118	18492	1183390	9.62%
>180	38	8065	1676768	4.37%	34	7007	1672993	3.64%

注：以上数据源于我爱我家公司ERP数据库

从以上数据来看，2014年成交的二手住房各面积区间的成交占比变化不大，仍然以中小户型为主。90平米以下的套型成交占比为49.33%，较2013年增长了两个百分点;90-144平米的套型成交占比为37.41%，较2013年下降了两个百分点;144-180平米的改善型套型成交占比9.62%，较2013年增长了1个百分点；大于180平米的豪宅套型成交占比为3.64，较2013年下降了一个百分点。

2、交易均价变化

价格范围	2013年			2014年		
	套数	面积	套数占比	套数	面积	套数占比
≤4000	52	4384	2.48%	9	699	0.40%
4000-6000	358	31095	17.06%	207	18627	9.30%
6000-8000	1163	101802	55.43%	1215	104819	54.61%
>8000	525	47418	25.02%	794	68174	35.69%

注：以上数据源于我爱我家公司ERP数据库

对比2013年和2014年，从以上成交商品房房价位段来看，低于6000元/平米的商品房数量占比减少了9.84%，高于8000元/平米的商品房数量占比增加了10.67%，6000-8000元/平米的商品房数量占比基本没有变化，维持在55%左右。说明较2013相比，2014年二手房价格整体有所上涨，低价位房源变得更加稀少，高品质房源流入二手市场的比例有所增加，但6000-8000元才平米的二手房仍是市场成交的主力。

六、2015年太原市房地产走势预侧

（一）开发投资保持平稳

太原市在2015年度将进行发规模的城中村整改项目，许多新的投资增长点和增长地段将会出现，整体开发投资将保持平稳。但收整体经济形势影响，房地产开发投资整体不会太旺盛，市场活跃度也不会太高，资金薄弱的小开发商将可能被大开发商吞并，开发市场进一步洗牌。

（二）房价总体保持平稳

虽然从2014年到目前，国家的政策导向已不再打压房地产的增长，限购、限贷陆续取消，银行也开始降息。但房地产开发投资依然不旺盛，总体来看，房价会保持在相对平稳的状态，受整体市场行情的影响，我市二手房的价格预计也不会出现大的波动。

（三）改善型需求进一步放量

从近两年的成交价高于8000元/平米的二手房占比明显增加的趋势开看，2015年太原市居民对住房条件改善的需求会进一步加大，虽然市场上小面积的旧房源会不断进入二手房市场，但面积合理，地段优越的改善型需求将会进一步增加。

2014 年太原市住宅销售价格分析

太原市房地产业协会

为抑制房地产市场投机、投资性需求，促进房地产市场持续健康发展，近几年，国家出台了一系列宏观调控政策，加大对居民自住和改善型住房消费的支持。调查数据显示，2014 年太原市房地产市场价格涨幅回落显著，新建商品住宅、二手住宅价格均由涨转跌，四季度跌幅呈逐月扩大态势。

一、房地产市场运行情况简析

（一）新建商品住宅环比、同比价格均大幅回落

2014 年太原市新建商品住宅环比、同比价格涨幅均出现回落。尤其是同比价格涨幅呈整体下滑，其中 1 ~ 8 月份涨幅逐月回落，分别上涨 12.7%、11.8%、11.3%、9.9%、7.8%、6.1%、3.5%、1.5%，从 9 月份开始同比价格进入下降区间，且降幅逐月加大，分别下跌 1%、2.5%、3.1%、3.9%，全年涨跌幅落差达 16.6 个百分点。环比涨幅前 5 个月相对平缓，起伏不大，分别上涨 0.7%、0.4%、0.3%、0.1%、0.1%，6 月份环比涨幅自 2012 年 5 月份之后，25 个月来首次下跌 0.4 个百分点。7 ~ 12 月份保持下跌状态下的小幅震荡，分别下跌 1.6%、1.2%、1.1%、0.5%、0.4%、0.5%（见图 1）。

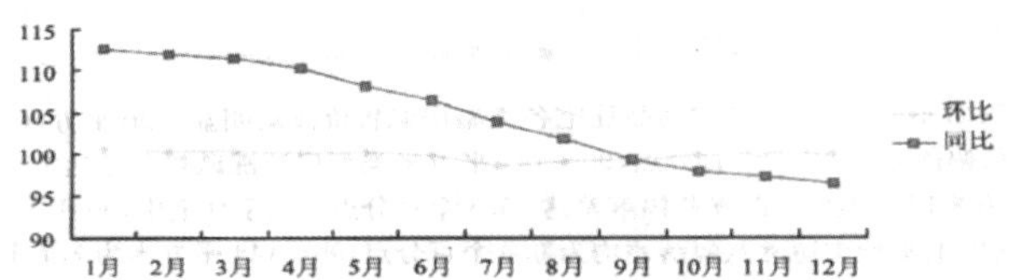

图 1　2014 年太原市新建商品住宅环比、同比价格指数走势图

（二）二手住宅价格持续下行，交易量明显增加

2014 年，太原市二手住宅市场 1 ~ 8 月份同比价格涨幅分别为 3.8%、3.4%、3.1%、3.4%、3.2%、2.7%、1.2%、0.5%，9 月份开始出现下跌，且至 12 月份呈现连续下跌状态，分别下跌 1%、2.4%、2.9% 和 3.5%。环比价格指数 1 ~ 6 月份分别为 100.0、100.3、100.2、100.3、100.0、100.1，保持低位微调状态，7 月份出现明显下调，下跌 1.2%，8 ~ 12 月份分别下跌 0.6%、1.1%、1%、0.3% 和 0.2%（见图 2）。

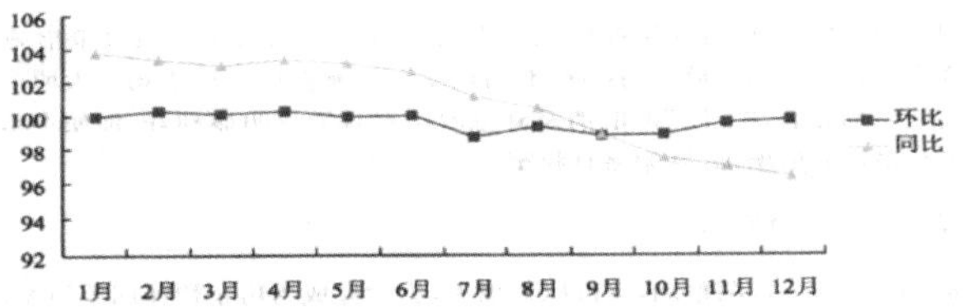

图 2　2014 年太原市二手住宅环比、同比价格指数走势图

受取消“双限”、“城中村”集中拆建和客户满足刚需、改善住房等因素影响，二手房成交套数及面积较去年均有较为明显增加。全年二手房累计成交 11330 套，同比增长 10.4%，累计成交 99.61 万平米，同比增上 10.48%，见表 1。

表 1　2014 年太原市二手住宅成交面积和套数

月份	套数	面积(万平方米)	月份	套数	面积(万平方米)
1 月	786	6.88	7 月	966	8.52
2 月	392	3.43	8 月	957	8.5
3 月	675	5.69	9 月	1110	9.75
4 月	1465	12.68	10 月	758	6.7
5 月	987	8.5	11 月	940	8.59
6 月	1356	12.38	12 月	938	7.99
总计	全年成交 11330 套,99.61 万平米				

（三）新建商品住宅各类型房源售价波动明显大于二手住宅

调查数据显示：2014 年新建商品住宅各类型房源售价波动明显。90 平方米及以下类型房源涨跌幅落差达 17.7 个百分点，90 ~ 144 平方米类型房源涨跌幅落差达 17.3 个百分点，144 平方米以上类型房源涨跌幅落差达 15.3 个百分点。二手住宅中，90 平方米以下及 144 平方米以上类型房源涨跌幅落差均为 6.9 个百分点，90 ~ 144 平方米为 7.7 个百分点，二手房价格波动幅度明显弱于新建商品住宅。

二、影响太原市房屋销售价格走势的主要原因

（一）新“并九条”的影响

2013 年 11 月底，太原市政府出台的 新“并九条”调控政策，加大了对新建商品房市场的调控，提高了住房限购政策门槛，在抑制房价过快上涨方面发挥了重要作用。

（二）　中央调控政策影响

2014 年中央和地方政府在调控房地产市场运行方面出台了多项政策措施，如：“央五条”、定向降准、取消“双限”、降息等均在不同程度上影响着房地产市场。太原市作为刚需型城市受政策影响显著，“双限”的取消及降息政策对其形成明显利好，促使本市新建住宅及二手房成交量均有所增加，跌幅略有收窄。

（三）开发商力度加大

随着房地产市场步入调整期，下行压力加大，去库存成为房企快速回笼资金、缓解资金压力的首要任务，多数房企采取了适度的价格调整策略。三季度以来，多个楼盘尤其是针对中小户型推出了以老带新、直接折扣、团购

等各种形式促销。由于各种优惠活动力度加大，以价换量成为市场主流，为价格下行打开了通道。

（四）经济增速放缓，高端住宅销售困难

近两年，受宏观经济增速缓慢、山西工业主要行业下行压力加大的影响，高端住宅购房群体实际购买力和楼市信心受到较大冲击，销售情况不容乐观。目前市场在售的高端住宅多在2012年和2013年推出，当时市场行情好，定价较高。如今这些总价较高的大户型住宅市场遇冷，而有实力开发高端住宅的多为较知名房企，为避免负面影响的扩大，多不会采取大幅降价的应对措施，而是通过举办各种活动进行推介，但收效甚微。

三、促进太原房地产市场健康发展建议

（一）合理有序引导消费

低端靠保障，中端有扶持，高端靠市场，分层分类，有序引导，合理消费，继续出台涉及利率优惠、税收优惠等政策，加大对居民自住和改善型住房消费的支持，继续抑制投资投机性购房。对消费者性需求，尤其是中小户型和中低价普通商品住宅，给予适当的优惠政策，以保证民有所居、安居乐业。

（二）调整商品房供应结构

为更好应对市场需求，加大商品房结构调整力度，充分发挥市场在资源配置中的决定作用，应根据市场需求和城镇化进程的需求，合理分配土地出让和项目审批工作，兼顾低收入人群保障性住房和中、高收入人群改善型、消费性住房需要，保障不同阶层消费者住房需求。一是调整商品房供应结构。二是继续加快保障性安居工程建设，保证土地、资金等要素供给；三是加快推进城中村改造、城郊村改造建设。

（三）加强市场监管力度

提高房地产行业准入门槛，严格把关进入行业前的各项审查、审批，对资质不够、五证不全的不予进入市场。严格执行预售许可制度，杜绝无证违规或变相预售行为。加强舆论宣传引导，及时在各类主流媒体发布房地产开发、房价、房贷等方面的相关信息，净化市场环境，打击骗房骗购行为，增强消费者信息。

（四）打造区位优势品牌

突出省城的区位优势，吸引各方来客。作为山西省会城市，具有全省其他地市不可具备的优势，省内外地人口成为省城太原房地产市场客源不可或缺的一部分，限购的松绑主要惠及了省内外地来并工作、定居人群。政府应针对该部分人群继续出台优惠政策、简化办事流程，为本市有条件购房者买房提供便利，也为外省来晋的投融资客商提供较强吸引力。

产业发展报告

Industry Development Report

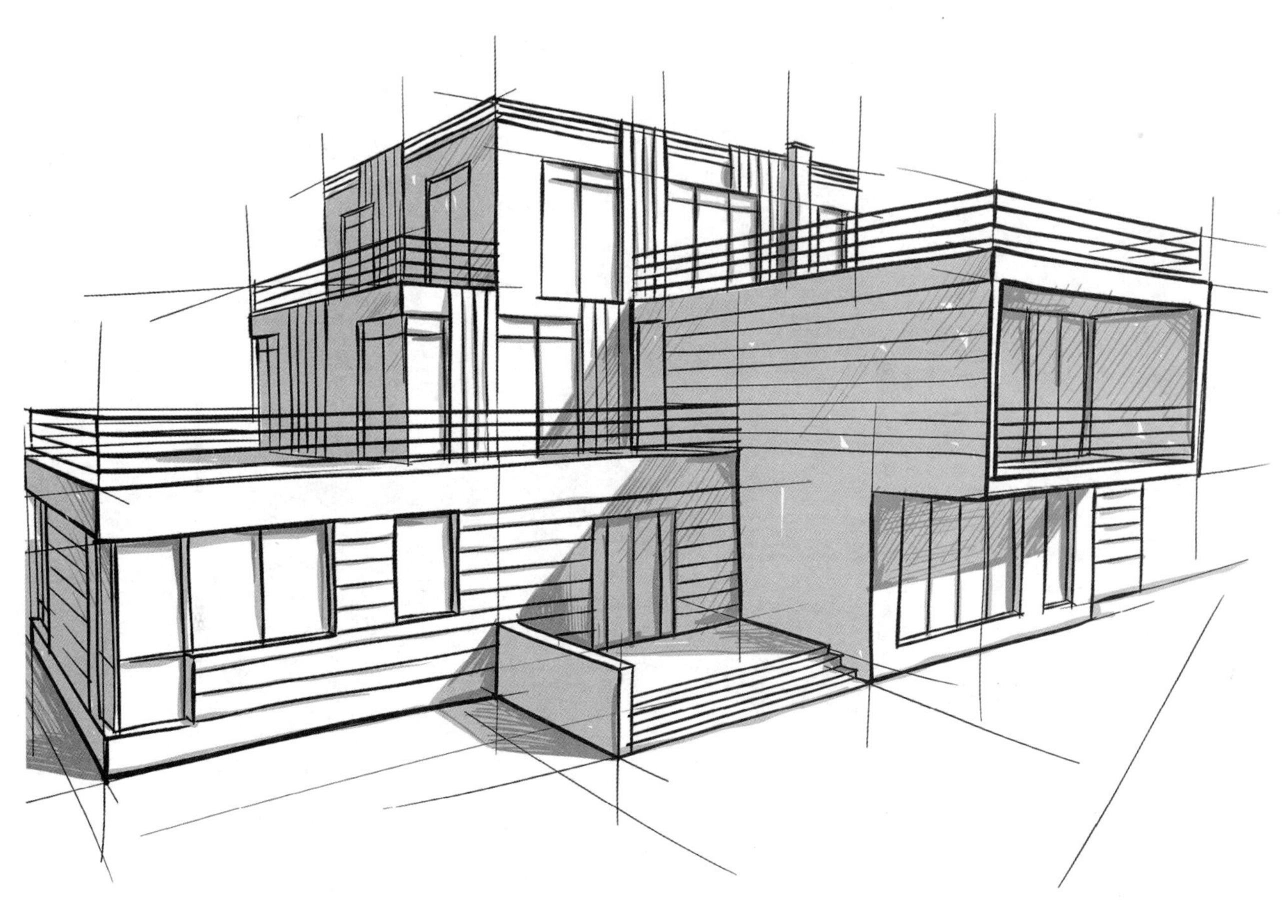

太原市2014年房地产业发展报告

太原市房地产业协会

【概述】

2014年无疑是房地产市场调控政策的“拐点“，房地产市场由行政强力

干预走向市场化，由令出中央到下放地方。在“分类调控”原则主导下，自下而上的“救市”措施频出，超过市场预期。但前期“微刺激”的边际效应递减，经济下行压力与日俱增，太原房地产开发投资告别高增长，总体呈现较快回落的态势。

【开发投资】

横向看：2014年，全市房地产开发投资完成483.23亿元，同比增长12.4%。按构成分：建筑工程285.34亿元，同比下降7.3%；安装工程59.98亿元，增长23.5%；设备工器具购置6.09亿元，同比增长26.3%；其他投资131.82亿元，同比增长92.2%。按工程用途分：住宅投资352.67亿元，同比增长13.8%；办公楼投资42.27亿元，同比增长48.0%；商业营业用房投资44.07亿元，同比下降12.9%；其他投资44.22亿元，同比增长8.3%。

纵向看：进人“十二五”时期以来，“新国八条”以及更为严厉的房地产调控政策相继出台，全市房地产开发投资也由2010年的46.1%降至2011年的29.4%，随着宏观调控新政效应的逐步显现，2012年持续下滑到16.9%，2013年小幅增长到17.9%n，2014年，在去年房地产开发投资平稳回落的基础仁继续保持平稳增长的态势。

2010年以来房地产开发投资增长走势图

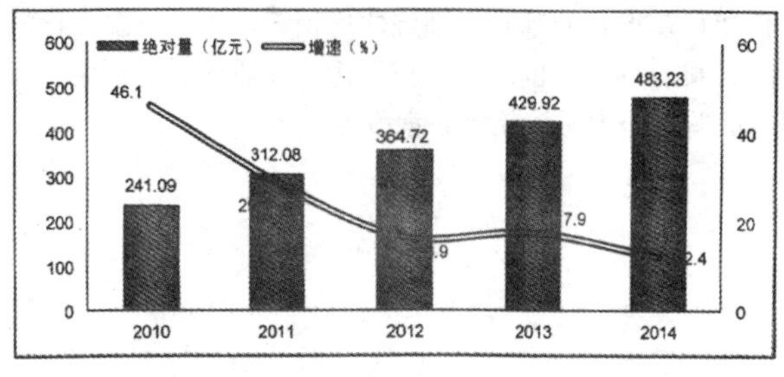

2014年以来，全市房地产开发投资进人低速运行轨道。房地产开发投资增速在2月份为最高点23.5%，于7月份降至全年最低点6.7%，截止12月底全市房地产开发投资483.23亿元，同比增长12.4%，增速比上年(17.9%)减缓5.5个百分点。

房地产开发投资占固定资产投资的比重由上年的25.7%提高至27.7%，提高2.0个百分点。对全市投资增长的贡献率由上年的18.6提高至70.8%，提高52.2个百分点。

房地产开发投资2014年分月累计走势图

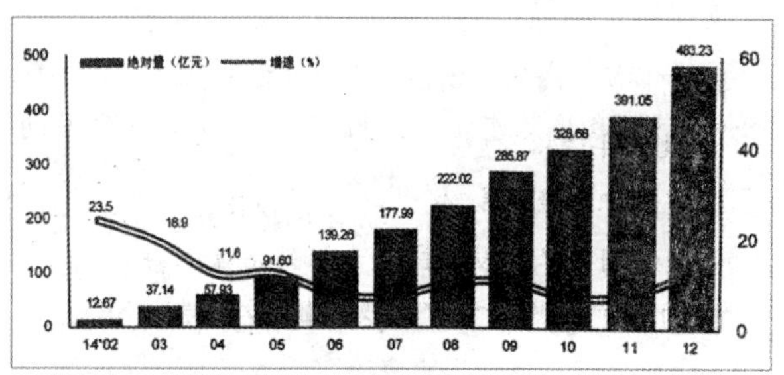

【开发投资】

2014年，全市房地产开发投资483.23亿元，比上年增长12.4%。其中：办公楼投资42.27亿元，占房地产开发投资的比重为8.7%，同比增长48.0%；其他投资44.22亿元，占房地产投资的比重为9.2%，同比增长8.3%。住宅开发投资由2月的9.65亿元到12月的352.67亿元，逐月稳步增长。从2月开始到12月底，同比分别增长了28.3%、28.2%、20.6%、20.1%、13.8%、13.5%、17.8%、21.5%、17.1%、12.5%、13.8%。

【开发企业到位资金】

2014年，全市房地产开发企业本年到位资金711.44亿元，同比增长10.8%。资金结构中：国内贷款81.22亿元，同比增长145.6%，增速较上年提高109.4个百分点；银行贷款72.50亿元，同比增长186%，增速较上年提高145.6个百分点：非银行金融机构贷款8.72亿元，同比增长12.9%。股东投入资金40.00亿元，同比增长85.6%。

【投资项目】

2014年，我市有项目房地产开发企业325家，占全部房企数量（729个）的比重为44.6%，比上年（44.7%）下降0.1个百分点。其中：计划总投资10亿元以上大项目共计77个，占全部项目个数（425个）的比重为18.1%，比上年提高3.2个百分点。自开始建设累计完成投资共计1228.91亿元，占全部项目开发投资的比重为62.7%，2014年全年完成投资311.71亿元，占全部项目的比重为64.5%，比上年（54.2%）上升10.3个百分点。

【商品房施工面积】

2014年，全市房地产开发项目施工面积4837.23万平

方米，同比增长12.5%，比上年（15.7%）回落3.2个百分点。其中：住宅施工面积3644.99万平方米，同比增长9.8%，比上年（14.5%）回落4.7个百分点。新开工面积增速由2014年2月份起一度处于负增长区间，于今年8月才有负转正。在经历8、9、10月三个月的正增长后，11月继续回落至负增长区间。房屋新开工面积762.54万平方米，同比增长6.3%，增幅比上年（-17.6%）提高23.9个百分点，其中住宅新开工面积483.87万平方米，同比下降17.0%，降幅比上年（-5.9%）扩大11.1个百分点。

【商品房销售】

2014年以来商品房销售面积高开低走，从今年7月开始，销售面积增速连续5个月回落，7,8,9,10,11月份同比分另11回落5.1,3.7,2.8,5.7和2.7个百分点。全市商品房销售面积428.03万平方米，同比增长7.7%，增幅比上年(21.9%)回落14.2个百分点。其中住宅销售面积401.04万一平方米，同比增长6.9%，增幅比上年(21.2010)回落14.3个百分点。商品房销售额325.95亿元，同比增长10.4%，增幅比上年(33.3%)回落22.9个百分点，其中住宅销售额285.34亿元，同比增长9.9%，增幅比上年((31.3%)回落21.4个百分点。销售面积的持续回落，导致待售面积的逐渐堆积，今年以来，待售面积始终保持在较高的增速水平，待售面积的堆积进一步加重了购房者对房价下降的预期和持币观望的心态，从而对房地产开发投资的增长产生一定的制约。

【房地产开发投资分析】

在全市房地产开发投资低迷增长的大趋势下，房地产开发投资运行中仍然表现出一些积极因素，这些积极方面虽不能扭转房地产开发投资低迷增长态势，但对于维系全市房地产开发投资目前的增长水平具有积极作用。2014年计划总投资10亿元以上项目77个，比上年(60个)增加17个；完成投资311.71亿元，比上年增长33.9%，高出全市房地产开发投资增速21.5个百分点；占全市房地产开发投资比重为64.5%，比上年(54.2%)提高10.3个百分点；对全市房地产开发投资增长的贡献率高达147.9%a，拉动全市房地产开发投资增长18.3个百分点。

【2015年形势展望及发展建议】

（一）利好政策交加效应将显现，市场整体向好但增速减缓

宏观经济在结构转型中增速略有放缓，货币环境稳健，调控回归市场化的背景下，房地产市场将呈现“销售面积小幅回升，新开工企稳，投资增速持续放缓”的特点。成交方面，货币政策支持力度有望进一步加大，商品房销售面积有望小幅回升。

（二）进一步加快消化存量房，多维度培育租赁市场

大量商品房积压使有限的土地资源不能充分发挥作用。土地资源的有限性及资金的流动性等是住宅市场发展的制约因素。因此，加快消化存量商品房，成为促使住宅市场持续发展的必要前提。另一方面，大量商品房空置又使各家银行的贷款成为不良资产，严重影响了金融机构的良性运行，甚至有可能引发金融风险。1月14日，住建部发布的《关于加快培育和发展住房租赁市场的指导意见》指出，推动地方建立住房租赁信息政府服务平台，积极培育经营住房租赁的机构，支持房地产开发企业将其持有房源向社会出租，积极推进房地产投资信托基金（REITs）试点等。

（三）拓宽企业融资渠道，增强企业抗风险能力

支持企业通过股权融资、投资信托、企业债券等形式直接融资，拓展房地产开发企业融资渠道，为企业融资创造良好条件。加大金融对房地产开发支持力度，积极开展银企对接，扩大银行信贷规模，争取银行对符合条件的房地产开发项目资金支持力度。开发企业应当顺应当前房地产市场调控趋势，才去更多的降价促销手段，通过以价跌换量升的方法，增加库存消化能力，增强抵御市场风险的资本和实力。

（四）深度挖掘客户价值、整合多维资源应对市场调整

房地产行业将加快市场化转型步伐，增长速度回归理性平稳。房企需要根据自身业务特点和资源积累状况，围绕广泛的客户基础深化业务、产品及服务深层次挖掘，夯实长期稳定增长的基础。围绕住房销售市场日益多元化的需求，找准自身定位，通过技术化、专业化、精细化发展提神品牌影响力并铸就核心竞争力。

大同市2014年房地产业发展报告

大同市房地产业和物业管理协会

【概述】

2014年，在国内外经济下行压力增大、市场需求增速放缓的形势下，随着全市大规模拆迁安置和保障房项目的基本竣工，全市房地产开发业呈现出投资、销售双回落的态势，土地市场冷清、库存压力进一步加大等问题仍然突出，全市房地产开发业步入深度调整期。

【房地产开发投资】

2014年，大同市房地产开发投资完成237.3亿元，同比下降10.5%，较2013年增速下降65.8个百分点，占全市固定资产投资的比重为22.1%，下拉全市固定资产投资增速2.7个百分点。

从房屋类型看，商品住宅投资完成151.6亿元，同比下降21.4%，占房地产开发投资的比重63.9%；办公楼投资完成5.3亿元，同比增长10.4%；商业营业用房投资完成52.2亿元，同比增长16.3%；其他投资完成28.2亿元，同比增长35.1%。

大同市2014年分月房地产开发投资完成情况

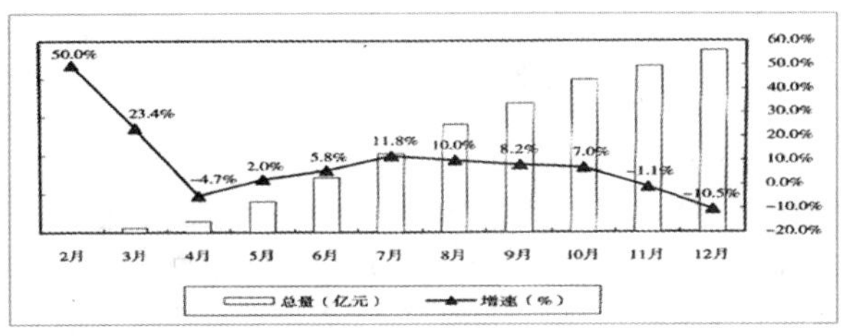

【房屋施工面积】

2014年房地产施工规模2191.8万平方米，同比增长2.9%，增幅比上年回落31个百分点。其中，住宅施工面积1493.6万平方米，同比下降6.7%，增幅比上年回落27.2个百分点；办公楼施工面积28.2万平方米，同比下降15.4%，增幅比上年回落118.1个百分点；商业营业用房施工面积388.3万7平方米，同比增长31.0%，增幅比上年回落64.7个百分点；其他类型房屋施面积281.8万平方米，同比增长42.2%，增幅比上年回落71.5个百分点。

【商品房竣工面积】

全市商品房竣工面积416.6万平方米，同比下降36.5%。其中：住宅面积347.1万平方米，同比下降41.4%；商业营业用房60.8万平方米，同比下降32.7%；办公楼5.2万平方米，同比下降13.3%；其他用房43.5万平方米，同比增长22.5%。

【商品房销售面积】

全市商品房销售面积81.7万平方米，同比下降32.3%。其中：住宅面积71.2万平方米，同比下降27.5%；商业营业用房5.6万平方米，同比下降66.6%；办公楼2.5万平方米，同比增长57.7%；其他用房2.4万平方米，同比下降40.9%。

【开发企业本年到位资金】

2014年，房地产开发企业到位资金186.8亿元，到位资金比同期开发投资总量少50.5亿元，同比下降9.6%，增幅比上年下降52.3个百分点。其中，国内贷款5.6亿元，同比下降16.4%，增幅比上年下降18.5个百分点；自筹资金148.5亿元，同比下降6.4%，增幅比上年下降48.6个百分点；定金及预收款19.9亿元，同比下降19.4%，增幅比上年下降71.6个百分点；个人按揭贷款3.9亿元，同比增长5.0%，增幅比上年回落208.9个百分点。

【商品房待售面积】

2014年，房地产开发企业商品房待售面积102.6万平方米，比2013年末的100.9万平方米的待售面积继续增加1.7万平方米，同比增长1.7%。其中，商品住宅销售面积75.3万平方米，同比增长1.3%。说明房地产市场对待售房屋的消化能力较弱，大部分企业依然面临较大的去库存压力。

【土地市场】

2014年，全市房地产开发企业土地购置面积55.9万平方米，同比下降66.5%，增幅比上年下降54.6个百分点；土地成交价款10.0亿元，同比下降50.9%，增幅比上年下降51.8个百分点；待开发土地面积39.4万平方米，同比下降59.0%，增幅比上年下降51.9个百分点。土地先行指标的负增长，将制约全市房地产开发投资的较快发展。

【房地产市场】

近年来，随着城镇化进程的加快、房地产开发市场得到了快速发展，住房需求得到有效解决。全市房地产市场因此出现了自发的调整，多数指标呈现深度回落态势，加之受经济下行压力不断增大、商品房销售市场遇冷、金融支持力度不够等原因，倒逼房地产开发企业需要继续挖掘新的增长点，提升企业抗风险能力，确保企业的可持续发展。

朔州市 2014 年房地产业发展报告

朔州市房地产业协会

【概述】

2013 年一 2014 年，在国家严格调控商品房开发市场的政策措施下，我市房地产开发投资在多年高位运行的基础上，今年以来出现负增长，增速总体回落。对全市固定资产投资贡献减弱。

【房地产开发投资】

全年房地产开发投资 77.17 亿元，同比下降 14.5%。其中住宅投资 55.6 亿元，同比下降 17.3%。

1、比重走低，全年房地产开发投资占全市投资比重 9.5%，比上年 (11.6%) 下降了 2.1 个百分点。

2、贡献减弱。房地产开发投资对全市增长的贡献率为 11.5%，拉动全市投资增长 3.1 个百分点。

3、房地产开发投资总体回落。全市房地产开发投资 77.2 亿元，同比下降 14.5%，增速比上年 (94.36) 回落了 108.8 个百分点。

【商品房销售】

商品房销售面积为 132.2 万平方米，同比增长 6.02%。商业营业用房投资 12.2 亿元，同比下降 7.4%。

【住宅投资】

商品住宅是房地产投资占比最大的组成部分。全年商品房投资 55.6 亿元，占房地产投资的比重为 72%，比上年 (74.5 %) 回落了 2.5 个百分点。受国家调控的影响，商品住宅投资持续走低，全年商品住宅投资同比下降 17.3%，降幅比上年 (121.8%) 下降了 139.1 个百分点。商品住宅投资的低位增长拉低了整个房地产开发业的增长。

【施工规模】

由于2011-2013新开工面积增速走高，到2014年年初，土地购置的持续负增长，使得房地产开发投资后续增长乏力。

房地产施工规模扩大。在 2013 年商品房销售高速增长的直接驱动下，全市房地产施工规模持续扩大。全市房地产施工面积保持 50.1% 以上的高速增长。在前三年的高位运行的带动下，截至 12 月底全市房地产开发企业开发的项目个数为 105 个，全市房地产施工规模 841.4 万平方米，同比下降 2.76%，总体来看施工规模还是很大，但是新开工面积 208 万平方米，同比下降 41.5%；其中商品住宅新开工面积 154.8 万平方米，同比下降 34.8%。

【土地购置面积】

土地购置是房地产市场的“晴雨表”，是房地产开发市场持续增长的潜力所在。2014 年，全市土地购置持续处于负增长的区间，土地购置从几年前的两位数增长下降到现如今的负增长。全年房地产企业土地购置费用合计 1.18 亿元，同比下降 90.9%，降幅比上年扩大了 147.2 个百分点；土地购置面积 9.2 万平米，同比下降 87.3%。

【房企资金】

受国家控制贷款规模的影响，房地产开发企业贷款难度加大。从资金到位情况来看，全市房地产企业到位资金 80.8 亿元，同比下降 11.16%，增幅比上年回落了 117.36 个百分点。资金结构中，国内贷款 4.1 亿元，同比增长 35.3%，增幅比上年回落 32.2 个百分点。自筹资金增长走低，全年到位 50.1 亿元，同比下降 13.67%，降幅比上年扩大 162.07 个百分点。

【固定资产投资】

固定资产投资：全年全市固定资产投资 815.3 亿元，比上年增长 5.2%。按产业分，第一产业投资 86.6 亿元，增长 64.1%；第二产业投资 448.9 亿元，增长 27.3%；第三产业投资 279.8 亿元，下降 24.2%。按登记注册类型分，国有投资 414.8 亿元，下降 5.4%；非国有投资 400.5 亿元，增长 19.1%。

2010-2014 年全市固定资产投资及增速

亿元 %

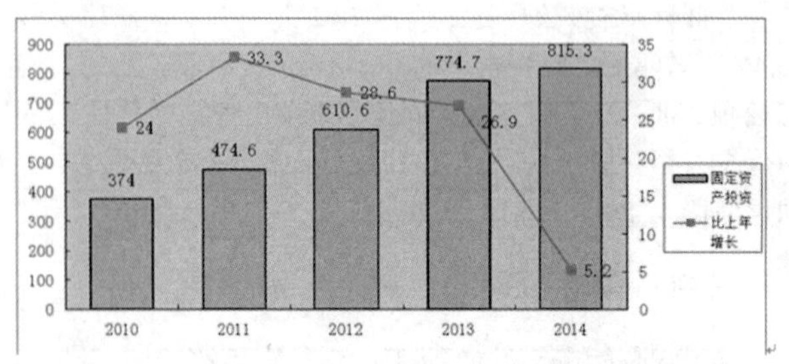

2010-2014 年国有、非国有固定资产投资占全市固定资产投资比（%）

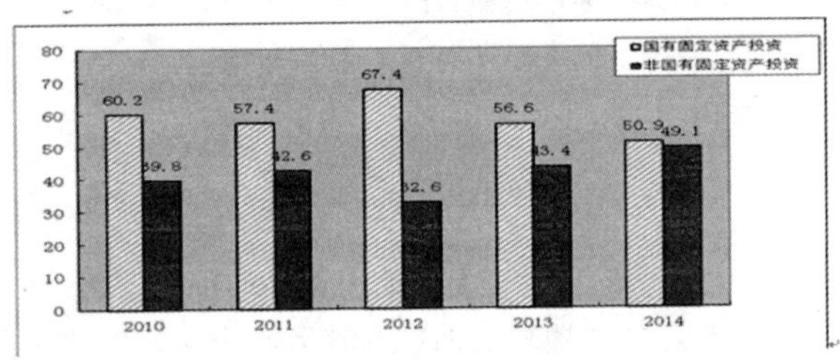

2014 年全市分行业固定资产投资及增速

单位：万元、%

行　业	投资额	比上年增长
总　计	8152983	5.2
农、林、牧、渔业	922224	65.9
采矿业	1079900	-11.5
制造业	1339866	-4.5
电力、燃气及水的生产和供应业	2067606	132.7
交通运输、仓储和邮政业	587223	-30.7
信息传输、计算机服务和软件业	8905	773
批发和零售业	177569	1.1
住宿和餐饮业	13458	-83
房地产业	1233345	-26.8
租赁和商务服务业	2230	-91.3
科学研究、技术服务和地质勘查业	35578	828.7
水利、环境和公共设施管理业	382988	-32.3
教　育	36236	-64
卫生、社会保障和社会福利业	22069	-16.2
文化、体育和娱乐业	97014	21
公共管理和社会组织	28405	-43.5

全年全市在建固定资产投资项目 875 个，当年新开工项目 551 个。其中亿元以上项目 290 个，计划总投资 2381.8 亿元，完成投资 665.3 亿元，占全市固定资产投资比重 81.6%。

全年固定资产投资建成投产项目 586 个，项目建成投产率为 62.3%；新增固定资产 361.9 亿元。

房地产开发：全年房地产开发投资 77.2 亿元，比上年下降 14.4%。

吕梁市2014年房地产业发展报告

吕梁市住建局房产科

【概述】

2014年，面对错综复杂的经济形势和艰巨繁重的改革发展稳定任务，我市牢牢把握“打基础、利长远、惠民生”总体要求，沉着应对，逆势作为。房地产开发投资呈回落态势、房屋施工规模继续增大、商品房销售面积和销售额双双下降。但开发企业到位资金紧张、库存压力进一步加大等问题仍然突出。

【房地产开发投资】

2014年，全市房地产开发完成投资43.15亿元，同比增长32.89%。1-6月房地产开发投资同比增长57.96%，比一季度房地产投资增速陡降102.56个百分点，尽管在6月份之后，随着投资政策环境日益宽松，开发商信心有所恢复，开发投资增速出现连续3个月小幅回升，到9月房地产开发投资增速达到69.05%，但房地产投资受市场影响出现回落，至2014年年底房地产开发投资同比增速回落到32.89%。

从投资结构上看，住宅投资的主体地位依旧，2014年全市住宅完成投资30.22亿元，同比增长27.25%，占全市房地产开发投资的70.03%;办公楼完成投资1.7亿元，同比增长0.38%;商业营业用房完成投资5.8亿元，同比增长68.65%;其他房屋完成投资5.4亿元，同比增长50.64%。

【房屋施工规模】

2014年，全市房地产开发项目房屋施工面积656.28万平方米，同比增长16.89%。其中住宅施工面积502.63万平方米，同比增长14.68%;办公楼施工面积16.98万平方米，同比增长9.92%；商业营业用房施工面积74.94万平方米，同比增长24.36%;其他房屋施工面积61.73万平方米，同比增长30.06%。

【新开工面积】

房屋新开工面积156.43万平方米，同比增长58.54%。其中住宅新开工面积121.55万平方米，同比增长66.83%;办公楼新开工面积1.92万平方米。同比下降76.1%;商业营业用房新开工面积17.86万平方米，同比增长41.15%;其他房屋新开工面积15.1万平方米，同比增长194.02%。

【竣工面积】

全年房地产开发房屋竣工面积84.56万平方米，同比下降15.92%。其中住宅竣工面积67.39万平方米，同比下降18.65%;办公楼竣工面积0.02万平方米，同比下降94.79%;商业营业用房竣工面积8.98万平方米，同比增长6.15%;其他房屋竣工面积8.17万平方米，同比下降8.02%。

【商品房销售面积】

2014年，全市商品房销售面积52.7万平方米，同比下降34.22%。其中，住宅销售面积49.83万平方米，同比下降34.09%；商业营业用房销售面积1.99万平方米，同比下降39.77%;其他房屋销售面积0.88万平方米，同比下降27.14%。

全市商品房销售额18.97亿元，同比下降24.83%。其中，住宅销售额17.63亿元，同比下降24.2%;商业营业用房销售额1.15亿元，同比下降29.7%;其他房屋销售额0.18亿元，同比下降45.24%；

尽管2014年商品房销售面积和销售额双双下降，但这是在2013年销售较旺形成的高平台上的回落，这种回落是一种理性的回归。

【商品房待售面积】

由于市场低迷，供大于求，加上消费者观望情绪加深，导致房地产开发企业待售面积明显上升。2014年，全市商品房待售面积93.75万平方米，比去年底增加了40.08万平方米，同比增长74.69%。其中，住宅待售面积68.77万平方米，同比增长66.18%;一商业营业用房待售面积12.08万平方米，同比增长121.35%;其他房屋待售面积12.88万平方米，同比增长88.66%。

【企业资金】

2014年，全市房地产开发企业本年到位资金44.23亿元，同比增长0.98%，比全市房地产开发投资增速慢了31.91个百分点。从资金构成情况来看，2014年，房地产开发企业到位国内贷款0.05亿元，与去年持平；自筹资金26.65亿元，同比增长5.19%。因销售回笼不力，定金及预售款仅到位6.56亿元，同比下降28.18%;个人按揭贷款1.9亿元，同比下降25.6%。

促进房地产开发业健康发展，应支持企业拓展房地产企业融资多渠道，为企业融资创造良好条件。加大金融对房地产开发企业支持力度。积极开展银企对接，扩大银行信贷规模，争取银行对符合条件的房地产开发项目资金支持力度。同时对于居民自住需求来说，银行信贷要实行差别化对待，给予支持，也是促进市场消化存量房，促进企业建设资金及时回笼，有效盘活资金，增加现金流的有效途径。

晋中市2014年房地产业发展报告

晋中市房地产业协会

【概述】

2014年，作为正在发育中的晋中房地产市场，凭借地缘优势，抓住太榆同城发展机遇，房地产开发业平稳发展，呈现出投资稳步攀升、资金充裕、规模扩大、销售平增等态势。同时，商品房去库存压力仍然较大、银行放贷收紧、消费者对房价下降预期增强等情况值得关注。

【地产开发投资】

2014年晋中市房地产开发项目计划总投资452.2亿元，同比增加134.8亿元，同比增长42.5%。全年房地产开发投资完成112.9亿元，同比增长46.8%。房地产开发投资占全市固定资产投资总量的比重为10.2%，成为拉动全市固定资产投资增长的重要一环。

分类型看，全部房地产开发投资中，商品住宅投资完成74.4亿元，同比增长37.9%;办公楼投资完成5.6亿元，同比增长96.3%;商业营业用房投资完成21.2亿元，同比增长86.9%。

分县(区、市)看，与上年相比，12个县(区、市)及开发区中，除榆社无房地产开发投资外，其余11县呈“6增5降”态势，祁县、开发区、介休、太谷、榆次、和顺均有不同程度增长，而灵石、左权、昔阳、平遥、寿阳较上年有所下降。

与房地产投资稳定增长相对应，2014年，晋中房地产开发资金来源共计143亿元，比2013年增加24.8亿元，为全市房地产开发提供了充足的发展动力。其中上年末结余资金27.2亿元，比上年增加4.7亿元；本年到位资金115.8亿元，比2013年增加20.1亿元，同比增长了21%。

在本年到位资金中，国内贷款7.2亿元，同比下降1.5%;自筹资金54.9亿元，同比增长37.4%，其中自有资金24.6亿元，同比增长46.9%;其他资金来源53.7亿元，同比增长11%。

【施工规模】

截止2014年底，晋中房地产开发企业施工项目个数为187个，比上年增加了13个，全市有工作量的房地产开发施工项目165个，比上年增加18个，房地产开发施工项目个数明显增多。

2014年，晋中市房地产开发施工面积1150.8万平方米，较2013年增加159.3万平方米，同比增长16.1。全市商品房新开工面积376.6万平方米，同比增长44.1 %。与上年相比，商品住宅施工面积和商品住宅新开工面积同比分别增长9.7%和32.2%，达到879.9万平方米和265.6万平方米。

【商品房竣工面积】

统计资料显示，2014年，我市商品房竣工面积(包括商品住宅、办公楼、商业营业用房、其他等)132.9万平方米，同比增长2%。其中商品住宅竣工面积分别为104.8万平方米，商品住宅竣工面积占全部商品房竣工面积的比重达到79%。

【商品房销售】

2014年，晋中市房地产开发商品房销售面积(包括商品住宅、办公楼、商业营业用房、其他等)共136.9万平方米，比上年增加了9.9万平方米，同比增长7.9%。销售金额66.54亿元，同比减少27.96%；全市新建商品住房销售均价为4578元/平方米（市城区为5429元/平方米），同比增幅0.35%(0.55%)，环比下降0.35%（0.15%）。

1至12月份全市新建商品住房销售11893套，其中购买首套住房10358套，占比87.1%；市城区销售6941套，其中购买首套住房6031套，占比86.89%。

1至12月份存量住房交易3562套，面积43.91万平方米，成交金额12.56亿元；其中，市城区存量住房交易2375套，面积27.36万平方米，成交金额9.98亿元。

【商品房去库存】

截止2014年底，晋中市商品房待售面积由上年的42.7万平方米增长至66.5万平方米，待售1–3年面积38.5万平方米，比上年末高出24.4万平方米。由于前几年房地产快速发展，商品房库存基数较大，再加之2014年新开工面积继续增加，而销售相对平稳，商品房库存压力较大。

【开发资金】

据了解，2014年银行放贷审批流程也出现了不同程度的延长和审批要求增多。同时也影响房地产开发商的投资脚步，房贷收紧给房地产企业的资金链造成很大压力，开发商的资金成本也相应增加。

【市场预期】

2014年以来，媒体对房价下降预期报道频率较多，加之目前晋中市部分房地产开发商也打出了一些让利活动，这些都给消费者产生一种房价可能要下降的心里预期。同时，国家加快开展不动产统一登记、增加多套房交易税以及可能开征房地产税等消息均对消费者产生了一定影响。

很多的消费者都是抱着等待、观望的态度等待房价的下降，影响需求释放，导致房地产销售面积呈下降态势。

【住房保障】

截至12月底，晋中市保障性住房开工套数、建成套数、完成投资三项指标已完成省下达的年度目标任务。

今年晋中市的保障性住房建设任务为：新开工11559套，建成17000套，完成年度投资39亿元。截至12月底，全市新开工各类保障性住房13529套，完成年度目标任务的117.04%；建成17603套，完成年度目标任务的103.55%；完成投资40.14亿元，完成年度目标任务的102.93%。

【完善制度建设】

公共租赁住房和廉租住房并轨运行是今年工作的重点，6月初对各县（区、市）的公廉并轨工作进行了充分调研，着手制订我市的实施细则。通过调研、起草、讨论、修改等程序，于8月底正式出台了《晋中市公共租赁住房和廉租住房并轨运行实施细则》。为进一步推进我市棚户区改造工作，解决当前棚户区改造面临的问题和困难，在省政府印发我省的棚户区改造工作实施方案后，我们即开始制订我市的实施办法，目前正在修订中。

【分类开工率】

截至12月底，全市保障性住房新建任务总开工率为117.04%，公共租赁住房（廉租住房）、经济适用住房、城市棚户区改造、林区棚户区改造已全部开工，但国有工矿棚户区改造开工率不高，为41.88%（任务2450套，开工1026套）。主要原因是除榆次区全部落实国有工矿棚户区改造任务，和顺县部分落实国有工矿改造任务外，其他承担国有工矿棚改任务的县市（介休市、昔阳县）还未落实改造任务。

【调整供应结构】

加大公共租赁住房建设力度，对城镇低收入和中等偏下收入住房困难家庭，实行租售并举、以租为主的保障性住房保障机制；完善租赁补贴制度，全面推进廉租住房、公共租赁住房并轨运行；建立各级财政保障性住房稳定投入机制，扩大保障性住房有效供给。

【完善资格审核体制机制】

晋中市开展低收入家庭认定及低收入家庭经济状况核对工作，建立科学、高效的低收入家庭收入审核信息平台和经济状况核对信息系统管理平台，以及居民家庭经济状况核对平台。

【加强房地产市场监管】

今年，晋中市局制定了《2014年全市房地产市场检查工作实施方案》，并抽调专人，采取查资料和看现场等方式，于5月至6月在全市范围内开展房地产市场检查，共检查房地产开发项目160项，房地产开发企业126家，房地产中介机构12家。其中：市城区房地产开发项目43项，房地产开发企业30家，房地产中介机构9家；所辖县（市）房地产开发项目117项，房地产开发企业96家，房地产中介机构2家。其中，晋中万科新城房地产开发有限公司（朗润园・品园项目）和山西阳光伟业房地产开发有限公司（紫东国际项目）因超越资质开发，已分别被责令整改、并处5万元的罚款，通过此次检查，进一步加强了全市房地产市场监管，依法查处房地产开发建设、交易、中介、物业等环节的违法违规行为，促进我市房地产市场平稳健康发展。

【加强开发资质动态管理】

按照省住建厅统一部署，晋中市于今年5月至9月开展2014年度房地产企业资质动态考核及信用评价工作，通过资料审核、实地核查、征求意见等方法步骤，对全市100余家四级及以上房地产开发企业进行资质动态考核及信誉评价，其中市城区53家，对其中考评不合格的企业进行整顿，对整顿后仍然不合格的，予以吊销企业资质，进一步提升我市房地产企业诚信体系建设，规范房地产企业经营行为。

【加强数据统计】

按照省住建厅要求，目前我们每月搜集整理和上报的主要报表有房地产开发主要指标情况汇总表、房地产在建项目情况汇总表、新建住房销（预）售情况月报表、新建商品住房销售结构月报表、存量房屋交易情况统计表等，通过以上报表，为全市房地产行业决策分析提供了扎实的数据依据。

【发展建设】

（一）充分发挥政府的引导和调控作用

一是加强宏观调控。进一步完善房地产相关规章制度，研究制订住宅与房地产中长期发展规划以及房地产开发年度计划和土地供应计划，协调解决影响房地产市场发展的重大问题，保持房地产市场稳定健康发展，不断增强其对全市经济社会发展的拉动作用。

二是优化供给结构。严把土地和规划两个“关口”，适度调控房地产开发建设总量，进一步优化布局和结构，合理安排廉租住房、经济适用住房、中低价位普通商品住房和高档商品住房的比例。着力完善住房保障体系，在发展房地产业的同时，切实解决低收入家庭的住房困难问题。

三是大力开展招商引资工作。坚持高起点规划、高品位建设，适度提高建设项目容积率，积极为招商引资创造条件。各相关部门要加强对引资落地项目的跟踪服务，采取更宽松、更灵活的财税、金融信贷扶持政策，支持房地产业发展。打破行业垄断，切实做好开发项目供水、供气、供热、供电、消防、人防等基础设施配套工作，禁止指定单一供货渠道和施工队伍。

（二）进一步优化房地产业投资发展环境

一是支持房地产开发企业合理的融资需求。商业银行要根据信贷原则和监管要求，加大对中低价位、中小套型普通商品住房和节能省地环保型住宅建设特别是在建项目的信贷支持力度。对具备转让条件的开发项目允许开发企业以投资、入股、合伙和转让方式进行项目合作。对有实力、有信誉的房地产开发企业兼并重组有关企业或项目，提供融资支持和相关金融服务。

二是放宽税费政策。降低房地产开发企业所得税所得率，原则上不高于15%。工程质量保证金、新型墙体材料专项基金、防空地下室易地建设费在质量核验前收取。加强对房地产开发的收费管理，涉及房地产开发的经营性收费按低限收取，严禁各种形式的搭车收费。

三是实施灵活的土地供应政策。对于经营性房地产开发用地，有计划、有针对性地以净地招标、拍卖、挂牌方式出让。根据我市土地市场状况、产业政策和土地估价结果等，更为科学合理地确定土地出让底价。对大项目及取得土地后进行服务性项目建设并自主经营、能够极大带动城市总体功能提升的，将结合我市经济发展实际，综合论证后确定其用地价格。在规划可行的前提下，减小招标、拍卖、挂牌出让土地的规模，能够分块的可形成独立宗地，单独作为标的进行出让；对于面积和建设规模较大的出让土地，允许开发企业联合投标或竞买，并可为各中标人或竞得人分别办理有关手续。

四是切实提高行政审批效率。政府各职能部门要公开办事程序、收费标准、办事时限，简化办事程序，涉及2个及以上部门的事项，继续实行联合办公、并联审批，进一步提高办事效率。要加强同企业的沟通，全面实行“一站式”审批、“一条龙”服务，帮助企业解决经营活动中遇到的困难和问题。

（三）加强房地产市场监管

一是进一步规范市场秩序。强化二手房交易资金和新建商品房预售资金监管，保障群众放心购房。加快完善房地产开发企业信用评价体系，建立部门联动平台，对企业实施分类监管。继续实施开发建设项目承诺书制度，发挥前置把关作用。

二是加强房地产市场分析监测。加强对房地产行业发展战略研究和市场趋势分析，抓好房地产市场统计分析和监测工作，准确把握房地产市场运行态势，建立健全房地产市场预警预报机制，完善信息发布制度。

三是加强舆论宣传工作。坚持正确的舆论导向，充分利用各种媒体，从我市经济发展态势、宜居城市环境建设等方面宣传我市房地产行业发展潜力和前景，增强投资和消费信心。

忻州市2014年房地产业发展报告

忻州市房地产业协会

【概述】

2014年，忻州房地产开发企业在银行借货，不动产登记制度挤压、投机性购房下降等因素的作用下，市场观望气氛浓厚，销售平缓。但从总体上讲，主体稳定，投资增加，成本升高，市场趋稳。

【开发投资】

2014年，全市房地产开发完成投资61.7亿元，占全市固定资产投资的比重为6.4%，同比增长62.0%，增福比上年提高24.1个百分点。其中住宅完成投资48.9亿元，同比增长56.2%. 占开发投资的比重为79.3%; 办公楼完成投资1.2亿元，同比增长29.2%；商业营业用房完成投资7.4亿元，同比增长74.8%; 其他用房完成投资4.2亿元，同比增长161.1%。

【施工和新开工面积】

2014年，全市房屋旅工面积为867.5万平方米，同比增长53.0%。其中住宅645.4万平方米，同比增长35.3%; 新开工面积349.9万平方米，同比增长109.6%，其中住宅239万平方米，同比增长61.9%; 竣工面积为80.8万平方米，同比下降23.9%，其中住宅52.6万平方米，同比下降42.6%。

【商品房销售】

2014年，全市商品房销售面积63.0万平方米，同比增长3.8%; 销售金额18.2亿元，同比下降1.6%: 其中住宅销售面积55.1万平方米，同比增长3.3%; 销售金额15.1亿元，同比下降3.4%。商业营业用房销售面积6.6万平方米，同比增长5.0%; 销售金额2.3亿元，同比下降1.8%。

【到位资金】

2014年，全市房地产实际到位资金为83.6亿元，同比增长63.5%，高于房地产投资增幅1.5个百分点；其中，自筹资金为56.0亿元，同比增长106.9%，占实际到位资金67.0%; 其他资金来源为11.8亿元，同比下降26.5%; 国内贷款为2.2亿元，同比增长75.9%。

【商品房开发成本】

近年来，由于受到土地价格、生产资料、劳动力成本等价格持续上涨的多重影响，商品房开发成本逐年上升，加上国家对建筑节能等新标准的颁布执行，房地产企业在信贷收紧、信贷利息提高的情况下，企业融资成本增长较快。土地、拆迁、材料、人工费用的不断提高和融资困难等问题都严重影响企业的发展和壮大。

【开发能力】

忻州市房地产开发企业有160家，其中资质二级的企业4家、三级的12家、四级及以下的144家，比重分别为2.5% ,7.5% 和90%。

【项目手续】

土地开发手续办结时间较长，建设手续环节较多，企业的报批手续、工程验收、财务清算等工作进展缓慢，使一些企业因此错过了黄金开发时间。加之水、电、暖等基础设施配套跟不上，由此延长了工期，影响了销售。

【发展建设】

（一）培育一批有实力的房地产开发企业。精心培育本地企业的同时，继续加大房地产业的招商引资力度，不断吸引知名度高、品牌影响力大、引领作用强的大企业人驻忻州，促进行业的健康发展，提升房地产业整体实力。同时，要树立服务意识，努力为企业营造一个良好的发展氛围，在政策允许的范围内，对一些资质高、信誉好、发展快、贡献大的开发企业在信贷和税收政策等各方面给予优惠和扶持，促进企业稳定发展，进一步做大做强。

（二）鼓励开发企业采取多梁道悄售策略，消化房屋存量。引导开发企业理性投资，准确定位，鼓励开发企业采取积极的营销手段，加大商品房去化力度。同时要切实帮助开发企业解决实际困难，加强信息公开、打造透明楼市，关注房地产热点难点问题，加强沟通，切实解决部分企业融资难问题，切实提高对房地产开发企业服务水平，为企业提供优良的投资环境，促进房地产市场健康平稳运行。

（三）发挥部门服务功能，针对性地搞好帮扶工作。

积极发挥部门服务功能，进一步优化办事环境，提高服务水平。要深人掌握和了解目前开发项目存在的困难和问题，普遍性问题将通过联席办公的形式依法依规予以彻底解决。个别性问题，实行领导包项、部门包点、现场办公的形式就地解决，真正从稳增长的大局出发，实帮实扶，促进企业开足马力，为投资增长做贡献。并积极鼓励和引导社会资金投人房地产市场，促进房地产经济稳步增长。

阳泉市2014年房地产业发展报告

阳泉市房地产业协会

【概述】

今年以来，在政策调控、银行资金收紧尤其是商品房市场等诸多因素的影响，我市房地产开发市场持续下行，主要指标全面回落，投资降势尤为明显。

2014年，全是完成房地产投资52.7亿元，同比下降27.2%，降幅比上年扩大54.3个百分点，低于全省平均水平34.5个百分点，比排位第一的忻州市低89.2个百分点，列全省第是一位。

【房地产开发投资】

全年房地产开发投资52.7亿元，下降27.2%。其中，住宅投资43.4亿元，下降18.8%；商业营业用房投资4.7亿元，下降48.5%。

2014年房地产开发和销售情况

指　　标	单位	绝对数	比上年增长%
投资完成额	亿　元	52.7	-27.2
其中：住　宅	亿　元	43.4	-18.8
房屋施工面积	万平方米	672.6	-18.3
其中：住　宅	万平方米	532.6	-16.4
房屋新开工面积	万平方米	177.5	-20.3
其中：住　宅	万平方米	146.3	-23.4
房屋竣工面积	万平方米	78.6	-48.7
其中：住　宅	万平方米	69.3	-50.5
商品房销售面积	万平方米	73.7	-13.6
其中：住　宅	万平方米	71.5	-12.5

全年保障性住房建设实际完成投资29.2亿元，开工新建各类保障性住房6511套，基本建成保障性住房及棚户区改造住房9121套。

2014年，全是共有项目116个，其中有工作量的83个，有33个项目已完成投资，占项目个数的28.4%。全年共完成房地产开发投资同比下降27.2%，增速分别比前三季度有小幅回升，但仍为负增长。

房地产开发投资、住宅投资变化情况

单位：亿元、%

	一季度		二季度		三季度		四季度	
	总量	增幅	总量	增幅	总量	增幅	总量	增幅
投资额	3.8	-37.1	16.8	-34.6	34.6	-29.3	52.7	-27.2
#住宅	3.2	-3.5	13.8	-25.4	28.1	-22.0	43.4	-18.8

从工程用途来看，全市房地产开发投资共完成52.7亿元，同比下降27.2%，其中住宅投资完成43.4亿元，同比下降18.8%；办公楼仅完成0.2亿元；商业营业用房完成投资4.7亿元，同比下降48.5%；其他用途投资4.4亿元，同比下降39.3%。元，同比下降39.3%。

【施工面积、新开工面积】

2014年，全市房屋施工面积672.6万平方米，同比下降18.3%，降幅同比扩大了31.1个面分点，其中住宅面积532.6万平方米，同比下降16.4%；房屋新开工面积177.5万平方米，同比下降20.3%，其是住宅面积146.3万平方米，同比下降23.4%。

【商品房销售面积】

2014年，全市商品房销售面积73.7万平方米，同比下降13.6，其中住宅71.5万平方米，同比下降12.5%。全市商品房待售面积虽呈逐月下降，但增长态势仍呈高位增长。全市待售面积154.5万平方米，同比增长50.3%，其中住宅137万平方米，同比增长47.1%。

全市商品房销售面积与待售面积增速情况

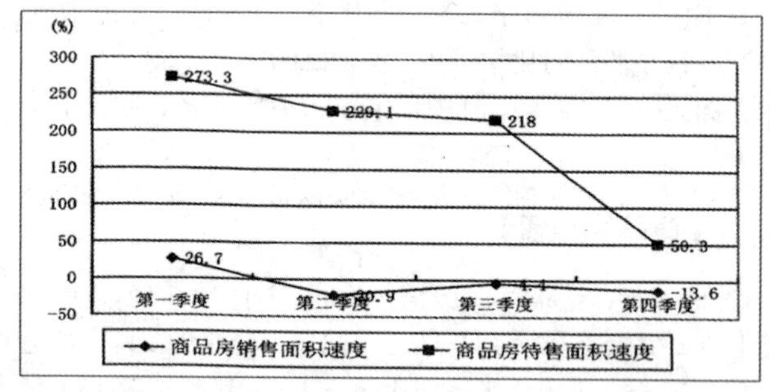

【到位资金】

资金是投资建设的基本保障。受多种因素影响，今年房地产开发企业资金链明显紧张。2014年，全市房地产开发项目到位资金54.3亿元，同比下降16.3%，由此可见，房地产开发企业资金吃紧，已严重影响到企业开发建设的进度。全部资金中，国内贷款同比下降79.1%，自筹资金同比下降26.5%。

【土地待开发面积】

2014年，房地产土地待开发面积21.9万平方米，同比增长667.7%；土地购置面积12.9万平方米，土地成交价款0.9亿元。

【关注的问题】

1. 消费者预期降低，开发者投资信心受到影响

去年以来，房地产形势的逆转，使人们对房价下跌的预期增强，随之而来的是销售面积减少，待售面积逐渐堆积，空置面积的不断扩大，使得开发商的资金难以迅速回笼，增加了成本与风险，在一定程度上打击了开发商的投资信心，从而使得市场更加不景气。

2. 市场需求低迷，房地产开发进度受到影响

受政策调控的影响，房地产市场整体平淡，市场需求低迷，前期大量上市的项目、楼市消化节奏放慢，在此环境下，开发商的决策开始有所调整，为减少成本，不少开发商采取了调整开发节奏、拉长开发周期、现有项月开发放慢，施工步伐放缓，进而影响后续产品的开发。

3. 要理规划、合理布局满足不同群体的需求

在继续完善住房供应体系，积极推进保障性住房建设、加大棚户区改造力度的同时，增加中低价位、中小户型普通商品住房供给，满足不同层次群体的住房需求。

临汾市2014年房地产业发展报告

临汾市房地产业协会

【概述】

2014年，全市房地产开发投资稳中有升，施工规模低位增长，商品房销售增速回落。具体看，全市房地产市场运行主要呈现以下特点：

【房地产开发投资】

2014年房地产开发和销售情况

指 标	单 位	绝对数	比上年增长%
投资完成额	亿元	84.2	28.4
其中：住宅	亿元	64.9	34.1
房屋施工面积	万平方米	850.8	13
其中：住宅	万平方米	612.8	12.1
房屋新开工面积	万平方米	253.5	17
其中：住宅	万平方米	192.8	43.3
房屋竣工面积	万平方米	96.5	-2.3
其中：住宅	万平方米	66.2	-20.7
商品房销售面积	万平方米	149.9	10.3
其中：住宅	万平方米	132.3	1.4

2014年，全市房地产投资完成84.2亿元，增长28.4%。增速比2013年提高10.4个百分点，比全省平均水平高21.1个百分点，比同期全市固定资产投资增长水平高9.8个百分点，占全市固定资产的比重6.8%n，比2013年提高0.5个百分点。

从房屋用途来看，全年住宅投资完成64.9亿元，占房地产开发投资的比重为77.1%，同比增长34.1%，增速比2013年提高18.4个百分点。其中，90平方米及以下住宅投资完成13.1亿元，增长21.1%;144平方米以上住宅投资完成10.9亿元，增长53.9%。办公楼投资完成1.9亿元，下降27.6%。商业营业用房开发投资完成10.5亿元，增长6.7%。

【施工面积】

2014年，全市房屋施工面积为850.8万平方米，同比增长13%，与2013年增长6.9%的水平相比，提高6.1个百分点。其中，住宅施工面积为612.8万平方米，同比增长12.1%;办公楼施工面积26.1万平方米，同比下降4.9%;商业营业用房施工面积114.2万平方米，同比增长4.1%。

2014年，全市房屋新开工面积253.5万平方米，同比增长17%，增速比2013年提高29.1个百分点。其中，住宅新开工面积192.8万平方米，同比增长43.3%。全市房屋竣工面积为96.5%万平方米，同比下降2.3%，降幅比2013年收窄38.1个百分点。

【商品房销售】

2014年，全市商品房销售面积149.9万平方米，同比增长10.3%，增速比2013年回落14.8个百分点。其中，全年住宅销售面积132.3万平方米，占全部商品房销售面积的88.2%，同比增长1.4%。全市商业营业用房销售面积7.5万平方米，同比增长62.4%。

全市住宅销售面积中，90-144平方米的户型，销售面积达到95.3万平方米，占住宅销售面积的72%，占全部商品房销售面积的63.6%，同比增长3.7%。90平方米以下住宅销售面积20.2万平方米，占住宅销售面积的15.3%，同比增长84.6% ;144平方米以上住宅销售面积16.8万平米，占住宅销售面积的12.7%，同比下降39.2% 。

全年市级重点建设工程383项，计划总投资3681亿元，其中当年计划投资915亿元。

【保障性住房】

2014 年保障性住房年度新建项目基本情况表

序号	年度新建项目基本情况												年度建设计划									截至 2014 年 05 月底项目进展情况											截至 2014 年 05 月底手续办理情况					
	项目名称	保障房类型	所属县区	项目地址	建设类型	占地规模	建设规模			总投资	计划／实际开工时间	计划／实际竣工时间	计划落实用地	计划开工			计划基本建成		计划竣工		年度计划投资	已落实建设用地	已开工			已基本建成			已竣工			完成投资	用地规划	土地批复	环评报告	立项核准	规划许可	施工许可
							总楼栋数	总套数	总面积					楼栋数	套数	面积	套数	面积	套数	面积			楼栋数	套数	面积	楼栋数	套数	面积	楼栋数	套数	面积							
						亩	栋	套	m²	万元	年月	年月	亩	栋	套	m²	套	m²	套	m²	万元	亩	栋	套	m²	栋	套	m²	栋	套	m²	万元	√	√	√	√	√	√
	1	2	3	4	5	6	7	8	9	10	11	12	13	14	15	16	17	18	19	20	21	22	23	24	25	26	27	28	29	30	31	32	33	34	35	36	37	38
		廉租房																																				
廉租住房项目小计					0	0	0	0	0	0	——	——	0	0	0	0	0	0	0	0	0	0	0	0	0	0	0	0	0	0	0	0	0	0	0	0	0	0
1	临汾市本级西荣阁A、B区配建公租房项目	公租房	临汾市本级	河西新城马务村南	配建	4.2	1	144	7781	2720	2014.04	2015.12	4.2	1	144	7781	0	0	0	0	2100	4.2	1	144	7781	0	0	0	0	0	0	220				√	√	
2	临汾市本级恒大华府商品房13#楼配建公租房项目	公租房	临汾市本级	滨河南路以东、郭村南侧	配建	2.6	1	76	4251.44	1480	2014.04	2016.06	2.6	1	76	4251.44	0	0	0	0	900	2.6	1	76	4251.44	0	0	0	0	0	0	250		√		√	√	

序号	年度新建项目基本情况												年度建设计划									截至 2014 年 05 月底项目进展情况											截至 2014 年 05 月底手续办理情况					
	项目名称	保障房类型	所属县区	项目地址	建设类型	占地规模	建设规模			总投资	计划/实际开工时间	计划/实际竣工时间	计划落实用地	计划开工			计划基本建成		计划竣工		年度计划投资	已落实建设用地	已开工			已基本建成			已竣工			完成投资	用地规划	土地批复	环评报告	立项核准	规划许可	施工许可
							总楼栋数	总套数	总面积					楼栋数	套数	面积	套数	面积	套数	面积			楼栋数	套数	面积	楼栋数	套数	面积	楼栋数	套数	面积							
						亩	栋	套	m²	万元	年月	年月	亩	栋	套	m²	套	m²	套	m²	万元	亩	栋	套	m²	栋	套	m²	栋	套	m²	万元	√	√	√	√	√	√
	1	2	3	4	5	6	7	8	9	10	11	12	13	14	15	16	17	18	19	20	21	22	23	24	25	26	27	28	29	30	31	32	33	34	35	36	37	38
3	临汾市本级太行"御景水城"御卓苑 2#楼配建公租房项目	公租房	临汾市本级	滨河路东侧、西赵村以西	配建	4.2	1	##	8000	2800	2014.09	2017.09	4.2	1	133	8000	0	0	0	0	1000	0	0	0	0	0	0	0	0	0	0	0		√				
4	临汾市曲沃县惠沃新区公租房	公租房	临汾市曲沃县	西南街村 11 组吉利路西北处	集中新建	7	1	##	6000	1000	2014.03	2015.12	7	1	100	6000	0	0	0	0	500	7	1	100	6000	0	0	0	0	0	0	400						
5	临汾市襄汾县和谐小区公共租赁住房二期建设工程项目	公租房	临汾市襄汾县	和谐路	集中新建	6.84	1	##	####	3425.35	2014.07	2015.11	6.84	1	176	####	0	0	0	0	1100	0	0	0	0	0	0	0	0	0	0	0	√	√	√			

序号	年度新建项目基本情况												年度建设计划									截至 2014 年 05 月底项目进展情况											截至 2014 年 05 月底手续办理情况					
	项目名称	保障房类型	所属县区	项目地址	建设类型	占地规模	建设规模			总投资	计划/实际开工时间	计划/实际竣工时间	计划落实用地	计划开工			计划基本建成		计划竣工		年度计划投资	已落实建设用地	已开工			已基本建成			已竣工			完成投资	用地规划	土地批复	环评报告	立项核准	规划许可	施工许可
							总楼栋数	总套数	总面积					楼栋数	套数	面积	套数	面积	套数	面积			楼栋数	套数	面积	楼栋数	套数	面积	楼栋数	套数	面积							
						亩	栋	套	m²	万元	年月	年月	亩	栋	套	m²	套	m²	套	m²	万元	亩	栋	套	m²	栋	套	m²	栋	套	m²	万元	√	√	√	√	√	√
	1	2	3	4	5	6	7	8	9	10	11	12	13	14	15	16	17	18	19	20	21	22	23	24	25	26	27	28	29	30	31	32	33	34	35	36	37	38
6	临汾市乡宁县爱心家园三期（华隆佳苑）工程建设项目公租房配租	公租房	临汾市乡宁县	临吉高速连接线南	集中新建	5	1	##	6000	1650	2014.06	2016.06	5	1	100	6000	100	0	0	0	650	0	0	0	0	0	0	0	0	0	0	0			√	√		
7	临汾市大宁县公租房建设项目	公租房	临汾市大宁县	大宁县城东小冯村	集中新建	6	3	##	9000	1530	2013.09	2014.09	0	0	0	0	0	0	0	0	0	0	0	0	0	0	0	0	0	0	0	0	√	√	√		√	
8	临汾市大宁县安厦小区公租房建设项目	公租房	临汾市大宁县	滨河西路南侧	集中新建	13.5	5	##	####	2930	2014.02	2014.12	13.3	5	200	####	200	##	200	###	2930	2.2	1	36	2160	0	0	0	0	0	0	410	√				√	

序号	年度新建项目基本情况												年度建设计划									截至2014年05月底项目进展情况											截至2014年05月底手续办理情况					
	项目名称	保障房类型	所属县区	项目地址	建设类型	占地规模	建设规模			总投资	计划／实际开工时间	计划／实际竣工时间	计划落实用地	计划开工			计划基本建成		计划竣工		年度计划投资	已落实建设用地	已开工			已基本建成			已竣工			完成投资	用地规划	土地批复	环评报告	立项核准	规划许可	施工许可
							总楼栋数	总套数	总面积					楼栋数	套数	面积	套数	面积	套数	面积			楼栋数	套数	面积	楼栋数	套数	面积	楼栋数	套数	面积							
						亩	栋	套	㎡	万元	年月	年月	亩	栋	套	㎡	套	㎡	套	㎡	万元	亩	栋	套	㎡	栋	套	㎡	栋	套	㎡	万元	√	√	√	√	√	√
	1	2	3	4	5	6	7	8	9	10	11	12	13	14	15	16	17	18	19	20	21	22	23	24	25	26	27	28	29	30	31	32	33	34	35	36	37	38
9	临汾市高新开发区华翔花园	公租房	临汾市高新开发区	中大街西侧、河汾一路南侧、霍侯路西侧	配建	3.4	1	##	6332.6	2500	2014.05	2017.06	3.4	1	115	6332.6	0	0	0	0	500	3.4	1	115	6332.6	0	0	0	0	0	0	20						
10	临汾霍州市龙驰花苑2014年配建公租房建设项目	公租房	临汾霍州市	鼓楼西街北侧	配建	45.43	3	90	4500	900	2014.09	2015.12	45.43	3	90	4500	0	0	0	0	300	0	0	0	0	0	0	0	0	0	0	0						
11	临汾霍州市霍州署文化产业示范园2014年配建公租房建设项目	公租房	临汾霍州市	鼓楼东街州署对面	配建	57.9	1	30	1500	300	2014.09	2016.12	57.9	1	30	1500	0	0	0	0	60	0	0	0	0	0	0	0	0	0	0	0						

序号	年度新建项目基本情况												年度建设计划									截至 2014 年 05 月底项目进展情况											截至 2014 年 05 月底手续办理情况					
	项目名称	保障房类型	所属县区	项目地址	建设类型	占地规模	建设规模			总投资	计划/实际开工时间	计划/实际竣工时间	计划落实用地	计划开工			计划基本建成		计划竣工		年度计划投资	已落实建设用地	已开工			已基本建成			已竣工			完成投资	用地规划	土地批复	环评报告	立项核准	规划许可	施工许可
							总楼栋数	总套数	总面积					楼栋数	套数	面积	套数	面积	套数	面积			楼栋数	套数	面积	楼栋数	套数	面积	楼栋数	套数	面积							
						亩	栋	套	m²	万元	年月	年月	亩	栋	套	m²	套	m²	套	m²	万元	亩	栋	套	m²	栋	套	m²	栋	套	m²	万元	√	√	√	√	√	√
	1	2	3	4	5	6	7	8	9	10	11	12	13	14	15	16	17	18	19	20	21	22	23	24	25	26	27	28	29	30	31	32	33	34	35	36	37	38
12	临汾霍州市鼓楼西街诚瑞园广场汇泽园保障房2014年配建公租房建设项目	公租房	临汾霍州市	鼓楼西街南侧	配建	22	2	80	4800	706	2014.09	2015.12	22	2	80	4800	0	0	0	0	206	0	0	0	0	0	0	0	0	0	0	0						
公共租赁住房项目小计					12	178.07	21	1394	83330	21941.35	——	——	171.87	18	1244	74330.04	300	14605	200	14605	10246	19.4	5	471	26525.04	0	0	0	0	0	0	1300	3	4	3	3	4	0
1	临汾市本级通运兴物流有限公司经适房项目	经适房	临汾市本级	搬运公司家属院（煤化巷42号）	集中新建	5.29	3	100	6200	1009	2014.03	2014.03	0	0	0	0	0	0	0	0	0	0	0	0	0	0	0	0	0	0	0	0		√	√	√		

序号	年度新建项目基本情况												年度建设计划									截至 2014 年 05 月底项目进展情况											截至 2014 年 05 月底手续办理情况					
	项目名称	保障房类型	所属县区	项目地址	建设类型	占地规模	建设规模			总投资	计划/实际开工时间	计划/实际竣工时间	计划落实用地	计划开工			计划基本建成		计划竣工		年度计划投资	已落实建设用地	已开工			已基本建成			已竣工			完成投资	用地规划	土地批复	环评报告	立项核准	规划许可	施工许可
							总楼栋数	总套数	总面积					楼栋数	套数	面积	套数	面积	套数	面积			楼栋数	套数	面积	楼栋数	套数	面积	楼栋数	套数	面积							
						亩	栋	套	m²	万元	年月	年月	亩	栋	套	m²	套	m²	套	m²	万元	亩	栋	套	m²	栋	套	m²	栋	套	m²	万元	√	√	√	√	√	√
	1	2	3	4	5	6	7	8	9	10	11	12	13	14	15	16	17	18	19	20	21	22	23	24	25	26	27	28	29	30	31	32	33	34	35	36	37	38
2	临汾市本级钢铁有限公司7#8#楼经适房项目	经适房	临汾市本级	临钢一生活区	集中新建	7.2	2	##	####	4200	2014.09	2016.09	7.2	2	200	####	0	0	0	0	1000	0	0	0	0	0	0	0	0	0	0	0		√				
3	临汾市襄汾县和谐小区经济适用住房二期工程建设项目	经适房	临汾市襄汾县	和谐路	集中新建	6.38	1	##	7920	2309.85	2014.07	2015.11	6.38	1	132	7920	0	0	0	0	700	0	0	0	0	0	0	0	0	0	0	0	√	√	√			
4	临汾市大宁县*经济适用住房建设项目	经适房	临汾市大宁县	原体委院内	集中新建	4.2	1	##	6000	2600	2014.02	2014.12	4.2	1	100	6000	100	##	100	###	2600	1.3	1	100	6000	0	0	0	0	0	0	405	√				√	

序号	年度新建项目基本情况												年度建设计划									截至 2014 年 05 月底项目进展情况											截至 2014 年 05 月底手续办理情况					
	项目名称	保障房类型	所属县区	项目地址	建设类型	占地规模	建设规模			总投资	计划/实际开工时间	计划/实际竣工时间	计划落实用地	计划开工			计划基本建成		计划竣工		年度计划投资	已落实建设用地	已开工			已基本建成			已竣工			完成投资	用地规划	土地批复	环评报告	立项核准	规划许可	施工许可
							总楼栋数	总套数	总面积					楼栋数	套数	面积	套数	面积	套数	面积			楼栋数	套数	面积	楼栋数	套数	面积	楼栋数	套数	面积							
						亩	栋	套	m²	万元	年月	年月	亩	栋	套	m²	套	m²	套	m²	万元	亩	栋	套	m²	栋	套	m²	栋	套	m²	万元	√	√	√	√	√	√
	1	2	3	4	5	6	7	8	9	10	11	12	13	14	15	16	17	18	19	20	21	22	23	24	25	26	27	28	29	30	31	32	33	34	35	36	37	38
经济适用住房项目小计					4	23.07	7	532	32120	10118.85	——	——	17.78	4	432	25920	100	6000	100	6000	4300	1.3	1	100	6000	0	0	0	0	0	0	405	2	3	2	1	1	0
1	临汾市本级"国色天香"限价商品房项目	限价房	临汾市本级	尧庙镇尧庙村	集中新建	82	11	1450	####	####	2014.09	2017.09	82	11	###	####	0	0	0	0	15000	0	0	0	0	0	0	0	0	0	0	0						
2	临汾市本级"滴汾花园"南侧场中街以东限价商品房项目	限价房	临汾市本级	河西新区锣鼓大桥西北	集中新建	60	5	##	####	####	2014.03	2014.03	0	0	0	0	0	0	0	0	0	0	0	0	0	0	0	0	0	0	0	0						
3	临汾市襄汾县裕景华庭住宅小区	限价房	临汾市襄汾县	北大街南侧	集中新建	27.34	4	##	####	####	2014.05	2015.11	27.34	4	352	####	0	0	0	0	3000	27.34	4	352	####	0	0	0	0	0	0	500		√		√	√	

2015年房地产年鉴

序号	年度新建项目基本情况												年度建设计划									截至2014年05月底项目进展情况											截至2014年05月底手续办理情况					
	项目名称	保障房类型	所属县区	项目地址	建设类型	占地规模	建设规模			总投资	计划/实际开工时间	计划/实际竣工时间	计划落实用地	计划开工			计划基本建成		计划竣工		年度计划投资	已落实建设用地	已开工			已基本建成			已竣工			完成投资	用地规划	土地批复	环评报告	立项核准	规划许可	施工许可
							总楼栋数	总套数	总面积					楼栋数	套数	面积	套数	面积	套数	面积			楼栋数	套数	面积	楼栋数	套数	面积	楼栋数	套数	面积							
						亩	栋	套	m²	万元	年月	年月	亩	栋	套	m²	套	m²	套	m²	万元	亩	栋	套	m²	栋	套	m²	栋	套	m²	万元	√	√	√	√	√	√
	1	2	3	4	5	6	7	8	9	10	11	12	13	14	15	16	17	18	19	20	21	22	23	24	25	26	27	28	29	30	31	32	33	34	35	36	37	38
4	临汾市襄汾县襄汾县双吉花园住宅小区	限价房	临汾市襄汾县	龙山路东侧	集中新建	6.12	3	70	6300	1745	2014.08	2015.12	6.12	3	70	6300	0	0	0	0	500	0	0	0	0	0	0	0	0	0	0	0		√				
5	临汾市洪洞县限价商品房	限价房	临汾市洪洞县	恒富东街	集中新建	70	12	##	####	####	2013.12	2015.09	5	1	40	2004	0	0	0	0	7000	5	1	40	2004	0	0	0	0	0	0	300						
6	临汾市乡宁县幸福湾小区2#、3#楼	限价房	临汾市乡宁县	迎旭大街南侧	集中新建	8.37	2	##	####	2832	2014.06	2016.06	8.37	2	128	####	0	0	0	0	1000	0	0	0	0	0	0	0	0	0	0	0	√		√	√		
7	临汾市乡宁县营里小区二期工程	限价房	临汾市乡宁县	迎旭东街	集中新建	10	2	##	####	3096	2014.07	2016.07	10	2	172	####	0	0	0	0	1000	0	0	0	0	0	0	0	0	0	0	0						

序号	年度新建项目基本情况												年度建设计划									截至2014年05月底项目进展情况											截至2014年05月底手续办理情况					
	项目名称	保障房类型	所属县区	项目地址	建设类型	占地规模	建设规模			总投资	计划/实际开工时间	计划/实际竣工时间	计划落实用地	计划开工			计划基本建成		计划竣工		年度计划投资	已落实建设用地	已开工			已基本建成			已竣工			完成投资	用地规划	土地批复	环评报告	立项核准	规划许可	施工许可
							总楼栋数	总套数	总面积					楼栋数	套数	面积	套数	面积	套数	面积			楼栋数	套数	面积	楼栋数	套数	面积	楼栋数	套数	面积							
						亩	栋	套	m²	万元	年月	年月	亩	栋	套	m²	套	m²	套	m²	万元	亩	栋	套	m²	栋	套	m²	栋	套	m²	万元	√	√	√	√	√	√
	1	2	3	4	5	6	7	8	9	10	11	12	13	14	15	16	17	18	19	20	21	22	23	24	25	26	27	28	29	30	31	32	33	34	35	36	37	38
8	临汾霍州市水榭花都限价商品房建设项目	限价房	临汾霍州市	北环办北关村	集中新建	12	2	##	23687.91	6000	2014.04	2015.12	12	2	292	23687.91	150	##	0	0	3000	12	2	292	23687.91	0	0	0	0	0	0	1300						
限价普通商品住房项目小计					8	275.83	41	4164	379352	124953	——	——	150.83	25	2504	219355.91	150	13500	0	0	30500	44.34	7	684	57371.91	0	0	0	0	0	0	2100	1	2	1	2	1	0
1	临汾市曲沃县晋文小区	城市棚	临汾市曲沃县	浍滨南路兴华中学对面	集中新建	10	2	200	####	2900	2014.04	2017.10	10	2	200	####	0	0	0	0	1000	10	2	200	####	0	0	0	0	0	0	800						
2	临汾市曲沃县统计局棚户区改造住房（日月升）	城市棚	临汾市曲沃县	统计局家属院	集中新建	11	4	##	####	2800	2013.08	2015.06	0	0	0	0	0	0	0	0	0	0	0	0	0	0	0	0	0	0	0	0			√			

序号	年度新建项目基本情况												年度建设计划									截至2014年05月底项目进展情况											截至2014年05月底手续办理情况					
	项目名称	保障房类型	所属县区	项目地址	建设类型	占地规模	建设规模 总楼栋数	建设规模 总套数	建设规模 总面积	总投资	计划/实际开工时间	计划/实际竣工时间	计划落实用地	计划开工 楼栋数	计划开工 套数	计划开工 面积	计划基本建成 套数	计划基本建成 面积	计划竣工 套数	计划竣工 面积	年度计划投资	已落实建设用地	已开工 楼栋数	已开工 套数	已开工 面积	已基本建成 楼栋数	已基本建成 套数	已基本建成 面积	已竣工 楼栋数	已竣工 套数	已竣工 面积	完成投资	用地规划	土地批复	环评报告	立项核准	规划许可	施工许可
						亩	栋	套	m²	万元	年月	年月	亩	栋	套	m²	套	m²	套	m²	万元	亩	栋	套	m²	栋	套	m²	栋	套	m²	万元	√	√	√	√	√	√
	1	2	3	4	5	6	7	8	9	10	11	12	13	14	15	16	17	18	19	20	21	22	23	24	25	26	27	28	29	30	31	32	33	34	35	36	37	38
3	临汾市曲沃县锦昊小区	城市棚	临汾市曲沃县	曲沃县乐昌镇东北街五一路工行家属院	集中新建	9	2	##	####	4000	2014.05	2016.12	9	2	200	####	0	0	0	0	1000	9	2	200	####	0	0	0	0	0	0	50						
4	临汾市曲沃县雅馨小区	城市棚	临汾市曲沃县	乐昌镇东北街村东岗区	集中新建	9	2	##	####	4000	2014.05	2016.12	9	2	200	####	0	0	0	0	1000	9	2	200	####	0	0	0	0	0	0	50						
5	临汾市襄汾县六一一家属院棚户区改造（宝塔苑住宅小区）建设项目	城市棚	临汾市襄汾县	粮食局储备库西侧	集中新建	13.38	7	##	####	5500	2014.08	2015.12	13.38	7	300	####	0	0	0	0	1500	0	0	0	0	0	0	0	0	0	0	0						
6	临汾市安泽县锦绣华庭3期棚户区	城市棚	临汾市安泽县	文教街路南	集中新建	10	2	##	####	3300	2014.09	2016.12	0	0	0	0	0	0	0	0	0	0	0	0	0	0	0	0	0	0	0	0						

序号	年度新建项目基本情况												年度建设计划									截至 2014 年 05 月底项目进展情况											截至 2014 年 05 月底手续办理情况					
	项目名称	保障房类型	所属县区	项目地址	建设类型	占地规模	建设规模			总投资	计划/实际开工时间	计划/实际竣工时间	计划落实用地	计划开工			计划基本建成		计划竣工		年度计划投资	已落实建设用地	已开工			已基本建成			已竣工			完成投资	用地规划	土地批复	环评报告	立项核准	规划许可	施工许可
							总楼栋数	总套数	总面积					楼栋数	套数	面积	套数	面积	套数	面积			楼栋数	套数	面积	楼栋数	套数	面积	楼栋数	套数	面积							
						亩	栋	套	m²	万元	年月	年月	亩	栋	套	m²	套	m²	套	m²	万元	亩	栋	套	m²	栋	套	m²	栋	套	m²	万元	√	√	√	√	√	√
	1	2	3	4	5	6	7	8	9	10	11	12	13	14	15	16	17	18	19	20	21	22	23	24	25	26	27	28	29	30	31	32	33	34	35	36	37	38
8	临汾市安泽县政府街棚户区	城市棚	临汾市安泽县	政府街	集中新建	5	1	65	5850	1400	2014.09	2016.12	0	0	0	0	0	0	0	0	0	0	0	0	0	0	0	0	0	0	0	0						
9	临汾市乡宁县下园子拆迁安置区（城中村改造）	城市棚	临汾市乡宁县	下园子	集中新建	2.7	1	##	21991.59	4617	2014.05	2015.09	2.7	1	192	21991.59	0	0	0	0	1500	2.7	1	192	21991.59	0	0	0	0	0	0	80						
10	临汾市永和县永和县惠一新一期项目	城市棚	临汾市永和县	永和县响水湾	集中新建	13.7	3	##	9580	5400	2014.09	2016.09	13.7	1	100	9580	50	##	50	###	500	0	0	0	0	0	0	0	0	0	0	0	√					
11	临汾市蒲县昕水湾棚户区改造安置住房建设项目2	城市棚	临汾市蒲县	五十孔窑	集中新建	30.78	2	##	####	####	2014.01	2016.10	30.78	2	228	####	0	0	0	0	3000	30.78	2	228	####	0	0	0	0	0	0	504.8						

序号	年度新建项目基本情况：项目名称	保障房类型	所属县区	项目地址	建设类型	占地规模	建设规模：总楼栋数	建设规模：总套数	建设规模：总面积	总投资	计划/实际开工时间	计划/实际竣工时间	年度建设计划：计划落实用地	计划开工：楼栋数	计划开工：套数	计划开工：面积	计划基本建成：套数	计划基本建成：面积	计划竣工：套数	计划竣工：面积	年度计划投资	截至2014年05月底项目进展情况：已落实建设用地	已开工：楼栋数	已开工：套数	已开工：面积	已基本建成：楼栋数	已基本建成：套数	已基本建成：面积	已竣工：楼栋数	已竣工：套数	已竣工：面积	完成投资	截至2014年05月底手续办理情况：用地规划	土地批复	环评报告	立项核准	规划许可	施工许可
						亩	栋	套	m²	万元	年月	年月	亩	栋	套	m²	套	m²	套	m²	万元	亩	栋	套	m²	栋	套	m²	栋	套	m²	万元	√	√	√	√	√	√
	1	2	3	4	5	6	7	8	9	10	11	12	13	14	15	16	17	18	19	20	21	22	23	24	25	26	27	28	29	30	31	32	33	34	35	36	37	38
12	临汾市蒲县昕水湾棚户区改造安置住房建设项目	城市棚	临汾市蒲县	五十孔窑	集中新建	9.72	2	72	6480	####	2014.01	2016.10	9.72	2	72	6480	0	0	0	0	2100	9.72	2	72	6480	0	0	0	0	0	0	464	√		√	√		
13	临汾市高新开发区芳馨花园	城市棚	临汾市高新开发区	北外环路南侧、建设路以西	集中新建	15	2	##	####	####	2014.05	2017.06	15	2	260	####	0	0	0	0	2000	15	2	260	####	0	0	0	0	0	0	20						
14	临汾市高新开发区圣会融都小区	城市棚	临汾市高新开发区	向阳西路北侧、中大街东侧	集中新建	16	2	##	32034.34	####	2014.05	2017.06	16	2	240	32034.34	0	0	0	0	1000	16	2	240	32034.34	0	0	0	0	0	0	20						
15	临汾侯马市侯纺棚户区改造	城市棚	临汾侯马市	侯马纺织厂	集中新建	35	9	##	####	8400	2012.12	2014.12	0	5	320	####	200	##	0	0	2600	0	2	206	####	0	0	0	0	0	0	100			√	√		
16	临汾侯马市侯马纺织厂城市棚户区改造	城市棚	临汾侯马市	侯马纺织厂	集中新建	15	4	##	####	3600	2013.06	2014.12	0	2	110	9700	110	##	0	0	1600	0	0	0	0	0	0	0	0	0	0	0				√		

序号	年度新建项目基本情况												年度建设计划									截至 2014 年 05 月底项目进展情况											截至 2014 年 05 月底手续办理情况					
	项目名称	保障房类型	所属县区	项目地址	建设类型	占地规模	建设规模			总投资	计划／实际开工时间	计划／实际竣工时间	计划落实用地	计划开工			计划基本建成		计划竣工		年度计划投资	已落实建设用地	已开工			已基本建成			已竣工			完成投资	用地规划	土地批复	环评报告	立项核准	规划许可	施工许可
							总楼栋数	总套数	总面积					楼栋数	套数	面积	套数	面积	套数	面积			楼栋数	套数	面积	楼栋数	套数	面积	楼栋数	套数	面积							
						亩	栋	套	m²	万元	年月	年月	亩	栋	套	m²	套	m²	套	m²	万元	亩	栋	套	m²	栋	套	m²	栋	套	m²	万元	√	√	√	√	√	√
	1	2	3	4	5	6	7	8	9	10	11	12	13	14	15	16	17	18	19	20	21	22	23	24	25	26	27	28	29	30	31	32	33	34	35	36	37	38
17	临汾侯马市普天电缆公司棚户区改造安置房	城市棚	临汾侯马市	502厂家属院内	集中新建	12	2	##	####	3500	2014.05	2015.06	12	2	198	####	198	##	48	###	3000	12	2	198	####	0	0	0	0	0	0	1000						
18	临汾霍州市龙驰花苑城市棚户区改造项目	城市棚	临汾霍州市	鼓楼西街北侧	集中新建	45.43	1	34	3060	612	2014.09	2015.12	45.43	1	34	3060	0	0	0	0	162	0	0	0	0	0	0	0	0	0	0	0						
19	临汾霍州市鼓楼西街诚瑞园广场汇泽园保障房一期项目	城市棚	临汾霍州市	鼓楼西街南侧	集中新建	22	1	##	####	1985	2014.09	2015.12	22	1	150	####	0	0	0	0	660	0	0	0	0	0	0	0	0	0	0	0						
20	临汾霍州市霍州署文化产业示范园城市棚户区改造二期项目	城市棚	临汾霍州市	鼓楼东街州署对面	集中新建	57.9	2	##	####	####	2014.09	2016.12	57.9	2	384	####	0	0	0	0	1966	0	0	0	0	0	0	0	0	0	0	0						

序号	年度新建项目基本情况：项目名称	保障房类型	所属县区	项目地址	建设类型	占地规模	建设规模：总楼栋数	建设规模：总套数	建设规模：总面积	总投资	计划/实际开工时间	计划/实际竣工时间	年度建设计划：计划落实用地	计划开工：楼栋数	计划开工：套数	计划开工：面积	计划基本建成：套数	计划基本建成：面积	计划竣工：套数	计划竣工：面积	年度计划投资	截至2014年05月底项目进展情况：已落实建设用地	已开工：楼栋数	已开工：套数	已开工：面积	已基本建成：楼栋数	已基本建成：套数	已基本建成：面积	已竣工：楼栋数	已竣工：套数	已竣工：面积	完成投资	截至2014年05月底手续办理情况：用地规划	土地批复	环评报告	立项核准	规划许可	施工许可
						亩	栋	套	m²	万元	年月	年月	亩	栋	套	m²	套	m²	套	m²	万元	亩	栋	套	m²	栋	套	m²	栋	套	m²	万元	√	√	√	√	√	√
	1	2	3	4	5	6	7	8	9	10	11	12	13	14	15	16	17	18	19	20	21	22	23	24	25	26	27	28	29	30	31	32	33	34	35	36	37	38
城市棚户区改造项目小计					20	347.61	52	3838	373766	189880	——	——	266.61	36	3188	314465.93	558	31000	98	8300	24588	114.20	19	1996	202025.93	0	0	0	0	0	0	3088.8	2	0	3	3	0	0
1	临汾市洪洞县三维集团国有工矿棚户区改造二期	工矿棚	临汾市洪洞县	三维集团生活区东北部	集中新建	2	2	160	####	2800	2014.05	2015.05	2	2	160	####	160	##	160	###	2800	2	2	160	####	0	0	0	0	0	0	200						
2	临汾霍州市山西橡胶厂2014年国有工矿棚户区改造项目	工矿棚	临汾霍州市	霍东大道北侧	集中新建	36.3	2	##	####	2600	2014.05	2015.12	36.3	2	144	####	50	##	0	0	1000	36.3	2	144	####	0	0	0	0	0	0	100	√	√	√	√	√	
国有工矿棚户区改造项目小计					2	38.3	4	304	27360	5400	——	——	38.3	4	304	27360	210	18900	160	14400	3800	38.3	4	304	27360	0	0	0	0	0	0	300	1	1	1	1	1	0
1	临汾市本级吕梁林局临汾地块厂危旧房改造项目	林区棚	临汾市本级	汾东路37号	集中新建	10.6	1	200	17991.51	1000	2014.03	2015.05	10.06	5	200	####	0	0	0	0	500	0	0	0	0	0	0	0	0	0	0	0	√	√	√	√	√	√

序号	年度新建项目基本情况												年度建设计划									截至2014年05月底项目进展情况											截至2014年05月底手续办理情况					
	项目名称	保障房类型	所属县区	项目地址	建设类型	占地规模	建设规模			总投资	计划/实际开工时间	计划/实际竣工时间	计划落实用地	计划开工			计划基本建成		计划竣工		年度计划投资	已落实建设用地	已开工			已基本建成			已竣工			完成投资	用地规划	土地批复	环评报告	立项核准	规划许可	施工许可
							总楼栋数	总套数	总面积					楼栋数	套数	面积	套数	面积	套数	面积			楼栋数	套数	面积	楼栋数	套数	面积	楼栋数	套数	面积							
						亩	栋	套	m²	万元	年月	年月	亩	栋	套	m²	套	m²	套	m²	万元	亩	栋	套	m²	栋	套	m²	栋	套	m²	万元	√	√	√	√	√	√
	1	2	3	4	5	6	7	8	9	10	11	12	13	14	15	16	17	18	19	20	21	22	23	24	25	26	27	28	29	30	31	32	33	34	35	36	37	38
2	临汾侯马市中条林局棚户区	林区棚	临汾侯马市	新田路	集中新建	1	1	28	1400	100	2014.03	2015.09	1	1	28	1400	0	0	0	0	50	0	0	0	0	0	0	0	0	0	0	0						
3	临汾霍州市太岳林局国有林场危旧房改造工程（霍州片）	林区棚	临汾霍州市	北关村太岳林局木材经销站家属院	集中新建	19	1	5	475	100	2014.03	2014.12	19	1	5	475	5	##	5	475	100	0	0	0	0	0	0	0	0	0	0	0		√		√	√	√
国有林区棚户区改造项目小计					3	30.6	3	233	19867	1200	——	——	30.06	7	233	21875	5	475	5	475	650	0	0	0	0	0	0	0	0	0	0	0	1	2	1	2	2	2
		垦区棚																																				
国有垦区棚户区改造项目小计					0	0	0	0	0	0	——	——	0	0	0	0	0	0	0	0	0	0	0	0	0	0	0	0	0	0	0	0	0	0	0	0	0	0
		煤矿棚																																				
国有煤矿棚户区改造项目小计					0	0	0	0	0	0	——	——	0	0	0	0	0	0	0	0	0	0	0	0	0	0	0	0	0	0	0	0	0	0	0	0	0	0
年度新建项目合计					49	893.48	128	10465	915794	353493.20	——	——	675.45	94	7905	683306.88	1323	84480	563	43780	74084	217.54	36	3555	319282.88	0	0	0	0	0	0	7193.8	10	12	11	12	9	2

运城市2014年房地产业发展报告

运城市房地产业协会

【概述】

2014年，受房地产市场大环境及经济下行压力的影响，运城市房地产投资增速放缓，房屋施工面积稳步增长，实行到位资金稳中有升，房地产销售面积和销售额同比大幅下滑。

【开发企业】

截止2014年12月底，全市纳入互联网直报数据库房地产开发企业413个，较上年增加44个。

【开发投资】

2014年，全市房地产开发企业完成投资117.72亿元，同比增长26.5%，比上年回落10.7个百分点。分工程用途来看：住宅投资完成86.72亿元，同比增长21.6%，占房地产开发完成投资73.7%。其中，90平方米以下户型投资完成18.01亿元，同比增长11.5%；90–144平方米户型投资完成57.92亿元，同比增长24.9%；144平方米以上户型投资完成10.79亿元，同比增长22.6%。非住宅类房屋中，办公楼投资完成4.70亿元，同比增长812.6%，占房地产开发投资4.0%；商业营业用房投资完成17.52亿元，同比增长20.9%，占房地产开发投资14.9%；其他类型房屋投资完成8.78亿元，同比增长30.7%，占房地产开发投资7.4%。

分县域投资看，房地产开发投资不平衡。按投资比重看，中心城区盐湖区房地产开发投资完成70.11亿元，占全市房地产开发完成投资59.6%，高于其他各县（市）之和。按开发投资增速来看夏县、万荣县、新绛县、闻喜县、垣曲县、平陆县6县（市、区）房地产开发投资增速在30%以上；绛县、芮城县、盐湖区、永济市4县、市（区）增速在1%–30%之间；河津市、楼山县、临琦县3县、市投资增速同比下降。

【商品房施工面积】

2014年，全市房地产开发企业房屋施工面积1629.28万平方米，同比增长19.5%。其中，商品住宅施工面积1239.55万平方米，同比增长14.6%，占同期商品房施工面积76.1 %；办公楼施工面积37.51万平方米，同比增长242.5%，占同期商品房施工面积2.3%；商业营业用房施工面积230.81万平方米，同比增长19.3%，占同期商品房施工面积14.2%；其他房屋施工面积121.41万平方米，同比增长57.0%，占同期商品房施工面积7.4%。

【新开工面积】

2014年，全市商品房新开工面积536.89万平方米，同比增长1.4%，比上年回落15.6个百分点。其中，住宅新开工面积402.97万平方米，同比下降6.1%，占同期商品房新开工面积的75.1%；办公楼新开工面积18.59万平方米，同比增长310.0%，占同期商品房新开工面积的3.5%；商业营业用房新开工面积62.50万平方米，同比下降1.1%，占同期商品房新开工面积的11.6%；其他房屋新开工面积52.83万平方米，同比增长62.8%，占同期商品房新开工面积的9.8%。

【竣工面积】

2014年，全市商品房竣工面积达280.05万平方米，同比下降11.4%。其中，住宅竣工面积211.26万平方米，同比下降19.6%，占竣工面积总量的75.4%；办公楼竣工面积1.39万平方米，同比下降15.6%；商业营业用房竣工面积51.15万平方米，同比增长52.3%。其他用房竣工面积16.25万平方米，同比下降10.2%。

【商品房销售】

2014年，全市商品房销售面积197.97万平方米，同比下降13.7%。商品房销售额57.19亿元，同比下降12.7%。其中：现房销售面积112.07万平方米，同比增长3.8%，占商品房销售面积56.6%；期房销售面积85.90万平方米，同比下降29.2%。从数据看，现房销售已占领我市商品房销售的主导地位。

分类型看，商品住宅销售面积185.09万平方米，同比下降11.1%。住宅销售额51.97亿元，同比下降6.3%。商品住宅销售套数16370套，比去年同期减少2047套，同比下降1 1.1%。其中，90–144平方米户型销售140.87万平方米，同比下降8.9%，占全部住宅销售面积的比重76.1 %；90平方米以下户型销售23.48万平方米，同比下降23.7%；144平方米以上户型销售20.74万平方米，同比下降9.2%。非住宅类房屋中，商业营业用房销售9.42万平方米，同比下降47.6%。

【待售面积】

从商品房待售面积看，全市待售面积361.40万平方米，比去年同期增加24.99万平方米，同比增长7.4%。呈现继续攀升势头。

【到位资金】

2014年，全市房地产开发企业开发资金到位138.45亿元，同比增长18.4%。其中上年末结余资金26.39亿元，同比增长89.8%；本年实际到位资金112.06亿元，同比增长8.7%。本年到位资金增速比房地产开发投资增速低8.2个百分点，开发资金趋紧迹象明显。

【加强房地产市场监管】

2014年市住房城乡建设局进一步加强了对房地产市场的引导、监管和培育。一是贯彻落实房地产市场调控政策，加强商品房预售管理。2014年，按照省住建厅要求，认真落实房地产市场调控政策，推进住房信息化建设，完善个人住房信息系统建设。强化商品房预售许可审批管理，全面开展商品房预售资金监管工作，保证预售资金专款专用。对报批预售的商品房项目，根据房屋结构、项目位置我们通过核定其建设成本，调控其销售价格，促进房价合理。控制商品房预售许可规模，严禁分层、分单元许可预售。根据规划许可，通过商品房预测绘，核定预售面积和预售房套型面积、面积与分摊、物业管理用房等配套设施，确保预售房屋的用途、面积与分摊、物业办公场所等内容的准确性，确保物业用房等公用设施按规定配备到位。严格销售方案的审查，明确预售项目的交付日期、预售房屋套数、预售价格及变动幅度、质量责任承担主体和承担方式、销售主体和销售人员以及商品房预售合同内容。1-10月份全年共办理商品房预售许可34项，进一步规范销售行为。二是开展地产市场专项整治，规范房地产市场。按照省住建厅关于《房地产市场专项检查工作方案》安排部署，我们印发了《运城市房地产市场专项检查工作实施方案》，重点整治房地产开发建设、房地产交易、物业服务和房地产中介等方面的违规行为，对未取得预售许可擅自销售的项目下达整改通知书，关闭售楼部；对未备案的经纪机构责令停业整改，限期补办；对已取得预售许可的项目，督促其在规定时间内一次性公开全部房源，严格按申报价格，明码标价对外销售。跟踪其预售款拔付、使用，保证预售款按规定使用，保障买受人的购房权益。规范商品房预售合同备案管理，保证合同备案与商品房销售现场情况一致，防止一房多售现象发生。对销售场所要求做到五证上墙、一房一价进行公示，销售人员持证上岗，并设立销售人员工作监督台。为确保检查取得实效，全年共检查项目230个，共下发整改通知书30份，规范项目30个，全市预售资金纳入监管的项目33个。三是加强企业统计数据报送，开展市场监测分析。组织各县（市、开发区）建立房地产开发项目库，督促各企业按要求及时通过《山西省房地产从业主体管理信息系统》在线填报房地产开发项目投资、资金筹措、施工、竣工、销售等信息，逐月审核汇总分析全市房地产市场和保障性住房建设情况，并按时将数据汇总表和分析材料上报省厅。把握全市房地产市场运行现状和发展趋势，稳定市场预期，推进我市房地产业健康发展。1-10月全市房地产开发共完成投资86.7亿元；新开工420.34万平米；竣工180.1万平米；销售155万平米；商品房销售额45.2亿元。月报网上上报率达到100%，审核率达到100%。

【创建物业管理示范项目】

今年省住建厅要求我市创建省级物业管理示范项目，我们下发了《关于评选2014年度运城市物业管理优秀示范小区的通知》，组织专业人员对全市参加评比物业管理示范小区的项目进行了验收，通过考核评比，外滩首府、临猗县丰林花园四个小区申报了省级物业管理优秀示范小区，并通过了省建设厅的验收，获得了省级优秀示范小区称号，通过率达到了100%，超额完成省政府下达我市目标任务。

【商品房销售人员的岗位培训】

为全面提升我市商品房销售人员的业务素质，2014年市房协局房地产科，委托中房协对全市商品房销售人员分两批进行了培训。经过培训，取得房地产经纪人员岗位培训证的人员共计480余人，大大提高了销售人员的销售水平，有效规范销售行为。

【关注问题】

受销售回落和资金趋紧等因素影响，部分开发企业开发意愿不强,2014年全市房地产开发企业晌盆土地面积大幅下降，商品房竣工面积持续下降，商品房新开工面积急速目落，待售面积持续增加。运城市房地产开发企业购置土地面积83.03万平方米，同比下降40.2%，比上年大幅下降55.9个百分点；商品房竣工面积280.05万平方米，同比下降11.4%，比上年扩大0.4个百分点；商品房新开工面积536.89万平方米，同比增长1.4%，比上年回落15.6个百分点；待售面积361.40万平方米，比去年同期增加24.99万平方米。先行指标的大幅回落，影响房地产开发投资后劲，部分企业建设工期明显延长，开发成本随之增大，不利于市场的平稳健康运行。

【建议】

（一）加强房地产市场监誉，进一步规范市场秩序

加强企业诚信建设，加强行业自律，进一步完善预（销）售房屋的合同备案和实名制房屋购房制度。进一步严厉打击无证违法销售商品房的行为，对于存在违规销售的楼盘要依法予以查处曝光，切实保护购房消费者的合法权益，让消费者购房放心、住得安心。

（二）加快商品房库存的消化

2014年，全市商品房待售面积361.40万平方米，待售面积的增加，严重制约了我市房地产开发业的发展，应积极采取相关措施加以解决。一是加强宏观调控。由于房地产开发过量，积压空置商品房数量较大，因此，加强房地产业宏观调控，限制房地产的开发数量，将现有空置商品房划为经济适用房销售，是消化积压空置商品房的一个重要措施。二是改变空置商品房用途。1、可以抓住拆迁的时机，将其作为中转房租给被拆迁户使用。2、可以将空置房转变为廉租屋，配合政府工程，租给收人水平低目居住条件难以改善的困难户。3、可以将位于市中心面积不大但房型结构合理的空置房转变为时兴的单身公寓，也不失为一个可行的消化空置商品房的有效途径。

长治市2014年房地产业发展报告

长治市房地产行业协会

【概述】

2014年，随着房地产市场调整的不断深化，长治市房地产开发行业出现了投资总量下降、新开工面积减少、销售面积稳定等态势，同时也暴露出资金紧张、土地交易量回落、去库存压力大等问题。

【房地产开发投资】

2014年，长治市房地产开发业共完成投资75.2亿元，总量较2013年94.2亿元减少19亿元，同比下降20.1个百分点。其中，住宅完成投资58.2亿元，同比下降14.0个百分点，占房地产开发投资的比重为77.4%，90平米以下住宅投资19.9亿元，同比增长4.8%，144平米以上住宅完成投资15.7亿元，同比增长15.4%；办公楼和商业营业用房投资同比分别下降50.4%和47.7%。

不同房屋类别所占施工面积比重

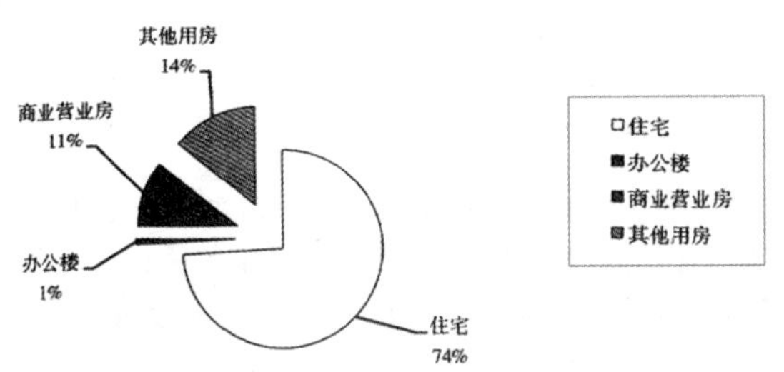

【施工面积】

2014年，长治市商品房屋施工面积总计为1096.9万平方米，同比下降0.9%。其中，住宅施工面积为814.7万平方米，同比下降0.4%，占全部房屋施工面积74.3%；办公楼施工面积为9.1万平方米，同比下降14.4%；商业营业用房施工面积为119.6万平方米，同比下降10.7%

【新开工面积】

全市新开工面积2014年为197.0万平方米，同比下降34%。其中，住宅新开工面积为149.7万平方米，同比下降16.7%，占全部新开面积的比重为76.0%；办公楼新开工面积为1.2万平方米，同比下降63.1%；商业营业用房新开工面积为17.2万平方米，同比下降69.1%。

【竣工面积】

2014年，全市房屋竣工面积为251.2万平方米，同比增长12.8%。其中，住宅竣工面积为199.9万平方米，同比增长25.3%；办公楼竣工面积为2.8万平方米，同比下降8.6%；商业营业用房竣工面积为17.8万平方米，同比下降51.4%。

【十二五期间长治市房地产市场】

长治市2011年—2014年房地产开发走势

年份	投资		施工面积		销售面积	
	总量（亿元）	增速（%）	总量（万平方米）	增速（%）	总量（万平方米）	增速（%）
2011	53.8	64.1	638.1	37.5	145.0	17.9
2012	75.9	41.2	921.2	44.4	163.0	12.9
2013	94.2	24.1	1106.6	19.1	181.6	11.4
2014	75.2	-20.1	1096.9	-0.9	184.9	1.8

长治市2011年—2014年走势

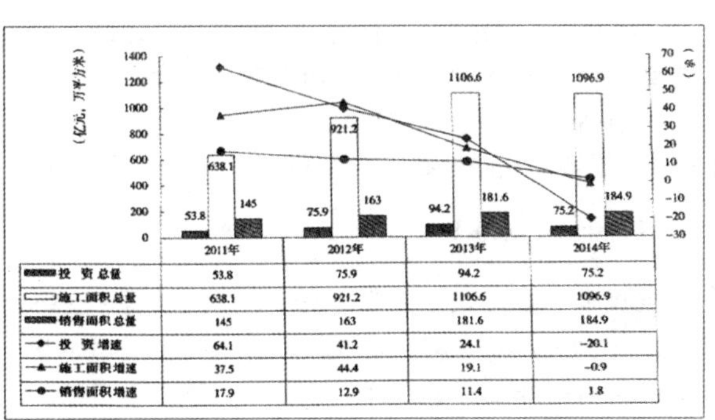

【商品房屋销售】

2014年，全市商品房销售面积波动幅度较大。2月份，全市共销售商品房屋面积1.3万平米，同比下降37.2%，为全年最低增速；8月份，销售商品房屋面积为121.7万平方米，同比增长14.0%，为全年最高增速；直至12月份，共销售商品房屋面积184.9万平方米，同比增长1.8%。受国家宏观政策调控的影响，房地产开发商和群众均处于观望状态，使得商品房屋的销售增长乏力。

2014年长治市销售面积和增速趋势

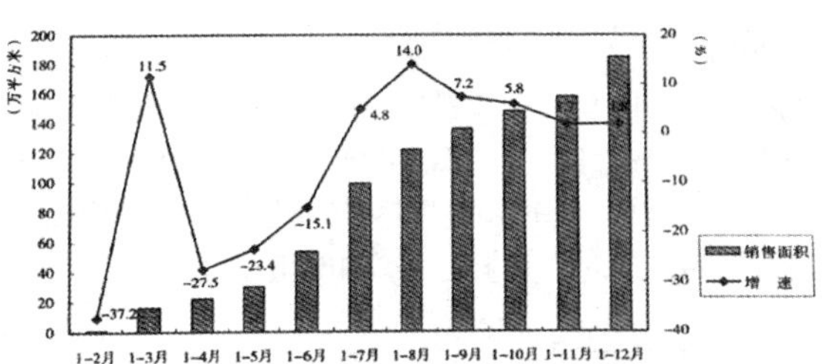

【待售面积】

2014年，长治市商品房待售面积203.3万平方米，比2013年商品房待售面积121.2万平方米多82.1万平方米，同比增长67.5%，床下新高。说明市场的供求关系正在发生变化。房地产去库存化周期明显拉长。库存压力不断加大。

【到位资金】

2014年，房地产开发企业到位资金86.1亿元，比去年末103.0亿减少16.9亿元，同比下降16.5%。其中，国内贷款6.2亿，同比增长154.8%，相较上年下降43.4%提高近200个百分点；自筹资金40.3亿，同比下降35.2%，比去年25.3%的增速下降60.5个百分点。2014年全年，房地产开发企业的资金都处于负增长的区间。

【土地交易】

2014年，长治市房地产开发企业共购置土地面积36.5万平米，同比下降5.7%；土地成交价款达3.8亿元，同比下降29.6%。土地成交量的回落，说明房地产商拿地相对谨慎和理性，这将直接影响后续房地产开发行业的发展。

【固定资产投资】

2014年，长治市住建局着力上党城镇群建设，共完成市政公用设施固定资产投资40余亿元（含县城），位居全省前列。全是城镇化率达到48.46%，比2013年提高1.59个百分点，增幅全省第二，保持快速稳定增长态势。

【主城区建设】

2014年，长治市新建改造10调市政道路，1座市政桥梁，4座交通环岛，2座人行过街天桥，54条背街小巷，新增道路面积18.2万平方米，完成增迁55万平方米，主城区“三环八纵十二横”路网框架基本成型。取缔89个地坑垃圾点，新建17座生活垃圾压缩中转站，安装104个密闭垃圾收集箱，购置40辆垃圾压缩车，垃圾机扫车和道路洒水车，垃圾收集转运由以往暴露式向密闭压缩式转变，道路机扫率比2013年提高21个百分点，达到37%。新建改造10座公厕，主城区公厕达到48座。主城区污水处理厂二期工程于2014年9月正式投入运营，新增污水处理能力10万吨/日，总处理规模达到20万吨/日。数字化城管系统调试完毕。主城区建设实现“两年大见效”的阶段性目标。

【住房保障】

2014年，长治市开工建设 各类保障性住房12486套，基本建成11149套，完成投资39.16亿元，住房保障能力进一步提升。修订完善《长治市廉租住房和公共租赁住房配建实施办法》，合理调整配建房的时间范围、配建比例、建设标准等，推动公共租赁住房和廉租住房并轨运行。

【农村危房改造】

2014年，长治市住建局按照“先急后缓、分步实施”的原则，采取新建、改建、修缮等多种方式，解决农村低保户、低保边缘户、因病因灾返贫户、分散供养五保户等经济最困难、住房最危险的农户家庭居住安全问题。全年共完成农村危房改造15588户，超额完成省下达15500户的年度目标任务。

【大县城建设】

2014年，长治市开工建设武乡、壶关、沁县、长治县4座生活垃圾无害化处理厂。对武乡、壶关、潞城、长治县4座污水处理厂实施提标改造，长子、平顺、屯留、沁源、武乡5座县城污水处理厂出水水质达到国家一级A标准。屯留县正式接通管道燃气，壶关县具备通气条件，基本实现管道燃气“县县通”。全年11个大县城累计开工打县城建设项目82项；完成投资23亿元，打县城建设取得长足发展。

【重点镇和中心村建设】

2014年，长治市53个重点镇深入开展“五建设两整治”，开工建设项目82想，完成投资8.2亿元，基础设施大幅改善。武乡县蟠龙镇、壶关县龙泉镇、长治县苏店镇等10个镇被列为国家重点镇，长治县荫城镇、沁县郭道镇2个镇被省政府命名省级园林小城镇，长治市是2014年全身唯一成功创建2个省级园林小城镇的地市。大力推进美丽宜居乡村建设和古村落保护，国家级古村落保护规划实现全覆盖。

【乡村清洁工程】

2014年，长治市制定出台《长治市乡村清洁工程监管办法》《长治市乡村清洁工程作业标准》《长治市乡村生活垃圾统筹处置方案》，促进乡村清洁工程制度化管理，规范化作业。市县两级落实配套资金7000余万元，新增垃圾收集清运车辆2922辆，垃圾处置点2400余处。开展农村环境卫生专项整治，有756个行政村达到省考核验收标准。

【行政审批制度改革】

2014年，长治市住建局组织节能办、招标办、质监站、安全站等8个单位（科室）进驻政务大厅，开设6个服务窗口，对施工许可、预售许可实行大厅统一受理，一站办结。坚持能减则减、能放则放的原则，调整建筑企业劳保统筹费征缴比例，只征收政府统筹部分，不再征收返还企业部分。撤销“商品住宅成本认证””商品住宅销售价格备案”2个非法定前置条件，取消房屋评估机构对商品住宅成本评估，将预售条件有“项目封顶”回归到“投入开发建设资金达到工程建设总投资的25%以上”。

【建筑节能】

2014年，长治市住建局在政府投资类公益性工程（含保障性住房），单体面积2万平方米以上大型公共建筑全面执行绿色建筑标准，在新建居住建筑推广太原能光热系统。全年共有3个项目获得星级以上绿色建筑标识。

【质量安全监管】

2014年，长治市住建局采取”四不两直“方式，定期与不定期对主城区分四个片区进行包片检查，对各县市区进行包县督查，全年全市住建系统未发生安全生产责任事故。

【公积金管理】

长治市住房公积金管理中心为直属市政府的不以营利为目的的全额事业单位，主要负责全市住房公积金的归集、管理、使用和会计核算。2014年，中心内设一室六科，综合办公室、住房公积金财务科、资金运营科、内审科、信息科、政策法规科、县区管理科，下设一个潞矿分中心（机构尚未理顺），一个12329热线服务中心，12个县（市、区）管理部，分别为郊区、襄垣县、屯留县、沁县、沁源县、武乡县、长治县、长子县、平顺县、壶关县、黎城县、潞城市管理部。

【公积金运行情况】

2014年，长治市住房公积金管理中心实缴单位3538家，实缴职工226098人，缴存12.87亿元，同比增长11.04%，新开户单位358家，新开户职工39096人，净增单位339家，净增职工30937人。截至2014年底，缴存总额71.69亿元，缴存余额51.35亿元，分别同比增长21.87%、17.99%，提取5.04亿元，占缴存额的39.16%，比上年同期增加13.76个百分点。2014年，提取5.04亿元，占缴存额的39.16%，比上年同期增长13.76个百分点。截至年底，提取总额20.34亿元，同比增长32.92%。发放个人住房贷款0.24万笔5.00亿元，同比增长17.73%、35.87%。回收个人住房贷款1.67亿元。截至2014年底，累计发放个人住房贷款1.27万笔18.28亿元，贷款余额13.23亿元，同比增长23.98%、37.62%、33.56%。个贷率为25.77%，比上年同期增加3.00个百分点。截至2014年底，全市结余资金存款39.69亿元。其中，活期0.04元，1年以内定期（含）8.99亿元，1年以上定期30.66亿元。资金运用率25.77%，比上年同期增加2.94个百分点。

2014年，长治市住房公积金管理中心潞矿分中心实缴单位153家，实缴职工55456人，缴存6.89亿元，同比增长17.84%。新开户单位2家，新开户职工5556人，净增单位2家，净增职工4532人。截至2014年底，缴存总额40.58亿元，缴存余额28.13亿元。提取2.38亿元，同比增长38.68%；提取5509笔，提取率34.54%。截至2014年底，提取总额12.45亿元，提取率30.68%。发放个人贷款762笔1.29亿元，回收个人住房贷款0.75亿元。截至2014年底，累计发放个人贷款5531笔7.18亿元，贷款余额3.62亿元。当期个贷率为18.69%，个人住房贷款率12.87%。截至2014年底，潞矿分中心结余资金存款19.49亿元，资金运用率12.87%。

【公积金财务数据】

业务收入：2014年，长治市住房公积金业务收入共计21157.89万元，同比增长20.33%。存款利息收入15832.34万元，委托贷款利息收入5279.82万元，国债利息收入6.29万元，其他收入39.44万元（包含增值收益利息收入和逾期贷款利息收入）；潞矿分中心住房公积金业务收入共计9616.60万元，委托贷款利息收入1549.11万元。

业务支出：2014年，长治市住房公积金业务支出共计10504.38万元，同比增长31.42%。缴存职工账户余额的利息支出10268.16万元，委托贷款手续费支出231.93万元，其他支出4.29万元（包含律师费和支票手续费）；潞矿分中心住房公积金业务支出共计5576.76万元。缴存职工账户余额的利息支出为5520.29万元，委托贷款手续费支出为56.23万元，其他支出为0.24万元。

增值收益：2014年，住房公积金增值收益10653.51万元，同比增长11.09%。增值收益率2.26%，比上年同期增加0.09个百分点；潞矿分中心住房公积金增值收益5588.95万元。

增值收益分配：2014年，提取贷款风险备金138.12万元，提取管理费用37.17万元，上交财政管理费用37.17万元（用于2015年12329热线服务中心管理费用），提取城市廉租房（公共租赁住房）建设补充资金10991.50万元，上交财政的城市廉租房（公共租赁住房）建设补充资金2216.39万元（2014年经管委会会议批通过上交2013年廉租住房补充资金）。截至2014年底，贷款风险准备金余额4561.95万元，累计上缴城市廉租房（公共租赁住房）建设补充资金6863.76万元；潞矿分中心提取贷款风险准备金362.12万元，提取管理费用136.80万元，提取城市廉租房（公共租赁住房）建设补充资金5090.03万元，累计上缴集团的城市廉租房（公共租赁住房）建设补充资金10642.56万元。

管理费用支出：长治市住房公积金管理中心为直属市政府的全额事业单位，管理费用全部纳入财政预算管理，当年管理费用支出903.41万元。其中，人员经费520.70万元，公用经费76.18万元（含12个县财政局支持管理部费用25.5万元），专项经费306.53万元（其中12个县区管理部业务费36万元，印刷费急耗材费10.06万元，线路租赁费11.28万元，软、硬件维护费11万元，公务用车运行维护费3万元，会议费、培训费及公告费等5.97万元，办公设备购置费22万元，信息网络购置费185.02万元，市委、市政府双线双百考核奖22.2万元）。中心下属12329热线服务中心，自收自支单位，管理费用经市 住房公积金管理委员会批准同意从住房公积金增值收益中提取。2014年管理费用为2013年提取，2014年上缴财政的管理费用29万元，使用25.18万元，用于人员、公用及线路租赁费等；潞矿分中心管理费用支出71.25万元。其中，公用经费 71.25 万元，无人员经费和专项经费。

【个人住房贷款资产风险状况】

截至 2014 年底，长治市逾期个人住房贷款 53.16 万元，个人住房贷款逾期率 0.4%。个人贷款风险准备金按贷款余额的 1% 提取。个人贷款风险准备金余额为 4561.95 万元，个人贷款风险准备金余额与个人贷款余额的比率为 3.45%，个人贷款逾期额与个人贷款风险准备金余额的比率为 1.17%。

潞矿分中心个人贷款风险准备金按贷款余额的 1% 提取，个人贷款风险准备金余额为 4096.83 万元。

【社会经济效益】

缴存业务：2014 年，长治市住房公积金缴存人数和缴存额增长率分别为 15.85% 和 11.04%。缴存职工的构成情况：按单位性质，国家机关和事业单位占 50.95%，固有企业占 44.81%，城镇集体企业占 2.24%，外商投资企业占 0.87%，城镇私营企业及其他城镇企业占 1.07%，其他占 0.06%；2014 年，潞矿分中心住房公积金缴存人数和缴存额增长率分别为 6.65% 和 17.84%。

提取业务：2014 年，长治市提取住房公积金 2.20 万笔 5.04 亿元，其中，住房消费提取占 61.29%（购买、建造、翻建、大修自住住房占 43.12%，偿还购房贷款本息占 18.17%）；非住房消费者提取占 38.71%（离休和退休提取占 30.80%，户口迁出本市或出境定居占 3.52%，其他占 4.39%）；2014 年，潞矿分中心提取住房公积金 5509 笔 2.38 亿元，其中住房消费提取占 72.15%，非住房消费提取占 27.85%。

住房贡献率：2014 年，长治市个人住房贷款发放额、项目贷款发放额、住房消费提取额的总和与当年缴存额的比率为 62.83%。

【政策调整】

2014 年，长治市住房公积金管理中心调整汇缴政策，加强住房公积金汇缴管理，从 2014 年 10 月起执行 11150 元的缴存上限（依据长治市统计局 2014 年 9 月出版的《统计年鉴》中职工月平均工资 3 倍）；下发《关于进一步加强住房公积金汇缴管理的通知》，督促缴存单位会犯技术调整时间，按时进行年度队长和实行按月汇缴分配，并对个人住房公积金账户进行清理合并，保证职工公积金暂存款及时分配；增加退休人员返聘可再建住房公积金的规定；开通单位版网上办公平台，具有一定规模的缴存单位可申请连接单位版办公平台，内部调动、启封、封存等业务缴存单位可以自行办结，公积金、基数调整、比例调整等工作可以预先申报，简化流程。

2014 年，长治市住房公积金管理中心调整支取政策，增加租赁自住住房可以提取公积金付房租、租赁政府廉租住房可以提取住房公积金支付房租和物业费；细化大病提取，异地购房提取和贷款还贷提取 3 项提取方式；增加对冲还贷和提前偿还部分本金业务，并将住房公积金还贷提取由满一年提取变更为可随时办理提取；为黎城和潞城两县（市）因住房公积金机构未理顺错过提取时间而不能提取公积金的群众办理集中支取，为期 2 个月的集中办理中，共计为 740 名职工提取 1243 万元。

2014 年，长治市住房公积金管理中心调整贷款政策，提高首套房贷款最高额度，最高贷款额度由 50 万元提高至 60 万元；提高装修贷款最高额度，最高由 30 万元提高至 40 万元。

晋城市2014年房地产业发展报告

晋城市房地产业协会

【概述】

2014年，我市房地产市场总体运行平稳。房地产开发投资实现稳步增

【房地产开发投资】

2014年，全市房地产开发投资完成58.2亿元，同比增长14.5 %n，占全市固定资产投资总量的比重为6.0%。按工程用途分，住宅投资完成44.1亿元，同比增长13.0%；商业营业用房投资完成7.3亿元，同比增长34.7% 。

2014年晋城市房地产开发投资情况

月 份	房地产开发投资（亿元）	住宅投资（亿元）	增速(%)	增速(%)
1-3月	5.2	3.8	19.1	11.9
1-6月	21.6	16.1	20.0	11.7
1-9月	43.7	33.6	27.7	27.1
1-12月	58.2	44.1	14.5	13.0

【房地产开发规模】

2014年，全市房地产开发经营项目109个，其中，计划总投资5亿元以上占房地产开发投资的比重为21.8%，同比降低了4.7个百分点；计划总投资1-5亿元项目60个，开发投资完成40.9亿元，占房地产开发投资的比重为70.4%，同比提高了8.1个百分点；计划总投资1亿元及以下项目37个，开发投资完成4.6亿元，占房地产开发投资的比重为7.9%，同比降低了3.4个百分点。

【施工面积】

2014年，全市房地产开发项目房屋施工面积682.2万平方米，同比增长17.7%，其中，住宅施工面积497.6万平方米，同比增长16.3%。本年房屋竣工面积69.8万平方米，同比下降24.6%，其中，住宅竣工面积48.3万平方米，同比下降30.3%。

2014年晋城市房地产开发企业房屋施工情况

月 份	房屋施工面积（万平方米）	增速(%)	房屋竣工面积（万平方米）	增速(%)
1-3月	507.5	22.2	9.0	-16.8
1-6月	547.5	16.8	21.9	8.3
1-9月	666.3	21.8	30.9	-8.3
1-12月	682.2	17.7	69.8	-24.6

【销售面积】

2014年，全市房屋销售总体呈现下降趋势。全市商品房销售面积75.4万平方米，同比下降13.0%，其中，住宅销售面积67.6万平方米，同比下降14.0%。商品房销售额34.1亿元，同比降低11.2%，其中，住宅销售额29.2亿元，同比下降11.8%。

2014年底，全市房屋待售面积32.5万平方米，同比增长19.0%，其中，住宅待售面积23.3万平方米，同比增长8.2%。

2014年晋城市房地产开发企业房屋销售情况

月 份	房屋销售面积（万平方米）	增速(%)	房屋待售面积（万平方米）	增速(%)
1-3月	5.8	64.5	29.8	-16.0
1-6月	27.8	54.8	31.3	-27.5
1-9月	49.7	19.3	30.3	-20.5
1-12月	75.4	-13.0	32.5	19.0

【土地市场】

2014年，全市房地产开发企业土地购置面积39.6万平方米，同比下降24.9%，土地成交价款7.0亿元，同比下降22.5%。全市房地产开发企业待开发土地面积53.4万平方米，同比下降12.0% 。

【首批限价房选房】

从2014年1月14日到17日，经过四天的现场选房，市区首批限价房的选房工作顺利结束。共2041户家庭完成选房，2079套房源剩余38套。剩余的38套房源为二圣头地块鸿禧山庄项目，而山门地块的和凤苑项目的房源全部被选完。

【清查整治小产权房】

2014年1月24日，晋城市国土资源局和市住建局联合召开了"全市清查整治违法建设销售'小产权房'部署会"。此次会议明确了本次整治清查的对象和范围，重点有两类：一类是在集体土地上以各种名义违法违规建设，直接对外销售的住宅；另一类是以农家乐、采摘园、蔬菜大棚等设施农业名义开发建设，对外租售的"配套用房"。

【经济适用房公开配售】

晋城市区龙凤苑小区经适房剩余房源（一、二期）和时家岭经适房（三期）5#、6#楼于2014年3月7日公开配售。229户申购家庭通过抽签的方式分配到了经适房。

【配售限价商品房】

2014年3月10日，晋城市召开兑现落实高层次人才

购买限价商品房见面会，为晋城市28位高层次人才每人配售一套限价商品房。

【国有建设用地供应计划】

2014年4月，晋城市政府发布了晋城市2014年度国有建设用地供应计划，为晋城市2014年的土地供应做出了安排。晋城市2014年国有建设用地供应总量为264宗土地，面积783.1334公顷。其中全市住房土地供应71宗地，共计227.4520公顷；保障性住房用地13宗，共计51.9424公顷。

【房地产市场秩序检查】

自2014年4月1日起到9月31日，晋城市住建局在晋城市开展房地产市场秩序检查，检查范围包括房地产开发、房地产交易、房地产经纪和物业服务四大块。根据省住建厅《2014年全省房地产市场检查工作方案》，结合我市实际，于4月9日制定了晋城市2014年房地产市场秩序检查实施方案。

【农村危房改造中央补助资金】

2014年7月，省财政下达我市2014年第二批农村危房改造中央补助资金605万元，用于我市五个县（市）807户农村危房改造。逐步解决我市农村分散供养五保户、农村低保户、农村贫困残疾人家庭和农村贫困优抚对象等其他农村贫困户的危房问题。

【人民广场改造暨兰花国际购物广场项目工程顺利封顶】

2014年8月28日上午，晋城市人民广场改造暨兰花国际购物广场项目工程顺利封顶。项目建成后，对提高晋城市商业的现代化水平，推动现代服务业的发展，

【新建小区配建养老服务设施】

市政府下发《关于加快发展养老服务业的实施意见》，今后我市将鼓励养老服务业发展，并要求新建小区必须配建养老设施，而旧小区也要逐步整改达标。此外，我市还将出台相关政策充分调动社会力量介入养老服务领域，并建立以居家为基础、社区为依托、机构为支撑，功能完善、规模适度、覆盖城乡的养老服务体系。

【制定《住宅物业安全防范工作指南》】

针对全市居民小区普遍存在的安全防范责任意识薄弱，安防措施建设滞后，物业公司履职不积极、不主动、不到位等问题，市公安局人口支队联合市住建局物业管理中心共同制定了《住宅物业安全防范工作指南》，通过明确物业公司的治安责任，推动各项安防措施落实，积极推进平安小区建设，不断提升人民群众的安全感和满意度。

【市区经济适用住房廉租住房申报】

市区经济适用住房、廉租住房于2014年12月9日—2014年12月31日顺利申报。房源为市区经济适用住房三期（时家岭地块）剩余房源为109套；市区廉租住房为时家岭小区144套；府惠小区腾退廉租住房15套；共计159套。

晋城市全年房地产开发投资58.2亿元，增长14.5%。其中，住宅投资44.1亿元，增长13.0%；商业营业用房投资7.3亿元，增长34.7%。

全年房屋新开工面积189.9万平方米，增长8.3%。其中，住宅新开工面积138.7万平方米，增长21.5%。商品房销售面积75.4万平方米，下降13.0%。其中，住宅销售面积67.6万平方米，下降14.0%。商品房销售额34.1亿元，下降11.2%。其中，住宅销售额29.2亿元，下降11.8%。房地产开发企业土地购置面积39.6万平方米，下降24.9%。房地产开发企业本年实际到位资金合计81.5亿元，增长23.5%。其中，国内贷款增长67.5%，自筹资金下降7.9%，其他资金增长53.0%。

【发展中的问题】

（一）县域发展不平衡

2014年，全市房地产开发投资58.2亿元，同比增长14.5%。分县区看，城区完成投资占全市投资的比重最高，占比为58.6%；沁水县完成投资占全市投资的比重最低，占比为0.9%。陵川县完成投资增速最高，增长185.0%；阳城县完成投资增速最低，下降28.3%。

2014年晋城市分县（市、区）房地产开发投资情况

地　区	完成投资(亿元)	占全市比重(%)	增速(%)
城　区	34.1	58.6	2.7
沁水县	0.5	0.9	75.6
阳城县	1.0	1.6	-28.3
陵川县	6.7	11.5	185.0
泽州县	1.6	2.8	48.2
高平市	7.5	12.8	17.0
开发区	6.8	11.7	10.9

（二）房屋销售滞稍现象显现

2014年上半年，商品房销售保持高速增长，下半年增速逐步回落，三季度房屋销售面积同比增长19.3%，全年同比下降13.0%。在房屋销售面积同比增长的前一共季度，房屋待售面积保持了负增长，年底房屋待售面积同比增长19.0%。

【建议】

（一）强化县城规划，促进本土房地产企业发展。

房地产业作为国民经济的重要组成部分，是拉动当地经济发展的重要动力之一。各县（市、区）应当根据当地具体情况多元化发展房地产业，多为本土企业提供发展机会，确保房地产市场平稳健康发展。在我市，除城区房地产企业较多外，其他县区房地产企业都比较少，县区应抓住现在城镇化建设的机遇，大力发展本土房地产企业。

（二）充分发挥保障性住房对房地产开发业的带动作用

加快保障性住房建设，既能增加投资，又能带动消费，对扩内需、转方式、调结构具有重要作用。因此，应继续完善住房供应体系，积极推进限价商品房、棚户区改造等保障性住房建设，充分发挥保障性住房对房地产开发业的带动作用。

市场运行监测报告

Market Operation Monitoring Report

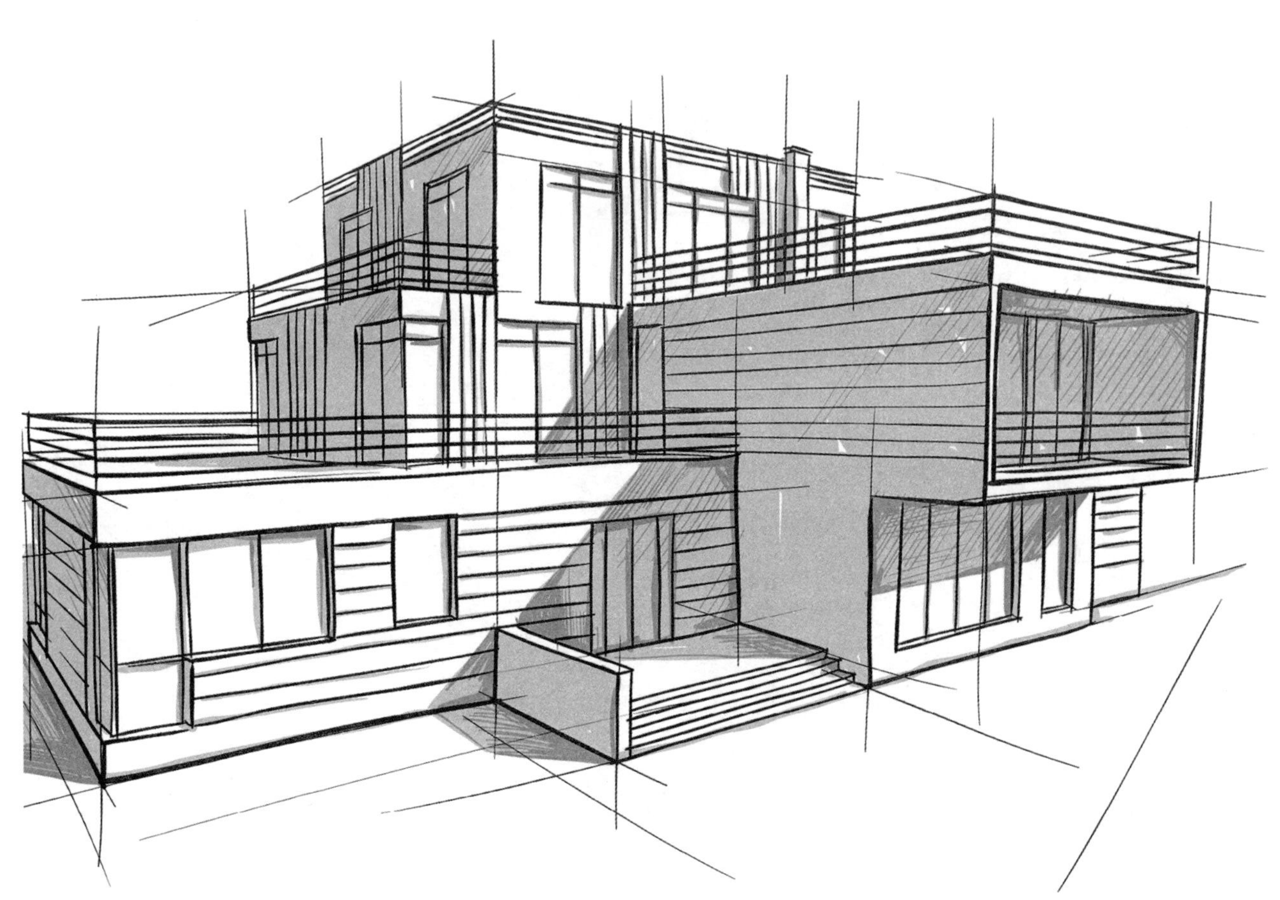

2014 年太原市房地产市场运行监测报告

市场运行监测课题组

导　语

回顾 2014 年，太原房地产市场相对去年总体上全面降温，受到宏观经济增速放缓、楼市库存压力加大等因素的影响，房地产行业整体处于低位运行。

从政策层面看，全年政策基本宽松稳定。年初，多家国有银行表示将取消首套房的优惠利率，但受到上半年市场经济下行压力的影响以及保障市场稳定的需要，五月份中国人民银行针对房贷收紧的现象紧急发布调控文件，确保个人住房的按揭贷款（也就是我们所说的“央五条”），同时限购令开始松动。八月份，执行三年多之久的限购令也终于在太原废除。伴随第四季度央行出台信贷放松、降息等一系列政策，太原楼市虽然下行压力依旧存在，但是在调整中持续发展的前景是可期的。

从市场层面来看，太原度过了“黄金十年”以来楼市史上最冷淡的上半年。受到“崩盘论”的影响，太原地产圈普遍持观望态度，而量价齐跌的形势，也让太原楼市坐立不安。年中，“央五条”的横空出世和“限购令”的取消，带给了太原楼市一线希望。各楼盘也在严峻的销售压力下刮尽脑汁，音乐会、萤火虫、马戏团各种活动层出不穷；年末，保利、华润、合生几大品牌逆市开盘，现场固然火爆，但真正的辛酸也只有自家心里才能体会。全年来看，商品房成交供应增幅速度明显放缓，市场供求接近平衡，预计未来市场也将以消化存量、少量多推为主。

从客户需求来看，2014 年刚需客户仍然是支撑整个市场的主流客户群，其次为改善型客户。客户对产品认识有较大提高，也越来越强调住宅的舒适性与环境的优越性。这也就能解释，大批中高端项目激烈竞争万柏林和晋源区，同时区域供求量迅猛增长的原因。而在商办市场，办公逐渐代替住宅成为新的投资热点，但从市场数据来看，明显供大于求、去化压力大。

展望 2015，接受市场新常态，回归理性和现实，在谨慎的前提下寻找转型契机也许才是各家制胜之匙。而我们预判太原房地产市场年初将依然沉浸于“严冬”之中，并逐渐跟随整体经济缓慢复苏。

一、太原城市基础设施建设

2014 年基础设施建设：城市道桥项目实施了建设路、太榆路、阳兴大道、长风街、长治路、南沙河抢险路的快速化改造和太行路南延、长治路南延、龙城大街东延、南十方街、西太堡街、许坦东街、西外环大街等 25 项主次干道，东岗路、金阳路、凯旋路、凯旋街、阳光北街、西线街、针织街、杏花岭街、三桥街、教场巷、东华门等 27 条小街巷微循环路网，总计建设里程 139 公里。配合道路铺设水、气、热、电等地下管线 745 公里。城市配套项目开工建设了晋阳污水处理厂、奥体中心泵站、小黑水河泵站、杨家堡电力通道、北中环桥汾河修复、太原南站西广场配套完善、市便民服务中心等 9 项，启动了晋阳污水处理厂 30 余公里的污水干管项目、晋阳污水干管中途提升泵站项目、大黑水河流域治理项目、建设路南段区域排水系统项目、郑村沟及 1 号渠系等 5 项前期工作。轨道交通二号线一期工程首开段完成全线初步设计。

年末全市天然气供气总量 5.68 亿立方米。集中供热扩网 2520 万平方米。扎实推进公交都市建设，年末城市公交运营车辆 2792 辆，其中：公共汽车 2671 辆，电车 121 辆。公交运营线路网长度 2880 公里，年客运量 5.01 亿人次。新增加气站 2 座。公共自行车服务点增加到 1275 个，累计投放自行车 4.1 万辆。

城市绿化：实施建设路、长治路、阳兴大道等 22 项园林绿化重点工程。完善提升中环 50 公里绿色长廊。完成太原南站西广场、火车站景观工程，以及千峰路游园二期、西铭游园等 8 个游园。创建省级园林单位 5 个，省级园林小区 2 个。清徐县、娄烦县获得“省级园林县城”称号。全市共有综合性公园 31 个，专类公园 11 个，带状公园 5 个，街头游园 156 个，社区游园 43 个，街旁绿地 116 块。建成区绿化覆盖面积达到 13365 公顷，园林绿地面积 11738 公顷，公园绿地面积 3828 公顷。建成区绿化覆盖率 40.50%，绿地率 35.57%，人均公园绿地面积 11.26 平方米。

二、商品住宅总体情况

1、商品住宅

2008 年至 2014 年太原商品住宅供求情况

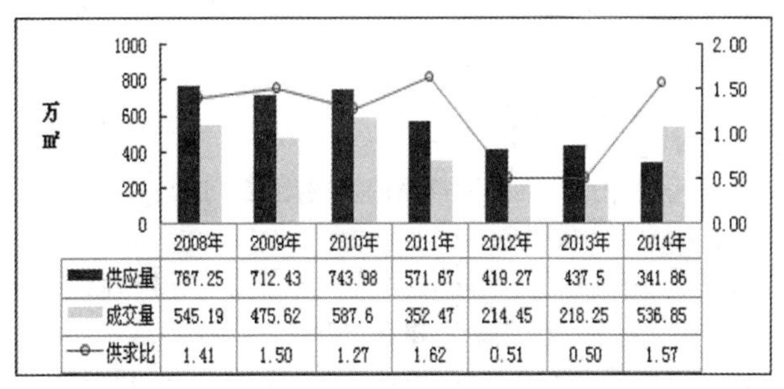

	2008年	2009年	2010年	2011年	2012年	2013年	2014年
供应量	767.25	712.43	743.98	571.67	419.27	437.5	341.86
成交量	545.19	475.62	587.6	352.47	214.45	218.25	536.85
供求比	1.41	1.50	1.27	1.62	0.51	0.50	1.57

数据来源：CRIC

2014 年，太原商品住宅市场供应面积为 341.86 万㎡，较上年下降 41.11%。在一系列调控政策的实施下，大多数开发商选择了放慢开发节奏，减少推盘量，导致 2014 年商品住宅供应量大幅下降。

2014 年，太原商品房住宅市场成交面积为 536.85 万㎡，较上年上涨 133.23%。住宅成交量的增加，是良好政策实施的必然结果。

2、商品房住宅价格

2008 年至 2014 年太原商品住宅成交价格变化情况

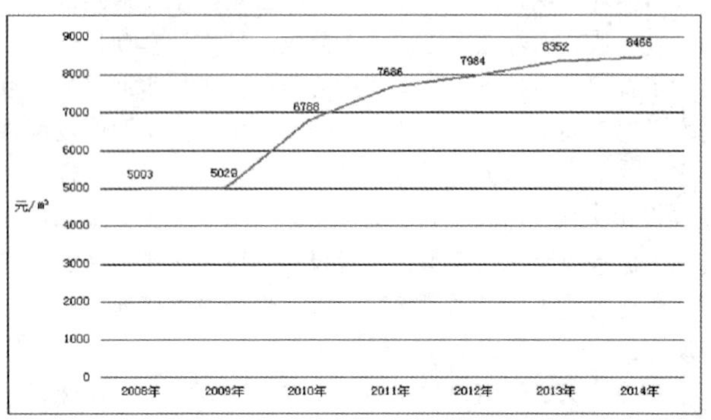

数据来源：CRIC

2014 年，太原房商品房住宅全年成交均价为 8466 元 / ㎡，较上年上涨 1.36%。万国城 MOMA、昌盛双喜城、星河湾等高端项目成交价格遥遥领先，此类中高档及高档项目总体量较大，对于市场影响较明显，导致太原商品住宅成交价格较去年有一定幅度的上涨。

2014 年太原商品住宅成交价格变化情况

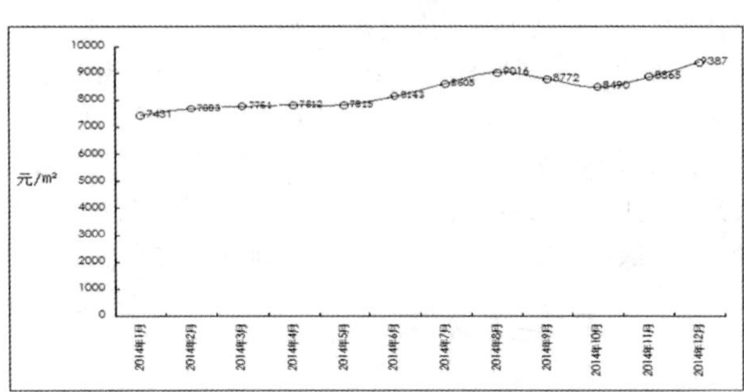

数据来源：CRIC

2014 年商品住宅月度成交价格在成缓慢上升状态，主要原因是央行的降息。

三、保障房建设

住房保障是社会保障体系的重要组成，也是关系群众切身利益的重大民生问题。

截至 2014 年 12 月底，我市新开工建设保障性住房 48270 套。其中：公（廉）租住房 967 套，经济适用住房 753 套，城市棚户区改造 44965 套，工矿棚户区改造 1584 套，林区棚户区改造 1 套。基本建成 25375 套。

四、商业用房

2008-2014 年太原市商业市场供求对比图

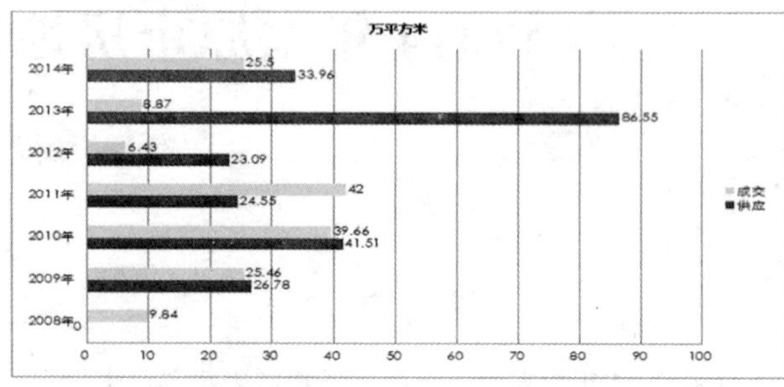

数据来源：CRIC

2014 年，太原商业市场供应量为 33.96 万㎡，较去年下降 60.76%，成交面积为 25.5 万㎡，成交量较上年上升 187.49%。

五、商业物业价格

2014 年太原市商业市场成交均价月度对比图

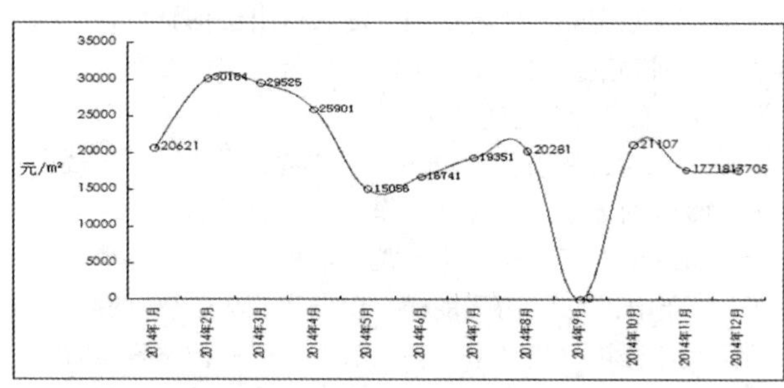

数据来源：CRIC

2014 年，太原商业市场成交价格波动较大，从一定程度上反映了商业市场竞争的激烈程度。开发商和一些投资客户避开政策敏感点，将注意力转向商业市场，促进商业市场的发展，商业成交均价在震荡中上升。

六、办公用房

2008-2014 年太原市办公市场供求对比图

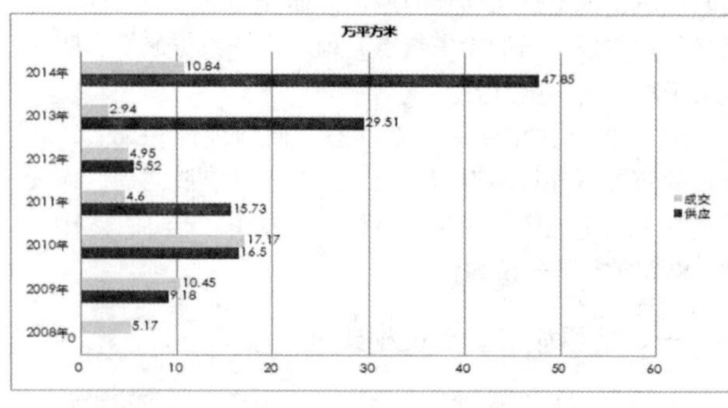

数据来源：CRIC

2014 年，太原办公市场供应面积为 47.85 万㎡，较上年上涨 62.15%。成交面积为 10.84 万㎡，较上年上涨 268.71%。

七、办公价格

2014 年太原市办公市场成交均价季度对比图

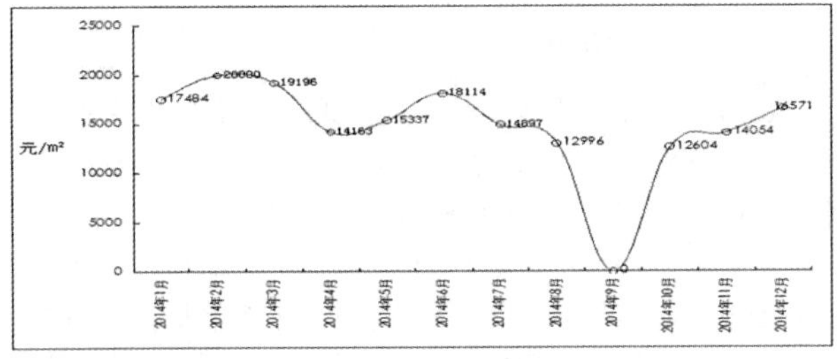

数据来源：CRIC

2014 年，办公市场成交均价波动较为频繁，市场竞争激烈。办公承接了一部分从住宅市场挤压出来的投资需求，在这种因素的推动下，办公市场成交均价出现了较大涨幅。

八、土地供应量

2008 年至 2014 年太原土地供应情况

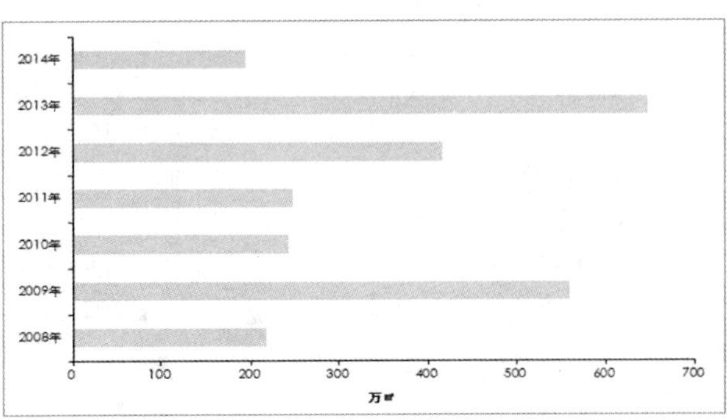

数据来源：CRIC

从数据上来看，2014 年总共出让土地 68 幅，出让面积为 194.58 万㎡。与去年相比大幅下降。

太原市供应地块区域分析

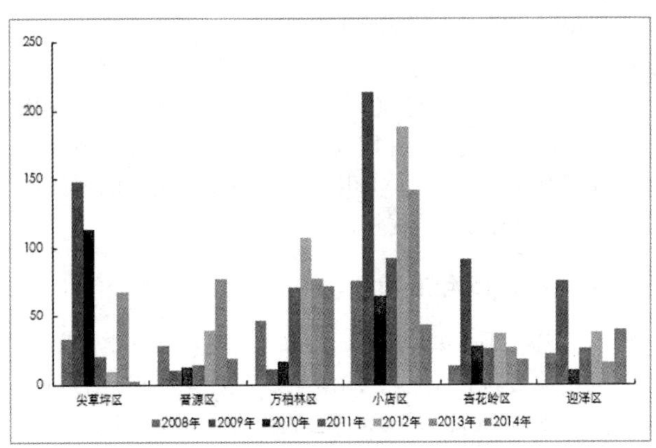

数据来源：CRIC

从区域情况来看，2014 年推出了 68 幅土地，总面积为 194.58 万㎡。其中，迎泽区的出让土地面积为 40.11 万㎡，占土地出让总量的 20.61%；杏花岭区的出让土地面积为 18.2 万㎡，占土地出让总量的 9.35%；小店区的出让土地面积为 43.32 万㎡，占土地出让总量的 22.31%，万柏林区的出让土地面积为 71.76 万㎡，占土地出让总量 36.88%；尖草坪区的出让土地面积为 2.2 万㎡，占土地出让总量的 1.13%；晋源区的出让土地面积为 18.9 万㎡，占土地出让总量的 9.71%。

九、土地成交量

2014 年太原土地成交量小幅下跌，2014 年土地市场共成交 43 幅土地，占地面积为 202.12 万㎡。与去年同期相比成交幅数下跌 55 幅， 占地面积下跌了 34.68 万㎡，同比下跌了 14.65%。

2008 年至 2014 年太原土地成交情况

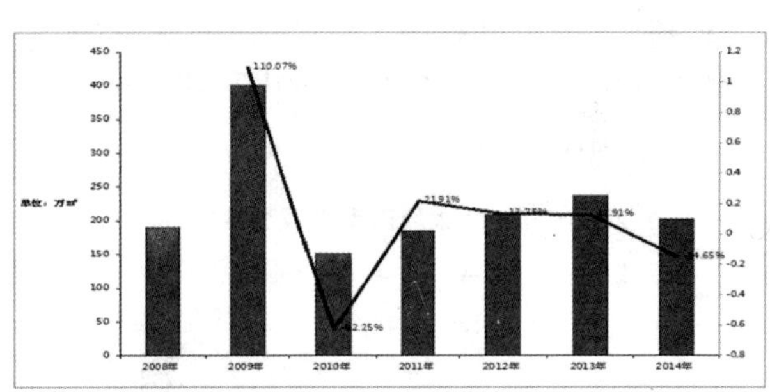

数据来源：CRIC

成交地块区域分析

2014 年太原市土地市场共成交 43 幅土地，占地面积为 202.12 万㎡。迎泽区总共成交土地面积为 40.11 万㎡，占总成交面积的 19%，杏花岭区总共成交土地面积为 22.17 万㎡，占总成交面积的 11%，尖草坪区总共成交土地面积为 62.54 万㎡，占总成交面积的 30%，小店区总共成交面积为 30.32 万㎡，占总成交面积的 15%，万柏林区总共成交面积为 12.38 万㎡，占总成交面积的 6%，晋源区总共成交面积为 39.6 万㎡，占总成交面积的 19%。

2014 年太原各区域板块土地成交情况

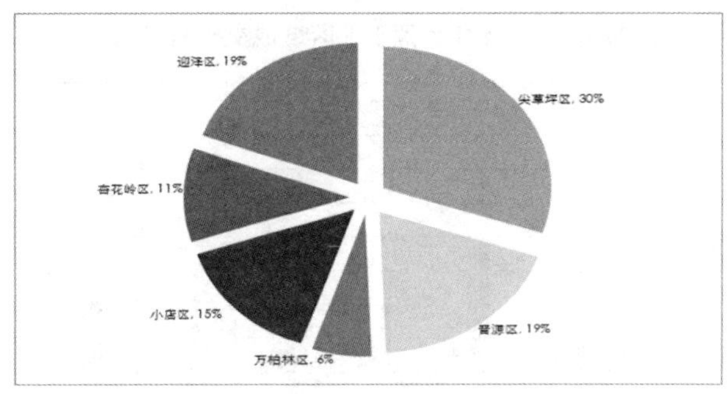

数据来源：CRIC

从表中可以很直观的看出，2014 年太原土地成交市场尖草坪区居于首位，占比为 30%；其次为迎泽区和晋源区，占比为 19%。

成交结构

2014 年土地成交类型占比图

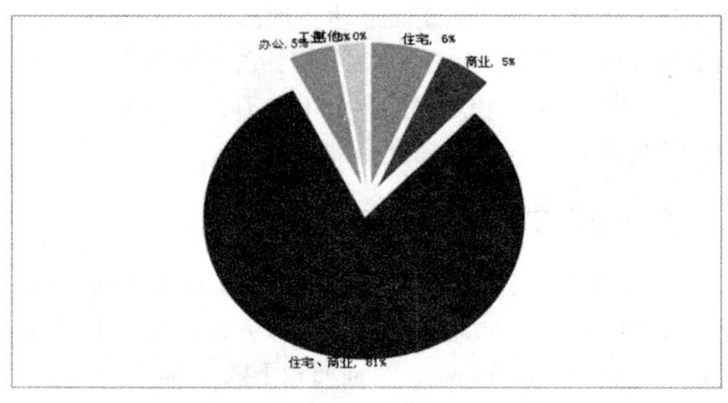

数据来源：CRIC

由上图可知，2014 年太原土地市场以住宅、商业综合用地为主，占比为 81%；其次为住宅综合用地，占比为 6%；商业和办公用地分别占比 5%；工业用地占比 3%。

十、土地成交价格

2008-2014 年太原市土地成交价格

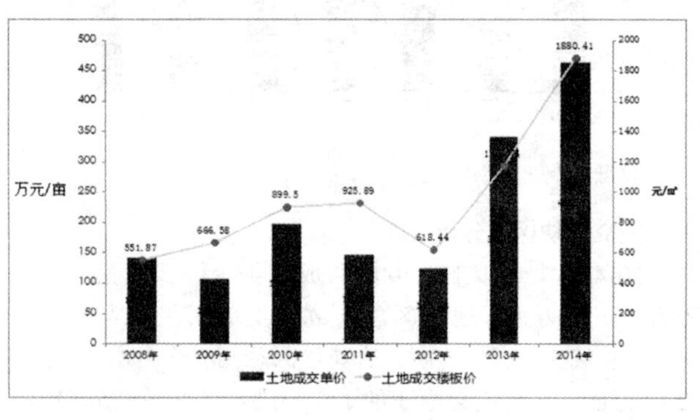

数据来源：CRIC

2014 年太原土地市场价格小幅上涨，与去年相比上升了 35.61%。2014 年国家对房地产市场的宏观调控效果深度显现，土地成交价格下降是这一效果的表现之一，开发商的拿地从热情高涨回到冷静理性。

2009 年—2014 年太原土地区域成交价格对比

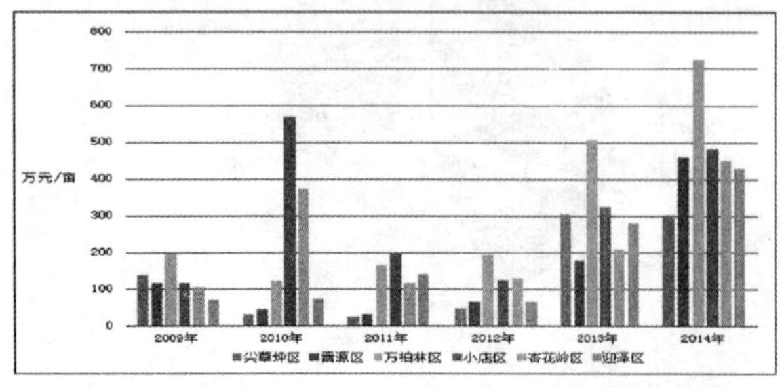

数据来源：CRIC

从区域土地成交价格来看，全是土地价格都叫相比去年上涨，晋源区和万柏林区尤为突出。尖草坪区是传统的老城区，成交价格低于去年。小店区、杏花岭区和迎泽区的迅速发展，开发商大量拿地，促使土地价格上涨。

十一、项目活动

2014 年，全市共有 68 个楼盘项目进行了 92 次推案活动，其中 80-120 平米的二房或三房是主推户型，部分高端豪宅项目推出 110-170 平米三居户型。

全年全市各项目共举行 68 场大、中型活动，活动主要围绕开盘、节假日、项目重大事件等进行开展，目的主要是利用活动引起众多媒体和市民的关注，强化了大家对项目本身的认识和了解，扩大项目在全市的知名度和影响力，有效的带动人群，引发了购房者的注意、兴趣和购买欲，同时达到了宣传项目品牌的作用，从而进一步提升了企业和产品的社会形象力。

十二、报广投放监测

2014 年全年，太原市房地产企业在《太原晚报》、《山西晚报》两家主流媒体累计投放平面广告 563 次，投放频率 2.6。

住宅类的广告投放量位居榜首，占比 93.9%；商业有 0.83% 的投放比例；写字楼占有 1.77% 的投放比例。其中，住宅项目《太原晚报》的投放次数最多，达到 282 频次。

广告投放次数和项目数量主要集中在 10000 元 / 平米以上的项目，其次是 7000-8000 元 / 平米的市场主流产品上。

小店区的广告发布量最大，达到了 192 次，同时小店区的项目数量也是各区域中最多的，达到了 34 个项目，其次，在广告发布量上，杏花岭与迎泽区占比较多，分别为 69 次、80 次。

太原市主要在售项目广告发布量最大的是恒大地产，为 88 频次；其次是富力地产，共四个项目发放 57 频次；新入市的项目有君威国际金融中心 36 频次，居榜首。

总结：①太原市房地产项目报广投放数量较往年有大幅减少，与太原市整治和规范房地产项目违规销售和房地产在售项目减少有关；②从周发布规律和年发布规律看，与往年相同，受人们记忆周期影响，周三至周五地产报广发布相对较多，受房地产淡旺季影响，7 月至 10 月地产报广发布相对较多；③房地产项目报广发布者多为全国性开发商，本地项目较少，原因为全国性房企在销售和项目操作过程相对规范，项目体量均较大，本土新入市的项目君威国际金融中心报广量居榜首。

十三、2015 年展望

1、预计 2015 年太原土地市场供应量将有一定反弹

受整体市场下行影响，2014 年太原土地市场降温明显，政府推地节奏放缓，进而为地方财政带来压力；同时，参照太原市政府 2015 年的工作计划，延续市政工程的修建以及城中村改造都是明年的工作重心，财政压力将进一步加大，这都势必推动明年政府的供地力度。

2、底价成交及低溢价将成为市场常态

考虑到2014年太原土地市场成交量仅为200余万方（其中有近四分之一的地块为棚户区改造安置用房项目），而目前市场上的各大开发商手中地皮奇缺，加之完成集团利润目标的压力，房企拿地积极性有望回升，但拿地势必依然谨慎，预计可能除少数稀缺地块可能实现高溢价外，底价成交及低溢价将成为常态。

3、万柏林、晋源区将取代小店成为新的市场热点

跟随太原市“东移西进”的发展规划，和长风商务区、晋阳湖片区的配套设施的完善、外来资金的引入、西山万亩生态园区的打造以及区域独有的自然优势，万柏林和晋源区将继续取代小店区成为2015年太原房地产市场的热点。

4、明年的太原市场整体走势先降后稳

考虑到太原市场依然有近1500万方（约为全太原市4年的去化量）的存量尚未消化并结合今年年末多个大开发商开盘后的整体表现，CRIC认为明年的太原楼市的整体走势应是先降后稳：在2015年的上半年，消化存量仍是各项目的主要任务，开发商可能会进一步加大促销力度，以价换量仍可能是市场的主旋律；但受到宽松的产业政策以及限购令取消的进一步影响，初步预计下半年太原房产市场将会开始逐步回温，整体价格会受到部分项目入市的影响有小幅波动。

5、市场主力产品预测

结合CRIC统计的近年数据以及大批青年首次置业的市场需要，两居室和紧凑型三居仍然是太原市场上最畅销的户型，但市场上真正算得上精品的刚需住宅少之又少，同质化严重以及简单的盖房卖房是市场通病。如何在控制成本的前提下，做出吸引眼球的创新产品是决定项目销售成败的关键。同时，由于确实的市场需求加之限购令松绑的影响，180平米左右的改善型住房和经济型别墅预计都将成为市场新宠。

总而言之，考虑到需求客群的始终存在、土地成本的逐步提升和相对宽松的市场政策，2015年太原房地产市场不会有大规模的波动。同时，开发商的坚持与消费者的观望将成为2015年市场的主旋律，两者间的博弈将继续下去。

（撰稿人：李峰　牛佩华）

附件

2014 年太原土地成交明细

公告号/宗地号	土地名称	区域	土地属性	总建筑面积（平方米）	容积率	用地面积（平方米）	成交日期	土地价格（万元）	受让方
SG-1414	并国土公出告字[2014]14号迎泽区SG-1414地块	迎泽区	住宅；商业；	21146.14	6.6	3203.96	2014-05-27	5180	山西金海港房地产开发有限公司
SP-1401	并国土公出告字[2014]01号小店区SP-1401地块	小店区	住宅；商业；	133725.27	3	44575.09	2014-02-12	33850	山西亿成房地产开发有限公司
SG-1436	并国土公出告字[2014]42号万柏林区SG-1436地块	万柏林区	住宅；	13230.9	1.05	12600.86	2014-12-08	1580	太原远古玉泉置业有限公司
SG-1437	并国土公出告字[2014]43号万柏林区SG-1437地块	万柏林区	住宅；	48536.73	1.05	46225.46	2014-12-08	5710	太原远古玉泉置业有限公司
CG-1380	并国土公出告字[2013]78号尖草坪区CG-1380地块	尖草坪区	住宅；商业；	195294.505	3.5	55798.43	2014-01-29	26031	恒大地产集团有限公司

公告号/宗地号	土地名称	区域	土地属性	总建筑面积（平方米）	容积率	用地面积（平方米）	成交日期	土地价格（万元）	受让方
CG-1384	并国土公出告字 [2013]82 号尖草坪区 CG-1384 地块	尖草坪区	住宅；商业；	392128.07	3.5	112036.59	2014-01-29	52262	恒大地产集团有限公司
CG-1382	并国土公出告字 [2013]80 号尖草坪区 CG-1382 地块	尖草坪区	住宅；	79813.09	3.5	22803.74	2014-01-29	10771	恒大地产集团有限公司
CG-1383	并国土公出告字 [2013]81 号尖草坪区 CG-1383 地块	尖草坪区	住宅；商业；	219016.53	3.5	62576.15	2014-01-29	29872	恒大地产集团有限公司
CG-1381	并国土公出告字 [2013]79 号尖草坪区 CG-1381 地块	尖草坪区	住宅；商业；	285024.64	3.5	81435.61	2014-01-29	37961	恒大地产集团有限公司
SG-1441	并国土公出告字 [2014]47 号号晋源区 SG-1441 地块	晋源区	住宅；商业；	255500.2	2.5	102200.08	2014-12-31	55760	太原市龙城南部置业有限公司
SG-1403	并国土公出告字 [2014]39 号小店区 SG-1403 地块	小店区	商业	12376.892	4.4	2812.93	2014-12-01	2620	太原高铁置地有限公司
SG-1438	并国土公出告字 [2014]44 号万柏林区 SG-1438 地块	万柏林区	商业	9640.9	1	9640.9	2014-12-08	1260	山西坤景置业有限公司
SG-1431	并国土公出告字 [2014]34 号晋源区 SG-1431 地块	晋源区	住宅；商业；	182956.24	4	45739.06	2014-11-03	50290	太原市新大地房地产开发有限公司
SG-1435	并国土公出告字 [2014]38 号迎泽区 SG-1435 地块	迎泽区	住宅；商业；	160042.01	2.8	57157.86	2014-11-04	24420	太原市龙城南部置业有限公司
SG-1434	并国土公出告字 [2014]37 号迎泽区 SG-1434 地块	迎泽区	住宅；商业；	128027.37	2.8	45724.06	2014-11-04	19660	太原市龙城南部置业有限公司
SG-1433	并国土公出告字 [2014]36 号迎泽区 SG-1433 地块	迎泽区	住宅；商业；	74141.2	4	18535.3	2014-11-04	10690	太原市龙城南部置业有限公司

公告号/宗地号	土地名称	区域	土地属性	总建筑面积（平方米）	容积率	用地面积（平方米）	成交日期	土地价格（万元）	受让方
SG-1432	并国土公出告字[2014]35号迎泽区SG-1432地块	迎泽区	住宅；商业；	81197.6	4	20299.4	2014-11-04	11780	太原市龙城南部置业有限公司
SG-1412	并国土公出告字[2014]33号杏花岭区SG-1412地块	杏花岭区	住宅；商业；	153024.6	4.9	31229.51	2014-10-23	28160	山西顺华置地房地产开发有限公司 山西顺康房地产开发有限公司
SG-1430	并国土公出告字[2014]32杏花岭区SG-1430地块	杏花岭区	住宅；商业；	179784.87	3	59928.29	2014-10-23	26660	太原市龙城北部置业有限公司
SG-1427	并国土公出告字[2014]28号迎泽区SG-1427地块	迎泽区	住宅；商业；	105271.73	2.5	42108.69	2014-10-20	17880	太原市龙城南部置业有限公司
SG-1420	并国土公出告字[2014]29号万柏林区SG-1420地块	万柏林区	商业	6877.78	5.98	1150.13	2014-10-20	1890	山西硕和顺德房地产开发有限公司
SG-1426	并国土公出告字[2014]27号小店区SG-1426地块	小店区	住宅	36977.6	4	9244.4	2014-10-20	8380	山西仁义房地产开发有限公司
SG-1425	并国土公出告字[2014]26号尖草坪区SG-1425地块	尖草坪区	公建配套&其他；	1508.36	1.5	1005.57	2014-10-14	550	太原市城北热力有限公司
SWG-1421	并国土公出告字[2014]21号晋源区SWG-1421地块	晋源区	住宅；商业；公建配套	184917.06	4.5	41092.68	2014-08-26	41270	太原化学工业集团房地产开发有限公司
SG-1424	并国土公出告字[2014]25号小店区SG-1424地块	小店区	住宅；商业；公建配套	445391.59	3.5	127254.74	2014-09-12	86360	山西莱钢绿建置业有限公司
SG-1422	并国土公出告字[2014]22号小店区SG-1422地块	小店区	工业&物流仓储；	121380.05	2.5	48552.02	2014-08-26	3750	山西美特好连锁超市股份有限公司

公告号/宗地号	土地名称	区域	土地属性	总建筑面积（平方米）	容积率	用地面积（平方米）	成交日期	土地价格（万元）	受让方
SG-1419	并国土公出告字[2014]19号尖草坪区SG-1419地块	尖草坪区	住宅；商业；	42967.88	2.89	14867.78	2014-07-24	8830	山西华源电化有限责任公司
SG-1418	并国土公出告字[2014]18号杏花岭区SG-1418地块	杏花岭区	住宅；商业；	141722.88	4	35430.72	2014-07-07	25740	太原市龙城北部置业有限公司
SWG-1416	并国土公出告字[2014]16号小店区SWG-1416地块	小店区	商业	7756.8	5	1551.36	2014-06-11	2530	山西龙珠大厦（有限公司）
SG-1413	并国土公出告字[2014]13号万柏林区SG-1413地块	万柏林区	住宅；商业；	2415.17	5.85	412.85	2014-05-21	510	太原市化学工业集团房地产开发有限公司
SG-1411	并国土公出告字[2014]11号小店区SG-1411地块	小店区	商业	31582.23	2.2	14355.56	2014-05-16	13040	太原高铁置地有限公司
SP-1410	并国土公出告字[2014]10号小店区SP-1410地块	小店区	商业；	112562.64	3	37520.88	2014-04-24	19300	山西顺康房地产开发有限公司
CG-1385	并国土公出告字[2013]83号杏花岭区CG-1385地块	杏花岭区	住宅；商业；	105058.63	4.3	24432.24	2014-01-29	17010	山西融智信房地产开发有限公司
CG-1372	并国土公出告字[2013]70号尖草坪区CG-1372地块	尖草坪区	住宅；商业；公建配套&其他；	288571.67	1.05	274830.16	2014-01-23	32920	山西国信文化旅游投资发展有限公司
CG-1379	并国土公出告字[2013]77号晋源区CG-1379地块	晋源区	住宅；商业；	217328.71	1.05	206979.72	2014-01-23	22360	山西蒙山佛光旅游项目开发有限公司

公告号/宗地号	土地名称	区域	土地属性	总建筑面积（平方米）	容积率	用地面积（平方米）	成交日期	土地价格（万元）	受让方
CG-1375	并国土公出告字[2013]73万柏林区晋峰城郊森林公园CG-1375		住宅；	60085.49	1.15	52248.25	2014-01-23	6420	山西保源昌房地产开发有限公司
CP-1364	并国土公出告字[2013]62号万柏林区CP-1364地块	万柏林区	商业	71106.84	3.5	20316.24	2014-01-22	33600	山西普润房地产开发有限公司
CWG-1361	并国土公出告字[2013]59号小店区CWG-1361地块	小店区	住宅；商业；	20142.26	3.22	6255.36	2014-01-17	4590	山西万景源房地产开发有限责任公司
CG-1368	并国土公出告字[2013]66号杏花岭区CG-1368地块	杏花岭区	住宅；商业；	128492.24	4	32123.06	2014-01-17	20000	太原市龙城北部置业有限公司
CG-1367	并公国土出告字[2013]65号杏花岭区CG-1367地块	杏花岭区	住宅；商业；	66061	4	16515.25	2014-01-17	10750	太原市龙城北部置业有限公司
CG-1366	并国土公出告字[2013]64号杏花岭区CG-1366地块	杏花岭区	住宅；商业；	92719.242	4.2	22076.01	2014-01-17	14730	太原市龙城北部置业有限公司
CG-1363	并国土公出告字[2013]61号小店区CG-1363地块	小店区	工业&物流仓储；	22189.9	2	11094.95	2014-01-17	840	太原市奇美实业有限公司
CP-1369	并国土公出告字[2013]67号万柏林区CP-1369地块	万柏林区	商业	314311.18	9.4	33437.36	2014-01-07	90500	绿地集团太原置业有限公司
SG-1402	并国土公出告字[2014]02号迎泽区SG-1402地块	迎泽区	住宅；商业；公建配套&其他；	749096.53	3.5	214027.58	2014-04-10	91780	太原市龙城发展投资有限公司

2014 年大同市房地产市场运行监测报告

市场运行监测课题组

导　语

2014 年是不寻常的一年，十大工程扎实推进，四城联创有序开展，争先进位取得成效，全省年度目标任务考核排名由第五位进至第三位，综合排名由第七位进至第五位，各项工作稳中有为，经济社会发展迈上新台阶。

全年全市实现地区生产总值 1001.5 亿元，按可比价格计算，比上年增长 7.4%。其中，第一产业增加值 56.9 亿元，增长 4.0%；第二产业增加值 445.5 亿元，增长 10.8%；第三产业增加值 499.1 亿元，增长 4.2%。第一产业增加值占地区生产总值的比重为 5.7%，第二产业增加值比重为 44.5%，第三产业增加值比重为 49.8%。人均地区生产总值 29595 元，比上年增长 6.8%，按 2014 年平均汇率计算为 4818 美元。

全年居民消费价格比上年上涨 1.7%。其中，食品类价格上涨 3.6%；烟酒及用品类上涨 0.7%；居住类下降 0.8%；娱乐教育文化用品及服务类上涨 1.9%；医疗保健及个人用品类上涨 1.0%；家庭设备用品及维修服务类上涨 0.2%；衣着类上涨 2.9%；交通和通讯类下降 0.3%。全年商品零售价格比上年上涨 0.8%。工业生产者出厂价格比上年下降 10.7%。

全年全市城镇新增就业人员 5.63 万人；下岗失业人员再就业 2.41 万人；就业困难群体就业 0.68 万人；转移农村劳动力 3.06 万人；创业带动就业 1.23 万人。年末城镇登记失业率 3.0%。

一、大同城市基础设施建设

2014 年产业转型步伐加快。大力推进百园立农工程，新建各类农业园区 33 个、标准化养殖园区 169 个，新增设施农业 3.3 万亩。大力推进百企强市工程，不断延伸煤炭产业链条，新增火电装机 33 万千瓦。被国家能源局确定为新能源示范城市，新增风电装机 30 万千瓦、光伏发电装机 14 万千瓦。同煤 60 万吨甲醇项目试生产、10 万吨活性炭项目投产，同车 10 万吨活性炭项目一期基本建成、和谐 30 吨轴重大功率交流传动电力机车综合型试验完成，大秦公司 3 万吨重载列车试验成功。被商务部等十部委确定为全国 66 个区域流通节点城市之一。万昌物流园区进入全国物流园区 50 强。设立中国摄影展览馆大同中心。成功举办云冈文化旅游节、全国物流园区年会、国际汽车文化节等活动。跻身中国宜商城市竞争力第 65 名、旅游城市吸引力第 41 名、避暑旅游城市第 11 名。旅游总收入增长 19.15%。三次产业结构调整为 5.7 ∶ 44.5 ∶ 49.8，第三产业占比同比提高 2.6 个百分点。县域经济不断增强，地区生产总值、公共财政预算收入、社会消费品零售总额、固定资产投资占全市比重分别提高 0.2、0.8、0.1、5.7 个百分点。

城乡人居环境提升。坚持规划指导，城市总体规划修改和历史文化名城保护规划经市人大审议通过并已报省，规划体系逐步完善。大力推进名城复兴工程，西城墙瓮城主体、南城墙景观主体、明堂公园主体、云冈五华洞窟檐保护工程完工。展览馆平移到位，博物馆正式开放。御东公共活动走廊铺装绿化完成年度任务，图书馆外立面装修完成。大力推进城镇提质工程，新建城市道路 80 条 126 公里。天镇—大同高速全线通车，灵丘—涞源高速已经完工，国道 208 一级公路改建基本完成。集中连片特困地区农村公路改造 159 公里。汽车客运东站开工。天镇、浑源等县城改道工程开工，大县城建设完成投资 171.22 亿元，6 个省级、9 个市级重点中心镇建设完成投资 5.22 亿元。大力推进生态建设工程，获得国家园林城市称号，广灵获得省级园林县城称号，大同县列入国家生态保护与建设示范区名单。建成区新增绿化面积 119.33 万平方米，完成营造林 45.54 万亩。国家环保模范城市创建规划通过评审，拆除燃煤锅炉 156 台，新增集中供热 350 万平方米、天然气居民用户 5.7 万户。二级以上天数 300 天，空气质量综合指数 5.77，均列全省第一。国家卫生城市创建持续推进，餐厨垃圾处理厂投入运营，新建水冲式公厕 13 座、小型垃圾转运站 15 座。城乡清洁工程投资 1.86 亿元，问责 65 人次，常态化机制初步形成。被住建部、科技部确定为国家智慧城市试点。天眼工程投入使用。

二、商品住宅总体情况

1、商品住宅

2010 年—2014 年大同市商品住宅供求情况

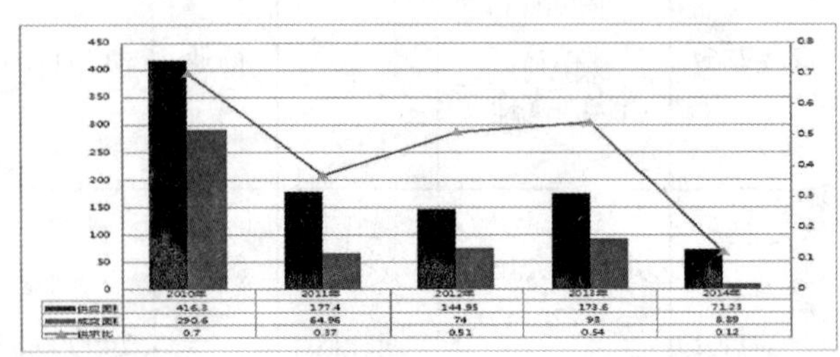

数据来源：中房信 CRIC

2014 年，大同市商品住宅市场供应面积为 71.23 万平方米，较上年下降58.97%；商品住宅市场成交面积为8.89万平方米，较上年下降90.44%。

究其原因，主要有以下几方面：一方面，从大同整体市场来看，自2010年开始，商品住宅市场供应量已经远远大于成交量，2014年商品住宅市场供求严重失衡。另一方面，大同城区绝大多数居民拥有自住房，加上一部分在旧城改造过程中分得的回迁房，刚需客户相对较少，购房客户主要来源于改善型客户、部分周边县市居民和外地客户。

由于2014年全国房地产市场基本都处于低迷期，房地产市场低迷的氛围影响着大同市场购房客户的积极性，在一定程度上也影响着整个市场的成交量。

2、商品房住宅价格

2010年—20114年大同市商品住宅成交价格变化情况

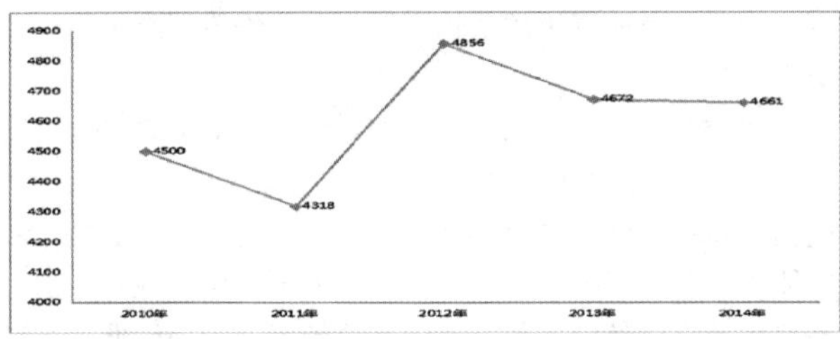

数据来源：中房信CRIC

2014年，大同市房商品住宅成交均价为4661元/平方米，与上一年的4672元/平方米的均价基本持平。

从2011年到2012年，大同市商品住宅成交价格快速拉升，跨上了一个新台阶，但随后便有所回落，从2012年到2014年商品住宅均价变动幅度不大。究其原因，一是前期市场供应量大大超过成交量，导致成交价格难有进一步提高；二是由于房地产大环境较差，购房客户纷纷采取观望态势，影响了购房的积极性，这种影响尤其表现在高端客户这一群体上，高端楼盘的成交受到一定的影响，拉低了商品住宅市场整体成交均价。

三、保障房建设

大同市2014年大力推进城乡安居工程，保障性住房新开工4.66万套，建成3.43万套。深入开展“安置年”活动，安置房竣工1.71万套，安置1.33万套、4万人，安置公产危房1045户。完成农村困难家庭危房改造4万户、农村住房抗震改建试点7740户、移民搬迁10630人。

四、商业办公用房

2010—2014年大同市商业办公市场供求对比图

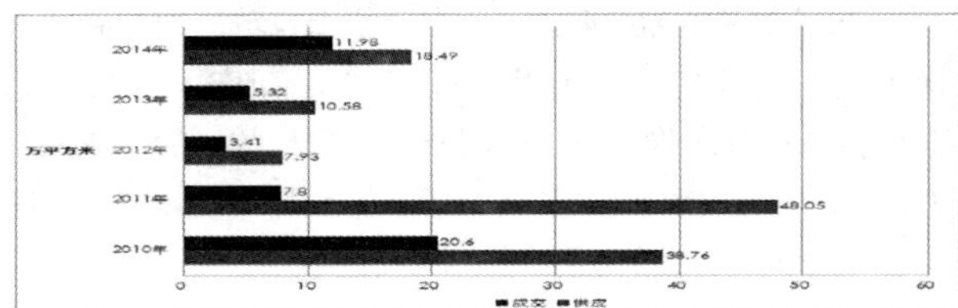

数据来源：CRIC

2014年，大同市商业办公市场供应量为18.49万平方米，较去年上涨74.76%，成交面积为11.98万平方米，较上年上涨125.19%。2014年的商业供应与成交面积较上年均大幅上涨，说明大同市的商业办公市场投资开发力度在逐渐加大。

市场现有商办项目供应量几乎为成交量的1倍，存在供大于求现象，对存量的去化压力较大。

大同市商业办公市场目前处于刚刚启动阶段，尚未形成较为成熟的物业形态。现有商业办公项目属于商办市场试探性产品，品质整体较低，存在一定的产品同质化问题。办公项目主要是满足较为简单的办公商务需求，商业主要表现为社区配套等满足基本生活需求的低端商业。随着城市化建设进一步加快，未来大同商办市场将有巨大的发展潜力。

五、商业办公用房价格

2006年—2014年大同市商业办公价格走势

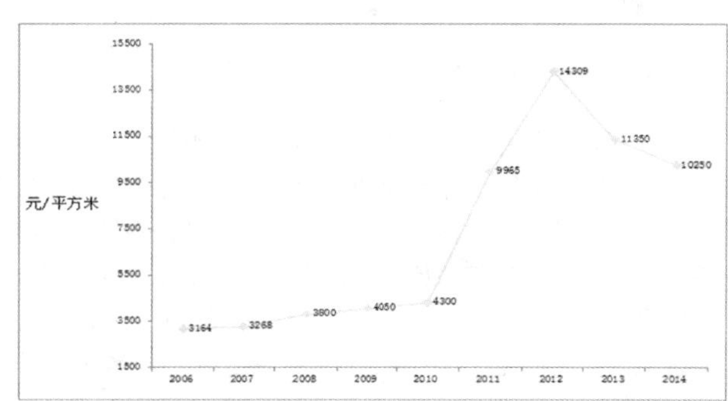

数据来源：CRIC

大同市商业办公用房均价上涨较快，2010年到2012年为快速拉升阶段。2012年成交均价达到14309元/平方米，较上年上涨43.59%，上涨幅度明显。但2012年以后成交均价又迅速回落，2014年成交均价为10250元/平方米，较上年下降了9.69%。但随着大规模城市建设及对产业结构调整的展开，预计大同市未来商办价格将呈现逐步上涨的态势。

六、土地供应量

2005年—2014年大同市土地供应情况

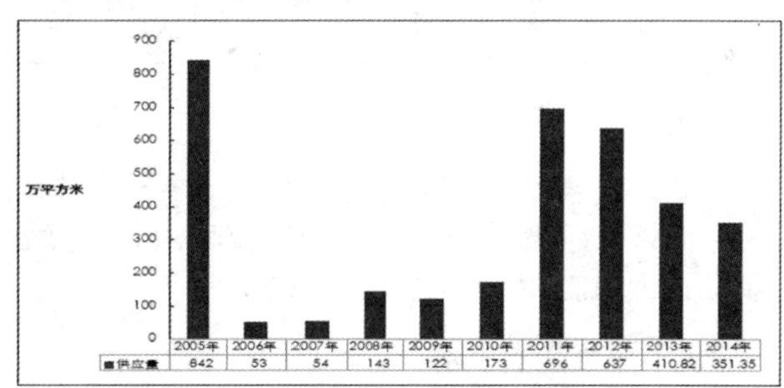

数据来源：CRIC

2005 年大同市土地市场的供应量达到了近年来的最高值，达到 842 万平方米。2006 年土地供应量迅速回归到正常水平，并呈现逐年稳步增长的态势，到 2011 年土地供应达到了 696 万平方米，又创造了一个小高峰，随后呈逐年下降趋势，到 2014 年土地供应面积为 351.35 万平方米，较上年下降了 14.48%，这与近年来房地产市场低迷有关。

2005 年—2014 年大同市供应土地性质分析

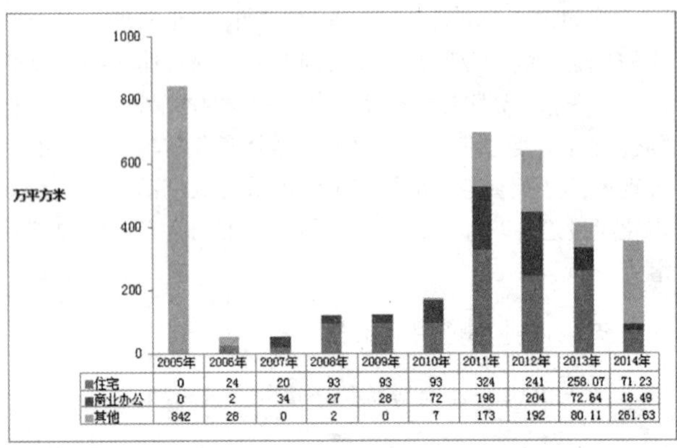

	2005年	2006年	2007年	2008年	2009年	2010年	2011年	2012年	2013年	2014年
住宅	0	24	20	93	93	93	324	241	258.07	71.23
商业办公	0	2	34	27	28	72	198	204	72.64	18.49
其他	842	28	0	2	0	7	173	192	80.11	261.63

数据来源：CRIC

通过比较近年来经营性用地的各类型地块出让比重可以发现，随着大同房地产业的启动，城市土地供应结构进一步调整，供应土地性质逐渐丰富。发展过程中住宅用地最先开始发展，且其占比最大，其次为商业办公类，但在 2014 年其他类用地的占比有明显增加。2014 年，商业办公用地供应面积为 18.49 万平方米，较上年下降 74.55%。

七、土地成交量

2005 年—2014 年大同市土地成交情况

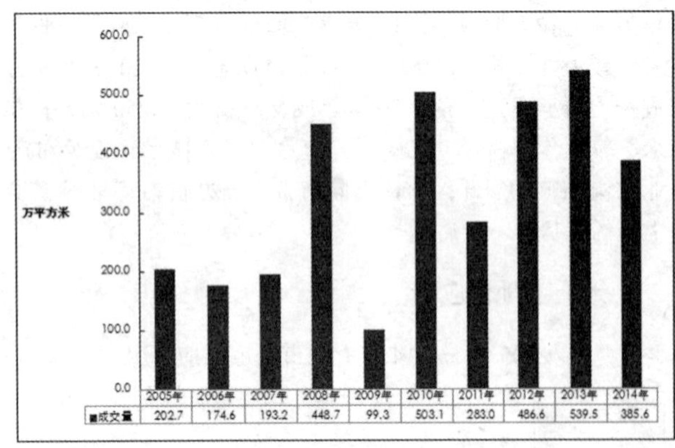

	2005年	2006年	2007年	2008年	2009年	2010年	2011年	2012年	2013年	2014年
成交量	202.7	174.6	193.2	448.7	99.3	503.1	283.0	486.6	539.5	385.6

数据来源：CRIC

2014 年，大同市土地成交量为 385.6 万平方米，同比下跌 28.53%。主要是受房地产大环境的影响，开发商等在拿地方面的态度比较消极，以观望态度为主。

八、土地成交价格

2005 年—2014 年大同市土地成交价格

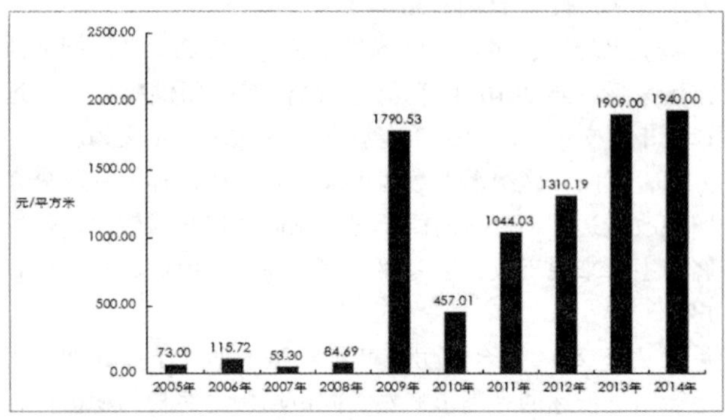

数据来源：CRIC

2014 年，大同市土地成交价格为 1940 元 / 平方米，同比上涨 1.62%，地价变动幅度不大。但随着城市建设的不断发展，土地资源越来越宝贵，土地价值不断增加，成交价格会不断攀升。

2005 年—2012 年，八年间大同市土地成交均价波动较大，随着房地产市场的不断发展，2009 年土地成交价格达到最高峰，其原因主要是 09 年成交地块中商服用地较多，整体拉升了大同市土地成交价格。2010 年由于廉租住房、街巷用地、科教用地和工业用地等较多，大幅拉低了大同土地市场成交均价，导致 2010 年土地成交价格处于低谷。2010 年—2014 年大同市土地成交价格成稳步上涨的趋势，市场发展良好。

九、项目活动

2014 年，大同市共有 58 个楼盘项目组织了营销活动，活动次数达到 439 次。项目推出户型集中在 64–137 平方米的两居、91–292 平方米的三居和 120–404 平方米的四居。

从大同整体营销活动来看，各楼盘开展营销活动活跃度挺高，这将有利于传递楼盘信息、树立项目及开发企业形象，扩大项目及企业在市场中的影响力，从而间接地促进楼盘销售。

活动内容也从原来的单一化向多元化转变，活动主题以开盘或传统节假日宣传为主。活动的方式多元化，活动内容丰富化，更加吸引人气，增强活动效果。

十、主流媒体

1、纸质媒体

大同纸质媒体主要集中在两种报纸上，一种是《大同日报》，一种是《大同晚报》。

2014 年大同共有 62 个楼盘项目进行了报纸广告的投放，共计 1905 次。其中在《大同日报》投放广告的项目共计 49 个，有 79.03% 的项目在该报纸投放广告；在《大同晚报》投放广告的项目共计 72 个，有 93.51% 的项目在该报纸投放广告。在《大同日报》投放的广告次数共计 825 次，占总投放次数的 43.31%；在《大同晚报》投放的广告次数共计1080次，占总投放次数的56.69%。从统计数据看，无论从投放广告的项目数量，还是广告投放次数，《大同晚报》均占据优势。

究其原因，一是《大同晚报》覆盖面广泛，包括大同、朔州、内蒙古乌兰察布盟及河北张家口地区；二是其包含内容较丰富，信息快捷，受到广大阅读者青睐，受众范围较广；三是更具权威性和地方特色，涉及的行业较为广泛。

2、网络媒体

2014年，大同房地产网络媒体包括0352房网、大同新浪乐居、大同楼盘网、大同搜房网、大同房产网，其中大同房地产门户网和大同房产信息网是主要网络媒体，均为大同本土成长起来的网络媒体，0352房网是近年来发展起来的网络媒体，发展迅猛。搜房网、门户网、楼盘网由于进入大同市场时间较短，发展有待进一步成熟。

十一、总结及展望

2014年，全国两会召开，中央提出“分类调控”的思路，不再实施全国一刀切的统一调控措施，而是让地方政府更多的承担差别化的调控责任；不再沿着既压供给也压需求的调控思路前行，而是把重点放在扩大试点上。房地产市场去行政化调控，回归市场化方向成为了主基调，从而实现市场的自我平衡和完善。

2014年，受房地产市场大环境影响，大同市的房产市场也处于低迷状态。作为三线城市，大同市商品房价格尚处于较低水平，成交价格下降的空间较为有限，因此在未来一段时间内大同房价将处于较为稳定的状态。

目前大同房地产市场开发水平还较为有限。从开发商来看，绝大多数为本地开发商，恒大、绿地、富力等全国性大型房企进驻大同，对大同楼市影响较大，品质提升的同时也在刷新着大同购房者的要求。预计未来，将会有较多全国性的房地产企业考虑在大同落户，这将推动大同房地产行业的发展速度，同时也在烘托和引导市场，跳出目前市场固有产品的局限，接触更为精致的产品品质和生活品质。

从大同房地产市场整体发展水平来看，目前大同房地产市场保持着稳定健康的发展态势。近年来，大同房地产供应体系不断完善，住房供应结构向着多样化、人性化方向发展，基本能满足不同阶层居民的住房需求。

房地产业的发展离不开整个大的宏观经济环境，2014年，无论是国际经济金融环境压力，还是国内的经济增长动力不足，均对房地产业形成不利条件，未来一年大同房地产业的发展面临着较大的挑战。

（撰稿人：李峰　牛佩华）

2014 年晋中市房地产市场运行监测报告

市场运行监测课题组

导　语

2014 年，晋中市经济发展经历了严峻考验。煤炭市场需求疲软，重化工业效益下滑，投资乏力增速放缓，首季 GDP 增幅断崖式下跌，经济下行压力持续加大。全市上下坚持稳中求进总基调，以改革激活力、增动力，积极实施煤炭新政、建立权力清单、下放行政实权、加快金融创新、培育新型业态、优化投资环境、提升政府效能等一系列务实举措，统筹稳增长、促改革、调结构、惠民生，全市经济发展逆势而上，社会事业全面进步。

初步核算，全年全市生产总值[2]1041.3 亿元，比上年增长 6.8%。其中，第一产业增加值 103.3 亿元，增长 4.0%，占生产总值的比重为 9.9%；第二产业增加值 494.1 亿元，增长 8.0%，占生产总值的比重为 47.5%；第三产业增加值 443.9 亿元，增长 5.6%，占生产总值的比重为 42.6%。

全年全市社会消费品零售总额 484.3 亿元，比上年增长 12.8%。按经营地统计，城镇消费品零售额 336.9 亿元，增长 11.7%；乡村消费品零售额 147.4 亿元，增长 15.3%。按消费形态统计，商品零售额 454.6 亿元，增长 12.8%；餐饮收入额 29.7 亿元，增长 12.0%。

全年全市固定资产投资 1106.0 亿元，比上年增长 16.9%。其中，国有投资 249.3 亿元，下降 23.0%；非国有投资 856.7 亿元，增长 37.7%。

全年房地产开发投资 112.9 亿元，增长 46.8%。其中，住宅投资完成 74.4 亿元，增长 37.9%。

一、晋中城市基础设施建设

2014 年，晋中市城区坚持“创新改革、提升功能、改善民生”理念，围绕“新区集中连片大开发、旧区改造提质大突破”重点，连续第 4 年实施“百亿市政重点工程”，铺开总投资 595.6 亿元的 8 大类 85 项 147 小项城建重点工程，投资规模为历年最大，是 2013 年的 2.7 倍，建成了一批群众迫切需要、困难相对突出且多年未能实质启动的重大项目，城市面貌、功能、品位得到显著提升。

快速化改造：首条城市加强型主干道锦纶路改建工程竣工通车，道路全长 2888 米，历时 193 天完工，开启市城区立体交通时代，创人车分流、立体通行、专设公交专用车道等六个第一。

高铁客专：大西客专晋中站、站前广场、通站路建成投运，我市正式迈入高铁时代。

街景整治：汇通路、龙湖街、锦纶路、迎宾街、顺城街 5 条主干道实施了 10 项综合整治工程，城市环境面貌明显改善。

城市商业综合体：北部新城商业配套全面铺开，森活城、伊甸城成功签约，民俗风情街全面开工，巨燕财富广场一期主体完工，万科大学城生活广场一期工程和晋中规划展示馆地下商业城交付使用。

智慧交通：完成《晋中市城区道路交通管理规划》，市城区新增公交车 50 辆，建设港湾式停车站 127 个，19 条道路实现微循环，城市交通智能化管理水平明显提升。

人行天桥：新建迎宾街、汇通路、新建路 3 座人行天桥，实现市城区人行过街天桥“零”的突破。

旧城改造：全面铺开 4 大片区、5 个城市棚户区、14 个城中村改造项目，完成征拆面积 31 万余平方米，相当于“十一五”和“十二五”前三年总和，完成投资超过前三年总和。

功能提升：晋中市规划展示馆建成开馆，成为新的城市窗口和宣传阵地；市图书馆、市博物馆、科技馆和市第一人民医院迁建项目启动；百草坡森林公园国庆部分开园迎宾，全部建成后将成为华北地区最大规模的裸子植物展示园区、山西最全种类的地方乔木观赏展示基地、晋中城市近郊绿色大景观形象品牌。

同城发展：晋中—太原城际铁路试验段（人民南路—环城东路）项目正式获批，我市第一条城际铁路交通项目建设拉开序幕；蕴华街西延、中都路北延、晋中二污厂等 30 个同城化工程完成投资 53.7 亿元，太原晋中同城化发展步伐加快。

扩容提质：面子里子齐抓，市城区集中供热、集中供水和燃气普及率、污水处理率、再生水利用率、人均道路面积全部超额完成省定任务，公用设施承载力大幅提升。

二、商品住宅总体情况

1、2009-2014 年晋中市商品住宅市场供求

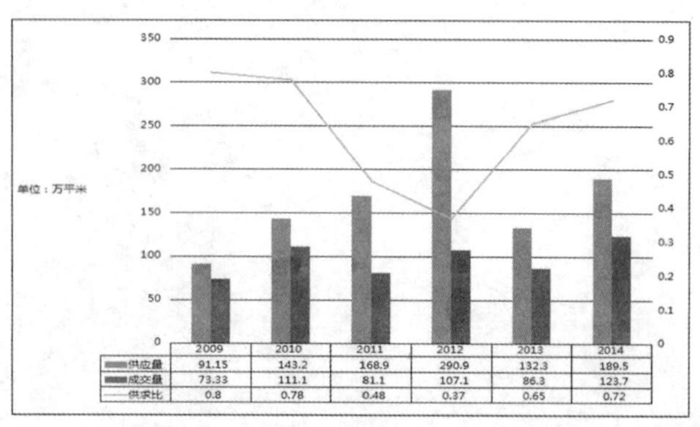

	2009	2010	2011	2012	2013	2014
供应量	91.15	143.2	168.9	290.9	132.3	189.5
成交量	73.33	111.1	81.1	107.1	86.3	123.7
供求比	0.8	0.78	0.48	0.37	0.65	0.72

2014 年，晋中市商品住宅市场供应面积为 189.5 万平方米，比去年上涨 30.18%；商品住宅市场成交面积为 123.7 万平方米，较上年上涨 43.34%。

2014 年，晋中市城区围绕“新区集中连片大开发、旧区改造提质大突破”重点，连续第 4 年实施“百亿市政重点工程”，全面铺开 4 大片区、5 个城市棚户区、14 个城中村改造项目，完成征拆面积 31 万余平方米。晋中市房地产开发业平稳发展，呈现出投资强劲、资金充裕、规模扩大、销售稳增等态势。同时，商品房去库存压力仍然较大、90 平方米及以下住房投入有待加强、商业地产开发抬头等情况值得关注。因此，要进一步加强搞好房地产市场的调控、监管，促进全市房地产市场长期、稳定、健康发展。

2、商品房住宅价格

2009 年—2014 年晋中市商品住宅成交价格变化情况

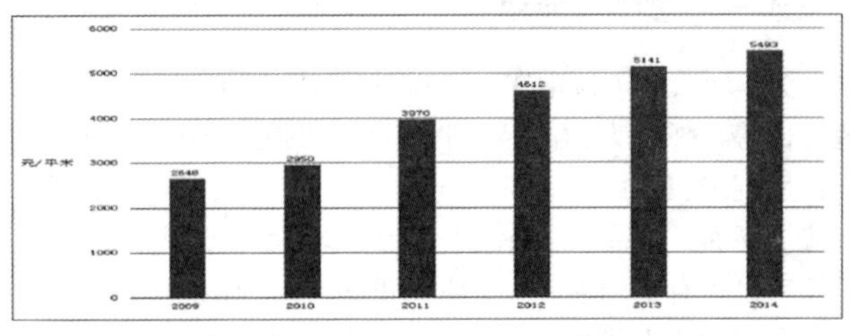

数据来源：CRIC

2014 年，晋中市房商品住宅成交均价为 5493 元 / 平方米，较上年上涨 6.85%。

2014 年，晋中市仍然承接了大量来自太原市的刚需客户和投资客户，这些客户的大量涌入，助推了晋中市房价的上涨；另一方面，受政府规划影响，晋中榆次区成为了未来城市重点发展区域，众多购房者对晋中房地产寄予了较大升值预期，在一定程度上也推动了房价上涨的态势。预计未来晋中市房价将呈现稳中有升的态势。

三、保障房建设

截至 2014 年 12 月底，全市新开工各类保障性住房 13529 套，完成年度目标任务的 117.04%；全年共建成保障性住房 17603 套，完成年度目标任务的 103.55%；完成投资 40.14 亿元，完成年度目标任务的 102.93%。

市城区 4 大片区、5 个城市棚户区、14 个城中村改造完成投资 65.6 亿元，超过“十二五”前三年完成投资的总和。

四、商业办公用房

2009 年—2014 年晋中市商业办公市场供求对比图

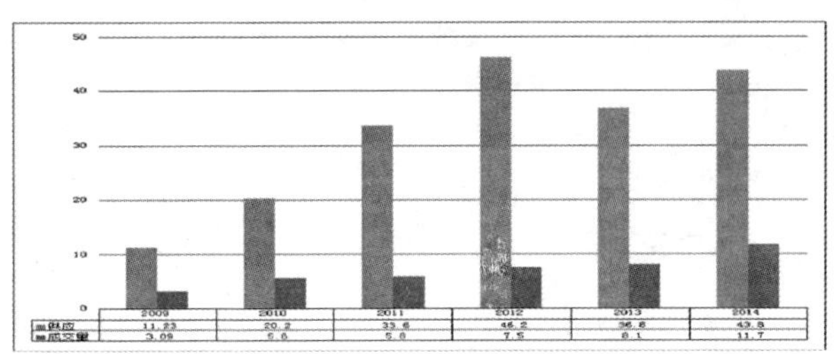

数据来源：CRIC

2014 年，晋中市商业办公市场供应量为 43.8 万平方米，较上年上涨 19.02%。全年成交面积为 11.7 万平方米，成交量较上年上涨 44.44%。

晋中市作为三线城市来说，各城区现有商业设施仅初步满足商业需求，缺乏商务主导型商业功能区，未形成中央商务区及国际化、现代化设施商务区，商业档次有较大提升空间。总体来说，商办市场的发展尚处于初步发展阶段，但其发展速度较快，尤其是近年来太榆同城化的大力推动，预计未来晋中市商办市场将有较大发展空间。

五、土地开发量

2009 年—2014 年晋中市土地开发情况

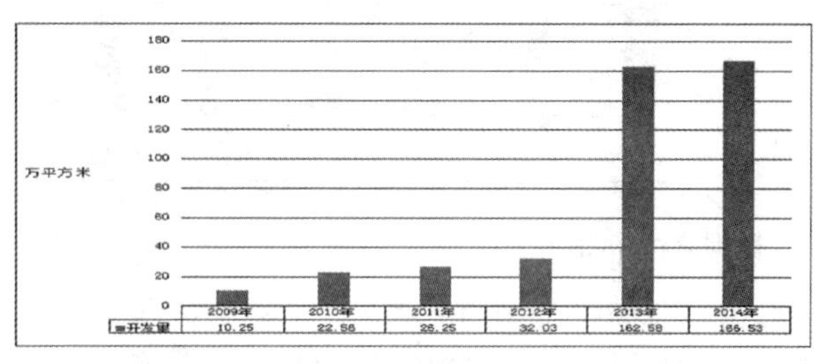

数据来源：CRIC

2014 年，晋中市全年完成土地开发面积 166.53 万平方米，与去年同期相比，增加 3.95 万平方米，同比增加 2.43%。

六、各属性用地比例分析

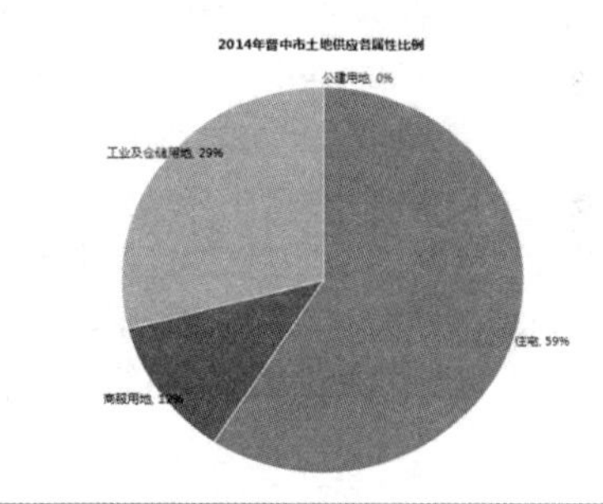

2014 年，晋中市供应土地中，工业用地供应 107.4 万平米，占比 29%。住宅用地供应 218.5 万平米，占总供地面积的 59%，商服用地面积为 43.8 万平米，占比 12%。

七、土地成交量

2009 年—2014 年晋中市土地成交情况

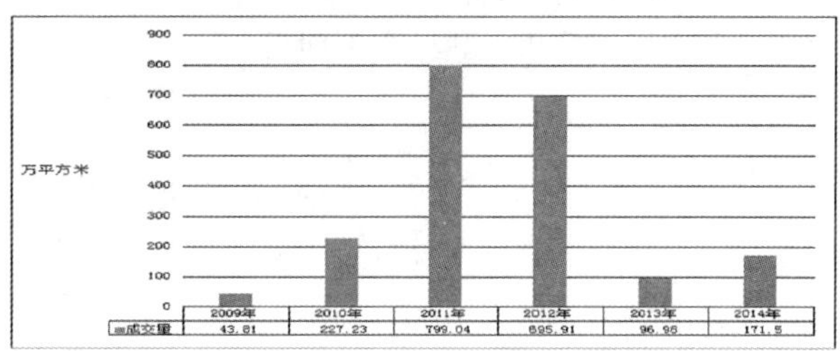

数据来源：CRIC

2014年晋中市的土地成交量较上年有所增加，全年成交土地面积为171.5万平方米，与上年同期相比增加74.52万平方米，同比上升76.84%。

近年来，晋中市城市功能扩展区和北部新城发展新区的用地量大，全年晋中市大力开展北部新城建设，占全部成交量比重较大。

八、土地成交价格

2009年—2014年晋中市土地成交价格

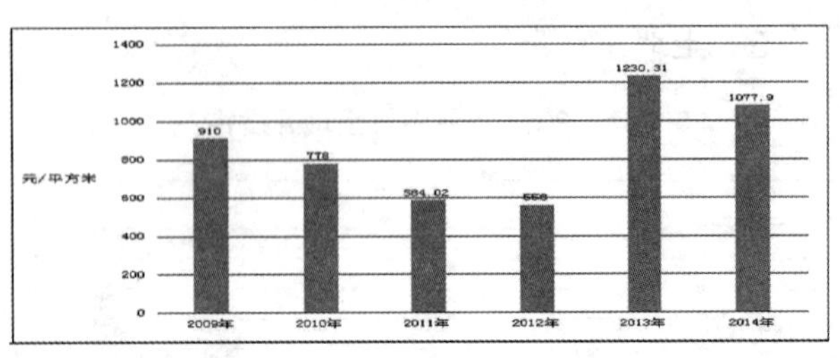

数据来源：CRIC

2014年晋中市土地的平均成交价格为1077.9元/平方米，与去年同期相比减少152.41元/平方米，同比下降12.39%。

究其原因，一是成交土地面积中工矿仓储用地占比约1/3，其成交价格较低，整体拉低了全年全市土地成交价格。二是成交土地位置偏远，属于新开发区域，难以高价成交。

九、项目活动

2014年，晋中市约有28个楼盘项目进行营销活动，商品住宅包括多层、小高层和高层。其中还包括少数含别墅项目，推出户型仍然以刚需二房及改善三房为主。

作为正在发育中的晋中房地产市场，凭借毗邻太原的地域优势，吸引了不少来自周边县域购房者来置业，使得商品住宅市场十分活跃，营销活动也比较密集。全年营销活动通过本地报纸、网络、户外、广播、短信等多种渠道进行宣传。

十、主流媒体

1、纸质媒体

2014年，全市楼盘项目进行广告投放主要集中在《晋中日报》和《晋中晚报》。

《晋中日报》是中共晋中市委机关报，为对开大报。覆盖晋中及下属11个县市的300余万人口，并面向全国发行，是晋中唯一的、最大的报刊媒体，发行量约60000份。《晋中日报》周一至周六出版，对开四版。

《晋中晚报》是中共晋中市委领导下，晋中日报社主办，面向全晋中市发行，覆盖榆次区、介休市、寿阳县、昔阳县、和顺县、左权县、太谷县、榆社县、祁县、平遥县、灵石县，总发行量5万余份，阅读人群包括了社会各阶层，突出都是特色，服务市民生活，反映市民呼声，是晋中地区发行量最大的主流媒体、强势媒体，是各项目展示自我形象、传达项目信息的良好平台。

2、网络媒体

晋中市房地产网络媒体主要集中在搜房网和晋中楼盘网。晋中市房地产业发展较晚、起步较低、发展较慢，成熟度还很欠缺，导致相关行业发展也较为滞后。网络媒体的发展目前已具备一定的成熟度，但房地产板块的业务开发得较晚，发展较滞后，目前来看仍需较长发展历程才能具备大型房地产门户的实力。

十一、总结及展望

2014年，作为正在发育中的晋中房地产市场，凭借地缘优势，抓住太榆同城发展机遇，房地产开发业平稳发展，呈现出投资强劲、资金充裕、规模扩大、销售稳增等态势。同时，商品房去库存压力仍然较大、90平方米及以下住房投入有待加强、商业地产开发抬头等情况值得关注。目前，晋中市在售项目基本无小产权，大多为大红本，而来晋中置业的客群也将呈现多元化，这也对晋中楼市的产品开发提出了更高的要求，既要满足多元化的置业需求，又要符合晋中楼市品质升级的整体趋势。晋中楼市近几年的几次飞跃，都与太原市场量价齐升，产品升级有着紧密的联系。

2015年晋中市城区城建重点工程将以完善城市功能、解决民生急需为原则，在就医、就学、出行以及城市棚户区改造和城中村改造等方面加大力度。

在山西“一核一圈三群”的总体布局引导下，太原都市圈将重点推进太原晋中同城化，以山西科技创新城建设为抓手，加快形成同城化发展格局，打造引领全省发展的“发动机”。随着太榆同城化的不断深入，晋中房地产开发潜力日益显现，房地产市场的崛起也带来一系列需要注意的问题。一要加大土地、信贷等方面的监管，加快闲置存量土地的清理，督促开发企业尽快开发存量土地。二需加快建立健全房地产市场调控的长效机制和政策体系，鼓励刚性需求和改善性需求，弱化抑制投机投资性需求，并抓紧研究推进房地产税收制度改革。因此，要进一步加强搞好房地产市场的调控、监管，促进全市房地产市场长期、稳定、健康发展。

（撰稿人：李峰　牛佩华）

2014 年长治市房地产市场运行监测报告

市场运行监测课题组

第一章　长治市区域概况

第一节　自然条件

一、地理位置

长治位于山西省东南部、太行山南段，东倚太行山，与河北省的涉县、河南省的林州市交界；西屏太岳山与晋中市的祁县、灵石、平遥、介休，临汾市的霍州、安泽为邻，南部依丹朱岭和金泉山与晋城市的沁水、高平、陵川毗邻，北部与依五云山和八松岭与晋中市的榆社、左权接壤。全境地势由西北向东南缓缓倾斜，东西最长处约 150 公里，南北最宽处约 140 公里，总面积 13896 平方公里。地理坐标为东经 111° 58′ 03"~112° 44′ 04"，北纬 35° 49′ ~37° 08′ 。

二、历史沿革

长治古称上党，位于山西省东南部，旧府志曰“据太行山之巅，地形最高与天为党也”，因其地势险要，自古以来为兵家必争之地，素有“得上党可望得中原”之说。此外，长治还具有悠久的历史文化和光荣的革命传统，是研究山西省历史文化、弘扬革命传统的基地。

早在上古时代，我们的祖先神农氏炎帝就曾在这里尝百草、驯养牲畜、发展原始农业。殷商时期，长治是殷商王朝属下的诸侯国，史称“黎”。春秋时归晋。战国时期赵、魏、韩三家分晋，长治为韩国别都，称“上党郡”。隋开皇时改为潞州，后几经变更，唐时改为河东道潞州上党县。明嘉靖 8 年（公元 1529 年）改称潞州府，并置长治县取“长治久安”之意，长治由此而得名。清朝时继旧制为潞安府长治县。民国初废道，长治改属冀宁道。民国 19 年（公元 1930 年）废道制，长治直隶省辖。1945 年 10 月 8 日长治解放，1945 年到 1998 年的 50 多年间，曾先后经历了作为山西省辖市由长治专区代管和晋东南行署隶属等多次行政区划的调整变动。

三、地形地貌

长治市为太行山，太岳山所环绕，构成高原地形，通称“沁潞高原”，又称“上党盆地”。平川、丘陵、山地分别占总面积的 15.9%、33.4% 和 50.7%，平均海拔高度为 1000 米，东部太行山的黎城县历峪山最高点为 2012 米，西部太岳山的沁源县石膏山最高点为 2541 米。

四、行政区划

长治辖 10 个县、2 个区、1 个县级市：长治县、襄垣县、长子县、屯留县、壶关县、黎城县、平顺县、武乡县、沁县、沁源县、城区、郊区、潞城市。全市总人口为 333.4 万人（2010 年）。

五、气候特征

长治属典型暖温带半湿润大陆性季风气候，全年冬无严寒，夏无酷暑，雨热同季。年平均温度 9.7 度，年平均降水 549.2 毫米，年平均湿度 61%，年日照时数 2311.5~2664.5 小时，年平均无霜期在 156.8~181.9 天，年平均风速为 1.1~2.3 米 / 秒。

第二节　经济发展

一、综合

初步核算，2014 年全市生产总值 1331.2 亿元，比上年增长 5.1%。其中，第一产业增加值 58.3 亿元，增长 4.3%，占生产总值的比重为 4.4%；第二产业增加值 776.5 亿元，增长 5.4%，占生产总值的比重为 58.3%；第三产业增加值 496.4 亿元，增长 4.8%，占生产总值的比重为 37.3%。第三产业中，金融保险业增加值 68.3 亿元，增长 5.7%；交通运输、仓储和邮政业增加值 73.0 亿元，增长 8.1%；房地产业增加值 75.7 亿元，增长 7.7%。

人均地区生产总值 39199 元，按 2014 年平均汇率计算为 6381 美元。

图1　2010-2014年全市地区生产总值及其增长速度

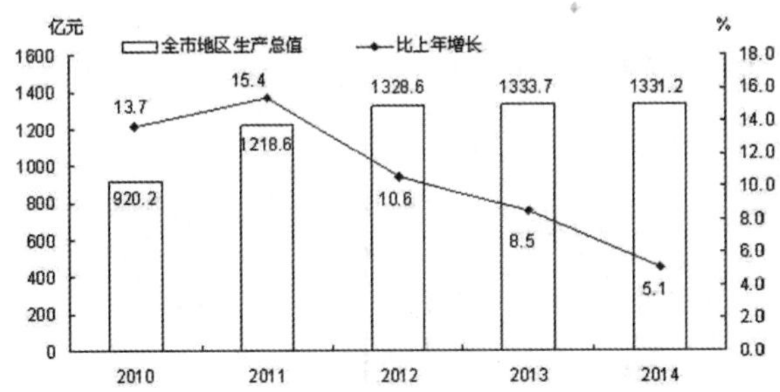

全年全市公共财政预算收入 136.3 亿元，下降 8.3%。税收收入 71.0 亿元，下降 12.0%，其中国内增值税、营业税、企业所得税、个人所得税、资源税和城建税共计完成税收 55.7 亿元，下降 16.8%。公共财政预算支出 240.7 亿元，下降 2.0%。其中农林水事务支出增长 11.4%，社会保障和就业支出增长 8.4%，医疗卫生支出增长 23.6%，文化体育与传媒支出增长 8.2%，节能环保支出增长 15.9%。

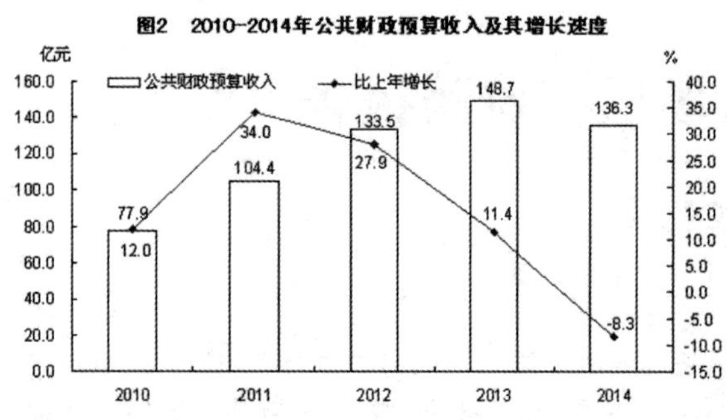

图2 2010-2014年公共财政预算收入及其增长速度

居民消费价格比上年上涨1.5%，其中，食品价格上涨2.2%。商品零售价格上涨0.5%。工业生产者出厂价格下降10.4%；工业生产者购进价格下降7.6%。

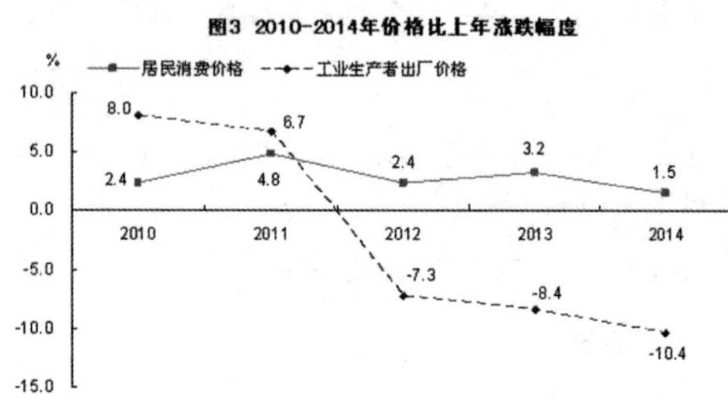

图3 2010-2014年价格比上年涨跌幅度

表1 2014年居民消费价格比上年涨幅

单位：%

指　　标	涨　幅
居民消费价格	1.5
食 品	2.2
烟酒及用品	0.0
衣 着	3.0
家庭设备用品及维修服务	1.6
医疗保健和个人用品	0.1
交通和通信	–0.8
娱乐教育文化用品及服务	3.2
居 住	0.5

全年全市城镇新增就业4.34万人。转移农村劳动力3.75万人。年末城镇登记失业率1.8%。

二、固定资产投资

全年固定资产投资1245.6亿元，增长14.6%。其中，国有及国有控股投资456.1亿元，增长10.9%。

图4　2010-2014年固定资产投资及其增长速度

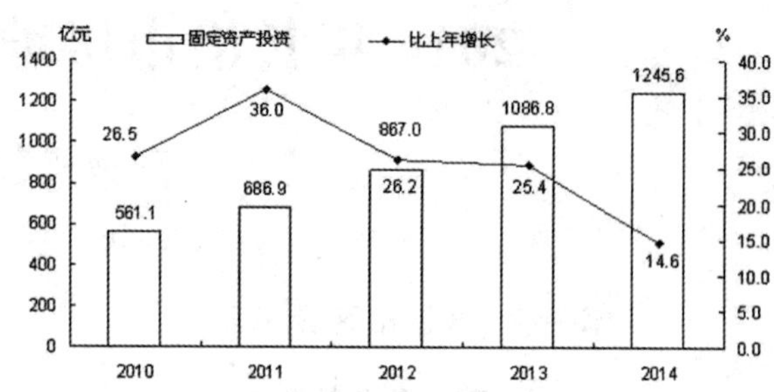

分产业看，第一产业投资130.6亿元，增长14.1%；第二产业投资579.3亿元，增长6.0%；第三产业投资535.7亿元，增长25.7%。在第二产业中，工业投资579.3亿元，增长6.0%。其中，煤炭工业投资85.7亿元，下降15.8%。

表2　2014年分行业固定资产投资及其增长速度

单位：亿元

行　业	投资额	比上年增长%
总 计	1245.6	14.6
农、林、牧、渔业	130.6	14.1
采矿业	130.1	–8.0
制造业	395.3	13.1
电力、燃气及水的生产和供应业	53.9	–2.5
交通运输、仓储和邮政业	77.0	47.0
信息传输、计算机服务和软件业	2.8	–7.1
批发和零售业	32.1	–22.8
住宿和餐饮业	1.7	–66.2
房地产业	256.4	38.1
租赁和商务服务业	1.7	20.9
科学研究、技术服务和地质勘查业	0.8	–72.6
水利、环境和公共设施管理业	122.8	15.4
居民服务和其他服务业	3.2	452.2
教育	3.2	–19.8
卫生、社会保障和社会福利业	9.6	77.7
文化、体育和娱乐业	23.8	58.8
公共管理和社会组织	0.7	–73.0

全年全市在建固定资产投资项目1334个。其中，5亿元以上项目118个，计划总投资2464.0亿元，完成投资599.8亿元。

全年房地产开发投资75.2亿元，下降20.1%。其中，住宅投资58.2亿元，下降14.0%；办公楼投资1.3亿元，下降50.4%；商业营业用房投资8.4亿元，下降47.7%。

表3 2014年房地产开发和销售情况

指 标	单位	绝对数	比上年增长%
投资完成额	亿元	75.2	-20.1
其中：住宅	亿元	58.2	-14.0
房屋施工面积	万平方米	1096.9	-0.9
其中：住宅	万平方米	814.7	-0.4
房屋新开工面积	万平方米	197.0	-34.0
其中：住宅	万平方米	149.7	-16.7
房屋竣工面积	万平方米	251.2	12.8
其中：住宅	万平方米	199.9	25.3
商品房销售面积	万平方米	184.9	1.8
其中：住宅	万平方米	168.7	7.5

三、金 融

年末全市金融机构本外币各项存款余额1945.9亿元，比年初增加98.0亿元，比年初增长5.3%。各项贷款余额1016.9亿元，增加98.1亿元，增长10.7%。

表4 2014年年末金融机构本外币存贷款及其增长速度

单位：亿元

指 标	年末数	比上年增长%
各项存款余额	1945.9	5.3
其中：单位存款	639.5	-3.3
城乡居民储蓄存款	1196.1	7.9
各项贷款余额	1016.9	10.7
其中：短期贷款	486.7	15.0
中长期贷款	423.5	5.7

图5 2010-2014年全市城乡居民储蓄存款余额及其增长速度

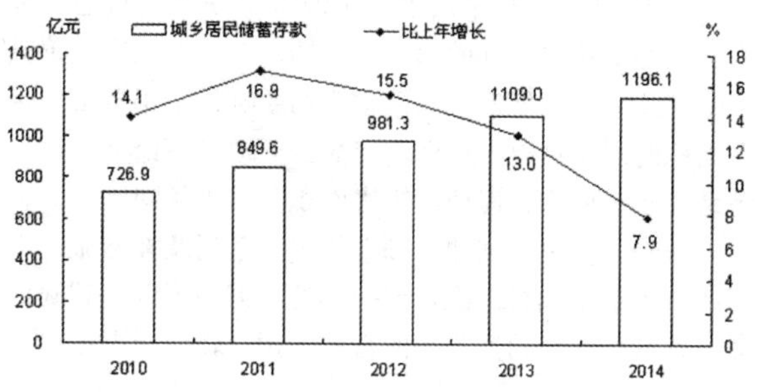

全年全市保费收入38.4亿元，增长19.5%。其中，寿险业务保费收入22.3亿元，增长20.7%；健康和意外险业务保费收入3.4亿元，增长65.0%；财产险业务保费收入2.2亿元，增长5.0%；车险业务保费收入10.5亿元，增长10.6%。全年支付各类赔款及给付12.6亿元，下降6.8%。其中，寿险业务保费赔付6.0亿元，下降9.9%；健康和意外险业务保费赔付0.7亿元，下降8.4%；财产险业务保费赔付0.7亿元，下降18.3%；车险业务保费赔付5.2亿元，下降0.7%。

四、城市建设、资源、环境和安全生产

年末全市市区建成区面积5930万平方米，建成区绿化覆盖率45.86%。年末城市交通运营车辆742辆，其中市区公共汽车442辆。出租汽车3121辆，其中市区出租车1801辆。市区有公园4座，总面积127公顷。全年市区供水总量7517.1万吨，人均日生活用水量162.7升。全年液化气供气总量3774吨，天然气供应量5490.6万立方米，其中生活用天然气2004.2万立方米。燃气普及率92%，比上年增长3个百分点。市区集中供热面积3104万平方米，其中住宅供热面积2382万平方米。市区污水处理能力17.8万吨/日，全年污水处理量5832万吨。生活垃圾年清运量15.7万吨，无害化处理率达到100%。

年末全市森林面积429.6千公顷，森林覆盖率30.9%。本年度检查验收合格造林面积27.5千公顷。全市有自然保护区2个，面积46.9千公顷，占全市总面积的3.4%。

年末全市大中型水库蓄水总量2.7亿立方米，比上年增长3.3%。全年总用水量4.95亿立方米，比上年增长10.4%。其中，生活用水1.03亿立方米，下降1.9%。

全年全市空气质量Ⅱ级以上天数235天。全市达Ⅲ类水质标准的断面比例70.6%。城市集中式饮用水源地辛安泉水质达标率达到100%。

全市亿元GDP生产安全事故死亡率为0.088，下降1.12%。煤炭百万吨死亡率为0.035，下降62%。

第二章 宏观政策分析

2014年，我国整个宏观经济环境呈现低迷状态，而作为国民经济重要一环的房地产市场，自然也无法独善其身。受到此前一系列宏观调控政策的影响，今年楼市出现了大面积的观望情况，投资增速显著放缓。不论是一线城市还是二三线城市，房地产销售面积和销售额同比都大幅下滑。为此，从中央到地方都采取了一系列调控措施，对房地产市场加以调整。纵观这一年的政策，可以看到政府正尝试着减少对房地产市场的行政干预，转而让市场供需去调节。

一、告别“一刀切”，提出分类调控

国务院总理李克强2014年3月5日在政府工作报告中提出：“针对不同城市情况分类调控，增加中小套型商品房和共有产权住房供应，抑制投机投资性需求，促进房地产市场持续健康发展。”在3月13日的总理答记者问中再次提到：“根据不同人群的需求，不同城市的情况，分类施策、分城施策。推进公租房等保障房建设。对于合理的自住需求，也要有相应的政策支持，包括增加普通商品房供应。对房地产市场则是要因城因地分类进行调控，抑制投机投资性需求，重在建立长效机制，促进房地产市场平稳健康发展。”

从2005年至2013年，每一年的总理政府工作报告都提到了“调控”、“遏制房价上涨”等字眼，唯独2014年，“房地产调控”字眼没有出现在政府工作报告中。但这不意味着政府不调控，而是告别了过去的“一刀切”调控模式，不再一味地采用行政手段来遏制房价过快增长，更加灵活机动的市场手段被融入其中，比如热点城市抑制投资投机需求，非热点城市政策调控相对会宽松。

二、限购相继取消

2014年全国各地尤其是众多二三线城市均面临楼市较大的库存压力，在这背景下，各地方政府纷纷放松限购政策。继4月南宁定向调整、6月呼和浩特正式发文取消限购，进入三季度后限购调整呈现多米诺效应，多个城市陆续放宽。截至目前，全国47个限购城市中，共有42个城市有所放宽，29个城市官方正式宣布全面取消限购。截止2014年底，仅北京、上海、广州、深圳、三亚5个城市未做调整。

2014年8月4日太原市房管局大厅公布了《关于调整我市住房限购政策促进省城房地产市场健康发展的意见》(以下简称意见)。这意味着，从2014年8月4日起，太原市已正式取消限购。

《意见》提出解除住房限购政策：本地户口的居民购买商品住房（含二手房）在办理网签及权属登记时，不再需求提供住房套数查询证明，产权登记部门在办理相关业务时，不再对购房人的房屋套数进行查询。

外地户口的居民购买商品住房（含二手房）在办理网签及权属登记时，不再需求提供住房套数查询证明，也不再要求提供社保或纳税证明。产权登记部门在办理相关业务时，不再对购房人的房屋套数进行查询，也不再收取社保或纳税证明。

各地方政府希望通过放松限购政策，提振市场士气，加快去库存。但造成成交低迷的因素复杂多变，单纯放松限购不能从根本上扭转库存高企、供需不平衡的局面。限购是应对房地产市场整体低迷的一支“强心剂”，能够在短期内刺激需求集中爆发。

三、《不动产登记暂行条例（征求意见稿）》公布

2014年8月15日，《不动产登记暂行条例(征求意见稿)》公布，规定将集体土地所有权；房屋等建筑物、构筑物所有权；宅基地使用权等纳入不动产登记范围中。而《条例》也对查询做出规定，要求民事主体去登记机构查询要说明目的。按照《物权法》规定，必须是权利人和利害关系人才可以进行查询。

不少人将不动产登记制度误读为一种能够有效遏制高房价、反腐败等等问题的规章制度，从而使得这一条例牵扯甚广，并且背负了太大的社会压力。但如果只从功能来讲，不动产登记制度的目的其实还是在于建立信息库，从而消除信息孤岛。虽然在客观上能够有助于调查腐败案件、抑制投资性需求的作用，但毕竟作用有限，不应被赋予太多的希望。

四、“9·30”房贷新政

2014年9月30日，中国人民银行、中国银监会联合下发《关于进一步做好住房金融服务工作的通知》，内容涉及加大对保障房金融支持、支持居民合理住房贷款需求、支持房地产开发企业合理融资需求等多项政策。其中，最受购房者欢迎的是“贷清不认房”、贷款利率下限为基准利率的0.7倍等措施。通知明确“对于贷款购买首套普通自住房的家庭，贷款最低首付款比例为30%，贷款利率下限为贷款基准利率的0.7倍，具体由银行业金融机构根据风险情况自主确定。对拥有1套住房并已结清相应购房贷款的家庭，为改善居住条件再次申请贷款购买普通商品住房，银行业金融机构执行首套房贷款政策。”

“9·30”房贷新政被业内视为房贷政策的大尺度“松绑”，对楼市的刺激作用比较明显。新政推出后，楼市升温较快。开发商推盘意愿加强，此前还在观望的购房者也积极入市。中国指数研究院的数据显示，42个大中城市2014年10月楼市成交量环比上涨12.5%。

五、公积金贷款条件放宽

2014年10月9日，住房和城乡建设部、财政部和央行联合印发《关于发展住房公积金个人住房贷款业务的通知》，要求各地放宽公积金贷款条件。今后职工连续缴存6个月即可申请公积金贷款，并取消四项收费。而此前是须连续缴存12个月。此外，未来公积金贷款额度将有所

放宽，比如将支持首套房贷款、适当调高贷款额度等。同时，还将推进公积金异地使用，实现异地互认、转移接续。

为支持中低收入家庭改善住房条件，充分发挥住房公积金的住房保障作用，结合长治市住房公积金贷款的实际情况，经12月9日市住房公积金管委会三届四次通过，对我市住房公积金个人住房贷款政策进行以下调整：1、提高首套房贷款最高额度；2、提高装修贷款最高额度；3、降低购房贷款首付比例；4、执行认贷不认房政策；5、扩大借款人范围；6、推进异地贷款业务。

连续缴存时间较长、贷款额度受限、使用比例不高等是公积金贷款被诟病已久的问题。新政策实施后，缴存时间减半，将使得申请公积金贷款的门槛大大降低。允许异地互认公积金对异地购房的客群来说是一个较大利好。

六、央行开启降息通道

2014年11月21日，央行宣布降息，决定自2014年11月22日起下调金融机构人民币贷款和存款基准利率。其中规定，金融机构一年期贷款基准利率下调0.4个百分点至5.60%；一年期存款基准利率下调0.25个百分点至2.75%。同时结合推进利率市场化改革，将金融机构存款利率浮动区间的上限由存款基准利率的1.1倍调整为1.2倍。

央行降息的初衷其实并不是为了救市，而是为防止宏观经济下滑，进一步刺激经济发展的举措。结果房地产市场却成为了直接的受益行业。虽然降息意不在救楼市，但是对于打算贷款买房，以及已购房、采用浮动利率合同的家庭来说，利息降了，的确能为他们省下真金白银，而房地产作为资金密集型的行业，也毋庸会从中受益。从楼市数据中可以看到，降息政策叠加“9·30房贷新政”的影响，使得国内一二线城市的楼市成交量迅速回升。

第三章　土地市场分析

土地作为房地产的承载体及房地产的构成部分，土地市场的发展状况直接影响房地产市场的发展。本章着重从2014年长治市土地市场的供给总量、布局、结构以及成交总量、结构、价格等方面来进行土地市场分析。

第一节　土地市场供给分析

一、供给总量分析

根据长治市国土资源局制订的《长治市2014年度国有建设用地供应计划》，2014年度长治市国有建设用地供应总量为178.2146公顷，其中长治市本级10.5827公顷，城区50.7557公顷，郊区96.2159公顷，高新开发区20.6602公顷。2013年度长治市国有建设用地供应总量为198.1504公顷，其中长治市本级15.0645公顷，城区62.4765公顷，郊区68.5217公顷，高新开发区52.0877公顷。从图6中可以看出，2014年较2013年长治市国有建设用地供应总量减少19.9358公顷，约减少了10个百分点；除郊区国有建设用地供应量增加27.6942公顷外，长治市本级、城区、高新开发区供应量都有所减少。

图6　2013年与2014年长治市国有建设用地供应总量情况

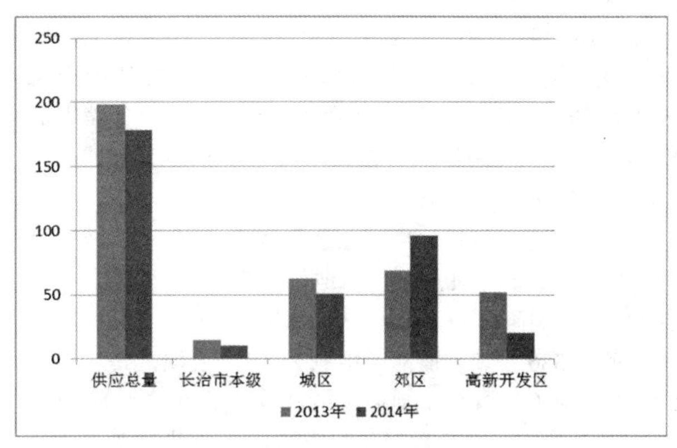

注：数据来源于长治市国土资源网《长治市2014年度国有建设用地供应计划》

二、供应结构分析

2014年度长治市国有建设用地供应总量中有商服用地42.2661公顷，占总用地面积的23.72%；住宅用地84.1224公顷（其中廉租房用地4.5247公顷，经济适用房用地5.7336公顷，商品房用地71.5144公顷，其他用地2.3497公顷），占总用地面积的47.20%；工矿仓储用地37.8327公顷，占总用地面积的21.23%；公共管理与公共服务用地7.6711公顷，占总用地面积的4.30%；特殊用地6.3223公顷，占总用地面积的3.55%。从图7中可以看出，住宅用地、商服用地、工矿仓储用地是土地供应的三大主要用地，其中住宅用地依然是土地供应总量中比重最大的一块，约占总用地面积的50%。住宅用地与2013年同比下降22.98%；商服用地同比下降41.98%。

图7　2014年长治市土地供应结构

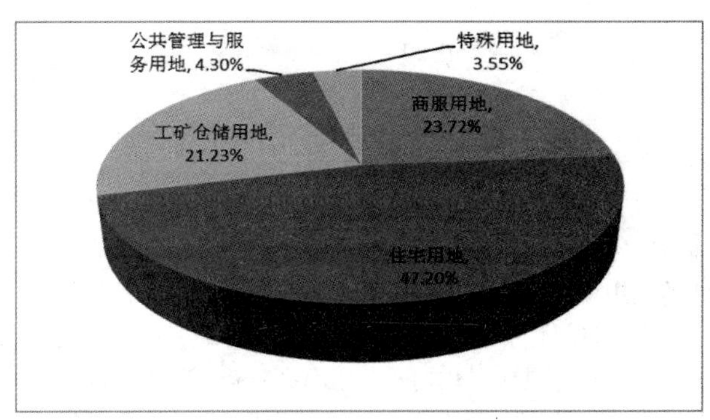

注：数据来源于长治市国土资源网《长治市2014年度国有建设用地供应计划》

三、供应布局分析

长治本级国有建设用地供应总量为10.5827公顷，其中住宅用地 8.4687 公顷（其中廉租房用地 0.4234 公顷，商品房用地 7.6219 公顷，其它用地 0.4234 公顷），占总用地面积的 80.02%；工矿仓储用地 2.114 公顷，占总用地面积的 19.98%。

城区国有建设用地供应总量为 50.7557 公顷，其中商服用地 14.3247 公顷，占总用地面积的 28.22%；住宅用地 30.7583 公顷（其中廉租房用地 1.538 公顷，商品房用地 29.2203 公顷），占总用地面积的 60.60%；工矿仓储用地 2.435 公顷，占总用地面积的 4.80%；公共管理与公共服务用地 3.2377 公顷，占总用地面积的 6.38%。

郊区国有建设用地供应总量为 96.2159 公顷，其中商服用地 24.7882 公顷，占总用地面积的 25.76%；住宅用地 34.8198 公顷（其中廉租房用地 2.0595 公顷，经济适用房用地 5.7336 公顷，商品房用地 25.6042 公顷，其它用地 1.4225 公顷），占总用地面积的 36.19%；工矿仓储用地 28.8392 公顷，占总用地面积的 29.98%；公共管理与公共服务用地 3.3127 公顷，占总用地面积的 3.44%；特殊用地 4.4560 公顷，占总用地面积的 4.63%。

高新开发区国有建设用地供应总量为 20.6602 公顷，其中商服用地 3.1532 公顷，占总用地面积的 15.26%；住宅用地 10.0755 公顷（其中廉租房用地 0.503775 公顷，商品房用地 9.06795 公顷，其它用地 0.503375 公顷），占总用地面积的 48.77%；工矿仓储用地 4.4445 公顷，占总用地面积的 21.51%；公共管理与公共服务用地 1.1207 公顷，占总用地面积的 5.43%；特殊用地 1.8663 公顷，占总用地面积的 9.03%。

图 8　2014 年长治市国有建设用地供应布局图

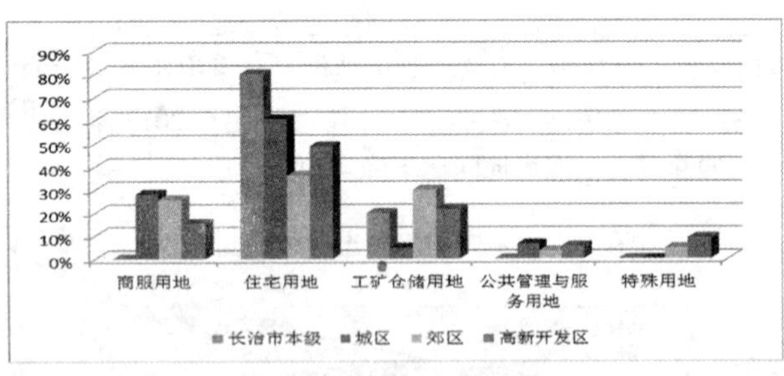

注：数据来源于长治市国土资源网《长治市 2014 年度国有建设用地供应计划》

从图 8 中可以清楚地看到，由于长治市本级和城区土地供应在市中心位置，社区成熟度和商业繁华度较高，因此商服用地和住宅用地在长治市本级和城区供应量最高。郊区位于环城区，交通便利，因此商服用地、住宅用地、工矿仓储用地供应量均匀分布。而高新开发区主要以工业开发为主，兼顾配套的商业、住宅用地，因此高新开发区工矿仓储用地和住宅用地较高，而商服用地较其他地区相比略少。

第二节　土地市场成交分析

一、成交总量分析

2014 年受房地产整体形势影响，长治市土地市场表现低迷，成交量较低。根据长治市国有建设用地使用权成交结果公示统计，2014 年长治市国有建设用地使用权成交总量为 109.8792 公顷，仅占供应总量的 60.53%；其中长治市本级成交量为 6.9379 公顷，占长治市本级供应量的 65.56%；城区成交量为 11.3599 公顷，占城区供应量的 22.38%；郊区成交量为 80.0746 公顷，占郊区供应量的 83.22%；高新开发区成交量为 11.5068 公顷，占高新开发区供应量的 55.70%。

图 9　2014 年长治市国有建设用地供需情况

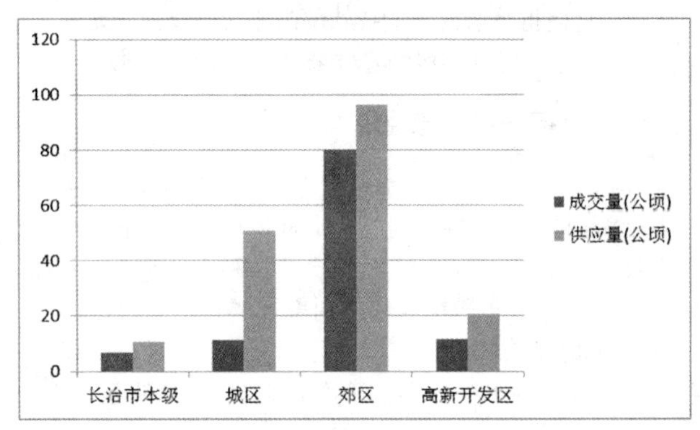

注：数据来源于中国土地市场网

二、成交结构分析

由于长治市国有建设用地使用权成交结果公示显示的是每宗地的成交情况，商业住宅兼容的宗地统计时无法区分。根据长治市国有建设用地使用权成交结果公示统计，2014 年长治市国有建设用地使用权成交中，商业住宅用地成交量为 43.6405 公顷，占总成交量的 39.72%；商服用地成交量为 24.4812 公顷，占成交总量的 22.28%；工矿仓储用地成交量为 36.8333 公顷，占成交总量的 33.52%；公共管理与服务用地成交量为 4.9242 公顷，占成交总量的 4.48%；无纯住宅用地成交量。

图 10　2014 年长治市国有建设用地使用权成交结构图

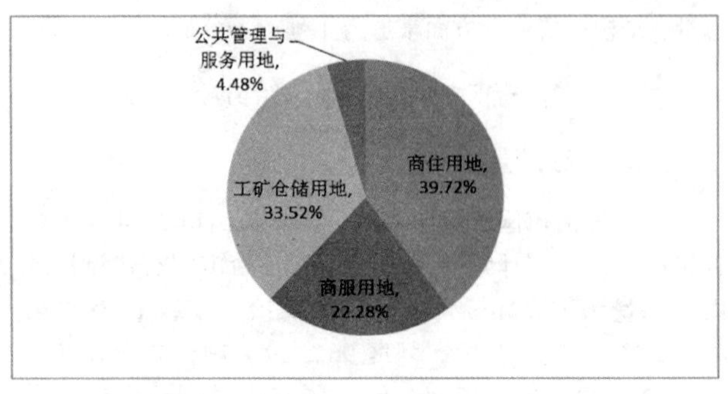

注：数据来源于中国土地市场网

三、成交价格分析

2014 年长治市国有建设用地使用权成交价格较为平

稳，大部分以略高于起拍价成交，最高溢价率为19.61%，没有“地王”出现，这说明了在当前低迷的房地产市场环境下，开发商拿地更加务实、明智。由于以划拨方式和协议出让方式取得的国有建设用地使用权不属于公开出让方式，成交价格低于公开市场成交价格，因此在本文的成交价格分析中，剔除了划拨方式和协议出让方式的成交价格。根据调查统计，2014年长治市国有建设用地使用权商业住宅用地的成交楼面地价均价为755.48元/平方米，商业用地的成交楼面地价均价为797.44元/平方米，工业用地的成交楼面地价均价为266.24元/平方米。

第四章　长治市房地产市场整体运行分析

房地产市场整体运行情况体现在房地产开发投资、房屋施工面积、房屋新开工面积、房屋竣工面积、商品房销售面积及商品房待售面积等几方面。本节主要从这几个方面来说明目前长治市房地产市场整体运行情况。

一、长治市房地产开发投资分析

2014年，受全国房地产市场影响，长治市房地产开发投资持续下行。全年长治市房地产开发完成投资75.2亿元，同比下降20.1%，比上年同期回落了44.2个百分点。其中，住宅投资58.2亿元，同比下降14%；办公楼投资1.3亿元，下降50.4%；商业营业用房投资8.4亿元，下降47.7%。

2014年长治市房屋施工面积达1096.9万平方米，与2013年相比下降了0.9%，其中住宅施工面积达814.7万平方米，同比下降0.4%。房屋新开工面积达197.0万平方米，与2013年相比下降了34.0%，其中住宅新开工面积达149.7万平方米，同比下降16.7%。房屋竣工面积达251.2万平方米，与2013年相比增长12.8%，其中住宅竣工面积达199.9万平方米，同比上涨25.3%。

图11　2012年-2014年长治市房地产开发投资图

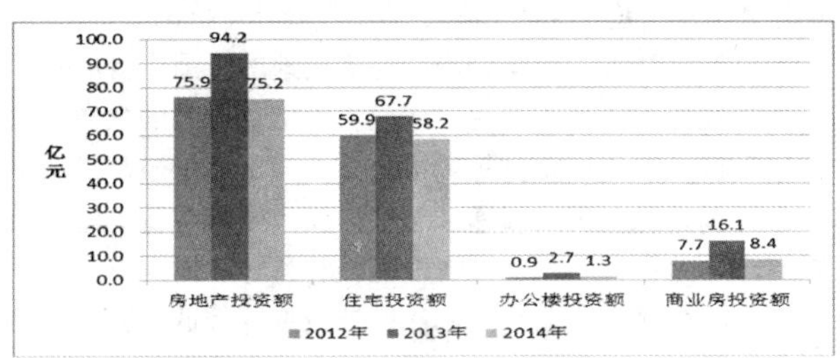

图12　2010年-2014年长治市房地产开发投资增幅情况

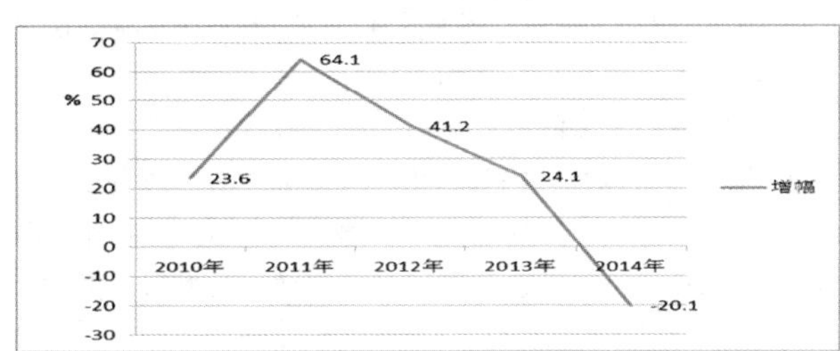

从图11和图12中可以看出，2011年长治市房地产开发投资呈现快速增长期，最高增幅达到64.1%。2014年，长治市房地产开发投资75.2亿元，同比下降20.1%，增速挂了倒档，急转直下，出现负增长。

二、长治市商品房销售情况分析

根据长治市统计局相关数据，2014年长治市商品房销售面积达184.9万平方米，同比上涨1.8%，其中住宅销售面积达168.7万平方米，同比上涨7.5%，上涨幅度较小。

图13　2011年-2014年长治市商品房销售面积分析图

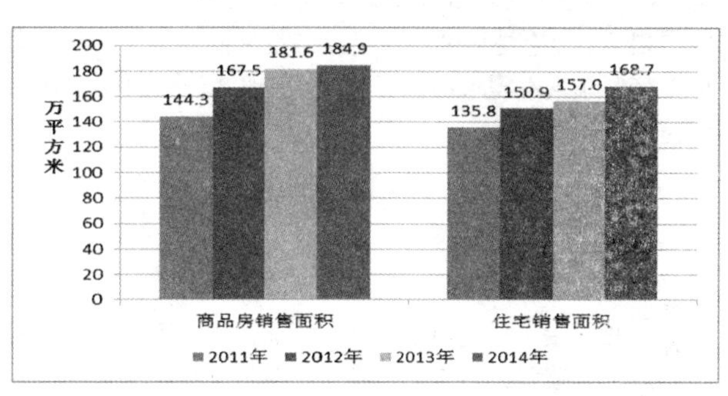

2014年长治市商品房销售额达69.32亿元，与2013年相比增长了7.1%，涨幅较上年回落9个百分点。从图14中我们可以清楚地看到，2011年至2014年长治市商品房销售额逐年增长，但涨势却逐年减弱。

图14　2011年-2014年长治市商品房销售额分析图

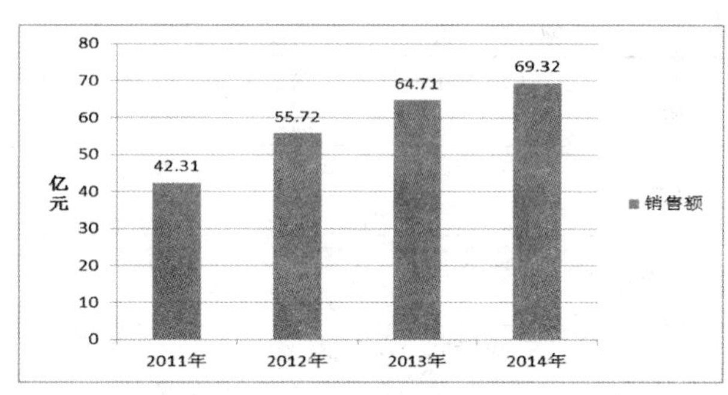

三、长治市商品房待售情况分析

根据长治市统计局提供数据，2014年长治市商品房待售面积为203.3万平方米，与2013年相比增幅达到了67.7%。具体情况如下图所示。

图15　2012年-2014年长治市商品房待售面积分析图

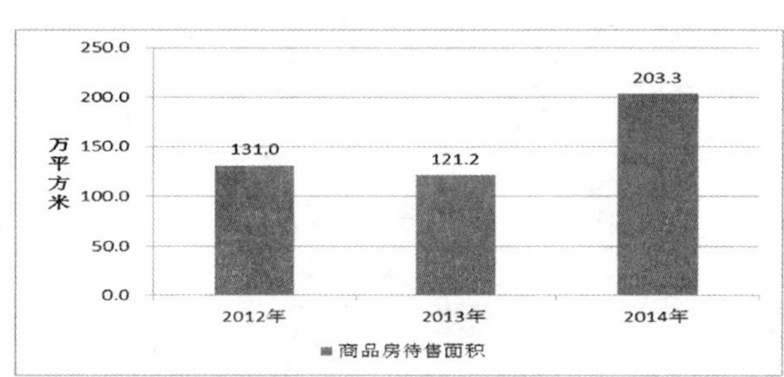

2013年，长治市房地产市场商品房销售面积同比增长，而待售面积同比出现小幅下降，说明长治市房地产市场供需相对平稳。2014年，商品房销售面积同比小幅上涨，而待售面积大幅上涨，增幅达到67.7%，表明房地产市场新增供应量明显增加，大大超过了销售速度。

第五章　住宅房地产市场分析

住宅房地产价格是各地政府宏观管理与调控的指示灯。住宅市场的变化关系到广大消费者的切身利益，同时也是社会关注的焦点问题。住宅房地产价格与人民的生活密切相关，无论是从带动国民经济发展的角度，还是从满足人民群众基本需求的角度，住宅房地产价格的变动和发展趋势都至关重要。

第一节　住宅房地产供给分析

一、长治市住宅区域划分

根据长治市住宅市场的分布情况，调查人员将长治市住宅区域大致划分为7个区域，即东北片区、西北片区、东南片区、西南片区、开发区西片区、开发区东片区及南三厂片区。具体片区划分四至见下表：

表6　长治市住宅区域划分情况表

区域范围	影 响 范 围
东北片区	指英雄中路以东至东外环路，府后东街以北，太行东街以南的区域。
西北片区	指英雄中路以西至西二环路，府后东街以北，太行东街以南的区域。
东南片区	指英雄南路以东至东外环路，德化门东街以北，府后东街以南的区域。
西南片区	指英雄南路以西至西二环路，五针街以北，府后东街以南的区域。
开发区西片区	指英雄北路以西至西二环路，太行西街以北，北环西街以南的区域。
开发区东片区	指英雄北路以东至东外环路，太行东街以北，北环东街以南的区域。
南三厂片区	指英雄南路以东至东外环路，南环东街以北，德化门东街以南的区域。

图16 长治市住宅区域划分图

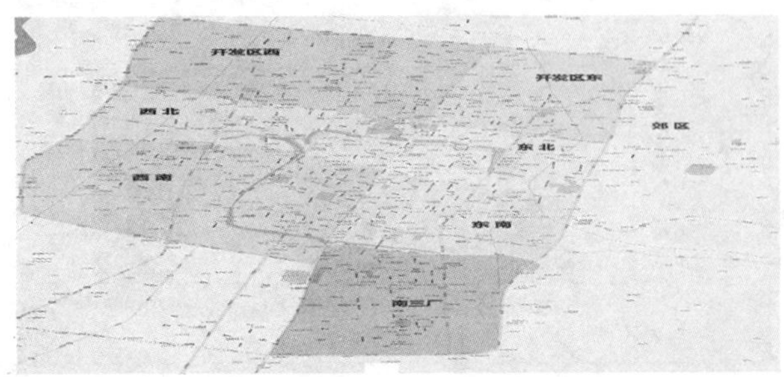

二、2014年长治市住宅供给情况

根据调查显示，2014年长治市新建商品房总建筑面积为3159.91万平方米，其中开发区西片区新建商品房面积最大，高达1999.60万平方米，占全市新建商品房总面积的63.28%；其次是南三厂片区和西南片区新建商品房面积分别为396.76万平方米、386.93万平方米，分别占全市新建商品房总面积的12.56%、12.24%；东南片区新建商品房面积为207.53万平方米，在新建商品房总量中所占比例为6.57%；东北片区、西北片区、开发区东片区新建商品房面积较小，分别为81.51万平方米、32.37万平方米、55.21万平方米，所占比例仅为2.58%、1.02%、1.75%。

图17 2014年长治市新建商品房区域分布图

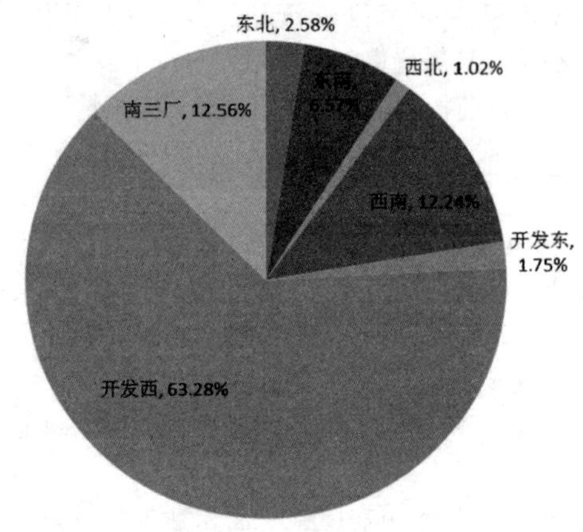

长治市新建商品房的供给量在不同区域中的差别主要体现在两方面：

第一，新建商品房的开发成本。开发成本包括取得土地成本和建造成本两大类。建造成本在同一城市中各个区域的差别不大，因此开发成本主要区别在土地取得成本。根据《物权法》第一百三十七条规定，工业、商业、旅游、娱乐和商品住宅等经营性用地以及同一土地有两个以上意向用地者的，应当采取招标、拍卖等公开竞价的方式出让。通过公开出让方式取得的商品住宅用地的土地取得成本为土地出让价款以及相关税费。而土地出让价款的数额由土地所处区位、使用条件等因素决定。城市地价通常是从城市中心向边缘呈现逐级递减趋势。城市中心位置土地供给量有限、地价过高，许多开发商便将目标转向城市边缘区域，这些区域土地取得成本、搬迁成本等都低于城市中心位置。因此开发区西片区、南三厂片区、西南片区的供给量要比其他片区的供给量较高。

第二，区域的规划发展。开发商选择开发商品房区域考虑成本、利润是一方面，最根本是要选择房地产价格上涨的区域。城市的发展方向取决于城市的规划发展。至2014年开发区西片区内长治市政务服务中心、体育场、会展中心等已落成，另规划有科技馆、图书馆、博物馆等政府公建配套，配套设施的完善足已撬动该区域内房地产的变化。2013年，长治市上党城镇群的建立大大缩短了各县区到长治市的距离，吸引了大量的县区消费者到市区买房。西南片区距离长治县、长子县、壶关县等都比较近，成为这些县区消费者买房的首选区域。南三厂片区主要是淮海、清华、惠丰厂的家属区，主要居住人群为南三厂的职工。近几年，市区内各片区房地产价格上涨较快，一些中低收入消费者开始选择南三厂片区的住房，南三厂片区尽管离市中心较远，然而学校、医院等相关的配套设施完全能够满足人们的基本生活需要。

第二节　住宅房地产需求分析

住宅房地产作为人们生活的必需品，人们对购买住宅的需求意识清晰，对将购买的住宅区域、类型、结构、面积、价格等都有明确的需求。因此，本次研究我们通过发布调查问卷的方式对长治市住宅房地产的需求作了细致的调查分析。此次调查共发布调查问卷500份，采用网络及面访填写调查问卷等不同方式对不同年龄、层次的人群进行了调查。由于网络方式收集调查问卷具有及时性和准确性，此次调查最终成果以网络调查方式为主，有效问卷的以年龄20岁至55岁，文化程度为大学专科以上的人群为主。

一、购房目的分析

图18 被访者购房目的分布图

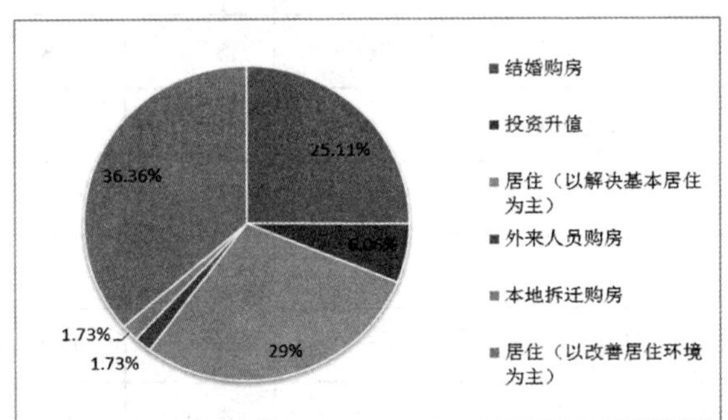

根据对被访者购房目的的调查，购房目的主要有结婚购房、投资升值、外来人员购房、本地拆迁购房、以解决基本居住为主和以改善居住环境为主的自住性购房几种情况。从上图中可以看出，以结婚购房和自住性购房为目的所占比例较重，而以投资升值为目的的购房比例较低。可见，商品住宅的刚性需求较大。

二、购房类型需求分析

图19 被访者购房类型需求图

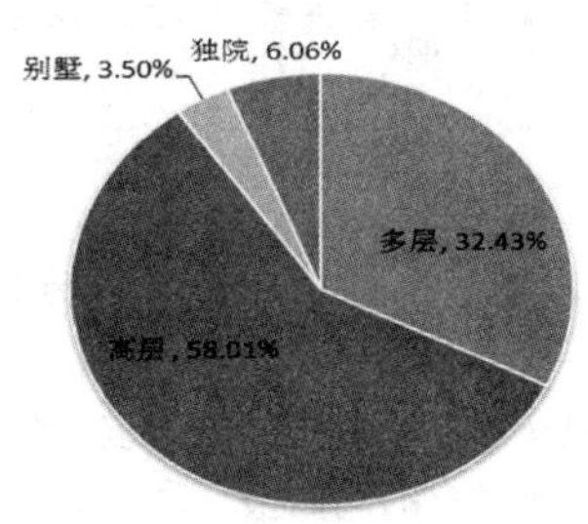

从上图中可以看出，被访者中有58.01%的消费者倾向于选择高层建筑。高层建筑具有结构稳定、采光较好等优点，同时，随着城市的不断发展，城市规划对土地的集约利用提出了更高的要求，新供应的土地都必须明确建筑高度、建筑密度、建筑容积率等相关指标。根据长治市土地利用总体规划、城市总体规划等要求，目前长治市的住宅平均容积率为2.5，这意味着高层建筑是未来长治市新建商品房的首选。但高层建筑也存在着公摊面积较大，电梯运行不稳定等弊端，这也推动了消费者对多层建筑需求。据调查，很多人表示如果独院内能水、暖、气等配套齐全，也愿意选择私密性较好的独院。别墅相对于高层、多层来说价格较高，购房群体有限。对别墅需求最高的年龄段是36–45岁，这个年龄段的人资金充裕，生活条件比较优越，喜欢独处，因此多选择比较安静、环境好的别墅。

三、购房面积需求分析

图20 购房面积需求分析图

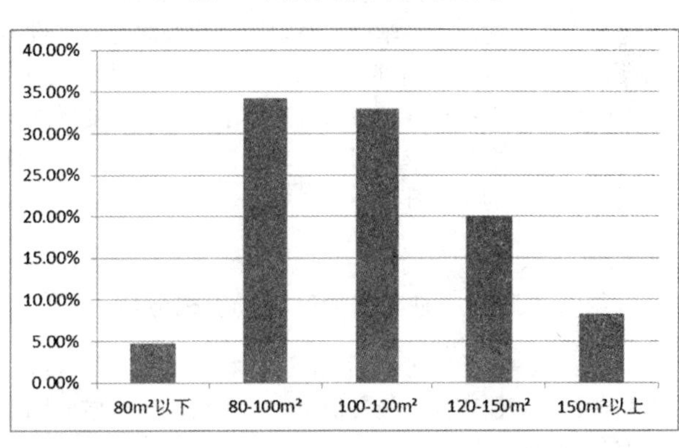

图20中数据显示，消费者购房面积需求在80–100m²和100–120 m²的比例较大，分别达到34.20%和32.90%；其次是120–150 m²的需求比例为19.91%；150 m²以上和80 m²以下的需求比例相对较低，分别占8.23%和4.76%。

四、购房户型需求分析

图21 购房户型需求分析图

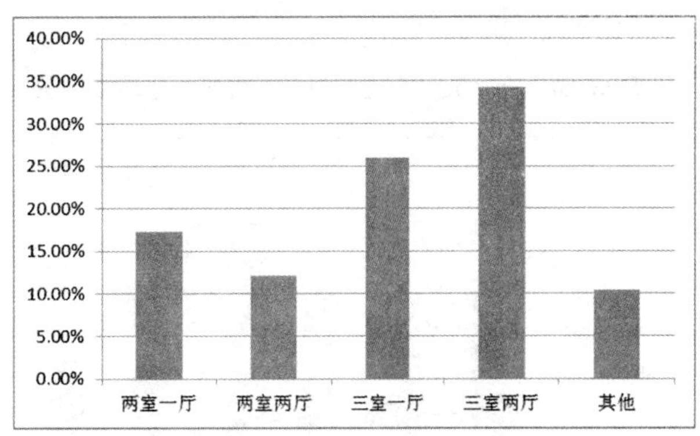

如今，人们越来越重视房间的私密性、动静分区、干湿分区等，因而购房者对三室两厅的需求比例最高，

占 34.20%；其次是三室一厅，需求比例占 25.97%；对两室两厅的需求比例为 12.12%；对两室一厅的需求比例为 17.32%。

五、购房区域需求分析

图 22 购房区域需求分析图

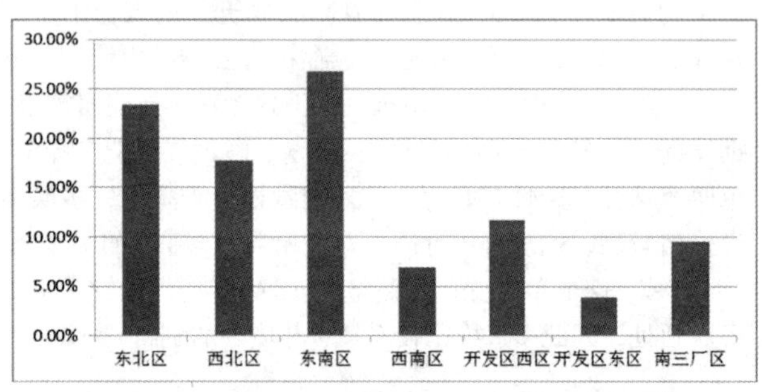

从上图可以看出，长治市住宅市场需求比例主要集中在西北片区、东北片区、东南片区。大多数的购房者在购房时考虑较多的因素是学校、医院、公园等周边公共设施的完善度。2014 年教育部门对中小学按片入学严格管理，要求中小学要根据居住地分片就近入学，这一制度增加了消费者对学区房的需求。因此西北片区、东北片区、东南片区以其良好的生活环境和齐全的配套占据了需求的主要位置。

第三节　住宅房地产市场价格分析

此次调查人员对长治市市区 95% 的房地产项目进行了调查，对新建商品房销售价格和存量房销售价格分别做了汇总分析。

一、2014 长治市新建商品房销售价格分析

根据调查人员调查统计，2014 年长治市新建商品房的销售价格均价为 5368 元 / 平方米，同比上涨 5.25%，涨幅相比前几年明显下降。开发区东片区由于高档小区较多，2014 年新建商品房平均售价最高，达 6835 元 / 平方米；南三厂片区的新建商品房售价最低，为 4252 元 / 平方米；其余各片区新建商品房售价均价相差不大，均价为 5100~5500 元 / 平方米。

图 23 2014 年长治市新建商品房销售价格区域结构图

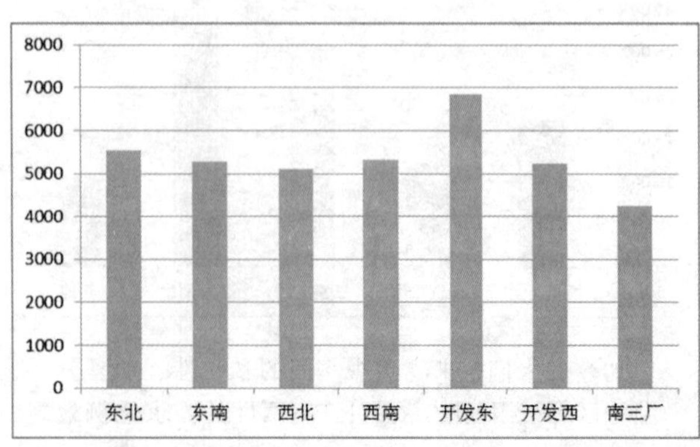

二、2014 长治市存量商品房销售价格分析

存量商品房是指已被购买或自建并取得所有权证书的房屋，相对于增量房而言。存量房也就是我们常说的“二手房”。存量房的供给来源有两个：一是投资者从开发商那儿购买商品房转卖给他人以赚取差额利润的房产；二是居住者为改善居住环境购买新房后出售的原自住住房。存量房的价格受存量房屋所处位置、周边配套、小区环境等外部因素和房屋装修程度、使用年限、楼层等内部因素的双重影响。长治市的存量房价格与新建商品房价格相比差别不大，只要存量房地理位置优越、配套设施齐全，其销售价格与新建商品房价格不相上下，甚至由于存量房多数是经过装修的房屋，一般存量房的供给者会考虑装修成本，价格会略高于新建商品房。

从表 6 和图 24 中可以看出，无论存量房处于哪个住宅区域，高层住宅销售价格都要略高于多层住宅的价格。从长治市各住宅区域存量房销售均价来看，除南三厂价格明显较低，其余各区域销售价格持平，均在 5000~6000 元 / 平方米。

表 7 2014 年长治市各住宅区域存量房销售价格表

	高层	多层	均价
东南片区	6049	5714	5882
东北片区	6000	5710	5855
开发区东片区	6205	5375	5790
开发区西片区	6120	5415	5768
南三厂片区	5504	4084	4794
西北片区	6759	5102	5931
西南片区	5314	5117	5216

图 24 2014 年长治市各住宅区域存量房销售价格图

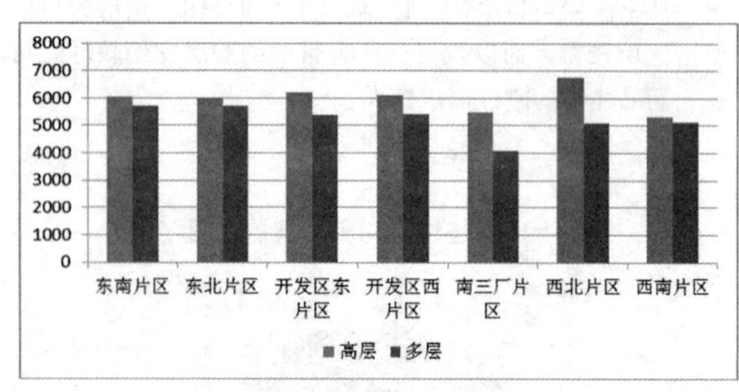

第六章　商业房地产市场分析

商业地产是房地产行业中的一个重要组成形式，商业地产一经出现，便以它的高回报、高风险、操作复杂等方

面的特点，区别于单纯的住宅、办公等物业的开发，成为了房地产开发行业中的新贵。商业地产的开发和一个城市的建设水平及房地产开发水平有着很大的关系，同时也从一定层面上代表着一个城市的商品经济流通水平。

第一节 长治市商业房地产概况

一、长治市商业房地产概述

目前长治市的商业房地产主要以大型商场、临街商铺、专业市场等三种形式存在。长治市的大型商场有金威名店、嘉汇购物中心、华诺购物中心、长治商厦、天马商场、东南购物中心、佳威商城、八一百货大楼、百佳购物中心、金威商城等。目前，长治市商业档次定位以中档和中低档为主，满足大部分本地消费者的需求。目前整体品牌档次不高，除了金威名店和嘉汇购物中心引进了一些国际品牌，其他商场的品牌多为国内品牌主导。临街商铺主要分布于英雄路上、东大街、府后街、紫金东街以及太行街等几条主干道上。专业市场零星分布于长治市各个区域。

二、长治市商业房地产商圈划分

根据长治市商业房地产的发展与分布，本文将长治市主要商业区域划分为五大商圈，分别为城隍庙商圈、百佳商圈、八一广场商圈、滨河商圈以及居然之家商圈。

图 25 长治市主城区商业商圈分布图

（一）城隍庙商圈

城隍庙商圈的主要范围确定为：西至英雄南路，东至延安中路，南至东大街，北至庙道巷。城隍庙商圈内的主要商业有：金威名店、金威商城、东南购物中心、长治商厦、城隍庙广场以及东大街临街商铺。由于城隍庙商圈内大型商场较多，而且高、中、低档均有，加上城隍庙广场的娱乐设施、小吃种类较多，该商圈内的人流量最大，囊括了不同年龄段的人群。

图 26 城隍庙商圈位置图

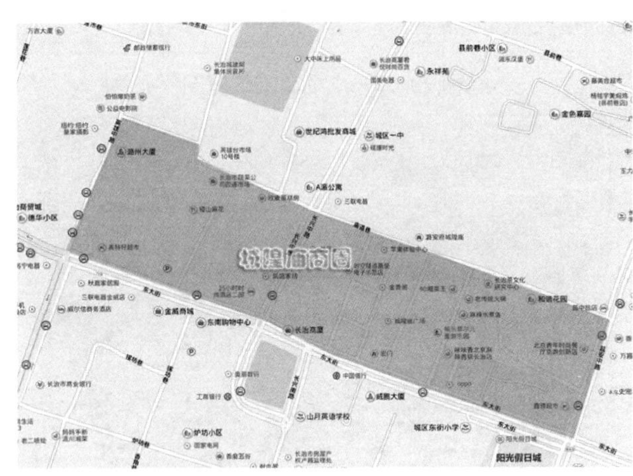

（二）百佳商圈

百佳商圈的主要范围确定为：西至英雄中路，东至长兴中路，南至庙道巷，北至府后东街。百佳商圈内的主要商业有：嘉汇购物中心、佳威商城、百佳购物中心、英雄台商场、天马商场、供销大厦、中宏时代商贸城以及英雄中路临街商铺。该商圈内有高档商场嘉汇购物中心，另有中档商场百佳购物中心和中低档商场佳威商城，还有英雄台小商贸城和中宏时代商贸城。该商圈内的人流量较大。

图 27 百佳商圈位置图

（三）八一广场商圈

八一广场商圈的主要范围确定为：西至英雄中路，东至长兴中路，南至紫金东街，北至太行东街。八一广场商圈内的主要商业有：八一百货大楼以及以八一广场为中心的周边临街商铺。八一广场始建于1969年，1992年开始改造，现总占地面积达114333平方米，是全市政治、经济、文化、科技的窗口和活动中心，长治的象征。该商圈所在区域内有八一广场、太行公园，居住人口密度较大，是消费者购房需求的最多选择区域，因此该商圈内的消费以满足周边人群生活为主。

图28 八一广场商圈位置图

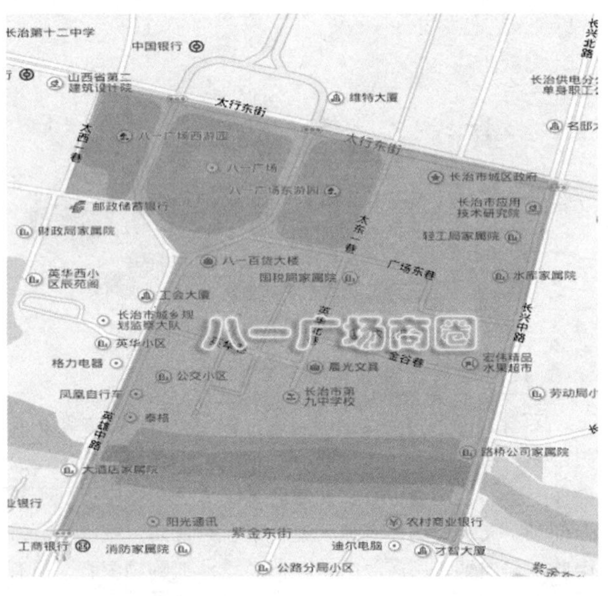

（四）滨河商圈

滨河商圈的主要范围确定为：西至长兴中路，东至桃园西涧北路，南至府后东街，北至紫金东街。滨河商圈内的主要商业有：云步商业街、博源购物广场以及紫金东街、府后东街临街商铺。滨河商圈内滨河城上城小区的建立为该商圈的发展带来了一个新的突破。滨河城上城将长治市周边的住宅、商业房地产价格带入了一个新的高度。滨河城上城的高端定位将该商圈同样推入高端。

图29 滨河商圈位置图

（五）居然之家商圈

居然之家商圈的主要范围确定为：西至威远门北路，东至长兴北路，南至保宁门东（西）街，北至捉马东（西）大街。居然之家商圈内的主要商业有：居然之家，金威大酒店以及各道路的临街商铺。该商圈位于长治市市区北部，毗邻高新开发区，位置较市区偏远。该商圈内没有大型的购物广场，但2013年11月23日作为“五星级”家居购物商场居然之家长治店的正式落户带动了该商圈内的商业发展。

图30 居然之家商圈位置图

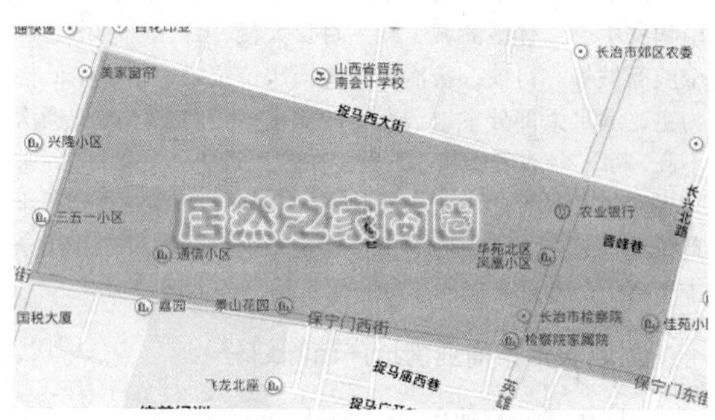

第二节 长治市商业房地产供给分析

一、长治市商业房地产存在形式

目前长治商业房地产存在的三种形式：

第一种是“只租不售”，这一类通常把物业建成以后形成独立的产权，通常招商合作，以租金作为主要的收入来源，目前是通过产权形成之后，物业通过商业运营包装进入资本市场，获取良好的融资，这个金融市场一般来说有多次融资，第一次通常都是我们讲的银行的抵押融资；第二次可能经济评估会是我们现在讲的基金会、信用凭证等等这些融资，以后每次经过价值不断包装以后，融资不断的缩短，这是第一种模式。

第二种是“只售不租”，这种通常是房地产开发商开发后直接销售、投资转卖，这类商业房地产多为小区级零星商铺、街铺，其特点表现为分散、体量小及经营档次在中档以下，这种商业房地产获利方式从严格意义上讲仍属于房地产开发范畴，主要获取开发利润。

第三种是“租售结合”，这种通常是投资商和开发商把其中的部分物业出租；另一方面销售，也有两种方式，一种是底层销售，把一层留下来，二层以上出租，通过卖掉一部分后套现，租的部分也为后期的资本融资留下后路，这是住宅地产的开发模式和商业地产开发模式的比较。

二、长治市商业房地产供给状况

2014年长治市新建商业房地产比较少，大多数多为小区级零星商铺、临街商铺，其特点表现为分散、体量小；而已经成熟几大商圈中商业房地产主要为早期投资开发的，现在主要经营形式多是以出租为主；目前除新开发的房地产有部分底层商铺出售外，已成熟的商业区还是以出租为主。因此，2014 年长治市商业房地产供给主要集中于出租供给，少量存在于销售供给。

第三节 长治市商业房地产需求分析

商业地产广义上通常指用于各种零售、批发、餐饮、娱乐、健身、休闲等经营用途，从经营模式、功能和用途上区别于普通住宅、公寓、别墅等房地产形式。商业地产的形式多样，主要包括购物中心、大卖场、商业街、专业市场、批发市场、折扣店、工厂直销店、酒店旅馆、娱乐类商业地产（如电影院）和住宅的底层商铺等。影响商业房地产的需求的主要因素有：商业繁华度、交通便利度、人口密度等方面。商业地产形式的多样导致需求的多样性，但无论什么形式的商业地产，最注重的依然是商业繁华程度。因此在繁华商业区、交通便利、人流量大的区域，商业房地产的需求量要大大高于一般区域。不过，商业房地产又因经营用途的不同，存在着需求的地理差异。如普通的零售传统商业、餐饮、日常消费品等商业房地产要选择在繁华区，而加油站、汽车 4S 店等则更偏向选择在交通非常便利的地段。

2014 年长治市商业房地产出售供给量减少，但销售价格居高不下，加之，商业房地产总体价值较大，购买需求有所降低。相比购买商业房地产来说，选择租赁商业房地产方式更加灵活，商业区位、租赁期限、租赁面积等选择多样性。因此，2014 年长治市商业房地产需求主要体现在租赁上。在长治市现有成熟的五大商圈中，城隍庙商圈、百佳商圈、八一广场商圈因其优越的地理位置以及其商业繁华度在消费者的需求中居高位。而对于居然之家商圈和滨河商圈的需求则体现在周边相似的商业类型。

第四节 2014 年长治市商业房地产价格分析

长治市的商业房地产主要有大型商场、临街商铺、专业卖场三种类型。

一、大型商场价格水平分析

长治市的大型商场有十余家，针对高、中、低不同档次消费需求，主要集中在英雄路沿线十字街至八一广场区间。根据调查人员对长治市各大型商场建筑面积调查，建筑面积在 1 万平方米以上的商场有 3 家，分别是嘉汇购物广场、金威 B 区、华诺百货，建筑面积最大的是嘉汇购物广场，建筑面积达 1.84 万平方米；其次是金威 B 区，建筑面积为 1.47 万平方米；华诺百货的建筑面积为 1.41 万平方米。

图 31 长治市各大型商场建筑面积图

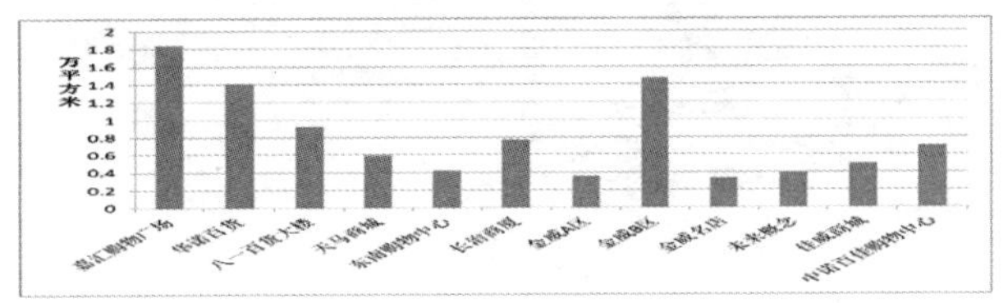

目前，长治市的各大型购物商场主要以对外出租方式营运。大部分的购物商场只是出租摊位收取租金，有一些商场会收取部分物业管理费，而还有个别商场除收取固定租金外，会根据租户的营业额收取部分的营业租金。根据调查，长治市的购物商场日租金在 6.0–8.0 元 / 平方米，而八一百货大楼、东南购物中心的日租金约达 10 元 / 平方米。

二、临街商铺价格水平分析

（一）临街商铺售价水平

图 32 2014 年长治市各商圈临街商铺售价图

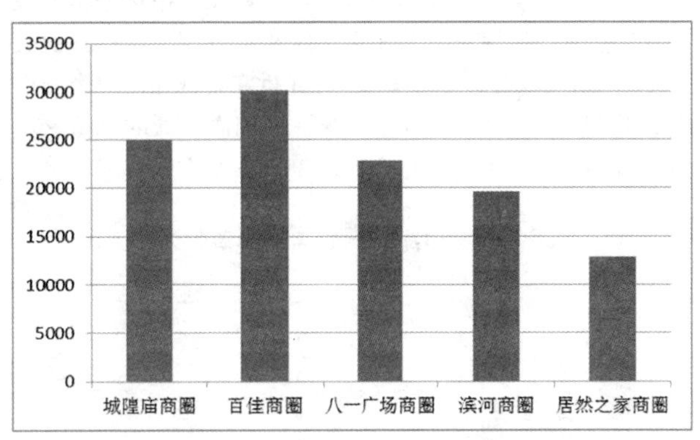

从图中可以看出，2014 年长治市各商圈临街商铺的平均售价中，百佳商圈售价最高，达 30173 元 / 平方米；其次是城隍庙商圈售价为 25013 元 / 平方米；再者是八一广场商圈售价为 22772 元 / 平方米；滨河商圈平均售价低于百佳商圈、城隍庙商圈、八一广场商圈，为 19641 元 / 平方米；居然之家商圈由于地理位置处于劣势，售价在五大商圈中最低，为 12874 元 / 平方米。

（二）临街商铺租金区间走势

图 33 2014 年长治市各商圈临街商铺租金图

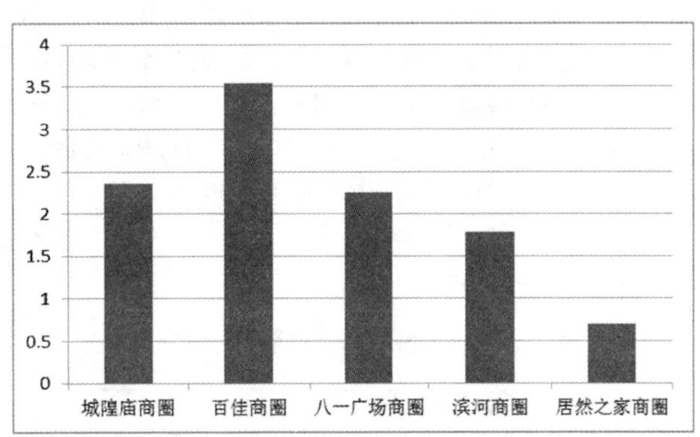

从图 33 中可以看出，长治市各商圈临街商铺的日租金中，百佳商圈以其优越的地理位置占据最高位，平均日租金达到 3.54 元 / 平方米，八一广场商圈和城隍庙商圈日租金相当，分别为 2.25 元 / 平方米和 2.36 元 / 平方米；滨河商圈的日租金为 1.78 元 / 平方米；居然之家商圈的日租金为 0.7 元 / 平方米。

在各商圈的临街商铺中，其售价、租金高低取决于临街商铺所临街道的道路类型，同一个商圈，相临两间商铺所临街道不同，其售价和租金相差很大。

三、专业商业市场的租金水平分析

目前，长治市专业商业市场较多，本次调查以家居市场和建材市场为调查对象来体现长治市专业市场的租金水平。长治市家居市场主要有红枫国际家居广场、京都家具城、三星家具城、旭源家具广场、虹桥家具城、紫坊家具城、五一桥家具城、居然之家、达洋国际家居、好风景家居生活馆。从图34中可以看出，家居商场的租金与商场档次有关，档次越高，租金也越高。因此在家居市场中租金最高的为达洋国际家居，月租金达到83元/平方米；其次是居然之家、红枫国际家居广场、虹桥家具城和旭源家居广场，月租金为70-80元/平方米。而档次较低的紫坊家具城和五一桥家具城的月租金不足30元/平方米。

图34 长治市城区家居商场租金分布图

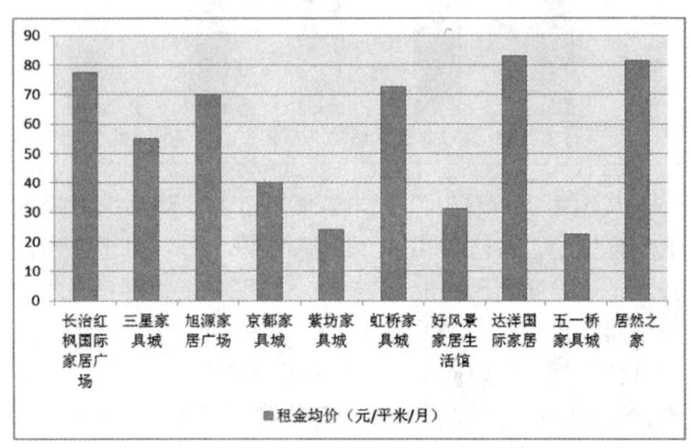

长治市建材市场主要有恒超装饰城、万博装饰城、龙盛装饰城、仙龙家居生活馆、宏都家居生活馆、五一桥建材市场、华南装饰城、明中明装饰城、益盛装饰城。根据调查，长治市各建材市场的月租金差别较大，同家居市场有着同样的趋势，档次越高的建材市场，月租金相应越高。万博装饰城和龙盛装饰城的月租金远高于其他建材市场的月租金，月租金高达70元-80元/平方米。仙龙家居生活馆、宏都家居生活馆和益盛装饰城月租金为40-50元/平方米。而恒超装饰城和明中明装饰城月租金最低，分别为22元/平方米和25元/平方米。

图35 长治市城区建材市场租金分布图

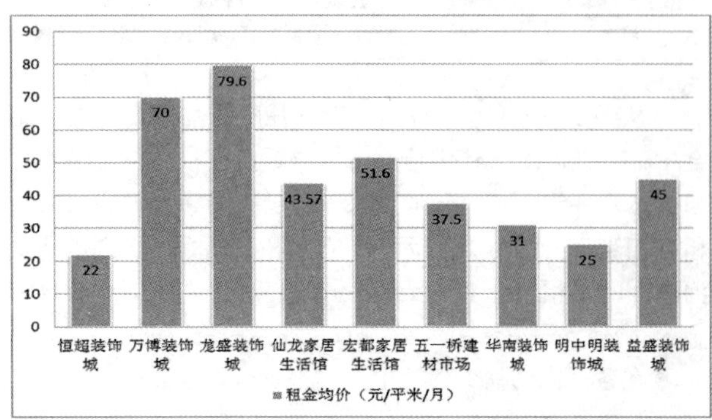

第七章　写字楼房地产市场分析

写字楼作为有别于住宅和商业房地产的又一种房地产类型，其经济效应、社会效应及投资价值被日益挖掘出来。区域经济的发展带动写字楼的发展，相反，写字楼市场也会将区域经济带上一个新的高峰。

第一节 长治市写字楼市场供给分析

一、长治市写字楼市场概况

近年来随着写字楼市场的快速发展，原写字楼产品本身所具有的强烈的投资价值越来越得到认可，很多开发商及投资者开始将投资目光转向写字楼方向。同时，写字楼开发模式也发生重要变化，以自持为导向的单一业权物业将成为相当一部分开发企业的选择。在中国写字楼市场发展早期，国内开发商开发写字楼的主要模式为零散销售为主，便于快速资金回流。随着市场发展、投资者对写字楼产品的认知逐渐加深，其稳定的收益价值亦受到市场认可，自持物业收取租金的经营模式开始受到市场追捧。

目前长治市写字楼分散于长治市各个区域，既形不成完善的商务环境和集聚效应，也形不成完整的城市形象和面貌。最近几年，随着写字楼市场需求的增加，写字楼的供给随即增加，而且写字楼的规模、档次以及配套设施都得到了很大的提高。

二、长治市写字楼供给情况

此次调查将长治市主城区写字楼划分为东北片区、西北片区、西南片区、东南片区四个片区，具体划分情况见表6和图36。

表8　长治市写字楼区域划分情况表

区域范围	影 响 范 围
东北片区	指英雄路以东，府后东街以北，保宁门东街以南的区域。
西北片区	指英雄路以西，府后西街以北，保宁门西街以南的区域。
西南片区	指英雄路以西，解放西街以北，府后西街以南的区域。
东南片区	指英雄路以东，解放东街以北，府后东街以南的区域。

图36 长治市写字楼区域图

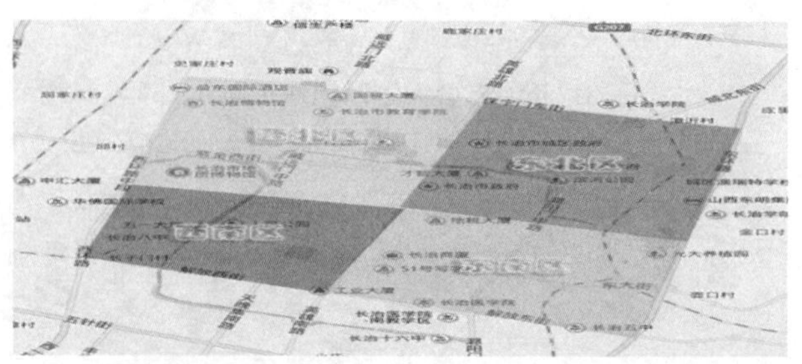

根据调查，目前长治市主城区写字楼大约有二十个，其中东北片区、东南片区写字楼数量均占总数量的30%，西北片区、西南片区均占总数量的20%。由于写字楼通常以整层或半层形式销售，价值较大，因此通常购买写字楼的消费人群有两种情况：一种是企业老板购买写字楼以满足自己企业办公为目的；另一种则是以投资为目的，购买后以收取租金方式获得收益。最终出现在市场中的写字楼主要供给形式还是以租赁为主。

第二节 长治市写字楼市场需求分析

在新经济条件下，生产以人为本，人的智力资源上升为知本、知富，信息资源则成为价值的诱因，写字楼的功能性诉求将从这个角度被充分激发。写字楼是经济发展的睛雨表，一个区域和城市的写字楼需求旺盛程度与当地的宏观经济发展状况密切相关。按照一般规律，在一个总部集中和高端服务业发达的地区和城市，写字楼的需求更加强劲。写字楼市场发展很大程度上靠第三产业的发展带动，如商业、贸易、顾问服务、咨询行业等。

根据长治市2014年国民经济与社会发展统计数据，2013年全市生产总值1331.2亿元，比上年增长5.1%。其中，第一产业增加值58.3亿元，增长4.3%，占生产总值的比重为4.4%；第二产业增加值776.5亿元，增长5.4%，占生产总值的比重为58.3%；第三产业增加值496.4亿元，增长4.8%，占生产总值的比重为37.3%。第三产业中，金融保险业增加值68.3亿元，增长5.7%；交通运输、仓储和邮政业增加值73.0亿元，增长8.1%；房地产业增加值75.7亿元，增长7.7%。第三产业生产总值的增长必然带动长治市写字楼需求的增长。

随着企业的不断发展，一些企业组织机构下放，如中信银行、晋商银行、交通银行、渤海银行等金融机构都陆续在长治开设分行，这些金融企业对办公环境的要求较高，无疑增加了对长治市写字楼市场的需求。另外，以前许多企业都选择在住宅楼内办公，住宅楼内的采光、通风、消防等环境都不适合办公，较差工作环境会影响员工的舒适度，进而影响工作效率。近几年，越来越多的企业认识到了办公环境的重要性，因此，设施不全、“住改办”的办公场所已远远不能满足人们的要求，配套齐全的写字楼成了办公环境的最佳选择。

根据对一些企业进行的调查中发现，发展中的中小公司，买得起写字楼的是少数。所以在未来的两到三年，有超过90%的客户还是希望以租为主，他们认为写字楼的价格仍然过高，写字楼的年租金和售价之间的比例在7%左右可以接受；低于7%，客户倾向于以租为主；高于7%，达到8%或10%，客户倾向于投资自己的写字楼。

对于写字楼区位的选择，不同企业有着不同的需求。一些企业的研发中心倾向于选择在城市边缘区域、强调自然环境的办公物业；一些大型的商业开发客户需要城市中心地带、交通便利、繁华区域内的办公物业；一些中小型的企业则更愿意选择成本经济、内部硬件条件良好的城区边缘地带。但不管选择什么区位，企业更看重的是写字楼的商务环境以及配套设施。

第三节 长治市写字楼市场价格分析

根据调查显示，长治市各片区写字楼售价相关不大，新建的写字楼售价均在8000~9000元/平方米，根据写字楼周边的商务环境、自身的管理、配套等有些许差别。

统计数据显示东北片区的租金水平最高，其次是西北片区，东南片区和西南片区差别不大。其中东北片区写字楼平均日租金为2.0元/平米，西北片区写字楼平均日租金为1.60元/平米，东南片区写字楼日租金为1.05元/平米，西南片区写字楼日租金为1.12元/平米。

图37 长治市各片区写字楼租金情况

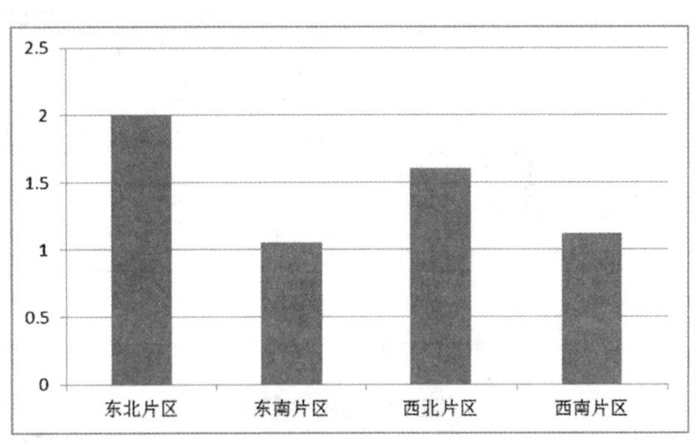

第八章 生活指数评价

区域生活指数评价系统和典型楼盘生活指数评价系统是经过科学设计的评价模型系统，主要用来评价城市各片区、各地理版块、各典型楼盘的生活便利程度，并给出区域生活便利指数、区域发展综合评价和专项分析、典型楼盘生活指数评价、典型楼盘性价比分析。

第一节 生活指数评价

一、区域生活指数模型

生活指数模型是以典型楼盘指数数据库为基础建立的影响生活便利程度的各项信息分析系统，该系统是用于评价特定区域或特定商品房生活便利程度的综合评价体系，具体地说就是运用“德尔菲法”对各指标计算打分，评定区域生活便利程度的方法。原有双层加权指标为区域交通设施完备程度、区域环境保护程度、区域商业设施完备程度、区域医疗设施完备程度、区域休闲设施完备程度、区域教育设施完备程度、典型社区居民满意程度7项。

通过上述7项指标建立双重加权监测模型，计算得分，以量化的评价结果来说明所属地域商品房的市场竞争力及市场价值。区域生活指标双重加权评定模型如下：(见表7)

表 9　区域生活指标双重加权评定模型表（5 分制）

影响因素	总权重(w)	分级指标及分权重（v）		
区域人口地理发展水平	0.10	区域每平方公里人口数 / 家庭数量 (0.45)	区域大专以上学历人口比例 (0.35)	区域 45 岁以下人口比例 (0.20)
区域经济发展水平	0.10	区域内就业人口数 (0.50)	人均可支配收入 (0.30)	人均零售额 (0.20)
区域交通设施完备程度	0.15	公交线路总数 (0.45)	区域中心点距市中心直线距离 (0.35)	是否有公共交通环线的规划 (0.20)
区域环境质量	0.15	周边植被覆盖率 (0.50)	地域风貌 (0.30)	属几级地 (0.20)
区域商业设施完备程度	0.15	超市、便利店密度 (0.45)	大型商贸场所密度 (0.25)	农贸易市场密度 (0.30)
区域医疗设施完备程度	0.10	10 公里范围医疗机构数 (所)(0.50)	距离片区中心最近的三级以上医院的距离及名称 (0.50)	
区域休闲设施完备数	0.10	距体育场馆距离 (0.45)	每平方公里中档餐饮服务机构数 (0.25)	每平方公里文化娱乐场所数 (0.30)
区域教育设施完备程度	0.15	学校密集度 (0.25)	中小学密度 (0.45)	幼教服务机构密度 (0.30)

二、应用与测评结果

表 10　区域生活指数评定结果列表

片区名称	东北片区	西北片区	东南片区	西南片区	开发区西片区	开发区东片区	南三厂片区
生活指数	4.01	4.16	4.49	3.93	3.22	3.26	3.52

从上表中可以看出，在各住宅区域中，东南片区的区域生活指数最高，生活便利度最高，开发区西片区、开发区东片区、南三厂片区由于距离市中心较远，生活指数相对较低。

第二节 典型楼盘生活指数评价

一、典型楼盘生活指数模型

典型楼盘生活指数评价模型是以区域生活指数模型为基础，对典型楼盘进行生活指数评定。该系统充分考虑房地产产品的价值构成，对购房者提供购房指导，对售房者提供预期销售、收益状况提供参考。

楼盘生活指数评价指标系统包括建筑质量、发展商水平、周边环境、交通环境、医疗教育环境、楼盘套内设施完备数、小区内设施完备数、业主状况、楼盘物业服务水平及其分级指标。典型楼盘生活指数评价模型如下表：

表 11　典型楼盘生活指标双重加权评定模型表（5 分制）

影响因素	总权重（W）	分级指标	分权重（V）
开发商评价	0.05	资金实力	0.20
		典型项目销售状况	0.30
		品牌知名度	0.25
		相似项目经验及业界评价	0.25
项目建筑质量	0.10	建筑设计等级	0.20
		实施施工企业等级	0.30
		室内布局合理性评估	0.20
		项目验收评价	0.30

影响因素	总权重（W）	分级指标	分权重（V）
楼盘套内设施完备数	0.10	对设施完备数进行量化评级打分	
小区内设施完备数	0.10		
周边环境	0.15	周边文化场馆设施数	0.30
		周边植被覆盖率	0.20
		周边治安	0.25
		所处大片区生活指数	0.25
交通环境	0.15	距市中心直线距离	0.35
		1 公里内设站点的公交线路条数	0.45
		交通规划	0.20
医疗教育环境	0.15	10 公里范围医疗机构数	0.30
		是否有社区医疗救助机构	0.20
		距离社区最近的三级以上医院的距离	0.30
		幼儿园、小学、中学、大学的等级及距离	0.20
项目投资价值	0.05	当地租金水平 / 投资回报率	0.80
		商用面积比例	0.10
		人流量	0.10
业主情况	0.10	职业结构比例	0.25
		业主入住率	0.25
		业主入住满意度	0.30
		购房目的比例	0.20
楼盘服务水平	0.05	保安标准	0.25
		保洁标准	0.25
		物业收费标准	0.25
		可提供的其它服务项目	0.25

二、应用与测评结果

依据测评标准，经过计算，对 7 个典型楼盘进行了生活指数的评定，结果如下：

表 12　典型楼盘生活指数结论表

项目名称	安康小区	颐龙湾	滨河城上城	祥云丽晶	裕警苑	佳美绿洲	清华西华园
所属大区	东南区	西南区	东北区	西北区	开发东区	开发西区	南三厂
生活指数	4.07	4.11	4.37	3.90	3.82	3.85	3.87

从典型楼盘生活指数评分表中可以看到，楼盘的生活指数不仅与其所在区域的生活指数有关，与楼盘本身的开发商能力、建筑质量、环境状况以及楼盘服务水平有直接的关系。因此，即使一个楼盘所在区域生活指数略低，但如果开发商能提高楼盘的质量、环境和服务等依然可以提高楼盘生活指数，获得更得的需求。

第三节　典型楼盘性价比分析

以下是根据楼盘价位与典型楼盘生活指数值的相关性分析所设计的楼盘性价比分析模型，同样价位下楼盘生活指数较高，说明其生活便利程度较高，对开发商而言，开发这样的楼盘有市场竞争力，对购房者来说，选择这样的楼盘具有较高的性价比。根据表 10 数据，对 7 个典型楼盘进行了楼盘性价比测评，结果如下：

图 38 楼盘性价比测评图

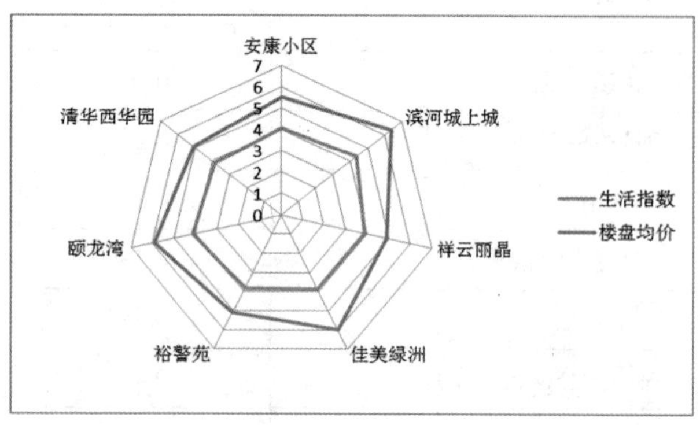

通过对典型楼盘性价比分析，可以看出，在所选取的七个典型楼盘中，祥云丽晶花园和清华西华园、裕警苑性价比最高。

生活指数评定和设计性价比模型的主要宗旨就是合理地评价房地产产品的市场价值及市场竞争力，为市场提供参考。在同一价格区间，生活指数较高的楼盘性价比较高、生活便利程度较高，反之，生活便利程度较低、性价比也较低。

结　语

本文从长治市区域概况、宏观政策分析、土地市场分析、长治市房地产投资分析、住宅房地产市场分析、商业房地产市场分析、写字楼房地产市场分析、生活指数评价等八个方面定性与定量结合分析了长治市 2014 房地产市场状况。根据上述的调查分析，受全国房地产行业影响，长治市 2014 年房地产市场持续下行。2014 年长治市房地产开发投资额下降，商品房待售面积大幅增加。商品房销售面积、销售额涨势下降。开发商入市更加谨慎。住宅房地产市场价格没有明显下滑，但成交量呈现下降趋势，消费者投资意愿降低。商业房地产市场目前以住宅底商居多，新建的大型商场较少，受到电子商务的影响，商业房地产市场价格和租金涨幅较低。相对于住宅房地产市场和商业房地产市场来说，写字楼房地产市场供给、需求都有所增加，写字楼的规模化、区域化发展有待提高。今后，房地产开发商应充分了解消费者需求，建设适应长治市发展需要，性价比较高的地产多业态产品。随着 2014 年国家、地方各项宏观政策的出台，2015 年长治市房地产市场有回暖趋势，但会控制在合理增长范围内。

（撰稿人：马剑宏）

2014 年晋城市房地产市场运行监测报告

市场运行监测课题组

导　语

2014 年，面对复杂多变的经济形势，全市上下认真贯彻中央和省、市各项决策部署，坚持稳中求进的工作总基调，主动适应经济新常态，科学统筹稳增长、促改革、调结构、惠民生、防风险各项工作，宏观经济总体平稳，发展质量有所提升，基本民生持续改善，实现了经济社会稳定发展。

全年全市完成生产总值 1035.8 亿元，比上年增长 4.7%。其中，第一产业增加值 43.8 亿元，增长 0.6%，占生产总值的比重为 4.2%；第二产业增加值 608.6 亿元，增长 5.2%，占生产总值的比重为 58.8%；第三产业增加值 383.4 亿元，增长 4.0%，占生产总值的比重为 37.0%。固定资产投资完成 974.8 亿元，增长 16.4%；公共财政预算收入完成 98 亿元，增长 3.7%；社会消费品零售总额完成 332.8 亿元，增长 12%；外贸进出口总额完成 11 亿美元，增长 19.5%；城镇居民人均可支配收入完成 24907 元，增长 7.7%；农村居民人均可支配收入完成 10087 元，增长 10.4%。

全年全市房地产开发投资 58.2 亿元，增长 14.5%。其中，住宅投资 44.1 亿元，增长 13.0%；商业营业用房投资 7.3 亿元，增长 34.7%。

全年房屋新开工面积 189.9 万平方米，增长 8.3%。其中，住宅新开工面积 138.7 万平方米，增长 21.5%。商品房销售面积 75.4 万平方米，下降 13.0%。其中，住宅销售面积 67.6 万平方米，下降 14.0%。商品房销售额 34.1 亿元，下降 11.2%。其中，住宅销售额 29.2 亿元，下降 11.8%。房地产开发企业土地购置面积 39.6 万平方米，下降 24.9%。房地产开发企业本年实际到位资金合计 81.5 亿元，增长 23.5%。其中，国内贷款增长 67.5%，自筹资金下降 7.9%，其他资金增长 53.0%。

一、晋城城市基础设施建设

2014 年，加快新型城镇化建设。中心城市以“一园两环、三纵三横”为重点，实施了城市道路、管网、生态园林及污水垃圾处理等 41 项基础设施建设，新增集中供热面积 160 万平米。统筹推进大县城、小城镇、六大产业片区和 8 个“百镇建设示范镇”建设，城镇化率达到 57.2%。启动建设 396 平方公里的环城生态圈。扎实开展改善环境质量“十组拳”攻坚行动和改善环境空气质量“百日攻坚”专项行动，一化和北岩煤矿关停，中石化油库完成选址，四个县城污水处理厂提标升级，生活垃圾无害化处理场全部建成，淘汰黄标车和老旧车辆 9385 辆。市区环境空气质量二级以上天数达到 209 天，较去年增加了 67 天；PM2.5、PM10 浓度和空气质量综合指数分别下降 28.1%、16% 和 19.4%，均超额完成省定指标。晋城荣获“山西省节水型城市”称号。北留镇、润城镇被命名为“国家级园林城镇”。

二、商品住宅总体情况

1、商品住宅

2010 年至 2014 年晋城商品住宅供求情况

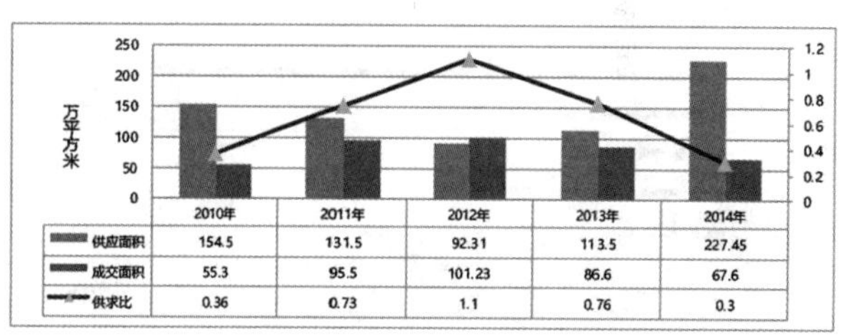

数据来源：CRIC

2014 年，晋城商品住宅市场供应面积为 227.45 万平米，较上年上涨了 100.4%，市场成交量为 67.6 万平米，同比下降 21.94%。

主要原因是：受房地产行业整体环境低迷影响，市场上存在较为浓厚的观望情绪，市场成交量减少，市场上推盘进入消化存量阶段。

2、商品房住宅价格

2010 年至 2014 年晋城商品住宅成交价格变化情况

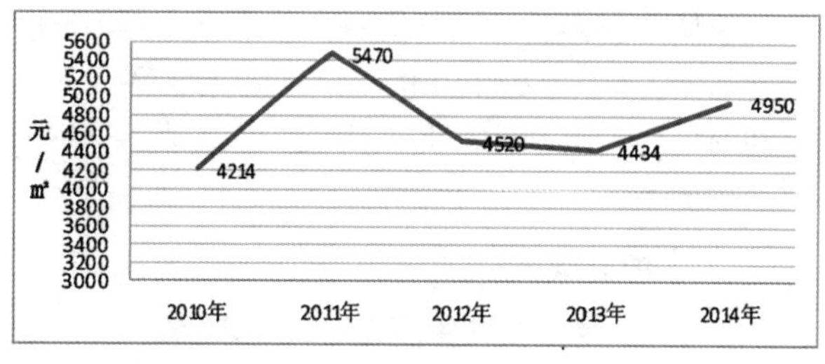

数据来源：晋城市房地局

2014 年，晋城房商品房住宅成交均价为 4950 元 / ㎡，较上年上涨 11.64%。

2014 年，晋城商品住宅价格有所小幅上升，从整体市场来看，大多成交房源为品质一般性住宅，高端高价房源成交量少未能影响到整体市场均价，预计未来政策变化影响高端楼盘，未来晋城市房价平稳发展。

保障房建设

保障性住房建设是党和政府改善困难群众住房条件，提高人民生活水平，促进经济社会平稳较快发展的重要举措。

全市2014年保障性住房建设用地51.9424公顷，其中：经济适用房用地3.0770公顷；限价商品房用地23.8121公顷；城市棚户区改造回迁安置用地25.0533公顷。中心城市2014年保障性住房建设用地30.7815公顷，其中：限价商品房用地5.7282公顷，城市棚户区改造回迁安置用地25.0533公顷。改造农村困难家庭危房1393户，新开工建设保障房15000套。让更多的群众住上价廉舒适的新房，保障房投资力度加大，有利于控制高房价，更好地落实高位房价调整的政策目标。

四、商业及办公用房

2010-2014年晋城市商业及办公市场供求对比图

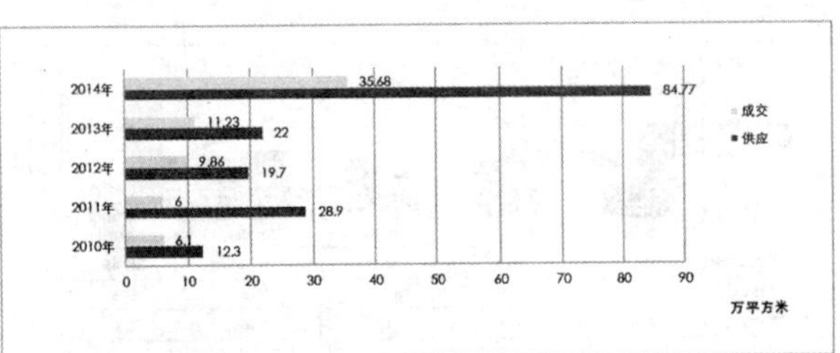

数据来源：CRIC

2014年，晋城商业市场供应量为84.77万平米，较上年上涨了285.32%，成交面积为35.68万平米，较上年上涨了217.72%。

晋城商业市场的发展还处于缓步发展阶段，对商业物业的消化量较为有限，商业集中分布在市中心区域，商业形态多为沿街街铺门面形式。

五、商业物业价格

晋城市城区得益于其区位优势，形成了种类较为齐全的商品交易市场体系。各类市场由于定位不同，因而层次各异。从总体来看，老城区的市场分布集中度较高。2014年全市商业营业用房最高价格达每平方米16000元，最低5100元。

六、土地供应量

2009年至2014年晋城土地供应情况

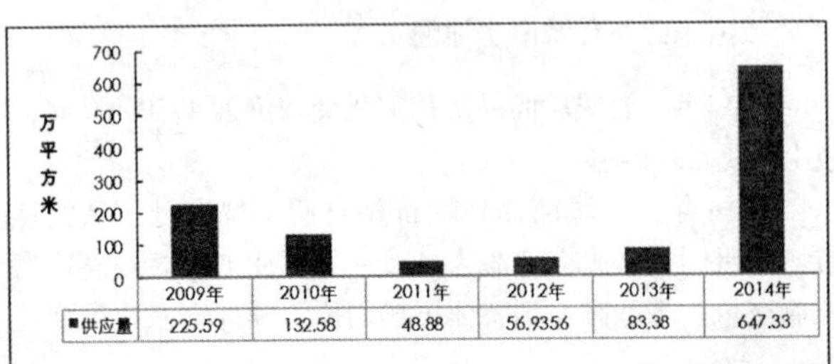

	2009年	2010年	2011年	2012年	2013年	2014年
供应量	225.59	132.58	48.88	56.9356	83.38	647.33

2014年，晋城市供应土地面积为647.33万平方米，较之过去的几年有大幅上涨。

晋城市供应地块属性分析

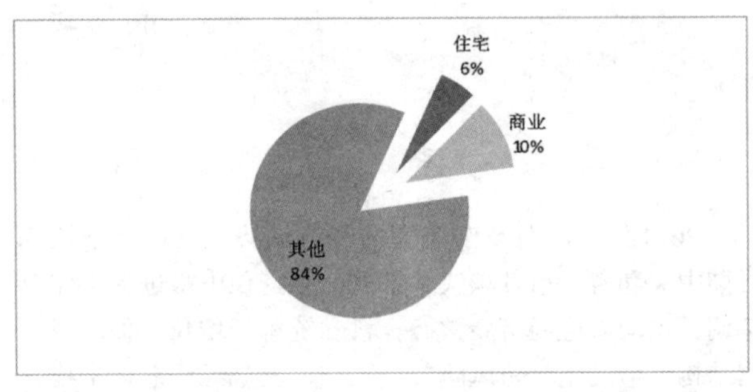

数据来源：CRIC

从供应土地属性来看，2014年晋城市土地供应以其他用地为主，占比达到60%；其次是住宅用地，占比29%，而商业用地占比15%。

七、土地成交量

2014年晋城市土地成交面积为386.86万平方米，同比上涨了971.34%。

2009年至2014年晋城土地成交情况

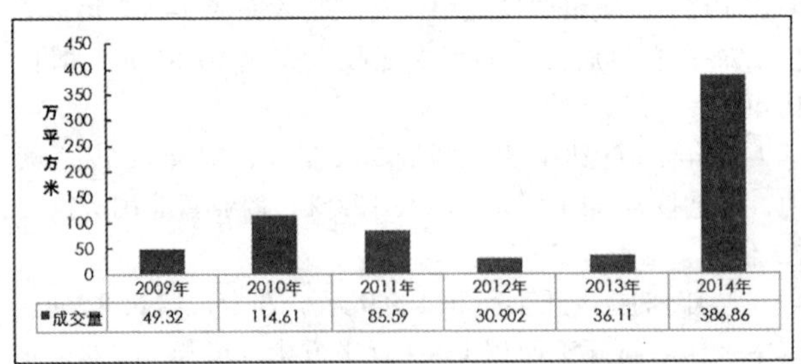

	2009年	2010年	2011年	2012年	2013年	2014年
成交量	49.32	114.61	85.59	30.902	36.11	386.86

数据来源：CRIC

成交结构

2014年土地成交类型占比图

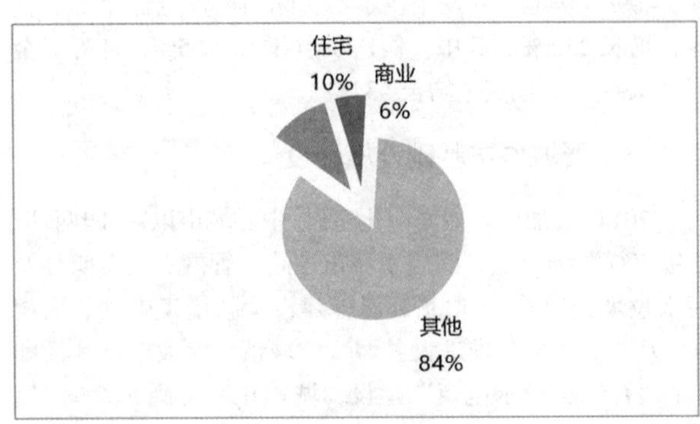

数据来源：CRIC

2014年晋城市土地成交是以其他土地为主，占比为84%；其次为住宅用地，占比为10%，而商业用地的占比也达到了6%。

晋城市房地产市场处于快速发展期，对居住类用地的需求仍然是土地市场最强劲的需求，但商业用地的需求也在逐年上升。

因晋城市大幅度开展城市化建设，公建用地大幅增加，导致在全年土地成交量中公建用地占据了较大比重。

八、土地成交价格

2008-2014 年晋城市土地成交价格

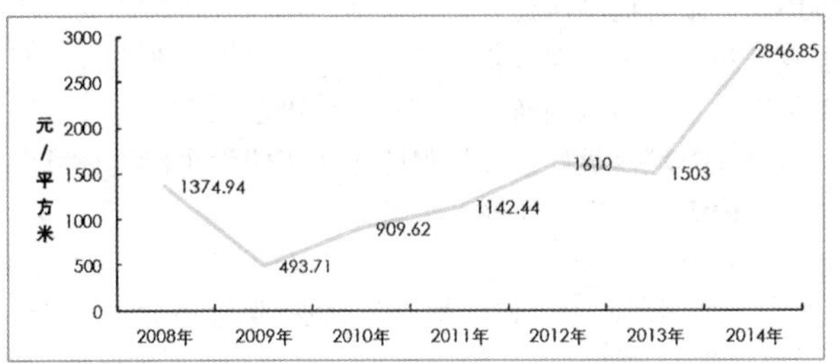

数据来源：CRIC

2014 年晋城土地市场价格达到 2846.85 元 / 平方米，与去年相比上涨了 89.41%。

随着城市建设的不断开展，城市环境不断优化，城市配套逐渐完善，晋城市土地存在较大的升值空间。

城镇化进程是推动晋城房地产发展的重要力量，从而导致城市中央的地块日渐稀缺，加上土地资源的不可再生性，晋城土地具有巨大的升值潜力。

九、项目活动及广告投放

晋城市楼盘项目营销活动中开盘活动较多，举办次数较少。随着晋城市房地产业的逐渐发展，预计未来项目营销活动将逐步增多。

2014 年，晋城市纸质媒体主要有《太行日报》、《太行晚报》和《晋城广播电视报》。

《太行日报》是中共晋城市委机关报，创刊于 1986 年 7 月 1 日，前身为《晋东南报》。1984 年 9 月 1 日更名为《太行日报》，一代伟人邓小平同志亲笔题写了报头，其发行总量 6.8 万份。

《太行晚报》面向全市发行，对开四版，每周一至周日出版，详细报道全市政治、经济、科技、文化和社会生活的最新信息，更及时报道国内外重大新闻，是一份注重指导性和服务性的综合性报纸。发行量略多于《太行日报》，覆盖晋城五县一区。

《晋城广播电视报》是《山西广播电视报》的地方版，覆盖全市五县一区，是一份“立足广电，面向家庭”的服务类报纸。创刊六年，借助《山西广播电视报》的强大品牌优势，已经形成稳定的读者群，成为晋城市最大的家庭类报纸，在读者中具有较为深厚的影响。

十、2015 年展望

2015 年是全面深化改革的关键之年，是全面推进依法治国的启动之年，是全面完成“十二五”规划的收官之年，是山西省全面推进“六大发展”的开局之年，也是晋城建市三十周年。今年晋城市经济社会发展的主要目标是：地区生产总值增长 6.2% 左右，规模以上工业增加值增长 7.5%，固定资产投资增长 16%，公共财政预算收入增长 6.2%，城镇居民人均可支配收入增长 8%，农村居民人均可支配收入增长 8% 以上，城镇新增就业岗位 3 万个，城镇登记失业率控制在 4.2% 以内，居民消费价格涨幅控制在 3% 左右。节能减排等约束性指标，要确保完成省下达的年度任务和“十二五”目标任务。

2015 年全国“两会”，房地产业再次成为重要话题之一，《政府工作报告》明确提出“支持居民自住和改善住房需求，促进房地产市场平稳健康发展”。

从全国经济形势看，宏观经济增长速度下行的压力和物价上涨的压力并存，持续宽松的货币政策回归稳健，房地产市场宏观调控政策频出。

1、对房地产土地供应进行科学调控。 整个“十二五”时期晋城市经济社会发展用地总体应在八万亩以上，城市建设进入到一个快速提升时期，晋城市既要在创新土地供给上先行先试，更要注重科学调控土地供应，来满足发展需求。作为一个建市只有二十七年的新建城市，目前正处在城市化发展的加速阶段，城市人口的日益增长将为房地产开发带来一定的刚性市场需求，当前晋城市房地产企业对土地的需求和现有土地供应量的矛盾是当前房地产领域的主要矛盾之一。

2、规范房地产市场的健康发展。要着力改善房地产市场发展环境。只有市场环境的健康发展，才能带来房地产投资环境的改善，只有市场环境和投资环境改善了，房地产市场才能平稳健康的发展。晋城市不少房地产单位是在 2000 年后才开始进入晋城市场，有的楼盘甚至是在 2007 年下半年才开工建设，与山西省其他地市相比，晋城市房地产开发既有一定的后发优势，又在方方面面都存在一定的缺陷。规范房地产健康发展，一要积极做好规划，引导企业调整开发结构，采取有效措施解决房地产结构不合理问题。有关部门要调整供地结构，提高中低价位、中小造型、普通商品房建设用地的比例，严格限制低密度、大套型住宅的用地供应。二要加强土地供应的开发管理，完善土地出让招拍挂制度，严格土地出让合同和划拨管理，推行“限房价，竞地价”方式建普通商品住房。三是坚决打击囤地、炒地等违规行为，坚决防止恶意炒作和人为抬高房价的行为，打击房地产市场的投机行为。要加强市场动态监测，加大政府监管和社会监督力度。一定程度上监控房地产开发闲置土地，借助政府、社会和民众的力量加强监管。对由于房地产开发企业自身原因闲置一年以上不满两年的，必须征收闲置费，闲置两年以上的，收回土地使用权。

3、房地产企业自身要积极应对市场变化。在政策调控下，晋城市房地产整个行业面临着整合和规范，必将有一部分专业资质不高、资金不足、经营不够审慎、不注重品质的企业被兼并或破产，有竞争实力的企业会得以发展壮大。房地产开发企业自身要根据市场变化和需求，积极调整，强化内部管理，开发出更好的楼盘产品。要以品质和效率而非扩张土地储备等方式来提升价值，应对调整。主动采取措施，以合理价位进行商品住房销售。面对目前紧缩银根的政策，企业要采取多种有效销售策略，杜绝捂盘惜售、囤积居奇等谋取暴利的行为。加快销售进度，盘活资产，使现金流保持充裕，避免资金链出现问题。

4、继续加快保障性住房建设。继续加大保障性住房及普通住房建设力度。衣、食、住、行是老百姓最基本的生活需要，在全面建设小康社会的进程中，温饱问题已经基本得到解决，住房问题逐渐成为老百姓心中的头等大事。一是要加大保障性住房供应力度，构建多层次住房供应体系，重点面向低保户、低收入家庭住房困难人群；二是要加快普通商品住房建设，满足中等收入人群对普通住房的需求。由此可见，保障性住房建设可以拉动相关产业的发展，产业的发展又将助推整个城市的建设。加快保障性住房建设对于改善民生、促进社会和谐稳定具有重要意义，下大力气加快建设保障性安居工程，是促进经济社会发展的顺时应势之举。晋城市要通过新建、改建、购买、长期租赁等方式，多渠道筹集保障性住房房源，逐步扩大保障住房制度覆盖面。要进一步完善住房保障制度，建立保障房建设、分配、管理、运营的规范有效的制度体系。加快进行新农村建设，城中村改造的整体搬迁，全力推进经济适用房、限价商品房建设，加快廉租房、公租房建设。增加政府投入，发挥财政资金撬动作用，加大金融支持，拓宽融资渠道，通过创新经营模式吸引更多社会资金进入保障房建设领域。更好地发挥保障性住房建设惠民生、稳房价、扩内需、促发展的多重作用。

（撰稿人：李峰　牛佩华）

附件篇

附件

2014年晋城土地成交明细

序号	土地座落	总面积（公顷）	土地用途	供应方式	签定日期	金额（万元）
1	文昌东街北、规划文化路东	4.9265	其他普通商品住房用地	拍卖出让	2014	15000
2	白水街东、规划桃苑路北	2.3172	其他普通商品住房用地	拍卖出让	2014	6500
3	白水街西、规划塔东街南	2.22	其他普通商品住房用地	拍卖出让	2014	6320
4	西环路西、现省运物流东侧	22.9	商业服务业设施（兼容物流仓储）用地	拍卖出让	2014	760
5	规划人和路东、规划文安街北	114	居住用地兼容商业服务业设施用地	拍卖出让	2014	10700
6	泽州路西、文昌街南	24.7	居住用地兼容商业服务业设施用地	拍卖出让	2014	8700
7	泽州路东、规划晓庄街北	111.8	居住用地兼容商业服务业	拍卖出让	2014	10200
8	泽州路东侧、中原街南	28.1	居住用地兼容商业服务业设施用地	拍卖出让	2014	9350
9	凤苑街南、苑北路西	7.1	居住用地兼容商业服务业设施用地	拍卖出让	2014	1460
10	泽州路西、书院街北	44.6	居住用地	拍卖出让	2014	8110
11	北环路南、东大街蔬菜市场东	24.2	居住用地兼容商业服务业	拍卖出让	2014	4850

2014年临汾市房地产市场运行监测报告

市场运行监测课题组

导　语

2014年，临汾市深入贯彻党的十八大、十八届三中、四中全会和习近平总书记系列重要讲话精神，认真落实省委、省政府的工作部署，扎实开展“四个年”活动，大力实施“六大惠民工程”，统筹推进稳增长、促改革、调结构、惠民生，全市各项工作稳中有为、稳中有进，在全面建成小康社会的道路上迈出了坚实的步伐。

2014年，全市生产总值完成1213亿元，同比增长4.6%；规模以上工业增加值完成467亿元，增长3%；固定资产投资完成1229亿元，增长18.6%；社会消费品零售总额完成530亿元，增长11.3%；公共财政收入完成118亿元，与上年持平；城镇居民人均可支配收入23610元，增长8.2%；农村居民人均可支配收入8755元，增长11.4%。

全年全市房地产开发投资84.2亿元，增长28.4%。其中，住宅投资64.9亿元，增长34.1%；商业营业用房投资10.5亿元，增长6.7%。

一、临汾城市基础设施建设

“六大惠民工程”成果丰硕。2014年是临汾市实施“六大惠民工程”的第一年。

城乡面貌明显改善。全年建设高速公路182公里，完成国省干线公路改造52公里，新改建农村公路270公里。大西高铁、中南铁路、霍永高速东段和西段一期建成通车，吉河高速完成路基工程，霍永高速西段二期全面启动。临汾机场进入通航前的验收阶段。城西客运站基本建成。编制了《市区地下空间利用规划》、《南部机场片区控制性详细规划》等重点规划。在财力紧张的情况下，采取PPP模式、“334”投融资方式等多种办法，投资16亿元，新建改造市区道路11条，其中，五一路贯通、秦蜀路南延拓宽改造、景观大道、滨河西路北延、新高中南路等道路竣工通车，二中路、规划三街南段、中大街南段等工程正在建设。市规划展览馆建成投用，市博物馆、图书馆正在建设，市奥体中心、临汾学院、山西师大搬迁等项目正在推进。城中村改造进展顺利，改善农村人居环境“四大工程”扎实推进，农村“五件实事”全部完成。

实施农业强基工程，持续推进“大水网”涉临工程，完成洪洞曲亭水库修复和11座中小型病险水库治理，改造中低产田32.5万亩。实施饮水安全工程，市区新建城市供水网8.3公里，改建3.5公里，各县市新建城市供水网47.6公里，改建29.5公里；改善和提高了5万农村人口的饮水安全标准。

实施城市综合整治工程，开展市容专项整治活动，清理马路堆放、马路经营、马路加工25000余处，规范早市、夜市340处；市区新建公交站点42个，新增公交车78辆、线路里程54公里。

二、商品住宅总体情况

1、商品住宅

2009年—2014年临汾市商品住宅供求情况

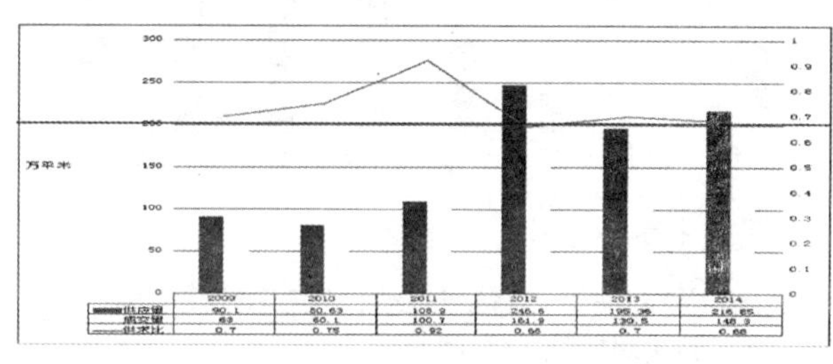

数据来源：CRIC

2014年，临汾市商品住宅市场供应面积为216.85万平方米，较上年增加了21.49万平方米，同比增长了11%；商品住宅市场成交面积为148.3万平方米，较上年增加了17.8万平方米，同比增长了13.64%。

临汾市商品住宅供应面积和成交面积均有所上涨，一是因为城市的快速发展带来了巨大的住房需求；二是城市居民改善住房条件的需求不断增加；三是部分一二线城市投资商转移到临汾投资，在一定程度上也促进了本市房地产业的发展。

2、商品房住宅价格

2009年—2014年临汾市商品住宅成交价格变化情况

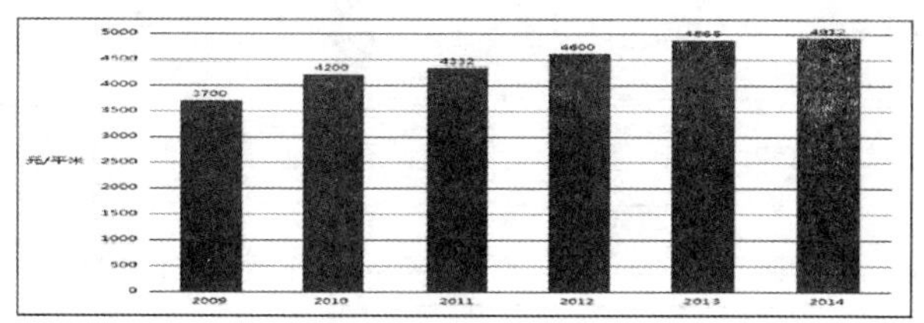

数据来源：CRIC

2014年，临汾市房商品住宅成交均价为4912元/平方米，较去年上涨了47元/平方米，同比上涨了0.97%，涨幅较小。

临汾市商品住宅成交价格近年来呈现逐年上涨的态

势，一是土地相对不足，推动价格不断攀升；二是主要建筑材料价格上涨推高房地产价格；三是居民收入增加，住房需求进一步扩大；四是城市化进程加快，推高房地产价格；五是国家有关房地产政策的影响。

三、保障房建设

2014年临汾市新开工保障性住房18682套，基本建成16044套。其中：公租房2700套，经济适用房600套，限价商品房3542套，城市棚户区改造10768套，国有工矿棚户区改造572套，林区棚户区改造500套。

四、商业办公用房

2009年—2014年临汾市商业办公用房施工面积

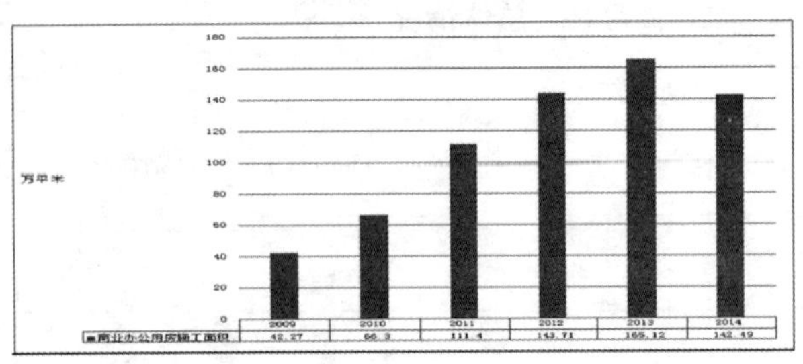

数据来源：CRIC

2014年，临汾市商业办公用房施工面积为142.49万平方米，较去年同期下跌13.71%。

目前临汾商业地产市场随着城市北移进程不断加快，北部楼盘的价格高于市场平均水平，临汾的五星级酒店（白天鹅）也建在滨河东路的北部（向阳西街与滨河东路交叉口），预计临汾市商业新区将出现在北部，在平阳北街以西、滨河东路以东、河汾路以南及向阳路一带；临汾东部随着尧都区政府的搬迁，也将有较大发展，但该区域是原临钢所在地，居民收入水平有限，且离市中心区域较远，商业氛围的营造尚需时日。

五、土地供应量

2009年—2014年临汾市土地供应情况

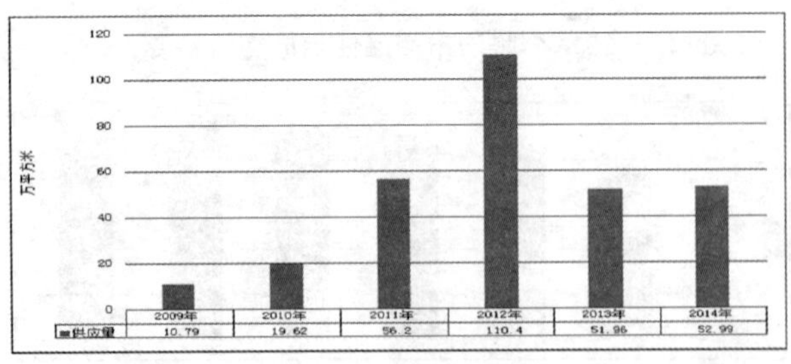

数据来源：CRIC

2014年，临汾市土地供应量达到52.99万平方米，较去年增加了1.03万平方米，同比增加了1.98%。

近年来临汾市房地产业进入快速发展的时期，土地供应量也开始逐步增加。土地供应的分布已转向作为新区的河西新城。随着新区的不断开发，新区土地周边配套逐步完善，该区土地供应量的占比加大。2012年河西新城土地供应量占全市供应总量的68.55%，旧城区土地供应量占供应总量的31.45%。预计未来该区供应土地在全市土地供应总量中，将持续占据较大比重。

六、土地成交量

2009年—2014年临汾市土地成交情况

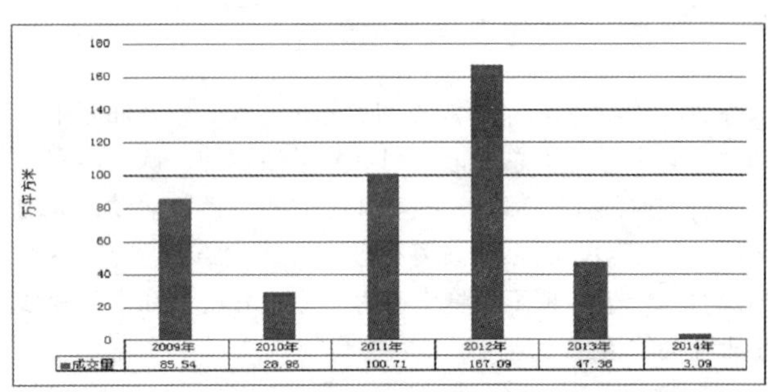

数据来源：CRIC

2014年各属性用地占比

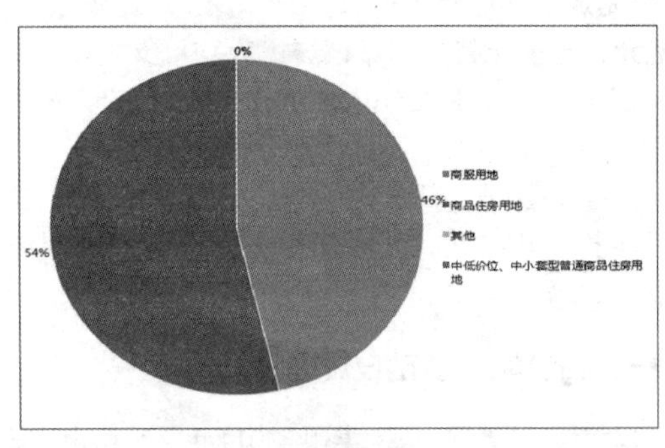

2014年，临汾市土地成交面积3.09万平方米，较去年下降了44.29万平方米，同比下跌了93.48%。

其中，住宅用地1.65万平方米，占总成交面积的54%；商服用地1.43万平方米，占总成交面积的46%；

随着临汾市城市化进程的加快，对土地的需求越来越大，临汾市土地市场前几年呈现供不应求的局面。但2014年受到房地产大环境的影响，成交量明显减少，房地产开发商多数都处在观望状态，拿地意愿不强烈。

七、土地成交价格

2009年—2014年临汾市土地成交均价

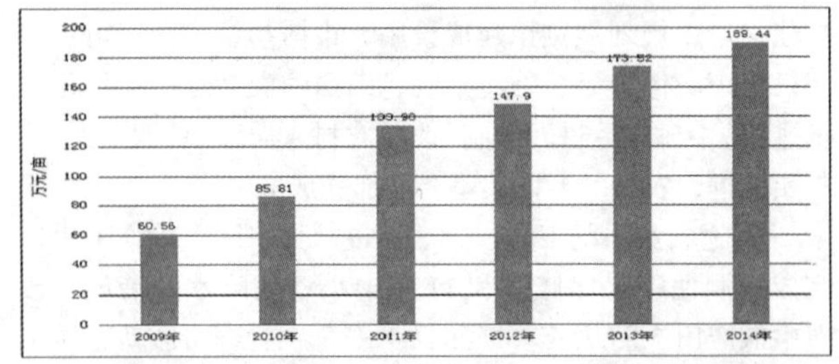

数据来源：CRIC

2014年土地成交均价为189.44万元/亩，较去年上涨了 15.92 万元 / 亩，同比上涨 9.17%。

其主要的原因是土地离市中心较近地理位置的土地本身价值较高，先天配套较好，价格拉动整体土地均价。

八、项目活动

2014 年，临汾市 19 个楼盘项目进行营销活动。户型以两房、三房等刚需性为主，建筑形态多为小高层、高层、其中还有部分复式房屋。

全年全市各项目的宣传推广，主要通过生活晨报、临汾日报、临汾晚报、户外、电视、广播、短信、网络等渠道进行，传达各楼盘信息，吸引购房者前来了解。

全年项目楼盘线下活动以电商团购为主，团购优惠活动涉及 15 个楼盘，优惠力度最大 95 折。市场上开盘活动、节庆日活动全年进行 68 次。

九、主流媒体

1、纸质媒体

2014年，临汾市楼盘项目投放广告以《临汾日报》和《临汾晚报》为主要投放媒体。

《临汾日报》是临汾市委机关报，面向全国发行，是全市最大，最广泛，最具权威性的新闻媒体，同时办《教育周刊》、《农村版》、和《周末版》。覆盖全市 17 个县市区，拥有多层次的读者。

《临汾晚报》是市宣传部领导和管理的以经济宣传为主的综合性地市级党报，是市委、市政府指导全市经济工作的重要舆论阵地，是全市经济类报刊中权威性、公信力最强的报纸，是传播发布党和政府关于经济方面、政策方面信息的重要渠道，是全市了解临汾经济发展动向的重要窗口，是政府和企业沟通的重要桥梁。该报在全市有 17 个记者站，使报纸更贴近实际，更贴近生活，更贴近群众。处于全市主流报纸的最前沿，造就了全市阅读率最高的报纸。

据统计，《临汾晚报》的读者中，以男性为主，占总数的 60% 以上。读者年龄结构趋于年轻化，主要以 25–44 岁年龄段的读者为主体。订阅率为 68%，市场零售率为 32%，忠实读者所占比例高达 94.6%。读者受教育程度高，具有大专及以上学历的读者比例达到 52.1%，远远高于调查总体的 25.9%。在读者职业构成中，公务员、教师、军人、医生、企事业单位管理人员和专业技术人员等社会主流人群的比例非常高。

2、网络媒体

2014 年，临汾房地产项目主要的网络媒体包括临汾房产网，搜房、新浪、百度、吉屋、楼盘网、腾讯等房产媒体在临汾均设有分站，其中，搜房临汾站运营较好，广告投放效果较好。另外，临汾 365 买房论坛活跃度较高，但广告投放量较少

十、总结及展望

2014 年，面对复杂的宏观环境和国内经济下行的严峻形势，临汾市深入贯彻党的十八大、十八届三中、四中全会和习近平总书记系列重要讲话精神，认真落实省委、省政府的工作部署，扎实开展“四个年”活动，大力实施“六大惠民工程”，统筹推进稳增长、促改革、调结构、惠民生，全市各项工作稳中有为、稳中有进，在全面建成小康社会的道路上迈出了坚实的步伐。临汾房地产也进入快速发展阶段。

2015 年，临汾市应加强房地产市场监测和监管，一是要继续加强房地产市场监测分析，建立健全房地产市场信息系统和统计制度，完善市场监测分析机制，准确把握房地产市场走势，及时发现市场运行中的新情况、新问题，提高调控措施的预见性、针对性和有效性。二是公开房地产交易信息和房地产开发成本，对房地产价格实行有效的监测，提高市场透明度，规范房地产市场秩序。

2015 年临汾市继续加大保障性住房建设力度，继续加强城市基础设施及小区配套设施建设，采取多种形式，加强对有关政策措施的解释宣讲工作，让广大群众正确理解国务院的决策部署及稳定住房价格的各项政策措施，把握正确的舆论导向，合理引导市场心理预期。多方共建，保证临汾房产健康发展。

（撰稿人：李峰　牛佩华）

2014年运城市房地产市场运行监测报告

市场运行监测课题组

导　语

2014年是运城发展史上非同寻常的一年。面对特殊历史时期和经济下行压力加大的严峻形势，全市人民紧紧围绕中央、省、市的各项决策部署，团结奋进，攻克时艰，保持了全市经济持续健康发展和社会和谐稳定。

全市主要经济指标增幅在全省排位大幅前移：全年地区生产总值完成1201.6亿元，增长5%；规模以上工业增加值完成386.9亿元，增长3.8%；固定资产投资完成1202.7亿元，增长19.2%；社会消费品零售总额完成620.3亿元，增长12.3%；财政总收入完成101.7亿元，增长11.4%，历史性突破百亿大关；公共财政预算收入完成52.8亿元，增长16.2%；城镇居民人均可支配收入完成22226元，增长8.9%；农村居民人均可支配收入完成8125元，增长11.5%。全市固定资产投资、公共财政预算收入、城镇居民人均可支配收入等3项指标增速排名均居全省第一；农村居民人均可支配收入、社会消费品零售总额增速分别排名全省第二、第三。

价格：全年居民消费价格比上年上涨2.0%。其中，食品价格上涨4.3%，非食品价格上涨1.1%。商品零售价格上涨1.2%。工业生产者出厂价格下降6.4%，其中，生产资料价格下降6.8%，生活资料价格下降2.3%。工业生产者购进价格下降3.5%。

就业：全年城镇新增就业人员58100人，转移农村劳动力72828人，城镇下岗失业人员再就业13300人，就业困难人员实现就业3830人。年末城镇登记失业率2.57%。

建筑业：据初步统计：全年具有资质等级的总承包和专业承包建筑企业165个，其中有工作量的157个，实现增加值90.9亿元，比上年增长15.0%。上缴税金4.4亿元，增长18.3%；实现利润3.8亿元，下降3.2%。

房地产开发：全年房地产开发投资117.7亿元，比上年增长26.5%。其中，住宅投资86.7亿元，增长21.6%；商业营业用房投资17.5亿元，增长20.9%。

一、运城城市基础设施建设

2014年，运城市大力发展社会事业，着力保障和改善民生，人民福祉得到新改善。新改扩建公办标准化幼儿园28所，魏风小学主体完工，大运幼儿园、小学、初中，盐湖区实验小学北校、幼儿园完成规划；12家县级医院完成远程会诊系统建设，投资10.5亿元的运城市第一医院开工建设，投资9000万元的市儿童医院正式启动；群艺馆等公共文化基础设施建设档次提升，“戏曲惠民”、电影免费下乡受益群众300余万人次；新增国家级非物质文化遗产6项，名列全国地市级前茅。文化工作和“扫黄打非”工作均受到国家表彰。档案工作基础扎实，新建7个县级综合档案馆。全民健身活动蓬勃发展，竞技体育成绩显著。市民期盼多年的河东西街延长线工程得以启动，力争今年“十一”具备通车条件。大县城着眼于通过产业集聚，实现人口集聚的功能，狠抓公共服务设施建设，实施在建项目203个、完成投资86.5亿元。小城镇着眼于繁荣农村市场和提升农村公共服务功能，15个重点镇建设顺利推进，完成投资5.4亿元。全市有20个建制镇入围全国重点镇名单。新农村着眼于推动土地规模经营和作为“一村一品”空间节点的功能，启动了26个美丽宜居示范村建设。

城乡生态化建设成效明显。按照“山上治本、身边增绿、林业增效、产业富民”的思路，持续加大植树造林力度，完成造林41万亩，新增绿化面积290万平方米。全年完成节能技术改造项目50个，空气质量大幅改善，省下达的节能降耗和污染防治任务圆满完成。涑水河重点段河道治理工程全面开工。“古中国”使运城文化旅游产业发展的主题更加鲜明，定位更加准确。按照“高端创意、整合资源、政府引导、市场运作”的思路，提出了以“打造古中国为标识的国际旅游目的地”的战略构想。组织召开了由北京大学等国家级权威机构专家参加的研讨会，“古中国”概念得到学术界的高度认同和旅游界的强烈反响，激发了旅游开发商的投资热情。关圣文化建筑群申遗完成了申遗文本编制和申报审核，建筑群周边环境整治工作全面开展。鼓楼修复主体工程已经完工，盐池东、中、西三禁门及部分禁墙修复保护工程全面展开。旅游产业快速增长，全年实现旅游总收入268.8亿元，增长26.4%。重点项目建设扎实推进。实施在建项目1197个，266项省市重点项目完成投资859.5亿元。大运汽车1万辆专用车、亚宝药业新生产线、大西高铁运城段等一批重点项目陆续建成。在全省“六位一体”考核指标排名中，运城市有5项指标位居全省前3名，综合考核排名全省第一。

二、商品住宅总体情况

1、商品住宅

2009年至2014年运城商品住宅供求情况

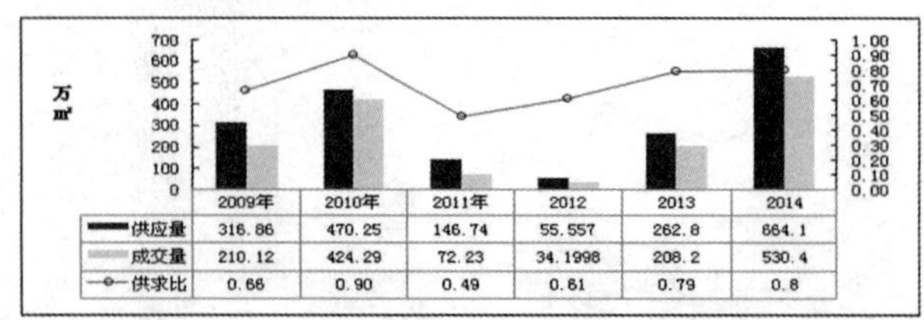

	2009年	2010年	2011年	2012	2013	2014
供应量	316.86	470.25	146.74	55.557	262.8	664.1
成交量	210.12	424.29	72.23	34.1998	208.2	530.4
供求比	0.66	0.90	0.49	0.61	0.79	0.8

数据来源：CRIC

2014年，运城商品住宅供应量为664.1万平方米，同比上涨152.7%；成交量为530.4万平方米，同比上涨154.76%。

从供求关系来看，2009年以来，运城商品住宅市场一直处于供大于求的态势，到2014年，这种供求矛盾仍旧持续加剧。究其原因，一方面商品住宅市场尚有一部分存量房，加上2014年新增供应，加之新增供应量多余成交量，市场消化较慢；另一方面，房地产大环境较差，运城受大环境影响，客户购房较为谨慎，在一定程度上影响了住宅成交量。

2、商品房住宅价格

2009年至2014年运城商品住宅
成交价格变化情况

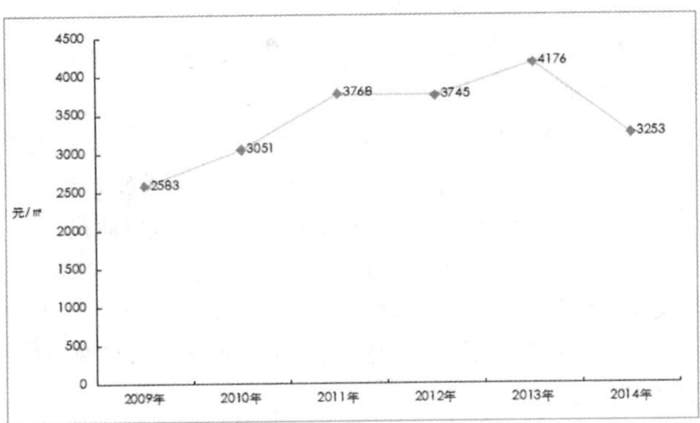

数据来源：CRIC

2014年，运城市全年商品住宅均价为3253元/㎡，同比去年下降22.1%。

2012年受到调控政策的影响，房地产投资客户受到极大限制，大量投资客从限购的一二线城市向不限购的三四线城市转移。运城由于不在此次限购范围内，承接了部分投资需求，在一定程度上助推了运城商品住宅成交价格的上涨。但2014年受房地产整体大环境的影响，运城市的房价有所下降，但随着楼市的回暖，预计未来运城商品住宅的价格将会稳步上升。

三、保障房建设

2014年运城市含续建项目在内的保障性和棚户区改造住房基本建成5183套，任务超额完成，圣惠嘉园、蒲东小区总计完成7259套。

四、商业用房

运城市商业业态正处于以大型综合购物中心为主的阶段，商业规模不断扩张，购物环境不断改善，经营方式更加灵活多样，商业市场稳步发展，不断走向成熟。

运城商业分布较集中，商业中心在南风广场与二郎庙一带，以东星购物广场、恒隆购物广场、南风时尚百货、华联超市等为主，形成了围绕已形成商圈不断向周边渗透的格局。

消费人群的关注点由商品价格、商品品质和性价比转变为商品价格、产品品质、服务质量及购物便捷性，经营者应根据这一变化调整经营方式，提高服务质量。

从商业开发模式上来说，开发商开发模式大都采取了产权式销售开发模式，持有型物业较少，究其原因，主要是持有型物业需要大量资金的沉淀，开发商为了快速回流资金多选择产权式销售的开发模式。

五、办公用房

运城市办公市场尚处于启动期，分布较为集中，主要分布在市中心区域，整体档次一般。运城写字楼市场主要以商住写字楼为主，只有少量纯办公楼。纯办公楼多注重实用性，缺少优服务、高品质的写字楼。在产品设计、物业服务、硬件配套等方面也不够精细，存在较大的市场发展空间。

运城纯办公楼的租金差距较大，租金的溢价来源于硬件设施的提升。出租率差距也较大，存在差距的原因主要是所处的地段以及硬件的配置的不同。软性服务的提升以及配套是否完善尚未成为市场竞争点。

随着运城经济的快速发展以及城市功能的不断丰富，市场对办公楼的产品品质提出了更高的要求，运城办公楼正处在向中高端产品转型的过渡阶段。凭借其地处黄河金三角区域的独特优势以及经济的快速发展，未来办公市场存在巨大的发展空间，运城办公市场的提质升级势在必行。运城市未来办公市场将朝着更多现代化的功能，更好服务品质的方向发展。

六、土地供应量

2009年至2014年运城土地供应量

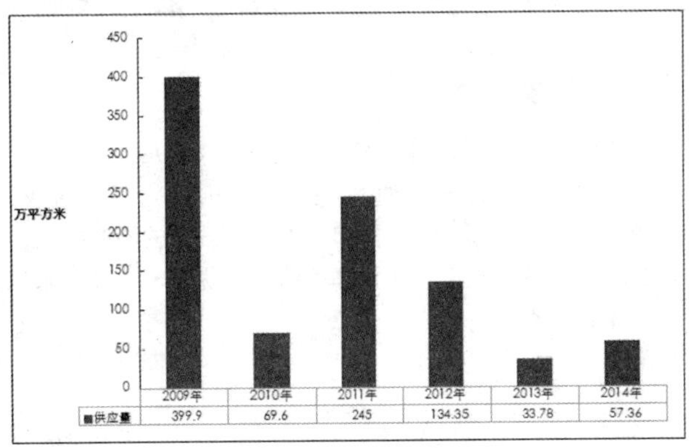

数据来源：CRIC

2014年运城的土地供应量达到57.36万平方米，同比上升69.8%。

依据运城市城镇常住人口增长趋势、住建局提供的保障性住房用地需求和拟出让的普通商品住宅用地项目的调查，2014年运城市土地需求量有所放缓，开发商主要对前期拿地存量进行开发。

七、土地成交量

2009年至2014年运城土地成交量

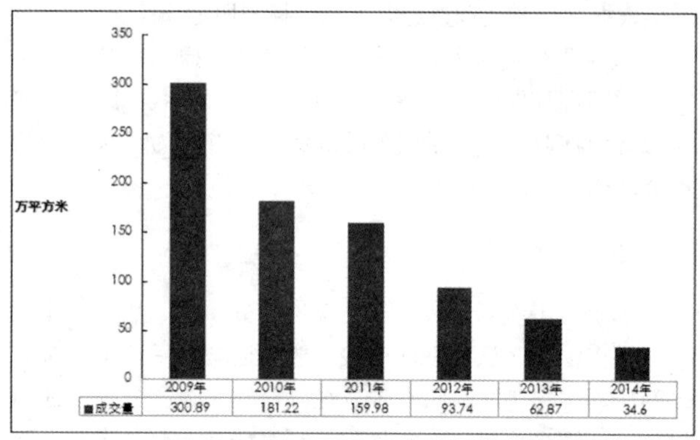

数据来源：CRIC

2014年，运城市土地成交面积为34.6万平方米，同比去年大幅下降，下降44.89%。

由于受到房地产市场大环境的影响，运城市场土地成交减少，开发商拿地也逐渐回归理性，拿地态度谨慎。

八、土地成交价格

2009年至2014年运城土地成交价格

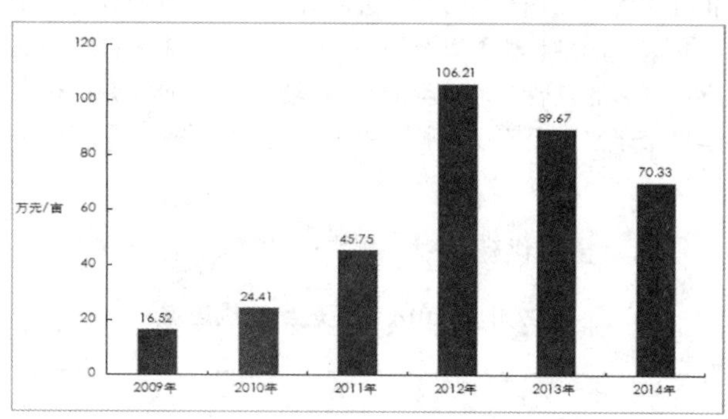

数据来源：CRIC

2014年，运城市土地每亩地价70.33万元，同比去年下降21.57%。随着城市建设的开展，城市配套的不断完善，土地价值正在不断增长，随着城市的承载量的不断扩大，城镇化建设的加快以及生活环境的不断优化，预计未来运城市土地成交价格将稳步上涨。

九、项目活动

2014年，运城市房地产共进行101次项目营销活动，活动内容主要围绕传统节假日、价格优惠、开盘等主题进行。从活动整体来看，呈现主题较为单一、频率较少、效果一般等特点，营销活动的水平持续提高，建议开发商多学习一二线城市或大型知名开发商在组织房地产营销活动方面的经验。

项目营销活动就是连接市场需要和住宅产品开发建设的中间环节，是开发商将潜在市场机会转化为现实市场机会，从而实现企业自我发展的有效手段，从某种意义上说，项目营销活动也是房地产开发成败的关键因素之一，2012年恒大等大型知名开发商的进驻为运城房地产的发展带来了新鲜血液，它们较为先进的营销活动方式引领着运城房地产的发展，刺激着运城房地产市场向更好更快的方向发展。预计未来运城市房地产营销活动将更加多元化、成熟化。

十、报广投放监测

2014年，运城市报广主要集中在《运城日报》和《黄河晨报》上。

报广投放最多的报纸为《黄河晨报》，占总投放量的65.33%；《运城日报》上的报广相对较少，占比达到总投放量的34.67%。

全年全市投放广告的项目共计19个。项目投放最多的报纸为《黄河晨报》，投放广告的项目达到12个；《运城日报》只有7个项目。

从统计数据来看，运城市平面媒体广告投放主要集中在《黄河晨报》，我们认为其中主要原因是《黄河晨报》发行量大，覆盖范围广，是大众获取信息的重要途径。

运城市房产网络媒体有0359房产网、运城搜房网、运城楼盘网、新房网、运城新浪乐居，以及腾讯、百度房产运城站。网络媒体中，0359房产网搜房网运营状况较好，广告投放量大。

十一、总结及展望

2014年是运城发展史上非同寻常的一年。面对特殊历史时期和经济下行压力加大的严峻形势，全市人民紧紧围绕中央、省、市的各项决策部署，团结奋进，攻克时艰，保持了全市经济持续健康发展和社会和谐稳定。运城市大力发展社会事业，着力保障和改善民生，人民福祉得到新改善。

从趋势来看，运城房地产市场在去库存背景下，明年上半年行业开发投资、新开工等指标在惯性影响下，仍将延续回落格局，下半年，随着市场预期和信心都有所回升，加之贷款宽松格局，行业将持续“盘整”，平稳运行。部分指标也会在的整个宏观背景的变革下，率先反弹复苏。

随着2015年楼市的回暖，运城房地产市场需注意以下问题。一要加大土地、信贷等方面的监管，加快闲置存量土地的清理，督促开发企业尽快开发存量土地。二需加快建立健全房地产市场调控的长效机制和政策体系，鼓励刚性需求和改善性需求，弱化抑制投机投资性需求，并抓紧研究推进房地产税收制度改革。因此，要进一步加强搞好房地产市场的调控、监管，促进全市房地产市场长期、稳定、健康发展。

（撰稿人：李峰　牛佩华）

附件篇

序号	宗地编号	行政区	土地座落	总面积	土地用途	供应方式	土地年限	签定日期
1	YBXG-1409	运城市本级	解放路与关公街东南角方位	3908.9	批发零售用地	挂牌出让	40	2014/11/5
2	YDXG-1415	运城市本级	盐湖大道以南，韩信路以西	26666.6	其他普通商品住房用地	挂牌出让	70	2014/11/5
3	YDXG-1416	运城市本级	晨光路以西，太乙街以北	3022.51	商务金融用地	挂牌出让	40	2014/11/5
4	YSGD-1404	运城市本级	府东街以南	3090	其他普通商品住房用地	挂牌出让	70	2014/10/30
5	YBXG-1416	运城市本级	人民北路以西、北外环以南、关公街以北、朝元路以东	125305.87	医卫慈善用地	挂牌出让	50	2014/10/11
6	YBXG-1407	运城市本级	华源街以南，货场西路以西	2817.85	批发零售用地	挂牌出让	40	2014/6/17
7	YBXG-1408	运城市本级	圣惠路与棉北街东南方位	3200	批发零售用地	挂牌出让	40	2014/6/17
8	YBXG-1409	运城市本级	解放路与关公街东南方位	3908.9	批发零售用地	挂牌出让	40	2014/6/17
9	YBXG-1410	运城市本级	幸福路与规一路东北角	3200	批发零售用地	挂牌出让	40	2014/6/17
10	YBXG-1411	运城市本级	中银大道与规五十八路东北角	4004.97	批发零售用地	挂牌出让	40	2014/6/17
11	YBXG-1412	运城市本级	中银大道以东，永乐街以南	28063.82	其他商服用地	挂牌出让	40	2014/6/17
12	YBXG-1413	运城市本级	学苑路与规一路西北方位	4620.11	批发零售用地	挂牌出让	40	2014/6/17
13	YBXG-1414	运城市本级	学苑路与华源街东南方位	6645.09平	批发零售用地	挂牌出让	40	2014/6/17
14	YBXG-1415	运城市本级	条山街以南	2749.04	批发零售用地	挂牌出让	40	2014/6/17
15	YDXG-1414	运城市本级	东外环以东，河东街以南	2684.09	批发零售用地	挂牌出让	40	2014/6/17
16	YBXG-1401	运城市本级	高速路以北、圣惠路以东	2266	加油加气站。	挂牌出让	40	2014/5/5
17	YBXG-1402	运城市本级	解放路以西、姚孟西街以北	65676.83	其他普通商品住房用地	挂牌出让	70	2014/5/5
18	YBXG-1403	运城市本级	华源街以南、棉西路以西	8874.89平	其他普通商品住房用地	挂牌出让	70	2014/5/5
19	YBXG-1404	运城市本级	华源街以北、货场东路以东	10266.92	其他普通商品住房用地	挂牌出让	70	2014/5/5
20	YBXG-1405	运城市本级	学苑路以西、子文路以东、秋实街以北	43083.4	其他普通商品住房用地	挂牌出让	70	2014/5/5

序号	宗地编号	行政区	土地座落	总面积	土地用途	供应方式	土地年限	签定日期
21	YBXG-1406	运城市本级	岳北街与规六十九路西南角	13755.83	其他普通商品住房用地	挂牌出让	70	2014/5/5
22	YDXG-1401	运城市本级	运城市盐湖大道以南，运城珠水国际大酒店用地以东	3189.55	住宿餐饮用地	挂牌出让	40	2014/5/5
23	YDXG-1402	运城市本级	周西路与规二十八路东南角	3235.01	商务金融用地	挂牌出让	40	2014/5/5
24	YDXG-1403	运城市本级	盐湖大道以南	35822.89	其他普通商品住房用地	挂牌出让	70	2014/5/5
25	YXXG-1401	运城市本级	运解路以南、盐化一场以西	38175.77	其他商服用地	挂牌出让	40	2014/5/5
26	YDCG-1404	运城市本级	运城市盐湖大道以南，南杨村以北	36116.2	工业用地	挂牌出让	50	2014/3/27
27	YRFG1301-1	运城市本级	河东街东起人民路东侧，西至南阜巷，道路红线范围内地下空间。今日步行街南起河东街，北至禹都大道道路红线范围内地下空间。	40228.26	其他商服用地	挂牌出让	40	2014/3/27
28	YRFG1301-2	运城市本级	解放路北起禹都大道北侧，南至红旗街南侧，道路红线范围内地下空间。河东街东至南阜巷，西至解放路道路红线范围内地下空间。	49069.07	其他商服用地	挂牌出让	40	2014/3/27

2014 中国国土资源公报

国土资源部

一、批准建设用地

2014 年，共批准建设用地 40.38 万公顷，同比下降 24.4%，其中，批准占用耕地 16.08 万公顷。批准单独选址和城镇村建设用地分别为 14.11 万公顷和 26.27 万公顷，同比分别下降 24.7% 和 24.3%。报国务院批准用地中，核减不合理用地 0.43 万公顷，其中耕地 0.18 万公顷。

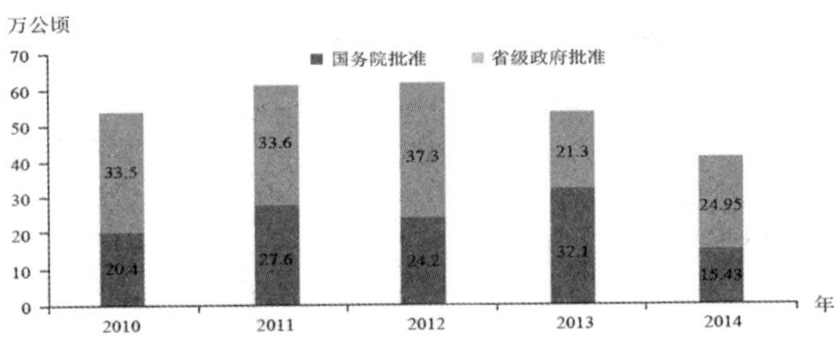

2010-2014 年批准建设用地变化情况

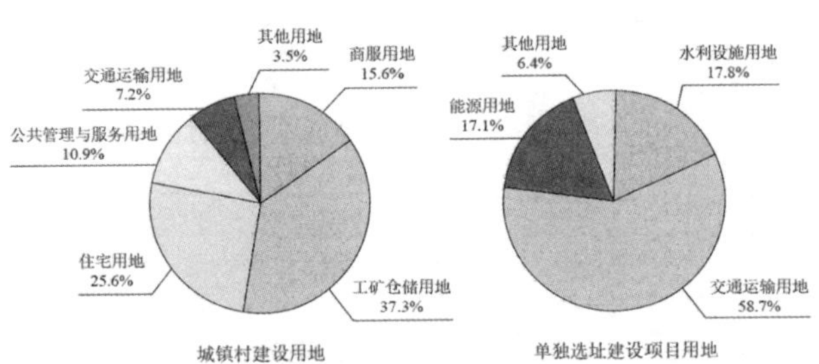

2014 年批准建设用地结构

二、国有建设用地供应

2014 年，国有建设用地供应 60.99 万公顷，同比减少 18.8%，其中，工矿仓储用地、商服用地、住宅用地和基础设施等其他用地供应面积分别为 14.73 万公顷、4.93 万公顷、10.21 万公顷和 31.12 万公顷，同比分别减少 31.0%、26.4%、28.1% 和 5.2%。

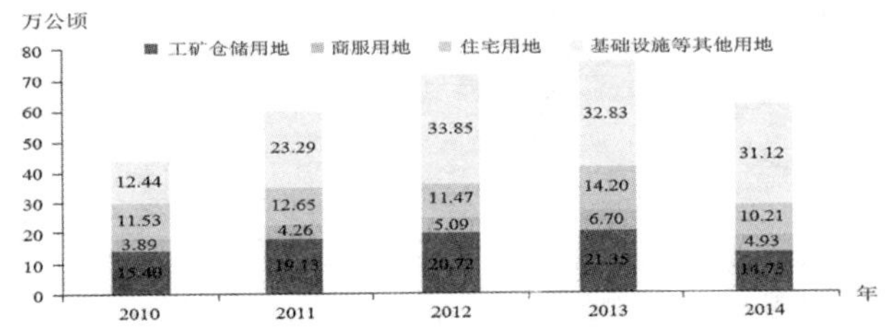

2010-2014 年国有建设用地供应变化情况

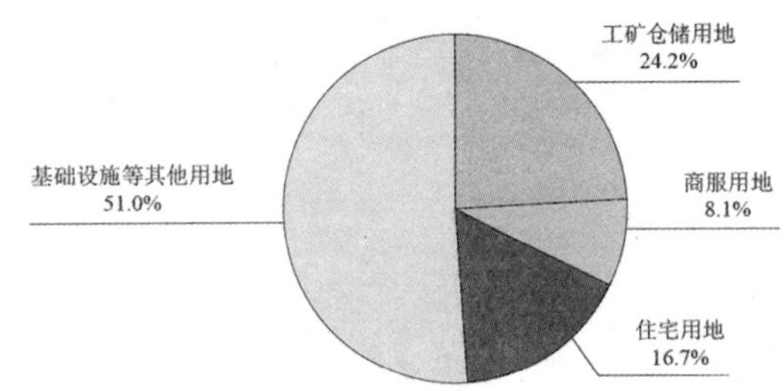

2014 年国有建设用地供应结构

三、土地出让

2014 年，出让国有建设用地 27.18 万公顷，出让合同总价款 3.34 万亿元，同比分别减少 27.5% 和 27.4%。其中，招标、拍卖、挂牌出让土地面积 25.15 万公顷，占出让总面积的 92.5%；招标、拍卖、挂牌出让合同价款 3.18 万亿元，占出让合同总价款的 95.3%。

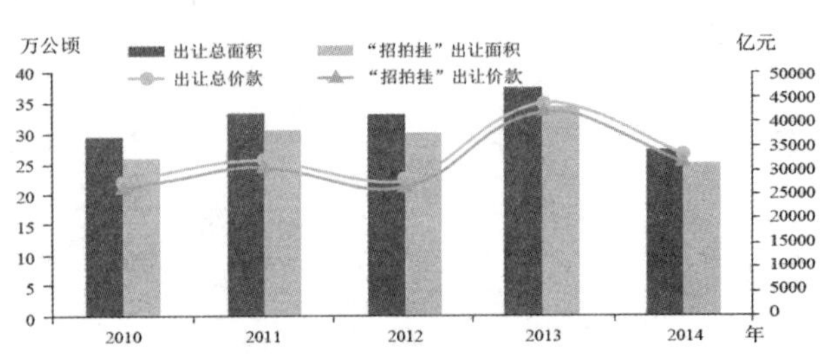

2010-2014 年国有建设用地
出让面积和出让价款变化情况

四、主要城市地价

2014 年四季度末，全国 105 个主要监测城市综合地价、商服地价、住宅地价和工业地价分别为 3522 元／平方米、6552 元／平方米、5277 元／平方米和 742 元／平方米，同比分别增长 5.2%、3.9%、4.8% 和 6.0%，环比分别增长 0.9%、0.4%、0.7% 和 1.4%。

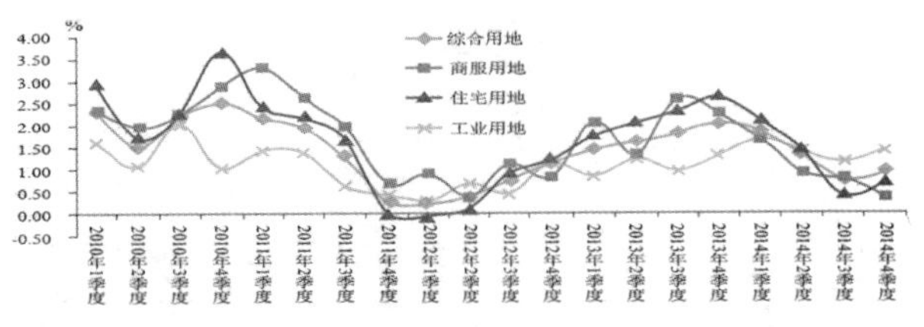

2010-2014 年全国主要城市监测地价
环比增长率变化情况

五、重点城市土地抵押

截至 2014 年底，84 个重点城市处于抵押状态的土地面积为 45.10 万公顷，抵押贷款总额 9.51 万亿元，同比分别增长 11.7% 和 22.5%。全年土地抵押面积净增 4.56 万公顷，抵押贷款净增 1.73 万亿元，同比分别下降 14.5% 和 2.4%。

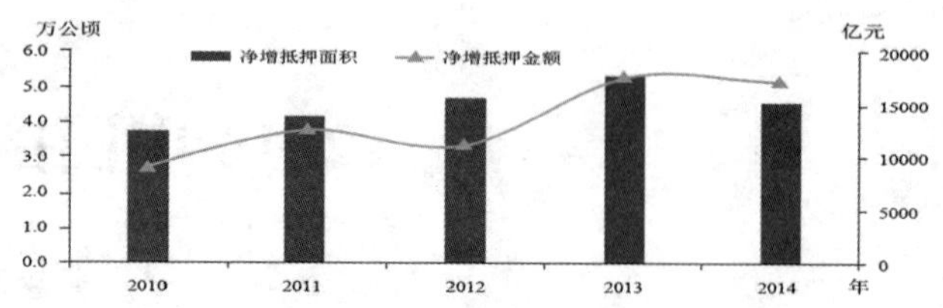

2010-2014 年 84 个重点城市土地抵押变化情况

2014年全省国土资源经济运行监测分析

山西省国土资源厅

今年1-4季度，我省各级国土资源部门以中央全面深化改革精神为指导，认真贯彻落实省委、省政府和国土资源部的决策部署，坚持保红线、保发展、保权益“三保”齐抓。各项工作取得了显著成效。

一、用地预审面积达1928.8公顷，其中能源用地占总面积的近八成

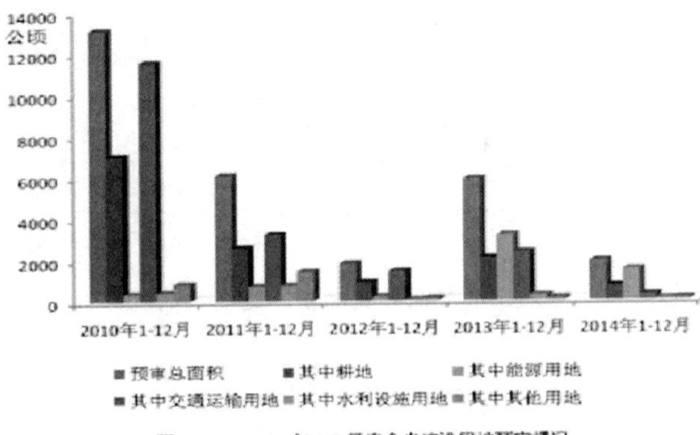

图 1 2010-2014年1-4季度全省建设用地预审情况

1-4季度，全省用地预审件数为193件，预审面积为1928.8公顷。其中耕地预审面积691.8公顷。从用地预审项目看，能源用地预审面积达1495.6公顷，占预审总面积的77.5%；交通运输用地预审面积为273.9公顷，水利设施用地预审面积为71.3公顷，分别占预审总面积的14.2%和3.7%；其他用地预审面积达87.9公顷，占到预审总面积的4.6%。

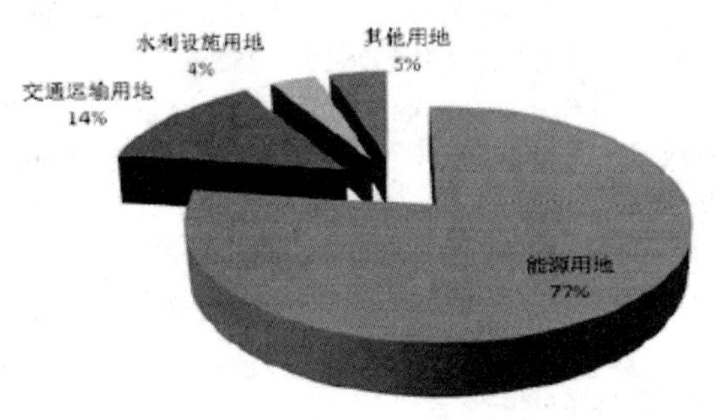

图 2 2014年1-4季度全省建设用地预审结构情况

二、全省批准建设用地面积15145.7公顷，同比下降19.3%

1-4季度，全省建设用地审批面积为15145.7公顷，比上年同期下降19.3%。其中，新增建设用地审批面积为12163.6公顷，比上年同期下降18.9%；存量建设用地审批面积为298.2公顷，比上年同期下降20.9%。

从审批用途看，城镇村建设用地中，工矿仓库用地，住宅用地，公共管理和服务用地占据主体地位，审批面积分别为2946.1公顷、2241公顷、1698.2公顷，占总量的76.9%；单独选址建设用地中，交通运输用地占据绝对优势地位，占总量的66.7%，达到4125.9公顷。

三、建设用地供应10776.9公顷，比上年同期下降37.7%

1-4季度，全省供地宗教为3252宗，比上年同期下降22.5%；供地面积为10776.9公顷，比上年同期下降37.7%。其中商业用地面积为943.1公顷，同比下降36.1%；住宅用地面积为1734.1公顷，比上年同期下降36.9%；工矿仓储用地面积为2864.2公顷，比上年同期下降18%；其他用地面积为5235.5公顷，比上年同期下降45.3%。

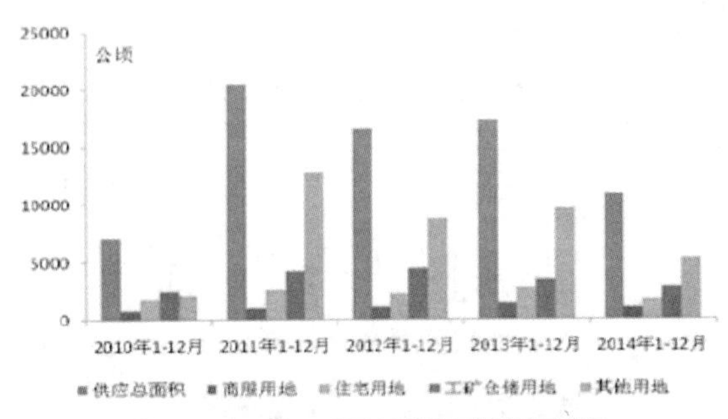

图 4 2010-2014年1-4季度全省国有建设用地供应情况

1-4季度，全省经济适用房、廉租房、中低价位中小套房和公共租赁住房等保障性住房供地面积共521.9公顷，占住宅供地总面积的30.1%，比上年同期的38.7%，降低了8.6个百分点。

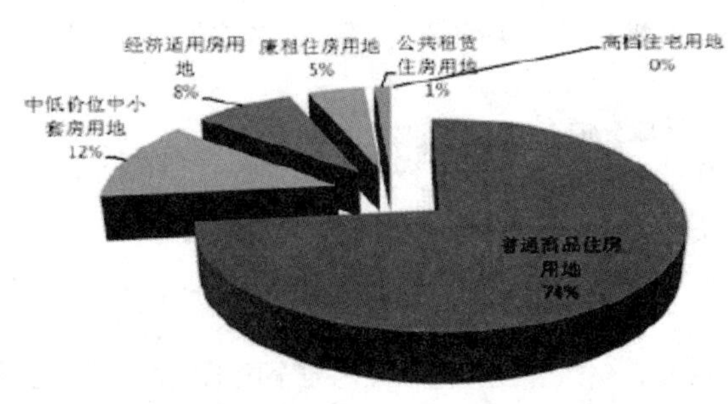

图 5 2014年1-4季度全省住房用地供应结构情况

2014 年全国房屋市场供求与价格分析

国家信息中心

一、商品房市场

2014 年对楼市来说是不同寻常的一年，房地产市场经历着过山车般的行情。上半年中央 明确分类调控，市场库存高企，开发商绞尽脑汁提升销量；下半年“限购松绑”、房贷新政、央行降息等利好政策相继出现，楼市成交逐步回温，“去行政化”、趋于理性的楼市新常态逐渐 形成。2015 年，房地产新常态下的投资增速预期会进一步下降，房地产市场持续调整，房价 会继续进行合理回归，但不同城市价格表现分化。从全国房地产市场的监测情况来看，近九 成监测城市的成交环比上升，七成重点城市的商品房成交量同比继续回升。从商品房平均成 交价格来看，近半数城市的房价同比仍有上涨，上涨城市的个数与上月相比有所增加。

市场供应情况

从市场供应情况来看，12 月全国商品房库存量环比增长的城市个数比上月有所增加。从 各城市的监测情况来看，超过八成城市的商品房库存量环比上升，近两成城市商品房库存量 继续下降。

各城市商品房可售面积环比增长情况

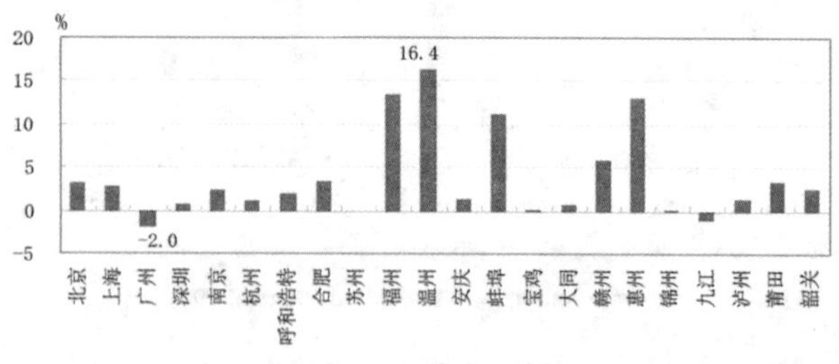

与上月相比，本月全国超过八成城市商品房库存量持续增长，个别城市涨幅较大。从各城市的监测情况来看，杭州、南京等 19 个城市库存量环比上升，其中，温州、福州、惠州市商品房可售面积涨幅较大，分别为 16.4%、13.5%、13.1%。广州、九江、苏州等城市商品房库存量均略有下降，跌幅较小。

市场成交情况

从市场成交情况来看，12 月份，包括南京在内的全国超过七成城市商品房成交量同比出现回升，四成城市商品房成交量同比涨幅超过 30%。另外，天津、苏州等近三成城市成交量同比仍有回落。

12 月，包括三亚、南京在内的全国七成重点城市的商品房成交面积同比增速回升。其中无锡等两成城市成交面积涨幅超过 50%，济南、福州、深圳、厦门市涨幅翻番，分别为 187.1%、136.2%、135.3%、101.1%。天津等近三成城市成交面积同比仍有回落，合肥、呼和浩特、大连市跌幅位居前三位，分别下降 27.5%、27.1%、25.7%。

重点城市商品房成交面积同比增长情况

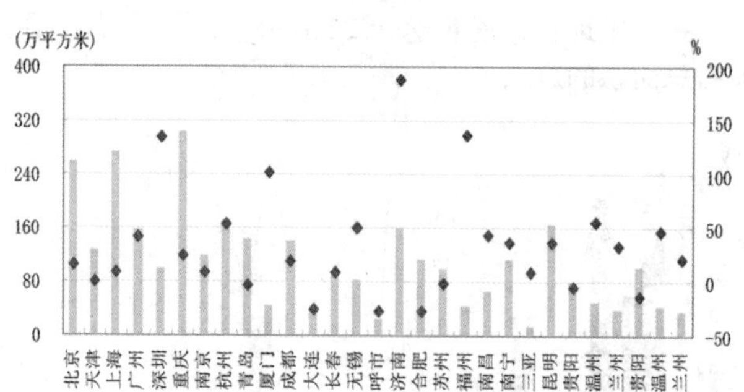

一般城市商品房成交面积同比增长情况

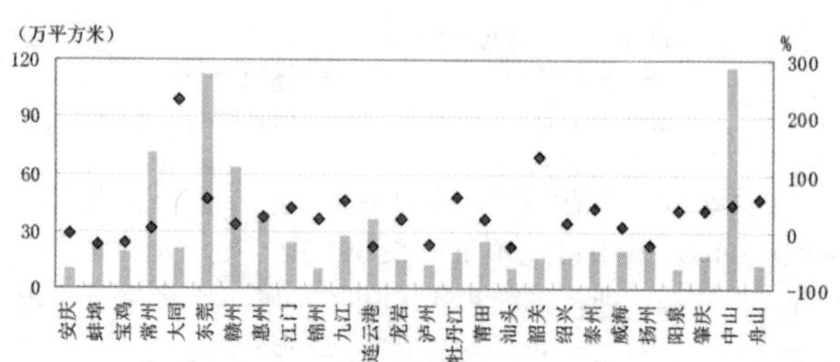

在所监测的一般城市中，超过七成城市的商品房成交面积同比增速出现回升。其中，大同、韶关、牡丹江市涨幅位居前三位，分别为 228.1%、129.5%、60.4%。同时，安庆等近三成城市商品房成交面积同比仍有回落，汕头、连云港市跌幅较大，分别为 26.2%、25.5%。

与上月相比，在监测的所有城市中，三亚、天津等近九成城市成交环比继续回升，两成城市涨幅超过 40%，阳泉、牡丹江、昆明市成交涨幅较大，分别为 122.5%、116.8%、92.2%。同时，常州等一成监测城市商品房成交面积出现下滑，兰州、贵阳市跌幅较大，分别为 31.9%、20.9%。

平均成交价格

从商品房平均成交单价来看，九江等超过半数城市的房价同比呈下降趋势，部分城市价格跌幅超过 10%。

在监测的全部城市中，半数城市价格同比出现回落。其中，肇庆、江门、湛江市跌幅位居前三位，同比分别下降 21.3%、16.1%、11.7%。同时，丹东等近五成城市商品房成交均价继续上升，丽江市涨幅最大，为 67.8%。重点城市中，天津、深圳市成交均价同比继续回升。

各城市商品房成交价格同比变化情况

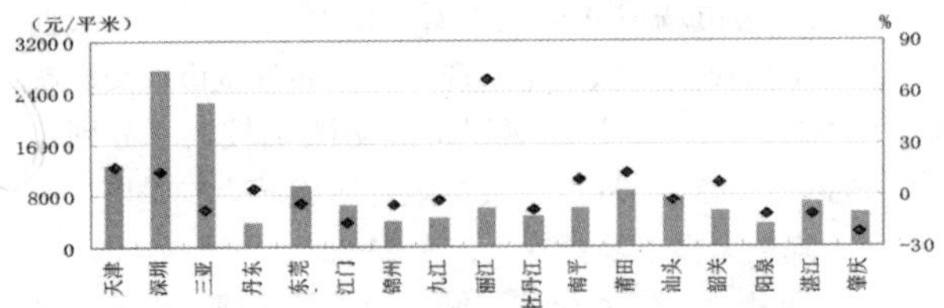

与上月相比，全国四成城市房价有所回升。从所监测的城市来看，深圳等四成城市商品房平均成交单价环比上涨，丽江、韶关、锦州市房价环比涨幅位居前三位，分别为 14.7%、11.3%、10%。同时，江门、九江等超过五成城市价格出现下滑，阳泉、牡丹江市商品房平均成交价跌幅较大，分别为 22.6%、13.4%。重点城市中，天津、无锡、深圳、三亚市成交均价环比均有明显回升。

套均成交价格

从商品房成交套均价格来看，深圳以 299 万元的套均价格位居首位，其次是三亚，套均价格为 197 万元 / 套。大部分城市的商品房套均价格在 40-160 万元 / 套，丹东市套均价格低于 40 万元。

各地区市场情况

从各地区商品房市场成交同比情况来看，华北与东北地区仍呈回落走势，中南、西部地区保持平稳增长，华东地区成交涨跌分化；从成交环比来看，四个地区成交量均有回升。

表 3-1 各地区商品房市场情况

□u□ □$ □ □g□$		可售□$		成交□$		
		□o□i□□□$环比增幅		□ □ □□□$环比增幅		同比增幅
		(万平米)	(%)	(万平米)	(%)	(%)
华东	上海	3706.9	2.8	272.2	25.9	**9.2**
	青岛	-	-	144.4	28.6	**-3.0**
	合肥	1215.7	3.3	113.6	5.5	**-27.5**
	苏州	1439.0	-0.1	99.8	5.7	**-2.2**
	杭州	2288.2	1.2	169.8	14.7	**53.4**
	温州	837.7	16.4	49.6	12.9	**55.9**
	宁波	658.5	0.5	29.7	26.8	**-37.7**
华北东北	北京	2112.1	3.2	260.7	63.0	**15.5**
	天津	-	-	127.1	4.1	**-0.8**
	哈尔滨	-	-	37.2	-29.2	**-43.6**
	长春	-	-	92.5	21.5	**8.8**
中南	广州	2042.2	-2.0	158.2	57.9	**41.3**
	深圳	746.5	0.7	99.2	48.8	**135.3**
	三亚	-	-	13.9	1.6	**8.5**
	武汉	-	-	237.1	5.7	**28.4**
	湘潭	-	-	12.6	-62.8	**62.4**
西部	重庆	-	-	303.5	24.8	**23.5**
	成都	-	-	141.6	28.0	**18.6**
	南宁	-	-	113.7	10.3	**36.3**
	贵阳	-	-	80.1	-20.9	**-4.5**

华东地区成交涨跌分化。从成交同比来看，华东七市整体平均上涨 6.9%，继续回暖， 但成交涨跌分化。本月各城市市场库存量保持平稳，杭州、温州等城市成交量大幅回升，同时，宁波、合肥等城市成交跌幅仍然较大。从成交环比来看，所有城市成交量均已步入回升通道。

东北及华北地区成交量跌幅放缓。本月东北及华北地区楼市成交总体同比回落 5%， 北京市房地产市场继续回暖，但哈尔滨市成交量同比跌幅依然较大。环比来看，北京、天津、长春市成交均有所回升，哈尔滨市成交量仍在下跌。

中南地区成交大幅上涨。本月华南地区各城市商品房成交量均有明显回升，深圳市成 交同比涨幅翻番。从环比来看，广州、深圳市成交量持续快速上涨。 华中区域市场以自住客为主，武汉市全面放开住宅限购后，市场成交连续四个月大幅回升，但湘潭楼市成交量环比继续下跌。

西部地区成交量保持平稳增长。本月西部地区成交量整体继续回升，其中，仅贵阳 市成交同比、环比仍有小幅回落，其余城市成交保持平稳增长。

二、商品住宅市场

市场供应情况

从市场供应情况来看，12 月全国六成城市商品住宅库存量环比有所增长，可售面积上升的城市个数与上月持平。

与上月相比，锦州等六成城市商品住宅可售面积继续回升，其中，蚌埠、福州、惠州市环比涨幅位居前三位，分别为 11.8%、9.1%、8.5%。同时，深圳、合肥等城市可售面积环比有所回落，湛江市跌幅最大，为 4%。

各城市商品住宅可售面积环比增长情况

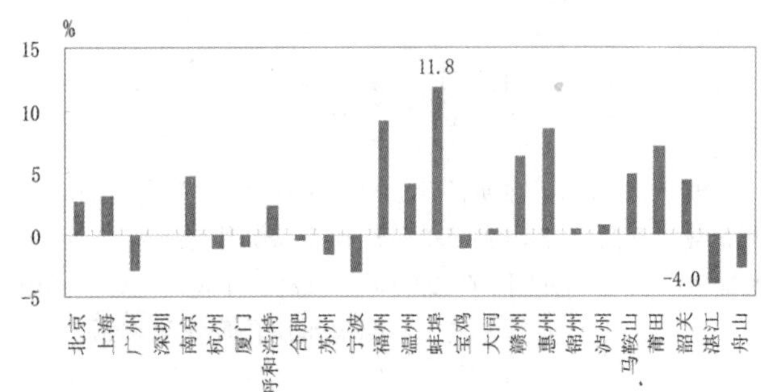

市场成交情况

从市场成交情况来看，全国超过七成城市商品住宅成交量呈上升态势，所监测的全部城市中，近三成城市的成交量同比涨幅超过 50%，个别城市涨幅翻番。

12 月，在所监测的重点城市中，贵阳等近八成城市商品住宅成交面积同比有所回升，超过三成城市涨幅超过 50%，个别城市涨幅翻番。其中，福州、济南、石家庄市同比涨幅位居前三位，分别为 201.1%、198.5%、158.8%。同时，天津等近三成城市可售面积环比仍有下降，青岛、合肥市跌幅较大，分别为 85.5%、32.2%。

在监测的一般城市中，超过七成城市商品住宅成交面积同比出现回升，近六成城市的成交涨幅超过 30%。其中，大同、湛江、韶关市成交面积涨幅位居前三位，同比分别上升 294.9%、145.6%、127.3%。扬州等近三成城市的成交面积同比仍有下降，汕头、泸州、莆田市跌幅较大，分别为 26.7%、20.4%、19.6%。

重点城市商品住宅成交面积同比增长情况

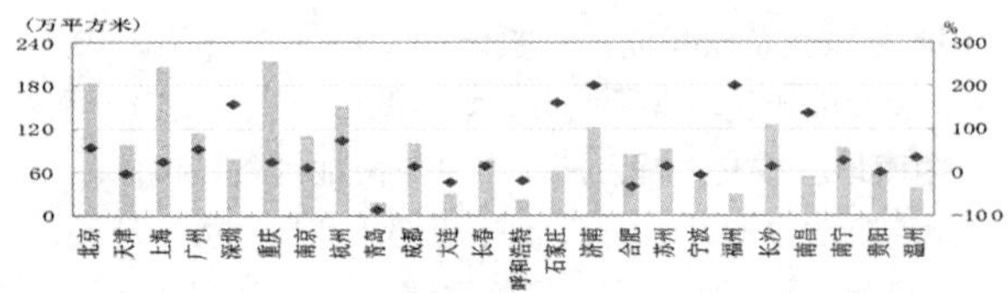

与上月相比，在监测的所有城市中，八成监测城市商品房成交面积继续回升，部分城市涨幅翻番，其中，牡丹江、阳泉、宁德市涨幅位居前三位，分别为129.1%、121.2%、109%。同时，温州、马鞍山等近两成城市成交环比仍有下降，个别城市成交环比跌幅超过70%，青岛市跌幅较大，为74.2%。

平均成交价格

从商品住宅平均成交单价来看，五成监测城市的成交价格同比上涨，上涨城市的个数比上月略有减少。

在监测的全部城市中，半数城市的商品住宅平均成交单价同比仍有上涨，锦州、深圳、天津市涨幅较大，分别为49.7%、24.5%、15.6%。同时，东莞等半数城市住宅成交价格同比出现下降，牡丹江市降幅最大，为19.9%。

各城市商品住宅成交价格同比变化情况

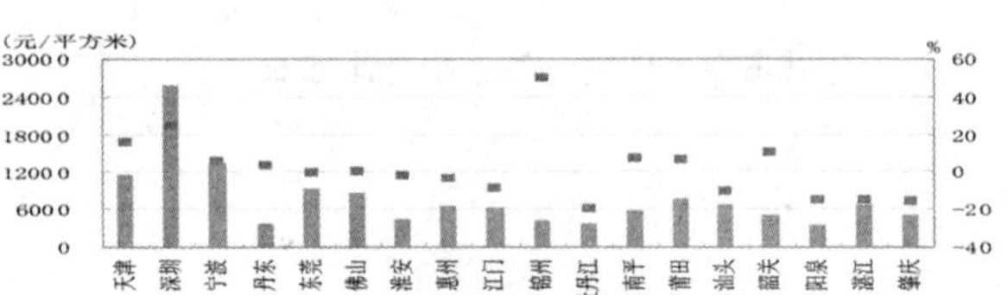

与上月相比，在所监测的全部城市中，肇庆、莆田等六成城市商品房平均成交单价环比下降，阳泉、牡丹江市跌幅较大，环比分别下降22.9%、10.8%。同时，湛江等四成城市房价仍有回升，其中，韶关市房价环比涨幅最大，为7%。

各地区市场情况

从商品住宅的成交同比走势来看，华东、华北和东北、中南地区成交总体保持快速增长，西部地区成交止跌回升。

表 3-2 各地区商品住宅市场情况

		可售□$		成交□$		
□u□	□$□$	□g□$ □o□i□□□ (万平米)	环比增幅 (%)	成交量 (万平米)	环比增幅 (%)	同比增幅 (%)
华东	上海	1327.0	3.0	206.0	17.7	23.1
	南京	706.2	4.6	110.3	11.5	10.2
	青岛	-	-	17.6	-74.2	-85.5
	合肥	479.2	-0.5	85.0	2.4	-32.2
	苏州	847.6	-1.7	92.5	8.5	11.9
	温州	526.2	4.0	38.7	-1.3	34.4
	福州	393.3	9.1	29.3	35.6	201.1
	南昌	-	-	54.7	-1.9	136.3
华北东北	北京	1112.2	2.7	184.2	52.3	56.4
	天津	-	-	98.4	-4.3	-4.2
	石家庄	-	-	62.3	2.4	158.8
	大连	-	-	29.2	17.4	-22.0
	长春	-	-	76.4	15.9	12.1
中南	广州	993.7	-2.9	114.0	39.2	53.1
	深圳	463.9	-0.1	78.6	36.8	156.3
	武汉	-	-	209.2	3.5	42.3
	长沙	-	-	125.4	19.6	13.8
西部	成都	-	-	100.3	13.5	14.1
	南宁	-	-	94.3	32.8	26.4
	贵阳	-	-	61.6	-8.2	0.2

三、二手房市场

从二手房市场成交情况来看，12月份，超过六成监测城市二手房成交面积同比出现回升，部分城市成交涨幅超过50%，南昌、杭州、深圳市成交涨幅较大，分别为57%、53%、29.3%。同时，成都等近四成城市二手房成交量仍有下降，无锡市跌幅较大，为25.2%。

与上月相比，近九成监测城市的二手房成交面积继续回升，个别城市涨幅超过40%，其中，南昌、北京、大连市涨幅较大，分别为99.6%、41.6%、38.8%。同时，无锡、成都市成交有所回落，跌幅分别为1.5%、4.2%。

二手房成交面积走势情况

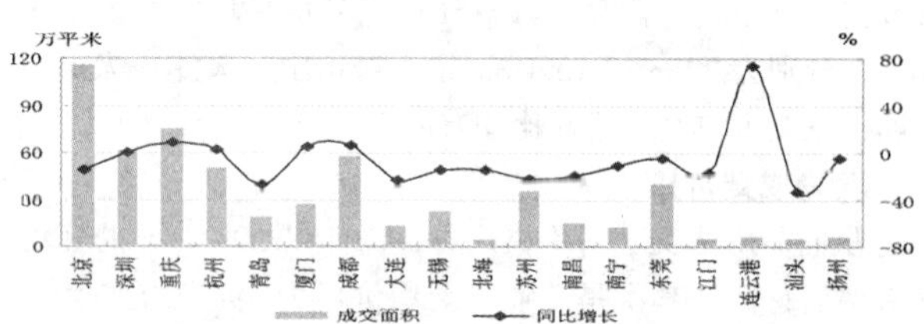

从二手住宅市场成交情况来看，超过七成监测城市的二手住宅成交面积同比出现回升，长沙等半数城市涨幅超过20%。深圳、南昌、佛山市涨幅较大，分别为51.9%、51 %、48.8%。同时，南宁市等近三成城市二手住宅成交仍有回落，重庆市跌幅最大为35.5%。

二手住宅成交面积走势情况

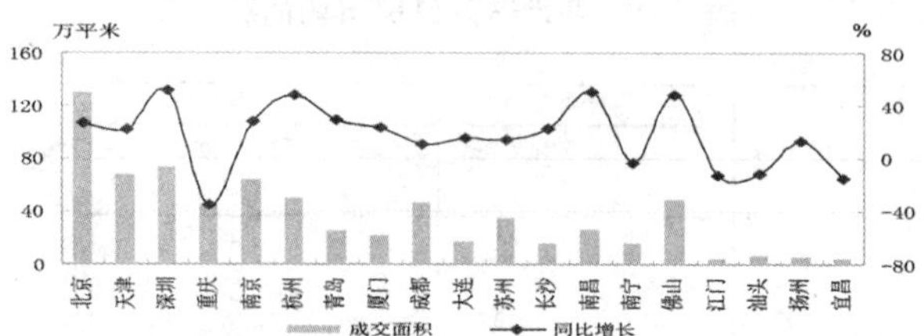

与上月相比，所有监测城市的二手住宅成交面积均呈上升走势，成都等近六成城市涨幅超过20%，其中，南昌、南京、深圳市成交涨幅位居前三位，分别为93.6%、90%、39.2%。

表 3-3 各城市二手房及二手住宅成交情况

二手房□$				二手住宅□$			
城市	成交套数 (套)	成交面积 (万平米)	同比 (%)	城市	成交套数 (套)	成交面积 (万平米)	同比 (%)
北京	16535	164.0	24.9	北京	14671	130.4	27.5
深圳	9792	83.8	29.3	天津	7854	67.8	22.4
重庆	6261	86.1	6.5	深圳	8670	74.2	51.9
杭州	5664	63.9	53.0	重庆	5342	46.2	-35.5
青岛	2556	22.2	-2.2	南京	7598	64.9	28.0
厦门	2920	34.3	28.5	杭州	5146	50.1	48.6
成都		55.7	-5.3	青岛	2702	26.4	28.9
大连	2244	19.1	13.5	厦门	2266	22.8	23.0
无锡	2140	22.4	-25.2	成都	5136	47.3	10.2
苏州	3803	40.3	17.5	大连	2161	17.1	15.0
南昌	3269	31.9	57.0	苏州	3489	35.4	14.6
南宁	1802	16.9	-9.4	长沙	1605	16.6	22.2
东莞	3201	53.7	5.7	南昌	3160	27.6	51.0
江门	649	7.2	-14.7	南宁	1587	15.9	-3.1
连云港	558716	-49.3	-1546.6	佛山	3923	49.8	48.8
汕头	717	7.0	-8.2	江门	535	5.2	-13.1
扬州	766	6.9	6.3	汕头	714	6.6	-11.8
				扬州	645	5.6	13.3
				宜昌	503	4.5	-15.1

2014 年第一季度全国主要城市地价监测报告

城市地价动态监测组

根据全国城市地价动态监测系统 [1] 的最新数据，2014 年第一季度全国重点区域和主要城市地价状况分析如下：

一、总体情况

（一）地价水平温和上涨，环比增幅收窄，同比增长率趋稳

2014 年第一季度，全国主要监测城市地价总体水平为 3412 元／米 ²，商服、住宅、工业地价分别为 6415 元／米 ²、5139 元／米 ² 和 712 元／米 ²。

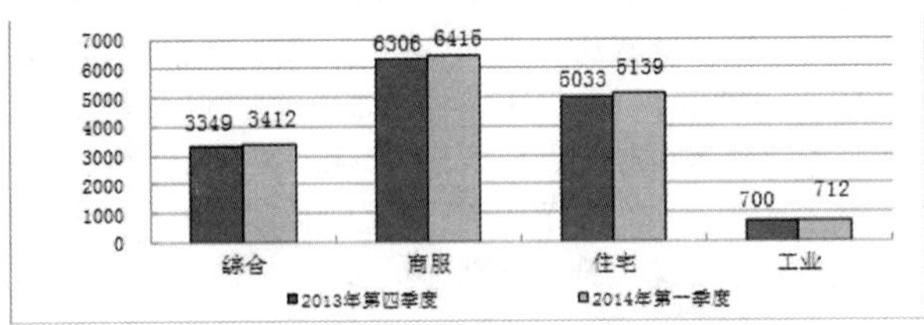

图 1 全国主要城市分用途地价水平（元／米 ²）

综合、商服、住宅地价环比增幅收窄，工业地价增速持续低位上扬。第一季度，全国主要监测城市综合地价环比增速为 1.89%，涨幅连续 7 个季度扩张后首次收窄，较上一季度下降了 0.17 个百分点；商服地价环比增长率较上一季度放缓 0.56 个百分点，为 1.73%；住宅地价仍保持较快速上升，环比增长率为 2.11%，但增速较上一季度回落 0.53 个百分点；工业地价环比增速呈加速上升趋势，为 1.71%，较上一季度增加了 0.39 个百分点。

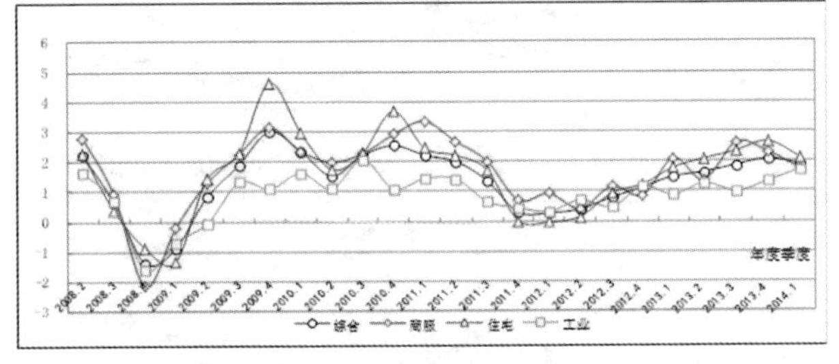

图 2 全国主要城市分用途地价环比增长率曲线图（%）

综合、商服、住宅地价同比增速仍处于较高位运行 [2]，但涨幅趋稳。第一季度，全国主要监测城市综合、商服、住宅、工业地价同比增长率分别为 7.63%、8.17%、9.52%、5.27%，较上一季度分别上升了 0.61、0.24、0.57 和 0.82 个百分点，连续 6 个季度保持加速上涨。其中，综合、商服、住宅地价同比增速较快，处于较高位运行；工业地价保持温和上行。

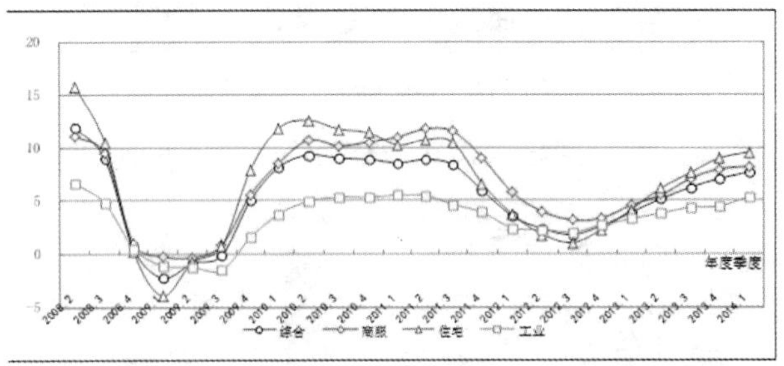

图 3 全国主要城市分用途地价同比增长率曲线图（%）

重点城市定基地价指数持续上升。2014 年一季度，以 2000 年为基期的重点城市平均地价指数持续上升，综合、商服、住宅、工业地价指数分别为 224、235、264、177，较上一季度分别增加 6、5、7、4 个点。

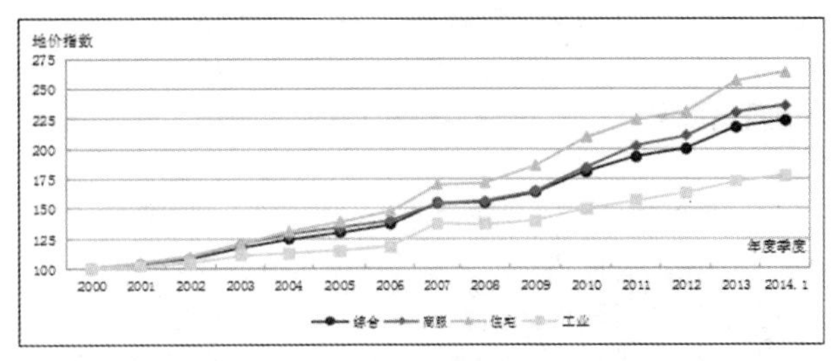

图 4 2000-2014 年一季度重点城市分用途地价指数

重点监测城市中，地价总体水平为 4863 元／米 ²，较上季度增长 2.71%，较去年同期增长 10.19%。商服、住宅和工业地价水平分别为 8354 元／米 ²、7246 元／米 ² 和 914 元／米 ²；环比增长率分别为 2.42%、2.75% 和 2.77%；同比增长率分别为 10.22%、12.17% 和 7.71%。

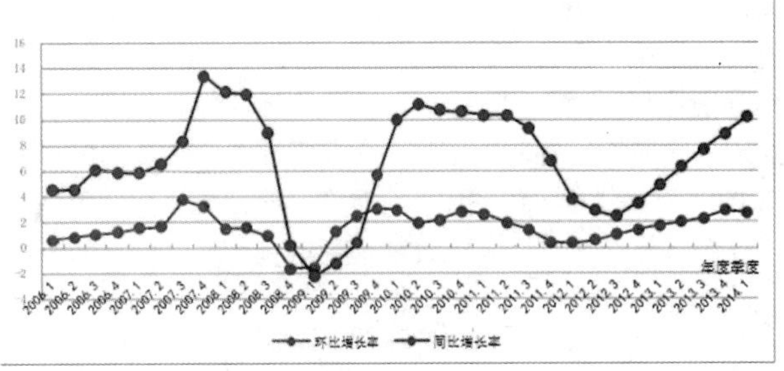

图 5 重点城市综合地价环比、同比增长率曲线图（%）

（二）长江三角洲地区各用途地价环比、同比增速全面回落；珠江三角洲地区除商服地价环比、同比增幅收窄外，其他用途地价增幅仍保持加速上涨趋势；环渤海地区地价环比增速呈低速、平稳态势

2014 年第一季度，三大重点区域综合地价水平均高

于全国总体水平，保持上升态势。长江三角洲、珠江三角洲、环渤海地区综合地价水平分别为 4941 元 / 米 ²、5105 元 / 米 ²、3607 元 / 米 ²。

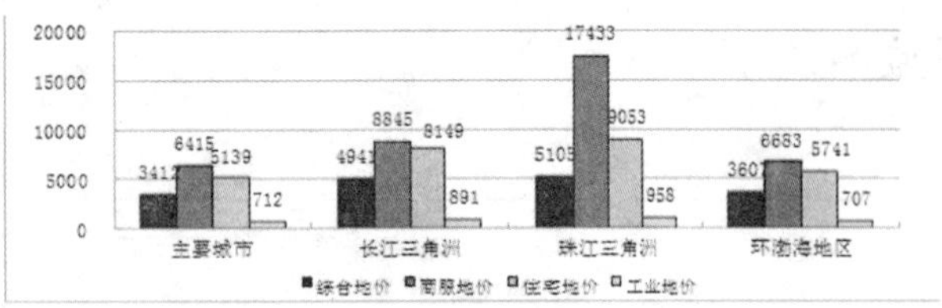

图6 2014年第一季度三大重点区域地价水平（元 / 米²）

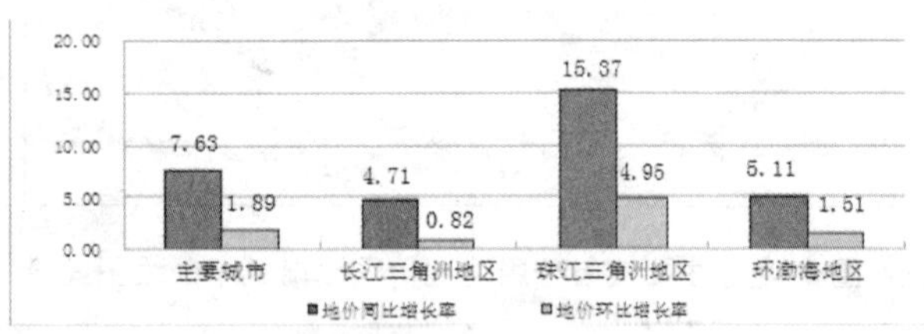

图7 2014年第一季度三大重点区域综合地价增长率（%）

从环比增长率看，长江三角洲地区综合地价增长率低于其他两大区域，较上一季度收窄了 0.53 个百分点，为 0.82%；珠江三角洲地区综合地价增长率仍处于高位运行，为 4.95%，较上一季度上升 1.80 个百分点；环渤海地区综合地价增幅低速增长，为 1.51%，较上一季度上升了 0.37 个百分点。

分用途看，长江三角洲地区各用途地价增速均呈回落态势，珠江三角洲和环渤海地区商服地价涨幅均收窄。其中，长江三角洲地区商服、住宅、工业地价增速较上一季度分别放缓 0.48、0.79 和 0.30 个百分点，增长率分别为 0.32%、1.18%、0.74%。从长江三角洲地区的监测城市看，除上海市各用途地价增速明显外，区内其他 12 个监测城市各用途地价增速基本在 –0.6% ~ 1.5% 区间内。珠江三角洲地区商服地价持续放缓，较上一季度明显收窄，回落了 2.38 个百分点；住宅和工业地价增幅仍高于其他两大重点区域平均水平，处于高位运行，分别为 4.86%、5.77%，较上一季度上升了 0.77 和 3.40 个百分点，其中，工业地价增长迅速，监测区域内的广州市和深圳市工业地价增长率分别达到 6.22% 和 8.95%。环渤海地区商服、住宅、工业地价增速均保持低速增长，商服地价增速较上一季度回落 0.07 个百分点，住宅、工业地价增速分别上升了 0.24、0.65 个百分点，增长率分别为 1.53%、1.81%、1.16%。

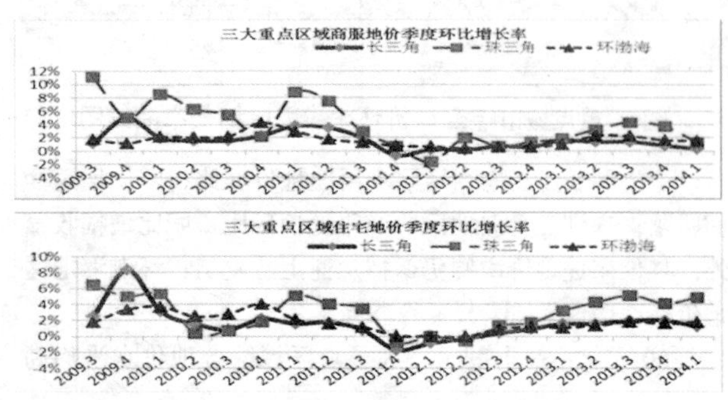

三大重点区域工业地价季度环比增长率

图 8 三大重点监测区域分用途地价环比增长率（%）

从同比增长率看，长江三角洲地区综合地价增速为 4.71%，较上一季度收窄 0.43 个百分点；珠江三角洲地区综合地价持续快速增长，继续保持高位运行，达到 15.37%，较上一季度上升了 2.62 个百分点；环渤海地区综合地价低速增长，为 5.11%，较上一季度上升了 0.45 个百分点。

分用途看，长江三角洲地区商服、住宅、工业地价增幅均呈回落态势，分别较上一季度收窄 1.30、0.35、0.06 个百分点，增长率分别为 3.88%、6.96%、2.97%；珠江三角洲地区商服、住宅、工业地价增长率快速上升，高于其他两大重点监测区域及全国平均水平，处于高位运行，分别达到 12.92%、19.63%、12.84%，其中，商服地价增速较上一季度回落 0.75 个百分点，住宅和工业地价增速则分别上升了 1.95、3.81 个百分点。环渤海地区商服、住宅、工业地价增速加速上升，分别为 7.88%、6.65%、2.50%，较上一季度上升了 0.59、0.80 和 0.01 个百分点。

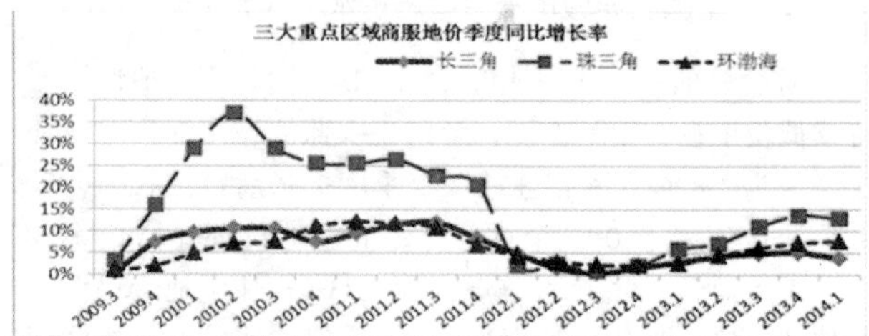

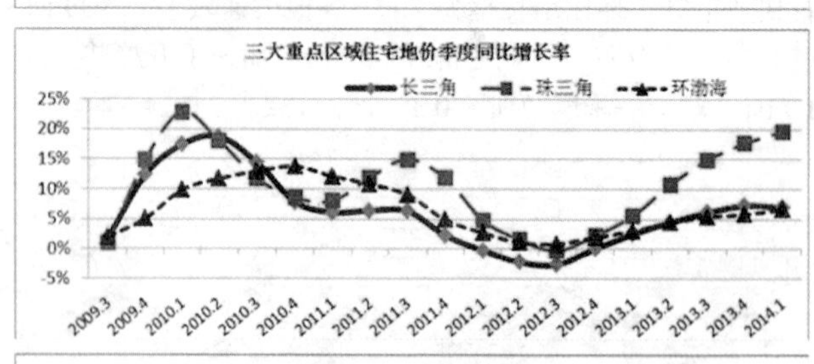

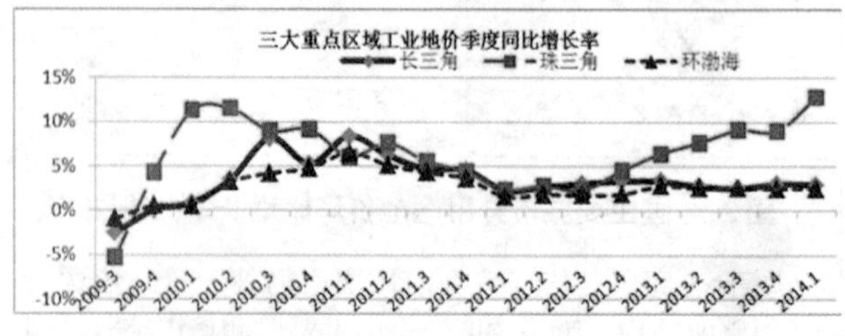

图 9 三大重点监测区域分用途地价同比增长率（%）

（三）东部地区综合地价环比、同比增长率均呈快速上升态势；西部地区综合地价环比、同比增幅收窄；中部地区综合地价环比增速回落，同比增长率则加速上升

2014 年第一季度，全国重点城市中，地价水平呈东高、西次、中低的布局。东部地区平均地价高于全国和中西部地区，西部与中部地区平均地价均低于全国重点城市平均水平。

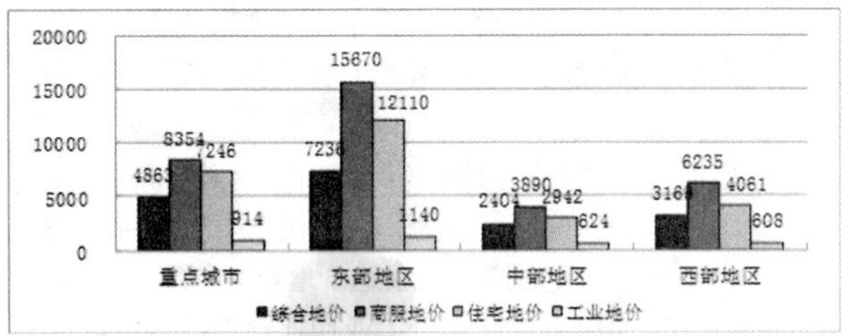

图 10 2014 年第一季度东中西部地区重点城市地价水平（元 / 米 ²）

从环比增长率看，东部地区综合地价快速增长，为 3.40%，处于高位运行，较上一季度上升 0.73 个百分点；中部和西部地区综合地价增长率为减速上升，较上一季度分别下降了 1.92 和 0.61 个百分点，增幅为 2.90% 和 0.94%。

从同比增长率看，东部和中部地区综合地价呈快速增长态势，分别达到 11.51% 和 12.29%，处于高位运行，较上一季度上升了 1.54 和 2.66 个百分点，其中，青岛、上海、厦门、广州、深圳、南昌、太原的综合地价增长率超过 10%；西部地区低速增长，增速为 5.21%，较上一季度收窄 0.58 个百分点。

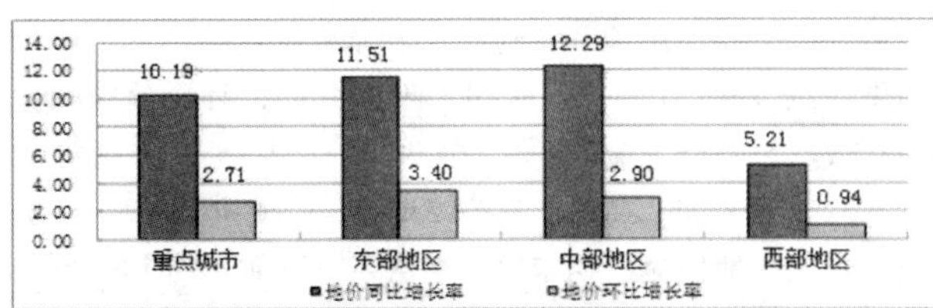

图 11 2014 年第一季度东中西部地区重点城市综合地价增长率（%）

（四）全国主要监测城市中，综合、住宅地价环比上涨的城市继续减少，近三成城市涨幅收窄，半数城市的地价增幅处于平稳区间

2014 年第一季度，全国主要监测城市的综合地价环比增长率为正的城市由上一季度的 93 个减少至本季度的 90 个，其中，涨幅收窄的城市 32 个。综合地价环比涨幅大于 3.0% 的城市由上一季度的 13 个减少至 10 个，54 个城市的涨幅稳定在 -1.0% ~ 1.0%；湖州、温州、芜湖、成都等 4 个城市增长率为负。综合地价同比上涨的城市 97 个，同比涨幅超过 7.0% 的城市由上一季度的 36 个增至本季度的 39 个，其中，太原、南昌、广州、深圳、上海、厦门、呼和浩特、青岛等 15 个城市的地价涨幅超过 10.0%；地价同比下降的城市增至 7 个。

住宅地价与综合地价变化趋势保持一致，整体运行平稳，环比增长率为正的城市 88 个，较上一季度减少 5 个，其中，涨幅收窄的城市 34 个；涨幅超过 3.0% 的城市由上一季度的 17 个减至本季度的 14 个，其中，太原、平顶山、深圳、乌鲁木齐、广州等 5 个城市的涨幅超过 5.0%；成都等 9 城市出现负增长。此外，53 个城市的涨幅稳定在 -1.0% ~ 1.0%。住宅地价同比上涨的城市由上一季度的 99 个减至本季度的 96 个；同比涨幅超过 7.0% 的城市由上一季度的 39 个增至本季度的 44 个，其中，23 个城市涨幅超过 10.0%，比上一季度少 1 个城市，太原、广州、南昌、深圳、上海等 5 个城市的涨幅超过了 15.0%；同比下降的城市有 7 个。

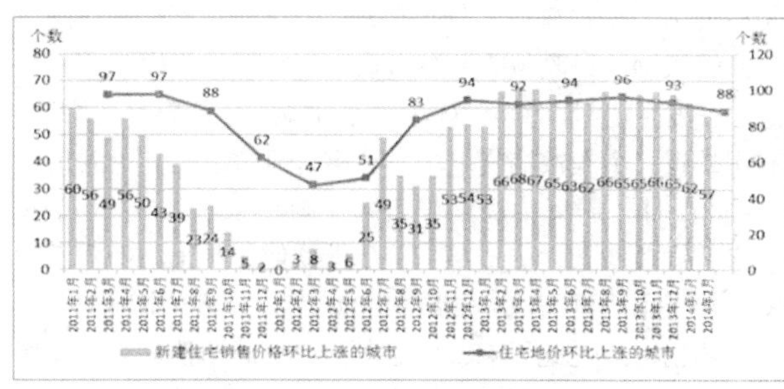

图 12 70 个大中城市新建住宅销售价格和 105 个城市住宅地价环比上涨的城市数量对比情况图

（五）异常交易地块数量、平均溢价利率等指标明显下降，市场成交相对平稳

截至 2014 年 3 月 31 日，一季度上报成交异常交易地块 90 宗，较上一季度减少了 94 宗，降幅超过 50%。平均溢价率为 104%，环比、同比分别下降了 19 和 16 个百分点。平均竞价轮次为 84 次，环比上涨 17%，同比上涨 25%。总体看来，一季度各地成交的异常地块平均竞价轮次有所上升，显示购地需求和竞争强度依然较高，旺盛，但成交异常交易地块数量及平均溢价率呈现下降趋势，市场成交相对理性。

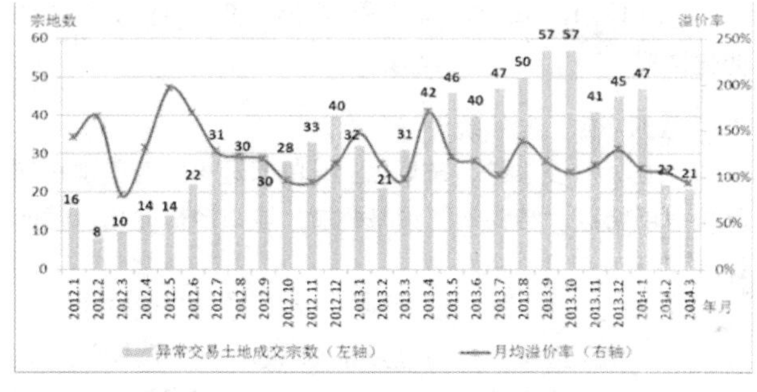

图 13 2012 年以来异常交易地块成交上报宗数和月均溢价率统计情况

二、当前市场形势分析

（一）国际经济呈现弱复苏态势，国内宏观经济受季节性因素和结构性调整共同影响，增速放缓，社会融资规模显著回落，经济下行压力进一步加强。受宏观经济景气程度影响，地价环比涨幅收窄。

2014 年一季度以来，美欧地区主要经济指标有所回升，但幅度有限，呈现弱复苏态势。美联储 QE 继续减量和加息预期进一步明确，人民币阶段性贬值的可能性加强，资产价格面临一定压力。国内宏观经济增长趋缓，部分行业长期产能过剩、成本阶段性上升、利润空间收窄等因素制约经济发展，同时，受春节因素和经济结构调整加速的共同影响，经济存在较大下行压力。国家统计局数据显示，3月PMI指数为50.3%，尽管继1、2月份下降之后略有回升，但仍显示一季度宏观经济增长动力不足。多重因素影响下，主要监测城市地价环比涨幅收窄。

资金层面，2月末，M2同比增长13.3%，增速维持在2012年6月份以来的较低水平，社会融资规模显著回落。受监管限制及风险策略调整影响，银行放贷规模收缩。房地产开发企业到位资金增速回落，明显低于投资开发增速，利用外资、个人按揭贷款增速等均有显著下降。个人信贷方面，2月，居民中长期贷款同比减少1.6%，为2012年以来首次负增长，房贷及公积金贷款依然紧张。资金面收紧增加了市场供需双方的成本压力，部分城市出现企业债务违约情况。受此影响，房地产行业格局调整，一方面房企负债率上升，融资意愿加强，另一方面，资金不足的中小企业降价跑量，引致部分城市房价预期下跌，逐步向土地市场传导。尤其是中、西部城市，地价上涨动力明显减弱，环比上涨超过3%的城市中，中、西部占30%，较上一季度明显减少。

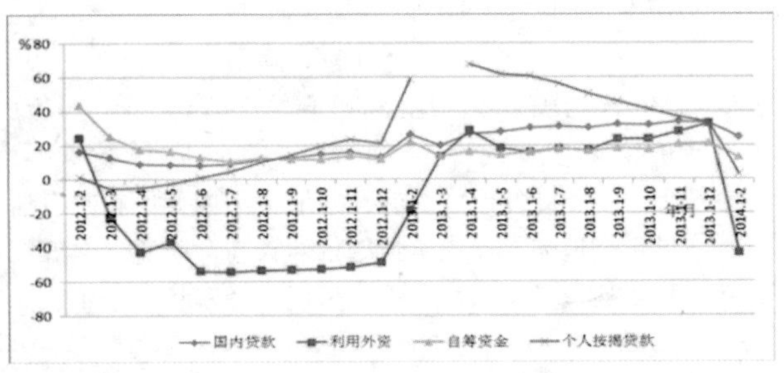

图14 2012年-2014年2月房地产开发企业资金来源变化情况

数据来源：国家统计局

（二）分类调控，市场化主导的管理思路与差别化的区域发展特点、结构调整策略叠加，城市地价分化日趋明显

中央政府进一步明确了深化改革、让市场发挥决定性作用的管理思路与措施。在房地产领域，“双向调控”、“差别化调控”、“长效机制建设”等目标和指导原则更加契合市场运行规律，加之房地产税立法和不动产统一登记工作推进的间接影响，有助于形成稳定和理性的预期。地方层面，产业结构调整、发展规划布局、自主调控市场等政策性因素综合影响，区域和城市的地价分化日趋明显。

对住宅地价而言，一方面，部分人口增长缓慢、商品房库存高、消化周期长的三、四线城市房地产价格有所回落，地价水平涨幅收窄，甚至出现下降迹象；另一方面，部分房价上涨较快的一线城市和区域热点城市，通过推广自住型商品房、限制预售、调整公积金贷款额度、增加土地供应等措施加大调控力度，加之2013年第四季度部分城市的调控收紧新政持续发力，一定程度上抑制了需求，市场进入观望期，住宅地价趋稳，但仍然维持在高位波动。

对商服和工业地价而言，国家区域规划落实、产业结构调整以及地方发展策略等因素影响显著。长江三角洲地区低效产业退出、生产性服务业导入，产业结构调整加速，经济增速阶段性回落，商服、工业地价涨幅收窄；珠江三角洲地区国家级新区开发提速，商服用地竞争门槛提高、商业办公物业饱和度较高，商服地价增幅回落显著；同时，“三旧改造”加速推进，存量工业用地预期收益提高，工业地价增速大幅上涨；环渤海地区京津冀协同发展规划尚未落地，市场基本处于自调整和观望状态，各类地价变化稳定。

总体而言，经济基础良好，产业结构稳定、市场化程度较高的东部发达地区城市具有较强的修复和统筹平衡能力，地价环比、同比增幅平稳扩张，而中、西部地区，内在基础不牢，抗压能力较弱，地价环比有所下降。

（三）土地供应总量季节性回落，符合历史供地规律，住宅用地供应同比增加，房地产用地供应占比增幅明显

全国105个主要监测城市土地供应量环比回落，符合土地供应周期性规律，各类用途宗地中，仅住宅用地供应量同比上涨。截至2014年3月31日，2014年第一季度，全国105个主要监测城市土地供应面积达到4.76万公顷，环比减少54.11%，同比减少15.73%。其中商服、住宅、工矿仓储用地和交通、水利基础设施等其他用地分别供应约0.56、1.31、1.39和1.49万公顷，环比分别减少39.04%、41.90%、43.82%和68.36%，同比变化分别为减少8.62%、增加3.40%、减少23.15%和减少23.55%。房地产开发用地供应面积季节性回落，供应面积约1.88万公顷，环比较上个季度减少41.07%，同比微降0.53%。年初多地保障性住房用地供应计划刚刚制定，一季度保障性住房用地供应略有收缩，供应面积约0.17万公顷，环比较上个季度减少69.34%，同比减少3.17%。

稳定供应的同时，土地供应结构继续调整，住宅用地占比的增长相对较高，工业用地占比较去年同期微降，交通水利基础设施等其他用地占比有所下降。2014年第一季度，商服、住宅、工矿仓储用地和交通、水利基础设施等其他用地供应量占建设用地供应总量的比例分别为：11.86%、27.56%、29.29%、31.29%，分别较上一季度占比提高2.93、5.79、5.37个百分点和降低14.09个百分点。与去年同期相比，分别增加0.92、增加5.10、降低2.83和降低3.20个百分点。房地产开发用地供应量占土地供应总量的39.42%，是2011年2季度以来占比最高的一个季度，较上一季度增加8.73个百分点，较去年同期增加6.02个百分点。保障性住房用地供应占比3.51%，环比略降1.74个百分点，同比略升0.46个百分点。房地产开发用地供应占比提高，对于保证未来房屋供应，稳定市场预期，巩固房地产调控效果具有重要作用。

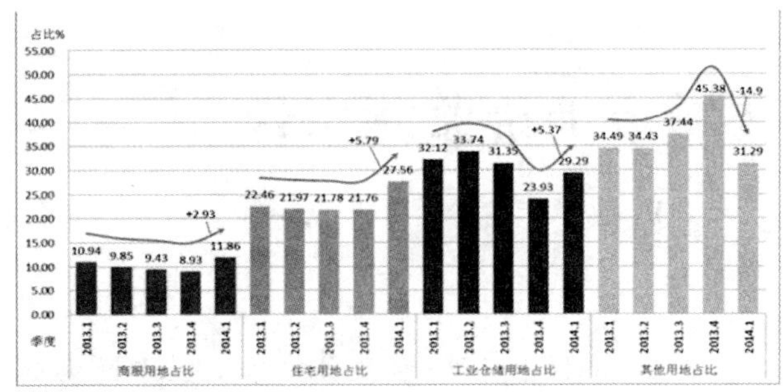

图 15 2013 年以来分用途各季度土地供应占供地总量比例变化图

数据来源：土地市场动态监测与监管系统

三、后期走势预判及关注要点

2014 年二季度，宏观经济下行压力较大，经济发展结构性矛盾和风险因素依然存在。预计政府将继续执行积极的财政政策和稳健的货币政策，同时，更加注重区域发展，着力于深化改革、经济结构调整和新型城镇化推进，挖掘新的经济增长点。房地产调控将延续市场化机制主导，落实分类调控。预计 2014 年第二季度，我国商业、住宅用地价格上涨态势或将进一步缓和，工业地价持续上涨；城市间分化趋势进一步确立，部分城市地价或将止涨回落。

当前，正值全面深化改革的关键时期，国际国内复杂因素叠加影响，对市场中的量价信号、预期变化，既要敏感跟踪又要全面、理性解读、审慎应对，保持宏观政策的稳定性。下一步，一要强化分类调控。综合分析城市经济环境、人口变更、要素禀赋、结构变化以及市场承受能力等因素，引导城市科学制定与新型城镇化发展目标相适应的年度土地供应计划，有保有压，合理配置土地资源，促进土地集约节约利用。二要落实科学调控。加强共有产权房用地、工业产业用地、养老用地等各类用地的政策研究，完善科学、合理、可实施的配套制度机制，发挥土地政策助力社会经济健康发展的重要作用。

[1] 全国主要监测城市指 105 个监测城市；重点监测城市指直辖市、省会城市和计划单列市。

[2] 环比指标（A）：A ≥ 3% 为高位，3% > A ≥ 2% 为较高位，2% > A ≥ 1% 为温和上行，1% > A ≥ −1% 为平稳波动；同比指标（A）：A ≥ 10% 为高位，10% > A ≥ 7% 为较高位，7% > A ≥ 4% 为温和上行，4% > A ≥ 0% 为平稳波动，下同。

2014 年第二季度全国主要城市地价监测报告

城市地价动态监测组

摘要：2014 年第二季度，全国综合地价水平保持温和上涨态势，环比增速进一步放缓，同比增速在连续 6 个季度上涨后首现微降；商服、住宅地价环比增速放缓，工业地价环比增速由升转降；长江三角洲地区各用途地价环比增速回落至平稳运行区间；珠江三角洲地区各用途地价增速仍处于高位运行，但住宅、工业地价环比增速回落；环渤海地区各用途地价环比增速全面放缓，保持低速运行态势；全国主要监测城市综合、住宅地价环比上涨的城市个数连续第三个季度减少，六成城市环比增速处于平稳区间。

预计三季度，商业、住宅用地价格继续保持小幅波动，工业地价有望平稳上涨；各用途地价环比增速分化的趋势或将有所收窄。

根据全国城市地价动态监测系统的最新数据，2014 年第二季度全国重点区域和主要城市地价状况分析如下：

一、总体情况

（一）地价水平保持温和上涨态势，环比增速持续放缓，同比增速趋稳

2014 年第二季度，全国主要监测城市地价总体水平为 3458 元 / 平方米，商服、住宅、工业地价分别为 6475 元 / 平方米、5214 元 / 平方米和 722 元 / 平方米。

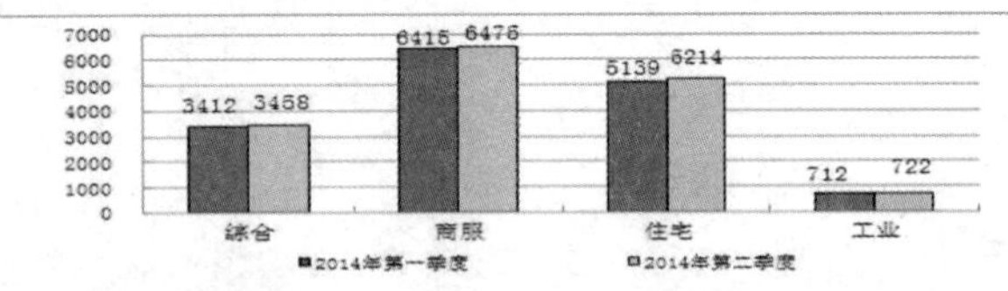

图 1 全国主要城市分用途地价水平（元 / 平方米）

综合、商服、住宅、工业地价环比增速均呈放缓态势。第二季度，全国主要监测城市综合地价环比增速为 1.36%，连续第二个季度放缓，较上一季度下降了 0.53 个百分点；商服地价环比增长率较上一季度放缓 0.80 个百分点，为 0.93%；住宅地价环比增长率为 1.45%，转为低速增长，增速较上一季度回落 0.66 个百分点；工业地价环比增速保持低速增长，为 1.44%，较上一季度下降了 0.27 个百分点。

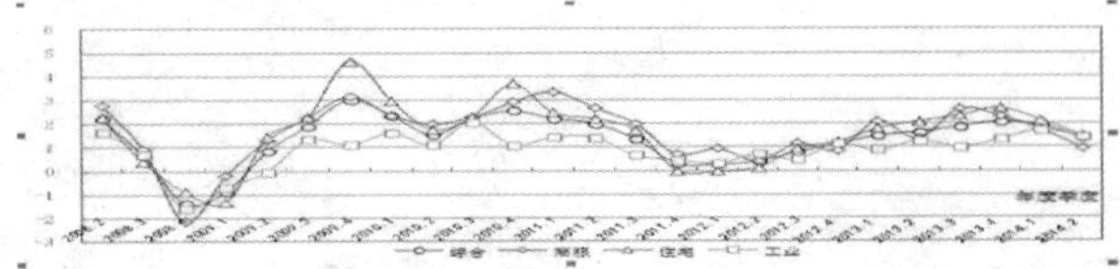

图 2 全国主要城市分用途地价环比增长率曲线图（%）

综合、商服、住宅地价同比增速放缓，但仍处于较高位运行 [2]，工业地价同比则保持低速增长。第二季度，全国主要监测城市综合、商服、住宅地价同比增长率分别为 7.53%、7.48%、9.14%，处于较高位运行，但较上一季度分别下降了 0.10、0.69、0.38 个百分点，其中，综合地价同比连续 6 个季度加速上涨后，涨幅开始放缓；工业地价同比增长率为 5.73%，较上一季度上升 0.46 个百分点，继续低速、温和上行。

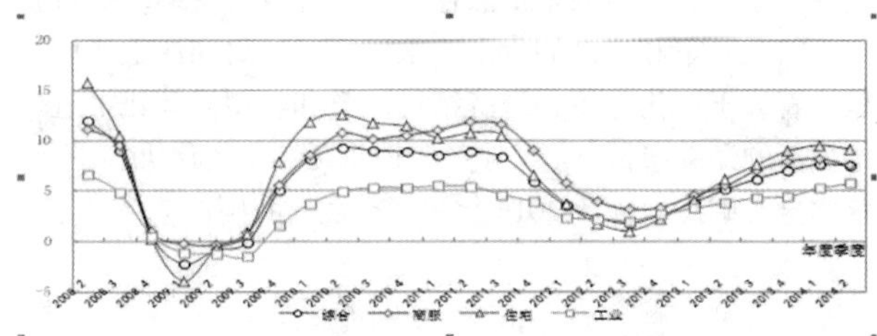

图 3 全国主要城市分用途地价同比增长率曲线图（%）

重点城市定基地价指数稳步上升。2014 年二季度，以 2000 年为基期的重点城市平均地价指数稳步上升，综合、商服、住宅、工业地价指数分别为 228、238、268、181，较上一季度分别增加 4、3、4、4 个点。

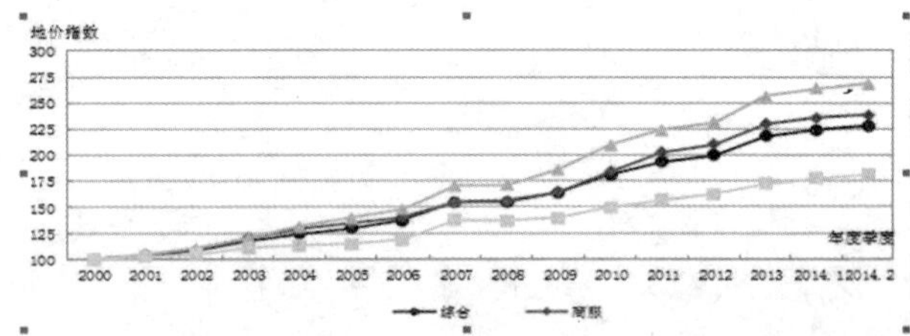

图 4 2000-2014 年第二季度重点城市分用途地价指数

重点监测城市中，地价总体水平为 4952 元 / 平方米，较上一季度增长 1.83%，较去年同期增长 10.29%。商服、住宅和工业地价水平分别为 8441 元 / 平方米、7375 元 / 平方米和 934 元 / 平方米；环比增长率分别为 1.04%、1.78% 和 2.22%；同比增长率分别为 9.79%、11.81% 和 8.61%。

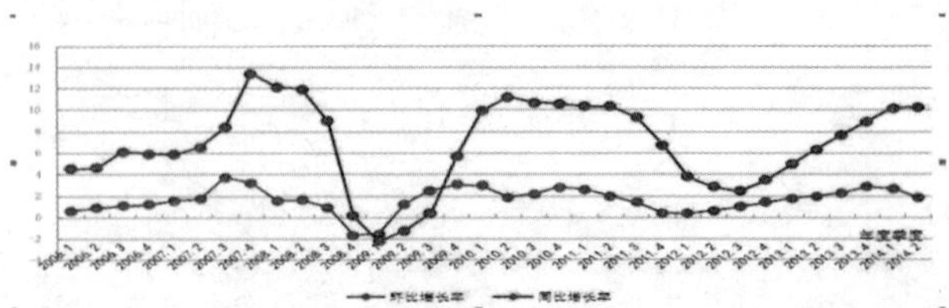

图 5　重点城市综合地价环比、同比增长率曲线图（%）

（二）长江三角洲地区各用途地价环比增速持续回落，呈平稳运行态势；珠江三角洲地区综合、住宅、工业地价环比增速及商服地价同比增速放缓；环渤海地区各用途地价环比增速全面放缓，保持低速运行态势

2014年第二季度，三大重点区域综合地价水平均高于全国总体水平，保持上升态势。长江三角洲、珠江三角洲、环渤海地区综合地价水平分别为4967元/平方米、5305元/平方米、3654元/平方米。

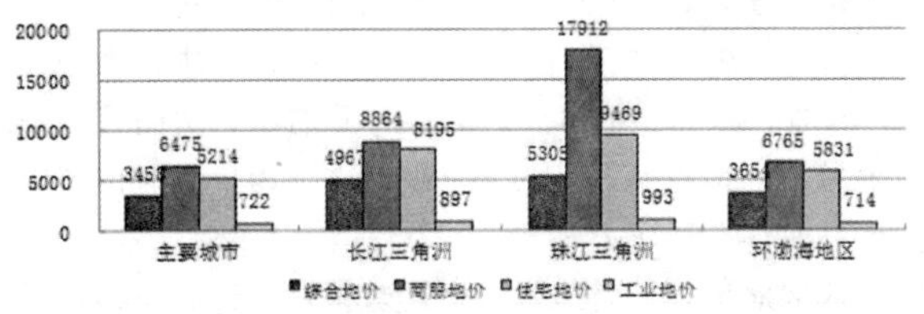

图6 2014年第二季度三大重点区域地价水平（元/平方米）

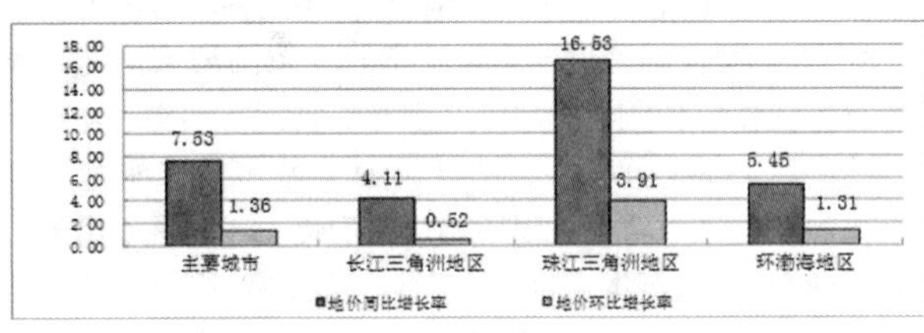

图7 2014年第二季度三大重点区域综合地价增长率（%）

从环比增长率看，长江三角洲地区综合地价增长率仍低于其他两大区域，较上一季度回落了0.30个百分点，为0.52%；珠江三角洲地区综合地价增长率仍处于高位运行，为3.91%，但较上一季度下降1.04个百分点；环渤海地区综合地价保持低速增长，为1.31%，较上一季度下降了0.20个百分点。

分用途看，长江三角洲和环渤海地区各用途地价增速均呈放缓态势，珠江三角洲地区商服地价加速上升，住宅和工业地价涨幅均收窄。其中，长江三角洲地区商服、住宅、工业地价增速较上一季度分别放缓0.10、0.61和0.12个百分点，增长率分别为0.22%、0.57%、0.62%，涨幅均不超过1.0%，属平稳运行。从长江三角洲地区的监测城市看，上海市各用途地价增速较其他12个监测城市的表现更突出，但增速有所放缓；而区域内监测城市的商服和住宅地价呈负增长的现象明显多于上一季度，无锡、南通、温州、嘉兴、湖州的商服和住宅地价增长率均为负值，其中，宁波住宅地价增长率最低，为–2.45%。珠江三角洲地区商服地价增速有所回升，较上一季度上升了1.48个百分点，为2.75%；住宅和工业地价增速较上一季度下降了0.26和2.11个百分点，分别为4.60%和3.66%，，但仍高于其他两大重点区域平均水平，处于高位运行，其中，广州市工业地价增长率达到4.65%。环渤海地区商服、住宅、工业地价增速全面放缓，增速较上一季度分别下降了0.30、0.24和0.13个百分点，增长率分别为1.23%、1.57%、1.03%，均保持低速运行态势。

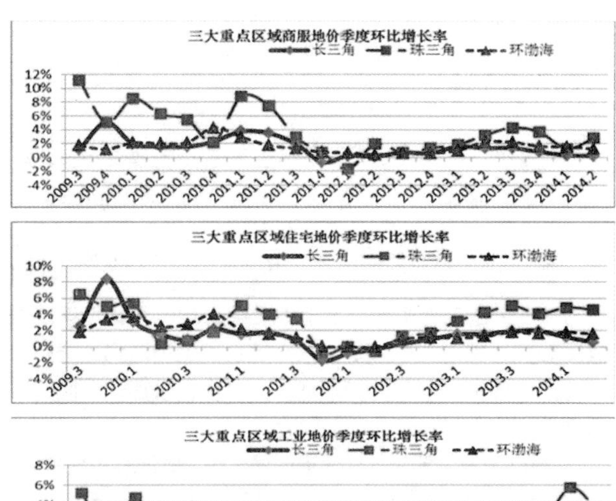

图8 三大重点监测区域分用途地价环比增长率（%）

从同比增长率看，三大重点监测区域地价与上一季度的变化趋势一致，长江三角洲地区地价增速持续放缓，而珠江三角洲和环渤海地区地价继续加速上涨。长江三角洲地区综合地价增速为4.11%，较上一季度回落0.60个百分点；珠江三角洲地区综合地价持续快速增长，继续保持高位运行，达到16.53%，较上一季度上升了1.16个百分点；环渤海地区综合地价低速增长，为5.45%，较上一季度上升了0.34个百分点。

分用途看，长江三角洲地区商服、住宅地价增幅继续呈回落态势，分别较上一季度收窄1.15、1.03个百分点，而工业地价涨幅略回升了0.10个百分点，增长率分别为2.73%、5.93%、3.07%；珠江三角洲地区商服、住宅、工业地价增长率高于其他两大重点监测区域及全国平均水平，处于高位运行，分别达到12.41%、20.13%、14.80%，其中，商服地价增速较上一季度回落0.51个百分点，住宅和工业地价增速则分别上升了0.50、1.96个百分点。环渤海地区商服地价增速较上一季度下降了1.11个百分点，住宅、工业地价较上一季度上升了0.29和0.85个百分点，增长率分别为6.77%、6.94%、3.35%。

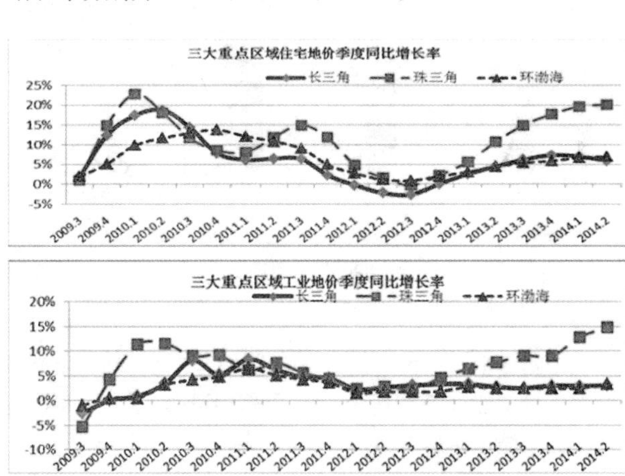

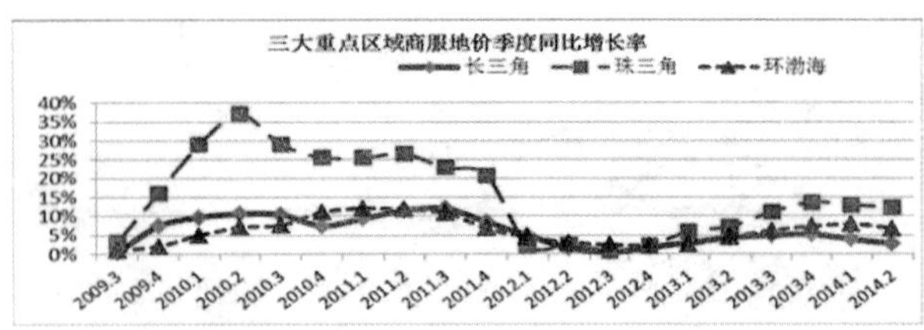

图 9 三大重点监测区域分用途地价同比增长率（%）

（三）东部、中部、西部地区综合地价环比增速均呈放缓态势；东部和中部地区综合地价同比增速仍处于高位运行，西部地区则保持低速增长，其中，东部地区同比加速上升，而中部和西部地区放缓

2014 年第二季度，全国重点城市中，地价水平呈东高、西次、中低的布局。东部地区平均地价高于全国和中西部地区，西部与中部地区平均地价均低于全国重点城市平均水平。

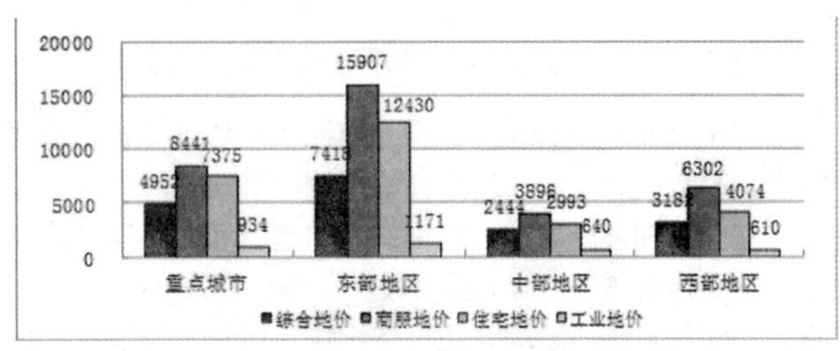

图 10 2014 年第二季度东中西部地区重点城市地价水平（元 / 平方米）

从环比增长率看，东部、中部、西部地区综合地价增速均有所放缓，分别较上一季度下降了 0.89、1.25、0.52 个百分点，增幅分别为 2.51%、1.65% 和 0.42%，分别呈现出较快速、低速和平稳运行态势。

从同比增长率看，东部和中部地区综合地价呈快速增长态势，增长率分别达到 12.02% 和 12.14%，仍处于高位运行，与上一季度比较，东部地区上升了 0.51 个百分点，中部地区下降了 0.15 个百分点，与上一季度情况相同的是青岛、上海、厦门、广州、深圳、南昌、太原的综合地价增长率仍超过 10%。西部地区保持低速增长，增长率为 4.62%，较上一季度收窄 0.59 个百分点。

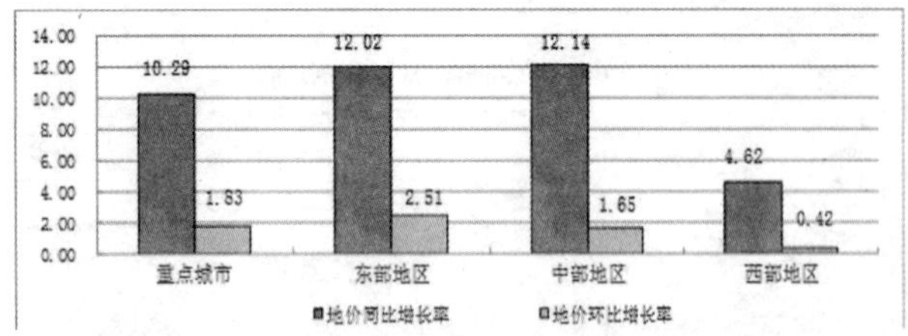

图 11 2014 年第二季度东中西部地区重点城市综合地价增长率（%）

（四）全国主要监测城市综合、住宅地价环比上涨的城市连续第三个季度减少，六成城市环比增速处于平稳区间，五成城市增速放缓

2014 年第二季度，全国主要监测城市的综合地价环比增速整体运行平稳，增长率为正的城市由上一季度的 90 个减少至本季度的 84 个，其中，涨幅收窄的城市由上一季度的 32 个增至 50 个。综合地价环比涨幅大于 3.0% 的城市由上一季度的 10 个减少至本季度的 4 个；88 个城市的涨幅介于 0 ~ 3.0% 之间；增长率为负的城市由上一季度的 4 个增至本季度的 12 个，其中，宁波的增速下降幅度最大，为 -1.58%。另外，62 个城市的涨幅稳定在 -1.0% ~ 1.0%。与去年同期相比，城市综合地价仍保持上升态势，增速上涨的城市 96 个，涨幅超过 7.0% 的城市由上一季度的 39 个减少至本季度的 36 个，其中，太原、广州、南昌、深圳、上海、青岛、呼和浩特、厦门、西安等 17 个城市的地价涨幅超过 10.0%；涨幅为负的城市与上一季度的 7 个持平。

住宅地价与综合地价变化趋势保持一致，整体运行平稳，环比增长率为正的城市由上一季度的 88 个减少至本季度的 80 个，其中，涨幅收窄的城市由上一季度的 34 个增至 52 个。住宅地价环比涨幅超过 3.0% 的城市由上一季度的 14 个减至本季度的 9 个；增长为负的城市由上一季度的 9 个增至本季度的 15 个，其中，南通、汕头、昆明、宁波的跌幅超过 -1.0%。此外，60 个城市的涨幅稳定在 -1.0% ~ 1.0%。与去年同期相比，增幅上涨的城市由上一季度的 96 个减至本季度的 95 个；涨幅超过 7.0% 的城市由上一季度的 44 个减少至本季度的 40 个，其中，21 个城市涨幅超过 10.0%，比上一季度少 2 个城市，太原、广州、平顶山、深圳、南昌、上海、青岛等 7 个城市的涨幅超过了 15.0%；增幅为负的城市有 8 个。

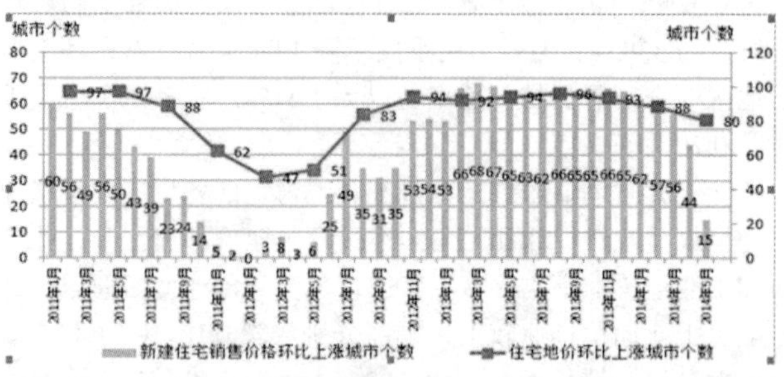

图 12 70 个大中城市新建住宅销售价格和 105 个城市住宅地价环比上涨的城市数量对比情况图

（五）异常交易地块数量、竞价轮次等指标延续一季度回落态势，土地购置需求转弱，市场成交相对平稳

截至 2014 年 6 月 30 日，二季度上报成交异常交易地块 44 宗，较上一季度减少了 46 宗，降幅为 51%，同比减少更为明显，降幅为 66%。平均溢价率为 175%，环比、同比分别上升了 72 个和 40 个百分点。平均竞价轮次为 75 次，环比下降 10%，同比下降 9%。总体看来，二季度各地成交的异常地块数量、竞价轮次等指标均延续一季度大幅回落态势，显示市场竞争强度、土地购置需求有所转弱。此外，一线城市上报异常地块占总数较多（占全国上报的 39%），与以往三四线城市占多数的情况不同，侧面反映了土地市场的分化，一线城市市场的内在抗压能力更为明显。

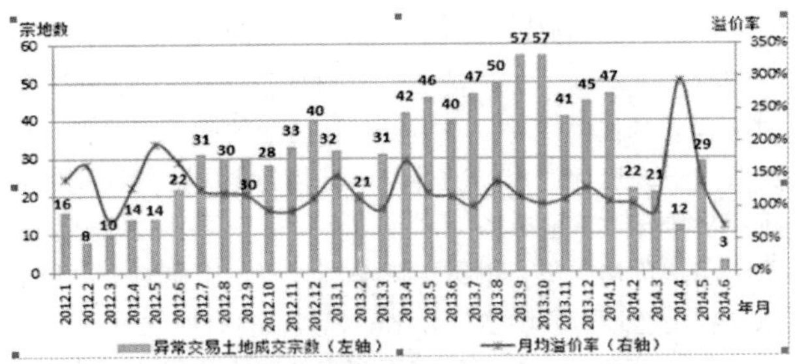

图 13 2012 年以来异常交易地块成交上报宗数和月均溢价率统计情况

二、当前市场形势分析

（一）国际经济复苏态势相对平稳乐观但仍存风险，国内宏观经济受供需共同回暖及结构调整不断推进的影响，增速有望维持在预期区间，社会融资规模回落态势延续，经济下行压力依然存在。受宏观经济景气影响，地价环比涨幅进一步收窄

一方面，2014 年二季度以来，美国经济持续复苏迹象明显，美联储仍继续 QE 减量并维持目标利率不变；欧元区主要成员国的 PMI 均不及预期加大了通缩的风险，欧洲央行宣布将各业存款利率由零下调至负 0.1%，成为全球首个推行负利率政策的主要经济体央行。另一方面，国内宏观经济增长放缓，外贸出口压力较大，消费、投资亦未见明显起色，经济存在较大下行压力。国家统计局数据显示，6 月 PMI 指数为 51%，连续 4 个月回升，表明我国制造业延续了平稳增长的良好势头，但仍存在发展不均衡、小微企业生产经营困难等问题。在上述多重背景下，主要监测城市地价环比涨幅持续收窄。

资金层面，5 月末，M2 同比增长 13.4%，增速维持在 2012 年 6 月份以来的较低水平，社会融资规模回落态势延续。资金面在央行定向降准前始终保持收紧态势，银行对非首次自住型的房贷及公积金贷款的放贷意愿依然较为谨慎，房企到位资金增速继续小幅回落，明显低于投资开发增速。资金压力与其他因素相结合，导致房地产市场预期趋冷，进一步呈现观望态势，成交量下跌，议价空间出现。

部分地区楼市偏冷的市场氛围正向土地市场传递，二季度全国房地产开发企业土地购置面积增速同比下降，土地成交价款增速回落。地价上涨动力减弱明显，综合地价环比上涨超过 3% 的城市个数仅为 4 个，较上一季度减少 6 个。

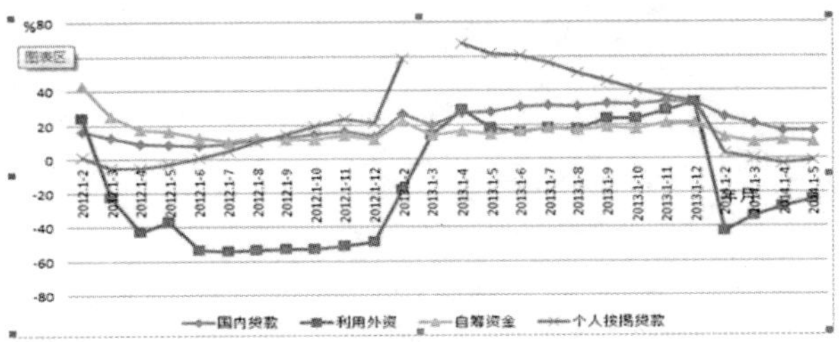

图 14 2012 年 -2014 年 2 月房地产开发企业资金来源变化情况

数据来源：国家统计局

（二）发挥市场在资源配置中的决定性作用有利于地价形成正常的波动变化，各级政府的应对管理措施尚需进一步探索与完善

强调市场在资源配置中的决定性地位和更好发挥政府作用，尊重市场规律的改革思路有助平衡过去“一刀切”式的直接干预，演变为现阶段地方政府结合市场实际出台的差别化调整，地价变化更趋于市场因素主导。

自去年以来的房地产市场快速上涨至本年度出现转冷趋势，中央政府均未表态发声，让市场在资源配置中起决定性作用的态度一以贯之。各地方政府的表态及应对则有所不同。一线城市上海、北京未见放松，广州被指低调松绑限价（增城、从化）、限签（中心区高价盘）、限售（户籍政策调整）政策。此外，也有一些城市出台了定向柔化调整措施，主要集中在限购条件的放宽、户籍政策调整、契税补贴、公积金贷款调整等方面。值得关注的是杭州关于“商品房实际成交价低于备案价格超过 15%，将限制网签，且需重新申报备案”的规定引起关注和争议。各地不同的处置态度，体现出对于房地产走势及其定位的认知分化，也表明在市场化改革的大方向下，地方政府的应对管理措施尚需进一步探索与完善。

（三）土地供应总量较上季度回升，其中保障性住房供地尤为明显；住宅用地供应同比减少，房地产用地供应占比有所回落。

全国 105 个主要监测城市土地供应量环比回升，但仍低于近三年同期平均水平，各类用途宗地中，工矿仓储用地和其他用地供应量同比上涨。截至 2014 年 6 月 30 日，2014 年第二季度，全国 105 个主要监测城市土地供应面积达到 5.47 万公顷，环比增加 15%，同比减少 10.12%。其中商服、住宅、工矿仓储用地和交通、水利基础设施等其他用地分别供应约 0.51、1.07、1.57 和 2.32 万公顷，商服、住宅用地环比分别减少 10.36%、18.12%，工矿仓储用地和交通、水利基础设施用地分别增加 12.85% 和 55.78%，同比变化分别为减少 15.67%、减少 19.75%、减少 23.43% 和增加 10.66%。房地产开发用地供应面积进一步回落，供应面积约 1.58 万公顷，环比、同比均呈下降趋势，分别减少 18.49%、15.79%。半年已过，各地保障性住房用地计划纷纷落地，二季度供应面积约为 0.24 万公顷，环比有较大回升，为 41.72%，同比仍下降 17.28%。

本季度，各类用地供应量占建设用地供应总量的结构比例与上季度大体类似，除其他用地供应量占比提高外，商服、住宅、工矿仓储用地均有小幅下降。环比来看住宅用地占比下降相对较大；同比来看工矿仓储用地占比下降最快，商服用地占比下降微弱。

本季度，房地产开发用地供应量占土地供应总量的 28.86%，较上一季度减少 10.55 个百分点，较去年同期减少 2.96 个百分点。保障性住房用地供应占比 4.32%，环比略增 0.82 个百分点，同比略降 0.37 个百分点。房地产开发用地供应占比下降，反映出市场对于后期发展的观望情绪上升。

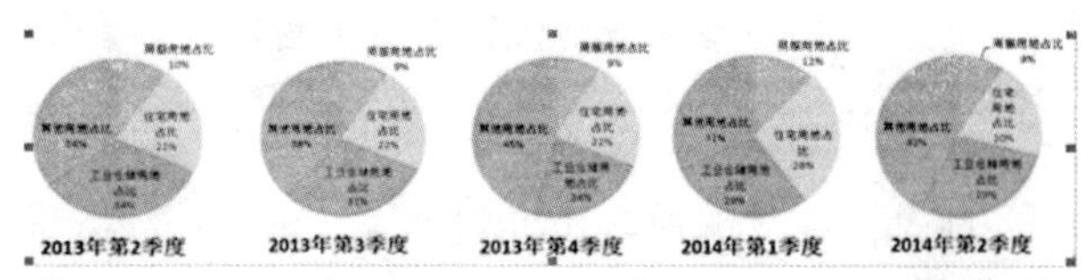

图 15 2011 年以来各季度分用途用地供应占供地总量比例变化图

数据来源：土地市场动态监测与监管系统

三、后期走势预判及关注要点

2014 年三季度，预计宏观经济下行压力仍然较大，但是高层领导关于“中国经济不会硬着陆，且保证下线不超过 7.5”的表态，在一定程度上预示了中央政府对于经济中高速增长的信心和决心。统计局数据显示，6 月的 PMI 各分类指数普遍回升，且新订单指数升幅较大，显示宏观经济平稳向好趋势稳定。通过产业的有序转移，促进区域梯度、联动、协调发展，带动新型城镇化的推进，将成为今后较长时期内，中国经济提质增效的重要途径。在此背景下，房地产市场仍将以市场化为主导，其变化也会进一步传导致土地市场。预计 2014 年第三季度，我国商业、住宅用地价格走势将继续保持小幅波动，工业地价平稳上涨；各用途地价环比增长分化的趋势或将有所收窄。

下一步建议，既要推进落实市场在资源配置中的决定性作用，进一步转变政府管理模式，理性看待市场波动，又要多措并举，引导市场预期的稳定。对于“定向降准”、“定向调控”等差别化政策，需注重实施后综合效果的跟踪评估，关注相关领域可能产生的联动效应，确保精准发力。土地供应方面，在市场观望期，更应结合各地社会经济发展状况、房地产市场运行态势、用地需求与结构变化，合理确定供地数量、类型、节奏，促进当前及未来土地市场的平稳发展。

2014 年第三季度全国主要城市地价监测报告

城市地价动态监测组

摘要：2014 年第三季度，全国综合地价水平保持微幅上升，环比、同比增速持续放缓；与商服、工业相比，住宅地价环比增速回落幅度最为明显；长江三角洲地区综合地价环比增速为零，商服、住宅地价出现下降；珠江三角洲地区各用途地价增速仍处于较高位运行，但商服、住宅环比增速回落，工业地价环比增速上升；环渤海地区各用途地价环比增速全面放缓，保持平稳运行态势；全国主要监测城市中，综合、住宅地价环比下降的城市数量升至两成。预计第四季度，我国土地市场总体平稳，商业、住宅用地价格继续保持高位调整态势，工业地价平稳上涨。

根据全国城市地价动态监测系统的最新数据，2014 年第三季度全国重点区域和主要城市地价状况分析如下：

一、总体情况

（一）地价水平微幅上升，综合、商服、住宅地价环比、同比增速持续放缓

2014 年第三季度，全国主要监测城市地价总体水平为 3485 元／平方米，商服、住宅、工业地价分别为 6527 元／平方米、5236 元／平方米和 730 元／平方米。

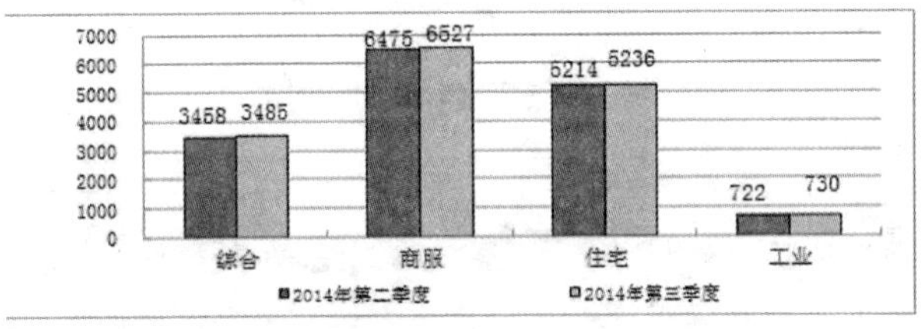

图 1 全国主要城市分用途地价水平（元／平方米）

综合、商服、住宅、工业地价环比增速均呈放缓态势。第三季度，全国主要监测城市综合地价环比增速为 0.78%，连续第三个季度放缓，较上一季度下降 0.58 个百分点；商服地价环比增速较上一季度回落 0.13 个百分点，为 0.80%；住宅地价环比增速为 0.42%，较上一季度回落 1.03 个百分点；工业地价环比保持低速增长，为 1.17%，较上一季度下降了 0.27 个百分点。

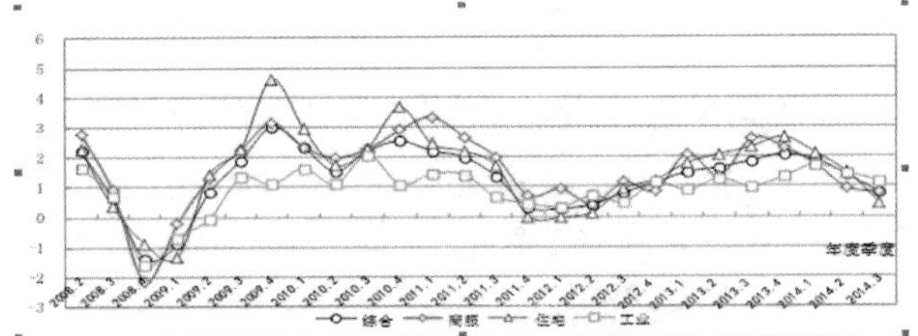

图 2 全国主要城市分用途地价环比增速曲线图（%）

综合、商服、住宅地价同比增速回落，工业地价同比增速上升，各用途地价同比保持低速增长。第三季度，全国主要监测城市综合、商服、住宅地价同比增速依次为 6.42%、6.11%、6.98%，较上一季度分别回落 1.11、1.37、2.16 个百分点，均由上一季度的较高位转为低速运行；工业地价同比增速为 5.91%，较上一季度上升 0.18 个百分点，保持低速、温和上行。

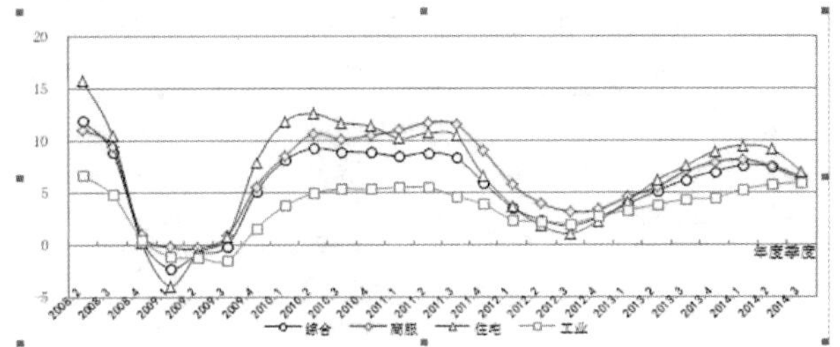

图 3 全国主要城市分用途地价同比增速曲线图（%）

重点城市定基地价指数稳步上升。2014 年第三季度，以 2000 年为基期的重点城市平均地价指数稳步上升，综合、商服、住宅、工业地价指数分别为 230、241、270、185，较上一季度分别增加 2、3、2、4 个点。

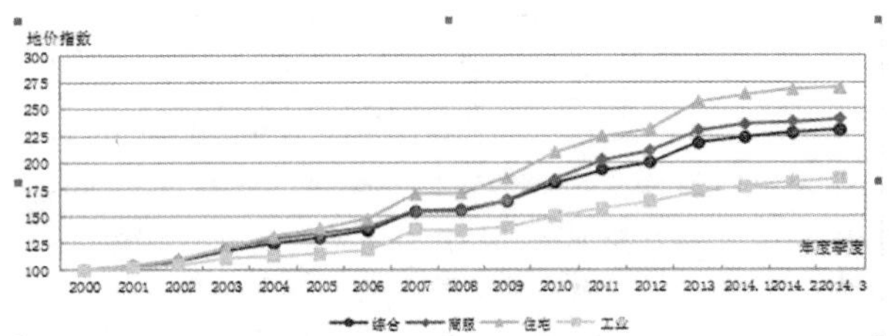

图 4　2000-2014 年第三季度重点城市分用途地价指数

重点监测城市中，地价总体水平为 5006 元／平方米，较上一季度增长 1.09%，较去年同期增长 9.01%。商服、住宅和工业地价水平分别为 8532 元／平方米、7405 元／平方米和 952 元／平方米；环比增速分别为 1.08%、0.41% 和 1.93%；同比增速分别为 8.38%、9.02% 和 9.25%。

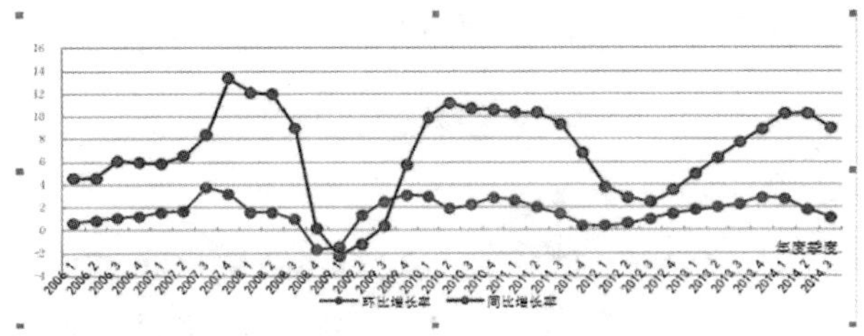

图 5　重点城市综合地价环比、同比增速曲线图（%）

（二）三大重点区域综合地价环比、同比增速全面回落，其中，长江三角洲地区综合地价环比零增长；除珠江三角洲地区工业地价环比、同比增速上升外，其余地区各用途增速均持续下行

2014年第三季度，三大重点区域综合地价水平均高于全国总体水平，保持上升态势。长江三角洲、珠江三角洲、环渤海地区综合地价水平分别为4967元/平方米、5450元/平方米、3676元/平方米。

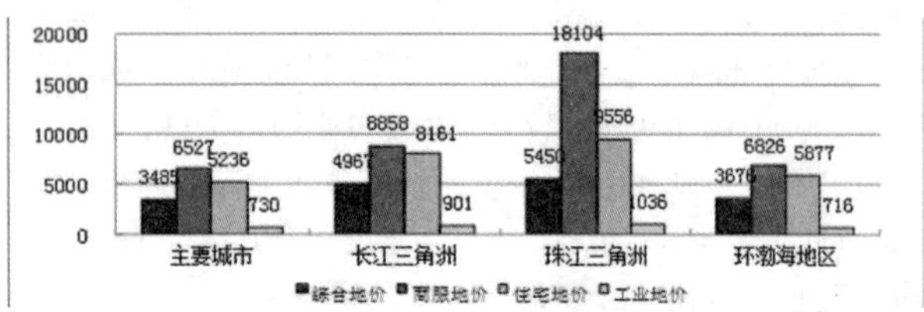

图6 2014年第三季度三大重点区域地价水平（元/平方米）

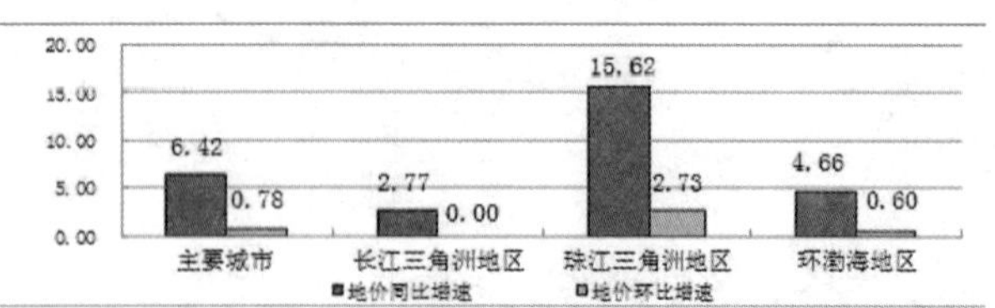

图7 2014年第三季度三大重点区域综合地价增速（%）

从环比增速看，三大重点区域综合地价增速均呈放缓态势，其中，长江三角洲地区综合地价零增长，低于其他两大区域平均水平，较上一季度下降了0.52个百分点；珠江三角洲地区综合地价增速降至次高位运行，为2.73%，较上一季度下降1.18个百分点，明显高于长江三角洲和环渤海地区平均水平；环渤海地区综合地价增速保持平稳波动，为0.60%，较上一季度下降了0.71个百分点。

分用途看，长江三角洲地区商服、住宅地价负增长，工业地价增速回落，分别较上一季度下降0.29、0.98、0.19个百分点，增速依次为–0.07%、–0.41%、0.43%。其中，商服、住宅地价在近两年来，首次出现负增长。从长江三角洲地区的监测城市看，各用途增速主要集中于–1.0% ~ 1.0%之间；13个监测城市中，10个城市住宅地价下降，1个城市零增长，其中，宁波住宅地价增速最低，为–4.42%。珠江三角洲地区商服、住宅地价增速放缓，较上一季度分别下降1.68、3.68个百分点，为1.07%和0.92%；工业地价增速较上一季度上升0.71个百分点，为4.37%，其中，广州工业地价增速为6.03%。环渤海地区商服、住宅、工业地价增速分别较上一季度下降0.33、0.78、0.74个百分点，依次为0.90%、0.79%、0.29%。

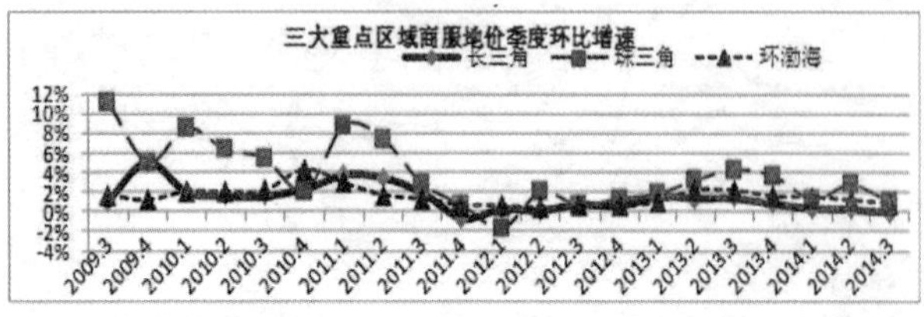

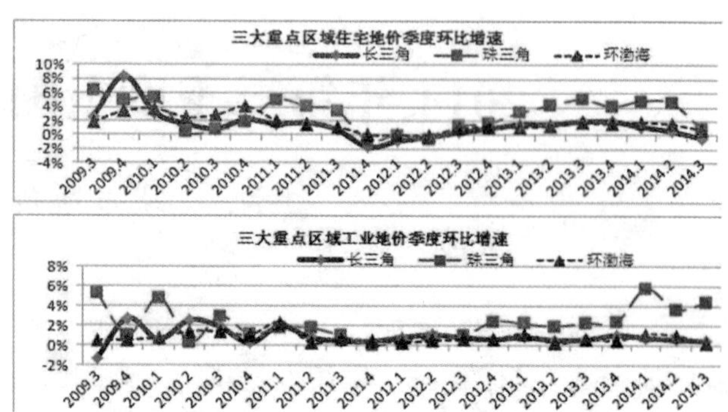

图8 三大重点监测区域分用途地价环比增速（%）

从同比增速看，三大重点区域综合地价增速均呈放缓态势，长江三角洲、珠江三角洲、环渤海地区综合地价增速依次为2.77%、15.62%、4.66%，分别较上一季度下降1.34、0.91、0.79个百分点，其中，珠江三角洲地区增速仍保持高位运行，环渤海地区地价温和上行，长江三角洲地区则处于平稳波动区间。

分用途看，除珠江三角洲地区工业地价增速上升外，其余地区各用途增速均呈放缓态势。长江三角洲地区商服、住宅、工业地价增速分别较上一季度回落1.45、2.50、0.16个百分点，依次为1.28%、3.43%、2.91%，属平稳运行；珠江三角洲地区商服、住宅地价增速较上一季度分别下降3.39、4.85个百分点，而工业地价增速上升了2.42个百分点，依次达到9.02%、15.28%、17.22%，住宅和工业地价增速仍处于高位运行，商服增速则降至次高位。环渤海地区商服、住宅、工业地价增速较上一季度分别下降了1.39、1.05、0.32个百分点，依次为5.38%、5.89%、3.03%。

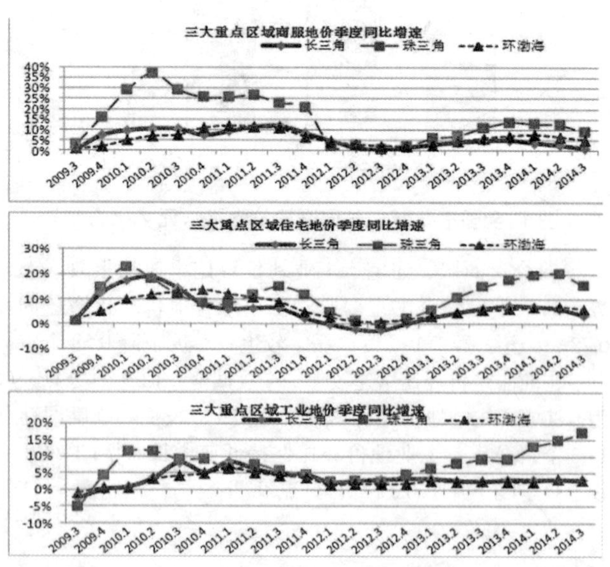

图9 三大重点监测区域分用途地价同比增速（%）

（三）东部、中部、西部地区综合地价环比、同比增速全面放缓 2014年第三季度，全国重点城市中，地价水平呈东高、西次、中低的布局。东部地区平均地价高于全国和中西部地区，西部与中部地区平均地价均低于全国重点城市平均水平。

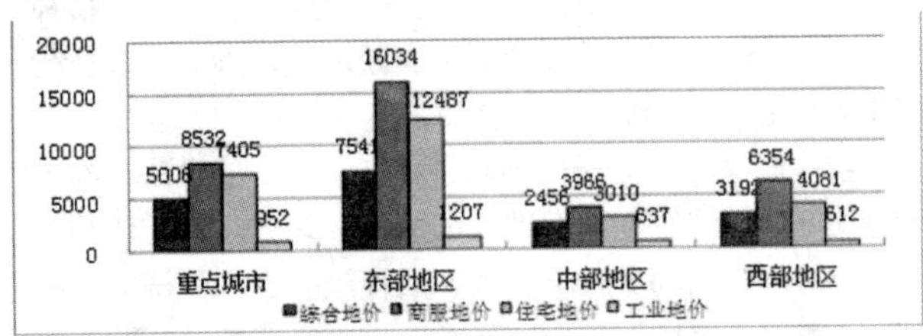

图 10　2014 年第三季度东中西部地区重点城市地价水平（元 / 平方米）

从环比增速看，东部、中部、西部地区综合地价增速分别较上一季度下降了 0.85、1.16、0.12 个百分点，依次为 1.66%、0.49% 和 0.30%，东部地区降至低速运行，中部和西部地区运行平稳。

从同比增速看，东部、中部、西部地区综合地价增速分别较上一季度下降 1.25、1.35、1.32 个百分点，但东部和中部地区地价增速仍处于高位运行，分别达到 10.77% 和 10.79%，西部地区地价增速 3.30%，仍保持低速增长。东部和中部地区的青岛、上海、广州、深圳、南昌、太原综合地价增速仍超过 10%。

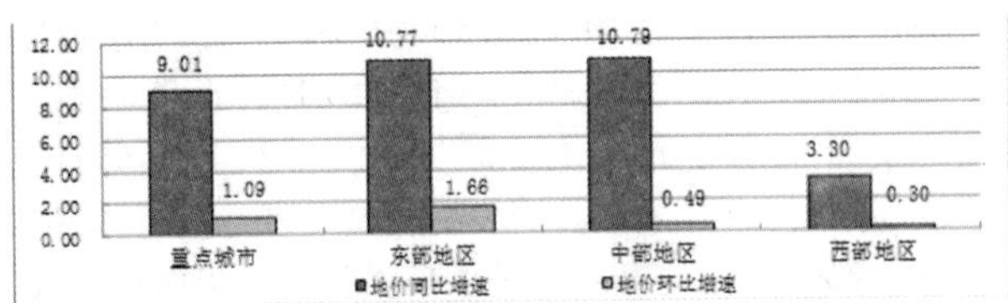

图 11　2014 年第三季度东中西部地区重点城市综合地价增速（%）

（四）一线城市各用途地价环比及同比增速均高于全国和二、三线城市平均水平

2014 年第三季度，主要监测城市中，一线城市综合、商服、住宅、工业地价环比、同比增速均明显高于全国及二、三线城市平均水平；各用途地价增速对比来看，一线城市的工业地价环比、同比增速显著高于二、三线城市其他用途地价水平增速。

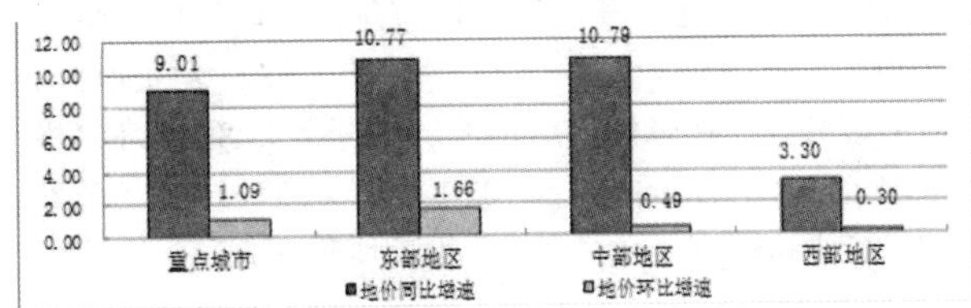

图 12　2014 年第三季度　一二三线城市各用途地价地价环比、同比地价增速（%）

（五）全国主要监测城市中，综合、住宅地价环比负增长的城市上升至两成，六成城市环比增速处于平稳区间

2014 年第三季度，全国主要监测城市的综合地价环比增速整体运行平稳，76 个城市的增速为正，较上一季度减少 8 个。综合地价环比增速大于 3.0% 的城市仅有 2 个，比上一季度减少 2 个；增速为负的城市由上一季度的 12 个增至本季度的 21 个，其中，宁波的增速下降幅度最大，为 -3.40%。另外，67 个城市的增速稳定在 -1.0% ~ 1.0% 之间。与去年同期相比，城市综合地价仍保持上升态势，增速上涨的城市有 93 个，增速超过 7.0% 的城市由上一季度的 39 个减少至本季度的 27 个，其中，太原、广州、南昌、青岛、上海、西安、深圳等 11 个城市的增速超过 10.0%，比上一季度减少 6 个城市；负增长的城市为 8 个。

住宅地价与综合地价变化趋势保持一致，整体运行平稳，环比增速为正的城市由上一季度的 80 个减少至本季度的 70 个。住宅地价环比增速超过 3.0% 的城市仅为 3 个，较上一季度减少 6 个；增速为负的城市由上一季度的 15 个增至本季度的 27 个，其中，11 个城市地价的跌幅超过 -1.0%。此外，64 个城市的增速稳定在 -1.0% ~ 1.0%。与去年同期相比，增速为正的城市由上一季度的 95 个减至本季度的 89 个；增速超过 7.0% 的城市由上一季度的 40 个减少至本季度的 31 个，其中，太原、平顶山、广州、南昌、青岛等 5 个城市的增速超过 15.0%；负增长的城市达 12 个。

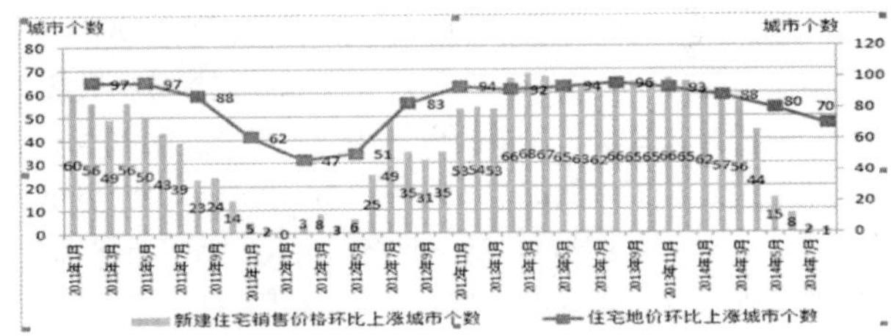

图 13　70 个大中城市新建住宅销售价格和 105 个城市住宅地价环比上涨的城市数量对比情况图

（六）异常交易地块数量延续二季度大幅回落态势，土地购置需求持续弱化，市场成交保持平稳

截至 2014 年 9 月 30 日，三季度上报成交异常交易地块 25 宗，环比降幅超过 40%，同比减少更为明显，超过 80%。平均溢价率为 108%，环比、同比分别下降了 63 个和 10 个百分点。平均竞价轮次为 95 次，环比上升 27%，同比上升 14%。总体看来，除平均竞价轮次有所上升外，三季度各地成交的异常地块数量、平均溢价率及土地面积总和等指标均延续今年以来的大幅回落态势，显示市场土地购置需求进一步弱化（萎缩）。此外，四大一线城市上报异常地块宗数在全国总量中的占比进一步提高（达到 44%），反映出在整体市场不景气的背景下，一线城市市场的活跃度及抗压性更高，不同类型城市间的分化明显。

图 14　2012 年以来异常交易地块成交上报宗数和月均溢价率统计情况

二、当前市场形势分析

（一）国内外经济处于缓慢复苏调整期，下行压力依然明显，资金流量总体偏紧，引致需求减弱，土地市场上升乏力，地价环比涨幅持续回落

一方面，2014年三季度以来，美国经济持续复苏迹象平稳但力度有所减弱，美联储9月会议决定仍维持目标利率不变，QE继续减量至150亿美元并计划在最后一次10月会议缩减150亿美元的购债规模，从而完全退出购债计划欧元区宏观经济数据整体表现不佳，通胀数据的持续下滑引发对进一步宽松的预期。另一方面，国内宏观经济运行处于“新常态”合理区间，出口增速稳步提升、消费增长总体稳健，但房地产市场调整的累积效应对相关领域影响加大，经济下行压力仍然存在。国家统计局数据显示，9月PMI指数为51.1%，本季度指标整体高于上季度水平，表明我国制造业继续保持了良好的增长态势，但仍存在进口疲弱态势、小微企业发展处于收缩区间等问题。

资金层面，8月末，M2同比增长12.8%，增速分别比上月末和去年同期低0.7个和1.9个百分点，增速为今年以来的最低水平且低于13%的全年预期目标，社会融资规模回落态势延续。资金面在央行定向降准后依然维持收紧态势，银行对非首次自住型的房贷及公积金贷款的放贷意愿依然不高，房企到位资金增速持续小幅回落，仍明显低于投资开发增速。房地产市场的调整与宏观经济“新常态”周期的叠加磨合，导致房地产市场观望氛围浓厚，成交量虽略有回升但处于整体低位。

在上述多重背景下，主要监测城市地价环比涨幅持续收窄，地价上涨乏力，综合地价环比上涨超过3%的城市个数仅为2个；长江三角洲地区商服、住宅地价出现了负增长，为近两年来的首次地价下降。

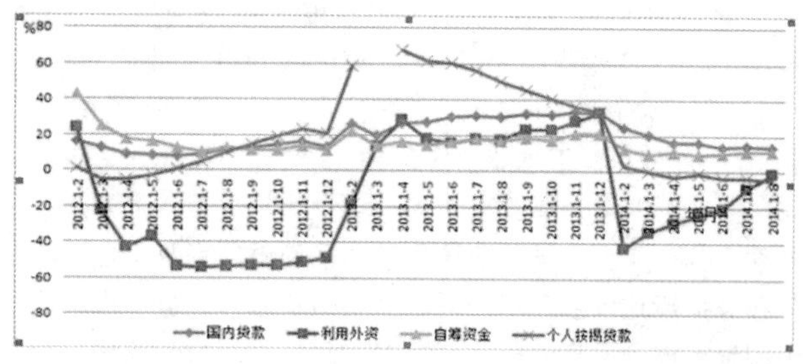

图15 2012年-2014年8月房地产开发企业资金来源变化情况

数据来源：国家统计局

（二）“限购”政策的取消或放松，体现了“发挥市场在资源配置中的决定性作用”的落实，房地产的市场化调整应成为“新常态”的组成部分，进而带动地价的市场化波动。

自6月26日，呼和浩特市发布文件正式取消限购，截止到9月30日，所有限购城市中仅余一线城市及三亚市等5个城市仍在坚守。“限购”的取消或放松成为三季度房地产市场的关键词，但上述政策尚未引起市场的急剧反弹，仅在一定程度上促进了区域市场的平稳。行政干预的弱化，是“发挥市场在资源配置中的决定性作用”精神的落地，但相关制度、机制应配套跟进，以避免长效运行机制与短期调控措施的错位叠加。

新一届决策层对于中国经济“新常态”的说法，准确定位了我国经济发展正在进入的新阶段划分。单纯依赖外部因素的改善及刺激政策无法实质性改变宏观经济的“换档”。房地产市场作为中国经济的重要组成部分，顺应宏观经济运行的大周期规律，适时适度的合理调整有利于宏观经济的平稳健康持续发展。土地价格在消除了行政干预的背景下围绕自身价值的合理波动，更是房地产市场以及宏观经济正常运行的信号表征。

（三）主要监测城市土地供应总量较上季度下降，其中交通、水利基础设施等其他供地下降较多；商业、住宅用地占比微升，房地产用地市场基本平稳。

全国105个主要监测城市土地供应量环比下降，明显低于近三年同期平均水平，各类用途用地供应量同比均明显下降。截至2014年9月30日，2014年第三季度，全国105个主要监测城市土地供应面积达到4.89万公顷，环比减少10.65%，同比减少32.56%。其中商服、住宅、工矿仓储用地和交通、水利基础设施等其他用地分别供应约0.53、1.03、1.49和1.85万公顷，商服用地环比增加4.29%、住宅、工矿仓储用地和交通、水利基础设施等其他用地分别减少4.42%、5.48%和20.31%，同比变化分别为减少22.81%、减少35.02%、减少34.59%和减少31.89%。房地产开发用地供应面积进一步回落，供应面积约1.55万公顷，环比、同比均呈下降趋势，分别减少1.63%、31.33%。三季度各地保障性住房用地计划仍在推进落地，供应面积约为0.20万公顷，环比下降为15.69%，同比下降22.82%。

本季度，各类用地供应量占建设用地供应总量的结构比例与上季度大体类似，除交通、水利基础设施等其他用地供应量占比明显降低外，商服、住宅、工矿仓储用地均有小幅上升。环比来看交通、水利基础设施等其他用地占比下降相对较大；同比来看工矿仓储用地占比下降最快，商服用地占比上升最快。

本季度，房地产开发用地供应量占土地供应总量的31.78%，较上一季度增加2.92个百分点，较去年同期增加0.57个百分点。保障性住房用地供应占比4.08%，环比略降0.24个百分点，同比略升0.51个百分点。房地产开发用地供应占比略有回升，有助于市场预期趋稳。

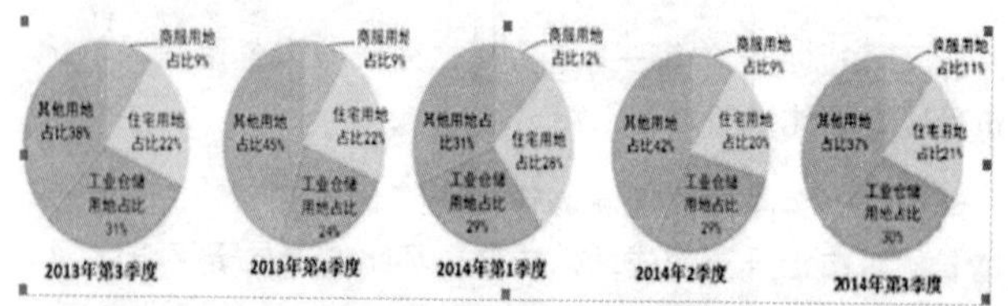

图16 2013年3季度以来各季度分用途用地供应占供地总量比例变化图

数据来源：土地市场动态监测与监管系统

三、后期走势预判及关注要点

2014年四季度，预计宏观经济下行压力仍然存在。“新常态”的定位及解读在一定程度上缓解了市场对于宏观经济下滑的担忧，也体现了中央政府对于保持经济增速处于合理区间的信心和决心。三季度，国务院多次召开常务会议，通过抓住社会经济发展的关键领域和薄弱环节，强力推动改革、出台简政放权、结构性减税等一系列改革举措，重点关注中小企业的创新以及小微企业发展的扶持，上述改革红利的释放，将持续不断的激发市场整体活力、发展内生动力和社会创造力。预计2014年第四季度，我国土地市场总体平稳，商业、住宅用地价格继续保持高位调整态势，工业地价平稳上涨。

下一步建议，坚持稳步扎实推进落实市场在资源配置中的决定性作用，以“新常态”角度正确看待市场波动，转变政府管理模式，“多引导少干预”，给予市场足够的时间和信心来完成自身规律的运行与调整。对于限购、限贷的取消或放松，及市场对“降息”的预期，需注重合理引导、正确解读，密切关注市场动态，缓解资金面的波动压力。土地供应方面，应更注重结合各地社会经济发展状况、房地产市场运行态势、用地需求与结构在整体背景调整期的变化，合理调整供地数量、类型、节奏，满足当前及未来土地市场平稳发展的需要。

注：全国主要监测城市指105个监测城市；重点监测城市指直辖市、省会城市和计划单列市。

105个监测城市中，一线城市包括北京、上海、广州、深圳；二线城市包括除一线城市外的直辖市、省会城市和计划单列市，共32个；三线城市包括除一线、二线城市外的69个监测城市。

2014 年第四季度全国主要城市地价监测报告

城市地价动态监测组

2014 年第四季度，全国综合地价水平继续上涨，环比增速年内首次上升、同比增速持续放缓；商服地价环比增速连续 5 个季度收窄，住宅地价与综合地价表现一致，工业地价环比、同比增速在各类地价中上升最为明显；长江三角洲地区各用途地价环比增速回升，工业地价增速最快；珠江三角洲商服、住宅地价环比增速上扬，同比继续放缓，工业地价环比增幅有所收窄，同比依然温和上行；环渤海地区商服、住宅地价环比增速高于长江三角洲地区、低于珠江三角洲地区，工业地价环比增速最低，地价保持平稳运行态势；一、二、三线城市住宅地价环比增速有所上升，一线城市升幅超过二、三线城市；全国主要监测城市中，综合、住宅地价环比下降的城市个数继续增加。

2015 年第一季度，土地市场宏观政策将以平稳为主，市场对资源配置的决定性作用将进一步落实，配合制度完善，财税、金融等经济手段对市场的影响将显著加强，在此背景下，土地价格仍将保持平稳态势运行，市场分化态势或将更加明显。

根据全国城市地价动态监测系统的最新数据，2014 年第四季度全国重点区域和主要城市地价状况分析如下：

一、总体情况

（一）地价水平继续上涨，综合、住宅、工业地价环比增速略有上升，综合、商服、住宅地价同比增速持续放缓。

2014 年第四季度，全国主要监测城市地价总体水平为 3522 元 / 平方米，商服、住宅、工业地价分别为 6552 元 / 平方米、5277 元 / 平方米和 742 元 / 平方米。

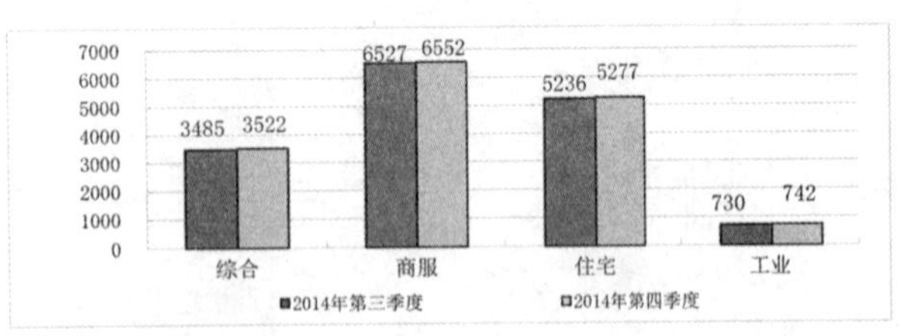

图 1 全国主要城市分用途地价水平（元 / 平方米）

综合、住宅、工业地价环比增速略有上升，商服地价环比增速则持续放缓。第四季度，全国主要监测城市综合地价环比上涨 0.94%，较上一季度上升 0.16 个百分点，在前三季度持续放缓后，出现微升；商服地价环比增速较上一季度收窄 0.41 个百分点，为 0.39%；住宅地价环比增速为 0.69%，较上一季度上升 0.27 个百分点；工业地价环比增速为 1.45%，较上一季度上升 0.28 个百分点 .

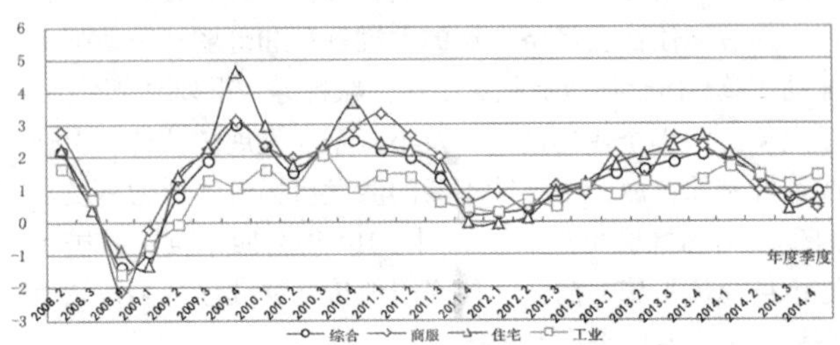

图 2 全国主要城市分用途地价环比增速曲线图（%

综合、商服、住宅地价同比增速持续放缓，工业地价同比增速温和上升。第四季度，全国主要监测城市综合、商服、住宅地价同比增速依次为 5.16%、3.90%、4.85%，较上一季度分别回落 1.26、2.21、2.13 个百分点；工业地价同比增速为 6.03%，较上一季度上升 0.12 个百分点，综合、住宅、工业地价增速处于低速运行，商服则为平稳波动。

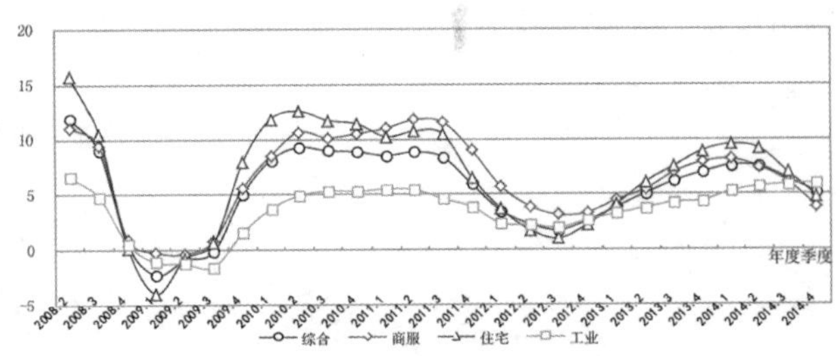

图 3 全国主要城市分用途地价同比增速曲线图（%）

重点城市定基地价指数稳步上升。2014 年，以 2000 年为基期的重点城市平均地价指数稳步上升，综合、商服、住宅、工业地价指数分别为 234、241、272、190，较 2013 年分别增加 16、11、15、17 个点。与三季度相比，商服地价指数没有变化，综合、住宅、工业地价指数分别增加了 4、2、5 个点。

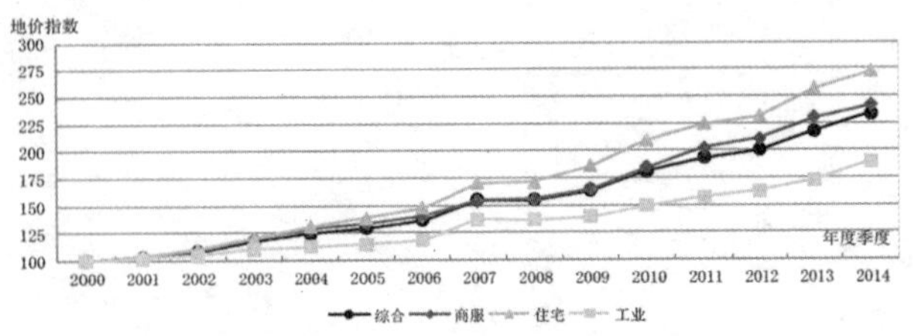

图 4 2000-2014 年度重点城市分用途地价指数

重点监测城市中，地价总体水平为 5077 元 / 平方米，较上一季度增长 1.34%，较去年同期增长 7.23%。商服、住宅和工业地价水平分别为 8558 元 / 平方米、7469 元 / 平方米和 977 元 / 平方米；环比增速分别为 0.32%、0.75% 和 2.49%；同比增速分别为 4.91%、5.91% 和 9.85%。

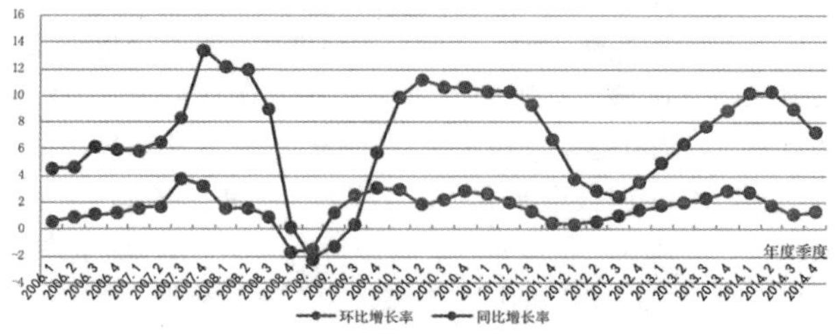

图 5　重点城市综合地价环比、同比增速曲线图（%）

（二）三大重点区域综合地价环比增速保持低速、平稳运行，长江三角洲地区各用途地价环比增速回升，工业地价最为明显；三大重点区域商服、住宅地价同比增速均呈放缓态势，珠江三角洲地区工业地 中国城市地价动态监测 中国城市地价动态监测 中国城市地价动态监测价同比增速高位运行 。

2014 年第四季度，三大重点区域综合地价水平均高于全国总体水平，保持上升态势。长江三角洲、珠江三角洲、环渤海地区综合地价水平分别为 5042 元 / 平方米、5548 元 / 平方米、3703 元 / 平方米。

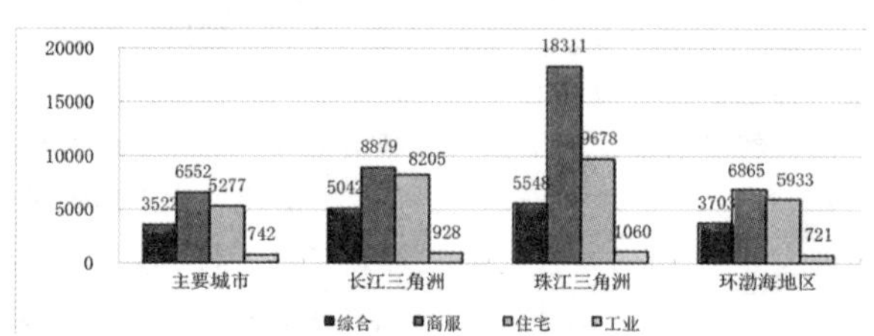

图 6 2014 年第四季度三大重点区域地价水平值（元 / 平方米）

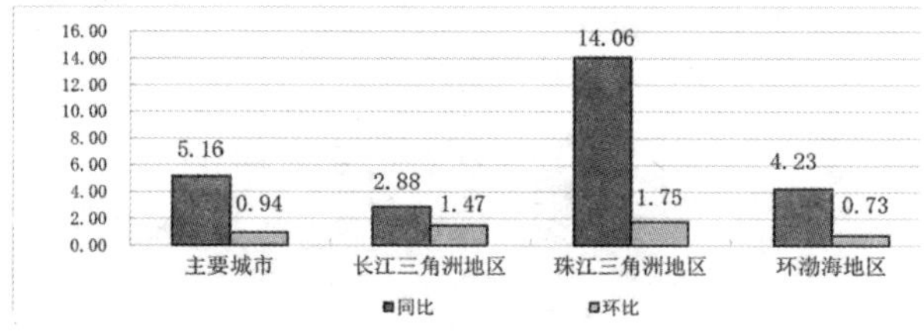

图 7 2014 年第四季度三大重点区域综合地价增速（%）

从环比增速看，长江三角洲和环渤海地区综合地价增速由上一季度的放缓转为本季度的回升态势，分别为 1.47%、0.73%，较上一季度上升了 1.47 和 0.13 个百分点；珠江三角洲地区综合地价增速持续放缓，为 1.75%，较上一季度下降 0.98 个百分点，但仍高于全国和其他两大重点区域平均水平。

分用途看，长江三角洲地区商服、住宅、工业地价增速分别较上一季度上升 0.29、0.85、2.68 个百分点，依次为 0.22%、0.44%、3.11%， 中国城市地价动态监测 中国城市地价动态监测 中国城市地价动态监测其中，商服、住宅地价由上一季度的负增长转为本季度的正向增长；工业地价增速最快，其中，南京、杭州工业地价增速明显，上海工业地价增速较快。珠江三角洲地区商服、工业地价增速放缓，较上一季度分别下降 0.02、2.13 个百分点，为 1.05% 和 2.24%；住宅地价增速较上一季度上升 0.35 个百分点，为 1.27%。环渤海地区各用途增速平稳，商服地价增速放缓 0.33 个百分点，为 0.57%；住宅、工业地价增速分别较上一季度上升 0.13、0.28 个百分点，为 0.92%、0.57%。

三大重点区域商服地价季度环比增长率

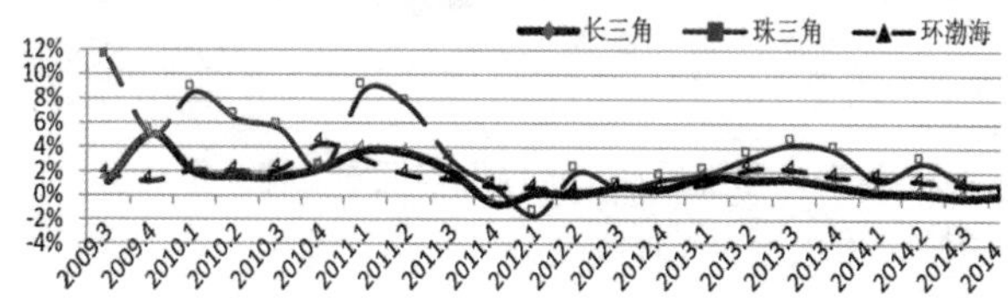

三大重点区域住宅地价季度环比增长率

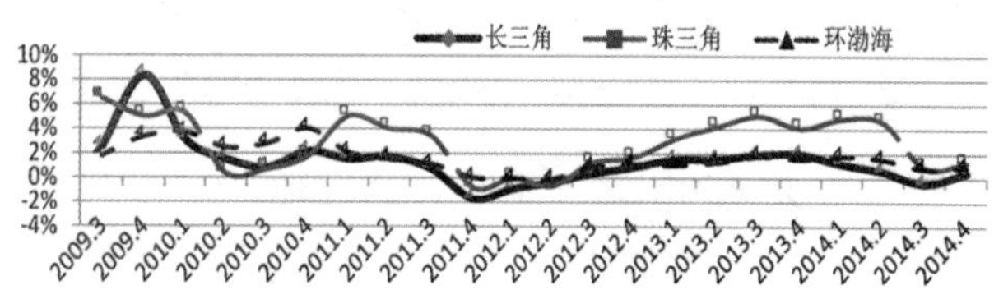

三大重点区域工业地价季度环比增长率

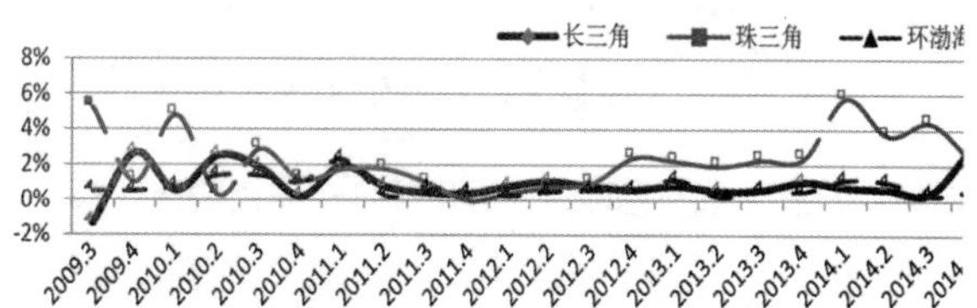

图 8 三大重点监测区域分用途地价环比增速（%）

从同比增速看，长江三角洲地区综合地价增速低于全国及其他两大重点区域平均水平，为 2.88%，较上一季度上升了 0.11 个百分点； 中国城市地价动态监测 中国城市地价动态监测 中国城市地价动态监测珠江三角洲地区综合地价增速仍保持高位运行，为 14.06%，但较上一季度下降 1.56 个百分点；环渤海地区综合地价增速继续放缓，较上一季度下降 0.43 个百分点，为 4.23%，保持温和上涨。

分用途看，三大重点区域商服、住宅地价增速均呈放缓态势，工业地价增速变化各异。长江三角洲地区商服、住宅地价增速较上一季度分别回落 0.58 和 1.56 个百分点，为 0.70%、1.87%；工业地价增速则较上一季度上升 2.07 个百分点，为 4.98%，其中，南京（65.26%）、杭州（26.38%）、嘉兴（11.47%）、上海（8.78%）工业地价增速明显快于区域内其他监测城市。珠江三角洲地区商服、住宅、工业地价增速较上一季度分别下降 2.65、3.17、0.17 个百分点，依次为 6.37%、12.11%、17.05%，住宅和工业地价增速仍处于高位运行，商服地价降至低速运行区间。环渤海地区商服、住宅地价增速较上一季度分别下降 1.08、0.68 个百分点，为 4.30%、5.21%，保持低速增长；工业地价增速为 3.09%，较上一季度上升 0.06 个百分点。

三大重点区域商服地价季度同比增长率

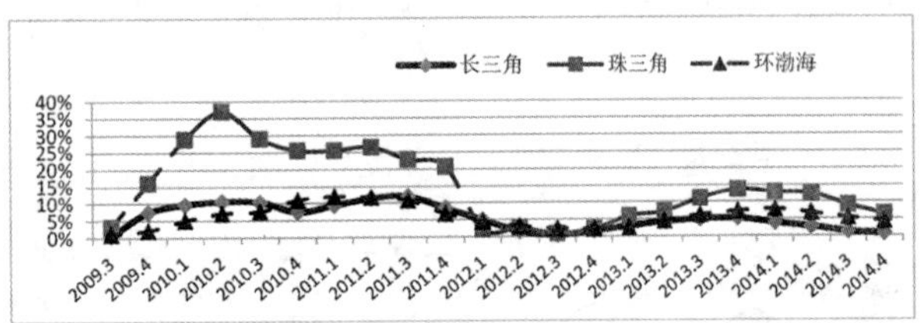

三大重点区域住宅地价季度同比增长率

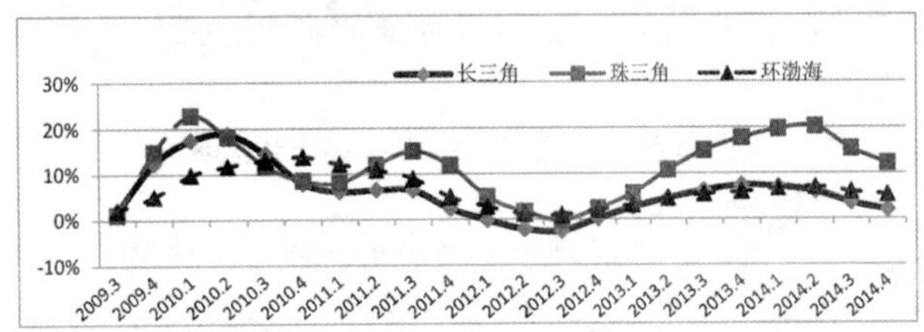

三大重点区域工业地价季度同比增长率

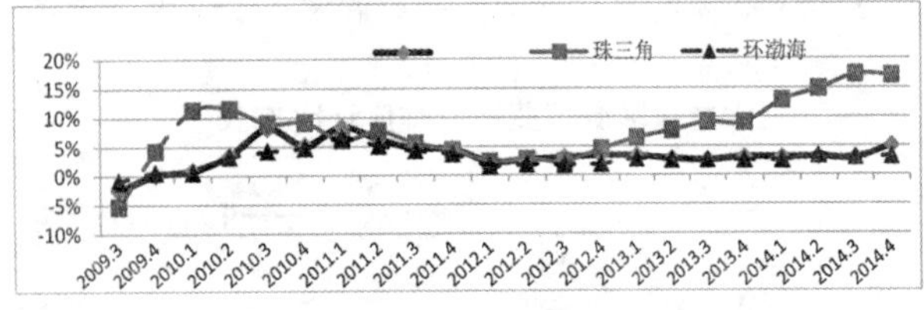

图 9 三大重点监测区域分用途地价同比增速（%）

（三）东部、中部、西部地区综合地价环比增速上升，同比增速持续放缓。

2014 年第四季度，全国重点城市中，地价水平呈东高、西次、中低的布局。东部地区平均地价高于全国和中西部地区，西部与中部地区平均地价均低于全国重点城市平均水平。

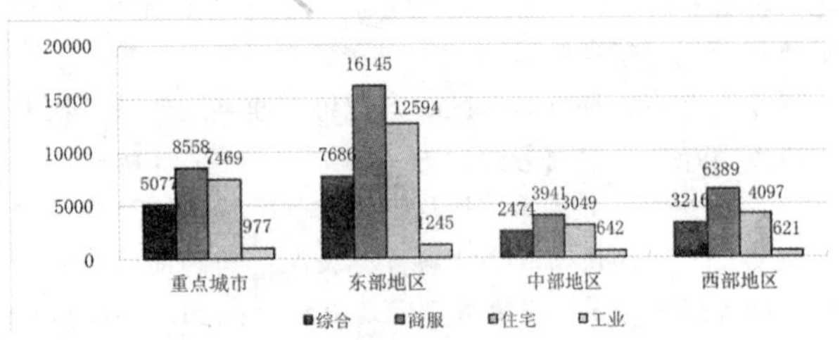

图 10 2014 年第四季度东中西部地区地价水平值（元 / 平方米）

从环比增速看，东部、中部、西部地区综合地价增速均呈加速上升态势，分别较上一季度上升了 0.17、0.26、0.45 个百分点，依次为 1.83%、0.75% 和 0.75%，东部地区保持低速运行，中部和西部地区运行平稳。

从同比增速看，东部、中部、西部地区综合地价增速呈持续放缓态势，分别较上一季度下降 0.94、4.87、0.84 个百分点，为 9.83%、 中国城市地价动态监测 中国城市地价动态监测 中国城市地价动态监测 5.92% 和 2.46%，处于较高位、低速和平稳运行。综合地价增速超过 10.0% 的城市仅有青岛、广州、太原 3 个城市，宁波、福州、成都、昆明则为负增长。

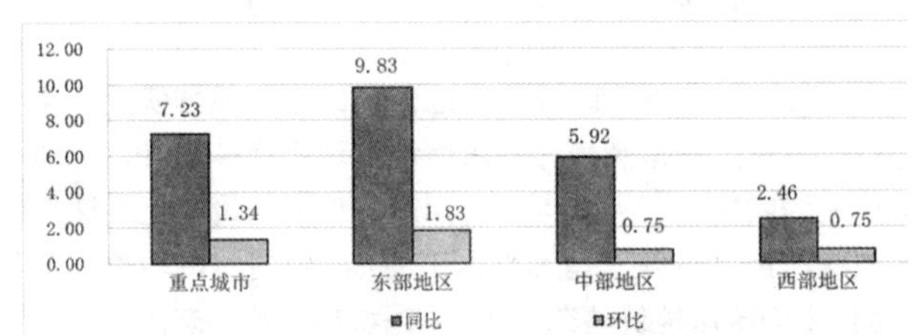

图 11 2014 年第四季度东中西部地区综合地价增速（%）

（四）一线城市综合、商服、住宅地价水平及增速高于二、三线城市；二 线城市工业地价环比增速最为明显；三线城市各用途地价环比、同比增速平稳。

2014 年第四季度，主要监测城市中，一线城市综合、商服、住宅、工业地价水平值、同比增速均明显高于全国及二、三线城市平均水平；二线城市工业地价环比增速高于全国及一、三线城市平均水平；三线城市各用途地价平均水平值整体最低，环比、同比增速平稳。四季度，在央行降息和的“限购、限贷”政策退出背景下，各线城市的住宅地价环比增速均有所回升，一线城市环比增速上升幅度最高， 二线城市次之。一、二、三线城市住宅地价环比涨幅较上一季度分别上涨 0.44、0.32 和 0.17 个百分点。

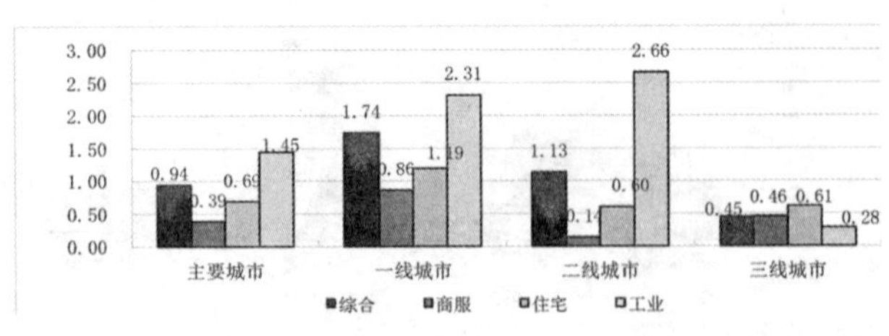

图 12 2014 年第四季度 一二三线城市地价环比增速（%）

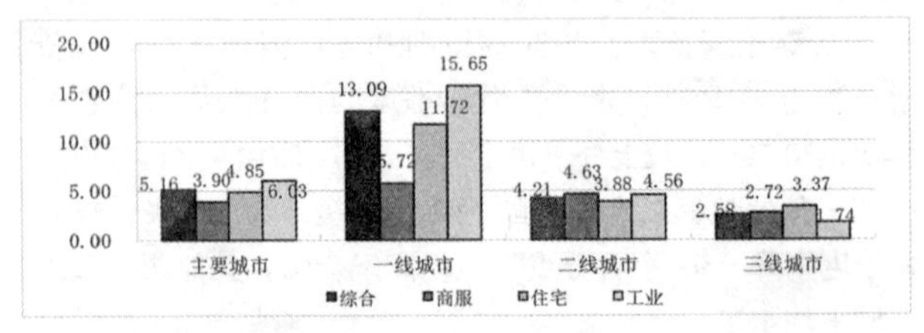

图 13 2014 年第四季度 一二三线城市地价同比增速（%）

（五）全国主要监测城市中，综合地价环比下降的城市继续增加，住宅地价环比下降的城市接近三成，综合、住宅地价同比下降的城市增多。

2014 年第四季度，全国主要监测城市综合地价环比增速整体运行平稳，74 个城市地价环比上涨，较上一季度减少 2 个。综合地价环比增速大于 3.0% 的城市仅有 2 个，与上一季度持平；环比下降的城市由上一季度的 21 个增至本季度的 25 个。另外，68 个城市的增速稳定在 -1.0% ~ 1.0% 之间。与去年同期相比，城市综合地价仍保持上升态势，88 个城市地价同比上涨，增速超过 7.0% 的城市由上一季度的 27 个降至本季度的 20 个，其中，太原、平顶山、广州、青岛、佛山顺德、宜昌等 6 个城市的增速超过 10.0%，比上一季度减少 6 个；同比下降的城市为 16 个，较上一季度增加 8 个。

住宅地价与综合地价变化趋势保持一致，整体运行平稳，环比上涨的城市 71 个，比上一季度多 1 个。住宅地价环比增速超过 3.0% 的城市为 3 个，与上一季度持平；环比下降的城市由上一季度的 27 个增至本季度的 30 个。此外，68 个城市的增速稳定在 -1.0% ~ 1.0%。与去年同期相比，同比上涨的城市由上一季度的 89 个减至 83 个；增速超过 7.0% 的城市由上一季度的 31 个减至 20 个，其中，11 个城市的地价增速超过 10.0%，比上一季度减少 3 个；负增长的城市由上一季度的 12 个增至本季度的 20 个。

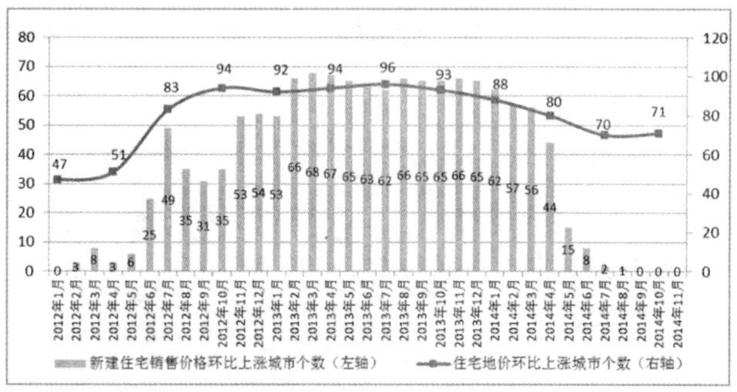

图 14　70 个大中城市新建住宅销售价格和 105 个城市住宅地价环比上涨的城市 数量对比情况图

（六）异常交易地块数量继续回落，受特殊地块成交影响，异常指标略有上升，但总体土地购置需求理性，市场平稳，一线城市活跃度相对较高。

截至 2014 年 12 月 31 日，四季度上报成交异常交易地块 19 宗，环比降幅 24%，同比减少更为明显，降幅超过 90%。总体看来，四季度各地成交的异常地块数量较三季度继续回落，平均溢价率与竞价轮次等指标呈现上升趋势，主要是受 11 月份成交的一宗地块相关指标较 中国城市地价动态监测 中国城市地价动态监测 中国城市地价动态监测高影响；一线城市上报异常地块数量占总数的将近一半，表明市场下行中，一线城市的活跃度依然较高。

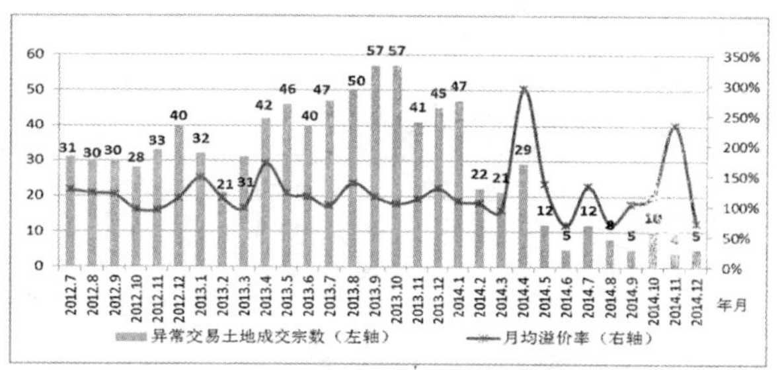

图 15　2012 年以来异常交易地块成交上报宗数和月均溢价率统计情况

二、当前市场形势分析

（一）全球经济形势错综复杂，主要经济体复苏力度不一，经济结构性差异和货币政策分化明显，国内经济下行风险依然较大，信贷放松，经济有所企稳，土地市场平稳运行。

2014 年四季度以来，全球主要经济体增长态势和结构性差异明显，货币政策出现分化。美国经济扩张态势基本确认，就业环境持续改善，部分地区房地产市场温和回暖，货币宽松政策预期不再；欧元区通胀萎缩形势未见明显改观，内需不旺，经济驱动力转型压力加大，致使经济复苏力度继续减弱，欧洲央行放宽货币环境的预期不断升温；日本货币刺激的边际效应明显递减，通缩风险累积，宽松政策加码导致日元贬值，对亚洲国家的经济压力持续显现。国内方面，投资放缓，房地产市场疲弱，国内生产资料价格普降，政府改革和经济结构调整短期内作用难以显现，制造业年内整体低迷，工业增长缓慢，经济下行压力依然较大。国家统计局数据显示，12 月中国 PM 指数为 50.1%，微高于临界点，已连续 3 个月下滑，降至 2013 年 7 月份以来的最低，四季度经济表现不及三季度，表明我国经济增长动力依然不足。

资金层面，11 月末，M2 同比增长 12.3%，增速分别比上月末和去年同期低 0.3 个和 1.9 个百分点，低于预期，处于年内较低水平，经济下行中社会融资成本过高导致货币流通速度下降，同时外汇占款增速下降，房地产开发资金利用外资出现年内的增速下滑，资金风险叠加。11 月 21 日，央行实施了自 2012 年 7 月份以来的首次降息，将一年期存款和贷款基准利率分别下调 25 和 40 个基点，并扩大存款利率浮动上限，旨在通过降息有效降低融资成本提振经济。社会普遍认为，降息对房地产市场利好，房地产市场开发投资和销售企稳回升的预期有所加强，随着个人购房信贷的进一步放宽，房地产市场成交量略有回升，部分热点区域的土地市场出现回升，但对热度较低的土地市场影响有限，总体来看，土地市场基本平稳。

受上述因素的综合影响，主要监测城市的综合地价环比涨幅略有上升，涨幅收窄的城市继续减少，环比增速超过 3% 的城市与上一季度持平，依然仅有 2 个。

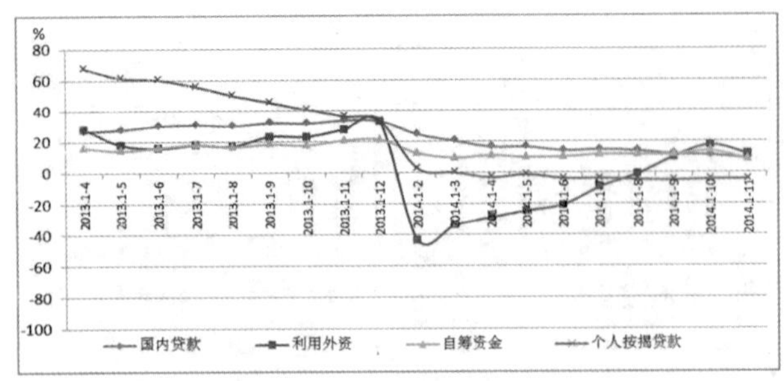

图 16　2013 年 4 月 -2014 年 11 月房地产开发企业资金来源变化情况

（二）房地产调控的行政管制手段大范围退出，“限购、限贷”放松，市场短期企稳趋势显现，市场化改革加速，着眼“新常态”的多重政策导向发力，土地市场分化明显，住宅地价持续调整。

截至四季度，全国已有 40 多个城市取消“限购”政策，尤其是“9·30”住房贷款新政实施后，房地产市场回暖预期有所加强。10 月 9 日三部委出台《关于发展住房公积金个人住房贷款业务的通知》，多地调整公积金政策，降低门槛、提高额度、实行异地互贷等，有效 支持了自住性需求的释放。11 月份下旬央行降息，对房地产供需双向利好，多重政策叠加效应增强，房地产市场出现了短期企稳的迹象，行业基本面调整放缓。但受制于政策刺激力度和个人购买能力，加之前两年出让的住宅用地近期项目集中入市，楼市供销矛盾依然突出，市场并未见明显改善，楼市新政效应未及预期，对土地市场传导作用 有限。

12 月，中央经济工作会议召开，连续第二年未直接提及“房地产调控”，会议对土地制度改革、区域经济建设和保障民生等方面进行阐述，表明中央政府对房地产业的角色定位发生重要转变。同时，在不动产登记实施，房地产税立法研究推进，新型城镇化建设加速，棚户区改造和共有产权房推行的背景下，更加注重发挥房地产市场在稳定经济、产业结构调整中的重要作用，房地产调控中“分类指导、精准调控”成为重要手段，去行政化、市场化 和长效化趋势稳定推进。

在多重政策因素的影响，土地市场整体调整的趋势并未改变，但分化更加明显。四季度，住宅地价环比有所上涨，同比涨幅继续收窄，环比、同比下降的城市个数均有所增加，一线城市涨幅高于二、三线 城市，城市土地市场分化明显。

（三）主要监测城市土地供应总量环比上涨明显，其中交通、水利基础设施等其他用地供应上涨幅度较大，占比大幅增加；商业、住宅、工业用地占比均有所下降，房地产用地供应环比增加、同比减少。

全国 105 个主要监测城市土地供应量环比上升，除商服用地以外，各类用途用地供应量环比明显上升，符合年内土地供应的一般规律；而商服、住宅、工业用地供应同比均有所下降。截至 2014 年 12 月 31 日，2014 年第四季度，全国 105 个主要监测城市土地供应面积达到 8.57 万公顷，供应量环比大幅增加 75.30%，同比减少 17.35%。其中商服、住宅、工矿仓储用地和交通、水利基础设施等其他用地分别供应约 0.50、1.24、1.53 和 5.29 万公顷，商服用地环比减少 4.13%、住宅、工矿仓储用地、交通和水利基础设施等其他用地分别增加 21.25%、2.65% 和 186.40%，同比变化分别为减少 45.37%、减少 44.87%、减少 38.49% 和增加 12.50%。房地产开发用地供应面积约 1.75 万公顷，环比增加 12.63%，同比减少 45.01%。四季度各地保障性住房用地供应力度加大，供应面积约为 0.36 万公顷，为年内季度最高，环比大幅上涨 81.59%，同比下降 33.47%。

本季度，各类用地供应量占建设用地供应总量的结构比例变化明显，交通、水利基础设施等其他用地供应量占比明显增加，商服、住宅、工矿仓储用地占比均有所回落。环比来看，工业用地供应占比下降相对较大；同比来看，住宅用地占比下降最快，交通、水利基础设施等其他用地供应量环比、同比占比均明显上升。房地产开发用地供应量占土地供应总量的 20.42%，较上一季度减少 11.36 百分点，较去年同期减少 10.27 个百分点。保障性住房用地供应占比 4.23%，环比略升 0.15 个百分点，同比下降 1.02 个百分点。

四季度，土地供应结构相对三季度发生重要转变，主要是在经济复苏乏力的背景下，房地产开发投资疲弱，基建投资需求旺盛。各地为拉动经济增长，大规模推进基础设施建设，作为稳增长、惠民生的重要手段，交通、水利基础设施等其他用地供应大幅增加，供应占比达到 2008 年以来单季度最高。

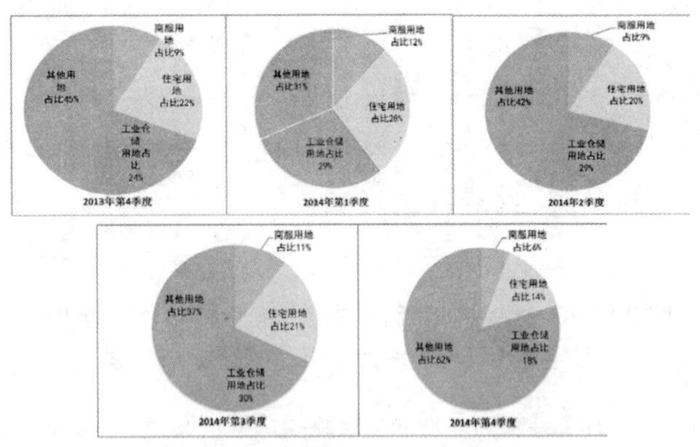

图 17　2013 年 4 季度以来各季度分用途用地供应占供地总量比例变化图

三、后期走势预判及关注要点

2015 年，随着内外环境稳中向好，中央经济发展思路转变，在稳增长、防通胀的目标权衡下，对转方式、调结构、控风险、促创新、保民生提出了更高要求。经济发展“新常态”思维将进一步融入宏观政策顶层设计和体制机制深化改革中，尽管经济全面进入增速换挡期，产能过剩、风险累积、房地产市场调整等制约增长的因素依然存在，但随着国内货币政策宽松、重点领域改革培育新的经济增长点，改革红利释放可期，预计中国经济仍处将于提质增效，持续调整进程。

在此背景下，土地市场宏观政策以“稳”为主，市场对资源配置的决定性作用将进一步落实，配合制度完善，财税、金融等经济手段对市场的影响将显著加强。预计一季度，土地价格走势总体平稳微升，局部地区分化态势更加明显。

下一步，一是要关注货币金融政策对土地市场的影响，同时深化土地市场与相关经济指标变化的周期性研究，适应、探索并优化“新常态”下的管理模式；二是深化土地供应制度改革，完善地价形成机制，在产业结构调整、经济转型升级和区域战略发展进程中发挥好土地的要素作用，促进土地资源合理配置和节约集约利用。

政策法规
Policies And Regulations

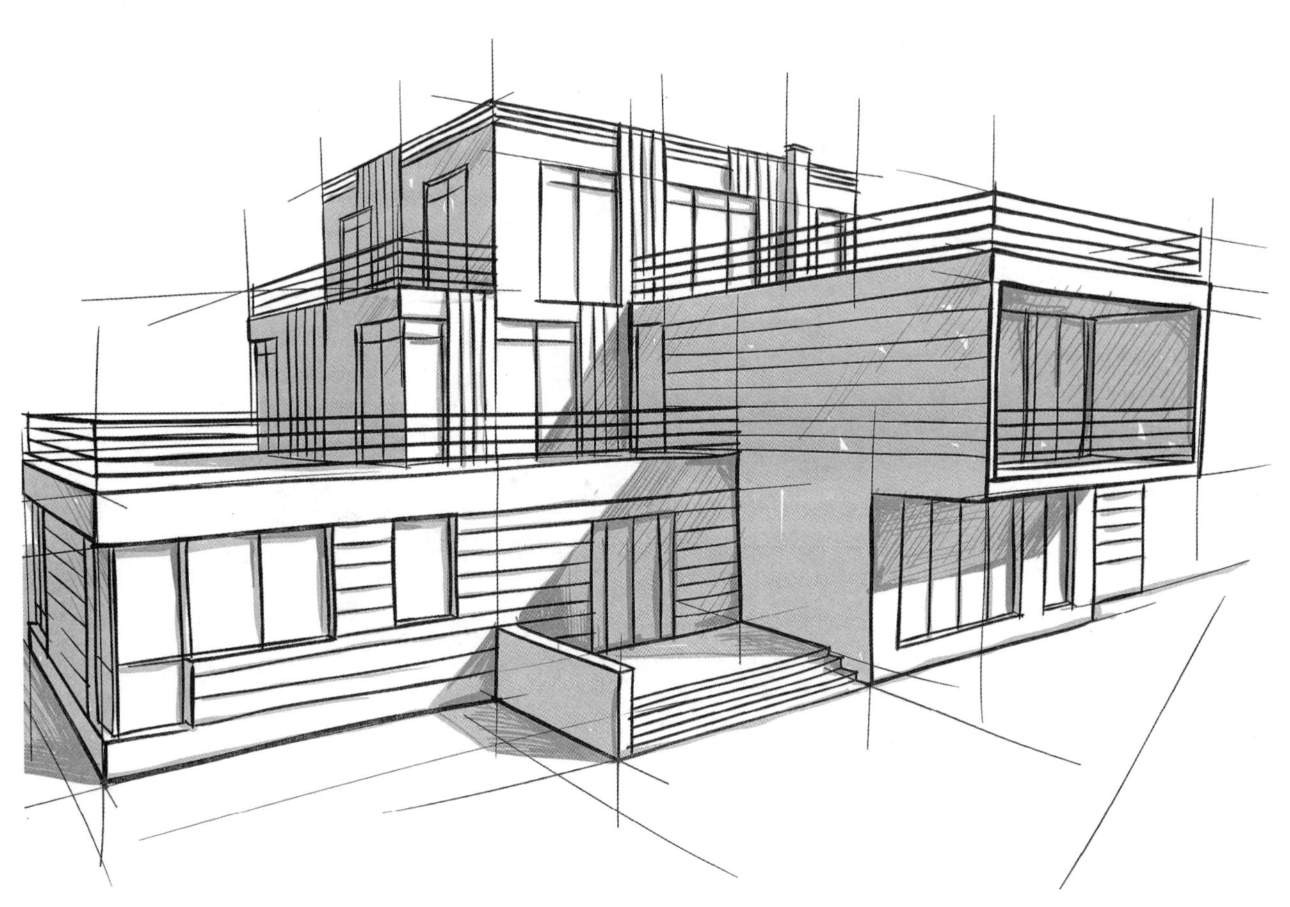

国家新型城镇化规划

（2014 — 2020 年）

第一篇 规划背景

我国已进入全面建成小康社会的决定性阶段，正处于经济转型升级、加快推进社会主义现代化的重要时期，也处于城镇化深入发展的关键时期，必须深刻认识城镇化对经济社会发展的重大意义，牢牢把握城镇化蕴含的巨大机遇，准确研判城镇化发展的新趋势新特点，妥善应对城镇化面临的风险挑战。

第一章 重大意义

城镇化是伴随工业化发展，非农产业在城镇集聚、农村人口向城镇集中的自然历史过程，是人类社会发展的客观趋势，是国家现代化的重要标志。按照建设中国特色社会主义五位一体总体布局，顺应发展规律，因势利导，趋利避害，积极稳妥扎实有序推进城镇化，对全面建成小康社会、加快社会主义现代化建设进程、实现中华民族伟大复兴的中国梦，具有重大现实意义和深远历史意义。

——**城镇化是现代化的必由之路。**工业革命以来的经济社会发展史表明，一国要成功实现现代化，在工业化发展的同时，必须注重城镇化发展。当今中国，城镇化与工业化、信息化和农业现代化同步发展，是现代化建设的核心内容，彼此相辅相成。工业化处于主导地位，是发展的动力；农业现代化是重要基础，是发展的根基；信息化具有后发优势，为发展注入新的活力；城镇化是载体和平台，承载工业化和信息化发展空间，带动农业现代化加快发展，发挥着不可替代的融合作用。

——**城镇化是保持经济持续健康发展的强大引擎。**内需是我国经济发展的根本动力，扩大内需的最大潜力在于城镇化。目前我国常住人口城镇化率为 53.7%，户籍人口城镇化率只有 36% 左右，不仅远低于发达国家 80% 的平均水平，也低于人均收入与我国相近的发展中国家 60% 的平均水平，还有较大的发展空间。城镇化水平持续提高，会使更多农民通过转移就业提高收入，通过转为市民享受更好的公共服务，从而使城镇消费群体不断扩大、消费结构不断升级、消费潜力不断释放，也会带来城市基础设施、公共服务设施和住宅建设等巨大投资需求，这将为经济发展提供持续的动力。

——**城镇化是加快产业结构转型升级的重要抓手。**产业结构转型升级是转变经济发展方式的战略任务，加快发展服务业是产业结构优化升级的主攻方向。目前我国服务业增加值占国内生产总值比重仅为 46.1%，与发达国家 74% 的平均水平相距甚远，与中等收入国家 53% 的平均水平也有较大差距。城镇化与服务业发展密切相关，服务业是就业的最大容纳器。城镇化过程中的人口集聚、生活方式的变革、生活水平的提高，都会扩大生活性服务需求；生产要素的优化配置、三次产业的联动、社会分工的细化，也会扩大生产性服务需求。城镇化带来的创新要素集聚和知识传播扩散，有利于增强创新活力，驱动传统产业升级和新兴产业发展。

——**城镇化是解决农业农村农民问题的重要途径。**我国农村人口过多、农业水土资源紧缺，在城乡二元体制下，土地规模经营难以推行，传统生产方式难以改变，这是“三农”问题的根源。我国人均耕地仅 0.1 公顷，农户户均土地经营规模约 0.6 公顷，远远达不到农业规模化经营的门槛。城镇化总体上有利于集约节约利用土地，为发展现代农业腾出宝贵空间。随着农村人口逐步向城镇转移，农民人均资源占有量相应增加，可以促进农业生产规模化和机械化，提高农业现代化水平和农民生活水平。城镇经济实力提升，会进一步增强以工促农、以城带乡能力，加快农村经济社会发展。

——**城镇化是推动区域协调发展的有力支撑。**改革开放以来，我国东部沿海地区率先开放发展，形成了京津冀、长江三角洲、珠江三角洲等一批城市群，有力推动了东部地区快速发展，成为国民经济重要的增长极。但与此同时，中西部地区发展相对滞后，一个重要原因就是城镇化发展很不平衡，中西部城市发育明显不足。目前东部地区常住人口城镇化率达到 62.2%，而中部、西部地区分别只有 48.5%、44.8%。随着西部大开发和中部崛起战略的深入推进，东部沿海地区产业转移加快，在中西部资源环境承载能力较强地区，加快城镇化进程，培育形成新的增长极，有利于促进经济增长和市场空间由东向西、由南向北梯次拓展，推动人口经济布局更加合理、区域发展更加协调。

——**城镇化是促进社会全面进步的必然要求。**城镇化作为人类文明进步的产物，既能提高生产活动效率，又能富裕农民、造福人民，全面提升生活质量。随着城镇经济的繁荣，城镇功能的完善，公共服务水平和生态环境质量的提升，人们的物质生活会更加殷实充裕，精神生活会更加丰富多彩；随着城乡二元体制逐步破除，城市内部二元结构矛盾逐步化解，全体人民将共享现代文明成果。这既有利于维护社会公平正义、消除社会风险隐患，也有利于促进人的全面发展和社会和谐进步。

第二章 发展现状

改革开放以来，伴随着工业化进程加速，我国城镇化经历了一个起点低、速度快的发展过程。1978 - 2013 年，城镇常住人口从 1.7 亿人增加到 7.3 亿人，城镇化率从 17.9% 提升到 53.7%，年均提高 1.02 个百分点；城市数量从 193 个增加到 658 个，建制镇数量从 2173 个增加到 20113 个。京津冀、长江三角洲、珠江三角洲三大城市群，以 2.8% 的国土面积集聚了 18% 的人口，创造了 36% 的国内生产总值，成为带动我国经济快速增长和参与国际经济合作与竞争的主要平台。城市水、电、路、气、信息网络等基础设施显著改善，教育、医疗、文化体育、社会保障等公共服务水平明显提高，人均住宅、公园绿地面积大幅增加。城镇化的快速推进，吸纳了大量农村劳动力转移就业，提高了城乡生产要素配置效率，推动了国民经济持续快速发展，带来了社会结构深刻变革，促进了城乡居民生活水平全面提升，取得的成就举世瞩目。

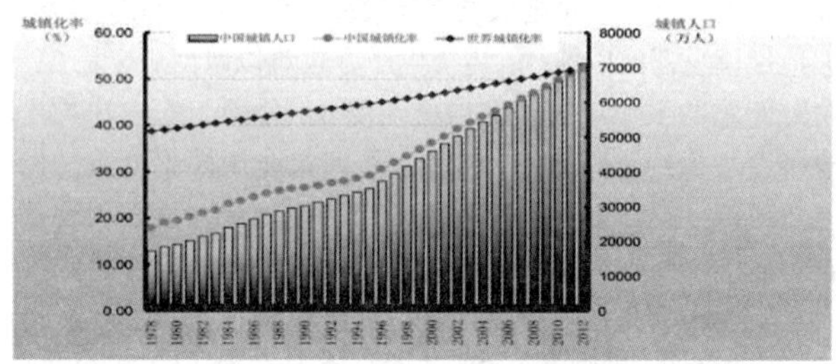

图 1 城镇化水平变化

表 1 城市（镇）数量和规模变化情况（单位：个）		
	1978 年	2010 年
城市	193	658
1000 万以上人口城市	0	6
500 万—1000 万人口城市	2	10
300 万—500 万人口城市	2	21
100 万—300 万人口城市	25	103
50 万—100 万人口城市	35	138
50 万以下人口城市	129	380
建制镇	2173	19410

注：2010 年数据根据第六次全国人口普查数据整理。

表 1 城市（镇）数量和规模变化情况

表 2 城市基础设施和服务设施变化情况		
指　标	2000 年	2012 年
用水普及率（%）	63.9	97.2
燃气普及率（%）	44.6	93.2
人均道路面积（平方米）	6.1	14.4
指　标	2000 年	2012 年
人均住宅建筑面积（平方米）	20.3	32.9
污水处理率（%）	34.3	87.3
人均公园绿地面积（平方米）	3.7	12.3
普通中学（所）	14473	17333
病床数（万张）	142.6	273.3

表 2 城市基础设施和服务设施变化情况

在城镇化快速发展过程中，也存在一些必须高度重视并着力解决的突出矛盾和问题。

——大量农业转移人口难以融入城市社会，市民化进程滞后。目前农民工已成为我国产业工人的主体，受城乡分割的户籍制度影响，被统计为城镇人口的 2.34 亿农民工及其随迁家属，未能在教育、就业、医疗、养老、保障性住房等方面享受城镇居民的基本公共服务，产城融合不紧密，产业集聚与人口集聚不同步，城镇化滞后于工业化。城镇内部出现新的二元矛盾，农村留守儿童、妇女和老人问题日益凸显，给经济社会发展带来诸多风险隐患。

图 2 常住人口城镇化率与户籍人口城镇化率的差距

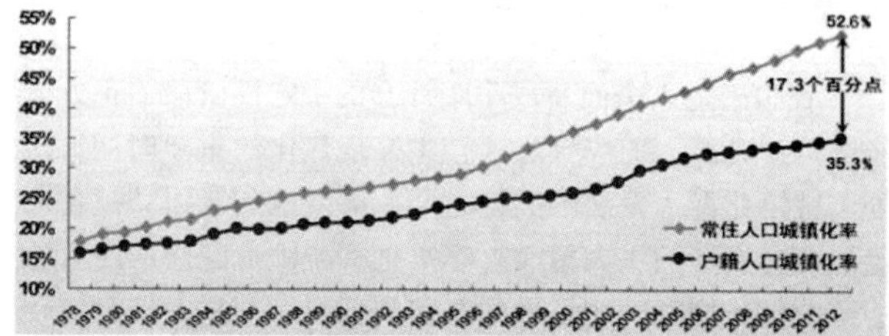

图 2 常住人口城镇化率与户籍人口城镇化率的差距

——“土地城镇化”快于人口城镇化，建设用地粗放低效。一些城市“摊大饼”式扩张，过分追求宽马路、大广场，新城新区、开发区和工业园区占地过大，建成区人口密度偏低。1996—2012 年，全国建设用地年均增加 724 万亩，其中城镇建设用地年均增加 357 万亩；2010—2012 年，全国建设用地年均增加 953 万亩，其中城镇建设用地年均增加 515 万亩。2000—2011 年，城镇建成区面积增长 76.4%，远高于城镇人口 50.5% 的增长速度；农村人口减少 1.33 亿人，农村居民点用地却增加了 3045 万亩。一些地方过度依赖土地出让收入和土地抵押融资推进城镇建设，加剧了土地粗放利用，浪费了大量耕地资源，威胁到国家粮食安全和生态安全，也加大了地方政府性债务等财政金融风险。

——城镇空间分布和规模结构不合理，与资源环境承载能力不匹配。东部一些城镇密集地区资源环境约束趋紧，中西部资源环境承载能力较强地区的城镇化潜力有待挖掘；城市群布局不尽合理，城市群内部分工协作不够、集群效率不高；部分特大城市主城区人口压力偏大，与综合承载能力之间的矛盾加剧；中小城市集聚产业和人口不足，潜力没有得到充分发挥；小城镇数量多、规模小、服务功能弱，这些都增加了经济社会和生态环境成本。

——城市管理服务水平不高，“城市病”问题日益突出。一些城市空间无序开发、人口过度集聚，重经济发展、轻环境保护，重城市建设、轻管理服务，交通拥堵问题严重，公共安全事件频发，城市污水和垃圾处理能力不足，大气、水、土壤等环境污染加剧，城市管理运行效率不高，公共服务供给能力不足，城中村和城乡接合部等外来人口集聚区人居环境较差。

——自然历史文化遗产保护不力，城乡建设缺乏特色。一些城市景观结构与所处区域的自然地理特征不协调，部分城市贪大求洋、照搬照抄，脱离实际建设国际大都市，“建设性”破坏不断蔓延，城市的自然和文化个性被破坏。一些农村地区大拆大建，照搬城市小区模式建设新农村，简单用城市元素与风格取代传统民居和田园风光，导致乡土特色和民俗文化流失。

——体制机制不健全，阻碍了城镇化健康发展。现行城乡分割的户籍管理、土地管理、社会保障制度，以及财税金融、行政管理等制度，固化着已经形成的城乡利益失衡格局，制约着农业转移人口市民化，阻碍着城乡发展一体化。

第三章 发展态势

根据世界城镇化发展普遍规律，我国仍处于城镇化率30% - 70%的快速发展区间，但延续过去传统粗放的城镇化模式，会带来产业升级缓慢、资源环境恶化、社会矛盾增多等诸多风险，可能落入“中等收入陷阱”，进而影响现代化进程。随着内外部环境和条件的深刻变化，城镇化必须进入以提升质量为主的转型发展新阶段。

——城镇化发展面临的外部挑战日益严峻。在全球经济再平衡和产业格局再调整的背景下，全球供给结构和需求结构正在发生深刻变化，庞大生产能力与有限市场空间的矛盾更加突出，国际市场竞争更加激烈，我国面临产业转型升级和消化严重过剩产能的挑战巨大；发达国家能源资源消费总量居高不下，人口庞大的新兴市场国家和发展中国家对能源资源的需求迅速膨胀，全球资源供需矛盾和碳排放权争夺更加尖锐，我国能源资源和生态环境面临的国际压力前所未有，传统高投入、高消耗、高排放的工业化城镇化发展模式难以为继。

——城镇化转型发展的内在要求更加紧迫。随着我国农业富余劳动力减少和人口老龄化程度提高，主要依靠劳动力廉价供给推动城镇化快速发展的模式不可持续；随着资源环境瓶颈制约日益加剧，主要依靠土地等资源粗放消耗推动城镇化快速发展的模式不可持续；随着户籍人口与外来人口公共服务差距造成的城市内部二元结构矛盾日益凸显，主要依靠非均等化基本公共服务压低成本推动城镇化快速发展的模式不可持续。工业化、信息化、城镇化和农业现代化发展不同步，导致农业根基不稳、城乡区域差距过大、产业结构不合理等突出问题。我国城镇化发展由速度型向质量型转型势在必行。

——城镇化转型发展的基础条件日趋成熟。改革开放30多年来我国经济快速增长，为城镇化转型发展奠定了良好物质基础。国家着力推动基本公共服务均等化，为农业转移人口市民化创造了条件。交通运输网络的不断完善、节能环保等新技术的突破应用，以及信息化的快速推进，为优化城镇化空间布局和形态，推动城镇可持续发展提供了有力支撑。各地在城镇化方面的改革探索，为创新体制机制积累了经验。

第二篇 指导思想和发展目标

我国城镇化是在人口多、资源相对短缺、生态环境比较脆弱、城乡区域发展不平衡的背景下推进的，这决定了我国必须从社会主义初级阶段这个最大实际出发，遵循城镇化发展规律，走中国特色新型城镇化道路。

第四章 指导思想

高举中国特色社会主义伟大旗帜，以邓小平理论、“三个代表”重要思想、科学发展观为指导，紧紧围绕全面提高城镇化质量，加快转变城镇化发展方式，以人的城镇化为核心，有序推进农业转移人口市民化；以城市群为主体形态，推动大中小城市和小城镇协调发展；以综合承载能力为支撑，提升城市可持续发展水平；以体制机制创新为保障，通过改革释放城镇化发展潜力，走以人为本、四化同步、优化布局、生态文明、文化传承的中国特色新型城镇化道路，促进经济转型升级和社会和谐进步，为全面建成小康社会、加快推进社会主义现代化、实现中华民族伟大复兴的中国梦奠定坚实基础。

要坚持以下基本原则：

——以人为本，公平共享。以人的城镇化为核心，合理引导人口流动，有序推进农业转移人口市民化，稳步推进城镇基本公共服务常住人口全覆盖，不断提高人口素质，促进人的全面发展和社会公平正义，使全体居民共享现代化建设成果。

——四化同步，统筹城乡。推动信息化和工业化深度融合、工业化和城镇化良性互动、城镇化和农业现代化相互协调，促进城镇发展与产业支撑、就业转移和人口集聚相统一，促进城乡要素平等交换和公共资源均衡配置，形成以工促农、以城带乡、工农互惠、城乡一体的新型工农、城乡关系。

——优化布局，集约高效。根据资源环境承载能力构建科学合理的城镇化宏观布局，以综合交通网络和信息网络为依托，科学规划建设城市群，严格控制城镇建设用地规模，严格划定永久基本农田，合理控制城镇开发边界，优化城市内部空间结构，促进城市紧凑发展，提高国土空间利用效率。

——生态文明，绿色低碳。把生态文明理念全面融入城镇化进程，着力推进绿色发展、循环发展、低碳发展，节约集约利用土地、水、能源等资源，强化环境保护和生态修复，减少对自然的干扰和损害，推动形成绿色低碳的生产生活方式和城市建设运营模式。

——文化传承，彰显特色。根据不同地区的自然历史文化禀赋，体现区域差异性，提倡形态多样性，防止千城一面，发展有历史记忆、文化脉络、地域风貌、民族特点的美丽城镇，形成符合实际、各具特色的城镇化发展模式。

——市场主导，政府引导。正确处理政府和市场关系，更加尊重市场规律，坚持使市场在资源配置中起决定性作用，更好发挥政府作用，切实履行政府制定规划政策、提供公共服务和营造制度环境的重要职责，使城镇化成为市场主导、自然发展的过程，成为政府引导、科学发展的过程。

——统筹规划，分类指导。中央政府统筹总体规划、战略布局和制度安排，加强分类指导；地方政府因地制宜、循序渐进抓好贯彻落实；尊重基层首创精神，鼓励探索创新和试点先行，凝聚各方共识，实现重点突破，总结推广经验，积极稳妥扎实有序推进新型城镇化。

第五章 发展目标

——**城镇化水平和质量稳步提升。**城镇化健康有序发展，常住人口城镇化率达到60%左右，户籍人口城镇化率达到45%左右，户籍人口城镇化率与常住人口城镇化率差距缩小2个百分点左右，努力实现1亿左右农业转移人口和其他常住人口在城镇落户。

——**城镇化格局更加优化。**“两横三纵”为主体的城镇化战略格局基本形成，城市群集聚经济、人口能力明显增强，东部地区城市群一体化水平和国际竞争力明显提高，中西部地区城市群成为推动区域协调发展的新的重要增长极。城市规模结构更加完善，中心城市辐射带动作用更加突出，中小城市数量增加，小城镇服务功能增强。

——**城市发展模式科学合理。**密度较高、功能混用和公交导向的集约紧凑型开发模式成为主导，人均城市建设用地严格控制在100平方米以内，建成区人口密度逐步提高。绿色生产、绿色消费成为城市经济生活的主流，节能节水产品、再生利用产品和绿色建筑比例大幅提高。城市地下管网覆盖率明显提高。

——**城市生活和谐宜人。**稳步推进义务教育、就业服务、基本养老、基本医疗卫生、保障性住房等城镇基本公共服务覆盖全部常住人口，基础设施和公共服务设施更加完善，消费环境更加便利，生态环境明显改善，空气质量逐步好转，饮用水安全得到保障。自然景观和文化特色得到有效保护，城市发展个性化，城市管理人性化、智能化。

——**城镇化体制机制不断完善。**户籍管理、土地管理、社会保障、财税金融、行政管理、生态环境等制度改革取得重大进展，阻碍城镇化健康发展的体制机制障碍基本消除。

专栏1 新型城镇化主要指标

专栏1 新型城镇化主要指标

指标	2012年	2020年
城镇化水平		
常住人口城镇化率（%）	52.6	60左右
户籍人口城镇化率（%）	35.3	45左右
基本公共服务		
农民工随迁子女接受义务教育比例(%)		≥99
城镇失业人员、农民工、新成长劳动力免费接受基本职业技能培训覆盖率(%)		≥95
城镇常住人口基本养老保险覆盖率(%)	66.9	≥90
城镇常住人口基本医疗保险覆盖率(%)	95	98
城镇常住人口保障性住房覆盖率(%)	12.5	≥23
基础设施		
百万以上人口城市公共交通占机动化出行比例(%)	45*	60
城镇公共供水普及率（%）	81.7	90
城市污水处理率（%）	87.3	95
城市生活垃圾无害化处理率（%）	84.8	95
城市家庭宽带接入能力（Mbps）	4	≥50
城市社区综合服务设施覆盖率（%）	72.5	100
资源环境		
人均城市建设用地（平方米）		≤100
城镇可再生能源消费比重（%）	8.7	13
城镇绿色建筑占新建建筑比重（%）	2	50
城市建成区绿地率（%）	35.7	38.9
地级以上城市空气质量达到国家标准的比例(%)	40.9	60

注：①带*为2011年数据。
②城镇常住人口基本养老保险覆盖率指标中，常住人口不含16周岁以下人员和在校学生。
③城镇保障性住房：包括公租房（含廉租房）、政策性商品住房和棚户区改造安置住房等。
④人均城市建设用地：国家《城市用地分类与规划建设用地标准》规定，人均城市建设用地标准为65.0—115.0平方米，新建城市为85.1—105.0平方米。
⑤城市空气质量国家标准：在1996年标准基础上，增设了$PM_{2.5}$浓度限值和臭氧8小时平均浓度限值，调整了PM_{10}、二氧化氮、铅等浓度限值。

第三篇 有序推进农业转移人口市民化

按照尊重意愿、自主选择，因地制宜、分步推进，存量优先、带动增量的原则，以农业转移人口为重点，兼顾高校和职业技术院校毕业生、城镇间异地就业人员和城区城郊农业人口，统筹推进户籍制度改革和基本公共服务均等化。

第六章 推进符合条件农业转移人口落户城镇

逐步使符合条件的农业转移人口落户城镇，不仅要放开小城镇落户限制，也要放宽大中城市落户条件。

第一节健全农业转移人口落户制度

各类城镇要健全农业转移人口落户制度，根据综合承载能力和发展潜力，以就业年限、居住年限、城镇社会保险参保年限等为基准条件，因地制宜制定具体的农业转移人口落户标准，并向全社会公布，引导农业转移人口在城镇落户的预期和选择。

第二节实施差别化落户政策

以合法稳定就业和合法稳定住所（含租赁）等为前置条件，全面放开建制镇和小城市落户限制，有序放开城区人口50万－100万的城市落户限制，合理放开城区人口100万－300万的大城市落户限制，合理确定城区人口300万－500万的大城市落户条件，严格控制城区人口500万以上的特大城市人口规模。大中城市可设置参加城镇社会保险年限的要求，但最高年限不得超过5年。特大城市可采取积分制等方式设置阶梯式落户通道调控落户规模和节奏。

第七章 推进农业转移人口享有城镇基本公共服务

农村劳动力在城乡间流动就业是长期现象，按照保障基本、循序渐进的原则，积极推进城镇基本公共服务由主要对本地户籍人口提供向对常住人口提供转变，逐步解决在城镇就业居住但未落户的农业转移人口享有城镇基本公共服务问题。

第一节 保障随迁子女平等享有受教育权利

建立健全全国中小学生学籍信息管理系统，为学生学籍转接提供便捷服务。将农民工随迁子女义务教育纳入各级政府教育发展规划和财政保障范畴，合理规划学校布局，科学核定教师编制，足额拨付教育经费，保障农民工随迁子女以公办学校为主接受义务教育。对未能在公办学校就学的，采取政府购买服务等方式，保障农民工随迁子女在普惠性民办学校接受义务教育的权利。逐步完善农民工随迁子女在流入地接受中等职业教育免学费和普惠性学前教育的政策，推动各地建立健全农民工随迁子女接受义务教育后在流入地参加升学考试的实施办法。

第二节 完善公共就业创业服务体系

加强农民工职业技能培训，提高就业创业能力和职业素质。整合职业教育和培训资源，全面提供政府补贴职业技能培训服务。强化企业开展农民工岗位技能培训责任，足额提取并合理使用职工教育培训经费。鼓励高等学校、各类职业院校和培训机构积极开展职业教育和技能培训，推进职业技能实训基地建设。鼓励农民工取得职业资格证书和专项职业能力证书，并按规定给予职业技能鉴定补贴。加大农民工创业政策扶持力度，健全农民工劳动权益保护机制。实现就业信息全国联网，为农民工提供免费的就业信息和政策咨询。

专栏 2 农民工职业技能提升计划

专栏 2 农民工职业技能提升计划	
01	**就业技能培训** 对转移到非农产业务工经商的农村劳动者开展专项技能或初级技能培训。依托技工院校、中高等职业院校、职业技能实训基地等培训机构，加大各级政府投入，开展政府补贴农民工就业技能培训，每年培训1000万人次，基本消除新成长劳动力无技能从业现象。对少数民族转移就业人员实行双语技能培训。
02	**岗位技能提升培训** 对与企业签订一定期限劳动合同的在岗农民工进行提高技能水平培训。鼓励企业结合行业特点和岗位技能需求，开展农民工在岗技能提升培训，每年培训农民工1000万人次。
03	**高技能人才和创业培训** 对符合条件的具备中高级技能的农民工实施高技能人才培训计划，完善补贴政策，每年培养100万高技能人才。对有创业意愿并具备创业条件的农民工开展提升创业能力培训。
04	**劳动预备制培训** 对农村未能继续升学并准备进入非农产业就业或进城务工的应届初高中毕业生、农村籍退役士兵进行储备性专业技能培训。
05	**社区公益性培训** 组织中高等职业院校、普通高校、技工院校开展面向农民工的公益性教育培训，与街道、社区合作，举办灵活多样的社区培训，提升农民工的职业技能和综合素质。
06	**职业技能培训能力建设** 依托现有各类职业教育和培训机构，提升改造一批职业技能实训基地。鼓励大中型企业联合技工院校、职业院校，建设一批农民工实训基地。支持一批职业教育优质特色学校和示范性中高等职业院校建设。

第三节 扩大社会保障覆盖面

扩大参保缴费覆盖面，适时适当降低社会保险费率。完善职工基本养老保险制度，实现基础养老金全国统筹，鼓励农民工积极参保、连续参保。依法将农民工纳入城镇职工基本医疗保险，允许灵活就业农民工参加当地城镇居民基本医疗保险。完善社会保险关系转移接续政策，在农村参加的养老保险和医疗保险规范接入城镇社保体系，建立全国统一的城乡居民基本养老保险制度，整合城乡居民基本医疗保险制度。强化企业缴费责任，扩大农民工参加城镇职工工伤保险、失业保险、生育保险比例。推进商业保险与社会保险衔接合作，开办各类补充性养老、医疗、健康保险。

第四节 改善基本医疗卫生条件

根据常住人口配置城镇基本医疗卫生服务资源，将农民工及其随迁家属纳入社区卫生服务体系，免费提供健康教育、妇幼保健、预防接种、传染病防控、计划生育等公共卫生服务。加强农民工聚居地疾病监测、疫情处理和突发公共卫生事件应对。鼓励有条件的地方将符合条件的农民工及其随迁家属纳入当地医疗救助范围。

第五节 拓宽住房保障渠道

采取廉租住房、公共租赁住房、租赁补贴等多种方式改善农民工居住条件。完善商品房配建保障性住房政策，鼓励社会资本参与建设。农民工集中的开发区和产业园区可以建设单元型或宿舍型公共租赁住房，农民工数量较多的企业可以在符合规定标准的用地范围内建设农民工集体宿舍。审慎探索由集体经济组织利用农村集体建设用地建设公共租赁住房。把进城落户农民完全纳入城镇住房保障体系。

第八章 建立健全农业转移人口市民化推进机制

强化各级政府责任，合理分担公共成本，充分调动社会力量，构建政府主导、多方参与、成本共担、协同推进的农业转移人口市民化机制。

第一节 建立成本分担机制

建立健全由政府、企业、个人共同参与的农业转移人口市民化成本分担机制，根据农业转移人口市民化成本分类，明确成本承担主体和支出责任。

政府要承担农业转移人口市民化在义务教育、劳动就业、基本养老、基本医疗卫生、保障性住房以及市政设施等方面的公共成本。企业要落实农民工与城镇职工同工同酬制度，加大职工技能培训投入，依法为农民工缴纳职工养老、医疗、工伤、失业、生育等社会保险费用。农民工要积极参加城镇社会保险、职业教育和技能培训等，并按照规定承担相关费用，提升融入城市社会的能力。

第二节 合理确定各级政府职责

中央政府负责统筹推进农业转移人口市民化的制度安排和政策制定，省级政府负责制定本行政区农业转移人口市民化总体安排和配套政策，市县政府负责制定本行政区城市和建制镇农业转移人口市民化的具体方案和实施细则。各级政府根据基本公共服务的事权划分，承担相应的财政支出责任，增强农业转移人口落户较多地区政府的公共服务保障能力。

第三节 完善农业转移人口社会参与机制

推进农民工融入企业、子女融入学校、家庭融入社区、群体融入社会，建设包容性城市。提高各级党代会代表、人大代表、政协委员中农民工的比例，积极引导农民工参加党组织、工会和社团组织，引导农业转移人口有序参政议政和参加社会管理。加强科普宣传教育，提高农民工科学文化和文明素质，营造农业转移人口参与社区公共活动、建设和管理的氛围。城市政府和用工企业要加强对农业转移人口的人文关怀，丰富其精神文化生活。

第四篇 优化城镇化布局和形态

根据土地、水资源、大气环流特征和生态环境承载能力，优化城镇化空间布局和城镇规模结构，在《全国主体功能区规划》确定的城镇化地区，按照统筹规划、合理布局、分工协作、以大带小的原则，发展集聚效率高、辐射作用大、城镇体系优、功能互补强的城市群，使之成为支撑全国经济增长、促进区域协调发展、参与国际竞争合作的重要平台。构建以陆桥通道、沿长江通道为两条横轴，以沿海、京哈京广、包昆通道为三条纵轴，以轴线上城市群和节点城市为依托、其他城镇化地区为重要组成部分，大中小城市和小城镇协调发展的"两横三纵"城镇化战略格局。

图 3 《全国主体功能区规划》确定的城镇化战略格局示意图

图3 《全国主体功能区规划》确定的城镇化战略格局示意图

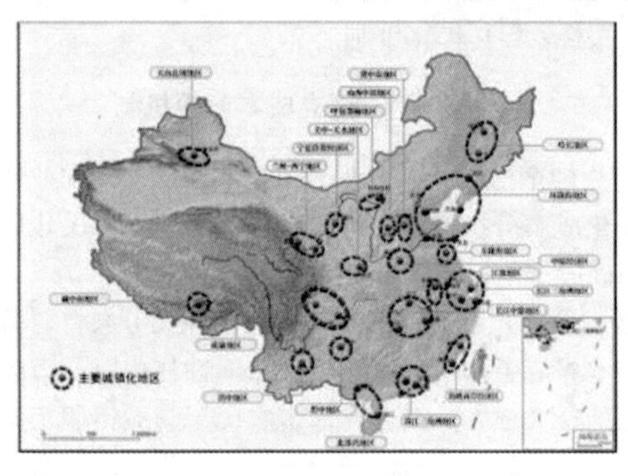

第九章 优化提升东部地区城市群

东部地区城市群主要分布在优化开发区域，面临水土资源和生态环境压力加大、要素成本快速上升、国际市场竞争加剧等制约，必须加快经济转型升级、空间结构优化、资源永续利用和环境质量提升。

京津冀、长江三角洲和珠江三角洲城市群，是我国经济最具活力、开放程度最高、创新能力最强、吸纳外来人口最多的地区，要以建设世界级城市群为目标，继续在制度创新、科技进步、产业升级、绿色发展等方面走在全国前列，加快形成国际竞争新优势，在更高层次参与国际合作和竞争，发挥其对全国经济社会发展的重要支撑和引领作用。科学定位各城市功能，增强城市群内中小城市和小城镇的人口经济集聚能力，引导人口和产业由特大城市主城区向周边和其他城镇疏散转移。依托河流、湖泊、山峦等自然地理格局建设区域生态网络。

东部地区其他城市群，要根据区域主体功能定位，在优化结构、提高效益、降低消耗、保护环境的基础上，壮大先进装备制造业、战略性新兴产业和现代服务业，推进海洋经济发展。充分发挥区位优势，全面提高开放水平，集聚创新要素，增强创新能力，提升国际竞争力。统筹区域、城乡基础设施网络和信息网络建设，深化城市间分工协作和功能互补，加快一体化发展。

第十章 培育发展中西部地区城市群

中西部城镇体系比较健全、城镇经济比较发达、中心城市辐射带动作用明显的重点开发区域，要在严格保护生态环境的基础上，引导有市场、有效益的劳动密集型产业优先向中西部转移，吸纳东部返乡和就近转移的农民工，加快产业集群发展和人口集聚，培育发展若干新的城市群，在优化全国城镇化战略格局中发挥更加重要作用。

加快培育成渝、中原、长江中游、哈长等城市群，使之成为推动国土空间均衡开发、引领区域经济发展的重要增长极。加大对内对外开放力度，有序承接国际及沿海地区产业转移，依托优势资源发展特色产业，加快新型工业化进程，壮大现代产业体系，完善基础设施网络，健全功能完备、布局合理的城镇体系，强化城市分工合作，提升中心城市辐射带动能力，形成经济充满活力、生活品质优良、生态环境优美的新型城市群。依托陆桥通道上的城市群和节点城市，构建丝绸之路经济带，推动形成与中亚乃至整个欧亚大陆的区域大合作。

中部地区是我国重要粮食主产区，西部地区是我国水源保护区和生态涵养区。培育发展中西部地区城市群，必须严格保护耕地特别是基本农田，严格保护水资源，严格控制城市边界无序扩张，严格控制污染物排放，切实加强生态保护和环境治理，彻底改变粗放低效的发展模式，确保流域生态安全和粮食生产安全。

第十一章 建立城市群发展协调机制

统筹制定实施城市群规划，明确城市群发展目标、空间结构和开发方向，明确各城市的功能定位和分工，统筹交通基础设施和信息网络布局，加快推进城市群一体化进程。加强城市群规划与城镇体系规划、土地利用规划、生态环境规划等的衔接，依法开展规划环境影响评价。中央政府负责跨省级行政区的城市群规划编制和组织实施，省级政府负责本行政区内的城市群规划编制和组织实施。

建立完善跨区域城市发展协调机制。以城市群为主要平台，推动跨区域城市间产业分工、基础设施、环境治理等协调联动。重点探索建立城市群管理协调模式，创新城市群要素市场管理机制，破除行政壁垒和垄断，促进生产要素自由流动和优化配置。建立城市群成本共担和利益共享机制，加快城市公共交通"一卡通"服务平台建设，推进跨区域互联互通，促进基础设施和公共服务设施共建共享，促进创新资源高效配置和开放共享，推动区域环境联防联控联治，实现城市群一体化发展。

第十二章 促进各类城市协调发展

优化城镇规模结构，增强中心城市辐射带动功能，加快发展中小城市，有重点地发展小城镇，促进大中小城市和小城镇协调发展。

第一节 增强中心城市辐射带动功能

直辖市、省会城市、计划单列市和重要节点城市等中心城市，是我国城镇化发展的重要支撑。沿海中心城市要加快产业转型升级，提高参与全球产业分工的层次，延伸面向腹地的产业和服务链，加快提升国际化程度和国际竞争力。内陆中心城市要加大开发开放力度，健全以先进制造业、战略性新兴产业、现代服务业为主的产业体系，提升要素集聚、科技创新、高端服务能力，发挥规模效应和带动效应。区域重要节点城市要完善城市功能，壮大经济实力，加强协作对接，实现集约发展、联动发展、互补发展。特大城市要适当疏散经济功能和其他功能，推进劳动密集型加工业向外转移，加强与周边城镇基础设施连接和公共服务共享，推进中心城区功能向1小时交通圈地区扩散，培育形成通勤高效、一体发展的都市圈。

第二节 加快发展中小城市

把加快发展中小城市作为优化城镇规模结构的主攻方向，加强产业和公共服务资源布局引导，提升质量，增加数量。鼓励引导产业项目在资源环境承载力强、发展潜力大的中小城市和县城布局，依托优势资源发展特色产业，夯实产业基础。加强市政基础设施和公共服务设施建设，教育医疗等公共资源配置要向中小城市和县城倾斜，引导高等学校和职业院校在中小城市布局、优质教育和医疗机构在中小城市设立分支机构，增强集聚要素的吸引力。完善设市标准，严格审批程序，对具备行政区划调整条件的县可有序改市，把有条件的县城和重点镇发展成为中小城市。培育壮大陆路边境口岸城镇，完善边境贸易、金融服务、交通枢纽等功能，建设国际贸易物流节点和加工基地。

专栏3 重点建设的陆路边境口岸城镇

专栏3　重点建设的陆路边境口岸城镇	
01	**面向东北亚** 丹东、集安、临江、长白、和龙、图们、珲春、黑河、绥芬河、抚远、同江、东宁、满洲里、二连浩特、甘其毛都、策克
02	**面向中亚西亚** 喀什、霍尔果斯、伊宁、博乐、阿拉山口、塔城
03	**面向东南亚** 东兴、凭祥、宁明、龙州、大新、靖西、那坡、瑞丽、磨憨、畹町、河口
04	**面向南亚** 樟木、吉隆、亚东、普兰、日屋

第三节 有重点地发展小城镇

按照控制数量、提高质量，节约用地、体现特色的要求，推动小城镇发展与疏解大城市中心城区功能相结合、与特色产业发展相结合、与服务“三农”相结合。大城市周边的重点镇，要加强与城市发展的统筹规划与功能配套，逐步发展成为卫星城。具有特色资源、区位优势的小城镇，要通过规划引导、市场运作，培育成为文化旅游、商贸物流、资源加工、交通枢纽等专业特色镇。远离中心城市的小城镇和林场、农场等，要完善基础设施和公共服务，发展成为服务农村、带动周边的综合性小城镇。对吸纳人口多、经济实力强的镇，可赋予同人口和经济规模相适应的管理权。

专栏4 县城和重点镇基础设施提升工程

专栏4　县城和重点镇基础设施提升工程	
01	**公共供水** 加强供水设施建设，实现县城和重点镇公共供水普及率85%以上。
02	**污水处理** 因地制宜建设集中污水处理厂或分散型生态处理设施，使所有县城和重点镇具备污水处理能力，实现县城污水处理率达85%左右、重点镇达70%左右。
03	**垃圾处理** 实现县城具备垃圾无害化处理能力，按照以城带乡模式推进重点镇垃圾无害化处理，重点建设垃圾收集、转运设施，实现重点镇垃圾收集、转运全覆盖。
04	**道路交通** 统筹城乡交通一体化发展，县城基本实现高等级公路连通，重点镇积极发展公共交通。
05	**燃气供热** 加快城镇天然气（含煤层气等）管网、液化天然气（压缩天然气）站、集中供热等设施建设，因地制宜发展大中型沼气、生物质燃气和地热能，县城逐步推进燃气替代生活燃煤，北方地区县城和重点镇集中供热水平明显提高。
06	**分布式能源** 城镇建设和改造要优先采用分布式能源，资源丰富地区的城镇新能源和可再生能源消费比重显著提高。鼓励条件适宜地区大力促进可再生能源建筑应用。

第十三章 强化综合交通运输网络支撑

完善综合运输通道和区际交通骨干网络，强化城市群之间交通联系，加快城市群交通一体化规划建设，改善中小城市和小城镇对外交通，发挥综合交通运输网络对城镇化格局的支撑和引导作用。到2020年，普通铁路网覆盖20万以上人口城市，快速铁路网基本覆盖50万以上人口城市；普通国道基本覆盖县城，国家高速公路基本覆盖20万以上人口城市；民用航空网络不断扩展，航空服务覆盖全国90%左右的人口。

第一节 完善城市群之间综合交通运输网络

依托国家“五纵五横”综合运输大通道，加强东中部城市群对外交通骨干网络薄弱环节建设，加快西部城市群对外交通骨干网络建设，形成以铁路、高速公路为骨干，以普通国省道为基础，与民航、水路和管道共同组成的连接东西、纵贯南北的综合交通运输网络，支撑国家“两横三纵”城镇化战略格局。

第二节 构建城市群内部综合交通运输网络

按照优化结构的要求，在城市群内部建设以轨道交通和高速公路为骨干，以普通公路为基础，有效衔接大中小城市和小城镇的多层次快速交通运输网络。提升东部地区城市群综合交通运输一体化水平，建成以城际铁路、高速公路为主体的快速客运和大能力货运网络。推进中西部地区城市群内主要城市之间的快速铁路、高速公路建设，逐步形成城市群内快速交通运输网络。

第三节 建设城市综合交通枢纽

建设以铁路、公路客运站和机场等为主的综合客运枢纽，以铁路和公路货运场站、港口和机场等为主的综合货运枢纽，优化布局，提升功能。依托综合交通枢纽，加强铁路、公路、民航、水运与城市轨道交通、地面公共交通等多种交通方式的衔接，完善集疏运系统与配送系统，实现客运“零距离”换乘和货运无缝衔接。

第四节 改善中小城市和小城镇交通条件

加强中小城市和小城镇与交通干线、交通枢纽城市的连接，加快国省干线公路升级改造，提高中小城市和小城镇公路技术等级、通行能力和铁路覆盖率，改善交通条件，提升服务水平。

图 4 全国主要城市综合交通运输网络示意图

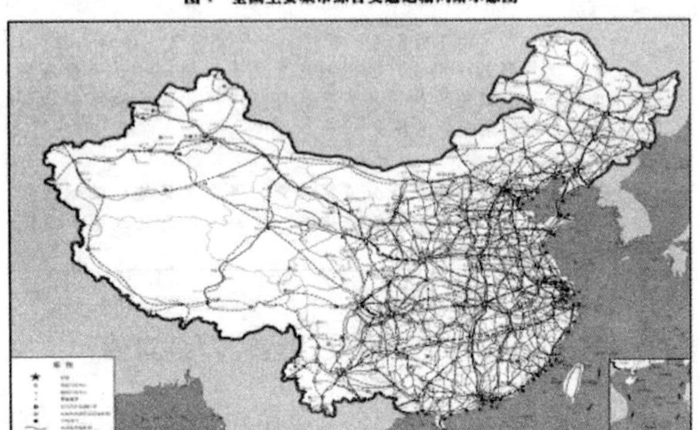

第五篇 提高城市可持续发展能力

加快转变城市发展方式，优化城市空间结构，增强城市经济、基础设施、公共服务和资源环境对人口的承载能力，有效预防和治理“城市病”，建设和谐宜居、富有特色、充满活力的现代城市。

第十四章 强化城市产业就业支撑

调整优化城市产业布局和结构，促进城市经济转型升级，改善营商环境，增强经济活力，扩大就业容量，把城市打造成为创业乐园和创新摇篮。

第一节 优化城市产业结构

根据城市资源环境承载能力、要素禀赋和比较优势，培育发展各具特色的城市产业体系。改造提升传统产业，淘汰落后产能，壮大先进制造业和节能环保、新一代信息技术、生物、新能源、新材料、新能源汽车等战略性新兴产业。适应制造业转型升级要求，推动生产性服务业专业化、市场化、社会化发展，引导生产性服务业在中心城市、制造业密集区域集聚；适应居民消费需求多样化，提升生活性服务业水平，扩大服务供给，提高服务质量，推动特大城市和大城市形成以服务经济为主的产业结构。强化城市间专业化分工协作，增强中小城市产业承接能力，构建大中小城市和小城镇特色鲜明、优势互补的产业发展格局。推进城市污染企业治理改造和环保搬迁。支持资源枯竭城市发展接续替代产业。

第二节 增强城市创新能力

顺应科技进步和产业变革新趋势，发挥城市创新载体作用，依托科技、教育和人才资源优势，推动城市走创新驱动发展道路。营造创新的制度环境、政策环境、金融环境和文化氛围，激发全社会创新活力，推动技术创新、商业模式创新和管理创新。建立产学研协同创新机制，强化企业在技术创新中的主体地位，发挥大型企业创新骨干作用，激发中小企业创新活力。建设创新基地，集聚创新人才，培育创新集群，完善创新服务体系，发展创新公共平台和风险投资机构，推进创新成果资本化、产业化。加强知识产权运用和保护，健全技术创新激励机制。推动高等学校提高创新人才培养能力，加快现代职业教育体系建设，系统构建从中职、高职、本科层次职业教育到专业学位研究生教育的技术技能人才培养通道，推进中高职衔接和职普沟通。引导部分地方本科高等学校转型发展为应用技术类型高校。试行普通高校、高职院校、成人高校之间的学分转换，为学生多样化成才提供选择。

第三节 营造良好就业创业环境

发挥城市创业平台作用，充分利用城市规模经济产生的专业化分工效应，放宽政府管制，降低交易成本，激发创业活力。完善扶持创业的优惠政策，形成政府激励创业、社会支持创业、劳动者勇于创业新机制。运用财政支持、税费减免、创业投资引导、政策性金融服务、小额贷款担保等手段，为中小企业特别是创业型企业发展提供良好的经营环境，促进以创业带动就业。促进以高校毕业生为重点的青年就业和农村转移劳动力、城镇困难人员、退役军人就业。结合产业升级开发更多适合高校毕业生的就业岗位，实行激励高校毕业生自主创业政策，实施离校未就业高校毕业生就业促进计划。合理引导高校毕业生就业流向，鼓励其到中小城市创业就业。

第十五章 优化城市空间结构和管理格局

按照统一规划、协调推进、集约紧凑、疏密有致、环境优先的原则，统筹中心城区改造和新城新区建设，提高城市空间利用效率，改善城市人居环境。

第一节 改造提升中心城区功能

推动特大城市中心城区部分功能向卫星城疏散，强化大中城市中心城区高端服务、现代商贸、信息中介、创意创新等功能。完善中心城区功能组合，统筹规划地上地下空间开发，推动商业、办公、居住、生态空间与交通站点的合理布局与综合利用开发。制定城市市辖区设置标准，优化市辖区规模和结构。按照改造更新与保护修复并重的要求，健全旧城改造机制，优化提升旧城功能。加快城区老工业区搬迁改造，大力推进棚户区改造，稳步实施城中村改造，有序推进旧住宅小区综合整治、危旧住房和非成套住房改造，全面改善人居环境。

专栏 5 棚户区改造行动计划

专栏 5　棚户区改造行动计划	
01	**城市棚户区改造** 加快推进集中成片城市棚户区改造，逐步将其他棚户区、城中村改造统一纳入城市棚户区改造范围，到 2020 年基本完成城市棚户区改造任务。
02	**国有工矿棚户区改造** 将位于城市规划区内的国有工矿棚户区统一纳入城市棚户区改造范围，按照属地原则将铁路、钢铁、有色、黄金等行业棚户区纳入各地棚户区改造规划组织实施。
03	**国有林区棚户区改造** 加快改造国有林区棚户区和国有林场危旧房，将国有林区（场）外其他林业基层单位符合条件的住房困难人员纳入当地城镇住房保障体系。
04	**国有垦区危房改造** 加快改造国有垦区危房，将华侨农场非归难侨危房改造统一纳入垦区危房改造中央补助支持范围。

第二节 严格规范新城新区建设

严格新城新区设立条件，防止城市边界无序蔓延。因中心城区功能过度叠加、人口密度过高或规避自然灾害等原因，确需规划建设新城新区，必须以人口密度、产出强度和资源环境承载力为基准，与行政区划相协调，科学合理编制规划，严格控制建设用地规模，控制建设标准过度超前。统筹生产区、办公区、生活区、商业区等功能区规划建设，推进功能混合和产城融合，在集聚产业的同时集聚人口，防止新城新区空心化。加强现有开发区城市功能改造，推动单一生产功能向城市综合功能转型，为促进人口集聚、发展服务经济拓展空间。

第三节 改善城乡接合部环境

提升城乡接合部规划建设和管理服务水平，促进社区化发展，增强服务城市、带动农村、承接转移人口功能。加快城区基础设施和公共服务设施向城乡接合部地区延伸覆盖，规范建设行为，加强环境整治和社会综合治理，改善生活居住条件。保护生态用地和农用地，形成有利于改善城市生态环境质量的生态缓冲地带。

第十六章 提升城市基本公共服务水平

加强市政公用设施和公共服务设施建设，增加基本公共服务供给，增强对人口集聚和服务的支撑能力。

第一节 优先发展城市公共交通

将公共交通放在城市交通发展的首要位置，加快构建以公共交通为主体的城市机动化出行系统，积极发展快速公共汽车、现代有轨电车等大容量地面公共交通系统，科学有序推进城市轨道交通建设。优化公共交通站点和线路设置，推动形成公共交通优先通行网络，提高覆盖率、准点率和运行速度，基本实现 100 万人口以上城市中心城区公共交通站点500米全覆盖。强化交通综合管理，有效调控、合理引导个体机动化交通需求。推动各种交通方式、城市道路交通管理系统的信息共享和资源整合。

第二节 加强市政公用设施建设

建设安全高效便利的生活服务和市政公用设施网络体系。优化社区生活设施布局，健全社区养老服务体系，完善便民利民服务网络，打造包括物流配送、便民超市、平价菜店、家庭服务中心等在内的便捷生活服务圈。加强无障碍环境建设。合理布局建设公益性菜市场、农产品批发市场。统筹电力、通信、给排水、供热、燃气等地下管网建设，推行城市综合管廊，新建城市主干道路、城市新区、各类园区应实行城市地下管网综合管廊模式。加强城镇水源地保护与建设和供水设施改造与建设，确保城镇供水安全。加强防洪设施建设，完善城市排水与暴雨外洪内涝防治体系，提高应对极端天气能力。建设安全可靠、技术先进、管理规范的新型配电网络体系，加快推进城市清洁能源供应设施建设，完善燃气输配、储备和供应保障系统，大力发展热电联产，淘汰燃煤小锅炉。加强城镇污水处理及再生利用设施建设，推进雨污分流改造和污泥无害化处置。提高城镇生活垃圾无害化处理能力。合理布局建设城市停车场和立体车库，新建大中型商业设施要配建货物装卸作业区和停车场，新建办公区和住宅小区要配建地下停车场。

第三节 完善基本公共服务体系

根据城镇常住人口增长趋势和空间分布，统筹布局建设学校、医疗卫生机构、文化设施、体育场所等公共服务设施。优化学校布局和建设规模，合理配置中小学和幼儿园资源。加强社区卫生服务机构建设，健全与医院分工协作、双向转诊的城市医疗服务体系。完善重大疾病防控、妇幼保健等专业公共卫生和计划生育服务网络。加强公共文化、公共体育、就业服务、社保经办和便民利民服务设施建设。创新公共服务供给方式，引入市场机制，扩大政府购买服务规模，实现供给主体和方式多元化，根据经济社会发展状况和财力水平，逐步提高城镇居民基本公共服务水平，在学有所教、劳有所得、病有所医、老有所养、住有所居上持续取得新进展。

第十七章 提高城市规划建设水平

适应新型城镇化发展要求，提高城市规划科学性，加强空间开发管制，健全规划管理体制机制，严格建筑规范和质量管理，强化实施监督，提高城市规划管理水平和建筑质量。

第一节 创新规划理念

把以人为本、尊重自然、传承历史、绿色低碳理念融入城市规划全过程。城市规划要由扩张性规划逐步转向限定城市边界、优化空间结构的规划，科学确立城市功能定位和形态，加强城市空间开发利用管制，合理划定城市“三区四线”，合理确定城市规模、开发边界、开发强度和保护性空间，加强道路红线和建筑红线对建设项目的定位控制。统筹规划城市空间功能布局，促进城市用地功能适度混合。合理设定不同功能区土地开发利用的容积率、绿化率、地面渗透率等规范性要求。建立健全城市地下空间开发利用协调机制。统筹规划市区、城郊和周边乡村发展。

专栏6 城市“三区四线”规划管理

专栏6　城市“三区四线”规划管理	
01	**禁建区** 基本农田、行洪河道、水源地一级保护区、风景名胜区核心区、自然保护区核心区和缓冲区、森林湿地公园生态保育区和恢复重建区、地质公园核心区、道路红线、区域性市政走廊用地范围内、城市绿地、地质灾害易发区、矿产采空区、文物保护单位保护范围等，禁止城市建设开发活动。
02	**限建区** 水源地二级保护区、地下水防护区、风景名胜区非核心区、自然保护区非核心区和缓冲区、森林公园非生态保育区、湿地公园非保育区和恢复重建区、地质公园非核心区、海陆交界生态敏感区和灾害易发区、文物保护单位建设控制地带、文物地下埋藏区、机场噪声控制区、市政走廊预留和道路红线外控制区、矿产采空区外围、地质灾害低易发区、蓄滞洪区、行洪河道外围一定范围等，限制城市建设开发活动。
03	**适建区** 在已经划定为城市建设用地的区域，合理安排生产用地、生活用地和生态用地，合理确定开发时序、开发模式和开发强度。
04	**绿线** 划定城市各类绿地范围的控制线，规定保护要求和控制指标。
05	**蓝线** 划定在城市规划中确定的江、河、湖、库、渠和湿地等城市地表水体保护和控制的地域界线，规定保护要求和控制指标。
06	**紫线** 划定国家历史文化名城内的历史文化街区和省、自治区、直辖市人民政府公布的历史文化街区的保护范围界线，以及城市历史文化街区外经县级以上人民政府公布保护的历史建筑的保护范围界线。
07	**黄线** 划定对城市发展全局有影响、必须控制的城市基础设施用地的控制界线，规定保护要求和控制指标。

第二节 完善规划程序

完善城市规划前期研究、规划编制、衔接协调、专家论证、公众参与、审查审批、实施管理、评估修编等工作程序，探索设立城市总规划师制度，提高规划编制科学化、民主化水平。推行城市规划政务公开，加大公开公示力度。加强城市规划与经济社会发展、主体功能区建设、国土资源利用、生态环境保护、基础设施建设等规划的相互衔接。推动有条件地区的经济社会发展总体规划、城市规划、土地利用规划等“多规合一”。

第三节 强化规划管控

保持城市规划权威性、严肃性和连续性，坚持一本规划一张蓝图持之以恒加以落实，防止换一届领导改一次规划。加强规划实施全过程监管，确保依规划进行开发建设。健全国家城乡规划督察员制度，以规划强制性内容为重点，加强规划实施督察，对违反规划行为进行事前事中监管。严格实行规划实施责任追究制度，加大对政府部门、开发主体、居民个人违法违规行为的责任追究和处罚力度。制定城市规划建设考核指标体系，加强地方人大对城市规划实施的监督检查，将城市规划实施情况纳入地方党政领导干部考核和离任审计。运用信息化等手段，强化对城市规划管控的技术支撑。

第四节 严格建筑质量管理

强化建筑设计、施工、监理和建筑材料、装修装饰等全流程质量管控。严格执行先勘察、后设计、再施工的基本建设程序，加强建筑市场各类主体的资质资格管理，推行质量体系认证制度，加大建筑工人职业技能培训力度。坚决打击建筑工程招投标、分包转包、材料采购、竣工验收等环节的违法违规行为，惩治擅自改变房屋建筑主体和承重结构等违规行为。健全建筑档案登记、查询和管理制度，强化建筑质量责任追究和处罚，实行建筑质量责任终身追究制度。

第十八章 推动新型城市建设

顺应现代城市发展新理念新趋势，推动城市绿色发展，提高智能化水平，增强历史文化魅力，全面提升城市内在品质。

第一节 加快绿色城市建设

将生态文明理念全面融入城市发展，构建绿色生产方式、生活方式和消费模式。严格控制高耗能、高排放行业发展。节约集约利用土地、水和能源等资源，促进资源循环利用，控制总量，提高效率。加快建设可再生能源体系，推动分布式太阳能、风能、生物质能、地热能多元化、规模化应用，提高新能源和可再生能源利用比例。实施绿色建筑行动计划，完善绿色建筑标准及认证体系、扩大强制执行范围，加快既有建筑节能改造，大力发展绿色建材，强力推进建筑工业化。合理控制机动车保有量，加快新能源汽车推广应用，改善步行、自行车出行条件，倡导绿色出行。实施大气污染防治行动计划，开展区域联防联控联治，改善城市空气质量。完善废旧商品回收体系和垃圾分类处理系统，加强城市固体废弃物循环利用和无害化处置。合理划定生态保护红线，扩大城市生态空间，增加森林、湖泊、湿地面积，将农村废弃地、其他污染土地、工矿用地转化为生态用地，在城镇化地区合理建设绿色生态廊道。

专栏7 绿色城市建设重点

专栏7　绿色城市建设重点	
01	**绿色能源** 推进新能源示范城市建设和智能微电网示范工程建设，依托新能源示范城市建设分布式光伏发电示范区。在北方地区城镇开展风电清洁供暖示范工程。选择部分县城开展可再生能源热利用示范工程，加强绿色能源县建设。
02	**绿色建筑** 推进既有建筑供热计量和节能改造，基本完成北方采暖地区居住建筑供热计量和节能改造，积极推进夏热冬冷地区建筑节能改造和公共建筑节能改造。逐步提高新建建筑能效水平，严格执行节能标准，积极推进建筑工业化、标准化，提高住宅工业化比例。政府投资的公益性建筑、保障性住房和大型公共建筑全面执行绿色建筑标准和认证。
03	**绿色交通** 加快发展新能源、小排量等环保型汽车，加快充电站、充电桩、加气站等配套设施建设，加强步行和自行车等慢行交通系统建设，积极推进混合动力、纯电动、天然气等新能源和清洁燃料车辆在公共交通行业的示范应用。推进机场、车站、码头节能节水改造，推广使用太阳能等可再生能源。继续严格实行运营车辆燃料消耗量准入制度，到2020年淘汰全部黄标车。
04	**产业园区循环化改造** 以国家级和省级产业园区为重点，推进循环化改造，实现土地集约利用、废物交换利用、能量梯级利用、废水循环利用和污染物集中处理。
05	**城市环境综合整治** 实施清洁空气工程，强化大气污染综合防治，明显改善城市空气质量；实施安全饮用水工程，治理地表水、地下水，实现水质、水量双保障；开展存量生活垃圾治理工作；实施重金属污染防治工程，推进重点地区污染场地和土壤修复治理。实施森林、湿地保护与修复。
06	**绿色新生活行动** 在衣食住行游等方面，加快向简约适度、绿色低碳、文明节约方式转变。培育生态文化，引导绿色消费，推广节能环保型汽车、节能省地型住宅。健全城市废旧商品回收体系和餐厨废弃物资源化利用体系，减少使用一次性产品，抑制商品过度包装。

第二节 推进智慧城市建设

统筹城市发展的物质资源、信息资源和智力资源利用，推动物联网、云计算、大数据等新一代信息技术创新应用，实现与城市经济社会发展深度融合。强化信息网络、数据中心等信息基础设施建设。促进跨部门、跨行业、跨地区的政务信息共享和业务协同，强化信息资源社会化开发利用，推广智慧化信息应用和新型信息服务，促进城市规划管理信息化、基础设施智能化、公共服务便捷化、产业发展现代化、社会治理精细化。增强城市要害信息系统和关键信息资源的安全保障能力。

专栏 8 智慧城市建设方向

专栏 8　智慧城市建设方向	
01	**信息网络宽带化** 推进光纤到户和"光进铜退"，实现光纤网络基本覆盖城市家庭，城市宽带接入能力达到 50Mbps，50%家庭达到 100Mbps，发达城市部分家庭达到 1Gbps。推动 4G 网络建设，加快城市公共热点区域无线局域网覆盖。
02	**规划管理信息化** 发展数字化城市管理，推动平台建设和功能拓展，建立城市统一的地理空间信息平台及建（构）筑物数据库，构建智慧城市公共信息平台，统筹推进城市规划、国土利用、城市管网、园林绿化、环境保护等市政基础设施管理的数字化和精准化。
03	**基础设施智能化** 发展智能交通，实现交通诱导、指挥控制、调度管理和应急处理的智能化。发展智能电网，支持分布式能源的接入、居民和企业用电的智能管理。发展智能水务，构建覆盖供水全过程、保障供水质量安全的智能供排水和污水处理系统。发展智能管网，实现城市地下空间、地下管网的信息化管理和运行监控智能化。发展智能建筑，实现建筑设施、设备、节能、安全的智慧化管控。
04	**公共服务便捷化** 建立跨部门跨地区业务协同、共建共享的公共服务信息服务体系。利用信息技术，创新发展城市教育、就业、社保、养老、医疗和文化的服务模式。
05	**产业发展现代化** 加快传统产业信息化改造，推进制造模式向数字化、网络化、智能化、服务化转变。积极发展信息服务业，推动电子商务和物流信息化集成发展，创新并培育新型业态。
06	**社会治理精细化** 在市场监管、环境监管、信用服务、应急保障、治安防控、公共安全等社会治理领域，深化信息应用，建立完善相关信息服务体系，创新社会治理方式。

第三节 注重人文城市建设

发掘城市文化资源，强化文化传承创新，把城市建设成为历史底蕴厚重、时代特色鲜明的人文魅力空间。注重在旧城改造中保护历史文化遗产、民族文化风格和传统风貌，促进功能提升与文化文物保护相结合。注重在新城新区建设中融入传统文化元素，与原有城市自然人文特征相协调。加强历史文化名城名镇、历史文化街区、民族风情小镇文化资源挖掘和文化生态的整体保护，传承和弘扬优秀传统文化，推动地方特色文化发展，保存城市文化记忆。培育和践行社会主义核心价值观，加快完善文化管理体制和文化生产经营机制，建立健全现代公共文化服务体系、现代文化市场体系。鼓励城市文化多样化发展，促进传统文化与现代文化、本土文化与外来文化交融，形成多元开放的现代城市文化。

专栏 9 人文城市建设重点

专栏 9　人文城市建设重点	
01	**文化和自然遗产保护** 加强国家重大文化和自然遗产地、国家考古遗址公园、全国重点文物保护单位、历史文化名城名镇名村保护设施建设，加强城市重要历史建筑和历史文化街区保护，推进非物质文化遗产保护利用设施建设。
02	**文化设施** 建设城市公共图书馆、文化馆、博物馆、美术馆等文化设施，每个社区配套建设文化活动设施，发展中小城市影剧院。
03	**体育设施** 建设城市体育场（馆）和群众性户外体育健身场地，每个社区有便捷实用的体育健身设施。
04	**休闲设施** 建设城市生态休闲公园、文化休闲街区、休闲步道、城郊休憩带。
05	**公共设施免费开放** 逐步免费开放公共图书馆、文化馆（站）、博物馆、美术馆、纪念馆、科技馆、青少年宫和公益性城市公园。

第十九章 加强和创新城市社会治理

树立以人为本、服务为先理念，完善城市治理结构，创新城市治理方式，提升城市社会治理水平。

第一节 完善城市治理结构

顺应城市社会结构变化新趋势，创新社会治理体制，加强党委领导，发挥政府主导作用，鼓励和支持社会各方面参与，实现政府治理和社会自我调节、居民自治良性互动。坚持依法治理，加强法治保障，运用法治思维和法治方式化解社会矛盾。坚持综合治理，强化道德约束，规范社会行为，调节利益关系，协调社会关系，解决社会问题。坚持源头治理，标本兼治、重在治本，以网格化管理、社会化服务为方向，健全基层综合服务管理平台，及时反映和协调人民群众各方面各层次利益诉求。加强城市社会治理法律法规、体制机制、人才队伍和信息化建设。激发社会组织活力，加快实施政社分开，推进社会组织明确权责、依法自治、发挥作用。适合由社会组织提供的公共服务和解决的事项，交由社会组织承担。

第二节 强化社区自治和服务功能

健全社区党组织领导的基层群众自治制度，推进社区居民依法民主管理社区公共事务和公益事业。加快公共服务向社区延伸，整合人口、劳动就业、社保、民政、卫生计生、文化以及综治、维稳、信访等管理职能和服务资源，加快社区信息化建设，构建社区综合服务管理平台。发挥业主委员会、物业管理机构、驻区单位积极作用，引导各类社会组织、志愿者参与社区服务和管理。加强社区社会工作专业人才和志愿者队伍建设，推进社区工作人员专业化和职业化。加强流动人口服务管理。

第三节 创新社会治安综合治理

建立健全源头治理、动态协调、应急处置相互衔接、相互支撑的社会治安综合治理机制。创新立体化社会治安防控体系，改进治理方式，促进多部门城市管理职能整合，鼓励社会力量积极参与社会治安综合治理。及时解决影响人民群众安全的社会治安问题，加强对城市治安复杂部位的治安整治和管理。理顺城管执法体制，提高执法和服务水平。加大依法管理网络力度，加快完善互联网管理领导体制，确保国家网络和信息安全。

第四节 健全防灾减灾救灾体制

完善城市应急管理体系，加强防灾减灾能力建设，强化行政问责制和责任追究制。着眼抵御台风、洪涝、沙尘暴、冰雪、干旱、地震、山体滑坡等自然灾害，完善灾害监测和预警体系，加强城市消防、防洪、排水防涝、抗震等设施和救援救助能力建设，提高城市建筑灾害设防标准，合理规划布局和建设应急避难场所，强化公共建筑物和设施应急避难功能。完善突发公共事件应急预案和应急保障体系。加强灾害分析和信息公开，开展市民风险防范和自救互救教育，建立巨灾保险制度，发挥社会力量在应急管理中的作用。

第六篇 推动城乡发展一体化

坚持工业反哺农业、城市支持农村和多予少取放活方针，加大统筹城乡发展力度，增强农村发展活力，逐步缩小城乡差距，促进城镇化和新农村建设协调推进。

第二十章 完善城乡发展一体化体制机制

加快消除城乡二元结构的体制机制障碍，推进城乡要素平等交换和公共资源均衡配置，让广大农民平等参与现代化进程、共同分享现代化成果。

第一节 推进城乡统一要素市场建设

加快建立城乡统一的人力资源市场，落实城乡劳动者平等就业、同工同酬制度。建立城乡统一的建设用地市场，保障农民公平分享土地增值收益。建立健全有利于农业科技人员下乡、农业科技成果转化、先进农业技术推广的激励和利益分享机制。创新面向“三农”的金融服务，统筹发挥政策性金融、商业性金融和合作性金融的作用，支持具备条件的民间资本依法发起设立中小型银行等金融机构，保障金融机构农村存款主要用于农业农村。加快农业保险产品创新和经营组织形式创新，完善农业保险制度。鼓励社会资本投向农村建设，引导更多人才、技术、资金等要素投向农业农村。

第二节 推进城乡规划、基础设施和公共服务一体化

统筹经济社会发展规划、土地利用规划和城乡规划，合理安排市县域城镇建设、农田保护、产业集聚、村落分布、生态涵养等空间布局。扩大公共财政覆盖农村范围，提高基础设施和公共服务保障水平。统筹城乡基础设施建设，加快基础设施向农村延伸，强化城乡基础设施连接，推动水电路气等基础设施城乡联网、共建共享。加快公共服务向农村覆盖，推进公共就业服务网络向县以下延伸，全面建成覆盖城乡居民的社会保障体系，推进城乡社会保障制度衔接，加快形成政府主导、覆盖城乡、可持续的基本公共服务体系，推进城乡基本公共服务均等化。率先在一些经济发达地区实现城乡一体化。

第二十一章 加快农业现代化进程

坚持走中国特色新型农业现代化道路，加快转变农业发展方式，提高农业综合生产能力、抗风险能力、市场竞争能力和可持续发展能力。

第一节 保障国家粮食安全和重要农产品有效供给

确保国家粮食安全是推进城镇化的重要保障。严守耕地保护红线，稳定粮食播种面积。加强农田水利设施建设和土地整理复垦，加快中低产田改造和高标准农田建设。继续加大中央财政对粮食主产区投入，完善粮食主产区利益补偿机制，健全农产品价格保护制度，提高粮食主产区和种粮农民的积极性，将粮食生产核心区和非主产区产粮大县建设成为高产稳产商品粮生产基地。支持优势产区棉花、油料、糖料生产，推进畜禽水产品标准化规模养殖。坚持“米袋子”省长负责制和“菜篮子”市长负责制。完善主要农产品市场调控机制和价格形成机制。积极发展都市现代农业。

第二节 提升现代农业发展水平

加快完善现代农业产业体系，发展高产、优质、高效、生态、安全农业。提高农业科技创新能力，做大做强现代种业，健全农技综合服务体系，完善科技特派员制度，推广现代化农业技术。鼓励农业机械企业研发制造先进实用的农业技术装备，促进农机农艺融合，改善农业设施装备条件，耕种收综合机械化水平达到70%左右。创新农业经营方式，坚持家庭经营在农业中的基础性地位，推进家庭经营、集体经营、合作经营、企业经营等共同发展。鼓励承包经营权在公开市场上向专业大户、家庭农场、农民合作社、农业企业流转，发展多种形式规模经营。鼓励和引导工商资本到农村发展适合企业化经营的现代种养业，向农业输入现代生产要素和经营模式。加快构建公益性服务与经营性服务相结合、专项服务与综合服务相协调的新型农业社会化服务体系。

第三节 完善农产品流通体系

统筹规划农产品市场流通网络布局，重点支持重要农产品集散地、优势农产品产地批发市场建设，加强农产品期货市场建设。加快推进以城市便民菜市场（菜店）、生鲜超市、城乡集贸市场为主体的农产品零售市场建设。实施粮食收储供应安全保障工程，加强粮油仓储物流设施建设，发展农产品低温仓储、分级包装、电子结算。健全覆盖农产品收集、存储、加工、运输、销售各环节的冷链物流体系。加快培育现代流通方式和新型流通业态，大力发

展快捷高效配送。积极推进“农批对接”、“农超对接”等多种形式的产销衔接，加快发展农产品电子商务，降低流通费用。强化农产品商标和地理标志保护。

第二十二章 建设社会主义新农村

坚持遵循自然规律和城乡空间差异化发展原则，科学规划县域村镇体系，统筹安排农村基础设施建设和社会事业发展，建设农民幸福生活的美好家园。

第一节 提升乡镇村庄规划管理水平

适应农村人口转移和村庄变化的新形势，科学编制县域村镇体系规划和镇、乡、村庄规划，建设各具特色的美丽乡村。按照发展中心村、保护特色村、整治空心村的要求，在尊重农民意愿的基础上，科学引导农村住宅和居民点建设，方便农民生产生活。在提升自然村落功能基础上，保持乡村风貌、民族文化和地域文化特色，保护有历史、艺术、科学价值的传统村落、少数民族特色村寨和民居。

第二节 加强农村基础设施和服务网络建设

加快农村饮水安全建设，因地制宜采取集中供水、分散供水和城镇供水管网向农村延伸的方式解决农村人口饮用水安全问题。继续实施农村电网改造升级工程，提高农村供电能力和可靠性，实现城乡用电同网同价。加强以太阳能、生物沼气为重点的清洁能源建设及相关技术服务。基本完成农村危房改造。完善农村公路网络，实现行政村通班车。加强乡村旅游服务网络、农村邮政设施和宽带网络建设，改善农村消防安全条件。继续实施新农村现代流通网络工程，培育面向农村的大型流通企业，增加农村商品零售、餐饮及其他生活服务网点。深入开展农村环境综合整治，实施乡村清洁工程，开展村庄整治，推进农村垃圾、污水处理和土壤环境整治，加快农村河道、水环境整治，严禁城市和工业污染向农村扩散。

第三节 加快农村社会事业发展

合理配置教育资源，重点向农村地区倾斜。推进义务教育学校标准化建设，加强农村中小学寄宿制学校建设，提高农村义务教育质量和均衡发展水平。积极发展农村学前教育。加强农村教师队伍建设。建立健全新型职业化农民教育、培训体系。优先建设发展县级医院，完善以县级医院为龙头、乡镇卫生院和村卫生室为基础的农村三级医疗卫生服务网络，向农民提供安全价廉可及的基本医疗卫生服务。加强乡镇综合文化站等农村公共文化和体育设施建设，提高文化产品和服务的有效供给能力，丰富农民精神文化生活。完善农村最低生活保障制度。健全农村留守儿童、妇女、老人关爱服务体系。

第七篇 改革完善城镇化发展体制机制

加强制度顶层设计，尊重市场规律，统筹推进人口管理、土地管理、财税金融、城镇住房、行政管理、生态环境等重点领域和关键环节体制机制改革，形成有利于城镇化健康发展的制度环境。

第二十三章 推进人口管理制度改革

在加快改革户籍制度的同时，创新和完善人口服务和管理制度，逐步消除城乡区域间户籍壁垒，还原户籍的人口登记管理功能，促进人口有序流动、合理分布和社会融合。

——**建立居住证制度。**全面推行流动人口居住证制度，以居住证为载体，建立健全与居住年限等条件相挂钩的基本公共服务提供机制，并作为申请登记居住地常住户口的重要依据。城镇流动人口暂住证持有年限累计进居住证。

——**健全人口信息管理制度。**加强和完善人口统计调查制度，进一步改进人口普查方法，健全人口变动调查制度。加快推进人口基础信息库建设，分类完善劳动就业、教育、收入、社保、房产、信用、计生、税务等信息系统，逐步实现跨部门、跨地区信息整合和共享，在此基础上建设覆盖全国、安全可靠的国家人口综合信息库和信息交换平台，到2020年在全国实行以公民身份号码为唯一标识，依法记录、查询和评估人口相关信息制度，为人口服务和管理提供支撑。

第二十四章 深化土地管理制度改革

实行最严格的耕地保护制度和集约节约用地制度，按照管住总量、严控增量、盘活存量的原则，创新土地管理制度，优化土地利用结构，提高土地利用效率，合理满足城镇化用地需求。

——**建立城镇用地规模结构调控机制。**严格控制新增城镇建设用地规模，严格执行城市用地分类与规划建设用地标准，实行增量供给与存量挖潜相结合的供地、用地政策，提高城镇建设使用存量用地比例。探索实行城镇建设用地增加规模与吸纳农业转移人口落户数量挂钩政策。有效控制特大城市新增建设用地规模，适度增加集约用地程度高、发展潜力大、吸纳人口多的卫星城、中小城市和县城建设用地供给。适当控制工业用地，优先安排和增加住宅用地，合理安排生态用地，保护城郊菜地和水田，统筹安排基础设施和公共服务设施用地。建立有效调节工业用地和居住用地合理比价机制，提高工业用地价格。

——**健全节约集约用地制度。**完善各类建设用地标准体系，严格执行土地使用标准，适当提高工业项目容积率、土地产出率门槛，探索实行长期租赁、先租后让、租让结合的工业用地供应制度，加强工程建设项目用地标准控制。建立健全规划统筹、政府引导、市场运作、公众参与、利益共享的城镇低效用地再开发激励约束机制，盘活利用现有城镇存量建设用地，建立存量建设用地退出激励机制，推进老城区、旧厂房、城中村的改造和保护性开发，发挥政府土地储备对盘活城镇低效用地的作用。加强农村土地综合整治，健全运行机制，规范推进城乡建设用地增减挂钩，总结推广工矿废弃地复垦利用等做法。禁止未经评估和无害化治理的污染场地进行土地流转和开发利用。完善土地租赁、转让、抵押二级市场。

——**深化国有建设用地有偿使用制度改革。**扩大国有土地有偿使用范围，逐步对经营性基础设施和社会事业用地实行有偿使用。减少非公益性用地划拨，对以划拨方式取得用于经营性项目的土地，通过征收土地年租金等多种方式纳入有偿使用范围。

——**推进农村土地管理制度改革。**全面完成农村土地确权登记颁证工作，依法维护农民土地承包经营权。在坚持和完善最严格的耕地保护制度前提下，赋予农民对承包地占有、使用、收益、流转及承包经营权抵押、担保权能。保障农户宅基地用益物权，改革完善农村宅基地制度，在试点基础上慎重稳妥推进农民住房财产权抵押、担保、转让，严格执行宅基地使用标准，严格禁止一户多宅。在符合规划和用途管制前提下，允许农村集体经营性建设用地出让、租赁、入股，实行与国有土地同等入市、同权同价。建立农村产权流转交易市场，推动农村产权流转交易公开、公正、规范运行。

——**深化征地制度改革。**缩小征地范围，规范征地程序，完善对被征地农民合理、规范、多元保障机制。建立兼顾国家、集体、个人的土地增值收益分配机制，合理提高个人收益，保障被征地农民长远发展生计。健全争议协调裁决制度。

——**强化耕地保护制度。**严格土地用途管制，统筹耕地数量管控和质量、生态管护，完善耕地占补平衡制度，建立健全耕地保护激励约束机制。落实地方各级政府耕地保护责任目标考核制度，建立健全耕地保护共同责任机制；加强基本农田管理，完善基本农田永久保护长效机制，强化耕地占补平衡和土地整理复垦监管。

第二十五章 创新城镇化资金保障机制

加快财税体制和投融资机制改革，创新金融服务，放开市场准入，逐步建立多元化、可持续的城镇化资金保障机制。

——**完善财政转移支付制度。**按照事权与支出责任相适应的原则，合理确定各级政府在教育、基本医疗、社会保障等公共服务方面的事权，建立健全城镇基本公共服务支出分担机制。建立财政转移支付同农业转移人口市民化挂钩机制，中央和省级财政安排转移支付要考虑常住人口因素。依托信息化管理手段，逐步完善城镇基本公共服务补贴办法。

——**完善地方税体系。**培育地方主体税种，增强地方政府提供基本公共服务能力。加快房地产税立法并适时推进改革。加快资源税改革，逐步将资源税征收范围扩展到占用各种自然生态空间。推动环境保护费改税。

——**建立规范透明的城市建设投融资机制。**在完善法律法规和健全地方政府债务管理制度基础上，建立健全地方债券发行管理制度和评级制度，允许地方政府发行市政债券，拓宽城市建设融资渠道。创新金融服务和产品，多渠道推动股权融资，提高直接融资比重。发挥现有政策性金融机构的重要作用，研究制定政策性金融专项支持政策，研究建立城市基础设施、住宅政策性金融机构，为城市基础设施和保障性安居工程建设提供规范透明、成本合理、期限匹配的融资服务。理顺市政公用产品和服务价格形成机制，放宽准入，完善监管，制定非公有制企业进入特许经营领域的办法，鼓励社会资本参与城市公用设施投资运营。鼓励公共基金、保险资金等参与项目自身具有稳定收益的城市基础设施项目建设和运营。

第二十六章 健全城镇住房制度

建立市场配置和政府保障相结合的住房制度，推动形成总量基本平衡、结构基本合理、房价与消费能力基本适应的住房供需格局，有效保障城镇常住人口的合理住房需求。

——**健全住房供应体系。**加快构建以政府为主提供基本保障、以市场为主满足多层次需求的住房供应体系。对城镇低收入和中等偏下收入住房困难家庭，实行租售并举、以租为主，提供保障性安居工程住房，满足基本住房需求。稳定增加商品住房供应，大力发展二手房市场和住房租赁市场，推进住房供应主体多元化，满足市场多样化住房需求。

——**健全保障性住房制度。**建立各级财政保障性住房稳定投入机制，扩大保障性住房有效供给。完善租赁补贴制度，推进廉租住房、公共租赁住房并轨运行。制定公平合理、公开透明的保障性住房配租政策和监管程序，严格准入和退出制度，提高保障性住房物业管理、服务水平和运营效率。

——**健全房地产市场调控长效机制。**调整完善住房、土地、财税、金融等方面政策，共同构建房地产市场调控长效机制。各城市要编制城市住房发展规划，确定住房建设总量、结构和布局。确保住房用地稳定供应，完善住房用地供应机制，保障性住房用地应保尽保，优先安排政策性商品住房用地，合理增加普通商品住房用地，严格控制大户型高档商品住房用地。实行差别化的住房税收、信贷政策，支持合理自住需求，抑制投机投资需求。依法规范市场秩序，健全法律法规体系，加大市场监管力度。建立以土地为基础的不动产统一登记制度，实现全国住房信息联网，推进部门信息共享。

第二十七章 强化生态环境保护制度

完善推动城镇化绿色循环低碳发展的体制机制，实行最严格的生态环境保护制度，形成节约资源和保护环境的空间格局、产业结构、生产方式和生活方式。

——**建立生态文明考核评价机制。**把资源消耗、环境损害、生态效益纳入城镇化发展评价体系，完善体现生态文明要求的目标体系、考核办法、奖惩机制。对限制开发区域和生态脆弱的国家扶贫开发工作重点县取消地区生产总值考核。

——**建立国土空间开发保护制度。**建立空间规划体系，坚定不移实施主体功能区制度，划定生态保护红线，严格按照主体功能区定位推动发展，加快完善城镇化地区、农产品主产区、重点生态功能区空间开发管控制度，建立资源环境承载能力监测预警机制。强化水资源开发利用控制、用水效率控制、水功能区限制纳污管理。对不同主体功能区实行差别化财政、投资、产业、土地、人口、环境、考核等政策。

——**实行资源有偿使用制度和生态补偿制度。**加快自然资源及其产品价格改革，全面反映市场供求、资源稀缺程度、生态环境损害成本和修复效益。建立健全居民生活用电、用水、用气等阶梯价格制度。制定并完善生态补偿方面的政策法规，切实加大生态补偿投入力度，扩大生态补偿范围，提高生态补偿标准。

——**建立资源环境产权交易机制。**发展环保市场，推行节能量、碳排放权、排污权、水权交易制度，建立吸引社会资本投入生态环境保护的市场化机制，推行环境污染第三方治理。

——**实行最严格的环境监管制度。**建立和完善严格监管所有污染物排放的环境保护管理制度，独立进行环境监管和行政执法。完善污染物排放许可制，实行企事业单位污染物排放总量控制制度。加大环境执法力度，严格环境影响评价制度，加强突发环境事件应急能力建设，完善以预防为主的环境风险管理制度。对造成生态环境损害的责任者严格实行赔偿制度，依法追究刑事责任。建立陆海统筹的生态系统保护修复和污染防治区域联动机制。开展环境污染强制责任保险试点。

第八篇 规划实施

本规划由国务院有关部门和地方各级政府组织实施。各地区各部门要高度重视、求真务实、开拓创新、攻坚克难，确保规划目标和任务如期完成。

第二十八章 加强组织协调

合理确定中央与地方分工，建立健全城镇化工作协调机制。中央政府要强化制度顶层设计，统筹重大政策研究和制定，协调解决城镇化发展中的重大问题。国家发展改革委要牵头推进规划实施和相关政策落实，监督检查工作进展情况。各有关部门要切实履行职责，根据本规划提出的各项任务和政策措施，研究制定具体实施方案。地方各级政府要全面贯彻落实本规划，建立健全工作机制，因地制宜研究制定符合本地实际的城镇化规划和具体政策措施。加快培养一批专家型城市管理干部，提高城镇化管理水平。

第二十九章 强化政策统筹

根据本规划制定配套政策，建立健全相关法律法规、标准体系。加强部门间政策制定和实施的协调配合，推动人口、土地、投融资、住房、生态环境等方面政策和改革举措形成合力、落到实处。城乡规划、土地利用规划、交通规划等要落实本规划要求，其他相关专项规划要加强与本规划的衔接协调。

第三十章 开展试点示范

本规划实施涉及诸多领域的改革创新，对已经形成普遍共识的问题，如长期进城务工经商的农业转移人口落户、城市棚户区改造、农民工随迁子女义务教育、农民工职业技能培训和中西部地区中小城市发展等，要加大力度，抓紧解决。对需要深入研究解决的难点问题，如建立农业转移人口市民化成本分担机制，建立多元化、可持续的城镇化投融资机制，建立创新行政管理、降低行政成本的设市设区模式，改革完善农村宅基地制度等，要选择不同区域不同城市分类开展试点。继续推进创新城市、智慧城市、低碳城镇试点。深化中欧城镇化伙伴关系等现有合作平台，拓展与其他国家和国际组织的交流，开展多形式、多领域的务实合作。

第三十一章 健全监测评估

加强城镇化统计工作，顺应城镇化发展态势，建立健全统计监测指标体系和统计综合评价指标体系，规范统计口径、统计标准和统计制度方法。加快制定城镇化发展监测评估体系，实施动态监测与跟踪分析，开展规划中期评估和专项监测，推动本规划顺利实施。

中华人民共和国国务院令
第 656 号

现公布《不动产登记暂行条例》，自 2015 年 3 月 1 日起施行。

总 理 李克强
2014 年 11 月 24 日

不动产登记暂行条例

第一章 总 则

第一条 为整合不动产登记职责，规范登记行为，方便群众申请登记，保护权利人合法权益，根据《中华人民共和国物权法》等法律，制定本条例。

第二条 本条例所称不动产登记，是指不动产登记机构依法将不动产权利归属和其他法定事项记载于不动产登记簿的行为。

本条例所称不动产，是指土地、海域以及房屋、林木等定着物。

第三条 不动产首次登记、变更登记、转移登记、注销登记、更正登记、异议登记、预告登记、查封登记等，适用本条例。

第四条 国家实行不动产统一登记制度。

不动产登记遵循严格管理、稳定连续、方便群众的原则。

不动产权利人已经依法享有的不动产权利，不因登记机构和登记程序的改变而受到影响。

第五条 下列不动产权利，依照本条例的规定办理登记：

（一）集体土地所有权；

（二）房屋等建筑物、构筑物所有权；

（三）森林、林木所有权；

（四）耕地、林地、草地等土地承包经营权；

（五）建设用地使用权；

（六）宅基地使用权；

（七）海域使用权；

（八）地役权；

（九）抵押权；

（十）法律规定需要登记的其他不动产权利。

第六条 国务院国土资源主管部门负责指导、监督全国不动产登记工作。

县级以上地方人民政府应当确定一个部门为本行政区域的不动产登记机构，负责不动产登记工作，并接受上级人民政府不动产登记主管部门的指导、监督。

第七条 不动产登记由不动产所在地的县级人民政府不动产登记机构办理；直辖市、设区的市人民政府可以确定本级不动产登记机构统一办理所属各区的不动产登记。

跨县级行政区域的不动产登记，由所跨县级行政区域的不动产登记机构分别办理。不能分别办理的，由所跨县级行政区域的不动产登记机构协商办理；协商不成的，由共同的上一级人民政府不动产登记主管部门指定办理。

国务院确定的重点国有林区的森林、林木和林地，国务院批准项目用海、用岛，中央国家机关使用的国有土地等不动产登记，由国务院国土资源主管部门会同有关部门规定。

第二章 不动产登记簿

第八条 不动产以不动产单元为基本单位进行登记。不动产单元具有唯一编码。

不动产登记机构应当按照国务院国土资源主管部门的规定设立统一的不动产登记簿。

不动产登记簿应当记载以下事项：

（一）不动产的坐落、界址、空间界限、面积、用途等自然状况；

（二）不动产权利的主体、类型、内容、来源、期限、权利变化等权属状况；

（三）涉及不动产权利限制、提示的事项；

（四）其他相关事项。

第九条 不动产登记簿应当采用电子介质，暂不具备条件的，可以采用纸质介质。不动产登记机构应当明确不动产登记簿唯一、合法的介质形式。

不动产登记簿采用电子介质的，应当定期进行异地备份，并具有唯一、确定的纸质转化形式。

第十条 不动产登记机构应当依法将各类登记事项准确、完整、清晰地记载于不动产登记簿。任何人不得损毁不动产登记簿，除依法予以更正外不得修改登记事项。

第十一条 不动产登记工作人员应当具备与不动产登

记工作相适应的专业知识和业务能力。

不动产登记机构应当加强对不动产登记工作人员的管理和专业技术培训。

第十二条 不动产登记机构应当指定专人负责不动产登记簿的保管，并建立健全相应的安全责任制度。

采用纸质介质不动产登记簿的，应当配备必要的防盗、防火、防渍、防有害生物等安全保护设施。

采用电子介质不动产登记簿的，应当配备专门的存储设施，并采取信息网络安全防护措施。

第十三条 不动产登记簿由不动产登记机构永久保存。不动产登记簿损毁、灭失的，不动产登记机构应当依据原有登记资料予以重建。

行政区域变更或者不动产登记机构职能调整的，应当及时将不动产登记簿移交相应的不动产登记机构。

第三章 登记程序

第十四条 因买卖、设定抵押权等申请不动产登记的，应当由当事人双方共同申请。

属于下列情形之一的，可以由当事人单方申请：

（一）尚未登记的不动产首次申请登记的；

（二）继承、接受遗赠取得不动产权利的；

（三）人民法院、仲裁委员会生效的法律文书或者人民政府生效的决定等设立、变更、转让、消灭不动产权利的；

（四）权利人姓名、名称或者自然状况发生变化，申请变更登记的；

（五）不动产灭失或者权利人放弃不动产权利，申请注销登记的；

（六）申请更正登记或者异议登记的；

（七）法律、行政法规规定可以由当事人单方申请的其他情形。

第十五条 当事人或者其代理人应当到不动产登记机构办公场所申请不动产登记。

不动产登记机构将申请登记事项记载于不动产登记簿前，申请人可以撤回登记申请。

第十六条 申请人应当提交下列材料，并对申请材料的真实性负责：

（一）登记申请书；

（二）申请人、代理人身份证明材料、授权委托书；

（三）相关的不动产权属来源证明材料、登记原因证明文件、不动产权属证书；

（四）不动产界址、空间界限、面积等材料；

（五）与他人利害关系的说明材料；

（六）法律、行政法规以及本条例实施细则规定的其他材料。

不动产登记机构应当在办公场所和门户网站公开申请登记所需材料目录和示范文本等信息。

第十七条 不动产登记机构收到不动产登记申请材料，应当分别按照下列情况办理：

（一）属于登记职责范围，申请材料齐全、符合法定形式，或者申请人按照要求提交全部补正申请材料的，应当受理并书面告知申请人；

（二）申请材料存在可以当场更正的错误的，应当告知申请人当场更正，申请人当场更正后，应当受理并书面告知申请人；

（三）申请材料不齐全或者不符合法定形式的，应当当场书面告知申请人不予受理并一次性告知需要补正的全部内容；

（四）申请登记的不动产不属于本机构登记范围的，应当当场书面告知申请人不予受理并告知申请人向有登记权的机构申请。

不动产登记机构未当场书面告知申请人不予受理的，视为受理。

第十八条 不动产登记机构受理不动产登记申请的，应当按照下列要求进行查验：

（一）不动产界址、空间界限、面积等材料与申请登记的不动产状况是否一致；

（二）有关证明材料、文件与申请登记的内容是否一致；

（三）登记申请是否违反法律、行政法规规定。

第十九条 属于下列情形之一的，不动产登记机构可以对申请登记的不动产进行实地查看：

（一）房屋等建筑物、构筑物所有权首次登记；

（二）在建建筑物抵押权登记；

（三）因不动产灭失导致的注销登记；

（四）不动产登记机构认为需要实地查看的其他情形。

对可能存在权属争议，或者可能涉及他人利害关系的登记申请，不动产登记机构可以向申请人、利害关系人或者有关单位进行调查。

不动产登记机构进行实地查看或者调查时，申请人、被调查人应当予以配合。

第二十条 不动产登记机构应当自受理登记申请之日起 30 个工作日内办结不动产登记手续，法律另有规定的除外。

第二十一条 登记事项自记载于不动产登记簿时完成登记。

不动产登记机构完成登记，应当依法向申请人核发不动产权属证书或者登记证明。

第二十二条 登记申请有下列情形之一的，不动产登记机构应当不予登记，并书面告知申请人：

（一）违反法律、行政法规规定的；

（二）存在尚未解决的权属争议的；

（三）申请登记的不动产权利超过规定期限的；

（四）法律、行政法规规定不予登记的其他情形。

第四章 登记信息共享与保护

第二十三条 国务院国土资源主管部门应当会同有关部门建立统一的不动产登记信息管理基础平台。

各级不动产登记机构登记的信息应当纳入统一的不动

产登记信息管理基础平台，确保国家、省、市、县四级登记信息的实时共享。

第二十四条 不动产登记有关信息与住房城乡建设、农业、林业、海洋等部门审批信息、交易信息等应当实时互通共享。

不动产登记机构能够通过实时互通共享取得的信息，不得要求不动产登记申请人重复提交。

第二十五条 国土资源、公安、民政、财政、税务、工商、金融、审计、统计等部门应当加强不动产登记有关信息互通共享。

第二十六条 不动产登记机构、不动产登记信息共享单位及其工作人员应当对不动产登记信息保密；涉及国家秘密的不动产登记信息，应当依法采取必要的安全保密措施。

第二十七条 权利人、利害关系人可以依法查询、复制不动产登记资料，不动产登记机构应当提供。

有关国家机关可以依照法律、行政法规的规定查询、复制与调查处理事项有关的不动产登记资料。

第二十八条 查询不动产登记资料的单位、个人应当向不动产登记机构说明查询目的，不得将查询获得的不动产登记资料用于其他目的；未经权利人同意，不得泄露查询获得的不动产登记资料。

第五章　法律责任

第二十九条 不动产登记机构登记错误给他人造成损害，或者当事人提供虚假材料申请登记给他人造成损害的，依照《中华人民共和国物权法》的规定承担赔偿责任。

第三十条 不动产登记机构工作人员进行虚假登记，损毁、伪造不动产登记簿，擅自修改登记事项，或者有其他滥用职权、玩忽职守行为的，依法给予处分；给他人造成损害的，依法承担赔偿责任；构成犯罪的，依法追究刑事责任。

第三十一条 伪造、变造不动产权属证书、不动产登记证明，或者买卖、使用伪造、变造的不动产权属证书、不动产登记证明的，由不动产登记机构或者公安机关依法予以收缴；有违法所得的，没收违法所得；给他人造成损害的，依法承担赔偿责任；构成违反治安管理行为的，依法给予治安管理处罚；构成犯罪的，依法追究刑事责任。

第三十二条 不动产登记机构、不动产登记信息共享单位及其工作人员，查询不动产登记资料的单位或者个人违反国家规定，泄露不动产登记资料、登记信息，或者利用不动产登记资料、登记信息进行不正当活动，给他人造成损害的，依法承担赔偿责任；对有关责任人员依法给予处分；有关责任人员构成犯罪的，依法追究刑事责任。

第六章　附　则

第三十三条 本条例施行前依法颁发的各类不动产权属证书和制作的不动产登记簿继续有效。

不动产统一登记过渡期内，农村土地承包经营权的登记按照国家有关规定执行。

第三十四条 本条例实施细则由国务院国土资源主管部门会同有关部门制定。

第三十五条 本条例自 2015 年 3 月 1 日起施行。本条例施行前公布的行政法规有关不动产登记的规定与本条例规定不一致的，以本条例规定为准。

国务院办公厅
关于推进城区老工业区搬迁改造的指导意见

国办发〔2014〕9号

各省、自治区、直辖市人民政府，国务院各部委、各直属机构：

为深入实施东北地区等老工业基地振兴战略，积极有序推进城区老工业区搬迁改造工作，经国务院同意，现提出以下指导意见。

一、充分认识推进城区老工业区搬迁改造的重要性

城区老工业区是指依托“一五”、“二五”和“三线”建设时期国家重点工业项目形成的、工业企业较为集中的城市特定区域，为我国建立独立完整的工业体系、为老工业城市的形成发展作出了突出贡献，目前仍是当地经济社会发展的重要支撑。但是在长期发展过程中，城区老工业区也出现了落后产能集中、基础设施老化、环境污染较为严重、安全隐患突出、棚户区改造任务重、困难群体较多等问题。近年来，许多城市采取多种方式组织开展城区老工业区搬迁改造，发展改革委也组织开展了相关试点工作，取得了一定成效。但是部分城区老工业区搬迁改造发展定位不合理、搬迁企业承接地选择不科学、污染土地治理不彻底、土地利用方式粗放、大拆大建、融资渠道单一等问题比较突出，亟待加强规范引导。科学实施城区老工业区搬迁改造，对于老工业城市推进产业结构调整、再造产业竞争新优势，完善城市综合服务功能、提高城镇化发展质量，保障和改善民生、维护社会和谐稳定具有重要意义。

二、总体要求

（一）指导思想。以邓小平理论、“三个代表”重要思想、科学发展观为指导，贯彻落实党的十八大和十八届二中、三中全会精神，按照党中央、国务院的决策部署，以加快转变经济发展方式为主线，以新型工业化和新型城镇化为引领，以改革创新为动力，以城区老工业区产业重构、城市功能完善、生态环境修复和民生改善为着力点，与加快棚户区改造和加强城市基础设施建设相结合，统筹推进企业搬迁改造和新产业培育发展，破解城市内部二元结构，力争到2022年基本完成城区老工业区搬迁改造任务，把城区老工业区建设成为经济繁荣、功能完善、生态宜居的现代化城区。

（二）基本原则。

政府推动、市场运作。城区老工业区所在城市人民政府要正确引导，精心组织，国务院有关部门和各省级人民政府给予必要的指导和支持。要进一步简政放权，支持社会力量参与搬迁改造，凡利用市场机制能够解决的交由市场解决。

因地制宜、科学规划。各地要充分考虑区位条件、资源禀赋、发展基础和环境承载能力，结合城市总体发展布局，合理确定搬迁改造的方向和目标，统筹安排规模和时序，努力探索各具特色的搬迁改造方式。

创新模式、增强动力。创新城区老工业区搬迁改造的组织模式、资金筹措模式、公共服务设施建设与运营模式、土地治理与开发利用模式，调动各方面积极性，增强搬迁改造的动力。

注重实效、稳妥推进。企业搬迁要注重与技术改造、改制重组相结合，注重扩大就业和增加居民收入，提高基本公共服务水平，保障和改善民生。要做好沟通协调、宣传引导和善后补偿工作，营造良好工作氛围，把好事办好。

三、主要任务

（一）科学编制搬迁改造实施方案。城区老工业区所在城市人民政府负责组织编制搬迁改造实施方案（以下简称实施方案），明确城区老工业区的搬迁改造范围及目标、功能布局、主要任务、重点项目、组织模式、实施进度、保障措施等。实施方案编制过程中要广泛征求意见，特别是相关企业意见，凝聚各方共识，认真开展社会稳定风险评估，做好与地方国民经济和社会发展规划、城市总体规划、土地利用总体规划、环境保护规划等相关规划的衔接。城区老工业区的功能、土地利用类型等因实施搬迁改造而发生重大变化的，所在城市人民政府要依法组织修订相关规划，有关部门要及时按程序办理。相关中央和省属国有企业要加强对城区老工业区内所属企业的指导，积极配合制定实施方案。

（二）推进企业搬迁改造。对城区老工业区企业视情况分别实施就地改造、异地迁建和依法关停等。符合城市功能定位的企业要就地加强技术改造，提高清洁生产、安全生产和环境保护水平，所在城市人民政府按照相关法律法规要求，搬迁安置安全、卫生及环境防护距离范围内的居民。对环境污染严重，环境风险及安全隐患突出，难以通过就地改造达到安全、卫生及环境保护等法律法规要求和相关国家标准的企业，要异地迁建或依法关停。对异地迁建企业，要注重发挥行业规划和产业政策的引导作用，支持企业同步进行技术改造和改制重组，促进产品技术提

档升级。加快淘汰落后产能和落后工艺设备，严格实施落后产能等量或减量置换，防止异地简单复制和落后产能转移。对符合产业升级方向，尤其是同步实施兼并重组、压减过剩产能的项目，有关部门要依法依规加快办理相关手续。符合条件的搬迁改造企业淘汰落后产能的，根据中央财政淘汰落后产能奖励资金管理办法予以支持。对已关停企业，要注重盘活企业用地和生产设施，妥善做好善后工作。所在城市人民政府和相关企业要妥善解决历史遗留问题，做好分离企业办社会职能工作；对企业富余人员采取免费培训、优先提供公益性岗位等措施，积极帮助实现再就业。

（三）合理选择搬迁企业承接地。根据搬迁企业的产业类型、发展方向等条件，引导企业向具备条件的经济技术开发区、高新技术产业开发区等园区搬迁，推动产业集聚发展。冶金、化工、造纸、危险品生产和储运等环境风险较大的搬迁企业，必须迁入依法设立、环境保护基础设施齐全并经规划环境影响评价的产业园区。支持有条件的园区开展循环化改造。对位于远郊区县的搬迁企业承接地，所在城市人民政府要完善市政基础设施和公共服务设施，加强生活配套设施建设，方便职工生活。支持打破行政区划选择搬迁企业承接地，原则上不再为承接搬迁企业新设产业园区。鼓励建立兼顾企业原址所在地和搬迁企业承接地利益的税收分成及绩效考核机制。

（四）培育发展新产业。以提升城市服务功能为导向，充分利用腾退土地，重点发展现代服务业。依托城区老工业区产业基础，积极发展设计咨询、科技、金融、电子商务、现代物流、节能环保等生产性服务业。鼓励改造利用老厂区老厂房老设施，积极发展文化创意、工业旅游、演艺、会展等产业。大力发展商贸、健康、家庭、养老服务等生活性服务业，满足居民日益提高的生活需求。培育专业化服务机构，提供社会化服务。发挥城区老工业区的产业配套、科技人才及技术研发等优势，积极发展战略性新兴产业和先进制造业。根据城区老工业区发展定位和功能分区，适度进行商品房开发。

（五）完善城市基础设施和公共服务设施。坚持先地下、后地上的原则，加强供水、燃气、供热管网建设和老旧管网改造，建设雨污分流排水系统，完善污水和垃圾收集处理设施，有条件的地区要建设地下综合管廊。优化城市道路交通系统，加强路网衔接连通。加大消防、防洪、排水防涝等基础设施建设和改造力度，提高防灾减灾和应对突发事件能力。完善信息基础设施，应用先进信息技术提高城市管理水平，积极稳妥推进智慧城市建设。根据常住人口数量与结构变化，优化中小学、幼儿园、图书馆、博物馆、体育场馆、医疗卫生机构等公共服务设施布局。大力发展绿色建筑，对既有建筑加强节能改造，对新建建筑严格按照节能建筑要求进行设计、施工和验收。保障政府投入，加强非经营性基础设施建设。允许社会资本通过特许经营等方式参与城市基础设施投资和运营。

（六）治理修复生态环境。大力推进城区老工业区环境整治和生态系统修复，因地制宜加强绿地、公园建设，结合城市河湖水系和传统街区改造构筑特色生态景观。高度重视环境污染治理，落实场地污染者或使用者治理修复责任。对于土壤、水体污染严重的区域，采取工程技术、生物修复等措施进行专项治理，防止污染扩散。在企业异地迁建或依法关停前，企业应制定搬迁过程中产生的废物和企业生产、存储设施处理处置方案并认真实施，落实企业污染防治责任，防止发生二次污染和次生突发环境事件。地方环境保护部门要会同有关部门组织相关责任方开展场地环境调查和风险评估，确定污染源、污染范围和污染程度。对于保留的工业建筑物，应调查其污染状况并评估其再利用的环境和健康风险，对确认已污染的建筑物应编制清洁方案，治理后方能利用。鼓励采用先进适用技术，引入社会资本，积极探索污染治理市场化新模式。中央重金属污染防治专项资金积极支持列入《重金属污染综合防治“十二五”规划》的城区老工业区污染土地治理。加大对腾退土地有机物污染治理的资金投入力度。

（七）推进城区老工业区棚户区改造。把城区老工业区搬迁改造与加快棚户区改造紧密结合起来，大力推进城区老工业区棚户区改造。地方各级人民政府上报年度棚户区改造计划时，优先安排城区老工业区的棚户区改造项目。要积极引入市场机制，吸引社会力量参与棚户区改造。鼓励国家开发银行及有关大型商业银行为城区老工业区棚户区改造提供资金支持。支持对搬迁改造企业老家属区进行房屋修缮和环境综合整治，完善配套设施，着力改善老职工、困难家庭的居住条件。

（八）加强工业遗产保护再利用。高度重视城区老工业区工业遗产的历史价值，把工业遗产保护再利用作为搬迁改造重要内容。在实施企业搬迁改造前，全面核查认定城区老工业区内的工业遗产，出台严格的保护政策。支持将具有重要价值的工业遗产及时公布为相应级别的文物保护单位和历史建筑。合理开发利用工业遗产资源，建设科普基地、爱国主义教育基地等。

四、保障措施

（一）加强组织领导。城区老工业区所在城市人民政府对搬迁改造负总责，要加强组织领导，完善工作机制，落实工作责任，制定切实可行的实施方案，做好社会稳定风险评估和环境影响评价，强化风险防控，扎实推进各项工作。各省级人民政府要加强对城区老工业区搬迁改造工作的指导和支持，组织评估实施方案；搬迁改造任务较重的省（区、市），要出台专门政策措施，加大支持力度。发展改革委要加强综合协调，继续组织做好2013年启动的城区老工业区搬迁改造试点工作，不断总结经验，完善政策措施。国务院有关部门要结合各自职能，尽快落实政策。国有资产监管部门要协调相关国有企业积极配合城区老工业区搬迁改造工作。

（二）拓宽资金筹措渠道。鼓励银行业金融机构根据搬迁改造项目特点，完善金融服务。支持将城区老工业区符合要求的搬迁企业经营服务收入、应收账款以及搬迁改造项目贷款等作为基础资产，开展资产证券化工作。支持符合条件的企业通过发行企业债、中期票据和短期融资券等募集资金，用于城区老工业区搬迁改造。鼓励社会资本参与搬迁企业改制重组和城区老工业区市政基础设施建设。合理引导金融租赁公司和融资租赁公司按照商业可持续原则依法依规参与企业搬迁改造。国务院有关部门安排产业发展、市政基础设施和公共服务设施建设、污染治理等专项资金时，要加强协调，合力支持城区老工业区搬迁改造。继续安排城区老工业区搬迁改造专项资金，重点支持改造再利用老厂区老厂房发展新兴产业和企业搬迁改造等。适当安排中央和地方国有资本经营预算资金，支持城区老工业区搬迁改造中的国有企业棚户区改造。发展滞缓或主导产业衰退比较明显的老工业城市可将中央财政安排的相关转移支付资金重点用于城区老工业区搬迁改造。对列入实施方案的搬迁企业，按企业政策性搬迁所得税管理办法执行。

（三）加大土地政策支持力度。对因搬迁改造被收回原国有土地使用权的企业，经批准可采取协议出让方式，按土地使用标准为其安排同类用途用地。改造利用老厂区老厂房发展符合规划的服务业，涉及原划拨土地使用权转让或改变用途的，经批准可采取协议出让方式供地。各级国土资源管理部门下达年度新增建设用地计划指标时，要根据实施方案确定的规模和时序，向搬迁企业承接地倾斜。中央企业所属企业搬迁，一次性用地数量较大、地方政府确实难以平衡解决的，可报请有关部门在安排下一年度用地计划指标时研究解决。对在搬迁企业原址发现地下文物或工业遗产被认定为文物的老工业区，所在市辖区因保护文物需要新增建设用地的，所在省级、市级人民政府优先安排用地计划指标。将已确定的城区老工业区搬迁改造试点所在市辖区纳入城镇低效用地再开发试点范围。

推进城区老工业区搬迁改造任务艰巨，责任重大。各有关地区和部门要按照本意见要求，结合实际，扎实做好各项工作，确保各项政策措施落到实处，见到实效。

附件：重点任务部门分工表

国务院办公厅
2014年3月3日

附件

重点任务部门分工表

序号	工作任务	负责部门
1	城区老工业区的功能、土地利用类型等因实施搬迁改造而发生重大变化的，所在城市人民政府要依法组织修订相关规划，有关部门要及时按程序办理	住房城乡建设部、国土资源部
2	对符合产业升级方向，尤其是同步实施兼并重组、压减过剩产能的项目，有关部门要依法依规加快办理相关手续	发展改革委、工业和信息化部
3	符合条件的搬迁改造企业淘汰落后产能的，根据中央财政淘汰落后产能奖励资金管理办法予以支持	财政部、工业和信息化部、发展改革委、能源局
4	支持有条件的园区开展循环化改造	发展改革委
5	中央重金属污染防治专项资金积极支持列入《重金属污染综合防治“十二五”规划》的城区老工业区污染土地治理。加大对腾退土地有机物污染治理的资金投入力度	财政部、环境保护部
6	把城区老工业区搬迁改造与加快棚户区改造紧密结合起来，大力推进城区老工业区棚户区改造	住房城乡建设部、发展改革委、财政部、国资委
7	支持将具有重要价值的工业遗产及时公布为相应级别的文物保护单位	文物局
8	继续组织做好2013年启动的城区老工业区搬迁改造试点工作。继续安排城区老工业区搬迁改造专项资金	发展改革委
9	国有资产监管部门要协调相关国有企业积极配合城区老工业区搬迁改造工作	国资委
10	支持将城区老工业区内符合要求的搬迁企业经营服务收入、应收账款等作为基础资产，开展资产证券化工作	证监会
11	支持将城区老工业区内符合要求的搬迁改造项目贷款作为基础资产，开展信贷资产证券化工作	人民银行、银监会

序号	工作任务	负责部门
12	支持符合条件的企业通过发行企业债、中期票据和短期融资券等募集资金，用于城区老工业区搬迁改造	发展改革委、人民银行
13	国务院有关部门安排产业发展、市政基础设施和公共服务设施建设、污染治理等专项资金时，要加强协调，合力支持城区老工业区搬迁改造	发展改革委、财政部、工业和信息化部、环境保护部、住房城乡建设部等
14	适当安排中央和地方国有资本经营预算资金，支持城区老工业区搬迁改造中的国有企业棚户区改造	财政部、国资委
15	各级国土资源管理部门下达年度新增建设用地计划指标时，要根据实施方案确定的规模和时序，向搬迁企业承接地倾斜。中央企业所属企业搬迁，一次性用地数量较大、地方政府确实难以平衡解决的，可报请有关部门在安排下一年度用地计划指标时研究解决	国土资源部
16	将已确定的城区老工业区搬迁改造试点所在市辖区纳入城镇低效用地再开发试点范围	国土资源部

国务院
关于印发社会信用体系建设规划纲要
（2014—2020年）的通知

国发〔2014〕21号

各省、自治区、直辖市人民政府，国务院各部委、各直属机构：

现将《社会信用体系建设规划纲要（2014—2020年）》印发给你们，请认真贯彻执行。

中华人民共和国国务院

2014年6月14日

社会信用体系建设规划纲要（2014—2020年）

社会信用体系是社会主义市场经济体制和社会治理体制的重要组成部分。它以法律、法规、标准和契约为依据，以健全覆盖社会成员的信用记录和信用基础设施网络为基础，以信用信息合规应用和信用服务体系为支撑，以树立诚信文化理念、弘扬诚信传统美德为内在要求，以守信激励和失信约束为奖惩机制，目的是提高全社会的诚信意识和信用水平。

加快社会信用体系建设是全面落实科学发展观、构建社会主义和谐社会的重要基础，是完善社会主义市场经济体制、加强和创新社会治理的重要手段，对增强社会成员诚信意识，营造优良信用环境，提升国家整体竞争力，促进社会发展与文明进步具有重要意义。

根据党的十八大提出的“加强政务诚信、商务诚信、社会诚信和司法公信建设”，党的十八届三中全会提出的“建立健全社会征信体系，褒扬诚信，惩戒失信”，《中共中央 国务院关于加强和创新社会管理的意见》提出的“建立健全社会诚信制度”，以及《中华人民共和国国民经济和社会发展第十二个五年规划纲要》（以下简称“十二五”规划纲要）提出的“加快社会信用体系建设”的总体要求，制定本规划纲要。规划期为2014—2020年。

一、社会信用体系建设总体思路

（一）发展现状。

党中央、国务院高度重视社会信用体系建设。有关地区、部门和单位探索推进，社会信用体系建设取得积极进展。国务院建立社会信用体系建设部际联席会议制度统筹推进信用体系建设，公布实施《征信业管理条例》，一批信用体系建设的规章和标准相继出台。全国集中统一的金融信用信息基础数据库建成，小微企业和农村信用体系建设积极推进；各部门推动信用信息公开，开展行业信用评价，实施信用分类监管；各行业积极开展诚信宣传教育和诚信自律活动；各地区探索建立综合性信用信息共享平台，促进本地区各部门、各单位的信用信息整合应用；社会对信用服务产品的需求日益上升，信用服务市场规模不断扩大。

我国社会信用体系建设虽然取得一定进展，但与经济发展水平和社会发展阶段不匹配、不协调、不适应的矛盾仍然突出。存在的主要问题包括：覆盖全社会的征信系统尚未形成，社会成员信用记录严重缺失，守信激励和失信惩戒机制尚不健全，守信激励不足，失信成本偏低；信用服务市场不发达，服务体系不成熟，服务行为不规范，服务机构公信力不足，信用信息主体权益保护机制缺失；社会诚信意识和信用水平偏低，履约践诺、诚实守信的社会氛围尚未形成，重特大生产安全事故、食品药品安全事件时有发生，商业欺诈、制假售假、偷逃骗税、虚报冒领、学术不端等现象屡禁不止，政务诚信度、司法公信度离人民群众的期待还有一定差距等。

（二）形势和要求。

我国正处于深化经济体制改革和完善社会主义市场经济体制的攻坚期。现代市场经济是信用经济，建立健全社会信用体系，是整顿和规范市场经济秩序、改善市场信用环境、降低交易成本、防范经济风险的重要举措，是减少政府对经济的行政干预、完善社会主义市场经济体制的迫切要求。

我国正处于加快转变发展方式、实现科学发展的战略机遇期。加快推进社会信用体系建设，是促进资源优化配置、扩大内需、促进产业结构优化升级的重要前提，是完善科学发展机制的迫切要求。

我国正处于经济社会转型的关键期。利益主体更加多元化，各种社会矛盾凸显，社会组织形式及管理方式也在发生深刻变化。全面推进社会信用体系建设，是增强社会诚信、促进社会互信、减少社会矛盾的有效手段，是加强和创新社会治理、构建社会主义和谐社会的迫切要求。

我国正处于在更大范围、更宽领域、更深层次上提高开放型经济水平的拓展期。经济全球化使我国对外开放程度不断提高，与其他国家和地区的经济社会交流更加密切。完善社会信用体系，是深化国际合作与交往，树立国际品牌和声誉，降低对外交易成本，提升国家软实力和国际影响力的必要条件，是推动建立客观、公正、合理、平衡的国际信用评级体系，适应全球化新形势，驾驭全球化新格局的迫切要求。

（三）指导思想和目标原则。

全面推动社会信用体系建设，必须坚持以邓小平理论、“三个代表”重要思想、科学发展观为指导，按照党的十八大、十八届三中全会和“十二五”规划纲要精神，以健全信用法律法规和标准体系、形成覆盖全社会的征信系统为基础，以推进政务诚信、商务诚信、社会诚信和司法公信建设为主要内容，以推进诚信文化建设、建立守信激励和失信惩戒机制为重点，以推进行业信用建设、地方信用建设和信用服务市场发展为支撑，以提高全社会诚信意识和信用水平、改善经济社会运行环境为目的，以人为本，在全社会广泛形成守信光荣、失信可耻的浓厚氛围，使诚实守信成为全民的自觉行为规范。

社会信用体系建设的主要目标是：到2020年，社会信用基础性法律法规和标准体系基本建立，以信用信息资源共享为基础的覆盖全社会的征信系统基本建成，信用监管体制基本健全，信用服务市场体系比较完善，守信激励和失信惩戒机制全面发挥作用。政务诚信、商务诚信、社会诚信和司法公信建设取得明显进展，市场和社会满意度大幅提高。全社会诚信意识普遍增强，经济社会发展信用环境明显改善，经济社会秩序显著好转。

社会信用体系建设的主要原则是：

政府推动，社会共建。充分发挥政府的组织、引导、推动和示范作用。政府负责制定实施发展规划，健全法规和标准，培育和监管信用服务市场。注重发挥市场机制作用，协调并优化资源配置，鼓励和调动社会力量，广泛参与，共同推进，形成社会信用体系建设合力。

健全法制，规范发展。逐步建立健全信用法律法规体系和信用标准体系，加强信用信息管理，规范信用服务体系发展，维护信用信息安全和信息主体权益。

统筹规划，分步实施。针对社会信用体系建设的长期性、系统性和复杂性，强化顶层设计，立足当前，着眼长远，统筹全局，系统规划，有计划、分步骤地组织实施。

重点突破，强化应用。选择重点领域和典型地区开展信用建设示范。积极推广信用产品的社会化应用，促进信用信息互联互通、协同共享，健全社会信用奖惩联动机制，营造诚实、自律、守信、互信的社会信用环境。

二、推进重点领域诚信建设

（一）加快推进政务诚信建设。

政务诚信是社会信用体系建设的关键，各类政务行为主体的诚信水平，对其他社会主体诚信建设发挥着重要的表率和导向作用。

坚持依法行政。将依法行政贯穿于决策、执行、监督和服务的全过程，全面推进政务公开，在保护国家信息安全、商业秘密和个人隐私的前提下，依法公开在行政管理中掌握的信用信息，建立有效的信息共享机制。切实提高政府工作效率和服务水平，转变政府职能。健全权力运行制约和监督体系，确保决策权、执行权、监督权既相互制约又相互协调。完善政府决策机制和程序，提高决策透明度。进一步推广重大决策事项公示和听证制度，拓宽公众参与政府决策的渠道，加强对权力运行的社会监督和约束，提升政府公信力，树立政府公开、公平、清廉的诚信形象。

发挥政府诚信建设示范作用。各级人民政府首先要加强自身诚信建设，以政府的诚信施政，带动全社会诚信意识的树立和诚信水平的提高。在行政许可、政府采购、招标投标、劳动就业、社会保障、科研管理、干部选拔任用和管理监督、申请政府资金支持等领域，率先使用信用信息和信用产品，培育信用服务市场发展。

加快政府守信践诺机制建设。严格履行政府向社会作出的承诺，把政务履约和守诺服务纳入政府绩效评价体系，把发展规划和政府工作报告关于经济社会发展目标落实情况以及为百姓办实事的践诺情况作为评价政府诚信水平的重要内容，推动各地区、各部门逐步建立健全政务和行政承诺考核制度。各级人民政府对依法作出的政策承诺和签订的各类合同要认真履约和兑现。要积极营造公平竞争、统一高效的市场环境，不得施行地方保护主义措施，如滥用行政权力封锁市场、包庇纵容行政区域内社会主体的违法违规和失信行为等。要支持统计部门依法统计、真实统计。政府举债要依法依规、规模适度、风险可控、程序透明。政府收支必须强化预算约束，提高透明度。加强和完善群众监督和舆论监督机制。完善政务诚信约束和问责机制。各级人民政府要自觉接受本级人大的法律监督和政协的民主监督。加大监察、审计等部门对行政行为的监督和审计力度。

加强公务员诚信管理和教育。建立公务员诚信档案，依法依规将公务员个人有关事项报告、廉政记录、年度考核结果、相关违法违纪违约行为等信用信息纳入档案，将公务员诚信记录作为干部考核、任用和奖惩的重要依据。深入开展公务员诚信、守法和道德教育，加强法律知识和信用知识学习，编制公务员诚信手册，增强公务员法律和诚信意识，建立一支守法守信、高效廉洁的公务员队伍。

（二）深入推进商务诚信建设。

提高商务诚信水平是社会信用体系建设的重点，是商务关系有效维护、商务运行成本有效降低、营商环境有效改善的基本条件，是各类商务主体可持续发展的生存之本，也是各类经济活动高效开展的基础保障。

生产领域信用建设。建立安全生产信用公告制度，完善安全生产承诺和安全生产不良信用记录及安全生产失信行为惩戒制度。以煤矿、非煤矿山、危险化学品、烟花爆竹、特种设备生产企业以及民用爆炸物品生产、销售企业和爆破企业或单位为重点，健全安全生产准入和退出信用审核机制，促进企业落实安全生产主体责任。以食品、药品、日用消费品、农产品和农业投入品为重点，加强各类生产经营主体生产和加工环节的信用管理，建立产品质量信用信息异地和部门间共享制度。推动建立质量信用征信系统，加快完善12365产品质量投诉举报咨询服务平台，建立质量诚信报告、失信黑名单披露、市场禁入和退出制度。

流通领域信用建设。研究制定商贸流通领域企业信用信息征集共享制度，完善商贸流通企业信用评价基本规则和指标体系。推进批发零售、商贸物流、住宿餐饮及居民服务行业信用建设，开展企业信用分类管理。完善零售商与供应商信用合作模式。强化反垄断与反不正当竞争执法，加大对市场混淆行为、虚假宣传、商业欺诈、商业诋毁、商业贿赂等违法行为的查处力度，对典型案件、重大案件予以曝光，增加企业失信成本，促进诚信经营和公平竞争。逐步建立以商品条形码等标识为基础的全国商品流通追溯体系。加强检验检疫质量诚信体系建设。支持商贸服务企业信用融资，发展商业保理，规范预付消费行为。鼓励企业扩大信用销售，促进个人信用消费。推进对外经济贸易信用建设，进一步加强对外贸易、对外援助、对外投资合作等领域的信用信息管理、信用风险监测预警和企业信用等级分类管理。借助电子口岸管理平台，建立完善进出口企业信用评价体系、信用分类管理和联合监管制度。

金融领域信用建设。创新金融信用产品，改善金融服务，维护金融消费者个人信息安全，保护金融消费者合法权益。加大对金融欺诈、恶意逃废银行债务、内幕交易、制售假保单、骗保骗赔、披露虚假信息、非法集资、逃套骗汇等金融失信行为的惩戒力度，规范金融市场秩序。加强金融信用信息基础设施建设，进一步扩大信用记录的覆盖面，强化金融业对守信者的激励作用和对失信者的约束作用。

税务领域信用建设。建立跨部门信用信息共享机制。开展纳税人基础信息、各类交易信息、财产保有和转让信息以及纳税记录等涉税信息的交换、比对和应用工作。进一步完善纳税信用等级评定和发布制度，加强税务领域信用分类管理，发挥信用评定差异对纳税人的奖惩作用。建立税收违法黑名单制度。推进纳税信用与其他社会信用联动管理，提升纳税人税法遵从度。

价格领域信用建设。指导企业和经营者加强价格自律，规范和引导经营者价格行为，实行经营者明码标价和收费公示制度，着力推行“明码实价”。督促经营者加强内部价格管理，根据经营者条件建立健全内部价格管理制度。完善经营者价格诚信制度，做好信息披露工作，推动实施奖惩制度。强化价格执法检查与反垄断执法，依法查处捏造和散布涨价信息、价格欺诈、价格垄断等价格失信行为，对典型案例予以公开曝光，规范市场价格秩序。

工程建设领域信用建设。推进工程建设市场信用体系建设。加快工程建设市场信用法规制度建设，制定工程建设市场各方主体和从业人员信用标准。推进工程建设领域项目信息公开和诚信体系建设，依托政府网站，全面设立项目信息和信用信息公开共享专栏，集中公开工程建设项目信息和信用信息，推动建设全国性的综合检索平台，实现工程建设项目信息和信用信息公开共享的“一站式”综合检索服务。深入开展工程质量诚信建设。完善工程建设市场准入退出制度，加大对发生重大工程质量、安全责任事故或有其他重大失信行为的企业及负有责任的从业人员的惩戒力度。建立企业和从业人员信用评价结果与资质审批、执业资格注册、资质资格取消等审批审核事项的关联管理机制。建立科学、有效的建设领域从业人员信用评价机制和失信责任追溯制度，将肢解发包、转包、违法分包、拖欠工程款和农民工工资等列入失信责任追究范围。

政府采购领域信用建设。加强政府采购信用管理，强化联动惩戒，保护政府采购当事人的合法权益。制定供应商、评审专家、政府采购代理机构以及相关从业人员的信用记录标准。依法建立政府采购供应商不良行为记录名单，对列入不良行为记录名单的供应商，在一定期限内禁止参加政府采购活动。完善政府采购市场的准入和退出机制，充分利用工商、税务、金融、检察等其他部门提供的信用信息，加强对政府采购当事人和相关人员的信用管理。加快建设全国统一的政府采购管理交易系统，提高政府采购活动透明度，实现信用信息的统一发布和共享。

招标投标领域信用建设。扩大招标投标信用信息公开和共享范围，建立涵盖招标投标情况的信用评价指标和评价标准体系，健全招标投标信用信息公开和共享制度。进一步贯彻落实招标投标违法行为记录公告制度，推动完善奖惩联动机制。依托电子招标投标系统及其公共服务平台，实现招标投标和合同履行等信用信息的互联互通、实时交换和整合共享。鼓励市场主体运用基本信用信息和第三方信用评价结果，并将其作为投标人资格审查、评标、定标和合同签订的重要依据。

交通运输领域信用建设。形成部门规章制度和地方性法规、地方政府规章相结合的交通运输信用法规体系。完善信用考核标准，实施分类考核监管。针对公路、铁路、水路、民航、管道等运输市场不同经营门类分别制定考核指标，加强信用考核评价监督管理，积极引导第三方机构参与信用考核评价，逐步建立交通运输管理机构与社会信用评价机构相结合，具有监督、申诉和复核机制的综合考核评价体系。将各类交通运输违法行为列入失信记录。鼓励和支持各单位在采购交通运输服务、招标投标、人员招聘等方面优先选择信用考核等级高的交通运输企业和从业人员。对失信企业和从业人员，要加强监管和惩戒，逐步建立跨地区、跨行业信用奖惩联动机制。

电子商务领域信用建设。建立健全电子商务企业客户信用管理和交易信用评估制度，加强电子商务企业自身开发和销售信用产品的质量监督。推行电子商务主体身份标识制度，完善网店实名制。加强网店产品质量检查，严厉查处电子商务领域制假售假、传销活动、虚假广告、以次充好、服务违约等欺诈行为。打击内外勾结、伪造流量和商业信誉的行为，对失信主体建立行业限期禁入制度。促进电子商务信用信息与社会其他领域相关信息的交换和共享，推动电子商务与线下交易信用评价。完善电子商务信用服务保障制度，推动信用调查、信用评估、信用担保、信用保险、信用支付、商账管理等第三方信用服务和产品在电子商务中的推广应用。开展电子商务网站可信认证服务工作，推广应用网站可信标识，为电子商务用户识别假冒、钓鱼网站提供手段。

统计领域信用建设。开展企业诚信统计承诺活动，营造诚实报数光荣、失信造假可耻的良好风气。完善统计诚信评价标准体系。建立健全企业统计诚信评价制度和统计从业人员诚信档案。加强执法检查，严厉查处统计领域的弄虚作假行为，建立统计失信行为通报和公开曝光制度。加大对统计失信企业的联合惩戒力度。将统计失信企业名单档案及其违法违规信息纳入金融、工商等行业和部门信用信息系统，将统计信用记录与企业融资、政府补贴、工商注册登记等直接挂钩，切实强化对统计失信行为的惩戒和制约。

中介服务业信用建设。建立完善中介服务机构及其从业人员的信用记录和披露制度，并作为市场行政执法部门实施信用分类管理的重要依据。重点加强公证仲裁类、律师类、会计类、担保类、鉴证类、检验检测类、评估类、认证类、代理类、经纪类、职业介绍类、咨询类、交易类等机构信用分类管理，探索建立科学合理的评估指标体系、评估制度和工作机制。

会展、广告领域信用建设。推动展会主办机构诚信办展，践行诚信服务公约，建立信用档案和违法违规单位信息披露制度，推广信用服务和产品的应用。加强广告业诚信建设，建立健全广告业信用分类管理制度，打击各类虚假广告，突出广告制作、传播环节各参与者责任，完善广告活动主体失信惩戒机制和严重失信淘汰机制。

企业诚信管理制度建设。开展各行业企业诚信承诺活动，加大诚信企业示范宣传和典型失信案件曝光力度，引导企业增强社会责任感，在生产经营、财务管理和劳动用工管理等各环节中强化信用自律，改善商务信用生态环境。鼓励企业建立客户档案、开展客户诚信评价，将客户诚信交易记录纳入应收账款管理、信用销售授信额度计量，建立科学的企业信用管理流程，防范信用风险，提升企业综合竞争力。强化企业在发债、借款、担保等债权债务信用交易及生产经营活动中诚信履约。鼓励和支持有条件的企业设立信用管理师。鼓励企业建立内部职工诚信考核与评价制度。加强供水、供电、供热、燃气、电信、铁路、航空等关系人民群众日常生活行业企业的自身信用建设。

（三）全面推进社会诚信建设。

社会诚信是社会信用体系建设的基础，社会成员之间只有以诚相待、以信为本，才会形成和谐友爱的人际关系，才能促进社会文明进步，实现社会和谐稳定和长治久安。

医药卫生和计划生育领域信用建设。加强医疗卫生机构信用管理和行业诚信作风建设。树立大医精诚的价值理念，坚持仁心仁术的执业操守。培育诚信执业、诚信采购、诚信诊疗、诚信收费、诚信医保理念，坚持合理检查、合理用药、合理治疗、合理收费等诚信医疗服务准则，全面建立药品价格、医疗服务价格公示制度，开展诚信医院、诚信药店创建活动，制定医疗机构和执业医师、药师、护士等医务人员信用评价指标标准，推进医院评审评价和医师定期考核，开展医务人员医德综合评价，惩戒收受贿赂、过度诊疗等违法和失信行为，建立诚信医疗服务体系。加快完善药品安全领域信用制度，建立药品研发、生产和流通企业信用档案。积极开展以“诚信至上，以质取胜”为主题的药品安全诚信承诺活动，切实提高药品安全信用监管水平，严厉打击制假贩假行为，保障人民群众用药安全有效。加强人口计生领域信用建设，开展人口和计划生育信用信息共享工作。

社会保障领域信用建设。在救灾、救助、养老、社会保险、慈善、彩票等方面，建立全面的诚信制度，打击各类诈捐骗捐等失信行为。建立健全社会救助、保障性住房等民生政策实施中的申请、审核、退出等各环节的诚信制度，加强对申请相关民生政策的条件审核，强化对社会救助动态管理及保障房使用的监管，将失信和违规的个人纳入信用黑名单。构建居民家庭经济状况核对信息系统，建立和完善低收入家庭认定机制，确保社会救助、保障性住房等民生政策公平、公正和健康运行。建立健全社会保险诚信管理制度，加强社会保险经办管理，加强社会保险领域的劳动保障监督执法，规范参保缴费行为，加大对医保定点医院、定点药店、工伤保险协议医疗机构等社会保险协议服务机构及其工作人员、各类参保人员的违规、欺诈、骗保等行为的惩戒力度，防止和打击各种骗保行为。进一步完善社会保险基金管理制度，提高基金征收、管理、支付等各环节的透明度，推动社会保险诚信制度建设，规范参保缴费行为，确保社会保险基金的安全运行。

劳动用工领域信用建设。进一步落实和完善企业劳动保障守法诚信制度，制定重大劳动保障违法行为社会公示办法。建立用人单位拖欠工资违法行为公示制度，健全用人单位劳动保障诚信等级评价办法。规范用工行为，加强对劳动合同履行和仲裁的管理，推动企业积极开展和谐劳动关系创建活动。加强劳动保障监督执法，加大对违法行为的打击力度。加强人力资源市场诚信建设，规范职业中介行为，打击各种黑中介、黑用工等违法失信行为。

教育、科研领域信用建设。加强教师和科研人员诚信教育。开展教师诚信承诺活动，自觉接受广大学生、家长和社会各界的监督。发挥教师诚信执教、为人师表的影响作用。加强学生诚信教育，培养诚实守信良好习惯，为提高全民族诚信素质奠定基础。探索建立教育机构及其从业人员、教师和学生、科研机构和科技社团及科研人员的信用评价制度，将信用评价与考试招生、学籍管理、学历学位授予、科研项目立项、专业技术职务评聘、岗位聘用、评选表彰等挂钩，努力解决学历造假、论文抄袭、学术不端、考试招生作弊等问题。

文化、体育、旅游领域信用建设。依托全国文化市场技术监管与公共服务平台，建立健全娱乐、演出、艺术品、网络文化等领域文化企业主体、从业人员以及文化产品的信用信息数据库；依法制定文化市场诚信管理措施，加强文化市场动态监管。制定职业体育从业人员诚信从业准则，建立职业体育从业人员、职业体育俱乐部和中介企业信用等级的第三方评估制度，推进相关信用信息记录和信用评级在参加或举办职业体育赛事、职业体育准入、转会等方面广泛运用。制定旅游从业人员诚信服务准则，建立旅游业消费者意见反馈和投诉记录与公开制度，建立旅行社、旅游景区和宾馆饭店信用等级第三方评估制度。

知识产权领域信用建设。建立健全知识产权诚信管理制度，出台知识产权保护信用评价办法。重点打击侵犯知识产权和制售假冒伪劣商品行为，将知识产权侵权行为信息纳入失信记录，强化对盗版侵权等知识产权侵权失信行为的联合惩戒，提升全社会的知识产权保护意识。开展知识产权服务机构信用建设，探索建立各类知识产权服务标准化体系和诚信评价制度。

环境保护和能源节约领域信用建设。推进国家环境监测、信息与统计能力建设，加强环保信用数据的采集和整理，实现环境保护工作业务协同和信息共享，完善环境信息公开目录。建立环境管理、监测信息公开制度。完善环评文件责任追究机制，建立环评机构及其从业人员、评估专家诚信档案数据库，强化对环评机构及其从业人员、评估专家的信用考核分类监管。建立企业对所排放污染物开展自行监测并公布污染物排放情况以及突发环境事件发生和处理情况制度。建立企业环境行为信用评价制度，定期发布评价结果，并组织开展动态分类管理，根据企业的信用等级予以相应的鼓励、警示或惩戒。完善企业环境行为信用信息共享机制，加强与银行、证券、保险、商务等部门的联动。加强国家能源利用数据统计、分析与信息上报能力建设。加强重点用能单位节能目标责任考核，定期公布考核结果，研究建立重点用能单位信用评价机制。强化对能源审计、节能评估和审查机构及其从业人员的信用评级和监管。研究开展节能服务公司信用评价工作，并逐步向全社会定期发布信用评级结果。加强对环资项目评审专家从业情况的信用考核管理。

社会组织诚信建设。依托法人单位信息资源库，加快完善社会组织登记管理信息。健全社会组织信息公开制度，引导社会组织提升运作的公开性和透明度，规范社会组织信息公开行为。把诚信建设内容纳入各类社会组织章程，强化社会组织诚信自律，提高社会组织公信力。发挥行业协会（商会）在行业信用建设中的作用，加强会员诚信宣传教育和培训。

自然人信用建设。突出自然人信用建设在社会信用体系建设中的基础性作用，依托国家人口信息资源库，建立完善自然人在经济社会活动中的信用记录，实现全国范围内自然人信用记录全覆盖。加强重点人群职业信用建设，建立公务员、企业法定代表人、律师、会计从业人员、注册会计师、统计从业人员、注册税务师、审计师、评估师、认证和检验检测从业人员、证券期货从业人员、上市公司高管人员、保险经纪人、医务人员、教师、科研人员、专利服务从业人员、项目经理、新闻媒体从业人员、导游、执业兽医等人员信用记录，推广使用职业信用报告，引导职业道德建设与行为规范。

互联网应用及服务领域信用建设。大力推进网络诚信建设，培育依法办网、诚信用网理念，逐步落实网络实名制，完善网络信用建设的法律保障，大力推进网络信用监管机制建设。建立网络信用评价体系，对互联网企业的服务经营行为、上网人员的网上行为进行信用评估，记录信用等级。建立涵盖互联网企业、上网个人的网络信用档案，积极推进建立网络信用信息与社会其他领域相关信用信息的交换共享机制，大力推动网络信用信息在社会各领域推广应用。建立网络信用黑名单制度，将实施网络欺诈、造谣传谣、侵害他人合法权益等严重网络失信行为的企业、个人列入黑名单，对列入黑名单的主体采取网上行为限制、行业禁入等措施，通报相关部门并进行公开曝光。

（四）大力推进司法公信建设。

司法公信是社会信用体系建设的重要内容，是树立司法权威的前提，是社会公平正义的底线。

法院公信建设。提升司法审判信息化水平，实现覆盖审判工作全过程的全国四级法院审判信息互联互通。推进强制执行案件信息公开，完善执行联动机制，提高生效法律文书执行率。发挥审判职能作用，鼓励诚信交易、倡导互信合作，制裁商业欺诈和恣意违约毁约等失信行为，引导诚实守信风尚。

检察公信建设。进一步深化检务公开，创新检务公开的手段和途径，广泛听取群众意见，保障人民群众对检察工作的知情权、参与权、表达权和监督权。继续推行“阳光办案”，严格管理制度，强化内外部监督，建立健全专项检查、同步监督、责任追究机制。充分发挥法律监督职能作用，加大查办和预防职务犯罪力度，促进诚信建设。完善行贿犯罪档案查询制度，规范和加强查询工作管理，建立健全行贿犯罪档案查询与应用的社会联动机制。

公共安全领域公信建设。全面推行“阳光执法”，依法及时公开执法办案的制度规范、程序时限等信息，对于办案进展等不宜向社会公开，但涉及特定权利义务、需要特定对象知悉的信息，应当告知特定对象，或者为特定对象提供查询服务。进一步加强人口信息同各地区、各部门信息资源的交换和共享，完善国家人口信息资源库建设。将公民交通安全违法情况纳入诚信档案，促进全社会成员提高交通安全意识。定期向社会公开火灾高危单位消防安全评估结果，并作为单位信用等级的重要参考依据。将社会单位遵守消防安全法律法规情况纳入诚信管理，强化社会单位消防安全主体责任。

司法行政系统公信建设。进一步提高监狱、戒毒场所、社区矫正机构管理的规范化、制度化水平，维护服刑人员、戒毒人员、社区矫正人员合法权益。大力推进司法行政信息公开，进一步规范和创新律师、公证、基层法律服务、法律援助、司法考试、司法鉴定等信息管理和披露手段，保障人民群众的知情权。

司法执法和从业人员信用建设。建立各级公安、司法行政等工作人员信用档案，依法依规将徇私枉法以及不作为等不良记录纳入档案，并作为考核评价和奖惩依据。推进律师、公证员、基层法律服务工作者、法律援助人员、司法鉴定人员等诚信规范执业。建立司法从业人员诚信承诺制度。

健全促进司法公信的制度基础。深化司法体制和工作机制改革，推进执法规范化建设，严密执法程序，坚持有法必依、违法必究和法律面前人人平等，提高司法工作的科学化、制度化和规范化水平。充分发挥人大、政协和社会公众对司法工作的监督作用，完善司法机关之间的相互监督制约机制，强化司法机关的内部监督，实现以监督促公平、促公正、促公信。

三、加强诚信教育与诚信文化建设

诚信教育与诚信文化建设是引领社会成员诚信自律、提升社会成员道德素养的重要途径，是社会主义核心价值体系建设的重要内容。

（一）普及诚信教育。

以建设社会主义核心价值体系、培育和践行社会主义核心价值观为根本，将诚信教育贯穿公民道德建设和精神文明创建全过程。推进公民道德建设工程，加强社会公德、职业道德、家庭美德和个人品德教育，传承中华传统美德，弘扬时代新风，在全社会形成“以诚实守信为荣、以见利忘义为耻”的良好风尚。

在各级各类教育和培训中进一步充实诚信教育内容。大力开展信用宣传普及教育进机关、进企业、进学校、进社区、进村屯、进家庭活动。

建好用好道德讲堂，倡导爱国、敬业、诚信、友善等价值理念和道德规范。开展群众道德评议活动，对诚信缺失、不讲信用现象进行分析评议，引导人们诚实守信、遵德守礼。

（二）加强诚信文化建设。

弘扬诚信文化。以社会成员为对象，以诚信宣传为手段，以诚信教育为载体，大力倡导诚信道德规范，弘扬中华民族积极向善、诚实守信的传统文化和现代市场经济的契约精神，形成崇尚诚信、践行诚信的社会风尚。

树立诚信典型。充分发挥电视、广播、报纸、网络等媒体的宣传引导作用，结合道德模范评选和各行业诚信创建活动，树立社会诚信典范，使社会成员学有榜样、赶有目标，使诚实守信成为全社会的自觉追求。

深入开展诚信主题活动。有步骤、有重点地组织开展“诚信活动周”、“质量月”、“安全生产月”、“诚信兴商宣传月”、“3·5”学雷锋活动日、“3·15”国际消费者权益保护日、“6·14”信用记录关爱日、“12·4”全国法制宣传日等公益活动，突出诚信主题，营造诚信和谐的社会氛围。

大力开展重点行业领域诚信问题专项治理。深入开展道德领域突出问题专项教育和治理活动，针对诚信缺失问题突出、诚信建设需求迫切的行业领域开展专项治理，坚决纠正以权谋私、造假欺诈、见利忘义、损人利己的歪风邪气，树立行业诚信风尚。

（三）加快信用专业人才培养。

加强信用管理学科专业建设。把信用管理列为国家经济体制改革与社会治理发展急需的新兴、重点学科，支持有条件的高校设置信用管理专业或开设相关课程，在研究生培养中开设信用管理研究方向。开展信用理论、信用管理、信用技术、信用标准、信用政策等方面研究。

加强信用管理职业培训与专业考评。建立健全信用管理职业培训与专业考评制度。推广信用管理职业资格培训，培养信用管理专业化队伍。促进和加强信用从业人员、信用管理人员的交流与培训，为社会信用体系建设提供人力资源支撑。

四、加快推进信用信息系统建设和应用

健全社会成员信用记录是社会信用体系建设的基本要求。发挥行业、地方、市场的力量和作用，加快推进信用信息系统建设，完善信用信息的记录、整合和应用，是形成守信激励和失信惩戒机制的基础和前提。

（一）行业信用信息系统建设。

加强重点领域信用记录建设。以工商、纳税、价格、进出口、安全生产、产品质量、环境保护、食品药品、医疗卫生、知识产权、流通服务、工程建设、电子商务、交通运输、合同履约、人力资源和社会保障、教育科研等领域为重点，完善行业信用记录和从业人员信用档案。

建立行业信用信息数据库。各部门要以数据标准化和应用标准化为原则，依托国家各项重大信息化工程，整合行业内的信用信息资源，实现信用记录的电子化存储，加快建设信用信息系统，加快推进行业间信用信息互联互通。各行业分别负责本行业信用信息的组织与发布。

（二）地方信用信息系统建设。

加快推进政务信用信息整合。各地区要对本地区各部门、各单位履行公共管理职能过程中产生的信用信息进行记录、完善、整合，形成统一的信用信息共享平台，为企业、个人和社会征信机构等查询政务信用信息提供便利。

加强地区内信用信息的应用。各地区要制定政务信用

信息公开目录，形成信息公开的监督机制。大力推进本地区各部门、各单位政务信用信息的交换与共享，在公共管理中加强信用信息应用，提高履职效率。

（三）征信系统建设。

加快征信系统建设。征信机构开展征信业务，应建立以企事业单位及其他社会组织、个人为对象的征信系统，依法采集、整理、保存、加工企事业单位及其他社会组织、个人的信用信息，并采取合理措施保障信用信息的准确性。各地区、各行业要支持征信机构建立征信系统。

对外提供专业化征信服务。征信机构要根据市场需求，对外提供专业化的征信服务，有序推进信用服务产品创新。建立健全并严格执行内部风险防范、避免利益冲突和保障信息安全的规章制度，依法向客户提供方便、快捷、高效的征信服务，进一步扩大信用报告在银行业、证券业、保险业及政府部门行政执法等多种领域中的应用。

（四）金融业统一征信平台建设。

完善金融信用信息基础数据库。继续推进金融信用信息基础数据库建设，提升数据质量，完善系统功能，加强系统安全运行管理，进一步扩大信用报告的覆盖范围，提升系统对外服务水平。

推动金融业统一征信平台建设。继续推动银行、证券、保险、外汇等金融管理部门之间信用信息系统的链接，推动金融业统一征信平台建设，推进金融监管部门信用信息的交换与共享。

（五）推进信用信息的交换与共享。

逐步推进政务信用信息的交换与共享。各地区、各行业要以需求为导向，在保护隐私、责任明确、数据及时准确的前提下，按照风险分散的原则，建立信用信息交换共享机制，统筹利用现有信用信息系统基础设施，依法推进各信用信息系统的互联互通和信用信息的交换共享，逐步形成覆盖全部信用主体、所有信用信息类别、全国所有区域的信用信息网络。各行业主管部门要对信用信息进行分类分级管理，确定查询权限，特殊查询需求特殊申请。

依法推进政务信用信息系统与征信系统间的信息交换与共享。发挥市场激励机制的作用，鼓励社会征信机构加强对已公开政务信用信息和非政务信用信息的整合，建立面向不同对象的征信服务产品体系，满足社会多层次、多样化和专业化的征信服务需求。

五、完善以奖惩制度为重点的社会信用体系运行机制

运行机制是保障社会信用体系各系统协调运行的制度基础。其中，守信激励和失信惩戒机制直接作用于各个社会主体信用行为，是社会信用体系运行的核心机制。

（一）构建守信激励和失信惩戒机制。

加强对守信主体的奖励和激励。加大对守信行为的表彰和宣传力度。按规定对诚信企业和模范个人给予表彰，通过新闻媒体广泛宣传，营造守信光荣的舆论氛围。发展改革、财政、金融、环境保护、住房城乡建设、交通运输、商务、工商、税务、质检、安全监管、海关、知识产权等部门，在市场监管和公共服务过程中，要深化信用信息和信用产品的应用，对诚实守信者实行优先办理、简化程序等“绿色通道”支持激励政策。

加强对失信主体的约束和惩戒。强化行政监管性约束和惩戒。在现有行政处罚措施的基础上，健全失信惩戒制度，建立各行业黑名单制度和市场退出机制。推动各级人民政府在市场监管和公共服务的市场准入、资质认定、行政审批、政策扶持等方面实施信用分类监管，结合监管对象的失信类别和程度，使失信者受到惩戒。逐步建立行政许可申请人信用承诺制度，并开展申请人信用审查，确保申请人在政府推荐的征信机构中有信用记录，配合征信机构开展信用信息采集工作。推动形成市场性约束和惩戒。制定信用基准性评价指标体系和评价方法，完善失信信息记录和披露制度，使失信者在市场交易中受到制约。推动形成行业性约束和惩戒。通过行业协会制定行业自律规则并监督会员遵守。对违规的失信者，按照情节轻重，对机构会员和个人会员实行警告、行业内通报批评、公开谴责等惩戒措施。推动形成社会性约束和惩戒。完善社会舆论监督机制，加强对失信行为的披露和曝光，发挥群众评议讨论、批评报道等作用，通过社会的道德谴责，形成社会震慑力，约束社会成员的失信行为。

建立失信行为有奖举报制度。切实落实对举报人的奖励，保护举报人的合法权益。

建立多部门、跨地区信用联合奖惩机制。通过信用信息交换共享，实现多部门、跨地区信用奖惩联动，使守信者处处受益、失信者寸步难行。

（二）建立健全信用法律法规和标准体系。

完善信用法律法规体系。推进信用立法工作，使信用信息征集、查询、应用、互联互通、信用信息安全和主体权益保护等有法可依。出台《征信业管理条例》相关配套制度和实施细则，建立异议处理、投诉办理和侵权责任追究制度。

推进行业、部门和地方信用制度建设。各地区、各部门分别根据本地区、相关行业信用体系建设的需要，制定地区或行业信用建设的规章制度，明确信用信息记录主体的责任，保证信用信息的客观、真实、准确和及时更新，完善信用信息共享公开制度，推动信用信息资源的有序开发利用。

建立信用信息分类管理制度。制定信用信息目录，明确信用信息分类，按照信用信息的属性，结合保护个人隐私和商业秘密，依法推进信用信息在采集、共享、使用、公开等环节的分类管理。加大对贩卖个人隐私和商业秘密行为的查处力度。

加快信用信息标准体系建设。制定全国统一的信用信息采集和分类管理标准，统一信用指标目录和建设规范。

建立统一社会信用代码制度。建立自然人、法人和其他组织统一社会信用代码制度。完善相关制度标准，推动在经济社会活动中广泛使用统一社会信用代码。

（三）培育和规范信用服务市场。

发展各类信用服务机构。逐步建立公共信用服务机构和社会信用服务机构互为补充、信用信息基础服务和增值服务相辅相成的多层次、全方位的信用服务组织体系。

推进并规范信用评级行业发展。培育发展本土评级机构，增强我国评级机构的国际影响力。规范发展信用评级市场，提高信用评级行业的整体公信力。探索创新双评级、再评级制度。鼓励我国评级机构参与国际竞争和制定国际标准，加强与其他国家信用评级机构的协调和合作。

推动信用服务产品广泛运用。拓展信用服务产品应用范围，加大信用服务产品在社会治理和市场交易中的应用。鼓励信用服务产品开发和创新，推动信用保险、信用担保、商业保理、履约担保、信用管理咨询及培训等信用服务业务发展。

建立政务信用信息有序开放制度。明确政务信用信息的开放分类和基本目录，有序扩大政务信用信息对社会的开放，优化信用调查、信用评级和信用管理等行业的发展环境。

完善信用服务市场监管体制。根据信用服务市场、机构业务的不同特点，依法实施分类监管，完善监管制度，明确监管职责，切实维护市场秩序。推动制定信用服务相关法律制度，建立信用服务机构准入与退出机制，实现从业资格认定的公开透明，进一步完善信用服务业务规范，促进信用服务业健康发展。

推动信用服务机构完善法人治理。强化信用服务机构内部控制，完善约束机制，提升信用服务质量。

加强信用服务机构自身信用建设。信用服务机构要确立行为准则，加强规范管理，提高服务质量，坚持公正性和独立性，提升公信力。鼓励各类信用服务机构设立首席信用监督官，加强自身信用管理。

加强信用服务行业自律。推动建立信用服务行业自律组织，在组织内建立信用服务机构和从业人员基本行为准则和业务规范，强化自律约束，全面提升信用服务机构诚信水平。

（四）保护信用信息主体权益。

健全信用信息主体权益保护机制。充分发挥行政监管、行业自律和社会监督在信用信息主体权益保护中的作用，综合运用法律、经济和行政等手段，切实保护信用信息主体权益。加强对信用信息主体的引导教育，不断增强其维护自身合法权益的意识。

建立自我纠错、主动自新的社会鼓励与关爱机制。以建立针对未成年人失信行为的教育机制为重点，通过对已悔过改正旧有轻微失信行为的社会成员予以适当保护，形成守信正向激励机制。

建立信用信息侵权责任追究机制。制定信用信息异议处理、投诉办理、诉讼管理制度及操作细则。进一步加大执法力度，对信用服务机构泄露国家秘密、商业秘密和侵犯个人隐私等违法行为，依法予以严厉处罚。通过各类媒体披露各种侵害信息主体权益的行为，强化社会监督作用。

（五）强化信用信息安全管理。

健全信用信息安全管理体制。完善信用信息保护和网络信任体系，建立健全信用信息安全监控体系。加大信用信息安全监督检查力度，开展信用信息安全风险评估，实行信用信息安全等级保护。开展信用信息系统安全认证，加强信用信息服务系统安全管理。建立和完善信用信息安全应急处理机制。加强信用信息安全基础设施建设。

加强信用服务机构信用信息安全内部管理。强化信用服务机构信息安全防护能力，加大安全保障、技术研发和资金投入，高起点、高标准建设信用信息安全保障系统。依法制定和实施信用信息采集、整理、加工、保存、使用等方面的规章制度。

六、建立实施支撑体系

（一）强化责任落实。

各地区、各部门要统一思想，按照本规划纲要总体要求，成立规划纲要推进小组，根据职责分工和工作实际，制定具体落实方案。

各地区、各部门要定期对本地区、相关行业社会信用体系建设情况进行总结和评估，及时发现问题并提出改进措施。

对社会信用体系建设成效突出的地区、部门和单位，按规定予以表彰。对推进不力、失信现象多发地区、部门和单位的负责人，按规定实施行政问责。

（二）加大政策支持。

各级人民政府要根据社会信用体系建设需要，将应由政府负担的经费纳入财政预算予以保障。加大对信用基础设施建设、重点领域创新示范工程等方面的资金支持。

鼓励各地区、各部门结合规划纲要部署和自身工作实际，在社会信用体系建设创新示范领域先行先试，并在政府投资、融资安排等方面给予支持。

（三）实施专项工程。

政务信息公开工程。深入贯彻实施《中华人民共和国政府信息公开条例》，按照主动公开、依申请公开进行分类管理，切实加大政务信息公开力度，树立公开、透明的政府形象。

农村信用体系建设工程。为农户、农场、农民合作社、休闲农业和农产品生产、加工企业等农村社会成员建立信用档案，夯实农村信用体系建设的基础。开展信用户、信用村、信用乡（镇）创建活动，深入推进青年信用示范户工作，发挥典型示范作用，使农民在参与中受到教育，得到实惠，在实践中提高信用意识。推进农产品生产、加工、流通企业和休闲农业等涉农企业信用建设。建立健全农民信用联保制度，推进和发展农业保险，完善农村信用担保体系。

小微企业信用体系建设工程。建立健全适合小微企业特点的信用记录和评价体系，完善小微企业信用信息查询、共享服务网络及区域性小微企业信用记录。引导各类信用服务机构为小微企业提供信用服务，创新小微企业集合信用服务方式，鼓励开展形式多样的小微企业诚信宣传和培训活动，为小微企业便利融资和健康发展营造良好的信用环境。

（四）推动创新示范。

地方信用建设综合示范。示范地区率先对本地区各部门、各单位的信用信息进行整合，形成统一的信用信息共享平台，依法向社会有序开放。示范地区各部门在开展经济社会管理和提供公共服务过程中，强化使用信用信息和信用产品，并作为政府管理和服务的必备要件。建立健全社会信用奖惩联动机制，使守信者得到激励和奖励，失信者受到制约和惩戒。对违法违规等典型失信行为予以公开，对严重失信行为加大打击力度。探索建立地方政府信用评价标准和方法，在发行地方政府债券等符合法律法规规定的信用融资活动中试行开展地方政府综合信用评价。

区域信用建设合作示范。探索建立区域信用联动机制，开展区域信用体系建设创新示范，推进信用信息交换共享，实现跨地区信用奖惩联动，优化区域信用环境。

重点领域和行业信用信息应用示范。在食品药品安全、环境保护、安全生产、产品质量、工程建设、电子商务、证券期货、融资担保、政府采购、招标投标等领域，试点推行信用报告制度。

（五）健全组织保障。

完善组织协调机制。完善社会信用体系建设部际联席会议制度，充分发挥其统筹协调作用，加强对各地区、各部门社会信用体系建设工作的指导、督促和检查。健全组织机构，各地区、各部门要设立专门机构负责推动社会信用体系建设。成立全国性信用协会，加强行业自律，充分发挥各类社会组织在推进社会信用体系建设中的作用。

建立地方政府推进机制。地方各级人民政府要将社会信用体系建设纳入重要工作日程，推进政务诚信、商务诚信、社会诚信和司法公信建设，加强督查，强化考核，把社会信用体系建设工作作为目标责任考核和政绩考核的重要内容。

建立工作通报和协调制度。社会信用体系建设部际联席会议定期召开工作协调会议，通报工作进展情况，及时研究解决社会信用体系建设中的重大问题。

国务院办公厅
关于改善农村人居环境的指导意见

国办发〔2014〕25号

各省、自治区、直辖市人民政府，国务院各部委、各直属机构：

近年来，各地区、各部门认真贯彻落实党中央和国务院的决策部署，推进农村基础设施建设和城乡基本公共服务均等化，农村人居环境逐步得到改善。但也要看到，目前我国农村人居环境总体水平仍然较低，在居住条件、公共设施和环境卫生等方面与全面建成小康社会的目标要求还有较大差距。为进一步改善农村人居环境，经国务院同意，现提出以下意见：

一、总体要求

（一）指导思想。以邓小平理论、“三个代表”重要思想、科学发展观为指导，深入学习领会党的十八大和十八届二中、三中全会精神，贯彻落实党中央和国务院的各项决策部署，按照全面建成小康社会和建设社会主义新农村的总体要求，以保障农民基本生活条件为底线，以村庄环境整治为重点，以建设宜居村庄为导向，从实际出发，循序渐进，通过长期艰苦努力，全面改善农村生产生活条件。

（二）基本原则。

——**因地制宜、分类指导。**按照改善农村人居环境的总体要求，根据各地经济社会发展实际，科学确定不同地区的具体目标、重点、方法和标准。充分发挥地方自主性和创造性，防止生搬硬套和“一刀切”。

——**量力而行、循序渐进。**按照农村人居环境治理的阶段性规律，立足现有条件和财力可能，区分轻重缓急，优先安排保障农民基本生活条件的项目，有序推进农村人居环境治理，防止大拆大建。

——**城乡统筹、突出特色。**逐步实现城乡基本公共服务均等化，推进城乡互补，协调发展。慎砍树、禁挖山、不填湖、少拆房，保护乡情美景，弘扬传统文化，突出农村特色和田园风貌。

——**坚持农民主体地位。**尊重农民意愿，方便生产生活，与促进农民创业就业和增收相结合，不搞形象工程。广泛动员农民参与项目组织实施，保障农民决策权、参与权和监督权，防止政府大包大揽，不得强制或变相摊派，增加农民负担。

（三）目标任务。到2020年，全国农村居民住房、饮水和出行等基本生活条件明显改善，人居环境基本实现干净、整洁、便捷，建成一批各具特色的美丽宜居村庄。

二、规划先行，分类指导农村人居环境治理

（一）加快编制村庄规划。编制和完善县域村镇体系规划，根据镇、村人口变化等情况，科学论证，明确重点镇和一般镇、中心村和一般村的布局；合理确定基础设施和公共服务设施的项目与建设标准，明确不同区位、不同类型村庄人居环境改善的重点和时序。依据县域村镇体系规划，加快编制建设活动较多以及需要加强保护村庄的规划。

（二）提高村庄规划可实施性。村庄规划要符合农村实际，满足农民需求，体现乡村特色。规划编制要深入实地调查，坚持问题导向，保障农民参与，并做好与土地利用总体规划等规划的衔接，防止强行拆并村庄。规划内容要明确公共项目的实施方案，提出加强村民建房质量和风貌管控的要求；充分结合发展现代农业的需要，合理区分生产生活区域，统筹安排生产性基础设施。规划成果要通俗易懂，主要项目要达到可实施的深度，相关要求可纳入村规民约。

（三）合理确定整治重点。根据不同村庄人居环境现状，规划编制要兼顾中长期发展需要，分类确定整治重点，分步实施。基本生活条件尚未完善的村庄要以水电路气房等基础设施建设为重点，基本生活条件比较完善的村庄要以环境整治为重点，全面提升人居环境质量。

三、突出重点，循序渐进改善农村人居环境

（一）全力保障基本生活条件。加快推进农村危房改造，到2020年基本完成现有危房改造任务，建立健全农村基本住房安全保障长效机制。加强农房建设质量安全监管，做好农村建筑工匠培训和管理，落实农房抗震安全基本要求，提升农房节能性能。继续推进农村饮水安全工程，因地制宜推行城乡区域供水，完成全国农村饮水安全工程“十二五”规划任务。实施村内道路硬化工程，基本解决村民行路难问题。大力推进水电新农村电气化县建设，实施新一轮农村电网升级改造工程，促进可再生能源供电，全面解决不通电农村居民用电问题。加强地质灾害防治，完善消防、防洪等防灾减灾设施。

（二）大力开展村庄环境整治。加快农村环境综合整治，重点治理农村垃圾和污水。推行县域农村垃圾和污水治理的统一规划、统一建设、统一管理，有条件的地方推进城镇垃圾污水处理设施和服务向农村延伸。建立村庄保洁制度，推行垃圾就地分类减量和资源回收利用。深入开展全国城乡环境卫生整洁行动。交通便利且转运距离较近

的村庄，生活垃圾可按照“户分类、村收集、镇转运、县处理”的方式处理；其他村庄的生活垃圾可通过适当方式就近处理。离城镇较远且人口较多的村庄，可建设村级污水集中处理设施，人口较少的村庄可建设户用污水处理设施。大力开展生态清洁型小流域建设，整乡整村推进农村河道综合治理。

推进规模化畜禽养殖区和居民生活区的科学分离，引导养殖业规模化发展，支持规模化养殖场畜禽粪污综合治理与利用。引导农民开展秸秆还田和秸秆养畜，支持秸秆能源化利用设施建设。逐步建立农村病死动物无害化收集和处理系统，加快无害化处理场所建设。合理处置农药包装物、农膜等废弃物，加快废弃物回收设施建设。推进农村清洁工程，因地制宜发展规模化沼气和户用沼气。推动农村家庭改厕，全面完成无害化卫生厕所改造任务。考虑种养大户等新型农业经营主体规模化生产需求，统筹建设晾晒场、农机棚等生产性公用设施，整治占用乡村道路晾晒、堆放等现象。

积极稳妥推进农村土地整治，节约集约使用土地。加强村庄公共空间整治，清理乱堆乱放，拆除私搭乱建，疏浚坑塘河道，推进村庄公共照明设施建设。统筹利用闲置土地、现有房屋及设施等，改造、建设村庄公共活动场所。

（三）稳步推进宜居乡村建设。加强对村域的规划管理，保持村庄整体风貌与自然环境相协调。结合水土保持等工程，保护和修复自然景观与田园景观。开展农房及院落风貌整治和村庄绿化美化，保护和修复水塘、沟渠等乡村设施。发展休闲农业、乡村旅游、文化创意等产业。制定传统村落保护发展规划，完善历史文化名村、传统村落和民居名录，建立健全保护和监管机制。继续实施“宽带中国”战略，加快农村互联网基础设施建设，推进宽带网络全面覆盖。利用小城镇基础设施以及商业服务设施，整体带动提升农村人居环境质量。

四、完善机制，持续推进农村人居环境改善

（一）创新投入方式。建立政府主导、村民参与、社会支持的投入机制。中央政府投资要重点向中西部和贫困地区倾斜。以县级为主加强涉农资金整合，做到渠道不乱、用途不变、统筹安排、形成合力。完善村级公益事业建设一事一议财政奖补机制，调动农民参与农村人居环境建设的积极性；建立引导激励机制，鼓励社会资本参与建设。推动政府通过委托、承包、采购等方式向社会购买村庄规划建设、垃圾收运处理、污水处理、河道管护等公共服务。

（二）建立管护长效机制。建立村庄道路、供排水、垃圾和污水处理、沼气、河道等公用设施的长效管护制度，逐步实现城乡管理一体化。培育市场化的专业管护队伍，提高管护人员素质。加强基层管理能力建设，逐步将村镇规划建设、环境保护、河道管护等管理责任落实到人。

（三）强化农民主体地位。建立农村人居环境治理自下而上的民主决策机制，以多数群众的共同需求为导向，推行村内事“村民议村民定、村民建村民管”的实施机制。发挥村务监督委员会、村民理事会等村民组织的作用，引导村民全过程参与项目规划、建设、管理和监督。完善村务公开制度，推行项目公开、合同公开、投资额公开，接受村民监督和评议。

（四）加强组织领导。各地区、各部门要充分认识改善农村人居环境的重要意义，切实加强对有关工作的组织领导。省级人民政府对本地区改善农村人居环境工作负总责，要科学编制规划，建立部门联动、分工明确的协调推进机制，统筹安排年度建设任务，规划及年度工作情况要及时报住房城乡建设部、环境保护部、农业部备案。各有关部门要认真履行职责，强化协调配合，加强对各地改善农村人居环境工作的指导。住房城乡建设部、环境保护部、农业部要组织开展监督检查，研究建立农村人居环境统计和评价机制，工作进展情况及时报告国务院。

国务院办公厅

2014年5月16日

国务院办公厅
关于进一步加强棚户区改造工作的通知

国办发〔2014〕36号

各省、自治区、直辖市人民政府，国务院各部委、各直属机构：

《国务院关于加快棚户区改造工作的意见》（国发〔2013〕25号）印发以来，各地区、各有关部门加大棚户区改造工作力度，全面推进城市、国有工矿、国有林区（林场）、国有垦区（农场）棚户区改造，2013年改造各类棚户区320万户以上，2014年计划改造470万户以上，为加快新一轮棚户区改造开了好局。但也要看到，目前仍有部分群众居住在棚户区中，与推进以人为核心的新型城镇化、改造约1亿人居住的城镇棚户区和城中村的要求相比还有较大差距，棚户区改造中仍存在规划布局不合理、配套建设跟不上、项目前期工作慢等问题。为有效解决棚户区改造中的困难和问题，进一步加强棚户区改造工作，经国务院同意，现就有关要求通知如下：

一、进一步完善棚户区改造规划

各地区要进一步摸清待改造棚户区的底数、面积、类型等情况。区分轻重缓急，结合需要与可能，按照尽力而为、量力而行的原则，有计划有步骤地组织实施。各地区要在摸清底数的基础上，抓紧编制完善2015—2017年棚户区改造规划，将包括中央企业在内的国有企业棚户区纳入改造规划，重点安排资源枯竭型城市、独立工矿区和三线企业集中地区棚户区改造，优先改造连片规模较大、住房条件困难、安全隐患严重、群众要求迫切的棚户区。省级人民政府尚未审批棚户区改造规划的，要抓紧审批，并报国务院有关部门。各地区编制完善2015—2017年棚户区改造规划，应突出前瞻性、科学性。

二、优化规划布局

（一）完善安置住房选点布局。棚户区改造安置住房实行原地和异地建设相结合，以原地安置为主，优先考虑就近安置；异地安置的，要充分考虑居民就业、就医、就学、出行等需要，在土地利用总体规划和城市总体规划确定的建设用地范围内，安排在交通便利、配套设施齐全地段。市、县人民政府应当结合棚户区改造规划、城市规划、产业发展和群众生产生活需要，科学合理确定安置住房布局。要统筹中心城区改造和新城新区建设，推动居住与商业、办公、生态空间、交通站点的空间融合及综合开发利用，提高城镇建设用地效率。鼓励国有林区（林场）、垦区（农场）棚户区改造在场部集中安置，促进国有林区、垦区小城镇建设。

（二）改进配套设施规划布局。配套设施应与棚户区改造安置住房同步规划、同步报批、同步建设、同步交付使用。编制城市基础设施建设规划，应做好与棚户区改造规划的衔接，同步规划安置住房小区的城市道路以及公共交通、供水、供电、供气、供热、通讯、污水与垃圾处理等市政基础设施建设。安置住房小区商业、教育、医疗卫生等公共服务设施，配建水平必须与居住人口规模相适应，具体配建项目和建设标准，应遵循《城市居住区规划设计规范》要求，并符合当地棚户区改造公共服务设施配套标准的具体规定。

三、加快项目前期工作

（一）做好征收补偿工作。棚户区改造实行实物安置和货币补偿相结合，由棚户区居民自愿选择。各地区要按照国家有关规定制定具体安置补偿办法，依法实施征收，维护群众合法权益。棚户区改造涉及集体土地征收的，要按照国家相关法律法规，做好土地征收、补偿安置等前期工作。各地区可以探索采取共有产权的办法，做好经济困难棚户区居民的住房安置工作。

（二）建立行政审批快速通道。市、县发展改革、国土资源、住房城乡建设等部门要共同建立棚户区改造项目行政审批快速通道，简化审批程序，提高工作效率，改善服务方式，对符合相关规定的项目，限期完成项目立项、规划许可、土地使用、施工许可等审批手续。

四、加强质量安全管理

（一）强化在建工程质量安全监管。各地区要切实加强对棚户区改造在建工程质量安全的监督管理，重点对勘察、设计、施工、监理等参建单位执行工程建设强制性标准情况进行监督检查，对违法违规行为坚决予以查处。严格执行建筑节能强制性标准，实施绿色建筑行动，积极推广应用新技术、新材料，加快推进住宅产业化。全面推行安置住房质量责任终身制，加大质量安全责任追究力度。建设和施工单位要科学把握工程建设进度，保证工程建设的合理周期和造价，确保工程质量安全。

（二）开展已入住安置住房质量安全检查。市、县人民政府要加强对已入住棚户区改造安置住房质量安全状况的检查，重点是建成入住时间较长的安置住房，对有安全隐患的要督促整改、消除隐患，确保居住安全。

五、加快配套建设

（一）加快配套设施建设。市、县人民政府应当编制棚户区改造配套基础设施年度建设计划，明确建设项目、开工竣工时间等内容。棚户区改造安置住房小区的规划设计条件应当明确配套公共服务设施的种类、建设规模和要求等，相关用地以单独成宗供应为主，并依法办理相关供地手续；对确属规划难以分割的配套设施建设用地，可在招标拍卖挂牌出让商品住房用地或划拨供应保障性住房用地时整体供应，建成后依照约定移交设施、办理用地手续。配套设施建成后验收合格的，要及时移交给接收单位。接收单位应当在规定的时限内投入使用。

（二）完善社区公共服务。新建安置住房小区要及时纳入街道和社区管理。安置住房小区没有实施物业管理的，社区居民委员会应组织做好物业服务工作。要发展便民利民服务，加快发展社区志愿服务。鼓励邮政、金融、电信等公用事业服务单位在社区设点服务。

六、落实好各项支持政策

（一）确保建设用地供应。市、县人民政府应当依据棚户区改造规划与棚户区改造安置住房建设计划，结合改造用地需求、具备供应条件地块的具体情况和实际拆迁进度，编制棚户区改造安置住房用地供应计划。地方各级住房城乡建设、国土资源部门要共同商定棚户区改造用地年度供应计划，并根据用地年度供应计划实行宗地供应预安排，将棚户区改造和配套设施年度建设任务落实到地块。市、县规划部门应及时会同国土资源部门，严格依据经批准的控制性详细规划，确定棚户区改造区域全部拟供应宗地的开发强度、套型建筑面积等规划条件，涉及配套养老设施、科教文卫设施的，还应明确配建的设施种类、比例、面积、设施条件，以及建成后交付政府或政府收购的条件等要求，作为土地供应的条件。市、县国土资源部门应及时向社会公开棚户区改造用地年度供应计划、供地时序、宗地规划条件和土地使用要求，接受社会监督。省级国土资源部门应对市、县棚户区改造用地年度供应计划实施情况进行定期检查，确保用地落实到位。

（二）落实财税支持政策。市、县人民政府要切实加大棚户区改造资金投入，落实好税费减免政策。省级人民政府要进一步加大对本地区财政困难市县、贫困农林场棚户区改造的资金投入，支持国有林区（林场）、垦区（农场）棚户区改造相关的配套设施建设，重点支持资源枯竭型城市、独立工矿区和三线企业集中地区棚户区改造。中央继续加大对棚户区改造的补助力度，对财政困难地区予以倾斜。建立健全地方政府债券制度，加大对棚户区改造的支持。

（三）加大金融支持力度。进一步发挥开发性金融作用。国家开发银行成立住宅金融事业部，重点支持棚户区改造及城市基础设施等相关工程建设。鼓励商业银行等金融机构按照风险可控、商业可持续的原则，积极支持符合信贷条件的棚户区改造项目。纳入国家计划的棚户区改造项目，国家开发银行的贷款与项目资本金可在年度内同比例到位。对经过清理整顿符合条件的省级政府及地级以上城市政府融资平台公司，其实施的棚户区改造项目，银行业金融机构可比照公共租赁住房融资的有关规定给予信贷支持。与棚户区改造项目直接相关的城市基础设施项目，由国家开发银行按国务院有关要求给予信贷支持。各地要建立健全信贷偿还保障机制，确保还款保障得到有效落实。推进债券创新，支持承担棚户区改造项目的企业发行债券，优化棚户区改造债券品种方案设计，研究推出棚户区改造项目收益债券；与开发性金融政策相衔接，扩大"债贷组合"用于棚户区改造范围；适当放宽企业债券发行条件，支持国有大中型企业发债用于棚户区改造。通过投资补助、贷款贴息等多种方式，吸引社会资金，参与投资和运营棚户区改造项目，在市场准入和扶持政策方面对各类投资主体同等对待。支持金融机构创新金融产品和服务，研究建立完善多层次、多元化的棚户区改造融资体系。

七、加强组织领导

各地区、各有关部门要紧紧围绕推进新型城镇化的重大战略部署，进一步加大棚户区改造工作力度，力争超额完成2014年目标任务，并提前谋划2015—2017年棚户区改造工作。各省（区、市）人民政府对本地区棚户区改造负总责，要加强对市、县人民政府棚户区改造工作目标责任考核，落实市、县人民政府具体工作责任，完善工作机制，抓好组织实施。国务院各有关部门要依据各自职责，密切配合，加强对地方的监督指导，研究完善相关政策措施。要广泛宣传棚户区改造的重要意义，主动发布和准确解读政策措施，深入细致做好群众工作，营造良好社会氛围，共同推进棚户区改造工作。

国务院办公厅
2014年7月21日

住房和城乡建设部
关于印发物业管理师继续教育暂行办法的通知

建房〔2014〕10号

各省、自治区住房城乡建设厅，直辖市房地局（建委），新疆生产建设兵团建设局：

为了开展和规范物业管理师继续教育工作，提高物业管理师的专业素质、执业能力和职业道德水平，根据《物业管理条例》和《物业管理师制度暂行规定》的有关规定，我部制定了《物业管理师继续教育暂行办法》，现印发给你们，请贯彻执行。执行中的情况，请及时告我部房地产市场监管司。

中华人民共和国住房和城乡建设部
2014年1月14日

附件

物业管理师继续教育暂行办法

第一条 为了规范物业管理师继续教育工作，提高物业管理师的专业素质、执业能力和职业道德水平，根据《物业管理条例》、《物业管理师制度暂行规定》和国家专业技术人员继续教育的有关规定，制定本办法。

第二条 参加继续教育是物业管理师的权利和义务。按照本办法要求完成继续教育，是物业管理师申请注册和持续执业的必备条件。

第三条 住房城乡建设部负责全国物业管理师继续教育工作的指导、监督和管理。

中国物业管理协会受住房城乡建设部的委托，开展全国物业管理师继续教育的组织实施工作。

省、自治区、直辖市房地产行政主管部门负责本地区物业管理师继续教育工作的指导、监督和管理。

第四条 物业管理师继续教育课程分为必修课和选修课。

必修课注重物业管理师政策法规水平和经营管理能力的提升。主要包括以下内容：

（一）物业管理相关法律法规和政策；

（二）物业管理新理论、新方法、新技能；

（三）物业管理方案及其实施；

（四）物业管理师职业道德和执业规范；

（五）物业管理师应当具备的其他知识和技能。

选修课注重物业管理师知识结构的完善和创新能力的提升。主要包括以下内容：

（一）国内外物业管理行业发展动态；

（二）科技成果在物业管理中的应用；

（三）房地产开发经营、设施设备管理、建设工程等专业知识；

（四）经济学、管理学、社会学、心理学等相关知识；

（五）与物业管理师执业相关的其他知识和技能。

第五条 物业管理师在每一注册有效期内应当完成不少于120学时的课程，并通过测试或者考核合格。物业管理师每年应当接受不少于40学时的继续教育，其中必修课应当不少于20学时。

每一注册有效期的继续教育学时单独计算，不得累计到下一个注册有效期。

第六条 省、自治区、直辖市房地产行政主管部门组织实施每年10学时的必修课继续教育，并向中国物业管理协会出具本地区物业管理师完成继续教育的学时证明。

第七条 除本办法第六条规定以外，物业管理师继续教育的课程设置、教学大纲、教学形式和培训计划等内容由中国物业管理协会统一发布。

第八条 下列情况申请注册的，应当在申请之日前完成本办法第五条规定的继续教育学时：

（一）取得物业管理师执业资格证书超过一年，申请初始注册的；

（二）被注销注册后具备相应条件，重新申请注册的；

（三）逾期申请延续注册。

本办法生效前取得物业管理师执业资格证书的，不适用本条第一款的规定。

第九条 物业管理师在每一注册有效期内参与以下工作并取得相应证明的，可充抵继续教育必修课学时：

（一）参加物业管理政策法规制定和修改工作的，每次按20学时计算；

（二）参加省级以上房地产行政主管部门立项的物业管理课题研究的，每项按20学时计算；

（三）参加全国物业管理师资格考试大纲、参考教材编写以及考试命题、审题、评卷的，每次按20学时计算；

（四）参加物业管理师继续教育教学大纲、参考教材编写工作的，每次按20学时计算；

（五）参加高等院校教学指导机构组织的物业管理专业标准编制、专业教材编写和专业评估认证工作的，每次按20学时计算；

（六）在具有国内统一刊号（CN）或者国际刊号（ISSN）的期刊上，作为第一作者发表物业管理专业论文的，每篇论文按5个学时计算，每年充抵学时累计不得超过10个学时。公开出版5万字以上物业管理专著或者教材的，第一作者按20学时计算、第二作者按10学时计算；

（七）参加物业管理师继续教育授课工作的，按教学课时计算学时，每年充抵学时累计不得超过20学时；

（八）参加省级以上房地产行政主管部门组织的座谈会、中国物业管理协会组织的研讨会或者专业论坛的，每次按5个学时计算，每年充抵学时累计不得超过10个学时。

充抵学时的，物业管理师应当向中国物业管理协会、省级房地产行政主管部门提供证明材料。

第十条　物业管理师继续教育有关事项记入物业管理师信用档案，实行动态管理。物业管理师可以通过中国物业管理协会网站查询继续教育相关信息。

第十一条　物业管理师申请延续注册或者逾期申请初始注册的，应当向住房城乡建设部执业资格注册中心提交符合本办法要求的继续教育证明材料。

第十二条　物业管理师有下列行为的，取消相应的继续教育学时，记入其信用档案：

（一）提供虚假证明材料骗取继续教育学时的；

（二）由他人代替参加继续教育的；

（三）以不正当方式通过继续教育课程测试或者考核的；

（四）其他违反继续教育有关规定的行为。

物业管理师有前款行为，隐瞒有关情况或者提供虚假材料申请注册的，依照《行政许可法》第七十八条规定处理。

第十三条　物业服务企业应当督促本单位的物业管理师按照本办法要求完成继续教育，并保障物业管理师参加继续教育期间享有的工资、保险和福利待遇。

第十四条　物业管理师继续教育采取网络教育和集中面授相结合的方式进行。继续教育培训机构应当遵守国家有关规定，接受行政主管部门、物业服务企业和从业人员的监督。

第十五条　中国物业管理协会应当建立物业管理师继续教育质量检查和评估制度，并将年度物业管理师继续教育计划和执行情况报住房城乡建设部。

第十六条　本办法由住房城乡建设部负责解释。

第十七条　本办法自公布之日起施行。

住房和城乡建设部办公厅
关于印发《智慧社区建设指南（试行）》的通知

建办科〔2014〕22号

各省、自治区住房城乡建设厅，直辖市、计划单列市建委（建交委、建设局），新疆生产建设兵团建设局：

智慧社区建设是智慧城市建设的重要内容。根据智慧城市试点工作的总体部署，为指导各地开展智慧社区建设，我部组织编制了《智慧社区建设指南（试行）》，现印发你们，请结合本地区实际参照使用。使用过程中的有关情况和意见请与我部建筑节能与科技司联系。

中华人民共和国住房和城乡建设部办公厅
2014年5月4日

智慧社区建设指南

（试行）

中华人民共和国住房和城乡建设部

二〇一四年五月

前　言

智慧社区是通过综合运用现代科学技术，整合区域人、地、物、情、事、组织和房屋等信息，统筹公共管理、公共服务和商业服务等资源，以智慧社区综合信息服务平台为支撑，依托适度领先的基础设施建设，提升社区治理和小区管理现代化，促进公共服务和便民利民服务智能化的一种社区管理和服务的创新模式，也是实现新型城镇化发展目标和社区服务体系建设目标的重要举措之一。

我国智慧社区建设仍然处于初级阶段，存在着一些困难和问题。比如社区基础设施建设水平参差不齐，缺乏社区综合服务平台，应用尚未形成规模；社区治理职能亟待完善，公共服务项目少且使用不便；小区房屋和物业管理服务层次低，社区自治能力尚未充分发挥；便民利民领域应用未能广泛推广；缺乏统筹规划，体制机制不顺畅，相关人才队伍欠缺，可持续的建设运营模式尚未形成。作为智慧城市建设的核心组成部分，智慧社区建设具有见效快、惠民利民的特征，智慧社区还能增强社区居民对智慧城市建设的感知度和社会认同度，为智慧城市建设的普及和宣传增光添彩。

积极推进智慧社区建设，有利于提高基础设施的集约化和智能化水平，实现绿色生态社区建设；有利于促进和扩大政务信息共享范围，降低行政管理成本，增强行政运行效能，推动基层政府向服务型政府的转型，促进社区治理体系的现代化；有利于减轻社区组织的工作负担，改善社区组织的工作条件，优化社区自治环境，提升社区服务和管理能力；有利于保障基本公共服务均等化，改进基本公共服务的提供方式，以及拓展社区服务内容和领域，为建立多元化、多层次的社区服务体系打下良好基础。

在新时期新形势下，居民对便捷、高效、智能的社区服务需求与日俱增，倒逼政府优化行政管理服务模式，引导建立健康有序的社区商业服务体系。随着信息技术的高速发展，国内智慧社区建设相关的技术基础较为扎实，面向移动网络、物联网、智能建筑、智能家居、居家养老等诸多领域的应用产品及模式已基本成熟。此外，广州市、深圳市、常州市等经济发达地区已率先开展了智慧社区建设，在社区治理、便民服务等领域取得了显著的成效。因此在我国大规模开展智慧社区建设势在必行。

本指南的主要内容包括智慧社区的指导思想和发展目标、评价指标体系、总体架构与支撑平台、基础设施与建筑环境、社区治理与公共服务、小区管理服务、便民服务、主题社区、建设运营模式、保障体系建设等。

本指南由住房和城乡建设部组织编制，由住房和城乡建设部建筑节能与科技司负责管理，中国城市科学研究会数字城市工程研究中心负责技术解释。请各单位在使用过程中，总结实践经验，提出意见和建议。

第 1 章　总 则

1.1　适用范围

本指南所指社区是由小区、家庭及社区居委会、业主委员会、物业公司、公共和商业服务公司等构成的社会共同体。

本指南适用于城市(区、新区)智慧社区的建设和运营。

1.2　总体目标

1.2.1　近期目标

通过综合运用现代科学技术，结合当地实际，整合社区各类资源，加强社区服务能力建设，到 2015 年，初步建成 100 个左右的智慧社区示范点。示范点应具备完善的基础设施、高效的社区服务和治理水平、多元化的社区公共服务、智能化的便民利民服务能力，以及具备良好的政策、组织、人才、资金等保障条件。

1）优化基础设施布局。按照《社区服务体系建设规划（2011–2015 年）》要求，力争到“十二五”期末，实现试点社区综合服务设施全覆盖，每百户居民拥有的社区服务设施面积不低于 20 平方米；大力推进社区信息化建设，改善社区宽带、无线、广播电视网等信息基础设施；建成市级或区级社区综合信息服务平台，为社会治理、公共管理与服务和商业服务提供统一接口；新建社区采用绿色建筑标准，通过绿色建筑星级认证的面积比例不小于 25%；水、电、气、热等资源实现智能化控制和节能管理；推进家居、家电和安防等智能家庭终端产品的广泛应用。

2）创新社区治理模式。在政府“重心下移、权力下放”的政策指引下，结合社区自治、社区自我管理的要求和政府基层治理需求，以社区综合信息服务平台为依托，充分发挥社区便民优势与窗口作用，实现 30% 以上的行政审批事项可以在社区受理，社区治安管控成效明显，通过综合执法实现社区事件反应和处理能力显著提高，社区治理能力初步实现现代化。

3）提升社区自治和服务能力。通过运用信息技术，实现社区基础设施普查建库，房屋租赁和公共维修基金服务信息化水平明显提升，业主委员会运作良好，社区自治能力有较大改观，以物业为主体的小区安防、便民快递、停车服务等服务实现智能化，修建管理、环境卫生等物业服务全覆盖，促进社区自治和服务能力显著提升。

4）完善公共服务能力。遵循“需求推动，资源整合”原则，以居民需求为驱动，以开放体系推动政府公共服务资源和社会资源整合，为社区居民提供社区医疗、居家养老、住房保障和宣传教育等创新服务，为专门人群提供定制服务，积极推动市场参与，初步建立多元化社区公共服务模式。

5)增强便民利民服务智能化水平。充分利用智能手机、电视等终端设备提升家政服务、绿色出行、餐饮、一卡通服务、充值缴费等全方位生活消费服务获取的便捷度，建设商场、校园、医院、车站等主题社区，初步形成具有成熟商业模式、便捷高效的便民利民服务体系。

6）推动保障条件建设。智慧社区建设推进机制初步建立，多部门联动基础形成，涌现出一批建设运营企业，智慧社区建设进入快车道。

1.2.2 中长期目标

总结“十二五”期间建设成果，通过分类总结智慧社区建设模式，争取到2020年，使50%以上的社区实现智慧社区的标准化建设，同时建立可持续发展的社区治理体系和智能化社会服务模式，建立完善的社区服务体系。

1）**基础设施建设全面覆盖。**社区综合服务设施广泛覆盖，社区综合信息服务平台高效、智能、协同，社区50%的建筑实现节能改造或为绿色建筑，智能家庭用户量显著提升，社区基础设施实现集约化、智能化建设。

2）**形成成熟的社区治理模式。**社区政务服务能力和效率全面提升，社区安防和治安管控基本实现智慧化，社区治理基本实现现代化。

3）**建立社区公共服务模式。**社区居民方便快捷地享受社区各类公共服务，同时建成多元化、多层次、智能化的社区公共服务体系。

4）**便民利民服务广泛应用。**便民利民服务覆盖社区所有居民，服务便利化、精准化，形成可广泛推广、可复制的商业服务模式。

5）**构建健康可持续的智慧社区建设环境。**建立权责明晰、集约高效的智慧社区建设推进机构，制定切实可行、引导到位的政策法规，建成一支多层次、高效的人才队伍，通过宣传推广提升政府、科研机构、企事业单位和社会组织对智慧社区建设的认知度、参与度，形成良性的智慧社区建设环境。

1.3 指导思想

以党的十八大和十八届三中全会精神为指导，深入贯彻落实科学发展观，深刻把握新型城镇化进程中社区发展面临的新要求、新课题，以为民服务为根本，立足于社区实际，通过全面深化改革，充分发挥模式创新在增强和提升社区服务与管理中的关键作用，围绕着基础设施智能化，社区治理现代化，小区管理自主化，公共便民服务多元化等目标，促进社区健康可持续发展。

1.4 发展原则

推进智慧社区建设，要坚持以下原则：

1）**以人为本，需求导向。**把实现社区居民的利益作为智慧社区建设的根本出发点和落脚点，以居民最迫切的现实需求为导向，把社区居民满意程度作为重要考核标准，确保智慧社区建设不偏离服务于民的根本目标。

2）**统筹规划，资源整合。**要充分结合社区现有资源，统筹规划，合理布局，最大限度地降低社会成本，避免资源浪费。鼓励以智慧城市公共信息平台和基础数据库为依托，搭建市级或区级统一的智慧社区综合信息服务平台，整合社区治理、小区管理、公共便民服务等专项应用，促进社区管理和服务向集约化方向发展。

3）**政府引导，社会参与。**在各级党委政府领导下，充分发挥政府在规划、政策、法规及标准制定、资金投入和监督管理等方面的引导作用，鼓励和支持社会组织、企事业单位、社区居民共同参与智慧社区建设、管理和运行，充分发挥市场在资源配置中的决定性作用，探索低成本、高实效的智慧社区发展模式。

4）**因地制宜，分类指导。**坚持从实际出发，充分结合当地经济社会发展现状和趋势，在把握智慧社区建设基本要求的前提下，分类指导，突出重点，分步实施，避免脱离实际的“摊大饼式”建设。

第2章 评价指标体系

2.1 目的和原则

制定智慧社区评价指标体系的目的在于通过量化的科学评测体系，引导智慧社区规划、建设和运行，评价智慧社区建设的效果，发挥指引方向和量化评估作用。指标体系编制遵循三个原则：一是前瞻性，指标能代表智慧社区各领域的最新发展水平；二是操作性，指标的选择要充分考虑数据采集的科学性和便利度；三是扩展性，可根据实际情况对指标体系进行补充、完善和修订。

2.2 评价指标体系

智慧社区指标体系涉及保障体系、基础设施与建筑环境、社区治理与公共服务、小区管理、便民服务和主题社区等六个领域，包括6个一级指标，23个二级指标，87个三级指标。结合我国社区发展现状，将三级指标归纳为26个控制项、43个一般项和18个优选项，控制项是智慧社区建设必须完成的指标，一般项则是在此基础上扩展的指标，优选项是智慧社区探索性和创新性的指标。

智慧社区评价指标体系

一级指标	二级指标	序号	三级指标	属　性	指标说明	评价标准
保障体系	总体设计	1	总体规划	控制项	智慧社区总体规划设计的全面性和科学性。	1）应对整个区域建设智慧社区编制总体规划，总体规划的内容翔实完整，包含发展现状及面临形势，发展目标、空间布局、主要任务和重点项目、运营模式和保障措施等； 2）总体规划需满足当地经济社会发展规划和各类专项规划对社区发展的要求。
		2	实施方案	控制项	智慧社区实施方案的完整性和可行性。	1）实施方案内容完整，包含需求分析、建设目标、技术路线、主要任务、运营模式、保障条件等内容； 2）实施方案在充分调研基础上开展，与社区居民需求吻合，技术路线切实可行。
		3	建设标准	控制项	智慧社区建设实施所遵循的主要标准。	智慧社区建设实施遵循国家和行业的主要标准和规范，并制定本地具体实施的技术标准。
一级指标	二级指标	序号	三级指标	属　性	指标说明	评价标准
	保障条件	4	组织保障	控制项	成立专门的领导组织体系和执行机构，负责智慧社区创建工作。	1）成立相应的组织体系和执行机构； 2）组织体系具备综合协调政府职能部门、社会组织和企业的能力； 3）执行机构具备专业人才开展智慧社区的统筹规划与建设。
		5	政策保障	控制项	制定智慧社区建设和运行的政策。	制定配套政策，能保障智慧社区建设运行顺利进行。
		6	资金保障	控制项	智慧社区建设的经费规划和保障措施。	1）资金保障措施可行性强； 2）有投融资渠道或经费规划。
	管理模式	7	网格化管理	优选项	采用网格化管理理念，以社区网格为载体，建立社区网格化服务管理的长效运行机制。	1）社区实现网格化管理全覆盖； 2）显著提高问题发现和处理效率，以及专项任务完成效率。
		8	统一便民服务热线	优选项	统一便民服务热线的规模和服务能力。	1）全市/区建设统一的便民服务热线，智慧社区相关投诉、咨询、家政、政务等业务纳入市/区级服务热线； 2）建立二十四小时应答机制，坐席配比达到5万人/坐席，接通率达到100% 3）社区居民对便民服务热线的满意度达到85%以上。

一级指标	二级指标	序号	三级指标	属　性	指标说明	评价标准
		9	评价考核	控制项	对智慧社区各参与方的考核办法及评价标准的制定情况、实施情况。	1）已制定智慧社区面向政府委办局、社区、物业公司和服务提供单位的考核办法，评价标准切实可行； 2）考核办法能有效提高智慧社区建设实施和管理服务效率； 3）考核办法执行情况良好，且已制定与之配套的奖惩机制。
基础设施与建筑环境	综合信息服务平台	10	数据采集	控制项	通过信息共享或网格员采集等手段，实现社区人口、法人、建筑、经济、管理对象等数据的采集和维护。	1）平台具备数据采集功能，支持手机等移动终端采集方式； 2）采集数据覆盖社区人口、法人、建筑及经济等内容，数据内容至少每年更新一次，尽可能实现实时更新； 3）实现数据统一采集、分类应用； 4）数据采集功能具备扩展性。
		11	标准接口	控制项	平台与智慧城市公共信息平台、各专项应用的标准化接口建设与使用情况。	1）接口包含信息资源基础服务、资源服务和信息资源管理服务； 2）标准化接口功能使用状况，包括接口种类，接口使用频率等； 3）标准化接口功能具备可扩展性。

一级指标	二级指标	序号	三级指标	属　性	指标说明	评价标准
		12	数据交换	一般项	平台具备与智慧城市公共数据库等平台和系统的数据交换功能。	1）具备数据统一交换、信息资源同步更新及数据比对、清洗等功能； 2）数据交换功能的实际使用状况良好，形成较好的数据更新机制，数据交换种类覆盖指南中政务类、公共服务类涉及的人、地、物、情、事、组织、审批、劳动、住房、文体、生育等信息； 3）具备双向数据交换功能； 4）数据交换功能具备可扩展性。
		13	中间件	一般项	平台采用各种成熟的中间件情况，减少开发工作量和提高服务质量。	1）中间件具备工作流、表单、BI 等组件； 2）中间件常态运行满足系统吞吐量、并发用户数和可接受的响应时间要求； 3）中间件具备可维护性和可扩展性。
		14	数据安全	控制项	信息安全的保障措施和有效性。	1）数据安全保障体系符合相关法规及标准； 2）无信息安全事故发生。
	信息基础设施	15	宽带网络	控制项	包括光纤在内的固定宽带接入覆盖面、速度等方面的基础网络建设。	1）社区宽带网络覆盖率达到 80%以上； 2）宽带接入能力达到 50Mbps以上。
		16	无线网络	一般项	无线网络的覆盖面、速度等方面的基础条件。	1）无线网络覆盖率达到 95%以上； 2）无线宽带接入带宽达到 5 兆以上。
		17	广播电视网	一般项	下一代广播电视网络建设和使用情况。	数字电视和 ITV 互动电视覆盖率达到 50%以上。

一级指标	二级指标	序号	三级指标	属　性	指标说明	评价标准
		18	物联网	一般项	各种渠道（包括政府和社会）在传感终端、传感网络等方面的建设和使用情况。	1）物联网服务种类达到 3 种以上； 2）物联网服务终端覆盖率达到 30%以上。
	综合服务设施	19	社区服务中心和服务站	控制项	社区服务中心和服务站的规模、服务项目、信息化水平等方面建设情况。	1）建设社区服务中心（或服务站），为社区管理与服务提供办公场所； 2）通过社区服务中心（或服务站）实现社区治理与公共服务事项数量； 3）社区居民对社区服务中心（或服务站）的服务满意度达到 90%以上。
		20	医疗卫生设施	一般项	社区医疗卫生设施建设情况。	1）社区内配备健康小屋、卫生站、社区门诊、社区医院等医疗设施； 2）医疗健康管理设施面积达到每百户家庭 2 平方米以上； 3）提供 10 种以上的健康检测内容； 4）实现医院与健康管理平台的互联互通。
		21	文体设施	一般项	社区文体设施建设情况。	1）社区内配备图书馆、活动中心、体育场所等文体设施，覆盖率达到 50%社区以上； 2）人均文体设施面积达到 0.8 平方米以上。
		22	市政公用设施	一般项	社区市政公用设施建设情况。	1）社区内市政公用设施配备齐全，包含密闭式清洁站、公厕、市政站点、公共停车场等内容； 2）设施设备完好率 90%以上，事故率低于 2%

一级指标	二级指标	序号	三级指标	属　性	指标说明	评价标准
	智能绿色建筑	23	可再生能源综合利用	一般项	根据当地气候和自然资源条件，充分利用太阳能、地热能等可再生能源。	在社区范围内，可再生能源的使用量占总能耗的比例大于 5%的建筑占 30%以上。
		24	绿色照明	一般项	建筑高效照明以及照明节能方面的措施	1）高效节能灯具安装率达到 60%以上； 2）社区路灯、景观灯节能提高 20%以上。
		25	饮水安全、节水及水资源综合利用	一般项	采用节水器具和设备；绿化用水、洗车用水等非饮用用水采用再生水；通过雨污分流、集蓄，实现雨水的综合利用。	1）社区范围内所有建筑综合节水率不低于 8% 2）社区范围内非传统水源利用率不低于 10%的建筑占 30%以上。
		26	社区能源规划管理及建筑节能改造	一般项	建设建筑能源综合管理系统，对建筑能耗开展分项计量。	参照《绿色建筑评价标准》，建筑能源效率、绿色运营管理满足一星级绿色建筑以上相关要求的建筑占 40%以上。
		27	建筑设备智能监控	一般项	对供配电系统、变配电设备、空调系统设备、通风设备、环境与监测系统、动力设备（电梯及自动扶梯）、照明设备、给排水设备、热源设备等运行工况的监视和控制，以及对公共安全防范系统、火灾自动报警与消	1）建筑智能设备安装率达到 40% 2）智能设备在线监控率达到 80%

一级指标	二级指标	序号	三级指标	属　性	指标说明	评价标准
					防联动控制系统运行工况进行的监视及联动控制。	
		28	智能电网及微电网	一般项	社区电网、微电网等的智能化及环保程度。	1）社区内微电网覆盖率达85%以上； 2）节能效率较常规供电提升5%以上。
	智能家庭	29	智能家居	优选项	社区智能家居使用情况。	1）家庭影音、空调、热水等家电的自动化控制； 2）智能家电故障率低于每年1次。
		30	家庭安防	优选项	社区家庭安防系统建设及运行情况。	1）智能产品兼容性和性价比高； 2）与社区、小区联网，降低家庭安全隐患； 3）家庭安防产品使用居民满意度达到90%以上。
	社区室内外环境	31	热环境	一般项	室外热环境：社区热环境优化，降低小区内的热岛强度，提高居民的热舒适度、降低建筑能耗；室内环境热环境：评价人员的热感受。	室外热环境： 1）热环境管理评价标准：社区居民满意率达85%以上； 2）热环境评价标准：夏季典型日逐时湿球黑球温度≤33℃。冬季定性评价为主，风速不大于5米/秒。 室内热环境： 1）热环境管理评价标准：社区居民满意率达85%以上； 2）热环境评价标准：符合现行热环境质量标准（北方室内热环境符合采暖相关标准，夏热冬冷地区及部分夏热冬暖地区不低于各地室内采暖温度限值；在自然通风条件下，房间的屋顶和东、西外墙内表面的最高温度满足《民用建筑热工设计规范》GB 50176的要求。设置典型空间温度监测，冬季室内温度过低提供预警提示）。

一级指标	二级指标	序号	三级指标	属　性	指标说明	评价标准
		32	声环境	一般项	主要包括由交通、施工以及空调设备等产生的噪声污染。	1）声环境管理评价标准：社区居民满意率达85%以上； 2）声环境评价标准：噪声达标区覆盖率≥90%采用《声环境质量标准》（GB30962008），噪声达标区覆盖率=噪声达标区域面积/社区用地总面积×100%
		33	光环境	一般项	包含夜景照明光污染控制和建筑表面光污染控制	1）光环境管理评价标准：社区居民满意率达85%以上； 2）光环境评价标准：a. 消除幕墙、夜景等污染源；b. 采用透明、半透明或不透明的格栅或棱镜将光源封闭起来，或将灯具安装在梁背后或嵌入建筑物，控制可见亮度，减弱眩光；c. 玻璃幕墙的设计与选材符合《玻璃幕墙光学性能》GB/T18091的规定，尽量避开在干扰区布置灯具；d. 室外夜景照明光污染限制符合行业标准《城市夜景照明设计规范》JGJ/T 163 的规定。
		34	空气质量	优选项	包括社区室外悬浮细颗粒物，主要是指PM2.5；室内甲醛、苯、甲苯、二甲苯、氨气、TVOC等有害物质以及一氧化碳、二氧化碳等。	室外空气质量： 1）室外空气质量管理评价标准：社区居民满意率达85%以上； 2）室外空气质量评价标准：评价标准为社区年PM2.5优良天数≥292天，典型区域设置PM2.5监控装置，每日实时展示。 室内空气质量： 1）室内空气质量管理评价标准：社区居民满意率达85%以上；

一级指标	二级指标	序号	三级指标	属　性	指标说明	评价标准
						2）室内空气质量评价标准：a.室内空气中的氨、甲醛、苯、总挥发性有机物、氡等污染物浓度应符合现行国家标准《室内空气质量标准》GB/T 18883与《民用建筑室内环境污染控制规范》GB 50325有关规定；b.主要功能空间中人员密度较高且随时间变化大的区域设置室内空气质量监控系统；c.地下车库设置与排风设备联动的一氧化碳浓度监测装置。
社区治理与公共服务	对象管理	35	人口管理	控制项	通过信息化技术应用，实现对社区各类人口信息的动态采集、更新、维护和诉求上报。	社区人口信息及时更新，数据量覆盖社区内常驻人口，覆盖85%以上流动人口。
		36	社会组织管理	控制项	通过信息技术应用，对社会组织信息及相关各类事件的动态采集、更新和维护、监督。	1）社会组织信息全部实现在线录入、更新和维护； 2）对社会组织事件的及时掌握、发布和定期监督。
		37	党建管理	一般项	通过信息技术应用，实现对党员和党组织管理。	1）党建工作延伸到社区，党员和党组织信息实现在线更新、管理和维护，工作效率明显提升； 2）社区党员对党组织活动的参与度达到70%认同度较高。
		38	志愿者管理	一般项	通过信息技术应用，对志愿者进行全面管理，实现志愿者资源的合理调配。	1）实现社区志愿者信息的注册登记、更新、维护； 2）注册社区志愿者达到本地区居民总数10%以上，每个社区拥有5支以上志愿者服务队伍，经常开展活动；

一级指标	二级指标	序号	三级指标	属　性	指标说明	评价标准
	专门人群服务	39	退休人员服务	一般项	通过信息技术手段应用，为退休人员提供养老保险受理报销、养老金发放和维修、购物、医疗等上门服务。	1）通过信息手段为社区退休人员提供社保资格认证、居民养老保险、医疗保险的申请登记、公示核实、受理报销和养老金的审核发放等服务； 2）为退休人员提供丰富的文化、体育活动、维修、购物和医疗等上门服务； 3）退休人员对社区服务的满意度达到85%以上。
		40	残疾人服务	一般项	对残疾人实行动态管理和服务，并通过康复服务和文体活动为残疾人提供生活和卫生服务。	1）残疾人信息登记率达到100%并实现动态管理和维护； 2）为残疾人提供包括假肢、矫正仪器和无障碍设施服务，专门针对残疾人开展相应文体活动； 3）残疾人及监护人对此类服务满意度达到90%以上。
		41	流动人口服务	一般项	为社区内流动人口提供信息采集、登记、居住证明办理服务及社会保障和基本公共服务的宣传。	1）流动人口信息覆盖率达到85%以上，并实现动态更新； 2）为流动人口提供居民证明办理和基本公共服务宣传； 3）流动人口对社区各类服务满意度达到85%以上。
	政务服务	42	行政审批	控制项	通过信息技术应用，推进行政审批向街道社区延伸，实现行政审批"一站式服务、扁平化管理"。	1）10%的行政审批事项下沉到社区； 2）社区行政审批效率比传统模式提高50% 3）事项办理平均耗时在5天以内； 4）社区居民满意度达到85%以上。

一级指标	二级指标	序号	三级指标	属　性	指标说明	评价标准
		43	综合执法	控制项	通过信息技术应用，实现社区综合执法水平提升。	1）通过社区各类事件的信息采集上报、处置反馈、考核评价，实现社区管辖范围内的综合执法，确保社区秩序稳定； 2）做到一天内解决社区事件，事故发生率降低 10% 3）社区居民对综合执法满意度达到 80%以上。
	治安管控	44	社区警务	一般项	依托社区警务工作站，按要求配备社区民警，开展治安防控，结合警民互动提升社区安全服务能力。	1）可通过整合社区人口、监控视频等数据协助案件侦破； 2）可预防性案件发案率降低 20% 3）群众满意率达到 95%以上。
		45	调解矫正	一般项	通过信息技术应用，对社区矫正对象和矫正工作实行信息化管理。	1）实现矫正对象行为的动态了解； 2）所有矫正对象至少每季度接受一次矫正教育。
	基本公共服务	46	劳动就业	一般项	社区劳动就业服务能力、服务质量及信息管理水平。	1）整理、录入、分析社区居民就业失业情况，分发就业信息，办理职业介绍许可等； 2）成立社区劳动就业服务组织，为社区居民提供 2 次/年的专项就业咨询、指导和推荐服务； 3）解决社区 40%的失业人员再就业问题。
		47	社区医疗	控制项	为社区居民提供医疗咨询、自检诊断、送药上门等服务，构建居民健康档案，提升社区医疗水平。	1）每个社区建有健康管理医疗卫生设施，提供自助式的健康自检服务； 2）为 80%的社区居民建立健康电子档案； 3）社区居民对医疗健康服务设施、服务能力满意度达到 80%以上。

一级指标	二级指标	序号	三级指标	属　性	指标说明	评价标准
		48	居家养老	控制项	通过信息化手段为老年人提供远程看护、上门服务、安全预警等居家养老服务。	1）通过智能终端为居家老人提供远程看护、紧急支援、信息查询、远程医疗、社区服务、家政上门、电器维修等服务项目； 2）居家老人意外事故发生率降低 10% 意外事故发生后做到 15 分钟内快速响应； 3）社区居民对居家养老服务满意度达到 90%以上。
		49	住房保障	一般项	通过信息化手段，提高住房保障政策法规宣传，保障房申请、登记、初审、公示等服务能力。	1）开展住房保障政策法规的咨询和宣传及保障房申请、登记、初审、公示服务； 2）社区居民对住房保障的政策宣传、办事规范、办事效率和信息公开的满意度达到 90%以上。
		50	文体教育	一般项	文体教育服务内容、宣传力度及信息化建设情况。	1）包括开展文化活动、教育、培训服务、学生社会实践等内容； 2）社区居民对文体教育服务的参与度提高，满意度达到 85%以上。
		51	计划生育	一般项	通过信息技术手段应用，在社区开展计划生育相关申请办理和宣传教育服务。	1）计生信息覆盖率达到 95%以上； 2）实现准生证等事项一站式快速办理； 3）社区居民对计划生育服务满意度达到 85%以上。
	法律宣传	52	法律服务	一般项	通过信息技术手段应用开展法律宣传服务。	1）建立门户网站、显示屏、宣传页等法律信息服务载体； 2）居民对法律服务内容和服务获取便捷性的满意度达到 85%以上。

一级指标	二级指标	序号	三级指标	属　性	指标说明	评价标准
		53	科普宣传	一般项	通过应用信息技术开展面向社区政务服务、基本公共服务等领域的科普宣传活动。	1）社区科普宣传活动以门户网站、显示屏、宣传页等为信息推送主要载体； 2）居民对科普宣传的内容和服务获取便捷性的参与度明显提高，满意度达到85%以上。
小区管理服务	房屋管理	54	产权服务	一般项	通过应用信息技术实现小区产权信息的动态管理和服务。	1）房屋产权信息全面覆盖，包含小区内所有房产的位置、物业类型、小区设施分布、房屋结构、房号、户型及住户等信息； 2）产权信息实现在线录入，动态更新； 3）信息维护工作落实具体责任人。
		55	租赁服务	一般项	通过应用信息技术为业主和居民提供房屋租赁服务。	1）社区居民通过租赁服务平台发布或获取房屋租赁信息的首选度达到50% 2）租赁服务安全、规范； 3）信息维护工作落实具体责任人。
		56	公共维修基金使用服务	一般项	通过应用信息技术规范公共维修基金的使用和管理。	1）公共维修基金的使用实现在线查询、申请、审批和公示； 2）社区居民对公共维修基金服务满意度达到85%以上。
	业主委员会管理	57	业主大会	一般项	召开业主大会行使业主权利和义务。	1）大会召开频率至少2次/年； 2）通过网络、信息推送等形式向社区居民推送大会通知、决定事项等内容； 3）业主大会社区居民参与度达到90%以上。

一级指标	二级指标	序号	三级指标	属　性	指标说明	评价标准
		58	业主委员会	一般项	成立业主委员会行使业主权利和义务。	1）成立业主委员会，代表全体业主对小区主要事项进行决策和监督，信息在线公开； 2）社区居民对业主委员会工作满意度达到85%以上。
		59	业主责任权利	一般项	通过信息技术应用，完成业主责任权利宣贯。	1）通过网站和信息推送实现业主责任权利宣贯； 2）80%以上的业主对自身责任权利有清晰认识。
		60	物业公司选聘与解聘	一般项	业主委员会具备对物业公司行使选聘与解聘的权利。	业主委员会可选聘与解聘物业公司，相关信息在网站公示。
	物业管理	61	修建管理	一般项	社区建筑装修管理规划及违章查处情况。	1）对装修改造的规范性与违章搭建及时监管； 2）社区居民对违章搭建和装修改造的投诉降低80%对此类事件的处理效率满意度达到85%以上。
		62	商铺服务	一般项	对社区商铺的开展消防、安全、卫生、噪音等管理。	1）及时掌握社区商铺信息并实现在线录入、更新、维护； 2）定期检查社区商铺的消防、安全、卫生、噪声等项目，督促整改； 3）商铺对小区物业管理规范性的满意度达到85%以上。
		63	小区公共收益管理	一般项	通过信息技术应用，规范小区公共收益的管理。	小区公共收益的收取与支出实现在线公示。
		64	民情互动	控制项	通过多媒体触控大屏，实现社区信息的推送和居民的交互应用。	1）信息屏发布包含政务服务、基本公共服务、小区管理、便民利民等社区服务信息； 2）信息屏故障率低于2次/台/年； 3）社区居民对民情互动满意度达到85%以上。

一级指标	二级指标	序号	三级指标	属　性	指标说明	评价标准
		65	安防消防	控制项	通过信息技术应用，实现小区安防消防监控和管理。	1）实现小区出入门禁和消防设施联网管理； 2）小区安全事故发生率降低至4次/年； 3）社区居民对小区安全管理满意度达到90%以上。
		66	便民快递	优选项	通过信息技术应用，实现小区末端物流配送。	1）实现小区内所有的快件集中收取，居民方便取件； 2）制定全面、可行的制度保障快件收发安全； 3）居民对便民快递的满意度达到90%以上。
		67	智能停车	一般项	通过信息技术应用，为社区停车提供智能化服务。	1）提供智能化的出入管理、停车引导、反向寻车等停车服务； 2）社区居民对智能停车服务的满意度达到90%以上。
		68	环境卫生	控制项	为社区居民提供垃圾分类处理和小区绿化等环境卫生管理服务。	1）社区居民对垃圾分类参与度达到90%以上，小区垃圾分类收集率达到65%以上； 2）小区绿化覆盖率达到35%以上； 3）社区居民对小区环境满意度达到90%以上。
便民服务	生活服务	69	便民利民网点	控制项	建立社区超市、便利店、标准化菜店等便民网点，并通过信息化关联实现网上同等便民服务。	1）便民利民网点覆盖率达到95%以上； 2）各网点接入便民利民信息化模块，提供网上服务。
		70	家政服务	控制项	通过信息化预约等手段为社区居民提供保姆、护理、保洁、家庭管理等家政服务。	1）社区居民可通过统一门户网站实现保姆、护理、保洁、家庭管理家政服务在线预约； 2）家政服务咨询、投诉等业务服务和投诉接入统一便民服务热线； 3）家政服务投诉率降低10%

一级指标	二级指标	序号	三级指标	属　性	指标说明	评价标准
		71	绿色出行	优选项	通过社区拼车、公共自行车租赁服务等，为社区居民绿色出行提供便利。	1）300-500米半径公共自行车租赁网点覆盖率达到100%支持一卡通消费，支持网上预约、续借、归还等服务； 2）统一门户网站提供拼车出行服务，并能通过身份认证、信息登记等保障拼车行为的安全性； 3）通过发布或定制推送相关公交信息，为居民出行提供便利； 4）社区居民绿色出行首选度提高30%
		72	餐饮服务	一般项	通过信息化手段提升就餐便捷度。	1）提供社区食堂、健康早餐、送餐等日常餐饮服务； 2）提供热线和网上订餐相结合的订餐服务； 3）食品安全得到保障，且有完善的食品安全监管体制。
		73	社区互动	优选项	通过实体网点或网上平台建立跳蚤市场，实现物品交换、回收利用等服务。	1）在社区统一门户开拓社区互动模块，为社区居民提供开放性平台； 2）鼓励通过线下交易保障交易安全； 3）50%的社区居民开展互通有无活动的频率达到2次/年。
	金融服务	74	一卡通服务	一般项	通过运用信息化手段，实现社区消费和身份识别等，提高社区居民生活便捷性。	1）一卡通实现社区住户身份识别、出入门禁、车辆停车、社区图书借阅、消费结算、水电气缴费等功能； 2）如市级统一建设，则将一卡通服务扩展到社区，避免重复建设； 3）社区应具备一个一卡通售后服务场所； 4）社区居民对一卡通服务的满意度达到90%

一级指标	二级指标	序号	三级指标	属　性	指标说明	评价标准
		75	便民缴费	控制项	通过信息技术手段应用，提高公用事业缴费和服务便捷度。	1）便民缴费服务可覆盖一卡通、煤气水电、交通罚款、ETC、医疗挂号等领域； 2）居民对便民缴费的覆盖面和服务效率满意度达到95%以上。
		76	社区银行	优选项	利用信息化手段，开展社区金融服务，打通社区端银行业务受理及简易办理，并为居民提供"一站式"金融服务方案。	1）社区银行业务范围涉及个人简易金融业务及各类消费金融业务； 2）社区银行整合办公场所，实现跨行合作，并为社区居民提供特惠服务； 3）居民社区银行首选度提高至 50% 金融服务满意度达到 90%以上。
主题社区	共性支撑	77	免费WIFI网络	优选项	向受众提供免费 WIFI 网络	提供免费 WIFI 网络区域全覆盖，网络带宽满足应用需求。
		78	下载及注册服务	优选项	支持基础性的 APP下载及用户注册功能	提供 APP下载及用户注册功能。
		79	结算服务	优选项	通过手机银行、网银或者社区一卡通等提供结算服务	提供 2 种以上的结算服务。
	建设运行保障	80	投资建设模式	优选项	有明确的投资、建设主体、以及合理的投融资模式及建设实施方案，并结合运营对投资回报率进行测算。	具有科学合理的主题社区投资建设模式。

一级指标	二级指标	序号	三级指标	属　性	指标说明	评价标准
		81	运营模式	控制项	指需要有明确的运营主体、以及科学的运营模式及具体实施方案，并对运营收益进行详细测算。	具有科学合理的主题社区运营模式，可支撑主题社区的可持续运营和发展。
		82	标准规范	控制项	指具有统一的标准，指导和规范各类主题社区建设。	制定本区域主题社区建设运营的标准规范。
	典型应用	83	商业社区	优选项	在各类商业区域范围内，通过免费 WIFI 网络为顾客提供预约、消费、导引和提醒等类型的服务。	1）预约类服务：提供如订票购票、周边餐饮订餐、选位等预订预约服务； 2）消费类服务：提供门户及索引、优惠打折活动、团购、电子券、节庆活动拼单以及其他方式等消费类信息的推送及查询服务； 3）导引类服务：提供场地分布图、导购图、停车导航等导引类服务； 4）提醒类服务：提供各类打折信息定制提醒等服务。
		84	学校社区	优选项	在各类校园区域范围内，通过免费 WIFI 网络为在校师生提供预约、消费、导引、发布、提醒和业务等类型的服务。	1）预约类服务：提供如选位、预约借书、点餐、快递等方面的预订预约服务； 2）消费类服务：提供周边与师生生活息息相关商户的优惠打折活动、团购等消费类信息的推送及查询服务； 3）导引类服务：提供场地分布图及智能停车导航、校园介绍等导引类服务； 4）发布类服务：提供团体活动、各类通知、勤工俭学、

一级指标	二级指标	序号	三级指标	属　性	指标说明	评价标准
						实习、志愿者、家教、拼车出行、闲置物品交易等信息发布兼论坛类型的服务； 5）提醒类服务：提供各类通知、活动、报告、讲座、车次等相关事项的定制提醒； 6）业务类服务：提供各类信息资料、报刊杂志等业务类推送服务。
		85	医院社区	优选项	在各类大中型医院区域范围内，通过免费 WIFI 网络为患者及家属提供预约、导引、发布、提醒和业务等类型的服务。	1）预约类服务：提供如挂号、床位、点餐等方面的预订预约服务； 2）导引类服务：提供场地分布图及导医图、停车导航等导引类服务； 3）发布类服务：提供各类通知、以及医生出诊等信息发布服务； 4）提醒类服务：提供各类相关检查报告、叫号等提醒服务，方便患者及家属及时领取； 5）业务类服务：提供电子病历及处方、检查报告等业务信息的推送服务。
		86	交通社区	优选项	在机场、各类车站、站台、公交及长途汽车内，通过免费 WIFI 网络为旅客或送客人员提供预约、消费、导引、发布和提醒等类型的服务。	1）预约类服务：提供如订票购票、周边餐饮订餐、选位等方面的预订预约服务； 2）消费类服务：提供周边与旅客相关商户的优惠打折活动等消费类信息的推送及查询服务； 3）导引类服务：提供车次实时信息及路径规划、交通及换乘实时信息、场地分布图及停车导航等导引类服务； 4）发布类服务：提供各类通知、列车时刻表、晚点信息、拼车等信息发布兼论坛类型的服务； 5）提醒类服务：提供车次等相关事项的定制提醒服务。
		87	旅游社区	优选项	在各大旅游景区范围内，通过免费 WIFI 网络为游客提供预约、导引、发布和提醒等类型的服务。	1）预约类服务：提供如订票购票、周边餐饮订餐、住宿预订等方面的预订预约服务； 2）导引类服务：提供场地分布图及智能导游、景点介绍、交通和车次实时信息及路径规划、停车导航等导引类服务； 3）发布类服务：提供其它相关旅游景区的介绍、团体活动、拼车等信息发布兼论坛类型的服务； 4）提醒类服务：提供各类活动、车次等相关事项的定制提醒服务。

第 3 章 总体架构与支撑平台

3.1 总体框架

智慧社区总体框架以政策标准和制度安全两大保障体系为支撑，以设施层、网络层、感知层等基础设施为基础，在城市公共信息平台和公共基础数据库的支撑下，架构智慧社区综合信息服务平台，并在此基础上构建面向社区居委会、业主委员会、物业公司、居民、市场服务企业的智慧应用体系，涵盖包括社区治理、小区管理、公共服务、便民服务以及主题社区等多个领域的应用，如图 1 所示。

图 1. 智慧社区总体框架图

1）基础设施

基础设施包括设施层、网络层和感知层三个部分：

设施层是智慧社区管理服务的载体和依托，覆盖社区、建筑和家庭三个层面，包括以社区服务中心、社区服务站、医疗卫生设施、文化体育设施和市政公用设施为主的综合服务设施，以及以“四节一环保”、“水、电、气、热智能化监管”为特征的智能绿色建筑，以智能家居、智能家电为主的智能家庭。

网络层是一体化融合的网络基础设施，支撑智慧社区的高效运行，包括宽带网络、无线网络、广播电视网和物联网等智能网络，通过把社区内各种智能枢纽和节点统一接入，实现网络无处不在、智慧运行的目标。

感知层是通过信息采集识别、无线定位系统、RFID、条码识别等各类传感设备，对社区中的人、车、物、道路、地下管网、环境、资源、能源供给和消耗、地理信息、民生服务信息、企业信息等要素进行智能地感知和自动获取，实现社区的“自动感知、快捷组网、智能化处理”。

2）支撑平台

智慧社区综合信息服务平台架构在城市公共信息平台和公共基础数据库上，由市级或区级统一建设，包括政务服务、公共服务和商业服务三大版块，通过数据规范和接口服务，接入政府相关部门业务数据和商业服务数据，支撑各类智慧应用服务，与上级平台实现数据共享。

3）智慧应用

智慧应用体系架构在智慧社区综合信息服务平台之上，涵盖了以对象管理与专门人群服务、政务服务、治安管控为主的社区治理与公共服务，以房屋管理和物业管理为主的小区管理，以生活服务和金融服务为主的便民服务，以及主题社区等五大领域，涉及社区管理、运行、服务三个层面。各类应用遵循智慧社区综合信息服务平台建设规范的标准，通过数据交换和整合，统一以平台向居民、企业等提供服务，并对各种活动做出闭环响应。

4）用户对象

智慧社区的用户和服务对象主要包括：社区居委会、业主委员会、物业公司、居民、市场服务企业以及相关社会组织等。

5）保障体系

智慧社区的网络、基础设施、支撑平台和各类应用系统的建设与运行维护，需符合已有的标准规范，如相关的技术标准、数据标准、接口标准、平台标准、管理标准等。智慧社区的政策和标准体系，要符合国家、行业以及各地城市发展的总体要求。

3.2 智慧社区综合信息服务平台

3.2.1 平台简介

智慧社区综合信息服务平台是智慧社区的支撑平台，是以城市公共信息平台和公共基础数据库为基础，利用数据交换与共享系统，以社区居民需求为导向推动政府及社会资源整合的集成平台，该平台可为社区治理和服务项目提供标准化的接口，并集社区政务、公共服务、商业及生活资讯等多平台为一体。

结合社区实际工作的特点与模式，智慧社区综合信息服务平台的定位是一个轻量级、服务功能模块化的平台，其框架如图 2 所示。

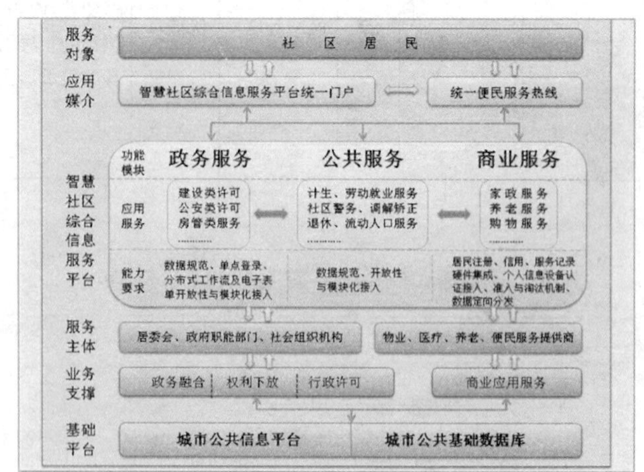

图 2. 智慧社区综合信息服务平台框架图

政务服务模块：各行政机关及社会公共机构可将自身业务系统的受理环节设立在社区服务窗口，由社区面向居民负责事务的受理和收件，具体的行政审批和许可的决定仍由原机关作出，社区负责该决定的告知，从而实现在不打破原有管理体制的前提上，切实为群众办理各类事项提供方便。在此基础上，通过公共信息平台和基础数据库中业务以及数据的重组与整合，为居民提供更多、更便捷的服务。

公共服务模块：平台整合各业务部门以及社会公共机构的服务窗口。随着政府职能下沉和服务进程加快，社区在公共服务中的地位将会逐步显现。

商业服务模块：社会资源服务与居民生活息息相关，借助智慧社区的开放平台，通过建立信用和淘汰机制，为居民提供便民利民服务，也为商家提供各类基础数据与服务。

平台采用“政府主导、社区主体、市场运作”的运营模式，将政府牵头的社区服务信息化系统建设逐步转变为一个多元主体共同投资、建设和运营的“大信息服务平台”。投资主体由政府独家转变为政府、企业、专业投资机构共同参与，或以社会投资、政府购买服务的方式；建设运营主体由街道、业务主管部门为主转变为政府、商户等共同建设，服务主体由原来的政府主导扩展为以社区、商户和居民为主。

3.2.2 建设目标

智慧社区综合信息服务平台的建设目标是在社区层面实现城市不同部门异构系统间的资源共享和业务协同，有效避免城市多头投资、重复建设、资源浪费等问题，有效支撑社区内各系统正常、健康地运行，为社区居民提供良好的服务，也为政府实现高效的业务管理提供方便。

3.2.3 能力要求

3.2.3.1 数据汇聚与整合

平台通过交换系统从城市公共信息平台或各委办局的信息源获取人口、法人、地理空间、宏观经济及建筑物等数据。

3.2.3.2 数据管理与服务

平台实现对公共基础数据库的服务封装，根据已发布的接口规范，以统一接口服务实现智慧应用对公共基础数据库资源的开发与访问。

3.2.3.3 数据交换

数据交换服务系统的作用在于实现信息资源统一交换，实现人口、法人等信息资源的同步更新，同时将社区采集数据交换到各职能部门。数据交换服务系统应具备数据比对、清洗、转换、异常处理等交换服务所需的基本功能，能力要求：

1）提供信息整合功能，可按主题要求形成共享资源库的数据集合，支持动态组件形式的数据清洗等处理功能；

2）支持自动编码转换，统一标准；

3）支持主动与被动两种数据交换方式，实现按需交换；

4）支持增量与全量数据的同步；

5）支持订阅式数据交换模式，提供订阅过滤支持，支持键值、一对多、多对多等多种数据落地方式；

6）提供异构数据库、跨平台数据交换功能；

7）无缝支持结构化及非结构化资源交换，数据采集方式丰富，支持触发器、数据库日志、时间戳、轮询等数据采集方式供用户选择；

8）基于web图形化平台配置，简单易操作；

9）统一管理元数据，提供统一标准化字段，规范系统；

10）为用户提供个性定制处理组件接口，方便自由拓展；

11）支持自定义数据交换格式，确保无需代码开发的情况下，完成新交换节点的接入，实现交换元素及规则的调整等；

12）支持信息资源申请调度流程化，支持目录驱动交换；

13）支持非侵入业务式的前置交换服务。

3.2.3.4 服务与接口

平台通过第三方提供时空信息承载服务、专题数据分析及挖掘等服务组件，能按业务发展需要动态调整，并以统一接口方式提供给各类智慧应用。平台提供开发接口服务，内容包括二次开发包、web services等，以满足不同的开发用户群需要。开发者或应用开发商通过平台提供的SDK，调用平台提供的服务与自身业务应用进行集成，或开发基于综合信息服务平台的应用系统。

3.2.3.5 平台互联

平台按照统一规范发布接口与服务，实现城市内多平台间的互联互通。

3.2.3.6 业务协同能力

在业务支撑系统中，工作流平台按照事先制定的业务规则，自动流转公文或其他的审批信息。当业务规则发生变化时，用户只需要在工作流提供的建模工具上可视化地修改流程模板，即可达到对业务流程的及时调整。工作流平台利用系统内的消息平台来实现内部用户之间的即时通讯、文件传送以及任务提醒等功能，并支持邮件提醒、短信提醒等。分布式的工作流结合电子表单能跨网络、跨平台的进行业务集成，是实现跨部门业务协同与数据共享的有效途径。

3.2.3.7 平台安全

1）统一身份认证服务

由身份数据库、身份管理与数据服务、资源管理与访问控制 PKI 基础设施、电子签章及其应用等组成，能够向区域范围内所有系统提供用户身份数据服务，能够为智慧社区应用整合提供支撑满足单点登录的需求。

2）密钥管理

密钥管理提供信息安全加密传输的功能，通过密钥管理可进行公钥和密钥的查询、添加修改和删除，从而确保数据传输过程的安全性。

3）数据安全保密授权管理

数据只有经授权才可使用，需要设置数据管理的分级权限。

3.2.4 建设规范

智慧社区综合信息服务平台是开放的集约式平台，各类智慧应用按照统一的应用平台建设规范进行接入。

平台建设三种类型的接口，即基础服务接口、资源服务接口（发现接口、资源接口）和资源管理接口。基础服务接口是将资源服务接口和资源管理接口中基础性、共性的操作定义成一个公共接口。这三类接口实现了信息资源的发现、检索和管理功能。

基础接口：提供会话管理功能和服务自描述功能，包含有目录服务初始化接口、目录服务终止接口和服务自描述接口等。

发现接口：提供信息资源元数据检索功能以及检索结果提取功能，包含有目录检索接口以及目录检索结果提取接口。这些接口本身并不提供资源，而是提供资源基本信息以及如何去获得这些资源的元数据。

资源接口：根据发现接口获得的信息资源元数据，定位、查找资源具体内容的接口，包含资源内容检索接口及其结果提取接口。

管理接口：提供元数据管理功能，包含信息资源元数据管理接口。

3.3 智慧社区基础数据

基础数据是智慧社区的核心内容之一。智慧社区作为智慧城市的子集，需要充分共享和利用智慧城市的数据资源和平台，建立社区相关的数据交换接口规范和标准，对不同应用子系统的数据采用集中、分类、一体化等策略，进行合理有效的整合，保障支撑层内各不同应用之间的互联。智慧社区基础数据包括人口、地理、部件、消息、事项和建筑等六大类。

3.3.1 人口数据库

以城市人口库为基础，结合各业务条线内人口数据库的相关要求，统一规范标准，统一数据格式，通过集中导入、清洗及过滤，形成统一的综合人口数据库，实现人口信息在各个职能部门之间的实时高效共享。优化社区分散采集和更新维护，应用网格化管理思路强化数据动态管理，与市级人口数据库及各条线数据库保持定期同步并及时更新。

人口基础数据是社区经济社会发展中各部门应用系统的重要基础，对劳动就业、税收征管、个人信用、社会保障、人口普查、计划生育、打击犯罪等系统的建设具有重要意义。人口基础数据库的数据来自公安、劳动保障、民政、建设、卫生、教育等相关部门。

3.3.2 地理数据库

以市级地理信息平台数据为基础，借助第三方商务地图数据支持，整合全市自然资源与空间基础地理信息及关联的各类经济社会信息，建立多源、多尺度且更新及时的空间共享数据库，构建科学、规范的空间信息共享与服务的技术体系，有效提升信息资源共享能力。同时，区分内外网不同的安全要求，优化基础数据采集和维护，根据各应用系统的不同要求，由不同主体分层负责地理数据的采集和维护。

3.3.3 部件数据库

部件数据库包括社区内各类公用设施的地理数据和属性数据。按照相关行业标准，部件分为公用设施类、道路交通类、市容环境类、园林绿化类、房屋土地类、其他设施类等。公用设施类主要包括水、电、气、热等各种检查井盖，以及相关公用设施等；道路交通类主要包括停车设施、交通标志设施等；市容环境类主要包括公共厕所、垃圾箱、广告牌匾等；园林绿化类主要包括古树名木、绿地、雕塑、街头坐椅等；房屋土地类主要包括宣传栏、人防工事、地下室等。

3.3.4 消息数据库

消息数据库包括各系统平台发布的各类规范资讯和动态信息，对各系统平台消息类数据进行整合，实现消息数据格式标准化和分类标签化，并优化消息生成、共享和查询机制，根据不同权限实现内外网分层管理，同时规范数据呈现，动态智能排序。

3.3.5 事项数据库

事项数据库包括各系统平台运行中形成的审批、服务、咨询、投诉和任务等事项处理数据，并实现与市行权事项数据库的同步与对接，支持对规范事项流程和权限进行定制，对非规范事项流程灵活设置，优化事项分类自动匹配查询等应用功能。

3.3.6 建筑数据库

建筑物数据库是社区内建筑物属性信息、空间信息、业务数据和服务数据的集合，是智慧社区的重要支撑数据，是社区网格化管理和服务的定位基础。

建筑物基础数据是指描述建筑物基本自然属性的数据，包括建筑名称、门牌地址、平面位置、建造年代、建筑状态、使用年限、主要用途、结构类型、建筑层数、建筑高度、总建筑面积等信息。建筑物扩展数据是对建筑物基础数据的扩展，主要指描述建筑物本身物理实体的几何位置、空间关系等信息，包括二维图形数据和三维模型数据等。

建筑物业务数据是指建筑物管理和应用部门在日常业务管理及应用中产生的核心的专业数据，主要包括规划、建设、交易、抵押、租赁、物业、公安、消防、民政、社会保障等业务过程中产生的核心数据。

第4章 基础设施与建筑环境

4.1 信息基础设施

4.1.1 基础标准

根据智慧城市顶层设计和有关标准，对智慧社区的技术、体系结构、参考模型、数据模型等进行规范和指导。

4.1.2 感知层标准

感知层是智慧社区的基础，包含感知控制元器件、感知控制网关及传感网络，以实现对物理世界的感、知、控等功能，完成对环境以及感知对象的信息采集，将信息转换为规定的数据格式送达至网络层，按照约定规则，通过感知控制器件对物体实现智能控制。感知层标准主要包括自组网和短距离传输网、数据和视频信息采集两类标准。

4.1.3 网络层标准

智慧社区网络层需提供安全、可靠、及时的数据传送，实现全面的互联互通。网络层标准主要包括网络层融合和基础网络两类标准。

按照《"宽带中国"战略及实施方案》要求，到2015年我国将初步建成适应经济社会发展需要的下一代国家信息基础设施，基本实现城市光纤到楼入户、农村宽带进乡入村，固定宽带家庭普及率达到50%，第三代移动通信及其长期演进技术（3G/LTE）用户普及率达到32.5%，行政村通宽带（有线或无线接入方式，下同）比例达到95%，学校、图书馆、医院等社会机构基本全部实现宽带接入。城市和农村家庭宽带接入能力基本达到20 Mbps和4MbpS，部分发达城市达到100MbpS。在社区宽带网路建设中，要积极利用各类社会资本，以多种方式推进光纤向用户端延伸，加快下一代广播电视网宽带接入网络的建设，逐步建成以光纤为主、同轴电缆和双绞线等接入资源充分利用的社区固定宽带接入网络。

4.2 智能绿色建筑

4.2.1 智能电网

智能电网是功能强大的能源转换、高效配置和互动服务平台。在社区建设此平台，将社区范围内的风能、太阳能、生物质能等可再生能源转换为电能，实现多能互补、协调开发、合理利用的局面，为社区提供清洁、可靠的电力供应；与互联网、物联网、智能移动终端等相互融合，通过电力基础设施、用电信息及优化建议，服务于智能家庭、绿色交通、绿色建筑的发展，共同打造绿色节能的智慧社区。

4.2.1.1 分布式电源接入及储能

分布式电源（Distributed Energy Resources，DER）发电并网及储能是充分利用分散式可再生能源、提高能源利用效率、实现节能减排的重要环节，同时能对配电网起到辅助支撑的作用，不仅节省投资、发电灵活、环境兼容，同时还能适应分散式能源开发利用的需求，主要包括：分布式电源接入、微电网、储能以及直流布线等。

分布式电源装置是指功率为数千瓦至50MW小型模块式、环境兼容的独立电源（包括光伏发电、风电、水源热泵等），用以满足电力系统和用户特定的要求。

微电网是一种新的分布式电源运行方式和技术，将发电机、负荷、储能装置及控制装置等结合在一起，形成一个单一可控的独立供电系统。它采用了大量的现代电力电子技术，将分布式电源和储能设备并在一起，直接接在社区用户侧，可以满足社区用户特定的用电需求。

储能系统是微电网中必不可少的部分，它可以在几秒钟内反应居民用电的负荷需求，提高本地可靠性、降低馈线损耗、保持本地电压稳定，保证压降的修正及提供不间断电源。其在微电网中主要用于提供短时供电、电力调峰、改善微电网电能质量、提升微电源性能等。

4.2.1.2 电动汽车充电设施

电动汽车充电设施主要有充电站和充电桩两种，可按照社区电动汽车发展需求，配置合理数量的充电站和充电桩。充电站由充电机、一次系统、二次系统、充电站监控系统、充电机控制系统、配电系统、安防监控系统、计量计费系统、标识系统等部分组成。充电桩主要由土建部分、配电系统、监控系统三部分组成。充电桩安装类型主要有落地式及壁挂式两种，落地式用于地上停车场、社区商业中心等有条件安装在地上的区域，而壁挂式则主要用于居民小区内的地下停车场等。

4.2.1.3 社区能效服务

以家庭、社区管理人员为服务对象，以智能用电相关数据源为基础，基于多变量、多维度的智能用电能效分析模型，实现家庭及整个社区的智能用电能效综合分析。

对于社区居民及社区管理人员，分别提供家庭、楼宇及公共场所用电明细查询、电费及用电构成分析等主要功能，使其全面、细致地了解自身用电行为，引导用户节约用电。此外结合电力公司提供的社区电能输送、使用和服务相关功能，可实现包括用能采集服务、用电互动服务、需求响应、能效分析等功能。

4.2.2 可再生能源综合利用

可再生能源综合利用融合了太阳能发电并网及储能、地下水源热泵等系统内容，综合了计算机技术、综合布线技术、通信技术、控制技术、测量技术等多学科技术领域，通过智能用电的建设，实现楼宇用电经济高效、节能环保的目标，达到节能和新能源利用的目的。

4.2.2.1 太阳能发电并网及储能

太阳能发电并网及储能主要提供供电、储能、并列和解列及微网运行功能。供电功能实现智能用电楼宇中的光伏发电及并网系统接入楼宇内部低压电网，为楼宇内用电负荷提供电能；储能功能指光伏发电及并网系统安装有蓄电池，能够储存并释放电能，用于平滑光伏发电系统的出力、正常状态下电力供应及应急供电；并列和解列功能指光伏发电并网可实现同主网的并列，为主网提供调峰等功能，并能够同主网解列；微网运行指通过操作微网隔离装置，将楼宇微网负荷及光伏发电系统同主网断开，并由光伏发电系统或其储能装置对其供电，形成微网运行状态。

光伏发电及并网系统由光伏电池阵列、蓄电池、光伏发电控制及并网装置、微网隔离装置等构成，在与电网并网节点处安装有双向电表。

光伏发电及并网系统的光伏电池阵列及控制并网装置安装在楼顶，就地接入楼宇照明线路。照明线路与主网线路间通过微网隔离装置相连，微网隔离装置通过通信网可以接受来自配电自动化主站的并列或解列命令，以实现并网或微网运行。

4.2.2.2 地下水源热泵

地下水源热泵系统承担智能用电楼宇的夏季供冷和冬季采暖。水源热泵系统主要由以下几个部分组成：

1）**水源热泵机组**：水源热泵空调系统的制冷（热）源，通过各个房间循环水由热泵机组进行内部交换。

2）**制冷剂循环系统**：由压缩机、蒸发器、冷凝器和膨胀阀四大部件组成。

3）**蒸发器侧水系统**：由热泵的蒸发器和循环水泵组成。自然界中的水源经循环水泵送至热泵的蒸发器，在蒸发器中与低温低压的液态制冷剂进行热交换，放出热量，温度降低，流回自然界的水体中。

4）**冷凝器侧水系统**：由热泵的冷凝器和循环水泵组成。系统中的循环水由循环水泵送至热泵的冷凝器，在冷凝器中与高温高压的气态制冷剂进行热交换，吸收热量，温度降低，然后流回空调房间。

5）**风机盘管**：风机盘管安装于所需要降温的房间内，用于将冷冻水冷却了的（或加热了的）空气吹入房间加速房间内的热交换。

6）**水泵**：经水泵和回灌泵也称上水泵和下水泵，分别用来抽取地下水和将使用过的地下水进行回灌，使地下水形成循环。

相关附属部件包括干燥过滤器、压力控制器、气液分离器、单向阀等，为提高运行的经济性、可靠性和安全性而设置。

4.2.2.3 风光互补路灯系统

风光互补发电系统主要由风力发电机组、太阳能光伏电池组、控制器、蓄电池、逆变器、交流直流负载等部分组成，该系统是集风能、太阳能及蓄电池等多种能源发电技术及系统智能控制技术为一体的复合可再生能源发电系统。

风光互补路灯是风光互补发电系统的典型应用，根据天气变化，利用太阳能和风能的互补性，通过太阳能和风能发电设备集成系统供电，白天存储电能，晚上通过智能控制系统实现社区内路灯照明，实现绿色能源利用。

4.2.3 饮水安全、节水及水资源综合利用

智慧社区应最小化地降低人类生活对自然水体在水量及水质上的影响，协调发展与水资源及水环境之间的关系，在综合考虑居民饮水安全、节水经济成本、环境影响与资源效益的基础上，减少常规水资源的使用，综合利用再生水及雨水等水资源，提高城市的用水安全及效率，保障城市自然水循环的健康。

4.2.3.1 社区居民饮水安全

社区内按照《生活饮用水卫生标准》（GB5749-2006）要求的水质标准，配备二次净化的供水设施，确保社区居民饮用水安全，也可为特定社区居民和商户提供直饮水。二次净化供水设施主要采用小型净水处理设备或建设供水站，与市政供水主管网对接，通过生物和物理的方法处理后，配送至社区各供水管网。

4.2.3.2 水资源综合利用设施

水资源综合利用主要包括雨水、再生水两个部分。通过再生水和雨水的全面利用，以及雨水、再生水的互补利用，水景补水有了保障，加上绿化浇灌、道路广场冲洗，达到减缓城市供水压力，节约水资源的目的。

雨水资源的综合利用主要通过建设雨水处理站（一般建在社区公共水体景观的地下空间里），对收集到的雨水进行循环净化处理后回用于景观水体的补水、绿化、洗车用水和空调补水。根据用途的不同，要求经过处理的雨水达到不同的水质标准：绿化灌溉、洗车用水应符合《城市污水再生利用城市杂用水水质》，景观用水应符合《城市污水再生利用景观环境用水质》，回用于空调系统的冷却水应符合《宾馆饭店空调用水及冷却水水质标准》。

再生水资源的综合利用主要通过建设再生水站，对社区内建筑物产生的污水进行截流，通过管网收集至再生水站（一般建在社区公共水景的地下空间里），经一系列生化处理、过滤、消毒后，再通过管道配送至各建筑物，用于中央空调冷却塔的补充用水、地下车库冲洗、部分建筑物冲厕用水。中水回用应符合《室外排水设计规范》（GB50014-2006）、《生活杂用水水质标准》（GB/T18920-2002）等标准规范进行处理。

4.2.3.3 水资源综合管理信息平台

平台包括基础功能与专业功能两部分，其中，基础功能包括地图显示与系统管理，专业功能包括数据管理维护、用水现状分析、节水水平评估以及基于用户用水效率提高的节水潜力分析。各个功能模块之间在功能层次是相互独立的，但在应用层次是可以相互灵活调用的。

4.2.4 社区能源规划管理及建筑节能改造

针对社区用能的特征和管理需求，融合节能理念，开展社区能源规划管理，并综合运用现代科学技术，建立社区能源管理平台，对社区内各类建筑能源管理系统的运行数据进行实时采集、运行监测、数据分析、节能优化、科学管理等，提高系统能效，降低运营成本，协助建立规范化社区能源管理体系，实现节能减排。

4.2.4.1 社区能源规划

社区能源规划是建筑节能的基础，在规划阶段应融合节能理念：社区平均能耗要低于本地区同类建筑能耗平均水平、低于国家建筑节能标准的能耗水平、社区内建筑达到星级绿色建筑标识水平、根据当地的条件确定可再生能源利用的比例、以及社区建成后的温室气体减排量等。整个社区能源规划应围绕这些类型的节能目标来制定，同时要经过缜密的思考与充分论证，研究技术经济可行性和环境影响。

4.2.4.2 社区能源管理平台

构建社区能源管理平台，对社区内能源的使用进行综合管理，实现对各类建筑、各类系统用能的系统化管理，实现建筑能源信息数字化管理以及用能设备的信息化管理，实现对社区能源（电、气、油、煤、水、冷、热）的计量与分析，及对建筑、系统用能的指标化管理，为用户提供节能改造措施，为用能系统提供优化的节能运行策略以及故障诊断等。

4.2.4.3 建筑节能改造

社区内建筑主要分为居住建筑和公共建筑，根据《节能建筑评价标准》（GB/T50668-2011），建筑节能体系主要考察以下七大方面：建筑规划、围护结构、采暖通风与空气调节、给水排水、电气与照明、室内环境和运营管理等。

大部分的新建建筑都要严格符合建筑节能标准，而对于绝大部分的既有建筑，则需要对不符合民用建筑节能强制性标准的既有建筑的围护结构、供热系统、采暖制冷系统、照明设备和热水供应设施等实施节能改造。改造主要包括：外墙、屋面、外门窗等围护结构的保温改造；采暖系统分户供热计量及分室温度调控的改造；热源（锅炉房或热力站）和供热管网的节能改造；涉及建筑物修缮、功能改善和采用可再生能源等的综合节能改造。

4.3 智能家庭

4.3.1 智能家居

以住宅为平台，利用综合布线技术、网络通信技术、自动控制技术、音视频技术等将家居生活有关的设施进行集成，构建高效的住宅设施与家庭日程事务的管理系统，提升家居安全性、便利性、舒适性、艺术性，实现环保节能的居住环境。

应用要实现对全宅的舒适系统（灯光、遮阳等）、家庭娱乐（背景音乐、呼叫对讲、视频互动等）、健康系统（空调、新风、加湿等）、安防系统（监控、安防、门禁、人员定位）等智能系统进行管理。可以用遥控等多种智能控制方式实现；并可用定时控制、电话远程控制、电脑本地及互联网远程控制等多种控制方式实现功能，实现节能、环保、舒适、方便的效果。

4.3.2 家庭安防

运用安全防范产品和其他相关产品构建家庭入侵报警系统、视频安防监控系统、出入口控制系统、防暴安全检查等的系统。

出入口门禁安全管理系统集自动识别技术和现代安全管理措施为一体，是解决重要出入口实现安全防范管理的有效措施。利用无线网络覆盖实时监测人员在室内外位置及身份信息（不同人员可定义不同颜色实现可视化跟踪）。通过控制屏观察到访客的位置，以及贵重物品移位监管。

4.4 社区室内外环境

4.4.1 热环境

随着居民生活品质的提升，不同区域对室内热环境的要求不断提高。北方符合采暖相关标准室内热环境，夏热冬冷地区及部分夏热冬暖地区冬季热环境不容易达标。通过在典型室外区域和典型房间内设置监测点，结合社区居民定期调研的反馈情况，对社区室内外热环境进行动态监控，并采用先进的、智慧化的方法和手段，优化室内外热环境，有效降低小区内的热岛强度，提高居民的热舒适度和降低建筑能耗。

4.4.2 光环境

光环境对人的精神状态和心理感受具有较大的影响，而光污染泛指影响自然环境，对人类正常生活、工作、休息和娱乐带来不利影响，损害人们观察物体的能力，引起人体不舒适感和损害人体健康的各种光，包含夜景照明光污染控制和建筑表面光污染控制。采用先进的、智慧化的方法和手段，尽量消除社区内幕墙、夜景等污染源，有效控制可见光亮度、减弱眩光，为社区创造宜居舒适的光环境，对社区居民的生产生活意义重大。

4.4.3 空气质量

近年来，我国多地空气质量污染严重，尤其是出现了连续多天雾霾席卷全国大部分省市的极端现象，而且大有愈演愈烈的趋势。室外空气质量主要指室外悬浮细颗粒物，以 PM2.5 为主，这些细颗粒物直接进入人体肺胞，会严重影响人们身体健康，而室内空气质量是用来指示环境健康和适宜居住的重要指标，主要是指室内甲醛、苯、甲苯、二甲苯、氨气、TVOC 等有害物质以及一氧化碳、二氧化碳等是否达到标准规定要求。通过在典型室外区域和典型房间内设置监测点，有效地对室内外空气质量进行动态监控，并通过智能终端、社区公示、网络发布等方式使居民随时随地了解到环境空气质量，有利于推动公众更加积极地参与环境监督。

第 5 章 社区治理与公共服务

5.1 对象管理与专门人群服务

5.1.1 人口管理

以地名地址管理为基础，以人口和房屋管理为主要内容，以网格管理为主要思路，以部门信息共享交换为主要支撑，实现对社区各类人口信息的动态采集、更新和维护，并通过对居民各类诉求的采集上报，保证数据录入的准确性，实现市民与政府的良性互动，形成实时、敏捷、长效管理机制，真正做到社区“底数清、情况明”。具体包括：

1）人口基础信息管理：依托网格员主动采集和部门共享交换相结合的方式，建立良性的人口数据动态采集更新机制。

2）常住人口管理：包括对常住人口的户籍登记、暂住证/居住证办理、从业人员、人口和房屋信息核实等业务。

3）流动人口管理：流动人口中重点人员和安全隐患、流动人口案（事）件、违法活动线索、出租房屋内案（事）件等业务。

4）社区电子沙盘：将社区、小区、网格、楼栋等信息直观的展现在电子沙盘中，方便工作人员快速定位楼栋房间，实现对场所、家庭、人口的精细化管理。

5）移动工作终端：将人口基础信息管理、常住人口管理、流动人口管理等基础数据维护工作扩展到移动终端上，方便网格巡查员走街入户、发现问题、上报工作、实时维护基础数据、执行任务。

5.1.2 社会组织管理

本应用通过信息化手段，实现行业协会商会类、科技类、公益慈善类、城乡社区服务类社会组织信息及社会组织相关各类事件的动态采集、更新、维护和监督，以此规范社会行为，解决社会问题，充分发挥社会组织的公益性作用。具体包括：

1）组织类型管理：主要指机关企事业单位，包括市属机关单位、区属机关单位、军事单位、医疗机构、院校（幼儿园）、媒体单位、金融单位、邮政单位、文物保护单位、非公企业、社会服务公司等类型。

2）经济组织管理：主要指未登记办照、未年审、存在违法犯罪行为等方面的管理。

3）社会组织管理：主要指未登记注册、未年审、存在违法犯罪行为等方面的管理。

5.1.3 党建管理

以网格化管理为主要思路，完善党员管理（党员信息、认岗和联户等）和党组织管理（党组织信息、分类和定级等），提升党建工作效率和质量，规范党内日常管理，实现党干管理同步，为社区党建工作打造一个先进的技术平台、高效的工作平台。具体包括：

1）党员管理：对正式党员、预备党员、入党积极分子等管理。

2）党员认岗：明确党员在社区中担任的职位，并对其工作情况进行考核。

3）党员联户：确定党员负责服务的人员范围，体现党员为民服务的职能。

4）党组织管理：包括对党组织类型（如非公有制、公有制、事业单位等）、党组织层级（如党委、党工委、党支部等）的管理，以及对党组织结构层次和人员构成的管理。

5）分类和定级：综合党员“自我评价”和“自我评分”以及上级组织的实地考核情况，确定党组织定级情况（如先进、一般、后进）。

6）网上公开：即党员发展和奖惩、党务干部选拔任免、党的方针政策等适合党员干部学习、借鉴和向全体党员干部公开的党务内容，予以及时公开。

7）活动通知体系，即党员参加组织活动、集中教育学习前，以网上活动内容上挂、短信活动内容群发等多种方式并行通知。

5.1.4 志愿者管理

借助信息化手段，对志愿者的信息、活动、团队进行全面管理，详细记录志愿者的所有档案信息和活动，建立一个较完整的志愿者管理系统，便于管理服务志愿者和相关的团队活动，促进人力、财力、物力更好的分配利用和协调调度。具体包括：

1）志愿者信息管理：主要包括队员资料、志愿者献血记录、志愿者服务记录。

2）活动信息管理：主要用于记录服务队每次组织的活动信息，包括活动内容、活动时间、活动地点、活动费用等信息。

3）团队管理：主要用于新建团队，录入团队编号、所属协会、所属区域等相关信息。

5.1.5 退休人员服务

通过信息技术手段，提高目标人群享受基本养老保险、基本医疗保险等方面服务的便捷程度，为退休人员提供文化、体育活动和维修、购物、医疗 等上门服务，提升社会保险服务的质量监督水平，提高居民生活保障水平。

具体包括：

1）扶老助残：为老年人提供包括生活照料、家政服务、医疗救护、文化娱乐、精神慰藉在内的服务。

2）医疗卫生：资助低收入家庭大病重病患者就医，开展公众卫生健康、送医送药活动，帮助困难群众解决看病难等问题。

3）社保服务：提供查看基本社会保险的重要通知、公告信息与工作动态；提供查看社会保险法律法规，及养老保险、医疗保险的各项政策法规；对退休人员在使用社保服务中遇到的常见问题，提供解决方案。

5.1.6 流动人口服务

通过信息技术手段，为流动人口提供信息采集、登记、居住证明办理服务，提供健全的文、体、卫服务设施和丰富的服务内容，提升社区内流动人口社会保障、基本公共服务水平。具体包括：

1）信息录入和事项办理：流动人口信息采集、登记、更新及居住证明办理。

2）扶贫救助：为低收入家庭、贫困人群提供生活救助、提供资金或物资支持。

3）文化体育科普：资助、扶持、推动公益文化、科学知识普及和体育事业的发展。

4）留守儿童、困难儿童服务：采集建立留守儿童、困难儿童基本信息，政府对其提供社会保障，组织文、体等服务内容，引入服务机构，对其心理、物质做特定的帮助服务。

5）法律援助服务：为低收入城乡居民、外来务工人员等提供免费法律咨询、诉讼代理等法律援助服务。

6）支教助学服务：对低收入家庭学生、外来务工人员子女在当地就读所需费用提供支持，资助因病、因困等原因辍学的学生重返校园。

7）就业服务：为大学生、外来务工人员、下岗失业人员等人群开展劳动技能培训、创业知识培训及其他有助于就业和创业的活动。

5.2 政务服务

5.2.1 行政审批

通过下放审批权限、减少和规范审批事项，拓展网上审批，推进行政审批向街道社区延伸，社区居民可自行选择便捷审批路线，实现行政审批“一站式服务、扁平化管理”。具体包括：

1）网上审批办事窗口：社区居民可根据自己的需求选择相应的审批模式、审批内容，并填写真实信息后提交。

2）网上审批追踪：待提交审核通过后，可对审批文件进行实时跟踪。

3）审批提醒督促：可对停留过久的审批文件进行提醒督促，审批人员在收到消息后可根据实际情况做出调整。

4）便民审批服务中心：主要负责审批人员的日常办公工作，对公众提交的审批信息根据审批内容和审批模式，审批社区中分门别类的管理和审核，由各职相关人员进行签收处理。

5）移动办公：为审批人员提供手机终端等移动办公设备，避免因事出差等原因滞留审批文件，提高办事效率。

6）工作绩效统计：社区工作实现绩效评估、公示，对在职人员进行有效管理，通过数据的深度挖掘分析辅助决策。

5.2.2 综合执法

以网格化管理为主要思路，实现对社区医疗卫生与食品药品管理、工商行政管理、文化市场管理、国土资源管理等各类事件的信息采集上报、任务派遣、处置反馈、考核评价，实现社区管辖范围内的辅助综合执法，确保社区秩序稳定。

社区执法涉及医疗卫生与食品药品管理、工商行政管理、文化市场管理、国土资源管理的综合执法。其业务范围主要包括：

1）医疗卫生与食品药品管理：医疗机构管理、医药收费、非法行医、制售假冒伪劣食品药品、食品药品存在缺陷等质量问题。

2）工商行政管理：消费者权益保护、不正当竞争、广告监管、商标侵权。

3）文化市场管理：出版物市场监管、打黄扫非以及网吧管理。

4）国土资源管理：侵占耕地、违法搭建、其他违反土地规划。

应用功能具体包括：

1）执法办案：建立事件信息采集上报、任务派遣、处置反馈、考核评价体系，记录执法单位和执法人员行政执法全过程，包括对简易程序案件和一般程序案件的处置。

2）文书管理：通过信息系统规范和帮助提升执法文书制作质量，实现档案管理、查询和统计。

3）查询统计：应用数理统计与数据分析技术，将执法人员的日常业务数据进行自动挖掘、汇总、统计、分析，提供基于图形、报表等可视化结果展现，及时、全面地掌握和分析社区执法工作的现状和水平以及各部门、执法人员的日常工作情况。

4）移动执法：利用移动互联网、GIS 及 GPS 等信息技术，以智能移动终端为载体，提供拍照、摄像、录音、GPS 定位、通知和任务接收、罚单打印及执法文书形成等功能，执法队员可在第一时间上报现场执法信息。

5.3 治安管控

5.3.1 社区警务－治安防控

以网格化管理为主要思路，引入视频监控和智能分析技术，实现社区管辖范围内的小区、人员密集繁华街区、大型公共场所、繁华商业场所、集贸市场、公寓写字楼、旧货市场、文化娱乐场所、公园景区、地下空间场所等重点部位信息的综合管理和现场的实时监控，创新立体化社会治安防控体系，严密防范和惩治各类违法犯罪活动。具体包括：

1）治安防控重点部件管理：对社区关键部位、人员密集繁华街区、大型公共场所、繁华商业场所、集贸市场、公寓写字楼、旧货市场、文化娱乐场所、公园景区、地下空间场所等重点部位信息的综合管理。

2）社会治安重点地区与问题管理：对存在黑恶势力、短期内发生过暴力犯罪、“两抢一盗”案件多发、存在“黄、赌、毒”现象、存在涉枪涉爆等隐患、淫秽色情窝点、赌博窝点、以及存在交通安全隐患、传销等事件的社会治安重点地区进行全方位监控。

3）应急指挥：建立面向社区居民和治安管理人员，以电话、网络等方式为主的治安问题反馈机制，与出入口门禁系统、道闸系统、消防报警等系统实现有效联动，通过应急指挥系统进行调度指挥，及时快速地处理问题。

4）集群调度：实现对社区治安力量的调度管理。

5.3.2 社区警务－警民互动

构建警民良性互动平台，公安部门利用各种信息传播途径及时向社区居民发布治安防范预警信息，结合居民和社区工作者对社情动态的采集、发布。补充公安社会动态信息来源，丰富公安情报线索，为案件侦破提供更多有价值线索。具体包括：

1）预警发布：公安部门利用掌握的最新犯罪动态资讯，结合季节、时段、社区特点等具体情况，借助智慧社区网站、微信、微博、有线电视、社区电子屏等传播手段，及时向社区居民发布社区治安防范预警信息和治安防范常识，结合有奖问答等激励活动，鼓励社区居民参与和关注，提升社区居民整体防范意识。

2）居民互动：在智慧社区网站、微信等传播媒体开通互动渠道，社区居民可将发生在自己身上或身边的案事件信息主动上报，并通过智慧社区与公安对接，及时将信息反馈公安处置。

3）社情共享：将社区工作者通过日常走访采集的各种社情动态，实现与公安部门的及时共享，补充公安部门基层情报线索来源。

5.3.3 调解矫正－重点人群管控

以网格化管理为主要思路，实现对刑教释满人、社区服刑人、吸毒重点人、精神病人、犯罪青少年和其他重点人等各类重点人群信息的全掌握和行动的全监控。具体包括：

1）刑释解教人员管控：对存在衔接不到位、未定期汇报思想状况、存在违法犯罪行为或者倾向、生活困难等情况的全方位掌握。

2）精神病重点人员管控：包括一般精神病人、正在肇事肇祸精神病人的管控。

3）吸毒重点人员管控：包括对一般吸毒人员、以贩养吸重点人员的管控。

5.3.4 调解矫正－矛盾调解

利用信息技术手段，在调解过程中记录、实时上报事件信息，整合各方资源，实现矛盾纠纷登记、分类受理、调解处理、回复归档的逐级流程管理，辅助社区调解员快速有效的化解社区矛盾纠纷。具体包括：

1）组织队伍管理：支持市、区县、社区、村等多级组织和人员的管理，支持对多级的行业调解组织和人员的管理。

2）矛盾调解流程实现：根据各地区实际情况，设计切实可行的矛盾调解流程，主要包括申请、受理、调查、调解、履行、回访、立卷等环节。

3）文书管理：对矛盾调解案件所涉及的所有文档进行管理，文档有 word 和图片等多种形式。

4）矛盾排查：对于全局性的矛盾纠纷进行排查调处，具体分为：排查任务下发，矛盾纠纷排查登记、上报，排查工作台帐，重大疑难案件预警等。

5）应急联动：在矛盾纠纷突发事件发生时，能与手持终端的相关人员互动，通过终端接收应急任务，即时响应，即时反馈，有效配合全局的调度和联动，有效处置突发事件。

6）调解信息库：由工作指南库、法律法规库、规章制度库、典型案例库、专家人员库、疑难问题库等组成。

7）业务培训：社区调解人员进行网上学习，培训课程、指导解疑及考核评价。

5.3.5 调解矫正－社区矫正

以网格化管理为主要思路，与检察、公安、司法行政三部门建立互通平台，对社区矫正帮扶对象日常表现实行动态监控，帮助社区矫正工作人员更有效地对社区服刑人员进行矫正教育及社会监管，实现社区矫正工作有序有效的开展。具体包括：

1）矫正人员交接社区流程：包括执行交付、对象接收、矫正终止等功能流程的实现。

2）矫正措施：针对不同类型的社区服刑人员，采取具体管理措施，实施矫正工作的功能流程，具体包括：监督管理、教育矫正、考核奖惩和就业帮困。

3）档案管理：对各社区服刑人员在整个矫正期内产生档案进行电子归档整理的功能流程。

4）核查核对：检察、公安、司法行政三部门对各自掌握的社区服刑人员动态数据随时进行核查核对的处理平台。

5）心理测试：社区服刑人员在入矫时，工作人员通过该功能对其进行心理测试，系统自动给出心理状况评价，为制定个性化矫正档案提供依据。

6）动态管理：利用手机定位技术对社区服刑人员的活动情况进行动态管理。主要实现：对社区服刑人员不假外出的监测，对社区服刑人员位置的实时查询，对社区服刑人员的活动范围和活动轨迹分析反馈。

5.4 基本公共服务

5.4.1 劳动就业

为社区居民提供就业培训和职业介绍，并做好失业人员信息更新、失业保险申领等服务。具体包括：

1）就业训练：组织就业训练、转业训练的教学实习，开展教学研究，编写教材和教学资料。

2）职业介绍：制定职业介绍服务规范和标准，汇总本地区劳动力供求信息，建立预测、预报制定，培训职业介绍工作人员并颁发资格证书。

3）失业保险：负责失业人员的登记、调查、统计，按照规定负责失业保险基金管理，核定失业保险待遇，开具失业人员指定银行领取失业保险金和其他补助金单证，拨付失业人员职业培训、职业介绍补贴费用，为失业人员提供免费咨询服务。

5.4.2 社区医疗

通过信息化手段为社区居民提供医疗咨询、自检诊断、送药上门等服务，构建居民健康档案，提升社区医疗水平。具体包括：

1）公共健康医疗服务平台：由卫生、民政、信息化等政府相关部门牵头和指导，组织企业以联盟方式参与，共同建设社区健康医疗服务平台，收集、存储、分析和挖掘社区居民健康信息，通过与专业健康医疗机构对接，以云服务的方式实现对社区居民远程和移动式健康医疗服务。

2）远程健康医疗：在社区、居委会设置健康自检体验设备，用于社区居民自助式的健康自检（包括血压、血氧、骨密度等多种指数），也可设立有专人服务的健康服务站（健康小屋），帮助居民进行健康检测，建立居民电子健康档案。检测数据通过网络与社区公共健康服务平台互联，对接专业健康医疗机构（包括社区医院、健康管理机构等），供家庭医生、健康管理师和门诊医生调阅参考，从而对慢性病人群进行跟踪和服务。

3）移动医疗：通过手机 APP 应用，实现居民与家庭医生、健康管理师的沟通。居民可通过 APP 进行诊疗档案、健康指标调阅，与家庭医生、健康管理师进行在线沟通，进行社区医院排队挂号，还可通过后台数据库进行心理和生理健康预检。

5.4.3 居家养老

通过信息化手段为老年人提供远程看护、上门服务、安全预警等居家养老服务，重点是面向居家养老模式提供信息服务，构建感知、服务、调度的三级服务体系，通过智能感知实现对老人信息的智能采集分析、也可通过服务呼叫终端触发服务请求，由调度中心调度社区服务机构向老人（尤其是独居老人）行动不便、走失、紧急求助等提供便捷通道，快速、畅通、安心的紧急求助服务，提升为老服务水平。具体包括：

1）志愿者服务：接通呼叫中心，根据老人的诉求来确定服务项目，显示老人的具体地理位置和家庭配偶子女、所属网格源、志愿者等属性，如一般服务可以安排网格内的志愿者服务；比如家庭送餐、购物等，同时监督实施，让老人足不出户的享受服务。

2）健康预警服务：通过老人随身携带、固定安装的物联感知设备随时检测老人生命体征情况，一旦出现异常，系统会即时收到预警信息并进行弹屏显示，以便社区工作人员及时和当事人子女取得联系，并立即通知当事人的亲属、社区服务人员或相关医疗机构，以提供及时的医疗救助。除物联感知设备外，服务人员与社区医院联动，定期为老人进行身体检查，建立完善的老年人健康档案。

3）失智失能老人实时看护：采用心电背心、带传感器的尿裤、定位呼叫手表等智能设备对失智失能老人进行24小时实时监护，提升该人群的生活品质。

4）居家煤气及用水报警：可采用卡式煤气报警器和用水报警器进行安全报警，并与服务后台联接，避免发生意外。

5）服务呼叫：老人可在电视等终端选择家政服务、订餐服务、购物服务等，实现足不出户定制服务。

6）安全监控：通过安装具备智能报警功能的民用视频监控设备，智能识别偷盗等行为，做到及时联动报警，保证老人生命财产安全。

7）精神慰藉：针对老人的亲友社交，子女可通过此项应用与老人进行实时的互动，老人则能随时了解家庭成员的近况；针对老人的兴趣圈，充分展示老人在各方面的才能和兴趣，使老人间开展友人互动，随时了解身边朋友的动态。

5.4.4 住房保障

将住房保障工作纳入社区综合信息服务平台，开展住房保障政策法规宣传，保障房申请、登记、初审、公示等服务，结合人口管理应用，实时掌握社区内低收入住房困难家庭的动态变化情况，为开展相关咨询、宣传和业务指导等工作提供支持。具体包括：

1）借助网站、微信、微博、社区电子屏等传播手段，提供住房保障政策法规的咨询和宣传；

2）结合人口等信息，准确掌握低收入住房困难家庭的动态变化情况，进一步简化低收入住房困难家庭申请材料的审查及公示流程。

5.4.5 计划生育

基于综合信息服务平台，掌握各类人口计生动态信息，为社区居民提供计划生育、优生优育和生殖健康等方面的宣传服务。具体包括：

1）为社区居民提供人口计生相关的各类民生法规、惠民政策、宣传教育、社会管理、公共服务等信息。

2）实时掌握社区居民及相关流动人口与计生相关情况的动态变化，优化并简化计生业务办理流程。

3）为深入开展计划生育各类宣传教育活动提供技术支撑，更好地引导群众自觉实行计划生育。

5.4.6 文体教育

加强社区内文化智能体验和线上服务功能，为公众提供数字图书馆、多媒体文化馆、数字娱乐体验馆、数字科普馆等公共数字文化体育场馆及设施服务，利用移动互联网终端随时随地提供演出、展览和门票优惠等信息服务，在有条件的社区可建立数字娱乐体验馆，以青少年喜闻乐见的数字技术手段提供健康的休闲、文体服务。

5.5 法律宣传

5.5.1 法律服务

基于综合信息服务平台，整合律师、公证、法律援助工作者、基层法律工作者和法律服务志愿者等法律服务资源，开展社区法律服务工作，使社区居民不出社区就能享受到高效优质的法律服务。具体包括：

1）结合信息化与传统手段，向社区居民宣传、普及法律常识，增强社区居民法制观念，对社区干部进行法律知识的培训，提高社区干部依法决策、依法管理的能力和水平，为依法管理社区起到参谋和助手作用。

2）对社区干部进行法律知识的培训，提高社区干部依法决策、依法管理的能力和水平，不断提高社区法制化管理水平，促进基层民主法制建设。

5.5.2 科普宣传

搭建宣传平台，充分利用辖区资源开展科普活动，面向各类专题建立社区科普宣传教育模式，建设社区图书馆，为社区居民服务提供具有公益性、教育性、休闲性等特征的文献信息集散场所。具体包括：

1）综合利用网络论坛、宣传橱窗、社区信息大屏等方式，开展低碳节能、绿色出行、科学节水、健康生活等类型专题宣传科普知识。

2）与志愿者管理应用相结合，为社区科普宣传献计献策，开展科普活动，让社区居民积极参与到科普宣传中。

3）充分发挥社区图书馆的功能，包括：培育社区文化、传递实用信息、开展社会教育、开发闲暇时间。

第6章 小区管理服务

6.1 房屋管理

6.1.1 产权服务

针对物业公司所属的一切房产信息进行集中管理。包括：详细描述记录小区、楼盘、住户单元的位置、物业类型、小区设施分布、房屋结构、房号、户型等信息，并可对小区、楼盘、房屋提供“实景图片、照片”的描述接口。

1）新建成片小区在开发商交房阶段，集中收集业主身份证信息、家庭人口、身份证号码、联系方式等基础数据。

2）老旧、不成片区域应通过产权登记部门获取上述相关信息。

3）在掌握基本情况的基础上，发动本社区房屋中介机构协助业主办理转让、抵押、租赁、装修等各类服务。

6.1.2 租赁服务

基于综合信息服务平台，为社区业主与居民打造租赁信息发布与互动平台，此外，物业公司及房产租赁中介部门通过对所管房屋的使用状态进行动态管理，实时掌握本社区房屋租赁情况，为租赁双方提供服务。具体包括：

1）为社区业主与居民打造租赁信息发布与互动平台。

2）对出租房屋的承租人姓名、性别、年龄、族别、户口所在地、职业按相关要求进行管理。

3）提供出租房屋的水电气、物业缴费服务。

4）提供租赁到期续租或退租服务。

5）对租赁期间承租人的计生情况进行管理。

6.1.3 公共维修基金使用服务

为业主提供房产公共部位损坏维修、及基金的支取服务，简化公共维修基金申请与支取复杂程度，和睦邻里关系，规范维修过程。具体包括：

1）提供公共维修基金查询服务。

2）宣传与贯彻公共维修基金支取规则。

3）协调邻里关系，协助办理公共维修基金支取申请。

4）协调维修工程的安全管理、验收等各方面工作。

6.2 物业管理

6.2.1 民情互动

通过在社区部署多媒体触控大屏，与社区的其他应用系统紧密融合，各应用系统的信息和管理服务内容可通过触摸屏进行展现与互动，为社区居民带来全新的体验，实现信息的推送和居民的交互应用。具体包括：

1）政务信息：政府机构推送各类服务信息，政务公开信息，政策法规信息、监督机制信息等。

2）服务类信息：推送的各类家政服务信息、医疗等信息。

3）招商信息：政府招商信息，社会招商广告信息等等。

4）网上互动：居民和政务办公互动，网上平台处理各种事务。

5）社区引导信息：发布社区内各种便民信息，如附近餐饮、娱乐消费等信息。

6）监督公开信息：服务类机构评价信息等。

6.2.2 安防消防

严格社区小区出入门禁管理，规范住户门禁卡实名办理，访客实名登记，小区门禁出入视频监控、人脸识别、公安联网比对等安防措施，建立城市建筑消防安全数字化系统，把每个建筑物的消防系统联成网络，实现网络化的监控管理。具体包括：

1）住户门禁卡实名办理：采用 RFID、指纹、人脸等识别技术，为社区小区所有住户办理实名门禁卡，通过办理过程，一方面为住户建立小区出入的通行证，另一方面也为掌握小区实住人口提供新的渠道。

2）访客实名登记联网比对：为小区大门配备访客实名登记系统，所有访客进入需要办理实名登记手续，说明拜访对象，可进行联系确认。访客实名信息与公安机关实时联网核实比对，发现异常状况及时报警。

3）门禁联动控制：住户和访客进入小区大门都需要借助有效身份识别手段（RFID、指纹、人脸等）方能进入小区，并且通过与楼栋门禁联动控制，限定其可进入的楼栋。加强社区安全。

4）安居管理：为实现居民生活智慧化，在居民楼、商务楼宇安装烟雾火灾报警设备，能识别火灾并与消防系统联动，安装燃气报警设备，引导楼宇、宾馆、老旧小区和居民家庭应用物联网技术，自动探测有毒有害气体浓度，逐步实现对毒气、火灾、爆炸等事故的预警。

6.2.3 便民快递

由物业公司或物流企业等社会组织在小区设置专门场所，共同签订末端物流联盟合作协议，为居民统一收发快件，在有条件的小区可对末端物流签收全过程进行高清视频监控录像取证，以备查证，防止纠纷产生，以解决社区居民快递的种种不方便和快递公司最后送达问题。具体包括：

1）依据就近原则在社区设立专门场所，统一收集居民拟发的快件，由各快递公司集中收取。

2）统一接收不需要面签的快件，由居民在自己方便的时间随时收取，避免快递到家，家里没人的问题。

6.2.4 智能停车

智能停车场以 RFID、视频监控、IC 卡为载体，通过智能设备使感应卡记录车辆及持卡人进出的相关信息，从而实现实现对社区车辆停车的引导，实现停车场的管理，通过智能停车能提供车位管理、停车引导和反向找车等功能，提升社区停车的智能化管理。具体包括：

1）提供车辆出入管理、计费管理，可支持不停车进出，在车辆进出社区停车时进行信息比对，防止车辆被盗。

2）车辆社区出入口统计：通过车牌抓拍主机，前端分析车牌信息，实时记录车辆进出情况，把控车辆安全和杜绝一卡多车现象发生。

3）车辆诱导：通过车位检测器（前端车牌识别）实时检测社区停车场车位信息，以便对车辆进行停车诱导。

4）反向寻车：对于社区大型的公共停车场，为了便于临时停车车主能快速方便的找到自己的车，可以增加通过车牌号或者停车卡，来对车辆停放位置进行反向快速查询的功能。

5）车位闲时出租：在业主的车辆驶离专属于自己车位的时间段，外来车辆以缴纳停车费的方式取得该车位的临时使用权。通过技术手段实现闲时车位的信息发布，停车费在线支付，并与车位所属业主建立公平合理的补偿回报机制，通过手机等移动终端设备 APP 进行出入和停车位的身份验证，以提高车位利用效率，解决停车难的问题。

6.2.5 环境卫生

开展社区绿化美化和义务植树活动，倡导低碳生活方式，推行绿色消费理念，开展社区垃圾分类，对垃圾量和排污进行动态监控，促进垃圾资源化利用，有效提高环境质量和物业管理效率。具体包括：

1）园林、绿化景观建设工程：主要包括建设社区公园、社区集中绿地、广场、社区集中活动（户外）场所等，开展社区绿化美化和义务植树活动，达到改善社区环境，倡导绿色低碳生活方式。

2）对垃圾量进行监测：利用无线射频技术，记录社区各大垃圾桶垃圾量（重量和体积），一旦超标给予报警，以便物业管理人员及时作出应对。

3）垃圾中转站及垃圾处理站液体和气体排放监测，超标给予报警提示，以便物业管理人员及时作出应对。

第7章 便民服务

7.1 生活服务

7.1.1 便民利民网点

建立基于互联网的在线超市、在线便利店或标准化菜场的销售平台，为社区居民提供物美价廉、种类丰富的日常商品批发、零售服务，同时配合物流末端配送体系实现真正的快捷送货上门。主要提供网上购物、订单查询、在线支付、商品便捷搜索、商品评价、在线客服等服务。

7.1.2 家政服务

面向居民居家模式，建立家政服务平台，通过整合社会专业机构、社区机构、非盈利组织、家政服务公司和专业家政服务人员等资源，为市民提供包括保姆、护理、保洁、家庭管理等家庭生活服务，实现服务提供方和服务需求方的对接。具体包括：

1）多样化的业务服务：整合优质的商家及企业向社区居民提供优质服务。包括职业保姆、家政服务、涉外保姆、高级管家、育婴早教、钟点服务、幼教保育、家教外教、水电维修、管道疏通、清洁清洗、搬家服务等多种类型。

2）统一的管理后台：为整合的商家及企业提供了统一的管理后台，可以管理自己提供的服务以及工作人员的管理。

3）统一管理机制：建立科学的考核和奖惩机制。

4）可视化的服务流程：对居民在平台上定制的服务需求，记录流程。

7.1.3 绿色出行

基于社区综合信息服务门户开拓绿色出行板块，倡导绿色出行，提供拼车出行服务和公共自行车租赁等服务，为社区居民出行提供便利以及实时的交通状况。具体包括：

1）在社区综合信息服务门户上，增加倡导宣传板块，倡导社区居民多乘坐公共汽车、地铁等公共交通工具，多采用合作乘车、环保驾车或者步行、骑自行车等方式，促进“绿色出行，节能减排”的概念深入人心。

2）在社区综合信息服务平台设置拼车出行服务，并能通过身份认证、信息登记等保障拼车行为的安全性。

3）提高公共自行车租赁网点覆盖，并支持“一卡通”消费，支持网上预约、续借、归还等服务。

7.1.4 餐饮服务

通过信息化手段提升社区就餐便捷度，包括社区食堂、健康早餐、送餐等热线和网上订餐相结合的综合服务。具体包括：

1）提供社区食堂、健康早餐、送餐等日常餐饮服务。

2）提供热线和网上订餐相结合的订餐服务。

3）保障食品安全，建立起完善的食品安全第三方监管体制。

7.1.5 社区互动

通过实体网点或综合信息服务平台建立跳蚤市场，实现物品交换、回收利用等服务，以提高闲置物品使用率、减少资源浪费，拉近社区业主距离，共同关注低碳环保的社区生活理念。具体包括：

1）在社区综合信息服务门户开拓互通有无模块，为社区居民提供开放性平台；

2）鼓励通过线下交易保障交易安全；

3）定期开展社区互通有无类型的活动，搭建平台促进更多的社区居民参与。

7.2 金融服务

7.2.1 一卡通服务

通过一卡通实现社区消费和身份识别等功能，在提高社区居民生活便捷性的同时，其身份识别功能也是社区安防系统的重要组成部分。具体包括：

1）身份识别功能：住户身份识别、出入门禁、车辆停车、社区图书借阅等功能。

2）消费功能：社区一卡通和银行对接，提供对消费功能的支持，包括社区消费结算、水电气现场缴纳等。

3）普通银行储蓄卡的全部功能。

4）银联卡的联网消费功能。

7.2.2 便民缴费

建立电视、社区服务站等便民缴费平台，用户可以通过缴费平台完成各种水电煤缴费，交通违章查询及缴费，手机和网游充值，飞机票查询等需求。具体包括：

1）通讯服务类：宽带、话费充值卡以及手机号卡。

2）出行服务类：机票预订。

3）游戏娱乐类：网游直充、点卡、Q币等。

4）医疗服务类：医疗挂号。

5）金融服务类：信用卡还款。

6）生活缴费类：水电煤气、供暖、一卡通、有线电视、交通罚款等费用。

7）彩票服务类：彩票服务。

8）旅游服务类：酒店预订、打折票务、旅游线路等。

7.2.3 社区银行

社区银行的目标客户群是小企业和社区居民等中小客户，本应用是指利用信息化手段，开展社区金融服务，打通社区端银行业务受理及简易办理，并为小企业和居民提供“一站式”金融服务方案。具体包括：

1）社区银行的业务受理范围涉及个人和小企业的简易金融业务及各类消费金融业务。

2）社区银行整合办公场所，实现跨行合作，并为社区居民提供一定程度的特惠服务。

第8章 主题社区

8.1 共性支撑

8.1.1 免费网络

在主题社区范围内向用户提供免费的WIFI网络，支撑用户手机免费上网。

8.1.2 下载及注册服务

基于WIFI网络，主题社区向用户提供基础性的用户注册和APP应用下载功能。

8.1.3 结算服务

基于网银或社区便民一卡通等模式提供统一结算服

务。

8.2 建设运行保障

8.2.1 模式保障

制定科学合理的主题社区的建设运营模式，积极发挥社会力量，需明确建设运营主体、科学合理的建设运营模式和方案，并对投资回报进行测算，支撑主题社区的可持续运营及发展。

8.2.2 标准规范

针对主题社区提供的各项应用制定数据、应用服务等方面的标准，指导和规范主题社区建设运营。

8.3 典型应用

8.3.1 商业社区

在城市各类商业区域内，特别对于集购物、餐饮、娱乐为一体的商业综合体，基于免费 WIFI 网络，使商业社区内的师生免费进行上网，并通过各类信息资源的汇集和挖掘，为顾客提供预约、查询、消费、导引、提醒以及精准推送等类型的服务，方便、快捷地满足顾客的各类需求，通过广告、结算、停车场分成等方式实现多元化盈利，确保可持续运营。具体包括：

1）预约类服务：提供如订票购票、订房结账、周边餐饮订餐、选位等预订预约服务；

2）消费类服务：提供门户及索引、优惠打折活动、团购、电子券、节庆活动拼单以及其他方式等消费类信息的推送及查询服务；

3）导引类服务：提供场地分布图、导购图、停车导航等导引类服务；

4）提醒类服务：提供各类打折信息定制提醒等服务。

8.3.2 学校社区

在各类高校、职业学校、高初中等校园区域内，结合已有的校园无线网构建免费 WIFI 网络，使学校社区内的师生免费上网，另一方面通过各种信息资源的汇集和挖掘，为师生提供预约、消费、导引、发布、提醒和业务等类型的服务，方便、快捷地满足师生在学习、生活中的各类需要通过广告、结算、停车场分成等方式实现盈利，确保可持续运营。具体包括：

1）预约类服务：提供如选位、借书、点餐、快递等方面的预订预约服务；

2）消费类服务：提供周边与师生生活息息相关商户的优惠打折活动、团购等消费类信息的推送及查询服务；

3）导引类服务：提供场地分布图及智能停车导航、校园介绍等导引类服务；

4）发布类服务：提供团体活动、各类通知、勤工俭学、实习、志愿者、家教、拼车出行、跳蚤市场等信息发布兼论坛类型的服务；

5）提醒类服务：提供各类通知、活动、报告、讲座、车次等相关事项的定制提醒；

6）业务类服务：提供各类信息资料、报刊杂志等业务类推送服务。

8.3.3 医院社区

在各类大中型医院区域，基于免费 WIFI 网络，使来医院社区看病的患者及家属免费进行上网、网上挂号付费等，另一方面通过各种信息资源的汇集和挖掘，为患者及家属提供预约、导引、发布、提醒和业务等类型的服务，方便、快捷地满足患者在看病过程中的各类需要，通过广告、结算、停车场分成等方式实现盈利，确保可持续运营。具体包括：

1）预约类服务：提供如挂号、床位、点餐等方面的预订预约服务；

2）导引类服务：提供场地分布图及导医图、停车导航等导引类服务；

3）发布类服务：提供各类通知、以及医生出诊等信息发布服务；

4）提醒类服务：提供各类相关检查报告、叫号等提醒服务，方便患者及家属及时领取；

5）业务类服务：提供电子病历及处方、检查报告等业务信息的推送服务。

8.3.4 交通社区

在火车站、汽车站、机场、公交站台、公交车及长途汽车范围内，基于免费 WIFI 网络，使来乘车及候车的乘客及送客人员免费进行上网、网上订票等，另一方面通过各种信息资源的汇集和挖掘，为乘客提供预约、消费、导引、发布和提醒等类型的服务，方便、快捷地满足乘客在乘车及候车过程中的各类需要，通过广告、结算、停车场分成等方式实现盈利，确保可持续运营。具体包括：

1）预约类服务：提供如订票购票、周边餐饮订餐、选位等方面的预订预约服务；

2）消费类服务：提供周边与旅客相关商户的优惠打折活动等消费类信息的推送及查询服务；

3）导引类服务：提供车次实时信息及路径规划、交通及换乘实时信息、场地分布图及停车导航等导引类服务；

4）发布类服务：提供各类通知、列车时刻表、晚点信息、拼车等信息发布兼论坛类型的服务；

5）提醒类服务：提供车次等相关事项的定制提醒服务。

8.3.5 旅游社区

在各大旅游景区范围内，基于免费 WIFI 网络，使来到旅游景区的游客免费进行上网、网上订票及导游等功能，另一方面通过各类信息资源的汇集和挖掘，为游客提供预约、导引、发布、提醒等类型的服务，包括景区最新最全的实时数据、景区大比例尺和高分辨率的电子地图以提供高精度的实时定位功能，还包括周边景区门票、交通、宾馆酒店、特产商品等相关信息，方便、快捷地满足游客在游览观光过程中的各类需要，通过广告、结算、宾馆酒店、停车场分成等方式实现盈利，确保可持续运营。具体包括：

1）预约类服务：提供如订票购票、周边餐饮订餐、住宿预订等方面的预订预约服务；

2）导引类服务：提供场地分布图及智能导游、景点介绍、交通和车次实时信息及路径规划、停车导航等导引类服务；

3）发布类服务：提供其它相关旅游景区的介绍、团体活动、拼车等信息发布兼论坛类型的服务；

4）提醒类服务：提供各类活动、车次等相关事项的定制提醒服务。

第9章　建设运营模式

智慧社区的建设运营要以深入需求分析的基础上，了解各方对智慧社区建设运营的需求，进行统筹规划顶层设计，建立合理的系统架构和部署方式，同时要明确建设运营模式及投融资方案。智慧社区的运营可不断拓展服务领域，为政府、企业和社会公众提供智慧社区产品和服务，推动智慧社区的健康可持续发展。因此，探索一套科学合理的智慧社区建设运营模式，将有助于快速实现智慧社区的建设目标。

智慧社区运营模式主要有“政府运营”、“企业运营”和“政府引导，市场运营”三种。

1）“政府运营”是由政府组织，全程监管，优化和综合各种应用，形成产业的整体发展合力。企业负责整体规划、运营安全保障、服务过程保障、服务拓展以及需求搜集等工作。这种方式最大的特点就是涉及面很广，涉及到了社会治理和服务的方方面面，并且进行了完整的项目建设规划，有明确的项目和时间表，整个项目的建设是以政府为主导，市场运营为辅进行高效的建设。通过政府运营，解决社会治理与基本公共服务问题。在政府的统一规划下，制定区域智慧社区建设标准规范与评价指标体系，统筹区域内智慧社区建设；建设社区治理与服务平台，实现区域内人、地、物、事、组织的信息资源统一管理，统一更新，为智慧社区平台提供统一的信息资源支撑。建设社区政务类应用，通过电子政务服务的整合共享，让居民在社区享受到"一站式、互动式、高效率"的在线办事服务。构建社区基础公共服务平台，为社区居民提供社区环境、医疗、交通、治安基础公共服务。

但在现代市场经济条件下，政府不再是公共产品与公共服务的单一提供者，服务型政府条件下须将一部分公共服务提供等方面的职能剥离给社会服务组织和企业来承担，但政府仍须保持对社会服务组织和企业的宏观管理和有效监督，以保障服务质量。因此除必须需要由政府运营的服务外，其它服务采用引入市场机制，充分发挥市场的资源配置的作用，形成优胜劣汰机制。在这些服务中，政府不介入具体的服务提供，而是作为服务监管者，对服务水平与服务效果进行监督评价，并对违规者进行惩戒，扮演好调节者的职能。整个体系采取谁受益，谁付费补偿，维系其服务的持续提供与改进。

2）“企业运营”即项目的建设投资、投资的所有权、经营权都归企业所有。其最大的特点是以运营商为主导来推动政府进行项目建设。这种运营方式能建设项目的智能管道和智能平台，其缺点就是由于受限运营商的业务范围，存在某些运营商业务无法覆盖的领域。

3）“政府引导，市场运营”即政府牵头运营商建设，运营商参与基础设施建设，向社会提供公共服务的一种方式。一般称其为“特许经营权”，是指政府部门就某个基础设施项目与运营商签订特许权协议，授予签约方运营商来承担该项目的投融资、建设、经营与维护，在协议规定的特许期限内，运营商企业向设施使用者收取适当的费用，由此来回收项目的各项经营成本并获取合理的回报；政府部门则拥有对这一基础设施的监督权、调控权。特许期届满，签约方运营商将该基础设施无偿或有偿移交给政府部门。

纵观三种模式，“政府运营”模式由政府负责投资，提供公益性服务，存在政府财政压力重、持续发展动力不足等问题。“企业投资运营”模式存在缺乏统一规划和协调、无公信力、竞争无序等问题，不利于智慧社区产业持续、良性发展。而“政府引导，市场运营”模式则能取长补短，充分发挥市场经济环境下的良性竞争对服务水平的提升作用，同时兼顾政府统筹。因此，在智慧社区各项专项应用的建设运营中，除社区治理与公共服务和智慧社区综合信息服务平台等领域的应用考虑以政府的管理服务为主外，应尽最大可能地采用“政府引导，市场运营”模式，包括基础设施与建筑环境、小区管理服务、便民服务和主题社区等领域的绝大部分应用，都应以市场为主，让市场来配置社区资源。

第10章　保障体系建设

10.1　创新模式

10.1.1　网格化管理

网格化管理是城市现代精细化管理的基本方式和重要手段，是深化社区服务管理的载体和工具，也是社会管理创新不断深化和积极探索的重要成果。创新网格化社会管理新模式，就是把网格化管理理念运用到社会管理工作中来，在社区网格化管理的基础上搭载社会管理内容，整合基层社会管理资源，运用现代信息技术手段，形成及时发现并有效解决问题的长效运行机制，促使政府部门和其他社会管理力量下沉，按照责任制的原则组织起来，实现资源整合，从而有效解决社会管理问题。

10.1.2　统一便民服务热线

便民热线系统通过全市统一的呼叫中心、便民知识库、行政咨询库、社区治理协作平台建设，通过整合各类行政数据和对公众服务类应用，为社区向市民服务提供信息沟通、数据共享、相互协作等工作的现代化智能平台。系统以语音或网络通信的方式向市民提供全方位、全天候、高效率的服务，只要市民拨打一个电话，便能得到平台提供的社区治理、小区管理、生活和便民服务。

10.2　保障措施

智慧社区建设是一项“政府引导，市场主导，全社会共同参与”的惠民工程。国家智慧城市试点城市（区、县、镇）党委政府要高度重视，在智慧社区项目建设中要充分发挥引导作用，成立组织机构，落实政策保障和目标责任，探索建立多元投资机制，创新项目管理模式，建立绩效考核评估体系，加强人才队伍建设，加大宣传推广力度，吸引全社会力量参与智慧社区的建设、管理、运营、服务和监督。

1）加强组织领导，促进协同推进。建立健全智慧社区建设协调机制，形成以住房城乡建设部门、民政部门、信息化部门、公安部门等牵头的推进组织，负责制定分工明确，权责明晰的智慧社区工作方案，协同推进项目整体设计、立项招标、建设施工和监督考核等工作，为智慧社区建设提供组织保障。

2）制定政策法规，营造标准化建设环境。研究制订智慧社区工作规则、建设管理办法、信息交换共享标准规范、准入制度、测评体系等方面的法规制度，形成完善的智慧社区建设政策法规体系。

3）政府投入为引导，探索多元投入机制。以政府财政投入社区政务服务等领域建设为引导，充分发挥市场的决定性作用，鼓励和支持通信运营商、软硬件提供商和应用服务提供商参与投入智慧社区基础设施、小区管理、便民服务等领域的建设运营，形成政府引导、多元投入的资金筹措机制。

4）建立多层次人才队伍，提高建设质量。加强社区居委会、网格化管理员、社区志愿者等的职业化、标准化培训，建立一支懂业务、懂技术的社区服务人才队伍，组建专家团队对智慧社区建设内容、理论体系、标准规范、考核评估等全过程建设精准把脉，为智慧社区建设提供多层次、规模化人才队伍。

5）及时掌握建设动态，创新项目管理模式。定期开展信息报送和监督检查，及时把握建设动态，对智慧社区建设进度、存在的问题和运营风险等方面及时纠偏；结合智慧社区建设特点和定位创新项目管理制度，鼓励引入专业第三方机构，推进项目实施的科学性、管理的严格性和运营的有效性，形成长效的项目管理模式。

6）建立验收评估奖惩机制。制定验收评估办法，建立以居民满意度为导向的社会服务企业和商家考评机制，对商家所提供的服务进行质量跟踪；对智慧社区建设有突出贡献的单位或个人给予奖励，形成一套程序规范、严格、公正的考评体系。

7）试点先行先试，逐步推广实施。选取基础条件较好，优势突出的社区，以社区居民需求为出发点和落脚点，优先开展智慧社区重点项目建设。通过总结试点社区建设经验，因地制宜，重点突破，全面推广智慧社区建设。

8）加大宣传推广力度，调动全社会参与积极性。建立多渠道、灵活的宣传推广体系，提高社区居民对智慧社区建设认知度、参与度，加强服务提供者对智慧社区建设的责任感和使命感，形成全社会积极参与的智慧社区发展环境。

附　录

主编单位：

住房城乡建设部建筑节能与科技司

中国城市科学研究会数字城市工程研究中心

参编单位：

国家智慧城市产业技术创新战略联盟

国家智慧城市产业技术创新战略联盟智慧社区分联盟

深圳市建筑科学研究院

北京市建筑工程研究院

中国电信政务行业信息化应用（杭州）基地

扬州市住房保障和房产管理局

中兴通讯股份有限公司

软通动力信息技术（集团）有限公司

北京数字政通科技股份有限公司

北京三正科技有限公司

上海宽带技术及应用工程研究中心

浙江大华技术股份有限公司

北京东方道迩信息技术股份有限公司

东蓝数码股份有限公司

武汉天罡信息技术有限公司

北京华录北方电子有限责任公司

杭州怡华物业公司

山东泰华电讯有限责任公司

主要起草人：

杨柳忠、于晨龙、杨德海、宋林蕊、曹巍、张华、葛官法、张晨、蒋光建、牛彦涛、聂昕、鄢涛、刘凤宝、吴江寿、许文平、尹峰、林庆彬、王慧琨、吴庆九、郝小龙、陈卫中、彭启伟、张祥、朱伟平、张永亮、纪晓明、迟树亮、胡明舒、周开锐、丁连军

主要审核人：

郭理桥、丁有良、叶坚定、杨崇俊、万碧玉、曾澜、王丹、刘俊跃

住房和城乡建设部 国土资源部 民政部 全国老龄委办公室 关于加强养老服务设施规划建设工作的通知

建标〔2014〕23号

各省、自治区住房城乡建设厅、国土资源厅、民政厅、老龄办，直辖市建委（建交委）、规划委、国土局（国土房管局）、民政局、老龄办，新疆生产建设兵团建设局、国土资源局、民政局、老龄办：

根据《国务院关于加快发展养老服务业的若干意见》（国发〔2013〕35号，以下简称《意见》）要求，为做好养老服务设施规划建设工作，现就有关事项通知如下：

一、提高对做好养老服务设施规划建设工作重要性的认识

养老服务设施是加快发展养老服务业的重要基础和保障，对促进经济社会科学发展，落实《老年人权益保障法》，实现老有所养、老有所医、老有所教、老有所学、老有所为、老有所乐“六个老有”的工作目标具有重要意义。在养老服务设施规划建设方面，各地做了大量工作，积累了不少好的经验和做法，为推进养老服务业发展发挥了积极作用。当前，人口老龄化已进入快速发展阶段，老年人对养老服务的需求呈现多元化趋势，养老服务类型和方式不断出现，养老服务设施无论从数量上还是从质量上都急需提高。各地住房城乡建设、国土资源、民政、老龄办等主管部门应对此高度重视，各司其职，密切配合，切实做好养老服务设施规划建设工作。

二、合理确定养老服务设施建设规划

各地住房城乡建设主管部门要按照“居家养老为基础、社区养老为依托、机构养老为支撑”的要求，结合老年人口规模、养老服务需求，明确养老服务设施建设规划，并将有关内容纳入城市、镇总体规划，加强区域养老服务设施统筹协调，推进城乡养老服务一体化。要按照一定规划期城镇老年人口构成、规模等因素，合理确定养老服务设施类型、布局和规模，实现养老服务设施的均衡配置。

在编制城市控制性详细规划时，要按照城市、镇总体规划要求落实养老服务设施布局、配套建设要求，因地制宜地确定养老服务设施的服务半径和规模；编制养老设施规划应与城市人口布局规划、建设用地规划、居住区或社区规划、医疗卫生规划等相关配套设施规划进行协调和衔接，积极推进相关设施的集中布局、功能互补和集约建设，充分发挥土地综合利用效益，并合理安排建设时序和规模。

三、严格执行养老服务设施建设标准

工程建设标准和土地使用标准是养老服务设施建设活动的技术依据，严格执行上述标准是保障工程项目质量和安全、实现工程设施功能和性能、促进土地节约集约利用的前提条件。各地住房城乡建设主管部门应当加强养老服务设施建设标准宣贯培训，从2014年起，将有关养老服务设施建设标准培训纳入执业注册师继续教育培训要求，使从业人员全面掌握、正确执行标准规定，提高从业人员技术能力。工程项目建设单位、咨询机构、设计单位、施工单位、监理单位应严格执行有关标准；建设项目土地供应、城市规划行政许可、工程设计文件审查、工程质量安全监管、工程项目竣工备案等职能部门和机构，应按照法律法规和有关标准的规定把好审查关、监督关。

各地住房城乡建设、国土资源、民政主管部门可根据当地实际和工作需要，开展有关养老服务设施建设地方标准编制工作，进一步补充和细化国家标准、行业标准，提高标准的适用性和可操作性，满足实际工作需要。

四、强化养老服务设施规划审查和建设监管

在城市总体规划、控制性详细规划编制和审查过程中，城乡规划编制单位和城乡规划主管部门应严格贯彻落实《意见》所提出的人均用地不低于0.1平方米的标准，依据规划要求，确定养老服务设施布局和建设标准，分区分级规划设置养老服务设施。对于单体建设的养老服务设施，应当将其所使用的土地单独划宗、单独办理供地手续并设置国有建设用地使用权。凡新建城区和新建居住（小）区，必须按照《城市公共设施规划规范》、《城镇老年人设施规划规范》、《城市居住区规划设计规范》等标准要求配套建设养老服务设施，并与住宅同步规划、同步建设。

在养老服务设施建设过程中，住房城乡建设主管部门应加强养老服务设施设计、施工、验收、备案等环节的管理，保证工程质量安全，新建居住（小）区的养老服务设施应与住宅同步验收、同步交付使用。国土资源主管部门应对建设项目依法用地和履行土地出让合同、划拨决定书的情况进行检查核验，并提出检查核验意见。

五、开展养老服务设施规划建设情况监督检查

各地住房城乡建设主管部门应加强养老服务设施规划建设情况监督检查，每年至少开展一次全面检查。养老服务设施规划建设情况监督检查主要内容包括：新建城区养老服务设施规划建设情况、新建居住（小）区养老服务设施实际配套情况、工程建设标准执行情况等。监督检查报告于当年 11 月底报送住房城乡建设部标准定额司。

各地住房城乡建设主管部门在城市、镇总体规划实施评估中，应加强养老服务设施规划建设情况评估，对养老服务设施规划滞后或总量不足的，应在城市、镇总体规划修编、修改时予以完善。

住房城乡建设部会同国土资源部、民政部、全国老龄办等部门，将对各地养老服务设施规划建设情况适时进行专项督查。

六、建立养老服务设施规划建设工作协作机制

各地住房城乡建设主管部门会同国土资源、民政和老龄办等部门，应按本通知要求做好沟通协调，建立协作机制，制定年度计划，明确工作任务，落实责任单位，共同推进养老服务设施建设工作，实现《意见》规定的发展目标，使符合标准的日间照料中心、老年人活动中心等服务设施覆盖所有城市社区，90% 以上的乡镇和 60% 以上的农村社区建立包括养老服务在内的社区综合服务设施和站点。全国社会养老床位数达到每千名老年人 35 ~ 40 张。

各地国土资源主管部门应将养老服务设施建设用地纳入土地利用总体规划和土地利用年度计划，按照住房开发与养老服务设施同步建设的要求，对养老服务设施建设用地依法及时办理供地和用地手续。

各地民政主管部门应加强养老服务业务指导，对养老服务设施选址和布局提出建议。各地老龄办应发挥综合协调作用，对养老服务设施规划建设工作提供支持并给予指导。

七、做好养老服务设施规划建设宣传工作

各地住房城乡建设主管部门要通过多种形式大力宣传养老服务设施规划建设的重要意义和取得的成果，积极参与民政、老龄办等部门组织的涉老、为老、养老宣传活动，扩大养老服务设施规划建设工作的影响，营造全社会关心、支持、监督养老服务设施规划建设的良好氛围。

各地住房城乡建设主管部门要建立健全养老服务设施规划建设管理制度，加强养老服务设施规划建设情况统计，工作进展情况于每年 3 月、6 月、9 月和 12 月的 15 日前报送住房城乡建设部标准定额司，全年工作总结于每年 12 月 15 日前报送住房城乡建设部标准定额司。

请各地住房城乡建设主管部门确定养老服务设施规划建设工作负责处室及联系人，并填写《养老服务设施规划建设工作联系表》（见附件），于 2014 年 2 月 28 日前报送住房城乡建设部标准定额司。

中华人民共和国住房和城乡建设部
中华人民共和国国土资源部
中华人民共和国民政部
全国老龄工作委员会办公室
2014 年 1 月 28 日

附件

养老服务设施规划建设工作联系表

负责厅（委、局）：____________（盖章）

厅（委、局）负责人及职务	联系处室	联系人及职务	联系人电话及手机	传真	电子邮件

住房和城乡建设部
关于公布2013年度全国物业管理示范住宅小区（大厦、工业区）名单的通知

各省、自治区住房城乡建设厅，直辖市房地局（建委），新疆生产建设兵团建设局：

为规范物业服务行为，提高物业服务质量，改善居住和工作环境，我部对申报2013年度全国物业管理示范住宅小区（大厦、工业区）的项目组织实施了验收工作。经按规定程序评验并公示，北京市龙湖滟澜山庄园等158个项目被确定为2013年度全国物业管理示范住宅小区（大厦、工业区）。

根据北京市住房城乡建设委员会和四川省住房城乡建设厅的复验意见，决定取消北京华润大厦等6个项目“全国物业管理示范（优秀）住宅小区（大厦、工业区）”称号。

附件：1. 2013年度全国物业管理示范住宅小区（大厦、工业区）名单

2. 取消“全国物业管理示范（优秀）住宅小区（大厦、工业区）”称号的物业管理项目名单

中华人民共和国住房和城乡建设部

2014年3月19日

附件1

2013年度全国物业管理示范住宅小区（大厦、工业区）名单

一、全国物业管理示范住宅小区（85个）

1. 北京市龙湖滟澜山庄园
2. 北京市泛海国际居住区
3. 北京市林肯公园
4. 北京市亮马桥外交公寓B区
5. 上海市同润碧水湾花园
6. 上海市花园城
7. 重庆市丽都锦城
8. 重庆市普罗旺斯·公馆
9. 重庆市珊瑚水岸（一期）
10. 重庆市首钢·美利山
11. 重庆市金科·廊桥水岸
12. 重庆市龙湖·观山水
13. 重庆市融创·奥山别墅
14. 河北省石家庄市北郡住宅小区
15. 河北省石家庄市联邦东方明珠住宅小区
16. 河北省石家庄市太阳城·欧园住宅小区
17. 河北省沧州市荣盛·阿尔卡迪亚新儒苑住宅小区
18. 山西省太原市昌盛双喜城住宅小区
19. 山西省太原市千禧·学府苑住宅小区
20. 山西省太原市半山国际花园（一期）
21. 山西省大同市水泉湾·龙园小区
22. 山西省大同市宏洋·美都小区
23. 山西省长治市潞安·府秀江南小区
24. 山西省晋中市御璟花园住宅小区
25. 内蒙古自治区呼和浩特市桥华世纪村豪华园
26. 辽宁省沈阳市新湖·明珠城
27. 辽宁省大连市万科溪之谷
28. 辽宁省大连市星海湾壹号
29. 辽宁省营口市金泰城（一期）
30. 辽宁省盘锦市瀚新紫润茗都小区
31. 黑龙江省哈尔滨市四季·上东小区（一期）
32. 黑龙江省大庆市汇景花园小区
33. 黑龙江省大庆市新城枫景小区
34. 江苏省无锡市长江国际雅园
35. 江苏省南通市七星花园
36. 江苏省扬州市石油山庄小区
37. 江苏省淮安市水韵天成·金桂苑
38. 江苏省徐州市国基城邦（一期）

39. 浙江省湖州市长兴广场·百合园
40. 浙江省慈溪市浅水湾小区
41. 浙江省义乌市欧景花园
42. 安徽省合肥市绿城·玉兰公寓
43. 安徽省合肥市华地学府名都
44. 安徽省黄山市栢景雅居
45. 福建省福州市正祥·林语墅（一期南区）
46. 福建省福州市公园道 1 号（B 区）
47. 福建省厦门市国贸春天住宅小区
48. 福建省泉州市南益·西湖豪庭住宅小区
49. 江西省新余市暨阳玫瑰城住宅小区
50. 山东省济南市济南海尔绿城全运村（一期）
51. 山东省济南市鲁商·御龙湾
52. 山东省淄博市方正凤凰城
53. 山东省潍坊市德润玫瑰园
54. 山东省济宁市兴唐·国翠城
55. 河南省郑州市正弘·蓝堡湾
56. 河南省商丘建业联盟新城
57. 湖南省长沙市绿城·青竹园 (一期)
58. 广东省广州市保利西子湾
59. 广东省珠海市格力广场 (一期 A 区)
60. 广东省佛山市顺德雅居乐花园 (一期)
61. 广东省深圳市金地上塘道花园
62. 广东省深圳市绿景中城天邑花园
63. 广东省东莞市财富新地花园
64. 广西壮族自治区南宁市保利·山水怡城小区
65. 广西壮族自治区南宁市聘望骊都居住小区
66. 广西壮族自治区柳州市大美·天地小区
67. 广西壮族自治区桂林市彰泰城小区
68. 四川省成都市保利·公园 198 百合郡
69. 四川省成都市华润·二十四城（一期）
70. 四川省成都万科金域蓝湾
71. 四川省成都市恒大城（一期）
72. 云南省昆明市银海畅园小区
73. 陕西省西安市天地源·枫林意树小区
74. 陕西省西安市兴盛园小区
75. 陕西省西安市兴隆园小区
76. 陕西省西安市雅荷春天小区
77. 陕西省渭南市澄合梅苑小区
78. 陕西省安康市金洲城小区
79. 陕西省宝鸡市东岭新时代小区
80. 新疆维吾尔自治区乌鲁木齐市和枫雅居小区
81. 新疆维吾尔自治区乌鲁木齐市华源·博雅馨园
82. 新疆维吾尔自治区乌鲁木齐市绿城玫瑰园
83. 新疆维吾尔自治区乌鲁木齐市朗月星城小区
84. 新疆维吾尔自治区昌吉市锦绣江南小镇
85. 新疆维吾尔自治区昌吉市环宇·大上海小区

二、全国物业管理示范大厦（69 个）

86. 北京电视台综合办公楼
87. 北京市中石油科技园
88. 北京市远洋·光华中心
89. 北京市德胜国际中心
90. 北京市国家防火防灾教育基地
91. 北京市人民检察院第二分院办公楼
92. 上海市宝华国际广场
93. 上海市公安局刑事侦查技术大楼
94. 上海市陆家嘴基金大厦
95. 上海市申能能源中心
96. 上海市新漕河泾国际商务中心
97. 上海保利广场
98. 上海市宝矿洲际商务中心
99. 上海市光大银行大厦
100. 天津市中心妇产科医院
101. 天津市天大高科技楼
102. 天津市峰汇广场（A、B 座）
103. 天津国际贸易与航运服务中心
104. 天津出入境检验检疫局综合实验楼
105. 中国电信重庆公司综合大厦
106. 重庆市协信中心
107. 重庆市聚信美·家居世纪城
108. 内蒙古自治区包头市检察院办公大楼
109. 内蒙古自治区鄂尔多斯市图书馆
110. 辽宁省沈阳市华润大厦
111. 辽宁省沈阳市中电投东北电力有限公司办公楼
112. 辽宁报业传媒大厦
113. 辽宁省沈阳市同方世纪大厦
114. 黑龙江省大庆市石油科技馆
115. 江苏省南京市苏美达五金工具总部大楼
116. 江苏省南京市紫峰大厦
117. 江苏省苏州工业园区档案大厦
118. 江苏省盐城市中级人民法院审判综合楼
119. 江苏省常州市武进水务大楼
120. 浙江省杭州市阿里巴巴滨江 B2B 园区
121. 浙江省杭州市滨江·新城时代广场
122. 浙江省杭州市西湖文化广场环球中心大楼
123. 浙江省宁波市恒隆中心
124. 浙江省宁波市梅山保税港区行政商务中心
125. 安徽省合肥市利港商务中心
126. 福建省福州市信和广场
127. 福建省档案馆新馆
128. 中共厦门市委党校办公大楼
129. 福建省厦门市海富中心
130. 福建省厦门市福隆体育公园综合楼
131. 福建省厦门市厦工集团总部大厦 (一期)
132. 山东省济南市龙奥大厦
133. 山东省青岛市天泰·金融广场
134. 山东省烟台市滨海广场

135. 山东省潍坊市文化艺术中心（二组团）
136. 山东省临沂市公路局办公楼
137. 河南省郑州市中信银行大厦
138. 中国石油长沙大厦
139. 湖南省长沙市康园大厦
140. 湖南省长沙市宁乡县行政中心
141. 广东省广州市富力盈泰广场
142. 广东全球通大厦
143. 广东省广州市珠海区机关办公楼
144. 广东省深圳市大族科技中心大厦
145. 四川省广播电视台综合楼
146. 四川省成都市市级机关第一办公区
147. 四川省新希望大厦
148. 四川省仁恒置地广场
149. 陕西省西安市人民政府办公大院
150. 陕西省西安市曲江文化大厦
151. 新疆维吾尔自治区乌鲁木齐市中国石化西北石油局综合办公楼
152. 新疆维吾尔自治区乌鲁木齐市大成国际大厦
153. 新疆维吾尔自治区乌鲁木齐市美克大厦
154. 新疆油田公司机关一号办公楼

三、全国物业管理示范工业区（4 个）

155. 河北省高碑店市光为工业园
156. 安徽省合肥市宏源工业园
157. 四川省青羊总部基地（一、二期）
158. 陕西省西安市国家级科技企业加速器工业园区

附件 2

取消“全国物业管理示范（优秀）住宅小区（大厦、工业区）”称号的物业管理项目名单

1. 北京华润大厦
2. 国家电力信息通信综合楼
3. 北京航天精密大厦
4. 四川省成都市中海名城
5. 四川省成都市翡翠城一期
6. 四川省成都市棕南公寓

住房和城乡建设部 工商总局
关于印发《商品房买卖合同示范文本》的通知

建房〔2014〕53号

各省、自治区、直辖市住房城乡建设厅（建委、房地局）、工商行政管理局：

为进一步规范商品房交易行为，保障交易当事人的合法权益，切实维护公平公正的商品房交易秩序，贯彻《合同法》、《物权法》等法律法规和部门规章，住房城乡建设部、工商总局对《商品房买卖合同示范文本》（GF–2000–0171）进行了修订，制定了《商品房买卖合同（预售）示范文本》（GF–2014–0171）、《商品房买卖合同（现售）示范文本》（GF–2014–0172）。现印发给你们，请各地充分认识推行本合同示范文本的意义，积极提倡和引导商品房交易当事人使用本合同示范文本，做好示范文本使用事项和市场交易风险提示等宣贯工作。各地在执行过程中发现的问题和有关建议，及时与住房城乡建设部和工商总局联系。

自本合同示范文本颁布之日起，原《商品房买卖合同示范文本》（GF–2000–0171）同时废止。

中华人民共和国住房和城乡建设部
中华人民共和国国家工商行政管理总局
2014年4月9日

GF-2014-0171　　　　　　　　　　合同编号：

商品房买卖合同（预售）
示 范 文 本

出卖人：＿＿＿＿＿＿＿＿＿＿＿＿＿＿＿＿

买受人：＿＿＿＿＿＿＿＿＿＿＿＿＿＿＿＿

中华人民共和国住房和城乡建设部
中华人民共和国国家工商行政管理总局　制定

二〇一四年四月

目　录

说　明

1. 本合同文本为示范文本，由中华人民共和国住房和城乡建设部、中华人民共和国国家工商行政管理总局共同制定。各地可在有关法律法规、规定的范围内，结合实际情况调整合同相应内容。

2. 签订本合同前，出卖人应当向买受人出示《商品房预售许可证》及其他有关证书和证明文件。

3. 出卖人应当就合同重大事项对买受人尽到提示义务。买受人应当审慎签订合同，在签订本合同前，要仔细阅读合同条款，特别是审阅其中具有选择性、补充性、修改性的内容，注意防范潜在的市场风险和交易风险。

4. 本合同文本【 】中选择内容、空格部位填写内容及其他需要删除或添加的内容，双方当事人应当协商确定。【 】中选择内容，以划 V 方式选定；对于实际情况末发生或双方当事人不作约定时，应当在空格部位打 x，以示删除。

5. 出卖人与买受人可以针对本合同文本中没有约定或者约定不明确的内容，根据所售项目的具体情况在相关条款后的空白行中进行补充约定，也可以另行签订补充协议。

6. 双方当事人可以根据实际情况决定本合同原件的份数，并在签订合同时认真核对，以确保各份合同内容一致；在任何情况下，出卖人和买受人都应当至少持有一份合同原件。

专业术语解释

1. 商品房预售：是指房地产开发企业将正在建设中的取得《商品房预售许可证》的商品房预先出售给买受人，并由买受人支付定金或房价款的行为。

2. 法定代理人：是指依照法律规定直接取得代理权的人。

3. 套内建筑面积：是指成套房屋的套内建筑面积，由套内使用面积、套内墙体面积、套内阳台建筑面积三部分组成。

4. 房屋的建筑面积：是指房屋外墙 (柱) 勒脚以上各层的外围水平投影面积，包括阳台、挑廊、地下室、室外楼梯等，且具备有上盖，结构牢固，层高 2.20M 以上 (含 2.20M) 的永久性建筑。

5. 不可抗力：是指不能预见、不能避免并不能克服的客观情况。

6. 民用建筑节能：是指在保证民用建筑使用功能和室内热环境质量的前提下，降低其使用过程中能源消耗的活动。民用建筑是指居住建筑、国家机关办公建筑和商业、服务业、教育、卫生等其他公共建筑。

7. 房屋登记：是指房屋登记机构依法将房屋权利和其他应当记载的事项在房屋登记簿上予以记载的行为。

8. 所有权转移登记：是指商品房所有权从出卖人转移至买受人所办理的登记类型。

9. 房屋登记机构：是指直辖市、市、县人民政府建设 (房地产) 主管部门或者其设置的负责房屋登记工作的机构。

10. 分割拆零销售：是指房地产开发企业将成套的商品住宅分割为数部分分别出售给买受人的销售方式。

11. 返本销售：是指房地产开发企业以定期向买受人返还购房款的方式销售商品房的行为。

12. 售后包租：是指房地产开发企业以在一定期限内承租或者代为出租买受人所购该企业商品房的方式销售商品房的行为。

商品房买卖合同

（预 售）

出卖人向买受人出售其开发建设的房屋，双方当事人应当在自愿、平等、公平及诚实信用的基础上，根据《中华人民共和国合同法》、《中华人民共和国物权法》、《中华人民共和国城市房地产管理法》等法律、法规的规定，就商品房买卖相关内容协商达成一致意见，签订本商品房买卖合同。

第一章　合同当事人

出卖人：________________________

通讯地址：________________________

邮政编码：________________________

营业执照注册号：________________________

企业资质证书号：________________________

法定代表人：____________ 联系电话：____________

委托代理人：____________ 联系电话：____________

委托销售经纪机构：________________________

通讯地址：________________________

邮政编码：________________________

营业执照注册号：________________________

经纪机构备案证明号：________________________

法定代表人：____________ 联系电话：____________

买受人：________________________

【法定代表人】【负责人】：____________【国籍】【户籍所在地】：____________

证件类型：【居民身份证】【护照】【营业执照】【____________】，证号：____________

出生日期：______年______月______日，性别：____________

通讯地址：________________________

邮政编码：____________ 联系电话：____________

【委托代理人】【法定代理人】：____________【国籍】【户籍所在地】：____________

证件类型：【居民身份证】【护照】【营业执照】【____________】，证号：____________

出生日期：___年___月___日，性别：____________

通讯地址：________________________

邮政编码：____________ 联系电话：____________

（买受人为多人时，可相应增加）

第二章　　商品房基本状况

第一条　项目建设依据

1. 出卖人以【出让】【划拨】【___】方式取得坐落于__________地块的建设用地使用权。该地块【 国有土地使用权证号 】【______】为________，土地使用权面积为______平方米。买受人购买的商品房（以下简称该商品房）所占用的土地用途为_____，土地使用权终止日期为___年___月___日。

2. 出卖人经批准，在上述地块上建设的商品房项目核准名称为____，建设工程规划许可证号为_____，建筑工程施工许可证号为____。

第二条　预售依据

该商品房已由____________________批准预售，预售许可证号为____。

第三条　商品房基本情况

1. 该商品房的规划用途为【住宅】【办公】【商业】【___】。

2. 该商品房所在建筑物的主体结构为____________________，建筑总层数为_________层，其中地上_________层，地下_________层。

3. 该商品房为第一条规定项目中的_______【幢】【座】【___】_________单元_________层_________号。房屋竣工后，如房号发生改变，不影响该商品房的特定位置。该商品房的平面图见附件一。

4. 该商品房的房产测绘机构为__________，其预测建筑面积共_________平方米，其中套内建筑面积_________平方米，分摊共有建筑面积_________平方米。该商品房共用部位见附件二。

该商品房层高为_____米，有_____个阳台，其中_____个阳台为封闭式，_____个阳台为非封闭式。阳台是否封闭以规划设计文件为准。

第四条　抵押情况

该商品房的抵押情况为【抵押】【未抵押】。

抵押类型：__________________，抵押人：______________________，抵押权人：__________________________，

抵押登记机构：______________，抵押登记日期：________________，债务履行期限：________________________。

抵押类型：__________________，抵押人：______________________，抵押权人：__________________________，

抵押登记机构：______________，抵押登记日期：________________，债务履行期限：________________________。

抵押权人同意该商品房转让的证明及关于抵押的相关约定见附件三。

第五条　房屋权利状况承诺

1、出卖人对该商品房享有合法权利；

2、该商品房没有出售给除本合同买受人以外的其他人；

3、该商品房没有司法查封或其他限制转让的情况；

4、____；

5、____。

如该商品房权利状况与上述情况不符，导致不能完成本合同登记备案或房屋所有权转移登记的，买受人有权解除合同。卖人应当自解除合同通知送达之日起巧分)，并自买受人付款之日起，按照买受人解除合同的，应当书面通知出卖人。出日内退还买受人已付全部房款（含已付贷款部准利率）计算给付利息。给买受人造成损失的受人全部损失】的赔偿金。（不低于中国人民银行公布的同期贷款基，由出卖人支付【已付房价款一倍】【买受人全部损失】的赔偿金。

第三章　商品房价款

第六条　计价方式与价款

出卖人与买受人按照下列第_______种方式计算该商品房价款：

1.按照套内建筑面积计算，该商品房单价为每平方米______（币种）_____元，总价款为_______（币种）_________元（大写 ______________________________元整）。

2.按照建筑面积计算，该商品房单价为每平方米________（币种）___元，总价款为_______（币种）_______元（大写元整）。

3.按照套计算，该商品房总价款为_______（币种）_______元，（大写 _______________________________元整）。

4.按照______________计算，该商品房总价款为___（币种）______元（大写 ________________________________元整）。

第七条　付款方式及期限

（一）签订本合同前，买受人已向出卖人支付定金____（币种）________________元（大写），该定金于【本合同签订】【交付首付款】【___】时【抵作】【___】商品房价款。

（二）买受人采取下列第________种方式付款：

1.一次性付款。买受人应当在___年___月___日前支付该商品房全部价款。

2.分期付款。买受人应当在___年___月___日前分___期支付该商品房全部价款，首期房价款________（币种）_______元（大写：________________________元整），应当于___年___月___日前支付。______________________________________。

3.贷款方式付款：【公积金贷款】【商业贷款】【___】。买受人应当于_________年_____月_____日前支付首期房价款（币种）_____元（大写：________________________元整），占全部房价款的___%。

余款_____（币种）_____元（大写：________________________元整）向______________（贷款机构）申请贷款支付。

4.其他方式：

____。

（三）出售该商品房的全部房价款应当存人预售资金监管账户，用于本工程建设。

该商品房的预售资金监管机构为，____，预售资金监管账户名称为 ____，账号为 ____

该商品房价款的计价方式、总价款、付款方式及期限的具体约定见附件四。

第八条 逾期付款责任

除不可抗力外，买受人未按照约定时间付款的，双方同意按照下列第_________种方式处理：

1.按照逾期时间，分别处理（（1）和（2）不作累加）。

(1) 逾期在_________日之内，买受人按日计算向出卖人支付逾期应付款万分之_________的违约金。

(2) 逾期超过_________日（该期限应当与本条第（1）项中的期限相同）后，出卖人有权解除合同。出卖人解除合同的，应当书面通知买受人。买受人应当自解除合同通知送达之日起_________日内按照累计应付款的_________%向出卖人支付违约金，同时，出卖人退还买受人已付全部房款（含已付贷款部分）。

出卖人不解除合同的，买受人按日计算向出卖人支付逾期应付款万分之_________（该比率不低于第（1）项中的比率）的违约金。

本条所称逾期应付款是指依照第七条及附件四约定的到期应付款与该期实际已付款的差额；采取分期付款的，按照相应的分期应付款与该期的实际已付款的差额确定。

2____。

第四章　商品房交付条件与交付手续

第九条　商品房交付条件

该商品房交付时应当符合下列第1、2、___、___项所列条件：

1.该商品房已取得建设工程竣工验收备案证明文件；

2.该商品房已取得房屋测绘报告；

3.____；

4.____。

该商品房为住宅的，出卖人还需提供《住宅使用说明书》和《住宅质量保证书》。

第十条　商品房相关设施设备交付条件

（一）基础设施设备

1. 供水、排水：交付时供水、排水配套设施齐全，并与城市公共供水、排水管网连接。使用自建设施供水的，供水的水质符合国家规定的饮用水卫生标准，

____；

2. 供电：交付时纳入城市供电网络并正式供电，

____；

3. 供暖：交付时供热系统符合供热配建标准，使用城市集中供热的，纳入城市集中供热管网，

____；

4. 燃气：交付时完成室内燃气管道的敷设，并与城市燃气管网连接，保证燃气供应，

____；

5. 电话通信：交付时线路敷设到户；

6. 有线电视：交付时线路敷设到户；

7. 宽带网络：交付时线路敷设到户。

以上第1、2、3项由出卖人负责办理开通手续并承担相关费用；第4、5、6、7项需要买受人自行办理开通手续。

如果在约定期限内未达到交付使用条件，双方同意按照下列第________种方式处理：

（1）以上设施中第1、2、3、4项在约定交付日未达到交付条件的，出卖人按照本合同第十二条的约定承担逾期交付责任。

第5项未按时达到交付使用条件的，出卖人按日向买受人支付________元的违约金；第6项未按时达到交付使用条件的，出卖人按日向买受人支付________元的违约金；第7项未按时达到交付使用条件的，出卖人按日向买受人支付________元的违约金。出卖人采取措施保证相关设施于约定交付日后____日之内达到交付使用条件。

（2）______________________________________。

（二）公共服务及其他配套设施（以建设工程规划许可为准）

1. 小区内绿地率：________年________月______日达到________________；

2. 小区内非市政道路：________年________月________日达到____________；

3. 规划的车位、车库：________年________月________日达到____________；

4. 物业服务用房：________年________月________日达到______________；

5. 医疗卫生机构：_______年______月_____日达到____________________；

6. 幼儿园：________年________月________日达到____________________；

7. 学校：________年________月________日达到______________________；

8.____；

9.____。

以上设施未达到上述条件的，双方同意按照以下方式处理：

1. 小区内绿地率未达到上述约定条件的，______________________。

2. 小区内非市政道路未达到上述约定条件的，__________________。

3. 规划的车位、车库未达到上述约定条件，______________________。

4. 物业服务用房未达到上述约定条件的，________________________。

5. 其他设施未达到上述约定条件的，____________________________。

关于本项目内相关设施设备的具体约定见附件五。

第十一条　交付时间和手续

（一）出卖人应当在________年________月________日前向买受人交付该商品房。

（二）该商品房达到第九条，第十条约定的交付条件后，出卖人应当在交付日期届满前______日（不少于10日）将查验房屋的时间、办理交付手续的时间地点以及应当携带的证件材料的通知书面送达买受人。买受人未收到交付通知书的，以本合同约定的交付日期届满之日为办理交付手续的时间，以该商品房所在地为办理交付手续的地点。

____。

交付该商品房时，出卖人应当出示满足第九条约定的证明文件。出卖人不出示证明文件或者出示的证明文件不齐全，不能满足第九条约定条件的，买受人有权拒绝接收，由此产生的逾期交付责任由出卖人承担，并按照第十二条处理。

（三）查验房屋

1. 办理交付手续前，买受人有权对该商品房进行查验，出卖人不得以缴纳相关税费或者签署物业管理文件作为买受人查验和办理交付手续的前提条件。

2. 买受人查验的该商品房存在下列除地基基础和主体结构外的其他质量问题的，由出卖人按照有关工程和产品质量规范、标准自查验次日起______日内负责修复，并承并承担修复费用，修复后再行交付。

（1）屋面、墙面、地面渗漏或开裂等；

（2）管道堵塞；

（3）门窗翘裂、五金件损坏；

（4）灯具、电器等电气设备不能正常使用；

（5）____；

（6）____。

3. 查验该商品房后，双方应当签署商品房交接单。由于买受人原因导致该商品房未能按期交付的，双方同意按照以下方式处理：

（1）____；

（2）____。

第十二条 逾期交付责任

除不可抗力外，出卖人未按照第十一条约定的时间将该商品房交付买受人的，双方同意按照下列第________种方式处理：

1. 按照逾期时间，分别处理（（1）和（2）不作累加）。

(1) 逾期在_______日之内（该期限应当不多于第八条第 1（1）项中的期限），自第十一条约定的交付期限届满之次日起至实际交付之日止，出卖人按日计算向买受人支付全部房价款万分之_____的违约金（该违约金比率应当不低于第八条第 1（1）项中的比率）。

(2) 逾期超过_______日（该期限应当与本条第（1）项中的期限相同）后，买受人有权解除合同。买受人解除合同的，应当书面通知出卖人。买受人解除合同的，应当书面通知出卖人。出卖人应当自解除合同通知送达之日起 15 日内退还买受人已付全部房款（含已付贷款部分），并自买受人付款之日起，按照___%（不低于中国人民银行公布的同期贷款基准利率）计算给付利息；同时，出卖人按照全部房价款的_____% 向买受人支付违约金。

买受人要求继续履行合同的，合同继续履行，出卖人按日计算向买受人支付全部房价款万分之_______（该比率应当不低于本条第 1（1）项中的比率）的违约金。

2.____。

第五章　面积差异处理方式

第十三条 面积差异处理

该商品房交付时，出卖人应当向买受人出示房屋测绘报告，并向买受人提供该商品房的面积实测数据（以下简称实测面积）。实测面积与第三条载明的预测面积发生误差的，双方同意按照第_____种方式处理。

1. 根据第六条按照套内建筑面积计价的约定，双方同意按照下列原则处理：

(1) 套内建筑面积误差比绝对值在 3% 以内（含 3%）的，据实结算房价款；

(2) 套内建筑面积误差比绝对值超出 3% 时，买受人有权解除合同。

买受人解除合同的，应当书面通知出卖人。出卖人应当自解除合同通知送达之日起巧日内退还买受人已付全部房款（含已付贷款部分），并自买受人付款之日起，按照_____ %(不低于中国人民银行公布的同期贷款基准利率）计算给付利息。

买受人选择不解除合同的，实测套内建筑面积大于预测套内建筑面积时，套内建筑面积误差比在 3% 以内（含 3%）部分的房价款由买受人补足；超出 3% 部分的房价款由出卖人承担，产权归买受人所有。实测套内建筑面积小于预测套内建筑面积时，套内建筑面积误差比绝对值在 3% 以内（含 3%）部分的房价款由出卖人返还买受人；
绝对值超出 3% 部分的房价款由出卖人双倍返还买受人。

$$\text{套内建筑面积误差比} = \frac{\text{实测套内建筑面积}-\text{预测套内建筑面积}}{\text{预测套内建筑面积}} \times 100\%$$

2. 根据第六条按照建筑面积计价的约定，双方同意按照下列原则处理：

（1）建筑面积、套内建筑面积误差比绝对值均在 3% 以内（含 3%）的，根据实测建筑面积结算房价款；

（2）建筑面积、套内建筑面积误差比绝对值其中有一项超出 3% 时，买受人有权解除合同。

买受人解除合同的，应当书面通知出卖人。出卖人应当自解除合同通知送达之日起巧日内退还买受人已付全部房款(含已付贷款部分)，并自买受人付款之日起，按照_____ %(不低于中国人民银行公布的同期贷款基准利率)计算给付利息。

买受人选择不解除合同的，实测建筑面积大于预测建筑面积时，建筑面积误差比在 3% 以内(含 3%)部分的房价款由买受人补足，超出 3% 部分的房价款由出卖人承担，产权归买受人所有。实测建筑面积小于预测建筑面积时，建筑面积误差比绝对值在 3% 以内(含 3%)部分的房价款由出卖人返还买受人；绝对值超出 3% 部分的房价款由出卖人双倍返还买受人。

$$建筑面积误差比=\frac{实测建筑面积一预测建筑面积}{预测建筑面积}\times 100\%$$

（3）因设计变更造成面积差异，双方不解除合同的，应当签署补充协议。

3. 根据第六条按照套计价的，出卖人承诺在房屋平面图中标明详细尺寸，并约定误差范围。该商品房交付时，套型与设计图纸不一致或者相关尺寸超出约定的误差范围，双方约定如下：

____。

4. 双方自行约定：

____。

第六章　规划设计变更

第十四条　规划变更

(一)出卖人应当按照城乡规划主管部门核发的建设工程规划许可证规定的条件建设商品房，不得擅自变更。

双方签订合同后，涉及该商品房规划用途、面积、容积率、绿地率、基础设施、公共服务及其他配套设施等规划许可内容经城乡规划主管部门批准变更的，出卖人应当在变更确立之日起 10 日内将书面通知送达买受人。出卖人未在规定期限内通知买受人的，买受人有权解除合同。

(二)买受人应当在通知送达之日起巧日内做出是否解除合同的书面答复。买受人逾期未予以书面答复的，视同接受变更。

(三)买受人解除合同的，应当书面通知出卖人。出卖人应当自解除合同通知送达之日起巧日内退还买受人已付全部房款(含已付贷款部分)，并自买受人付款之日起，按照______ %(不低于中国人民银行公布的同期贷款基准利率)计算给付利息；同时，出卖人按照全部房价款的____ % 向买受人支付违约金。

买受人不解除合同的，有权要求出卖人赔偿由此造成的损失，双方约定如下：

____。

第十五条　设计变更

(一)双方签订合同后，出卖人按照法定程序变更建筑工程施工图设计文件，涉及下列可能影响买受人所购商品房质量或使用功能情形的，出卖人应当在变更确立之日起 10 日内将书面通知送达买受人。出卖人未在规定期限内通知买受人的，买受人有权解除合同。

1. 该商品房结构形式、户型、空间尺寸、朝向；

2. 供热、采暖方式；

3、____；

4、____；

5、____；

(二)买受人应当在通知送达之日起巧日内做出是否解除合同的书面答复。买受人逾期未予以书面答复的，视同接受变更。

(三)买受人解除合同的，应当书面通知出卖人。出卖人应当自解除合同通知送达之日起巧日内退还买受人已付全部房款(含已付贷款部分)，并自买受人付款之日起，按照______%(不低于中国人民银行公布的同期贷款基准利率)计算给付利息；同时，出卖人按照全部房价款的______% 向买受人支付违约金。

买受人不解除合同的，有权要求出卖人赔偿由此造成的损失，双方约定如下：

____。

第七章　商品房质量及保修责任

第十六条　商品房质量

（一）地基基础和主体结构

出卖人承诺该商品房地基基础和主体结构合格，并符合国家及行业标准。

经检测不合格的，买受人有权解除合同。买受人解除合同的，应当书面通知出卖人。出卖人应当自解除合同通知送达之日起巧日内退还买受人已付全部房款（含已付贷款部分），并自买受人付款之日起，按照________%(不低于中国人民银行公布的同期贷款基准利率）计算给付利息。给买受人造成损失的，由出卖人支付【已付房价款一倍】【买受人全部损失】的赔偿金。因此而发生的检测费用由出卖人承担。

买受人不解除合同的，____。

（二）其他质量问题

该商品房质量应当符合有关工程质量规范、标准和施工图设计文件的要求。发现除地基基础和主体结构外质量问题的，双方按照以下方式处理：

（1）及时更换、修理；如给买受人造成损失的，还应当承担相应赔偿责任。

____。

（2）经过更换、修理，仍然严重影响正常使用的，买受人有权解除合同。买受人解除合同的，应当书面通知出卖人。出卖人应当自解除合同通知送达之日起巧日内退还买受人已付全部房款（含已付贷款部分），并自买受人付款之日起，按照________%(不低于中国人民银行公布的同期贷款基准利率）计算给付利息。给买受人造成损失的，由出卖人承担相应赔偿责任。因此而发生的检测费用由出卖人承担。

买受人不解除合同的，____。

（三）装饰装修及设备标准

该商品房应当使用合格的建筑材料、构配件和设备，装置、装修、装饰所用材料的产品质量必须符合国家的强制性标准及双方约定的标准。

不符合上述标准的，买受人有权要求出卖人按照下列第（1）、________、________方式处理（可多选）:

（1）及时更换、修理；

（2）出卖人赔偿双倍的装饰、设备差价；

（3）____。

（4）____。

具体装饰装修及相关设备标准的约定见附件六。

（四）室内空气质量、建筑隔声和民用建筑节能措施

1. 该商品房室内空气质量符合【国家】【地方】标准，标准名称：______________________________，标准文号：______________________________。

该商品房为住宅的，建筑隔声情况符合【国家】【地方】标准，标准名称：______________________________，标准文号：______________________________。

该商品房室内空气质量或建筑隔声情况经检测不符合标准，由出卖人负责整改，整改后仍不符合标准的，买受人有权解除合同。买受人解除合同的，应当书面通知出卖人。出卖人应当自解除合同通知送达之日起巧日内退还买受人已付全部房款（含已付贷款部分），并自买受人付款之日起，按照______%(不低于中国人民银行公布的同期贷款基准利率）计算给付利息。给买受人造成损失的，由出卖人承担相应赔偿责任。经检测不符合标准的，检测费用由出卖人承担，整改后再次检测发生的费用仍由出卖人承担。因整改导致该商品房逾期交付的，出卖人应当承担逾期交付责任。

2. 该商品房应当符合国家有关民用建筑节能强制性标准的要求。

未达到标准的，出卖人应当按照相应标准要求补做节能措施，并承担全部费用；给买受人造成损失的，出卖人应当承担相应赔偿责任。

____。

第十七条　保修责任

（一）商品房实行保修制度。该商品房为住宅的，出卖人自该商品房交付之日起，按照《住宅质量保证书》承诺的内容承担相应的保修责任。该商品房为非住宅的，双方应当签订补充协议详细约定保修范围、保修期限和保修责任等内容。具体内容见附件七。

（二）下列情形，出卖人不承担保修责任：

1. 因不可抗力造成的房屋及其附属设施的损害；

2. 因买受人不当使用造成的房屋及其附属设施的损害；

3、____。

（三）在保修期内，买受人要求维修的书面通知送达出卖人________日内，出卖人既不履行保修义务也不提出书面异议的，买受人可以自行或委托他人进行维修，维修费用及维修期间造成的其他损失由出卖人承担。

第十八条　质量担保

出卖人不按照第十六条、第十七条约定承担相关责任的，由________________________承担连带责任。

关于质量担保的证明见附件八。

第八章　合同备案与房屋登记

第十九条　预售合同登记备案

（一）出卖人应当自本合同签订之日起【30日内】【______日内】（不超过30日）办理商品房预售合同登记备案手续，并将本合同登记备案情况告知买受人。

（二）有关预售合同登记备案的其他约定如下：

____；

____。

第二十条　房屋登记

（一）双方同意共同向房屋登记机构申请办理该商品房的房屋所有权转移登记。

（二）因出卖人的原因，买受人未能在该商品房交付之日起________日内取得该商品房的房屋所有权证书的，双方同意按照下列第______种方式处理：

1. 买受人有权解除合同。买受人解除合同的，应当书面通知出卖人。出卖人应当自解除合同通知送达之日起巧日内退还买受人已付全部房款（含已付贷款部分），并自买受人付款之日起，按照_____%（不低于中国人民银行公布的同期贷款基准利率）计算给付利息。买受人不解除合同的，自买受人应当完成房屋所有权登记的期限届满之次日起至实际完成房屋所有权登记之日止，出卖人按日计算向买受人支付全部房价款万分之________的违约金。

2.____。

（三）因买受人的原因未能在约定期限内完成该商品房的房屋所有权转移登记的，出卖人不承担责任。

第九章　前期物业管理

第二十一条　前期物业管理

（一）出卖人依法选聘的前期物业服务企业为________________________。

（二）物业服务时间从_____年_____月_____日到_____年_____月_____日。

（三）物业服务期间，物业收费计费方式为【包干制】【酬金制】【_____】。物业服务费为_____元/月·平方米（建筑面积）。

（四）买受人同意由出卖人选聘的前期物业服务企业代为查验并承接物业共用部位、共用设施设备，出卖人应当将物业共用部位、共用设施设备承接查验的备案情况书面告知买受人。

（五）买受人已详细阅读前期物业服务合同和临时管理规约，同意由出卖人依法选聘的物业服务企业实施前期物业管理，遵守临时管理规约。业主委员会成立后，由业主大会决定选聘或续聘物业服务企业。

该商品房前期物业服务合同、临时管理规约见附件九。

第十章　其他事项

第二十二条 建筑物区分所有权

(一) 买受人对其建筑物专有部分享有占有、使用、收益和处分的权利。

(二) 以下部位归业主共有：

1. 建筑物的基础、承重结构、外墙、屋顶等基本结构部分，通道、楼梯、大堂等公共通行部分，消防、公共照明等附属设施、设备，避难层、设备层或者设备间等结构部分；

2. 该商品房所在建筑区划内的道路(属于城镇公共道路的除外)、绿地(属于城镇公共绿地或者明示属于个人的除外)、占用业主共有的道路或者其他场地用于停放汽车的车位、物业服务用房；

3、____。

(三) 双方对其他配套设施约定如下：

1. 规划的车位、车库：____。

2. 会所：____。

3、____。

第二十三条 税费

双方应当按照国家的有关规定，向相应部门缴纳因该商品房买卖发生的税费。因预测面积与实测面积差异，导致买受人不能享受税收优惠政策而增加的税收负担，由____________承担。

第二十四条 销售和使用承诺

1. 出卖人承诺不采取分割拆零销售、返本销售或者变相返本销售的方式销售商品房；不采取售后包租或者变相售后包租的方式销售未竣工商品房。

2. 出卖人承诺按照规划用途进行建设和出售，不擅自改变该商品房使用性质，并按照规划用途办理房屋登记。出卖人不得擅自改变与该商品房有关的共用部位和设施的使用性质。

3. 出卖人承诺对商品房的销售，不涉及依法或者依规划属于买受人共有的共用部位和设施的处分。

4. 出卖人承诺已将遮挡或妨碍房屋正常使用的情况告知买受人。具体内容见附件十。

5. 买受人使用该商品房期间，不得擅自改变该商品房的用途、建筑主体结构和承重结构。

6、____。

7、____。

第二十五条 送达

出卖人和买受人保证在本合同中记载的通讯地址、联系电话均真实有效。任何根据本合同发出的文件，均应采用书面形式，以【邮政快递】【邮寄挂号信】【______】方式送达对方。任何一方变更通讯地址、联系电话的，应在变更之日起______日内书面通知对方。变更的一方未履行通知义务导致送达不能的，应承担相应的法律责任。

第二十六条 买受人信息保护

出卖人对买受人信息负有保密义务。非因法律、法规规定或国家安全机关、公安机关、检察机关、审判机关、纪检监察部门执行公务的需要，未经买受人书面同意，出卖人及其销售人员和相关工作人员不得对外披露买受人信息，或将买受人信息用于履行本合同之外的其他用途。

第二十七条 争议解决方式

本合同在履行过程中发生的争议，由双方当事人协商解决，也可通过消费者协会等相关机构调解；或按照下列第____________种方式解决：

1. 依法向房屋所在地人民法院起诉。

2. 提交________________________仲裁委员会仲裁。

第二十八条 补充协议

对本合同中未约定或约定不明的内容，双方可根据具体情况签订书面补充协议(补充协议见附件十一)。

补充协议中含有不合理的减轻或免除本合同中约定应当由出卖人承担的责任，或不合理的加重买受人责任、排除买受人主要权利内容的，仍以本合同为准。

第二十九条 合同生效

本合同自双方签字或盖章之日起生效。本合同的解除应当采用书面形式。

本合同及附件共_____页，一式_______份，其中出卖人________份，买受人______份，【___________】__________份，【_________】__________份。合同附件与本合同具有同等法律效力。

出卖人(签字或盖章):
【法定代表人】(签字或盖章):
【委托代理人】(签字或盖章):

签订时间:_____年_____月_____日
签订地点:____________________

买受人(签字或盖章):
【法定代表人】(签字或盖章):
【委托代理人】(签字或盖章):
【法定代理人】(签字或盖章):
签订时间:____年_____月_____日
签订地点:____________________

附件一 房屋平面图(应当标明方位)

1. 房屋分层分户图(应当标明详细尺寸，并约定误差范围)
2. 建设工程规划方案总平面图

附件二 关于该商品房共用部位的具体说明(可附图说明)

1. 纳入该商品房分摊的共用部位的名称、面积和所在位置
2. 未纳入该商品房分摊的共用部位的名称、所在位置

附件三 抵押权人同意该商品房转让的证明及关于抵押的相关约定

1. 抵押权人同意该商品房转让的证明
2. 解除抵押的条件和时间
3. 关于抵押的其他约定

附件四 关于该商品房价款的计价方式、总价款、付款方式及期限的具体约定

附件五 关于本项目内相关设施、设备的具体约定

1. 相关设施的位置及用途
2. 其他约定

附件六 关于装饰装修及相关设备标准的约定

交付的商品房达不到本附件约定装修标准的，按照本合同第十六条第(三)款约定处理。出卖人未经双方约定增加的装置、装修、装饰，视为无条件赠送给买受人。

双方就装饰装修主要材料和设备的品牌、产地、规格、数量等内容约定如下:

1. 外墙:【瓷砖】【涂料】【玻璃幕墙】【_____】;

____。

2. 起居室:

(1)内墙:【涂料】【壁纸】【______】;

____。

（2）顶棚：【石膏板吊顶】【涂料】【______】；

______。

（3）室内地面：【大理石】【花岗岩】【水泥抹面】【实木地板】【______】；

______。

3. 厨房：

（1）地面：【水泥抹面】【瓷砖】【______】；

______。

（2）墙面：【耐水腻子】【瓷砖】【______】；

______。

（3）顶棚：【水泥抹面】【石膏吊顶】【______】；

______。

（4）厨具：______。

4. 卫生间：

（1）地面：【水泥抹面】【瓷砖】【______】；

______。

（2）墙面：【耐水腻子】【瓷砖】【______】；

______。

（3）顶棚：【水泥抹面】【石膏吊顶】【______】；

______。

（4）卫生器具______。

5. 阳台：【塑钢封闭】【铝合金封闭】【断桥铝合金封闭】【不封闭】【______】；

______。

6. 电梯：

（1）品牌：______。

（2）型号：______。

7. 管道：

______。

8. 窗户：

______。

9.______。

10、______。

附件七　关于保修范围、保修期限和保修责任的约定

该商品房为住宅的，出卖人应当提供《住宅质量保证书》；该商品房为非住宅的，双方可参照《住宅质量保证书》中的内容对保修范围、保修期限和保修责任等进行约定。

该商品房的保修期自房屋交付之日起计算，关于保修期限的约定不应低于《建设工程质量管理条例》第四十条规定的最低保修期限。

（一）保修项目、期限及责任的约定

1. 地基基础和主体结构：

保修期限为：______（不得低于设计文件规定的该工程的合理使用年限）；

______。

2. 屋面防水工程、有防水要求的卫生间、房间和外墙面的防渗漏：

保修期限为：______（不得低于 5 年）；

______。

3. 供热、供冷系统和设备：

保修期限为：______（不得低于 2 个采暖期、供冷期）；

______。

4. 电气管线、给排水管道、设备安装：

保修期限为：______（不得低于 2 年）

____。

5. 装修工程 :

保修期限为 :____________(不得低于 2 年)

____。

6、____。

7、____。

8、____。

(二) 其他约定

____。

附件八 关于质量担保的证明

附件九 关于前期物业管理的约定

1. 前期物业服务合同

2. 临时管理规约

附件十 出卖人关于遮挡或妨碍房屋正常使用情况的说明

(如 : 该商品房公共管道检修口、柱子、变电箱等有遮挡或妨碍房屋正常使用的情况)

附件十一 补充协议

GF-2014-0172 合同编号：

商品房买卖合同(现售)

示 范 文 本

出卖人：______________________________

买受人：______________________________

中华人民共和国住房和城乡建设部
中华人民共和国国家工商行政管理总局 制定

二〇一四年四月

目　　录

说 明

1. 本合同文本为示范文本，由中华人民共和国住房和城乡建设部、中华人民共和国国家工商行政管理总局共同制定。各地可在有关法律法规、规定的范围内，结合实际情况调整合同相应内容。

2. 签订本合同前，出卖人应当向买受人出示《商品房预售许可证》及其他有关证书和证明文件。

3. 出卖人应当就合同重大事项对买受人尽到提示义务。买受人应当审慎签订合同，在签订本合同前，要仔细阅读合同条款，特别是审阅其中具有选择性、补充性、修改性的内容，注意防范潜在的市场风险和交易风险。

4. 本合同文本【 】中选择内容、空格部位填写内容及其他需要删除或添加的内容，双方当事人应当协商确定。【 】中选择内容，以划 V 方式选定；对于实际情况末发生或双方当事人不作约定时，应当在空格部位打 x，以示删除。

5. 出卖人与买受人可以针对本合同文本中没有约定或者约定不明确的内容，根据所售项目的具体情况在相关条款后的空白行中进行补充约定，也可以另行签订补充协议。

6. 双方当事人可以根据实际情况决定本合同原件的份数，并在签订合同时认真核对，以确保各份合同内容一致；在任何情况下，出卖人和买受人都应当至少持有一份合同原件。

专业术语解释

1. 商品房现售：是指房地产开发企业将竣工验收合格的商品房出售给买受人，并由买受人支付房价款的行为。

2. 法定代理人：是指依照法律规定直接取得代理权的人。

3. 套内建筑面积：是指成套房屋的套内建筑面积，由套内使用面积、套内墙体面积、套内阳台建筑面积三部分组成。

4. 房屋的建筑面积：是指房屋外墙（柱）勒脚以上各层的外围水平投影面积，包括阳台、挑廊、地下室、室外楼梯等，且具备有上盖，结构牢固，层高 2.20M 以上（含 2.20M) 的永久性建筑。

5. 不可抗力：是指不能预见、不能避免并不能克服的客观情况。

6. 民用建筑节能：是指在保证民用建筑使用功能和室内热环境质量的前提下，降低其使用过程中能源消耗的活动。民用建筑是指居住建筑、国家机关办公建筑和商业、服务业、教育、卫生等其他公共建筑。

7. 房屋登记：是指房屋登记机构依法将房屋权利和其他应当记载的事项在房屋登记簿上予以记载的行为。

8. 所有权转移登记：是指商品房所有权从出卖人转移至买受人所办理的登记类型。

9. 房屋登记机构：是指直辖市、市、县人民政府建设（房地产）主管部门或者其设置的负责房屋登记工作的机构。

10. 分割拆零销售：是指房地产开发企业将成套的商品住宅分割为数部分分别出售给买受人的销售方式。

11. 返本销售：是指房地产开发企业以定期向买受人返还购房款的方式销售商品房的行为。

商品房买卖合同

（现售）

出卖人向买受人出售其开发建设的房屋，双方当事人应当在自愿、平等、公平及诚实信用的基础上，根据《中华人民共和国合同法》、《中华人民共和国物权法》、《中华人民共和国城市房地产管理法》等法律、法规的规定，就商品房买卖相关内容协商达成一致意见，签订本商品房买卖合同。

第一章　合同当事人

出卖人：____
通讯地址：____
邮政编码：____
营业执照注册号：________________________________
企业资质证书号：________________________________
法定代表人：________________联系电话：________________
委托代理人：________________联系电话：________________
委托销售经纪机构：______________________________
通讯地址：____
邮政编码：____
营业执照注册号：________________________________
经纪机构备案证明号：____________________________
法定代表人：________________联系电话：________________

买受人：____
【法定代表人】【负责人】：________________【国籍】【户籍所在地】：________________________
证件类型：【居民身份证】【护照】【营业执照】【________________】，证号：________________
出生日期：________年________月________日，性别：________________
通讯地址：____
邮政编码：________________联系电话：________________
【委托代理人】【法定代理人】：________________【国籍】【户籍所在地】：________________
证件类型：【居民身份证】【护照】【营业执照】【________________】，证号：________________
出生日期：___年___月___日，性别：________________
通讯地址：____
邮政编码：________________联系电话：________________
（买受人为多人时，可相应增加）

第二章　　商品房基本状况

第一条　项目建设依据

1. 出卖人以【出让】【划拨】【___】方式取得坐落于_____地块的建设用地使用权。该地块【国有土地使用权证号】【___】为_____，土地使用权面积为______平方米。买受人购买的商品房（以下简称该商品房）所在土地用途为_____，土地使用权终止日期为___年___月___日。

2. 出卖人经批准，在上述地块上建设的商品房项目核准名称为________，建设工程规划许可证号为____________，建筑工程施工许可证号为_____。

第二条　销售依据

该商品房已取得【建设工程竣工验收备案证明文件】【《房屋所有权证》】，【备案号】【《房屋所有权证》证号】为__________________，【备案机构】【房屋登记机构】为______________________________________。

第三条　商品房基本情况

1. 该商品房的规划用途为【住宅】【办公】【商业】【___】。

2. 该商品房所在建筑物的主体结构为_______，建筑总层数为__________层，其中地上__________层，地下__________层。

3. 该商品房为第一条规定项目中的_______【幢】【座】【___】__________单元__________层__________号。该商品房的平面图见附件一。

4. 该商品房的房产测绘机构为__________，其实测建筑面积共__________平方米，其中套内建筑面积__________平方米，分摊共有建筑面积__________平方米。该商品房共用部位见附件二。

该商品房层高为_____米，有_____个阳台，其中_____个阳台为封闭式，_____个阳台为非封闭式。阳台是否封闭以规划设计文件为准。

第四条　抵押情况

与该商品房有关的抵押情况为【抵押】【未抵押】。

抵押人：______________，抵押权人：___________，抵押登记机构：_________________，

抵押登记日期：_________，债务履行期限：____。

抵押权人同意该商品房转让的证明及关于抵押的相关约定见附件三。

第五条　租赁情况

该商品房的租赁情况为【出租】【未出租】。

出卖人已将该商品房出租，【买受人为该商品房承租人】【承租人放弃优先购买权】。

租赁期限：从_____年_____月_____日至_____年_____月_____日。出卖人与买受人经协商一致，自本合同约定的交付日至租赁期限届满期间的房屋收益归【出卖人】【买受人】所有。

____。

出卖人提供的承租人放弃优先购买权的声明见附件四。

第六条　房屋权利状况承诺

1. 出卖人对该商品房享有合法权利；

2. 该商品房没有销售给除本合同买受人以外的其他人；

3. 该商品房没有司法查封或其他限制转让的情况；

4.____；

5.____。

如该商品房权利状况与上述情况不符，导致不能完成房屋所有权转移登记的，买受人有权解除合同。买受人解除合同的，应当书面通知出卖人。出卖人应当自解除合同通知送达之日起巧日内退还买受人已付全部房款（含已付贷款部分），并自买受人付款之日起，按照_____%(不低于中国人民银行公布的同期贷款基准利率）计算给付利息。给买受人造成损失的，由出卖人支付【已付房价款一倍】【买受人全部损失】的赔偿金。

第三章　商品房价款

第七条　计价方式与价款

出卖人与买受人按照下列第____种方式计算该商品房价款：

1. 按照套内建筑面积计算，该商品房单价为每平方米________（币种）_______元，总价款为_____（币种）_______元（大写____元整）。

2. 按照建筑面积计算，该商品房单价为每平方米________（币种）_______元，总价款为_____（币种）_______元（大写____元整）。

3. 按照套计算，该商品房总价款为______（币种）_______元，（大写__________________________________元整）。

4. 按照________计算，该商品房总价款为___（币种）_______元，（大写__________________________________元整）。

第八条　付款方式及期限

（一）签订本合同前，买受人已向出卖人支付定金____（币种）_______________元（大写），该定金于【本合同签订】【交付首付款】【___】时【抵作】【___】商品房价款。

（二）买受人采取下列第 ______ 种方式付款：

1. 一次性付款。买受人应当在___年___月___日前支付该商品房全部价款。

2. 分期付款。买受人应当在___年___月___日前分___期支付该商品房全部价款，首期房价款____（币种）________元（大写__________________________________元整），应当于_______年_______月_______日前支付。

____。

3. 贷款方式付款：【公积金贷款】【商业贷款】【___】。买受人应当于____年____月____日前支付首期房价款____（币种）_____元（大写________________________________元整），占全部房价款的__%。

余款____（币种）_____元（大写__________________________________元整）。向_____________（贷款机构）申请贷款支付。

4. 其他方式：

____。

（三）双方约定全部房价款存入以下账户：账户名称为_____________________________，开户银行为，____________账号为__________________________ 。

该商品房价款的计价方式、总价款、付款方式及期限的具体约定见附件五。

第九条　逾期付款责任

除不可抗力外，买受人未按照约定时间付款的，双方同意按照下列第 ___ 种方式处理：

1. 按照逾期时间，分别处理（（1）和（2）不作累加）。

(1) 逾期在_______日之内，买受人按日计算向出卖人支付逾期应付款万分之_____的违约金。

(2) 逾期超过_______日（该期限应当与本条第（1）项中的期限相同）后，出卖人有权解除合同。出卖人解除合同的，应当书面通知买受人。买受人应当自解除合同通知送达之日起_____日内按照累计应付款的______% 向出卖人支付违约金，同时，出卖人退还买受人已付全部房款（含已付贷款部分）。

出卖人不解除合同的，买受人按日计算向出卖人支付逾期应付款万分之________（该比率不低于第（1）项中的比率）的违约金。

本条所称逾期应付款是指依照第七条及附件四约定的到期应付款与该期实际已付款的差额；采取分期付款的，按照相应的分期应付款与该期的实际已付款的差额确定。

2.____。

第四章　商品房交付条件与交付手续

第十条　商品房交付条件

该商品房交付时应当符合下列第 1、2、___、___项所列条件：

1. 该商品房已取得建设工程竣工验收备案证明文件；
2. 该商品房已取得房屋测绘报告；
3.____；
4.____。
该商品房为住宅的，出卖人还需提供《住宅使用说明书》和《住宅质量保证书》。

第十一条 商品房相关设施设备交付条件

（一）基础设施设备

1. 供水、排水：交付时供水、排水配套设施齐全，并与城市公共供水、排水管网连接。使用自建设施供水的，供水的水质符合国家规定的饮用水卫生标准，

____；

2. 供电：交付时纳入城市供电网络并正式供电，

____；

3. 供暖：交付时供热系统符合供热配建标准，使用城市集中供热的，纳入城市集中供热管网，

____；

4. 燃气：交付时完成室内燃气管道的敷设，并与城市燃气管网连接，保证燃气供应，

____；

5. 电话通信：交付时线路敷设到户；
6. 有线电视：交付时线路敷设到户；
7. 宽带网络：交付时线路敷设到户。

以上第 1、2、3 项由出卖人负责办理开通手续并承担相关费用；第 4、5、6、7 项需要买受人自行办理开通手续。

如果在约定期限内未达到交付使用条件，双方同意按照下列第__________种方式处理：

（1）以上设施中第 1、2、3、4 项在约定交付日未达到交付条件的，出卖人按照本合同第十三条的约定承担逾期交付责任。

第 5 项未按时达到交付使用条件的，出卖人按日向买受人支付_____________元的违约金；第 6 项未按时达到交付使用条件的，出卖人按日向买受人支付___________元的违约金；第 7 项未按时达到交付使用条件的，出卖人按日向买受人支付元的违约金。出卖人采取措施保证相关设施于约定交付日后____日之内达到交付使用条件。

（2）____。

（二）公共服务及其他配套设施（以建设工程规划许可为准）

1. 小区内绿地率：__________年_____月_____日达到_________________；
2. 小区内非市政道路：__________年____月____日达到_______________；
3. 规划的车位、车库：__________年____月____日达到_______________；
4. 物业服务用房：__________年____月____日达到_________________；
5. 医疗卫生机构：__________年____月____日达到_________________；
6. 幼儿园：__________年____月____日达到_________________________；
7 学校：__________年____月____日达到___________________________；
8.____；
9.____。

以上设施未达到上述条件的，双方同意按照以下方式处理：

1. 小区内绿地率未达到上述约定条件的，___________________________。
2. 小区内非市政道路未达到上述约定条件的，_______________________。
3. 规划的车位、车库未达到上述约定条件，_________________________。
4、物业服务用房未达到上述约定条件的，___________________________。
5. 其他设施未达到上述约定条件的，___________________________。

关于本项目内相关设施设备的具体约定见附件六。

第十二条 交付时间和手续

（一）出卖人应当在____年____月____日前向买受人交付该商品房。

（二）该商品房达到第十条、第十一条约定的交付条件后，出卖人应当在交付日期届满前_______日（不少于 10 日）将查验房屋的时间、办理交付手续的时间地点以及应当携带的证件材料的通知书面送达买受人。买受人未收到交付通知书的，

以本合同约定的交付日期届满之日为办理交付手续的时间，以该商品房所在地为办理交付手续的地点。_

____

交付该商品房时，出卖人应当出示满足第十条约定的证明文件。出卖人不出示证明文件或者出示的证明文件不齐全，不能满足第十条约定条件的，买受人有权拒绝接收，由此产生的逾期交付责任由出卖人承担，并按照第十三条处理。

（三）查验房屋

1. 办理交付手续前，买受人有权对该商品房进行查验，出卖人不得以缴纳相关税费或者签署物业管理文件作为买受人查验和办理交付手续的前提条件。

2. 买受人查验的该商品房存在下列除地基基础和主体结构外的其他质量问题的，由出卖人按照有关工程和产品质量规范、标准自查验次日起日内负责修复，并承担修复费用，修复后再行交付。

（1）屋面、墙面、地面渗漏或开裂等；

（2）管道堵塞；

（3）门窗翘裂、五金件损坏；

（4）灯具、电器等电气设备不能正常使用；

（5）____；

（6）____。

3. 查验该商品房后，双方应当签署商品房交接单。由于买受人原因导致该商品房未能按期交付的，双方同意按照以下方式处理：

（1）____；

（2）____。

第十三条　逾期交付责任

除不可抗力外，出卖人未按照第十一条约定的时间将该商品房交付买受人的，双方同意按照下列第_____种方式处理：

1. 按照逾期时间，分别处理（（1）和（2）不作累加）。

(1) 逾期在_____日之内（该期限应当不多于第八条第 1（1）项中的期限），自第十一条约定的交付期限届满之次日起至实际交付之日止，出卖人按日计算向买受人支付全部房价款万分之_____的违约金（该违约金比率应当不低于第九条第 1（1）项中的比率）。

(2) 逾期超过_____日（该期限应当与本条第（1）项中的期限相同）后，买受人有权解除合同。买受人解除合同的，应当书面通知出卖人。买受人解除合同的，应当书面通知出卖人。出卖人应当自解除合同通知送达之日起 15 日内退还买受人已付全部房款（含已付贷款部分），并自买受人付款之日起，按照___%（不低于中国人民银行公布的同期贷款基准利率）计算给付利息；同时，出卖人按照全部房价款的_____% 向买受人支付违约金。

买受人要求继续履行合同的，合同继续履行，出卖人按日计算向买受人支付全部房价款万分之_______（该比率应当不低于本条第 1（1）项中的比率）的违约金。

2.____。

第五章　　商品房质量及保修责任

第十四条 商品房质量

（一）地基基础和主体结构

出卖人承诺该商品房地基基础和主体结构合格，并符合国家及行业标准。经检测不合格的，买受人有权解除合同。买受人解除合同的，应当书面通知出卖人。出卖人应当自解除合同通知送达之日起巧日内退还买受人已付全部房款（含已付贷款部分），并自买受人付款之日起，按照________%（不低于中国人民银行公布的同期贷款基准利率）计算给付利息。给买受人造成损失的，由出卖人支付【已付房价款一倍 l【买受人全部损失】的赔偿金。因此而发生的检测费用由出卖人承担。

买受人不解除合同的，_______________________________________。

（二）其他质量问题

该商品房质量应当符合国家颁布的工程质量规范、标准和施工图设计文件的要求。发现除地基基础和主体结构外质量问题的，双方按照以下方式处理：

（1）及时更换、修理；如给买受人造成损失的，还应当承担相应赔偿责任。

____。

（2）经过更换、修理，仍然严重影响正常居住使用的，买受人有权解除合同。买受人解除合同的，应当书面通知出卖人。出卖人应当自解除合同通知送达之日起 15 日内退还买受人已付全部房款（含已付贷款部分），并自买受人付款之日起，按照___%（不低于中国人民银行公布的同期贷款基准利率）计算给付利息。给买受人造成损失的，由出卖人承担相应赔偿责任。因此而发生的检测费用由出卖人承担。

买受人不解除合同的，______________________________。

（三）装饰装修及设备标准

该商品房应当使用合格的建筑材料、构配件和设备，装置、装修、装饰所用材料的产品质量必须符合国家的强制性标准及双方约定的标准。

不符合上述标准的，买受人有权要求出卖人按照下列第（1）、________、________方式处理（可多选）：

（1）及时更换、修理；

（2）出卖人赔偿双倍的装饰、设备差价；

（3）____；

（4）____。

具体装饰装修及相关设备标准的约定见附件七。

（四）室内空气质量、建筑隔声和民用建筑节能措施

1. 该商品房室内空气质量符合【国家】【地方】标准，标准名称：__________，标准文号：________________。

该商品房为住宅的，建筑隔声情况符合【国家】【地方】标准，标准名称：__________，标准文号：________。

该商品房室内空气质量或建筑隔声情况经检测不符合标准，由出卖人负责整改，整改后仍不符合标准的，买受人有权解除合同。买受人解除合同的，应当书面通知出卖人。出卖人应当自解除合同通知送达之日起巧日内退还买受人已付全部房款（含已付贷款部分），并自买受人付款之日起，按照______%（不低于中国人民银行公布的同期贷款基准利率）计算给付利息。给买受人造成损失的，由出卖人承担相应赔偿责任。经检测不符合标准的，检测费用由出卖人承担，整改后再次检测发生的费用仍由出卖人承担。因整改导致该商品房逾期交付的，出卖人应当承担逾期交付责任。

2. 该商品房应当符合国家有关民用建筑节能强制性标准的要求。

未达到标准的，出卖人应当按照相应标准要求补做节能措施，并承担全部费用；给买受人造成损失的，出卖人应当承担相应赔偿责任。

____。

第十五条　保修责任

（一）商品房实行保修制度。该商品房为住宅的，出卖人自该商品房交付之日起，按照《住宅质量保证书》承诺的内容承担相应的保修责任。该商品房为非住宅的，双方应当签订补充协议详细约定保修范围、保修期限和保修责任等内容。具体内容见附件八。

（二）下列情形，出卖人不承担保修责任：

1. 因不可抗力造成的房屋及其附属设施的损害；

2. 因买受人不当使用造成的房屋及其附属设施的损害；

3.____。

（三）在保修期内，买受人要求维修的书面通知送达出卖人__________日内，出卖人既不履行保修义务也不提出书面异议的，买受人可以自行或委托他人进行维修，维修费用及维修期间造成的其他损失由出卖人承担。

第十六条　质量担保

出卖人不按照第十六条、第十七条约定承担相关责任的，由__________承担连带责任。

关于质量担保的证明见附件八。

第六章　房屋登记

第十七条　房屋登记

（一）双方同意共同向房屋登记机构申请办理该商品房的房屋所有权转移登记。

（二）因出卖人的原因，买受人未能在该商品房交付之日起________日内取得该商品房的房屋所有权证书的，双方同意

按照下列第______种方式处理：

1. 买受人有权解除合同。买受人解除合同的，应当书面通知出卖人。出卖人应当自解除合同通知送达之日起巧日内退还买受人已付全部房款（含已付贷款部分），并自买受人付款之日起，按照________%（不低于中国人民银行公布的同期贷款基准利率）计算给付利息。买受人不解除合同的，自买受人应当完成房屋所有权登记的期限届满之次日起至实际完成房屋所有权登记之日止，出卖人按日计算向买受人支付全部房价款万分之______的违约金。

2.____。

（三）因买受人的原因未能在约定期限内完成该商品房的房屋所有权转移登记的，出卖人不承担责任。

第七章 物业管理

第十八条 物业管理

（一）出卖人依法选聘的前期物业服务企业为____。

（二）物业服务时间从____年____月____日到____年____月____日。

（三）物业服务期间，物业收费计费方式为【包干制】【酬金制】【__________】。物业服务费为______元/月·平方米（建筑面积）。

（四）买受人同意由出卖人选聘的前期物业服务企业代为查验并承接物业共用部位、共用设施设备，出卖人应当将物业共用部位、共用设施设备承接查验的备案情况书面告知买受人。

（五）买受人已详细阅读前期物业服务合同和临时管理规约，同意由出卖人依法选聘的物业服务企业实施前期物业管理，遵守临时管理规约。

（六）业主大会设立前适用该章约定。业主委员会成立后，由业主大会决定选聘或续聘物业服务企业。

该商品房前期物业服务合同、临时管理规约见附件十。

第八章 其他事项

第十九条 建筑物区分所有权

（一）买受人对其建筑物专有部分享有占有、使用、收益和处分的权利。

（二）以下部位归业主共有：

1. 建筑物的基础、承重结构、外墙、屋顶等基本结构部分，通道、楼梯、大堂等公共通行部分，消防、公共照明等附属设施、设备，避难层、设备层或者设备间等结构部分；

2. 该商品房所在建筑区划内的道路（属于城镇公共道路的除外）、绿地（属于城镇公共绿地或者明示属于个人的除外）、占用业主共有的道路或者其他场地用于停放汽车的车位、物业服务用房；

3.____。

（三）双方对其他配套设施约定如下：

1. 规划的车位、车库：____;

2. 会所：____;

3.____。

第二十条 税费

双方应当按照国家的有关规定，向相应部门交纳因该商品房买卖发生的税费。

第二十一条 销售和使用承诺

1. 出卖人承诺不采取分割拆零销售、返本销售或者变相返本销售的方式销售商品房。

2. 出卖人承诺按照规划用途进行建设和出售，不擅自改变该商品房使用性质，并按照规划用途办理房屋登记。出卖人不得擅自改变与该商品房有关的共用部位和设施的使用性质。

4. 出卖人承诺已将遮挡或妨碍房屋正常使用的情况告知买受人。具体内容见附件十一。

5. 买受人使用该商品房期间，不得擅自改变该商品房的用途、建筑主体结构和承重结构。

6.____。

7.____。

第二十二条　送达

出卖人和买受人保证在本合同中记载的通讯地址、联系电话均真实有效。任何根据本合同发出的文件，均应采用书面形式，以【邮政快递】【邮寄挂号信】【__________】方式送达对方。任何一方变更通讯地址、联系电话的，应在变更之日起________日内书面通知对方。变更的一方未履行通知义务导致送达不能的，应承担相应的法律责任。

第二十三条　买受人信息保护

出卖人对买受人信息负有保密义务。非因法律、法规规定或国家安全机关、公安机关、检察机关、审判机关、纪检监察部门执行公务的需要，未经买受人书面同意，出卖人及其销售人员和相关工作人员不得对外披露买受人信息，或将买受人信息用于履行本合同之外的其他用途。

第二十四条　争议解决方式

本合同在履行过程中发生的争议，等相关机构调解；或按照下列第由双方当事人协商解决，也可通过消费者协会等相关机构调解；或按照下列第______种方式解决：

1. 依法向房屋所在地人民法院起诉。

2. 提交_________仲裁委员会仲裁。

第二十五条 补充协议

对本合同中未约定或约定不明的内容，双方可根据具体情况签订书面补充协议（补充协议见附件十二）。

补充协议中含有不合理的减轻或免除本合同中约定应当由出卖人承担的责任，或不合理的加重买受人责任、排除买受人主要权利内容的，仍以本合同为准。

第二十六条　合同生效

本合同自双方签字或盖章之日起生效。本合同的解除应当采用书面形式。

本合同及附件共_____页，一式_______份，其中出卖人_______份，买受人_______份，【___】_____份，【___】_________份。合同附件与本合同具有同等法律效力。

出卖人（签字或盖章）：
【法定代表人】（签字或盖章）：
【委托代理人】（签字或盖章）：

签订时间：_____年_____月_____日
签订地点：____________________

买受人（签字或盖章）：
【法定代表人】（签字或盖章）：
【委托代理人】（签字或盖章）：
【法定代理人】（签字或盖章）：

签订时间：_____年_____月_____日
签订地点：____________________

附件一　房屋平面图（应当标明方位）

1. 房屋分层分户图（应当标明详细尺寸，并约定误差范围）

2. 建设工程规划方案总平面图

附件二　关于该商品房共用部位的具体说明（可附图说明）

1. 纳入该商品房分摊的共用部位的名称、面积和所在位置

2. 未纳入该商品房分摊的共用部位的名称、所在位置

附件三　抵押权人同意该商品房转让的证明及关于抵押的相关约定

1. 抵押权人同意该商品房转让的证明

2. 解除抵押的条件和时间

3. 关于抵押的其他约定

附件四 出卖人提供的承租人放弃优先购买权的声明

附件五 关于该商品房价款的计价方式、总价款、付款方式及期限的具体约定

附件六 关于本项目内相关设施、设备的具体约定

1. 相关设施的位置及用途
2. 其他约定

附件七 关于装饰装修及相关设备标准的约定

交付的商品房达不到本附件约定装修标准的，按照本合同第十四条第（三）款约定处理。出卖人未经双方约定增加的装置、装修、装饰，视为无条件赠送给买受人。

双方就装饰装修主要材料和设备的品牌、产地、规格、数量等内容约定如下：

1. 外墙：【瓷砖】【涂料】【玻璃幕墙】【__________】；
____。

2. 起居室：

（1）内墙：【涂料】【壁纸】【__________】；
____。

（2）顶棚：【石膏板吊顶】【涂料】【__________】；
____。

（3）室内地面：【大理石】【花岗岩】【水泥抹面】【实木地板】【__________】；
____。

3. 厨房：

（1）地面：【水泥抹面】【瓷砖】【__________】；
____。

（2）墙面：【耐水腻子】【瓷砖】【__________】；
____。

（3）顶棚：【水泥抹面】【石膏吊顶】【__________】；
____。

（4）厨具：____。

4. 卫生间：

（1）地面：【水泥抹面】【瓷砖】【__________】；
____。

（2）墙面：【耐水腻子】【瓷砖】【__________】；
____。

（3）顶棚：【水泥抹面】【石膏吊顶】【__________】；
____。

（4）卫生器具____。

5. 阳台：【塑钢封闭】【铝合金封闭】【断桥铝合金封闭】【不封闭】【__________】；
____。

6. 电梯：

（1）品牌：____；

（2）型号：____。

7. 管道：____。

8. 窗户：
____。

9.____。

10.____。

附件八 关于保修范围、保修期限和保修责任的约定

该商品房为住宅的，出卖人应当提供《住宅质量保证书》；该商品房为非住宅的，双方可参照《住宅质量保证书》中的内容对保修范围、保修期限和保修责任等进行约定。

该商品房的保修期自房屋交付之日起计算，关于保修期限的约定不应低于《建设工程质量管理条例》第四十条规定的最低保修期限。

（一）保修项目、期限及责任的约定

1. 地基基础和主体结构：

保修期限为：________（不得低于设计文件规定的该工程的合理使用年限）；

____。

2. 屋面防水工程、有防水要求的卫生间、房间和外墙面的防渗漏：

保修期限为：________（不得低于5年）；

____。

3. 供热、供冷系统和设备：

保修期限为：________（不得低于2个采暖期、供冷期）；

____。

4. 电气管线、给排水管道、设备安装：

保修期限为：________（不得低于2年）；

____。

5. 装修工程：

保修期限为：________（不得低于2年）；

____。

6、____；

7、____；

8、____。

（二）其他约定

____。

附件九 关于质量担保的证明

附件十 关于物业管理的约定

1. 前期物业服务合同

2. 临时管理规约

附件十一 出卖人关于遮挡或妨碍房屋正常使用情况的说明

（如：该商品房公共管道检修口、柱子、变电箱等有遮挡或妨碍房屋正常使用的情况）

附件十二 补充协议

住房和城乡建设部
关于做好2014年住房保障工作的通知

建保〔2014〕57号

各省、自治区住房城乡建设厅，北京市住房城乡建设委，天津市城乡建设交通委、国土资源房屋管理局，上海市城乡建设管理委、住房保障房屋管理局，重庆市城乡建设委、国土资源房屋管理局，新疆生产建设兵团建设局：

为切实抓好2014年住房保障工作，现就有关事项通知如下：

一、确保完成年度建设任务。今年全国城镇保障性安居工程计划新开工700万套以上，其中各类棚户区470万套以上；计划基本建成480万套。各地要协调发展改革、财政等部门，加大省级补助支持力度；建立省级巡查机制，加强对目标任务进展情况的督促检查；指导市县尽早开工建设，提高建成比例，尽快投入使用，确保完成年度开工和建成任务。

二、加强配套设施建设。要协调相关部门加大对配套设施建设的省级资金支持，组织制定加强保障性安居工程项目规划布局、配套设施建设的政策，明确市政基础设施和公共服务设施建设进度要求，并纳入对市县工作的年度目标考核。督促市县科学规划选址、合理布局，实现配套设施和保障性住房同步规划设计、同步建设、同步投入使用，推进保障性住房实施绿色建筑行动。

三、抓好住房保障规划编制工作。要指导市县人民政府结合实际，合理界定棚户区具体改造范围，摸清棚户区底数，调查摸底范围应包含建制镇。抓紧完成2013—2017年棚户区改造规划编制，分解到年度、落实到项目，5月底前报省级人民政府批准后报我部备案；在规划中展望2018—2020年棚户区改造任务安排。开展“十二五”住房保障规划实施情况评估，提前谋划“十三五”住房保障规划。会同有关部门开展进城落户农民住房保障需求研究，调查测算至2020年进城落户农民住房保障需求数量，为编制“十三五”住房保障规划提供支撑。

四、探索发展共有产权住房。我部确定北京、上海、深圳、成都、淮安、黄石为共有产权住房试点城市，试点城市要按照实施方案积极稳妥推进试点，在12月底前报送试点工作总结，相关省住房城乡建设部门要加强对试点工作的督促指导。其他省、自治区、直辖市也可以根据实际开展试点，在完善住房保障和供应体系、创新棚户区改造融资机制等方面进行有益探索。

五、推进公共租赁住房和廉租住房并轨运行。要根据《住房城乡建设部、财政部、国家发展改革委关于公共租赁住房和廉租住房并轨运行的通知》，在6月底前出台并轨运行实施办法，指导督促市县在8月底前出台实施方案。2014年底前，各地区要把廉租住房全部纳入公共租赁住房，实现统一规划建设、统一资金使用、统一申请受理、统一运营管理。

六、继续推进保障性住房信息公开。要指导督促市县认真贯彻落实《国务院办公厅关于印发2014年政府信息公开工作要点的通知》，全面公开城镇保障性安居工程建设项目信息、保障性住房分配和退出信息，加大公共租赁住房配租政策及实施情况公开力度。

七、强化住房保障公平分配。要指导市县贯彻实施我部《住房保障档案管理办法》及实施意见，地级以上城市和档案管理基础工作较好的县市，要在2014年底前建立住房保障档案制度健全、管理规范、运行高效、信息安全的管理体制和工作机制。加强住房保障管理信息系统建设，提高信息化管理水平。落实对企事业单位利用自有土地建设或其他社会投资建设的公共租赁住房支持政策，并纳入政府监管，确保配租对象符合住房保障条件。

八、抓好住房救助工作。要认真贯彻实施《社会救助暂行办法》，依法完善住房救助政策措施。会同民政等部门抓紧组织对辖区内已实施住房救助，以及尚待实施住房救助对象的规模等情况进行调查摸底。对符合规定需实施住房救助的，要全部纳入住房保障体系，优先安排解决；对已通过廉租住房实施住房救助的，要确保公共租赁住房和廉租住房并轨后救助标准适当、租金水平合理。

九、认真整改审计发现的问题。要指导市县积极配合住房保障审计工作，跟踪审计过程，对审计发现的问题，做到边审计边整改。对于存在的配套设施建设滞后、建设工程监管不到位、分配审核把关不严、部分保障性住房闲置等问题，要逐项限期整改，对重点问题督导整改，并建立纠错机制，举一反三，健全廉政风险防控机制，完善相关政策措施。

十、做好信息报送工作。要加强工作信息交流，认真总结住房保障工作经验成效，及时报送有关经验做法、政策法规、工作动态。在8月底前报送公共租赁住房和廉租住房并轨工作情况，10月底前报送住房救助工作情况。

中华人民共和国住房和城乡建设部
2014年4月22日

住房和城乡建设部 国家发展改革委 财政部 关于做好2014年农村危房改造工作的通知

建村〔2014〕76号

各省、自治区住房城乡建设厅、发展改革委、财政厅，直辖市建委（建交委、农委）、发展改革委、财政局：

为贯彻落实党中央、国务院关于加快农村危房改造的部署和要求，切实做好2014年农村危房改造工作，现就有关事项通知如下：

一、改造任务

2014年中央支持全国266万贫困农户改造危房，其中：国家确定的集中连片特殊困难地区的县和国家扶贫开发工作重点县等贫困地区105万户，陆地边境县边境一线15万户，东北、西北、华北等“三北”地区和西藏自治区14万农户结合危房改造开展建筑节能示范。各省（区、市）危房改造任务由住房城乡建设部会同国家发展改革委、财政部确定。

二、补助对象与补助标准

农村危房改造补助对象重点是居住在危房中的农村分散供养五保户、低保户、贫困残疾人家庭和其他贫困户。各地要按照优先帮助住房最危险、经济最贫困农户解决最基本安全住房的要求，坚持公开、公平、公正原则，严格执行农户自愿申请、村民会议或村民代表会议民主评议、乡（镇）审核、县级审批等补助对象的认定程序，规范补助对象的审核审批。同时，建立健全公示制度，将补助对象基本信息和各审查环节的结果在村务公开栏公示。县级政府要组织做好与经批准的危房改造农户签订合同或协议工作，并征得农户同意公开其有关信息。

2014年中央补助标准为每户平均7500元，在此基础上对贫困地区每户增加1000元补助，对陆地边境县边境一线贫困农户、建筑节能示范户每户分别增加2500元补助。各省（区、市）要依据改造方式、建设标准、成本需求和补助对象自筹资金能力等不同情况，合理确定不同地区、不同类型、不同档次的省级分类补助标准，落实对特困地区、特困农户在补助标准上的倾斜照顾。

三、资金筹集和使用管理

2014年中央安排农村危房改造补助资金230亿元（含中央预算内投资35亿元），由财政部会同国家发展改革委、住房城乡建设部联合下达。中央补助资金根据农户数、危房数、地区财力差别、上年地方补助资金落实情况、工作绩效等因素进行分配。各地要采取积极措施，整合相关项目和资金，将抗震安居、游牧民定居、自然灾害倒损农房恢复重建、贫困残疾人危房改造、扶贫安居等资金与农村危房改造资金有机衔接，通过政府补助、银行信贷、社会捐助、农民自筹等多渠道筹措农村危房改造资金。地方各级财政要将农村危房改造地方补助资金和项目管理等工作经费纳入财政预算，省级财政要切实加大资金投入力度，帮助自筹资金确有困难的特困户解决危房改造资金问题。各地要利用好中央财政提前下达资金，支持贫困农户提前备工备料。

各地要按照《中央农村危房改造补助资金管理暂行办法》（财社〔2011〕88号）等有关规定，加强农村危房改造补助资金的使用管理。补助资金实行专项管理、专账核算、专款专用，并按有关资金管理制度的规定严格使用，健全内控制度，执行规定标准，直接将资金补助到危房改造户，严禁截留、挤占、挪用或变相使用。各级财政部门要会同发展改革、住房城乡建设部门加强资金使用的监督管理，及时下达资金，加快预算执行进度，并积极配合有关部门做好审计、稽查等工作。

四、科学制定实施方案

各省级住房城乡建设、发展改革、财政等部门要认真组织编制2014年农村危房改造实施方案，明确政策措施、任务分配、资金安排和监管要求，并于今年8月上旬联合上报住房城乡建设部、国家发展改革委、财政部（以下简称3部委）。各省（区、市）分配危房改造任务要综合考虑各县的实际需求、建设与管理能力、地方财力、工作绩效等因素，确保安排到贫困地区的任务不低于中央下达的贫困地区任务量。各县要细化落实措施，合理安排各乡（镇）、村的危房改造任务。

五、合理选择改造建设方式

各地要因地制宜，积极探索符合当地实际的农村危房改造方式，努力提高补助资金使用效益。拟改造农村危房属整体危险（D级）的，原则上应拆除重建，属局部危险（C级）的应修缮加固。危房改造以农户自建为主，农户自建确有困难且有统建意愿的，地方政府要发挥组织、协调作用，帮助农户选择有资质的施工队伍统建。坚持以分散分户改造为主，在同等条件下保护发展规划已经批准的传统村落和危房较集中的村庄优先安排，已有搬迁计划的村庄不予安排，不得借危房改造名义推进村庄整体迁并。积极编制村庄规划，统筹协调道路、供水、沼气、环保等设施建设，整体改善村庄人居环境。陆地边境一线农村危房改造以原址为主，确需异址新建的，应靠紧边境，不得后移。

六、严格执行建设标准

农村危房改造要达到基本建设要求，改造后住房须建筑面积适当、主要部件合格、房屋结构安全和基本功能齐全。原则上，改造后住房建筑面积要达到人均13平方米以上；户均建筑面积控制在60平方米以内，可根据家庭人数适当调整，但3人以上农户的人均建筑面积不得超过18平方米。

各地要按照基本建设要求加强引导和规范，积极组织制定农房设计方案，注重为危房改造户将来扩建住房预留好接口，防止群众盲目攀比、超标准建房。县级住房城乡建设部门要按照基本建设要求及时组织验收，逐户逐项检查和填写验收表。需检查项目全部合格的视为验收合格，否则视为不合格，凡验收不合格的须整改合格方能全额拨付补助款项。

七、强化质量安全管理

各地要建立健全农村危房改造质量安全管理制度，严格执行《农村危房改造抗震安全基本要求（试行）》（建村〔2011〕115号）。农房设计要符合抗震要求，符合农民生产生活习惯，体现民族和地方建筑风格，注重保持田园风光与传统风貌，可以选用县级以上住房城乡建设部门推荐使用的通用图、有资格的个人或有资质的单位的设计方案，或由承担任务的农村建筑工匠设计。农村危房改造必须由经培训合格的农村建筑工匠或有资质的施工队伍承担。承揽农村危房改造项目的农村建筑工匠或者单位要对质量安全负责，并按合同约定对所改造房屋承担保修和返修责任。乡镇建设管理员要加强对农房设计的指导和审查，在农村危房改造的地基基础、抗震措施和关键主体结构施工过程中及时到现场逐户技术指导和检查，发现不符合基本建设要求的当即告知建房户，并提出处理建议和做好记录。

地方各级尤其是县级住房城乡建设部门要组织技术力量，编印和发放农房抗震设防手册或挂图，向广大农民宣传和普及抗震设防常识，同时加强危房改造施工现场质量安全巡查与指导监督。加强地方建筑材料利用研究，传承和改进传统建造工法，探索符合标准的就地取材建房技术方案，推进农房建设技术进步。开设危房改造咨询窗口，面向农民提供危房改造技术和工程纠纷调解服务。结合建材下乡，组织协调主要建筑材料的生产、采购与运输，并免费为农民提供主要建筑材料质量检测服务。各地要健全和加强乡镇建设管理机构，加强乡镇建设管理员和农村建筑工匠培训与管理，提高服务和管理农村危房改造的能力。

八、加强传统民居保护和农房风貌建设

农村危房改造要注重对传统民居的保护。对于传统村落范围内的传统民居，在所在村落的保护发展规划未经批准前，原则上暂不安排农村危房改造任务；保护发展规划已经批准的，要严格按规划实施修缮和改造。各地要在保证安全和经济的条件下，提高农村危房改造的农房风貌建设水平。加强对农房风貌建设的技术指导与管理，注重在建筑形式、细部构造、室内外装饰等方面延续民居风格，推动建设具有地方民居特色的现代农房。加强农房风貌综合建设，开展院落整治、利用和美化，努力使改造后农房与院落及周边环境相协调。

九、完善农户档案管理

农村危房改造实行一户一档的农户档案管理制度，批准一户、建档一户。每户农户的纸质档案必须包括档案表、农户申请、审核审批、公示、协议等材料，其中档案表按照全国农村危房改造农户档案管理信息系统（以下简称信息系统）公布的最新样表制作。在完善和规范农户纸质档案管理与保存的基础上，严格执行农户纸质档案表信息化录入制度，将农户档案表及时、全面、真实、完整、准确地录入信息系统。各地要按照绩效考评和试行农户档案信息公开的要求，加快农户档案录入进度，提高录入数据质量，加强对已录入农户档案信息的审核与抽验，合理处置系统中重复的农户档案。改造后农户住房产权归农户所有，并根据实际做好产权登记。

十、推进建筑节能示范

建筑节能示范地区各县要安排不少于5个相对集中的示范点（村），有条件的县每个乡镇安排一个示范点（村）。每户建筑节能示范户要采用2项以上的房屋围护结构建筑节能技术措施。省级住房城乡建设部门要及时总结近年建筑节能示范经验与做法，制定和完善技术方案与措施；充实省级技术指导组力量，加强技术指导与巡查；及时组织中期检查和竣工检查，开展典型建筑节能示范房节能技术检测。县级住房城乡建设部门要按照建筑节能示范监督检查要求，实行逐户施工过程检查和竣工验收检查，并做好检查情况记录。建筑节能示范户录入信息系统的“改造中照片”必须反映主要建筑节能措施施工现场。加强农房建筑节能宣传推广，开展农村建筑工匠建筑节能技术培训，不断向农民普及建筑节能常识。

十一、健全信息报告制度

省级住房城乡建设部门要严格执行工程进度月报制度，于每月5日前将上月危房改造进度情况报住房城乡建设部。省级发展改革、财政部门要按照有关要求，及时汇总并上报有关农村危房改造计划落实、资金筹集、监督管理等情况。各地要组织编印农村危房改造工作信息，将建设成效、经验做法、存在问题和工作建议等以简报、通报等形式，定期或不定期上报3部委。省级住房城乡建设部门要会同发展改革、财政部门于2015年1月底前将2014年度总结报告和2015年度危房改造任务及补助资金申请

报3部委。省级发展改革部门要牵头编报2015年农村危房改造投资计划，并于7月中旬前报国家发展改革委。

十二、完善监督检查制度

各地要认真贯彻落实本通知要求和其它有关规定，主动接受纪检监察、审计和社会监督。各级住房城乡建设、发展改革、财政等部门要定期对资金的管理和使用情况进行监督检查，发现问题，及时纠正，严肃处理。问题严重的要公开曝光，并追究有关人员责任，涉嫌犯罪的，移交司法机关处理。加强农户补助资金兑现情况检查，坚决查处冒领、克扣、拖欠补助资金和向享受补助农户索要“回扣”、“手续费”等行为。

财政部驻各地财政监察专员办事处和发改稽察机构将对各地农村危房改造资金使用管理等情况进行监督检查，加大对挤占、挪用、骗取、套取农村危房改造资金的监督检查和惩处力度。

建立健全农村危房改造绩效评价制度，完善激励约束并重、奖惩结合的任务资金分配与管理机制，逐级开展年度绩效评价。各地住房城乡建设部门要会同发展改革、财政部门参照《农村危房改造绩效评价办法（试行）》（建村〔2013〕196号）实施年度绩效评价，全面监督检查当地农村危房改造任务落实与政策执行情况。

十三、加强组织领导与部门协作

各地要加强对农村危房改造工作的领导，建立健全协调机制，明确分工，密切配合。各地住房城乡建设、发展改革和财政部门要在当地政府领导下，会同民政、民族事务、国土资源、扶贫、残联、环保、交通运输、水利、农业、卫生等有关部门，共同推进农村危房改造工作。地方各级住房城乡建设部门要通过多种方式，积极宣传农村危房改造政策，认真听取群众意见建议，及时研究和解决群众反映的困难和问题。

中华人民共和国住房和城乡建设部
中华人民共和国国家发展和改革委员会
中华人民共和国财政部
2014年6月7日

住房和城乡建设部
关于并轨后公共租赁住房有关运行管理工作的意见

建保〔2014〕91号

各省、自治区住房城乡建设厅，北京市住房城乡建设委，天津市城乡建设交通委、国土资源房屋管理局，上海市城乡建设管理委、住房保障房屋管理局，重庆市城乡建设委、国土资源房屋管理局，新疆生产建设兵团建设局：

住房城乡建设部、财政部、国家发展改革委《关于公共租赁住房和廉租住房并轨运行的通知》（建保〔2013〕178号）印发后，各地认真贯彻落实，并轨运行工作取得积极成效。为进一步做好有关运行管理工作，现提出如下意见：

一、明确保障对象

并轨后公共租赁住房的保障对象，包括原廉租住房保障对象和原公共租赁住房保障对象，即符合规定条件的城镇低收入住房困难家庭、中等偏下收入住房困难家庭，及符合规定条件的新就业无房职工、稳定就业的外来务工人员。

二、科学制定年度建设计划

各地应根据城镇低收入和中等偏下收入住房困难家庭对公共租赁住房需求，考虑符合当地住房保障条件的新就业无房职工、进城落户农民和外来务工人员的需要，结合当地经济社会发展水平和政府财政能力，科学制定公共租赁住房年度建设计划。要创新融资机制，多方筹集资金，做好公共租赁住房及其配套基础设施和公共服务设施规划建设，方便群众生产生活。落实民间资本参与公共租赁住房建设的各项支持政策。

三、健全申请审核机制

各地要整合原廉租住房和公共租赁住房受理窗口，方便群众申请。要明确并轨后公共租赁住房保障对象收入审核部门职责及协调机制。落实申请人对申请材料真实性负责的承诺和授权审核制度。社会投资建设公共租赁住房的分配要纳入政府监管。符合规定条件的住房保障对象，到市场承租住房的，可按各地原政策规定，继续领取或申请领取租赁住房补贴。

四、完善轮候制度

各地应当根据本地实际情况，合理确定公共租赁住房轮候期，对登记为轮候对象的申请人，应当在轮候期内给予安排。要优化轮候规则，坚持分层实施，梯度保障，优先满足符合规定条件的城镇低收入住房困难家庭的需求，对城镇住房救助对象，即符合规定标准的住房困难的最低生活保障家庭、分散供养的特困人员，依申请做到应保尽保。

五、强化配租管理

省级住房城乡建设部门要制定公共租赁住房合同示范文本，明确租赁双方权利义务。公共租赁住房租金原则上按照适当低于市场租金的水平确定。已建成并分配入住廉租住房统一纳入公共租赁住房管理，对已入住的城镇低收入住房困难家庭，其租金水平仍按原合同约定执行。对于新增城镇低收入住房困难家庭，租赁政府投资建设的公共租赁住房，应采取租金减免方式予以保障，不宜按公共租赁住房租金水平先收后返。

六、加强使用退出管理

公共租赁住房的所有权人及其委托的运营单位应当依合同约定，切实履行对公共租赁住房及其配套设施的维修养护责任，确保公共租赁住房的正常使用。经公共租赁住房所有权人或其委托的运营单位同意，承租人之间可以互换所承租的公共租赁住房。完善城镇低收入住房困难家庭资格复核制度，不再符合城镇低收入住房困难家庭条件但符合公共租赁住房保障对象条件的，可继续承租原住房，同时应调整租金。承租人违反有关规定或经审核不再符合公共租赁住房保障条件的，应退出公共租赁住房保障。

七、推进信息公开工作

各地要全面公开公共租赁住房的年度建设计划、完成情况、分配政策、分配对象、分配房源、分配程序、分配过程、分配结果及退出情况等信息，畅通投诉监督渠道，接受社会监督。

中华人民共和国住房和城乡建设部

2014年6月24日

住房和城乡建设部 财政部 中国人民银行 关于发展住房公积金个人住房贷款业务的通知

建金〔2014〕148号

各省、自治区、直辖市住房城乡建设厅（建委）、财政厅（局），新疆生产建设兵团建设局、财务局，中国人民银行上海总部、有关分行、营业管理部、省会（首府）城市中心支行，直辖市、新疆生产建设兵团住房公积金管理委员会、住房公积金管理中心：

住房公积金个人住房贷款是提高缴存职工住房消费能力的重要途径，也是缴存职工的基本权益。当前，各地住房公积金个人住房贷款业务发展不平衡，部分城市贷款发放率较高，但多数城市发放率在85%以下，影响了缴存职工的合法权益，也削弱了住房公积金制度的作用。为提高住房公积金个人住房贷款发放率，支持缴存职工购买首套和改善型自住住房，现就发展住房公积金个人住房贷款业务的有关问题通知如下。

一、合理确定贷款条件。职工连续足额缴存住房公积金6个月（含）以上，可申请住房公积金个人住房贷款。对曾经在异地缴存住房公积金、在现缴存地缴存不满6个月的，缴存时间可根据原缴存地住房公积金管理中心出具的缴存证明合并计算。住房公积金贷款对象为购买首套自住住房或第二套改善型普通自住住房的缴存职工。住房公积金管理中心不得向购买第三套及以上住房的缴存职工家庭发放住房公积金个人住房贷款。

二、适当提高首套贷款额度。住房公积金个人住房贷款发放率低于85%的设区城市，住房公积金管理委员会要根据当地商品住房价格和人均住房面积等情况，适当提高首套自住住房贷款额度，加大对购房缴存职工的支持力度。

三、推进异地贷款业务。各省、自治区、直辖市要实现住房公积金缴存异地互认和转移接续。职工在就业地缴存住房公积金，在户籍所在地购买自住住房的，可持就业地住房公积金管理中心出具的缴存证明，向户籍所在地住房公积金管理中心申请住房公积金个人住房贷款。

四、设区城市统筹使用资金。未按照《住房公积金管理条例》规定调整到位的分支机构，要尽快纳入设区城市住房公积金管理中心统一制度、统一决策、统一管理、统一核算。设区城市住房公积金管理中心统筹使用分支机构的住房公积金。

五、盘活存量贷款资产。住房公积金个人住房贷款发放率在85%以上的城市，要主动采取措施，积极协调商业银行发放住房公积金和商业银行的组合贷款。有条件的城市，要积极探索发展住房公积金个人住房贷款资产证券化业务。

六、降低贷款中间费用。住房公积金个人住房贷款担保以所购住房抵押为主。取消住房公积金个人住房贷款保险、公证、新房评估和强制性机构担保等收费项目，减轻贷款职工负担。

七、优化贷款办理流程。各地住房公积金管理中心与房屋产权登记机构应尽快联网，实现信息共享，简化贷款办理程序，缩短贷款办理周期。房屋产权登记机构应在受理抵押登记申请之日起10个工作日内完成抵押权登记手续；住房公积金管理中心应在抵押登记后5个工作日内完成贷款发放。房地产开发企业不得拒绝缴存职工使用住房公积金贷款购房。

八、提高贷款服务效率。各地住房公积金管理中心要健全贷款服务制度，完善服务手段，积极开展网上贷款业务咨询、贷款初审等业务，要全面开通12329服务热线和短信平台，向缴存职工提供数据查询、业务咨询、还款提示、投诉举报等服务。积极探索建立全省统一的12329服务热线和短信平台。

九、加强考核和检查。各省、自治区住房和城乡建设厅要加强对各市住房公积金个人住房贷款业务的考核，加大个人住房贷款业务考核权重。要定期进行现场专项检查，对工作不力的城市，要责令加大工作力度。住房城乡建设部每月通报全国住房公积金个人住房贷款发放情况。

各省、自治区住房城乡建设厅、财政厅、人民银行分支机构，直辖市、新疆生产建设兵团住房公积金管理委员会要按照本通知要求，根据不同城市住房公积金个人住房贷款发放情况，加强分类指导，加大对贷款发放率低的城市督促检查力度，提高资金使用效率，保障住房公积金有效使用和资金安全，并将本通知落实情况于2014年年底前报住房城乡建设部、财政部和人民银行。

中华人民共和国住房和城乡建设部
中华人民共和国财政部
中国人民银行
2014年10月9日

住房和城乡建设部 民政部 财政部 关于做好住房救助有关工作的通知

建保〔2014〕160 号

各省、自治区住房城乡建设厅、民政厅、财政厅，直辖市建委（国土资源房屋管理局、住房保障房屋管理局）、民政局、财政局，新疆生产建设兵团建设局、民政局、财政局：

住房救助是社会救助的重要组成部分，是针对住房困难的社会救助对象实施的住房保障。住房救助是切实保障特殊困难群众获得能够满足其家庭生活需要的基本住房，在住房方面保民生、促公平的托底性制度安排。为依法做好住房救助工作，根据《社会救助暂行办法》和《国务院关于全面建立临时救助制度的通知》（国发〔2014〕47 号）有关规定，现就有关事项通知如下：

一、明确住房救助对象。住房救助对象是指符合县级以上地方人民政府规定标准的、住房困难的最低生活保障家庭和分散供养的特困人员。城镇住房救助对象，属于公共租赁住房制度保障范围。农村住房救助对象，属于优先实施农村危房改造的对象范围。

二、规范住房救助方式。要充分考虑住房救助对象经济条件差、住房支付能力不足的客观条件，通过配租公共租赁住房、发放低收入住房困难家庭租赁补贴、农村危房改造等方式实施住房救助。对城镇住房救助对象，要优先配租公共租赁住房或发放低收入住房困难家庭租赁补贴，其中对配租公共租赁住房的，应给予租金减免，确保其租房支出可负担。对农村住房救助对象，应优先纳入当地农村危房改造计划，优先实施改造。

三、健全住房救助标准。县级以上地方人民政府要统筹考虑本行政区域经济发展水平和住房价格水平等因素，合理确定、及时公布住房救助对象的住房困难条件，以及城镇家庭实施住房救助后住房应当达到的标准和对住房救助对象实施农村危房改造的补助标准。住房困难标准及住房救助标准应当按年度实行动态管理，以确保救助对象住房条件能随着经济和社会发展水平的进步而相应地提高。

四、完善住房救助实施程序。市、县人民政府应当本着方便、快捷、随到随办的原则，建立"一门受理、协同办理"机制，完善申请审核、资格复核、具体实施等住房救助程序规定，方便城乡家庭申请住房救助。

城镇家庭可通过乡镇人民政府、街道办事处或者直接向住房保障部门提出申请，经县级民政部门确认申请家庭的最低生活保障及特困供养人员资格，由住房保障部门负责审核家庭住房状况并公示。经审核符合规定条件的，应当纳入城镇住房保障轮候对象范围，优先给予保障。各地要完善城镇住房救助对象家庭资格复核制度，不再符合住房救助条件但符合公共租赁住房保障对象条件的，可继续承租公共租赁住房，同时相应调整租金。

农村居民（家庭）应向户籍所在地的乡镇人民政府提出申请。乡镇人民政府对申请人的最低生活保障或特困供养人员资格、住房状况进行确认、调查核实并公示后，报县级人民政府住房城乡建设部门会同民政部门审批。对经审批决定纳入住房救助范围的，应将其作为农村危房改造对象优先纳入当地农村危房改造计划。

五、落实优惠政策。各地要按规定，落实公共租赁住房筹集、发放低收入住房困难家庭租赁补贴、农村危房改造的财税、金融和用地等优惠政策，为实施住房救助提供有力支持。

六、加强实施管理。各地要全面公开住房救助政策、救助程序、救助结果等信息，畅通投诉监督渠道，接受社会监督。各地在制定公共租赁住房筹集、发放低收入住房困难家庭租赁补贴、农村危房改造年度计划时，应优先满足当年实施住房救助的需要。各级住房城乡建设部门（住房保障部门）应会同民政等部门，组织对本辖区内累计实施、当年实施住房救助的情况，以及尚待实施住房救助的对象规模等，进行调查摸底，并将有关情况于当年 11 月底前报住房城乡建设部。

中华人民共和国住房和城乡建设部
中华人民共和国民政部
中华人民共和国财政部
2014 年 11 月 13 日

国家发展改革委办公厅
关于创新企业债券融资方式扎实推进
棚户区改造建设有关问题的通知

发改办财金〔2014〕1047号

各省、自治区、直辖市及计划单列市、新疆生产建设兵团发展改革委：

为进一步加大企业债券融资对棚户区改造建设的支持力度，现就创新企业债券融资方式、扎实推进棚户区改造建设有关问题通知如下：

一、认真开展棚户区改造项目资金需求测算分析，逐省研究融资预案，支持符合条件的地区增加企业债券发行规模指标

请各地发展改革委对列入2014年目标任务的棚户区改造项目资金需求进行测算分析，研究融资预案。我委将根据实际情况采取支持和引导措施，扩大企业债券资金用于棚户区改造的规模。除中央、地方财政资金外，对棚户区改造项目较多、资金缺口较大，且地方政府性债务率较低的地区，可适当增加其承担棚户区改造的城投类公司年度发债规模指标。按照国务院有关精神，重点满足北京、上海、广州、深圳等热点城市棚户区改造和保障房建设的融资需求，扩大对中低收入群众的住房供应。

二、适当放宽企业债券发行条件，支持国有大中型企业发债用于棚户区改造

支持国有工矿（含煤矿）、国有林区、国有垦区等国有大中型企业发行企业债券用于所属区域棚户区改造项目建设。在偿债保障措施较为完善的前提下，对国有大中型企业发债用于工矿区棚户区改造的，适当放宽企业债券发行条件。

三、推进企业债券品种创新，研究推出棚户区改造项目收益债券

对于具有稳定偿债资金来源的棚户区改造项目，将按照融资—投资建设—回收资金封闭运行的模式，开展棚户区改造项目收益债券试点。项目收益债券不占用地方政府所属投融资平台公司年度发债指标。

四、与开发性金融政策相衔接，扩大“债贷组合”用于棚户区改造范围

一是我委将与与国家开发银行进一步加强合作，紧密衔接，结合开发性金融对棚户区改造项目贷款及各省融资缺口情况，研究设计发债方案，互相补充，多渠道融资。二是继续扩大与开发银行合作开展的棚户区改造“债贷组合”范围，扩大发债规模。三是加大企业债券与其他商业银行贷款实施棚户区改造“债贷组合”的力度，支持一般房地产开发企业和民营企业发债承担棚户区改造项目建设任务。

五、优化棚户区改造债券品种方案设计，科学合理设置债券期限和还本付息方式

切实加强棚户区改造项目资金保障，建立可持续的资金保障机制，为使债券资金与项目实施和回收期更加匹配，凡实施棚户区改造的地方城投类企业发债可不再实行分摊还本的强制性债务方案设计，企业可根据棚户区改造项目资金回收的具体情况设计债券发行方案，合理灵活设置债券期限、选择权及还本付息方式。

中华人民共和国国家发展和改革委员会办公厅
2014年5月13日

国家发展改革委 住房和城乡建设部
关于放开房地产咨询收费和下放房地产经纪收费管理的通知

发改价格〔2014〕1289号

各省、自治区、直辖市发展改革委、物价局、住房城乡建设厅（建委、房地局）、新疆生产建设兵团发展改革委、建设局：

为深入贯彻落实十八届三中全会精神，充分发挥市场在资源配置中的决定性作用，完善房地产中介服务价格形成机制，促进行业健康发展，决定放开目前实行政府指导价管理的房地产咨询服务收费标准，下放房地产经纪服务收费管理权限。现就有关事项通知如下：

一、放开房地产咨询服务收费。房地产中介服务机构接受委托，提供有关房地产政策法规、技术及相关信息等咨询的服务收费，实行市场调节价。

二、下放房地产经纪服务收费定价权限，由省级人民政府价格、住房城乡建设行政主管部门管理，各地可根据当地市场发育实际情况，决定实行政府指导价管理或市场调节价。实行政府指导价管理的，要制定合理的收费标准并明确收费所对应的服务内容等；实行市场调节价的，房地产经纪服务收费标准由委托和受托双方，依据服务内容、服务成本、服务质量和市场供求状况协商确定。

三、各房地产中介服务机构应按照《价格法》、《房地产经纪管理办法》等法律法规要求，公平竞争、合法经营，诚实守信，为委托人提供价格合理、优质高效服务；严格执行明码标价制度，在其经营场所的醒目位置公示价目表，价目表应包括服务项目、服务内容及完成标准、收费标准、收费对象及支付方式等基本标价要素；一项服务包含多个项目和标准的，应当明确标示每一个项目名称和收费标准，不得混合标价、捆绑标价；代收代付的税、费也应予以标明。房地产中介服务机构不得收取任何未标明的费用。

四、各级价格主管部门要依法加强对房地产中介服务收费行为的监督管理，重点查处收费后不按约定义务履行服务职责，以及串通涨价、利用虚假或者使人误解的标价内容和标价方式进行价格欺诈等乱收费行为，规范房地产中介服务市场价格秩序。

五、上述规定自2014年7月1日起执行。《国家计委、建设部关于房地产中介服务收费的通知》（计价格〔1995〕971号）中有关房地产咨询和经纪服务收费的规定同时废止。

中华人民共和国国家发展和改革委员会
中华人民共和国住房和城乡建设部
2014年6月13日

国家发展改革委
关于放开部分建设项目服务收费标准有关问题的通知

发改价格〔2014〕1573号

国务院有关部门、直属机构，各省、自治区、直辖市发展改革委、物价局：

为贯彻落实党的十八届三中全会精神和国务院关于进一步简政放权、推进职能转变的要求，根据当前市场竞争情况，经商住房和城乡建设部同意，决定放开部分建设项目服务收费标准。现就有关事项通知如下：

放开除政府投资项目及政府委托服务以外的建设项目前期工作咨询、工程勘察设计、招标代理、工程监理等4项服务收费标准，实行市场调节价。采用直接投资和资本金注入的政府投资项目，以及政府委托的上述服务收费，继续实行政府指导价管理，执行规定的收费标准；实行市场调节价的专业服务收费，由委托双方依据服务成本、服务质量和市场供求状况等协商确定。

各级价格主管部门要强化市场价格监测，加强市场价格行为监管和反价格垄断执法，依法查处各类价格违法行为，维护正常的市场秩序，保障市场主体合法权益。

在放开收费标准过程中遇到的问题和建议，请及时报告我委（价格司）。

上述规定自2014年8月1日起执行。此前有关规定与本通知不符的，按本通知规定执行。

中华人民共和国国家发展和改革委员会
2014年7月10日

国土资源部办公厅
关于印发《养老服务设施用地指导意见》的通知

国土资厅发〔2014〕11号

各省、自治区、直辖市国土资源主管部门，新疆生产建设兵团国土资源局，计划单列市国土资源主管部门：

为贯彻落实《国务院关于加快发展养老服务业的若干意见》(国发〔2013〕35号)文件精神，保障养老服务设施用地供应，规范养老服务设施用地开发利用管理，大力支持养老服务业发展，部制定了《养老服务设施用地指导意见》(以下简称"《意见》")，现予印发，请结合本地实际认真贯彻执行。

本通知自下发之日起执行，有效期五年。

中华人民共和国国土资源部办公厅
2014年4月17日

养老服务设施用地指导意见

一、合理界定养老服务设施用地范围。专门为老年人提供生活照料、康复护理、托管等服务的房屋和场地设施占用土地，可确定为养老服务设施用地。老年酒店、宾馆、会所、商场、俱乐部等商业性设施占用土地，不属于本《意见》中的养老服务设施用地。

二、依法确定养老服务设施土地用途和年期。养老服务设施用地在办理供地手续和土地登记时，土地用途应确定为医卫慈善用地。

依据《土地利用现状分类》(GB/T21010-2007)，规划为公共管理用地、公共服务用地中的医卫慈善用地，可布局和安排养老服务设施用地，其他用地中只能配套建设养老服务设施用房并分摊相应的土地面积。

养老服务设施用地以出让方式供应的，建设用地使用权出让年限按最高不超过50年确定。以租赁方式供应的，租赁年限在合同中约定，最长租赁期限不得超过同类用途土地出让最高年期。

三、规范编制养老服务设施供地计划。养老服务设施用地供应应当纳入国有建设用地供应计划。新建城区和居住小区配建养老服务设施用地的，建设规模应一并纳入住房建设用地供应计划；新建养老机构服务设施用地的，应根据城乡规划布局要求，统筹考虑，分期分阶段纳入国有建设用地供应计划。对闲置土地依法处置后由政府收回的，规划用途符合要求的，可优先用于养老服务设施用地，一并纳入国有建设用地供应计划。

四、细化养老服务设施供地政策。经养老主管部门认定的非营利性养老服务机构的，其养老服务设施用地可采取划拨方式供地。民间资本举办的非营利性养老服务机构，经养老主管部门认定后同意变更为营利性养老服务机构的，其养老服务设施用地应当报经市、县人民政府批准后，可以办理协议出让(租赁)土地手续，补缴土地出让金(租金)。但法律法规规章和原《国有建设用地划拨决定书》明确应当收回划拨建设用地使用权的除外。

营利性养老服务设施用地，应当以租赁、出让等有偿方式供应，原则上以租赁方式为主。土地出让(租赁)计划公布后，同一宗养老服务设施用地有两个或者两个以上意向用地者的，应当以招标、拍卖或者挂牌方式供地。以招标、拍卖或者挂牌方式供应养老服务设施用地时，不得设置要求竞买人具备相应资质、资格等影响公平公正竞争的限制条件。房地产用地中配套建设养老服务设施的，可将养老服务设施的建设要求作为出让条件，但不得将养老服务机构的资格或资信等级等作为出让条件。

五、鼓励租赁供应养老服务设施用地。为降低营利性养老服务机构的建设成本，各地可制订养老服务设施用地以出租或先租后让供应的鼓励政策和租金标准，明确相应的权利和义务，向社会公开后执行。市县国土资源管理部门与用地者应当签订养老服务设施用地租赁合同，约定租赁国有建设用地的出租人和承租人、地块的位置、用途、面积、空间范围、容积率、租期、租金标准及调整时间和方式、到期处置与续期或出让等内容。

六、实行养老服务设施用地分类管理。新建城区和居住(小)区按规定配建养老服务设施，依据规划用途可以划分为不同宗地的，应当先行分割成不同宗地，再按宗供应；不能分宗的，应当明确养老服务设施用地、社区其他用途土地的面积比例和供应方式。

新建养老服务机构项目用地涉及新增建设用地，符合土地利用总体规划和城乡规划的，应当在土地利用年度计划指标中优先予以安排。

新建养老服务设施用地依据规划单独办理供地手续的，其宗地面积原则上控制在3公顷以下。有集中配建医疗、保健、康复等医卫设施的，不得超过5公顷。新建城区和居住（小）区按规定配建养老服务设施用地，应当在《国有建设用地使用权出让合同》或《国有建设用地划拨决定书》中予以特别说明，应明确配建的面积、容积率、开发投资条件和开发建设周期，以及建成后交付、运营、管理、后续监管的方式等。

七、加强养老服务设施用地监管。在核发国有建设用地划拨决定书、签订出让合同和租赁合同时，应当作出以下规定或者约定：

（一）建设用地使用权可以整体转让和转租、不得分割转让和转租；

（二）不得改变规划确定的土地用途，改变用途用于住宅、商业等房地产开发的，由市、县国土资源管理部门依法收回建设用地使用权；

（三）签订出让合同和租赁合同时，应当约定出让或租赁建设用地使用权可以设定抵押权。划拨建设用地要设定抵押权，在核发划拨决定书时，应当约定划拨建设用地使用权不得单独设定抵押权，设定房地产抵押权的建设用地使用权是以划拨方式取得的，应当从拍卖所得的价款中缴纳相当于应缴纳的土地使用权出让金的款额后，抵押权人方可优先受偿；

（四）养老服务设施用地内建设的老年公寓、宿舍等居住用房，可参照公共租赁住房套型建筑面积标准，限定在40平方米以内；

（五）向符合养老申请条件的老年人出租老年公寓、宿舍等居住用房的，出租服务合同应约定服务期限一次最长不能超过5年，期限届满，原承租人有优先承租权。

八、鼓励盘活存量用地用于养老服务设施建设。对营利性养老服务机构利用存量建设用地从事养老设施建设，涉及划拨建设用地使用权出让（租赁）或转让的，在原土地用途符合规划的前提下，可不改变土地用途，允许补缴土地出让金（租金），办理协议出让或租赁手续。在符合规划的前提下，在已建成的住宅小区内增加非营利性养老服务设施建筑面积的，可不增收土地价款。若后续调整为营利性养老服务设施的，应补缴相应土地价款。

企事业单位、个人对城镇现有空闲的厂房、学校、社区用房等进行改造和利用，兴办养老服务机构，经规划批准临时改变建筑使用功能从事非营利性养老服务且连续经营一年以上的，五年内可不增收土地年租金或土地收益差价，土地使用性质也可暂不作变更。

九、利用集体建设用地兴办养老服务设施。农村集体经济组织可依法使用本集体所有土地，为本集体经济组织内部成员兴办非营利性养老服务设施。民间资本举办的非营利性养老机构与政府举办的养老机构可以依法使用农民集体所有的土地。

国土资源部
关于贯彻实施《不动产登记暂行条例》的通知

国土资发〔2014〕177号

各省、自治区、直辖市及副省级城市国土资源主管部门，新疆生产建设兵团国土资源局，国家海洋局、国家测绘地理信息局，中国地质调查局及部其他直属单位，各派驻地方的国家土地督察局，部机关各司局：

2014年11月24日，国务院总理李克强签署第656号国务院令，公布《不动产登记暂行条例》(以下简称《条例》)。《条例》将于2015年3月1日起施行。《条例》的出台，标志着不动产登记工作将进入全面明晰产权、有效保护权益、维护交易安全、提高交易效率的新阶段。为做好《条例》的贯彻实施工作，现就有关事项通知如下：

一、充分认识《条例》颁布实施的重大意义

长期以来，我国各类不动产登记职责分散在不同的部门。随着社会主义市场经济体制逐步完善，人民群众财产权意识不断提高，对产权保障和交易安全的要求日益提升，分部门对不动产进行分散登记的弊端日益显现。分部门登记导致不动产权利相互交叉、重叠，不利于权利人保护自己的合法权益，不利于不动产交易安全，影响市场决定性作用的充分发挥和有效运行。同时，由于登记机构设置重复，登记部门多，人为地增加了公民和社会组织负担，影响政府行政效率和公信力。2007年颁布实施的《物权法》明确要求建立不动产统一登记制度。但受部门体制的约束，不动产统一登记制度一直未能建立，不动产重复登记、机构重叠的问题依然存在。党中央、国务院高度重视不动产登记，明确要求建立统一登记制度，整合分散在国务院不同部门的不动产登记职责，交由国土资源部承担。并将建立不动产统一登记制度作为我国社会主义市场经济基础性制度建设的重要组成部分。

《条例》在全面总结多年来不动产登记立法和各地登记实践有益经验的基础上，以《物权法》为依据，充分吸收和借鉴现行各类登记办法的有关内容，对不动产统一登记的范围、机构、簿册、程序、信息平台管理、信息查询共享及法律责任等方面的重要制度予以了明确规定，实现了不动产登记法律依据的统一。《条例》的颁布实施是规范不动产登记行为，提高不动产登记质量，提升不动产登记公示力和公信力的重要举措；是维护不动产交易安全，提高不动产交易效率，保障不动产权利人合法权益的有效途径；是全面深化改革，提高政府治理效率和水平，完善政府运行机制的有力抓手。各级国土资源主管部门要从全面推进依法行政，加快转变政府职能，实现国土资源管理法治化的高度，充分认识贯彻实施《条例》的重大意义，增强责任感、使命感和紧迫感，采取切实可行的措施，扎实做好《条例》的贯彻实施工作。

二、准确把握《条例》的精神实质

《条例》在整合吸收土地登记办法、房屋登记办法等有关内容基础上，结合近年来不动产登记实践，按照既尊重现实又继承、提升的思路，对不动产统一登记制度做了多方面的整合和创新。各级国土资源主管部门要全面理解《条例》的基本原则和主要内容，准确把握《条例》构建的不动产统一登记的新格局和提出的新要求，不断提高登记质量和效率。

（一）《条例》明确了统一登记的范围。

明确登记范围，是开展登记工作的前提。《条例》第二条对不动产的概念进行了界定，规定："本条例所称不动产，是指土地、海域以及房屋、林木等定着物。"对于统一登记的不动产权利种类，《条例》第五条在继承当前法律规定的不动产物权基础上，对不动产权利体系按照所有权、用益物权、担保物权的基本分类，进行了组合优化，使之更加有利于登记工作的开展。

（二）《条例》强化了登记机构的法律地位。

《条例》第六条明确了国土资源部负责指导、监督全国不动产登记工作，同时要求县级以上地方人民政府确定一个部门负责本行政区域不动产登记工作，并接受上级不动产登记主管部门的指导和监督，确保了各层面登记机构的统一和上下对口，强化了登记机构的法律地位。同时，《条例》落实了《物权法》属地登记的原则，规定了不动产登记由不动产所在地的县级人民政府不动产登记机构办理。跨行政区域的不动产登记，规定了分别办理、协商办理和指定办理。

（三）《条例》统一了不动产登记簿册。

不动产登记簿是物权归属和内容的依据。《条例》第八条引入了不动产单元的概念，规定不动产以不动产单元为基本单位进行登记，不动产单元具有唯一编码，结束了分散登记模式下，不同不动产按照不同登记单元进行登记的现状，明确了今后制定具体标准的思路和方向。同时，《条例》规定登记机构应当设置统一的不动产登记簿，载明不动产自然状况、权属状况等事项，对登记簿实行严格保护

并永久保存，不得损毁和擅自修改；行政区域调整或者登记机构职能调整的，登记簿必须及时移交给相应的登记机构。

（四）《条例》规范了不动产统一登记的程序。

《条例》在登记程序的设计上，吸收了土地登记办法、房屋登记办法等成熟规定，对不动产登记的全过程做了一般性规定。明确规定了申请不动产登记的申请人、申请材料、初审受理、查验要求、实地查看和调查、不予登记等情形，以及登记机构的办理期限，为进一步规范不动产登记行为打下了制度基础。

（五）《条例》搭建了登记信息共享与保护的平台。

不动产登记信息的广泛应用是不动产登记事业持续健康发展的生命价值。《条例》第二十三条要求建立不动产登记信息管理基础平台，各级不动产登记机构的登记信息要纳入其中，实现区域、层级、行业间的互通共享。同时，按照《物权法》的有关规定，《条例》第二十七条将不动产登记资料查询人限定在权利人和利害关系人，并在第二十六条规定了不动产登记机构和不动产信息查询人的保密责任。

三、有效履行不动产登记的法定职责

加快完成不动产登记职责整合工作，将土地、房屋、林地、草原、海域等登记职责整合到一个部门，是党中央、国务院为加快推进政府职能转变做出的重大改革决定。而完成不动产登记职责的整合，是《条例》顺利实施的关键，必须加快推进，尤其是市县级的机构职责整合。各地要严格按照《条例》的要求，在加快推动不动产登记职责整合的基础上，全面履行好不动产登记的法定职责。

（一）认真做好各类不动产登记资料移交整合。

不动产登记资料是证明不动产权利归属的重要依据，是依法开展不动产登记和信息查询的基础。各地要结合不动产登记职责整合情况，加强沟通协调，制定详细的不动产登记资料移交方案，明确原来保存在有关部门的各类不动产登记图、表、卡、册等纸质资料和电子数据的移交、整理、保存的方式及时间要求等，指派专人按计划开展不动产登记资料移交工作。要全面清理和整理不动产登记历史资料，对本地区土地、房屋、林地、草原、海域存量登记数据进行整合，按照国家规定的数据库标准和数据整合建库技术规程，健全完善不动产登记信息数据库。

（二）尽快设立统一的不动产登记受理窗口。

各地应统筹安排，充分利用现有资源，选择合适场地，设立统一的不动产登记窗口，实现“一个窗口进、一个窗口出”。《条例》实施和统一的簿册证启用前，统一窗口受理，颁发原有的各类不动产登记证书。《条例》实施和统一的簿册证启用后，按照统一的不动产登记标准和规范，制作便民办事指南和手册，统一窗口受理，颁发统一的证书。要按照“权利不变动，证书不更换”的原则，做好新旧权属证书的衔接，确保已经颁发的证书继续有效。在新的证书公布前申请登记的，继续发放旧版证书；新的证书公布后申请登记的，发放新版证书，原来各部门依法已经发放的证书继续有效，不得强制要求更换证书，不得增加企业和群众负担。

（三）加快梳理形成统一的不动产登记业务流程。

各地要梳理各类不动产审批、交易、流转、登记、纠纷调处等业务工作流程，分清部门管理和登记在工作流程中各自应负责的具体事务，将不动产登记的申请、受理、审核、登簿以及发证、登记资料和信息管理、查询等属于不动产登记的职责统一起来，确保职责的完整性。《条例》实施和统一的簿册证启用前，原有各类不动产登记工作流程可保持不变，通过对登记工作人员的培训，逐步熟悉和掌握各类不动产登记办理流程，为统一业务流程做好准备；《条例》实施和统一的簿册证启用后，各地应合并相同的业务环节和人员，科学设置工作岗位，形成统一的不动产登记业务流程。

（四）全面推进不动产登记信息化建设。

部负责不动产登记信息化建设顶层设计，组织建设全国统一的国土资源与不动产登记信息平台。各地负责推进本地区不动产登记的数据整合、接入信息平台的相关准备工作，力争2015年底完成不动产登记操作系统软件与信息平台的对接，通过信息化建设促进不动产登记的“四统一”。各地要根据当地信息化工作基础情况，提早对各类不动产登记操作系统软件进行融合、对接，形成统一登记发证的业务操作系统软件，通过数据交换接口、数据抄送等方式，与本级国土、住建、农业、林业、海洋等部门实现业务协同和数据共享，提供本级不动产登记信息查询服务，并按照信息平台统一的技术要求，预留接口，做好准备。完成机构整合的省、市、县各级不动产登记机构是唯一可以接入信息平台的部门。部在建设信息平台的同时，也将开发不动产登记操作系统软件，在信息平台上直接提供各地选择使用。

四、加强领导，健全机构，保障《条例》顺利实施

各级国土资源主管部门要充分认识《条例》颁布实施的重要意义，把学习贯彻实施《条例》作为当前和今后一个时期国土资源管理工作的重要任务，作为贯彻学习十八届四中全会精神、推进依法治国的重要内容，摆上议事日程。要切实加强对不动产统一登记工作的组织领导，全面落实各项工作措施，确保工作连续稳定，保障《条例》顺利实施。

（一）加强组织领导。

各地不动产登记领导小组、联席会议等机制建立后，要齐心协力、协调配合、认真履责，切实将党中央、国务院关于不动产登记制度改革的决定和《条例》实施的要求落到实处，各省级国土资源主管部门及市县级职责整合后的不动产统一登记机构要主动做好服务，认真听取各部门的意见和建议，共同做好不动产统一登记工作。

（二）抓好教育培训。

各地要做好《条例》的学习、宣传和培训工作，做出具体部署，提出明确要求，一级抓一级，一级培训一级，确保各级国土资源主管部门领导干部和不动产登记人员能够全面掌握、准确把握《条例》的主要内容，并落实到工作中去。

（三）开展地方性配套制度立改废工作。

各地要抓紧开展地方性法规、规章，特别是规范性文件的清理工作。对于与《条例》规定不一致的地方性法规、规章，要抓紧提出修改或废止建议；对于与《条例》规定不一致的规范性文件，要及时废止或修改。要在《条例》颁布实施的基础上，根据本地区的实际情况，分清轻重缓急，积极稳妥推进地方性法规、规章的立法工作，加快健全《条例》的配套立法工作。

《条例》的颁布实施，关系建立健全不动产统一登记制度，关系夯实社会主义市场经济的产权基础，关系亿万群众的切身利益。各地要重视贯彻学习实施《条例》，切实加强领导，调整工作思路，改进工作方法，增加服务意识和责任意识，为努力提高国土资源管理能力，增强依法执政水平，为实现经济社会可持续发展做出新的贡献。各地在贯彻实施过程中，要加强组织协调、调查研究和检查落实工作。有关贯彻实施情况和实施过程中遇到的新情况、新问题，请及时报部。

中华人民共和国国土资源部

2014 年 12 月 29 日

财政部 国家税务总局
关于夫妻之间房屋土地权属变更有关契税政策的通知

财税〔2014〕4号

各省、自治区、直辖市、计划单列市财政厅（局）、地方税务局，西藏、宁夏、青海省（自治区）国家税务局，新疆生产建设兵团财务局：

经研究，现将夫妻之间房屋、土地权属变更有关契税政策通知如下：

在婚姻关系存续期间，房屋、土地权属原归夫妻一方所有，变更为夫妻双方共有或另一方所有的，或者房屋、土地权属原归夫妻双方共有，变更为其中一方所有的，或者房屋、土地权属原归夫妻双方共有，双方约定、变更共有份额的，免征契税。

本通知自发布之日起施行。《财政部 国家税务总局关于房屋 土地权属由夫妻一方所有变更为夫妻双方共有契税政策的通知》（财税〔2011〕82号）同时废止。

中华人民共和国财政部
国家税务总局
2013年12月31日

财政部
关于做好公共租赁住房和廉租住房并轨运行有关财政工作的通知

财综〔2014〕11号

各省、自治区、直辖市、计划单列市财政厅（局），新疆生产建设兵团财务局：

根据住房城乡建设部、财政部、国家发展改革委联合印发的《关于公共租赁住房和廉租住房并轨运行的通知》（建保〔2013〕178号）的规定，从2014年起各地公共租赁住房和廉租住房并轨运行。为确保并轨工作顺利进行，现就有关事宜通知如下：

一、整合地方政府资金来源

按照建保〔2013〕178号文件规定，廉租住房并入公共租赁住房后，地方政府原用于廉租住房建设的资金来源渠道，包括从基本建设投资安排的资金、从住房公积金增值收益安排的资金、从土地出让收益安排的资金等，均整合用于公共租赁住房(含2014年以前在建廉租住房，下同)。省级财政部门要会同有关部门根据本地区并轨后的公共租赁住房任务，统一下达中央和省级补助资金。市县财政部门要根据本级并轨后的公共租赁住房任务，统筹安排本级资金，统一下达中央和省级补助资金，同时，要严格按照工程进度拨付资金。

二、做好租赁补贴发放工作

廉租住房和公共租赁住房并轨后，原廉租住房租赁补贴资金继续用于补贴在市场租赁住房（含社会投资建设并运营管理的公共租赁住房）的低收入住房保障家庭。为避免政府重复投资和补贴，对于符合住房保障条件的低收入家庭租赁政府投资建设的公共租赁住房的，应当一律采取租金减免方式予以保障，不再发放租赁补贴。各地发放低收入住房保障家庭租赁补贴应当按月或按季均衡核发，不得采取半年或一年集中一次性发放方式，年度最后一次核发租赁补贴必须在12月25日前完成。

三、准确填列政府收支分类科目

从2014年起，各地公共财政安排用于2014年以前在建廉租住房项目的续建支出，填列《政府收支分类科目》2210101“廉租住房”科目；安排用于公共租赁住房项目支出，填列2210106“公共租赁住房”科目；安排用于低收入住房保障对象租赁补贴资金支出，填列2210107“保障性住房租金补贴”科目。

各地住房公积金增值收益安排用于2014年以前在建廉租住房项目的续建支出，填列《政府收支分类科目》2120702“廉租住房支出”科目；安排用于公共租赁住房项目支出，填列2120704“公共租赁住房支出”科目；相关租金收入统一填列103014304“公共租赁住房租金收入”科目。

各地土地出让收益安排用于2014年以前在建廉租住房项目的续建支出，填列《政府收支分类科目》2120807“廉租住房支出”科目；安排用于公共租赁住房项目支出，填列2120811“公共租赁住房支出”科目。

因公共租赁住房和廉租住房并轨，需要调整的其他相关政府收支分类科目，由财政部会同有关部门另行发文。

四、盘活政府存量资金

省级财政要督促市县财政部门对政府保障性安居工程结余资金进行全面清理，盘活政府存量资金。对于因资金拨付不及时形成的结余资金，要根据工程进度及时拨付资金；对于因工程进度缓慢而形成的结余资金，要督促有关部门采取措施，加快工程进度，及时拨付资金；对于应发未发租赁补贴形成的结余资金，要按规定及时足额发放到位；对于项目已经完成或租赁补贴已发放而形成的净结余资金，要相应减少中央和省级补助资金。

五、严格资金使用管理

各级财政部门要督促有关部门严格按照规定用途使用保障性安居工程资金，确保资金专款专用，不得滞留、挤占和挪作他用，不得将保障性安居工程资金用于人员经费、公用经费、购置设备和交通工具、办公楼建设、对外投资等与保障性安居工程无关的支出。同一地区同一个保障性安居工程项目，只能享受一次中央补助资金，不得重复安排中央补助资金，违反规定的应当立即予以纠正。各级财政部门要加强资金分配基础工作，防止不符合住房保障条件的家庭通过提供不实资料等手段，违规领取或重复领取租赁补贴资金；防止个别部门或个别项目单位，以虚报资料、擅自调整投资计划等方式套取资金。同时，要加强保障性安居工程资金管理，不得将应当在国库核算的资金，转移到财政专户或单位银行账户核算，更不得公款私存，不得采取“以拨代支”方式违规拨付财政资金。对于违反规定的，将按照《财政违法行为处罚处分条例》（国务院令第 427 号）的规定进行处理，并依法追究有关责任人员的责任。

中华人民共和国财政部

2014 年 3 月 10 日

财政部　住房和城乡建设部
关于印发《中央财政城镇保障性安居工程专项资金管理办法》的通知

财综〔2014〕14 号

各省、自治区财政厅、住房城乡建设厅，各直辖市、计划单列市财政局、住房城乡建设委（建设交通委、城乡建设委、住房保障和房屋管理局、国土资源和房屋管理局），新疆生产建设兵团财务局、建设局：

根据《国务院办公厅关于保障性安居工程建设和管理的指导意见》（国办发〔2011〕45 号）和住房城乡建设部、财政部、国家发展改革委《关于公共租赁住房和廉租住房并轨运行的通知》（建保〔2013〕178 号）等规定，决定从 2014 年开始，将中央补助廉租住房保障专项资金、中央补助公共租赁住房专项资金和中央补助城市棚户区改造专项资金，归并为中央财政城镇保障性安居工程专项资金。现将《中央财政城镇保障性安居工程专项资金管理办法》印发给你们，请遵照执行。

附件：中央财政城镇保障性安居工程专项资金管理办法

中华人民共和国财政部
中华人民共和国住房和城乡建设部
2014 年 3 月 24 日

附件：

中央财政城镇保障性安居工程专项资金管理办法

第一章　总 则

第一条 为了规范中央财政城镇保障性安居工程专项资金（以下简称专项资金）的使用和管理，提高资金使用效益，根据《国务院办公厅关于保障性安居工程建设和管理的指导意见》（国办发〔2011〕45 号）和住房城乡建设部、财政部、国家发展改革委《关于公共租赁住房和廉租住房并轨运行的通知》（建保〔2013〕178 号）等规定，制定本办法。

第二条 本办法所称专项资金，是指中央财政设立用于支持城镇低收入住房保障家庭租赁补贴、公共租赁住房和城市棚户区改造的专项转移支付资金。

城镇低收入住房保障家庭租赁补贴、公共租赁住房项目和城市棚户区改造项目，应当纳入省级人民政府批准的城镇保障性安居工程规划和年度计划。

第三条 专项资金根据公开、公平、公正的原则，按因素法分配给各地区。

第二章　资金分配

第四条 专项资金按照各地区年度城镇低收入住房保障家庭租赁补贴户数、筹集公共租赁住房套数、城市棚户区改造户数等三项因素以及相应权重，结合财政困难程度进行分配。其中，三项因素权重根据各年度城镇保障性安居工程任务状况、需要政府投入的资金需求、上年度专项资金补助水平等综合确定，财政困难程度参照中央财政上年均衡性转移支付财政困难程度系数确定。

城镇低收入住房保障家庭租赁补贴户数，以当年发放租赁补贴户数为准。

筹集公共租赁住房套数，以当年公共租赁住房开工建设或签订收购、租赁协议确定的套数为准。

城市棚户区改造户数，对于采取先拆后建的地区，以当年征收（收购）人与被征收（收购）人签订的征收补偿（收购）协议或者市、县级人民政府作出的征收补偿决定为依据，包括实物安置住房户数（原地安置和异地安置）和货币补偿户数，均为永久安置住房户数，不包括临时安置住房户数；对于采取先建后拆的地区，经财政部、住房城乡建设部审核认定，以当年开工建设安置住房户数为准。

第五条 专项资金分配的计算公式如下：

分配给某地区的专项资金总额 =〔（经核定的该地区年度租赁补贴户数 × 该地区财政困难程度系数）÷ ∑（经核定的各地区年度租赁补贴户数 × 相应地区财政困难程度系数）× 相应权重 +（经核定的该地区年度筹集公共租赁住房套数 × 该地区财政困难系数）÷ ∑（经核定的各

地区年度筹集公共租赁住房套数 × 相应地区财政困难系数）× 相应权重 +（经核定的该地区年度城市棚户区改造户数 × 该地区财政困难程度系数）÷ Σ（经核定的各地区年度城市棚户区改造户数 × 相应地区财政困难程度系数）× 相应权重〕× 年度专项资金总规模。

公式中，年度租赁补贴户数，指当年计划发放租赁补贴户数，减去上年度未实施的计划发放户数，加上上年度超计划实施的发放户数；年度筹集公共租赁住房套数，指当年计划筹集套数，减去上年度未完成的计划筹集套数，加上上年度超计划完成的筹集套数；年度城市棚户区改造户数，指当年计划改造户数，减去上年度未完成的计划改造户数，加上上年度超计划完成的改造户数。

第六条 各地区省级财政部门应当会同同级住房保障部门汇总审核各市、县申报资料，于每年 2 月 28 日之前向财政部驻当地财政监察专员办事处（以下简称专员办）提交下列资料：

（一）本地区以及各市、县城镇低收入住房保障家庭租赁补贴规划及年度保障计划，公共租赁住房规划及年度计划，城市棚户区改造规划及年度改造计划。城镇保障性安居工程规划、计划以及列入规划、计划的项目发生变更的，以市、县政府出具的文件为准。

（二）省级相关部门加盖部门印章的《城镇低收入住房保障家庭租赁补贴计划和实施情况表》（附表 1）、《公共租赁住房项目计划和完成情况表》（附表 2）、《城市棚户区改造项目计划和完成情况表》（附表 3）、《中央财政城镇保障性安居工程专项资金收支情况表》（附表 4）。

（三）各市、县有关部门上年度实际发放城镇低收入住房保障家庭租赁补贴名单复印件；上年度公共租赁住房开工建设证明以及签订收购、租赁合同或协议的复印件；上年度各市、县的城市棚户区改造计划，城市棚户区改造项目征收补偿（收购）方案，以及签订的征收补偿（收购）协议和补偿决定复印件。

（四）省级财政部门、住房保障部门对市、县申报材料审核情况的说明。

（五）与审核有关的其他材料。

对于不按时向专员办报送审核资料的地区，财政部在分配专项资金时，将酌情扣减分配给该地区的专项资金数额。

第七条 专员办应对地方报送的相关资料进行认真审核，确保实地抽查审核比例不少于 3 个地级市（含省直管县），抽查数据比例不低于该地区申报数据的 20%。抽查审核结果与报送数据相差较大的，应当及时将申报材料退回，要求省级财政部门会同同级住房保障部门核实数据后重新报送。对于未按规定时限向专员办报送审核资料、审核发现严重弄虚作假或重大违规等问题，应及时向财政部报告。专员办审核工作结束后，应于 3 月 31 日前将审核意见表（附表 5）报送财政部，并于 4 月 30 日前上报审核总结报告。

第八条 每年 3 月 31 日之前，各地区省级财政部门会同同级住房保障部门将专员办审核认定后的附表 1、附表 2、附表 3、附表 4 和相关文字说明，分别报送财政部、住房城乡建设部。未附专员办审核意见的，将不予受理。对于未按规定时间报送有关资料的地区，视同不申请专项资金处理。

第九条 财政部会同住房城乡建设部对各地区报送的有关资料进行审核汇总后，于每年 4 月 30 日之前将专项资金分配下达各地区省级财政部门。

对于年底专项资金结余较多的地区，财政部将酌情减少安排该地区下一年度专项资金数额。

第三章　资金拨付

第十条 各地区省级财政部门收到中央财政下达的专项资金后，应当参照中央财政的分配方案，结合本地实际情况，于每年 5 月 31 日前会同同级住房城乡建设部门一次下达市、县财政部门，并将下达文件同时抄送专员办。

省级财政部门分配专项资金时，可以适当向城镇保障性安居工程任务较重的资源枯竭型城市和三线企业比较集中的城市倾斜。

第十一条 市、县财政部门收到专项资金后，应当会同同级住房城乡建设部门尽快将资金分解或明确到具体项目，并将分配结果报上级财政部门、住房城乡建设部门备案。

第十二条 市、县财政部门应当根据城镇保障性安居工程实施进度及时拨付资金，确保城镇保障性安居工程资金需要，切实提高资金使用效率。

第十三条 专项资金的支付，按照财政国库管理制度的有关规定执行。

第四章　使用管理

第十四条 专项资金的使用范围包括：

（一）向符合条件的在市场租赁住房的城镇低收入住房保障家庭发放租赁补贴，不得向政府投资运营的公共租赁住房承租家庭再发放租赁补贴。

（二）支持政府组织实施的公共租赁住房项目（含新建、改建、收购和在市场长期租赁公共租赁住房），包括政府直接投资公共租赁住房项目支出（含项目资本金注入），以及政府对企业投资公共租赁住房的贷款贴息等支出。

（三）支持城市棚户区改造项目，包括用于政府组织的城市棚户区改造项目中的征收（收购）、安置房建设和相关配套基础设施建设以及贷款贴息等支出，不得用于城市棚户区改造中回迁安置之外的住房开发、配套建设的商业和服务业等经营性设施建设支出。

第十五条 地方各级财政部门应当对专项资金实行专项管理、分账核算，并严格按照规定用途使用；不得截留、挤占、挪作他用，不得用于平衡本级预算。

地方各级住房保障部门及项目实施单位应当严格按照本办法规定使用专项资金，不得挪作他用。专项资金不得用于人员经费、公用经费、购置交通工具等与城镇保障性安居工程无关的支出。

第十六条 市、县住房保障部门及项目实施单位使用专项资金时，按用途分别填列《政府收支分类科目》221类“住房保障支出”01款“保障性安居工程支出”03项“棚户区改造”、06项“公共租赁住房”和07项“保障性住房租金补贴”科目。

第五章 监督检查

第十七条 专员办应当按照有关规定对专项资金申报和分配使用情况进行监督检查。

第十八条 对于违反本办法规定，弄虚作假，采取虚报、多报等方式骗取专项资金，或者不按规定分配使用专项资金的，经核实后，将依照《财政违法行为处罚处分条例》等国家有关规定追究相关单位和个人责任，并由财政部相应扣减下一年度该地区专项资金，情节严重的，在全国范围内进行通报。

第十九条 各地区应当开展城镇保障性安居工程绩效评价工作，并将绩效评价结果作为安排城镇保障性安居工程资金的参考依据，不断提高资金使用效益。

第六章 附 则

第二十条 中央财政对新疆生产建设兵团专项资金的分配、拨付、使用、管理，以及相关资料申报与审核，按照本办法规定执行。

第二十一条 对于发生重大自然灾害等特殊情况的地区，财政部会同住房城乡建设部在专项资金分配时予以适当倾斜。

第二十二条 各地区省级财政部门以及新疆生产建设兵团财务局会同同级住房保障部门可以根据本办法，结合实际制定具体实施办法，并报财政部、住房城乡建设部备案。

第二十三条 本办法由财政部会同住房城乡建设部负责解释。

第二十四条 本办法自发布之日起施行。《中央补助公共租赁住房专项资金管理办法》（财综〔2010〕50号）、《中央补助廉租住房保障专项资金管理办法》（财综〔2012〕42号）和《中央补助城市棚户区改造专项资金管理办法》（财综〔2012〕60号）同时废止。

附表：

1. 城镇低收入住房保障家庭租赁补贴计划和实施情况表（略）

2. 公共租赁住房项目计划和完成情况表（略）

3. 城市棚户区改造项目计划和完成情况表（略）

4. 中央财政城镇保障性安居工程专项资金收支情况表（略）

5. 专员办审核中央财政城镇保障性安居工程专项资金意见表 （略）

财政部 国家税务总局 关于促进公共租赁住房发展有关税收优惠政策的通知

财税〔2014〕52号

各省、自治区、直辖市、计划单列市财政厅（局）、地方税务局，西藏、宁夏、青海省（自治区）国家税务局，新疆生产建设兵团财务局：

根据《国务院办公厅关于保障性安居工程建设和管理的指导意见》（国办发〔2011〕45号）和住房城乡建设部、财政部、国家税务总局等部门《关于加快发展公共租赁住房的指导意见》（建保〔2010〕87号）等文件精神，决定继续对公共租赁住房建设和运营给予税收优惠。现将有关政策通知如下：

一、对公共租赁住房建设期间用地及公共租赁住房建成后占地免征城镇土地使用税。在其他住房项目中配套建设公共租赁住房，依据政府部门出具的相关材料，按公共租赁住房建筑面积占总建筑面积的比例免征建设、管理公共租赁住房涉及的城镇土地使用税。

二、对公共租赁住房经营管理单位免征建设、管理公共租赁住房涉及的印花税。在其他住房项目中配套建设公共租赁住房，依据政府部门出具的相关材料，按公共租赁住房建筑面积占总建筑面积的比例免征建设、管理公共租赁住房涉及的印花税。

三、对公共租赁住房经营管理单位购买住房作为公共租赁住房，免征契税、印花税；对公共租赁住房租赁双方免征签订租赁协议涉及的印花税。

四、对企事业单位、社会团体以及其他组织转让旧房作为公共租赁住房房源，且增值额未超过扣除项目金额20%的，免征土地增值税。

五、企事业单位、社会团体以及其他组织捐赠住房作为公共租赁住房，符合税收法律法规规定的，对其公益性捐赠支出在年度利润总额12%以内的部分，准予在计算应纳税所得额时扣除。

个人捐赠住房作为公共租赁住房，符合税收法律法规规定的，对其公益性捐赠支出未超过其申报的应纳税所得额30%的部分，准予从其应纳税所得额中扣除。

六、对符合地方政府规定条件的低收入住房保障家庭从地方政府领取的住房租赁补贴，免征个人所得税。

七、对公共租赁住房免征房产税。对经营公共租赁住房所取得的租金收入，免征营业税。公共租赁住房经营管理单位应单独核算公共租赁住房租金收入，未单独核算的，不得享受免征营业税、房产税优惠政策。

八、享受上述税收优惠政策的公共租赁住房是指纳入省、自治区、直辖市、计划单列市人民政府及新疆生产建设兵团批准的公共租赁住房发展规划和年度计划，并按照《关于加快发展公共租赁住房的指导意见》（建保〔2010〕87号）和市、县人民政府制定的具体管理办法进行管理的公共租赁住房。

九、本通知执行期限为2013年9月28日至2015年12月31日。2013年9月28日以后已征的应予减免的税款，在纳税人以后应缴的相应税款中抵减或者予以退还。

根据《住房城乡建设部 财政部 国家发展改革委关于公共租赁住房和廉租住房并轨运行的通知》（建保〔2013〕178号）规定，2014年以前年度已列入廉租住房年度建设计划的在建项目，自本通知印发之日起，统一按本通知规定的税收优惠政策执行。《财政部 国家税务总局关于廉租住房 经济适用住房和住房租赁有关税收政策的通知》（财税〔2008〕24号）中有关廉租住房税收政策的规定自本通知印发之日起同时废止。

中华人民共和国财政部
国家税务总局
2014年8月11日

财政部
关于印发《城镇保障性安居工程贷款贴息办法》的通知

财综〔2014〕76 号

各省、自治区、直辖市、计划单列市财政厅（局）：

为引导和支持社会资本投资建设、运营管理城镇保障性安居工程，提高财政资金使用效益，根据《国务院办公厅关于保障性安居工程建设和管理的指导意见》（国办发〔2011〕45 号）、《国务院关于加快棚户区改造工作的意见》（国发〔2013〕25 号）及财政管理制度等规定，我部制定了《城镇保障性安居工程贷款贴息办法》（见附件），现印发给你们，请遵照执行。

附件：《城镇保障性安居工程贷款贴息办法》

中华人民共和国财政部
2014 年 10 月 17 日

附件：

城镇保障性安居工程贷款贴息办法

第一章　总则

第一条 为引导和支持社会资本投资建设、运营管理城镇保障性安居工程，提高财政资金使用效益，根据《国务院办公厅关于保障性安居工程建设和管理的指导意见》（国办发〔2011〕45 号）、《国务院关于加快棚户区改造工作的意见》（国发〔2013〕25 号）及财政管理制度等规定，制定本办法。

第二条 本办法所称城镇保障性安居工程贷款，是指城镇保障性安居工程项目实施单位（以下简称项目实施单位）从商业银行等各类金融机构获得，专项用于政府组织实施的城市棚户区改造项目和公共租赁住房购建、运营管理的贷款。

第三条 本办法所称城镇保障性安居工程贷款贴息，是指市县财政部门对符合条件的城市棚户区改造项目、公共租赁住房项目贷款予以一定比例和一定期限的利息补贴。

采取政府和社会资本合作（PPP）模式投资建设、运营管理的公共租赁住房项目，符合贴息政策的，适用本办法。

第二章　贴息资金来源和规模

第四条 城镇保障性安居工程贴息资金来源于下列资金渠道：

（一）市县财政预算安排用于城市棚户区改造、公共租赁住房的资金；

（二）省级财政预算安排用于城市棚户区改造、公共租赁住房的补助资金；

（三）中央财政预算安排用于城市棚户区改造、公共租赁住房的专项资金。

第五条 年度城镇保障性安居工程贴息资金规模，由市县财政部门根据所在地城市棚户区改造和公共租赁住房项目贷款余额、贴息率等因素确定。

第三章　贴息范围和期限

第六条 城镇保障性安居工程贷款贴息，必须同时具备下列条件：

（一）城市棚户区改造项目和公共租赁住房项目已纳入省级人民政府年度计划和市县人民政府年度目标任务，并由市县人民政府组织实施；

（二）从各类金融机构实际借入用于城市棚户区改造征收补偿、安置住房建设和公共租赁住房购建、运营管理的贷款；

（三）城市棚户区改造项目和公共租赁住房项目未享受过政府投资补助和其他贴息扶持政策。

第七条 下列城镇保障性安居工程贷款，不纳入贴息范围：

（一）旧住宅区环境整治项目贷款；

（二）城市棚户区改造项目和公共租赁住房项目小区外配套基础设施建设贷款；

（三）城市棚户区改造项目和公共租赁住房项目未按合同规定归还的逾期贷款利息、加息和罚息，未经有关部门批准延长项目建设期发生的贷款利息，未按规定办理竣工决算的项目发生的贷款利息；

（四）已获得政府投资补助或已申请其他财政贴息资金的城市棚户区改造项目和公共租赁住房项目贷款；

（五）本办法印发前，城市棚户区改造项目和公共租赁住房项目已清偿的贷款；

（六）其他不属于城市棚户区改造项目和公共租赁住房项目的贷款。

第八条 贴息率由项目所在地市县财政部门根据年度贴息资金预算安排和贴息资金需求等因素确定，贴息利率以中国人民银行公布的同期贷款基准利率为准，原则上不超过2个百分点。

第九条 贴息期限按项目建设、收购、运营管理周期内实际贷款期限确定。其中，对于公共租赁住房运营管理贷款，贴息期限最长不超过15年。

第十条 具体贴息率和贴息期限由市县财政部门确定。

第四章　贴息申请和支付

第十一条 贴息资金的使用，实行“先付息，后补贴”的原则，每年结算一次，具体结算时间由各地自定。

第十二条 凡符合本办法第六条规定贴息条件的项目实施单位，可向项目所在地市县财政部门提出贴息申请，并提交与贴息相关的有效证明文件和凭据。包括：（一）相关建设项目立项批准文件；（二）当地政府发布的城市棚户区改造征收补偿方案；（三）项目实施单位与当地政府主管部门签订的安置住房建设合同、公共租赁住房购建合同、公共租赁住房运营管理合同；（四）贷款合同、贷款到位凭证、贷款金融机构开具的利息收取凭证或贷款结息清单等。

第十三条 市县财政部门应当会同住房保障主管部门、相关金融机构，严格按照本办法第六条和第七条规定，对项目实施单位申报的贴息申请材料进行逐项核实，包括利用人民银行信贷管理终端系统等有效手段核实项目贷款的真实性。

第十四条 项目贷款经核实符合贴息条件的，由市县财政部门按照财政国库管理制度的有关规定，将贴息资金支付到项目实施单位。

第五章　贴息资金账务处理

第十五条 项目实施单位对于贴息资金，应当按照国家统一的会计制度规定进行账务处理。

第十六条 市县财政部门用公共预算资金安排用于城市棚户区改造和公共租赁住房项目贷款贴息支出，分别填列《政府收支分类科目》2210103“棚户区改造”和2210106“公共租赁住房”科目；用住房公积金增值收益安排用于公共租赁住房项目贷款贴息支出，填列2120704“公共租赁住房支出”科目；用土地出让收益安排用于城市棚户区改造和公共租赁住房项目贷款贴息支出，分别填列2120810“棚户区改造支出”和2120811“公共租赁住房支出”科目。

第六章　贴息资金监督管理

第十七条 市县财政部门要建立贴息资金公示制度，确保贴息资金申请、支付和使用公开、公平、公正。

第十八条 贴息资金实行专账核算、专款专用，专项用于城市棚户区改造征收补偿、安置住房建设以及公共租赁住房购建、运营管理的贷款贴息。

第十九条 市县财政部门要建立年度贴息情况统计制度，按规定填报《　年度城镇保障性安居工程贷款贴息情况表》，并于每年2月28日前上报省级财政部门。省级财政部门应当于每年3月31日前将汇总的本地区《　年度城镇保障性安居工程贷款贴息情况表》报送财政部。

第二十条 贴息资金申请和使用管理自觉接受财政部门、审计机关的监督检查。

第二十一条 对于违反规定，截留、挤占、挪用贴息资金以及弄虚作假骗取贴息资金的，依照《财政违法行为处罚处分条例》等国家有关规定进行处理处罚；项目实施单位有前述行为的，市县财政部门可以取消其申报贴息的资格，并相应收回贴息资金。涉嫌犯罪的，及时依法移送司法机关处理。

第七章　附则

第二十二条 各省、自治区、直辖市、计划单列市和新疆生产建设兵团财政部门，可根据本办法制定具体实施办法，并报财政部备案。

第二十三条 本办法自2015年1月1日起施行。

附表：年度城镇保障性安居工程贷款贴息情况表（略）

国家税务总局
关于房地产开发企业成本对象管理问题的公告

国家税务总局公告2014年第35号

2014年1月28日，国务院发布《关于取消和下放一批行政审批项目的决定》（国发〔2014〕5号），取消了房地产开发企业开发产品计税成本对象事先备案制度。为做好取消房地产开发企业开发产品计税成本对象事先备案制度的落实和后续管理工作，现将有关问题公告如下：

一、房地产开发企业应依据计税成本对象确定原则确定已完工开发产品的成本对象，并就确定原则、依据，共同成本分配原则、方法，以及开发项目基本情况、开发计划等出具专项报告，在开发产品完工当年企业所得税年度纳税申报时，随同《企业所得税年度纳税申报表》一并报送主管税务机关。

房地产开发企业将已确定的成本对象报送主管税务机关后，不得随意调整或相互混淆。如确需调整成本对象的，应就调整的原因、依据和调整前后成本变化情况等出具专项报告，在调整当年企业所得税年度纳税申报时报送主管税务机关。

二、房地产开发企业应建立健全成本对象管理制度，合理区分已完工成本对象、在建成本对象和未建成本对象，及时收集、整理、保存成本对象涉及的证据材料，以备税务机关检查。

三、各级税务机关要认真清理以前的管理规定，今后不得以任何理由进行变相审批。

主管税务机关应对房地产开发企业报送的成本对象确定专项报告做好归档工作，及时进行分析，加强后续管理。对资料不完整、不规范的，应及时通知房地产开发企业补齐、修正；对成本对象确定不合理或共同成本分配方法不合理的，主管税务机关有权进行合理调整；对成本对象确定情况异常的，主管税务机关应进行专项检查；对不如实出具专项报告或不出具专项报告的，应按《中华人民共和国税收征收管理法》的相关规定进行处理。

四、本公告自发布之日起30日后施行。《国家税务总局关于印发〈房地产开发经营业务企业所得税处理办法〉的通知》（国税发〔2009〕31号）第二十六条第二款同时废止。本公告施行前房地产开发企业尚未完成开发产品成本对象事先备案的，也按本公告执行。

特此公告。

国家税务总局

2014年6月16日

中国保监会
关于开展老年人住房反向抵押养老保险试点的指导意见

保监发〔2014〕53号

各保监局、中国保险行业协会、各人身保险公司：

为贯彻落实《国务院关于加快发展养老服务业的若干意见》（国发〔2013〕35号）有关要求，鼓励保险业积极参与养老服务业发展，探索完善我国养老保障体系、丰富养老保障方式的新途径，中国保监会决定开展老年人住房反向抵押养老保险（以下简称反向抵押养老保险）试点。反向抵押养老保险是一种将住房抵押与终身养老年金保险相结合的创新型商业养老保险业务，即拥有房屋完全产权的老年人，将其房产抵押给保险公司，继续拥有房屋占有、使用、收益和经抵押权人同意的处置权，并按照约定条件领取养老金直至身故；老年人身故后，保险公司获得抵押房产处置权，处置所得将优先用于偿付养老保险相关费用。为做好试点有关工作，现提出如下意见：

一、开展试点的重要意义

（一）有利于健全我国社会养老保障体系。建立多层次、可持续的养老保障制度，是有效应对人口老龄化问题，实现社会经济健康发展的必然要求。开展试点有利于丰富养老保障方式，引导社会形成新的养老保障习惯，增强养老保障体系的可持续性。

（二）有利于拓宽养老保障资金渠道。当前，我国缺少将社会存量资产转化为养老资源的有效手段。开展试点，盘活老年人房产，是实现个人经济资源优化配置的积极探索，有利于拓宽养老保障资金来源，提升老年人养老保障水平。

（三）有利于丰富老年人的养老选择。反向抵押养老保险属于商业保险范畴。开展试点，在不影响老年人既有养老福利的前提下，增加了一种新的养老方式，老年人可根据个人生活状况和养老需求自愿投保。

（四）有利于保险业进一步参与养老服务业发展。加快养老服务业发展，是应对养老形势，满足老年人日益增长的养老需求的必然要求。开展试点，有利于发挥保险业风险管理、资金管理等优势，探索行业多方位参与养老服务业发展的有效手段，也为行业自身发展拓展了新空间。

二、开展试点的基本原则

（一）公平守信，保障消费者合法权益。反向抵押养老保险是保险业响应国家号召，推动养老服务业发展的重要手段。该业务以老年人为客户，业务涵盖面广、流程复杂、期间较长。保险公司应顾全大局，立足实际，依法合规经营，公平对待消费者。一是在房产评估、抵押、后续管理等方面秉持公平公正原则，严格执行法律规定及合同约定。二是产品条款简单易懂，业务流程规范可行，使投保老人便于理解和接受。三是在业务运行过程中，充分保障消费者的知情权。要结合老年消费者的消费习惯和特点，加强沟通与交流，对与消费者自身权益有关的信息，应做好披露工作。

（二）审慎经营，强化风险防范。反向抵押养老保险是养老保障方式的创新，涉及老年人的切身利益，社会关注度较高；同时，该业务将传统养老保险与房地产市场联系起来，法律关系复杂，风险因素多，风险管控难度较大。保险公司应坚持审慎经营，高度重视业务经营中可能存在的风险隐患，在条款制定、流程设计、法律合规、业务管理等方面加强风险防范和控制。

（三）大胆创新，注重总结沟通。反向抵押养老保险是对现有商业养老保险的业务模式创新，是构建新型商业养老保险产品框架的积极探索。保险公司应解放思想，结合中央和地方各项养老政策，在改善老年人养老待遇和服务、促进养老保障体系建设、加快养老服务业发展方面广开思路，大胆创新。同时，保险公司要做好试点经验总结，并就相关情况加强与监管部门的沟通，做好信息报送，为日后推广奠定基础。

三、试点资格申请与审核

保险公司开展试点，应当向中国保监会提出申请，获得试点资格。

（一）试点保险公司资格条件。

申请试点资格的保险公司应具备以下条件：

1. 已开业满5年，注册资本不少于20亿元；

2. 满足保险公司偿付能力管理规定，申请试点时上一年度末及最近季度末的偿付能力充足率不低于120%；

3. 具备较强的保险精算技术，能够对反向抵押养老保险进行科学合理定价；

4. 具有专业的法律人员，能够对反向抵押养老保险相关法律问题进行处理；

5. 具有房地产物业管理专业人员，或委托有资质的物业管理机构，有能力对抵押房产进行日常维护及依法处置；

6. 具备完善的公司治理结构、内部风险管理和控制体系，能够对反向抵押养老保险业务实行专项管理和独立核算；

7. 中国保监会规定的其他条件。

（二）保险公司申报材料。

符合试点资格条件的保险公司应提交以下材料供审核：

1. 开展反向抵押养老保险试点申请书；

2. 开展反向抵押养老保险的可行性研究报告；

3. 反向抵押养老保险试点方案，包括但不限于拟试点地区、目标客户、试点业务规模、产品设计思路与定价、业务流程、组织实施和风险防范措施等；

4. 经法律责任人与外部执业律师共同签字的反向抵押养老保险产品条款；

5. 反向抵押养老保险业务宣传资料；

6. 总精算师声明书；

7. 法律责任人声明书；

8. 中国保监会要求的其他材料。

此外，如保险公司委托有资质的物业管理公司进行日常管理，应提交委托合同。

（三）如在试点期间，保险公司出现不符合试点资格条件的情况，中国保监会将暂停其开展反向抵押养老保险新业务，直至其重新符合试点资格条件。

四、试点产品管理

（一）保险公司开展反向抵押养老保险，应对相关房屋按照产权抵押的有关规定进行处理，即投保人依合同约定，将其房产抵押给保险公司，保险公司接受房产抵押，并按照约定条件向投保人支付养老金。

（二）根据保险公司对于投保人所抵押房产增值的处理方式不同，试点产品分为参与型反向抵押养老保险产品和非参与型反向抵押养老保险产品（以下简称参与型产品和非参与型产品）。

（三）参与型产品指保险公司可参与分享房产增值收益，通过评估，对投保人所抵押房产价值增长部分，依照合同约定在投保人和保险公司之间进行分配。非参与型产品指保险公司不参与分享房产增值收益，抵押房产价值增长全部归属于投保人。

（四）保险公司应当在保险合同中明确规定犹豫期的起算时间、长度，犹豫期内客户的权利，以及客户在犹豫期内解除合同可能遭受的损失。犹豫期不得短于 30 个自然日。

五、试点要求

（一）关于试点业务宣传。反向抵押养老保险是一项新生事物，社会认可度和接受度有待提升。保险公司应客观公正地开展业务宣传，做好消费者教育，如实介绍该业务在丰富养老保障选择、提升养老保障水平等方面的积极作用，明确提示消费者抵押房产的后续评估、管理和处置情况，不得夸大房产增值在提升养老金领取水平方面的作用。反向抵押养老保险业务宣传材料应由总公司统一制作并严格管理，分支机构、销售人员不得擅自编写、印制宣传材料。

（二）关于销售人员管理。中国保监会将适时指导中国保险行业协会建立反向抵押养老保险销售人员资格考试制度。在该制度建立前，保险公司应当根据自身情况，主动建立反向抵押养老保险销售人员管理制度，明确销售人员资格条件，建立培训及考核制度。待中国保险行业协会建立反向抵押养老保险销售人员资格考试制度后，从其规定。反向抵押养老保险销售人员应品行良好、业务熟练、无投诉及其他不良记录。对销售人员的培训内容应当包括与反向抵押养老保险业务相关的专业知识及职业道德培训，其中针对职业道德的培训时间应不短于 1 天。销售人员经考核通过后才可取得反向抵押养老保险业务销售资格。保险公司应将取得资格的销售人员向中国保监会和试点地区保监局报告，并在公司网站公布，以便于消费者随时查询。对存在销售误导行为的销售人员，一经查实，保险公司必须取消其销售资格。

（三）关于销售过程管理。保险公司应加强销售行为和销售过程管理，做到投保年龄符合要求、投保资料真实准确、投保房屋产权清晰、房产评估公正透明、法律调查尽职尽责、合规经营风险可控。要明确参保客户范围和条件，做好客户甄别，不得向不符合相关要求的客户推介业务。要聘请具有一级资质的房地产估价机构对房产价值进行评估，费用由保险公司和消费者共同负担。保险公司应当对消费者进行签约前辅导，全面、客观、准确介绍业务模式、特点、风险及合同条款相关内容，并进行退保赎回价值演示，确保消费者正确理解保险产品及自身的权利义务。保险公司应当通过录音、录像或第三方见证等方式增强合同签订过程的公平性、公正性，确保合同体现各方真实意思表示。保险公司应当在犹豫期内再次向投保人介绍反向抵押养老保险产品，确认投保人的真实购买意愿。对于参与型产品，保险公司与投保人应在保险合同中明确规定参与分享房产增值的方式与比例。保险公司应与投保人约定双方在对所抵押房屋日常维护及管理方面的权利义务，做好房屋的防灾防损和保险工作。

（四）关于信息披露。保险公司每年应定期向客户披露反向抵押养老保险相关信息，包括但不限于年金领取情况、退保赎回价值等。对于参与型产品客户，还应向其披露房产评估价值信息以及房产评估价值变动对年金领取金额的影响。

（五）关于财务管理。反向抵押养老保险的现金流与传统保险业务不同，保险公司应制定试点业务现金流管理方案，确保现金流持续充足，并可探索现金流补充机制。同时，保险公司应按照有关规定，做好试点业务的财务核算和偿付能力管理。

（六）关于服务创新。保险公司应在服务领域延伸、服务内容多样和服务手段创新等方面积极探索，完善与反向抵押养老保险相关的养老服务链条，如针对不同年龄和需求的客户推出医疗保险、健康管理、金融理财等服务。

（七）关于投诉处理。保险公司应高度重视客户投诉，做好解释沟通和后续处理。如查实存在销售误导，可视客户意愿办理退保，并取消有关销售人员销售资格；如属于业务管理问题，应充分听取客户意见，并积极整改。

（八）**关于监管问题**。试点地区保监局应加强对反向抵押养老保险业务的监管，跟踪研究试点情况，督促保险公司妥善处置消费者投诉，切实保护保险消费者合法权益。对于试点中发现的问题，保险公司应当及时向中国保监会以及试点地区保监局报告。

六、其他事项

（一）投保人群应为60周岁以上拥有房屋完全独立产权的老年人。

（二）试点城市为北京、上海、广州、武汉。

（三）试点期间自2014年7月1日起至2016年6月30日止。

（四）试点期间，单个保险公司开展试点业务，接受抵押房产的评估价值合计不得超过：4%× 上一年末总资产不超过200亿的部分 +0.2%× 上一年末总资产超过200亿的部分。

（五）保险公司应于每月10日前，向中国保监会和试点地区保监局报送反向抵押养老保险的进展情况报告，内容包括但不限于业务开展情况、存在的问题及对试点工作的意见建议等。

本指导意见自2014年7月1日起实施。

中国保监会

2014年6月17日

中国人民银行 中国银监会
关于进一步做好住房金融服务工作的通知

银发〔2014〕287号

中国人民银行上海总部，各分行、营业管理部，各省会（首府）城市中心支行、副省级城市中心支行，各省（自治区、直辖市）银监局，国家开发银行、各政策性银行、国有商业银行、股份制商业银行，中国邮政储蓄银行：

为进一步改进对保障性安居工程建设的金融服务，继续支持居民家庭合理的住房消费，促进房地产市场持续健康发展，现就有关事项通知如下：

一、加大对保障性安居工程建设的金融支持

鼓励银行业金融机构按照风险可控、财务可持续的原则，积极支持符合信贷条件的棚户区改造和保障房建设项目。对公共租赁住房和棚户区改造的贷款期限可延长至不超过25年。进一步发挥开发性金融对棚户区改造支持作用；对地方政府统筹规划棚户区改造安置房、公共租赁住房和普通商品房建设的安排，纳入开发性金融支持范围，提高资金使用效率。

二、积极支持居民家庭合理的住房贷款需求

对于贷款购买首套普通自住房的家庭，贷款最低首付款比例为30%，贷款利率下限为贷款基准利率的0.7倍，具体由银行业金融机构根据风险情况自主确定。对拥有1套住房并已结清相应购房贷款的家庭，为改善居住条件再次申请贷款购买普通商品住房，银行业金融机构执行首套房贷款政策。在已取消或未实施“限购”措施的城市，对拥有2套及以上住房并已结清相应购房贷款的家庭，又申请贷款购买住房，银行业金融机构应根据借款人偿付能力、信用状况等因素审慎把握并具体确定首付款比例和贷款利率水平。银行业金融机构可根据当地城镇化发展规划，向符合政策条件的非本地居民发放住房贷款。

银行业金融机构要缩短放贷审批周期，合理确定贷款利率，优先满足居民家庭贷款购买首套普通自住房和改善型普通自住房的信贷需求。

三、增强金融机构个人住房贷款投放能力

鼓励银行业金融机构通过发行住房抵押贷款支持证券（MBS）、发行期限较长的专项金融债券等多种措施筹集资金，专门用于增加首套普通自住房和改善型普通自住房贷款投放。

四、继续支持房地产开发企业的合理融资需求

银行业金融机构在防范风险的前提下，合理配置信贷资源，支持资质良好、诚信经营的房地产企业开发建设普通商品住房，积极支持有市场前景的在建、续建项目的合理融资需求。扩大市场化融资渠道，支持符合条件的房地产企业在银行间债券市场发行债务融资工具。积极稳妥开展房地产投资信托基金（REITs）试点。

人民银行、银监会各级派出机构要针对辖区内不同城市情况和当地政府对房地产市场的调控要求，支持当地银行业金融机构把握好各类住房信贷政策的尺度，促进当地房地产市场持续健康发展。

请人民银行上海总部，各分行、营业管理部、省会（首府）城市中心支行，各省（自治区、直辖市）银监局将本通知联合转发至辖区内城市商业银行、农村商业银行、农村合作银行、城乡信用社、外资银行及村镇银行。

中国人民银行
中国银行业监督管理委员会
2014年9月29日

民政部 国土资源部 财政部 住房和城乡建设部 关于推进城镇养老服务设施建设工作的通知

民发〔2014〕116号

各省、自治区、直辖市民政厅（局）、国土资源厅（局）、财政厅(局)、住房城乡建设厅(局)，各计划单列市民政局、国土资源局、财政局、住房城乡建设局，新疆生产建设兵团民政局、国土资源局、财务局、住房城乡建设局：

城镇养老服务设施是在城镇范围内建设的，专为老年人提供生活照料、康复护理、文体娱乐、精神慰藉、日间照料、短期托养、紧急救援等服务的设施，包括居家和社区养老服务设施、各类养老机构。近年来，随着城镇化进程的加快和城镇老年人口的增长，我国城镇养老服务设施建设用地紧张、总量不足、设施落后等问题不断突出，日益成为制约养老服务业发展的瓶颈因素。为了贯彻落实《国务院关于加快养老服务业发展的若干意见》（国发〔2013〕35号，以下简称《意见》），加快推进城镇养老服务设施建设，现就有关问题通知如下。

一、充分认识推进城镇养老服务设施建设的重要意义

城镇养老服务设施是城镇公共服务设施的重要组成，是满足老年人养老服务需求的重要基础，是养老服务业发展的重要载体。加强城镇养老服务设施建设，有利于建立健全城镇养老服务网络，有利于提高城镇老年人生活质量，有利于拉动内需、扩大就业、推动经济转型升级。各地要充分认识推进城镇养老服务设施建设的重要意义，统筹规划，突出重点，落实责任，有效满足老年人多样化、多层次的养老服务需求。

二、加强规划，分类实施，统筹推进城镇养老服务设施建设

（一）完善养老服务和设施规划。

要落实老年人权益保障法的规定，将养老服务、相关设施建设纳入经济社会发展规划、土地利用总体规划和相关城乡规划。要科学分析本地区老龄化趋势，按照城乡老年人口发展态势、所占比例和分布情况以及养老服务业发展需要，完善和优化城镇养老、医疗卫生、文化等各类公共服务体系，并将相关设施建设规划纳入城市总体规划、控制性详细规划，并严格实施，满足老年人生活需要。

（二）强化养老服务设施用地保障。

要落实国务院《意见》的规定，按照人均用地不少于0.1平方米的标准，分区分级规划设置养老服务设施。老年人口较为集中或者老龄化程度较高的地方，要适当加大养老设施建设规模。要结合国务院《意见》提出的2020年养老服务业发展目标，合理确定本地区养老服务设施特别是居家和社区养老服务设施、各类养老机构建设具体目标，测算出建设规模、用地需求，按规划分解确定年度用地计划，逐年抓好落实。

（三）加强居家和社区养老服务设施建设。

新建居住（小）区要将居家和社区养老服务设施与住宅同步规划、同步建设、同步验收、同步交付使用。大型住宅开发项目的居家和社区养老服务设施可以适当分散布局，小型住宅开发项目可在相邻附近适当集中配置。各地国土资源、住房城乡建设等部门要加强对项目规划、用地、建设和竣工验收等环节的监督。已建成居住（小）区要通过资源整合、购置、租赁、腾退、置换等方式，配置相应面积并符合建设使用标准的居家和社区养老服务配套设施。

本《通知》下发以前居住（小）区配建居家和社区养老服务设施的情况，由各地民政部门牵头，住房城乡建设、国土资源、财政等部门积极配合，进行一次全面的清理检查。各地要在2014年12月20日前完成清理检查工作，并将清理检查情况以省为单位上报民政部、住房城乡建设部、国土资源部、财政部。对未按规定配建居家和社区养老服务设施的，自本《通知》下发之日起1年内完成整改方案制定并启动整改工作，限期落实。

（四）推进各类养老机构建设与发展

要从经济社会发展水平和养老服务发展现状出发，结合人民群众实际需求，合理安排公办养老机构建设项目，逐步形成布局合理、种类齐全、功能多样的养老机构网络。各地公办养老机构要充分发挥托底作用，重点为"三无"（无劳动能力，无生活来源，无赡养人和扶养人、或者其赡养人和扶养人确无赡养和扶养能力）老人、低收入老人、经济困难的失能半失能老人提供无偿或低收费的供养、护理服务。同时，进一步降低社会力量举办养老机构的门槛，支持社会力量举办养老机构。

三、推进城镇养老服务设施建设的保障措施

各级民政、财政、国土资源、住房城乡建设等部门要加强组织领导，密切沟通合作，定期开展督促检查，加快推进城镇养老服务设施建设。

（一）明确责任，分工负责。要落实工作责任，完善工作流程，形成政府统一领导、部门密切合作的良性工作机制。编制新建居住（小）区规划时，住房城乡建设、规划等部门要依据当地控制性详细规划和养老服务设施建设专项规划、建设年度计划等，按相关用地标准、设计规范提出养老服务设施规划要求；国土资源部门对规划可以分宗的养老服务设施用地，应按相关政策单独办理供地手续，对需要在其他建筑物内部配建或确实不具备单宗划宗条件的养老服务设施，国土资源部门可将规划确定的配建养老服务设施指标纳入所在宗地的土地供应条件，并在土地出让合同或划拨决定书中明确约定土地使用权人需要承担配建任务的具体内容。配建养老服务设施建成后，土地使用权人应按相关约定、规定交付相关单位或按国家相关规定严格使用管理。各地要采取有效措施，严格养老服务设施使用方向的管理，严禁改变用途。

（二）加强协调，提高效率。要建立起有效的沟通协调机制，发挥部门联动效应，共同做好城镇养老服务设施建设工作。对于条件成熟的养老服务设施项目，要及时跟进服务，开辟“绿色通道”；对于在建设过程中出现的情况，要及时沟通协调解决；要建立联合督查制度，定期对工作进展情况进行督促检查；要建立责任追究制度，明确各部门在工作推进中的责任分工。

（三）整合资源，发挥效益。要加强城镇养老服务设施与社区服务中心（服务站）及社区卫生、文化、体育等设施的功能衔接，做到资源整合，提高使用率，发挥综合效益。要研究制定政策措施，支持和引导各类社会主体参与城镇养老服务设施的建设、运营和管理，提供养老服务。城镇各类具有为老年人服务功能的设施都要向老年人开放。要按照无障碍设施工程建设相关标准和规范，推动和扶持老年人家庭无障碍设施的改造，加快推进坡道、电梯等与老年人日常生活密切相关的公共设施改造。

（四）落实政策，强化扶持。城镇养老服务设施建设按国家有关规定享受优惠政策，其建设过程中发生的规费按有关政策给予减免。城镇养老服务设施用电、用水、用气、用热按居民生活类价格执行。

（五）依法履职，加强监管。明确用于城镇养老服务设施建设的用地、用房，不得挪作他用。非经法定程序，不得改变养老服务设施的用途。严禁养老服务设施建设用地、用房改变用途、容积率等土地使用条件搞房地产开发。各地民政、住房城乡建设、国土资源、规划部门要依法加强监督管理。

各地如在贯彻执行本《通知》过程中遇到重大情况和问题，请及时报告。

中华人民共和国民政部
中华人民共和国国土资源部
中华人民共和国财政部
中华人民共和国住房和城乡建设部
2014年5月28日

山西省人民政府令

第 238 号

《山西省政府投资项目竣工验收管理办法》已经 2014 年 8 月 4 日省人民政府第 55 次常务会议通过，现予公布，自 2014 年 10 月 1 日起施行。

省长　李小鹏

2014 年 8 月 11 日

山西省政府投资项目竣工验收管理办法

第一条 为规范政府投资项目竣工验收管理，提高政府投资项目建设质量和投资效益，保障政府投资项目顺利投入运营，根据国家有关法律、法规，结合本省实际，制定本办法。

第二条 本省行政区域内，经县级以上人民政府投资主管部门审批并使用政府直接投资、资本金注入、投资补助、转贷、贴息、特别流转金的项目的竣工验收活动，适用本办法。

国家对政府投资项目竣工验收、试运营有专门规定的从其规定。

第三条 本办法所称政府投资项目竣工验收，是指使用政府投资的新建、扩建、改建或者技术改造项目建成后，正式交付使用前，按照本办法规定的程序和要求，对项目整体情况进行检查评价的活动。

第四条 政府投资项目竣工验收遵循审批验收主体一致、统一管理、分级负责、公开公正的原则。

第五条 县级以上人民政府应当加强对政府投资项目竣工验收工作的领导，协调本行政区域内的政府投资项目竣工验收工作。

第六条 省人民政府投资主管部门负责全省范围内政府投资项目竣工验收的综合管理。

县级以上人民政府投资主管部门按照项目审批权限，组织开展本级政府投资项目竣工验收工作。

县级以上人民政府住房城乡建设、交通运输、水利、煤炭等相关部门应当按照各自职责，依法做好政府投资项目专项竣工验收工作。

第七条 政府投资项目申请竣工验收应当具备下列条件：

（一）主体工程、辅助工程和公用工程按照设计文件要求建成，能够满足运营需要；

（二）土地、规划、工程质量、环境保护、人防、职业卫生、安全设施、安全技术防范、消防、节能等已按照有关规定依法确认或者专项竣工验收合格；

（三）编制完成竣工决算报告，并通过审计决算或者具备相应资质的中介机构审计或者评估；

（四）项目（工程）的档案资料齐全、完整，符合国家有关建设项目档案验收规定；

（五）法律、法规规定的其他条件。

第八条 政府投资的生产性项目竣工验收除具备本办法第七条规定条件外，还应当具备下列条件：

（一）主要工艺设备及配套设施经联动负荷试车合格，能够生产出设计文件中规定的合格产品，形成生产能力；

（二）生产准备工作完成，能够适应投产初期需要；

（三）符合国家强制性技术标准、规范等其他要求。

第九条 政府投资项目具备验收条件后，仅有零星工程和少数非主要设备未按照设计规定的内容全部建成，但不影响使用或者投产的，以及大型工业建设项目的单项工程已形成部分生产能力的，可以申请竣工验收。

第十条 政府投资项目具备验收条件后，建设单位应当向审批该项目的投资主管部门申请竣工验收。申请政府投资项目竣工验收应当提供下列材料：

（一）政府投资项目竣工验收申请文件；

（二）建设单位编制的项目竣工验收报告，包括：工程竣工报告、试生产报告、财务决算报告及其他专项报告；

（三）设计单位编制的项目设计完成情况和投资效益评估报告；

（四）工程施工、监理情况报告；

（五）工程竣工图；

（六）审计部门或者具备相应资质的中介机构出具的竣工决算审计报告；

（七）涉及工程质量、环境保护、人防、职业卫生、安全生产、安全技术防范、消防、节能、档案等行政主管部门出具的确认合格或者验收意见；

（八）其他需要说明的材料。

第十一条 投资主管部门收到建设单位提出的项目竣工验收申请后，应当在15日内完成初步审核，并根据下列情况分别作出处理：

（一）申请材料齐全的，应当依法受理；

（二）申请项目不属于本办法适用范围的，应当及时告知建设单位并说明理由；

（三）申请材料不齐全或者内容有误的，应当书面一次性通知建设单位补齐或者更正。

第十二条 政府投资项目竣工验收的依据包括下列内容：

（一）国家、省和行业行政主管部门颁布的建设标准、设计和施工技术规范、验收规范和质量标准等有关规定；

（二）经批准的项目建议书、可行性研究报告、资金申请报告、初步设计文件及概算、变更设计及调整概算、实施方案及其他批复文件；

（三）政府有关部门对土地、规划、环境保护、人防、职业卫生、安全设施、消防、节能、资源使用及其他有关事项的批复；

（四）施工图纸和设备技术说明书；

（五）项目（工程）的勘察、设计、施工、监理以及重要设备、材料招标投标文件及其合同。

第十三条 政府投资项目竣工验收应当按照下列程序进行：

（一）投资主管部门制定竣工验收方案；

（二）投资主管部门组建验收委员会或者工作组；

（三）验收委员会或者工作组组织召开竣工验收会议；

（四）验收委员会或者工作组审查工程建设和运行档案资料；

（五）验收委员会或者工作组查验工程现场情况；

（六）验收委员会或者工作组讨论并通过验收意见。

第十四条 投资主管部门负责组建验收委员会或者工作组，全面负责已受理的政府投资项目竣工验收工作。

验收委员会或者工作组应当从投资主管部门、行业主管部门、相关部门和各投资方中确定竣工验收成员，并吸收专家参与。

第十五条 验收委员会或者工作组应当遵守国家有关法律、法规，并履行下列职责：

（一）听取并审查项目竣工验收报告；

（二）检查工程建设和试运行情况；

（三）审议项目竣工决算和中介机构审计情况报告，并对投资效益作出评价；

（四）审查工程建设相关资料；

（五）起草验收意见；

（六）对遗留问题提出处理意见。

第十六条 建设、勘察设计、施工及监理等单位应当协助做好竣工验收工作。

第十七条 政府投资项目竣工验收主要审查下列内容：

（一）项目审批情况；

（二）项目是否按照批复的规模、标准、内容建成；

（三）国家、省和行业强制性标准和规范的执行情况；

（四）工程质量情况和相关资料；

（五）项目运行情况和生产性项目产品质量情况；

（六）项目资金使用情况；

（七）项目法人制、监理制、招标投标以及合同执行情况；

（八）中介机构对项目竣工决算报告的审计情况；

（九）专项验收情况。

第十八条 投资主管部门可以视政府投资项目工艺复杂程度、投资规模大小，书面委托政府其他部门或者下一级投资主管部门对部分项目进行验收。

第十九条 验收委员会或者工作组应当讨论并出具《山西省政府投资项目竣工验收意见书》。

《山西省政府投资项目竣工验收意见书》样式由省级投资主管部门统一制定。

第二十条 投资主管部门应当根据《山西省政府投资项目竣工验收意见书》，针对下列情况分别作出处理：

（一）竣工验收意见认定政府投资项目竣工验收合格且不存在遗留问题的，在15日内下达政府投资项目竣工验收批复；

（二）竣工验收意见认定政府投资项目竣工验收合格但明确提出遗留问题和处理意见的，应当责令限期整改，整改完毕后15日内下达政府投资项目竣工验收批复；

（三）竣工验收意见认定政府投资项目竣工验收不合格的，不予批复，并责令限期整改。

政府投资项目竣工验收结论不能形成一致意见时，应当协商提出解决方案，意见一致后，重新组织竣工验收。

第二十一条 政府投资项目通过竣工验收和财政部门竣工决算批复后，应当办理固定资产移交手续。

第二十二条 政府投资项目未及时办理竣工验收的，不得投入生产或者使用。

第二十三条 政府投资项目竣工验收有下列情形之一的，由县级以上投资主管部门责令建设单位限期改正；逾期未改而造成重大损失的，由有关部门依法追究建设单位和相关人员的责任：

（一）具备竣工验收条件，无正当理由，未办理竣工验收的；

（二）竣工验收未通过且未进行整改的；

（三）竣工验收未通过而擅自投入生产和使用的。

第二十四条 参加验收的专家在验收工作中弄虚作假、玩忽职守、徇私舞弊的，由投资主管部门予以通报批评；情节严重的，取消其参加验收的资格；构成犯罪的，依法追究刑事责任。

第二十五条 行政机关、中介机构工作人员在政府投资项目竣工验收工作中玩忽职守、滥用职权、徇私舞弊，尚不构成犯罪的，依法给予处分；构成犯罪的，依法追究刑事责任。

第二十六条 国家有关部门委托验收的固定资产投资项目无特别规定的，参照本办法执行。

政府投资主管部门委托验收按照本办法执行。

第二十七条 经政府投资主管部门核准或者备案的非政府投资项目竣工验收可以参照本办法执行。

第二十八条 本办法自 2014 年 10 月 1 日起施行。

山西省人民政府
关于印发山西省棚户区改造工作实施方案的通知

晋政发〔2014〕22号

各市、县人民政府，省人民政府各委、办、厅、局：

现将《山西省棚户区改造工作实施方案》印发给你们，请认真组织实施。

山西省人民政府
2014年6月27日

山西省棚户区改造工作实施方案

为贯彻落实《国务院关于加快棚户区改造工作的意见》（国发〔2013〕25号）和全省城镇化工作会议精神，进一步加快全省棚户区改造工作，促进民生保障和城市人居环境改善，拉动投资和消费需求，带动相关产业发展，结合我省实际，特制定本实施方案。

一、总体思路和奋斗目标

（一）总体思路。认真贯彻落实党的十八大和十八届三中全会精神，以改善群众住房条件为出发点和落脚点，紧紧围绕转型跨越发展和以人为本的新型城镇化建设，坚持科学规划、分步实施，政府主导、市场运作，切实加快各类棚户区改造，完善配套设施，充分发挥棚户区改造在保障民生、拉动经济、促进城市人居环境改善和房地产业持续健康发展等方面的多重效应，为我省全面建成小康社会作出积极贡献。

（二）奋斗目标。2014-2017年，全省开工改造各类棚户区70万户（各市棚户区改造任务表附后）。

二、主要任务和推进措施

（三）确定改造范围。各市、县人民政府要按照棚户区改造标准，结合实际确定其范围。建制镇的棚户区、城中村改造、城镇旧住宅区综合整治，城市规划区内的国有工矿（含煤矿，下同）棚户区及铁路、钢铁、有色、黄金等行业棚户区，纳入城市棚户区改造范围；城市规划区外的国有工矿棚户区及铁路、钢铁、有色、黄金等行业棚户区，纳入国有工矿棚户区改造范围。

（四）科学编制规划。市、县人民政府要将棚户区改造和推进新型城镇化、调整产业结构、发展社会事业、改善城市人居环境等工作相结合，科学编制2013-2017年棚户区改造规划、分年度实施计划和控制性详细规划，落实具体项目和时序安排，合理利用空间，有效满足基本居住功能。

（五）优化项目选址。要尽量选在配套设施完善的地段，满足居民就业、就医、就学和出行需要。应避开自然保护区、饮用水源保护区、基本农田等环境敏感区，并远离采空区和产生有毒有害污染的工业厂矿区。对于选址为工业企业废弃地转为住宅用地的项目，应当组织开展土壤风险评估及修复，修复后经检测符合住宅用地标准要求的，方可开工建设。

（六）优选改造模式。棚户区改造采取拆除新建、改建、综合整治等多种方法，推行“统一规划，连片改造，集中安置”模式。政府组织实施的棚户区改造要通过项目法人招标方式选取具有相应资质和良好社会信誉的房地产开发企业，对区位偏僻、分布零散的片区，可以采取项目捆绑开发方式，实现改造资金平衡。有实力的企业也可以自主组织实施棚户区改造。要加大安置房源储备，减少居民过渡期，逐步实现先建设安置住房后征收原有住房。

（七）合理安置补偿。棚户区改造实行实物安置和货币补偿相结合，由被征收人自愿选择。各市、县要制定具体安置补偿办法，禁止强制征收，依法维护被征收人合法权益。对经济困难、无力购买安置住房的棚户区居民，优先提供公共租赁住房。

（八）简化审批程序。棚户区改造项目的核准、环评审批权限下放到市、县级政府主管部门。各市、县人民政府要严格落实首办负责制、限时办结制和责任追究制，推行“一站式”审批服务，简化办事程序，优化审批流程，缩短审批时限。

（九）保障建设用地。棚户区改造安置住房用地纳入当地土地供应计划优先安排，并简化行政审批流程，提高审批效率。安置住房中涉及的经济适用住房、符合条件的公共租赁住房建设项目可以通过划拨方式供地。

（十）增加财政投入。加大省级资金补助力度，对城市棚户区改造每套补助3000元，并作为融资平台注册资金；对国有工矿、林区、垦区棚户区改造按原定补助标准执行。市、县人民政府应切实加大棚户区改造的资金投入，可以从城市维护建设税、城镇公用事业附加、城市基础设施配套费、土地出让收入等渠道中，安排资金用于棚户区改造支出。除上述资金渠道外，还可以从国有资本经营预算中适当安排部分资金用于国有工矿棚户区改造。有条件的市、县可对棚户区改造项目给予贷款贴息。

（十一）建立融资体系。成立省棚户区改造投融资管理工作领导小组，由省住房城乡建设厅牵头组建山西省棚户区改造投融资公司，承接国家开发银行的棚户区改造专项贷款。省财政厅负责落实注册资金；省金融办负责融资平台监管。鼓励和引导其他金融机构向棚户区改造项目提供贷款，保障信贷资金规模。

（十二）扩大债券发行。积极利用中央代我省发行债券进行棚户区改造。各级政府棚户区改造融资平台公司、承担棚户区改造项目的企业可发行企业债券或中期票据，专项用于棚户区改造项目。

（十三）吸引社会投资。市、县人民政府要积极落实民间资本参与棚户区改造的支持政策，为民间资本参与棚户区改造创造良好环境，鼓励和引导民间资本通过直接投资、间接投资、参股、委托代建等形式参与棚户区改造。

（十四）落实税费政策。对棚户区改造项目，免征城市基础设施配套费等各种行政事业性收费和政府性基金。落实好棚户区改造安置住房税收优惠政策，并将优惠范围由城市和国有工矿棚户区扩大到国有林区、垦区棚户区。企业参与政府统一组织的工矿、林区、垦区棚户区改造的，对企业用于符合规定条件的支出，准予在企业所得税前扣除。棚户区改造新建安置小区有线电视和供水、供电、供气、供热、排水、通讯、道路等市政公用设施，由各相关单位出资配套建设，不得收取入网、管网增容等经营性收费，有线电视初装费减半收取。

（十五）规范建设标准。城市和国有工矿棚户区改造安置住房的套型面积标准由市、县人民政府根据实际需要确定。在城市和国有工矿棚户区改造项目中，应按建筑面积配建不低于5%的公共租赁住房，并作为土地划拨或出让的前置条件。对于不配建或不宜配建的项目，要按照该项目住房平均销售价格向保障性住房建设主管部门缴纳应配建公共租赁住房面积部分的建设资金，专户管理，作为市、县公共租赁住房建设资金。

（十六）规范社区服务。棚户区改造新建安置小区内要配置一定规模的商业、教育、医疗卫生等配套公共服务设施和社区服务及物业管理用房，全面推行物业服务社会化管理。原由工矿企业承担物业服务的安置小区要逐步推向市场，减轻企业负担，促进小区可持续运营。

三、落实责任和监督考核

（十七）加强组织领导。省人民政府对全省棚户区改造负总责，市、县人民政府是棚户区改造的责任主体。各地政府要加强保障性安居工程建设领导组的力量，统筹协调，做好对棚户区改造工作的组织领导，及时解决工作中出现的困难和问题，做到规划到位、资金到位、供地到位、政策到位、监管到位、分配补偿等六到位。要及时发布棚户区改造规划、年度计划、建设进度及相关政策信息，加强舆论宣传，积极引导棚户区居民参与改造，营造棚户区改造的良好氛围。

（十八）明确部门职责。省住房城乡建设厅会同有关部门负责制定棚户区改造政策、改造规划和年度计划，并对市、县棚户区改造工作进行指导监督和协调服务；省发展改革委负责立项审批的监管；省财政厅和省发展改革委负责落实中央和省级补助资金及监管；省国土资源厅负责落实建设用地指标和用地手续审批及监管；省环境保护厅负责环评审批的监管；省农业厅、林业厅分别对垦区、林区棚户区改造负总责；国有工矿企业是国有工矿棚户区改造的实施主体，负责本企业棚户区改造项目的组织实施；国有工矿行业主管部门和各级国有资产管理部门要加强对棚户区改造的监督指导；其他部门按照各自职责做好相关工作。

（十九）强化监督检查。市、县政府要加强对棚户区改造的监督检查，全面落实工作任务和各项政策措施，严禁企事业单位借棚户区改造政策建设福利性住房，坚决制止棚户区改造中损害居民合法权益的行为。各级监察机关和审计部门要加强对资金使用等各环节的监督，坚决杜绝挪用、占用棚户区改造资金现象的发生。各级建设部门要加强工程质量监管，认真执行工程竣工验收备案制度，严把工程质量关。

（二十）严格考核问责。省政府对市政府、市政府对县（市、区）政府要层层签订年度棚户区改造目标责任书，年底进行严格考核。对资金土地不落实、政策措施不到位、建设进度缓慢、质量安全问题突出的市、县政府负责人进行约谈，限期整改。对没有完成年度目标任务的市、县政府相关负责人要进行问责。

附件：各市棚户区改造任务表

附件

各市棚户区改造任务表

单位：户（套）

城市名称	合 计	分 类 任 务				
		城市棚户区		工矿棚户区	林区棚户区	垦区棚户区
			其中：城中村			
全 省	703224	613647	313466	86353	2457	767
太原市	161401	156044	80930	5356	1	0
大同市	243053	219039	65233	23890	124	0
朔州市	40680	36677	25707	3242	0	761
忻州市	47713	41305	23448	5486	922	0
晋中市	17095	9771	4716	6765	559	0
阳泉市	41151	23210	20411	17922	19	0
吕梁市	45320	42951	29036	2094	275	0
长治市	44692	29014	23590	15646	26	6
晋城市	5672	5555	4800	100	17	0
临汾市	22534	19376	12907	2658	500	0
运城市	33913	30705	22688	3194	14	0

山西省人民政府办公厅
2014 年 6 月 27 日印发

山西省人民政府
关于加快发展养老服务业的意见

晋政发〔2014〕16号

各市、县人民政府，省人民政府各委、办、厅、局：

加快发展养老服务业，是积极应对人口老龄化的战略任务，是拉动内需、扩大就业的重大举措，是保障和改善民生的客观要求。截至2013年底，我省60岁以上老年人口达到477万，到2020年，60岁以上老年人口将突破550万。目前，我省养老服务业还处于起步阶段，存在养老服务供给不足、社会力量参与不够、扶持政策缺乏等问题。为了贯彻落实《国务院关于加快发展养老服务业的若干意见》（国发〔2013〕35号），加快推进我省养老服务业发展，结合我省实际，现提出以下意见：

一、加快养老服务业发展的总体要求

（一）指导思想。

以党的十八届三中全会通过的《中共中央关于全面深化改革若干重大问题的决定》为指导，以满足老年人的养老需求为出发点和落脚点，本着“政府托底、社会参与、市场调节”的发展思路，着力创新机制体制，充分发挥社会力量的主体作用，努力使养老服务业成为积极应对人口老龄化、保障和改善民生的重要举措，成为扩大内需、增加就业、促进服务业发展、推动经济转型升级的重要力量。

（二）基本原则。

坚持多元化发展。坚持投资主体多元化、服务模式多样化，统筹利用各种资源，促进养老服务与医疗、家政、保险、教育、健身、旅游等相关领域的互动发展。除政府加大对养老服务业投入外，鼓励并支持民间资本、保险资金、企事业单位、民间组织和个人等多种社会资本与投资主体进入养老服务业；不断完善居家上门服务、社区日间照料、机构托养等服务模式，支持个人举办家庭化、社会力量举办规模化和连锁化养老机构，扶持医疗机构与养老机构融合发展养老服务，满足养老服务多样化需求。

坚持保障基本。充分发挥公办养老机构的托底作用，保障特殊困难老年人的基本养老服务需求，确保人人享有基本养老服务。逐步提高对高龄低收入老人、失能和半失能老人、失独老人的保障力度，加大对基层和农村养老服务的投入。

坚持市场调节机制。加大政策支持和引导力度，激发各类服务主体活力，营造平等参与、公平竞争的市场环境，逐步使社会资本和社会组织等社会力量成为发展养老服务业的主体，并提供丰富、便捷、实用的养老服务和产品。

（三）发展目标。

到2020年，全面建成以居家为基础、社区为依托、机构为支撑的，功能完善、规模适度、覆盖城乡的养老服务体系。全省养老机构超过1500家，其中民办养老机构和公办民营养老机构占70%以上。全省养老床位达到19.5万张，每千名老人拥有床位达到35张。农村60%以上社区完成日间照料幸福工程，119个县（市、区）全部建立区域性养老服务中心；城市社区全部建成日间照料机构，60%以上社区建立居家养老服务中心。社会养老服务组织和社会工作者、志愿者等基本覆盖老年人所需的生活照料、医疗护理、精神慰藉、紧急救援等诸多需求。涌现出一批具有影响力和带动力的骨干企业，培育一批具有活力和特色的中小企业，逐步形成产业集群，养老服务业增加值在服务业中的比重显著提高。

二、创新养老服务业的发展机制

（四）推进居家养老服务网络建设。

各级政府要积极发展居家养老服务网络，逐步形成居家养老服务中心、社会养老服务组织、家政服务、社会工作者、志愿者等多形式、多层面的居家养老服务渠道。通过政府购买服务、高龄补贴等政策措施，引导养老服务企业和社会组织上门为日间无人或无力照护的居家老人提供助餐、助浴、助洁、助急、助医等服务，打造“一刻钟养老服务圈”。支持养老服务企业和社会组织等机构在社区建立居家养老服务网点，开办老年餐桌、日间照护、文化娱乐等形式多样的养老服务项目。支持利用社区网络化平台或设置12349居家养老服务信息平台，运用互联网、物联网等技术手段创新居家养老服务模式，为老年人提供紧急呼叫、家政预约、健康咨询、物品代购等适合老年人的服务项目，使老年人及时、便捷接受服务。

（五）推进养老机构建设。

支持社会资本投资养老机构。各级政府要通过用地保障、民办公助、政府补贴、信贷支持等多种措施，鼓励和支持社会力量兴办养老机构。鼓励社会力量举办规模化、连锁化养老机构，鼓励民间资本对公办疗养院、商业设施及其他可利用资源进行整合和改造，用于养老服务。鼓励境外资本以独资、合资、合作、参股等方式投资养老服务业。支持保险资金投资养老服务设施。逐步实现由政府举办养老服务机构为主向社会力量多元投资转变。 **办好公办保障性养老机构。**充分发挥公办养老机构托底保障作用，到2020年，市、县两级公办养老机构不能满足当地养老服务

需求的，要予以新建或改扩建，重点为“三无” 老人、低收入老人、经济困难的失能半失能老人提供无偿或低收费的供养、护理服务。政府举办的养老机构要实用适用，避免铺张豪华。 开展公办养老机构改革。通过公建民营、委托管理等方式转变运营模式，实行市场化运营。

夯实农村机构养老基础。加强农村五保供养机构的建设与管理，支持农村五保供养机构改善设施条件并向社会开放，允许合理收费，提高运营效益，增强护理功能，使之成为区域性养老服务中心。鼓励农村五保供养机构利用现有闲置土地、设施等，因地制宜发展种植、养殖等院办经济，其收益用于改善供养对象生活。

（六）推进医疗卫生与养老服务融合式发展。

推动医养融合发展。卫生计生部门要支持有条件的养老机构设置医疗机构，完善养老机构服务功能，拓展服务内容，建立“住、养、医、护、康”五位一体的养老服务模式。省、市两级公办养老服务机构要率先实现医疗机构设置，起到引领和带动作用。医疗机构要积极支持和发展养老服务，有条件的二级以上综合医院应当设置老年病科，增加老年病床数量，做好老年慢性病防治和康复护理。探索医疗机构与养老机构合作新模式，医疗机构、社区卫生服务机构应当为老年人建立健康档案，开展上门诊视、健康查体、保健咨询等服务。加快推进面向养老机构的远程医疗服务试点。医疗机构应当为老年人就医提供优先优惠服务。支持医疗机构依托自身优势兴办养老机构。

健全医疗保险机制。养老机构内设的医疗机构，符合城镇职工（居民）基本医疗保险和新型农村合作医疗定点条件的，可申请纳入定点范围，入住的参保老年人按规定享受相应待遇。完善医保报销制度和保险补偿机制，鼓励老年人投保医疗保险等人身保险产品，切实解决老年人异地就医结算问题。

（七）加强专业养老服务人才培养。

加快推进专业养老服务人员培养，缓解养老服务专业人员需求压力，提升养老服务业整体服务质量和水平。教育、人力资源社会保障、民政部门要支持我省高等院校和中等职业学校（技工院校）增设养老服务相关专业和课程，加快培养老年医学、康复、护理、营养、心理和社会工作等方面的专门人才。从业护理人员列入职业技能培训范围，省、市两级养老服务机构要设立实训基地，面向各类养老服务机构从业护理人员开展基础理论、职业道德、护理规范、应急救护等系统全面的培训。

（八）推进养老服务产业化发展。

扶持发展龙头企业，鼓励有实力、竞争力强的养老服务企业走集团化、连锁化发展道路。大力扶持中小企业围绕老年人的需求特点，研发生产适合老年人的用品用具、食品、服装等，引导商场、超市、批发市场设立老年用品专区专柜；扶持老年健康服务业发展，加强老年病研究及老年药品、康复器具研发；扶持老年文体事业发展，开办养老服务网站，增加老年活动场所，配置适合老年人的活动器材；鼓励老年金融服务业发展，开发适合老年人的储蓄、保险、投资、以房助养等金融产品。试点建设集休闲养老、旅游养老、康复护理于一体的养老基地。

三、实施城乡社区养老服务幸福工程

（九）做好农村老年人日间照料幸福工程。

各地要把老年人日间照料幸福工程作为惠民生、解民困、顺民意的民生工程来抓，做到补助资金到位、运行费用到位、服务人员到位。各级政府自 2014 年起到 2020 年，利用农村闲置的村委会等场地和房屋，努力推进农村老年人日间照料中心幸福工程项目建设，逐步解决农村空巢、高龄和五保老人的吃饭和日间照料等基本养老需求。

农村老年人日间照料中心幸福工程要立足村级主办、自主参与、互帮互助、量力而行，要坚持长效机制，杜绝一哄而上，实行村委会集体管理，探索多渠道管理运营模式。

（十）开展城市社区日间照料养老服务幸福工程。

依托社区居家养老服务中心和社会养老服务组织，利用政府提供、购置或租赁房屋，开展各种形式的日间照料工作，支持养老服务组织、机构和个人，利用闲置资源和自有住房，开展日间照料、老年餐桌和文化娱乐活动。

四、完善养老服务业的政策措施

（十一）完善投融资政策。

财政部门要加大投入，支持养老服务业发展。通过民办公助、财政贴息、运营补贴、项目补助等扶持政策吸引民间资本投资养老服务业。要将运营补贴、一次性床位建设补助和低收入高龄失能、半失能老人补贴列入年度预算。

发展改革部门要将公办保障性养老机构建设作为民生项目，加大对公办保障性养老机构的投入，每年安排一定数量养老服务业建设资金列入年度投资计划。

金融机构要拓宽信贷抵押担保物范围，积极支持养老服务业信贷需求。积极利用财政贴息、小额贷款等方式，加大对养老服务业的有效信贷投入。探索组建养老产业投资基金和公益性养老救助基金，支持养老机构利用资本市场依法融资。大力支持保险资金投资养老服务业，鼓励和扶持养老机构投保责任保险，发挥保险业专业优势，构建多层次社会保障体系。

发行地方债券应统筹考虑养老服务需求，积极支持公办保障性养老服务设施建设及无障碍改造。省、市两级福利彩票公益金每年留存部分按不低于 50% 的比例，用于支持发展养老服务业。

（十二）完善土地供应政策。

国土资源部门要将我省养老服务设施建设用地纳入城镇土地利用总体规划和年度用地计划，从 2014 年到 2020 年，各市每年要安排一定数量用地计划指标，向养老服务业适当倾斜。要合理安排用地需求，可将闲置的学校、医院、科研院所等公益性用地调整为养老服务用地。民间资本举办的非营利性养老机构与政府举办的养老机构享有相同的土地使用政策，可以依法使用国有划拨土地或者农民集体所有的土地，依法免收征（占）地管理费，并减免行政性收费。对营利性养老机构建设用地，按照国家对经营性用地依法办理有偿用地手续的规定，优先保障土地供应。严禁将养老设施建设用地改变用途、容积率等土地使用条件和性质搞房地产开发。

（十三）完善养老服务设施建设配套政策。

规划部门在编制城市总体规划、控制性详细规划时，必须按照人均用地不少于0.1平方米的标准，分区分级规划设置社区服务及养老服务设施。根据国家标准和要求，凡新建城区和新建居住小区必须在小区配套建设能够满足小区居民需要的社区服务和养老服务用房，并列入土地出让合同，与住宅同步规划、同步建设、同步验收；对没有配套建设养老服务设施、改变用途或不达标准和要求的，房产部门不得办理售房手续。凡老城区和已建成居住小区无养老服务设施或现有设施没有达到规划和建设指标要求的，要限期通过购置、置换、租赁等方式开辟养老服务设施，不得挪作他用。各地要按照《山西省无障碍建设“十二五”实施方案》及无障碍设施工程建设相关标准和规范，实施好无障碍设施建设和公共设施改造。

（十四）完善政府购买服务政策。

各地要按照有利于转变政府职能、发展服务业、降低服务成本、提升服务质量和资金效益的原则，制定政府通过社会组织和机构向社会力量购买服务政策，出台购买服务项目和标准，为老年人特别是失能、半失能老人提供送餐、保洁、康复护理、精神慰藉、紧急救援等服务。

（十五）完善养老服务就业政策。

鼓励大中专院校毕业生从事养老服务工作，支持毕业生创办养老服务机构，并给予资金扶持。各级政府举办的养老服务机构，可纳入公益性岗位开发范畴，对吸收就业困难人员就业的，按规定享受公益性岗位人员的待遇。社会力量举办的养老服务机构，吸收就业困难人员就业的，可按规定享受社会保险补贴政策。人力资源社会保障、卫生计生部门应当对在养老机构就业的专业技术人员，执行与医疗机构、福利机构相同的执业资格、注册考核政策，享受同等待遇。养老机构要积极改善养老从业护理人员工作条件，加强劳动保护和职业防护，依法缴纳养老保险等社会保险费，提高养老护理员工资福利待遇，建立持证养老护理从业人员补贴制度，改变劳动强度大、环境差、待遇低、流动大的状况。养老机构应当科学设置专业技术岗位，重点培养和引进医生、护士、康复医师、康复治疗师、社会工作者等具有执业或职业资格的专业技术人员。

（十六）落实税费优惠政策。

税收优惠政策。对养老机构提供的养护服务免征营业税，对非营利性养老机构自用房产、土地免征房产税、城镇土地使用税，对符合条件的非营利性养老机构按规定免征企业所得税。对企事业单位、社会团体和个人向非营利性养老机构的捐赠，符合相关规定的，准予在计算其应纳税所得额时按税法规定比例扣除。

费用减免政策。各地对非营利性养老机构建设除国家法律法规另有规定外，免征各项行政事业性收费。免征城市建设和房屋建设的有关收费（证照费除外）；减免建设项目环境影响评价收费；减半征收防空地下室易地建设费和集中供热工程建设资金；免征城市供水、排污、排水设施的收费。对营利性养老机构建设要减半征收有关行政事业性收费。养老机构用水、用电、用气、用热按居民生活类价格执行。境内外资本举办养老机构享有同等的税收等优惠政策。

五、改善养老服务业的发展环境

（十七）加强组织领导。

各地、各部门要高度重视养老服务业发展，将其纳入政府绩效考核体系，认真落实国家有关养老服务业发展的任务要求，整合养老服务资源，形成齐抓共管、整体推进的工作格局。民政部门要切实履行监管职责，加强宏观引导、行业规范和业务指导。发展改革部门要将养老服务业发展纳入经济社会发展规划、专项规划和区域规划，支持养老服务设施建设。财政部门要在现有资金渠道内对养老服务业发展给予财力保障。国土资源、住房城乡建设部门要统筹养老服务土地供应和养老服务设施建设。老龄工作机构要发挥综合协调作用，加强督促指导工作。教育、公安消防、卫生计生、人力资源社会保障、商务、税务、金融、质检、工商、食品药品监管等部门要按各自职责创新政策，加大对养老服务业的扶持力度。

（十八）开展综合改革试点。

我省将选择有特点和代表性的地区进行养老服务业综合改革试点，在财政、金融、用地、行政事业性收费、人才、技术及服务模式等方面进行探索创新，先行先试，完善政策体制机制和政策措施，为全省养老服务业发展提供经验。

（十九）强化行业监管。

民政部门要健全养老服务的准入、退出、监管制度，指导养老机构完善管理规范、改善服务质量，及时查处侵害老年人人身财产权益的违法行为和安全生产责任事故。价格主管部门要探索建立科学合理的养老服务定价机制，依法确定适用政府定价和政府指导价的范围。有关部门要建立完善养老服务业统计制度。其他各有关部门要依照职责分工对养老服务业实施监督管理。要积极培育和发展养老服务行业协会，发挥行业自律作用。

（二十）加强督促指导

各地、各部门要加强工作绩效考核，确保责任到位、任务落实。各市要结合本地实际，抓紧提出实施意见，相关部门要根据本部门职责，制定具体政策措施。省发展改革委、省民政厅、省老龄委要加强对本意见执行情况的监督指导，及时向省政府报告。省政府将适时组织专项督查并予通报。

附件：重点任务分工

山西省人民政府
2014年6月5日

重点任务分工

序号	工作任务	负责单位	时间进度
一、创新养老服务业发展机制			
1	通过政府购买服务、高龄补贴等政策措施，引导养老服务企业和社会组织上门为日间无人或无力照护的居家老人提供助餐、助浴、助急、助医等服务，打造“一刻钟养老服务圈”。支持养老服务企业和社会组织等机构在社区建立居家养老服务网点，开办老年餐桌、日间照护、文化娱乐等形式多样的养老服务项目	省民政厅、省发展改革委、省商务厅、省人力资源社会保障厅、省卫生计生委和各市人民政府	2014年三季度前出台具体措施
2	支持利用社区网络化平台或设置12349居家养老服务信息平台，运用互联网、物联网等技术手段创新居家养老服务模式，为老年人提供紧急呼叫、家政预约、健康咨询、物品代购等适合老年人的服务项目，使老年人及时、便捷接受服务	省经信委、省民政厅、省发展改革委、省商务厅、省科技厅、省老龄办和各市人民政府	2014年底前出台具体措施
3	鼓励社会力量举办规模化、连锁化养老机构，鼓励民间资本对公办疗养院、商业设施及其他可利用资源进行整合和改造，用于养老服务	省民政厅会同有关部门，各市人民政府	2014年底出台具体措施
4	充分发挥公办养老机构托底保障作用，到2020年，市、县两级公办养老机构不能满足当地养老服务需求的，要予以新建或改扩建，重点为“三无”老人、低收入老人、经济困难的失能半失能老人提供无偿或低收费的供养、护理服务	省民政厅、省财政厅和各市人民政府	持续实施
5	开展公办养老机构改革。通过公建民营、委托管理等方式转变运营模式，实行市场化运营	省民政厅、省发展改革委、省财政厅	2014年四季度出台具体措施
6	加强农村五保供养机构的建设与管理，支持农村五保供养机构改善设施条件并向社会开放，允许合理收费，提高运营效益，增强护理功能，使之成为区域性养老服务中心	省民政厅和各市人民政府	2014年四季度出台具体措施
7	支持有条件的养老机构设置医疗机构，完善养老服务功能，拓展服务内容。有条件的二级以上综合医院应当设置老年病科，增加老年病床数量，做好老年慢性病防治和康复护理。医疗机构、社区卫生服务机构应当为老年人建立健康档案，开展上门诊视、健康查体、保健咨询等服务	省卫生计生委、省民政厅、省住房城乡建设厅、省商务厅	2014年三季度前出台具体措施
8	加快推进面向养老机构的远程医疗服务试点	省卫生计生委、省民政厅、省发展改革委	2014年三季度启动试点工作

序号	工作任务	负责单位	时间进度
9	养老机构内设的医疗机构，符合城镇职工(居民)基本医疗保险和新型农村合作医疗定点条件的，可申请纳入定点范围，入住的参保老年人按规定享受相应待遇	省卫生计生委、省人力资源社会保障厅、省民政厅	持续实施
10	支持我省高等院校和中等职业学校（技工院校）增设养老服务相关专业和课程，加快培养老年医学、康复、护理、营养、心理和社会工作等方面的专门人才	省教育厅、省人力资源社会保障厅、省卫生计生委、省民政厅、省老龄办	2014年三季度前出台具体措施
11	省、市两级养老服务机构要设立实训基地，面向各类养老服务机构从业护理人员开展基础理论、职业道德、护理规范、应急救护等系统全面的培训	省民政厅、省教育厅、省人力资源社会保障厅	2014年三季度启动实施
12	扶持发展龙头企业，鼓励有实力、竞争力强的养老服务企业走集团化、连锁化发展道路	省发展改革委、省民政厅、省商务厅、省经信委、省人力资源社会保障厅、省国资委和各市人民政府	2014年四季度出台具体措施
13	大力扶持中小企业围绕老年人的需求特点，研发生产适合老年人的用品用具、食品、服装等，引导商场、超市、批发市场设立老年用品专区专柜；扶持老年健康服务业发展，加强老年病研究及老年药品、康复器具研发	省民政厅、省商务厅、省食品药品监管局、省老龄办	2014年四季度出台具体措施
14	扶持老年文体事业发展，开办养老服务网站，增加老年活动场所，配置适合老年人的活动器材	省民政厅、省经信委、省文化厅、省体育局	持续实施
二、实施城乡社区养老幸福工程			
15	各级政府自2014年起到2020年，利用农村闲置的村委会等场地和房屋，努力推进农村老年人日间照料中心幸福工程项目建设，逐步解决农村空巢、高龄和五保老人的吃饭和日间照料等基本养老需求	省民政厅、省发展改革委、省农业厅、省财政厅和各市人民政府	2014年四季度出台具体措施
16	依托社区居家养老服务中心和社会养老服务组织，利用政府提供、购置或租赁房屋，开展各种形式的日间照料工作，支持养老服务组织、机构和个人，利用闲置资源和自有住房，开展日间照料、老年餐桌和文化娱乐活动	省民政厅、省发展改革委、省商务厅、省财政厅和各市人民政府	2014年四季度出台具体措施

序号	工作任务	负责单位	时间进度
三、完善养老服务业的政策措施			
17	财政部门要加大投入，支持养老服务业发展。通过民办公助、财政贴息、运营补贴、项目补助等扶持政策吸引民间资本投资养老服务业。要将运营补贴、一次性床位建设补助和低收入高龄失能、半失能老人补贴列入年度预算	省财政厅、省民政厅和各市人民政府	2014年三季度前出台具体措施
18	发展改革部门要将公办保障性养老机构建设作为民生项目，加大对公办保障性养老机构的投入，每年安排一定数量养老服务业建设资金列入年度投资计划	省发展改革委、省民政厅和各市人民政府	
19	金融机构要拓宽信贷抵押担保物范围，积极支持养老服务业信贷需求。积极利用财政贴息、小额贷款等方式，加大对养老服务业的有效信贷投入	人行太原中心支行、山西银监局、省财政厅、省民政厅	2014年四季度出台具体措施
20	探索组建养老产业投资基金和公益性养老救助基金，支持养老机构利用资本市场依法融资。大力支持保险资金投资养老服务业，鼓励和扶持养老机构投保责任保险，发挥保险业专业优势，构建多层次社会保障体系	山西证监局、省民政厅和各市人民政府	2014年四季度出台具体措施
21	省、市两级福利彩票公益金每年留存部分按不低于50%的比例，用于支持发展养老服务业	省民政厅、省财政厅	2014年三季度前出台具体措施
22	将我省养老服务设施建设用地纳入城镇土地利用总体规划和年度用地计划，从2014年到2020年，各市每年要安排一定数量用地计划指标，向养老服务业适当倾斜	省国土资源厅、省住房城乡建设厅、省民政厅和各市人民政府	2014年三季度前出台具体措施
23	在编制城市总体规划、控制性详细规划时，必须按照人均用地不少于0.1平方米的标准，分区分级规划设置社区服务及养老服务设施。根据国家标准和要求，凡新建城区和新建居住（小）区必须在小区配套建设能够满足小区居民需要的社区服务和养老服务用房，并列入土地出让合同，与住宅同步规划、同步建设、同步验收	省住房城乡建设厅、省国土资源厅、省民政厅和各市人民政府	2014年三季度前出台具体措施
24	各地要按照《山西省无障碍建设“十二五”实施方案》及无障碍设施工程建设相关标准和规范，实施好无障碍设施建设和公共设施改造	省住房城乡建设厅、省民政厅、省财政厅、省残联、省老龄办	2014年三季度启动实施

序号	工作任务	负责单位	时间进度
25	制定政府通过社会组织和机构向社会力量购买服务政策，出台购买服务项目和标准	省财政厅、省发展改革委、省民政厅和各市人民政府	2014年四季度出台具体措施
26	各级政府举办的养老服务机构，可纳入公益性岗位开发范畴，对吸收就业困难人员就业的，按规定享受公益性岗位人员的待遇。社会力量举办的养老服务机构，吸收就业困难人员就业的，可按规定享受社会保险补贴政策	省人力资源社会保障厅、省财政厅、省民政厅和各市人民政府	2014年四季度启动实施
27	对在养老机构就业的专业技术人员，执行与医疗机构、福利机构相同的执业资格、注册考核政策，享受同等待遇	省人力资源社会保障厅、省卫生计生委、省民政厅	2014年三季度前启动实施
28	对养老机构提供的养护服务免征营业税，对非营利性养老机构自用房产、土地免征房产税、城镇土地使用税，对符合条件的非营利性养老机构按规定免征企业所得税。对企事业单位、社会团体和个人向非营利性养老机构的捐赠，符合相关规定的，准予在计算其应纳税所得额时按税法规定比例扣除	省财政厅、省国税局、省地税局、省民政厅	持续实施
29	各地对非营利性养老机构建设除国家法律法规另有规定外，免征各项行政事业性收费。对营利性养老机构建设要减半征收有关行政事业性收费。养老机构用水、用电、用气、用热按居民生活类价格执行	省财政厅、省发展改革委、省物价局、省民政厅会同有关部门	2014年四季度出台具体措施
30	境内外资本举办养老机构享有同等的税收等优惠政策	省财政厅、省国税局、省地税局、省商务厅、省民政厅	持续实施
四、改善养老服务业的发展环境			
31	选择有特点和代表性的地区进行养老服务业综合改革试点	省民政厅、省发展改革委牵头会同有关部门	2014年三季度前启动实施
32	加强督促指导	省发展改革委、省民政厅、省老龄办	逐年落实

山西省住房和城乡建设厅
关于加强房地产市场监管廉政风险防控工作的指导意见

晋建房字〔2014〕20号

各市住房城乡建设局（建委）、房地产管理局、阳泉市规划局：

为贯彻落实中央纪委《关于加强廉政风险防控的指导意见》（中纪发〔2011〕42号），进一步加强房地产市场监管廉政风险防控工作，深入推进全省房管系统惩治和预防腐败体系建设，根据住房城乡建设部《关于加强房地产市场监管廉政风险防控工作的指导意见》（建房〔2013〕189号），结合我省实际，现提出如下指导意见：

一、重要意义

廉政风险防控是新时期构建惩治和预防腐败体系的重要举措，是规范权力运行的内在要求，是有效监控权力的重要手段。房地产市场监管是经济社会和谐发展的重要组成部分，关系国计民生，涉及群众切身利益。加强房地产市场监管廉政风险防控工作，是推进惩治和预防腐败体系建设的重要举措，是规范权力运行、强化制约监督、推进房地产市场健康可持续发展的迫切需要。

二、总体要求、基本原则和主要目标

（一）总体要求

以邓小平理论、"三个代表"重要思想和科学发展观为指导，按照党的十八大精神和党风廉政建设责任制的要求，建设"标本兼治、综合治理、惩防并举、注重预防"的方针。以制约和监督权力运行为核心，以岗位风险防控为基础，以加强制度建设为重点，以强化监督制约为保证，构建权利清晰、风险明确、防范有效的廉政风险防控机制，促进房地产市场持续健康发展。

（二）基本原则

坚持围绕中心、服务大局，把廉政风险防控与房地产市场监管工作紧密结合；坚持突出重点、深化监管，抓住重点岗位和权利运行的关键环节，建立廉政风险防控机制；坚持惩防并举、注重预防，实施教育、制度、防控、监督相结合的方针，促进廉洁从政。

（三）主要目标

紧紧围绕房地产市场监管工作的各项工作，认真梳理房地产业务流程和权力运行程序，运用教育、制度、监督、惩治、预防等多措并举的手段和方法，实施对行政权力运行廉政风险的全程防控，最大限度地预防或降低因权力腐败给经济社会造成危害的潜在可能性风险。要抓住重点部位、关键环节，运用"制度＋科学"的手段建立健全具有鲜明行业特点、分级防控管理、便于操作施行的权力运行廉政风险防控框架体系，逐步形成以岗位为点、以程序为线、以制度为面的房地产市场监管廉政风险防控长效机制，有效遏制腐败案件的发生。

三、排查廉政风险

通过自己查、群众评、专家议、组织审等方式，重点对可能存在的廉政风险点进行查找和评估，对排查出的风险点，制定针对性强、可操作性高、切实有效的防控措施。

（一）企业资质审批

在企业资质审批环节，重点围绕房地产开发、物业服务企业、房地产价格评估资质核准程序的履行、评审结果的确定和公示等排查廉政风险点。主要包括：接受申报材料、对原件的审核、实地查勘、抽取评审专家、组织专家评审、形成评审意见、公示评审结果、调查核实投诉举报信息、形成评审结果等。

（二）执业资格考试

在执业资格考试环节，重点围绕房屋登记官和房地产经纪人协理的考试命题、阅卷评分等排查廉政风险点。主要包括：组织有关专家命题审定、试卷的印刷及送达、考试组织和阅卷评分、公布考试成绩和合格人员名单、调查核实投诉举报信息、形成审核结果等。

（三）房地产市场调控

在房地产市场调控环节，重点围绕国家调控政策的制定、贯彻执行和监督检查等排查廉政风险点。主要包括：房地产市场调控政策的制定、贯彻落实和监督检查等。

（四）房地产交易与登记

在房地产交易与登记环节，重点围绕房地产交易管理、房地产面积测绘和房屋登记管理等排查廉政风险点。主要包括：商品房预售许可审批、商品房买卖合同备案管理、商品房预售资金监管、房屋登记要件的审查等。

（五）国有土地上房屋征收与补偿

在国有土地上房屋征收与补偿环节上，重点围绕法规政策的制定与执行、征收程序的履行、房屋评估与补偿和监督检查等排查廉政风险点。主要包括：房屋征收政策的制定，征收补偿方案、补偿标准、补偿结果信息的公开，违法案件的督察督办等。

（六）物业管理

在物业管理环节，重点围绕物业管理法规政策的制定与执行、创先评优和指导检查等排查廉政风险点。主要包括：物业管理、住宅专项维修资金政策法规的制定及实施，监督指导各地住宅专项维修资金的交存、管理和使用等。

四、健全防控制度

各市房地产行政主管部门要根据房地产市场监管廉政风险环节和风险点，建立健全廉政风险防控制度和措施，并贯穿于房地产市场监管业务全过程，避免徇私舞弊、滥用职权、玩物职守等违法违规行为发生，有效制约权力运行，避免腐败案件的发生。

（一）严格房地产企业资质核准

建立健全房地产企业资质审查制度，规范工作流程。严格按照规定程序接受申报材料，坚持三级审查工作制度；落实《行政许可法》等相关规定、标准、时限和程序，建立和完善专家评审制度；将信用档案管理和机构资质审批有机结合，实行信用体系动态监管；坚持网上公示制度，畅通违法违规问题投诉举报渠道，认真调查核实投诉举报信息，主动接受社会监督。

（二）规范执业资格考试

完善保密制度，严格考试纪律；对考试过程实施全程监控，组织开展巡考巡查；采取随机抽查、互评互查等方法发现并纠正阅卷评分过程中存在的问题；完善考试成绩核查机制，确保公布的成绩客观真实；建立举报制度，认真调查核实投诉举报信息，接受社会监督。

（三）做好房地产市场调控

严格执行国家宏观调控政策，按照规定的程序和要求起草当地房地产市场调控政策文件，并征求有关主管部门、专家学者、社会公众的意见。

（四）加强房地产交易与登记工作

完善商品房预售许可审批制度，建立多方会审机制，确保审批环节公开、透明；严格落实住房限购政策，加强限购资格审查；实行商品房销售信息公开制度，公开审批流程、办事指南等信息，主动接受社会监督；建立商品房预售资金网上监管制度，确保预售资金及时拨付；完善商品房销售网上签约和联机备案制度，有效杜绝人工操作时“一房二卖”情况的发生；建立房屋登记动态监管制度，定期、不定期对房屋登记情况进行抽查，核查登记数据的准确性。

（五）规范国有土地上房屋征收与补偿行为

完善配套法规政策，规范房屋征收与补偿行为，依法依规实施征收，从源头上加强廉政风险的防控；大力推进房屋征收与补偿信息公开，将房屋征收调查结果、初步评估结果和分户补偿情况在征收范围内向被征收人公布，保证被征收人的知情权、参与权，全面坚持阳光征收；采取多种途径和方法，妥善处理拆迁遗留问题；加大执法检查，坚决查处征收过程中的典型案件，严肃追究相关人员责任，维护群众合法权益。

（六）加强物业管理

完善物业管理政策法规，规范物业管理行为，强化业主大会制度；完善物业服务竞争规则，营造良好市场环境；健全物业管理示范项目评优机制，确保示范项目切实起到示范带头作用；推行住宅专项维修资金代管机构的标准化建设，制定专项维修资金管理细则，严肃查处专项维修资金使用、管理过程中的违法违规行为。

五、认真组织实施

（一）强化明确工作责任

各市要把房地产市场监管廉政风险防控工作作为一项重大任务，认真组织实施。要建立党政主要领导负总责，分管领导具体抓、纪检监察机关协调推进的工作机制；要坚持一级抓一级、层层抓落实的原则，统筹协调推进廉政风险防控工作。

（二）加强政务公开

贯彻执行政务公开政策法规，遵循公开、公平、公正的原则，健全公开办事制度，推进行政权力运行程序化、公开化。特别是对房地产企业资质核准、房地产交易与登记、项目达标评先等要主动接受社会监督。发挥房地产主管部门网站信息公开主渠道作用，设置公开专栏，完善信息公开内容，规范信息公开形式，方便社会公众查阅，保障群众的知情权、参与权和监督权。

（三）强化宣传教育

各地要把廉政风险教育作为反腐倡廉教育的重要组成部分，建立领导干部和关键岗位人员岗前廉政风险防控培训制度，通过开展示范教育和警示教育、定期分析通报反腐倡廉形势、召开民主生活会等形式，注重运用发生在我们身边的正反典型教育引导干部职工树立正确的权力观、利益观、得失观，使廉政意识入脑入心化为自觉遵守廉洁从政各项规定的实际行动，营造以廉为荣、以贪为耻的工作氛围。

（四）加强监督管理

各市要将廉政风险防控工作纳入党风廉政建设责任制考核，作为领导班子综合考核评价和领导干部业绩评定、选拔任用的重要依据，制定廉政风险防控工作考核评价办法，加大检查考核力度。对因廉政风险防控工作落实不力出现腐败问题的个人和单位，要按照党风廉政建设责任制的有关规定，严肃追究责任。

（五）深入总结研究

各市要重视对房地产市场监管反腐倡廉工作特点和规律的研究，认识总结归纳提炼实践中有效的做法和经验，针对反腐倡廉建设的新情况、新问题，不断创新廉政风险防控工作的有效路径和方法，丰富完善廉政风险防控机制，不断提升房地产市场监管防腐倡廉工作水平。

山西省住房和城乡建设厅
2014年1月24日

山西省住房和城乡建设厅
关于印发《山西省“十二五”城镇住房 发展规划》的通知

晋建发字〔2014〕27号

各市住房城乡建设局、房管局、规划局：为进一步完善我省城镇住房供应体系，优化住房供应结构，

引导市场预期和关联资源配置，促进住房事业科学发展，努力实现广大人民群众住有所居，根据《全国城镇住房发展规划（2011年—2015 年）》，我厅组织编制了《山西省“十二五”城镇住房 发展规划》，现印发给你们，请结合实际，认真组织实施。

山西省住房和城乡建设厅

2014 年 2 月 12 日

山西省“十二五”城镇住房发展规划（2011 ~ 2015）

为推进山西省住房事业科学发展，努力实现广大群众住有所 居，根据《全国城镇住房发展规划（2011 ~ 2015 年）》和《山西省国民经济和社会发展第十二个五年规划纲要》，制定本规划。

一、总述

（一）指导思想

以邓小平理论、“三个代表”重要思想、科学发展观为指导， 坚持稳中求进、改革创新，依托“一核一圈三群”总体布局，着力强化政府住房保障职责，更好发挥市场在资源配置中的作用， 推进住房建设和消费模式转型，完善符合省情的城镇住房保障和供应体系，推动以人为核心的新型城镇化进程，促进住房事业科学发展和人民群众住有所居目标实现。

（二）规划原则

1. 以人为本，改善民生。突出住房居住属性和改善民生的社 会功能，把解决群众基本居住问题作为住房发展的首要目标，促进住房资源均衡配置，满足城镇居民基本居住需求和合理住房改善需求。

2. 统筹兼顾，探索创新。处理好政府住房保障与市场供应的 关系，统筹各类住房建设和住房需求，创新政策机制，均衡发展商品住房和租赁市场，扩大住房供应，满足居民多层次住房需求。3. 区域指引，突出重点。按照“一核一圈三群”总体布局，

立足当前，着眼长远，突出重点，引导不同区域在国家统一政策框架下，从实际出发，改善住房供给，做到住房供求基本平衡。

（三）规划主要依据

1、《全国城镇住房发展规划（2011-2015 年）》（建房改〔2012〕131号）；

2、《城市住房建设规划编制导则》（建房改研〔2012〕1号）；

3、《山西省国民经济和社会发展第十二个五年规划纲要》；

4、《山西省保障性住房建设“十二五”规划》（晋政办发〔2012〕92号）；

5、《山西省“一核一圈三群”规划》（晋政函〔2013〕37 号）；

6、山西省城乡住房调查成果等其他相关文件。

（四）规划范围

山西省行政区划范围内11个设区城市的119个县市区。

（五）规划期限

本规划编制期限为2011 ~ 2015年。

二、“十一五”回顾

（一）主要成就

“十一五”时期是我省住房事业快速发展并取得显著成绩的 五年。五年来，国有重点煤矿棚户区改造全面实施，城镇保障性住房建设高速推进，房地产市场平稳发展，中低收入住房困难家庭居住条件明显改善，城镇居民人均住房建筑面积大幅提升。住房事业不仅有效改善了居民居住条件，而且对拉动投资，促进消费发挥了极其重要的作用。

1. 住房建设规模持续扩大，房地产业平稳发展

“十一五”期间，全省房地产开发投资实现较快增长，商品住房供应结构趋于合理，城镇居民住房水平稳步提高。全省累计完成房地产开发投资1865亿元，为“十五”期间

的3.5倍，年 均增长25.8%。其中，商品住房累计开工面积8041万㎡，年均增 长16.9%；累计完成投资1410.1亿元，年均增长31%。累计销售 面积4898万㎡，年均增长12%。90㎡以下住房累计开工面积2158 万㎡，占商品住房开工面积的比重由2006年的18.9% 上升到2010年的24.8%。商品住房销售平均价格及增幅始终低于全国和中部地区平均水平。2010年全省城镇居民人均住房建筑面积达30.25㎡，比“十五”期末增加 5.46㎡。全省国家康居示范工程项目总数 达15个，位居全国第4；全省物业管理覆盖率达到46%，比“十五”末提高4.9个百分点。

2. 住房保障体系基本建立，住房保障工作成就显著

省委、省政府高度重视城镇保障性住房建设工作，连续5年把城镇保障性住房建设纳入“五大惠民工程”，作为省政府向全省人民承诺办好的实事之一，从2009年开始又将城镇保障性住 房建设列入省级重点工程予以推进。

住房保障体系基本建立。2006 年以来，省政府连续出台了《关于健全和完善住房保障体系切实解决城市低收入家庭住房困难的通知》等多个关于住房保障工作的规范性文件，提出了推进城镇保障性住房建设的一系列政策措施，初步形成了住房保障工作协调机制、目标责任管理和监督检查机制，构建了以廉租住房、公共租赁住房、经济适用住房、限价普通商品住房、各类棚户区改造、廉租住房租赁补贴为内容的层次丰富、形式多样的住房保障体系。

城镇保障性住房覆盖面大幅提升。“十一五”期间，全省累 计开工建设城镇保障性住房69.06万套，约4941.44万㎡，共争

取到国家各类城镇保障性住房和棚户区改造补助资金57.82 亿元。截至2010年底，全省城镇保障性住房覆盖面达10.46%，高 于全国平均水平。对符合廉租住房保障条件的申请家庭实现了应保尽保，超额完成了“十一五”规划提出的国有重点煤矿棚户区改造任务。

3. 住房公积金缴存额和覆盖面快速提高

“十一五”期间，在全省11个设区城市建立住房公积金管理中心的基础上，2007年省建设厅专设了住房公积金监督管理 处，进一步完善了住房公积金监督管理体系。至“十一五”期末，全省共有 292.67万城镇职工建立了住房公积金个人账户，缴存 人数占城镇非私营在岗职工人数比例为 78.86%；全省住房公积金缴存总额累计达628.39亿元；向缴存职工发放住房公积金个人贷款15.84万笔，共计127.11亿元；个人贷款余额75.87亿元。

（二）主要问题

我省住房事业发展虽取得较大进展，但仍存在许多亟待解决 的问题：

一是房地产业发展仍显不足，与全国、周边和中部省份比较 仍存在投资总量小、占社会固定资产投资比重低，对全社会固定资产投资贡献率不足等问题，住房需求缺口依然较大；二是住房保障覆盖面仍然偏小，投入、建设、运营的长效机制和保障性住房准入审核的部门联审机制尚不健全，运营管理及退出难度较大；三是住宅产业化程度低，发展方式粗放，资源能源消耗大；四是地区之间发展不平衡现象较为明显，中小套型普通商品住房供应比例仍然偏低，住房存量市场和住房租赁市场发育滞后；五是房地产市场信息不对称、市场秩序有待进一步规范。

三、发展目标

随着山西省国家资源型经济转型综合配套改革试验区建设 及城镇化进程的加快，大量农村人口涌入城市，势必要求我省房地产业提供相应的物质支撑和保障，为住房事业快速发展提供了难得的历史机遇。近期，省政府出台的“一核一圈三群”规划，为制定适合省情的住房发展规划提供了空间载体和重要依据。在城镇住房建设上，我省将继续扩大住房投资，致力增加住房有效供给，引导住房合理消费，满足自住性和改善性住房需求，遏制投机投资需求，促进房地产市场平稳健康发展。

（一）总体思路

深入贯彻落实党的“十八大”精神，把城镇住房发展作为发 展经济、改善民生的重要举措和构建“一核一圈三群”城镇体系的重要抓手，统筹全省，突出重点，建立与国民经济和社会发展相适应的城镇住房保障和供应体系；以保障和创新为着力点，充分研究人口、资源、环境等相关因素，合理配置关联资源，加大保障性住房建设力度，正确引导住房消费，保障城镇住房有效供给；创新和健全住房市场、住房保障、住房公积金等全方位管理机制；以土地、资金等的需求预测和资源科学配置为切入点，引导住房合理布局，完善城镇功能，提升综合承载能力；以太原都市圈为重点，引导三个城镇群住房建设，加快省域和区域中心城市发展。

（二）住房建设目标

1. 住房总量建设目标

2011 ~ 2015年，全省城镇住房新开工面积15540 ~ 26010万㎡，优化值16950万㎡，全省城镇住房新开工套数195 ~ 330万套，优化值210万套。

年份	新开工住房建筑面积（万㎡）	优化值（万㎡）	新增住房套数（万套）	优化值（万套）
2011	3040 ~ 5010	3120	39 ~ 62	39
2012	2800 ~ 4800	3270	36 ~ 63	40
2013	3100 ~ 5200	3360	38 ~ 67	42
2014	3250 ~ 5400	3520	40 ~ 68	44

年份	新开工住房建筑面积（万㎡）	优化值（万㎡）	新增住房套数（万套）	优化值（万套）
2015	3350 ~ 5600	3680	42 ~ 70	45
合计	15540 ~ 26010	16950	195 ~ 330	210

注：优化值为根据户均套数增长趋势，结合实际开发能力，确定的合理开发值。

2. 城镇保障性住房建设目标

山西省“十二五”保障性住房建设年度计划修正表

住房类别	2011 年 开工套数（万套）	2012 年 开工套数（万套）	2013 年 开工套数（万套）	2014 年 开工套数（万套）	2015 年 开工套数（万套）	合计 开工套数（万套）
廉租住房	5.42	7.38	1.67	4.92	4.67	34.56
公共租赁住房	3.35	3.70	3.45			
经济适用住房	5.70	5.35	3.07	3.14	4.78	22.04
限价普通商品住房	0.47	0.70	2.54	3.03	2.69	9.43
城市棚户区改造	14.35	13.54	10.63	10.92	6.76	56.20
国有工矿棚户区改造	3.55	2.15	2.15	1.00	1.10	9.95
林区棚户区改造	0.49	0.61	0.13	–	–	1.23
垦区棚户区改造	0.21	0.26	–	–	–	0.47
国有重点煤矿棚户区改造	2.39	2.79	0.57	–	–	5.75
合计	35.93	36.48	24.21	23.01	20.00	139.63

加大廉租住房和公共租赁住房建设力度，适度发展经济适用住房和限价普通商品住房，积极推进集中成片棚户区改造。2011 ~ 2015年，全省共新开工建设各类城镇保障性住房139.63 万套，全省城镇保障性住房覆盖面达到20% 以上。

3. 提升建筑节能水平

新建居住建筑65% 节能标准执行率达到97%；完成既有居住 建筑节能改造2000万m²。

4. 扩大物业管理覆盖面 城镇新建商品住宅小区物业管理覆盖面达到 100%。

5. 提高住房公积金覆盖率

住房公积金覆盖率达到80% 以上。

6. 住房结构安排

注：对商品住房实行弹性控制，确定最小值、最大值及优化值，（ ）中为优化值。

2011 ～ 2015年各类新建住房结构安排

序号	对象	套数（万套）	住房建筑 面积（万m²）	套型面积 > 90 m² 套数（万套）	套型面积 > 90 m² 面积（万m²）	套型面积 ≤ 90 m² 套数（万套）	套型面积 ≤ 90 m² 面积（万m²）
1	商品住房（含普通商品 住房）	55.37 ~ 190.37（70.37）	4910 ~ 15380（6320）	16.60 ~ 41.60（16.60）	1850 ~ 4990（2190）	38.77 ~ 148.77（53.77）	3060 ~ 10390（4130）
2	廉租住房与公共租赁住房	34.56	1728	–	–	34.56	1728
3	经济适用住房	22.04	1322	–	–	22.04	1322
4	限价普通商品住房	9.43	810	1.39	170	8.04	640
5	各类棚户区改造	73.60	6770	22.01	2640	51.59	4130
6	合计	195 ~ 330（210）	15540 ~ 26010（16950）	40 ~ 65（40）	4660 ~ 7800（5000）	155 ~ 265（170）	10880 ~ 18210（11950）

（三）相关预期引导

1. 土地需求预测

新增住宅用地7700 ~ 13000公顷，优化值8500公顷。

2. 供电、供热、给水、燃气需求预测全省新建住房用电新增负荷1240 ~ 2080兆瓦，优化值1360 兆瓦；供热新增负荷5440 ~ 9100兆瓦，优化值5900兆瓦；供水 量每天新增77 ~ 130万吨，优化值85万吨；燃气量新增负荷9070 $\times 10^{6}$ 兆焦。

3. 住宅投资需求预测

城镇住宅投资5380 ~ 8700亿元，优化值5800亿元。

4. 城镇保障性住房建设配建比例要求

种　类	比　例
经济适用住房建设项目	按照建筑面积配建10% 的廉租住房（公共租赁住房）
普通商品住房建设项目	按照建筑面积配建5% 的廉租住房（公共租赁住房）

（四）指标修正

由于经济发展受多种条件制约，规划指标应建立相应动态调 整机制。按照“十二五”期间增长率7 ~ 8% 为正常状态推算，若 增长率大于 8%，则第二年人均住房建筑面积目标值应在预测值基础上上浮，建议值为0.5%；若增长率小于7%，则代表经济增 长放缓，其第二年人均住房建筑面积目标值应在预测值基础上下调，建议值为 0.5%。其他指标可根据人均住房建筑面积的变化及时调整，对于未来土地供应、住房供应结构应随政策变化做出相应改变。

山西省2011 ～ 2015年城镇住房发展阶段性目标体系表

指标名称		2011 ～ 2015 年	指标属性
住房总量	建设总面积	15540 ~ 26010（16950）万㎡	预期性
	建设总套数	195 ~ 330（210）万套	
	新增住宅用地	7700 ~ 13000（8500）公顷	
	投资总量	5380 ~ 8700（5800）亿元	
住房保障	城镇保障性住房覆盖面	> 20%	约束性
	城镇保障性住房新开工总面积	10630 万㎡	预期性
住房保障	城镇保障性住房新开工总套数	139.63 万套（户）	约束性
	城镇保障性住房新开工总用地	5320 公顷	预期性
	住房公积金覆盖率	80%	约束性
结构优化	城镇保障性住房小区建设公共服务设施比例	10%	预期性
质量环境	存量住房节能改造量	2000 万㎡	约束性
	城镇新建商品住宅小区物业管理覆盖面	100%	约束性

四、主要任务

住房问题既是民生问题，也是发展问题。要充分发挥政府和 市场“两只手”的作用，双管齐下，加快推进住房保障和供应体系建设，促进房地产市场平稳健康发展，着力解决群众住房问题。

（一）增加商品住房有效供应，引导居民理性消费

改革商品住房用地审批制度，加强土地供应和开发建设全过 程监管，缩短开发周期。

优化商品住房供应结构，严格控制低密度、大套型商品住房 建设，积极落实“城市新审批、新开工的住房建设，套型建筑面积 90 ㎡以下住房面积所占比重必须达到开发建设总面积的 70% 以上”的规定；采取有效措施，鼓励开发企业增加中低价位、中小套型普通商品住房供应。

支持自住性和改善性住房需求，引导居民采取多种方式有计 划有步骤地改善居住条件；鼓励企业、产业园区和其他机构投资 建设公共租赁住房，适度建设经济适用住房和限价普通商品住房。进一步扩大物业管理覆盖面，城镇新建商品住宅小区全面实 施物业管理，推动旧住宅区逐步实施物业管理，探索保障性住房 物业服务模式，继续完善住宅专项维修基金缴存、管理和使用等各项制度，促进物业服务行业持续健康发展。

（二）健全住房保障和供应体系建设

立足保障基本需求，加快建立统一、规范、稳定的以政府为 主提供基本保障、以市场为主满足多层次需求的住房供应体系 ,不断提高城镇保障性住房和中低价位、中小套型普通商品住房在住房建设中的比重，构建“高端有市场、中端有支持、低端有保障”的保障性住房和商品住房供应体系，满足居民多层次住房需求。

稳步推进公共租赁住房和廉租住房并轨运行，制定出

台公共 租赁住房和廉租住房并轨实施意见，将廉租住房纳入公共租赁住房统一规划建设，整合资金渠道，完善定价机制，健全分配制度，规范运营管理，优先满足城镇低收入住房困难家庭的保障需求，逐步实现对城镇中等偏下收入住房困难家庭和新就业职工、外来 务工人员的住房保障。规范经济适用住房和限价普通商品住房制 度，研究探索城镇居民自住性和改善性有限产权型住房保障政策。 全面加强城镇保障性住房建设。认真落实《山西省城镇保障 性住房建设“十二五”规划》，圆满完成“十二五”住房保障任 务。以实物保障为主、租赁补贴为辅，对人均住房建筑面积不足 13 ㎡的城镇困难家庭实现应保尽保，力争实现低收入住房困难 家庭实物配租率达到80% 以上。对于流动人口较多、城镇化进程 推进较快的地区，要按照政府组织、社会参与的原则，重点建设 和筹集公共租赁住房；积极通过新建、改建、购买、租赁等方式，多渠道筹集房源，逐步扩大城镇保障性住房覆盖面。 按照“政府主导、市场运作”的原则，创造性地用好棚户区改造政策，加快各类棚户区改造，重点推进资源枯竭型城市及独立工矿棚户区、三线企业集中地区的棚户区改造，并将城中村改造和危旧房改造纳入棚户区改造范围，使居民住房条件明显改善，基础设施和公共服务设施建设水平不断提高。

（三）强化市场和住房质量监管，促进房地产业健康发展

建立房地产市场专项检查和全面检查相结合的监督检查机 制，规范房地产市场秩序，加强对房地产开发企业购地和融资的监管，依法查处囤地炒地行为；严禁非房地产主业的国有及国有控股企业参与商业性土地开发和房地产经营业务，限制有违法违规行为的企业新购置土地。

加强对房地产企业开发贷款的贷前审查和贷后管理，对存在 土地闲置及炒地行为的房地产开发企业，商业银行不得发放新开发项目贷款，证监部门暂停批准其上市、再融资和重大资产重组。

强化交易秩序管理，特别是严格预售资金监管，取得预售许 可或者办理现房销售备案的房地产开发项目，要在规定时间内一次性公开全部销售房源，并严格按照申报价格明码标价对外销售。严厉打击价格欺诈、价格串通、捂盘惜售、囤积房源、哄抬房价、散布虚假信息、扰乱市场秩序及虚假合同偷逃税款等违法行为。

加强对房地产中介机构和从业人员的监管，规范中介工作流 程。加强对住房建设勘察、设计、施工、监理、验收全过程质量控制，严格执行法定建设程序和标准规范。强化建材市场监管，掐断不合格建材流入住房建设市场的途径，建立城镇保障性住房建材和部品、部件采购、供应终身质量责任制度。全面实行住宅工程按户验收制度，严禁把存在质量问题的房屋交付使用。实行住房工程质量责任永久标牌制度，有关负责人对所承担工程项目终身负责。

强化城镇保障性住房分配运营管理，健全城镇保障性住房建 设及审核机制，完善有限产权型保障性住房上市交易增值收益分配机制。建立健全城镇保障性住房管理服务机构，提升住房保障和管理服务水平。健全纠错机制，积极组织和配合有关部门开展城镇保障性住房建设质量、使用管理等方面的监督检查，严厉查处骗购骗租、变相福利分房以及违规出售、出租、转租、转借、转售或闲置、改变用途等行为。

（四）完善住房信息系统建设，增强市场透明度

完善市、县（市、区）两级城镇保障性住房信息联网工作， 分阶段分类别公开城镇保障性住房年度建设计划、建设进度、开竣工面积及分配政策、分配对象、分配房源、分配过程、分配结果、腾退情况等信息；推进全省城乡住房信息系统建设，及时更新相关数据；加快个人住房信息系统和房地产市场信息系统建设，强化对房地产市场特别是商品住房市场运行情况的动态监测，全面及时准确公布市场供求和房价情况。整合土地、规划、开发、交易、保有等环节信息，实现资源共享。

（五）发挥住房公积金住房保障功能

完善住房公积金缴存、提取、使用、管理和监督机制，提高 单位和职工缴存比例。加强资金监管，积极发展个人住房贷款业务，大力推进住房公积金扩面工作，力争2015年全省覆盖率达 到80% 以上。争取扩大公积金贷款支持城镇保障性住房建设试点城市范围，增加利用住房公积金贷款支持城镇保障性住房建设的项目。完善住房公积金信息系统建设，加快实现市、县住房公积金管理中心与省级住房公积金监管系统的联网。研究制定住房公积金廉政风险防控和管理人员准入、绩效考核及责任追究等监管机制。认真贯彻落实住房城乡建设部等四部门《关于加强和改进住房公积金服务工作的通知》（建金〔2011〕9号），在全省范围开通“12329”公众服务热线。

（六）引导住房建设合理布局

合理确定新区建设强度，科学规划绿地和公共开放空间，优 化住房空间户型设计。城镇住房建设项目选址应避开自然保护区、风景名胜区、森林公园、饮用水源保护区、基本农田、泉域重点保护区等环境敏感区，并远离产生有毒有害的工业厂矿区。对于在已污染土地上建设的城镇住房建设项目，应认真做好污染工业场地的修复工作，且受污染场地须经相关部门监测、验收，符合居住用地标准要求的，方可进行建设。

统筹商品住房建设与城镇保障性住房建设、高端居住区建设 与普通居住区建设、城镇保障性住房集中建设与按比例分散配套建设、住房建设与公共服务设施和市政基础配套设施建设、旧区改造与历史文化资源保护之间的相互关系，科学规划，合理布局。鼓励各类住房融合，倡导职住平衡发展。城镇保障性住房小区要选择基础配套设施和公共服务设施完善的地段，在基础配套设施和公共服务设施不完善的地段建设的，须在保证布局均衡的前提下，坚持“大分散、小集中”、建设规模与保障需求相匹配、建设标准与经济社会发展水平相适应的原则，充分考虑城镇中低收入居民的需求，做到水、电、暖、气、路、公交等基础设施和教育、医疗、文体等公共服务设施以及配套商业设施同步规划、同步建设、同步使用。

对于各类城镇保障性住房，根据其特点合理安排区位，坚持与产业布局相协调的原则，建设与之适应的住房类型。公共租赁住房中用于满足低收入家庭住房需求的，应考虑满足交通、公共服务设施配套便利等特点，充分挖掘城市建成区存量土地潜力；公共租赁住房中用于满足流动人口对住房需求的部分，应结合产业布局，尽量缩短通勤距离；对于外来务工人员集中的开发区、产业园区及企业（单位），要按照集约用地的原则，统筹规划，集中建设单元型或宿舍型公共租赁住房；经济适用住房和限价普通商品住房，在满足基本生活条件的基础上，可适当放宽对区位的要求；棚户区改造实行原址改造和异地建设相结合，异地建设的，应选择交通便利、基础设施齐全的区域，先建设，后拆迁。

五、目标分解

结合设区城市特点，将2011 ~ 2015年建设目标分解如下（以下指标为预期性参考值）：

（一）设区城市住房建设总量

地市	新开工住房总量需求预测				土地需求预测	
	新开工住房建筑面积（万㎡）	优化值（万㎡）	新开工住房套数（万套）	优化值（万套）	新增住宅用地（公顷）	优化值（公顷）
太原市	2760 ~ 4940	2890	35 ~ 62	36	1370 ~ 2470	1450
大同市	1990 ~ 2630	2118	25 ~ 34	26	980 ~ 1320	1060
朔州市	1000 ~ 1430	1128	13 ~ 19	14	500 ~ 715	565
忻州市	1170 ~ 1850	1298	15 ~ 24	16	580 ~ 930	650
晋中市	1170 ~ 1980	1298	14 ~ 25	16	580 ~ 990	650
阳泉市	690 ~ 1050	818	8 ~ 14	10	340 ~ 530	410
吕梁市	1270 ~ 2280	1398	16 ~ 30	17	620 ~ 1140	700
长治市	1200 ~ 2120	1328	15 ~ 26	17	600 ~ 1060	670
晋城市	820 ~ 1520	948	10 ~ 19	12	410 ~ 760	475
临汾市	1460 ~ 2770	1588	19 ~ 34	20	720 ~ 1385	800
运城市	2010 ~ 3440	2138	25 ~ 43	26	1000 ~ 1700	1070
合计	15540 ~ 26010	16950	195 ~ 330	210	7700 ~ 13000	8500

注：优化值为根据户均套数增长趋势，结合实际开发能力，确定的合理开发值。

（二）设区城市城镇保障性住房建设总量

类别	2011	2012	2013	2014	2015	合计
	开工套数（万套）	开工套数（万套）	开工套数（万套）	开工套数（万套）	开工套数（万套）	开工套数（万套）
太原市	4.14	4.25	3.81	4.80	4.17	21.17
大同市	12.61	11.66	2.07	4.66	4.05	35.05

类别	2011	2012	2013	2014	2015	合计
	开工套数（万套）	开工套数（万套）	开工套数（万套）	开工套数（万套）	开工套数（万套）	开工套数（万套）
朔州市	5.52	4.14	1.58	1.27	1.10	13.61
忻州市	1.72	1.98	1.78	1.50	1.30	8.28
晋中市	3.35	4.45	2.55	1.16	1.01	12.52
阳泉市	1.71	1.69	0.70	0.60	0.52	5.22
吕梁市	0.82	1.99	3.05	1.83	1.59	9.28
长治市	1.90	2.16	2.07	1.24	1.08	8.45
晋城市	1.44	1.16	1.79	1.50	1.31	7.20
临汾市	1.12	1.71	2.62	1.85	1.61	8.91
运城市	1.60	1.29	2.19	2.60	2.26	9.94
合计	35.93	36.48	24.21	23.01	20.00	139.63

（三）区域指引

1. 太原市、晋中市、吕梁市、阳泉市、忻州市

（1）区域层面

太原市、晋中市、吕梁市 阳泉市、忻州市				太原都市圈			
新增住房建筑面积（万㎡）	优化值（万㎡）	新增住房套数（万套）	优化值（万套）	新增住房建筑面积（万㎡）	优化值（万㎡）	新增住房套数（万套）	优化值（万套）
7060 ~ 12100	7702	88 ~ 155	95	5590 ~ 9670	6068	70 ~ 125	75

（2）区、县层面

都市圈		重点发展区涉及县、市、区（太原都市圈）	重点发展区			一般发展区	
区城市			新增住房建筑面积（万㎡）	新增住房套数（万套）	一般发展区涉及县、市、区	新增住房建筑面积（万m2）	新增住房套数（万套）
太原都市圈	太原市	小店区、迎泽区、杏花岭区、尖草坪区、万柏林区、晋源区、阳曲县、清徐县	2600–4690（2730）	33–59（34）	娄烦县、古交市	160–250（160）	2–3（2）
	晋中市	榆次区、太谷县、祁县、平遥县、介休市	820–1390（900）	10–18（11）	榆社区、左权县、和顺县、昔阳县、寿阳县、灵石县	350–590（398）	4–2（5）

<table>
<tr><td rowspan="3">太原都市圈</td><td>吕梁市</td><td>离市区、柳林县、中阳县、交城县、文水县、汾阳市、孝义市</td><td>950-1710（1040）</td><td>12-23（13）</td><td>兴县、临县、石楼县、岚县、方山县、交口县</td><td>320-570（358）</td><td>4-7（4）</td></tr>
<tr><td>阳泉市</td><td>城区、矿区、郊区、平定县、盂县</td><td>690-1050（818）</td><td>8-14（10）</td><td></td><td></td><td></td></tr>
<tr><td>忻州市</td><td>忻府区、定襄县、原平市</td><td>530-830（580）</td><td>7-11（7）</td><td>五河县、代县、繁峙县、宁武县、静乐县、神池县、五寨县、岚县、河曲县、保德县、偏关县</td><td>640-1020（718）</td><td>8-13（9）</td></tr>
</table>

2. 大同市、朔州市

（1）区域层面

<table>
<tr><td colspan="4">大同市、朔州市</td><td colspan="4">晋北城镇群</td></tr>
<tr><td>新增住房建筑面积（万㎡）</td><td>优化值（万㎡）</td><td>新增住房套数（万套）</td><td>优化值（万套）</td><td>新增住房建筑面积（万㎡）</td><td>优化值（万㎡）</td><td>新增住房套数（万套）</td><td>优化值（万套）</td></tr>
<tr><td>2990 ~ 4060</td><td>3246</td><td>38 ~ 53</td><td>40</td><td>2520 ~ 3370</td><td>2740</td><td>32 ~ 44</td><td>34</td></tr>
</table>

（2）区、县层面

<table>
<tr><td colspan="2" rowspan="2">城镇群 涉及设 区城市</td><td rowspan="2">重点发展区涉 及县、市、区（晋北城镇群）</td><td colspan="2">重点发展区</td><td rowspan="2">一般发展区涉及县、市、区</td><td colspan="2">一般发展区</td></tr>
<tr><td>新增住房建筑面积（万㎡）</td><td>新增住房套数（万套）</td><td>新增住房建筑面积（万㎡）</td><td>新增住房套数（万套）</td></tr>
<tr><td rowspan="2">晋北城镇群</td><td>大同市</td><td>城区、南郊区、矿区、新荣区、大同县</td><td>1600 ~ 2100（1700）</td><td>20 ~ 27（21）</td><td>阳高县、天镇县、广灵县、灵丘县 浑源县、左云县</td><td>390 ~ 530（418）</td><td>5 ~ 7（5）</td></tr>
<tr><td>朔州市</td><td>朔城区、平鲁区、怀仁县、应县、山阴县</td><td>920 ~ 1270（1040）</td><td>12 ~ 17（13）</td><td>右玉县</td><td>80 ~ 160（88）</td><td>1 ~ 2（1）</td></tr>
</table>

3. 临汾市、运城市

（1）区域层面

<table>
<tr><td colspan="4">临汾市、运城市</td><td colspan="4">晋南城镇群</td></tr>
<tr><td>新增住房建筑面积（万㎡）</td><td>优化值（万㎡）</td><td>新增住房套数（万套）</td><td>优化值（万套）</td><td>新增住房建筑面积（万㎡）</td><td>优化值（万㎡）</td><td>新增住房套数（万套）</td><td>优化值（万套）</td></tr>
<tr><td>3470 ~ 6210</td><td>3726</td><td>44 ~ 77</td><td>46</td><td>2780 ~ 4960</td><td>2980</td><td>35 ~ 62</td><td>37</td></tr>
</table>

（2）区、县层面

城镇群涉及设区城市		重点发展区涉及县、市、区（晋南城镇群）	重点发展区		一般发展区涉及县、市、区	一般发展区	
			新增住房建筑面积（万㎡）	新增住房套数（万套）		新增住房建筑面积（万 m2）	新增住房套数（万套）
晋南城镇群	临汾市	尧都区、曲沃县、翼城县、襄汾县、洪洞县、侯马市、霍州市	1170-2210（1270）	15-27（16）	古县、安泽县、浮山县、吉县、乡宁县、大宁县、隰县、永和县、蒲县、汾西县	290-560（318）	4-7（4）
	运城市	盐湖区、稷山县、新绛县、河津市、临猗县、闻喜县、绛县、夏县、永济市	1610-2750（1710）	20-35（21）	万荣县、垣曲县、平陆县、芮城县	400-690（428）	5-8（5）

4. 长治市、晋城市

（1）区域层面

长治市、晋城市				晋东南城镇群			
新增住房建筑面积（万㎡）	优化值（万㎡）	新增住房套数（万套）	优化值（万套）	新增住房建筑面积（万㎡）	优化值（万㎡）	新增住房套数（万套）	优化值（万套）
2020 ~ 3640	2276	25 ~ 45	29	1780 ~ 3230	2020	22 ~ 40	26

（2）区、县层面

城镇群 涉及设区城市		重点发展区涉及 县、市、区（晋东南城镇群）	重点发展区		一般发展区涉及县、市、区	一般发展区	
			新增住房建筑面积（万㎡）	新增住房套数（万套）		新增住房建筑面积（万㎡）	新增住房套数（万套）
晋东南城镇群	长治市	城区、郊区、长治县 襄垣县、屯留县、壶关县、长子县、潞城市	1040 ~ 1860（1160）	13 ~ 23（15）	平顺县、黎城县 武乡县、沁县、沁源县	160 ~ 260（168）	2 ~ 3（2）
	晋城市	城区、泽州县、高平市、阳城县 4 个县市 区，以及沁水县的端氏镇、嘉峰镇和郑庄镇	740 ~ 1370（860）	9 ~ 17（11）	陵川县、沁水县 的龙港镇、中村 镇、郑村镇、柿 庄镇	80 ~ 150（88）	1 ~ 2（1）

（四）差别化发展

城镇人均住房建筑面积水平较高和住房刚性需求较弱的城 市，应将住房居住环境提质作为主要内容抓好落实，着力加快相关配套设施建设，提升居民生活品质。城市现有建设用地中的闲置土地及因产业调整将用地性质变更为居住用地的原工矿企业用地、仓储用地优先进行住房建设。对于利用其他土地新建住宅的项目，要提高审批要求，适当限制城市建成区外围居住用地供应。

城镇人均住房建筑面积水平较低和刚性需求较强的城市，应 以住房总量扩容作为近期工作重点。在利用好现有城市建设用地中闲置土地的基础上，增加住宅用地供给，在有效提高城镇居民人均住房建筑面积的同时，积极配套市政基础设施和公共服务设施，提升居民生活品质。

六、保障措施

处理好政府与市场的关系，注重发挥政策的扶持、导向、带 动作用，调动各方面积极性和主动性，加快推进符合省情的住房保障和供应体系建设，努力构建市场稳定、结构合理、供需平衡、保障有力的良性发展格局。

（一）加强长效机制建设，科学构建规划体系

加快推进住房发展法制化进程，制定出台《山西省城镇住房 保障条例》，修订完善《山西省城市房地产交易管理条例》。创新保障性住房建设管理模式，尽早出台公共租赁住房与廉租住房并轨运行政策；研究建立与住宅产业发展相配套的动力机制、激励机制和惩罚机制，增强住宅产业可持续发展能力。 科学编制省、市、县三级城镇住房发展规划，构建城镇住房规划体系。作为国民经济和社会发展规划的专项规划，规划期限为5年。建立健全城镇住房发展规划监督与跟踪评估机制，并将其列入市、县人民政府年度目标责任考核内容。

省住房城乡建设厅负责组织编制全省城镇住房发展规划并 指导实施，各市、县人民政府负责编制本级城镇住房发展规划并指导实施。全省城镇住房发展规划经省人民政府批准向社会公布，同时报住房和城乡建设部备案；各设区城市、县（市）住房发展规划经本级人民政府批准后报上一级住房和城乡建设主管部门备案。太原市住房发展规划同时报住房和城乡建设部备案。

（二）坚持民生优先，规范土地供应制度

保证住房用地的有效供给，涉及新增住房用地的要在年度土 地利用计划中予以安排，提前确定地块，开展土地征收等前期工作，确保及时供地。建立省、市、县三级城镇保障性住房建设用地储备制度，严格落实城镇保障性住房建设用地供应政策，严格执行“城镇保障性住房和中低价位、中小套型普通商品住房土地供应量不得低于住房建设用地年度供应总量的70%”规定。优先 足额安排城镇保障性住房用地和中小套型普通商品住房建设用地。严格控制高档商品住房用地的供应，将住宅建筑套密度和住宅面积净密度纳入控制性详细规划规定性指标，对未落实城镇保障性住房建设用地的市、县，不得向大套型、高档商品房项目供地。城镇保障性住房建设用地指标由省国土资源厅在年度用地计划中单列，按点供应，应保尽保。简政放权、革新土地审批制度，简化审批环节，规范审批程序，缩短土地审批周期。

国土资源部门应在商品住房项目用地合同中设置配建城镇 保障性住房等条款，将其作为土地出让前置条件，明确配建比例、建设总面积、套数、套型比例、建设标准和建成后移交或者回购等内容；不配建或不宜配建的项目，应明确按照规定缴纳廉租住房建设资金。经济适用住房项目配建公共租赁住房的，应将其作为土地划拨的前置条件，在建设用地划拨决定书中明确配建比例、建设总面积、套数、套型比例、建设标准和建成后移交或者回购等内容。

探索运用集体建设用地建设公共租赁住房模式，支持太原市 申请开展利用农村集体建设用地建设公共租赁住房试点工作。在符合土地利用规划和城乡规划的前提下，经市人民政府批准，企事业单位可以利用存量土地，在依法变更为住房建设用地后建设城镇保障性住房，优先解决本单位符合住房保障条件职工的住房困难问题。允许大中型企业利用自有土地建设公共租赁住房。加大对工矿企业废弃用地的整治和复垦，盘活存量用地，通过城乡用地增减挂钩确保棚户区改造用地需求。

对于列入城镇保障性住房建设储备用地的土地，非经法定程 序不得改变用途。严禁以划拨方式取得城镇保障性住房建设的用地，改变用途建设商品住房。省国土资源厅会同省住房城乡建设厅定期对各市城镇保障性住房建设用地指标使用情况进行检查，并按照各市的实际使用情况，及时对城镇保障性住房建设用地指标进行全省调剂。

（三）拓宽融资渠道，严格落实城镇保障性住房税费优惠政策 拓宽融资渠道，利用财政补贴、金融贷款、企业投资、社会 融资等多渠道筹措城镇保障性住房建设资金。积极争取中央补助 资金，并提高省级财政配套补助标准，加大市政基础设施和公共 服务设施投入力度。严格落实住房公积金增值收益、土地出让净 收益的提取及中央代地方发行债券用于城镇保障性住房资金的 使用。对于公共预算支出安排不足的市县，要提高土地出让收益 和市县政府债券资金安排比重。加大市场融资力度，积极引导金融机构参与城镇保障性住房建设投资，支持金融机构向实行公司 化运作并符合信贷条件的公共租赁住房项目直接发放贷款，或通过设区城市政府融资平台向政府投资建设的公共租赁住房项目 发放贷款，并给予利率优惠。大力发展住房储蓄业务，推动筹融资证券化。

严格落实国家关于城镇保障性住房建设有关税收优惠政策， 所涉及的城镇土地使用税、城市维护建设税、教育费附加等税种，按照国家有关规定予以减免。廉租住房、经济适用住房、公共租赁住房、棚户区改造安置住房建设，免收各种行政事业性收费和政府性基金。参与建设城镇保障性住房的企业（单位）纳税确有困难的，可以按照规定申请延期缴纳税款。税务部门要严格按照税法和有关政策规定，认真做好土地增值税的征收管理工作，对定价过高、涨幅过快的房地产开发项目要进行重点清算和稽查。

省财政厅和省住房城乡建设厅会同有关部门定期对城镇保 障性住房建设优惠政策落实情况进行监督检查。

（四）提高住宅产业化发展水平，促进住房品质提升

以大力实施保障性住房建设为牵引，加快提高住宅产业标准 化、工业化水平，培育和发展一批符合住宅产业现代化要求的产业关联度大、带动能力强的龙头企业。

加快住房建设模式转型，大力发展省地节能环保型住宅，推 动房地产业向研发、设计、品牌、服务等高附加值环节延伸；发展符合节能、节地、节水、节材和环保要求的适宜地区发展的新型工业化住宅建造体系；鼓励新建住宅小区配套建设中水处理回用设施，已建住宅小区鼓励实施中水回用改造；积极推广工业余热供热、地热能利用等可再生能源利用技术应用，重点强制推进太阳能光热系统应用；大力实施既有居住建筑节能改造，积极实施国家康居示范工程，推进住宅产业现代化，不断提升住宅使用效能。大力推进绿色建筑，太原市新建保障性住房全面执行绿色建筑标准，其他地区新建保障性住房执行绿色建筑比例不低于20%。

（五）盘活住房存量市场，强化信息化建设

引导居民根据自身经济能力，利用新建住房和存量住房两个 市场，采取购买和租赁两种方式，多渠道改善居住条件，通过完善信贷税收政策，引导居民将自住以外的住房面向市场出租，鼓励房地产开发企业等机构投资者长期持有和发展公共租赁住房， 增加市场租赁房源。加强租赁市场管理，保护租赁双方合法权益，在支持合理自住需求的同时，坚决抑制投机投资需求。

加快全省城镇个人住房信息系统建设，完善房地产市场信息 发布制度，政府要通过网络、媒体等多种渠道发布住房信息，及时解读相关政策。构建全省涵盖多部门、多层次的信息联动共建机制，做到信息透明，实现资源共享。按照国家统一部署，建立不动产统一登记制度。

（六）加强组织领导，狠抓规划落实

进一步落实市、县人民政府促进住房发展的职责，把保障基 本住房、稳定住房市场纳入经济社会发展的工作目标，建立由住房城乡建设（房地产）部门牵头，发改、公安、民政、国土、环保、规划等部门参加的住房审批、审核联席办公机制，结合政务大厅设置综合联动审核办公室，健全政策协调和工作协同机制。 市、县人民政府设立住房发展办公室，负责政策制定及业务指导。

建立健全住房规划、建设、管理、监督机制，加强对城镇住 房发展规划实施工作的监督检查，适时评估规划实施情况和目标任务完成情况，强化政策落实，保证规划实施效果。

完善保障性住房建设资金监督机制，加强对保障性住房建设 资金筹集和使用情况的监督。建立健全城镇保障性住房建设项目质量报告制度和定期监督检查制度。

完善城镇保障性住房考核评价制度。省人民政府对设区城市 人民政府城镇保障性住房建设工作进行监督，实行目标责任制管理和绩效考核，设区城市人民政府负责对本行政区内的县（市、区）人民政府进行目标责任制管理和绩效考核。建立约谈问责机制，对项目资金土地不落实、政策措施不到位、建设进度缓慢的部门相关负责人进行约谈；对没有完成年度目标任务的部门相关负责人进行问责。

七、“十三五”展望

（一）住房发展目标

1. 住房总量建设目标

2016 ~ 2020年，全省城镇住房新开工面积21000 ~ 32000万㎡， 全省城镇住房新开工套数250 ~ 370万套。

2. 城镇保障性住房建设目标 加大公共租赁住房建设与供给，加快棚户区改造，基本解决人均住房建筑面积 15㎡以下城市低收入家庭住房困难问题。力争到2020年，基本完成“城中村”改造。

公共租赁住房新开工建设约40万套，经济适用住房新开工建设约10万套，限价普通商品住房新开工建设约5万套，各类棚户区改造住房约40万套。 “十三五”期间，全省新开工建设各类城镇保障性住房约 95万套，全省城镇保障性住房覆盖面继续保持在20% 以上。

3. 住房结构安排

序号	对象	套数（万套）	住房建筑面积（万㎡）	套型面积			
				＞90 ㎡		≤90 ㎡	
				套数（万套）	面积（万㎡）	套数（万套）	面积（万㎡）
1	商品住房	155 ~ 275	14370 ~ 25370	46.25 ~ 81.25	5210 ~ 8510	108.75 ~ 193.75	9160 ~ 16860
2	公共租赁住房	40	2000	–	–	40	2000
3	经济适用住房	10	600	–	–	10	600
4	限价普通商品住房	5	430	0.75	90	4.25	340
5	各类棚户区改造	40	3600	8	1000	32	2600
6	合计	250 ~ 370	21000 ~ 32000	55 ~ 90	6300 ~ 9600	195 ~ 280	14700 ~ 22400

注：对商品住房实行弹性控制，确定最小值、最大值。

4. 提高住房公积金覆盖率　住房公积金覆盖率达到82%。

（二）相关预期引导

1. 土地供应预测

新增住宅用地10500 ~ 16000公顷。2. 城镇住宅投资需求预测 城镇住宅投资7100 ~ 10800亿元。

山西省2016～2020年城镇住房发展阶段性目标体系表

指标名称		2016～2020 年	指标属性
住房总量	建设总面积	21000 ~ 32000 万㎡	预期性
	建设总套数	250 ~ 370 万套	
	新增住宅用地	10500 ~ 16000 公顷	
	投资总量	7100 ~ 10800 亿元	

指标名称		2016～2020 年	指标属性
住房保障	城镇保障性住房覆盖面	> 20%	预期性
	城镇保障性住房新开工总面积	6630 万㎡	预期性
	城镇保障性住房新开工总套数	95 万套（户）	预期性
	城镇保障性住房新开工总用地	3315 公顷	预期性
	住房公积金覆盖率	82%	预期性

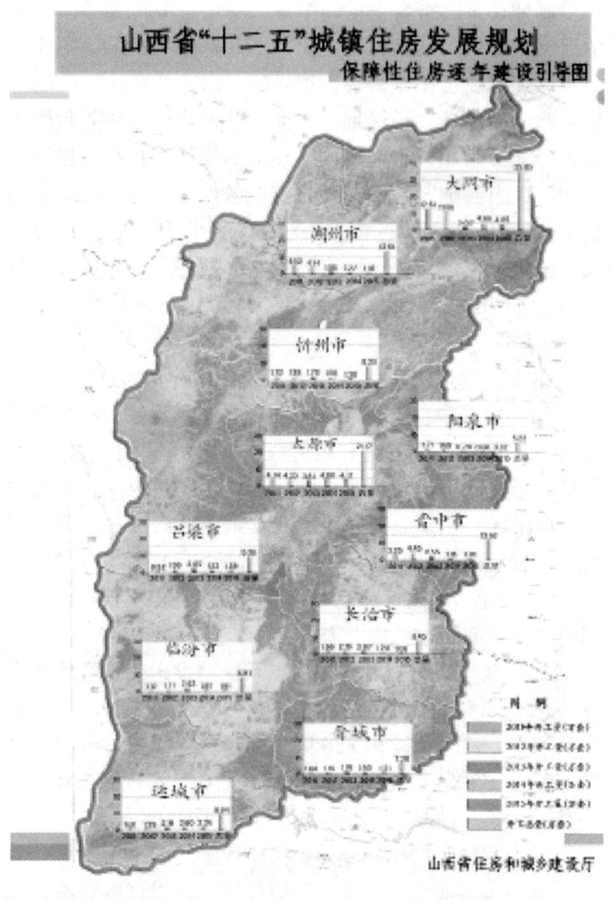

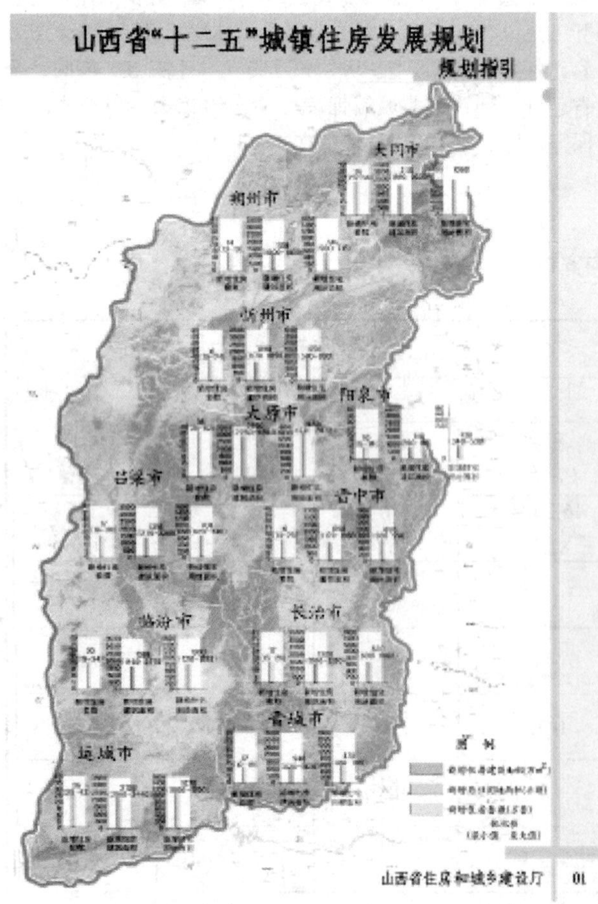

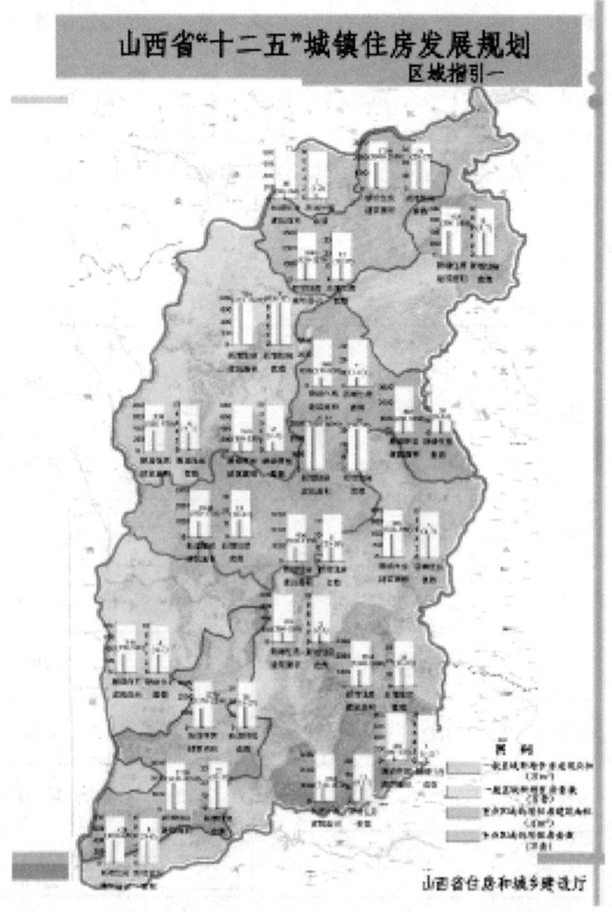

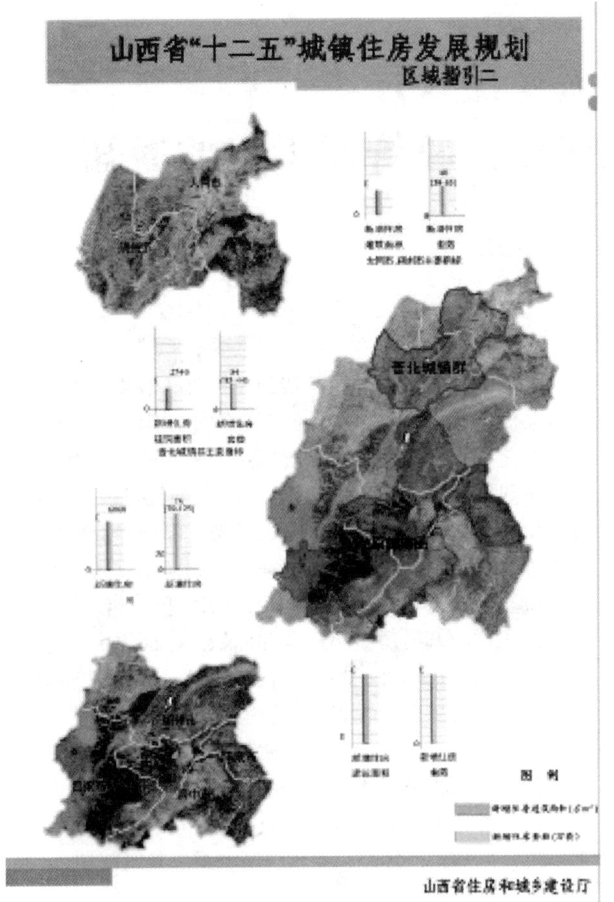
山西省"十二五"城镇住房发展规划
区域指引二
晋北城镇群
图 例
山西省住房和城乡建设厅

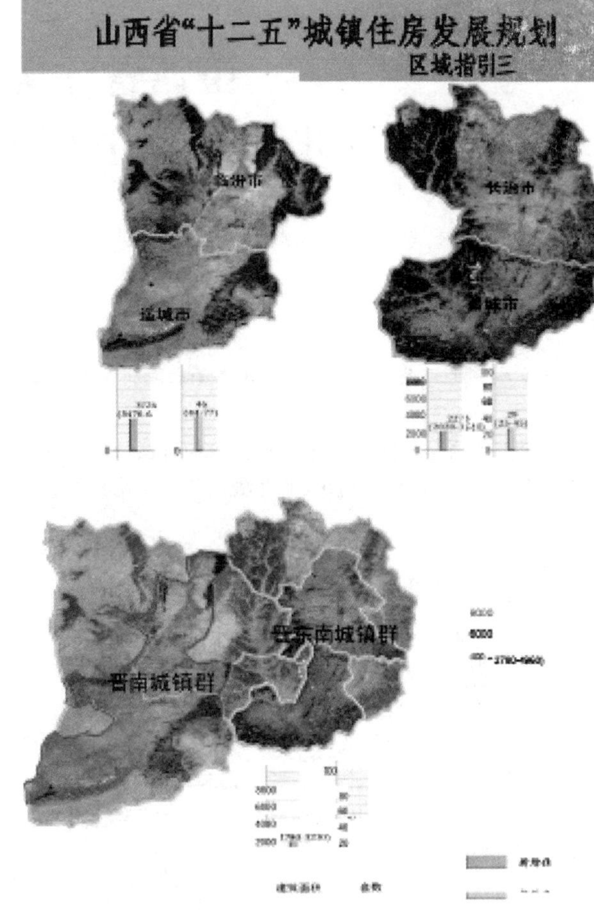
山西省"十二五"城镇住房发展规划
区域指引三
临汾市
长治市
运城市
晋城市
晋东南城镇群
晋南城镇群

山西省住房和城乡建设厅
关于进一步加强国有土地上房屋征收管理工作的通知

晋建房字〔2014〕35号

各市住房城乡建设局（建委）、房地产管理局，阳泉市规划局：

为进一步规范国有土地上房屋征收与补偿行为，切实维护公共利益，保障被征收人的合法权益，现就有关事宜通知如下：

一、进一步完善配套政策

各级房屋征收部门要按照《国有土地上房屋征收与补偿条例》（以下简称"新《条例》"）要求，结合当地的实际情况，积极研究被征收人补助与奖励办法、搬迁费标准、临时安置费标准、评估机构选定办法、优先保障条件等相关政策，在《山西省国有土地上房屋征收与补偿条例》未出台前，可以先行制定暂行办法，进一步健全和完善房屋征收与补偿配套政策。

二、科学合理确定征收范围、规模和实施时序

国有土地上房屋征收项目必须严格限定在新《条例》规定的范围内，且符合土地利用规划、城乡规划和各专项规划，保障性安居工程和旧城区改造项目要纳入国民经济和社会发展规划及年度计划。各市要根据当地社会经济发展水平和群众承受能力，量力而行，科学合理地确定征收规模。项目较大，需要分段征收的，要统筹规划，合理安排征收时序，按照房地产市场价格变动等情况，分别拟定房屋征收与补偿方案。确定房屋征收范围前，房屋征收部门不得以减少征收补偿支出为由，提前通知有关部门暂停办理房屋新建、扩建、改建和改变房屋用途等限制不动产物权的行政许可、登记、备案。

三、完善房屋征收与补偿工作机制

各级房屋征收部门必须依法严格履行项目启动审查、入户调查登记、调查结果公开、补偿方案拟定、组织方案论证、走访征求意见、社会风险评估等程序，研究制定征收工作规程和流程，合理和合法作出房屋征收和补偿决定。要完善信息公开的方式和渠道，切实做好房屋与补偿各个环节的信息公开工作，抓好决策公开、过程公开、结果公开三个关键环节，全面实行阳光征收，保障被征收人的知情权、参与权、选择权和质疑权等。

四、妥善做好补偿安置工作

各级房屋征收部门及其实施单位要严格遵循新《条例》和有关规定，按照"先补偿，后搬迁"的原则进行补偿安置，补偿安置资金和被征收人安置用房未落实的，不得实施征收。现则货币补偿方式的，应当先发放补偿费用，后搬迁，补偿协议中应明确补偿金额、搬迁费、停产停业损失、搬迁期限、支付期限等内容；选择产权调换征收区域外安置的，应当先建安置住房进行安置，后搬迁，补偿协议中应明确用于产权调换房屋的地点和面积、被征收房屋与产权调换房屋的差价结算、临时安置费或者周转用房等内容。房屋征收部门提供的安置用房，必须符合有关法律、法规的规定，符合有关技术规范、质量和安全标准。要建立征收补偿档案，将征收决定发布前的相关会议纪要、立项资料、征收补偿方案、征收决定及公告、分户补偿资料和补偿协议、申请人民法院强制执行的资料等及时归档。

五、规范房屋征收与补偿行为

各级房屋征收部门要组织开展房屋征收与补偿自查自纠工作，认真查摆征收与补偿过程中存在的问题，积极配合有关部门严肃查处征收过程中程序不合法、行为不规范、补偿不合理、保障不落实等突出问题，坚决纠正违规行为。加强对征收工作人员的教育培训和日常管理，提高工作人员素质，使其熟悉政策法规，遵守工作规范。对采取暴力、威胁、欺骗或中断供水、供热、供气、供热和道路通行等非法方式强迫搬迁的行为，要会同有关部门严肃查办，情节严重的，要依法从严处理。

六、积极稳妥化解矛盾纠纷

各级房屋征收部门要强化政治意识、大局意识和责任意识，在市、县级人民政府作出征收决定前，要进行社会稳定风险评估，对可能出现的不稳定因素进行分析预判，从源头上预防和化解社会矛盾。要做好房屋被征收群众的思想工作，主动关心他们的生产生活，帮助他们解决实际困难，坚决杜绝采取违法行为迫使被征收人搬迁，避免因房屋征收与补偿引发非正常上访事件。按照"属地管理、分级负责"的原则，组织开展国有土地上房屋征收与补偿矛盾纠纷排查和集中调处工作，及时化解房屋征收与补偿中出现的苗头性、倾向性问题，防止矛盾激化。同时，要加强舆论引导，妥善处置涉及国有土地上房屋征收补偿的相关舆情，严防失实报道或渲染炒作。对征收过程中发生

冲突的，房屋征收部门在依法调解处置的同时，要通过适当方式，及时回应社会关注。

山西省住房和城乡建设厅
2014 年 2 月 24 日

山西省住房和城乡建设厅
关于印发《房地产企业资质动态考核及信用评价管理办法（试行）》的通知

晋建房字〔2014〕45号

各市住房城乡建设局（建委）、房管局、规划局，太原市城乡管委、大同市市政管委，各有关单位：

为加强房地产企业诚信体系建设，规范房地产企业经营行为，我厅制定了《房地产企业资质动态考核及信用评价管理办法（试行）》，现印发你们，请遵照执行。

山西省住房和城乡建设厅
2014年3月17日

房地产企业资质动态考核及信用评价管理办法（试行）

第一条 为加强房地产企业诚信体系建设，规范房地产企业经营行为，根据《中华人民共和国城市房地产管理法》及住房城乡建设部关于房地产开发企业、物业服务企业、房地产估价机构资质及信用管理的规定，制定本办法。

第二条 本办法适用于依法取得资质，在我省范围内从事房地产经营活动的房地产开发企业、物业服务企业、房地产估价机构。

第三条 本办法所称房地产企业资质动态考核及信用评价是指根据房地产企业资格、经营业绩、社会信誉、市场行为等情况，定期对企业资质进行考核、对企业信用进行评价，并根据资质考核情况，给出合格、基本合格和不合格的考核结论；根据信用评价情况，从高到低评定出A、B、C的信用等级。

第四条 省住房城乡建设主管部门对全省房地产企业资质动态考核及信用评价工作进行指导和监督，并负责：

（一）二级及以上房地产开发企业的资质动态考核及信用评价；

（二）三级房地产开发企业的A级信用评价；

（三）二级及以上物业服务企业的资质动态考核及信用评价；

（四）房地产估价机构的资质动态考核及信用评价。

第五条 设区市和扩权强县试点县（市）住房城乡建设（房地产）主管部门按照审批权限负责：

（一）三级房地产开发企业的资质动态考核及B级（含）以下信用评价；

（二）四级房地产开发企业的资质动态考核及信用评价；

（三）三级物业服务企业的资质动态考核及信用评价。

暂定等级企业不进行资质动态考核及信用评价。

第六条 房地产企业资质动态考核及信用评价的主要内容如下：

（一）企业资格：包括企业的资质等级、注册资金、财务、人员、管理制度等情况。

（二）企业业绩：包括上一年度企业业绩等情况。

（三）社会信誉：包括获得表彰、工程质量优劣、建设示范项目、参与保障房建设、社会投诉等情况。

（四）市场行为：包括有无违法违规行为、有无合同违约行为等情况。

第七条 房地产企业资质动态考核及信用评价实行综合评分制，100分为满分。

房地产企业资质动态考核及信用评价指标体系、评分标准由省住房城乡建设主管部门负责制定，并定期修订。

第八条 根据综合评分结果，70分及以上的，动态考核结论为合格；60分—69分的，动态考核结论为基本合格；59分及以下的，动态考核结论为不合格。

根据综合评分结果，85分及以上的，信用等级为A级；

60 分—84 分的，信用等级为 B 级；59 分及以下的，信用等级为 C 级。根据得分高低和信用评价需要，信用等级可细分为 AAA、AA、A，BBB、BB、B，CCC、CC、C 九级，除 CCC 级（含）以下外，其他级别可用“+”、“-”进行微调，表示略高或者略低于本级。

第九条 房地产企业进行资质动态考核及信用评价，应当提交下列资料：

（一）房地产开发企业

1. 房地产开发企业资质动态考核及信用评价申报表；

2. 营业执照正、副本复印件；

3. 资质证书正、副本复印件和副本原件；

4. 企业法人代表，总经理，工程、财务、经营、统计负责人简历表，其他管理和技术人员名单；

5. 开发经营业绩证明材料（房地产开发项目立项文件、国有土地使用证、建设用地规划许可证、建设工程规划许可证、建筑工程施工许可证、商品房预售许可证、竣工验收备案表等证明材料的复印件）；

6. 上年度审计报告复印件；

7. 企业合同履约情况证明材料（土地出让合同、规划条件、商品房销售合同、前期物业合同、商品房交房手续、物业承接查验和档案移交手续等材料的复印件）；

8. 房地产开发企业统计数据报送情况（统计报表报送签收单、基本统计数据审核报告单复印件；各市、县住房城乡建设或者房地产主管部门关于房地产开发企业管理系统数据报送情况的说明）；

9. 其他资料。

（二）物业服务企业

1. 物业服务企业资质动态考核及信用评价申报表；

2. 营业执照正、副本复印件；

3. 资质证书正、副本复印件和副本原件；

4. 经营业绩证明材料（物业服务合同等材料复印件）；

5. 合同履约情况证明材料（物业服务承接查验协议复印件；物业服务收费登记备案表复印件；物业服务质量业主满意度调查及整改情况；业主投诉和责任事故处理情况）；

6. 上年度财务报告复印件；

7. 其他资料。

（三）房地产估价机构

1. 房地产估价机构资质动态考核及信用评价申报表；

2. 营业执照正、副本复印件；

3. 资质证书正、副本复印件和副本原件；

4. 企业经营业绩证明（房地产估价报告清单复印件）；

5. 注册房地产估价师身份证、资格证书及注册等情况；

6. 上年度审计报告复印件；

7. 其他资料。

第十条 房地产企业资质动态考核及信用评价工作按照以下程序进行：

（一）资料上报：房地产企业应当在每年 2 月底前将资质动态考核及信用评价申报资料报送至各设区市或者扩权强县试点县（市）住房城乡建设（房地产）主管部门。

由省住房城乡建设主管部门负责考核评价的企业，设区市或者扩权强县试点县（市）住房城乡建设（房地产）主管部门应当在 1 个月内完成初审并上报至省住房城乡建设主管部门。

（二）资料审核：各级住房城乡建设（房地产）主管部门按照职责对企业申报资料进行审核。

（三）实地核查：实地核查证照、办公条件、管理制度、经营业绩、市场行为等情况。

房地产企业跨区域经营的，由项目所在地住房城乡建设（房地产）主管部门实地核查项目情况，并出具核查意见，及时向企业所在地住房城乡建设（房地产）主管部门反馈。

（四）进行初评：根据审核意见、实地核查等情况，进行综合评分，提出动态考核及信用评价初步结论。

（五）征求意见：各市、县（市）住房城乡建设（房地产）主管部门应当就工程质量安全、规划实施等情况征求规划、建设部门意见；可根据工作实际，征求金融、工商、税务、国土资源、物价、城市管理等部门意见。

（六）公示结论：将初评结论在媒体上进行公示，公示期不少于 5 日。

（七）公布结论：根据初评结论，公示及征求意见等情况，出具动态考核及信用评价结论，并通过媒体予以发布。

第十一条 县（市、区）住房城乡建设（规划、房地产、城市管理）主管部门每年 1 月底前将本部门上年度查处的有关房地产企业的违法违规行为报送至设区市住房城乡建设（规划、房地产、城市管理）主管部门。设区市住房城乡建设（规划、房地产、城市管理）主管部门每年 2 月底前将上年度全市查处的有关房地产企业的违法违规行为报送至省住房城乡建设主管部门，作为房地产企业资质动态考核及信用评价的参考依据。

第十二条 各级住房城乡建设（房地产）主管部门对房地产企业实地核查时，应当有两名以上工作人员参加，不得妨碍企业正常生产经营活动，不得索取或者收受企业财物、牟取其他利益或者向外界透露、传播企业商业秘密。被核查企业及相关人员对考核评价工作应予协助配合，不得拒绝和阻挠。

第十三条 各级住房城乡建设（房地产）主管部门应当严格按照程序进行资质动态考核及信用评价，建立审查责任追究制度。有条件的市、县应当推广使用信息化自动评分系统。

第十四条 房地产企业资质动态考核及信用评价结论确定后，由资质动态考核部门在资质证书副本上加盖“××年资质动态考核合格”、“××年资质动态考核基本合格”或者“××年资质动态考核不合格”专用章；由信用评价部门在资质证书副本上加盖“××年信用×级”专用章。

以上专用章由省住房城乡建设主管部门统一制作。

第十五条 未按时报送资质动态考核及信用评价资料的企业，各市、县（市）住房城乡建设（房地产）主管部门应当向企业发出书面告知书，限期报送。如果企业仍未报送，按动态考核不合格和信用评价C级处理。

第十六条 申报资料不属实的企业，应当在30日内进行整改并提供真实有效资料，逾期未提供或提供资料仍不属实的，按动态考核不合格和信用评价C级处理。

第十七条 对发生较大质量安全事故、涉及治安或者刑事案件、引发重大群体性事件的企业，应当在责任认定之后一个月内，由原考核评价部门重新进行信用等级评价。

第十八条 对动态考核结论为不合格的企业，在3个月内仍未整改合格，属于本部门审批的，应当作出降低资质等级决定；不属于本部门审批的，应当向发证部门提出降低资质等级的建议。

第十九条 对动态考核结论为基本合格及以下的企业，一年内不受理企业资质升级申请。

第二十条 信用评价结论，应当与工商、税务、银行等部门共享。

第二十一条 对信用评价为A级（A、AA、AAA）的房地产企业，各市、县（市）应当在核定资质等级、商品房预售资金审核监管，普通商品房建设和上市等方面加大支持力度，并可根据工作实际制定细化措施。

第二十二条 本办法自2014年4月17日起施行。

山西省住房和城乡建设厅
山西省财政厅
山西省发展和改革委员会
关于公共租赁住房和廉租住房并轨运行的实施意见

晋建保字〔2014〕71号

各市住房城乡建设局(建委)、房地局、发展改革委、财政局:

为进一步健全完善住房保障和供应体系，改进保障性住房供应、分配和管理模式，提高房源和资金使用效率，根据《住房城乡建设部、财政部、国家发展改革委关于公共租赁住房和廉租住房并轨运行的通知》(建保〔2013〕178号)精神，从2014年起，我省公共租赁住房和廉租住房并轨运行，统称为公共租赁住房。

一、统筹规划建设

(一)从2014年起，各地新建廉租住房(含购改租等方式筹集)计划调整并入公共租赁住房年度建设计划，建设项目统一按照公共租赁住房项目履行审批程序和手续。2014年前开工的在建廉租住房项目可继续建设，建成后统一纳入公共租赁住房管理。各地可采取集中建设、配建、购改租等方式，筹集公共租赁住房房源，套型建筑面积控制在60平方米以内，建设标准按原定标准执行。

(二)新建商品住房建设项目，应当按照建筑面积配建不低于5%的公共租赁住房，建成后由政府按合同约定收回。经济适用住房建设项目，应当按照建筑面积配建不低于10%的公共租赁住房，由政府按照核定的经济适用住房基准价格回购。具体配建标准、方式由市、县(区)人民政府确定并在项目用地合同和建设用地划拨决定书中明确。

(三)有条件的地方可在建制镇规划建设一定规模的公共租赁住房。

二、整合资金渠道

(四)各地原用于廉租住房建设的资金来源渠道调整用于并轨后的公共租赁住房建设，原用于租赁补贴的资金继续用于补贴在市场租赁住房的城镇低收入住房困难保障对象。

(五)2014年起，中央补助公共租赁住房建设资金以及租赁补贴资金将继续由财政部安排，国家发展改革委原安排的中央用于新建廉租住房补助投资将调整为公共租赁住房配套基础设施建设补助投资。省级补助公共租赁住房建设资金以及租赁补贴资金将继续由省财政厅安排，并向财力困难地区倾斜，具体方案由财政厅另行制定。

(六)中央代地方发行的债券资金优先用于公共租赁住房建设。

三、完善定价机制

(七)各地应结合当地经济发展水平、财政承受能力、住房市场租金水平、建设与运营成本、保障对象支付能力等综合因素，健全完善并轨后的公共租赁住房租金定价机制。

(八)各地可采取差别化租金、租补分离等方式对城镇低收入住房困难保障对象收取租金，差额部分由当地政府予以减免或补贴，具体价格和方式由市、县(区)人民政府确定。

(九)政府投资建设并运营管理的公共租赁住房，租金标准一般控制在同时期、同地段、同品质、同类型住房市场租金的70%以下;对于城镇低收入住房困难保障对象，租金标准控制在同时期、同地段、同品质、同类型住房市场租金的10%以下。社会投资建设并运营管理的公共租赁住房原则上按照略低于同地段住房市场租金水平，确定租金标准，市、县(区)人民政府可依申请，对符合条件的城镇低收入住房困难保障对象给予适当补贴。

(十)各地可根据承租人支付能力的变化，动态调整租金标准和补贴额度(或租金减免额度)，直至按照市场价格收取租金。

(十一)政府投资的公共租赁住房的租金收入按照政府非税收入管理的有关规定缴入同级国库，实行收支两条线管理，专项用于偿还公共租赁住房贷款本息及公共租赁住房的维护、管理等。

四、健全分配制度

(十二)各地要进一步规范公共租赁住房受理渠道、申请审核程序，提高工作效率，方便群众申请。各市、县应逐步实现集中受理，设立申报大厅或便民窗口随时敞口受理群众申请。

（十三）各地要在综合考虑保障对象住房困难程度、收入水平、申请顺序、保障需求以及房源等情况的基础上，合理确定轮候排序规则，统一轮候配租，优先满足城镇低收入住房困难家庭的保障需求。对已建成并分配入住的廉租住房，履行原租赁合同约定，租赁期满后，按照并轨后的公共租赁住房签订新的租赁合同。具体轮候配租办法，由市、县（区）人民政府确定，并向社会公布。

（十四）各地要建立健全公共租赁住房年度复核与退出制度，对配租对象家庭财产、收入、住房等变化情况进行复核，提出复核意见并进行公示，对不再符合保障条件的终止公共租赁住房配租资格。

五、规范运营管理

（十五）市、县（区）人民政府住房保障主管部门负责组织实施本行政区域的公共租赁住房运营管理工作。

（十六）各地要进一步加强公共租赁住房的运营管理，按规定归集公共租赁住房住宅专项维修资金，组织实施物业服务，强化监督管理，不断提升服务质量。要结合保障对象需求，为公共租赁住房租住居民提供更多的社会救助和公益服务，鼓励公共租赁住房项目实行社会化物业管理。

（十七）各地应加强对保障房源建设、保障对象审核和相关工作人员的监督管理，设立公共租赁住房使用、管理、服务投诉电话，畅通住户反映诉求的渠道。要进一步明确职责分工，落实目标责任，理顺体制机制，整合工作机构，充实管理人员，落实工作经费，确保公共租赁住房和廉租住房并轨运行工作顺利实施。

各地要根据本实施意见，结合当地城镇中低收入住房困难家庭及新就业职工、外来务工人员等住房困难群体的实际需求和保障性住房房源情况，制定实施细则，对现行相关住房保障政策进行修订和完善。

山西省住房和城乡建设厅
山西省财政厅
山西省发展和改革委员会
2014 年 4 月 23 日

山西省住房和城乡建设厅
关于印发《2014年全省房地产市场检查工作方案》的通知

晋建房函〔2014〕222号

各市住房城乡建设局（建委）、房地产管理局：

为进一步加强房地产市场监管，依法打击房地产开发建设、交易、物业、中介等环节的违法违规行为，促进全省房地产市场平稳健康发展，我厅制定了《2014年全省房地产市场检查工作方案》，现印发给你们，请结合工作实际，认真贯彻落实。

山西省住房和城乡建设厅

2014年3月26日

2014年全省房地产市场检查工作方案

为进一步加强房地产市场监管，依法查处房地产开发建设、交易、中介、物业等环节的违法违规行为，促进我省房地产市场平稳健康发展，制定本工作方案。

一、工作目标

以科学发展观为指导，以《城市房地产管理法》等法律法规为依据，以建立规范有序的房地产市场为目的，通过深入开展房地产市场检查活动，进一步规范房地产开发建设、房地产交易、物业服务、房地产中介等方面的行为，健全房地产市场监管工作机制，提高监管水平。

二、检查重点

（一）房地产开发建设中的违法违规行为。企业无资质或超越资质等级从事房地产开发建设的行为；未取得施工许可证擅自施工的行为；擅自改变规划的行为；未按合同约定按期交付使用或将未经竣工验收或竣工验收不合格商品房交付使用或强制交房的行为；对购房人投诉的问题推卸责任、拒不整改或整改不力的行为；商品房交付后，不按照规定承担保修责任等行为。

（二）房地产交易中的违法违规行为。未取得预售许可证或未按预售许可证批准的范围预售商品房的行为；委托不具备资格的机构代理预（销）售商品房的行为；违规收取定（订）金、预收款的行为；在销售现场未公示有关证件以及商品房买卖合同示范文本的行为；未将商品房预（销）售信息及时全面准确地在网上备案系统和销售现场进行公示的行为；取得预售许可证后未在规定时间内公开全部房源及价格、未严格按照申报价格明码标价对外销售的行为；未使用商品房买卖合同示范文本以及未按规定备案商品房预售合同等行为。

（三）物业服务中的违法违规行为。企业无资质或超越资质承接物业服务项目的行为；未严格执行物业承接查验办法，验收手续不齐全的行为；未按照合同约定的内容和标准提供物业服务的行为；对小区内私搭乱建等违规行为未制止，或未及时向有关部门报告的行为；擅自改变物业管理用房等公共建筑、共用设施用途的行为；擅自利用物业共用部位、共用设施设备进行经营，或非法占有经营收益的行为；物业收费未登记备案或擅自扩大收费范围、提高收费标准、重复收费等行为。

（四）房地产中介市场的违法违规行为。未取得营业执照、未履行备案手续、超营业范围从事房地产经纪业务的行为；房地产经纪人利用虚假信息骗取中介费、服务费、看房费等费用以及在代理买卖过程中赚取差价，或编造虚假费用名目非法收费的行为；具有房地产经纪资格的人员擅自转让资格证以及伪造、涂改证照的行为；未取得房地产经纪人资格擅自从事房地产经纪业务等行为。

三、工作步骤

第一阶段：动员部署阶段（2014年4月1日至4月30日）

各市房地产主管部门要对本地所辖县（市）、区房地产市场检查工作进行专门部署，制定具体工作方案和时间表，明确职责分工，落实工作责任。要设立并公示专门针对此次房地产市场检查的举报投诉电话、信箱（包括电子信箱），并通过各种形式，广泛宣传此次检查活动，增强房地产市场主体的自觉性和自律性，强化人民群众积极参与的维权意识。

第二阶段：全面检查阶段（(2014年4月30日至8月20日）

各市房地产主管部门要加强对县（市、区）检查工作的指导，对所有房地产企业、项目进行全面清查，特别是对上年度违规行为较多、信用不良、投诉较多的房地产企业进行重点检查。对检查中发现的问题，要积极进行整改，严肃查处房地产市场违法违规行为，加大曝光力度，不断把房地产市场检查工作引向深入。

全面检查后，各市要将检查情况（包括：工作报告和房地产市场检查情况汇总表（详见附件1、2）及违法违规案件处理结果（包括：2个以上典型案例，违法违规企业和项目名称、违法事实、处罚依据、处罚时间、处理情况、曝光情况等）于8月20日前一并上报我厅。

第三阶段：巩固督查阶段（2014年8月21日至9月31日）

各市房地产主管部门要认真总结房地产市场检查工作经验，针对检查中存在的问题，建立房地产市场规范发展的长效机制，并通过健全监管制度加以完善。我厅根据各市检查情况，派出督查组对各市房地产检查工作开展情况进行督导检查，并对损害人民群众利益和社会反响强烈的企业和项目进行重点督办。

四、工作要求

（一）加强组织领导。各市要结合本地实际，制定具体实施方案，明确工作职责和任务，狠抓工作落实，并认真组织好所辖县（市、区）的检查工作。

（二）加大查处力度。各市要紧紧围绕房地产开发建设、交易、物业服务和中介等关键环节和重点部位，对所有企业和项目进行拉网式排查，并对存在的问题及时处理。

（三）建立长效机制。各市要针对检查中发现的突出问题，不断探寻规范房地产市场、加强房地产市场监管的有效途径，建立健全规范房地产市场秩序长效机制，促进我省房地产市场健康有序发展。

附件：1、市房地产市场检查情况汇总表一（略）

2、市房地产市场检查情况汇总表二（略）

山西省住房和城乡建设厅
关于发布《工业园区物业服务标准》的通知

晋建标字〔2014〕247号

各市住房城乡建设局（建委），各有关单位：

现批准《工业园区物业服务标准》为山西省工程建设地方标准，编号为DBJ04/T310-2014，自2015年1月1日起实施。

本标准由山西省工程建设标准定额站负责管理，山西省房地产业协会负责具体解释。

山西省住房和城乡建设厅
2014年10月20日

关于同意山西省《工业园区物业服务标准》等两项地方标准备案的函

建标标备〔2014〕217号

山西省工程建设标准定额站：

你站《关于山西省工程建设地方标准〈建筑工程勘察文件编制标准〉和〈工业园区物业服务标准〉申请备案的函》（晋建标定函〔2014〕50号）收悉。经研究，同意该两项标准作为“中华人民共和国工程建设地方标准”备案，其备案为：

《工业园区物业服务标准》　　JI2837-2014

《建筑工程勘察文件编制标准》　　JI0935-2014

该两项标准的备案号，将刊登在国家工程建设标准化信息网和近期出版的《工程建设标准化》刊物上。

中华人民共和国住房和城乡建设部标准定额司
2014年10月28日

工业园区物业服务标准

前　言

本标准是根据山西省住房和城乡建设厅《关于印发<2014年山西省工程建设地方标准规范制订、修订计划>的通知》（晋建标函〔2014〕197号）的要求，由山西省房地产业协会组织有关单位编制完成。

本标准的技术内容包括：总则、术语、基本规定、客户服务、建筑物共用部位维护管理、共用设施设备运行与维护、公共秩序维护、环境卫生、景观绿化、环境保护共10章。

本标准由山西省工程建设标准定额站负责管理，由山西省房地产业协会负责具体标准内容的解释。执行标准过程中，如有意见和建议，请反馈山西省房地产业协会（地址：太原市建设北路85号，邮政编码：030013）。

本标准主编单位：山西省房地产业协会

本标准参编单位：长治市华通物业管理有限公司

长治市潞安鸿源物业管理有限公司
长治市颐家颐物业管理有限公司
山西大众嘉诚物业有限公司
太原矿机建安物业管理有限公司
本标准主要起草人：于世玮 关生唐 朱 磊 曾维宝 王春军 董长青 王卫原 葛宇霞 王双亮 李晓红 赵 菲 杨海洲 姚树平 王 胜
本标准主要审查人：李桂芬 程永平 田文林 闫燕青 邓大亮 王 鹏 陈海英

目 次

1 总 则

1.0.1 为规范工业园区物业服务企业的经营行为，提高物业服务水平，保障客户和物业服务企业的合法权益，促进工业园区物业服务的健康有序发展，实现物业服务的标准化、规范化、专业化，结合本省实际情况，制定本标准。

1.0.2 本标准适用于山西省行政区域内的工业园区物业服务活动。

1.0.3 物业服务除应遵守本标准外，尚应符合国家、行业及我省现行其他有关标准的规定。

2 术 语

2.0.1 工业园区

是划定一定范围的土地，并先行予以规划，以专供工业设施设置、使用的地区。工业园区用途相当多元化，除了厂房和仓储等一般工业设施之外，亦可提供高科技产业使用，甚至有研究机构与学术机构进驻。

2.0.2 厂房

是由政府规划批准建造，供水、供电、供气、通讯、道路、仓储及其他配套设施齐全，能满足从事工业生产和科学试验需要的标准性建筑物或建筑物群体。

2.0.3 仓储

为堆放和储运产品、原料及货物而建造的建筑物。包括库房、场地、储存、保管、装卸、搬运和配送货物等。

2.0.4 客户

工业园区内物业的产权人或使用人，也是指通过购买服务来满足其某种需求的群体。

3 基本规定

3.0.1 物业服务企业应符合下列规定：

1 应具备相应的资质，符合住建部《物业服务企业资质管理办法》的要求；

2 应根据工业园区的具体特点、功能定位以及物业服务合同的约定，设置相应的物业服务机构，包括具备满足物业服务需要的管理人员和专业技术人员；配备满足物业服务需要的设施设备，并进行维护保养；

3 接待服务机构应公示物业服务企业资质证书及营业执照或其复印件、项目负责人照片、物业服务内容、服务标准、收费项目、收费标准和投诉渠道等相关信息；提供特约服务的，应公示特约服务项目、服务标准及收费标准等；

4 应保护建筑物共用部位完好及保障共用设施设备正

常运行；

5 应提供环境保洁、公共秩序维护和环境保护等服务，并满足客户要求；

6 对绿地进行规划、种植和管理养护，保持园区环境的景观效果；

7 对灾害、事故等突发事件应建立应急处理预案，并组织实施和培训。

3.0.2 物业服务人员应符合下列规定：

1 热爱物业服务工作，具有良好的职业道德、遵章守法、尽职尽责；

2 服务人员应取得相应的物业服务从业资格证书或岗位证书；专业技术、操作人员应取得相应专业技术证书或职业技能资格证书；

3 着装统一、佩戴标识，文明礼貌，服务主动、热情；

4 定期参加专业技能、法律法规、安全等专题培训，应掌握物业服务基本法律法规，熟悉物业的基本情况，能正确使用相关专业设施设备。

3.0.3 物业服务管理制度和岗位责任制度应包括下列内容：

1 物业服务管理制度应包括 24 小时值班制度，建筑物维修养护管理制度，装饰装修管理规定，报修服务制度，设施设备运行管理制度及维修养护制度，公共秩序、安全防范管理制度，车辆管理制度，保洁管理制度，绿化管理制度，节能和废弃物控制制度，投诉处理制度，应急处理预案，特种设备安全管理制度，消防安全管理制度，财务管理制度，物业服务费用收取办法，特约服务收费管理办法，物业服务意见征询制度、专项维修资金管理规定，档案资料管理规定，客户资料保密规定，工作程序及标准等。

2 物业服务岗位责任制度应包括各部门工作职责及工作流程、员工岗位责任制度、服务规范、岗位职责考核制度等。

3.0.4 消防安全管理应符合下列规定：

1 消防工作要贯彻“预防为主、防消结合”的方针，认真执行消防安全管理制度，逐级逐岗落实消防安全职责。

2 结合园区实际，利用楼宇电视、板报和公示栏等宣传教育设施，进行消防安全管理制度和消防知识的宣传教育。

3 制定符合工业园区实际情况的灭火疏散预案，每年至少组织 1 次有员工、客户参加的消防演练。

4 物业消防岗位工作人员应每年参加消防安全教育和培训，熟练掌握消防器材的使用方法；具备检查消除火灾隐患的能力和组织扑救初期火灾的能力，具备组织人员疏散逃生的能力和消防宣传教育培训的能力；

消防员、自动消防系统操作人员应取得国家或行政主管部门核发的建筑物消防员职业资格证书，持证上岗。

5 消防控制室应实行 24 小时值班制度，每班不少于两人；应保障疏散通道、安全出口和消防车通道畅通；应保障消防系统设施设备应齐全并实施对公共消防设施、灭火器材以及消防安全标志的维护保养，确保其完好有效，可随时启用；应保障建筑消防设施按照规定每年检测 1 次。

6 应确定水泵房、风机房、变（配）电室、监控中心、网络中心、锅炉房等为消防安全重点部位，并设置明显的警示标志；对易燃易爆品设专人专区管理，并做好记录。

7 应每日进行防火巡查，每季度进行防火检查，每月召开消防安全例会，并做好防火安全检查记录；要将消防工作纳入重要议事日程。

园区中的消防安全重点部位、易燃易爆区和商业服务网点应加强管理，必要时增加巡查频次。

8 发现消防安全违法行为和火灾隐患，应立即纠正或排除；无法立即纠正、排除的，应向辖区公安派出所或公安机关消防机构报告。发生火情应立即报警，并组织扑救初起火灾，疏散遇险人员，协助配合公安机关消防机构工作。

9 物业服务区域内，任何单位和个人禁止燃烧纸张、纤维、塑料制品、木制品及其他废弃物品，自觉维护消防安全。

10 园区内公共区域消防资料应收集归档，档案主要分为消防安全基本情况和消防安全管理情况。

消防安全基本情况包括单位基本概况和消防安全重点部位情况；建筑物施工、使用或者开业前的消防设计审核、消防验收以及消防安全检查的文件和资料，消防管理组织机构和各级消防安全负责人，消防安全制度，消防设施、灭火器材情况，志愿消防队人员及其消防装备配备情况，与消防安全有关的重点工种人员情况，灭火和应急疏散预案。

消防安全管理情况包括公安消防机构和公安派出所填发的各种法律文书，消防设施定期检查记录、自动消防设施全面检查测试的报告以及维修保养的记录，火灾隐患及其整改情况记录，防火检查和巡查记录，消防安全培训记录，灭火和应急疏散预案的演练记录，火灾情况记录，消防奖惩情况记录。

3.0.5 物业承接查验应符合下列规定：

1 物业承接查验应符合《物业承接查验办法》的规定；

2 物业服务企业应依据相关规定和《物业服务合同》约定，对物业共用部位、共用设施设备进行现场检查和验收；

3 现场检查和验收后，交接双方应签订《物业承接查验协议》，对遗留问题的处理进行约定，移交的物业资料应记录清楚。

3.0.6 档案管理应符合下列规定：

1 档案应内容齐全，有专人负责管理，查阅方便；档案管理应遵守有关保密规定，不得外泄客户资料。

2 档案内容应包括园区工程竣工验收及物业承接查验资料；建筑物及其配套设施权属资料、设施设备管理及维修养护资料、装饰装修管理资料、应急事件处理资料、消防安全管理资料、秩序维护资料、保洁资料、绿化资料、客户资料、投诉处理资料、物业服务日常管理记录和其他资料等。

3档案资料的编制与收集应与物业服务工作同步进行，要求记录准确、内容真实，包括文字、图像、音频等资料。”

3.0.7 财务管理应符合下列规定：

1 严格执行财务管理制度，按照物业服务合同的约定公示物业管理相关费用，费用收支应操作规范，账目清晰；

2 对客户报修、特约服务等须单独结算的费用应按实际支出费用和约定方式收取；

3 实行酬金制的，物业服务企业应每年公布物业服务资金年度预决算和收支情况，可聘请专业机构对资金情况进行审计。

3.0.8 客户满意度调查应符合下列规定：

1 物业服务企业应每半年开展一次客户意见调查，并做好相关记录，客户对物业服务的满意度应不低于合同约定标准；

2 客户责任性投诉满意度应达到90%以上，并做好投诉处理相关记录；

3 对客户提出的合理建议应及时采纳。

3.0.9 节能管理应符合下列规定：

1 应根据工业园区内的实际情况，制定相应的节能降耗方案，并应在工业园区内张贴节能提示；

2 应认真执行国家关于公共建筑空调温度控制的相关规定，并根据作息时间确定合理的照明和空调开关时间；

3 应认真执行国家关于《锅炉节能技术监督管理规程》的相关规定，并按规定对在用锅炉定期进行能效测试；

4 应每日对共用设备设施进行巡检，防止管道、阀门出现跑、冒、滴、漏等情况；

5 园内绿化用水应尽量采用中水或井水，而且应采用渗灌等节能方式；

6 应积极与有关单位合作，采用雨水收集，污水处理和中水利用技术，减少园区内水资源的浪费。

3.0.10 标识管理应符合以下规定：

1 各主出入口应设有平面示意图；

2 主要道路、停车场等应设有导向和泊车标识；

3 紧急出口、消防通道、禁烟区等应设有警示性标识；

4 各楼层应设有指示、引导标识；

5 公共卫生间、电话、服务台等公共服务设施应设有引导和位置标识；

6 共用设备设施、安全设备设施应设有标识或安全警示标识。

3.0.11 保密管理应符合下列规定：

1 认真贯彻执行国家保密法和国家保密标准的规定，做好信息安全和保密工作；

2 应对员工进行保密教育和培训，树立员工的保密意识；

3 应对重要资料运用信息化手段进行加密。

3.0.12 物业服务企业应定期对物业服务标准的落实进行考核，结合考核结果和客户满意度调查信息，提出改进意见和措施，并在客户监督下整改，公示整改结果。

3.0.13 物业服务企业应主动接受客户的监督，公布监督、投诉电话。积极配合有关部门做好投诉处理工作，及时反馈投诉处理结果，并对投诉处理结果进行回访，投诉处理率和回访率应达到100%。

4 客户服务

4.1 接待服务

4.1.1 物业服务企业在园区内应设置接待服务机构，并设有接待人员，接待人员应对客户提供咨询、服务受理、求助、投诉、接待、引导等服务；正常工作时间每天应不少于8小时，其他时间应设有专人值班，并公布24小时服务电话。

4.1.2 应对客户提供多种服务方式，包括现场接待、接听电话及传真、收发信函及电子邮件等；客户的投诉、求助等事项应在1个工作日内答复，答复率应达到100%。

4.1.3 接待客户、受理服务事项、值班、巡查、车辆进出、外来人员进出等均应进行记录并存档。

4.2 入驻、退租服务

4.2.1 收到客户需入驻和退租的书面申请后，应按规定程序及时受理，在承诺的时间内办理完成相关手续，及时组卷、归档。

4.2.2 客户入驻时，应依据物业服务合同，书面通知客户物业服务项目，服务内容和标准，及客户应遵守园区内的各项管理制度。

4.2.3 客户搬迁时，应及时告知客户停车地点、进出搬迁路线、搬运时间、电梯使用规定等细节，并安排专人进行现场管理和协调。

4.3 装修服务

4.3.1 应执行客户装修申请审核制度。

4.3.2 受理客户装修申请时应告知客户认真执行《装饰装修管理规定》，批准客户装修申请时应签订《装饰装修管理服务协议》，协议内容应明确相关方的权利、义务和违约责任。

4.3.3 客户装饰装修期间，应每日巡查装修现场，发现有违规行为的，应当及时劝阻；拒不改正的，报告相关行政主管部门，并追究其违约责任。

4.3.4 应保证装修期间的水、电等供应，为客户提供装修便利。

4.3.5 客户的装修档案应包括装修申请、协议、验收资料等。

4.3.6 集中装修期，园区内应设有临时垃圾堆放处，并做好标识，当日清运。

4.4 报修服务

4.4.1 物业服务企业应及时接待并处理客户的报修，需急修的事项应20分钟内赶到现场进行应急处理，小修应当天完成（预约除外）。

4.4.2 对重点维修项目应进行回访。

4.4.3 报修、维修应做好记录。

4.5 特约服务

4.5.1 物业服务企业应在条件许可的情况下，努力满足客户的特约服务需求。

4.5.2 特约服务通常包括商务配套服务和生活配套服务，如会务服务、票务服务、信报服务、复印装订；餐饮、洗涤、购物；写字间租赁代理服务；其它服务。

4.5.3 对客户提供特约服务前，应向客户明示特约服务内容、服务标准、收费标准等。

4.6 文化服务

4.6.1 园区内应设置有精神文化园地，积极开展宣传、教育、学习等活动。

4.6.2 物业服务企业应每年组织开展健康有益、积极向上的各类文化活动。

4.6.3 召开会议或举办活动等临时性服务应设有指示、引导标识。

5 建筑物共用部位维护管理

5.0.1 应制订建筑物年度维护保养计划，经客户同意后，组织实施。对建筑物共用部位应进行日常管理和维修养护，并做好维修养护记录。

5.0.2 应每半年检查一次建筑物的安全使用和完好状况；对客户因超载不当使用造成的安全隐患应及时排除；有预报的大风、暴雨等极端天气之前应进行应急检查，并做好记录。

5.0.3 建筑物在使用和检查中发现的质量问题，在保修期内的应及时报建设单位进行维修。保修期外的，属于小修范围的应及时组织修复；属于大、中修范围的应及时编制维修计划，向建筑物产权人提出报告与建议，根据建筑物产权人的决定，组织维修或更新改造。

5.0.4 应保持建筑物外观完好、整洁；外墙面无明显剥落、墙面饰材无明显遗缺、玻璃幕墙无开裂；屋面防水应完好无损，排水通畅；防雷接地等设施应及时防腐，保证其使用功能。

5.0.5 应保持园区内道路路面完整、平坦，发现破损及时修补。

5.0.6 园区内的厂房和仓库不得用作生活居住；易燃、易爆、有腐蚀性的危险品和有害物品应储存在经有关部门批准的专用仓库内。

6 共用设施设备运行与维护

6.1 一般规定

6.1.1 应认真执行园区共用设施设备运行管理制度及维修养护制度，并做好相关记录。

6.1.2 共用设施设备的管理和操作，应配备具备上岗资格的专业技术人员，各专业人员应严格执行操作规程和安全作业的规定。

6.1.3 应合理安排共用设施设备维护保养时间，保证不影响客户正常使用。

6.1.4 锅炉系统应配置完善的环保设施设备和水处理设备设施，且应100%正常投用；燃煤应符合省市环保标准，烟尘、二氧化硫等污染物应达标排放；软化水、炉水指标应达到国家规定的水质指标。

6.1.5 机房环境应符合设施设备要求，保持环境整洁，无灰尘、无杂物、无鼠及虫害发生。

6.1.6 应定期检查窨井井盖，发现凹陷、破损、缺失及时处理；应对车辆碾压井盖做降噪处理。

6.1.7 应定期检查沟、渠、池、井、地下给排水管道，发现堵塞及时进行疏通清洗。

6.1.8 做好防雷系统的日常维护，保持接地状况良好，并定期进行检测。

6.1.9 应保持室外公厕、垃圾中转站的使用功能正常。

6.1.10 当发生重大人身、设备安全事故，及电梯、中央空调和锅炉故障、停水、爆管及水污染等，应立即启动相应的应急预案，及时向主管部门报告和通知客户，并做好记录。

6.2 公共照明

6.2.1 应合理安排各类灯光照明的启闭时间，满足物业服务区域内的使用要求，并做到节能降耗。

6.2.2 应每日巡检园区内及道路、景观等公共部位的照明设施，保持其安装牢固，工作正常，无安全隐患。

6.3 供变电系统

6.3.1 应按照检修、维保计划对变配电设备、设施进行检查、维修和养护，保持园区内供变电设备运行正常。。

6.3.2 应明确规定配电系统的限电、停电审批权限并通知客户；遇紧急情况时，应按规定采取必要的处理措施。

6.3.3 应保持应急供电系统设备完好，并处于有效的待机状态，确保随时应急启用。

6.3.4 应合理申请并调整契约用电负荷，有效控制契约用电负荷值。

6.3.5 应通过电容补偿设备和其他手段，提高供电系统的功率因数。

6.3.6 突发停电区间域应加强安全警戒，维持园区内域秩序，有必要时应启动应急预案。

6.4 电梯

6.4.1 电梯的使用及日常维护保养应符合《电梯使用管理与维修保养规则》及本园区《设备设施运行管理制度及维修保养制度》的规定。6.4.2 应委托有专业资质的维修保养单位对电梯每半月进行一次维护保养，并做好监督管理工作，保证施工安全；每年按质监部门要求，对电梯进行安全检测并获得《安全检验合格证》，确保电梯在有效期内运行。

6.4.3 应设专职管理人员对电梯运行进行管理，通过每日巡查，保持电梯正常运行，平层准确，开/关门姿态正常，轿厢照明、楼层显示器及内外呼梯控制板外观及功能完好，警铃或其它救助设备功能完备，称重装置可靠，安全装置有效无缺损；并根据温度情况开关轿厢风扇等。

6.4.4 物业服务企业应通过多种方式宣传电梯正确使用、应急救援等安全方面的知识，提高电梯乘坐人员的爱护意识和安全意识。

6.4.5 由于故障停止使用，或长期不用的电梯，再次使用前必须进行专项维修，并检测合格后才能投入使用。

6.4.6 电梯应与火灾自动报警系统保持联动，电梯机房应实行封闭管理，机房内温度不超过设备安全运行环境温度，配备应急照明和灭火器，盘车工具齐全，并置于显眼方便处。

6.4.7 电梯发生故障时，应启动应急预案，采取有效的应急救援措施，并通知维修保养单位和相关部门，及时消除安全隐患。

6.4.8 应要求电梯维修保养单位设立24小时维修值班电话。电梯发生一般性故障，专业维修保养人员应在1小时内到达现场维修；发生电梯困人或其它重大事件时，电梯专职管理人员应先进行应急处理，专业维修保养人员应在30分钟内到达现场进行抢修。

6.4.9 应告知并监督客户使用货梯运送货物。对液体、超长、尖锐、粉状等特殊形态货物的运送应加强监管，防止污染环境和损坏货梯。

6.5 空调系统

6.5.1 应在制冷、供暖期前一个月应进行循环泵、空调主机、冷却风机等电柜主电路螺栓进行紧固，测试绝缘值，并做好记录。

6.5.2 空调系统开机前应进行检查，测试其运行控制和安全控制功能，记录运行参数，分析运行记录符合要求后方能开机。

6.5.3 空调系统开机后，应每日检查冷却塔风机、变速齿轮箱、淋水装置、循环泵、电器控制箱，保证冷却塔及附属设施的正常运行和良好保养，提供符合要求的冷却水。

6.5.4 应每日检查和保养空调系统主机、水泵、电机、管道、膨胀水箱、集水器、分水器，保持风压风量正常。

6.5.5 每半年应检查空调机组马达、风机的运转情况，发现故障及隐患应及时维修。

6.5.6 应确保各种管道、阀件及仪表完好齐备。

6.5.7 应保证冷冻主机及附属设施的正常运行和良好保养，提供符合要求的冷冻水。

6.5.8 应保证采暖热水及附属设施的正常运行和良好保养，提供符合要求的采暖热水。

6.5.9 应定期委托专业机构对空调系统进行清洗保养，清洗内容和频次应符合空调使用说明相关规定；集中空调通风系统应按照《公共场所集中空调通风系统卫生管理办法》及相关要求进行清洗维护，并达到国家卫生标准要求。

6.6 锅炉系统

6.6.1 承压锅炉的使用管理应严格执行《特种设备安全监察条例》和有关安全生产的法律、行政法规的规定，保证锅炉的安全使用。

6.6.2 锅炉在安装前应到特种设备安全监督管理部门备案，锅炉在投入使用前或使用后30日内，应当向设区市的特种设备安全监督管理部门办理注册登记手续，领取锅炉使用证。使用证应置于锅炉的显著位置。

6.6.3 锅炉系统应专门进行承接查验，并做好记录，查验中应把竣工的相关运行调试资料进行移交。

6.6.4 锅炉管理人员及操作人员，水处理操作人员应当经特种设备安全监管管理部门考核合格，取得有国家统一格式的特种作业人员证书。

6.6.5 技术档案应包括锅炉的设计文件、能效审查报告、产品质量合格证明、安装技术文件及使用维护说明等；还包括特种设备的定期检验和自查记录，锅炉的运行记录，锅炉及其安全附件、高低水位连锁安全保护装置、测量调控装置及有关附属仪器仪表的日常维护保养记录，锅炉运行故障和事故记录，锅炉管理人员、操作人员、水质处理人员的安全教育和技能培训记录。

6.6.6 每周应对在用锅炉的安全运行检查一次，并做好记录，发现问题应及时处理。

6.6.7 在用锅炉每年应进行一次外部检验，每两年应进行一次内部检验，每六年应进行一次水压试验。锅炉定期安全检验应在有效期满前1个月向特种设备检验检测机构提出检验要求：未经定期检验或者检验不合格的锅炉，不得继续使用。

6.6.8 锅炉存在严重事故隐患的，无改造维修价值的，应及时向原登记的特种设备安全监督管理部门办理注销手续。

6.7 给排水系统

6.7.1 应每日检查给排水系统各类水泵、管道、阀门等，确保管道通畅和设备正常运行，供水压力应符合要求，仪表指示准确，无跑、冒、滴、漏等现象。

6.7.2 每季度应检查污水处理系统的排水总管、污水坑、化粪池、排水沟渠（井）等，定期疏通清掏，使排污畅通无堵塞；定期对水泵、管道进行除锈油漆及进行全面维护保养。

6.7.3 供水管理人员应持《健康证》上岗。每年应至少一次由专业清洁公司清洗消毒二次供水水箱、蓄水池，并取得《二次供水卫生许可证》。

6.7.4 生活用水箱（池）入口应封闭，加盖加锁，溢水管、泄水管、通气口应加金属网，室外的通气口应有防护设施。每年秋、冬季应对暴露水管采取防冻保护措施。

6.7.5 监督园区内的企业，保证其废水处理和污水排放应通过环保部门的评估，做到达标排放。

6.8 视频监控系统

6.8.1 定期对视频监控系统进行检查、保养和维修，保持其正常工作。

6.8.2 摄像机应安装牢固、位置正确、工作正常、整洁。

6.8.3 视频记录设备应工作正常、整洁，记录应完善。

6.8.4 监视器应工作正常、图像清晰、色彩良好、整洁。

6.8.5 矩阵应工作正常、线路整齐、标识清楚。

6.9 车库管理系统

6.9.1 应保持车库管理系统的工作站、服务器、摄像机、收费站正常工作和整洁；应保持取票站、栅栏机安装牢固并正常工作。

6.9.2 应定期进行系统检查、维修保养，保证系统正常运行。

6.9.3 建有立体停车设备的车库应设专业技术人员值守，并对设备使用人进行专业培训，按规定对设备进行年检、维保。

6.9.4 地下车库应设置应急电源。

6.10 公共消防设施

6.10.1 应对火灾报警系统和灭火系统每年进行一次检测和联动测试，确保系统完好，运行正常。

6.10.2 应每日巡查火灾报警控制器、联动控制设备，保证24小时连续正常运行；每月应检查测试报警控制器、联动控制设备的报警、联动控制、显示、打印等功能，每年机柜内部应除尘；探测器投入运行2年后，应每年由专业清洗单位清洗一次。

6.10.3 备用电源应每月检测切换一次，备用电源和蓄电池应每季度进行充放电试验一次。

6.10.4 消防广播系统应每月检查测试，机柜内部及其设备内部应每年除尘。

6.10.5 防排烟系统应每月检查测试一次，防排烟风机、电源控制柜、风口、排烟阀等应每年养护一次。

6.10.6 防火分隔设施应每月抽查测试，防火卷帘门的电机转动、齿轮链条传动部位应每年补充润滑油，电控箱内部应每年除尘；防火门附件应每半年维修养护一次，并在门转动部位补充润滑油。

6.10.7 水灭火系统消防泵和喷淋泵应每月盘车一次，每半年检查润滑情况一次；每年养护室内、外消火栓一次。

6.10.8 应急照明、疏散指示标识应每月测试，并测量照度和供电时间。

6.10.9 消防电梯应每月检查测试按钮迫降、联动控制功能和轿厢内消防电话。

6.10.10 灭火器应每日巡查，每月检查核对灭火器选型、压力和有效期，保证处于完好状态。

6.11 避雷系统

6.11.1 每年应委托专业检测机构检测避雷系统，检测结果应符合设计要求。

6.11.2 每半年应检查避雷带、避雷针、避雷线、避雷网等装置，有问题及时解决，并做好防锈等维修保养工作。

6.11.3 每季度应检查强、弱电井、设备间的机电设备、配电柜接地装置；每月应检查变配电设备的接地装置、避雷器，保证所有机电设备、管道、金属构架物等接地良好。

7 公共秩序维护

7.1 人员要求

7.1.1 园区入口应设有门岗和值班室，园内应设有监控室、机房和监控设施，同时配备相应数量的秩序维护人员定时巡查，并对进出园区的人员、车辆、物品进行管理，维护公共秩序。

7.1.2 秩序维护人员年龄结构应合理，具有较强的责任心、身体健康，并定期接受相关专业知识与技能培训；能够处理和应对园区公共秩序维护工作，能正确使用园区内设置的各类消防、物防、技防器械和设备，并配备对讲装置。

7.2 出入管理

7.2.1 园区应设置机动车、非机动车和人行道出入口，主要出入口应24小时值班。

7.2.2 值班人员对来访人员和车辆实行登记管理，接待应文明礼貌，必要时应引导到指定区域。

7.2.3 对大型物品实行出入登记管理，并办理相关的放行证件。

7.2.4 闲杂人等不得进入园区，劝阻无效时应及时报告公安机关或相关部门。

7.2.5 园区内应规定车辆进出和行驶路线，对进出车辆进行有效疏导，引导车辆有序行驶和停放，货运车辆应在指定区域装卸货物。

7.3 安全监控

7.3.1 园区内的监控设施应齐全，保证对出入口、内部重点区域的安全监控、录像及协助布警。

7.3.2 监控室内应实行专人24小时值班，确保电话畅通，接听及时。值班人员应熟悉各类控制系统的操作方法，并保证其运行正常。

7.3.3 监控室收到火情、险情及其他报警信号后，应及时报警，并安排相关人员及时赶到现场进行前期处理。

7.3.4 监控视频记录应保持完整，保存时间应不少于30天。

7.3.5 监控记录应严格保密，设立监控资料调用、查阅权限，调用、查阅需经授权并做好记录。

7.4 巡查

7.4.1 每日应对园区公共区域进行安全巡查至少2次，巡查中应排除各种不安全因素，发现违法、违章行为及时劝阻，发现疑点应追查原因，同时通知有关部门。

7.4.2 园区内的重点区域、重点部位、重点设备机房至少每3小时巡查1次，并做好记录。

7.4.3 使用巡更设备的，应保持巡更记录；无巡更设备，应保持两人一组进行巡查。

7.4.4 巡查过程中应和监控室保持联动，收到监控室发出的指令后，巡查人员应及时到达现场，并采取相应措施。

7.4.5 巡查中发现园区内涉及公共安全的设施设备发生缺失、损坏或不能正常使用等情况，应及时报告并记录。

7.4.6 巡查中注意异常声响、气味，如有可疑现象，应立即查明并上报，对紧急情况应采取必要的应急处理措施。

7.5 车辆管理

7.5.1 加强对园区内特种车辆的监督检查和管理，发现有不规范驾驶行为应及时劝阻。

7.5.2 应指定车辆的停放区域，公示收费标准，实行专人管理，保证车辆停放有序，车库场地定时清洁，无易燃易爆等危险物品存放。

7.5.3 车库应设监控装置、照明装置、消防设施、门禁、车辆限速、限高及指示标识。

7.5.4 园区内应保持道路、地面、墙面上的车辆行驶、停放的标识清晰、明显。

7.5.5 非机动车应定点存放，整齐有序。

7.6 突发事件处理

7.6.1 认真落实突发事件应急预案，定期对相关工作人员进行应急预案培训；每年组织一次以上应急预案演习。

7.6.2 突发事件通常包括：火灾、燃气泄露、电梯故障、紧急停电停水、跑水、高空坠物、意外伤害、自然灾害、危险化学品泄漏等。

7.6.3 突发事件发生时应及时告知客户，并按规定上报。突发事件发生后，应立即启动应急预案，明确应急事件处理责任人，并全力配合有关部门，保障客户人身安全，减少财产损失。

8 环境卫生

8.1 一般规定

8.1.1 物业服务企业应依据物业服务合同约定，在其责任区内开展保洁服务；保洁服务应认真执行保洁管理制度，落实保洁岗位责任制，并做好记录。

8.1.2 应根据园区实际情况合理设置相关环卫设施，在主要进出口设置果皮箱，在适当位置放置垃圾桶。

8.1.3 应配置专职保洁服务人员，明确保洁责任范围，保洁服务实行定时定点和流动保洁相结合，保持物业服务区域整洁、干净。

8.1.4 雨雪天气应对主要进出口、道路等采取防滑措施，特殊部位保洁要做好安全防护。

8.1.5 垃圾转运房应每日清洁，保持整体干净干燥、无臭味；垃圾桶封闭良好，无满溢、无积灰。

8.1.6 垃圾应分类堆放，生活垃圾日产日清；生产垃圾应在规定期限内清运。

8.2 保洁服务

8.2.1 园区内写字楼、办公楼等室内大厅、电梯厅、楼梯、公共通道的地面应每日清扫，不定期巡视，保持地面干净、无垃圾、无杂物、无污迹，保持地面材质原貌；进出口地垫摆放整齐，表面干净无杂物；盆栽植物及室外绿化、景观无积尘。

8.2.2 大厅门窗玻璃、窗框、窗台、楼梯扶手、栏杆等应每日擦拭，保持干净，无污渍。

8.2.3 室内墙面应每月清洁，保持墙面目视无污渍；外墙面应保持目视洁净，无污垢。

8.2.4 平台、屋面应每周清理，保持无垃圾堆积。

8.2.5 公共卫生间应每日清洁，保持整体洁净，无异味。台面、镜面无明显水迹；小便斗、座便器无黄渍、无尿碱；水龙头干净无明显污渍；天花板、灯具、墙角无积尘、无蜘蛛网。应每半月对隔断门、洗手池、水龙头进行消毒。

8.2.6 开水间应每日清洁，保持整体洁净干燥，无异味，地面无积水。

8.2.7 接待室和会议室应每日清洁，家具、物品摆放整齐有序，目视洁净。

8.2.8 烟灰缸、果皮箱应每日清洁，箱内无满溢、无异味、无污迹。

8.2.9 指引标识牌、公告栏应每日清洁，保持表面无积尘、无污渍。

8.2.10 电梯轿厢应每日清洁，保持地面干净，无垃圾杂物；四壁洁净。

8.2.11 照明设施应至少每半年清洁一次，保持灯箱、灯罩外壳无破损、无积尘、无污迹，灯罩内无死蚊、蝇、虫等。

8.2.12 消防设施应定期清洁，保持消防栓、消防箱、报警器、火警通讯、电话插座、灭火器、喷淋盖、烟感器、扬声器等表面无积尘、无污渍。

8.2.13 空调风口、排风扇应定期清洁，保持表面无灰尘、无污渍。

8.2.14 监控设施应保持无灰尘、无蜘蛛网。

8.2.15 地下车库应每日清洁，保持地面无垃圾杂物、无积水，墙面无污渍；标识、指示牌、指示灯、消防箱、防火门等公共设施应干净、无积尘；

8.2.16 绿化带及花坛应每日清理，保持无杂物，花台表面干净无污渍。

8.2.17 景观水池应每日清捞，池内无漂浮物，池壁无青苔等污垢，整体无异味。

8.2.18 园区内道路应每日清扫，保持地面干净无杂物、无积灰、无积水、无明显污迹；沟、渠、井无满溢、无杂物、无异味。

8.3 防疫管理

8.3.1 应根据当地卫生防疫部门的要求适时开展卫生消杀活动，配合做好突发性传染病防治工作。

8.3.2 消杀工作应在尽量不影响客户工作的前提下进行；消杀应使用卫生部门统一发放的，或者使用低毒高效且符合国家、行业标准要求的药剂；在消杀过程中应做好个人防护。

8.3.3 消杀用的药剂和灭鼠、灭蟑的毒饵、药剂应妥善保管，并做好标识；施放期应提前告知客户；施放、回收应有记录存档。

8.3.4 疫情流行期间应开展宣传教育活动，并对进出园区的车辆和人员进行排查，防止疫情扩散。

9 景观绿化

9.1 一般规定

9.1.1 应认真编制园区绿化方案和绿化养护方案，落实绿化管理制度，并做好绿化工作记录。

9.1.2 应按照绿化方案对园区内的绿地、行道树、草坪、景观等进行规划和设计；并配备专、兼职绿化人员实施绿化方案和养护方案。

9.1.3 绿化养护人员应根据季节要求，按照养护方案对植物、草地、花卉等进行定期养护。

9.1.4 重大节日可对公共区域进行绿化装饰，如绿化小品、花草摆放等。

9.1.5 园区内的绿化与景观应本着节能、生态、适用的原则进行。

9.2 室内绿化

9.2.1 室内公共区域绿化应根据服务合同的约定及平面布局进行绿化；绿化植物色彩、形态应与空间、装饰氛围及功能相协调。

9.2.2 绿化植物应鲜活，具有观赏价值。叶面干净，无枯枝败叶，无病虫害，无杂草；盆器及托盘完好干净。

9.2.3 应选择适宜在室内栽培的植物品种，观赏性强，观赏期长，存活率高，方便管理的植物品种。

9.2.4 应选用无毒、无害、无异味的基质栽培；发现病虫害及时更换植物，禁止在室内喷洒农药。

9.3 室外绿化

9.3.1 室外绿化应根据园区绿化方案确定绿地设施及硬质景观布置。绿化植物群落应完整，层次丰富，黄土不外露，有整体的观赏效果。

9.3.2 室外绿化灌溉次数应视天气情况而定，供水应充足，保持植物良好长势，不出现大面积枯萎等现象。

9.3.3 草坪应保持平整，无纸屑、杂物；乔木修剪科学合理；绿篱修剪整齐有型；灌木花卉修剪及时。修剪下的树枝和杂草，应当天清理运走。

9.3.4 绿化应采用绿色环保的肥料，应按植物品种、生长速度、土壤状况，适时适量施肥；防止造成土壤和环境污染。

9.3.5 园区绿化应尽量采用生物技术防治病虫害，如采用农药应加强农药的安全管理。

9.3.6 对新植和弱小树木、植物应做好综合防护，及时扶正加固；对残缺花草树木应及时补种。

9.3.7 风雨季节应做好灾前预防，对树木进行加固，灾后及时清除倒树断枝，疏通道路，清理扶植，尽快恢复原状。

9.3.8 寒冷季节应对怕冻植物采取防冻保温措施。

10 环境保护

10.0.1 应认真执行国家环境保护法律、法规及政策，通过宣传教育增强客户节水、节电、节能意识和环境保护的意识，提高能源、资源的利用效率；园区应加强对污水综合利用及废弃物控制处理，减少环境污染。

10.0.2 园区内公共区域和客户日常垃圾、废弃物应集中收集，交由具备专业资质许可的处理单位统一清运、处理。

10.0.3 应对园区内危险品运输、储存、废弃物处置等行为进行监督并记录，发现违规行为应及时劝阻，并上报主管部门；

10.0.4 发现有化学品泄露、废弃物污染园区环境时，应及时与客户沟通进行处理；情况严重或紧急时应立即启动应急预案。

本标准用词说明

1 为便于在执行本标准条文时区别对待，对要求严格程度不同的用词说明如下：

1）表示很严格，非这样做不可的：

正面词采用“必须”，反面词采用“严禁”；

2）表示严格，在正常情况下均应这样做的：

正面词采用“应”，反面词采用“不应”或“不得”；

3）表示允许稍有选择，在条件许可时首先应这样做的：

正面词应采用“宜”，反面词应采用“不宜”；

4）表示有选择，在一定条件下可以这样做的，采用“可”。

2 条文中指明应按其他有关标准执行的写法为：“应符合……的规定”或“应按……执行”。

山西省住房和城乡建设厅 关于做好房屋租赁市场管理工作的通知

晋建房函字〔2014〕259号

各市住房城乡建设局（建委）、房地产管理局：

按照山西省社会管理综合治理委员会《关于印<发2014年省综治委专项组重点工作安排>的通知》（晋综治字〔2014〕5号）”和《关于印发<2014年平安山西建设行动计划>的通知》（晋综治字〔2014〕6号）”的安排，现就加强房屋租赁市场管理工作安排如下，请认真落实：

一、按照平安山西建设行动计划，认真落实综治委专项组重点工作安排。为了营建全省转型跨越发展安全稳定的社会环境，省综治委决定在全省开展平安山西建设行动，房屋租赁管理工作列入了《2014年平安山西建设行动计划》，各市、县要按照重点工作安排要求，严格落实房屋租赁备案登记制度，建立健全信息化、动态化服务管理机制，不断完善“以房管人、以证管人、以业管人”相结合的工作机制，切实加强出租房屋登记备案管理。

二、按照《2014年平安山西建设行动计划》安排，积极开展房屋租赁市场专项检查。各市、县房地产管理部门，要在当地社会管理综合治理委员会的领导下，认真组织，精心安排，制定检查方案，落实好检查工作。各市要在上半年全面开展房屋租赁市场专项检查活动，重点检查内容：房屋租赁备案登记制度执行情况，房地产中介机构、物业服务企业房屋出租信息申报制度执行情况，房屋租赁信息化建设情况和动态化服务管理情况，房屋租赁登记备案情况等内容。通过开展房屋租赁市场专项检查活动，进一步加大房屋租赁稽查力度，促进社会管理的科学化和制度化，提高社会服务质量。

三、加强出租房屋管理，提高房屋租赁登记备案率。各市、县房地产管理部门，要积极争取当地政府和综治委的支持，加强与公安、工商等相关部门配合，按照《城市房地产管理法》和《商品房屋租赁管理办法》的规定，加强房屋租赁登记备案，减少房屋租赁漏登、漏管，提高房屋租赁登记备案率，提高租赁管理覆盖面。各市、县房地产管理部门要规范管理行为，拓展房屋租赁信息渠道，提高租赁登记备案服务水平，推进房屋租赁市场管理工作有序发展。6月底前我厅将对房屋租赁市场专项检查进行抽查。各市专项检查情况要在今年7月底前报我厅房地产市场监管处。

山西省住房和城乡建设厅
2014年4月9日

山西省住房和城乡建设厅
关于住宅专项维修资金应急使用有关事项的通知

晋建房字〔2014〕279号

各市住房城乡建设局、房产管理局：

为加强我省住宅专项维修资金的监督管理，便利和规范紧急情况下及时使用住宅专项维修资金，根据《住宅专项维修资金管理办法》(建设部、财政部令第165号)、《山西省物业管理条例》等有关规定，结合我省实际，就做好住宅专项维修资金应急使用有关事项通知如下：

一、各地要高度重视住宅专项维修资金的管理和应急使用，本着“确保安全、明确职责、规范程序、方便使用”的原则，确保物业管理区域内发生危及房屋安全等紧急情况时，及时使用住宅专项维修资金进行应急维修、更新、改造。

二、物业区域内发生危及房屋安全等以下紧急情况，可以应急使用住宅专项维修资金：

（一）屋面防水损坏造成大面积严重渗漏，所在地市、县房地产主管部门或者检测机构确认的；

（二）电梯故障危及人身安全，经特种设备检验机构进行安全技术评价，确定为必须经过更新、重大修理或者改造才能修复的；

（三）二次供水、排水系统中涉及的设施设备发生故障、影响使用，所在地市、县房地产主管部门或者检测机构确认的；

（四）楼体外墙墙面有脱落危险，危及人身安全，房屋质量检测机构确认的；

（五）消防系统出现功能障碍，消防设施检测机构出具检测不合格报告的；

（六）发生严重危及房屋安全等其他紧急情况，房屋质量检测机构确认的。

三、应急使用住宅专项维修资金的费用，由相关产权人按照各自拥有物业建筑面积的比例分摊。售后公有住房分摊，先使用售房单位交存的住宅专项维修资金，售房单位交存的住宅专项维修资金不足的，差额部分从个人交存的住宅专项维修资金中列支。

应分摊业主尚未交纳专项维修资金的，应立即补交其住宅专项维修资金或分摊其相应的维修费用。拒不交纳的，由业主委员会或相关业主依法追收。

市、县房地产主管部门或者街道办事处、乡镇人民政府组织代修的，维修费用从相关业主的住宅专项维修资金账户中列支。

四、住宅专项维修资金按照以下程序进行应急使用：

（一）由物业服务企业提出使用申请，经业主委员会（没有成立业主委员会的，经社区居委会）核实后，向所在地市、县房地产主管部门申请应急使用住宅专项维修资金。

（二）未聘用物业服务企业的，由业主委员会或者相关业主提出使用申请，经社区居委会核实后，向所在地市、县房地产主管部门申请应急使用住宅专项维修资金。

申请人提出使用申请前，业主委员会或社区居委会应在物业区域内的显著位置张贴公告，公告不少于3个工作日。

（三）市、县房地产主管部门接到申请后，应立即组织人员进行审核，在接到申请后2个工作日内作出是否同意的决定。审核同意后向申请人或者维修单位、施工企业划转资金。首次拨付的资金不得超过工程预算金额的60%。

（四）应急维修由申请人组织实施。因业主委员会、物业服务企业相互推诿造成无法实施应急维修，影响业主正常生活的，由物业所在地市、县房地产主管部门组织代修或者属地街道办事处、乡镇人民政府组织代修，双方协商决定。

（五）维修工程竣工后，由申请人或者代修人组织相关业主、业主委员会或社区居委会、物业服务企业、维修单位、施工企业、检测机构对维修工程进行验收。并由工程造价机构出具审价报告，费用计入当次应急维修成本。

（六）维修工程验收合格后，申请人或者组织代修人应将应急维修工程验收意见、审价结果、工程实际使用住宅专项维修资金总额及业主分摊费用情况等在物业区域内显著位置进行公告，公告不少于10个工作日。

（七）维修工程验收公告后，申请人持验收报告、审价报告等资料申请拨付应急使用住宅专项维修资金剩余部分。

五、施工企业、维修单位对实施的工程依法承担质量保证责任，保修期内出现质量问题的，应当依法免费及时修复。

六、各市、县房地产主管部门应当制定住宅专项维修资金应急使用的具体业务操作程序和相关表格；并在2015年底前全面实施住宅专项维修资金应急使用业务。

山西省住房和城乡建设厅
2014年12月15日

山西省住房和城乡建设厅关于开展全省工程质量专项治理工作的通知

晋建质函〔2014〕358号

各市住房城乡建设局（建委），阳泉市、晋城市规划局：

根据住房城乡建设部《关于深入开展全国工程质量专项治理工作的通知》（建质〔2013〕149号）要求，省厅制定了《山西省房屋建筑工程勘察设计质量专项治理实施方案》和《山西省住宅工程质量常见问题专项治理工作方案》，现印发你们，请按照两个方案要求，结合实际抓好贯彻落实，确保专项治理工作取得实效，促进我省住宅工程质量的不断提高。

各市要制定专项治理工作方案，并于5月25日前报省厅质量安全处。

山西省住房和城乡建设厅
2014年5月6日

山西省房屋建筑工程勘察设计质量专项治理实施方案

为进一步提高全省房屋建筑工程勘察设计质量水平，根据住房城乡建设部《关于深入开展全国工程质量专项治理工作的通知》（建质〔2013〕149号）要求，结合我省实际，制定本方案。

一、工作目标

（一）总体目标

通过开展全省勘察设计质量专项治理活动，进一步完善监管制度，强化质量意识，规范质量行为，落实主体责任，争取2017年全省房屋建筑工程施工图设计文件审查每百个项目违反工程建设标准强制性条文数比2013年下降25%，勘察设计审查一次通过率在2013年基础上提高15%。因勘察设计引起的房屋建筑工程质量问题明显减少，全省房屋建筑工程勘察设计质量总体水平显著提高。

（二）分年度目标

1.2014年底，全省房屋建筑工程施工图设计文件审查每百项工程设计文件违反强制性条文不超过122条，勘察设计审查一次通过率达到29%。

2.2015年底，全省房屋建筑工程施工图设计文件审查每百项工程设计文件违反强制性条文不超过112条，勘察设计审查一次通过率达到34%

3.2016年底，全省房屋建筑工程施工图设计文件审查每百项工程设计文件违反强制性条文不超过104条，勘察设计审查一次通过率达到38%。

4.2017年底，全省房屋建筑工程施工图设计文件审查每百项工程设计文件违反强制性条文不超过99条，勘察设计审查一次通过率达到41%。

二、主要任务

（一）治理范围

住宅工程（重点为保障性安居工程）、大型公共建筑和超限高层建筑工程。

（二）治理重点

1. 工程勘察

工程勘察现场钻探工作质量情况，现场原始记录归档情况，现场作业人员教育培训和持证上岗情况；工程勘察单位土工试验场所、仪器设备检定和人员配备情况，室内土工试验工作质量情况；勘察成果执行国家、行业及地方有关规范和标准情况。

2. 工程设计

设计单位执行基本建设程序情况；设计单位执行国家、行业及地方有关规范和标准情况，特别是工程建设强制性标准的执行情况；设计变更管理情况；设计岗位责任制、校审制度和档案管理制度落实情况；超限高层建筑抗震设防专项审查情况。

3. 施工图审查

施工图审查机构按照认定的类别、范围承接审查业务情况；审查人员注册到位和持证上岗情况；审查流程、审查行为、审查责任的落实情况；审查质量（特别是错、漏审强制性条文）情况；审查机构技术质量保证体系建立运行情况；审查意见落实、审查时限和审查收费情况；审查档案管理情况；项目复审、一次性通过审查情况，审查数据季报、年报信息报送情况。

4. 省外入晋机构

省外驻晋勘察设计单位入晋登记备案情况；分支机构场所、人员情况，分支机构质量管理体系建立及运行情况；其他治理内容同“1.工程勘察”、“2.工程设计”部分内容。

三、实施步骤

（一）工作部署（2014 年 5—6 月）

1. **强化组织领导。**成立以分管厅领导为组长，厅质量安全处、省质监总站、省设计审核室负责人为成员的专项治理工作领导小组，领导小组办公室设在厅质量安全处，为专项专项治理工作的顺利进行提供组织保证。

2. **安排部署工作。**省厅制定并印发全省房屋建筑工程勘察设计质量专项治理工作实施方案，全面动员和部署专项治理工作。

3. **广泛宣传发动。**通过网络、电视、广播等媒体手段，向群众宣传专项治理的任务要求，积极营造“企业重视、行业推动、群众受益、社会监督”的良好氛围，提高全社会对房屋建筑工程勘察设计质量专项治理工作的关注度和认同感。

采取专项治理与日常监管相结合的方式，突出重点，多措并举，统筹推进。

1. 分阶段重点工作

第一阶段（2014 年 -2015 年）

（1）开展施工图审查机构换证。根据《房屋建筑和市政基础设施工程施工图设计文件审查管理办法》，做好审查机构资格和审查人员就位等相关工作，公布审查机构和审查人员名录，优化审查队伍结构，促进审查水平提升。（2014 年底完成）

（2）开展勘察现场质量监管调研。探索有效的勘察现场质量监管方式，选择部分地区开展试点工作，在总结试点经验的基础上，制定全省工程勘察现场质量监管措施，规范工程勘察现场作业行为，确保工程勘察质量。（2014 年底完成）

（3）完善质量管理相关制度。一是制定并下发《山西省房屋建筑和市政基础设施施工图设计文件审查管理办法实施细则》（2014 年底完成）和《山西省房屋建筑和市政基础设施施工图设计文件审查要点》（2015 年底完成），进一步规范施工图审查行为，提高施工图审查质量。二是制定《山西省建筑工程勘察设计变更管理办法》（2015 年底完成），规范勘察设计变更程序，强化勘察设计质量的可追溯性。三是进一步完善创优激励机制和措施，制定《山西省勘察设计大师评选办法》，修订《全省优秀工程勘察设计奖评选办法》，提高勘察设计单位和技术人员的创优积极性。（2014 年底完成）

第二阶段（2015 年 -2016 年）

（1）强化室内土工试验质量管理。严格按照有关规定，对所有工程勘察单位实验室的仪器设备和土工试验人员配备情况进行考核。规范土工试验质量管理程序，组织对工程勘察单位室内土工试验工作情况进行抽查。对不符合配备标准、人员不到位、资料管理混乱、违反试验规程、编造虚假数据的，按规定严肃处理。（2015 年底完成）

（2）加强设计变更管理。按照《山西省建筑工程勘察设计变更管理办法》，规范设计变更程序，建立设计变更管理台帐，强化设计质量的可追溯性。组织专家进行研讨，明确重大设计变更范围，强化施工图审查合格后的重大设计变更管理，确保设计质量。（2015 年底完成）

（3）积极推动工程设计技术进步。推进勘察设计质量安全信息平台的建设和使用，实行动态管理，不定期公布企业和注册执业人员的质量安全信息。推进 BIM（建筑信息模型）技术在建筑设计领域的推广应用，提高房屋建筑设计 BIM 技术应用的普及率。发挥先进技术支撑作用，减少设计错、漏、碰、缺现象发生，提高设计质量。（2016 年底完成）

2. 日常监管工作

（1）加强专业技术培训。继续组织开展好勘察现场机长、记录员、观测员、试验员上岗技能培训，适时抽查持证上岗情况。加强新规范标准及新技术的学习研讨。开展《岩土工程勘察文件技术审查要点》和《建筑工程施工图设计文件技术审查要点》的宣贯培训，提高审查人员的技术水平。

（2）加大质量监督检查力度。定期开展勘查设计质量专项检查，各市住房城乡建设主管部门每半年开展一次勘察设计和施工图审查质量监督检查，省厅每年对各市工作开展情况进行一次督查，严肃查处勘查设计存在的违法违规行为。

（3）强化示范引导。继续做好全省优秀勘查设计评优评奖工作，适时开展省级勘察设计大师评选，树立一批质量管理先进单位和先进个人，充分发挥典型示范引路作用，营造良好的创先争优环境。积极引导勘察设计人员树立正确的职业观，发挥其主动性和创造力，提高工程勘察设计质量水平。

（三）总结推广（2017 年）

1. 各地对专项治理期间工作进行认真梳理，总结工作经验，汇总典型案例，并形成书面材料报送省住房城乡建设厅。（2017 年 6 月完成）

2. 省住房城乡建设厅召开全省勘察设计质量专项治理工作总结会议，总结专项治理工作成果，推广先进的质量监管经验。（2017 年 9 月完成）

3. 根据专项治理工作开展情况，结合典型案例，总结具有普遍性的质量问题，深刻分析问题成因，制定解决具体办法，完善相关管理制度和技术措施，建立健全勘察设计质量监管的长效机制。（2017 年底完成）

四、工作要求

（一）加强组织领导。开展勘查设计质量专项治理是工程质量监督管理的一项重要内容，是深入落实质量终身负责制的具体体现，各级住房城乡建设主管部门高度重视，迅速行动，结合当地实际情况，成立专项治理领导机构，尽快制定具体实施计划，细化针对性措施，做到动员部署到位、组织检查到位、调查处理重大问题到位，确保各项工作措施落到实处。

（二）**强化监督执法检查。**各级住房建设主管部门要严肃查处专项治理中发现的虚假勘察、虚假试验、随意变更、违反强条等违法违规行为，一查到底，绝不姑息。要充分发挥媒体的监督作用，加强信息公开，对发现的违法违规问题和责任单位、责任人员及时曝光，提高其质量意识和责任意识，做到以儆效尤，警钟长鸣。

（三）**健全完善管理制度。**针对勘察设计质量专项治理工作中发现的问题，要及时分析问题成因，研究并提出改进措施，出台相应监管办法，及时堵塞管理漏洞，健全勘察质量管理制度，为勘察设计行业健康稳定发展提供保障。

（四）**定期报送工作情况。**为及时掌握各市工作进展情况，认真总结各阶段工作经验和成效，实行专项治理工作情况定期报送制度。各市住房城乡建设主管部门每年7月向厅领导小组办公室报送一次专项治理工作小结，每年1月份报送上年度工作总结及本年度工作计划。

山西省住宅工程质量常见问题专项治理工作方案

为强化各方参建主体的质量意识，提高全省住宅工程质量水平，根据住房城乡建设部《关于深入开展全国工程质量专项治理工作的通知》（建质〔2013〕149号）要求，结合我省实际，制定本方案。

一、工作目标

（一）总体目标

通过开展全省住宅工程质量常见问题专项治理活动，严格落实质量责任，强化激励约束措施，努力构建长效机制，有效预防和治理质量常见问题，争取2017年全省新建住宅工程质量常见问题预防和治理覆盖率达到100%，住宅工程质量水平明显提高，住宅性能明显改善，住宅质量投诉明显减少，住户质量满意度明显提高，专项治理工作取得显著成效。

（二）分年度目标

全省新建住宅工程质量常见问题预防和治理覆盖率，2014年、2015年、2016年、2017年分别达到70%、85%、95%、100%。

二、主要任务

（一）治理范围

新建住宅工程特别是保障性安居工程。

（二）治理重点

在对影响工程结构安全和重要使用功能方面常见质量问题进行分析汇总的基础上，结合全省住宅工程普遍存在、群众反映集中的突出问题，省厅梳理出10项重点治理内容：

1. 钢筋混凝土现浇楼板裂缝；
2. 填充墙裂缝；
3. 墙面抹灰裂缝；
4. 外墙保温饰面层裂缝、渗漏；
5. 外窗渗漏；
6. 有防水要求的房间地面渗漏；
7. 屋面渗漏；
8. 卫生间局部等电位联结不规范；
9. 地漏安装不规范，水封深度不足；
10. 散热器安装不规范，散热器支管渗漏。

三、实施步骤

（一）工作部署（2014年5-6月）

1. **强化组织领导。**成立以分管厅领导为组长，厅质量安全处、省质监总站、省设计审核室负责人为成员的专项治理工作领导小组，领导小组办公室设在厅质量安全处，为专项专项治理工作的顺利进行提供组织保证。

2. **编制技术措施。**针对全省住宅工程质量特点和常见问题，按照科学性、基础性、通俗性、实用性的原则，依据现行的标准、规范、规程和施工方法，在梳理问题、分析原因、研究对策的基础上，编制《山西省住宅工程质量常见问题专项治理技术措施》。

3. **安排部署工作。**省厅制定印发全省住宅工程质量常见问题专项治理工作方案，安排部署专项治理工作，明确参建主体的专项治理责任（详见附件1）。

4. **广泛宣传发动。**通过网络、电视、广播等媒体手段，向群众宣传专项治理的任务要求，积极营造“企业重视、行业推动、群众受益、社会监督”的良好氛围，提高全社会对质量质量常见问题防治的关注度和认同感。

（二）实施推进（2014年-2016年）

采取专项治理和日常监管相结合的方式，突出重点，多措并举，统筹推进。

1. 分阶段重点工作

第一阶段（2014年）

（1）**充分发挥专家的优势作用。**建立完善省厅联系的质量专家库，择优邀请省内权威施工专家成立山西省住宅工程质量常见问题专项治理专家咨询委员会，充分发挥专家在技术咨询、项目论证、监督检查等方面的示范带动作用。(2014年10月完成)

（2）**加强专项治理工作的技术指导。**在《山西省住宅工程质量常见问题专项治理技术措施》的基础上，进一步分析常见问题的表现形式、产生的原因，启动《山西省住宅工程质量常见问题防治技术手册》的编制工作，为专项治理工作提供更为全面、更有针对性、更有操作性的技术措施。（2014年底完成）

（3）开展专项治理示范工程创建活动。按照《关于印发2014年全国住宅工程质量常见问题专项治理重点工作的函》的要求，开展专项治理示范工程创建活动，调动参建各方主体开展专项治理工作的积极性，推动专项治理措施的有效落实。（2014年启动）

（4）推行样板引路制度。实施样板引路工程，引导工程项目建立样板间、样板层，对相关施工工艺及关键部位（如地面、墙面、屋面、顶棚、门窗、散水、外墙节能、防水等）的施工工艺和构造做法作出详细说明和展示，实现施工工艺规范化、操作流程标准化和质量要求直观化，增强施工人员的操作技能，提高质量管理水平。（2014年启动）

第二阶段（2015-2016年）

（1）推进工法成果的转化。引导企业通过开展QC小组活动等形式将质量常见问题防治工艺总结为成果或工法。具备条件的，鼓励申报省级工法。（2015年启动）

（2）落实专职质量检查员制度。根据《山西省建筑工程质量和建筑安全生产管理条例》第二十六条的规定，建立专职质量人员考核培训管理制度，督促施工单位按规定设立质量管理机构，配备专职质量管理人员和专职工程质量检查员，进一步强化施工现场质量管理。（2015年启动）

（3）组织召开经验交流会。交流好的做法和经验，观摩质量常见问题专项治理示范工程，针对专项治理工作中出现的新情况和新问题，研究提出防治措施。（每年下半年召开一次）

（4）建立质量问题防治长效机制。研究防治质量常见问题反弹复现的专项措施，积极推进工程质量监管信息系统和工程质量信用体系建设，利用现代技术手段控制常见质量问题防治工作。（2016年底启动）

2. 日常监管工作

（1）确定年度专项治理工作重点。各市住房城乡建设主管部门要结合省厅专项治理工作重点，提出本地区专项治理年度行动计划，有针对性地对某项或某几项质量常见问题的进行专项治理，采取有效措施，扎实推进，确保工作取得成效。

（2）加大监督检查力度。省厅将不定期抽查各地区工程质量常见问题专项治理工作进展情况。重点检查各地区专项治理工作目标完成情况，常见问题治理措施和质量分户验收制度等的落实情况，促进专项治理工作不断深入开展。

（3）强化教育培训。以住宅工程质量常见问题专项治理为主题，组织开展“三晋工程质量管理论坛”活动，邀请工程质量专家、质量监督机构代表、企业技术管理人员讲授常见质量问题治理的成功做法和经验。省厅每年组织开展工程质量常见问题防治政策措施、标准规范、技术要求的宣讲、培训。

（三）总结推广（2017年）

1. 各市对专项治理期间工作进行认真梳理，总结工作经验，汇总典型案例，并形成书面材料报送省住房城乡建设厅。（2017年6月完成）

2. 结合工程评优工作组织召开工程质量专项治理工作总结大会，总结治理工作成果和经验，推广应用先进技术、管理措施和先进工程质量监督管理经验。（2017年9月完成）

3. 将专项治理工作转为常态化、日常性工作，建立长效机制，巩固治理成果，有效防治工程质量常见问题，全面提升工程质量水平。（2017年底完成）

四、工作要求

（一）加强组织领导。开展住宅工程质量常见问题专项治理是工程质量监督管理的一项重要内容，是深入落实质量终身负责制的具体体现，各级住房城乡建设主管部门高度重视，迅速行动，结合本地区的实际情况，成立专项治理领导机构，尽快制定具体实施计划，落实具体措施，确保各项工作顺利进行。

（二）强化监督执法检查。各级住房建设主管部门要严肃查处专项治理中发现的违法违规行为，一查到底，绝不姑息。要充分发挥媒体的监督作用，加强信息公开，对发现的违法违规问题和责任单位、责任人员及时曝光，提高其质量意识和责任意识，做到以儆效尤，警钟长鸣。

（三）健全完善管理制度。要坚持市场与现场联动、技术与管理并重、质量行为与工程实体质量齐抓，严格落实质量责任，强化质量意识，制定激励约束措施，在认真分析总结质量突出问题的基础上，健全完善工程质量监管制度。

（四）定期报送工作情况。为及时掌握各市工作进展情况，认真总结各阶段工作经验和成效，实行专项治理工作情况定期报送制度。各市住房城乡建设主管部门每年7月向厅领导小组办公室报送一次专项治理工作小结，每年1月份报送上年度工作总结及本年度工作计划。

附件1：山西省住宅工程质量常见问题专项治理各方参建主体质量责任

附件2：山西省住宅工程质量常见问题专项治理技术措施

附件1

山西省住宅工程质量常见问题专项治理各方参建主体质量责任

一、建设单位

建设单位作为工程建设的组织者，牵头负责具体工程专项治理活动的组织实施工作。在工程开工前下达工程专项治理任务书，明确专项治理的奖罚措施。在工程建设过程中及时督促参建各方落实专项治理责任，协调解决工作中出现的问题。组织工程竣工验收时，将施工单位的专项治理自评报告和监理单位的专项治理评估报告作为竣工验收的重要审查内容，发现工程存在常见问题的，责令施工单位整改后方可交付使用。

二、设计单位

设计单位应根据专项治理内容和工程实际，针对性地深化细部设计，有关分部、分项工程要明确设计详图和施工做法，并做好设计交底。在验收环节严格审查质量常见问题治理方面的按图施工情况。

三、施工单位

施工单位作为工程建设的实施者，全面负责具体工程的专项治理工作。成立工程质量常见问题专项治理领导小组，明确责任，细化措施。工程组织设计包含专项治理内容，并明确专项治理技术方案，经监理单位审查批准后实施。专业承包企业应提出专业承包工程相关的专项治理措施，由施工总承包单位审查，监理单位批准后实施。施工过程中要严格执行专项治理技术方案和治理措施，强化技术交底和监督检查，加强专项治理的过程控制和中间环节验收。工程完工后，组织自评并提出专项治理自评报告。

四、监理单位

监理单位应针对质量常见问题治理提出具体监理措施，列入《监理规划》和《监理实施细则》，开工前认真审查施工单位的专项治理技术方案，工程中要针对专项治理有关分部分项工程和关键环节，加强旁站、巡视和平行检查，督促施工单位落实防治措施。工程完工后，提出工程专项治理工作评估报告。

附件2

山西省住宅工程质量常见问题专项治理技术措施

一、钢筋混凝土现浇楼板裂缝

（一）表现形式

现浇板易产生贯通性裂缝或上表面裂缝；现浇板外角部位易产生斜裂缝；现浇板沿预埋线管易产生裂缝。

（二）主要治理措施

1.1 住宅的建筑平面宜规则，避免平面形状突变。当平面有凹口时，凹口周边楼板的配筋宜适当加强。当楼板平面形状不规则时，宜设置梁使之形成较规则的平面。

在未设梁的板的边缘部位设置暗梁，提高该部位的配筋率，提高混凝土的抗裂性能。

1.2 应加大现浇板的刚度。现浇钢筋混凝土双向板设计厚度不应小于100mm，厨房、厕浴、阳台板不得小于80mm，当埋设线管较密或线管交叉时，板厚不宜小于120mm。对于过长的单向板，设计时应进行抗裂验算，合理确定加密分布筋的配置。

1.3 现浇板配筋设计宜采用热轧带肋钢筋细且密的配筋方案。

1.3.1 屋面及建筑物两端的现浇板及跨度大于4.2m的板应配制双层双向钢筋，钢筋间距不宜大于150mm，直径不应小于8mm。

1.3.2 外墙转角处应设置放射形钢筋，钢筋的数量、规格不应少于7Φ10，长度应大于板跨的1/3且不得小于1.2m。

1.3.3 在现浇板的板宽急剧变化处、大开洞削弱处等易引导收缩应力集中处，钢筋间距不应大于150mm，直径不应小于8mm，并应在板的上表面布置纵横两个方向的温度收缩钢筋。板的上、下表面沿纵横两个方向的配筋率均不应小于截面积的0.15%，且不小于Φ6@200。

1.3.4 管线应尽量布置在梁内，当楼板内需埋置管线时，管线必须布置在上下钢筋网片之间，且不宜立体交叉穿越，确需立体交叉的不应超过二层管线。线管在敷设时交叉布线处可采用线盒，同时在多根线管的集散处宜采用放射形分布，尽量避免紧密平行排列，以确保线管底部的混凝土浇筑顺利且振捣密实。当两根以上管并行时，沿管方向应增加 Φ4 @ 150 宽 500mm 的钢筋网片，做到在应力集中部位有双层布筋。

1.4 现浇板强度等级不宜大于 C30，当大于 C30 时，应采取抗裂措施。

1.5 剪力墙结构住宅结构长度大于 45m 且无变形缝时，宜在中间位置设置后浇带。后浇带处应设置双层钢筋，后浇带混凝土与两侧混凝土浇筑的间隔时间不宜小于 2 个月。

1.6 预拌混凝土使用单位在订购预拌混凝土前，应根据工程不同部位和环境提出对混凝土性能的明确技术要求。掺合料总掺量不应大于水泥用量的 30%。

1.7 对高强、高性能和有特殊要求的混凝土，建设单位、施工总包单位和监理单位应参与配合比设计。

1.8 模板支撑系统必须经过计算，除满足强度要求外，还必须有足够的刚度和稳定性。

1.9 后浇带处应采用独立的模板支撑体系，浇筑前和浇筑后混凝土达到拆模强度之前，后浇带两侧梁板下的支撑不得拆除。

1.10 应加强对现浇楼板负弯矩钢筋位置的控制。控制负弯矩钢筋位置应设置足够强度、刚度的通长钢筋马镫，马镫底部应有防锈措施。双层上排钢筋应设置钢筋小马镫，每平方米不得少于 2 只。

1.11 在混凝土浇筑时，对裂缝易发生部位和负弯矩筋受力最大区域应铺设临时性活动跳板。

1.12 预拌混凝土在运输、浇筑过程中，严禁随意加水。

1.13 现浇板浇筑时，应振捣充分，在混凝土终凝前应进行二次压抹，压抹后应及时覆盖和浇水养护。

1.14 现浇板养护期间，当混凝土强度小于 1.2Mpa 时，不得进行后续施工。当混凝土强度小于 10Mpa 时，不宜在现浇板上吊运、堆放重物。吊运、堆放重物时，应采取有效措施，减轻冲击。

1.15 主体验收前，应对现浇楼板进行检查，发现裂缝立即处理，并形成记录。

二、填充墙裂缝

（一）表现形式

不同基体材料交接部位易产生裂缝；填充墙临时施工洞口周边易产生裂缝；填充墙内暗敷线管处易产生裂缝。

（二）主要治理措施

2.1 蒸压（养）砖、混凝土小型空心砌块、蒸压加气混凝土砌块类的墙体材料至少养护 28d 后方可用于砌筑。

2.2 严格控制砌块的含水率和融水深度。墙体材料现场存放时应设置可靠的防潮、防雨淋措施。

2.3 不同基体材料交接处应采取钉钢丝网等抗裂措施。钢丝网与不同基体的搭接宽度每边不小于 100 ㎜。

钢丝网片的网孔尺寸不应大于 20mm x 20mm，其钢丝直径不应小于 1.2mm，应采用热镀锌焊钢丝网，并宜采用先成网后镀锌的后热镀锌电焊网。钢丝网应用钢钉或射钉加铁片固定，间距不大于 300mm。

2.4 在填充墙上剔凿设备孔洞、槽时，应先用切割锯沿边线切开，后将槽内砌块剔除，应轻凿，保持砌块完整，如有松动或损坏，应进行补强处理。剔槽深度应保持线管管壁外表面距墙面基层 15mm，并用 M10 水泥砂浆抹实，外挂钢丝网片两边压墙不小于 100mm。

2.5 填充墙砌体应分次砌筑。每次砌筑高度不应超过 1.5m，日砌筑高度不宜大于 2.8m；灰缝砂浆应饱满密实，嵌缝应嵌成凹缝，严禁使用落地砂浆和隔日砂浆嵌缝。

2.6 填充墙砌筑接近梁板底时，应留一定空间，至少间隔 7d 后，再将其补砌挤紧。宜采用梁（板）底预留 30–50mm，用干硬性 C25 膨胀细石混凝土填塞（防腐木楔 @600mm 挤紧）方法。

2.7 填充墙砌体临时施工洞处应在墙体两侧预留 2Φ6@500 拉结筋，补砌时应润湿已砌筑的墙体连接处，补砌应与原墙接槎处顶实，并外挂钢丝网片，两边压墙不小于 100mm。

2.8 消防箱、配电箱、水表箱、开关箱等预留洞上的过梁，应在其线管穿越的位置预留孔槽，不得事后剔凿，其背面的抹灰层应满挂钢丝网片。

三、墙面抹灰裂缝

（一）表现形式

抹灰墙面易出现空鼓、裂缝。

（二）主要治理措施

3.1 应严格控制抹灰砂浆配合比，宜用过筛中砂（含泥量 < 5%），保证砂浆有良好的和易性和保水性。采用预拌砂浆时，应由设计单位明确强度及品种要求。

3.2 对混凝土、填充墙砌体基层抹灰时，应先清理基层，然后做甩浆结合层，掺加界面剂与水泥浆拌合，喷涂后抹底灰。

3.3 抹灰前墙面应浇水，浇水量应根据墙体材料和气温不同分别控制，并同时检查基体抗裂措施实施情况。

3.4 抹灰面层严禁使用素水泥浆抹面。抹灰砂浆宜掺加聚丙烯抗裂纤维、碳纤维或耐碱玻璃纤维等纤维材料。必要时，可在基层抹灰和面层砂浆之间增加玻纤网。如墙面抹灰有施工缝时，各层之间施工缝应相互错开。

3.5 墙面抹灰应分层进行，抹灰总厚度超过 35 ㎜时，应采取加设钢丝网等抗裂措施。

3.6 墙体抹灰完成后应及时喷水进行养护。

四、外墙保温饰面层裂缝、渗漏

（一）表现形式

饰面层易出现开裂，外墙易产生渗漏

（二）主要治理措施

4.1 外墙外保温施工图及设计变更均应经同一图审机构审查批准。设计变更不得降低节能效果，并应获得监理或建设单位确认，建设、施工单位不得更改外墙外保温系统构造和组成材料。

4.2 外墙外保温设计应明确基层抹灰要求，并应对门窗洞口四周、外墙细部及突出构件等做好防水保温细部设计，出具节点详图。

4.3 外墙外保温系统组成材料应与其系统型式检验报告一致。

4.4 保温材料应有省级住房和城乡建设行政主管部门出具的产品认定证书。EPS板自然条件下陈化期不得低于42天，60度恒温蒸汽条件下不得低于5天，XPS板陈期不得低于28天。

4.5 涂料饰面应采用与保温系统相容的柔性耐水腻子和高弹性涂料。

4.6 外墙外保温施工前应作出专项施工方案，由总承包单位报建设（监理）单位审查批准后实施。

4.7 外墙外保温工程施工应坚持样板引路的原则，样板验收合格后方可全面施工。

4.8 外墙基层处理及找平层施工应符合下列要求：

4.8.1 抹灰前应先堵好架眼及孔洞，封堵应由专人负责施工，施工、监理单位应对孔洞封堵质量进行专项检查验收，并形成隐蔽工程验收记录。

4.8.2 封堵脚手架眼和孔洞时，应清理干净，浇水湿润，然后采用干硬性细石混凝土封堵严密。

4.8.3 穿墙螺栓孔宜采用聚氨酯发泡剂和防水膨胀干硬性水泥砂浆填塞密实，封堵后孔洞外侧表面应进行防水处理。

4.9 粘贴聚苯板外墙外保温系统施工应符合下列要求：

4.9.1 条粘法需用工具锯齿涂抹，涂抹面积应达到100%；点框法粘结面积不应小于50%。

4.9.2 涂料饰面时，当采用EPS板做保温层，建筑物高度在20m以上时，宜采用以粘结为主，锚栓固定为辅的粘锚结合的方式，锚栓每平方米不宜少于3个；当采用XPS板做保温层，应从首层开始采用粘锚结合的方式，锚栓每平方米不宜少于4个，锚栓在墙体转角、门窗洞口边缘的水平、垂直方向加密，其间距不大于300mm，锚栓距基层墙体边缘应不小于60mm，锚栓拉拔力不得小于0.3MPa。

4.9.3 以XPS板为保温层时，应对XPS板表面进行粗造化处理，并应在两面喷刷专用界面砂浆，界面砂浆宜为水泥基界面砂浆。

4.9.4 保温板之间应拼接紧密，并与相邻板齐平，胶粘剂的压实厚度宜控制在3-5mm，贴好后应立即刮除板缝和板侧面残留的胶粘剂。

保温板间残留缝隙应采用阻燃型聚氨酯发泡材料填缝，板件高差不得大于1.5mm。

4.9.5 门窗洞口上部和突出建筑物的装饰腰线、女儿墙压顶等有排水要求的外墙部位应做滴水线。

4.9.6 门窗洞口四角聚苯板不得拼接，应采用整板切割成型，拼缝离开角部至少200mm。

4.9.7 耐碱网格布粘贴时，洞口处应在其四周各加贴一块长300mm、宽200mm的45°斜向耐碱玻纤网布；转角处两侧的耐碱玻纤网布应互绕搭接，每边搭接长度不应小于200mm，或可采用附加网处理。

4.9.8 在外墙保温系统的起始和终端部位的墙下端、檐口处及门窗洞口周边等部位应做好耐碱玻纤网的反包处理。

4.10 硬泡聚氨酯外墙外保温系统施工应符合下列要求：

4.10.1 喷涂法施工时，外墙基层应涂刷封闭底涂。喷涂前应采取遮挡措施对门窗、脚手架等非喷涂部位进行保护。

4.10.2 喷涂硬泡聚氨酯的施工环境温度不应低于10℃，空气相对湿度宜小于80%，风力不宜大于三级。严禁在雨天、雪天施工，当施工中途下雨、下雪时应采取遮盖措施。

4.10.3 喷涂硬泡聚氨酯采用抹面胶浆时，抹面层厚度控制：

普通型3-5mm，加强型5-7mm，并应严格控制表面平整度超差。

4.11 外墙保温层需设置分格缝的，应由设计明确位置及处理措施。

4.12 需穿透外墙保温层固定的管道及设备支架等，其与保温层结合的间隙应采取可靠措施做防水密封处理。

4.13 外墙施工完后，建设单位应组织参建单位对外墙进行淋水试验，淋水持续时间不得少于2小时，并做好检查记录。

五、 外窗渗漏

（一）表现形式

外窗框周边易出现渗水；组合窗的拼接处易出现渗水。

（二）主要治理措施

5.1 外窗制作前必须对洞口尺寸逐一校核，保证门窗框与墙体间有适合的间隙；外窗进场后应对其气密性能、水密性能及抗风压性能进行复验。

5.2 窗下框应采用固定片法安装固定，严禁用长脚膨胀螺栓穿透型材固定门窗框。固定片宜为镀锌铁片，镀锌铁片厚度不小于1.5mm，固定点间距：转角处180mm，框边处不大于500mm。窗侧面及顶面打孔后工艺孔冒安装前应用密封胶封严。

5.3 窗框与结构墙体间应施打聚氨酯发泡胶，发泡前应清理干净，发泡胶应连续施打，一次成形，填充饱满。

5.4 外窗框四周密封胶应采用中性硅酮密封胶，密封胶应在外墙粉刷涂料前完成，打胶要保证基层干燥，无裂纹、气泡，转角处平顺、严密。

5.5 外窗台上应做出向外的流水斜坡，坡度不小于10%，内窗台应高于外窗台10mm。窗楣上应做鹰嘴或滴水槽。

5.6 组合外窗的拼樘料应采用套插或搭接连接，并应伸入上下基层不应少于 15mm。拼接时应带胶拼接，外缝采用硅酮密封胶密封。

5.7 外窗排水孔位置、数量、规格应根据窗型设置，满足排水要求。

5.8 外窗安装完成后，应进行外窗现场淋水见证检验，并形成记录。

六、有防水要求的房间地面渗漏

（一）表现形式

管根、墙根、板底等部位易出现渗漏。

（二）主要治理措施

6.1 有防水要求的房间楼板混凝土应一次浇筑，振捣密实。楼板四周应设现浇钢筋混凝土止水台，高度不小于 120mm，且应与楼板同时浇筑。

6.2 防水层应沿墙四周上返，高出地面不小于 300mm。管道根部、转角处、墙根部位应做防水附加层。

6.3 管道穿过楼板的洞口处封堵时应支设模板，将孔洞周围浇水湿润，用高于原设计强度一个等级的防渗混凝土分两次进行浇灌、捣实。管道穿楼板处宜采用止水节施工法。

6.4 对于沿地面敷设的给水、采暖管道，在进入有水房间处，应沿有水房间隔墙外侧抬高至防水层上反高度以上后，再穿过隔墙进入卫生间，避免破坏防水层。

6.5 地漏安装的标高应比地面最低处低 5mm，地漏四周用密封材料封堵严密。门口处地面标高应低于相邻无防水要求房间的地面不小于 20mm。

6.6 有防水要求的房间内穿过楼板的管道根部应设置阻水台，且阻水台不应直接做在地面面层上。阻水台高度应提前预留，保证高出成品地面 20mm。有套管的，必须保证套管高度满足上口高出成品地面 20mm。

6.7 防水层上施工找平层或面层时应做好成品保护，防止破坏防水层。有防水要求的房间应做二次蓄水试验，即防水隔离层施工完成时一次，工程竣工验收时一次，蓄水时间不少于 24 小时，蓄水高度不少于 20-30mm, 并形成记录。

七、屋面渗漏

（一）表现形式

屋面细部处理不规范，易产生漏水、渗水。

（二）主要治理措施

7.1 不得擅自改变屋面防水等级和防水材料，确需变更的，应经原图审机构审核批准，图纸设计中应明确节点细部做法。

7.2 屋面防水必须由有相应资质的专业防水队伍施工，施工前应进行图纸会审，掌握细部构造及有关技术要求。

7.3 卷材防水屋面基层与女儿墙、山墙、天窗壁、变形缝、烟（井）道等突出屋面结构的交接处和基层转角处，找平层均应做成圆弧形，圆弧半径应符合规范要求。

7.4 卷材防水在天沟、檐沟与屋面交接处、泛水、阴阳角等部位，应做防水附加层；附加层经验收合格后，方可进行下一步的施工。

7.5 天沟、檐沟、檐口、泛水和立面卷材收头的端部应裁齐，塞入预留凹槽内，用金属压条钉压固定，最大钉距不应大于 450mm，并用密封材料嵌填封严。

7.6 伸出屋面的管道、井（烟）道、设备底座及高出屋面的结构处应用柔性防水材料做泛水，其高度不小于 250mm；管道底部应做防水台，防水层收头处应箍紧，并用密封材料封口。

7.7 屋面水落口周围直径 500 ㎜范围内应设不小于 5% 的坡度坡向水落口，水落口处防水层应伸入水落口内部不应小于 50 ㎜，并用防水材料密封。

7.8 刚性防水层与基层、刚性保护层与柔性防水层之间应做隔离层。屋面细石混凝土保护层分隔缝间距不宜大于 4.0m。

7.9 屋面太阳能、消防等设施、设备、管道安装时，应采取有效措施，避免破坏防水层。

7.10 屋面防水工程完工后，应做蓄水检验，蓄水时间不少于 24 小时，蓄水最浅处不少于 30mm；坡屋面应做淋水检验，淋水时间不少于 2 小时。

八、卫生间局部等电位联结做法不规范

（一）表现形式

等电位联结做法不正确或局部漏做，不能起到等电位保护作用。

（二）主要治理措施

8.1 设计单位应明确住宅卫生间局部等电位联结所选用的标准图集。

8.2 楼板内钢筋网应与等电位联结线连通，墙体为混凝土墙时，墙内钢筋网宜与等电位联结线连通。

8.3 下列部位应进行等电位联结：金属陶瓷浴盆及金属管道；淋浴供水用的金属管道；洗脸盆下与金属排水管道相连的金属有水弯；金属给排水立管。

8.4 散热器的支管为金属材料时，支管应进行局部等电位联结；散热器的支管为非金属材料时，散热器应进行局部等电位联结。

8.5 洗脸盆金属支托架固定与混凝土墙内钢筋相连时，金属支托架应进行局部等电位联结。

8.6 卫生间、浴室内无 PE 线，浴室内的局部等电位联结不得与浴室外的 PE 线相连；如浴室内有 PE 线，浴室内的局部等电位联结必须与该 PE 线相连。

8.7 等电位联结线应采用截面积不小于 4mm 铜芯软导线，导线压接应采用接线端子并搪锡处理，压接螺丝应为热镀锌材料，弹簧垫圈、平垫圈应齐全，并压接牢固。

8.8 等电位箱内端子板材质及规格应满足设计要求，表面应进行搪锡处理。

8.9 卫生间等局部等电位联结施工完成后，应全数

做导通测试并形成记录。

九、地漏安装不规范，水封深度不足。

（一）表现形式

地漏标高控制不准确，地面坡度不符要求，排水不畅；地漏水封深度不足，有害气体外泄。

（二）主要治理措施

9.1 施工图纸设计中应明确地漏型号及规格；洗衣机地漏须使用专用地漏或直通式地漏，直通式地漏的支管应增加返水弯，返水弯水封深度不小于 50mm。

9.2 施工前应根据基准线标高及地漏所处位置并结合地面坡度要求确定地漏安装标高，保证地漏安装在地面最低处，地漏顶面应低于地面面层 5mm，水封深度应不小于 50mm.

9.3 已安装完毕的地漏应采取有效保护措施防止堵塞。

十、散热器安装不规范，散热器支管渗漏

（一）表现形式

散热器安装固定不牢，支管少支架，管件接口易发生漏水。

（二）主要治理措施

10.1 散热设备、管材、管件应相匹配，并应按要求进行检验。

10.2 散热器支架、托架安装构造正确，埋设牢固，位置准确。

10.3 散热器支管长度超过 1.5m 时，应在支管上安装管卡；塑料管应在转弯处安装管卡，在阀门处安装固定支架；散热器及支管坡度坡向正确。

10.4 隐蔽安装的采暖管道在墙、地面上应标明其位置和走向。

10.5 散热器背面与装饰后的墙内表面安装距离应符合设计或产品说明书要求，如无要求时， 导管敷设后引出地面部位、应为 30mm，距窗台不应小于 50mm；距地面高度设计无要求时，挂装应为 150 ~ 200mm, 卫生间散热器底部距地不应小于 200mm, 散热器排气阀的排气孔应向外斜 45° 安装。

10.6.1 采用丝接方式连接的管道，套丝时不得出现断丝、缺丝、乱丝，连接后外露 2–3 扣，并应清理干净，做好防腐处理。

10.6.2 采用热熔方式连接的管道，管材与管件应使用同一厂家材料，切割管材应平整并垂直于管材轴线，热熔时操作环境、加热温度、加热时间及熔焊深度均应严格控制。

10.6.3 塑料管道与金属管道、阀门连接时应采用专用工具专用管件。

10.7 散热器及配管水压试验应在逐户试验合格的基础上进行系统试压，并形成记录。

山西省住房和城乡建设厅关于公布2014年度全省物业管理示范住宅小区（大厦）的通知

晋建房函〔2014〕847号

各市住房城乡建设局、房地产管理局：

为规范物业服务行为，提升物业服务品质，为业主营造安全、整洁、文明、舒适的居住和工作环境，我厅对申报2014年度“全省物业管理示范住宅小区（大厦）”物业管理项目进行了考评验收，太铁花园住宅小区等33个物业管理项目达到省级示范标准，现予公布。

希望达标项目和物业服务企业再接再厉，充分发挥达标项目的示范引领作用，树立行业品牌形象，开拓创新，与时俱进，为进一步提高全省物业管理工作整体水平，构建和谐物业做出更大的贡献。

附件：2014年度全省物业管理示范住宅小区（大厦）名单。

山西省住房和城乡建设厅
2014年9月30日

附件

2014年度全省物业管理示范住宅小区（大厦）名单

一、全省物业管理示范住宅小区（26个）

（一）太原市

1. 太铁花园住宅小区

管理单位：太原诚信铁路物业管理有限公司

2. 万科紫台住宅小区

管理单位：北京万科物业管理有限公司

3. 滨河苑住宅小区

管理单位：太原钢铁（集团）物业管理有限公司

4. 山西省万家寨引黄工程管理局机关小区

管理单位：山西万家物业管理有限公司

5. 丽泽华苑住宅小区

管理单位：太原市美嘉乐物业管理有限公司

6. 紫正园住宅小区

管理单位：太原市安盛泰物业管理有限公司

（二）大同市

7. 御锦源小区

管理单位：大同市凯兴物业管理有限责任公司

8. 江鸿·铂蓝郡小区

管理单位：大同市江鸿物业管理有限公司

9. 云海苑小区

管理单位：大同市方圆物业管理有限公司

10. 阳和·首席小区

管理单位：大同市众和恒益物业管理有限责任公司

（三）朔州市

11. 华源万和城住宅小区

管理单位：朔州市华源物业管理有限公司

12. 同仁家园

管理单位：大同煤矿集团朔煤宏程物业管理有限公司

（四）忻州市

13. 世纪花苑住宅小区

管理单位：忻州市忻府区永鼎物业管理有限公司

（五）阳泉市

14. 平定观澜豪庭住宅小区

管理单位：阳泉广域物业服务有限公司

（六）晋中市

15. 朗润园住宅小区

管理单位：北京万科物业服务有限公司晋中分公司

16. 信合苑住宅小区

管理单位：介休信合物业服务有限公司

17. 嘉和园住宅小区

管理单位：山西凯佳物业服务有限公司

18. 晋中人行大厦

管理单位：山西蓝泰物业服务有限公司

（七）长治市

19. 康庄花苑小区

管理单位：长治市荣盛物业服务有限公司

20. 潞安·颐龙湾小区

管理单位：长治市颐加颐物业管理有限公司

（八）晋城市

21. 秀水苑小区

管理单位：晋城市摩天物业管理有限公司

22. 汇邦 SOHO 新城

管理单位：晋城市东恒中泰物业管理有限公司

（九）临汾市

23. 滨河花苑小区

管理单位：临汾市五洲物业服务有限公司

24. 华翔牡丹苑小区

管理单位：侯马华翔物业服务有限公司

（十）运城市

25. 临猗县丰林花园住宅小区

管理单位：西安铁峰物业管理有限公司临猗分公司

26. 运城市外滩首府住宅小区

管理单位：山西大运物业管理有限公司

二、全省物业管理示范大厦（7 个）

（一）太原市

1. 太原市煤气化龙泉能源公司办公大楼

管理单位：山西晋通物业服务有限公司

2. 山西省农业银行机关办公楼

管理单位：山西蓝泰物业管理有限公司

3. 财富国际大厦

管理单位：山西宏瑞物业管理有限公司

4. 君威财富中心

管理单位：太原市君威物业管理有限公司

5. 山西省图书馆

管理单位：太原市宇腾物业管理有限公司

（二）大同市

6. 百盛购物广场

管理单位：大同市凯德物业服务有限责任公司

（三）吕梁市

7. 吕梁嘉润国际广场

管理单位：山西元彤物业服务有限责任公司

山西省住房和城乡建设厅
关于公布2014年度房地产企业资质动态考核及信用评价结论的公告

晋建房函〔2014〕1108号

根据《房地产企业资质动态考核及信用评价管理办法（试行）》（晋建房字〔2014〕45号）和《山西省住房和城乡建设厅关于开展2014年度房地产企业资质动态考核及信用评价的通知》（晋建房函〔2014〕439号），现将由我厅考评的房地产开发企业、物业服务企业、房地产评估机构2014年度资质动态考核及信用评价结论予以公布。

附件：

1、山西省2014年度房地产开发企业资质动态考核及信用评价情况表

2、山西省2014年度物业服务企业资质动态考核及信用评价情况表

3、山西省2014年度房地产估价机构资质动态考核及信用评价情况表

山西省住房和城乡建设厅

2014年12月25日

附件1

山西省2014年度房地产开发企业资质动态考核及信用评价情况表

序号	城市	企业名称	资质等级	动态考核情况	信用评价等级	备注
1	太原市	山西名贺房地产开发有限公司	二级	合格	A	
2		陆延房地产集团有限公司	一级	合格	B	
3		山西龙昌房地产开发有限公司	一级	合格	B	
4		山西省安业集团有限公司	一级	合格	B	
5		太原富力城房地产开发有限公司	二级	合格	B	
6		山西九昌房地产开发有限公司	二级	合格	B	
7		太原化学工业集团房地产开发有限公司	二级	合格	B	
8		山西万景源房地产开发有限责任公司	二级	合格	B	
9		山西太钢房地产开发有限公司	二级	合格	B	
10		绿地集团太原置业有限公司	二级	合格	B	
11		五峰建设集团有限公司	二级	合格	B	
12		山西裕昌房地产开发有限公司	二级	合格	B	
13		山西光信地产有限公司	二级	合格	B	
14		山西中恒基业房地产开发有限公司	二级	合格	B	

序号	城市	企业名称	资质等级	动态考核情况	信用评价等级	备注
15	太原市	山西阳光房地产开发有限公司	二级	合格	B	
16		山西六建集团有限公司	二级	合格	B	
17		山西郡宇房地产开发有限公司	二级	合格	B	
18		山西金房子建业发展有限公司	二级	合格	B	
19		山西阳光大地集团房地产开发有限公司	二级	合格	B	
20		太原市龙城发展投资有限公司	二级	合格	B	
21		山西煜卫房地产有限公司	二级	合格	B	
22		澳林百和房地产开发有限公司	二级	合格	B	
23		山西焦煤集团房地产开发有限公司	二级	合格	B	
24		山西广鑫房地产开发有限公司	二级	合格	B	
25		山西双明房地产开发有限公司	二级	合格	B	
26		太原市兆伟房地产开发有限公司	二级	合格	B	
27		山西宝洁房地产开发有限公司	二级	合格	B	
28		太原市住宅开发修建公司	二级	合格	B	
29		山西华吉房地产开发有限公司	二级	合格	B	
30		山西千里集团房地产开发有限公司	二级	合格	B	
31		山西鑫大华房地产开发有限公司	二级	合格	B	
32		山西珠琳房地产开发有限公司	二级	合格	B	
33		山西晋隆建设发展有限公司	二级	合格	B	
34		山西宏瑞房地产开发有限公司	二级	合格	B	
35		太原银建房屋开发有限公司	二级	合格	B	
36		山西晋联房地产开发有限公司	二级	合格	B	
37		山西宝地房地产开发有限公司	二级	合格	B	
38		山西智诚房地产开发有限公司	二级	合格	B	
39		山西和泰房地产开发有限公司	二级	合格	B	
40		太原市华龙泰房地产开发有限公司	二级	合格	B	
41		山西新弘祺房地产开发有限公司	二级	合格	B	
42		山西合纵房地产开发有限公司	二级	合格	B	
43		山西华夏房地产开发有限公司	二级	合格	B	
44		太原市鑫盛通房地产开发有限公司	二级	合格	B	
45		山西金厦房地产开发有限公司	二级	合格	B	
46		山西鸿升房地产开发集团有限公司	二级	合格	B	
47		中铁三局集团山西房地产开发有限公司	二级	合格	B	
48		太原市北晨综合开发有限责任公司	二级	合格	B	
49		太原新佳荣房业发展有限公司	二级	合格	B	
50		山西合力房地产开发有限公司	二级	合格	B	
51		山西大唐双喜置业有限公司	二级	合格	B	
52		山西五方房地产开发有限公司	二级	合格	B	
53		山西恒实房地产开发有限责任公司	二级	合格	B	

序号	城市	企业名称	资质等级	动态考核情况	信用评价等级	备注
54	太原市	山西晋建房地产开发有限公司	二级	合格	B	
55		明泰地产集团有限公司	二级	合格	B	
56		山西崇康房地产开发有限公司	二级	合格	B	
57		山西太原中保房地产开发有限公司	二级	合格	B	
58		山西飞云房地产开发有限公司	二级	合格	B	
59		太原中博房地产开发有限公司	二级	合格	B	
60		山西鑫茂实业发展有限公司	二级	合格	B	
61		山西丽华房地产开发有限公司	二级	合格	B	
62		山西羽硕房地产开发有限公司	二级	合格	B	
63		金峰房地产集团有限公司	二级	合格	B	
64		山西安业房地产开发有限公司	二级	合格	B	
65		山西开元房地产有限公司	二级	合格	B	
66		山西新大陆房地产开发有限公司	二级	合格	B	
67		山西德和盛房地产开发有限公司	二级	合格	B	
68		山西中正房地产开发有限公司	二级	合格	B	
69		太原吉祥房屋开发有限公司	二级	合格	B	
70		山西骅燕置业有限公司	二级	合格	B	
71		山西晋陵房地产开发集团有限公司	二级	合格	B	
72		山西庆民房地产开发有限公司	二级	合格	B	
73		山西鼎胜房地产开发有限公司	二级	合格	B	
74		山西安泰房地产开发有限公司	二级	合格	B	
75		山西博雅都园房地产开发有限公司	二级	基本合格	B	
76		山西洋洋房地产开发有限公司	二级	基本合格	B	
77		山西华嘉盛房地产开发集团有限公司	二级	基本合格	B	
78		山西省东方建设发展有限公司	二级	基本合格	B	
79		山西大公房地产开发有限公司	二级	基本合格	B	
80		山西华北金业房地产开发有限公司	二级	基本合格	B	
81		中铁十七局集团房地产开发有限公司	二级	基本合格	B	
82		太原恒广源房地产开发有限公司	二级	不合格	C	
83		山西东泰房地产开发有限公司	二级	不合格	C	
84	大同市	大同市金东南房地产开发有限责任公司	二级	合格	A	
85		大同翔龙集团房地产开发有限责任公司	二级	合格	B	
86		大同市阳光嘉业房地产开发有限责任公司	二级	合格	B	
87		大同市城市建设开发公司	二级	合格	B	
88		大同市深特集团房地产开发有限责任公司	二级	合格	B	
89		大同市泰瑞房地产开发有限责任公司	二级	合格	B	
90		大同市恒翔房地产开发有限责任公司	二级	合格	B	
91		大同市泰泽房地产开发有限责任公司	二级	合格	B	
92		大同市星业房地产开发有限责任公司	二级	合格	B	

序号	城市	企业名称	资质等级	动态考核情况	信用评价等级	备注
93	大同市	大同市广社房地产开发有限责任公司	二级	合格	B	
94		山西全盛房地产开发有限公司	二级	合格	B	
95		大同市浩达房地产开发有限责任公司	二级	合格	B	
96		大同市华岳房地产开发有限责任公司	二级	合格	B	
97		山西远为房地产开发有限公司	二级	合格	B	
98		大同市房地建筑开发公司	二级	合格	B	
99		大同市华阳房地产开发有限公司	二级	合格	B	
100		大同市金利房地产开发有限责任公司	二级	合格	B	
101		大同市睿和兴业房地产开发有限责任公司	二级	合格	B	
102		山西永昌房地产开发有限公司	二级	合格	B	
103		大同市正宏房地产开发有限公司	二级	合格	B	
104		大同市福达房地产有限责任公司	二级	合格	B	
105		大同市安邦房地产开发有限责任公司	二级	合格	B	
106		大同市众和恒益房地产开发有限责任公司	二级	合格	B	
107		大同市欣美房地产开发有限公司	二级	合格	B	
108		山西大和房地产开发有限公司	二级	合格	B	
109		大同市博兴房地产开发有限责任公司	二级	合格	B	
110		山煤集团大同富利达房地产开发有限公司	二级	合格	B	
111		大同市永新置地有限责任公司	二级	合格	B	
112		大同市华田房地产开发有限公司	二级	合格	B	
113		山西天峰房地产开发有限公司	二级	基本合格	B	
114		大同市御河房地产建设有限责任公司	二级	基本合格	B	
115		大同市维隆房地产开发有限责任公司	二级	基本合格	B	
116		大同市房地产开发公司	二级	基本合格	B	
117		山西盛世铭达房地产开发有限公司	二级	基本合格	B	
118		大同华建房地产开发有限责任公司	二级	基本合格	B	
119		大同市晨光建设有限责任公司	二级	基本合格	B	
120		大同市宏运达房地产开发有限公司	二级	基本合格	B	
121		大同市永华置地有限责任公司	二级	基本合格	B	
122		大同华北星房地产开发有限责任公司	二级	基本合格	B	
123		大同市浩海地产置业有限责任公司	二级	基本合格	B	
124		大同市凤凰房地产开发有限责任公司	二级	不合格	C	
125	朔州市	朔州市信泰房地产开发有限公司	二级	合格	B	
126		山西新时代房地产开发集团有限公司	二级	合格	B	
127		朔州市荣丰房地产开发有限公司	二级	合格	B	
128		山西龙翼房地产开发有限公司	二级	合格	B	
129		山西华昱房地产开发有限公司	二级	合格	B	
130		朔州宣源房地产开发有限公司	二级	合格	B	
131		朔州市新世纪房地产开发有限公司	二级	合格	B	

序号	城市	企业名称	资质等级	动态考核情况	信用评价等级	备注
132	朔州市	朔州市东方房地产开发有限责任公司	二级	合格	B	
133		怀仁县东海房地产开发有限责任公司	二级	合格	B	
134		朔州市金第房地产开发有限公司	二级	基本合格	B	
135		朔州市鑫宇房地产开发有限公司	二级	不合格	C	
136	忻州市	忻州市华悦房地产开发有限公司	二级	合格	B	
137		山西晋业房地产开发有限公司	二级	合格	B	
138		忻州开来房地产开发有限公司	二级	合格	B	
139	吕梁市	汾阳市嘉业房地产开发有限公司	二级	合格	B	
140		汾阳市中石房地产开发有限公司	二级	合格	B	
141		山西伟厦广业房地产开发集团有限公司	二级	合格	B	
142		山西金永大房地产开发有限公司	二级	合格	B	
143		山西金晖房地产开发有限公司	二级	合格	B	
144		山西云栋房地产开发有限公司	二级	合格	B	
145		山西大义星房地产开发有限公司	二级	合格	B	
146		孝义市东盛昌旺房地产开发有限公司	二级	基本合格	B	
147	晋中市	辰兴房地产发展股份有限公司	一级	合格	A	
148		晋中市通宇房地产开发有限公司	二级	合格	B	
149		山西颐景房地产开发有限公司	二级	合格	B	
150		山西华强房地产开发有限公司	二级	合格	B	
151		晋中华晟房地产有限公司	二级	合格	B	
152		山西田森集团房地产开发有限公司	二级	合格	B	
153	阳泉市	山西金地房地产开发建设集团有限公司	一级	合格	A	
154		阳泉市太行工贸房地产开发有限公司	二级	合格	A	
155		阳泉市天峰房地产开发有限公司	二级	合格	A	
156		阳泉太行房地产开发有限公司	一级	合格	B	
157		联丰兴业投资集团有限公司	一级	合格	B	
158		阳泉市五龙房地产开发有限公司	二级	合格	B	
159		阳泉市豪门房地产开发有限公司	二级	合格	B	
160		山西美隆房地产开发集团有限公司	二级	合格	B	
161		阳泉煤业（集团）房地产开发有限责任公司	二级	合格	B	
162		阳泉市城市建设开发总公司	二级	合格	B	
163		阳泉市房地产开发总公司	二级	合格	B	
164		阳泉市丽玉房地产开发有限公司	二级	合格	B	
165		山西益智集团房地产有限公司	二级	合格	B	
166		阳泉鑫田房地产开发有限公司	二级	基本合格	B	
167		阳泉市阳光房地产开发有限公司	二级	基本合格	B	
168	长治市	山西宏图永盛房地产开发集团有限公司	一级	合格	A	
169		山西杰盛房地产开发集团有限公司	一级	合格	B	
170		山西兆盛房地产开发有限公司	二级	合格	B	

序号	城市	企业名称	资质等级	动态考核情况	信用评价等级	备注
171	长治市	山西省长治市城市建设开发公司	二级	合格	B	
172		长治市宏威房地产开发有限公司	二级	合格	B	
173		山西仁德信房地产开发有限公司	二级	合格	B	
174		长治市潞安中义房地产开发有限公司	二级	合格	B	
175		山西省第三建筑工程公司	二级	合格	B	
176		山西潞安房地产开发有限公司	二级	合格	B	
177		长治市房地产发展公司	二级	合格	B	
178		长治市宏业（集团）房地产开发有限公司	二级	合格	B	
179		长治市华森房地产开发有限公司	二级	基本合格	B	
180	晋城市	山西铭基房地产开发有限公司	一级	合格	B	
181		晋城市兰煜房地产开发有限公司	二级	合格	B	
182		山西兰花（集团）房地产开发有限公司	二级	合格	B	
183		晋城市瑞麒房地产开发有限公司	二级	合格	B	
184		山西摩天房地产集团有限公司	二级	合格	B	
185		山西盛华房地产开发有限公司	二级	合格	B	
186		晋城市峰景房地产开发有限公司	二级	合格	B	
187		高平市恒隆房地产开发有限公司	二级	合格	B	
188		山西盛世房地产开发有限公司	二级	合格	B	
189		晋城市金建房地产开发有限公司	二级	基本合格	B	
190		晋城市博厚置业房地产开发有限公司	二级	基本合格	B	
191	临汾市	侯马经济技术开发区仁和房地产开发有限公司	二级	合格	B	
192		侯马市华翔房地产开发有限公司	二级	合格	B	
193		临汾市恒安房地产开发有限公司	二级	合格	A	
194		临汾宇宁房地产开发有限公司	二级	合格	A	
195		临汾市派德森房地产开发有限公司	一级	合格	B	
196		临汾五洲城建开发有限公司	一级	合格	B	
197		临汾平阳房地产开发有限公司	二级	基本合格	B	
198		山西多力多房地产开发有限公司	二级	基本合格	B	
199	运城市	运城市金鑫房地产有限公司	一级	合格	A	
200		运城市御苑置业有限公司	一级	合格	B	
201		中房集团山西天泰房地产开发有限公司	一级	合格	B	
202		运城市广厦房地产开发有限公司	二级	合格	B	
203		运城市房地产开发公司	二级	合格	B	
204		运城市海纳房地产开发有限公司	二级	合格	B	
205		山西省运城市开发建筑有限公司	二级	基本合格	B	
206		山西鼎鑫置业有限公司	二级	基本合格	B	
207		山西鑫马房地产开发有限公司	一级	合格	A	
208		运城市东星房地产开发有限公司	一级	合格	B	
209		山西鑫鲲鹏房地产开发有限公司	二级	合格	B	

序号	城市	企业名称	资质等级	动态考核情况	信用评价等级	备注
210	运城市	山西锦佳房地产开发有限公司	二级	合格	B	
211		山西海鑫海天房地产开发有限公司	二级	合格	B	
212		运城市华荣房地产开发有限公司	二级	合格	B	
213		运城市金世房地产开发有限公司	二级	合格	B	
214		运城市明珠房地产开发有限公司	二级	合格	B	
215		晋铝房地产开发有限公司	二级	合格	B	
216		山西通达集团运城市大运房地产开发有限公司	二级	基本合格	B	
217		山西金博雅房地产开发有限公司	二级	基本合格	B	
218		运城市中建房地产开发有限公司	二级	不合格	C	

附件 2

山西省 2014 年度物业服务企业资质动态考核及信用评价情况表

序号	城市	企业名称	资质等级	动态考核情况	信用评价等级	备注
1	太原市	太原市美嘉乐物业管理有限公司	二级	合格	A	
2		山西晋通物业服务有限公司	二级	合格	A	
3		太原诚信铁路物业管理有限公司	二级	合格	A	
4		山西大众嘉诚物业有限公司	二级	合格	A	
5		山西滨汾物业管理有限公司	一级	合格	B	
6		太原钢铁（集团）物业管理有限公司	一级	合格	B	
7		山西昊天诚业物业管理有限公司	二级	合格	B	
8		山西亲贤千禧物业管理有限公司	二级	合格	B	
9		太原市恒泰物业管理有限公司	二级	合格	B	
10		山西阳春物业有限公司	二级	合格	B	
11		山西蓝泰物业管理有限公司	二级	合格	B	
12		山西丽华物业管理有限公司	二级	合格	B	
13		山西新大田物业管理有限公司	二级	合格	B	
14		太原祥融物业管理有限公司	二级	合格	B	
15		太原达人物业管理有限公司	二级	合格	B	
16		山西梓泽物业管理有限公司	二级	合格	B	
17		山西虹吉物业管理有限公司	二级	合格	B	
18		太原市宇滕物业管理有限公司	二级	合格	B	
19		山西祺安物业管理有限公司	二级	合格	B	
20		山西景苑物业管理有限公司	二级	合格	B	
21		山西安逸物业管理有限公司	二级	合格	B	

序号	城市	企业名称	资质等级	动态考核情况	信用评价等级	备注
22	太原市	山西恒实文化物业管理有限公司	二级	合格	B	
23		太原市今欣物业管理有限公司	二级	合格	B	
24		太原市鸿峰物业管理有限公司	二级	合格	B	
25		山西仁和物业管理有限公司	二级	合格	B	
26		太原市安盛泰物业管理有限公司	二级	合格	B	
27		太原锦宏物业管理有限公司	二级	合格	B	
28		太原市漪汾物业管理有限公司	二级	合格	B	
29		山西虹晟物业管理有限公司	二级	合格	B	
30		山西赛欧物业管理有限公司	二级	合格	B	
31		太原市天地物业管理有限公司	二级	合格	B	
32		山西同巨物业管理有限公司	二级	合格	B	
33		山西家陆物业管理有限公司	二级	合格	B	
34		山西华宇物业管理有限公司	二级	合格	B	
35		山西金宝地物业管理有限公司	二级	合格	B	
36		太原安瑞祥物业管理有限公司	二级	合格	B	
37		太原市鑫高人物业管理有限公司	二级	合格	B	
38		太原诚达物业管理有限公司	二级	合格	B	
39		山西国贸物业管理有限公司	二级	合格	B	
40		山西杰邦物业管理有限公司	二级	合格	B	
41		太原西山物业管理有限公司	二级	合格	B	
42		山西信孚物业管理有限公司	二级	基本合格	B	
43		山西雅居物业管理有限公司	二级	基本合格	B	
44		山西陆园物业管理有限公司	二级	基本合格	B	
45		山西先益物业管理有限公司	二级	基本合格	B	
46	大同市	山西云馨物业管理有限责任公司	一级	合格	A	
47		大同方园物业管理有限责任公司	二级	合格	B	
48		大同市泰澜物业管理有限责任公司	二级	合格	B	
49		大同机车工贸物业管理有限责任公司	二级	合格	B	
50		大同煤矿集团鹏程物业管理有限责任公司	二级	合格	B	
51		大同市全意物业管理有限责任公司	二级	合格	B	
52		大同市奕源物业管理有限公司	二级	合格	B	
53		大同市城开物业管理有限责任公司	二级	合格	B	
54		大同市万科隆物业管理有限责任公司	二级	合格	B	
55		大同市凯兴物业管理有限责任公司	二级	合格	B	
56	朔州市	朔州市森杰物业管理有限公司	二级	合格	B	
57		朔州市泰信物业服务有限公司	二级	合格	B	
58		朔州市华源物业管理有限公司	二级	合格	B	
59	忻州市	忻州市忻府区永鼎物业管理有限公司	二级	合格	B	
60		忻州市和谐物业管理有限公司	二级	合格	B	

序号	城市	企业名称	资质等级	动态考核情况	信用评价等级	备注
61	忻州市	山西泽鑫物业管理有限公司	二级	合格	B	
62	吕梁市	吕梁市新顺商务服务有限公司	二级	合格	B	
63	晋中市	山西田森物业服务有限公司	一级	合格	A	
64		山西御璟物业管理有限公司	二级	合格	A	
65		山西万佳物业服务有限公司	一级	合格	B	
66		晋中市通宇物业管理有限公司	二级	合格	B	
67		晋中市华晟物业管理有限公司	二级	合格	B	
68		介休市鸿安物业管理有限公司	二级	合格	B	
69		晋中心怡物业管理有限公司	二级	合格	B	
70	阳泉市	阳泉市标准信合物业服务有限公司	二级	合格	B	
71	长治市	长治市华通物业管理有限公司	一级	合格	A	
72		长治市潞安鸿源物业管理有限公司	一级	合格	A	
73	晋城市	晋城华港物业有限公司	二级	合格	B	
74		晋城市和和物业有限公司	二级	合格	B	
75		山西兰花集团物业管理有限公司	二级	合格	B	
76	临汾市	临汾市五洲物业服务有限公司	二级	合格	A	
77		临汾市鑫裕祥物业服务有限公司	二级	合格	B	
78		山西圣翔良友物业服务有限公司	二级	合格	B	
79		临汾市康居物业服务有限公司	二级	合格	B	
80	运城市	永济电机安居物业管理有限责任公司	一级	合格	A	
81		运城市禹苑物业管理服务有限公司	二级	合格	A	
82		运城市天和物业管理服务有限公司	二级	合格	B	
83		运城市御溪物业管理有限公司	二级	合格	B	
84		运城市鑫马物业管理有限公司	二级	合格	B	

附件3

山西省2014年度房地产估价机构动态考核及信用评价情况表

序号	城市	企业名称	资质等级	动态考核情况	信用评价等级	备注
1	太原市	山西瑞友房地产估价有限公司	一级	合格	A	
2		山西聚信房地产估价有限公司	一级	合格	A	
3		山西家豪房地产评估有限公司	一级	合格	A	
4		山西涌鑫房地产估价咨询有限公司	一级	合格	A	
5		山西智渊房地产估价有限公司	二级	合格	A	
6		山西华诚房地产评估有限公司	二级	合格	A	

序号	城市	企业名称	资质等级	动态考核情况	信用评价等级	备注
7	太原市	山西汇鑫房地产评估有限公司	二级	合格	A	
8		山西同业房地产咨询估价有限责任公司	二级	合格	A	
9		太原市银联房地产评估事务所（有限公司）	二级	合格	B	
10		山西正衡房地产估价有限公司	二级	合格	B	
11		山西恒源房地产估价有限公司	二级	合格	B	
12		山西世信房地产评估有限公司	二级	合格	B	
13		太原市昕科源房地产评估有限公司	二级	合格	B	
14		山西大地房地产估价有限公司	二级	合格	B	
15		太原市摩方房地产评估有限公司	二级	合格	B	
16		山西腾凯房地产评估有限责任公司	二级	合格	B	
17		山西汇通房地产估价有限公司	二级	合格	B	
18		山西弘信房地产估价咨询有限公司	二级	合格	B	
19		山西晨日房地产评估咨询有限公司	三级	合格	B	
20		山西至源房地产评估咨询有限公司	三级	合格	B	
21		山西志和房地产估价有限公司	三级	合格	B	
22		山西光明盛世房地产估价有限公司	三级	合格	B	
23		山西国元房地产估价有限公司	三级	合格	B	
24		山西豪信房地产咨询评估有限公司	三级	合格	B	
25		太原市五岳通房地产估价有限公司	三级	合格	B	
26		太原市明华房地产评估有限公司	三级	合格	B	
27		太原市公信房地产估价有限公司	三级	合格	B	
28		山西正信房地产估价事务所（有限公司）	三级	合格	B	
29		山西嘉德信房地产评估有限公司	三级	合格	B	
30		山西高原房地产土地评估咨询有限公司	三级	合格	B	
31		山西奥雷房地产评估有限公司	三级	合格	B	
32		山西鸿嘉元房地产估价事务所（有限公司）	二级	基本合格	B	
33		太原市晋利源房地产评估有限公司	三级	基本合格	B	
34		太原市磊鑫房地产评估有限公司	三级	基本合格	B	
35		太原市必信房地产评估有限公司	三级	基本合格	B	
36	大同市	大同市永杰房地产咨询估价有限责任公司	三级	合格	A	
37		大同市诚德房地产评估有限责任公司	二级	合格	B	
38		大同市永盛房地产估价咨询有限责任公司	三级	合格	B	
39		大同市泰昌房地产评估有限责任公司	二级	合格	B	
40		大同市康信房地产咨询评估有限责任公司	三级	合格	B	
40		浑源县北岳房地产评估有限责任公司	三级	合格	B	
42		大同市佳鑫房地产估价咨询有限责任公司	三级	合格	B	
43		大同市正大房地产估价咨询有限公司	三级	合格	B	
44		大同市龙城房地产咨询评估有限责任公司	三级	合格	B	
45		大同市中亚房地产估价咨询有限责任公司	三级	基本合格	B	

序号	城市	企业名称	资质等级	动态考核情况	信用评价等级	备注
46	大同市	大同市方元房地产评估咨询有限责任公司	三级	不合格	C	
47		大同市致诚房地产评估咨询有限公司	三级	不合格	C	
48	朔州市	朔州住友房地产评估有限公司	二级	合格	B	
49		朔州市方圆房地产价格评估有限公司	三级	合格	B	
50		朔州市弘丰房地产估价有限公司	三级	合格	B	
51		山西金胜原房地产评估有限公司	三级	合格	B	
52		朔州中瑞房地产评估有限公司	三级	合格	B	
53		朔州众博房地产评估有限公司	三级	合格	B	
54	忻州市	忻州华夏房地产估价咨询事务所（有限公司）	二级	合格	B	
55		忻州诚信房地产咨询评估有限公司	三级	合格	B	
56		忻州立信房地产估价事务所（有限公司）	三级	基本合格	B	
57		原平市德诚房地产估价事务所（有限公司）	三级	基本合格	B	
58	阳泉市	阳泉市天成房地产估价事务所有限责任公司	二级	合格	B	
59		阳泉市万信房地产评估事务所有限公司	三级	合格	B	
60		阳泉天盛房地产评估有限公司	三级	合格	B	
61		阳泉市吉祥天房地产估价有限公司	三级	合格	B	
62		阳泉博丰房地产估价事务所有限公司	三级	基本合格	B	
63	晋中市	晋中恒誉房地产评估有限公司	二级	合格	B	
64		山西海成房地产评估咨询有限责任公司	二级	合格	B	
65		晋中新田房地产评估有限公司	二级	合格	B	
66		山西金大地房地产估价有限公司	二级	合格	B	
67		晋中丰汇房地产评估测绘有限公司	三级	合格	B	
68		晋中市鸿源房地产估价事务所有限公司	二级	基本合格	B	
69	吕梁市	吕梁市佳信房地产评估咨询有限公司	二级	合格	B	
70		吕梁市中德房地产评估有限公司	三级	合格	B	
71		文水县立恒房地产评估有限公司	二级	合格	B	
72		文水县鑫龙房地产价格评估有限公司	三级	合格	B	
73		交城县恒信房地产评估有限公司	三级	合格	B	
74		孝义市敬德房地产价格评估事务所（有限公司）	三级	合格	B	
75		孝义市正诚房地产经纪估价有限公司	三级	合格	A	
76		吕梁市吕州房地产评估事务所	三级	基本合格	A	
77	长治市	山西誉利房地产咨询评估有限公司	二级	合格	B	
78		山西信弘达房地产估价咨询有限公司	二级	合格	B	
79		长治市宏杰房地产咨询评估有限公司	三级	合格	B	
80		长治市中汇房地产评估有限公司	三级	合格	B	
81		长治市万佳房地产咨询评估有限公司	三级	合格	B	
82	晋城市	晋城市琨仲房地产估价有限公司	二级	合格	B	
83		晋城市元萌房地产评估中心	三级	合格	B	
84		晋城市金房房地产估价咨询有限责任公司	三级	合格	B	

序号	城市	企业名称	资质等级	动态考核情况	信用评价等级	备注
85	晋城市	晋城市恒正房地产估价有限公司	三级	合格	B	
86		晋城市达泰房地产评估咨询有限公司	三级	合格	B	
87		阳城县安信房地产估价有限公司	三级	基本合格	B	
88	临汾市	临汾市嘉园房地产估价服务有限公司	二级	合格	A	
89		吉县良正房地产估价事务所	三级	合格	B	
90		临汾四方房地产评估服务有限公司	二级	合格	B	
91		临汾市惠信房地产估价有限责任公司	二级	合格	B	
92		山西信誉房地产估价有限公司	二级	合格	B	
93		翼城县三合房地产评估有限公司	三级	合格	B	
94		襄汾县正平房地产评估有限公司	三级	合格	B	
95		临汾紫奇房地产估价有限公司	三级	合格	B	
96		霍州市通达房地产估价事务所	三级	合格	B	
97		临汾红政房地产估价有限公司	三级	合格	B	
98		侯马市立信房地产评估事务所	三级	基本合格	B	
99		侯马市惠宇房地产评估有限公司	三级	基本合格	B	
100	运城市	山西利人房地产评估咨询有限公司	二级	合格	A	
101		运城市元兴房地产评估有限公司	二级	合格	B	
102		运城市裕达房地产经纪评估有限公	二级	合格	B	
103		山西金汇丰房地产评估有限公司	二级	合格	B	
104		芮城县魏风房地产价格评估事务所（有限公司）	三级	合格	B	
105		运城市嘉璐房地产评估有限公司	三级	合格	B	
106		运城市汇亨房地产评估服务有限公司	三级	合格	B	
107		绛县振兴房地产评估事务所有限公司	三级	合格	B	
108		平陆县天龙房地产评估咨询有限公司	三级	合格	B	
109		运城市天林房地产评估咨询有限公司	三级	合格	B	
110		运城市中泰房地产估价事务所	三级	合格	B	

山西省物价局 山西省住房和城乡建设厅
关于规范房屋交易手续费及有关事项的通知

晋价服字〔2014〕134号

各市物价局、住建局（委）、房地产管理局：

为了进一步规范房屋交易收费行为，保护消费者合法权益，促进房地产业健康发展，经研究，现就规范我省房屋交易手续费及有关事项通知如下：

一、房屋交易手续费属经营服务性收费，应遵循公开、公平、质价相符的原则，由经批准建立的房地产交易中心（市场）提供交易服务，办理交易手续时收取。

二、房屋交易手续费包括房屋转让手续费和房屋租赁手续费。在办理房屋交易手续过程中，除房屋转让手续费和房屋租赁手续费外，不得以任何名义收取其他费用。

三、房屋交易手续费标准见附表。

四、新建经济适用住房、限价商品住房、棚户区改造安置住房等保障性住房转让手续费按规定标准减半收取；因继承、遗赠、婚姻关系共有发生的住房转让免收转让手续费；依法进行的廉租住房、公有住房、公共租赁住房等保障性住房租赁行为免收租赁手续费。

五、房地产交易中心（市场）应当按规定提供交易场所、市场信息、核实产权、产权过户、租赁合同备案以及其他与房屋交易有关的服务。

六、房屋交易手续费主要用于房地产交易中心（市场）人员经费，房屋、设备等固定资产折旧、维护和购置费用，信息系统建设费用，办公费用及交纳税金等，其他任何部门、单位不得平调、扣缴、截留。

七、房地产交易中心（市场）应按照有关规定在交易场所实行明码标价，公布收费依据、收费项目、收费标准等，自觉接受价格主管部门的检查和社会监督。

八、各市房地产管理部门每年3月15日前按照省物价局《关于实行部分重要经营服务性收费执行情况年度报送制度的通知》（晋价服字〔2011〕61号）规定要求，将本市及所属县（市）房屋交易手续费相关情况报省住房城乡建设厅。

九、本通知从2014年6月1日起执行，期限为二年。省物 价局、省住建厅《关于规范和降低房屋交易手续费及有关问题的通知》（晋价服字〔2011〕120号）同时废止。

山西省物价局
山西省住房和城乡建设厅
2014年5月28日

附表

山西省房屋交易手续费标准

<table>
<tr><th colspan="2">交易类别</th><th>计费单位</th><th>收费标准</th><th>交费主体</th><th>备注</th></tr>
<tr><td rowspan="2">新建商品房转让</td><td>住宅</td><td rowspan="2">每平方米建筑面积</td><td>3元</td><td rowspan="2">转让方（房地产开发企业）</td><td>经济试用住房、限价商品住房、棚户区改造安置住房减半</td></tr>
<tr><td>非住宅</td><td>6元</td><td></td></tr>
<tr><td rowspan="2">存量房转让</td><td>住宅</td><td rowspan="2">每平方米建筑面积</td><td>6元</td><td rowspan="2">交易双方各一半</td><td></td></tr>
<tr><td>非住宅</td><td>12元</td><td></td></tr>
</table>

交易类别		计费单位	收费标准	交费主体	备注
房屋租赁	住宅	套	100 元	出租人	
	非住宅	不	200 m^2（含）以下 100 元		
			200–500 m^2 (含)200 元		
			500–1000 m^2（含）300 元		
			1000 m^2以上 400 元		

山西省物价局 山西省住房和城乡建设厅关于放开房地产咨询和经纪收费管理的通知

晋价服字〔2014〕194号

各市物价局、住建局（委）、房地产管理局：

为深入贯彻落实十八届三中全会精神，充分发挥市场在资源配置中的决定性作用，完善房地产中介服务价格形成机制，促进行业健康发展，根据国家发展改革委、住房和城乡建设部《关于放开房地产咨询收费和下放房地产经纪收费管理的通知》（发改价格〔2014〕1289号）规定，决定放开目前实行政府指导价管理的房地产咨询和经纪服务收费标准，实行市场调节价管理。现就有关事项通知如下：

一、放开房地产咨询和经纪服务收费。房地产中介服务机构接受委托，提供有关房地产政策法规、技术及相关信息等咨询的服务收费，提供房屋租赁代理、房屋买卖代理等经纪服务的收费，实行市场调节价，由委托和受委托双方，依据服务内容、服务成本、服务质量和市场供求状况协商确定。

二、各房地产中介服务机构应按照《价格法》、《房地产经纪管理办法》等法律法规要求，公平竞争、合法经营，诚实守信，为委托人提供价格合理、优质高效服务；严格执行明码标价制度，在其经营场所的醒目位置公示价目表，价目表应包括服务项目、服务内容及完成标准、收费标准、收费对象及支付方式等基本标价要素；一项服务包含多个项目和标准的，应当明确标示每一个项目名称和收费标准，不得混合标价、捆绑标价；代收代付的税、费也应予以标明。房地产中介服务机构不得收取任何未标明的费用。

三、价格主管部门要依法加强对房地产中介服务收费行为的监督管理，重点查处收费后不按约定义务履行服务职责，以及串通涨价、利用虚假或者使人误解的标价内容和标价方式进行价格欺诈等乱收费行为，规范房地产中介服务市场价格秩序。

四、上述规定自2014年7月1日起执行。省物价局、省建设厅《关于转发<国家计委、建设部关于房地产中介服务收费的通知>的通知》（晋价涉字〔1995〕124号）中有关房地产咨询和经纪服务收费的规定同时废止。

山西省物价局
山西省住房和城乡建设厅
2014年6月26日

山西省地方税务局
关于发布《山西省房地产开发企业土地增值税清算管理办法》的公告

山西省地方税务局公告 2014 年第 3 号

现将《房地产开发企业土地增值税清算管理办法》予以发布，自 2014 年 7 月 1 日起施行。

特此公告。

山西省地方税务局

2014 年 6 月 11 日

山西省房地产开发企业土地增值税清算管理办法

第一章 总 则

第一条 为了规范房地产开发企业土地增值税征收管理，做好土地增值税清算审核工作，根据《中华人民共和国税收征收管理法》及其实施细则、《中华人民共和国土地增值税暂行条例》及其实施细则、《土地增值税清算管理规程》及其相关政策规定，制定本办法。

第二条 凡在本省境内从事房地产开发的企业，其开发的房地产项目符合土地增值税清算条件的，均适用本办法。

第三条 房地产开发企业是土地增值税的清算主体，符合清算条件的房地产开发项目，纳税人应当在规定期限内自行完成清算或委托有清算资质的中介机构完成清算。

接受委托进行土地增值税清算鉴证业务的中介机构，应当按《土地增值税清算鉴证业务准则》的有关规定完成清算鉴证，出具《土地增值税清算鉴证报告》，并对清算鉴证结果承担相应的法律责任。

第四条 土地增值税清算以纳税人初始填报的《土地增值税项目登记表》中房地产开发项目为清算单位。分期开发的项目以分期项目为清算单位。同一清算单位中既有普通标准住宅又有非普通住宅及其他房地产开发项目的，应当分别核算增值额，计征土地增值税。未分别核算或不能分别核算增值额的，建造的普通标准住宅不能适用条例第八条（一）项的免税规定，应当按合理的方式分别计算住宅和其他房地产开发项目的增值额。

第五条 主管地税机关税源管理部门应当加强对房地产开发项目的日常税收管理和监控，对纳税人分期开发项目或者同时开发多个项目的，应当督促纳税人根据清算要求按不同期间和不同项目合理归集有关收入、成本、费用，及时掌握清算单位是否达到清算条件。

第二章 清算条件

第六条 符合下列情形之一的，纳税人应当主动进行土地增值税清算：

（一）房地产开发项目全部竣工、完成销售的；

（二）整体转让未竣工决算房地产开发项目的；

（三）直接转让土地使用权的；

（四）纳税人申请注销税务登记但未办理土地增值税清算手续的。

第七条 符合下列情形之一的，主管地税机关可要求纳税人进行土地增值税清算：

（一）已竣工验收的房地产开发项目，已转让的房地产建筑面积占整个项目可售建筑面积的比例达到或超过 85%，或该比例虽未达到 85%，但剩余的可售建筑面积已经出租或自用的。

（二）取得销售（预售）许可证满三年仍未销售完毕的。同一清算单位，分多次取得销售（预售）许可证的，在确定三年期限时应当从最后一次取得销售（预售）许可证的时间算起。

（三）经主管地税机关进行纳税评估发现问题后，认为需要办理土地增值税清算的房地产开发项目。

第八条 纳税人在土地增值税清算时未转让的房地产，在清算时不列收入，不扣除相应的成本和费用。

清算后销售或有偿转让未使用及使用年限在一年以内的房地产的，纳税人应当按规定进行土地增值税纳税申报，收入按实际取得的收入计算，扣除项目金额按清算时的单位建筑面积成本费用乘以销售或转让面积计算。

清算后再销售或转让使用年限超过一年以上房地产的，应当按照转让旧房及建筑物的政策规定计算缴纳土地增值税。

第三章 清算申请与受理

第九条 凡符合应办理土地增值税清算条件的项目，纳税人应当在满足条件之日起90日内到主管地税机关办理清算手续，并据实填写《土地增值税清算表》；凡属地税机关要求纳税人进行土地增值税进行清算的项目，主管地税机关应当下发《土地增值税清算通知书》，纳税人应当在接到清算通知之日起90日内，到主管地税机关办理清算手续。

第十条 纳税人在办理土地增值税清算申报手续时，应当向主管地税机关提交有关清算项目资料和清算申报表，并填写《土地增值税清算申报资料清单》和《土地增值税清算申报表清单》。

第十一条 纳税人应当准确、据实填写各类清算申报表和相关表格；纳税人委托中介机构代理进行清算鉴证的，中介机构应当在《土地增值税清算鉴证报告》中详细列明清算项目的收入、扣除项目和进行土地增值税清算的相关鉴证信息。

第十二条 主管地税机关在收到纳税人提交的清算资料时，应当对照《土地增值税清算申报资料清单》和《土地增值税清算申报表清单》所列内容逐一核实，并严格按照本办法附表格式和《土地增值税清算管理规程》、《土地增值税清算鉴证业务准则》规定的内容进行审验。

对纳税人提交的申请材料格式准确、内容齐全规范的，主管地税机关应当予以受理，并向纳税人开具《土地增值税清算受理通知书》交纳税人转入审核程序。

对纳税人提交的申请材料格式不准确、内容不规范、相关事项不清楚的，应当在5个工作日内退回纳税人重新修改或补充完善，并向纳税人出具《土地增值税清算补充材料通知书》，纳税人应当在30日内将清算资料修改补充完整，并重新办理税款清算手续。

第四章 清算审核

第十三条 土地增值税清算审核工作由县及县以上主管地税机关组织实施，并应当自受理纳税人清算申请之日起90日内(不含纳税人应地税机关要求增加补正资料时间)完成清算审核。若因特殊原因需延长清算审核时间的，应当将延期原因和延期时间报上一级地税机关批准，并通知纳税人。

第十四条 主管地税机关应当成立由领导总负责，征管、税政、计会、稽查、二分局、税源管理部门等相关单位共同参加的清算审核领导组。领导组按清算审核的不同内容和要求，下设收入审核、土地成本审核、其他开发成本及费用审核、税金及其他扣除项目审核等若干审核小组，明确各小组的职责和分工。各审核小组应当在规定时间内对纳税人提供的相关票据、凭证、资料进行认真审查核实，出具初审意见，报清算审核领导组集体审议。

第十五条 房地产转让收入的审核

（一）收入的确认

1、纳税人转让房地产所取得收入，是指转让房地产的全部价款及有关的经济收益，包括货币收入、实物收入和其他收入。

2、土地增值税清算时，已全额开具商品房销售发票的，按照发票所载金额确认收入；未开具发票或未全额开具发票的，以

交易双方签订的销售合同所载的售房金额及其他收益确认收入。

3、销售合同所载商品房面积与有关部门实际测量面积不一致，在清算前已发生补、退房款的，应当在计算土地增值税时予以调整。售房时向购买方一并收取的代收费用，应当作为计税收入（但不作为加计扣除的基数）。

4、开发产品用于职工福利、奖励、对外投资、分配给股东或投资人、抵偿债务、拆迁换建、换取其他单位和个人的非货币性资产或不动产等行为应当视同销售，按下列方法和顺序确认收入：按本企业在同一地区、同一年度销售同类房地产的平均价格确定；按当地当年同类房地产的市场价格或评估价值确定。

（二）收入的审核

收入审核小组应当根据纳税人提供的《与收入相关的面积明细申报表》和《转让房地产收入明细申报表》，结合立项报告、测绘报告、规划许可证、销（预）售许可证等相关资料，核实与收入相关的面积之间的逻辑关系是否合理，有无应视同销售行为未作销售处理的情况。同一清算单位中不同类型的房地产开发项目是否分别核算收入。若发现纳税人提供的收入资料不实，成交价格明显低于正常销售价格又无正当理由的，收入审核小组可以参照当地当年、同类房地产市场价格核定收入。

（三）收入审核意见的出具

收入审核小组审核结束后，应当填报收入审核相关附表，加注审核意见，报清算审核领导组。

第十六条 房地产开发企业开发土地、新建房和配套设施发生的成本费用，准予扣除的项目有：取得土地使用权所支付的金额、土地征用及拆迁补偿费、前期工程费、建筑安装工程费、基础设施费、公共配套设施费、开发间接费、房地产开发费用、与转让房地产有关的税金及国家规定的准予加计20%的扣除，未实际发生的上述各项预提（或预付）费用，不得扣除。

第十七条 审核扣除项目是否符合下列要求：

（一）在土地增值税清算中，计算扣除项目金额时，其实际发生的支出应当取得但未取得合法凭据的不得扣除。

（二）扣除项目金额中所归集的各项成本和费用，必须是实际发生的。

（三）扣除项目金额应当准确地在各扣除项目中分别归集，不得混淆。

（四）扣除项目金额中所归集的各项成本和费用必须是在清算项目开发中直接发生的或应当分摊的。

（五）纳税人分期开发项目或者同时开发多个项目的，或者同一项目中建造不同类型房地产的，应当按照受益对象，采用合理的分摊方法，分摊共同的成本费用。

（六）对同一类事项，应当采取相同的会计政策或处理方法。会计核算与税务处理规定不一致的，以税务处理规定为准。

第十八条 取得土地使用权支付金额和土地征用及拆迁补偿费的审核

（一）审核取得土地使用权、土地征用及拆迁补偿费实际支付金额

1、结合企业提供的土地使用权证、土地出让合同、土地价款的支付凭据、契税完税凭证、银行支付记录和与政府相关部门的协议，确认本期开发项目“取得土地使用权所支付的金额”是否获取合法有效凭证，口径是否一致。拆迁补偿费和青苗补偿费等与概预算是否存在明显异常，拆迁、补偿支出与拆迁、补偿合同和签收花名册发生的金额能否互相对应，有无政府返还和以地补路等情况。

2、土地征用及拆迁补偿若由政府或者其他拆迁单位承担，则这部分费用已包括在取得土地使用权的金额中，审核是否有重复列支的问题。

3、比较、分析相同地段、相同期间、相同档次项目，判断其取得土地使用权支付金额和土地征用及拆迁补偿费是否存在明显异常。

（二）审核取得土地使用权和土地征用及拆迁补偿费支付金额分摊比例

1、同一宗土地有多个开发项目，能准确划分不同项目占地面积的，应当先按占地面积分摊土地成本；不能准确划分不同项目占地面积的，应当按楼面地价（楼面地价 = 土地总价格 / 总建筑面积）和各项目实际建筑面积占总建筑面积的比例计算分摊不同项目的土地成本。

2、房地产开发企业成片受让土地使用权后，分期分批开发、转让房地产的，以及建有公共配套设施的，应当结合房地产开发企业提供的土地使用权证、经规划部门审核同意的规划图、房屋分户（室）测绘面积对照表等资料，按照上述原则分摊土地成本，以判定其土地成本的分摊是否合理、完整。

（三）土地成本审核意见的出具

土地成本审核小组应当根据纳税人提供的《取得土地使用权支付金额明细申报表》和相关资料，对土地成本认真审核，计算分摊后，填写土地成本审核相关附表，加注审核意见，报清算审核领导组。

第十九条 其他开发成本、费用的审核

（一）前期工程费与基础设施费的审核

1、审核前期工程费（包括规划、设计、水文、地质、勘察、测绘、可研、通水、通电、通路、清理平整场地等费用）和基础设施费（包括小区内道路、供水、供电、供气、排污、排洪、通信、照明、环卫、绿化等费用）的各项实际支出与概预算是否存在明显异常。

2、审核前期工程费与基础设施费是否存在虚列、多列等情况，实际发生的费用与开发项目是否相对应。

3、多个（或分期）项目共同发生的前期工程费和基础设施费，应当采用建筑面积法进行分摊，审核其是否合理分摊。

（二）建筑安装工程费的审核

1、采取出包方式建设的，应当重点审核完工决算成本与工程概预算成本是否存在明显异常。当二者差异较大时，应当追加以下审核程序：开发企业采用甲供材料方式出包工程的，重点审查其提供的材料是否存在重复列支成本问题，必要时可从合同管理部门获取施工单位与开发商签订的施工合同，并与相关账目进行核对；或实地查看项目工程情况，向建筑监理公司取证；审核纳税人是否存在利用关联方（尤其各企业适用不同的征收方式、不同税率，不同时段享受税收优惠时）承包或分包工程，增加或减少建筑安装成本造价的情形。

2、采取自营方式建设的，重点审核施工所发生的人工费、材料费、机械使用费、其他直接费和管理费支出是否取得合法有效的凭证，是否按规定进行会计处理和税务处理。

3、采取分期开发项目的，应当着重审核本期清算的建筑安装成本费用与下期的建筑安装成本费用是否正确划分；建筑安装成本费用是否高于建设部门公布的最新《山西省建设工程计价依据》标准，明显偏高的，需提供专项说明或出具中介机构的专项审定报告；审核建筑安装成本费用是否按照合理的分摊方法在各建筑物中进行分摊［某建筑物建筑安装成本 = 建筑物实际建筑面积 ×（清算单位总建筑安装成本 / 清算单位总建筑面积）］；同一建筑物中若存在层高不同的情况时，可按层高系数加以调整，但不得增加建筑物总的建安成本；审核建筑安装发票是否在劳务发生地地税机关取得，否则不得扣除。

（三）其他建筑安装成本费用的审核

1、审核建筑安装单位开具的建筑安装发票是否包含质量保证金。对于开发企业扣留的质量保证金，未开具发票或未付款的，不允许在计算土地增值税时计入成本并加计扣除。

2、审核开发企业是否在“开发成本”或“开发间接费”中列支了临时代垫的临时水电费、农民工工资保证金等费用，如列支了应当将其调出，不得作为开发成本扣除。

3、审核开发企业在“开发成本”和“开发间接费”科目中是否列支售楼处、样板房的装修费用，上述费用不允许作为开发成本扣除。房地产开发企业销售已装修的房屋，其装修费用可以计入房地产开发成本。

4、土地红线外的绿化、修路、配套等支出，不得扣除。

（四）公共配套设施费的审核

房地产开发企业开发建造的与清算项目配套的居委会

和派出所、会所、停车场（库）、物业管理场所、变电站、热力站、水厂、文体场馆、学校、幼儿园、托儿所、医院、邮电通讯等公共设施，按以下原则审核：

1、建成后产权属于全体业主所有的，其成本、费用可以扣除。

2、建成后无偿移交给政府、公用事业单位用于非营利性社会公共事业的，其成本、费用可以扣除。

3、建成后有偿转让的，应当计算收入，并准予扣除成本、费用。

房地产开发企业销售车库、车位、地下储藏间应当重点区分车库、车位、地下储藏间的对外销售、业主共有、开发商自留三种情况；其中对外销售的车库、车位、地下储藏间又分为有产权和无产权两种情况。对不同情形按以下标准来确定成本列支：

1、有产权对外销售的车库、地下储藏间，其收入应当并入房地产销售收入，相应的车库、地下储藏间开发成本应当准予扣除，并加计扣除。

2、无产权的车库、车位、地下储藏间在一定期限内让渡使用权的，收入不作为土地增值税清算收入，其相应的成本费用不可以扣除。

3、全体业主共有的车库、地下储藏间，属于公共配套设施，相应的车库、地下储藏间开发成本应当准予扣除，并加计扣除。

4、开发商自留的车库、地下储藏间，因其产权归属于开发商自有，若无对外销售则相应的开发成本不允许扣除。

（五）开发间接费用的审核

1、审核各项开发间接费用是否含有其他企业的费用；是否含有以明显不合理的金额开具的各类凭证；是否全部属于直接组织、管理清算项目发生的费用；是否将开发费用记入开发间接费用；是否存在将企业行政管理部门（总部）为组织和管理生产经营活动而发生的管理费用，如未售房屋的物业看护费、产权交易费、售楼处的水电、办公费等，记入开发间接费用的情形；有无预提的开发间接费用；在计算加计扣除项目基数时，是否剔除了已计入开发成本的借款费用。

2、房地产开发企业因延期建设和违规建设，被建设主管部门给予的行政性罚款，不允许在“开发成本”“开发间接费用”中归集，若发现应当予以剔除。

3、开发企业先行为施工方职工代付社保统筹费用，应当通过往来科目进行核算，不得作为扣除项目扣除。

4、计算开发间接费用占全部开发成本的比值，并将该比值与同类工程的比值相比较，若发现有严重偏差的，则应当进一步核实。

（六）房地产开发费用的审核

房地产开发费用，是指与房地产开发项目有关的销售费用、管理费用、财务费用。

销售费用、管理费用一律按“取得土地使用权所支付金额”与“房地产开发成本”金额之和的5%予以扣除。财务费用中的利息支出凡能够按转让房地产项目计算分摊并提供金融机构证明的，允许据实扣除；若发现有凭证不齐全、分摊不合理或不能提供金融机构证明的，则一律按“取得土地使用权所支付金额”与“房地产开发成本”金额之和的5%予以扣除。

（七）其他开发成本费用审核意见的出具

其他开发成本费用审核小组应当根据各类合同签订金额和银行支付凭证及发票取得情况，对纳税人提供的《前期工程费明细申报表》、《建筑安装工程费明细申报表》、《基础设施费明细申报表》《公共配套设施费明细申报表》、《开发间接费明细申报表》、《利息支出明细申报表》、《扣除项目汇总申报表》进行认真比较、分析、确认，根据清算项目的建筑面积占总建筑面积的比例，对各项费用进行合理分摊，填写房地产开发成本费用审核相关附表，加注审核意见，报清算审核领导组。

第二十条 与转让房地产有关的税金及其他扣除项目的审核

（一）与转让房地产有关的税金的确认和审核

与转让房地产有关的税金包括在转让房地产时缴纳的营业税、城市维护建设税、印花税，因转让房地产缴纳的教育费附加、地方教育附加，也可视同税金予以扣除。与转让房地产无关的其他税费，不得在税金中归集。

审核与转让房地产有关的税金，重点审核以下内容：

1、审核房地产开发企业缴纳的印花税是否有重复扣除问题。

2、审核是否有不属于清算范围或不属于转让房地产时发生的税金及附加列入清算项目。

3、审核房地产开发企业是否将少缴或不缴的税费在清算时进行扣除。

（二）财政部规定的其他扣除项目的确认和审核

对从事房地产开发的纳税人取得土地使用权所支付的金额、开发土地和新建房及配套设施的成本按规定计算的金额之和，加计百分之二十的扣除。

审核其他扣除项目，重点审核以下内容：

1、审核房地产开发企业代收的费用是否作为房地产开发成本列支并进行加计扣除。

2、审核对取得土地（不论是生地还是熟地）使用权后，未进行任何形式的开发即转让的，是否按税收规定计算扣除项目金额，有无违反税收规定加计扣除。

3、审核对于取得土地使用权后，仅进行土地开发（如“三通一平”等），不建造房屋即转让土地使用权的，是否按税收规定计算扣除项目金额，是否按取得土地使用权时支付的地价款和开发土地的成本之和计算加计扣除。

（三）税金及其他扣除项目审核意见的出具

税金及其他扣除项目审核小组应当将审核情况填入税金及其他扣除项目审核相关附表，并加注意见，报清算审核领导组。

第五章 核定征收

第二十一条 房地产开发企业有下列情形之一的，地税机关可以参照与其开发规模和收入水平相近的当地企业的平米售价确认收入，按规定的核定征收率计算缴纳土地增值税：

（一）依照法律、行政法规的规定应当设置但未设置账簿的。

（二）擅自销毁账簿或者拒不提供纳税资料的。

（三）虽设置账簿，但账目混乱或者成本资料、收入凭证、费用凭证残缺不全，难以确定转让收入或扣除项目金额的。

（四）符合土地增值税清算条件，未按照规定的期限办理清算手续，经地税机关责令限期清算，逾期仍不清算的。

（五）申报的计税依据明显偏低且无正当理由的。

（六）纳税人隐瞒房地产成交价格，其转让房地产成交价格低于房地产评估价格且无正当理由的。

第二十二条 对开发土地和新建房及配套设施的成本（简称开发成本）中的前期工程费、建筑安装工程费、基础设施费、开发间接费用等，按实际发生额据实扣除。

纳税人进行土地增值税清算时，有下列情况之一的，地税机关可参照《山西省建设工程计价依据》和当地建设工程管理部门公布的建安造价定额资料，结合房屋结构、用途、区位等因素，核定上述四项开发成本的单位面积金额标准，并据以计算扣除：

（一）无法按清算要求提供开发成本核算资料的；

（二）提供的开发成本资料不实的；

（三）发现《土地增值税清算鉴证报告》不真实的；

（四）虚报房地产开发成本的；

（五）清算项目中的前期工程费、建筑安装工程费、基础设施费、开发间接费用的平米成本，明显高于当地公布的四项费用单位平米造价，又无正当理由的。

第二十三条 凡不符合核定征收条件的房地产开发项目，要严格按规定进行清算，不得以核定征收方式代替清算工作。

第六章 审核结果的处理

第二十四条 清算审核领导组根据各清算审核小组的审核意见，汇总有关资料，经清算审核领导组会议或经办公会议集体审议后，确定清算项目的增值额、适用税率，最终做出清算审核结论。

税源管理部门根据清算审核结论制作相应税务文书，送达纳税人。对需补缴税款的清算项目应当出具《土地增值税清算补税通知书》，由纳税人自行办理纳税申报手续；对需退税的清算项目，按照有关退税流程办理退税手续；对符合核定征收条件的清算项目，应当明确核定依据、核定征收率、核定税额，督促纳税人按核定税额按期缴纳税款。

第七章 附 则

第二十五条 本办法所涉及各种税务文书和表格式样、填列归集要求均附列在附件中。

第二十六条 本办法自 2014 年 7 月 1 日起施行。

附件：（略）

1. 山西省土地增值税清算申报资料清单
2. 山西省土地增值税清算申报表清单
3. 山西省土地增值税清算审核表清单
4. 山西省土地增值税清算通知书（此处略）

附件 1：（略）

山西省土地增值税清算申报资料清单

序号 申报材料名称 有 / 否

1 项目竣工清算报表；
2 清算项目立项批复（发改委文件）
3 建筑工程施工许可证
4 工程竣工验收备案表
5 建设工程规划许可证
6 国有土地使用权证书
7 取得土地使用权时所支付的地价款有关证明凭证
8 国有土地使用权出让或转让合同
9 建筑安装工程合同
10 设计合同
11 园林绿化合同
12 建安发票、设计发票和其他发票
13 清算项目所有单项工程的结算书（单）
14 借款合同及支付证明
15 商品房销（预）售许可证
16 测绘成果报告书
17 与转让房地产有关的完税凭证
18 销售平面图
19 拆迁补偿办法
20 拆迁补偿协议收据或其他证明性资料
21 土地增值税清算税款鉴证报告
22 工程概算书
23 房屋分户（室）测绘面积对照表

附件 2：（略）

山西省土地增值税清算申报表清单

序号 申报表名称 有 / 否

1 企业基本情况表
2 土地增值税项目登记表
3 土地增值税清算申报表
4 清算项目房屋明细表
5 与收入相关的面积明细申报表
6 转让房地产收入明细申报表
7 各年度平均售价明细申报表
8 取得土地使用权所支付的金额明细表申报表
9 土地征用及拆迁补偿费明细表申报表
10 前期工程费明细申报表
11 建筑安装工程费明细申报表
12 基础设施费明细申报表
13 公共配套设施费明细申报表

14 开发间接费用明细申报表
15 利息支出明细申报表
16 扣除项目汇总申报表
17 与转让房地产有关的税金明细申报表
18 扣除项目及成本结转明细申报表
19 清算申报表填报要求

附件 3：（略）

山西省土地增值税清算审核表清单

分类 序号 审核表名称 有 / 否

一、收入审核相关附表
1 转让收入审核表
2 各年度平均售价审核表
3 收入审核总表

二、土地成本审核附表
4 取得土地使用权所支付的金额审核表
5 土地征用及拆迁补偿费审核表
6 清算项目面积审核表
7 可售面积明细审核表
8 土地成本审核总表

三、开发成本审核附表
9 前期工程费审核表
10 建筑安装工程费审核表
11 基础设施费审核表
12 公共配套设施费审核表
13 开发间接费用审核表
14 开发成本审核总表

四、其他扣除项目审核附表
15 利息支出审核表
16 开发费用审核表
17 与转让房地产有关的税金审核表
18 加计扣除审核表

五、应缴税款审核附表
19 土地增值税清算应缴税款审核总表
20 土地增值税清算应缴税款审核明细表（其他商品房及转让土地使用权）
21 土地增值税清算应缴税款审核明细表（普通住宅）
22 土地增值税清算应缴税款审核明细表（非普通住宅）

山西省地方税务局
关于发布《应用房地产估价技术加强存量房交易税收征管办法》的公告

山西省地方税务局公告 2014 年第 4 号

现将《山西省地方税务局应用房地产估价技术加强存量房交易税收征管办法》予以发布，自 2014 年 1 月 1 日起施行。

特此公告。

山西省地方税务局
2014 年 11 月 6 日

山西省地方税务局应用房地产估价技术加强存量房交易税收征管办法

第一条 为了切实加强存量房交易环节税收征管，防范存量房交易活动中所形成的税收风险，营造依法、公平纳税的良好环境，促进房地产市场健康有序发展，根据《中华人民共和国税收征收管理法》及实施细则、《中华人民共和国契税暂行条例》及细则等法律法规的有关规定，按照《财政部 国家税务总局关于推广应用房地产估价技术加强存量房交易税收征管工作的通知》(财税〔2011〕61 号)和《国家税务总局关于进一步加强存量房交易税收征管工作的通知》(税总发〔2013〕129 号)的要求，结合我省实际，制定本办法。

第二条 本办法适用于本省行政区域范围内存量房(俗称二手房)交易环节的税收征管。

存量房含住宅和非住宅。

第三条 发生存量房交易的单位和个人，应在办理产权变更登记前，向地税机关申报缴纳相关税款。交易双方应当依法如实申报存量房交易价格，依法足额缴纳相关税款。

第四条 市、县两级主管地税机关要按照房地产税收一体化管理要求，设立存量房交易税收“一窗式”征收窗口，建立与产权变更登记部门的协作机制，严格执行契税“先税后证”制度，加强存量房交易税收征管。

第五条 市、县两级主管地税机关要应用统一的存量房交易申报价格评估审核系统(全省通用版)，对各类存量房交易申报价格进行评估(以下简称存量房评估)。

第六条 市、县两级主管地税机关应当应用房地产批量估价技术确定存量房交易价格估值，并下浮一定比例形成存量房评估价格，据此作为核定申报的存量房交易价格是否偏低的标准。自 2015 年 1 月 1 日起，各地下浮比例不得超过 10%。具体比例由各市地方税务局确定。

第七条 存量房评估工作由市、县(市、区)地方税务局直属二分局负责，各市、县(市、区)在本区域内的存量房评估技术标准必须统一。

第八条 当地主管地税机关要对纳税人申报的存量房交易价格进行全面评估审核，严格禁止不经评估即直接按纳税人申报的交易价格征税。

第九条 当地主管地税机关要严格按照规定实施存量房评估。要应用存量房评估价格与纳税人申报价格进行比对，对于申报价格高于评估价格的，以申报价格计税；对于申报价格明显低于评估价格的，应进一步经过规定程序确认申报交易价格偏低是否有正当理由，经确认有正当理由的，予以认可；无正当理由的，以评估价格作为依据核定计税价格征税。

以下情况可视为有正当理由：

(一)法院裁决；

(二)拍卖；

(三)亲属(三代以内血亲)间交易且申报价格不低于评估价格的规定范围；

(四)房屋客观上有明显缺损且申报价格不低于评估价格的规定范围；

(五)税务机关认定的其他情形。

本条第(三)、(四)项的评估价格下浮具体比例由各市地方税务局确定。

纳税人应按当地主管地税机关要求提供正当理由的合法、有效资料。

第十条 纳税人对评估价格有异议的，可向当地主管地税机关提出异议处理申请，并提供证据资料，当地主管地税机关要按照合法、合理、规范、高效的原则进行异议处理。纳税人对异议处理结果有异议的，当地主管地税机关应当按照山西省物价局、山西省财政厅、山西省国家税务局、山西省地方税务局联合发布的《涉税财务价格认定管理办法》(晋价认字 [2010]176 号) 委托价格主管部门设立的价格鉴定机构进行认定。

纳税人对价格主管部门设立的价格鉴定机构认定的评估价格有异议的，可以依法申请复核裁定。

第十一条 纳税人发生存量房交易行为，未按规定缴纳税款的，由当地主管地税机关依法追缴应纳税款、滞纳金，并依照《中华人民共和国税收征收管理法》的有关规定进行处理。

第十二条 主管地税机关应优化纳税服务，充分尊重纳税人的知情权，保护纳税人的合法权益。要对实施存量房评估进行公告，积极向纳税人宣传存量房评估工作，依纳税人申请公开存量房交易评估机制的内容、评估工作的原理和程序，为纳税人提供咨询。

第十三条 存量房评估数据库维护和评估数据的调整由各市地方税务局直属二分局负责。要根据市场变化情况，完善评估技术标准，保证评估结果符合市场实际情况。要采取多种方式监测房地产市场价格情况，根据市场变化情况，及时修正评估模型(当本地房地产价格指数连续 3 个月环比变动幅度累计超过 5% 时，应对评估模型进行调整)。评估数据和申报数据，按照税务档案管理的要求进行保管。

第十四条 要严格评估结果管理，明确管理权限。除征管工作需要外，严禁以任何理由、任何方式向纳税人及其代理人公开或透露存量房评估值。

第十五条 本办法自 2014 年 1 月 1 日起实施。《山西省地方税务局应用房地产估价技术加强存量房交易税收征管办法(试行)》(山西省地方税务局公告 2012 年第 6 号)同时废止。

统计资料

Statistical Material

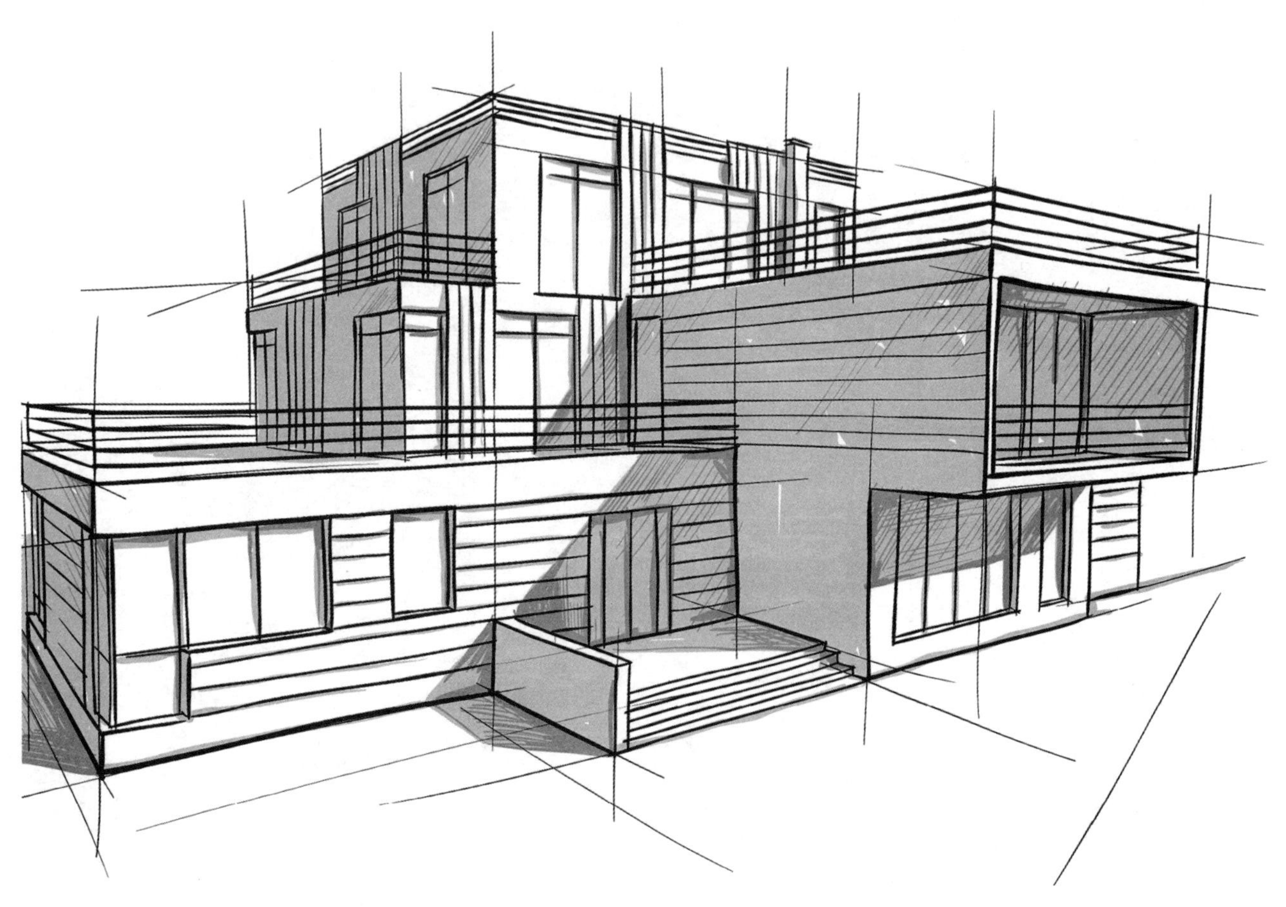

2014 年金融机构贷款投向统计报告

中国人民银行

人民银行统计，2014 年末，金融机构人民币各项贷款余额 81.68 万亿元，同比增长 13.6%，增速比上年末低 0.5 个百分点；全年增加 9.78 万亿元，同比多增 8900 亿元。贷款投向呈现以下特点：

一、企业中长期贷款增速明显回升

2014 年末，全部金融机构本外币企业及其他部门贷款余额 61.8 万亿元，同比增长 12%，增速比上年末高 1.1 个百分点；全年增加 6.62 万亿元，同比多增 1.22 万亿元。

从期限看，2014 年末金融机构本外币企业及其他部门短期贷款及票据融资余额 28.48 万亿元，同比增长 9.1%，增速比上年末低 3 个百分点；全年增加 2.37 万亿元，同比少增 4414 亿元。

金融机构本外币企业及其他部门中长期贷款余额 32.11 万亿元，同比增长 13.9%，增速比上年末高 4.7 个百分点；全年增加 3.91 万亿元，同比多增 1.53 万亿元。

从用途看，全部金融机构本外币企业及其他部门固定资产贷款余额 26.47 万亿元，同比增长 14.6%，增速比上年末高 4.4 个 2 百分点；经营性贷款余额 27.47 万亿元，同比增长 9%，增速比上年末低 3.7 个百分点。

二、小微企业贷款增速回升

2014 年末，主要金融机构①及小型农村金融机构②、外资银行人民币小微企业贷款余额 15.26 万亿元，同比增长 15.5%，增速比上年末高 1.3 个百分点，比同期大型和中型企业贷款增速分别高 6.1 个和 4.8 个百分点，比各项贷款增速高 1.9 个百分点。

2014 年末，小微企业贷款余额占企业贷款余额的 30.4%，占比比上年末高 1 个百分点。全年小微企业贷款增加 2.13 万亿元，同比多增 1284 亿元，增量占企业贷款增量的 41.9%，比上年占比水平低 1.6 个百分点。

三、工业和服务业中长期贷款增长明显加快

2014 年末，主要金融机构本外币工业中长期贷款余额 7.13 万亿元，同比增长 8%，增速比上年末高 3.8 个百分点；全年增加 5177 亿元，同比多增 2494 亿元。其中，重工业中长期贷款余额 6.31 万亿元，同比增长 7.5%，增速比上年末高 4.2 个百分点；轻工业中长期贷款余额 8176 亿元，同比增长 12.2%，增速比上年末高 0.7 个百分点。

2014 年末，服务业中长期贷款余额 20.44 万亿元，同比增长 15.7%，增速比上年末高 4.7 个百分点。其中，交通运输、仓储和邮政业贷款余额同比增长 13.1%，文化、体育和娱乐业贷款同比增长 24.2%。

四、农村、农户和农业贷款增速减缓

2014 年末，主要金融机构及小型农村金融机构、村镇银行、财务公司本外币农村（县及县以下）贷款余额 19.44 万亿元，同比增长 12.4%，增速比上年末低 6.5 个百分点，全年增加 2.45 万亿元，同比少增 4408 亿元；农户贷款余额 5.36 万亿元，同比增长 19%，增速比上年末低 5.4 个百分点，全年增加 8556 亿元，同比少增 338 亿元；农业贷款余额 3.4 万亿元，同比增长 9.7%，增速比上年末低 1.9 个百分点，全年增加 3065 亿元，同比少增 422 亿元。

五、房地产贷款平稳较快增长，其中的房地产开发贷款增速明显上升

2014 年末，主要金融机构及小型农村金融机构、外资银行人民币房地产贷款余额 17.37 万亿元，同比增长 18.9%，增速比上年末低 0.2 个百分点；全年增加 2.75 万亿元，同比多增 4055 亿元，增量占同期各项贷款增量的 28.1%，与上年占比水平持平。

2014 年末，房地产开发贷款余额 5.63 万亿元，同比增长 22.6%，增速比上年末高 7.9 个百分点。其中，房产开发贷款余额 4.28 万亿元，同比增长 21.7%，增速比上年末高 5.3 个百分点；地产开发贷款余额 1.35 万亿元，同比增长 25.7%，增速比上年末高 15.9 个百分点。个人购房贷款余额 11.52 万亿元，同比增长 17.5%，增速高于同期各项贷款增速 3.9 个百分点；全年增加 1.72 万亿元，同比多增 196 亿元。

2014 年末，房产开发贷款中的保障性住房开发贷款余额 1.14 万亿元，同比增长 57.2%，增速比上年末高 30.5 个百分点；全年增加 4119 亿元，同比多增 2589 亿元，增量占同期房产开发贷款的 55%，比上年增量占比高 24 个百分点。

六、住户贷款增速回落

2014 年末，全部金融机构本外币住户贷款余额 23.15 万亿元，同比增长 16.6%，增速比上年末低 6.5 个百分点；全年增加 3.29 万亿元，同比少增 4228 亿元。

2014 年末，住户消费性贷款余额 15.38 万亿元，同比增长 18.4%，增速比上年末低 5.9 个百分点，全年增加 2.39 万亿元，同比少增 1467 亿元；住户经营性贷款余额 7.78 万亿元，同比增长 13%，增速比上年末低 7.8 个百分点，全年增加 8970 亿元，同比少增 2755 亿元。

2014年城镇保障性安居工程跟踪审计结果

国家审计署

根据《中华人民共和国审计法》的有关规定，2015年1月至3月，审计署组织各级审计机关对2014年全国城镇保障性安居工程（以下简称安居工程，包括廉租住房、公共租赁住房、经济适用住房、限价商品住房等保障性住房和各类棚户区改造）的投资、建设、分配、后续管理及相关政策执行情况进行了审计，延伸调查了4.08万个相关单位和29.96万户家庭。现将审计结果公告如下：

一、安居工程实施的基本情况和取得的主要成效

根据财政部门和有关单位提供的数据，2014年，全国各级财政共筹集安居工程资金5601.55亿元（其中中央财政资金1984亿元），安居工程建设其他相关单位通过银行贷款、发行企业债券等社会融资方式筹集安居工程资金10 631.77亿元。

审计核查表明，2014年全国安居工程实际新开工745.05万套，基本建成551.46万套，分别完成目标任务的102.2%、112.02%。

从审计情况看，2014年，住房城乡建设、财政、发展改革等相关部门和地方各级政府积极贯彻落实党中央和国务院有关决策部署，加快推进棚户区改造等安居工程建设，取得了显著的经济社会效益。

（一）住房供应和保障人群规模继续扩大。2014年，全国保障性住房和棚户区改造安置住房竣工面积2.98亿平方米，占城镇住宅竣工总面积的27.79%；保障性住房销售和棚户区改造安置住房供应面积2.18亿平方米，同比增加26.85%，占城镇住宅销售面积的20.76%。各地积极推进廉租住房和公共租赁住房并轨运行，提高保障性住房配置效率。2014年当年享受安居工程保障的城镇人口达3990.68万人，同比增加26.36%。

（二）住房困难群众居住条件进一步改善。2014年，全国完成棚户区改造276.93万户，当年新增实物安置的381.04万户棚户区居民人均住房面积比改造前提高29%。44.95万户家庭购买了经济适用住房或限价商品住房；273.67万户城镇低收入住房困难家庭享受住房租赁补贴，平均每户每月补贴201元。一些住房困难群众“出棚进楼”，乔迁新居，住房条件改善，促进了社会和谐稳定。

（三）推动城市基础设施建设和新型城镇化发展。2014年，全国共有567.45万名新就业无房职工、在城镇稳定就业的外来务工人员和进城落户农民享受了公共租赁住房保障，同比增加35.65%。各地加快推进棚户区改造，新增拆迁面积4.81亿平方米。各级政府和有关单位加大财政投入和社会融资力度，推动各类棚户区改造及配套基础设施建设，带动了城市更新改造，为新型城镇化发展提供了有力支持。

（四）拉动投资和消费促进经济平稳增长。2014年，国家加大开发性金融支持棚户区改造力度，国家开发银行发放棚户区改造贷款4086亿元，同比增加2.9倍。全国安居工程建设完成投资额12 963.44亿元，占当年城镇住宅投资总额的17.82%，同比提高1.65个百分点。以棚户区改造为重点的安居工程大规模实施，拉动投资和消费，带动了相关产业的发展，创造了大量的就业岗位，为促进经济平稳增长提供了新的动力。

二、审计发现的主要问题

从审计情况看，地方各级政府及相关部门和项目建设管理单位能够较好地执行国家政策法规，住房保障政策体系逐步健全，工作机制不断完善，总体情况较好。但审计也发现，一些项目和单位还存在违反规定或管理不规范等问题。具体情况是：

（一）部分单位虚报材料套取资金。16个项目单位通过编造项目资料、拆迁安置协议等方式，套取财政补助、项目贷款等专项资金4.85亿元，用于自身经营、修建职工宿舍和办公楼等支出。

（二）部分资金未按规定用途使用。一些地方建设资金筹集与使用的统筹衔接不够，管理不到位，182个项目单位、融资平台公司和住房城乡建设、财政等部门违规使用安居工程专项资金93.83亿元，其中财政资金32.75亿元，企业债券、银行贷款等社会融资61.08亿元。上述被违规使用的资金中，用于发放工资、弥补办公经费等支出1.35亿元，用于出借、还贷、投资理财、财政周转等92.48亿元。

（三）部分资金筹集和拨付不到位。由于资金筹集不到位、未按工程进度或合同约定进行结算等原因，139个用房管理、项目建设等单位未及时拨（支）付建房款、工程款等，形成拖欠131.95亿元，共涉及116个市县。由于资金分配未落实到具体项目或项目建设进度缓慢等原因，255个市县收到的上级财政补助资金中，有83.94亿元至2014年底结存未用已超过1年。

（四）部分项目未按规定享受税费和金融优惠政策。由于征收部门对安居工程税费减免政策理解有偏差、对项目认定情况掌握不准确等原因，一些地方落实安居工程税费减免政策不到位，394个项目被违规收取应减免税费5.2亿元，其中城镇土地使用税等税收3464.52万元，城市基础设施配套费等行政事业性收费和政府性基金4.86亿元。61个廉租住房建设项目贷款未按规定享受利率优惠，多支

付利息 3273.41 万元。

（五）部分地区住房保障分配审核不严格。由于家庭收入、住房等经济状况信息平台未建立、多部门联审机制未有效运行、经办管理机构审核把关不严等原因，2.06 万户不符合保障条件的家庭以不实材料申请并通过审批，违规享受保障性住房配租（售）1.02 万套、住房租赁补贴等货币补贴 2191 万元。还有 5895 套保障性住房被违规用于转借出租、办公经营或对外销售。

（六）部分地区保障对象退出机制不健全。由于保障对象未及时申报家庭经济状况变化情况、经办管理机构未按规定进行定期审核等原因，有 2.34 万户收入、住房等条件发生变化不再符合保障条件的家庭，未按规定及时退出，仍享受保障性住房 1.53 万套、住房租赁补贴 1421 万元。

三、审计处理和整改情况

对上述问题，各级审计机关已依法出具审计报告、下达审计决定。审计发现的相关涉嫌违法违纪问题线索，已依法移送有关部门进一步调查处理。各有关地方高度重视，正在组织进行整改。至 2015 年 6 月 10 日，已追回被挪用、套取资金 41.04 亿元，退还应减免税费 6863.64 万元，向相关单位拨付资金 106.59 亿元，取消 2.84 万户不符合条件家庭的住房保障资格并追回补贴 1093 万元、住房 6485 套，清理收回违规使用保障性住房 1835 套。具体整改情况将分别由各省组织向社会公告。

全国房地产数据

2010-2014 年全国房地产数据

单位：亿元、万平方米、%

	2010 年		2011 年		2012 年		2013 年		2014 年	
	数值	同比	数值	同比	数值	同比	数值	同比	数值	同比
开发投资	48267	33.2	61740	27.9	71804	16.2	86013	19.8	95036	10.5
住宅投资	34038	32.9	44308	30.2	49374	11.4	58951	19.4	64352	9.2
办公楼	1807	31.2	2544	40.7	3367	31.6	4652	38.2	5641	21.3
商业营业用房	5599	33.9	7370	30.5	9312	25.4	11945	28.3	14346	20.1
土地购置费	9992	20.7	11413	14.1	12100	5.0	13502	11.6	17459	29.3
施工面积	405539	Z6.6	507959	25.3	573418	13.2	665572	16.1	726482	9.2
住宅	314943	25.3	388439	23.4	428964	10.6	486374	13.4	515096	5.9
办公楼	12140	21.4	15950	31.3	19434	21.5	24577	26.5	29928	21.8
商业营业用房	44616	29.2	56278	26.1	65814	17.6	80627	22.5	94320	17.0
新开工面积	163777	40.7	190083	16.2	177334	-7.3	201208	13.5	179592	-10.7
住宅	129468	38.8	146035	12.9	130695	-11.2	145845	11.6	124877	-14.4
办公楼	3678	28.6	5361	46.2	5986	10.9	6887	15.0	7349	6.7
商业营业用房	17461	40.6	20671	18.3	22077	6.2	25902	17.7	25048	-3.3
竣工面积	75961	4.5	89244	13.3	99425	7.3	101435	2.0	107459	5.9
住宅	61216	2.7	71692	13.0	79043	6.4	7874	-0.4	80868	2.7
办公楼	1748	5.8	2179	20.0	2315	2.1	2789	20.5	3144	12.7
商业营业用房	7931	16.2	9045	9.2	10226	8.0	10852	6.1	12084	11.3
商品房销售面积	104349	10.1	109946	4.9	111304	1.8	130551	17.3	120649	-7.6
住宅	93052	8.0	97030	3.9	98468	2.0	115723	17.5	105182	-9.1
办公楼	1882	21.9	2008	6.2	2254	12.4	2883	27.9	2498	-13.4
商业营业用房	6921	29.9	7878	12.6	7759	-1.4	8469	9.1	9075	7.2
商品房销售额	52479	18.3	59119	12.1	64456	10.0	81428	26.3	76292	-6.3
住宅	43953	14.4	48619	10.2	53467	10.9	67695	26.6	62396	-7.8
办公楼	2149	31.2	2502	16.1	2773	12.2	3747	35.1	2944	-21.4
商业营业用房	5354	46.3	6702	23.7	7000	4.8	8280	18.3	8906	7.6
资金来源	72494	25.4	83246	14.1	96538	12.7	122122	26.5	121991	-0.1
国内贷款	12540	10.3	12564	0.0	14778	13.2	19673	33.1	21243	8.0
利用外资	796	66.0	814	2.9	402	-48.8	534	32.8	639	19.7
自筹资金	26705	48.8	34093	28.0	39083	11.7	47425	21.3	50420	6.3
	32454	15.9	35775	8.6	42275	14.7	54491	28.9	49690	-8.8

数据来源：国家统计局

2014年全国房地产月度数据

	1-2月	3月	4月	5月	6月	7月	8月	9月	10月	11月	12月
房地产开发投资额（亿元）	7956	7383	6982	8417	11280	8363	8593	9777	8469	9381	6434
住宅开发投资额（亿元）	5426	5104	4768	5744	7646	5676	5794	6565	5739	6211	5677
房屋新开工面积（亿平方米）	1.67	1.24	1.41	1.67	2.02	1.81	1.62	1.7	1.63	1.70	1.49
住宅新开工面积（亿平方米）	1.23	0.9	0.99	1.14	1.41	1.24	1.11	1.16	1.11	1.18	1.02
房屋竣工面积（亿平方米）	1.24	0.61	0.52	0.7	0.75	0.53	0.62	0.67	0.74	1.12	3.24
住宅竣工面积（亿平方米）	0.93	0.46	0.4	0.55	0.58	0.41	0.48	0.52	0.55	0.85	2.36
商品房销售面积（万平方米）	10466	9646	7598	8360	12296	8114	8508	12144	11362	13223	18932
住宅销售面积（万平方米）	9377	8448	6690	7432	10541	7105	7502	10574	9938	11407	16168
商品房销售额（亿元）	7090	6173	5044	5367	7459	5182	5346	7566	7158	8096	11812
住宅销售额（亿元）	5985	5090	4184	4462	5912	4241	4440	6202	5859	6637	9384
国房景气指数（当月）	96.91	96.40	95.79	95.02	94.84	94.82	94.79	94.72	94.76	94.30	93.93

数据来源：国家统计局

2014 年全国房地产月度累计数据

	1–2 月	1–3 月	1–4 月	1–5 月	1–6 月	1–7 月	1–8 月	1–9 月	1–10 月	1–11 月	1–12 月
房地产开发投资额（亿元）	7956	15339	22322	30739	42019	50381	58975	68751	77220	86601	95036
同比增幅（%）	19.3	16.8	16.4	14.7	14.1	13.7	13.2	12.5	12.4	11.9	10.5
住宅开发投资额（亿元）	5426	10530	15299	21043	28689	34365	40159	46725	52464	58676	64352
同比增幅（%）	18.4	16.8	16.6	14.6	13.7	13.3	12.4	11.3	11.1	10.5	9.2
房屋新开工面积（亿平方米）	1.67	2.91	4.32	5.99	8.01	9.82	11.44	13.14	14.77	16.47	17.96
同比增幅（%）	–27.4	–25.2	–22.1	–18.6	–16.4	–12.8	10.5	–9.3	–5.5	–9	–10.7
住宅新开工面积（亿平方米）	1.23	2.12	3.12	4.26	5.67	6.91	8.02	9.18	10.29	11.46	12.49
同比增幅（%）	–29.6	–27.2	–24.5	–21.6	–19.8	–16.4	–14.4	–13.5	–9.8	–13.1	–14.4
房屋施工面积（亿平方米）	52.96	54.7	56.48	58.61	61.14	63.2	65.3	67.32	69.21	71.13	72.65
同比增幅（%）	16.3	14.2	12.8	12	11.3	11.3	11.5	11.5	12.3	10.1	9.2
住宅施工面积（亿平方米）	38.1	39.32	40.54	41.99	43.72	45.16	46.52	47.9	49.19	50.49	51.51
同比增幅（%）	13.5	11.4	9.9	9.1	8.3	8.2	8.3	8.1	8.8	6.8	5.9
房屋竣工面积（亿平方米）	1.24	1.85	2.37	3.07	3.82	4.35	4.98	5.65	6.39	7.51	10.75
同比增幅（%）	–8.2	–4.9	–0.3	6.8	8.1	4.5	6.7	7.2	7.6	8.1	5.9
住宅竣工面积（亿平方米）	0.93	1.39	1.79	2.34	2.92	3.33	3.8	4.33	4.87	5.72	8.09
同比增幅（%）	–10.6	–7.3	–2.01	5.3	6.3	2.7	4.8	5.1	5.1	5.5	2.7
商品房销售面积（万平方米）	10466	20111	27709	36070	48365	56480	64987	77132	88494	101717	120649
同比增幅（%）	–0.1	–3.8	–6.9	–7.8	–6	–7.6	–8.3	–8.6	–7.8	–8.2	–7.6
住宅销售面积（万平方米）	9377	17825	24515	31946	42487	49592	57094	67669	77607	89014	105182
同比增幅（%）	–1.2	–5.7	–8.6	–9.2	–7.8	–9.4	–10	–10.3	–9.5	–10	–9.1
商品房销售额（亿元）	7090	13263	18307	23674	31133	36315	41661	49227	56385	64481	76292
同比增幅（%）	–3.7	–5.2	–7.8	–8.5	–6.7	–8.2	–8.9	–8.9	–7.9	–7.8	–6.3
住宅销售额（亿元）	5985	11075	15259	19720	25632	29874	34314	40516	46375	53012	62396
同比增幅（%）	–5	–7.7	–9.9	–10.2	–9.2	–10.5	–10.9	10.8	–9.9	–9.7	–7.8

数据来源：国家统计局

全国各地区房地产开发投资数据

2010-2014 年全国各地区房地产开发投资

单位：亿元

	2010 年	2011 年	2012 年	2013 年	2014 年
总 计	48267.07	61739.78	71803.79	86013.38	95035.61
一、东部地区	28009.07	35606.66	40541.36	47971.53	52940.55
北 京	2901.07	3036.33	3153.44	3483.40	3715.33
天 津	866.64	1080.04	1260	1480.82	1699.65
河 北	2264.83	3069.55	3086.52	3445.42	4059.72
辽 宁	3465.76	4487.56	5455.82	6450.75	5301.31
上 海	1980.68	2170.31	2381.36	2819.59	3206.48
江 苏	4301.85	5552.69	6206.1	7241.45	8240.22
浙 江	3030.04	4137.25	5226.27	6216.25	7262.38
福 建	1818.86	2402.61	2824.12	3702.97	4567.40
山 东	3251.78	4108.08	4708.31	5444.53	5817.95
广 东	3659.69	4899.19	5352.79	6489.59	7638.45
海 南	467.87	663.05	886.64	1196.76	1431.65
二、中部地区	10516.65	13197.33	15762.82	19044.80	20662.29
山 西	592.24	789.92	1010.45	1308.63	1403.55
吉 林	921.01	1165.39	1310.03	1252.43	1030.13
黑龙江	843.12	1219.37	1535.84	1604.83	1324.09
安 徽	2251.8	2590.07	3151.61	3946.23	4338.96
江 西	706.82	852.69	969 62	1174.58	1322.49
河 南	2114.08	2620.01	3035.29	3843.76	4375.71
湖 北	1618.24	2063.21	2539.46	3286.02	3983.79
湖 南	1469.33	1896.66	2210.52	2628.32	2883.57
三、西部地区	9741.35	12935.79	15499.61	18997.05	21432.78
内蒙古	1120.02	1650.02	1291.44	1479.01	1370.88
广 西	1206.22	1500.46	1554.94	1614.63	1838.49
重 庆	1620.26	2015.09	2508.35	3012.78	3639.23
四 川	2194.63	2836.71	3266.4	3853.00	4380.09
贵 州	556.69	878.67	1467.6	1942.54	2187.67
云 南	900.44	1272.72	1782.14	2488.33	2846.65
西 藏	8.96	5.13	6.87	9.68	52.91
陕 西	1160.23	1420.53	1835.93	2240.17	2426.49
甘 肃	266.41	362.88	561.02	724.65	721.47
青 海	108.19	144.77	189.68	247.61	308.27
宁 夏	254.37	330.55	429.15	558.97	654.80
新 疆	344.93	518.26	606.09	825.69	1014.81

数据来源：国家统计局

2014年全国各地区月度累计房地产开发投资

单位：亿元

	1–2月	1–3月	1–4月	1–5月	1–6月	1–7月	1–8月	1–9月	1–10月	1–11月	1–12月
总计	7955.98	15339.24	22321.56	30738.58	42018.62	50381.25	58974.51	68751.21	77220.27	86601.36	95035.61
东部地区	4791.99	9138.66	13230.26	17494.82	24223.48	28833.28	33524.7	38736.72	43194.74	48237.9	52940.55
北京	243.64	539.36	785.84	1029.64	1434.88	1791.34	2179.92	2552.82	2837.2	3251.02	3715.33
天津	103.83	303.4	483.5	679.79	943.68	1072.63	1206.15	1361.77	1452.93	1560.46	1699.65
河北	164.88	543.98	847.63	1199.32	1717.82	2090.77	2523.96	2963.08	3379.28	3781.35	4059.72
辽宁	178.24	626.4	1129.93	1816.11	2880.53	3448.67	3947.96	4495.71	4923.07	5178.28	5301.31
上海	399.23	628.59	826.58	1095.72	1338.01	1606.57	1875.03	2175.5	2498.37	2894.9	3206.48
江苏	1017.76	1769.58	2409.03	3149.26	3939.45	4597.95	5300.37	6072.11	6750.93	7511.03	8240.22
浙江	757.04	1337.35	1883.95	2513.69	3307.23	3943.76	4594.47	5312.65	5878.77	6671.09	7262.38
福建	492.09	866.62	1223.79	1646.211	2224.14	2590.83	2954.35	3393.94	3750.67	4163.64	4567.4
山东	483.29	981.95	1452.5	1995.05	2611.5	3131.53	3608.59	4155.78	4660.35	5238.9	5817.95
广东	793.06	1282.34	1825.21	2417.82	3217.39	3837.77	4487.97	5278.42	5973.38	6738.76	7638.45
海南	158.94	259.08	362.31	452.21	608.84	721.46	845.91	974.92	1089.79	1247.48	1431.65
中部地区	1508.26	2915.71	4268.09	6012.97	8558.25	10379.61	12289.42	14535.58	16522.68	18650.37	20662.29
山西	26.85	95.88	166.91	284.87	440.59	585.28	748.23	923.73	1070.46	1221.34	1403.55
吉林	8.97	22.87	67.16	148.82	268.29	412.55	551.17	707.91	842.26	974.68	1030.13
黑龙江	5.01	26.08	78.26	189.14	415.01	558.51	701.72	898.5	1092.08	1236.91	1324.09
安徽	473.42	787.99	1097.47	1491.11	1965.92	2317.8	2737.14	3178.2	3577.7	3953.65	4338.96
江西	149.16	244.92	338.38	430.18	558.56	677.36	803.58	951.63	1067. 21	1199.29	1322.49
河南	285.55	645.88	977.1	1360.16	1862.94	2232.29	2590.46	3050.41	3442.68	3888.64	4375.71
湖北	282.18	621.66	893.16	1223.96	1836.82	2135.27	2446.85	2833.52	3162.43	3576.71	3983.79
湖南	277.13	470.44	649.65	884.74	1210.12	1460.53	1710.27	1991.67	2267.86	2599.15	2883.57
西部地区	1655.73	3284.88	4823.21	6730.79	9236.89	11168.35	13160.38	15478.91	17502.85	19713.09	21432.78
内蒙古	7.76	37.13	123.61	259.18	455.54	631.13	842.2	1047.41	1240.67	1356.67	1370.88
广西	157.46	294.11	404.18	534.43	775.49	930.54	1062.76	1216.73	1377.26	1607.52	1838.49
重庆	369.07	687.98	933.73	1224.35	1553.36	1836.92	2151.24	2545.11	2820.33	3250.59	3630.23
四川	470.85	889.38	1211.48	1619.58	2107.19	2476.83	2842.45	3255.73	3613.63	4013.16	4380.09
贵州	219.03	434.28	648.76	816.18	1057.13	1231.24	1413.03	1642.95	1839.57	2058.08	2187.67
云南	223.88	471.2	695.92	952.25	1277.99	1519	1724.72	2002.28	2282.64	2573.85	2846.65
西藏	0.01	0.12	1.68	4.05	10.28	13.2	24.41	34.6	45.88	51.51	52.91
陕西	182.83	346.72	520.3	732.48	1052.61	1235.99	1475.76	1740.09	1961.14	2214.31	2426.49
甘肃	13.69	48. 42	103.67	186.01	289.76	366.91	447.26	548.81	629.91	689.87	721.47
青海	1.06	17.05	49.18	79.26	120.92	164.2	198.82	229.38	272.35	304.97	308.27
宁夏	2.83	33.22	83.73	144.98	227.73	304.91	388.02	479.41	554.33	618.86	654.8
新疆	7.27	25.27	87.37	178.05	308.88	457.47	589.71	736.4	865.14	973.68	1014.81

数据来源：国家统计局

2010-2014 年全国各地区住宅开发投资

单位：亿元

	2010 年	2011 年	2012 年	2013 年	2014 年
总 计	34038.14	44308.43	49374.21	58950.76	64352.15
一、东部地区	19233.00	25214.76	27648.93	32696.81	35477.24
北 京	1508.95	1778.31	1627.99	1724.56	1846.08
天 津	565.39	678.98	843.05	986.28	1122.26
河 北	1785.65	2296.31	2317.13	2539.29	3010.35
辽 宁	2481.10	3413.44	3961.95	4666.03	3844.26
上 海	1229.83	1398.75	1451.94	1615.51	1724.65
江 苏	3159.94	4085.85	4354.63	5171.50	5924.51
浙 江	2058.47	2699.82	3436.74	4089.22	4594.17
福 建	975.13	1591.56	1751.98	2402.08	2917.17
山 东	2513.40	3202.04	3473.23	3976.63	4184.33
广 东	2538.02	3495.43	3704.98	4530.63	5187.32
海 南	417.11	574.27	725.32	995.09	1122.14
二、中部地区	7859.67	9831.79	11063.50	13264.72	14551.87
山 西	457.45	615.03	735.61	958.85	1010.69
吉 林	731.82	903.60	987.74	911.45	732.47
黑龙江	656.93	938.82	1122.52	1124.72	946.03
安 徽	1607.83	1884.16	2059.29	2549.88	2847.63
江 西	544.77	656.91	684.21	795.38	971.92
河 南	1685.21	2022.06	2203.06	2827.09	3289.20
湖 北	1040.86	1327.21	1698.38	2251.56	2755.42
湖 南	1134.79	1484.01	1572.67	1845.81	1998.51
三、西部地区	6945.47	9261.88	10661.79	12989.23	14323.04
内蒙古	782.14	1112.02	845.63	1003.57	936.76
广 西	878.89	1073.59	1069.64	1166.61	1292.63
重 庆	1091.49	1438.45	1706.77	2044.24	2451.37
四 川	1535.28	1998.11	2197.75	2537.89	2847.82
贵 州	328.63	579.97	930.31	1224.23	1350.34
云 南	654.67	873.90	1152.50	1642.40	1830.07
西 藏	6.99	3.74	4.25	5.87	29.44
陕 西	938.53	1180.11	1477.57	1768.95	1869.69
甘 肃	187.93	258.06	412.51	539.85	496.37
青 海	75.20	80.20	141.10	159.72	190.67
宁 夏	187.29	235.80	279.49	340.27	411.58
新 疆	278.43	417.93	444.27	555.62	616.30

数据来源：国家统计局

2014 年全国各地区月度累计住宅开发投资

单位：亿元

	1–2 月	1–3 月	1–4 月	1–5 月	1–6 月	1–7 月	1–8 月	1–9 月	1–10 月	1–11 月	1–12 月
总计	5426.29	10530.49	15198.76	21043.03	28689.21	34365.47	40159.32	46724.74	52464.21	58675.54	64352.15
东部地区	3213.00	6206.33	8958.47	12172.21	163131.72	19515.92	22657.13	26062.46	29058.73	32349.02	35477.24
北京	113.38	276.70	378.00	505.76	722.72	920.34	1115.29	1264.51	1419.47	1630.53	1845.08
天津	71.39	194.57	318.42	450.22	617.28	702.70	793.92	898.34	949.94	1021.29	1122.26
河北	121.89	410.65	634.48	892.55	1275.27	1557.64	1866.12	2188.00	2501.61	2796.95	3010.35
辽宁	123.04	441.37	810.22	1310.14	2100.15	2514.06	2882.08	3261.73	3562.47	3752.29	3844.26
上海	217.03	346.39	465.17	610.58	753.95	901.96	1046.82	1226.91	1377.81	1569.41	1724.65
江苏	733.32	274.03	1736.78	2266.77	2823.09	3318.92	3803.53	4360.66	4843.71	5406.62	5924.51
浙江	498.70	877.25	1221.07	1606.48	2106.38	2505.78	2934.62	3382.61	3766.42	4226.89	4594.17
福建	333.39	597.41	828.08	1108.50	1457.96	1683.45	1913.06	2176.25	2399.96	2658.90	2917.17
山东	343.15	697.97	1038.19	1431.07	1875.28	2242.77	2576.53	2963.85	3320.74	3748.97	4184.33
广东	531.69	877.38	1232.41	1621.15	2150.37	2580.13	3039.81	3569.71	4051.10	4565.95	5187.32
海南	126.01	212.60	295.65	369.00	499.27	588.20	685.34	769.89	865.51	971.21	1122.14
中部地区	1087.37	2100.02	3063.33	4301.28	61170.43	7350.35	8673.99	10259.78	11658.02	13122.79	14551.87
山西	20.67	71.53	125.42	210.91	325.43	429.48	553.38	685.26	789.96	889.33	1010.69
吉林	5.67	16.34	45.83	106.74	195.75	296.62	400.86	510.94	605.39	696.13	732.47
黑龙江	3.66	18.52	56.38	135.35	297.88	397.61	498.42	647.99	793.95	884.50	946.03
安徽	329.55	538.41	748.58	1011.73	1327.00	1553.66	1810.94	2096.35	2345.14	2585.15	2847.63
江西	106.13	177.00	242.30	309.69	402.51	489.96	582.04	687.66	775.24	877.02	971.92
河南	210.60	486.84	740.90	1024.64	1390.18	669.41	1936.37	2285.63	2589.77	2928.30	3289.20
湖北	211.56	452.48	633.47	871.65	1288.35	1494.46	1704.53	1964.86	2188.12	2468.98	2755.42
湖南	199.53	338.91	469.45	630.56	843.33	1019.15	1187.44	1381.09	1570.45	1793.37	1998.51
西部地区	1125.93	2224.14	3276.97	4569.54	6237.06	7499.19	8828.20	10402.49	11747.46	13203.73	14323.04
内蒙古	4.67	23.60	78.66	174.64	300.63	418.74	568.24	711.66	848.65	927.50	936.76
广西	112.62	216.60	297.53	392.18	556.95	657.08	746.58	856.72	975.69	1136.87	1292.63
重庆	259.47	468.36	635.05	835.63	1052.47	1247.93	1466.71	1748.96	1927.20	2206.27	2451.70
四川	306.72	584.47	805.15	1071.12	1385.11	1617.14	1847.03	2117.41	2344.42	2607.57	2847.82
贵州	140.96	281.18	390.83	518.64	667.18	772.19	881.20	1021.31	1138.86	1271.02	1350.34
云南	143.17	302.19	449.48	616.78	828.06	978.90	1111.44	1298.99	1477.83	1664.14	1830.07
西藏	0.01	0.05	1.03	2.45	5.33	7.45	12.45	18.15	24.24	28.47	29.44
陕西	141.52	270.92	410.50	575.07	825.87	968.74	1153.21	1347.76	1519.12	1709.83	1869.65
甘肃	9.41	31.30	71.94	127.51	200.58	254.40	309.53	378.90	432.92	474.39	496.37
青海	0.58	9.77	29.62	49.04	76.08	100.61	120.05	140.00	169.91	190.00	190.67
宁夏	1.84	19.04	50.64	89.59	140.07	189.58	241.39	301.27	347.93	389.59	411.58
新疆	4.97	16.68	56.54	116.90	198.74	286.44	370.38	461.36	540.68	598.09	616.30

数据来源：国家统计局

全国各地区房地产开发企业到位资金状况

2010-2014年全国各地区房地产开发企业到位资金

单位：亿元

	2010年	2011年	2012年	2013年	2014年
总 计	72494.34	83245.94	96537.67	122122.47	121991.48
一、东部地区	45186.36	49945.10	57763.36	73755.00	72076.11
北 京	5790.61	5358.09	6084.55	7300.18	6622.01
天 津	1665.54	1997.82	2146.28	2761.47	2823.48
河 北	2686.64	3437.76	3712.99	4123.54	4438.48
辽 宁	5071.82	5607.39	6328.76	7448.99	5890.97
上 海	3229.29	3206.93	3968.51	5092.67	5269.90
江 苏	7856.73	7912.88	9856.89	12682.03	12100.16
浙 江	5385.57	6029.57	6530.86	8858.25	8956.31
福 建	2527.86	3326.51	4120.73	5767.04	5726.13
山 东	4431.35	5253.75	5755.09	7371.32	6991.18
广 东	5743.77	6889.45	7918.27	10472.94	11326.60
海 南	797.18	924.95	1340.42	1876.56	1930.87
二、中部地区	13360.42	15985.91	19210.49	23930.84	23785.53
山 西	786.46	840.49	1033.69	1377.16	1393.49
吉 林	968.45	1190.35	1431.68	1516.78	1229.42
黑龙江	1044.61	1536.48	1711.04	1833.64	1408.40
安 徽	2863.70	3149.47	3835.34	5077.16	5231.17
江 西	1008.16	1118.26	1477.22	1906.64	1945.85
河 南	2468.79	2845.25	3455.04	4402.70	4688.97
湖 北	2216.43	2801.02	3363.83	4224.48	4322.24
湖 南	2003.80	2504.59	2902.66	3592.27	3565.99
三、西部地区	13947.56	17314.93	19563.82	24436.63	26127.84
内蒙古	1168.55	1794.69	1409.08	1638.04	1439.17
广 西	1538.57	1691.20	2007.36	2155.24	2410.75
重 庆	2859.53	3295.69	3869.54	4617.06	5344.98
四 川	3143.99	4029.00	4222.67	5324.53	5863.11
贵 州	926.97	1271.26	1418.17	2145.72	2336.62
云 南	1300.66	1648.09	2134.02	2924.36	2917.43
西 藏	14.99	9.66	8.13	12.56	47.90
陕 西	1692.23	1929.28	2317.40	2592.39	2684.78
甘 肃	317.21	390.65	651.24	963.35	854.65
青 海	124.73	148.67	228.45	259.09	351.07
宁 夏	359.14	433.18	499.80	694.15	742.91
新 疆	500.99	673.57	797.95	1113.15	1136.48

数据来源：国家统计局

2014 年全国各地区月度累计房地产开发企业到位资金

单位：亿元

	1–2 月	1–3 月	1–4 月	1–5 月	1–6 月	1–7 月	1–8 月	1–9 月	1–10 月	1–11 月	1–12 月
总计	21264.44	28730.70	37200.25	46727.67	58912.96	68986.85	79062.13	89868.91	100240.79	110115.30	121991.48
东部地区	13157.17	17819.46	22799.84	28425.54	35449.59	41306.97	47098.59	53288.31	59298.34	64901.97	72076.11
北京	1060.52	1572.00	2002.96	2384.20	3007.72	3616.26	4051.94	4656.41	5305.33	5648.88	6622.01
天津	457.72	740.03	1063.53	1230.64	1500.64	1710.92	1922.75	2163.79	2335.09	2466.07	2823.48
河北	615.02	924.77	1207.23	1572.98	2068.94	2434.53	2878.34	3302.83	3733.54	4133.09	4438.48
辽宁	851.41	1289.11	1741.64	2373.95	3308.98	3887.36	4397.22	5002.78	5434.59	5683.89	5890.97
上海	1144.05	1347.22	1634.04	2032.77	2365.12	2742.66	3138.17	3506.88	4005.33	4614.61	5269.90
江苏	2898.09	3730.07	4474.19	5393.78	6452.71	7347.14	8264.92	9214.57	10123.02	11023.14	12100.16
浙江	1405.80	2025.29	2568.22	3198.92	3961.99	4744.91	5568.37	6370.25	7232.13	8014.04	8956.31
福建	1022.21	1364.04	1813.90	2286.57	2849.91	3323.27	3767.88	4285.51	4717.59	5146.79	5726.13
山东	1310.84	1813.03	2300.32	2826.51	3510.11	4081.42	4608.97	5205.45	5736.24	6323.76	6991.18
广东	1985.01	2497.57	3342.29	4334.24	5405.04	6275.34	7204.19	8175.23	9091.66	10111.26	11326.60
海南	406.51	516.29	651.54	790.98	1018.42	1143.16	1295.85	1404.61	1583.83	1736.45	1930.87
中部地区	3818.26	5141.24	6784.13	8660.08	11204.20	13134.86	15138.34	17367.52	19427.04	21389.59	23785.53
山西	93.01	165.52	248.09	357.01	498.99	632.02	767.09	941.64	1092.55	1218.48	1393.49
吉林	83.30	93.83	198.92	301.68	444.79	593.63	745.57	936.08	1080.50	1167.82	1229.42
黑龙江	35.86	104.44	205.11	332.62	550.59	573.16	818.86	988.88	1173.24	1306.10	1408.40
安徽	1105.12	1417.46	1756.80	2183.47	2707.19	3085.43	3509.06	3993.05	4376.70	4720.34	5231.17
江西	438.60	539.59	644.15	780.90	989.85	1133.80	1318.25	1501.10	1646.41	1789.09	1945.85
河南	560.42	887.68	1232.78	1636.30	2122.49	2535.88	2902.03	3346.60	3773.20	4181.68	4688.97
湖北	708.43	959.35	1345.29	1658.58	2184.19	2519.61	2856.12	3120.18	3472.86	3850.19	4322.24
湖南	793.52	973.36	1152.99	1409.53	1706.10	1961.33	2221.37	2540.01	2811.57	3155.89	3565.99
西部地区	4289.01	5770.00	7616.28	9642.04	12259.17	14545.01	16825.20	19213.07	21515.40	23823.75	26129.84
内蒙古	77.08	163.51	241.56	369.93	562.87	721.25	937.98	1115.18	1294.43	1412.66	1439.17
广西	409.58	576.90	728.23	905.01	1161.55	1353.18	1536.32	1718.41	1908.32	2158.17	2410.75
重庆	967.64	1242.96	1662.19	2047.44	2482.03	2977.61	3344.75	3868.08	4266.75	4683.77	5344.98
四川	1165.12	1497.59	1890.16	2365.32	2937.26	3405.39	3946.54	4346.88	4855.59	5413.97	5863.11
贵州	378.65	560.96	728.54	916.13	1151.72	1334.32	1509.73	1743.78	1949.24	2166.12	2336.62
云南	593.36	729.70	917.31	1144.37	1447.96	1690.85	1911.53	2158.88	2399.17	2630.46	2917.43
西藏	0.15	0.55	2.05	4.94	11.96	14.68	20.88	29.47	39.93	45.15	47.90
陕西	374.80	511.99	727.68	921.37	206.25	1400.65	1668.84	1934.33	2192.73	2431.07	2684.78
甘肃	108.74	159.04	226.43	301.25	400.47	484.03	557.51	672.63	752.73	814.55	854.65
青海	51.09	72.77	107.88	135.23	169.98	210.26	241.78	266.01	299.65	343.09	351.07
宁夏	77.77	107.79	161.25	224.59	302.03	373.29	452.27	524.99	600.52	668.50	742.91
新疆	85.04	146.26	223.00	306.45	425.08	579.51	697.07	834.45	956.34	1056.23	1136.48

数据来源：国家统计局

2010-2014 年房地产开发企业到位资金国内贷款

单位：亿元

	2010 年	2011 年	2012 年	2013 年	2014 年
总 计	12540.48	12563.79	14778.39	19672.66	21242.61
一、东部地区	8837.85	8655.23	10174.09	13257.14	14281.63
北 京	1439.08	1167.95	1484.74	1836.95	2158.03
天 津	539.59	521.53	570.37	765.22	817.16
河 北	285.61	277.64	295.57	336.40	312.47
辽 宁	622.72	762.26	850.76	847.64	720.70
上 海	819.57	741.18	975.78	1292.36	1638.84
江 苏	1544.85	1543.22	1890.71	2373.97	2249.68
浙 江	1020.20	1085.61	1125.48	1590.65	1817.77
福 建	436.09	399.36	523.63	747.66	752.62
山 东	756.57	794.70	677.51	995.41	995.83
广 东	1237.93	1218.65	1507.53	2143.59	2432.61
海 南	135.65	143.12	272.02	324.30	385.91
二、中部地区	1642.18	1711.02	2037.00	2742.90	3020.39
山 西	87.54	68.76	60.87	65.79	123.63
吉 林	62.11	53.60	109.70	126.57	126.19
黑龙江	48.55	59.53	87.64	130.19	97.82
安 徽	323.73	339.38	406.23	466.87	567.93
江 西	146.40	135.20	164.90	236.63	255.97
河 南	244.50	271.30	321.09	387.13	527.01
湖 北	415.43	453.49	512.05	796.57	737.54
湖 南	313.93	329.76	374.52	533.15	584.28
三、西部地区	2060.45	2197.54	2567.30	3672.62	3940.59
内蒙古	50.28	65.16	79.60	113.27	145.62
广 西	248.60	241.59	263.84	324.35	340.03
重 庆	584.72	695.08	720.80	1112.29	1190.77
四 川	436.83	449.20	459.24	7Z5.45	817.88
贵 州	160.18	175.95	230.61	226.82	242.62
云 南	160.80	129.50	216.12	418.80	414.90
西 藏	0.37	2.40	—	—	0.80
陕 西	219.00	231.17	280.36	326.10	391.28
甘 肃	56.60	67.02	129.08	168.75	120.51
青 海	26.90	17.13	37.39	44.43	51.56
宁 夏	56.07	50.87	59.40	105.74	120.04
新 疆	60.10	72.45	90.87	106.60	104.58

数据来源：国家统计局

2014 年全国各地区月度累计房地产开发企业国内贷款

单位：亿元

	1–2 月	1–3 月	1–4 月	1–5 月	1–6 月	1–7 月	1–8 月	1–9 月	1–10 月	1–11 月	1–12 月
总计	4913.09	6226.42	7709.13	9378.62	11292.89	13111.42	14663.63	16288.05	17734.54	19252.46	21242.61
东部地区	3359.51	4287.07	5314.53	6367.32	7660.54	8824.24	9793.50	10851.74	11856.18	12858.39	14281.63
北京	418.10	540.82	721.69	839.04	1032.68	1234.94	1297.72	1695.18	1695.18	1781.53	2158.03
天津	112.86	207.39	335.39	327.15	414.88	500.52	557.40	651.88	651.88	685.74	817.16
河北	92.86	100.32	120.71	147.81	168.19	191.37	226.73	252.09	252.09	288.74	312.47
辽宁	162.70	243.93	298.02	375.73	466.38	513.48	549.72	644.83	644.83	701.84	720.70
上海	391.09	463.75	548.62	693.16	788.99	920.76	1048.96	1280.85	1280.85	1499.00	1638.84
江苏	744.90	915.07	1016.60	1185.64	1378.74	1529.30	1694.54	1985.75	1985.75	2123.84	2249.68
浙江	374.79	529.58	656.14	790.60	951.25	1111.03	1282.36	1551.62	1551.62	1649.92	1817.77
福建	142.05	182.80	258.89	313.45	381.69	451.80	504.61	608.64	1108.64	660.61	752.62
山东	303.11	380.52	416.85	485.75	588.38	673.50	737.24	843.96	843.96	907.29	995.83
广东	563.88	640.78	845.39	1088.20	1320.82	1499.38	1654.11	2007.19	2007.19	2202.01	2432.61
海南	53.16	82.10	96.24	120.80	168.54	198.16	240.11	324.17	324.17	357.86	385.91
中部地区	693.04	851.69	1037.88	1300.87	1604.89	1859.05	2140.09	2520.43	2520.43	2731.13	3020.39
山西	7.95	15.00	20.83	24.66	31.34	37.67	43.36	69.84	69.84	97.28	123.63
吉林	18.44	21.69	27.13	36.05	49.35	56.56	63.42	114.24	114.24	118.56	126.19
黑龙江	6.57	15.07	29.48	35.67	42.94	50.69	60.05	82.90	82.90	88.07	97.82
安徽	172.70	206.29	242.71	281.30	350.91	391.23	435.59	495.25	495.25	519.38	567.93
江西	53.29	61.68	69.51	87.76	113.33	131.79	193.40	220.68	220.68	239.68	255.97
河南	74.02	105.69	140.50	186.17	240.67	307.50	341.06	433.54	433.54	470.33	527.01
湖北	171.43	217.03	279.84	374.44	451.68	523.13	598.67	625.97	625.97	675.97	737.54
湖南	188.66	209.25	227.87	274.82	324.68	360.49	404.52	478.01	478.01	521.85	584.28
西部地区	860.53	1087.66	1356.72	1710.43	2027.46	2428.13	2730.05	3357.93	3357.93	3662.95	3940.59
内蒙古	9.43	32.42	28.01	47.31	71.02	87.58	104.60	140.21	140.21	145.29	145.62
广西	69.12	97.69	121.70	152.47	185.42	204.39	232.35	279.18	279.18	304.00	340.03
重庆	284.16	310.45	384.49	525.91	609.20	755.18	820.03	1009.94	1009.94	1080.64	1190.77
四川	212.54	236.28	311.95	358.38	410.07	493.51	555.69	670.62	670.62	782.27	817.88
贵州	55.96	86.09	103.90	115.13	134.85	149.43	169.26	215.97	215.97	235.79	242.62
云南	99.71	133.91	152.16	196.21	224.89	273.79	309.49	357.67	357.67	374.64	414.90
西藏	—	—	—	—	0.50	0.50	0.50	0.80	0.80	0.80	0.80
陕西	62.23	99.41	133.85	158.69	201.58	227.30	266.60	338.79	338.79	355.13	391.28
甘肃	24.48	31.83	43.26	53.36	62.25	69.10	76.72	109.66	109.66	115.47	120.51
青海	8.88	13.14	19.11	22.57	26.28	33.09	39.26	45.31	45.31	51.51	51.56
宁夏	21.13	28.94	34.34	44.35	58.88	68.80	80.83	97.01	97.01	105.23	120.04
新疆	12.90	17.50	23.95	36.06	42.52	65.46	74.74	92.77	92.77	100.18	104.58

数据来源：国家统计局

2010-2014 年房地产开发企业到位资金中利用外资

单位：亿元

	2010 年	2011 年	2012 年	2013 年	2014 年
总 计	795.56	813.63	402.09	534.17	639.26
一、东部地区	545.78	534.38	300.38	385.79	435.72
北 京	13.90	2.60	4.22	11.60	7.78
天 津	8.34	12.48	3.47	16.22	7.19
河 北	3.00	14.52	10.93	9.98	26.34
辽 宁	177.28	199.02	117.88	61.92	70.63
上 海	96.05	43.55	26.12	38.14	69.61
江 苏	93.68	85.65	61.57	109.41	80.79
浙 江	24.47	43.86	16.00	47.03	71.68
福 建	18.17	17.66	7.84	21.58	23.32
山 东	18.87	27.37	15.91	33.51	14.13
广 东	91.30	81.41	29.06	36.29	63.65
海 南	0.71	6.25	7.37	0.10	0.62
二、中部地区	114.02	138.23	57.63	51.33	31.45
山 西	—	—	0.03	—	—
吉 林	0.04	5.03	1.89	5.15	0.50
黑龙江	1.50	3.35	0.02	—	2.70
安 徽	6.18	7.34	1.39	1.00	2.78
江 西	2.90	6.08	0.79	0.82	0.39
河 南	1.76	6.69	1.13	5.40	0.67
湖 北	97.29	43.90	1.27	—	19.63
湖 南	4.35	65.84	51.12	39.15	4.78
三、西部地区	135.76	141.02	44.08	96.85	172.09
内蒙古	0.16	—	—	—	—
广 西	8.59	7.11	0.33	0.62	0.21
重 庆	83.93	59.92	20.13	44.18	113.13
四 川	33 33	66.64	16.93	32.33	39.34
贵 州	0.72	4.47	4.29	—	3.41
云 南	0.85	0.90	—	12.29	16.00
西 藏	—	—	—	—	—
陕 西	5.62	0.24	2.40	7.44	—
甘 肃	—	—	—	—	—
青 海	2.32	1.53	—	—	—
宁 夏	0.25	—	—	—	—
新 疆	—	0.22	—	—	—

数据来源：国家统计局

2014 年全国各地区月度累计房地产开发企业利用外资

单位：万平方米

	1–2 月	1–3 月	1–4 月	1–5 月	1–6 月	1–7 月	1–8 月	1–9 月	1–10 月	1–11 月	1–12 月
总计	49.75	83.96	116.18	149.89	185.78	244.53	340.76	429.80	489.01	530.43	639.26
东部地区	36.64	60.68	76.50	109.90	134.74	190.11	257.38	287.53	328.31	359.29	435.72
北京	0.11	0.83	0.83	0.83	1.30	2.82	3.61	6.54	6.54	6.97	7.78
天津	1.22	1.36	1.37	1.53	1.89	2.27	2.27	5.93	6.60	6.93	7.19
河北	0.42	1.04	1.36	1.66	2.16	2.16	16.39	21.98	25.09	26.34	26.34
辽宁	5.63	10.58	14.35	21.22	30.92	42.12	49.17	63.77	65.92	68.33	70.63
上海	3.86	6.60	6.60	6.61	7.15	7.67	8.20	8.60	9.01	9.42	69.61
江苏	9.88	20.73	37.04	38.64	42.88	50.20	63.01	64.18	77.65	77.54	80.79
浙江	9.51	11.02	4.56	4.96	5.96	39.20	59.31	59.38	68.00	69.99	71.68
福建	0.22	0.24	0.26	20.77	20.79	21.22	21.24	22.38	22.44	22.70	23.32
山东	3.16	3.00	4.56	4.80	7.01	7.18	7.33	7.42	7.43	7.96	14.13
广东	2.63	5.30	5.56	8.86	14.62	15.23	26.79	27.30	38.67	63.05	63.65
海南	—	—	—	—	0.06	0.06	0.06	0.06	0.06	0.06	0.62
中部地区	4.53	1.29	7.19	7.38	9.91	17.86	19.88	22.56	28.20	31.43	31.45
山西	—	—	—	—	—	—	—	—	—	—	—
吉林	—	—	—	—	—	—	0.50	0.50	0.50	0.50	0.50
黑龙江	—	—	—	—	—	—	—	—	2.70	2.70	2.70
安徽	1.00	1.00	—	—	2.00	2.00	2.00	2.00	2.78	2.78	2.78
江西	0.02	0.03	0.03	0.22	0.25	0.26	0.28	0.33	0.34	0.38	0.39
河南	—	—	—	—	0.50	0.67	0.67	0.67	0.67	0.67	0.67
湖北	—	0.01	7.00	7.00	7.00	14.82	15.62	17.48	19.63	19.63	19.63
湖南	3.51	0.25	0.16	0.16	0.16	0.11	0.81	1.58	1.58	4.78	4.78
西部地区	8.58	21.99	32.49	32.61	41.13	36.56	63.49	119.72	132.50	139.71	172.09
内蒙古	—	—	—	—	—	—	—	—	—	—	—
广西	—	1.10	0.21	0.21	0.21	0.21	0.21	0.21	0.21	0.21	0.21
重庆	4.30	7.18	18.08	18.20	20.40	13.77	23.86	79.66	81.44	87.51	113.13
四川	0.70	0.72	0.22	0.22	6.14	7.70	24.18	24.30	32.37	32.86	39.34
贵州	3.05	3.05	3.05	3.05	3.05	3.05	3.05	3.05	3.05	3.40	3.41
云南	0.53	10.93	10.93	10.93	11.33	11.82	12.19	12.50	15.43	15.73	16.00
西藏	—	—	—	—	—	—	—	—	—	—	—
陕西	—	—	—	—	—	—	—	—	—	—	—
甘肃	—	—	—	—	—	—	—	—	—	—	—
青海	—	—	—	—	—	—	—	—	—	—	—
宁夏	—	—	—	—	—	—	—	—	—	—	—
新疆	—	—	—	—	—	—	—	—	—	—	—

数据来源：国家统计局

2010-2014年房地产开发企业到位资金中自筹资金

单位：亿元

	2010年	2011年	2012年	2013年	2014年
总 计	26704.58	34093.40	39082.68	47424.95	511419.80
一、东部地区	15556.96	18917.03	21716.75	26485.44	27973.09
北 京	1762.97	1746.18	1611.91	2138.23	1815.41
天 津	457.74	645.44	831.71	892.08	875.23
河 北	1488.79	2001.75	2195.48	2394.67	2819.53
辽 宁	2802.48	2820.67	3310.51	4090.17	3368.50
上 海	1070.88	1192.87	1385.96	1569.91	1560.83
江 苏	2165.13	2432.98	3087.53	3932.97	4154.86
浙 江	1267.41	1838.29	2178.56	2765.07	3202.31
福 建	1016.44	1401.77	1426.79	2016.51	2479.19
山 东	1787.79	2351.55	2675.86	3149.08	3105.00
广 东	1581.64	2162.76	2414.64	2798.34	3705.57
海 南	155.70	322.68	597.81	738.42	886.66
二、中部地区	5952.15	7851.56	9107.01	10815.07	11046.13
山 西	288.43	377.14	550.70	758.31	743.32
吉 林	596.93	709.92	878.38	804.59	658.92
黑龙江	645.77	1045.60	1104.09	1102.62	909.94
安 徽	1211.07	1497.06	1686.80	2143.66	2203.85
江 西	391.29	464.12	504.79	582.49	606.50
河 南	1336.57	1654.38	1920.72	2472.67	2601.55
湖 北	782.56	1198.02	1425.31	1735.33	1971.63
湖 南	699.53	905.32	1036.23	1215.39	1350.42
三、西部地区	5195.47	7324.81	8258.92	10124.44	11400.58
内蒙古	938.19	1502.18	1031.09	1118.00	1022.39
广 西	547.43	679.96	788.45	815.69	901.60
重 庆	685.00	853.72	1182.06	1263.70	1824.41
四 川	12114.90	1639.08	1728.97	2150.87	2513.68
贵 州	268.89	544.92	518.44	877.20	964.86
云 南	461.22	773.24	975.03	1541.76	1549.46
西 藏	10.27	2.61	2.13	5.10	35.03
陕 西	648.01	701.50	1120.44	1143.18	1274.57
甘 肃	132.70	169.81	304.97	431.08	411.45
青 海	56.78	79.36	113.35	117.97	139.36
宁 夏	103.32	147.39	196.32	247.69	275.47
新 疆	138.76	231.03	297.69	412.18	488.30

数据来源：国家统计局

2014 年全国各地区月度累计房地产开发企业自筹资金

单位：亿元

	1–2 月	1–3 月	1–4 月	1–5 月	1–6 月	1–7 月	1–8 月	1–9 月	1–10 月	1–11 月	1–12 月
总计	8256.12	11093.15	14376.10	18221.78	23810.27	28077.95	321617.97	37535.11	42231.53	46242.92	50419.80
东部地区	4805.60	6586.25	8370.42	10564.46	13633.94	15999.51	18516.67	21170.18	23717.95	25787.53	27973.09
北京	237.85	414.10	497.39	592.85	785.03	963.84	1138.86	1318.04	1579.64	1652.81	1815.41
天津	211.35	287.19	386.68	434.81	521.41	572.99	627.99	712.01	755.98	793.32	875.23
河北	351.04	559.58	731.39	971.13	1297.79	1521.84	1805.78	2076.34	2372.40	2632.96	2819.53
辽宁	354.25	674.29	927.63	1289.05	1886.07	2254.32	2584.92	2939.39	3197.04	3291.26	3368.50
上海	348.01	405.75	478.29	598.14	696.53	795.84	884.71	997.92	1224.54	1405.66	1560.83
江苏	1096.72	1326.14	1584.29	1896.30	2303.11	2598.71	2960.45	3317.24	3606.12	3880.82	4154.86
浙江	426.32	626.19	809.77	1029.14	1336.64	1623.92	1945.63	2282.16	2617.39	2921.45	3202.31
福建	442.76	549.35	719.00	919.95	1189.35	1381.48	1593.78	1860.15	2062.39	2241.83	2479.19
山东	539.04	773.80	974.86	1202.21	1533.37	1785.88	2028.41	2310.52	2581.48	2853.15	3105.00
广东	576.99	728.64	970.29	1285.76	1639.94	1988.84	2359.45	2718.97	3019.21	3322.71	3705.57
海南	221.28	241.23	290.82	345.12	444.71	511.87	586.70	637.44	701.76	791.56	886.66
中部地区	1522.05	2079.06	2822.14	3650.13	4952.98	5857.68	6821.19	7987.88	9054.09	9993.73	11046.13
山西	42.81	71.77	113.18	166.56	241.22	319.99	403.50	509.26	604.95	664.52	743.32
吉林	41.49	45.42	85.09	137.93	213.92	299.55	404.84	499.45	583.57	635.36	658.92
黑龙江	10.80	48.79	106.66	187.64	339.54	428.67	526.90	643.15	764.60	858.39	909.94
安徽	436.88	546.41	679.75	861.46	1107.46	1258.76	1457.14	1661.94	1846.72	1979.82	2203.85
江西	122.45	150.32	180.01	222.62	304.24	364.77	409.57	491.41	535.49	566.47	606.50
河南	298.02	482.59	670.33	896.86	1164.96	1372.21	1582.05	1839.54	2096.24	2318.54	2601.55
湖北	288.74	402.40	594.45	697.36	979.25	1114.42	1239.36	1423.38	1589.70	1773.46	1971.63
湖南	280.87	331.36	392.68	479.69	602.39	699.31	797.82	919.76	1032.83	1197.21	1350.42
西部地区	1928.47	2427.84	3183.55	4007.19	5223.34	6220.76	7280.11	8377.05	9459.49	10461.67	11400.58
内蒙古	53.39	96.33	159.50	231.63	367.03	484.77	655.60	784.56	918.98	1010.99	1022.39
广西	158.89	216.37	265.61	336.90	427.80	509.55	574.99	641.12	714.45	816.96	901.60
重庆	375.45	468.69	585.20	660.58	804.18	985.63	1106.96	1258.92	1416.58	1527.54	1824.41
四川	516.03	651.95	821.28	1031.43	1283.71	1452.99	1685.95	1893.16	2112.60	2340.72	2513.68
贵州	188.35	247.63	311.53	390.65	490.65	569.53	636.52	731.98	820.29	902.01	964.86
云南	343.03	380.19	480.63	594.45	779.15	896.30	1007.78	1145.70	1278.53	1412.23	1549.46
西藏	0.04	0.14	1.32	3.72	9.09	10.83	15.01	20.91	29.05	33.15	35.03
陕西	172.18	198.85	296.38	395.02	5413.70	639.33	782.61	927.52	1050.97	1175.12	1274.57
甘肃	49.27	67.26	95.20	137.90	187.32	234.46	273.91	324.54	351.09	395.03	411.45
青海	13.93	24.29	38.58	45.52	61.89	78.14	90.30	102.22	115.90	138.17	139.36
宁夏	29.80	32.03	54.40	79.26	109.05	136.96	170.54	199.68	227.05	249.70	275.47
新疆	28.10	44.10	73.92	100.14	154.76	222.28	279.96	346.74	414.00	460.05	488.30

数据来源：国家统计局

2010-2014 年房地产开发企业到位资金中其他资金

单位：亿元

	2010 年	2011 年	2012 年	2013 年	2014 年
总 计	32453.72	35775.12	42274.52	54490.70	49689.81
一、东部地区	20245.77	21838.46	25572.14	33626.62	29385.67
北 京	2574.66	2441.36	2983.68	3313.40	2640.80
天 津	659.88	818.37	740.73	1087.95	1123.91
河 北	909.25	1143.85	1211.02	1382.50	1280.14
辽 宁	1469.34	1825.44	2049.61	2449.26	1731.14
上 海	1242.78	1229.32	1580.66	2192.26	2000.62
江 苏	4053.08	3851.04	4817.07	6265.69	5614.83
浙 江	3073.48	3061.81	3210.82	4455.49	3864.55
福 建	1057.16	1507.61	2162.47	2981.29	2471.00
山 东	1868.11	2080.14	2385.81	3193.32	2876.22
广 东	2832.90	3426.63	3967.04	5494.72	5124.77
海 南	505.12	452.90	463.22	810.73	657.69
二、中部地区	5652.07	6285.10	8008.86	10321.35	9687.56
山 西	410.49	394.59	422.09	553.06	526.54
吉 林	309.38	421.80	441.71	582.47	443.81
黑龙江	348.79	428.00	519.32	600.83	397.94
安 徽	1322.72	1305.70	1740.92	2465.62	2456.60
江 西	467.57	512.86	806.74	1086.70	1082.99
河 南	885.96	912.89	1212.10	1537.51	1559.74
湖 北	921.16	1105.61	1425.21	1692.58	1593.44
湖 南	986.00	1203.66	1440.78	1804.57	1626.51
三、西部地区	6555.88	7651.56	8693.51	10542.73	10616.58
内蒙古	179.91	227.35	298.41	406.76	271.16
广 西	733.96	762.54	954.75	1014.58	1168.91
重 庆	1505.89	1686.98	1946.55	2193.89	2216.67
四 川	1468.94	1874.08	2017.53	215.89	2492.22
贵 州	497.18	545.92	664.82	1041.70	1125.72
云 南	677.78	744.45	942. 87	951.51	937.07
西 藏	4.35	4.64	6.00	7.45	12.07
陕 西	819.60	996.36	914.21	1115.67	1018.94
甘 肃	127.92	153.82	217.19	363.52	322.68
青 海	38.72	50.65	77.70	96.68	160.15
宁 夏	199.50	234.92	244.09	340.72	347.39
新 疆	302.13	369.86	409.38	594.36	543.60

数据来源：国家统计局

2014 年全国各地区月度累计房地产开发企业其他资金

单位：亿元

	1–2 月	1–3 月	1–4 月	1–5 月	1–6 月	1–7 月	1–8 月	1–9 月	1–10 月	1–11 月	1–12 月
总计	8045.49	11327.17	14998.84	18977.37	23624.02	27552.95	31439.77	35615.94	39785.71	44089.49	49689.81
东部地区	4955.42	6885.45	9038.39	11383.86	14020.36	16293.10	18531.03	20978.87	23395.90	25896.76	29385.67
北京	404.47	616.28	783.05	951.48	1188.71	1414.67	1611.75	1817.96	2023.96	2207.57	2640.80
天津	132.29	244.10	340.08	467.15	562.46	635.15	735.09	838.80	920.63	980.07	1123.91
河北	170.70	263.84	353.77	452.39	600.80	719.15	829.44	955.42	1073.95	1185.05	1280.14
辽宁	328.83	360.30	501.64	687.95	925.60	1077.44	1213.41	1415.97	1526.80	1622.47	1731.14
上海	401.07	471.12	600.53	734.86	872.46	1018.40	1196.31	1341.81	1490.92	1700.53	2000.62
江苏	1046.59	1468.13	1836.26	2273.20	2727.98	3168.93	3546.91	3972.68	4453.50	4940.94	5614.83
浙江	595.18	858.51	1097.75	1374.22	1668.15	1970.77	2281.07	2628.82	2994.22	3372.67	3864.55
福建	437.18	631.65	835.75	1032.40	1258.09	468.77	1648.25	1831.60	2024.11	2221.65	2471.00
山东	465.52	655.72	904.05	1133.73	1381.35	1614.86	1835.99	2096.84	2303.37	2555.36	2876.22
广东	841.52	1122.85	1521.05	1951.42	2429.66	2771.89	3163.84	3581.91	4026.58	4523.48	5124.77
海南	132.07	192.96	264.47	325.06	405.10	433.07	468.98	497.08	557.85	586.97	657.69
中部地区	1598.64	2209.20	2916.93	3701.71	4636.42	5400.27	6157.19	7015.16	7824.33	8633.30	9687.56
山西	42.25	78.76	114.09	165.78	226.42	274.36	320.23	372.34	417.76	456.67	526.54
吉林	23.38	26.72	86.70	127.69	181.52	237.53	276.80	336.63	382.19	413.39	443.81
黑龙江	18.49	40.58	68.97	109.31	168.12	193.80	231.91	276.27	323.04	356.94	397.94
安徽	494.54	663.77	834.34	1040.71	1246.83	1433.44	1614.33	1847.60	2031.95	218.36	2456.60
江西	262.85	327.56	394.61	470.30	572.03	636.99	714.99	801.20	889.91	982.56	1082.99
河南	188.38	299.40	421.95	553.27	716.36	855.50	978.24	1104.83	1242.75	1392.19	1559.74
湖北	248.26	339.90	464.00	579.78	746.26	867.23	1002.46	1104.34	1237.57	1381.13	1593.44
湖南	320.49	432.51	532.27	654.87	778.88	901.43	1018.22	1171.95	299.15	1432.04	1626.51
西部地区	1491.42	2232.52	3043.52	3891.80	4967.24	5859.57	6751.55	7621.92	8565.47	9559.42	10616.58
内蒙古	14.27	34.76	54.04	90.99	124.82	148.90	177.78	202.39	235.24	256.38	271.16
广西	181.57	262.74	340.71	415.44	548.11	639.04	728.78	821.73	914.48	1037.01	1168.91
重庆	303.72	456.64	674.42	842.75	1048.26	1223.03	1393.90	1573.99	1758.78	1988.08	2216.67
四川	435.86	608.64	756.71	975.29	1237.34	1451.19	1680.72	1818.02	2040.00	2258.13	2492.22
贵州	131.29	224.19	310.06	407.30	523.18	612.31	700.90	813.73	909.92	1024.91	1125.72
云南	150.09	204.67	273.59	342.78	432.59	508.94	582.08	662.03	747.54	827.85	937.07
西藏	0.11	0.41	0.74	1.22	2.37	3.35	5.37	8.06	10.08	11.21	12.07
陕西	140.39	213.72	297.45	367.65	455.96	534.02	619.63	704.33	802.97	889.83	1018.94
甘肃	35.00	59.95	87.98	109.99	150.90	180.47	206.87	256.03	281.98	304.05	322.68
青海	28.28	35.34	50.19	67.15	81.82	99.03	112.23	120.73	138.44	153.41	160.15
宁夏	26.83	46.81	72.51	100.98	134.10	167.53	200.91	238.59	276.46	312.56	347.39
新疆	44.03	84.66	125.13	170.26	227.80	291.78	342.38	402.30	449.57	496.00	543.60

数据来源：国家统计局

全国各地区土地购置情况

2010-2014 年全国各地区土地购置面积

单位：万平方米

	2010 年	2011 年	2012 年	2013 年	2014 年
总 计	40969.53	40972.95	35666.80	38814.38	33383.03
一、东部地区	19596.61	19728.54	15868.71	179100.66	14876.56
北 京	858.75	507.04	305.99	906.17	580.76
天 津	652.46	596.59	299.75	210.64	122.74
河 北	2844.26	2737.89	1760.99	1127.34	1081.72
辽 宁	3652.01	3307.12	3199.52	2502.27	1670.85
上 海	432.44	562.76	300.62	421.74	313.18
江 苏	2224.24	2409.68	3071.00	4207.74	3454.27
浙 江	1833.69	1987.59	1256.11	1760.73	1887.92
福 建	1532.47	1288.38	925.64	1591.13	1294.16
山 东	3290.53	3641.96	2610.03	2615.07	2225.50
广 东	1755.61	2289.69	1805.44	2250.96	1956.99
海 南	520.16	399.83	333.62	306.85	288.47
二、中部地区	11790.59	11257.12	10691.35	11001.40	9197.60
山 西	838.56	654.85	718.36	875.90	431.71
吉 林	935.91	1280.25	1539.01	1143.95	928.40
黑龙江	1137.81	1703.71	929.91	655.67	416.58
安 徽	2611.07	2601.91	2618.78	2760.18	3029.58
江 西	777.15	1002.29	733.17	841.82	918.20
河 南	2864.32	1534.80	1712.63	1501.56	1116.16
湖 北	1529.68	1414.23	1303.19	1894.68	1244.99
湖 南	1096.09	1065.08	1106.29	1327.64	1111.98
三、西部地区	9582.34	9987.29	9106.74	9912.32	9308.87
内蒙古	2006.14	1692.70	902.76	837.63	534.48
广 西	1183.88	907.43	541.71	431.96	610.01
重 庆	1369.22	1676.12	2183.07	1896.65	1861.59
四 川	963.31	961.51	892.22	1142.76	1535.43
贵 州	980.10	911.07	707.51	1209.52	936.36
云 南	1031.39	1425.38	1602.39	1974.01	1218.23
西 藏	4.55	5.77	1.34	—	58.10
陕 西	579.49	488.71	473.03	503.45	487.52
甘 肃	279.48	287.52	419.33	421.71	567.49
青 海	112.43	140.31	197.03	80.13	99.87
宁 夏	548.81	520.54	425.69	438.26	332.77
新 疆	523.54	970.24	760.67	976.24	1064.02

数据来源：国家统计局

2014年全国各地区月度累计土地购置面积

单位：万平方米

	1–2月	1–3月	1–4月	1–5月	1–6月	1–7月	1–8月	1–9月	1–10月	1–11月	1–12月
总计	4062.02	5989.64	8130.41	11089.90	14807.46	17823.98	20787.35	24014.10	26971.71	29736.28	33383.03
东部地区	2022.79	2963.28	3983.61	5430.50	7090.42	8240.97	9574.90	10965.59	12158.55	13256.84	14876.56
北京	78.04	143.64	160.09	211.37	243.04	295.96	306.07	421.57	504.14	513.98	580.76
天津	27.31	27.61	32.33	45.63	79.17	81.21	87.66	112.37	113.27	113.77	122.74
河北	105.40	193.30	268.51	381.97	481.46	630.60	736.84	839.73	913.60	1014.36	1081.72
辽宁	367.29	407.25	593.10	762.53	1000.50	1158.30	1252.13	1416.74	1515.46	1593.13	670.85
上海	19.04	81.98	89.26	127.71	136.52	169.27	195.85	221.26	236.19	256.38	313.18
江苏	592.45	748.61	1023.98	1300.79	1676.09	1929.45	2296.22	2580.81	2881.32	3132.63	3454.27
浙江	182.93	337.21	432.48	619.46	837.66	1020.38	1173.39	1377.51	1572.23	1718.54	1887.92
福建	253.60	313.30	346.14	479.45	583.24	673.10	783.41	863.51	986.31	1044.11	1294.16
山东	209.02	420.51	613.38	882.20	1165.96	1338.90	1507.13	1676.59	1841.26	2016.63	2225.50
广东	180.22	2711.10	403.32	590.72	840.86	859.96	1118.10	1331.34	1457.57	1632.99	1956.99
海南	7.49	11.78	21.03	28.67	45.93	83.84	118.10	124.16	137.20	220.31	288.47
中部地区	1100.43	1526.52	2055.25	27137.64	3760.22	4683.24	5444.15	6269.07	7072.54	8027.41	9197.60
山西	7.05	16.62	33.80	106.67	155.20	242.19	287.58	338.55	379.40	400.25	431.71
吉林	71.73	56.56	87.78	139.75	188.16	365.32	472.92	617.18	710.19	879.08	928.40
黑龙江	12.33	45.38	56.68	82.74	127.67	166.38	232.43	303.38	340.47	389.07	416.58
安徽	195.78	470.54	643.08	896.89	1243.29	1573.59	1847.09	2131.58	2419.51	2579.95	3029.58
江西	62.28	81.14	147.29	218.03	358.94	412.52	472.76	570.12	621.53	850.18	918.20
河南	250.63	303.73	355.48	432.82	556.94	598.30	701.68	735.60	815.12	905.94	1116.16
湖北	309.29	337.69	461.99	578.94	730.92	797.71	802.04	832.56	921.92	1016.35	1244.99
湖南	191.36	214.87	273.16	331.80	399.09	527.23	627.64	740.09	864.40	1006.58	1111.98
西部地区	938.80	1499.85	2091.54	2871.75	3956.83	4899.77	5768.30	6779.44	7740.61	8452.02	9308.87
内蒙古	29.39	56.95	81.39	112.24	182.21	274.37	351.67	420.62	486.31	529.03	534.48
广西	49.17	72.05	102.56	163.31	225.23	245.49	334.67	430.52	570.81	519.84	610.01
重庆	277.22	382.04	572.51	647.23	833.20	998.83	1146.67	1294.58	1466.89	1598.95	1864.59
四川	162.39	227.39	262.13	429.24	641.62	756.36	908.95	1061.16	1153.92	1385.58	1535.43
贵州	60.86	124.56	195.41	314.61	447.75	540.88	613.75	747.79	846.23	900.37	936.36
云南	268.09	254.65	337.88	441.55	594.87	715.09	771.16	867.14	1013.99	1102.86	1218.23
西藏	—	—	—	—	6.52	6.52	17.69	21.76	51.51	58.10	58.10
陕西	3.56	7.94	31.36	60.71	93.34	134.14	217.27	306.18	358.78	434.69	487.52
甘肃	35.32	19.5.62	292.72	335.15	407.60	463.94	501.49	531.39	559.63	559.63	567.49
青海	2.31	44.56	47.17	47.51	47.51	90.29	90.29	90.29	91.36	99.87	99.87
宁夏	26.94	67.20	68.49	133.84	172.63	210.97	236.81	296.34	321.87	324.96	332.77
新疆	23.55	66.89	99.93	186.36	304.36	462.90	577.89	711.66	819.33	938.16	1064.02

数据来源：国家统计局

2010-2014年全国各地区土地购置费

单位：亿元

	2010年	2011年	2012年	2013年	2014年
总 计	9992.11	11412.82	12100.15	13501.73	17458.53
一、东部地区	6891.35	7704.59	8198.60	8829.05	11844.02
北 京	1292.75	1301.23	1102.69	1159.47	1378.94
天 津	134.08	85.15	138.39	107.25	281.37
河 北	368.45	410.14	332.60	297.68	511.39
辽 宁	508.14	523.13	740.56	569.55	535. 115
上 海	449.27	418.10	390.53	588.84	873.61
江 苏	955.41	1259.43	1140.46	1262.70	1745.93
浙 江	1135.49	1338.62	1948.75	2121.73	2680.59
福 建	764.99	793.95	688.16	856.91	1170.49
山 东	600.55	690.24	852.28	757.97	889.55
广 东	633.37	817.50	787.27	981.77	1591.35
海 南	48.86	67.11	76.91	125.19	185.63
二、中部地区	1696.33	2059.46	2032.66	2318.75	2695.96
山 西	92.00	91.95	117.61	107.99	160.50
吉 林	125.17	182.10	225.59	173.57	155.20
黑龙江	90.68	152.60	150.95	125.33	167.14
安 徽	517.30	521.67	525.27	651.48	832.88
江 西	109.90	155.65	107.59	147.61	179.64
河 南	293.23	300.21	307.36	391.70	352.80
湖 北	291.17	375.71	348.49	441.01	509.28
湖 南	176.88	279.57	249.80	280.07	338.51
三、西部地区	1404.43	1648.77	1868.89	2353.92	2918.55
内蒙古	129.85	196.52	135.32	177.27	154.48
广 西	150.60	232.55	191.74	189.01	255.37
重 庆	371.44	374.76	384.16	519.65	649.64
四 川	368.94	420 84	474.23	609.05	823.54
贵 州	60.92	66.28	119.50	177.10	140.33
云 南	121.27	129.87	251.08	374.73	508.46
西 藏	1.72	0.48	0.07	—	7.96
陕 西	107.29	98.61	140.27	116.97	185.31
甘 肃	29.28	39.63	52.38	63.07	39.63
青 海	9.87	18.85	38.81	20.85	27.02
宁 夏	21.59	28.08	43.03	46.70	39.88
新 疆	31.66	42.30	38.29	59.53	86.93

数据来源：国家统计局

2014年全国各地区月度累计土地购置费

单位：亿元

	1–2月	1–3月	1–4月	1–5月	1–6月	1–7月	1–8月	1–9月	1–10月	1–11月	1–12月
总计	1153.10	2051.95	3238.48	4797.09	6955.72	8633.95	10455.78	12371.03	13879.07	16076.38	17458.53
东部地区	630.81	1512.38	2363.92	3448.19	4876.20	6025.14	7289.20	13517.42	9494.45	11007.87	11844.02
北京	50.40	181.26	243.58	305.16	462.99	604.05	795.81	914.84	1015.72	1218.86	1378.94
天津	3.34	18.34	45.11	101.26	164.26	196.39	218.20	245.68	250.98	265.70	281.37
河北	11.32	43.46	78.35	127.19	188.82	245.66	305.05	364.48	417.55	480.90	511.39
辽宁	9.91	35.46	75.04	129.13	247.26	306.82	370.53	426.80	486.04	519.25	535.15
上海	36.50	102.86	151.45	245.11	290.91	366.21	468.37	556.77	675.50	844.41	873.61
江苏	135.18	284.59	438.58	618.07	795.82	941.97	1128.81	1320.88	1437.13	1625.32	1745.93
浙江	205.05	428.32	643.10	888.10	1228.85	1482.89	1754.11	2020.63	2179.12	2552.03	2680.59
福建	79.46	154.31	247.28	340.58	517.08	641.95	753.83	875.25	975.11	1100.16	1170.49
山东	32.29	102.17	176.85	283.14	377.90	475.63	543.89	621.31	707.14	826.70	889.55
广东	59.37	148.80	242.18	378.80	552.73	694.61	856.95	1048.88	1216.57	1411.66	1591.35
海南	7.99	12.81	22.41	31.62	49.58	68.95	92.66	120.91	133.58	162.88	185.63
中部地区	96.79	239.96	367.78	592.59	979.07	1228.44	1504.39	1837.07	2107.94	2415.34	2695.96
山西	0.28	3.76	6.42	14.22	26.33	48.98	67.15	90.93	109.47	136.02	160.50
吉林	0.01	0.56	2.86	6.33	16.75	41.00	62.29	89.12	110.80	138.50	155.20
黑龙江	0.08	0.84	3.12	14.35	47.48	64.23	80.40	110.84	135.80	155.02	167.14
安徽	48.36	91.48	139.68	238.96	360.98	436.45	522.41	626.52	706.35	774.94	832.88
江西	9.96	17.82	28.44	39.59	61.50	78.60	98.11	122.11	143.67	168.80	179.64
河南	7.57	30.81	47.93	75.80	138.53	152.83	182.34	212.59	240.47	286.03	352.80
湖北	19.67	70.80	98.26	135.69	212.06	251.76	304.27	361.25	395.98	445.74	509.28
湖南	10.87	23.89	41.07	67.63	115.44	154.59	187.42	223.71	265.40	310.30	338.51
西部地区	125.50	299.61	506.78	756.32	1100.45	1380.37	1662.19	2016.54	2276.67	2653.17	2918.55
内蒙古	0.00	1.61	6.96	21.68	41.46	63.70	90.73	110.93	134.67	152.61	154.48
广西	9.59	17.92	30.34	43.44	74.73	107.94	131.07	156.40	180.45	220.57	255.37
重庆	15.24	57.86	116.63	169.67	239.28	288.80	348.70	440.44	480.09	573.90	649.64
四川	57.93	123.05	185.57	265.53	366.61	442.96	508.81	588.90	657.84	743.95	823.54
贵州	11.14	21.46	35.84	50.75	67.69	81.11	96.33	111.75	127.89	137.68	140.33
云南	28.42	66.06	96.96	146.62	202.34	244.95	283.72	341.27	391.36	456.97	508.46
西藏	—	—	0.62	1.03	1.59	1.73	5.13	6.63	7.61	7.96	7.96
陕西	2.29	3.72	12.01	23.21	43.88	57.24	78.55	116.82	137.76	176.76	185.31
甘肃	0.42	0.62	2.82	6.38	13.26	18.03	22.72	27.04	33.01	37.90	39.63
青海	—	3.00	8.11	8.33	10.92	15.16	16.47	17.45	18.81	25.70	27.02
宁夏	—	2.74	5.56	8.00	14.72	22.34	26.63	33.13	34.61	38.12	39.88
新疆	0.46	0.94	5.34	10.78	23.99	36.40	53.34	65.79	72.59	81.05	86.93

数据来源：国家统计局

全国各地区房地产建设数据

2010-2014 年全国各地区房屋施工面积

单位：万平方米

	2010 年	2011 年	2012 年	2013 年	2014 年
总计	405538.91	507959.39	573417.52	665571.89	726482.34
一、东部地区	209590.11	262005.40	289323.21	329581.67	355052.79
北京	10300.86	12065.38	13122.49	13886.87	13588.08
天津	7160.74	9075.39	9864.22	10892.17	10652.37
河北	20790.28	26835.37	27577.83	29949.12	31628.39
辽宁	26824.50	34511.89	38502.02	41625.60	38616.88
上海	11295.03	12983.32	13249.97	13516.58	14690.18
江苏	35063.76	40738.08	45097.54	52574.17	57637.72
浙江	23824.53	30318.08	33422.97	37647.24	42144.35
福建	14184.85	19212.77	21121.50	26287.28	30051.77
山东	28229.00	36293.30	42958.91	50549.17	54508.45
广东	29217.60	36311.94	39296.27	46480.47	53977.47
海南	2698.96	3659.88	5109.49	6173.00	7557.15
二、中部地区	95866.41	119260.50	138172.71	165264.80	181702.50
山西	7616.35	9325.63	11714.28	14040.05	1 5476.89
吉林	7099.96	8963.42	10935.80	12181.28	12268.44
黑龙江	7543.71	12065.32	13484.97	13567.37	14218.09
安徽	17541.90	20744.07	24836.06	30235.20	33479.11
江西	7229.94	8210.88	9465.63	11996.67	13332.64
河南	20394.18	25280.95	29559.36	35979.33	38857.60
湖北	11620.91	13923.90	16819.71	21865.81	26321.99
湖南	16819.46	20746.32	21356.89	25400.09	27747.75
三、西部地区	100082.39	126693.49	145921.60	170725. 42	189727.04
内蒙古	11517.78	16378.10	16507.40	18624.32	18474.17
广西	12050.65	14448.23	15018.46	16040.17	17472.15
重庆	17138.50	20397.24	22009.03	26251.89	28623.93
四川	21158.47	27315.44	29865.50	32164.98	36499.35
贵州	7902.39	10395.27	13245.31	17356.96	20369.36
云南	8784.97	10597.88	14362.00	18260.72	20034.58
西藏	72.31	48.73	47.33	57.70	273.17
陕西	9965.18	12179.97	15410.57	17240.86	19466.10
甘肃	3130.40	3810.00	5634.95	6848.40	7660.30
青海	1423.97	1659.03	1891.23	2376.64	2545.90
宁夏	2940.53	4040.83	5033.26	6043.23	7019.37
新疆	3997.24	5422.77	6896.55	9459.55	11288.65

数据来源：国家统计局

2014年全国各地区月度累计施工面积

单位：万平方米

	1-2月	1-3月	1-4月	1-5月	1-6月	1-7月	1-8月	1-9月	1-10月	1-11月	1-12月
总计	529592.92	547030.44	564782.49	586080.91	611405.64	632684.92	652952.50	673229.98	692132.30	711307.44	726482.34
东部地区	266509.06	275604.71	283964.70	294387.84	304914.67	313835.74	322850.78	331664.68	340081.93	347862.43	355052.79
北京	10568.37	11522.14	11685.74	11970.42	12264.71	12523.59	12618.14	12825.95	13136.80	13232.91	13588.08
天津	8165.56	8448.26	8799.10	9032.07	9336.29	9434.78	9609.90	9808.83	10017.32	10290.34	10652.37
河北	20891.24	21898.69	22604.11	24163.32	25448.08	26956.66	27947.07	29133.66	30129.37	31004.94	91628.39
辽宁	29990.59	31023.99	32008.00	32822.18	34229.70	35083.02	36159.54	37150.14	38096.48	38530.88	38616.88
上海	11239.17	11761.98	11909.99	12334.60	12561.50	12821.20	13089.47	13426.55	13867.86	14398.35	14690.18
江苏	43691.96	45065.17	46803.27	48679.65	50302.15	51686.43	53341.94	54849.23	56111.50	56848.27	57637.72
浙江	32126.97	33104.10	34336.58	35379.71	36464.46	37480.75	38467.40	39538.41	40421.34	41390.27	42144.35
福建	22714.15	231102.44	24070.63	25039.41	26286.82	26829.75	27446.25	28109.87	28704.82	29383.89	30051.77
山东	41760.58	42952.13	44526.90	46170.75	47304.78	48593.47	49690.11	50700.29	51968.21	53294.95	54508.45
广东	39896.61	40452.86	41394.79	42828.81	44554.99	46099.61	47770.75	49281.66	50503.86	52121.97	53977.47
海南	5463.85	5772.95	5825.58	5966.92	6161.19	6326.48	6701.19	6840.10	7121.36	7365.66	7557.15
中部地区	128288.71	131850.50	135670.94	141042.17	147978.04	153714.05	158883.30	165173.88	170714.39	176712.15	181702.50
山西	10893.46	11264.17	11407.17	11811.81	12238.42	13049.57	13611.44	14159.92	14604.06	14998.53	15476.89
吉林	8590.76	8687.05	9015.74	9296.48	9610.93	10013.14	10446.32	10879.60	11283.45	12180.48	12268.44
黑龙江	10281.73	10328.07	10506.74	11086.28	11637.45	12139.52	12575.05	13098.25	13555.03	14026.71	14218.09
安徽	23937.02	24601.80	25666.64	26780.73	28131.35	28900.43	30134.77	31278.62	32114.26	32749.06	33479.11
江西	9610.63	9818.42	10030.98	10258.62	11008.27	11558.03	11956.95	12563.86	12866.73	13221.78	13332.64
河南	28201.74	29133.03	29477.47	30211.34	31237.60	32226.26	33223.22	34647.29	35994.73	37251.27	38357.60
湖北	17361.82	17946.87	19022.65	19835.88	21132.39	21931.33	22768.99	23461.98	24339.15	25208.67	26321.99
湖南	19411.54	20071.09	20543.56	21761.04	22981.64	23895.76	24166.56	25084.37	25956.99	27075.65	27747.75
西部地区	34795.15	139575.22	145146.84	150650.90	158512.92	165135.14	171218.43	176391.43	181335.98	186732.87	189727.04
内蒙古	14024.55	14359.74	15079.51	15515.66	16107.77	16587.64	17296.30	17582.29	18072.62	18590.57	18474.17
广西	12661.40	12971.32	13282.65	13754.71	14217.50	15108.95	15750.22	16027.50	16575.78	17160.59	17472.15
重庆	21651.00	22163.56	23311.38	23897.58	24784.22	25501.83	26252.56	26839.25	27618.79	28116.82	28623.93
四川	24135.90	25423.90	26278.36	27795.29	29468.71	31013.96	32024.04	33280.85	34437.78	35716.18	36499.35
贵州	14897.78	15611.66	16205.33	16812.17	17753.09	18398.43	18807.83	19279.12	19671.74	20128.15	20369.36
云南	14251.40	14958.15	15464.04	15945.00	16789.21	17488.58	18213.30	18875.15	19273.00	19753.85	20034.58
西藏	27.75	27.72	59.74	80.92	133.13	145.72	178.83	237.20	271.01	273.14	273.17
陕西	14481.50	14738.68	15009.55	15264.38	16069.79	16222.61	17185.09	17667.91	18101.06	18874.88	19466.10
甘肃	5044. 26	5241.37	5599.85	6034.47	6496.60	6862.29	7117.91	7387.63	7564.69	7696.18	7660.30
青海	1721.69	1902.96	1987.77	2032.17	2165.67	2245.84	2295.12	2334.68	2370.79	2521.03	2545.90
宁夏	4718.82	4946.64	5274.86	5494.57	5759.79	6163.88	6286.16	6489.28	6676.85	6791.60	7019.37
新疆	7179.10	7229.52	7593.80	8023.96	8767.43	9395.40	9811.07	10390.58	10701.86	11109.88	11288.65

数据来源：国家统计局

2010-2014 年全国各地区房屋新开工面积

单位：万平方米

	2010 年	2011 年	2012 年	2013 年	2014 年
总计	163776.67	190082.70	177333.62	201207.84	179592.49
一、东部地区	80866.52	94717.56	83232.11	93591.45	83424.48
北京	2974.24	4246.05	3224.21	3577.52	2449.39
天津	2911.67	3484.21	2565.19	2672.93	2815.27
河北	9636.28	11298.70	7641.80	6932.65	8239.03
辽宁	12627.39	12425.86	13828.92	13444.45	8192.17
上海	3030.59	3644.06	2724.05	2705.95	2782.02
江苏	13729.61	14721.11	13908.44	16358.18	14220.35
浙江	7890.63	10216.94	7816.80	9315.10	9676.14
福建	4679.56	7033.35	5342.97	7193.01	6754.06
山东	12357.46	14029.44	13902.72	15390.76	13328.07
广东	9892.98	11968.66	10615.73	14265.48	13384.34
海南	1136.12	1649.19	1661.29	1735.42	1583.64
二、中部地区	41830.85	49007.73	48325.48	55227.62	48763.96
山西	2759.02	2838.30	4166.34	3673.34	3887.51
吉林	3553.85	4749.81	4826.76	3746.24	3257.60
黑龙江	5018.42	7195.27	5074.35	4030.44	3281.38
安徽	7317.60	8308.17	7874.22	10077.71	8736.77
江西	2344.98	3308.49	3261.03	4138.96	3348.42
河南	8610.57	9823.23	10515.11	12465.09	10586.54
湖北	5765.52	5005.60	5976.06	8226.71	7598.69
湖南	6460.90	7178.86	6631.62	8869.13	8067.05
三、西部地区	41079.29	46357.41	45776.03	52388.77	47404.06
内蒙古	6289.60	8537.91	5423.42	5042.81	3114.00
广西	4750.57	3760.22	3741.88	3715.67	4138.43
重庆	6312.64	6824.36	5813.48	7641.63	3254.04
四川	7731.66	8473.27	8367.21	10163.57	11328.04
贵州	2871.15	2912.81	3787.67	5628.24	4616.49
云南	3702.76	4984.70	6037.53	6481.80	5458.43
西藏	13.98	4.53	22.68	27.76	191.49
陕西	3329.19	3843.17	4738. 32	4483.35	3943.16
甘肃	1395.98	1546.59	2404.51	2451.19	2050.36
青海	700.67	532.33	772.90	859.76	694.77
宁夏	1808.73	1954.46	1842.78	2163.12	2053.77
新疆	2172.38	2983.06	2823.65	3729.87	3561.09

数据来源：国家统计局

2014年全国各地区月度累计新开工面积

单位：万平方米

	1–2月	1–3月	1–4月	1–5月	1–6月	1–7月	1–8月	1–9月	1–10月	1–11月	1–12月
总计	16193.01	29089.66	43234.32	59912.47	80231.74	98231.77	114381.52	131410.97	147661.01	164705.46	179592.49
东部地区	8058.01	14419.27	21606.04	29446.05	37936.95	45717.78	53214.12	30895.14	68378.26	75814.59	83424.48
北京	182.41	525.48	638.26	788.39	1053.96	1336.22	1442.45	1627.43	1945.77	2065.48	2449.39
天津	168.73	281.23	410.83	566.37	731.83	877.39	1099.41	1269.68	1502.97	1727.56	2815.27
河北	492.06	952.16	1519.69	2271.87	3251.38	4412.65	5036.74	6004.60	6741.22	7599.69	8239.03
辽宁	453.54	1395.89	2110.48	2871.83	3954.24	4762.59	5783.84	6371.32	7643.48	8045.10	8192.17
上海	254.18	570.04	743.27	899.29	1115.40	1323.48	1479.13	1783.51	2137.82	2580.40	2782.02
江苏	1949.69	2977.73	4304.18	5805.25	7194.02	8337.51	9667.01	10979.89	12130.87	13206.75	14220.35
浙江	548.60	1324.80	2445.82	3443.00	4414.64	5316.04	6300.34	7231.23	8062.82	8934.66	9676.14
福建	706.63	1198.36	1904.82	2623.45	3688.84	4138.12	4608.85	5195.16	5704.07	6201.05	6754.06
山东	1592.03	2750.89	4258.99	5633.55	6655.04	7860.48	8787.69	9689.06	10983.96	2209.27	13328.07
广东	1502.08	2101.08	2904.79	4070.77	5307.90	6627.77	8082.09	9334.70	10390.76	11866.49	13384.34
海南	208.08	341.62	364.91	472.27	569.58	725.53	926.58	1048.56	1134.54	1374.15	1583.64
中部地区	4433.19	6936.15	10078.39	14396.55	20010.83	25138.26	29610.69	34483.95	39213.62	44457.01	48763.96
山西	46.94	249.80	369.78	756.71	1117.62	1894.82	2341.65	2864.30	3186.84	3516.41	3887.51
吉林	8.84	25.60	367.40	536.38	808.06	1190.29	1542.16	1961.14	2341.55	3137.14	3257.60
黑龙江	0.86	59.40	177.55	707.60	1116.28	1554.83	1919.90	2373.33	2719.89	3106.76	3281.38
安徽	1356.49	1847.18	2711.49	3638.07	4609.15	5330.70	6258.89	6732.41	7500.10	8047.98	8736.77
江西	357.33	550.66	795.01	978.36	1484.40	1905.35	2257.59	2613.50	2874.16	3149.73	3348.42
河南	910.32	1603.47	1922.04	2644.24	3734.01	4771.13	5628.10	6884.17	8028.36	9210.70	10586.54
湖北	797.32	1182.60	1978.72	2631.95	3694.71	4325.67	4936.72	5415.61	6100.84	6813.70	7598.69
湖南	955.09	1417.44	1756.41	2503.23	3446.60	4165.48	4725.66	5639.50	6461.88	7474.59	8067.05
西部地区	4201.81	7734.24	11549.89	16069.87	22177.96	27375.72	31556.70	36031.87	40069.12	44437.87	47404.06
内蒙古	7.84	167.18	361.15	678.22	1048.46	1504.93	1958.32	2276.38	2730.50	3106.82	3114.00
广西	623.32	848.96	1052.81	1442.99	1777.46	2336.43	2808.58	3073.11	3423.22	3828.79	4138.43
重庆	624.69	953.71	1613.70	2055.62	2958.29	3632.03	4121.93	4668.72	5315.16	5688.55	6254.04
四川	1220.85	2107.64	2918.57	4259.57	5512.98	6549.37	7479.66	8449.05	9472.50	10431.65	11328.04
贵州	447.89	1090.37	1503.75	1964.08	2444.33	2971.76	3305.09	3702.30	4022.56	4396.52	4616.49
云南	642.21	1083.16	1432.79	1871.54	2661.34	3178.62	3597.40	4204.02	4518.40	5169.48	5458.43
西藏	—	0.00	32.23	53.49	88.08	90.43	123.56	150.99	189.32	191.46	191.49
陕西	568.27	740.10	1012.34	1250.15	1762.77	1945.48	2488.36	2842.20	3109.11	3628.46	3943.16
甘肃	50.55	224.17	495.45	790.61	1138.89	1388.96	1546.83	1765.63	1915.53	2023.63	2050.36
青海	—	184.05	276.17	303.77	407.07	481.88	507.01	529.71	559.60	694.20	694.77
宁夏	12.00	267.43	555.55	741.95	1058.10	1382.09	1450.98	1662.93	1811.48	1905.89	2053.77
新疆	4.19	67.45	295.40	657.89	1320.18	1913.76	2151.00	2706.84	3001.74	3372.42	3561.09

数据来源：国家统计局

2010-2014 年全国各地区房屋竣工面积

单位：万平方米

	2010 年	2011 年	2012 年	2013 年	2014 年
总计	75960.97	89244.25	99424.96	101434.99	107459.05
一、东部地区	39166.71	45578.01	49483.00	50480.07	51390.16
北京	2386.71	2245.24	2390.86	2666.35	3054.12
天津	2098.55	2105.32	2542.75	2805.37	2924.82
河北	3028.58	5145.32	4894.56	4437.02	4037.56
辽宁	4466.50	6359.15	6438.15	6151.97	6146.96
上海	1941.25	2240.62	2305.06	2254.44	2313.29
江苏	8265.61	8040.88	9848.40	9711.60	9620.47
浙江	4049.47	4423.32	4292.94	4692.34	6390.17
福建	2244.61	2614.88	2232.78	3369.76	3583.57
山东	4999.72	6226.85	7324.97	7508.52	7787.31
广东	5234.59	5800.52	6356.12	6273.30	7327.99
海南	451.08	375.91	856.41	609.40	1203.90
二、中部地区	20307.23	23898.91	26221.68	28042.25	28603.80
山西	1089.72	2084.20	1732.99	2284.82	2182.48
吉林	1871.38	1656.17	1927.87	2253.65	1573.86
黑龙江	2166.77	2992.61	3245.73	2932.70	3000.90
安徽	3020.57	3063.87	3965.39	5180.35	5196.37
江西	1822.20	1777.42	1747.48	1790.26	1871.79
河南	4427.14	5307.13	5870.54	5965.87	7324.34
湖北	2558.94	3083.54	3273.71	3044.84	3431.18
湖南	3350.51	3933.97	4457.97	4593.76	4022.89
三、西部地区	16487.03	19767.33	23720.28	22912.67	24465.08
内蒙古	2192.01	2453.11	2449.13	2638.24	2012.08
广西	1564.31	2183.90	2333.58	1712.68	1865.98
重庆	2626.59	3424.33	3990.63	3804.36	3717.78
四川	3966.77	4308.71	5866.58	5108.86	5334.45
贵州	1028.73	1462.44	1416.77	1764.78	2842.32
云南	1535.99	1450.76	1851.57	2019.20	1788.62
西藏	11.90	21.69	9.23	18.09	52.47
陕西	860.79	1104.45	1653.94	1511.67	2188.91
甘肃	598.66	655.95	844.50	915.56	813.22
青海	267.67	505.91	416.20	592.62	559.49
宁夏	936.86	942.77	1151.97	1104.45	1203.68
新疆	896.76	1253.27	1736.17	1722.16	2086.08

数据来源：国家统计局

2014年全国各地区月度累计竣工面积

单位：万平方米

	1–2月	1–3月	1–4月	1–5月	1–6月	1–7月	1–8月	1–9月	1–10月	1–11月	1–12月
总计	12418.24	18520.17	23685.46	30700.42	38214.96	43524.49	49758.81	66503.80	63888.88	75062.66	107459.05
东部地区	6458.43	9544.68	11964.69	14859.89	18247.98	20994.15	24483.97	27553.23	31194.90	36392.60	54390.16
北京	264.13	362.13	420.57	581.28	670.87	783.50	872.37	1036.48	1251.72	1646.87	3054.12
天津	222.16	281.13	357.59	416.14	530.27	582.84	644.45	678.43	719.94	856.64	2924.82
河北	226.87	477.77	601.61	804.73	1037.80	1262.51	1554.42	1945.02	2209.55	2777.72	4037.56
辽宁	234.56	634.67	924.15	1219.89	1968.80	2285.84	2805.57	3185.57	3807.20	4545.86	6146.96
上海	385.14	489.62	573.40	743.64	879.52	1089.35	1211.24	1328.33	1467.03	1757.04	2313.29
江苏	1635.76	2253.46	2808.76	3508.84	4132.17	4566.64	5222.77	5705.80	6330.74	7020.99	9620.47
浙江	997.03	1379.40	1670.89	2080.87	2449.29	2964.51	3390.78	3764.98	4137.46	4493.73	6390.17
福建	545.57	749.41	887.06	1028.42	1229.77	1341.55	1044.48	1905.78	2231.57	2554.11	3583.57
山东	813.39	1314.66	1656.12	2073.19	2525.97	2845.19	3069.46	3399.39	3965.92	4998.37	7787.31
广东	986.22	1417.21	1854.88	2181.00	2556.95	2996.76	3296.21	3705.87	4126.41	4772.56	7327.99
海南	151.61	185.23	209.66	221.88	266.56	275.45	772.22	897.57	947.36	968.72	1203.90
中部地区	2852.28	4360.26	5897.80	8165.17	10411.72	11717.17	13432.90	15661.90	17402.08	20264.74	28603.80
山西	89.94	183.57	273.31	492.97	664.14	723.74	747.70	801.78	1022.02	1315.42	2182.48
吉林	34.46	82.50	134.48	273.93	492.51	610.44	694.86	969.19	1088.34	1332.19	1573.86
黑龙江	158.30	264.48	351.98	681.88	867.37	917.31	987.69	1375.06	1516.32	1926.52	3000.90
安徽	802.73	1049.94	1435.14	1764.27	2084.61	2418.61	2765.29	3112.34	3317.17	3765.34	5196.37
江西	229.18	286.03	534.86	797.63	945.57	1072.76	1147.32	1303.23	1393.94	1488.45	1871.79
河南	498.15	1022.13	1321.68	1895.93	2545.05	2805.69	3491.43	3929.20	4462.43	5164.22	7324.34
湖北	391.71	559.41	727.84	935.27	1192.17	1347.59	464.69	1731.40	1887.88	2193.36	3431.18
湖南	647.80	912.21	1118.51	1323.30	1620.30	1821.03	2133.93	2439.70	2713.97	3079.24	4022.89
西部地区	3107.54	4615.24	5822.97	7675.36	9555.27	10813.17	11841.94	13288.67	15291.90	18405.32	24465.08
内蒙古	35.36	96.53	176.67	302.31	510.85	676.43	798.30	1054.06	1388.62	1732.26	2012.08
广西	443.40	558.08	662.88	745.83	848.73	885.58	953.84	1081.07	1266.65	1462.85	1865.98
重庆	643.94	957.72	1066.06	1176.06	1525.02	1787.21	1915.13	2110.22	2346.63	2770.52	3717.78
四川	952.42	1174.73	1426.53	1712.40	2154.31	2446.23	2690.29	2997.16	3277.77	3594.85	5334.45
贵州	478.19	606.83	809.92	1535.56	1734.12	1798.52	1894.26	1985.49	2154.57	2348.80	2842.32
云南	223.84	545.48	678.93	733.49	887.61	1001.46	1035.46	1134.53	1273.13	1459.82	1788.62
西藏	—	0.00	—	—	14.12	14.12	14.12	22.38	45.48	45.48	52.47
陕西	177.40	302.67	396.75	627.10	787.24	876.17	905.06	958.82	1065.48	1397.38	2188.91
甘肃	48.81	111.66	154.00	219.45	269.18	296.32	385.51	461.01	532.56	637.42	813.22
青海	—	19.74	56.14	73.66	104.36	118.50	123.33	144.53	202.00	414.02	559.49
宁夏	66.70	164.69	227.22	273.83	337.10	392.69	472.93	536.63	655.32	859.29	1203.68
新疆	37.46	77.09	167.86	275.67	382.62	519.94	642.72	802.78	1083.68	1582.64	2086.08

数据来源：国家统计局

2010-2014 年全国各地区住宅施工面积

单位：万平方米

	2010 年	2011 年	2012 年	2013 年	2014 年
总计	314942.59	388438.59	428964.05	486347.33	515096.45
一、东部地区	157008.32	194081.66	211109.99	235926.39	247809.50
北京	6176.02	7168.12	7510.36	7406.88	6977.99
天津	5117.60	6435.79	6923.52	7562.48	7204.46
河北	17274.45	21483.03	21895.95	23558.26	24456.15
辽宁	20669.88	26742.21	29284.88	31416.51	28524.54
上海	7313.85	8386.26	8315.68	8125.74	8525.85
江苏	26349.91	30469.01	33412.17	38756.78	41579.79
浙江	16149.97	20023.78	21656.38	23828.31	25874.49
福建	10570.84	13719.68	14731.19	17835.42	19718.43
山东	22881.77	29014.62	33715.25	38571.84	40648.82
广东	22176.17	27452.39	29253.24	33690.67	38290.06
海南	2327.86	3186.79	44111.38	5173.49	6008.91
二、中部地区	77848.36	95665.44	107040.28	125212.26	134141.70
山西	6252.79	7727.98	9299.62	10754.95	11471.77
吉林	5785.69	7144.34	8512.60	9317.77	9067.10
黑龙江	6112.02	9593.72	10471.96	10241.40	10424.11
安徽	13770.20	16058.40	18182.58	21531.23	23193.68
江西	6064.62	6781.84	7319.85	9018.79	9975.73
河南	16902.19	20576.45	23466.99	28113.59	29831.26
湖北	9170.94	11058.67	13013.01	16640.27	19610.09
湖南	13789.92	16724.04	16773.68	19594.27	20567.96
三、西部地区	80085.91	98691.48	110813.77	125208.68	133145.24
内蒙古	8246.59	11298.24	11181.66	12634.11	12386.94
广西	9768.56	11497.68	11846.86	12419.68	13065.65
重庆	13744.78	15923.84	16997.85	19248.95	20294.49
四川	17289.74	21596.31	22590.16	23208.91	24732.35
贵州	5968.65	7780.42	9654.03	12316.36	13792.94
云南	7046.37	7973.23	10432.11	12969.39	13607.78
西藏	66.43	36.28	31.01	39.15	177.79
陕西	8595.32	10488.13	13030.16	14225.86	15475.10
甘肃	2557.70	3141.26	4431.21	5324.49	5644.35
青海	1179.25	1359.46	1513.51	1748.26	1711.99
宁夏	3385.56	3059.76	3622.63	4090.83	4622.94
新疆	3336.95	4536.88	5482.59	6982.70	7632.93

数据来源：国家统计局

2014 年全国各地区月度累计住宅施工面积

单位：万平方米

	1-2 月	1-3 月	1-4 月	1-5 月	1-6 月	1-7 月	1-8 月	1-9 月	1-10 月	1-11 月	1-12 月
总计	381151.67	393205.69	405407.83	419883.09	437194.62	451577.37	465242.53	479016.59	491855.31	504914.52	515096.45
东部地区	187861.57	194217.10	199910.28	206659.93	213994.59	220142.10	226300.13	232184.55	237983.88	243015.68	247809.50
北京	5432.65	5826.60	5948.31	6104.40	6286.19	6440.29	6517.05	6598.61	6793.68	6845.13	6977.99
天津	5404.58	5651.02	5912.05	6077.02	6349.53	6390.30	6517.66	6633.18	6821.27	6945.83	7204.46
河北	16359.94	17106.37	17652.67	18741.60	19684.95	20798.74	21471.58	22412.24	23282.66	23961.44	24456.15
辽宁	22038.07	22781.40	23574.15	24169.95	25263.21	25923.90	26689.12	27416.51	28125.32	28469.06	2A524.54
上海	6660.20	6976.30	7066.49	7241.28	7368.19	7496.94	7651.90	7854.16	8066.23	8351.52	8525.85
江苏	31533.94	32581.52	33792.86	35135.49	36290.72	37352.88	38423.35	39553.73	40524.16	40995.12	41579.79
浙江	20146.94	20758.14	21535.56	22060.79	22691.72	23205.45	23855.96	24418.86	24982.07	25487.89	25874.49
福建	15391.81	16119.23	16252.01	16817.21	17541.56	17871.94	18280.02	18624.25	18907.41	19298.56	19718.43
山东	31440.73	32335.07	33497.04	34630.43	35493.97	36423.33	37217.50	37899.77	38747.62	39735.13	40648.82
广东	28855.07	29237.54	29799.15	30703.98	31915.20	32993.72	34151.94	35134.52	35962.61	37042.19	38290.06
海南	4597.65	4843.91	4879.98	4977.78	5109.35	5244.62	5524.05	5638.71	5770.84	5883.82	6008.91
中部地区	95971.02	98616.72	101329.01	105312.23	110343.85	114328.13	117920.62	122387.52	126323.95	130683.13	134141.70
山西	8301.43	8590.30	8688.20	8997.65	9313.86	9825.64	10284.80	10676.49	10972.23	11226.11	11471.77
吉林	6427.33	6477.32	6712.37	6922.97	7196.85	7495.55	7839.13	8118.19	8364.71	9022.71	9067.10
黑龙江	7615.19	7668.68	7796.37	8207.88	8614.12	8973.34	9253.24	9629.07	9979.16	10326.15	10424.11
安徽	16887.98	17380.72	18101.19	18892.37	19778.17	20251.82	21056.47	21827.24	22316.23	22728.27	23193.68
江西	7178.95	7324.57	7458.72	7636.88	8196.61	8614.02	8928.02	9370.41	9604.41	9887.57	9975.73
河南	21812.42	22608.03	22892.36	23437.61	24212.33	24956.41	25610.60	26637.63	27634.78	28604.94	29831.26
湖北	13017.23	13339.01	14115.33	14748.42	15723.05	16275.59	16872.60	17406.14	18107.01	18790.64	19610.09
湖南	14730.49	15228.09	15564.48	16468.44	17308.87	17935.77	18075.76	18719.35	19345.43	20096.74	20567.96
西部地区	97119.08	100371.87	104168.54	107910.94	112856.18	117107.14	121021.78	124444.51	127547.47	131215.71	133145.24
内蒙古	9195.15	9453.25	9989.15	10305.54	10663.41	11037.90	11539.80	11743.48	12102.46	2463.42	12386.94
广西	9723.52	9921.23	10159.43	10491.70	10795.62	11380.90	11808.61	12025.58	12387.81	12827.48	13065.65
重庆	15778.46	16132.60	16853.21	17298.02	17889.49	18352.61	18816.56	19198.39	19672.22	19966.04	20294.49
四川	16842.97	17714.53	18331.84	19222.80	20284.67	21303.95	21877.56	22716.86	23403.94	24248.06	24732.35
贵州	10453.21	10910.67	11245.89	11671.93	12235.31	12551.46	12787.93	13098.26	13327.81	13625.00	13792.94
云南	9946.28	10386.78	10689.07	11039.89	11567.53	12018.09	12477.31	12828.44	13121.54	13490.08	13607.78
西藏	19.66	19.66	47.32	61.91	79.13	87.34	110.68	160.57	174.78	177.75	177.79
陕西	11847.50	12055.68	12281.77	12448.15	13002.86	13138.55	13851.16	14215.64	14491.09	15016.52	15475.10
甘肃	3833.91	3987.68	4297.66	4574.23	4858.59	5092.53	5273.29	5459.01	5573.29	5670.65	5644.35
青海	1228.83	1313.16	1368.73	1402.11	1475.78	1525.91	1549.80	1569.76	1595.43	1702.66	1711.99
宁夏	3058.16	3239.39	3453.99	3632.26	3799.95	4086.43	4158.40	4274.89	4379.74	4461.10	4622.94
新疆	5191.43	5237.23	5430.48	5762.41	6203.83	6531.46	6770.69	7153.64	7317.36	7566.96	7632.93

数据来源：国家统计局

2010-2014 年全国各地区住宅新开工面积

单位：万平方米

	2010 年	2011 年	2012 年	2013 年	2014 年
总计	129467.93	146034.57	130695.42	145844.80	124877.00
一、东部地区	62243.18	71003.05	60461.97	66591.24	57685.92
北京	2063.40	2596.45	1027.50	1736.54	1282.28
天津	2026.89	2374.29	1764.76	1744.85	1986.56
河北	7857.55	9017.52	5983.78	5445.77	6361.42
辽宁	9848.46	9896.26	10644.03	10141.66	6137.69
上海	2111.11	2473.60	1563.39	1643.09	1547.29
江苏	10620.32	11158.20	10285.49	12211.81	10377.91
浙江	5240.23	6674.46	4946.83	5787.98	5602.77
福建	3399.53	4828.29	3565.11	4795.83	4183.81
山东	10290.65	11305.66	10837.97	11497.27	9821.37
广东	7804.41	9242.84	7840.26	10114.75	9174.08
海南	980.63	1435.49	1402.85	1471.69	1200.74
二、中部地区	34147.09	39438.37	36737.28	41856.38	35473.16
山西	2253.58	2418.95	3271.11	2723.39	2739.99
吉林	2920.00	3760.22	3683.39	2858.01	2283.82
黑龙江	4079.40	5734.93	3785.55	2920.48	2327.27
安徽	5770.46	6428.52	5468.39	7143.99	5929.47
江西	1956.47	2681.43	2400.09	3050.83	2559.77
河南	7299.94	8158.35	8424.45	10055.31	8079.35
湖北	4483.91	4480.39	4650.79	6250.23	5817.89
湖南	5383.32	5752.59	5053.52	6854.15	5735.60
三、西部地区	33077.65	35593.14	33496.17	37397.18	31717.93
内蒙古	4486.54	5988.45	3670.18	3633.33	2151.45
广西	3905.84	2951.41	2910.11	2901.93	2958.26
重庆	5268.76	5214.42	4345.14	5387.60	4275.96
四川	6270.79	6562.20	5962.51	7008.71	7335.98
贵州	2250.29	2179.78	2578.41	3974.16	2829.30
云南	2960.81	3618.18	4166.88	4529.09	3654.29
西藏	13.32	0.04	17.07	22.37	118.43
陕西	2887.08	3364.05	3928.91	3488.16	2933.94
甘肃	1169.10	1289.98	1933.52	1917.05	1486.88
青海	569.01	447.77	605.33	599.85	406.66
宁夏	1444.86	1457.54	1228.74	1435.77	1396.24
新疆	1851.26	2519.31	2149.36	2499.16	2170.53

数据来源：国家统计局

2014 年全国各地区月度累计住宅新开工面积

单位：万平方米

	1–2 月	1–3 月	1–4 月	1–5 月	1–6 月	1–7 月	1–8 月	1–9 月	1–10 月	1–11 月	1–12 月
总计	12278.79	21238.35	31184.06	42588.27	56673.76	69068.85	80173.59	91754.30	102879.43	114636.67	124877.00
东部地区	5773.61	10516.96	15458.41	20596.22	26552.63	31999.14	37109.46	42211.23	47466.47	52490.06	57685.92
北京	121.72	296.01	363.37	461.9	618.27	795.16	827.32	891.12	1074.21	1118.59	1282.28
天津	61.97	162.9	259.93	346.46	487.21	595.06	780.94	883.62	1090.20	1235.01	1986.56
河北	424.44	759.67	1195.32	1783.93	2540.91	3408.97	3815.65	4593.54	5165.42	5855.34	6361.42
辽宁	295.79	1002.71	1570.02	2127.98	2982.73	3610.66	4340.87	5024.14	5723.44	6044.24	6137.69
上海	155.49	374.97	470.45	540.00	629.17	735.79	787.83	974.82	1159.36	1408.25	1547.29
江苏	1347.7	2184.71	3086.08	4226.52	5198.17	6072.07	6957.6	7884.66	8773.76	9596.03	10377.91
浙江	328.86	817.59	1530.26	2010.81	2582.25	3083.79	3727.67	4251.1	4783.54	5235.18	5602.77
福建	527.62	873.06	1334.35	1680.69	2360.15	2643.84	2943.29	3238.53	3526.59	3842.16	4193.81
山东	200.28	2129.25	3252.04	4217.85	5031.28	5906.62	6582.38	7208.66	8077.62	8973.19	9821.37
广东	1113.36	1594.31	2063.71	2791.4	3651.47	4551.27	5597.45	6404.94	7160.01	8146.28	9174.08
海南	196.4	321.77	332.89	408.67	471.02	595.93	748.45	856.09	932.33	1035.79	1200.74
中部地区	3390.94	5305.05	7608.91	10810.09	14932.92	18566.1	21757.5	25334.9	28681.45	32463.35	35473.16
山西	40.29	205.72	296.78	596.85	873.57	1376.1	1730.72	2114.98	2338.96	2544.88	2739.99
吉林	8.82	24.49	239.86	375.77	590.03	872.01	1135	1409.02	1643.17	2215.56	2283.82
黑龙江	0.86	45.38	147.48	507.62	805.36	1121.11	1352.98	1694.05	1961.91	2245.63	2327.27
安徽	965.52	1348.05	1913.41	2569.36	3204.83	3651.82	4295.68	4690.71	5148.91	5521.14	5929.47
江西	283.31	424.93	621.19	764.17	1143.67	1476.82	1735.36	2002.56	2206.36	2410.47	2559.77
河南	743.51	1280.88	1543.72	2107.67	3016.57	3784.81	4380.05	5278.72	6109.38	7011.58	8079.35
湖北	640.49	887.35	1486.05	1994.09	2797.85	3256.61	3715.03	4074.71	4633.6	5204.99	5817.89
湖南	708.14	1088.24	1360.4	1894.56	2501.04	3016.81	3412.69	4070.13	4639.17	5309.10	5735.60
西部地区	3114.23	5416.34	8116.74	11181.96	15188.21	18503.61	21306.63	24208.18	26731.51	29683.26	31717.93
内蒙古	2.21	84.83	234.13	436.23	679.07	1037.76	1374.43	1571.4	1894.44	2148.06	2151.45
广西	483.59	633.18	797.24	1064.39	1280.95	626.07	1980.48	2175.37	2424.93	2726.77	2958.26
重庆	489.79	724.96	1164.23	1496.93	2086.72	2520.52	2874.57	3264.85	3657.21	3921.18	4275.96
四川	914.64	1505.74	2060.35	2823.18	3643.16	4299.26	4885.76	5505.69	6082.13	6706.42	7335.98
贵州	293.2	698.08	949.9	1258.85	1544.68	1793.89	1968.78	2231.15	2429.19	2668.92	2829.30
云南	435.52	701.49	956.11	1298.24	1854.53	2181.04	2475.21	2780.47	2991.75	3469.53	3654.29
西藏	—	—	27.87	42.54	53.44	55.24	78.60	97.55	115.42	118.4	118.43
陕西	444.9	578.79	801.83	980.90	1344.30	1508.61	1885.03	2163.62	2354.43	2681.4	2933.94
甘肃	39.92	170.2	396.96	598.00	826.11	1018.53	1143.26	1291.06	1390.56	1467.99	1486.88
青海	—	85.22	149.68	167.43	237.40	284.15	290.36	295.07	319.98	412.57	406.66
宁夏	6.35	188.76	382.75	534.59	769.53	995.29	1028.32	1151.59	1237.12	1298.01	1396.24
新疆	4.11	45.09	195.69	480.68	868.33	1183.24	1321.82	1680.34	1834.35	2064.01	2170.53

数据来源：国家统计局

2010-2014 年全国各地区住宅竣工面积

单位：万平方米

	2010 年	2011 年	2012 年	2013 年	2014 年
总计	61215.72	71692.33	79043.20	78740.62	80868.26
一、东部地区	30400.48	35299.17	38065.07	38209.67	40176.30
北京	1498.48	1316.13	1522.72	1692.04	1804.34
天津	1603.65	1641.68	1913.97	2117.66	2130.25
河北	2651.00	4250.37	3978.10	3517.80	3195.11
辽宁	3662.51	5259.86	5132.29	5025.69	4940.48
上海	1396.05	1549.66	1509.13	1417.41	1535.55
江苏	6268.44	6147.76	7687.13	7584.17	7259.11
浙江	2756.50	2986.62	2917.26	3187.62	4158.30
福建	1717.07	1993.32	1564.62	2338.06	2568.02
山东	4212.76	5197.97	6086.71	6063.35	6090.74
广东	4248.36	4611.54	4918.16	4748.25	5442.49
海南	385.67	344.26	734.99	517.62	1051.90
二、中部地区	17016.34	20142.46	21631.05	22537.29	22403.87
山西	896.93	1867.13	1435.69	1847.99	1701.64
吉林	1562.40	1371.31	1613.59	1769.95	1309.26
黑龙江	1778.16	2396.04	2646.21	2344.41	2295.70
安徽	2402.42	2422.58	3123.15	3919.00	3829.60
江西	1554.93	1513.22	1440.48	1427.53	1511.27
河南	3852.80	4646.63	4888.17	4916.31	5767.18
湖北	2137.30	2647.50	2795.21	2.547.39	2812.35
湖南	2831.41	3278.05	3688.55	3764.71	3176.87
三、西部地区	13798.90	16250.71	19347.08	17993.66	18288.10
内蒙古	1799.40	1939.20	1816.10	2001.21	1496.66
广西	1342.87	1836.76	1956.57	1385.37	1441.84
重庆	2179.81	2826.78	3386.35	2867.45	2771.55
四川	3390.01	3520.09	4713.61	4028.88	3871.28
贵州	809.06	1106.85	1120.17	1352.29	2046.43
云南	1258.44	1182.14	1492.28	1576.13	1255.20
西藏	11.22	19.28	6.46	10.65	29.45
陕西	762.97	972.79	1413.75	1272.77	1863.01
甘肃	501.05	554.15	710.03	769.07	652.04
青海	242.12	435.22	371.06	474.39	447.50
宁夏	746.32	762.20	922.26	861.37	818.86
新疆	755.64	1095.24	1438.43	1394.08	1594.27

数据来源：国家统计局

2014 年全国各地区月度累计住宅竣工面积

单位：万平方米

	1–2 月	1–3 月	1–4 月	1–5 月	1–6 月	1–7 月	1–8 月	1–9 月	1–10 月	1–11 月	1–12 月
总计	9265.50	13910.42	17883.35	23387.88	29168.39	33270.45	38036.38	43268.63	48748.68	57235.73	80868.26
东部地区	4692.78	7086.54	8914.46	11140.08	13737.67	15853.28	18491.31	20842.63	23489.17	27325.62	40176.30
北京	138.66	177.29	216.94	306.58	352.81	430.26	480.87	580.21	714.64	953.36	1804.34
天津	175.25	230.48	292.22	344.72	409.99	453.05	509.61	535.55	568.42	702.89	2130.25
河北	176.77	389.90	488.95	656.45	848.17	1032.05	1268.07	1573.62	1760.34	2214.66	3195.11
辽宁	182. 95	504.41	749.67	995.10	1589.60	1862.08	2252.78	2565.30	3073.71	3636.96	4940.48
上海	217.07	304.50	357.43	488.31	587.12	751.20	834.48	933.48	1022.85	1191.60	1535.55
江苏	1178.37	1640.22	2053.98	2598.54	3096.44	3426.92	3927.89	4327.13	4760.35	5293.56	7259.11
浙江	690.24	972.99	1144.54	1433.51	1693.05	2030.88	2252.20	2513.71	2759.14	2991.19	4158.30
福建	395.25	540.46	642.27	757.55	879.57	966.03	1214.26	1407.38	1643.34	1870.23	2568.02
山东	640.12	1056.49	1331.21	1654.32	2024.69	2278.45	2462.76	2706.43	3154.62	3915.12	6090.74
广东	761.40	1110.84	1456.55	1712.85	2023.35	2380.90	2607.50	2917. 98	3206.42	3711.98	5442.49
海南	136.71	158.96	180.70	192.14	232.89	241.44	680.89	781.85	825.35	844.07	1051.90
中部地区	2186.32	3361.14	4579.04	6394.50	8170.13	9222.29	10591.03	12399.12	13784.03	6072.30	22403.87
山西	64.93	132.14	195.68	377.34	514.82	566.31	585.86	618.34	799.70	1043.61	1701.64
吉林	30.72	65.97	111.47	227.47	397.75	495.55	560.08	802.48	904.70	1106.28	1309.26
黑龙江	141.95	205.76	279.25	517.09	661.23	695.85	745.42	1056.26	1164.19	1480.14	2295.70
安徽	546.45	707.07	967.08	1220.58	1472.53	1713.86	1990.99	2235.95	2380.32	2719.26	3829.60
江西	176.08	224.53	430.17	631.16	749.84	864.73	920.80	1050.61	1126.34	1202.30	1511.27
河南	394.44	837.39	1090.90	1582.47	2104.93	2325.15	2881.91	3265.36	3708.26	4294.39	5767.18
湖北	319.45	455.98	596.99	775.25	968.99	1098.86	1201.30	1420.84	1548.54	1795.03	2812.35
湖南	512.29	735.30	907.49	1063.14	1300.05	1461.97	1704.67	1949.23	2151.98	2431.30	3176.87
西部地区	2386.40	3459.74	4389.85	5853.30	7260.59	8194.88	8954.04	10026.87	11475.47	13837.81	18288.10
内蒙古	30.76	74.20	131.09	226.42	362.85	480.91	573.18	776.85	1009.36	1282.30	1496.66
广西	334.94	432.31	511.07	574.03	663.74	693.40	746.21	828.07	966.85	1128.65	1441.84
重庆	497.23	710.12	798.23	869.12	1130.08	1348.91	1455.24	1615.07	1794.69	2064.22	2771.55
四川	706.32	888.09	1094.17	1313.88	1676.27	1865.28	2045.57	2263.17	2441.47	2666.28	3871.28
贵州	364.12	455.45	603.14	1180.55	1317.01	1355.71	1417.27	1482.74	1601.19	1721.88	2046.43
云南	178.66	364.92	460.55	505.21	602.63	676.40	702.91	782.72	890.86	1027.50	1255.20
西藏	—	—	—	—	6.54	6.54	6.54	14.44	27.42	27.42	29.45
陕西	161.86	268.84	341.06	545.75	677.02	753.52	788.34	831.37	928.07	1219.83	1863.01
甘肃	40.54	89.32	127.78	175.67	214.52	239.57	308.18	361.14	419.58	507.19	652.04
青海	—	18.42	48.44	61.67	80.29	89.87	94.70	112.91	155.32	338.28	447.50
宁夏	44.67	101.42	150.82	188.99	231.33	270.64	328.67	365.67	428.09	573.29	818.86
新疆	27.31	56.65	123.52	212.01	298.31	404.65	487.25	592.71	812.57	1280.97	1594.27

数据来源：国家统计局

2010-2014 年全国各地区办公楼施工面积

单位：万平方米

	2010 年	2011 年	2012 年	2013 年	2014 年
总计	12139.78	15949.87	19434.17	24577.41	29927.54
一、东部地区	8077.04	10572.70	12058.63	14954.89	17684.98
北京	1054.84	1422.66	1711.86	2114.13	2253.98
天津	396.61	687. 88	792.40	841.00	864.64
河北	384.20	572.14	598.79	659.34	676.79
辽宁	582.95	611.63	778.99	796.46	816.08
上海	1103.18	1158.34	1284.68	1431.73	1779.04
江苏	1167.65	1362.12	1539.84	1989.66	2310.53
浙江	1479.17	1967.10	2099.17	2477.02	2925.46
福建	452.19	769.10	987.37	1363.45	1810.02
山东	476.82	759.82	1051.82	1553.26	1978.01
广东	943.49	1218.97	1176.38	1675.71	2137.02
海南	35.94	42.92	37.34	53.11	133.40
二、中部地区	1960.42	2436.28	3665.46	4760.97	5598.09
山西	182.54	172.92	216.67	327.11	462.29
吉林	103.83	161.50	207.22	302.72	349.78
黑龙江	74.76	122.68	177.66	199.33	250.54
安徽	521.89	498.18	789.46	1034.03	1084.97
江西	114.25	130.64	280.19	423.91	471.78
河南	510.84	755.96	976.49	1297.06	1489.02
湖北	241.71	317.47	576.52	596.11	786.87
湖南	210.60	276.91	441.25	580.70	702.83
三、西部地区	2102.32	2940.90	3710.08	4861.54	6644.47
内蒙古	486.14	675.56	643.10	692.00	641.90
广西	183.04	246.72	279.76	321.91	445.65
重庆	247.56	386.84	499.85	781.98	1072 22
四川	413.26	598.48	834.65	922.54	1300.71
贵州	149.32	171.87	300.50	502.13	722.15
云南	154.77	319.66	427.16	557.95	735.83
西藏	0.74	0.76	1.68	1.56	17.51
陕西	229.63	248.77	338.57	501.13	705.15
甘肃	50.96	60.68	99.85	107.80	178.95
青海	23.64	26.29	29.23	75.14	122.47
宁夏	74.17	102.33	119.14	171.20	248.16
新疆	89.08	102.94	136.61	225.32	453.78

数据来源：国家统计局

2014 年全国各地区月度累计办公楼施工面积

单位：万平方米

	1–2 月	1–3 月	1–4 月	1–5 月	1–6 月	1–7 月	1–8 月	1–9 月	1–10 月	1–11 月	1–12 月
总计	20964.13	21895.87	22769.87	23718.57	24738.50	25666.51	26509.96	27381.43	28272.92	29045.53	29927.54
东部地区	12194.74	13356.45	13866.08	14484.23	14935.91	15395.85	15792.05	16206.84	16689.36	17137.35	17684.98
北京	1602.29	1959.54	1961.14	2013.50	2045.92	2081.63	2076.95	2131.54	2162.45	2154.62	2253.98
天津	675.05	675.05	735.21	742.08	743.98	755.97	753.95	789.39	791.22	862.03	864.64
河北	3715 52	387.64	402.03	467.51	507.62	556.44	607.56	624.83	636.93	664.43	676.79
辽宁	640.57	657.43	678.51	690.56	717.40	732.12	771.60	792.81	803.58	809.75	816.08
上海	1291.86	1324.56	1336.77	1398.10	1424.32	1459.81	1491.38	1528.44	1633.68	1706.66	1779.04
江苏	1729.92	1785.06	1864.06	1961.20	2004.78	2026.54	2135.48	2158.46	2202.17	2214.77	2310.53
浙江	2178.27	2230.17	2333.96	2372.65	2465.24	2545.49	2578.71	2662.47	2723.60	2829.50	2925.46
福建	1248.74	1276.66	1349.33	1445.80	1549.96	1556.54	1629.70	1666.14	1709.78	1755.59	1810.02
山东	1448.13	1520.23	1591.57	1667.80	1709.80	1756.84	1805.69	1839.68	1906.53	1967.15	1978.01
广东	1449.10	1489.05	1562.45	1668.66	1708.32	1830.55	1874.61	1945.59	1994.02	2045.43	2137.02
海南	45.30	51.06	51.06	56.36	58.56	59.90	66.43	67.48	127.41	127.41	133.40
中部地区	4031.74	4087.58	4185.84	4334.15	4524.19	4679.92	4870.58	5134.71	5282.61	5407.92	5598.09
山西	255.29	270.66	280.11	290.85	295.50	310.64	314.85	329.34	340.56	375.53	462.29
吉林	274.83	268.32	269.20	282.21	284.55	301.56	306.65	322.56	346.02	349.23	349.78
黑龙江	167.20	166.18	170.11	202.00	209.85	215.22	232.08	243.89	246.54	248.29	250.54
安徽	826.13	842.24	850.76	872.51	906.62	929.31	969.14	1019.06	1068.16	1081.57	1084.97
江西	384.54	380.25	396.44	396.99	425.00	434.90	446.27	455.21	463.57	472.63	471.78
河南	1097.83	1108.90	1120.07	1155.76	1178.20	1212.59	1265.21	1178.96	1398.35	1429.98	1489.02
湖北	521.59	530.48	554.33	574.86	614.02	649.18	689.77	716.24	739.20	750.64	786.87
湖南	504.33	520.55	544.83	558.96	610.45	626.53	646.61	669.46	680.22	696.75	702.83
西部地区	4237.65	4451.84	4717.95	4900.19	5278.40	5590.74	5847.33	6039.88	6300.94	6500.26	6644.47
内蒙古	537.13	543.26	570.14	575.89	611.98	615.46	632.62	637.39	642.16	647.95	641.90
广西	270.89	308.40	311.52	323.76	335.24	388.86	427.02	431.83	437.56	439.90	445.65
重庆	696.50	713.53	832.94	854.32	865.40	916.89	962.52	976.61	1040.65	1066.29	1072.22
四川	823.35	830.78	838.82	891.62	961.32	1028.19	1076.78	1137.65	1225.66	1279.71	1300.71
贵州	506.25	523.86	547.04	574.30	623.89	656.92	674.51	692.13	706.55	721.09	722.15
云南	473.11	558.98	585.73	593.76	615.93	628.75	642.98	651.10	671.41	699.24	735.83
西藏	—	—	0.62	0.62	11.06	11.06	15.11	15.11	17.51	17.51	17.51
陕西	442.21	464.60	482.31	500.18	539.94	542.73	581.66	599.48	633.35	667.78	705.15
甘肃	85.86	86.46	87.20	113.81	134.79	160.21	162.02	172.88	177.94	178.75	178.95
青海	66.36	80.02	90.18	90.81	114.06	109.69	113.39	113.68	114.26	121.55	122.47
宁夏	155.73	160.46	179.10	180.37	182.39	193.20	203.45	221.36	225.75	228.85	248.16
新疆	180.26	181.48	192.35	200.75	282.42	338.79	355.27	390.66	408.14	431.63	453.78

数据来源：国家统计局

2010-2014 年全国各地区办公楼新开工面积

单位：万平方米

	2010 年	2011 年	2012 年	2013 年	2014 年
总计	3678.01	5360.94	5986.46	6887.24	7349.10
一、东部地区	2290.03	3471.29	3247.75	4129.36	4110.01
北京	203.29	489.40	536.82	671.40	421.37
天津	206.73	278.26	231.02	173.84	132.38
河北	147.43	253.58	187.61	172.02	160.41
辽宁	214.05	116.18	234.61	196.80	154.16
上海	147.39	225.72	303.91	264.06	365.25
江苏	374.63	507.13	402.53	547.94	502.95
浙江	477.18	593.55	413.88	576.71	776.59
福建	183.46	300.38	252.38	381.57	495.20
山东	157.78	373.36	378.27	567.24	456.55
广东	164.00	311.83	288.94	563.20	636.11
海南	14.08	21.89	17.78	14.59	9.02
二、中部地区	660.14	835.98	13131.59	1301.55	1308.36
山西	54.70	29.50	66.62	76.47	169.59
吉林	23.75	69.08	88.50	96.21	79.06
黑龙江	40.61	74.93	92.79	34.72	70.04
安徽	163.46	148.53	233.75	246.09	198.49
江西	41.82	60.50	137.02	167.13	76.83
河南	171.02	252.65	360.08	329.90	342.33
湖北	102.24	101.20	218.38	201.33	178.85
湖南	62.53	99.57	184.44	149.71	193.17
三、西部地区	727.84	1053.68	1357.11	1456.33	1930.73
内蒙古	285.83	266.26	160.55	99.50	72.47
广西	59.75	101.07	103.03	72.74	151.06
重庆	57.20	154.44	160.64	241.15	264.17
四川	128.53	140.72	314.46	264.42	452.51
贵州	29.22	20.08	176.24	171.33	187.80
云南	55.87	173.42	222.37	171.33	183.86
西藏	0.00	—	1.57	—	10.09
陕西	38.08	76.91	99.03	179.21	208.88
甘肃	11.53	23.03	23.22	30.13	51.86
青海	17.26	6.51	7.79	43.75	53.11
宁夏	21.25	50.67	38.60	59.86	78.37
新疆	23.33	40.55	49.63	122.90	216.54

数据来源：国家统计局

2014 年全国各地区月度累计办公楼新开工面积

单位：万平方米

	1–2 月	1–3 月	1–4 月	1–5 月	1–6 月	1–7 月	1–8 月	1–9 月	1–10 月	1–11 月	1–12 月
总计	524.19	996.93	1608.96	2285.00	3098.29	3870.06	4544.02	5314.57	6012.67	6668.12	7349.10
东部地区	304.04	564.27	976.69	1396.02	1765.90	2141.30	2526.08	2927.07	3285.50	3660.46	4110.01
北京	10.73	101.68	111.14	132.39	165.32	196.41	216.87	259.74	291.01	307.87	421.37
天津	5.51	5.51	12.10	19.82	21.71	32.65	32.65	54.84	56.70	72.11	132.38
河北	0.49	2.23	17.11	32.38	44.83	73.03	104.49	115.35	131.21	156.67	160.41
辽宁	11.64	16.62	31.74	42.11	64.77	75.65	111.64	131.47	145.18	150.22	154.16
上海	33.56	49.10	71.70	92.74	122.99	143.96	171.78	199.98	263.08	330.58	365.25
江苏	76.89	128.37	184.82	224.63	259.54	279.25	385.91	436.28	465.65	483.30	502.95
浙江	45.87	86.18	183.27	241.06	327.93	408.61	453.38	522.54	583.48	690.37	776.59
福建	32.06	52.06	117.38	206.59	289.90	315.26	355.01	395.55	437.81	454.27	495.20
山东	39.63	67.68	126.05	183.04	215.63	260.52	288.27	328.11	384.93	444.07	456.55
广东	47.54	54.64	121.17	218.61	250.37	351.88	401.99	478.06	521.04	565.60	636.11
海南	0.13	0.20	0.20	2.65	2.90	4.08	4.08	5.14	5.40	5.40	9.02
中部地区	67.70	89.82	154.07	267.05	413.16	551.49	698.75	913.44	1041.00	1151.73	1308.36
山西	0.53	3.31	9.72	18.85	17.81	31.30	33.34	46.07	56.87	89.72	169.59
吉林	—	—	0.32	6.99	8.26	25.45	35.27	51.29	73.42	77.57	79.06
黑龙江	—	0.19	0.33	30.60	35.05	39.93	58.82	64.38	66.30	69.34	70.04
安徽	23.13	28.09	49.53	62.68	77.10	97.41	118.32	134.00	174.06	187.97	198.49
江西	3.09	3.38	8.36	8.92	35.73	44.82	57.28	65.88	66.92	73.83	76.83
河南	6.86	14.96	23.97	46.03	64.02	92.96	143.99	251.44	270.26	299.63	342.33
湖北	17.79	29.38	44.03	65.06	82.70	112.19	123.87	151.12	163.12	171.92	178.85
湖南	16.30	10.51	17.81	27.92	92.48	107.43	127.86	149.26	170.03	181.74	193.17
西部地区	152.46	342.85	478.20	621.93	919.23	1177.27	1319.20	1474.07	1686.18	1855.93	1930.73
内蒙古	0.93	30.44	39.97	45.91	61.01	64.78	53.59	63.61	67.81	72.47	72.47
广西	3.70	35.80	36.97	49.14	60.56	109.57	137.48	142.85	145.52	150.07	151.06
重庆	17.78	19.38	40.87	47.44	95.92	142.77	169.09	180.57	232.90	247.48	264.17
四川	34.19	48.73	62.09	124.78	176.07	223.83	252.08	303.82	390.38	435.38	452.51
贵州	46.67	65.85	84.43	98.21	118.33	140.53	156.34	160.52	175.48	186.51	187.80
云南	18.18	70.01	87.63	95.28	110.79	123.98	126.51	134.65	154.21	175.97	183.86
西藏	—	—	0.62	0.62	5.87	5.87	9.93	9.93	10.09	10.09	10.09
陕西	27.64	47.03	66.25	78.59	103.72	106.90	145.87	148.49	162.02	194.81	208.88
甘肃	3.36	4.28	4.44	22.43	33.84	45.25	45.66	48.42	50.60	51.38	51.86
青海	—	13.66	24.14	24.73	42.08	40.99	44.15	44.34	44.79	52.19	53.11
宁夏	—	4.37	22.98	22.65	24.10	31.82	36.21	55.05	54.73	58.54	78.37
新疆	0.01	3.32	7.80	12.15	86.93	140.97	142.29	181.81	197.64	221.04	216.54

数据来源：国家统计局

2010-2014 年全国各地区办公楼竣工面积

单位：万平方米

	2010 年	2011 年	2012 年	2013 年	2014 年
总计	1748.44	2179.42	2315.36	2789.40	3144.18
一、东部地区	1282.41	1620.55	1663.38	1932.41	1993.36
北京	198.42	245.17	226.79	273.05	387.45
天津	102.42	146.72	166.80	188.59	117.15
河北	19.60	111.16	94.53	158.24	63.13
辽宁	75.29	73.16	99.74	66.24	74.11
上海	150.69	174.33	206.87	176.01	165.03
江苏	290.54	239.26	237.18	332.43	269.53
浙江	195.86	290.53	218.35	246.44	370.71
福建	35.21	56.70	119.20	98.33	145.51
山东	84.52	113.51	130.29	127.17	182.93
广东	118.01	169.15	159.63	264.58	211.26
海南	11.85	0.88	3.99	1.31	6.54
二、中部地区	269.05	273.84	290.49	459.23	577.22
山西	19.73	23.66	14.90	30.75	29.97
吉林	11.98	16.08	16.43	25.61	11.27
黑龙江	20.27	20.62	28.52	32.07	53.49
安徽	49.89	58.06	49.98	131.92	120.97
江西	23.41	6.79	31.89	24.55	25.45
河南	56.17	66.72	82.01	121.80	228.49
湖北	52.89	45.46	27.37	43.07	36.12
湖南	34.71	36.44	39.39	49.47	71.48
三、西部地区	196.98	285.02	361.49	397.76	573.60
内蒙古	28.92	31.91	67.23	41.66	34.02
广西	13.01	19.12	25.33	18.13	40.78
重庆	30.03	44.77	30.37	75.76	115.03
四川	35.16	61.78	119.35	101.33	144.31
贵州	18.36	31.77	16.16	30.00	73.69
云南	16.73	26.94	26.54	41.24	37.30
西藏	0.00	0.20	0.11	—	6.78
陕西	11.79	14.57	19.48	42.68	22.95
甘肃	7.94	7.91	8.56	3.34	11.50
青海	3.86	4.59	3.41	8.74	14.10
宁夏	17.34	23.35	9.85	9.86	28.35
新疆	13.83	18.12	35.10	25.03	44.79

数据来源：国家统计局

2014年全国各地区月度累计办公楼竣工面积

单位：万平方米

	1–2月	1–3月	1–4月	1–5月	1–6月	1–7月	1–8月	1–9月	1–10月	1–11月	1–12月
总计	368.28	552.37	679.99	801.89	980.31	1128.70	1272.49	1414.59	1650.29	2044.18	3144.18
东部地区	236.01	325.53	414.72	475.48	571.35	673.73	769.85	869.83	1010.42	1263.06	1993.36
北京	50.16	83.83	97.89	130.68	143.17	157.98	166.46	193.87	217.20	274.58	387.45
天津	8.08	8.08	8.08	8.08	12.11	12.11	12.12	12.12	12.12	12.12	117.15
河北	0.29	3.07	3.41	3.41	9.31	9.59	10.13	26.82	38.09	51.38	63.13
辽宁		0.11	1.49	2.00	2.99	3.01	15.64	22.12	24.81	62.27	74.11
上海	48.59	48.59	52.85	53.88	66.44	72.18	73.95	73.95	84.42	119.88	165.03
江苏	27.26	41.02	69.29	76.73	90.84	104.47	125.44	144.52	165.14	193.59	269.53
浙江	48.52	71.19	102.07	112.07	136.00	172.05	205.44	214.03	246.10	255.50	370.71
福建	20.60	21.69	25.21	27.08	43.90	48.70	49.48	51.17	60.64	80.45	145.51
山东	16.99	22.97	28.98	31.87	34.56	49.66	62.40	67.85	88.13	129.63	182.93
广东	15.48	24.85	25.31	29.55	31.90	43.85	48.58	58.52	67.25	77.12	211.26
海南	0.04	0.14	0.14	0.14	0.14	0.14	0.20	4.85	6.54	6.54	6.54
中部地区	48.86	91.72	116.98	138.13	181.83	210.44	233.28	258.76	286.83	351.68	577.22
山西	5.89	9.04	9.34	11.14	14.52	15.23	15.26	16.59	22.49	26.07	29.97
吉林	0.56	1.14	1.35	1.51	1.82	2.10	2.28	6.39	6.77	7.66	11.27
黑龙江	0.12	20.75	20.75	20.81	32.34	32.34	33.51	33.65	34.50	36.67	53.49
安徽	18.46	26.15	47.25	51.77	54.78	76.73	75.25	77.93	78.35	99.52	120.97
江西	0.70	0.75	0.75	3.82	15.60	16.13	16.18	16.68	16.72	19.08	25.45
河南	7.79	20.18	21.26	23.25	26.83	26.97	54.28	60.96	71.05	76.06	228.49
湖北	4.42	0.95	3.30	5.20	11.86	13.06	13.55	13.86	17.66	22.96	36.12
湖南	10.91	12.76	12.99	20.63	24.09	27.88	27.97	32.69	39.30	63.68	71.48
西部地区	83.42	135.12	148.29	188.28	227.13	244.52	264.35	286.00	353.04	429.43	573.60
内蒙古		0.31	2.50	2.76	6.66	13.96	15.67	16.08	25.26	28.68	34.02
广西	17.69	17.74	22.94	23.81	24.02	24.02	25.95	29.15	31.15	31.23	40.78
重庆	2.44	32.44	33.93	40.07	46.45	46.88	47.49	47.50	71.74	93.21	115.03
四川	46.95	47.72	49.42	58.55	59.98	65.23	67.64	75.87	86.82	96.06	144.31
贵州	7.50	8.08	9.55	30.74	33.39	33.39	33.49	33.49	33.53	42.55	73.69
云南	2.85	18.05	18.05	18.07	29.38	29.81	29.95	31.33	32.21	34.07	37.30
西藏	—	—	—	—	5.18	5.18	5.18	5.18	6.04	6.04	6.78
陕西	0.31	0.88	1.53	1.53	3.91	3.91	4.03	4.73	4.73	19.20	22.95
甘肃	—	3.91	3.92	4.79	4.79	4.36	6.97	8.50	8.50	8.95	11.50
青海	—	0.27	0.27	0.27	2.84	4.50	4.50	4.50	7.32	10.98	14.10
宁夏	4.49	4.53	4.53	4.53	5.74	5.74	10.06	15.98	19.63	20.05	28.35
新疆	1.20	1.20	1.65	3.16	4.78	7.52	13.42	13.67	26.13	38.39	44.79

数据来源：国家统计局

2010-2014 年全国各地区商业营业用房施工面积

单位：万平方米

	2010 年	2011 年	2012 年	2013 年	2014 年
总计	44615.72	56278.18	65813.91	80626.76	94320.05
一、东部地区	24243.79	251494.29	32753.02	38272.75	43315.01
北京	1229.33	1187.48	1236.89	1233.37	1278.52
天津	1004.47	1031.65	1045.23	1158.61	1217.15
河北	1964.76	2885.03	2798.25	3091.02	3422.20
辽宁	3954.62	5028.99	5698.58	6230.28	6095.79
上海	1292.96	1365.89	1449.91	1500.72	1751.99
江苏	4824.87	5503.92	6071.07	6904.71	7929.02
浙江	2620.40	3197.38	3642.28	4226.99	5073.43
福建	1272.69	1956.68	2246.11	3002.82	3622.17
山东	3280.50	4074.98	4887.12	6160.95	6810.56
广东	2b23.18	3062.86	33SS.53	4323.84	5441.59
海南	176.02	199.42	322.06	439.44	672.58
二、中部地区	10281.09	12958.07	16105.04	20327.73	2420.75
山西	785.75	831.91	1253.00	1647.81	1871.53
吉林	814.95	111016.00	1470.87	1677.53	1759.35
黑龙江	862.63	1378.01	1569.99	1877.86	2086.29
安徽	2300.21	2790.02	3840.09	4787.71	5963.25
江西	734.09	869.58	1188.94	1515.36	1707.34
河南	1952.08	2413.57	2941.81	3709.10	4220.45
湖北	1281.29	1609.56	1760.44	2584.29	3347.13
湖南	1550.10	1955.26	2079.91	2578.07	3253.43
三、西部地区	10090.84	13825.82	16955.84	22026.27	26796.29
内蒙古	2035.13	3062.00	3083.05	3496.14	3478.37
广西	1111.02	1342.48	1406.52	1534.40	1913.63
重庆	1549.77	1956.25	2028.90	2965.72	3316.67
四川	1593.47	2393.79	3136.25	3784.84	4880.91
贵州	908.43	1293.82	1729.94	2419.76	3123.45
云南	934.79	1272.57	1869.51	2546.09	3006.23
西藏	4.22	11.69	14.65	13.19	44.35
陕西	707.68	889.59	1186.64	1447.76	1935.20
甘肃	332.15	391.25	632.82	819.59	1114.76
青海	141.98	164.48	207.67	311.75	434.78
宁夏	360.99	507.76	818.67	1141.59	1344.36
新疆	411.21	540.14	841.22	1545.45	2203.59

数据来源：国家统计局

2014年全国各地区月度累计商业营业用房施工面积

单位：万平方米

	1–2月	1–3月	1–4月	1–5月	1–6月	1–7月	1–8月	1–9月	1–10月	1–11月	1–12月
总计	66048.72	68170.96	70649.59	73697.65	77444.90	80515.22	83767.65	86673.00	139556.55	92268.86	94320.05
东部地区	32030.18	32969.33	34016.75	35479.82	36864.29	37920.93	39150.85	40414.28	41474.77	42529.92	43315.01
北京	1030.15	1094.49	1108.70	1131.35	1154.95	1175.76	1179.61	1195.75	1214.18	1249.12	1278.52
天津	975.81	981.01	1004.42	1055.96	1075.75	1096.59	1121.73	1141.13	1146.62	1174.24	1217.15
河北	2114.49	2252.46	2333.82	2591.67	2741.56	2912.64	3066.42	3207.44	3284.78	3342.51	3422.20
辽宁	4816.41	4958.13	5094.06	5237.72	5428.45	5534.26	5735.74	5896.53	6049.68	6101.97	6095.79
上海	1231.58	1291.34	1314.30	1405.93	1451.65	1491.14	1559.18	1613.25	1676.22	1749.80	1751.99
江苏	6161.47	6294.86	6522.05	6742.27	7005.48	7159.11	7399.12	7591.91	7704.84	7898.39	7929.02
浙江	3636.01	3768.05	3877.61	4070.49	4217.22	4395.32	4502.64	4689.61	4785.74	4931.87	5073.43
福建	2534.37	2607.92	2703.68	2827.79	3008.63	3081.09	3151.83	3281.83	3440.25	3566.46	3622.17
山东	5287.95	5424.94	5591.92	5777.16	5908.63	6055.96	6202.69	6369.11	6546.46	6682.09	6810.56
广东	3842.16	3884.43	4045.36	4190.16	4403.05	4542.51	4706.70	4891.72	5027.60	5189.61	5441.59
海南	399.78	411.71	420.83	449.32	468.92	476.54	525.18	535.99	538.40	643.86	672.58
中部地区	16068.45	16630.74	17208.23	17919.79	18853.80	19793.30	20769.72	21703.37	22576.12	23394.80	24208.75
山西	1240.56	1284.74	1302.39	1351.03	1400.60	1571.78	1616.98	1676.77	1756.76	1796.80	1871.53
吉林	1181.72	1223.20	1287.90	1332.30	1348.44	1397.06	1451.43	1542.29	1622.53	1727.70	1759.35
黑龙江	1505.42	1493.24	1516.41	1577.57	1670.82	1753.08	1856.80	1934.17	1987.29	2061.94	2086.29
安徽	3932.46	4023.54	4253.44	4462.49	4726.70	4917.50	5200.08	5416.07	5617.37	5765.15	5963.25
江西	1167.88	1213.81	1255.04	1289.19	1386.18	1472.37	1502.70	1613.79	1651.91	1705.66	1707.34
河南	2874.92	2956.64	2970.39	3060.32	3186.31	3295.99	3507.74	3667.27	3835.77	4000.13	4220.45
湖北	2084.26	2248.31	2387.89	2477.58	2642.99	2791.19	2929.77	2995.28	3100.48	3201.23	3347.13
湖南	2081.23	2187.27	2234.76	2369.31	2491.76	2594.32	2704.22	2857.74	3004.02	3136.20	3253.43
西部地区	17950.09	18570.89	19424.60	20298.03	21726.80	22800.99	23847.09	24555.35	25505.67	26344.14	26796.29
内蒙古	2833.93	2880.34	3006.97	3064.08	3179. 40	3225.88	3341.46	3373.86	3442.35	3509.45	3478.37
广西	1209.19	1257.41	1302.29	1353.34	1457.22	1609.36	1704.82	1696.50	1809.86	1879.82	1913.63
重庆	2451.64	2497.43	2631.37	2675.00	2785.93	2875.16	2995.37	3076.64	3203.94	3255.17	3316.67
四川	3013.31	3187.89	3289.52	3567.30	3853.50	4049.95	4225.90	4358.46	4554.94	4761.27	4880.91
贵州	2063.19	2208.13	2337.05	2450.94	2618.50	2754.37	2844.70	2932.83	3019.49	3099.04	3123.45
云南	2065.34	2125.83	2228.77	2298.81	2444.64	2593.34	2690.10	2796.74	2856.82	2920.54	3006.23
西藏	4.30	4.26	7.87	13.92	27.78	32.15	34.59	34.67	45.93	44.35	44.35
陕西	1237.27	1256.50	1266.16	1325.67	1463.48	1475.25	1609.69	1672.14	1744.36	1884.46	1935.20
甘肃	636.34	634.62	677.91	772.87	877.46	945.81	997.62	1045.31	1090.83	1117.61	1114.76
青海	247.38	311.33	325.51	332.51	356.20	377.38	391.23	410.27	417.62	431.44	434.78
宁夏	982.13	996.02	1025.92	1047.74	1114.28	1175.43	1203.52	1233.72	1295.65	1311.72	1344.36
新疆	1206.06	1211.13	1325.26	1395.86	1548.42	1686.91	1807.11	1924.22	2027.88	2129.27	2203.59

数据来源：国家统计局

2010-2014 年全国各地区商业营业用房新开工面积

单位：万平方米

	2010 年	2011 年	2012 年	2013 年	2014 年
总计	17460.98	20670.72	22006.85	25902.00	25047.73
一、东部地区	8807.65	9822.62	9854.12	11320.28	10490.54
北京	242.42	306.43	325.61	351.01	208.17
天津	407.83	436.57	202.16	370.11	275.08
河北	1007.15	1199.31	831.34	704.82	959.84
辽宁	1838.67	1577.01	1922.63	1965.50	1267.55
上海	298.10	240.00	365.17	274.96	388.03
江苏	1680.26	1836.81	1928.27	2047.90	1873.32
浙江	868.85	1041.92	911.76	1123.97	1359.26
福建	454.55	824.57	640.96	888.85	863.93
山东	1250.35	1349.82	1590.80	1976.83	1661.38
广东	692.85	917.97	998.18	1481.58	1400.00
海南	66.63	92.20	137.25	134.74	233.98
二、中部地区	4474.36	5399.20	6104.55	6994.98	7110.63
山西	288.34	199.31	442.44	472.80	483.97
吉林	423.93	615.94	699.35	505.73	533.80
黑龙江	578.35	830.38	728.46	733.93	523.78
安徽	958.36	1125.75	1440.55	1624.77	1738.20
江西	250.13	365.43	480.42	529.57	438.48
河南	759.29	866.24	985.31	1185.51	1291.23
湖北	658.42	693.53	615.35	1022.16	958.80
湖南	557.54	702.61	712.68	920.42	1142.37
三、西部地区	4178.97	5448.90	6048.17	7586.83	7446.56
内蒙古	1101.40	1573.30	977.63	879.30	483.48
广西	394.85	309.84	376.32	331.09	580.15
重庆	433.68	708.12	539.04	1001.32	774.73
四川	634.66	833.06	1089.37	1402.18	1743.46
贵州	304.59	413.58	567.91	806.39	849.88
云南	391.68	611.10	882.77	1003.08	826.61
西藏	0.66	4.50	4.04	1.59	35.51
陕西	257.27	239.77	419.70	474.83	482.79
甘肃	160.52	157.51	251.68	300.68	362.70
青海	69.38	43.73	97.38	123.41	149.39
宁夏	214.55	250.01	421.02	424.44	315.77
新疆	215.74	304.38	421.32	838.51	842.10

数据来源：国家统计局

2014年全国各地区月度累计商业营业用房新开工面积

单位：万平方米

	1–2月	1–3月	1–4月	1–5月	1–6月	1–7月	1–8月	1–9月	1–10月	1–11月	1–12月
总计	2164.08	3641.72	5503.31	7864.10	10731.50	13316.84	15813.79	18263.22	20730.62	23026.80	25047.73
东部地区	1102.76	1745.73	2630.71	3660.95	4723.95	5660.29	6700.28	7799.06	8729.95	9616.71	10490.54
北京	12.63	30.41	37.24	42.74	64.43	83.83	111.54	129.61	146.57	182.36	208.17
天津	15.90	19.80	37.69	69.68	83.83	101.06	121.85	144.95	160.84	167.35	275.08
河北	44.11	125.56	190.18	266.78	388.12	523.45	635.63	751.57	831.90	875.86	959.84
辽宁	107.26	235.03	346.48	483.23	608.93	713.24	898.58	1051.81	1192.49	1242.56	1267.55
上海	35.25	65.06	80.51	113.78	162.07	198.01	257.48	294.58	340.74	392.29	388.03
江苏	354.39	428.82	602.19	735.18	967.97	1085.46	1257.69	1464.03	1627.54	1751.77	1873.32
浙江	59.08	151.27	261.13	451.40	581.56	715.80	844.14	997.74	1082.30	1215.40	1359.26
福建	61.89	108.09	161.10	287.53	411.92	497.18	551.26	660.07	744.89	810.92	863.93
山东	248.54	376.25	549.59	716.59	832.97	967.08	1094.56	1224.75	1406.00	1543.40	1661.38
广东	158.39	192.98	343.61	451.43	568.94	708.18	834.45	978.21	1091.74	1219.53	1400.00
海南	5.31	12.47	21.01	42.60	53.20	67.01	93.09	101.74	104.95	215.28	233.98
中部地区	586.88	900.24	1371.92	1952.94	2762.26	3542.40	4309.82	4949.09	5693.12	6399.25	7110.63
山西	2.22	22.54	31.80	69.40	111.13	272.74	309.41	362.99	405.18	438.51	483.97
吉林	—	—	77.61	97.63	134.49	180.74	234.23	321.70	400.85	494.14	533.80
黑龙江	—	5.49	16.02	80.12	158.35	229.41	319.75	389.99	429.75	496.68	523.78
安徽	236.85	292.70	481.72	666.93	870.71	1043.22	1221.04	1244.85	1420.15	1529.04	1738.20
江西	44.94	70.82	102.06	126.54	183.96	229.15	271.27	331.12	368.52	416.83	438.48
河南	74.27	168.64	192.69	261.64	369.86	487.70	648.24	799.56	963.79	1123.05	1291.23
湖北	95.45	154.65	256.55	333.48	480.98	564.93	661.80	708.91	773.76	847.66	958.80
湖南	133.15	185.41	213.49	317.21	452.77	534.51	644.10	789.96	931.13	1053.34	1142.37
西部地区	474.44	995.75	1500.68	2250.21	3245.29	4114.15	4803.68	5515.06	6307.55	7010.84	7446.56
内蒙古	4.69	39.25	55.59	126.97	188.09	239.25	311.78	368.27	436.88	481.24	483.48
广西	49.61	67.14	90.59	157.53	239.35	325.19	383.22	409.68	481.50	0.00	580.15
重庆	54.41	91.46	193.73	229.29	332.86	417.89	468.07	548.72	640.82	681.28	774.73
四川	148.39	274.37	382.48	630.67	856.18	1018.81	1177.11	1294.52	1495.83	1644.64	1743.46
贵州	57.92	161.86	233.90	334.71	409.68	536.47	609.88	693.81	752.85	831.27	849.88
云南	102.19	147.52	193.41	245.65	352.65	466.83	537.60	637.18	691.97	767.63	826.61
西藏	—	—	3.61	9.65	19.66	20.22	22.65	22.73	37.09	35.51	35.51
陕西	52.45	65.08	78.10	114.32	176.99	189.30	254.72	301.89	339.21	465.01	482.79
甘肃	3.48	27.43	68.85	123.50	191.57	226.81	261.79	296.84	338.23	360.64	362.70
青海	—	63.14	72.95	79.07	85.35	105.15	118.13	135.73	136.95	148.73	149.39
宁夏	1.30	42.38	57.67	75.99	126.16	175.95	198.74	229.18	279.46	294.75	315.77
新疆	0.01	16.12	69.80	122.87	266.74	392.29	460.00	576.51	676.77	769.45	842.10

数据来源：国家统计局

2010-2014 年全国各地区商业营业用房竣工面积

单位：万平方米

	2010 年	2011 年	2012 年	2013 年	2014 年
总计	7931.40	9045.27	10226.45	10852.42	12084.08
一、东部地区	4270.10	4622.79	5061.98	5038.37	5688.79
北京	271.92	232.43	240.06	178.36	216.24
天津	235.29	154.27	301.42	187.80	267.75
河北	234.36	468.85	503.80	501.77	439.14
辽宁	535.72	720.10	762.07	716.08	741.14
上海	176.41	231.80	177.65	253.45	208.36
江苏	1127.10	1063.34	1168.74	995.59	1213.10
浙江	546.25	466.82	453.11	471.99	708.44
福建	165.82	266.03	238.83	404.85	308.55
山东	497.50	595.27	682.60	816.47	837.67
广东	448.59	403.03	473.58	469.15	684.38
海南	31.14	20.83	60.15	42.87	64.02
二、中部地区	2110.45	2404.39	2834.71	3242.12	3353.05
山西	117.64	104.79	182.54	272.98	257.71
吉林	204.16	172.98	223.07	307.50	172.54
黑龙江	258.61	424.25	340.25	339.84	360.79
安徽	430.68	464.22	577.19	698.82	834.63
江西	173.97	200.04	205.59	260.16	249.47
河南	369.63	418.18	562.00	620.81	652.77
湖北	270.79	263.74	300.19	328.68	389.91
湖南	284.95	356.18	443.88	413.33	435.23
三、西部地区	1550.86	2018.09	2329.76	2571.93	3042.23
内蒙古	277.25	371.26	403.68	391.43	311.13
广西	121.89	188.58	205.02	175.44	204.63
重庆	229.44	298.79	282.23	456.08	340.59
四川	283.94	378.90	518.93	482.70	653.93
贵州	126.79	195.66	162.36	218.58	364.03
云南	157.72	150.77	183.06	220.86	283.25
西藏	0.67	2.21	2.66	7.44	5.83
陕西	58.99	88.79	145.59	114.92	183.55
甘肃	60.42	82.03	93.85	97.62	100.23
青海	18.12	41.41	23.88	52.78	66.17
宁夏	122.50	113.77	131.04	133.69	214.56
新疆	93.13	105.92	177.45	220.39	314.32

数据来源：国家统计局

2014年全国各地区月度累计商业营业用房竣工面积

单位：万平方米

	1-2月	1-3月	1-4月	1-5月	1-6月	1-7月	1-8月	1-9月	1-10月	1-11月	1-12月
总计	1501.83	2223.93	2751.30	3502.12	4353.36	4929.37	5658.64	6407.81	7300.53	8451.69	12084.08
东部地区	768.38	1080.65	1289.08	1601.82	1943.36	2201.71	2607.29	2876.04	3255.45	3732.75	5688.79
北京	29.56	36.57	38.77	46.93	56.01	59.10	67.00	73.45	92.77	116.42	216.24
天津	16.49	18.63	13.24	14.85	29.02	33.59	33.61	33.75	40.29	40.13	267.75
河北	29.64	45.61	52.46	72.31	94.80	123.93	165.61	207.41	234.11	286.25	439.14
辽宁	34.56	90.70	117.89	151.08	246.64	277.58	363.35	408.87	481.96	567.43	741.14
上海	61.42	64.03	76.74	94.50	97.98	102.90	117.31	126.40	143.16	167.97	208.36
江苏	268.61	371.23	437.33	526.19	592.33	648.30	724.17	750.96	846.57	912.85	1213.10
浙江	98.74	123.14	148.16	192.64	220.94	286.69	373.91	400.78	421.35	460.41	708.44
福建	58.50	89.21	98.94	105.23	129.49	134.10	160.61	180.34	205.22	220.65	308.55
山东	81.75	126.58	166.34	235.12	285.68	315.81	331.42	385.17	427.90	552.63	837.67
广东	77.25	104.68	128.48	151.61	178.21	207.36	233.94	263.04	313.53	357.06	684.38
海南	11.86	10.25	10.72	11.37	12.25	12.37	36.37	45.85	48.60	50.94	64.02
中部地区	402.77	594.93	779.17	1028.65	1274.82	1401.58	1604.13	1878.77	2096.23	2406.63	3353.05
山西	11.85	30.07	49.02	73.03	93.90	97.74	99.71	115.62	130.50	152.83	257.71
吉林	2.50	11.29	15.70	34.22	68.12	77.33	91.21	103.89	115.69	150.49	172.54
黑龙江	9.12	18.16	24.05	51.40	67.09	80.21	93.09	140.32	161.45	217.13	360.79
安徽	153.28	209.81	268.41	324.14	366.15	409.32	454.35	523.77	573.03	638.49	834.63
江西	40.44	46.36	85.53	131.75	142.53	152.45	163.69	186.86	200.94	211.25	249.47
河南	63.80	101.24	123.21	170.84	243.16	262.19	323.41	355.08	403.16	465.17	652.77
湖北	58.44	86.77	104.13	120.68	146.17	155.56	165.50	207.87	220.07	255.43	389.91
湖南	63.35	91.22	109.13	122.59	147.70	166.78	213.16	245.36	291.38	315.82	435.23
西部地区	330.68	548.35	683.05	871.64	1135.18	1326.08	1447.23	1653.01	1948.86	2312.31	3042.23
内蒙古	2.54	13.31	29.70	54.22	109.62	127.23	142.94	169.63	238.08	277.36	311.13
广西	52.69	60.92	76.76	83.23	88.66	92.99	105.56	116.60	150.22	164.70	204.63
重庆	68.78	95.04	98.12	115.54	132.05	149.95	159.44	177.90	193.99	241.78	340.59
四川	90.98	122.23	140.41	166.20	217.16	273.57	306.14	348.11	396.20	436.80	653.93
贵州	53.89	71.26	92.34	158.90	203.55	228.06	235.16	252.77	274.52	309.37	364.03
云南	21.00	93.23	107.94	111.07	138.53	167.63	167.80	175.86	187.70	218.26	283.25
西藏	—	—	—	—	0.12	0.12	0.12	0.48	4.17	4.17	5.83
陕西	13.26	23.16	34.64	45.18	56.80	58.23	60.34	66.22	69.89	91.97	183.55
甘肃	5.93	12.16	16.34	27.32	35.18	37.69	46.17	63.78	68.79	79.03	100.23
青海	—	0.73	4.82	7.48	16.87	19.38	19.38	20.36	29.71	51.51	66.17
宁夏	14.67	40.75	47.30	55.01	73.77	87.54	94.77	108.12	140.93	168.56	214.56
新疆	6.94	15.57	34.67	47.49	62.86	83.70	109.39	153.17	194.64	268.80	314.32

数据来源：国家统计局

全国各地区房地产销售数据

2010-2014 年全国各地区商品房销售面积

单位：万平方米

	2010 年	2011 年	2012 年	2013 年	2014 年
总计	104349.11	109945.56	111303.65	1311550.59	120648.54
一、东部地区	50822.01	51052.25	53223.76	63476.04	54755.84
北京	1639.53	1440.04	1943.74	1903.11	1454.19
天津	1564.52	1643.11	1661.69	1847.11	1612.98
河北	4532.99	5901.36	5144.92	5675.95	5706.19
辽宁	6798.15	7561.39	8827.95	9292.33	5754.81
上海	2055.53	1771.30	1898.46	2382.20	2084.66
江苏	9377.74	7982.67	9019.18	11454.77	9846.84
浙江	4809.96	3827.08	4005.29	4886.99	4676.83
福建	2575.65	2696.16	3258.94	4676.16	4119.48
山东	9291.21	9579.60	8632.76	10329.80	9180.12
广东	7322.01	7761.34	7898.99	9836.39	9315.76
海南	854.73	888.19	931.84	1191.23	1003.97
二、中部地区	26223.44	29311.92	30139.86	35191.28	33824.25
山西	1163.38	1263.19	1497.88	1642.82	1576.27
吉林	2319.64	2364.25	2452.42	2214.96	1581.72
黑龙江	2718.06	3395.42	3806.82	3339.95	2475.74
安徽	4113.88	4581.55	4828.81	6265.35	6202.18
江西	2469.67	2335.36	2397.10	3167.06	3067.16
河南	5452.23	6304.41	5968.49	7310.21	7879.67
湖北	3513.63	4190.09	4037.85	5298.54	5601.98
湖南	4472.97	4877.65	5150.48	5952.38	5439.53
三、西部地区	27303.66	29581.39	27940.03	31883.27	32068.46
内蒙古	3020.54	3620.12	2523.52	2737.70	2457.18
广西	2793.92	2934.05	2759.26	2995.58	3156.55
重庆	4314.39	4533.50	4522.40	4817.56	5100.39
四川	6396.92	6664.70	6455.93	7312.78	7142.44
贵州	1730.69	1889.95	2186.95	2972.32	3178.12
云南	2959.43	3107.12	3237.75	3309.30	3194.19
西藏	19.09	19.36	22.50	25.40	59.33
陕西	2590.18	3068.63	2755.59	3045.70	3093.64
甘肃	756.51	815.89	978.44	1220.02	1325.51
青海	281.04	348.20	262.96	381.56	415.77
宁夏	935.98	842.89	804.43	1048.31	1129.46
新疆	1504.96	1736.98	1430.31	2017.03	1815.88

数据来源：国家统计局

2014 年全国各地区月度累计商品房销售面积

单位：万平方米

	1–2 月	1–3 月	1–4 月	1–5 月	1–6 月	1–7 月	1–8 月	1–9 月	1–10 月	1–11 月	1–12 月
总计	10465.62	20111.18	27709.26	36069.60	48365.23	56479.59	64987.50	77131.82	88493.81	101716.57	120648.54
东部地区	5088.90	9698.98	13339.61	17173.04	22630.37	26435.76	30484.89	35907.58	40902.31	46513.85	54755.84
北京	134.62	260.52	357.23	454.35	531.92	677.43	774.36	895.89	1025.57	1173.50	1454.19
天津	197.63	377.90	461.32	620.52	722.81	763.00	859.95	1015.06	1151.39	1274.70	1612.98
河北	245.71	633.73	921.85	1318.42	2039.22	2417.42	2896.90	3699.52	4195.79	4752.80	5706.19
辽宁	291.41	1020.36	1440.58	1918.58	2783.22	3289.46	3742.78	4382.02	4876.78	5361.63	5754.81
上海	287.17	467.18	602.27	707.49	900.90	1049.32	1165.95	1315.71	1486.66	1747.99	2084.66
江苏	1179.11	1978.73	2686.67	3393.44	4229.79	45107.56	5639.71	6459.85	7387.05	8343.20	9846.84
浙江	498.02	785.18	1059.44	1361.03	1715.36	2047.37	2449.11	2936.04	3429.13	3975.22	4676.83
福建	520.55	869.16	1283.73	1566.50	1922.33	2182.70	2423.62	2781.59	3167.29	3534.94	4119.48
山东	665.03	1409.64	1967.46	2569.76	3474.26	4138.39	4863.08	5824.14	6628.80	7630.40	9180.12
广东	933.95	1653.46	2250.79	2893.98	3846.00	4437.70	5055.01	5927.54	6816.57	7851.91	9315.76
海南	135.69	243.12	308.28	368.96	464.58	525.40	613.43	670.23	737.29	867.57	1003.97
中部地区	2800.05	5322.95	7298.32	9529.86	12987.42	15196.49	17409.69	20692.83	23736.74	27431.73	33824.25
山西	65.25	176.34	272.45	396.26	575.18	745.91	875.75	1015.36	1127.65	1279.68	1576.27
吉林	66.11	118.36	223.80	369.56	567.62	721.60	871.85	1034.86	1201.89	1370.88	1581.72
黑龙江	55.67	171.13	294.41	418.26	725.16	893.67	1054.45	1404.00	1702.48	2040.39	2475.74
安徽	835.62	1357.39	1760.94	2203.52	2796.35	3172.24	3600.14	4111.48	4583.00	5179.70	6202.18
江西	373.09	611.35	753.84	924.83	1214.66	1379.26	1539.89	1817.99	2042.85	2325.97	3067.16
河南	413.95	1136.42	1605.18	2096.89	2827.81	3323.99	3884.17	4661.55	6434.82	6336.76	7879.67
湖北	463.44	881.43	1229.86	1587.10	2212.74	2540.20	2839.02	3401.98	3921.70	4462.52	5601.98
湖南	476.91	870.54	1157.85	1533.46	2067.88	2419.63	2744.42	3245.62	3722.34	4435.82	5439.53
西部地区	2576.68	5089.25	7071.32	9366.70	12747.44	14847.34	17092.92	20531.41	23854.76	27770.99	32068.46
内蒙古	23.75	134.37	221.11	359.24	589.27	709.52	837.30	1230.99	1764.59	2144.06	2457.18
广西	271.56	463.65	647.94	874.70	1254.55	1454.83	1653.78	1880.35	2172.25	2576.39	3156.55
重庆	546.19	1013.17	1351.41	1714.96	2178.98	2495.08	2855.64	3292.81	3732.36	4328.71	5100.39
四川	743.02	1343.86	1821.31	2396.48	3210.32	3740.83	4260.86	4888.61	5521.39	6250.49	7142.44
贵州	294.25	594.69	786.35	985.06	1314.49	1489.30	1685.54	2175.88	2466.45	2927.98	3178.12
云南	237.90	536.00	740.77	953.31	1275.47	1478.20	1705.30	2063.42	2369.02	2767.07	3194.15
西藏		0.57	1.39	16.51	24.20	26.88	36.62	40.15	52.91	56.80	59.33
陕西	208.21	436.77	633.34	845.26	1227.64	1417.66	1633.60	2008.17	2268.59	2588.16	3093.64
甘肃	66.26	162.52	246.99	339.39	484.80	591.94	702.24	884 33	1008.15	1171.77	1325.51
青海	20.90	56.54	74.61	98.05	124.75	169.95	193.26	250.98	310.38	365.59	415.77
宁夏	70.92	145.21	238.44	331.81	450.89	533.69	637.77	751.10	863.99	983.36	1129.46
新疆	93.72	201.89	307.67	451.93	612.07	739.46	891.01	1064.63	1324.67	1610.61	1815.88

数据来源：国家统计局

2010-2014 年全国各地区商品房销售金额

单位：万平方米

	2010 年	2011 年	2012 年	2013 年	2014 年
总计	52478.72	59119.09	64455.79	81428.28	76292.41
一、东部地区	33203.34	34628.05	38412.81	49327.40	43606.95
北京	2915.36	2425.80	3308.56	3530.82	2738.74
天津	1282.43	1473.11	1365.53	1615.47	1486.94
河北	1605.82	2350.04	2303.90	2779.69	2928.00
辽宁	3059.88	3576.31	43b2.78	4759.21	3092.10
上海	2959.94	2568.88	2669.49	3911.57	3499.53
江苏	5430.71	5186.00	6067.01	7913.70	6898.42
浙江	4448.70	3728.16	42b2.66	5396.03	4923.00
福建	1610.99	2070.94	2817.70	4232.08	3763.52
山东	3666.42	4259.17	4111.80	5215.12	4879.66
广东	5476.48	6199.18	6407.81	8941.05	8461.84
海南	746.61	790.44	735.57	1032.65	935.21
二、中部地区	9138.84	11895.36	13020.46	16524.49	16558.22
山西	404.59	434.67	579.89	728.26	746.14
吉林	836.65	1040.08	1016.95	993.04	808.58
黑龙江	1010.10	1357.51	1548.30	1582.87	1208.54
安徽	1732.66	2183.10	2329.88	3182.87	3345.19
江西	776.40	953.57	1137.35	1647.90	1621.76
河南	1658.79	2201.22	2286.67	3074.14	3440.58
湖北	1313.14	1872.99	2036.20	2790.32	3088.31
湖南	406.52	1852.22	2085.23	2424.65	2299.11
三、西部地区	10136.54	12595.68	13022.51	15476.39	16127.24
内蒙古	1065.03	1360.82	1022.80	1177.36	1064.82
广西	995.19	1111.68	1159.83	1375.79	1532.05
重庆	1846.94	2146.09	2297.35	2682.76	2814.99
四川	2647.34	3270.85	3517. 72	4020.27	3997.37
贵州	581.01	734.70	900.08	1 276.69	1370.31
云南	934.60	1133.61	1362.83	1487.24	1596.37
西藏	5.55	6.69	7.35	10.60	34.25
陕西	973.44	1517.23	1420.75	1608.11	1598.04
甘肃	227.81	276.95	349.32	474.07	602.34
青海	84.40	114.16	106.46	158.84	211.27
宁夏	309.22	314.53	317.58	443.70	464.96
新疆	466.02	608.38	560.45	860.95	840.47

数据来源：国家统计局

2014 年全国各地区月度累计商品房销售金额

单位：万平方米

	1–2 月	1–3 月	1–4 月	1–5 月	1–6 月	1–7 月	1–8 月	1–9 月	1–10 月	1–11 月	1–12 月
总计	7090.42	13262.96	18306.56	23473.64	31132.81	36315.14	41661.01	49227.01	56384.93	64480.58	76292.41
东部地区	4356.47	79131.26	10967.46	14054.14	18050.76	21021.86	24127.77	28418.39	32487.59	37021.08	43606.95
北京	272.91	562.21	744.06	904.08	1068.84	1277.88	1446.75	1700.99	1919.52	2244.31	2738.74
天津	223.14	363.76	425.86	566.03	643.98	695.98	799.03	930.72	1065.44	1183.65	1486.94
河北	126.76	327.11	479.02	686.47	1033.50	1265.00	1481.08	1895.65	2121.89	2386.95	2928.00
辽宁	173.54	549.29	799.31	1066.14	1519.39	1776.20	2019.37	2344.41	2623.01	2878.37	3092.10
上海	378.59	660.22	882.71	1113.25	1399.61	1633.72	1847.31	2118.30	2465.81	2879.92	3499.53
江苏	789.52	1322.76	1841.58	2346.61	2961.23	3415.02	3892.68	4488.69	5169.01	5830.06	6898.42
浙江	530.18	829.17	1104.99	1442.69	1809.99	2130.86	2562.41	3063.74	3588.60	4175.34	4923.00
福建	462.62	832.32	1218.82	1470.93	1762.92	2022.45	2238.73	2575.10	2957.62	3285.34	3763.52
山东	359.54	747.80	1051.29	1377.29	1852.27	2214.87	2627.31	3158.52	3583.58	4094.65	4879.66
广东	888.34	1520.13	2085.46	2682.91	3510.94	4050.15	4617.47	5483.38	6276.80	7245.36	8461.84
海南	151.34	266.49	334.34	397.74	488.08	539.72	595.65	658.90	716.32	817.11	935.21
中部地区	1404.72	2652.73	3655.17	4764.88	64511.26	7614.99	8709.24	10337.01	11818.25	13507.85	16558.22
山西	30.43	81.03	125.13	178.78	256.89	325.08	392.84	464.13	520.54	590.38	746.14
吉林	32.32	59.04	111.80	182.79	286.89	372.49	437.97	518.65	614.97	693.45	808.58
黑龙江	31.96	88.36	154.15	219.61	376.54	466.36	555.36	724.05	860.92	1020.97	1208.54
安徽	438.15	705.41	936.66	1179.80	1534.27	1744.59	1998.13	2273.29	2527.46	2827.09	3345.19
江西	203.03	318.69	398.32	482.54	641.49	736.21	817.54	970.00	1097.72	1259.46	1621.76
河南	214.26	543.37	743.23	965.81	1279.63	1508.85	1751.99	2096.10	2421.66	2785.14	3440.58
湖北	243.40	482.02	682.95	882.63	1241.06	1413.66	1569.06	1889.29	2170.29	2446.71	3088.31
湖南	211.16	374.81	502.92	672.91	894.49	1047.76	1186.36	1401.50	604.69	1884.68	2299.11
西部地区	329.23	2628.97	3683.94	4854.62	6570.80	7678.28	8824.00	10471.61	12079.09	13951.66	16127.24
内蒙古	11.34	70.81	110.31	184.71	265.86	320.92	378.83	559.85	781.34	933.71	1064.82
广西	122.85	225.45	314.52	430.05	600.42	698.33	811.93	916.62	1061.64	1249.94	1532.05
重庆	309.23	564.69	789.88	977.40	1244.18	1426.28	1620.82	1845.92	2078.85	2389.59	2814.99
四川	410.82	737.51	1007.87	1332.78	1796.97	2100.35	2389.60	2745.48	3105.77	3516.52	3997.37
贵州	129.89	258.14	345.78	433.54	573.61	651.72	742.91	947.46	1057.47	1256.71	1370.31
云南	109.65	262.61	368.93	476.76	658.48	763.38	850.43	1004.00	1153.08	1341.08	1596.37
西藏	—	0.30	0.69	6.71	11.84	13.27	21.06	23.10	29.77	32.66	34.25
陕西	109.21	239.15	347.32	460.31	663.20	759.31	882.51	1063.10	1206.00	1360.68	1598.04
甘肃	35.55	76.27	111.88	150.72	215.41	275.93	322.32	406.29	461.15	537.08	602.34
青海	11.42	34.20	43.67	54.19	65.80	98.29	111.03	137.59	164.23	187.39	211.27
宁夏	33.24	62.09	95.80	133.50	184.85	220.04	264.11	311.65	357.82	404.90	464.96
新疆	46.03	97.73	147.29	213.96	290.19	350.46	428.45	510.48	621.98	741.40	840.47

数据来源：国家统计局

2010-2014 年全国各地区住宅销售面积

单位：万平方米

	2010 年	2011 年	2012 年	2013 年	2014 年
总计	93051.56	97030.26	98467.51	115722.69	105181.79
一、东部地区	44308.52	44466.13	46648.67	55667.45	47487.61
北京	1201.39	1034.96	1483.37	1363.67	1136.53
天津	1352.61	1454.84	1511.40	1720.34	1477.63
河北	4213.12	5311.77	4622.46	5020.13	5015.06
辽宁	6011.37	6631.84	7655.40	8014.80	4932.08
上海	1685.35	1473.72	1592.63	2015.81	1780.91
江苏	8041.62	6789.64	7923.37	10191.52	8800.93
浙江	3832.98	3006.06	3316.23	4097.63	3941.49
福建	2139.26	2207.49	2741.96	3957.46	3324.10
山东	8443.23	8745.79	7745.87	9300.29	7972.49
广东	6553.40	6969.10	7157.63	8830.95	8163.56
海南	834.19	840.92	898.35	1154.86	942.84
二、中部地区	23648.79	26157.72	26917.09	31572.70	29957.40
山西	1057.33	1150.62	1390.44	1484.37	1433.91
吉林	2062.73	2014.45	2159.43	1985.95	1387.87
黑龙江	2380.76	2914.45	3226.22	2944.23	2131.46
安徽	3604.87	3970.33	4275.43	5573.53	5364.94
江西	2265.66	2084.95	2125.90	2846.04	2775.22
河南	5092.49	5747.77	5455.50	6561.41	7009.09
湖北	3241.90	3784.68	3620.10	4765.68	5002.60
湖南	4143.06	4444.17	4664.08	5411.48	4852.32
三、西部地区	24894.26	26406.42	24901.75	28482.54	27736.77
内蒙古	2534.81	3000.38	2104.22	2263.65	1995.68
广西	2607.15	2724.00	2546.96	2765.15	2869.32
重庆	3986.31	4063.42	4105.11	4359.19	4423.68
四川	5849.34	5944.35	5679.33	6505.32	6176.51
贵州	1596.30	1705.92	2002.40	2646.98	2707.09
云南	2658.99	2716.42	2789.68	2855.52	2618.02
西藏	18.57	18.40	20.65	22.78	53.64
陕西	2471.95	2885.85	2530.84	2831.22	2836.69
甘肃	692.07	734.38	893.36	1134.81	1212.60
青海	266.43	332.11	246.85	369.70	362.92
宁夏	816.79	701.86	707.57	928.26	939.37
新疆	1395.55	1579.33	1274.80	1799.95	1541.25

数据来源：国家统计局

2014 年全国各地区月度累计住宅销售面积

单位：万平方米

	1–2 月	1–3 月	1–4 月	1–5 月	1–6 月	1–7 月	1–8 月	1–9 月	1–10 月	1–11 月	1–12 月
总计	9377.10	17824.69	24514.55	31946.35	42487.19	49592.00	57094.42	67668.61	77606.72	89013.93	105181.79
东部地区	4470.55	8478.14	11659.99	15021.96	19707.96	23041.64	26610.75	31249.91	35628.69	40469.81	47487.61
北京	90.05	170.78	249.41	328.78	385.38	505.07	578.63	685.34	797.09	921.82	1136.53
天津	177.47	348.65	423.27	570.12	662.77	701.72	783.53	919.54	1049.02	1158.50	1477.63
河北	222.19	579.29	846.43	1216.24	1823.08	2182.06	2621.62	3283.41	3726.53	4203.16	5015.06
辽宁	252.91	838.67	1216.72	1630.12	2372.14	2809.85	3204.33	3761.27	4191.86	4597.64	4932.08
上海	247.23	418.50	531.78	618.31	7139.33	912.38	1010.39	1133.66	1274.64	1503.66	1780.91
江苏	1058.44	1774.24	2406.84	3034.73	3776.49	4382.92	5045.27	5759.04	6608.68	7468.14	8800.93
浙江	418.45	653.12	887.23	1140.27	1427.21	1710.28	2057.69	2478.70	2898.49	3365.90	3941.49
福建	447.98	716.07	1035.23	1276.01	1553.37	1768.84	1958.98	2234.58	2562.46	2855.72	3324.10
山东	606.89	1276.44	1766.77	2281.95	3068.10	3644.20	4299.67	5136.29	5828.67	6659.24	7972.49
广东	819.34	1417.11	1997.68	2571.01	3406.56	3923.72	4463.76	5205.02	5987.52	6910.37	8163.56
海南	129.60	235.26	298.64	354.42	443.54	500.58	586.88	642.05	703.73	825.65	942.84
中部地区	2560.70	4802.59	6571.78	8597.71	11650.29	13617.32	15590.84	18518.24	21194.76	24416.87	29957.40
山西	62.68	163.59	252.65	363.76	530.39	693.11	807.82	934.05	1035.64	1172.66	1433.91
吉林	55.78	104.74	200.24	331.97	496.97	633.18	768.59	910.41	1054.76	1201.50	1387.87
黑龙江	48.64	150.74	265.81	377.15	651.38	791.45	927.30	1235.81	1472.37	1753.62	2131.46
安徽	766.51	1219.72	1554.65	1937.00	2430.38	2745.78	3119.74	3553.16	3969.89	4489.74	5364.94
江西	343.11	558.11	690.27	847.62	1117.15	1266.72	1415.16	1669.25	1871.77	2125.51	2775.22
河南	415.84	1005.56	1433.95	1883.12	2550.24	2993.03	3498.46	4194.90	4883.77	5676.60	7009.09
湖北	433.85	800.95	1108.15	440.83	1997.90	2297.48	2574.95	3093.36	3546.21	4010.51	5002.60
湖南	434.28	799.18	1066.05	1416.27	1875.89	2196.57	2478.80	2927.31	3360.35	3986.73	4852.32
西部地区	2345.85	4543.96	6282.78	8326.68	11128.94	12933.04	14892.83	17900.47	20783.27	24127.25	27736.77
内蒙古	20.60	106.54	174.96	286.51	469.57	574.27	686.79	1009.12	1431.36	1734.28	1995.68
广西	252.43	432.41	601.84	814.66	1152.30	1330.01	1515.33	1721.33	1987.27	2350.53	2869.32
重庆	511.49	925.84	1225.19	1562.83	1940.81	2214.59	2530.92	2924.12	3321.74	3813.93	4423.68
四川	673.54	1214.19	1639.16	2135.91	2805.83	3270.52	3719.35	4266.93	4812.49	5439.62	6176.31
贵州	261.96	515.85	679.54	852.04	1131.34	1278.07	1442.97	1862.94	2116.30	2500.51	2707.09
云南	202.67	455.12	626.86	815.28	1059.22	1228.06	1416.22	1714.02	1965.16	2288.91	2618.02
西藏	—	0.51	1.20	15.87	22.77	25.27	33.52	36.59	48.16	51.41	53.64
陕西	194.68	397.92	583.14	779.29	1116.07	1286.01	1482.60	1833.79	2070.71	2366.05	2836.69
甘肃	63.61	153.25	231.00	317.23	441.39	534.38	636.11	803.01	917.15	1069.49	1212.60
青海	20.61	48.10	64.41	85.41	109.19	135.84	156.45	210.72	266.98	316.31	362.92
宁夏	60.28	123.95	194.25	273.75	369.59	433.81	523.18	618.96	716.27	815.18	939.37
新疆	84.00	170.29	261.22	3137.90	510.85	616.22	749.40	898.95	1129.66	1381.04	1541.25

数据来源：国家统计局

2010-2014 年全国各地区住宅销售金额

单位：万平方米

	2010 年	2011 年	2012 年	2013 年	2014 年
总计	43953.33	48619.39	53467.18	67694.94	62395.58
一、东部地区	27448.77	28362.59	32045.05	41049.38	36265.45
北京	2060.52	1606.04	2455.50	2434.71	2102.46
天津	1070.27	1242.27	1210.57	1443.34	1294.33
河北	1453.64	1998.08	1914.61	2329.12	2501.62
辽宁	2585.07	3010.84	3611.21	3941.86	2518.87
上海	2395.35	1981.91	2208.96	3264.03	2923.44
江苏	4462.03	4125.75	5089.06	6777.70	5969.60
浙江	3573.11	2924.97	3541.63	4513.88	4172.58
福建	1299.83	1627.14	2293.90	3410.57	2939.58
山东	3223.36	3760.14	3529.51	4461.07	4009.48
广东	4591.50	5326.19	5488.39	7476.10	6960.26
海南	734.10	759.27	701.72	997.00	873.22
二、中部地区	7809.74	9767.16	10722.15	13770.16	13483.47
山西	351.64	372.32	513.20	6Z5.14	639.83
吉林	711.87	863.62	836.80	839.73	667.62
黑龙江	830.41	1080.22	1201.93	1305.90	962.69
安徽	1408.41	1736.81	1921.86	2662.04	2691.80
江西	670.33	789.96	931.39	1396.06	1379.50
河南	1454.57	1790.97	1915.57	2516.26	2739.71
湖北	1134.64	1566.32	1689.86	2310.04	2543.76
湖南	1247.87	1566.93	1711.55	2114.97	1858.58
三、西部地区	8694.82	10489.64	10699.98	12875.40	12646.66
内蒙古	755.67	997.57	769.39	874.45	765.04
广西	881.70	973.48	995.82	1166.72	1274.57
重庆	1610.64	1825.41	1972.42	2283.57	2253.28
四川	2330.85	2727.35	2816.49	3308.58	3145.02
贵州	501.63	595.27	739.96	988.77	1000.01
云南	769.32	921.80	1077.10	1192.55	1165.39
西藏	5.15	6.07	6.16	8.85	28.55
陕西	906.00	1353.91	1215.57	1413.20	1368.12
甘肃	201.47	235.55	301.60	418.08	513.47
青海	77.06	103.28	91.14	146.29	155.83
宁夏	253.76	237.74	256.19	363 60	352.03
新疆	401.57	512.20	458.14	710.74	625.35

数据来源：国家统计局

2014年全国各地区月度累计住宅销售金额

单位：万平方米

	1–2月	1–3月	1–4月	1–5月	1–6月	1–7月	1–8月	1–9月	1–10月	1–11月	1–12月
总计	5984.67	11074.99	15258.70	19720.20	25632.46	29873.71	34314.19	40516.11	46374.95	53011.92	62395.58
东部地区	3647.34	6697.86	9210.56	11789.49	15036.14	17530.69	20156.84	23710.42	27111.45	30934.97	36265.45
北京	186.46	359.51	512.61	638.52	764.51	933.81	1067.13	1288.11	1474.04	1748.91	2102.46
天津	187.18	317.35	372.22	495.11	558.80	612.22	688.35	802.29	924.24	1027.71	1294.33
河北	109.56	290.08	429.45	620.50	895.31	1111.52	1306.76	1649.04	1839.81	2061.94	2501.62
辽宁	144.52	438.77	656.95	873.96	1234.88	1448.99	1649.62	1916.63	2143.53	2343.42	2518.87
上海	327.20	591.76	772.05	946.58	1193.95	1379.31	1566.00	1786.59	2072.86	2442.03	2923.44
江苏	680.49	1140.49	1593.36	2027.98	2558.86	2949.35	3366.38	3870.37	4473.20	5052.35	5969.60
浙江	445.37	699.21	939.71	1230.14	1511.01	1787.54	2161.80	2602.02	3054.18	3561.43	4172.58
福建	395.01	689.86	992.91	1200.53	1417.30	1633.00	1802.76	2062.13	2340.41	2573.14	2939.58
山东	311.80	653.03	904.37	1160.19	1549.84	1843.75	2206.53	2638.06	2981.97	3376.88	4009.48
广东	714.70	1249.56	1712.03	2213.55	2885.12	3316.25	3772.09	4464.23	5130.68	5975.46	6960.26
海南	145.05	258.26	324.93	382.44	466.57	514.97	569.47	630.95	676.54	771.69	873.22
中部地区	1209.96	2210.84	3033.73	3968.71	5367.58	6267.84	7184.27	8507.85	9694.64	11079.46	13483.47
山西	28.72	72.96	109.75	153.22	220.81	281.76	340.78	400.07	447.22	508.35	639.83
吉林	27.22	51.14	95.93	157.45	239.35	309.24	363.84	428.01	506.94	569.87	667.62
黑龙江	25.02	71.62	129.55	183.71	313.22	379.21	451.46	595.72	688.72	814.01	962.69
安徽	384.47	603.58	783.15	980.34	1226.96	1387.70	1599.54	1821.14	2027.42	2271.89	2691.80
江西	174.72	271.26	340.15	413.25	553.33	636.77	707.08	837.28	945.76	1082.36	1379.50
河南	172. 40	408.94	576.72	765.40	1031.73	1215.91	1419.74	1697.21	1954.87	2243.69	2739.71
湖北	215.70	407.75	566.27	741.95	1038.74	1188.32	1322.84	1582.68	1807.58	2045.76	2543.76
湖南	181.70	323.60	432.20	573.40	743.42	868.95	979.00	1145.74	1316.13	1543.53	1858.58
西部地区	1127.37	2166.28	3014.41	3962.00	5228.74	6075.18	6973.08	8297.84	9568.86	10997.49	12646.66
内蒙古	9.35	53.04	79.31	132.01	186.82	232.46	278.81	410.05	554.91	662.05	765.04
广西	104.12	196.17	270.50	364.38	504.61	585.94	668.91	756.68	885.37	1037.34	1274.57
重庆	277.06	493.16	672.20	831.59	1026.79	1167.70	1325.07	1519.52	1717.99	1940.55	2253.28
四川	342.87	617.81	840.33	1099.97	1430.53	1673.69	1903.18	2185.45	2473.05	2786.12	3145.02
贵州	103.52	195.62	260.98	326.15	427.37	484.49	552.37	705.94	783.42	921.65	1000.01
云南	86.07	199.49	277.72	360.87	486.56	563.91	631.29	752.79	862.08	1002.86	1165.39
西藏	—	0.25	0.52	6.20	10.70	12.00	17.65	19.09	24.94	27.27	28.55
陕西	98.35	196.23	294.17	393.27	560.75	640.67	742.47	901.64	1025.14	1159.60	1368.12
甘肃	33.37	69.34	100.59	136.10	188.50	230.88	270.83	341.57	389.95	457.38	513.47
青海	10.80	24.71	32.58	41.43	50.98	61.45	68.98	91.44	114.73	135.32	155.83
宁夏	24.00	45.92	72.14	102.15	137.63	163.23	196.22	233.14	269.10	304.74	352.03
新疆	37.84	74.54	113.36	167.87	217.51	258.76	317.32	380.53	468.19	562.61	623.35

数据来源：国家统计局

2010-2014年全国各地区办公楼销售面积

单位：万平方米

	2010年	2011年	2012年	2013年	2014年
总计	1882.00	2007.90	2253.65	2883.35	2497.87
一、东部地区	1318.51	1299.61	1368.62	1798.99	1415.71
北京	208.15	211.42	253.50	317.93	136.80
天津	35.29	42.80	28.17	23.49	13.53
河北	38.74	60.70	74.78	78.00	75.54
辽宁	64.71	54.08	79.15	53.61	71.20
上海	162.89	147.40	111.73	161.22	120.28
江苏	204.09	217.12	200.83	286.81	210.69
浙江	271.91	226.18	188.75	218.29	185.22
福建	82.20	110.02	150.83	211.42	181.01
山东	82.50	69.36	135.38	189.29	185.53
广东	162.56	154.40	141.47	256.86	230.45
海南	5.47	6.10	4.04	2.08	5.48
二、中部地区	246.52	375.87	418.59	589.76	501.96
山西	10.76	14.28	9.54	15.30	23.89
吉林	6.99	8.94	14.75	21.25	11.83
黑龙江	8.21	8.05	24.26	24.84	15.34
安徽	87.28	88.31	62.00	94.98	111.10
江西	19.02	20.76	47.56	56.46	42.75
河南	60.79	150.93	126.49	205.44	181.67
湖北	24.19	34.57	69.75	92.76	65.91
湖南	29.27	50.05	64.25	78.72	49.47
三、西部地区	316.97	332.41	466.44	494.59	580.20
内蒙古	29.73	45.12	36.56	53.31	42.50
广西	18.58	16.68	9.60	32.06	29.91
重庆	62.60	43.88	62.30	68.67	98.15
四川	83.84	85.44	157.37	114.22	141.03
贵州	26.27	27.03	14.88	100.02	84.08
云南	21.50	41.68	90.87	51.33	66.50
西藏	0.00	—	0.43	0.77	1.59
陕西	40.04	38.77	65.97	44.83	47.48
甘肃	5.67	8.20	2.97	5.90	13.00
青海	1.00	0.57	0.21	0.69	8.10
宁夏	15.40	9.27	6.82	5.74	8.83
新疆	12.35	15.79	18.47	17.04	39.01

数据来源：国家统计局

2014 年全国各地区月度累计办公楼销售面积

单位：亿元

	1–2 月	1–3 月	1–4 月	1–5 月	1–6 月	1–7 月	1–8 月	1–9 月	1–10 月	1–11 月	1–12 月
总计	231.08	492.17	652.33	817.40	1089.99	1274.52	1401.73	646.72	1837.68	2095.00	2497.87
东部地区	143.95	281.16	363.66	459.49	605.15	716.99	782.72	926.35	1045.14	1199.76	1415.71
北京	25.03	50.39	59.61	67.36	75.76	86.76	91.00	97.44	102.83	114.15	136.80
天津	0.54	2.47	3.04	3.52	3.91	4.48	5.85	7.34	9.99	10.84	13.53
河北	2.20	4.94	5.59	6.69	20.46	21.20	23.09	37.05	43.53	57.45	75.54
辽宁	0.24	21.87	25.13	33.12	43.62	48.99	51.25	58.29	60.12	69.53	71.20
上海	12.57	15.90	26.20	37.16	44.91	59.81	66.95	75.36	88.19	102.41	120.28
江苏	20.00	39.28	49.50	62.87	84.56	94.93	103.98	136.24	152.15	170.78	210.69
浙江	27.69	42.55	49.14	61.20	82.61	95.53	106.20	121.83	137.44	152.14	185.22
福建	17.02	43.05	62.83	71.36	96.37	114.87	119.47	127.63	140.09	160.97	181.01
山东	12.73	21.41	32.50	41.33	52.70	70.87	79.84	105.41	126.05	160.10	185.53
广东	24.60	37.50	48.29	73.04	98.28	117.57	133.13	157.78	179.37	195.99	230.45
海南	1.32	1.80	1.84	1.84	1.97	1.97	1.97	1.97	5.39	5.41	5.48
中部地区	48.66	115.48	148.04	183.98	231.58	263.60	293.92	344.09	366.53	411.50	501.96
山西	0.29	3.28	5.47	8.20	10.51	12.07	14.11	16.62	18.26	19.20	23.89
吉林	1.98	2.37	2.86	3.67	5.38	5.84	6.41	8.58	9.05	10.89	11.83
黑龙江	0.10	3.03	3.35	4.20	4.91	6.05	7.81	8.68	9.96	12.94	15.34
安徽	9.74	29.62	38.06	46.19	61.88	71.29	74.04	83.81	86.85	98.56	111.10
江西	9.03	16.38	18.76	20.87	22.83	23.63	25.60	31.38	32.62	35.37	42.75
河南	21.53	41.49	50.12	62.99	75.07	87.03	102.05	119.18	127.04	146.08	181.67
湖北	2.63	12.28	19.61	22.49	31.47	34.67	36.85	39.61	44.04	45.06	65.91
湖南	3.37	7.04	9.81	15.37	19.54	23.03	27.04	36.23	38.71	43.41	49.47
西部地区	38.47	95.54	140.62	173.93	253.26	293.93	325.09	376.28	426.01	483.74	580.20
内蒙古	0.51	1.78	7.44	11.68	17.64	20.46	22.45	29.80	30.74	33.63	42.50
广西	2.05	2.49	6.16	9.46	12.28	15.47	17.53	19.48	21.13	22.82	29.91
重庆	4.41	7.27	23.04	26.38	50.41	59.09	64.29	68.29	71.23	82.68	98.15
四川	9.79	19.82	26.96	39.42	59.33	68.68	75.49	89.15	111.73	125.87	141.03
贵州	9.33	29.88	34.37	38.00	48.51	50.96	52.78	59.09	61.66	71.31	84.08
云南	4.19	14.98	17.80	18.56	23.42	24.47	25.51	32.73	41.92	44.81	66.50
西藏	—	—	—	—	—	—	1.12	1.33	1.51	1.55	1.59
陕西	5.18	11.69	15.30	18.73	21.48	26.00	32.55	33.72	35.92	41.82	47.48
甘肃	—	0.62	1.02	1.63	6.00	10.06	10.80	10.92	11.11	12.81	13.00
青海	—	1.74	1.75	2.04	2.18	2.26	3.11	3.88	4.84	6.98	8.10
宁夏	0.52	1.26	1.72	2.06	2.67	3.20	3.92	4.99	6.36	7.61	8.83
新疆	2.49	4.01	5.07	5.98	9.34	13.28	15.54	22.89	27.88	31.85	39.01

数据来源：国家统计局

2010-2014 年全国各地区办公楼销售金额

单位：万平方米

	2010 年	2011 年	2012 年	2013 年	2014 年
总计	2148.81	2501.74	2773.43	3747.35	2944.22
一、东部地区	1753.40	1919.66	1974.25	2777.04	1980.97
北京	487.32	500.96	560.59	744.78	359.32
天津	48.90	53.55	37.61	26.88	17.11
河北	18.24	41.90	50.34	60.72	48.78
辽宁	52.45	32.37	76.35	36.34	41.45
上海	307.67	371.81	234.62	380.85	300.43
江苏	161.12	211.48	181.73	218.46	185.36
浙江	300.10	265.33	240.53	303.78	205.92
福建	71.78	115.57	182.77	290.14	2111.48
山东	54.99	54.23	117.73	176.13	179.69
广东	247.32	266.61	289.98	534.06	428.75
海南	3.53	5.85	2.01	4.88	12.66
二、中部地区	156.52	309.52	389.24	518.09	448.82
山西	6.06	10.13	7.47	14.64	31.58
吉林	2.39	8.11	11.79	13.78	8.30
黑龙江	3.54	3.92	13.82	17.61	11.96
安徽	54.19	58.83	46.01	69.11	75.84
江西	15.70	18.95	50.62	51.28	38.84
河南	50.31	138.59	111.57	187.16	164.40
湖北	13.38	27.94	85.67	77.77	69.01
湖南	10.95	43.06	62.30	86.74	48.88
三、西部地区	238.88	272.55	409.95	452.23	514.43
内蒙古	18.59	27.46	22.07	40.42	27.16
广西	14.54	13.84	15.02	43.23	29.48
重庆	59.70	51.28	71.61	78.08	109.41
四川	74.16	83.07	140.93	111.75	109.51
贵州	13.73	16.33	12.14	73.15	57.02
云南	14.47	22.07	71.57	46.62	78.99
西藏	—	—	0.23	0.40	2.18
陕西	22.09	33.52	53.38	33.22	43.74
甘肃	2.15	6.36	2.06	5.03	11.13
青海	0.22	0.18	0.14	0.41	6.64
宁夏	8.13	6.73	3.45	4.57	6.41
新疆	11.10	11.73	17.33	15.35	32.77

数据来源：国家统计局

2014 年全国各地区月度累计办公楼销售金额

单位：亿元

	1–2 月	1–3 月	1–4 月	1–5 月	1–6 月	1–7 月	1–8 月	1–9 月	1–10 月	1–11 月	1–12 月
总计	296.78	574.88	791.60	1019.43	1330.53	1553.62	1693.28	1985.19	2213.27	2470.12	2944.22
东部地区	221.20	395.36	529.71	691.92	894.70	1048.74	1131.10	1321.64	1489.23	1684.64	1980.97
北京	56.30	128.64	155.35	176.30	197.19	217.14	225.60	247.16	259.28	288.66	359.32
天津	0.92	2.85	3.60	4.21	4.57	5.24	6.65	8.00	13.27	14.12	17.11
河北	1.48	3.39	3.89	4.61	14.55	15.14	16.22	23.31	27.29	35.53	48.78
辽宁	0.22	6.34	9.14	15.96	21.94	23.76	25.54	28.52	30.39	39.65	41.45
上海	26.51	33.86	57.32	101.69	120.65	156.02	167.01	193.48	233.41	259.85	300.43
江苏	20.61	36.41	43.41	55.28	78.52	87.57	96.73	124.41	135.75	151.27	185.36
浙江	32.09	46.91	53.97	67.02	97.81	108.30	119.94	137.63	151.62	168.81	205.92
福建	20.09	41.83	65.16	74.08	97.40	113.93	117.83	129.15	143.11	180.67	201.48
山东	11.20	18.55	29.34	37.58	48.75	71.34	81.05	113.08	132.91	159.97	179.69
广东	49.97	73.75	105.59	152.26	210.06	247.05	271.29	313.64	349.70	373.53	428.75
海南	1.82	2.84	2.94	2.94	3.26	3.26	3.26	3.26	12.50	12.58	12.66
中部地区	43.78	96.42	132.44	169.20	210.12	240.48	265.82	331.87	350.65	366.23	448.82
山西	0.30	2.33	5.54	9.70	13.61	16.27	17.77	20.98	23.52	24.86	31.58
吉林	0.69	0.99	1.30	1.83	3.10	3.47	3.94	5.59	6.01	7.30	8.30
黑龙江	0.08	1.66	1.98	2.78	3.28	4.13	5.04	5.94	6.90	10.36	11.96
安徽	7.71	19.10	27.72	32.74	41.21	48.13	50.19	57.50	59.28	67.40	75.84
江西	8.25	14.74	16.79	19.17	21.64	22.75	24.77	29.92	30.89	33.05	38.84
河南	21.40	38.70	48.51	61.59	73.21	86.31	99.20	116.05	122.01	136.67	164.40
湖北	2.47	12.63	20.65	24.07	31.32	33.52	35.95	58.08	61.68	43.16	69.01
湖南	2.89	6.27	9.95	17.31	22.75	25.91	28.95	37.81	40.37	43.42	48.88
西部地区	31.80	83.10	129.45	158.31	225.71	264.40	296.36	332.27	373.39	419.25	514.43
内蒙古	0.52	1.63	4.43	7.76	12.51	14.25	15.33	20.69	21.05	23.13	27.16
广西	2.10	2.74	8.93	11.49	13.97	16.66	20.11	22.06	23.26	26.50	29.48
重庆	5.09	9.17	28.27	32.49	60.34	71.22	75.84	78.87	82.57	92.09	109.41
四川	7.05	14.38	19.43	29.94	45.40	52.83	59.04	69.72	87.80	98.27	109.51
贵州	7.16	22.33	26.29	29.08	33.99	35.95	37.50	41.55	43.34	48.05	57.02
云南	3.58	14.73	18.69	19.25	25.41	26.40	27.27	30.14	38.21	40.86	78.99
西藏	—	—	—	—	—	—	1.71	2.04	2.13	2.15	2.18
陕西	3.67	11.39	14.96	17.75	20.04	24.00	30.52	31.58	33.02	38.25	43.74
甘肃	—	0.43	0.79	1.12	1.77	6.78	7.54	7.63	7.94	10.92	11.13
青海	—	1.47	1.47	1.63	1.74	1.80	2.70	3.73	4.56	5.57	6.64
宁夏	0.43	1.02	1.39	1.70	2.23	2.67	3.29	4.02	4.91	5.63	6.41
新疆	2.20	3.80	4.79	6.08	8.33	11.83	15.52	20.25	24.60	27.81	32.77

数据来源：国家统计局

2010-2014 年全国各地区商业营业用房销售面积

单位：万平方米

	2010 年	2011 年	2012 年	2013 年	2014 年
总计	6921.46	7878.19	7759.28	8469.22	9074.88
一、东部地区	3658.72	3626.16	3639.79	3997.75	3737.41
北京	142.07	108.69	113 97	102.52	79.50
天津	103.64	104.50	72.17	51.60	65.56
河北	192.97	368.05	316.70	404.93	444.33
辽宁	509.86	592.27	775.93	859.00	522.80
上海	125.56	95.57	120.01	116.47	102.86
江苏	954.70	842.59	763.95	817. 48	688.25
浙江	458.49	375.48	332.64	344.41	333.88
福建	176.37	180.18	209.88	242.53	286.94
山东	609.86	604.25	553.75	600.12	674.69
广东	371.28	328.29	360.57	433.61	491.06
海南	13.92	26.30	20.23	25.08	47.53
二、中部地区	1739.20	22162.02	2212.53	2396.84	2703.90
山西	80.49	81.26	79.50	116.00	81.11
吉林	206.08	237.90	219.49	157.31	138.04
黑龙江	237.17	362.84	410.87	256.21	239.56
安徽	386.86	482.31	428.42	506.29	647.96
江西	150.52	183.26	189.46	214.03	196.09
河南	246.44	332.08	297.96	444.99	554.60
湖北	183.77	287.75	256.87	358.38	423.25
湖南	247.87	294.64	329.97	343.63	423.29
三、西部地区	1523.53	1990.00	1906.96	2074.64	2633.58
内蒙古	353.60	394.41	270.17	272.07	270.24
广西	108.21	120.78	149.83	135.09	181.23
重庆	194.25	266.32	221.89	244.04	348.49
四川	294.25	403.85	438.53	468.64	561.42
贵州	80.91	125.27	144.56	198.99	337.76
云南	182.56	250.94	277.54	285.65	328.99
西藏	0.52	0.95	1.42	1.85	4.09
陕西	63.36	112.65	124.34	119.22	137.43
甘肃	53.44	62.08	63.99	63.72	80.93
青海	13.21	14.81	15.48	10.27	40.18
宁夏	89.94	114.53	82.92	102.66	132.44
新疆	89.27	123.42	116.31	172.44	210.38

数据来源：国家统计局

2014年全国各地区月度累计商业营业用房销售面积

单位：亿元

	1-2月	1-3月	1-4月	1-5月	1-6月	1-7月	1-8月	1-9月	1-10月	1-11月	1-12月
总计	568.88	1190.51	1694.28	2246.78	3300.47	3903.24	4520.92	5467.98	6332.52	7412.05	9074.88
东部地区	285.46	545.79	768.43	1018.58	1433.11	1664.83	1938.24	2362.36	2697.78	3088.48	3737.41
北京	9.88	16.66	21.59	25.65	32.04	37.58	45.44	48.99	58.62	64.64	79.50
天津	11.96	16.15	18.24	26.03	33.80	31.99	35.27	46.45	49.63	53.58	65.56
河北	8.21	25.74	36.99	56.09	141.94	156.51	187.65	279.02	314.93	355.61	444.33
辽宁	24.09	85.38	115.61	159.73	239.21	280.99	324.07	383.89	432.20	479.10	522.80
上海	16.52	15.34	20.58	25.87	36.06	43.09	51.35	62.24	72.64	80.56	102.86
江苏	84.28	139.60	192.89	247.22	308.02	363.29	407.99	459.47	518.74	583.67	688.25
浙江	28.99	46.32	65.41	90.20	119.49	142.19	170.72	201.27	239.88	276.99	333.88
福建	21.73	42.47	68.24	81.10	103.39	115.34	141.67	182.84	201.28	228.00	286.94
山东	30.69	78.95	119.23	169.71	232.84	274.58	315.85	383.04	448.47	540.91	674.69
广东	45.19	74.86	100.20	127.11	172.15	201.53	239.19	294.88	339.58	396.05	491.06
海南	3.91	4.32	5.45	9.87	14.18	17.74	19.04	20.28	21.81	29.35	47.53
中部地区	154.34	318.03	463.33	599.71	892.57	1063.94	1237.17	1486.42	1762.12	2090.03	2703.90
山西	2.15	7.87	10.82	15.80	23.32	27.84	37.90	45.73	53.84	62.23	81.11
吉林	4.12	7.30	15.23	26.38	45.72	59.65	69.51	84.12	101.82	120.10	138.04
黑龙江	4.09	11.04	15.95	22.82	42.55	61.81	78.98	103.65	155.18	197.87	239.56
安徽	54.66	93.96	148.93	198.11	272.62	320.16	365.17	425.53	473.80	525.04	647.96
江西	15.54	30.06	36.60	46.62	62.01	73.80	81.25	97.78	114.46	136.11	196.09
河南	21.93	59.61	84.01	106.30	151.14	187.10	219.81	278.59	336.36	412.11	554.60
湖北	20.53	56.63	86.58	102.71	153.09	169.56	186.35	218.14	262.01	318.59	423.25
湖南	31.32	51.55	65.22	80.97	142.11	164.02	198.20	232.87	264.65	317.97	423.29
西部地区	129.08	326.69	462.52	628.49	974.78	1174.47	1345.51	1619.20	1872.62	2233.54	2633.58
内蒙古	0.72	16.86	24.14	42.94	71.85	80.93	90.53	137.19	192.65	242.33	270.24
广西	11.22	20.10	29.06	37.19	60.28	70.46	81.46	94.59	107.40	137.66	181.23
重庆	20.31	57.88	73.05	89.75	129.80	153.74	173.74	195.34	219.81	269.99	348.49
四川	39.65	72.82	104.58	153.38	242.66	280.92	319.90	366.74	408.40	468.13	561.42
贵州	19.81	42.58	62.43	80.57	112.29	136.12	163.16	221.02	250.21	308.96	337.76
云南	16.87	42.47	66.11	88.68	127.53	149.33	168.75	195.15	228.47	279.32	328.99
西藏	—	0.07	0.20	0.65	1.43	1.61	1.98	2.24	3.25	3.83	4.09
陕西	4.03	20.63	25.28	30.20	54.54	66.47	77.48	93.92	104.69	118.22	137.43
甘肃	1.80	6.81	10.11	14.37	28.70	38.10	43.47	57.12	65.22	71.24	80.93
青海	0.29	5.62	7.06	8.92	11.69	30.16	32.01	34.68	36.85	37.77	40.18
宁夏	8.27	16.76	23.88	31.58	50.95	66.85	78.77	91.29	102.88	116.56	132.44
新疆	6.10	24.08	36.63	50.28	83.08	99.80	114.25	129.94	152.79	179.52	210.38

数据来源：国家统计局

2010-2014 年全国各地区商业营业用房销售金额

单位：万平方米

	2010 年	2011 年	2012 年	2013 年	2014 年
总计	5354. 02	6702.46	6999.57	820.48	8905.90
一、东部地区	3311.93	3561.57	3666.25	4422.33	4117.47
北京	318.99	270.85	233.36	270.71	202.03
天津	109.31	138.58	93.87	85.40	101.23
河北	108.89	259.93	297.49	311.39	319.13
辽宁	332.31	411.08	546.40	636.55	417.32
上海	197.57	181.66	194.62	224.71	226.44
江苏	751.46	794.57	746.69	851.47	683.39
浙江	484.10	443.77	405.36	481.18	449.59
福建	180.53	253.57	262.01	373.78	373.51
山东	342.11	387.78	392.20	482.11	554.88
广东	478.14	400.78	468.51	679.81	745.57
海南	8.52	19.00	25.74	25.21	44.36
二、中部地区	1035.34	1625.89	1672.97	1954.88	2290.19
山西	44.06	47.25	54.58	80.91	61.23
吉林	105.03	145.34	141.31	111.18	108.31
黑龙江	137.36	225.65	264.54	196.89	191.97
安徽	258.56	374.28	336.48	420.27	551.63
江西	80.51	130.13	140.23	174.90	176.43
河南	137.09	247.51	228.15	334.53	437.64
湖北	142.01	241.76	224.62	354.73	419.71
湖南	130.71	213.99	283. 08	281.48	343.28
三、西部地区	1006.75	1515.00	1660.35	1903.27	2498.24
内蒙古	252.77	262.98	187.60	196.30	195.50
广西	75.54	100.78	129.07	139.47	183.47
重庆	155.46	216.58	212.47	263.08	373.75
四川	183.05	366.12	488.40	514.30	637.65
贵州	56.76	108.03	139.21	204.10	292.25
云南	118.48	159.91	182.26	207.45	291.02
西藏	0.40	0.61	0.97	1.36	3.52
陕西	40.11	114.23	132.38	125.10	147.77
甘肃	23.00	32.51	41.57	46.49	68.17
青海	7.00	10.42	15.02	11.83	47.02
宁夏	43.97	64.75	55.44	70.62	88.99
新疆	50.22	78.09	75.98	133.17	169.12

数据来源：国家统计局

2014年全国各地区月度累计商业营业用房销售金额

单位：亿元

	1–2月	1–3月	1–4月	1–5月	1–6月	1–7月	1–8月	1–9月	1–10月	1–11月	1–12月
总计	647.28	1244.47	1765.69	2336.58	3373.04	3968.75	4590.13	5469.18	6304.52	7288.55	8905.90
东部地区	369.58	649.13	903.03	1177.97	1616.17	1860.28	2167.32	2597.42	2965.07	3371.01	4117.47
北京	23.90	45.02	56.24	63.80	78.08	89.89	108.51	117.49	136.35	154.61	202.03
天津	22.47	27.94	29.94	41.91	53.90	48.62	53.85	63.62	70.00	76.68	101.23
河北	9.03	22.14	31.02	44.92	103.48	115.29	133.46	188.55	214.52	242.00	319.13
辽宁	22.49	66.11	91.47	128.60	193.48	224.22	258.91	305.72	349.53	386.55	417.32
上海	18.97	25.43	38.01	49.56	67.29	77.73	91.05	111.05	127.22	140.94	226.44
江苏	82.82	136.97	190.92	243.26	298.98	351.99	399.35	456 68	518.08	578.68	683.39
浙江	42.53	64.48	86.63	115.59	164.13	193.25	232.51	269.34	319.90	370.44	449.59
福建	27.51	58.21	93.22	112.44	143.31	160.61	189.69	234.46	265.76	305.71	373.51
山东	30.42	63.42	97.59	147.97	208.92	244.87	276.52	329.8S	380.20	451.80	554.88
广东	86.12	135.58	183.42	219.71	289.28	335.31	403.65	499.33	559.95	634.78	745.57
海南	3.32	3.82	4.57	10.22	15.32	18.49	19.82	21.34	23.55	28.81	44.36
中部地区	135.47	270.38	400.04	522.99	801.19	953.29	1091.35	1296.42	1536.73	1787.19	2290.19
山西	1.38	5.44	8.53	13.42	19.34	22.84	29.12	36.21	42.53	47.94	61.23
吉林	2.82	5.29	11.94	19.62	35.22	47.39	54.48	66.70	81.24	94.25	108.31
黑龙江	5.66	12.54	18.31	25.09	45.33	63.24	79.01	94.84	133.46	160.23	191.97
安徽	44.29	77.39	119.92	159.80	255.62	297.08	334.48	378.22	423.16	465.69	551.63
江西	17.50	29.37	34.68	42.88	57.50	66.36	74.18	90.42	106.01	126.86	176.43
河南	18.05	44.20	63.49	80.99	113.00	141.35	163.89	211.13	265.93	320.69	437.64
湖北	22.74	56.84	89.30	107.65	159.40	176.85	194.34	226.34	265.08	312.38	419.71
湖南	23.02	39.30	53.86	73.54	115.78	138.18	161.86	192.57	219.32	259.16	343.28
西部地区	142.24	324.96	462.62	635.62	955.67	1155.19	1331.47	1575.34	1802.71	2130.35	2498.24
内蒙古	0.88	12.87	20.82	37.74	53.59	59.94	68.38	106.23	149.36	177.06	195.50
广西	14.42	22.92	30.42	48.44	66.28	78.00	96.51	108.52	119.00	147.10	183.47
重庆	23.68	55.1	79.02	100.86	136.40	162.70	186.98	209.45	235.25	297.45	373.75
四川	50.49	89.04	125.38	175.08	278.91	324.31	368.51	422.48	467.69	542.41	637.65
贵州	18.03	37.56	54.72	72.81	103.43	121.78	142.51	186.89	215.60	266.84	292.25
云南	15.00	39.10	60.73	83.75	122.18	145.52	159.93	180.65	207.54	244.46	291.02
西藏	—	0.06	0.17	0.51	1.14	1.27	1.70	1.98	2.71	3.24	3.52
陕西	4.54	25.36	30.42	36.93	63.82	74.03	87.98	103.24	114.67	128.21	147.77
甘肃	1.61	5.51	8.33	10.80	21.42	34.27	38.32	50.12	55.62	59.62	68.17
青海	0.62	7.24	8.69	10.07	12.01	33.97	38.29	41.34	43.86	44.74	47.02
宁夏	8.10	13.80	18.38	23.40	37.40	45.37	53.86	62.61	70.96	78.59	88.99
新疆	4.88	16.40	25.55	35.23	59.09	74.04	88.51	101.84	120.45	140.65	169.12

数据来源：国家统计局

2014 年全省房地产开发企业施工、销售和待售情况

指　　标	合　计	住　宅	#90 平方米及以下住房	#144 平方米以上住房	# 别墅、高档公寓	办公楼	商业营业用房	其　　他
房屋施工面积　（平方米）	154768857	114717670	25637381	19858866	1195011	4622923	18715308	16712956
# 本年新开工面积	38875081	27399888	5834799	2459370	160969	1695940	4839721	4939532
房屋竣工面积　（平方米）	21824825	17016427	4153726	3986378	215156	299684	2577140	1931574
# 不可销售面积	1631332	843104	328983	73751		6248	187643	594337
住宅竣工套数　（套）		148916	52832	20039	616			
房屋竣工价值　（万元）	6553049	5077121	954100	1919116	127353	108110	888447	479371
房屋出租面积　（平方米）	51798						51006	792
商品房销售面积（平方米）	15762660	14339080	2561560	3256799	134795	238884	811090	373606
现　房	5496738	4666728	798054	838820	56099	66688	518483	244839
期　房	10265922	9672352	1763506	2417979	78696	172196	292607	128767
商品房销售额　（万元）	7461404	6398253	972948	1980598	154560	315800	612291	135060
现　房	2040235	1557194	230537	409765	61182	81006	324675	77360
期　房	5421169	4841059	742411	1570833	93378	234794	287616	57700
商品住宅销售套数（套）		123440	30995	18395	591			
现　房		40512	9652	4791	187			
期　房		82928	21343	13604	404			
待售面积（平方米）	14084894	10403600	2248532	2695596	134783	225994	2408180	1047120
# 待售 1–3 年面积	6298226	4666018	1241511	1113546	69548	129076	1122344	380788
待售 3 年以上面积	370219	297885	1271	72314		6133	49553	16648

数据来源：山西省统计局

2014年全省房地产开发企业资金来源情况

单位：万元

指　　标	本年资金来源合计	上年末结余资金	本年资金来源小计	国内贷款	自筹资金	其他资金来　源	# 定金及预付款	# 个人按揭贷款
总　计	17631940	3697059	13934881	1236311	7433185	5265385	3802588	962059
按登记注册类型								
内　资	17342851	3580037	13762814	1179811	7353462	5229541	3768155	960648
国　有	385780	28386	357394	7900	232897	116597	49033	4900
集　体	33448		33448		32965	483	483	
股份合作								
国有联营								
集体联营								
国有与集体联营								
其他联营								
国有独资公司	457095	173672	283423	19328	140149	123946	123946	
其他有限责任公司	5510816	1295668	4215148	541237	2010975	1662936	1291052	221648
股份有限公司	162452	61905	100547	32400	27481	40666	24434	300
私营独资								
私营合伙								
私营有限责任公司	10593102	2003052	8590050	554654	4807558	3227838	2224032	731980
私营股份有限公司	197258	17354	179904	23592	99237	57075	55175	1820
其　他	2900		2900	700	2200			
港澳台投资	222894	115545	107349	56500	27123	23726	23726	
合资经营	198221	114104	84117	56500	26623	994	994	
合作经营								
独　资	24673	1441	23232		500	22732	22732	
股份有限								
其　他								
外商投资	66195	1477	64718		52600	12118	10707	1411
合资经营	2339	1063	1276			1276	1276	
合作经营								
独　资	63856	414	63442		52600	10842	9431	1411
股份有限								
其　他								
按控股情况分								
国有控股	3841431	1081144	2760287	507640	1407045	845602	677121	57194
集体控股	246601	60029	186572		51675	134897	92773	40424
私人控股	12259810	2216536	10043274	650379	5528616	3864279	2723693	769481
港澳台商控股	44894	5545	39349	6500	9123	23726	23726	
外商控股	66195	1477	64718		52600	12118	10707	1411
其　他	1173009	332328	840681	71792	384126	384763	274568	93549

数据来源：山西省统计局

2014 年全省房地产开发企业土地购置、开发和待售情况

单位：平方米

指 标	待开发土地面积	本年购置土地面积	本年土地成交价款（万元）	待售面积	# 待售面积（一年至三年）	# 待售面积（三年以上）
总 计	8185079	4317085	654614	14084894	6298226	370219
按登记注册类型						
内 资	8065199	4311469	646399	13940190	6183008	353571
国 有		38087	2092	189010	5780	
集 体				31548		
股份合作						
国有联营						
集体联营						
国有与集体联营						
其他联营						
国有独资公司	5490	116143	26423	104896	104896	
其他有限责任公司	589462	583166	111725	4255568	2317314	230000
股份有限公司		6803	510	456847	71210	
私营独资						
私营合伙						
私营有限责任公司	7447556	3436840	488372	8578622	3644739	110163
私营股份有限公司	22691	130430	17277	323699	39069	13408
其 他						
港澳台投资	119880	5616	8215	78580	65742	
合资经营	119880	5616	8215	60592	47754	
合作经营						
独 资				17988	17988	
股份有限						
其 他						
外商投资				66124	49476	16648
合资经营						
合作经营						
独 资				66124	49476	16648
股份有限						
其 他						
按控股情况分						
国有控股	122979	287417	81973	2056576	1073372	230000
集体控股	45000			127097	42003	
私人控股	7799761	3913902	548667	11032928	4752795	123571
港澳台商控股		5616	8215	30826	17988	
外商控股				66124	49476	16648
其 他	217339	110150	15759	771343	362592	

数据来源：山西省统计局

2014年全省房地产开发企业财务状况

单位：万元

指标	固定资产原价	固定资产累计折旧	#本年折旧	资产总计	负债合计	所有者权益合计	#实收资金	营业收入	#主营业务收入	土地转让收入	商品房屋销售收入	房屋出租收入	其他收入	营业成本	#主营业务成本	营业税金及附加	#主营业务税金及附加	营业利润	利润总额	应交所得税	从业人员期末人数（人）
总计	1231244	333478	66001	61916566	54342380	7574186	7619139	6084900	6025464	9282	5587905	76167	352110	4566424	4519499	489181	456779	124104	99404	148535	61188
按登记注册类型																					
内资	1220690	328352	65170	60553957	53358430	7195527	7304362	5993140	5933704	9282	5500855	75216	348351	4503859	4456936	480376	447974	116485	91960	144744	60697
国有	23372	9479	1334	1496059	1349603	146457	91469	63756	62786	1245	55468	3408	2665	52841	52378	5468	5131	−7956	−6480	706	2682
集体	3138	572	223	26325	21789	4536	4811	13471	13471		6699	17	6756	11352	11347	770	770	295	581	17	395
股份合作																					
国有联营																					
集体联营																					
国有与集体联营																					
其他联营																					
国有独资公司	17603	3313	765	1825294	1540725	284569	305215	121875	119605		115392	2268	1945	92999	92506	9499	8489	13771	14685	3125	1011
其他有限责任公司	184872	55383	8589	16245620	14202418	2043201	2428162	2195467	2150045	2592	1912629	6006	228818	1627089	1610711	151328	148435	141874	132023	55000	12310
股份有限公司	23281	3714	683	1170298	989908	180391	87231	64385	64385		57348		7038	52577	51277	4382	4382	2521	2453	205	804
私营独资																					
私营合伙																					
私营有限责任公司	930904	244321	50737	38302787	33960810	4341977	4207153	3443520	3432745	5246	3282576	62060	82864	2613255	2584984	297653	270888	−46791	−62348	78374	42130
私营股份有限公司	37243	11508	2840	1468058	1272216	195842	180317	90666	90666	200	70742	1458	18265	53747	53733	10566	9879	13602	11908	7317	1357
其他	278	64		19517	20963	−1446	5									711		−830	−861		8

续表

指　标	固定资产原价	固定资产累计折旧	# 本年折旧	资产总计	负债合计	所有者权益合计	# 实收资金	营业收入	# 主营业务收入	土地转让收入	商品房屋销售收入	房屋出租收入	其他收入	营业成本	# 主营业务成本	营业税金及附加	# 主营业务税金及附加	营业利润	利润总额	应交所得税	从业人员期末人数（人）
港澳台投资	6565	3308	226	776484	445334	331150	261901	85522	85522		84443	559	521	59674	59674	8350	8350	10961	10939	3459	263
合资经营	5689	3155	226	381812	227442	154371	150610	4744	4744		3665	559	521	2433	2433	278	278	-1100	-1111	-157	165
合作经营																					
独　资	875	153		394672	217892	176780	111291	80778	80778		80778			57241	57241	8072	8072	12061	12050	3616	98
股份有限																					
其　他																					
外商投资	3989	1819	605	586125	538616	47509	52876	6238	6238		2608	393	3238	2891	2889	456	456	-3342	-3495	333	228
合资经营	3526	1656	470	177181	181684	-4503	2766	1318	1318		929	370	19	515	513	91	91	-2386	-2408		111
合作经营																					
独　资	463	163	135	408944	356932	52012	50110	4920	4920		1678	23	3219	2376	2376	365	365	-956	-1088	333	117
股份有限																					
其　他																					
按控股情况分																					
国有控股	75219	20414	3531	9858348	8677790	1180558	954022	1102438	1093891	1245	898517	7006	187124	932056	929340	70528	68416	38732	41519	17884	7057
集体控股	21721	5983	755	992011	870969	121042	46052	118180	117202		108580	1810	6813	88056	84658	9367	8726	11519	11846	3461	1274
私人控股	1084190	284075	58078	45413811	40313203	5100609	5704366	3948933	3931806	5446	3740815	65054	120492	3005161	2964971	342056	312884	-53476	-72086	94104	48859
港澳台商控股	1291	383	73	580284	293777	286506	222291	81337	81337		80778	559		57256	57256	8176	8176	11394	11370	3379	153
外商控股	3790	1659	602	562483	519277	43206	51942	5290	5290		1678	393	3219	2397	2397	365	365	-3315	-3447	333	180
其　他	45034	20965	2962	4509630	3667365	842265	640465	828723	795937	2592	757536	1347	34462	481498	480877	58689	58213	119251	110201	29374	3665

数据来源：山西省统计局

2014 年全省房地产开发企业投资完成情况

单位：万元

指标	企业个数（个）	计划总投资	累计完成投资	本年完成投资	建筑工程	安装工程	设备工器具购置	其他费用	#旧建筑物购置费	#土地购置费	住宅	#90 平方米及以下住房	#144 平方米以上住房	#别墅、高档公寓	办公楼	商业营业用房	其他	本年新增固定资产
总计	2452	############	############	############	9468744	1960307	228140	2378358	63370	1604992	10106901	2458693	1638148	102442	692123	1913124	1323401	7165446
按登记注册类型																		
内资	2434	############	############	############	9372345	1933468	228140	2328668	55155	1564992	10059063	2454928	1603636	75788	622073	1873310	1308175	6972363
国有	73	1570621	1247432	409170	346014	48482	6689	7985	150	6365	354119	145723	2628		2320	23186	29545	282523
集体	8	123903	127365	32860	27332	2916	769	1843			23483	11399				1913	7464	64812
股份合作																		
国有联营																		
集体联营																		
国有与集体联营																		
其他联营																		
国有独资公司	30	1402276	1008057	335335	228475	38491	5969	62400	17109	34742	232325	29750	11575		16470	60275	26265	229874
其他有限责任公司	389	############	############	4251926	2608415	501069	65091	1077351	2933	763943	3045773	698518	402765	56442	222091	565389	418673	1674696
股份有限公司	26	592475	484019	105194	95735	5765		3694			87142	9555	9946		614	5502	11936	136785
私营独资	1																	
私营合伙																		
私营有限责任公司	1843	############	############	8538295	5953576	1307963	148027	1128729	34863	731874	6182477	1533373	1131663	19218	380438	1196754	778626	4506434
私营股份有限公司	63	1233450	739473	176741	103868	26232	75	46566		28068	123354	21510	39769	128	140	17741	35506	64474
其他	1	25244	20700	13100	8930	2550	1520	100	100		10390	5100	5290			2550	160	12765

续表

指　标	企业个数（个）	计划总投资	累计完成投资	本年完成投资	建筑工程	安装工程	设备工器具购置	其他费用	# 旧建筑物购置费	# 土地购置费	住　宅	#90 平方米及以下住房	#144 平方米以上住房	# 别墅、高档公寓	办公楼	商业营业用房	其　他	本年新增固定资产
港澳台投资	12	804872	363093	104622	48993	5939		49690	8215	40000	19454		19454	19454	53050	23803	8315	109778
合资经营	8	430123	100792	81890	33193	309		48388	8215	40000					53000	20675	8215	15792
合作经营																		
独　资	4	374749	262301	22732	15800	5630		1302			19454		19454	19454	50	3128	100	93986
股份有限																		
其　他																		
外商投资	6	524997	590400	68306	47406	20900					28384	3765	15058	7200	17000	16011	6911	83305
合资经营	3	59879	49640	1000	700	300					1000	1000						46327
合作经营																		
独　资	3	465118	540760	67306	46706	20600					27384	2765	15058	7200	17000	16011	6911	36978
股份有限																		
其　他																		
按控股情况分																		
国有控股	191	############	7411878	2888559	1733048	182468	41299	931744	17259	706404	2023935	533741	130671	4600	256544	342350	265730	776561
集体控股	40	878571	819209	135308	110463	16589	769	7487			105886	12903	8094		400	9082	19940	82986
私人控股	2094	############	############	############	6973510	1582781	178448	1294129	35496	847540	7270990	1780679	1314143	34567	401364	1439039	917475	5391038
港澳台商控股	7	458749	310093	51622	35993	5939		9690	8215		19454		19454	19454	50	23803	8315	109778
外商控股	5	524997	590400	68306	47406	20900					28384	3765	15058	7200	17000	16011	6911	83305
其　他	115	4357678	3138461	862886	568324	151630	7624	135308	2400	51048	658252	127605	150728	36621	16765	82839	105030	721778

数据来源：山西省统计局

2014年全省各市房地产开发投资

单位：万元

市　　名	本年完成投资	#住　宅	建筑工程	安装工程	设备工器具购置	其他费用
全　省	14035549	10106901	9468744	1960307	228140	2378358
太原市	4832293	3526689	2853392	599803	60857	1318241
大同市	2373245	1516049	1551496	436346	54695	330708
阳泉市	527008	433968	403180	72215	8691	42922
长治市	752331	581678	627249	63391	18117	43574
晋城市	581820	440804	457105	56367	2811	65537
朔州市	771700	556112	526388	162451	27561	55300
晋中市	1129026	743509	837050	167097	12862	112017
运城市	1177222	867190	902293	144543	7268	123118
忻州市	617376	489402	463941	58980	5585	88870
临汾市	842011	649271	563760	130076	21299	126876
吕梁市	431517	302229	282890	69038	8394	71195

数据来源：山西省统计局

2014年全省各市房地产开发施工、竣工面积及价值

单位：平方米

市　名	房屋施工面　积	#住　宅	房屋竣工面　积	#住　宅	房屋竣工价　值（万元）	#住　宅
全　省	154768857	114717670	21824825	17016427	6553049	5077121
太原市	48372266	36449912	6020950	5040182	2834150	2415703
大同市	21918456	14935625	4165597	3070524	1172286	745635
阳泉市	6725751	5325510	786298	693190	190720	165437
长治市	10969293	8147160	2511521	1999020	518985	432490
晋城市	6822345	4975701	698060	483006	182019	115497
朔州市	8414321	6080967	894068	707409	207832	164166
晋中市	11508271	8799247	1328549	1048389	293689	220691
运城市	16292818	12395473	2800479	2112626	554314	395720
忻州市	8674840	6453805	808366	525992	192595	113117
临汾市	8507649	6127926	965299	662167	247247	173872
吕梁市	6562847	5026344	845638	673922	159212	134793

数据来源：山西省统计局

全省房地产开发企业完成投资

单位：万元

年 份	本年完成投资	住 宅	办公楼	商业营业用房	其 他
1990	28486	24635	342	2108	1401
1991	32642	27132			5510
1992	51869	41963	1473	1451	6982
1993	129685	102732		2362	24591
1994	116512	87606	2964	6169	19773
1995	150866	101914	12353	13841	22758
1996	147893	107111	6442	7471	26869
1997	181736	151687	6258	6990	16801
1998	278653	199862	9774	21609	47408
1999	350458	270496	7771	30307	41884
2000	394556	272280	19201	48178	54897
2001	466464	288916	17639	67861	92048
2002	674331	369041	46104	88518	170668
2003	950740	473991	53641	211630	211478
2004	1449898	846989	110917	353485	138507
2005	1779937	1168931	107448	274199	229359
2006	2086231	1558224	83778	238224	206005
2007	2589251	1902509	51973	245495	389274
2008	3279807	2287311	81888	389808	520800
2009	4772748	3778904	106264	437877	449703
2010	5922376	4574340	125367	604588	618081
2011	7901982	6153199	172888	736434	839461
2012	10104513	7356137	227958	1392518	1127900
2013	13086275	9588469	484284	1825554	1187968
2014	14035549	10106901	692123	1913124	1323401

数据来源：山西省统计局

2014年全省城镇居民家庭年末居住情况

单位：%

指 标	2013	2014
一、居住空间样式	100.0	100.0
单栋楼房	10.4	10.3
单栋平房	22.0	22.2
四居室及以上单元房	1.4	1.3
三居室单元房	22.5	23.2
二居室单元房	32.6	32.1
一居室单元房	2.5	2.5
筒子楼或连片平房	7.7	7.4
其 他	1.0	1.0
二、主要建筑材料	100.0	100.0
钢筋混凝土	20.4	21.2
砖混材料	65.5	64.1
砖瓦砖木	13.2	13.8
竹草土坯	0.4	0.4
其 他	0.5	0.4
三、现住房房屋来源	100.0	100.0
租赁公房	3.2	2.7
租赁私房	10.2	10.3
自建住房	31.0	31.7
购买商品房	27.7	27.2
购买房改住房	18.0	17.8
购买保障性住房	3.8	3.7
拆迁安置房	1.8	2.2
继承或获赠住房	0.7	0.8
免费借用房	1.4	1.1
雇主提供免费住房	0.3	0.3
其他来源	2.0	2.2
四、现住房建筑面积	100.0	100.0
10平方米以内	0.4	
10–20平方米	2.4	2.0
20–30平方米	3.3	2.9
30–60平方米	21.7	21.3
60–90平方米	29.8	29.8
90–120平方米	24.1	25.1
120–200平方米	15.4	16.0
200平方米以上	3.0	2.9
五、住宅外道路路面情况	100.0	100.0
水泥或柏油路面	89.4	89.2
沙石或石板等硬质路面	8.1	8.2
其 他	2.5	2.5
六、住宅有管道供水情况	100.0	100.0
管道供水入户	96.0	96.9
管道供水至公共取水点	2.2	1.4
没有管道设施	1.8	1.7
七、住户主要饮用水来源情况	100.0	100.0
经过净化处理的自来水	81.8	81.0
受保护的井水和泉水	15.5	15.4
不受保护的井水和泉水	1.3	2.1
江河湖泊水	0.1	0.1
收集雨水		
桶装水	0.7	1.0
其他水源	0.5	0.4
八、住户厕所类型	100.0	100.0
水冲式卫生厕所	67.7	67.6
水冲式非卫生厕所	0.4	0.5
卫生旱厕	4.4	4.4
普通旱厕	24.4	24.6
无厕所	3.1	2.9
九、住户主要取暖设备状况	100.0	100.0
由市政或小区集中供暖	66.0	66.3
自行供暖	32.5	32.1
无取暖设备	1.5	1.7
十、住户主要取暖用能源状况	100.0	100.0
柴 草	0.5	1.1
煤 炭	82.2	28.0
罐装液化石油气	0.4	0.1
管道液化石油气	0.4	
管道煤气	3.4	3.1
管道天然气	3.4	1.7
电	2.0	0.9
燃料用油		
沼 气		
其 他	6.9	10.1
无取暖行为	0.6	55.0
十一、主要炊用能源状况	100.0	100.0
柴 草	0.7	0.9
煤 炭	20.6	16.4
罐装液化石油气	8.4	7.4
管道液化石油气	0.4	0.3
管道煤气	21.5	17.1
管道天然气	29.9	35.5
电	17.2	21.3
燃料用油		
沼 气		
其 他	0.8	1.2
无炊用行为	0.5	

数据来源：山西省统计局

2014年山西省国有建设用地供应计划汇总表

市	合计	商服用地	工矿仓储用地	住房用地			公共管理与服务用地	交通运输用地	水域及水利设施用地	特殊用地
				小计	保障性安居工程用地	商品住房用地				
太原市	1294.6305	20.0266	408.5875	107.0509	18.0952	88.9557	79.1308	674.8347	0.0000	5.0000
大同市	930.9963	85.6967	236.9416	168.7556	74.4479	94.3077	91.5365	270.3706	77.6953	0.0000
阳泉市	140.4797	16.4544	73.4625	29.2225	3.8107	25.4118	12.5430	0.0000	0.0000	8.7973
长治市	1004.5936	306.0902	279.7626	208.5884	46.8177	161.7707	176.9557	16.5105	0.0000	16.6862
晋城市	783.1334	84.7660	221.3810	227.4520	51.9424	175.5096	135.7883	104.0633	6.9347	2.7481
朔州市	2324.9003	216.1575	976.6728	362.9823	171.0405	191.9418	221.7538	537.8336	0.0000	9.5003
晋中市	987.3554	106.2786	329.1589	218.9129	98.2585	120.6544	137.6465	174.2881	19.9563	1.1141
运城市	2017.4280	258.9805	846.7506	292.9438	102.6583	190.2855	194.7880	268.2147	142.4204	13.3300
忻州市	2321.6674	290.1296	450.7367	248.9395	105.6108	143.3287	208.8392	1097.6585	3.4744	21.8895
临汾市	904.3340	123.8116	282.6496	201.6843	40.4010	161.2833	162.9902	117.1309	1.3334	14.7339
吕梁市	1470.3798	120.6550	618.3471	207.9054	65.2024	142.7030	156.2165	352.7293	6.9597	7.5668
合 计	##########	1629.0466	4724.4509	2274.4377	778.2854	1496.1523	1578.1885	3613.6342	258.7742	101.3662

数据来源：山西省国土资源厅

2014年山西省住房用地供应计划汇总表

市	供地总量			保障性安居工程用地									商品住房用地		保障性安居工程和中小套型商品房用地占比（%）
				保障性住房用地		各类棚户区改造用地				公共租赁房		限价商品房		中小套商品住房	
	合计	存量	增量	廉租房	经济适用房		廉租房	经济适用房	中小套商品住房	划拨	出让				
太原市	107.0509	13.0713	93.9796	0.5000	1.0000	15.4826	0.0000	0.0000	15.4826	0.0000	0.0000	1.1126	88.9557	50.3129	63.90%
大同市	168.7556	64.1184	104.6372	36.5192	8.9287	12.0000	5.0000	0.0000	4.0000	#######	0.0000	0.0000	94.3077	42.5141	67.53%
阳泉市	29.2225	0.7953	28.4272	0.8505	1.9407	0.0000	0.0000	0.0000	0.0000	1.0195	0.0000	0.0000	25.4118	25.4118	100.00%
长治市	292.7107	34.3020	258.4087	8.4089	18.5763	14.9354	0.0000	8.9929	5.9425	3.6866	0.5438	0.6667	161.7707	########	54.80%
晋城市	227.4520	58.2900	169.1620	0.0000	3.0770	32.6358	0.0000	5.5783	27.0575	0.0000	0.0000	#######	175.5096	58.4356	48.53%
朔州市	362.9823	130.7792	232.2031	1.8612	16.2388	133.7246	22.1100	########	1.2320	0.0000	0.0000	#######	191.9418	########	82.55%
晋中市	218.9129	30.2002	188.7127	7.4800	44.8357	40.9743	4.9667	20.1826	8.4536	4.4253	0.5432	0.0000	120.6544	79.7075	77.93%
运城市	292.9438	29.9153	263.0285	12.6099	17.1250	66.4034	0.0000	0.0000	63.9100	2.1400	3.0500	1.3300	190.2855	########	78.15%
忻州市	248.9395	23.4389	225.5006	11.4653	42.1393	49.8729	0.5334	5.8663	25.5938	0.7166	0.0000	1.4167	143.3287	73.6689	64.84%
临汾市	201.6843	38.6891	162.9952	4.1869	7.4509	22.7893	5.6802	13.2521	3.4441	1.6529	1.8100	2.5110	161.2833	########	78.49%
吕梁市	207.9054	16.4784	191.4270	19.3975	9.6837	30.2446	0.0000	8.5247	21.7199	4.2099	0.0000	1.6667	142.7030	94.1551	76.65%
合计	#########	440.0782	#########	103.2794	########	419.0629	38.2903	########	176.8360	#######	5.9470	#######	1496.1523	########	70.41%

数据来源：山西省国土资源厅

2014 年度山西省土地闲置情况统计表

单位：宗、公顷

地市	土地闲置情况						土地闲置原因			
	总宗数			总面积			用地单位原因		政府及政府有关部门原因	
		其中：超过动工开发日期一年以上两年以内的宗数	其中：超过动工开发日期两年以上的宗数		其中：超过动工开发日期一年以上两年以内的面积	其中：超过动工开发日期两年以上的面积	宗数	面积	宗数	面积
1	2	3	4	5	6	7	8	9	10	11
朔州市	7	3	4	18.6771	7.8397	10.8374	1	2.9484	6	15.7287
忻州市	21	2	19	60.2965	3.2625	57.034	3	2.42	18	57.8765
大同市	0	0	0	0	0	0	0	0	0	0
晋中市	40	23	17	111.11144	73.03155	38.080885	5	11.83689	35	99.274545
吕梁市	20	10	10	90.2408	21.9211	68.3197	1	42.6040	19	47.6368
阳泉市	0	0	0	0	0	0	0	0	0	0
晋城市	4	1	3	15.1001	0.8337	14.2664	1	4.8873	3	10.2128
临汾市	18	10	8	55.07984	34.650503	20.42931	3	19.06551	15	36.014303
运城市	6	4	2	20.52068	6.88568	13.635	5	15.77758	1	4.7431
长治市	25	19	6	156.596	132.2198	24.3762	4	27.3095	21	129.2865
太原市	30	14	16	157.5371	60.2891	97.248	5	31.45354	25	126.08356
全省合计	171	86	85	685.15952	340.933593	344.226895	28	158.30272	143	526.85677

数据来源：山西省国土资源厅

2009 年—2014 年
太原市房地产开发企业个数和主要指标完成情况（一）

指　标	2009 年	2010 年	2011 年	2012 年	2013 年	2014 年
一、企业个数	638	661	724	727	729	728
二、本年完成投资（万元）	1650122	2410946	3120781	3647214	4299194	4832293
1、按构成分						
建筑工程	952042	1518845	2059964	2347235	3079187	2853392
安装工程	137500	185495	291664	437582	485791	599803
设备工器具购置	14439	19288	5759	45020	48171	60857
其他费用	546141	687318	763394	817377	686045	1318241
土地购置费	372346	405065	496616	368044	331321	895151
2、按工程用途分						
住宅	1151346	1851642	2463915	2601905	3099689	3526689
办公楼	35189	69499	69109	136183	285534	422706
商业营业用房	141235	201930	228295	410989	505688	440701
其他	322352	287875	359462	498137	408283	442197
三、本年新增固定资产（万元）	554202	585326	578748	1017160	584263	3049851
四、资金来源及构成（万元）						
本年资金来源小计	2277572	3623942	3866328	3833210	5221392	5275183
国内贷款	349691	496979	401257	242772	330723	812209
利用外资				253		
自筹资金	1007869	985488	1652441	1567706	2277626	2057842
其他资金来源	920012	2141475	1812624	2022479	2613043	2405132
定金及预付款	643935	1420818	1253711	1486109	1954124	1710176
个人按揭贷款	162483	491814	463717	498064	585725	520397
本年各项应付款合计	423514	591446	598661	651629	731322	1003666
工程款	209507	313870	244718	372414	433254	595716
五、土地开发及购置（平方米）						
待开发土地面积	1688651	1807685	1436163	1598652	1559232	651387
本年购置土地面积	1815951	1935956	1506889	883377	1806269	660448
本年土地成交价款（万元）	280843	294918	327852	180650	482973	144934

数据来源：山西省统计局

2009 年—2014 年
太原市房地产开发企业个数和主要指标完成情况（二）

指　标	2009 年	2010 年	2011 年	2012 年	2013 年	2014 年
六、房屋建筑规模（平方米）						
房屋施工面积	17726959	23665160	28545463	37160112	42997601	48372266
住宅	14607861	19222118	23739835	29000428	33207844	36449912
办公楼	469079	871539	711333	1013224	1686715	2642248
商业营业用房	1375174	2086580	2026988	3455862	3950905	4515755
其他	1274845	1484923	2065307	3690598	4152137	4764351
房屋新开工面积	5050578	6948331	7042260	8708411	7175842	7625354
住宅	4188081	5612955	6101381	6197843	5829653	4838689
办公楼	101601	297906	43714	283826	296262	1154820
商业营业用房	258188	608918	288440	943969	443028	815795
其他	502708	428552	608725	1282773	606899	816050
房屋竣工面积	1766654	1376317	2326982	2309382	2261692	6020950
住宅	1430137	1090658	2108215	2012962	1908677	5040182
办公楼	51518	53000	10000	30246	106712	92982
商业营业用房	193914	191426	135086	82019	144656	410858
其他	91085	41233	73681	184155	101647	476928
七、商品房销售（平方米）						
商品房销售面积	1837952	2588212	2176868	3260605	3976020	4280295
住宅	1688349	2354865	1918873	3093738	3749908	4010398
办公楼	54224	40415	74364	54195	80021	141514
商业营业用房	94867	145538	162056	86891	143557	98951
其他	512	47394	21575	29781	2534	29432
商品房销售额（万元）	887812	1874939	1499559	2214828	2952083	3259538
住宅	759605	1669221	1250619	1977818	2596177	2853424
办公楼	36644	27876	72816	52556	110095	210371
商业营业用房	91142	164127	158837	174539	245069	161481
其他	421	13715	17317	9915	742	34262
八、经营状况（万元）						
资产总计	7804551	9121378	14578219	18468297	21898882	27718425
负债总计	6386251	7631875	12619798	15998444	19007470	24031713
所有者权益合计	1418300	1489504	1958421	2469853	2891411	3686712
利润总额	112772	61362	47892	99562	111541	129894
应缴所得税	19295	51197	50783	63856	94832	96419

数据来源：山西省统计局

2009 年—2014 年
大同市房地产开发企业个数和主要指标完成情况（一）

指　标	2009 年	2010 年	2011 年	2012 年	2013 年	2014 年
一、企业个数（个）	194	201	171	156	161	182
二、本年完成投资（万元）	836614	906148	1341815	1706096	2650205	2373245
1、按构成分						
建筑工程	64505	556869	911571	1145889	1885834	1551496
安装工程	44094	81709	199376	201184	328639	436346
设备工器具购置	5154	3944	5248	23348	28848	54695
其他费用	142301	263626	225620	335675	406884	330708
土地购置费	111550	224109	81767	276326	253098	222283
2、按工程用途分						
住宅	746157	696990	1033524	1150657	1927696	1516049
办公楼	22662	5933	16647	21395	47970	53328
商业营业用房	45830	63986	82683	367056	448914	521634
其他	21965	139239	208961	166988	225625	282234
三、本年新增固定资产（万元）	161563	181765	1648581	451020	1751407	1204115
四、资金来源及构成（万元）						
本年资金来源小计	854527	1148427	811609	1447435	2066081	1868080
国内贷款	203790	80506	60702	65675	67066	56063
利用外资						
自筹资金	365649	599913	394214	1115681	1586434	1484584
其他资金来源	285088	468008	356693	266079	412581	327433
定金及预付款	107716	121224	154311	162285	246934	199147
个人按揭贷款	4577	35398	10487	11737	36842	38682
本年各项应付款合计	224989	211799	382816	530272	999140	944172
工程款	14998	81462	106615	146224	563646	439510
五、土地开发及购置（平方米）						
待开发土地面积	258704	1334832	1153822	1033046	959445	393802
本年购置土地面积	619526	1198657	306365	1898008	1671224	559193
本年土地成交价款（万元）	80399	191145	88292	202446	204267	100217

数据来源：山西省统计局

2009 年—2014 年
大同市房地产开发企业个数和主要指标完成情况（二）

指　标	2009 年	2010 年	2011 年	2012 年	2013 年	2014 年
六、房屋建筑规模（平方米）						
房屋施工面积	6438329	11087069	17078953	15898554	21290594	21918456
住宅	5885600	9606423	15204255	13291685	16009990	14935625
办公楼	109194	156054	176950	164677	333774	282269
商业营业用房	292175	770722	728329	1514758	29h4862	3882967
其他	151360	553870	969419	927434	1981968	2817595
房屋新开工面积	5276981	5078171	3999448	7770447	6246571	6791610
住宅	4874350	4163119	3871066	6453851	4295949	4441223
办公楼	54396	55264	4347	52856	110015	44522
商业营业用房	254866	425838	33364	907030	1157004	1274002
其他	93369	433950	90671	356710	683603	1031863
房屋竣工面积	891178	1019089	8725048	1970137	6562114	4165597
住宅	761751	789493	8121756	1671672	5243448	3070524
办公楼	12404		64138	27551	60174	52200
商业营业用房	28852	165668	123622	135354	903518	608349
其他	88171	63728	415532	135560	354974	434524
七、商品房销售（平方米）						
商品房销售面积	578066	807420	901649	1101692	1206110	816811
住宅	565641	733979	859722	992809	982450	712377
办公楼			8981	15159	15550	24516
商业营业用房	9533	63292	32437	91523	167645	56012
其他	2892	10149	509	2201	40465	23906
商品房销售金额（万元）	163230	239863	293493	472174	558014	367814
住宅	156221	201736	275651	385353	392334	285229
办公楼			2440	7093	6898	43380
商业营业用房	6237	36730	15151	79084	141883	33316
其他	772	1397	251	644	16899	5889
八、经营状况（万元）						
资产总计	1292261	1914754	2701446	3518122	4766720	7231927
负债总计	1057078	1662251	2408311	3311900	4450694	6749574
所有者权益合计	235184	252503	293135	206222	316026	482353
利润总额	-12072	-22491	2561	-13376	-20444	11041
应缴所得税	358	760	3168	5403	1930	9530

数据来源：山西省统计局

2009 年—2014 年
阳泉市房地产开发企业个数和主要指标完成情况（一）

指　标	2009 年	2010 年	2011 年	2012 年	2013 年	2014 年
一、企业个数（个）	98	94	98	99	99	100
二、本年完成投资（万元）	319788	433434	588843	569667	723913	527008
1、按构成分						
建筑工程	240839	349457	498641	456621	605786	403180
安装工程	38998	48180	19419	55299	58071	72215
设备工器具购置	5888	215	950		1530	8691
其他费用	34063	35582	69833	57747	58526	42922
土地购置费	7115	5859	38434	41362	29963	8750
2、按工程用途分						
住宅	253947	348288	462549	449536	534713	433968
办公楼	14970	12971	24276	9246	26216	2481
商业营业用房	34488	54938	67183	68132	90485	46583
其他	16383	17237	34835	42753	72499	43976
三、本年新增固定资产（万元）	105928	143526	202142	226725	410108	198359
四、资金来源及构成（万元）						
本年资金来源小计	376136	503231	436128	576291	648706	542728
国内贷款	65611	63849	16150	63775	44504	9300
利用外资						
自筹资金	100937	179596	213018	267864	350415	257637
其他资金来源	209588	259786	206960	244652	253787	275791
定金及预付款	163413	180646	89709	135372	193087	211116
个人按揭贷款	15480	24571	7581	8658	42046	36521
本年各项应付款合计	113970	83910	198423	140502	173244	196401
工程款	83602	46783	104564	93767	138366	130472
五、土地开发及购置（平方米）						
待开发土地面积	140136	183136	144007		28528	219015
本年购置土地面积	115974	419562	384932	236903	395489	129183
本年土地成交价款（万元）	4910	19501	49956	25118	37717	95114

数据来源：山西省统计局

2009 年—2014 年
阳泉市房地产开发企业个数和主要指标完成情况（二）

指　标	2009 年	2010 年	2011 年	2012 年	2013 年	2014 年
六、房屋建筑规模（平方米）						
房屋施工面积	4668009	5994068	6572382	7298768	8236291	6725751
住宅	3534144	4740424	4960506	5616553	6369507	5325510
办公楼	213004	246654	269666	223550	223283	102285
商业营业用房	692065	728621	785484	833525	948820	636904
其他	228796	278369	556726	625140	694681	661052
房屋新开工面积	1733738	1611494	2017499	2802752	2227168	1775140
住宅	1475759	444189	1527866	2425539	1910486	1462991
办公楼	36290	33650	44549	37914	8263	11600
商业营业用房	160571	97683	141126	197632	201390	100825
其他	61118	35972	303958	141667	107029	199724
房屋竣工面积	340087	697916	1233270	179085	1532598	786298
住宅	330581	616341	1125076	1062377	1401705	693190
办公楼		1000	33456	8530	8400	4800
商业营业用房	9506	55551	63658	96741	99065	75637
其他		25024	11080	11437	23428	12671
七、商品房销售（平方米）						
商品房销售面积	930188	1077136	1064303	1247889	852445	736674
住宅	851508	1005598	999267	1215039	817167	715207
办公楼	2751	1679	19373	1000	8400	
商业营业用房	70304	66029	41219	2055	17686	900
其他	5625	3830	4444	5795	9192	232600
商品房销售额（万元）	256078	280315	280540	349037	279959	222305
住宅	215325	244548	246101	328832	254829	
办公楼	560	909	8492	400	9516	10050
商业营业用房	38729	34438	25246	18443	12819	245
其他	1164	420	701	1362	2795	
八、经营状况（万元）						
资产总计	1154977	1295343	1552388	2006229	2409750	2976240
负债总计	1041232	1215101	1457195	1891680	2233480	2829587
所有者权益合计	113745	80242	95193	114548	176270	146653
利润总额	-8633	-13023	-12100	12286	553	2629
应缴所得税	1101	1110	1575	5250	5637	5238

数据来源：山西省统计局

2009年—2014年
长治市房地产开发企业个数和主要指标完成情况（一）

指　标	2009年	2010年	2011年	2012年	2013年	2014年
一、企业个数（个）	172	182	189	196	198	195
二、本年完成投资（万元）	264998	327611	537603	759160	942084	752331
1、按构成分						
建筑工程	203924	268906	456363	639777	797190	627249
安装工程	1736	3565	16730	26721	43427	63391
设备工器具购置	1060	3000	17994	11955	26784	18117
其他费用	58278	52140	46516	80707	74683	43574
土地购置费	55389	32405	26310	59017	46497	33971
2、按工程用途分						
住宅	221650	259893	424664	598957	676527	581678
办公楼	2170	6870	17129	9043	26678	13239
商业营业用房	37562	36837	61122	76796	160734	84094
其他	3616	24011	34688	74364	78145	73320
三、本年新增固定资产（万元）	116904	175941	339347	364289	523554	528267
四、资金来源及构成（万元）						
本年资金来源小计	284574	350879	620802	809253	936393	782888
国内贷款	39295	17907	37155	43310	24495	62425
利用外资						
自筹资金	128506	167320	296024	496936	622647	403304
其他资金来源	116773	165652	287623	269007	289251	317159
定金及预付款	89838	138094	236355	226878	233547	220311
个人按揭贷款	9048	14552	13529	17023	19408	28968
本年各项应付款合计	66328	88337	123315	146252	108453	145052
工程款	55170	49296	81168	66034	88583	100817
五、土地开发及购置（平方米）						
待开发土地面积	181593	27468	353150	14155	295292	319407
本年购置土地面积	793124	409798	588745	567221	387226	365334
本年土地成交价款（万元）	48625	31387	41046	58098	54111	38108

数据来源：山西省统计局

2009年—2014年
长治市房地产开发企业个数和主要指标完成情况（二）

指 标	2009年	2010年	2011年	2012年	2013年	2014年
六、房屋建筑规模（平方米）						
房屋施工面积	3238707	5005983	6380523	9212146	11065754	10969293
住宅	2856885	4228024	5409556	7416928	8180685	8147160
办公楼	30384	84546	94843	58394	106878	91480
商业营业用房	304564	511056	593583	852976	1339463	1195926
其他	46874	182357	282541	883848	1438728	1534727
房屋新开工面积	1294216	2070289	2497149	4290864	3013457	1970189
住宅	1066196	1682844	2195215	3355983	1796339	1497048
办公楼	12240	42358	23211	32397	33699	12437
商业营业用房	192560	243934	157787	316282	585494	171878
其他	23220	101153	120936	586202	597925	288826
房屋竣工面积	755543	1237893	2112494	1771977	2221363	2511521
住宅	707774	1095718	1881956	1519231	1590873	1999020
办公楼	244	10605	72196	6214	30725	28081
商业营业用房	40414	97833	75826	136105	366328	177949
其他	7111	33737	82516	110427	233437	306471
七、商品房销售（平方米）						
商品房销售面积	1161083	1224529	1443357	1675480	1815506	1848501
住宅	1084550	1138920	1357638	1508550	1570352	1687459
办公楼	4550	8430	9377	17000	21082	19745
商业营业用房	63946	56712	49244	79817	140359	84829
其他	8037	20467	27098	70113	83713	56468
商品房销售额（万元）	293245	321689	423074	557208	647082	693220
住宅	253588	278870	387871	463318	525603	587983
办公楼	1728	4108	3428	9860	10649	23270
商业营业用房	36340	35477	24450	63394	88144	68378
其他	1589	3234	7325	20636	22686	13589
八、经营状况（万元）						
资产总计	759218	1103765	1557835	2057192	2540936	3285689
负债总计	562011	850773	1309986	1763864	2131744	2879275
所有者权益合计	197206	252992	247849	293327	409192	406414
利润总额	705	8840	-5541	-2236	1865	-20607
应缴所得税	1775	2747	4084	4860	6694	7682

数据来源：山西省统计局

2009 年—2014 年
晋城市房地产开发企业个数和主要指标完成情况（一）

指　标	2009 年	2010 年	2011 年	2012 年	2013 年	2014 年
一、企业个数（个）	87	89	96	105	111	125
二、本年完成投资（万元）	265430	323666	375014	451819	508188	581820
1、按构成分						
建筑工程	195174	224478	276098	270885	364475	457105
安装工程	14389	30604	34837	46596	43348	56367
设备工器具购置	3585	4688	6348	5510	5674	2811
其他费用	52282	63896	57731	128828	94691	65537
土地购置费	4795	33222	49661	112344	85965	60115
2、按工程用途分						
住宅	221029	270043	300284	348606	390098	440804
办公楼	5817	3717	4454	4216	1582	15661
商业营业用房	27770	31802	44581	41719	54270	73123
其他	10814	18104	25695	57278	62238	52232
三、本年新增固定资产（万元）	144278	145764	228091	411607	226378	191316
四、资金来源及构成（万元）						
本年资金来源小计	302157	398981	400232	355127	471643	551286
国内贷款	52177	54123	33969	15110	13899	23283
利用外资						
自筹资金	122036	185767	152183	66443	283110	260841
其他资金来源	127944	159091	214080	173574	174634	267162
定金及预付款	100649	125271	188456	163492	157350	218617
个人按揭贷款	12096	8631	13669	10082	8515	30864
本年各项应付款合计	84391	90215	134109	180929	114716	268663
工程款	41758	66851	69662	101253	92133	171135
五、土地开发及购置（平方米）						
待开发土地面积	283346	272678	171313	337795	607253	534314
本年购置土地面积	233877	227255	441528	557244	527184	395982
本年土地成交价款（万元）	40502	46546	91834	122558	89832	69590

数据来源：山西省统计局

2009 年—2014 年
晋城市房地产开发企业个数和主要指标完成情况（二）

指　标	2009 年	2010 年	2011 年	2012 年	2013 年	2014 年
六、房屋建筑规模（平方米）						
房屋施工面积	2851180	4087667	4885229	5592482	5798175	6822345
住宅	2388429	3389379	3937952	4364008	4279079	4975701
办公楼	37032	79509	98191	98181	69033	85205
商业营业用房	310831	42033	464171	500190	487769	580782
其他	114888	197846	384925	630103	962294	1180657
房屋新开工面积	1152295	1863770	1644334	1395677	1753166	1898568
住宅	1021807	1544642	1351453	1046802	1141735	1387360
办公楼	5837	41325	30000		6675	44854
商业营业用房	80880	154935	136233	77087	197291	166151
其他	43771	122868	126648	271788	407465	300203
房屋竣工面积	609578	694055	794057	1216852	925812	698060
住宅	545468	570935	714603	962410	692966	483006
办公楼		12635		7834	31195	13060
商业营业用房	33423	82283	41206	169538	88696	92374
其他	30687	28202	38248	77070	112955	109620
七、商品房销售（平方米）						
商品房销售面积	606486	614319	1046391	715196	866170	753987
住宅	578935	553126	986462	684584	785696	65654
办公楼	1065	17824	22033	549		7706
商业营业用房	18476	34852	21146	25669	60685	30557
其他	8010	8517	16750	4394	189	40070
商品房销售额（万元）	166552	184448	365546	265905	383703	340809
住宅	152937	152257	334749	249270	330816	291839
办公楼	500	9807	11092	301		6818
商业营业用房	10415	21425	17733	15485	45265	24273
其他	2700	959	1972	849	7622	17879
八、经营状况（万元）						
资产总计	763878	1176981	169945	2134406	2850098	3242441
负债总计	665368	1029759	15124	1957520	2644779	2960461
所有者权益合计	98510	147222	176527	176886	205320	281980
利润总额	5643	4908	275	-10895	-10973	8439
应缴所得税	3801	3248	3223	3325	3632	5588

数据来源：山西省统计局

2009 年—2014 年
朔州市房地产开发企业个数和主要指标完成情况（一）

指　标	2009 年	2010 年	2011 年	2012 年	2013 年	2014 年
一、企业个数（个）	79	83	96	97	95	103
二、本年完成投资（万元）	161463	197812	244408	464007	901456	771700
1、按构成分						
建筑工程	102923	116730	123768	360836	729066	526388
安装工程	510	6759	33657	37381	52248	162451
设备工器具购置	3590	1696	2848	3370	8810	27561
其他费用	54440	72627	84135	62420	111332	55300
土地购置费	42408	49670	75443	51513	92252	46185
2、按工程用途分						
住宅	127467	103741	154959	303242	672474	556112
办公楼	2555	8251	100	2375	10457	33762
商业营业用房	23143	67270	36883	102485	131355	121604
其他	8298	18550	52466	55905	87170	60222
三、本年新增固定资产（万元）	132047	166225	182234	247151	417176	219788
四、资金来源及构成（万元）						
本年资金来源小计	165268	287171	272508	542935	797679	734348
国内贷款	11442	16718	23787	20200	30546	41330
利用外资						
自筹资金	85361	159174	189370	394422	579810	500524
其他资金来源	68465	111279	59351	128313	187323	192494
定金及预付款	32268	39645	40351	114402	155545	164270
个人按揭贷款	8780	2870	8690	11415	6000	11173
本年各项应付款合计	11373	66978	46478	94046	203022	172343
工程款	4513	12918	25809	33688	67546	29851
五、土地开发及购置（平方米）						
待开发土地面积	11425	316696		13435	22861	
本年购置土地面积	416799	1056675	780853	399619	726329	92303
本年土地成交价款（万元）	42408	75837	74870	43531	130081	11816

数据来源：山西省统计局

2009 年—2014 年
朔州市房地产开发企业个数和主要指标完成情况（二）

指　标	2009 年	2010 年	2011 年	2012 年	2013 年	2014 年
六、房屋建筑规模（平方米）						
房屋施工面积	1689284	2916361	3879848	5765413	8653384	8414321
住宅	1375729	2360176	3019875	4213665	6048956	6080967
办公楼	25114	63890		53698	73833	206737
商业营业用房	277922	475111	660590	1168095	1684464	1363163
其他	10519	17184	199383	329955	846131	763454
房屋新开工面积	988615	1767924	1800584	2229544	3556656	2080663
住宅	811513	1464815	1406634	1640153	2373648	1548118
办公楼	13114	34000		10212	25078	64220
商业营业用房	153469	263244	357202	393355	613762	233977
其他	10519	5865	36748	185824	544168	234348
房屋竣工面积	620763	990495	581199	929723	1824231	894068
住宅	462721	692157	500122	669615	1338689	707409
办公楼	13114	24000			1330	220
商业营业用房	144928	262445	76524	223018	416514	72643
其他		11893	4553	37090	67698	113796
七、商品房销售（平方米）						
商品房销售面积	631958	576134	790530	951818	1381784	1321589
住宅	574009	421959	695201	776475	1052931	1078201
办公楼	13114	7100				
商业营业用房	44835	147075	88682	158042	277183	160728
其他			6647	17301	51670	82660
商品房销售额（万元）	138253	118693	163447	212328	405809	455594
住宅	118539	83889	137086	171633	301728	332944
办公楼	2623	2527				
商业营业用房	17091	32277	25052	37962	96597	106144
其他			1309	2733	7484	16506
八、经营状况（万元）						
资产总计	339135	519421	826769	791288	1634008	2154165
负债总计	229923	384968	595250	643276	1421627	1926924
所有者权益合计	109212	134453	231519	148012	212381	227241
利润总额	18668	-12989	1021	-8734	-5828	-28303
应缴所得税	6050	2730	1549	2852	3045	2802

数据来源：山西省统计局

2009 年—2014 年
晋中市房地产开发企业个数和主要指标完成情况（一）

指　标	2009 年	2010 年	2011 年	2012 年	2013 年	2014 年
一、企业个数（个）	112	114	137	148	161	170
二、本年完成投资（万元）	208135	298132	322186	703127	769336	1129026
1、按构成分						
建筑工程	166130	211129	246208	544766	558325	837050
安装工程	13800	28849	38110	48471	89721	167097
设备工器具购置	1058	1377	2439	7475	3645	12862
其他费用	27147	56777	35429	102415	117645	112017
土地购置费	9969	28118	20545	74925	72581	71807
2、按工程用途分						
住宅	183868	231837	258564	554222	539023	743509
办公楼	3717	11229	11072	10954	28767	56458
商业营业用房	15694	30427	30689	70326	113678	212497
其他	4856	24639	21861	67625	87868	116562
三、本年新增固定资产（万元）	64837	203181	134699	147060	276146	465246
四、资金来源及构成（万元）						
本年资金来源小计	284030	461116	385075	632315	956859	1158562
国内贷款	41649	41989	37158	39466	73126	72032
利用外资						
自筹资金	120993	96723	113835	360449	399706	549485
其他资金来源	121388	322404	234082	232400	484027	537045
定金及预付款	86360	253490	172533	66749	353937	372094
个人按揭贷款	18991	43021	43334	32105	82176	106087
本年各项应付款合计	100673	122584	142333	266074	229566	467707
工程款	39863	40594	91337	149821	168814	240252
五、土地开发及购置（平方米）						
待开发土地面积	310654	220670	166007	218143	1151219	689693
本年购置土地面积	78263	545979	490329	454540	562719	283478
本年土地成交价款（万元）	7895	45821	44848	73146	90135	82895

数据来源：山西省统计局

2009 年—2014 年
晋中市房地产开发企业个数和主要指标完成情况（二）

指　标	2009 年	2010 年	2011 年	2012 年	2013 年	2014 年
六、房屋建筑规模（平方米）						
房屋施工面积	3198765	4294471	4705438	7712318	9915124	11508271
住宅	2947287	3666682	3915431	6403377	8020943	8799247
办公楼	41754	84854	66123	107054	169252	164571
商业营业用房	148891	288473	370038	570875	814203	1205020
其他	60833	254462	353846	631012	910726	1339433
房屋新开工面积	1024042	1634416	2024528	3446127	2614255	3765872
住宅	911529	1432337	1688818	2909251	2009723	2656246
办公楼	18073	915	26153	50343	70395	52491
商业营业用房	85713	119805	158053	199819	180155	623627
其他	8727	81359	151504	286714	353982	433508
房屋竣工面积	347108	1054392	747200	714921	1302589	1328549
住宅	312679	948017	657575	569369	1094596	1048389
办公楼	10138	15281	9808	2472	24458	27324
商业营业用房	22812	46470	40754	61586	139740	124585
其他	1479	44624	39063	81494	43795	128251
七、商品房销售（平方米）						
商品房销售面积	764208	1145508	829121	1087197	1269409	1369156
住宅	732991	1089530	771368	1071667	1209178	1236626
办公楼	7794	2298	55	1540	16892	4666
商业营业用房	20893	46603	394477	13421	30585	103808
其他	2530	7077	18251	569	12754	24056
商品房销售额（万元）	161863	284929	252574	427894	487088	571567
住宅	152160	256006	224145	417712	457459	491333
办公楼		899	22	620	4293	1290
商业营业用房	9234	26660	26694	9319	22972	71067
其他	469	1364	1713	243	2364	7877
八、经营状况（万元）						
资产总计	673220	849095	1234570	1932624	2916059	4083719
负债总计	526435	659709	1007958	1646846	2525480	3608721
所有者权益合计	146785	198386	226612	285778	390579	474998
利润总额	27014	12644	2248	-12377	17131	6468
应缴所得税	747	3445	7461	5007	9458	5262

数据来源：山西省统计局

2009 年—2014 年
运城市房地产开发企业个数和主要指标完成情况（一）

指　标	2009 年	2010 年	2011 年	2012 年	2013 年	2014 年
一、企业个数（个）	183	221	263	290	304	383
二、本年完成投资（万元）	401944	332492	526776	677742	930300	1177222
1、按构成分						
建筑工程	318036	211101	376389	495735	725214	902293
安装工程	41129	34696	55956	74352	83820	144543
设备工器具购置	4616	3637	7375	6123	8742	7268
其他费用	38163	83058	87056	101532	112524	123118
土地购置费	18891	73357	69471	57468	68409	79946
2、按工程用途分						
住宅	295058	226943	389172	522581	713121	876190
办公楼	8075	3627	5048	4307	5155	47044
商业营业用房	60581	48011	84126	86343	144847	175168
其他	38230	53911	48430	64511	67177	87820
三、本年新增固定资产（万元）	336351	321178	372356	574079	520350	636016
四、资金来源及构成（万元）						
本年资金来源小计	465146	463448	715961	917319	1030687	1120626
国内贷款	68221	57908	37370	96467	44806	40790
利用外资						
自筹资金	170537	135743	256843	340427	465688	621981
其他资金来源	226388	269797	421748	480425	520193	457855
定金及预付款	154145	200037	343578	376932	415704	341822
个人按揭贷款	37563	45682	46983	87578	94814	105114
本年各项应付款合计	129793	173145	173276	249945	169716	238204
工程款	76242	78145	82678	118477	120179	159072
五、土地开发及购置（平方米）						
待开发土地面积	1273075	1243993	1317470	2244913	4260679	4577103
本年购置土地面积	561032	1611348	1460219	1200704	1388806	830278
本年土地成交价款（万元）	21963	74233	85238	147934	132178	82484

数据来源：山西省统计局

2009 年—2014 年
运城市房地产开发企业个数和主要指标完成情况（二）

指　标	2009 年	2010 年	2011 年	2012 年	2013 年	2014 年
六、房屋建筑规模（平方米）						
房屋施工面积	6436203	6548960	7852072	11109399	13629226	16292818
住宅	5095191	5061710	6106476	8775180	10811684	12395473
办公楼	76777	90848	78932	89265	109499	375066
商业营业用房	855724	1008471	1248852	1642378	1934851	2308124
其他	408511	387931	417812	602576	773192	1214155
房屋新开工面积	3079380	2494555	3179737	4525609	5294081	5368875
住宅	2486463	2034730	2630926	3694868	4292533	4029742
办公楼	16132	22272	37296	25388	45341	185893
商业营业用房	399112	290633	347564	628006	631806	625041
其他	177673	146920	163951	177347	324401	528199
房屋竣工面积	2153699	2161976	1932368	3550792	3161352	2800479
住宅	1879750	1758976	1545498	2848662	2628459	2112626
办公楼	10734	46874	17461	34468	16476	13908
商业营业用房	119242	178871	306469	500770	335824	511510
其他	143973	177255	62940	166892	180593	162435
七、商品房销售（平方米）						
商品房销售面积	1894312	1759687	1884210	2645781	2294125	1979700
住宅	1716028	1573992	16362401	2404251	2082018	1850929
办公楼			5701	9910	4231	1983
商业营业用房	140115	172427	229750	201241	179813	94181
其他	38169	13268	12519	30379	28063	32607
商品房销售额（万元）	344058	329176	422040	668932	655526	571901
住宅	298918	275810	328671	577861	554607	519709
办公楼			1000	3875	644	377
商业营业用房	40052	51865	90739	84146	94110	42368
其他	5088	1501	1630	3050	6165	9447
八、经营状况（万元）						
资产总计	1159921	1432133	1831939	2572422	3405697	4370443
负债总计	821348	1046294	1373227	2046042	2772693	3370526
所有者权益合计	338574	385839	458712	526380	633005	999917
利润总额	13588	6534	13632	20440	11193	34977
应缴所得税	2034	2842	4513	8690	9019	10003

数据来源：山西省统计局

2005年—2012年
忻州市房地产开发企业个数和主要指标完成情况（一）

指 标	2009年	2010年	2011年	2012年	2013年	2014年
一、企业个数（个）	111	105	139	145	149	160
二、本年完成投资（万元）	144405	181315	240979	276277	381082	617376
1、按构成分						
建筑工程	101028	128425	185749	195081	330236	463941
安装工程	9471	24218	30937	24055	22106	58980
设备工器具购置	441	802	1040	1116	1063	5585
其他费用	33465	27870	23253	56025	27677	88870
土地购置费	26851	21911	15626	38215	20127	56899
2、按工程用途分						
住宅	130264	159908	194623	187880	313351	489402
办公楼	1001	895	7606	6396	9190	11871
商业营业用房	7687	16056	27347	53280	42571	74401
其他	5453	4456	11403	28721	15970	41702
三、本年新增固定资产（万元）	59995	72285	300822	342269	258626	223443
四、资金来源及构成（万元）						
本年资金来源小计	149757	200012	283438	271666	443114	699481
国内贷款	5215	7284	5964	2552	12535	22045
利用外资						
自筹资金	68318	93112	154134	167172	270596	559800
其他资金来源	76224	99616	123340	101942	159983	117636
定金及预付款	59468	92854	103446	92582	132290	105591
个人按揭贷款	320	5862	6272	6606	6154	4573
本年各项应付款合计	56187	58065	62658	81600	71928	155744
工程款	26408	26842	17248	41626	45049	64409
五、土地开发及购置（平方米）						
待开发土地面积	119537	80926	97081	235316	376875	161564
本年购置土地面积	570121	385768	285497	459972	495086	205598
本年土地成交价款（万元）	26121	17927	25180	52132	81132	38143

数据来源：山西省统计局

2009 年—2014 年
忻州市房地产开发企业个数和主要指标完成情况（二）

指　标	2009 年	2010 年	2011 年	2012 年	2013 年	2014 年
六、房屋建筑规模（平方米）						
房屋施工面积	2145818	3254558	4435654	5477601	5669449	8674840
住宅	1991998	2800530	3774924	4539796	4770710	6453805
办公楼	2916	26025	21830	68274	70184	242538
商业营业用房	104915	345031	393137	723119	652846	1135148
其他	45989	82972	245763	146412	175709	843349
房屋新开工面积	1253219	1538921	1663315	1786185	1699330	3499273
住宅	1127104	1221470	1432154	1382119	1509748	2395229
办公楼	2916	23955	13831	29928	12760	83867
商业营业用房	79622	254379	115852	333767	114376	408656
其他	43577	39117	101478	40371	62446	611521
房屋竣工面积	399074	446569	818349	1656336	1062417	808366
住宅	354544	405696	666961	1395558	916960	525992
办公楼	846		7600	10931	2378	46565
商业营业用房	31371	27896	82908	209773	82717	217622
其他	12313	12977	60880	40074	60362	18187
七、商品房销售（平方米）						
商品房销售面积	817595	689488	1002825	690499	607413	630304
住宅	783197	670708	932553	638806	533146	550704
办公楼			2902			1646
商业营业用房	20051	12213	40302	37678	63008	66153
其他	14347	6567	27068	14015	11259	11801
商品房销售额（万元）	105965	143645	233609	176641	184640	181718
住宅	98731	136664	208288	155075	155942	150687
办公楼			1973			3362
商业营业用房	5675	6166	17037	17928	23054	22634
其他	1559	815	6311	3638	5644	5035
八、经营状况（万元）						
资产总计	296344	381200	684131	850460	1230505	1734594
负债总计	236773	308299	571990	756586	1099392	1534696
所有者权益合计	59571	72901	112141	93875	131113	199898
利润总额	290	220	-883	-26265	-7835	-10496
应缴所得税	697	872	1213	1880	1701	1467

数据来源：山西省统计局

2009 年—2014 年
临汾市房地产开发企业个数和主要指标完成情况（一）

指 标	2009 年	2010 年	2011 年	2012 年	2013 年	2014 年
一、企业个数（个）	147	152	149	153	154	187
二、本年完成投资（万元）	389268	313690	3737874	555646	655801	842011
1、按构成分						
建筑工程	280163	237887	266185	397967	478103	563760
安装工程	36851	29886	52693	42490	77900	130076
设备工器具购置	1383	4189	1555	14396	8387	21299
其他费用	70871	41728	53441	100793	91411	126876
土地购置费	51905	34003	39005	64294	61549	83928
2、按工程用途分						
住宅	338718	255478	301763	418718	484284	649271
办公楼	8071	2323	10248	19091	26148	18922
商业营业用房	30082	34567	48955	78521	98423	104984
其他	12397	21322	12908	39316	46946	68834
三、本年新增固定资产（万元）	74179	269227	225160	390449	263161	266308
四、资金来源及构成（万元）						
本年资金来源小计	406801	304973	432362	613172	820845	833925
国内贷款	48611	20580	33463	18607	15698	96334
利用外资						
自筹资金	225606	180580	247738	383165	493725	470651
其他资金来源	132584	103813	151161	211400	311422	266940
定金及预付款	92913	80977	125957	191955	236438	193811
个人按揭贷款	21188	15564	25195	16681	36992	60672
本年各项应付款合计	54785	80405	129112	79374	128375	153939
工程款	41211	54326	82480	57227	77921	118253
五、土地开发及购置（平方米）						
待开发土地面积	233428	349881	415103	459781	569142	332825
本年购置土地面积	770682	572263	403456	314654	508670	339607
本年土地成交价款（万元）	55208	37461	44088	44045	91450	45306

数据来源：山西省统计局

2009年—2014年
临汾市房地产开发企业个数和主要指标完成情况（二）

指　标	2009年	2010年	2011年	2012年	2013年	2014年
六、房屋建筑规模（平方米）						
房屋施工面积	4161590	5807573	5651274	7041808	7530548	8507649
住宅	3542084	4844969	4537008	5475803	5467377	6127926
办公楼	50793	77191	92230	205959	274253	260769
商业营业用房	374175	586388	641463	800815	1097352	1142074
其他	194538	299025	380573	559231	691566	976880
房屋新开工面积	2280251	1694669	1442843	2465557	2166210	2535242
住宅	1901410	1306280	1089010	1845064	1345464	1927707
办公楼	13742	28398	61552	117554	76016	22069
商业营业用房	234941	252663	139939	260086	477120	241160
其他	130158	107328	152342	242853	267610	344306
房屋竣工面积	358378	1314411	1098294	1658343	988356	965299
住宅	322816	1163045	915331	1330769	835073	662167
办公楼	2000	44513	4000	7722	21820	20344
商业营业用房	31562	59715	98846	178707	68139	195828
其他	2000	47138	80117	141145	63324	86960
七、商品房销售（平方米）						
商品房销售面积	664415	675029	1107902	1085558	1358123	1498649
住宅	630424	601045	1006578	1028854	130922	1323252
办公楼		29880			6783	37108
商业营业用房	33991	33636	65738	50323	46418	75361
其他		10468	35586	6381		62928
商品房销售额（万元）	179566	174322	320357	321275	476368	596964
住宅	162140	143130	272608	285996	449323	486451
办公楼		12946			4283	26932
商业营业用房	17426	15704	38142	2808	22762	61066
其他		2542	9607	2471		22515
八、经营状况（万元）						
资产总计	976061	1189330	1344962	2114782	2874202	3565390
负债总计	760589	949645	1116255	1709321	2488256	3133935
所有者权益合计	215472	239685	228706	405461	385946	431455
利润总额	-9061	-16479	-7403	-7723	-35844	-26906
应缴所得税	2086	1627	2946	3280	1993	3666

数据来源：山西省统计局

2009 年—2014 年
吕梁市房地产开发企业个数和主要指标完成情况（一）

指　标	2009 年	2010 年	2011 年	2012 年	2013 年	2014 年
一、企业个数（个）	78	88	94	105	108	119
二、本年完成投资（万元）	130581	197130	229703	293758	324716	431517
1、按构成分						
建筑工程	108305	156983	154203	218783	245831	282890
安装工程	5109	12435	36410	21863	38453	69038
设备工器具购置	477	4415	3470	5176	1958	8394
其他费用	16690	23297	35620	47936	38474	71195
土地购置费	12250	16961	29995	32593	18147	45957
2、按工程用途分						
住宅	109400	169577	169182	219833	237493	302229
办公楼	2037	52	7199	4752	16587	16651
商业营业用房	13805	18764	24570	36871	34589	58335
其他	5339	8737	28752	32302	36047	54302
三、本年新增固定资产（万元）	55190	136445	165751	70984	208540	182737
四、资金来源及构成（万元）						
本年资金来源小计	145181	219317	279047	338193	378194	367774
国内贷款	2243	25424	774	810	500	500
利用外资						
自筹资金	74806	133618	189560	246762	253375	266536
其他资金来源	68132	60275	88713	90621	124319	100738
定金及预付款	41460	48005	63737	67141	91382	65633
个人按揭贷款	1770	5720	4428	21663	25547	19008
本年各项应付款合计	14859	32107	43286	30145	79799	73688
工程款	5593	14148	32875	21520	40543	55393
五、土地开发及购置（平方米）						
待开发土地面积	126396	49866	32814	33219	59368	305969
本年购置土地面积	172099	380268	328098	211381	290041	455681
本年土地成交价款（万元）	16369	23381	24803	24218	50248	31207

数据来源：山西省统计局

2009 年—2014 年
吕梁市房地产开发企业个数和主要指标完成情况（二）

指　标	2009 年	2010 年	2011 年	2012 年	2013 年	2014 年
六、房屋建筑规模（平方米）						
房屋施工面积	2312612	3336590	3092741	4874248	5614317	6562847
住宅	1995171	2623631	2537496	3898781	4382690	5026344
办公楼	56053	32249	50361	84413	154425	169755
商业营业用房	198629	472208	359315	467361	602594	749445
其他	62759	208502	145569	423693	474608	617303
房屋新开工面积	1307311	1117999	1182674	2242212	986626	1564295
住宅	1168566	797804	1000886	1759595	728579	1215535
办公楼	50735	958	10378	25800	80167	19167
商业营业用房	61370	185549	122082	167333	126530	178609
其他	26640	133688	49328	289484	51350	150984
房屋竣工面积	368959	1044196	735010	372395	1005680	845638
住宅	327933	782026	644917	314315	828415	673922
办公楼	20120		17990	13034	3837	200
商业营业用房	16849	2002448	53971	31774	84579	89785
其他	4057	61922	18132	13272	88849	81731
七、商品房销售（平方米）						
商品房销售面积	455765	648410	600632	517128	801120	526994
住宅	434857	561656	544930	489649	755965	498273
办公楼						
商业营业用房	15072	65290	51348	24339	33108	19943
其他	5836	21464	4354	3140	12047	8778
商品房销售额（万元）	103274	165093	156002	132650	252313	189679
住宅	91658	131548	117853	119082	232620	176349
办公楼						
商业营业用房	9775	30448	36255	12665	16377	11514
其他	1841	3097	1894	914	3316	1816
八、经营状况（万元）						
资产总计	363135	454090	741613	938857	1173877	1553531
负债总计	253032	321779	531559	741212	974651	1316968
所有者权益合计	110103	132311	210053	197646	199226	236563
利润总额	1071	5210	-7808	129	-17147	-7733
应缴所得税	1057	922	410	1456	1378	878

数据来源：山西省统计局

山西省房地产业协会

Association of real estate industry in Shanxi Province

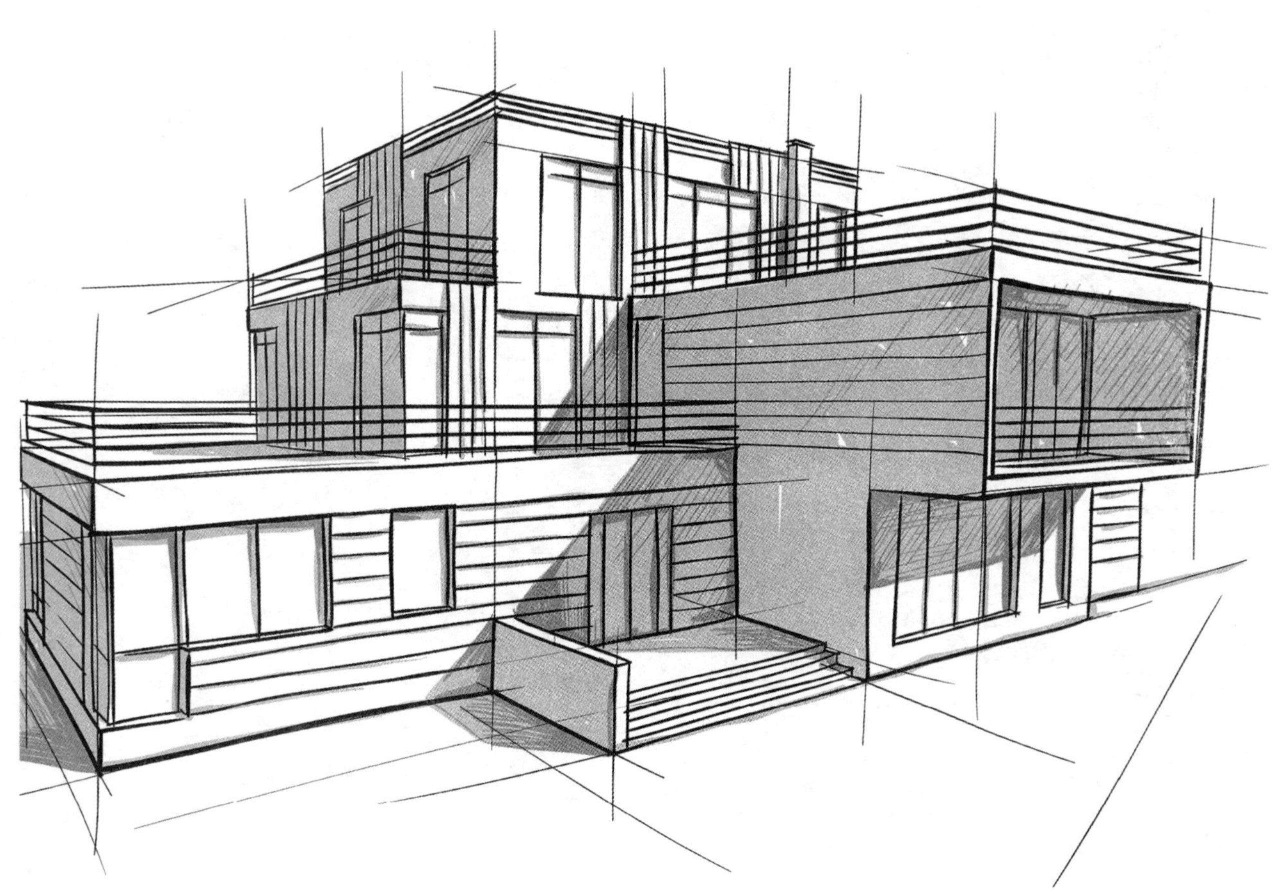

山西省房地产业协会
章　程

（山西省房地产业协会第三次会员代表大会部分修改，2011 年 10 月 19 日通过）

总　则

第一条 本协会的名称是山西省房地产业协会，简称山西房协；英文名称是 SHANXI REAL ESTATE ASSOCIATION，缩写为 SREA。

第二条 山西房协是由在本省区域内登记注册或者备案的从事房地产开发经营的企业和与房地产业相关的其他企事业单位、社会团体、科研院校及有关专业人士自愿参加组成的全省性行业组织，是依据法律规定，经山西省民政厅注册登记的具有法人资格的非营利性社会团体。

第三条 本协会的宗旨：以邓小平理论和“三个代表”重要思想为指导，深入贯彻落实科学发展观，遵守宪法、法律、法规和国家政策，遵守社会道德风尚，按照建立社会主义市场经济体制和构建社会主义和谐社会的要求，坚持以服务为宗旨，发挥政府和企业之间的桥梁纽带作用，开展调查研究，提出政策建议，反映企业诉求，维护企业合法权益，规范企业行为，加强行业自律和信用建设，协助政府加强行业管理，为推进企业改革，促进行业发展，加快城镇化进程，提高城乡人民居住水平，实现山西转型跨越发展，作出积极的贡献。

第四条 本协会接受业务主管单位山西省住房和城乡建设厅、社团登记管理机关山西省民政厅的业务指导和监督管理。

第五条 本协会设在山西省太原市。

第二章　业务范围

第六条 本协会的业务范围：

（一）研究探讨房地产业改革和发展的理论、方针、政策，提出行业发展的经济、技术政策和法规等建议；协助主管部门制定、实施行业发展规划和有关法规规章，推进行业管理，协调执行中出现的问题。

（二）组织制定行规行约，建立完善行业自律机制，推进行业诚信建设，规范行业行为，维护平等竞争的市场环境。

（三）向政府及相关部门反映行业企业的要求和意愿，维护会员合法权益；沟通会员与政府及其他组织的联系，协调会员与会员、会员与非会员的关系；为会员单位提供法律、政策、技术、管理和市场咨询服务；加强与房地产业链有关的组织及单位的合作，推进企业横向经济联合和技术进步，提高全行业的经济效益和社会效益。

（四）受主管部门委托，承担行业培训及行业有关评比表彰活动的相关工作；协助主管部门做好行业统计工作。

（五）组织开展国内外同行业经济、技术交流与合作，积极开展与国内外同行业社团的友好交往。

（六）利用会刊和网站宣传党和国家的有关方针政策、法律法规及主管部门制定的行业政策；收集国内外房地产政策法规和经济技术情报，了解房地产市场和行业发展态势，及时发布相关动态信息。

（七）加强协会自身建设，组织经验交流，提高协会工作质量和服务水平。

（八）承担主管部门委托办理的其他事项。

第三章　会　员

第七条 本协会会员分单位会员和个人会员。

（一）单位会员：在本省区域内从事房地产开发建设、经营管理、物业管理、市场交易、经纪中介、修建装饰等业务的企业（含省外入晋企业）及与房地产业相关的企事业单位、社会团体、科研院校，经批准可以成为本协会单位会员。单位会员一般应当具有独立的民事法人资格。

（二）个人会员：热心房地产事业并且具有一定理论基础或者实践经验的专家、学者、社会知名人士，经批准可以成为本协会个人会员。

第八条 申请加入本协会的会员，必须具备下列条件：

（一）拥护协会章程；

（二）有加入协会的意愿；

（三）能参加协会组织的活动。

第九条 会员入会程序：

（一）提交入会申请书；

（二）经协会理事会或者常务理事会讨论通过；

（三）由协会秘书处办理入会登记，并颁发会员证书。

第十条 会员享有下列权利：

（一）本协会的选举权、被选举权和表决权；

（二）有权要求本协会就企业和行业共同关心的问题开展调查研究，并向政府及有关部门提出政策性建议；

（三）参加本协会组织的各项活动，在经济技术咨询、业务培训中享受优惠待遇；

（四）优先取得本协会编印的资料和信息；

（五）对本协会的工作有监督、批评、建议权，有权经过必要程序要求罢免选举产生的领导成员；

（六）有参加和退出本协会的自由。

第十一条 会员必须履行下列义务：

（一）遵守协会章程，执行协会决议；

（二）维护协会的合法权益；

（三）积极参加协会活动，完成协会交办的任务；

（四）关心协会工作，及时向协会反映情况，提供有关资料；

（五）依照规定按时交纳会费。

第十二条 会员退会应当书面通知协会秘书处，并交回会员证。

会员不履行义务、不参加本协会活动或者无故连续两年不交纳会费，经告知仍不改正者，视为自动退会。

第十三条 会员如有严重违反本章程的行为，经劝告拒不改正者，经协会理事会或者常务理事会表决通过，予以除名。

第四章　组织机构和负责人产生、罢免

第十四条 本协会的最高权力机构是会员代表大会。会员代表大会的职权是：

（一）制定和修改协会章程；

（二）选举和罢免理事；

（三）听取并审议理事会的工作报告和财务报告；

（四）决定终止事宜；

（五）决定协会工作方针、主要任务和其他重大事宜。

第十五条 会员代表大会须有三分之二以上的会员代表出席方能召开，其决议须经到会会员代表半数以上表决通过方能生效。

第十六条 会员代表大会每届五年。因特殊情况需提前或者延期换届的，须由常务理事会表决通过，报业务主管单位审查并经社团登记管理机关批准同意。但延期换届最长不超过一年。

第十七条 理事会是会员代表大会的执行机构，在会员代表大会闭会期间领导本协会开展工作，对会员代表大会负责。

第十八条 理事会的职权是：

（一）执行会员代表大会的决议；

（二）选举和罢免会长、副会长、秘书长、常务理事；

（三）筹备召开会员代表大会；

（四）向会员代表大会报告工作和财务状况；

（五）决定会员的吸收或者除名；

（六）决定办事机构、分支机构、代表机构和实体机构的设立；

（七）决定副秘书长、各机构主要负责人的聘任；

（八）领导本会各机构开展工作；

（九）制定内部管理制度；

（十）决定其他重大事项。

第十九条 本协会理事会由会员代表大会选举产生，每届理事会任期五年。理事因机构、人事变动或其他原因不在原推荐单位工作时，其理事资格自动消失，缺额可由原推荐单位另行推荐，按程序予以调整。理事会须有三分之二以上理事出席方能召开，其决议须经到会理事三分之二以上表决方能生效。

第二十条 理事会每年至少召开一次会议，必要时经会长办公会议决定可以临时召开或者采用通讯形式召开。

第二十一条 本协会设立常务理事会。常务理事会由理事会选举产生，常务理事会人数不能超过理事会人数的三分之一。在理事会闭会期间行使本章程第十八条第一、三、五、六、七、八、九、十项的职权，对理事会负责。

常务理事会闭会期间，由会长办公会议负责处理有关重大事项。

第二十二条 常务理事会须有三分之二以上常务理事出席方能召开，其决议须经到会常务理事三分之二以上表决通过方能生效。

第二十三条 常务理事会每半年至少召开一次会议，必要时可以采用通讯形式召开。

第二十四条 秘书处是常务理事会的办事机构，由秘书长主持日常工作。

第二十五条 本协会根据工作需要设置若干专业委员会。专业委员会是协会联系会员单位的工作机构，不具备独立法人资格，其组成及任务如下：

（一）专业委员会由成员单位选举产生，由主任、副主任和若干委员组成。委员会确定一名副主任或者委员负责处理日常工作。

（二）专业委员会的主要任务是紧紧围绕协会的宗旨、业务范围和工作计划，针对本专业带有共性的问题开展活动，提出建议，推进工作。

（三）专业委员会应当根据协会章程制定工作条例，报协会常务理事会批准实施。专业委员会的工作计划及重大活动，须事先报常务理事会审定，由协会秘书处统一协调。

第二十六条 协会根据工作需要，可以聘请社会知名人士担任顾问或者名誉职务。

第二十七条 本协会会长、副会长、秘书长必须具备下列条件：

（一）坚持党的路线、方针、政策，政治素质好；

（二）热心协会工作，在本行业有较大影响；

（三）最高任职年龄一般不超过70周岁，秘书长为专职；

（四）身体健康，能坚持正常工作；

（五）未受过剥夺政治权利的刑事处罚；

（六）具有完全民事行为能力。

第二十八条 会长、副会长、秘书长如超过最高任职年龄，须经理事会表决通过，报业务主管单位审查，并经社团登记管理机关批准同意后，方可留任。

第二十九条 会长、副会长、秘书长每届任期五年。任期一般不超过两届。因特殊情况需要延长任期的，须经

会员代表大会三分之二以上代表表决通过，报业务主管单位审查，并经社团登记管理机关批准同意后，方可延任。

第三十条 会长为本协会法定代表人。

本协会法定代表人不兼任其他社会团体的法定代表人。

第三十一条 会长行使下列职权：

（一）召集和主持理事会、常务理事会及会长办公会议；

（二）检查会员代表大会、理事会、常务理事会决议的落实情况；

（三）代表本协会签署有关重要文件；

（四）处理协会章程实施中的重大事项。

副会长协助会长行使职权。

第三十二条 秘书长行使下列职权：

（一）主持秘书处日常工作，组织实施协会年度工作计划；

（二）协调办事机构、分支机构、代表机构、实体机构开展工作；

（三）提名副秘书长和各机构主要负责人，经会长办公会议同意后，提交理事会或者常务理事会决定；

（四）决定办事机构、分支机构、代表机构、实体机构专职工作人员的聘用；

（五）处理其他日常事务。

副秘书长协助秘书长行使职权。

第五章　资产管理、使用原则

第三十三条 本协会的经费来源：

（一）会员会费；

（二）在核准的业务范围内开展活动或者服务的收入；

（三）捐赠及赞助；

（四）政府资助；

（五）创办经济实体的收入；

（六）利息；

（七）其他合法收入。

第三十四条 本协会按照国家有关规定收取会员会费。会费标准须经会员代表大会通过后执行。

第三十五条 本协会经费必须用于本章程规定的业务范围和事业的发展，不得在会员中分配。

第三十六条 本协会按照国家有关财务规定，建立严格的财务管理制度，保证会计资料合法、真实、准确、完整。

第三十七条 本协会配备具有专业资格的会计人员。会计不得兼任出纳，会计人员必须进行会计核算，实行会计监督。会计人员调动工作或者离职时，必须与接管人员办清交接手续。

第三十八条 本协会的资产管理必须执行国家规定的财务管理制度，接受会员代表大会和财政部门的监督。资产来源属于国家拨款或者社会捐赠、资助的，必须接受审计机关的监督，并以适当方式向会员公布。任何单位、个人不得侵占、私分和挪用。

第三十九条 本协会换届或者更换法定代表人之前，必须接受社团登记管理机关和业务主管单位组织的财务审计。

第四十条 本协会专职工作人员的工资和保险、福利待遇，参照国家对事业单位的有关规定执行。

第六章　章程的修改程序

第四十一条 对本协会章程的修改，须经常务理事会表决通过后，报会员代表大会审议。

第四十二条 修改后的章程，须在会员代表大会通过后十五日内经业务主管单位审查同意，并经社团登记管理机关核准后生效。

第七章　终止程序及终止后的财产处理

第四十三条 本协会由于分立、合并或者其他原因需要注销时，由理事会或者常务理事会提出终止动议。协会终止动议须经会员代表大会表决通过，并报业务主管单位审查同意。

第四十四条 本协会终止前，须在业务主管单位及有关机关指导下成立清算组织，清理债权债务，处理善后事宜。清算期间，不开展清算以外的活动。

第四十五条 本协会经社团登记管理机关办理注销登记手续后即为终止。

第四十六条 本协会终止后的剩余财产，在业务主管单位和社团登记管理机关的监督下，按照国家有关规定，用于发展与本协会宗旨相关的事业。

第八章　附　则

第四十七条 本章程经 2011 年 10 月 19 日第三次会员代表大会表决通过。

第四十八条 本章程的解释权属本协会理事会。

第四十九条 本章程自社团登记管理机关核准之日起生效。

山西省房地产业协会
会员会籍管理办法

(2011 年 11 月 17 日会长办公会议通过)

为了规范和加强山西省房地产业协会（以下简称本协会）对会员的统一管理，根据《山西省房地产业协会章程》，制定本办法。

一、本协会会员分为单位会员和个人会员。

（一）在山西省区域内从事房地产开发建设、经营管理、物业管理、市场交易、经济中介、修建装饰等业务的企业（含省外入晋企业）及与房地产业相关的企事业单位、社会团体、科研院校，经批准可以成为本协会单位会员。

（二）热心房地产事业并且具有一定的理论基础或者实践经验的专家、学者、社会知名人士，经批准可以成为本协会个人成员。

二、本协会各分支机构受协会委托所发展的会员，均为协会会员，会籍由协会统一管理。各分支机构可组织受协会委托所发展的会员开展各项业务活动。

三、新会员入会，由其单位或者个人提出申请，提交入会申请书，经协会理事会或者常务理事会讨论通过，由协会秘书处办理入会登记，并颁发会员证书。

四、会员退会应当书面通知协会秘书处，并交回会员证。

五、实行会员会籍统计报告制度。各分支机构应当将受协会委托发展的会员造册报协会秘书处。吸收新会员或者有会员退会等变动情况，应当于每年年底报协会秘书处备案。

六、会员必须履行会员义务，按规定及时交纳会费。会员不履行义务、不参加协会组织的活动或者无故连续两年不交纳会费，经告知仍不改正者，视为自动退会。

七、会员如有严重违反协会章程的行为，经劝告拒不改正者，经协会理事会或者常务理事会表决通过，予以除名。

八、本协会的会员证、理事证、常务理事证等有关证书，由协会统一制作和颁发。

九、本办法经 2011 年 11 月 17 日会长办公会议通过。

十、本办法由协会秘书处负责解释。

十一、本办法自印发之日起施行。

山西省房地产业协会
财务管理办法

（2011 年 11 月 17 日会长办公会议通过）

第一章　总　则

第一条 为加强协会财务管理，健全财务制度，规范收支行为，严格财经纪律，保障协会工作的正常进行，根据《山西省社会团体财务管理暂行规定》、《山西省建设厅厅属社会团体管理暂行办法》、《山西省建设厅厅属社会团体财务管理暂行规定》和《山西省房地产业协会章程》，制定本办法。

第二条 本协会严格执行国家财政法规和《会计基础工作规范》，按照《民间非营利组织会计制度》进行会计核算。

第三条 本协会从事会计工作的人员必须取得会计从业资格证书，遵守国家法律、法规，严格执行有关财务、税务制度和政策规定。

第二章　收　入

第四条 本协会收入主要包括：

（一）会费收入；

（二）在业务范围内开展活动或者提供服务的收入；

（三）捐赠及赞助收入；

（四）政府补助收入；

（五）创办经济实体的收入；

（六）利息；

（七）其他合法收入。

第三章　支　出

第五条 本协会的收入必须用于协会章程规定的业务范围和协会的发展，必须遵守国家规定的财务制度和财经纪律，本着节约使用、收支平衡、留有余地、有利发展原则，结合年度工作计划编制预算，合理安排支出。

第六条 本协会支出主要包括业务活动成本、管理费用、筹资费用和其他费用。主要内容有：

（一）人员支出：指支付给专职工作人员和聘用人员的各类劳动报酬（包括基本工资、各项津贴、奖金等），为上述人员缴纳的各项社会保障费，按工资的一定比例提取的职工福利费、职工教育经费、职工工会经费等。

（二）日常公用支出：指耗用办公用品、专用材料和劳务的支出。包括办公费、专用材料支出、印刷费、劳务费、水电费、邮寄费、电话通讯费、取暖费、物业管理费、交通费、差旅费、维修费、租赁费、会议费、招待费等。

（三）设备购置支出：指按固定资产管理的资产购置，包括办公设备购置、车辆购置、图书购置、档案设备购置等；

（四）基本业务活动支出：指依照协会章程开展技术服务、业务咨询、人才培训、学术交流、宣传展览等基本活动的费用；

（五）资料支出：订购报刊、书籍、学术资料，编印发行经有关部门批准的会刊、通讯和专业技术刊物等；

（六）固定资产折旧和大修理支出：指固定资产发生的折旧和大修理支出；

（七）其他的合理开支。

以上各项支出，按业务性质分别计入业务活动成本及各项费用中。

第七条 本协会的各项支出执行国家财务规章制度规定的开支范围和开支标准，必须取得合法的原始凭证，并按规定程序审核后方可办理支出。

第八条 本协会的支出应当严格执行财务支出审批制度。

（一）已在预算中安排的支出，经会计对支出项目是否符合财会制度及有关规定、支出票据是否真实有效等进行合法性和真实性审查后，由秘书长审批。

（二）未在预算中安排的支出，经会计对支出项目是否符合财会制度及有关规定、支出票据是否真实有效等进行合法性和真实性审查后，单笔支出在 5000 元以下的由秘书长审批，5000 元及以上的由会长或者会长委托审批。

第四章　资产管理

第九条 本协会的资产包括固定资产和其他物资材料。

（一）固定资产指一般设备单位价值在 500 元以上、专用设备单位价值在 800 元以上，使用期限超过 1 年的有形资产。包括一般设备、专用设备、交通工具、陈列品、图书和其他固定资产等。

（二）物资材料是指库存的物资材料以及达不到固定资产标准的工具、器具、低值易耗品等。

第十条 加强资产管理工作

（一）做好各项资产的日常管理工作，建立固定资产账簿、卡片台账，做到账账、账实相符、使用管理手续完善。对符合固定资产条件的购置性支出，要同时登记固定资产明细账和固定资产台账。接受捐赠的固定资产，应当按照有关凭据上标明的金额作为入账价值；没有提供凭据的，以同类资产的市场价格登记入账。

（二）原值在 2 万元及以上的资产购置，须事先向省住建厅计财处提出书面报告，经批准后方可购置。

（三）原值在 1 万元以上的资产处置，须经会长办公会议研究决定，并提交资产处置申请（写明申请处置原因、处置资产情况、处置形式等），填报资产处置审批表，报省住建厅计财处审核、分管厅领导批准后办理。对应当进行评估的资产，要按照规定进行资产评估，并将评估结果在会长办公会议上通报。对有偿转让的资产，由省住建厅组织进行竞购或者拍卖。对外借款在 1 万元以上的，须经会长办公会议集体研究决定，并与借款方签订借款合同。

第十一条 协会财务管理人员应当结合本协会具体情况，建立固定资产的明细台账，每年末进行一次核实清查。

第十二条 本协会的资产管理必须执行国家规定的财务管理制度，接受会员代表大会和财政部门的监督。资产来源属于国家拨款或者社会捐赠、资助的，必须接受审计机关的监督，并以适当方式向会员公布。任何单位和个人不得侵占、私分和挪用。

第五章　财务管理与监督

第十三条 本协会应当根据国家有关规定建立健全各项财务管理制度。

第十四条 本协会配备具有专业资格的会计人员。

（一）财务人员应当明确职责权限，必须做到账、钱分管。会计、出纳不得一人兼任，出纳不得兼管稽核、会计档案保管和收入、费用、债权债务账目的登记工作。非出纳人员不得经管现金、有价证券和票据（不含支票），银行印鉴、票据必须分别保管，领交票据应当有完整的记录登记。

会计人员负责进行收入、支出和结余以及往来款项的会计核算，向有关部门报送会计报表；登记总分类帐，收支往来明细分类和固定资产明细帐；审核支出事项的合法性及票据的真实性；每月列出财务收支清单报告会长和秘书长。

出纳人员负责现金支付（现金提取、保管）和日常报销业务；办理与银行的资金往来结算业务；登记现金日记帐和银行存款日记款；按规定向交费单位开具票据；负责现金日记帐与库存现金的核对和银行存款日记帐与银行存款数额的核对；保管有关印章。

（二）财务人员应当严格执行国家规定的会计制度，确保真实、完整地提供会计信息。财务人员调动工作或者离职时，要照《中华人民共和国会计法》规定的程序将本人所经管的财务工作全部移交给接替人员，没有办清交接手续的，不得调动或者离职。

第十五条 本协会设立、变更银行帐号和刻制财务专用章等事宜按照有关规定办理。本协会只设立一个基本户帐号，银行账号不得出租、出借和转让给其他单位或者个人使用。

第十六条 本协会依照有关规定办理税务登记，除会费收入外使用税务部门监制的票据，依法纳税。

第十七条 本协会应当严格执行财务预算管理，实行先收后支，合理支出。每年年底前应当编制下一年度财务预算报告，报理事会批准后实施。

第十八条 本协会必须按照国家有关会计制度的规定，定期编制财务报告，接受有关部门的检查和审计监督。年度财务报告经理事会审议，向会员代表大会报告。

第十九条 本协会的财务管理接受理事会和会员代表大会的监督。对违反国家有关财务制度的财务收支，财务人员有义务和有权拒绝执行，必要时应当向业务主管部门及有关部门如实反映。

第二十条 本协会每年必须按规定对期末财务状况进行审计并办理社团年检，年检报送资料先报省住建厅社团办。换届或者更换法定代表人之前，必须接受社会团体登记管理机关和业务主管单位组织的财务审计。

第二十一条 本协会自行终止、注销时，应当在业务主管部门及有关机关的监督指导下做好清理债权债务工作。本协会终止后的剩余财产，在业务主管单位和社团登记管理机关的监督下，按照国家有关规定用于发展与本协会宗旨相关的事业。

第六章　附　则

第二十二条 本办法未尽事宜执行《山西省社会团体财务管理暂行规定》和《山西省建设厅社会团体财务管理暂行规定》。

第二十三条 本办法经 2011 年 11 月 17 日协会会长办公会议通过。

第二十四条 本办法由协会秘书处负责解释。

第二十五条 本办法自印发之日起施行。

山西省房地产业协会
公文处理办法

（2011年11月17日会长办公会议通过）

为使协会公文处理工作制度化、规范化、科学化，提高公文处理效率和公文质量，参照上级机关公文处理办法，制定本办法。

一、公文办理

（一）公文办理包括发文和收文，发文包括拟稿、审批、签发、编号、办理和归档；收文包括签收、登记、审批、办理和归档。

（二）公文办理应当做到及时、准确、安全，规范；机要公文管理应当按照公文密级要求办理。

（三）协会秘书处是协会公文处理的管理机构，统一管理协会和各办事机构、分支机构、代表机构、实体机构的公文处理工作。

二、公文种类

协会的公文种类主要有：

（一）决定：适用于对重要事项或者重大行动作出安排部署。

（二）意见：适用于对重要问题提出见解和处理办法。

（三）通知：适用于传达上级机关指示，转发上级机关和不相隶属机关的公文，传达要求所属机构办理和需要会员周知或者执行的事项，任免人员。

（四）通报：适用于表彰先进，批评错误，传达重要精神或者情况。

（五）报告：适用于向上级机关汇报工作，反映情况，提出意见或者建议，答复上级机关的询问。

（六）请示：适用于向上级机关请求指示、批准。

（七）函：适用于与不相隶属机关单位商洽工作，询问和答复问题。

（八）会议纪要：适用于记载、传达会议情况和议定事项。

三、公文格式

（一）协会公文由协会发文标识、发文字号、标题、主送机关单位、正文、附件说明、成文日期、印章、主题词、抄报机关、抄送机关单位、附件等部分组成。

1、协会发文标识由协会全称加“文件”组成，特定公文只标识协会全称。

2、发文字号，包括协会代字、年份、顺序号。

3、标题应当准确简要地概括公文的主要内容，标明公文种类。

4、公文如有附件，应当注明附件顺序和名称。

5、公文除会议纪要外，应当加盖协会印章。

6、公文落款处不署协会名称，只标识成文时间，加盖协会印章；印章必须与正文同处一面。

7、成文时间以协会领导签发日期为准。

8、文件应当按照规定标注主题词。

（二）公文中各组成要素标识规则，参照《国家行政机关公文格式》执行。

（三）公文用纸一般采用国际标准A4(210mm×297mm)，左侧装订。

四、行文规则

（一）行文应当确有必要，注重效用。

（二）行文内容应当是本协会业务范围内的事项，不得越权行文。

（三）重要行文，应当同时抄报上级机关。

（四）请示应当一文一事，一般只写一个主送机关，需要同时送相关机关部门的，应当用抄送形式。

（五）报告不得夹带请示事项。

五、发文办理

（一）发文办理指以本协会名义制发公文的过程，包括草拟、审核、签发、编号、复核、缮印、用印、登记、分发等程序。

（二）草拟公文应当做到：

1、符合国家的法律、法规及其他有关规定。

2、情况确实，观点明确，表述准确，结构严谨，条理清楚，字词规范，标点正确，篇幅力求简短。

3、文种应当根据行文目的、协会的业务范围和与主送机关单位的行文关系确定。

4、人名、地名、数字、引文准确。引用公文应当先引标题，后引发文字号。引用外文应当注明中文含义。日期应当写明具体的年、月、日。

5、结构层次序数，第一层为“一、”，第二层为“(一)”，第三层为“1.”，第四层为“(1)”，第五层为①。

6、应当使用国家法定计量单位。

7、使用非规范化简称，应当先用全称并注明简称。使用国际组织外文名称或其缩写形式，应当在第一次出现时注明准确的中文译名。

8、公文中的数字，除成文日期、部分结构层次序数和在词、词组、惯用语、缩略语、具有修辞色彩语句中作为词素的数字必须使用汉字外，应当使用阿拉伯数字。

（三）协会公文由秘书处负责起草，起草时应当征求有关副会长意见；协会所属机构以协会名义印发的公文，由该机构负责起草，秘书处统一办理。

（四）公文送领导签发前，应当由秘书处进行审核。审核的重点是：是否确需要行文，行文方式是否妥当，是否符合行文规则和拟制公文的有关要求，公文格式是否符合本办法的规定等。

（五）以协会名义制发的上行文，由会长签发；下行文或者平行文，根据行文内容由会长、秘书长或者会长授权的其他负责人签发。

（六）公文正式印制前，秘书处应当进行复核。复核的重点是：审批、签发手续是否完备，附件材料是否齐全，格式是否统一、规范等。

六、收文办理

（一）收文办理指对收到公文的办理过程，包括签收、登记、审核、拟办、批办、承办、催办等程序。

（二）秘书处或者其他机构收到交办的公文后应当及时办理，不得延误、推诿。紧急公文应当按照时限要求办理，确有困难的应当及时予以说明。

（三）收到上级机关下发或者交办的公文，由秘书处提出拟办意见，送秘书长或者会长批示后办理。

（四）送领导批示或者交有关机构办理的公文，由秘书处负责催办。

七、公文归档

（一）公文办理完毕后，应当根据《中华人民共和国档案法》和其他有关规定，及时整理、立卷、归档。个人不得保存应当归档的公文。归档范围内的公文，应当根据其相互联系、特征和保存价值等整理立卷。归档范围内的公文应当确定保管期限，按照有关规定定期向档案部门移交。以协会名义制发的公文由秘书处将审批稿、正本（一式两份）和有关材料原件收集、整理、立卷、归档。

八、公文管理

（一）公文由秘书处专职人员统一收发、登记、审核、编号、用印、归档和销毁。

（二）不具备归档和存查价值的公文，经过鉴别并经秘书长批准，可以销毁。

（三）销毁秘密公文应当到指定场所由二人以上监销，保证不丢失、不漏销。其中，销毁绝密公文（含密码电报）应当进行登记。

（四）工作人员调离工作岗位时，应当将本人暂存、借用的公文按照有关规定移交、清退。

九、本办法自印发之日起施行。

山西省房地产业协会
印章管理规定

（2011年11月17日会长办公会议通过）

第一条 为加强协会印章管理，确保合理规范使用印章，制定本规定。

第二条 本规定所称性印章，是指协会及协会所属工作机构印章、协会法定代表人专用名章和财务专用章。

第三条 印章的刻制和启用统一由协会秘书处负责办理。

第四条 协会印章和协会法定代表人公务专用名章由协会秘书处管理，协会各工作机构印章由该机构负责人管理，协会财务专用章和协会法定代表人财务专用名章由协会财务人员管理。

第五条 所有印章均须指定专人保管，未经领导批准，不得委托非保管人员代管。

第六条 任何人不得擅自携带印章外出和在空白纸上加盖印章。因特殊情况确需携带印章外出或者在空白纸上加盖印章，须经领导批准。在空白纸上加盖印章，应当注明用途和有效期；空白介绍信要同时在存根上注明用途和有效期。

第七条 使用印章须履行审批手续。使用协会印章，除公文和介绍信外，均需进行登记，注明用印日期、用途、经手人、用印人和批准人。

第八条 本规定自印发之日起施行。

山西省房地产业协会
物业管理工作部工作条例

（山西省房地产业协会物业管理工作部第一次成员单位代表会议

2011 年 12 月 8 日通过）

第一章　总　则

第一条 为了加强和规范山西省房地产业协会物业管理工作部的工作，根据《山西省房地产业协会章程》，制定本条例。

第二条 山西省房地产业协会物业管理工作部是山西省房地产业协会联系相关会员单位的专业性工作机构，不具备独立法人资格，在山西省房地产业协会的领导和业务主管部门的指导下开展工作。

第三条 山西省房地产业协会物业管理工作部办公地点设在山西省太原市建设北路 85 号。

第二章　业务范围

第四条 山西省房地产业协会物业管理工作部的业务范围：

（一）贯彻执行国家有关物业管理的法律法规和政策规定，组织开展行业调查研究，提出行业改革发展和法规政策等方面的建议；协助主管部门制定、实施行业发展规划和有关法规规章，推进行业管理，协调执行中出现的问题。

（二）组织制定行规行约，推进行业诚信建设，建立完善行业自律性管理约束机制，规范行业行为，树立行业良好形象，维护平等竞争的市场环境。

（三）向主管部门和相关部门反映成员单位的合理要求和意愿，维护成员单位的合法权益；加强与物业管理有关的组织及单位的合作，推动企业横向经济联合和技术进步，提高全行业的经济效益和社会效益；组织进行工作研讨和经验交流，为成员单位提供法律、政策、技术、管理和市场等咨询服务。

（四）受主管部门委托，承担行业培训及有关评比表彰活动的相关工作；协助主管部门做好行业统计工作。

（五）了解和掌握国内外行业发展动态，及时收集、发布行业信息。

（六）积极开展与省外同行业社团组织的友好交往，组织开展对外交流与合作。

（七）承担主管部门和协会委托办理的其他事项。

（八）根据需要开展有利于行业发展的其他活动。

第五条 本工作部的工作计划和重大活动须事先报协会常务理事会审定，由协会秘书处统一协调。

第三章　成员单位

第六条 在本省区域内从事物业管理及与物业管理相关的企事业单位、科研院校等，经批准可以成为本工作部成员单位。

第七条 本工作部成员单位均为山西省房地产业协会会员单位或者会员单位所属机构，享有协会会员相应的权利，并履行相应的义务。

第四章　组织机构

第八条 本工作部由成员单位代表会议选举产生，由主任、副主任和若干成员组成，任期与协会理事会同步。

第九条 热心物业管理业务并且具有一定理论基础或者实践经验的专家、学者、社会知名人士，经批准可以当选为本工作部成员。

第十条 工作部组成人员因机构、人事变动或者其他原因不在原推荐单位工作时，其成员资格自动消失，缺额可由原推荐单位另行推荐，按程序予以调整。

第十一条 工作部的领导机构是主任会议，由主任召集和主持，副主任和成员参加。主任会议须有三分之二以上成员出席方能召开，其决议须经到会成员三分之二以上表决通过方能生效。

第十二条 主任会议每半年至少召开一次，必要时可以采用通讯形式召开。

第十三条 成员会确定一名副主任负责处理日常工作。各成员单位确定一名联络员，负责与工作部的工作联系。

第五章　经费管理和使用

第十四条 本工作部的经费来源：

（一）成员单位交纳的协会会员会费；

（二）在核准的业务范围内开展活动或者服务的收入；

（三）捐赠及赞助；

（四）政府和协会资助；

（五）利息；

（六）其他合法收入。

第十五条 本工作部的经费由协会单独记账，统一管理。

第六章　附　则

第十六条 本条例经 2011 年 12 月 8 日第一次成员单位代表会议表决通过。

第十七条 本条例的解释权属本工作部。

第十八条 本条例自协会会长办公会议批准实施之日起生效。

山西省房地产业协会
物业管理工作部成员名单

主　任：齐聪文　太原市房产管理局物业处处长
副主任：闫燕青　省住房城乡建设厅房地产市场监管处副调研员
　　　　何建荣　太原市物业管理协会会长
　　　　裴桂兰　大同市房地产业与物业管理协会副秘书长
成　员：李　宏　阳泉市住建局房产科科长
　　　　屈瑞华　晋中市住建局房产科科长
　　　　樊志中　长治市住建局房产科科长
　　　　张振国　晋城市住建局房产科科长
　　　　张　平　临汾市住建局房产科科长
　　　　吴叶飞　运城市住建局房产科科长
　　　　贾云植　山西云馨物业管理有限责任公司董事长
　　　　纪木春　太原市物业管理协会副会长
　　　　　　　　太重北特机械制造有限公司总经理
　　　　韩建宏　山西信通联科工贸有限公司总经理
　　　　吕全新　太原锦宏物业管理有限公司总经理
　　　　田　宏　太原市美嘉乐物业管理有限公司总经理
　　　　李光通　太原达人物业管理有限公司总经理
　　　　邓永红　山西蓝泰物业管理有限公司总经理
　　　　杨士奇　太重北特机械制造有限公司董事长
　　　　周文选　大同市绿园物业管理有限责任公司总经理
　　　　王巍明　山西万家物业服务有限公司董事长
　　　　杜吉仁　晋中田森物业管理有限公司总经理
　　　　范志勤　永济电机安居物业管理有限责任公司董事长
　　　　孙全明　临汾市五洲物业管理有限公司总经理
　　　　李　艳　太原城市职业技术学院工商管理系主任
　　　　王　胜　山西建筑职业技术学院
　　　　陈海英　山西建筑职业技术学院

山西省房地产业协会
房地产交易与产权工作部工作条例

（山西省房地产业协会房地产交易与产权工作部第一次成员单位全体会议2011年12月20日通过）

第一章 总 则

第一条 为了加强和规范山西省房地产业协会房地产交易与产权工作部的工作，根据《山西省房地产业协会章程》，制定本条例。

第二条 山西省房地产业协会房地产交易与产权工作部是山西省房地产业协会联系相关会员单位的专业性工作机构，不具备独立法人资格，在山西省房地产业协会的领导和业务主管部门的指导下开展工作。

第三条 山西省房地产业协会房地产交易与产权工作部办公地点设在山西省太原市建设北路85号。

第二章 业务范围

第四条 山西省房地产业协会房地产交易与产权工作部的业务范围：

（一）贯彻执行国家有关房地产产权交易和房地产权属登记管理的法律法规和政策规定，组织开展调查研究，提出规范房地产交易秩序、加强房地产产权管理的意见和建议；协助主管部门制定实施房地产交易及产权管理的改革方案、工作规划和法规政策，协调执行中出现的问题。

（二）组织制定行规行约，建立和完善成员单位自律机制，规范成员单位管理行为，树立成员单位良好形象。

（三）向主管部门和相关部门反映成员单位的合理要求和意愿，维护成员单位的合法权益。

（四）组织进行工作研讨和经验交流，为成员单位提供法律、政策、技术、管理和市场咨询服务。

（五）受主管部门委托，承担本专业业务培训及有关评比表彰活动的相关工作。

（六）协助主管部门做好相关统计工作，及时发布省内外房地产交易和房地产权属登记管理工作的动态信息。

（七）积极开展与省外同类社团组织工作机构的友好交往，组织开展对外交流与合作。

（八）承担主管部门和协会委托办理的其他事项。

第五条 本工作部的工作计划和重大活动须事先报协会常务理事会审定，由协会秘书处统一协调。

第三章 成员单位

第六条 在本省区域内从事房地产产权交易和房地产权属登记管理业务的工作机构及与房地产交易和产权管理相关的企事业单位、科研院校等，经批准可以成为本工作部成员单位。

第七条 本工作部成员单位均为山西省房地产业协会会员单位或者会员单位所属机构，享有协会会员相应的权利，并履行相应的义务。

第四章 组织机构

第八条 本工作部由成员单位全体会议选举产生，由主任、副主任和若干成员组成，任期与协会理事会同步。

第九条 热心房地产交易和产权管理业务并且具有一定理论基础或者实践经验的专家、学者、社会知名人士，经批准可以当选为本工作部成员。

第十条 工作部组成人员因机构、人事变动或者其他原因不在原推荐单位工作时，其成员资格自动消失，缺额可由原推荐单位另行推荐，按程序予以调整。

第十一条 工作部的领导机构是主任会议，由主任召集和主持，副主任和成员参加。主任会议须有三分之二以上成员出席方能召开，其决议须经到会成员三分之二以上表决通过方能生效。

第十二条 主任会议每半年至少召开一次，必要时可以采用通讯形式召开。

第十三条 工作部确定一名副主任负责处理日常工作。各成员单位确定一名联络员，负责与工作部的工作联系。

第五章 经费管理和使用

第十四条 本工作部的经费来源：

（一）成员单位交纳的协会会员会费；

（二）在核准的业务范围内开展活动或者服务的收入；

（三）捐赠及赞助；

（四）政府和协会资助；

（五）利息；

（六）其他合法收入。

第十五条 本工作部的经费由协会单独记账，统一管理。

第六章 附 则

第十六条 本条例经2011年12月20日第一次成员单位全体会议表决通过。

第十七条 本条例的解释权属本工作部。

第十八条 本条例自协会会长办公会议批准实施之日起生效。

山西省房地产业协会
房地产交易与产权工作部成员名单

主　任： 田文林　山西省住房和城乡建设厅房地产市场监督处调研员

副主任： 樊东旭　吕梁市房管局副局长
张　峰　太原市房地产产权登记中心主任
牛焕德　太原市房地产交易所所长
王建军　晋中市房地产交易中心主任

成　员： 王　姝　阳泉市房地产交易中心主任
吕文珍　朔州市房地产产权登记中心主任
刘利猛　长治市房地产交易管理处处长
王彩萍　临汾市房屋登记中心主任
高净宇　侯马市房地产交易中心主任
高　潮　大同市房屋产权产籍管理中心主任
李昌春　朔州市房地产等级中心主任
赵　斌　长治市房地产产权处处长
张凤鸣　晋城市房地产交易管理处处长
徐　舰　运城市房地产登记中心主任
马　辉　永济市房地产交易中心主任

山西省房地产业协会
第三届理事会常务理事名单

（按姓氏笔画为序）

于世玮　山西建筑职业技术学院原院长
于丽萍　省住房和城乡厅村镇建设处处长
卫长义　中房集团山西天泰房地产开发有限公司董事长
马金生　山西金厦房地产开发有限公司董事长
马建生　晋中市住房保障和城乡建设管理局副局长
马培生　山西财经大学副校长
王　原　省建设工程安全监督管理总站站长
王士铎　山西建设投资集团董事长
王风英　省住房和城乡建设厅标准定额处副处长
王长安　山西新弘祺房地产开发有限公司董事长
王永生　山西省宏图永盛房地产开发有限公司董事长
王尧邦　朔州市住房保障和城乡建设管理局副局长
王明福　忻州市住房公积金管理中心主任
王建军　晋中市房地产交易中心主任
王政伟　晋中市房地产业协会会长
牛焕德　太原市房地产交易所所长
邓永红　山西蓝泰物业管理有限公司总经理
田凤杰　阳泉太行房地产开发有限公司总经理
田文林　省住房和城乡建设厅房地产市场监管处调研员
史红权　省重点工程建设办公室副主任
白武魁　辰兴房地产发展股份有限公司总经理
陈　敏　太原市房地产开发协会会长
边宝莲　省城镇规划建设发展中心主任
成　宏　山西建筑职业技术学院院长
毕兴锁　省建筑科学研究院院长
吕文珍　忻州市房地产交易登记中心主任
朱　强　省体育局体育设施建设管理中心主任
乔建峰　山西省第五建筑工程公司总经理
任金彪　山西东方紫光房地产开发有限公司董事长
任永平　山西国电置业有限公司董事长
刘　庆　太原庆民房地产开发有限责任公司董事长
刘文斌　省统计局固定资产投资处处长
刘玉坤　省住房和城乡建设厅原副巡视员
刘卯才　省建设工程保险与担保管理办公室主任
刘志军　吕梁市住房保障和城乡建设管理局副局长、吕梁市房产管理局局长
刘跃生　省住房和城乡建设厅稽查办公室主任
祁跃华　山西晋建房地产开发公司总经理
闫玉变　省住房和城乡建设厅住房公积金监管处处长
许立新　省城市建设档案馆馆长
阮　晶　山西飞云房地产开发有限公司董事长
孙全明　临汾市五洲物业管理有限公司总经理
远勤山　山西通达集团运城房地产开发有限责任公司董事长
杜　锐　山西四建集团有限公司董事长
杜　敏　临汾市住房保障和城乡建设管理局副局长
杜在兴　大同市睿和新城物业管理有限责任公司总经理
杜临学　省住房和城乡建设厅人事教育处处长
杜根文　太原北晨综合开发有限责任公司总经理
李　庆　省纪委原副厅级检查员
李　瑞　晋城市房地产业协会会长
李　霞　太原市华龙泰房地产开发有限公司副总经理
李光通　太原达人物业管理有限公司总经理
李志锋　山西翰思正道投资顾问有限公司董事长
李志成　山西晋业房地产开发公司 董事长
李延英　省住房和城乡建设厅计划财务处处长
李秀亭　长治市房地产业协会会长
李明德　朔州市房产管理局局长
李建明　山西龙昌房地产开发有限公司董事长
李春光　山西阳光集团开发有限公司董事长
李海龙　大同翔龙集团董事长
李督文　山西六建集团有限公司董事长
杨　设　大同市房产管理局局长
杨志家　太原城市职业技术学院院长
杨敬典　山西金地房地产开发建设集团有限公司总经理
刘仁旺　山西省第三建筑工程公司总经理
吴文祥　山西全顺房地产开发有限公司董事长
宋兵虎　山西省住房公积金协会秘书长
张　和　大同市房地产业和物业管理协会会长
张　峰　太原市房地产产权登记中心主任
张　海　省住房和城乡建设厅副巡视员
张学锋　省住房和城乡建设厅总工程师
张建民　山西铭基房地产开发有限公司董事长
张建民　山西合力房地产开发有限公司董事长
张剑英　阳泉市人民政府拆迁办公室主任
张培泉　省住房和城乡建设厅纪检监察室主任
张润生　大同凯德物业服务有限责任公司总经理
张萍梅　运城市住房保障和城乡建设管理局副局长

耿鹏鹏　山西省工业设备安装公司董事长
陈美善　晋中华晟房地产开发有限公司董事长
　　　　榆次区安居住宅合作社主任
陈新华　山西骅燕置业有限公司董事长
幸有文　大同煤矿集团宏建房地产开发有限责任公司董事长
苑俊生　山西华夏房地产开发有限公司董事长
林　经　山西太重兴业投资发展有限公司
　　　　山西兴业房地产公司董事长
相立军　太原富力城房地产开发有限公司董事长
周文选　大同市绿园物业管理有限责任公司总经理
周丽萍　运城御苑置业有限公司董事长
周尚文　山西建筑职业技术学院副院长
周晓涛　运城市房地产业协会会长
周喜文　忻州市房地产业协会会长
周翠芬　省住房和城乡建设厅建筑与勘察设计市场监管处处长
郑耀东　阳泉市住房保障和城乡建设管理局副局长
孟兆国　省城乡规划设计研究院院长
赵　梅　省住房和城乡建设厅宣传中心主任
赵　斌　山西八建集团有限公司董事长
赵富英　省房改办原副主任
赵新中　省广播电视局宣传处副处长
郝竹清　省住房和城乡建设厅综合处处长
郝增元　省住房和城乡建设厅原副巡视员
胡孟卿　省勘察设计研究院院长
要　鸣　山西汇远房地产开发公司总经理
段燕临　省住房和城乡建设厅信息中心
俞应华　山西丽华房地产开发有限公司总经理
宣为民　临汾市房地产业协会会长
姚少峰　省重点工程建设办公室主任
秦英广　山西广鑫房地产开发有限责任公司董事长
秦惠来　山西鑫梓房地产开发有限公司董事长
项连斌　省住房和城乡建设厅工程质量安全监管处处长
袁惠芬　省住房和城乡建设厅机关党委副书记
贾　滨　山西省建筑设计研究院院长
贾云植　山西云馨物业管理有限责任公司董事长
贾迎泽　省设计审核室主任
贾树彬　省重点工程建筑技术服务中心主任
顾朝晖　恒大地产集团太原有限公司董事长
徐　博　山西坤杰房地产开发有限公司董事长
高　潮　大同市房屋产权产籍管理中心主任
高玉武　大同煤矿集团鹏程物业管理有限责任公司总经理
郭　瑜　省住房和城乡建设厅工程建设标准定额站站长
郭玉增　吕梁市住宅合作社主任
郭永明　晋中市人民政府拆迁办公室主任
郭永钢　大同阳光嘉业房地产开发有限责任公司董事长
郭廷儒　省住房和城乡建设厅城乡规划处处长
郭志宏　太原市住房和城乡建设委员会房地产开发管理处处长
郭俊思　山西晋联房地产开发有限公司总经理
郭舒昌　太原晋东房地产开发有限公司总经理
崔明祥　山西佳泰物业管理有限公司总经理
崔学锋　太原市住房和城乡建设委员会副主任
崔晋宏　山西东泰房地产开发有限公司董事长
康建斌　太原市房产管理局副局长
梁昌春　太原化学工业集团房地产开发有限公司总经理
梁建民　省建设科技推广与建筑节能监管中心主任
梁晋武　山西万景源房地产开发有限公司董事长
梁晓军　省住房和城乡建设厅住房保障处处长
董成俊　忻州市住房保障和城乡建设管理局副局长
董建国　山西博雅都园房地产开发有限公司董事长
韩　岗　大同市房产管理局副局长
韩再川　山西建设投资集团总经理
韩丽明　阳泉丽玉房地产开发有限责任公司董事长
韩建宏　山西信通联科工贸有限公司总经理
程永平　省住房和城乡建设厅房地产市场监管处处长
温　刚　山西二建集团有限公司董事长
温贵云　省住房和城乡建设厅建设信息中心主任
裴小波　运城市金鑫房地产有限公司董事长
裴天德　晋城市住房保障和城乡建设管理局副局长
翟顺河　省住房和城乡建设厅总规划师
翟振新　省统计局局长
薛团明　省住房和城乡建设厅住房改革与发展处处长
澹台印玉　山西一建集团有限公司董事长

山西省房地产业协会
第三届理事会理事名单

（按姓氏笔画为序）

于广荣　吕梁创新房地产开发有限公司董事长
于世玮　山西建筑职业技术学院原院长
于志平　阳泉市城区房地产开发有限公司董事长
于丽萍　省住房和城乡建设厅村镇建设处处长
万福生　山西鼎胜房地产开发有限公司董事长
卫长义　中房集团山西天泰房地产开发有限公司董事长
卫忠平　太原市富佳房地产开发有限公司董事长
卫彩霞　长治市怡昌房地产开发有限公司总经理
卫慧明　中汇房地产开发有限公司总经理
马　薇　山西银丰房地产开发有限公司副总经理
马金生　山西金厦房地产开发有限公司董事长
马建生　晋中市住房保障和城乡建设管理局副局长
马贵成　大同市睿和兴业房地产开发有限责任公司董事长
马培生　山西财经大学副校长
马堂宽　山西鑫马房地产开发有限公司董事长
马敏儒　朔州市东方房地产有限责任公司总经理
王　秀　山西中元房地产开发有限公司总经理
王　实　吕梁市房地产登记中心主任
王　胜　山西建筑职业技术学院
王　姝　阳泉市房地产交易中心主任
王　原　省建设工程安全监督管理总站站长
王　毅　大同市鑫和物业管理有限责任公司董事长
王士铎　山西建设投资集团董事长
王小刚　山西科隆泰开发公司经理
王风英　省住房和城乡建设厅标准定额处副处长
王五宝　临汾市房屋拆迁管理办公室主任
王长安　山西新弘祺房地产开发有限公司董事长
王文荣　闻喜县民生房地产开发有限公司总经理
王玉芳　山西鸿辰房地产开发有限公司总经理
王玉梅　山西瀚达房地产开发有限公司董事长
王冬鸽　闻喜县红鑫房地产开发有限公司总经理
王永生　山西省宏图永盛房地产开发有限公司董事长
王扣英　太原市福泓地产开发有限公司董事长
王有德　晋中市住房保障和城乡建设管理局房产科科长
王存钧　阳泉市瑞丰房地产开发有限公司总经理
王尧邦　朔州市住房保障和城乡建设管理局副局长
王创全　长治市启越房地产开发有限公司董事长
王军海　朔州市海源房地产开发有限公司董事长
王志刚　垣曲县隆昌房地产开发有限公司总经理
王志强　太原青龙房地产开发有限公司总经理
王丽秀　运城市锦博渊房地产开发有限公司总经理
王连亮　汾阳市嘉业房地产开发有限公司董事长
王秀卿　山西建筑职业技术学院校企合作与培训部主任协会培训部主任
王良伟　忻州市华洋房地产开发有限公司总经理
王茂新　山西宇佳房地产开发有限公司总经理
王国庆　阳泉市恒大房地产开发有限公司总经理
王明福　忻州市住房公积金管理中心主任
王治宪　山西工程职业技术学院副院长
王学春　阳泉市豪门房地产开发有限公司董事长
王宝宝　吕梁市永宁集团房地产开发有限公司董事长
王建军　晋中市房地产交易中心主任
王建忠　大同市浩海地产置业有限责任公司董事长
王政伟　晋中市房地产业协会会长
王贵珍　朔州市溢源居房地产开发有限公司总经理
王前进　晋城市前胜房地产开发有限公司董事长
王爱唐　山西三晋建设开发公司董事长
王海法　山西瑞驰房地产开发有限公司董事长
王继龙　阳城县佳地房地产开发有限责任公司总经理
王彩萍　临汾市房产管理局房屋登记中心主任
王喜明　太原市鸿峰房地产建设有限公司董事长
王喜鸿　太原钢铁（集团）有限公司民用建设开发公司董事长
王敬耀　运城市运泰房地产开发有限公司总经理
王福喜　阳泉市福祥房地产开发有限公司董事长
王巍明　山西万佳物业服务有限公司总经理
支国梁　山西盛地房地产开发有限公司总经理
牛　俊　太原市迎泽区城市建设综合开发公司董事长
牛小姝　长治市仙龙房地产开发有限公司总经理
牛焕德　太原市房地产交易所所长
尹代伟　山西宝洁房地产开发有限公司总经理
邓永红　山西蓝泰物业管理有限公司总经理
厉以彭　太原市商业建设综合开发有限公司董事长
叶新荣　山西平朔房地产开发有限公司总经理
申新年　山西龙翼房地产开发有限公司董事长
田　刚　大同宝通房地产开发有限责任公司董事长
田　宏　太原市美嘉乐物业管理有限公司董事长
田　峰　《山西房地产》编辑部主任
田风杰　阳泉太行房地产开发有限公司总经理

田文林　省住房和城乡建设厅房地产市场监管处调研员
田宝云　山西澳林百和房地产开发有限公司董事长
田晓红　山西帝景房地产开发公司董事长
史　松　朔州市同兴房地产开发有限公司董事长
史永峰　大同市御河房地产建设有限责任公司董事长
史百芳　临猗县锦达房地产开发有限公司董事长
史红权　省重点工程建设办公室副主任
史珏文　阳泉市阳光房地产开发有限公司董事长
冉翔天　山西力通房地产开发有限公司总经理
代会斌　阳泉市滨江房地产开发有限公司董事长
白世斌　和顺县建安房地产开发有限公司董事长
白武魁　辰兴房地产发展股份有限公司总经理
冯　旺　晋城市华威房地产开发有限公司总经理
冯文彬　朔州市三源房地产开发有限责任公司总经理
冯玉祥　太原市房地产开发协会会长
冯爱民　山西闻汇房地产开发有限公司董事长
司永胜　晋城市凤展房地产开发有限公司总经理
边宝莲　省城镇规划建设发展中心主任
邢丑锁　昔阳县新安房地产开发有限公司董事长
邢占勇　山西铁诚房地产开发有限公司董事长
戎占伟　朔州市恒力源房地产开发有限公司总经理
吉克峰　临汾吉宇房地产开发有限公司总经理
成　义　文水县环博房地产开发有限公司总经理
成　宏　山西建筑职业技术学院院长
成现敏　大同市浩达房地产开发有限责任公司总经理
成贵生　吕梁云栋房地产开发有限公司董事长
毕兴锁　省建筑科学研究院院长
光美华　太原市恒达世行房地产顾问有限公司董事长
吕文珍　忻州市房地产交易登记中心主任
吕全新　太原锦宏物业管理有限公司总经理
朱　强　省体育局体育设施建设管理中心主任
朱林生　运城市盛世广厦房地产开发有限公司董事长
朱海莲　晋中银海房地产开发有限公司董事长
乔建峰　山西省第五建筑工程有限公司总经理
乔福安　山西华强房地产开发有限公司董事长
任金彪　山西东方紫光房地产开发有限公司董事长
任永平　山西国电置业有限公司董事长
任建辉　临汾平阳房地产开发有限公司董事长
任崇文　山西金海洋房地产开发有限公司总经理
刘　冯　太原通达建设发展有限公司总经理
刘　庆　太原庆民房地产开发有限责任公司董事长
刘　瑜　山西鑫大华房地产开发有限公司总经理
刘千里　山西千里集团董事长
刘月朝　大同市梦园房地产开发有限责任公司总经理
刘文斌　省统计局固定资产投资处处长
刘玉坤　省住房和城乡建设厅原副巡视员
刘玉波　平陆欧达房地产开发有限公司董事长
刘卯才　省建设工程保险与担保管理办公室主任
刘同顺　山西同顺房地产开发有限公司董事长
刘先明　忻州市房产管理局开发科科长
刘会民　绛县飞龙房地产开发有限公司董事长
刘志军　吕梁市住房和城乡建设管理局副局长、吕梁市房产管理局局长
刘利猛　长治市房地产交易管理处处长
刘忠山　怀仁县宏玉房地产开发有限责任公司董事长
刘忠森　山西天茂房地产开发有限公司总经理
刘彦斌　阳泉市天峰房地产开发有限公司董事长
刘跃生　省住房和城乡建设厅稽查办公室主任
刘银栋　北京中伦文德太原律师事务所主任
山西省房地产业协会法律事务部主任
刘增军　大同市铁建房地产开发有限责任公司董事长
齐安国　临汾市富安房地产开发有限公司董事长
齐惠卿　洪洞县连三房地产开发有限公司董事长
齐聪文　太原市房产管理局物业管理处处长
关生唐　原山西省第二建筑工程公司党委书记
米　杰　朔州市森杰房地产有限公司董事长
安东升　临汾新安宇房地产开发有限公司总经理
祁跃华　山西晋建房地产开发公司总经理
闫玉变　省住房和城乡建设厅住房公积金监管处处长
许立新　省住房和城乡建设厅城市建设档案馆馆长
许润平　大同市云安花园物业管理有限责任公司总经理
阮　晶　山西飞云房地产开发有限公司董事长
孙　凯　运城市世纪环球置业有限公司总经理
孙全明　临汾市五洲物业管理有限公司总经理
孙国强　山西财经大学管理科学与工程学院院长
孙群胜　运城市华荣房地产开发有限公司董事长
远勤山　山西通达集团运城房地产开发有限责任公司董事长
杜　锐　山西四建集团有限公司董事长
杜　敏　临汾市住房保障和城乡建设管理局副局长
杜吉仁　晋中田森房地产开发有限公司总经理
晋中田森物业管理有限公司董事长
杜在兴　大同市睿和新城物业管理有限责任公司总经理
杜志华　朔州市住房保障和城乡建设管理局住房科科长
杜临学　省住房和城乡建设厅人事教育处处长
杜根文　太原北晨综合开发有限责任公司总经理
李　庆　省纪委原副厅级检查员
李　宏　阳泉市住房保障和城乡建设管理局原房产科科长
李　强　山西新时代房地产开发集团有限公司董事长
李　瑞　晋城市房地产业协会会长
李　毅　太原市地天物业管理有限公司总经理
李　霞　太原市华龙泰房地产开发有限公司副总经理
李小飞　吕梁豫立房地产开发有限公司总经理
李天虎　山西海鑫海天房地产开发有限公司总经理
李云胜　晋城市新世达房地产开发有限公司总经理
李长春　朔州市房地产登记中心主任、房屋征收办公室主任

李文利　太原市小店区综合开发公司总经理
李玉东　太原市房产经营公司房地产开发部总经理
李世杰　大同市万森房地产开发有限责任公司总经理
李在田　吕梁金泽房地产开发有限公司董事长
李光通　太原达人物业管理有限公司总经理
李延军　临汾市恒安房地产开发有限公司总经理
李延英　省住房和城乡建设厅计划财务处处长
李志成　山西晋业房地产开发有限公司董事长
李志锋　山西翰思正道投资顾问有限公司董事长
李丽清　阳泉市太行工贸房地产开发有限公司总经理
李秀亭　长治市房地产业协会会长
李述华　晋中市龙湖房地产开发有限公司总经理
李国希　阳泉市汇鑫房地产开发有限公司董事长
李昕宇　大同市华盛房地产开发有限责任公司董事长
李明德　朔州市房产管理局局长
李学锋　山西省忻州市综合开发公司书记
李建平　太原市基磊房地产开发有限公司董事长
李建民　运城市广厦房地产开发有限公司董事长
李建明　山西龙昌房地产开发有限公司董事长
李春光　山西阳光集团开发有限公司董事长
李树林　运城市泰森房地产开发有限公司董事长
李香莲　山西森宇房地产开发有限公司董事长
李保更　山西太谷荣星房地产开发有限公司董事长
李保林　临汾市金洋州房地产开发有限公司总经理
李彦明　阳泉市元承建业房地产开发有限公司
李晋良　清徐县双赢房地产开发有限公司总经理
李海龙　大同翔龙集团董事长
李跃进　长治市乐源房地产开发有限公司总经理
李银顿　晋城市金建房地产开发有限公司总经理
李道渝　晋中市通宇房地产开发有限公司董事长
李湘蓝　长治市三宝房地产开发有限公司董事长
李督文　山西六建集团有限公司董事长
李锦洪　大同市宏洋房地产开发有限公司董事长
杨　设　大同市房产管理局局长
杨志家　太原城市职业技术学院院长
杨金明　山西金明房地产开发有限公司董事长
杨承萍　阳泉市五龙房地产开发有限公司董事长
杨贵明　山西伟厦房地产开发有限公司董事长
杨晋平　阳泉市房地产修建开发总公司总经理
杨敬典　山西金地房地产开发建设集团有限公司总经理
刘仁旺　山西省第三建筑工程公司总经理
连长顺　吕梁中天房地产开发有限公司董事长
肖　健　阳泉标准信合物业服务有限公司董事长
肖振卿　阳泉市诚远房地产开发有限公司总经理
吴　明　吕梁民生房地产开发有限公司董事长
吴仁贵　大同市房产管理局开发科科长
吴文祥　山西全顺房地产开发有限公司董事长
吴晓槟　山西长实房地产开发有限公司董事长
吴朝辉　山西津辉建筑实业有限公司董事长
何心齐　山西佳德置地房地产开发有限公司董事长
何裕华　运城市住房保障和城乡建设管理局房产科科员
汪荣贵　运城豪德贸易广场开发有限公司总经理
沈颂华　大同市华田房地产开发有限公司董事长
宋　斌　西安铁峰房地产开发公司集团有限公司临猗分公司项目经理
宋兵虎　山西省住房公积金协会秘书长
宋喜东　山西省陆延房地产开发有限公司总经理
张　宇　临汾市派德森房地产开发有限公司常务副总
张　军　晋城市摩天房地产集团有限公司副董事长
张　陆　大同市城市建设开发公司董事长
　　　　大同市城开物业管理有限责任公司董事长
张　和　大同市房地产业和物业管理协会会长
张　峰　太原市房地产产权登记中心主任
张　海　省住房和城乡建设厅副巡视员
张　琦　大同市深特集团房地产开发有限责任公司董事长
张　辉　吕梁市海盛房地产开发有限公司总经理
张小明　山西九思房地产开发有限公司董事长
张天年　长治市晋苑房地产开发有限公司总经理
张凤鸣　晋城市房地产交易管理处处长
张文辉　临汾市房产管理局局长
张文渊　山西光信实业有限公司董事长
张玉生　长治市华森房地产开发有限公司董事长
张玉柱　太原市云飞房地产开发有限公司总经理
张龙龙　临汾市新世纪房地产开发有限公司总经理
张扩忠　大同市泰瑞房地产开发有限责任公司董事长
张同林　闻喜县鑫河房地产开发有限公司董事长
张同虎　汾阳市城市建设综合开发公司总经理
张志栋　朔州市住房保障和城乡建设管理局住房科副科长
张松林　山西颐景房地产开发有限公司董事长
张学峰　省住房和城乡建设厅总工程师
张金泉　运城市房产管理局局长
张建民　山西铭基房地产开发有限公司董事长
张建民　山西合力房地产开发有限公司董事长
张建国　晋城市住房保障和城乡建设管理局房产科科长
张保才　山西省运城鑫源房地产开发有限公司总经理
张剑英　阳泉市人民政府拆迁办公室主任
张彦宏　晋城市太行太岳房地产开发有限公司总经理
张海松　长治市房地产业协会会长
张润生　大同市凯德物业服务有限责任公司总经理
张培龙　山西兰花集团房地产开发有限公司董事长
张培泉　省住房和城乡建设厅纪检监察室主任
张萍梅　运城市住房保障和城乡建设管理局副局长
梁晋武　山西万景源房地产开发有限公司董事长
张银喜　山西融田房地产开发有限公司董事长
张敬泉　运城市宇磊房地产开发有限公司董事长
张智荣　大同市益兴房地产开发有限责任公司董事长

张瑞钊　介休市鸿瑞房地产开发有限公司董事长
张德山　大同华健房地产开发有限责任公司董事长
陈　凯　运城市柄全房地产开发有限公司总经理
陈　鑫　太原市鸿峰物业管理有限公司总经理
耿鹏鹏　山西省工业设备安装公司董事长
陈江海　山西丽华物业管理有限公司总经理
陈克亮　侯马市阳光置业房地产开发有限公司总经理
陈宏新　运城市弘昊房地产开发有限公司董事长
陈建明　山西百祥房地产开发有限公司董事长
陈俏林　太原市汇都房地产开发有限公司董事长
陈美善　晋中华晟房地产开发有限公司董事长
　　　　榆次区安居住宅合作社主任
陈琼芳　山西恒实文化物业管理有限公司总经理
陈新华　山西骅燕置业有限公司董事长
武建军　介休市凌云房地产开发有限公司董事长
武德林　汾阳市中石房地产开发有限公司董事长
幸有文　大同煤矿集团宏建房地产开发有限责任公司董事长
苑俊生　山西华夏房地产开发有限公司董事长
范永平　吕梁市房屋征收办公室主任
范存俭　山西省侯马市新田房地产开发有限公司总经理
林　经　山西太重兴业投资发展有限公司
　　　　山西兴业房地产公司董事长
尚中明　阳泉鑫田房地产开发有限公司
岳建军　长治市房屋建筑公司总经理
金松尧　汾阳市伯乐置业有限公司总经理
瓮祥记　洪洞县范融房地产开发有限公司总经理
相立军　太原富力城房地产开发有限公司董事长
周小林　太原西山物业管理有限公司总经理
周文选　大同市绿园物业管理有限责任公司总经理
周江峰　晋城市中瑞房地产开发有限公司董事长
周丽萍　运城御苑置业有限公司董事长
周尚文　山西建筑职业技术学院副院长
周国全　太原市园林建设开发公司总经理
周晓涛　运城市房地产业协会会长
周恩有　侯马市华翔房地产开发有限公司董事长
周喜文　忻州市房地产业协会会长
周翠芬　省住房和城乡建设厅建筑与勘察设计市场监管处处长
庞晋川　晋城华港物业有限公司董事长
庞晓婕　寿阳县房地产开发有限公司总经理
郑平军　山西宏厦建筑工程有限公司董事长
郑耀东　阳泉市住房保障和城乡建设管理局副局长
孟双全　山西佰晟房地产开发公司董事长
孟玉金　山西古鑫房地产开发有限责任公司董事长
孟兆国　山西省城乡规划设计研究院院长
孟永萍　太原祥融物业管理有限公司副总经理
赵　军　山西天盛源房地产开发有限公司总经理
赵　珍　朔州市建筑总公司总经理
赵　梅　省住房和城乡建设厅宣传中心主任
赵　斌　山西八建集团有限公司董事长
赵子录　大同市万科隆物业管理有限责任公司总经理
赵文保　山西省太谷县城市建设开发有限公司总经理
赵玉亮　长治市玉华房地产开发有限公司总经理
赵岗飞　山西潞安房地产开发有限公司总经理
赵昆山　山西华吉地产开发有限公司董事长
赵金菊　山西锦佳房地产开发有限公司董事长
赵建民　大同市华宇中百商业置地有限责任公司董事长
赵莜静　山西天鸿基业房地产开发有限公司董事长
赵银修　长治市金德利房地产开发有限公司总经理
赵续泉　山西天泉建设开发有限公司董事长
赵富英　省房改办原副主任
郝立富　山西嘉瑞房地产开发有限公司董事长
郝竹清　省住房和城乡建设厅综合处处长
郝志军　省统计局固定资产投资处
郝建秀　山西恒晟房地产开发有限公司总经理
郝晋生　晋城市城区房地产开发总公司总经理
郝增元　省住房和城乡建设厅原副巡视员
荣兆东　交城县房地产开发公司董事长
胡孟卿　省勘察设计研究院院长
胡胜合　河津市建筑工程有限公司董事长
胡惠恒　山西惠恒房地产开发有限公司董事长
胡增祥　阳泉市危旧房屋集资改建处主任
柳二文　朔州市新世纪房地产开发有限公司总经理
剌亿飞　介休市飞达房地产开发有限公司总经理
要　鸣　山西汇远房地产开发公司总经理
段　富　阳泉市兴富华房地产开发有限公司董事长
段燕临　省住房和城乡建设厅信息中心
侯　荣　朔州市房地产综合开发公司总经理
侯文元　朔州市荣丰房地产开发有限公司总经理
侯国栋　山西省运城市房地产开发公司总经理
俞应华　山西丽华房地产开发有限公司总经理
昝宝石　大同市华岳房地产开发有限责任公司董事长
宣为民　临汾市房地产业协会会长
宣新民　临汾五洲城建开发有限公司总经理
姚　厚　大同市金利房地产开发有限责任公司董事长
姚　霞　运城市明珠房地产开发有限公司董事长
姚少峰　省重点工程建设办公室主任
姚发兴　阳泉市联丰房地产开发有限责任公司董事长
姚培林　阳泉金联置业建设有限责任公司董事长
秦英广　山西广鑫房地产开发有限责任公司董事长
秦惠来　山西鑫梓房地产开发有限公司董事长
项连斌　省住房和城乡建设厅工程质量安全监管处处长
袁金元　吕梁市住房保障和城乡建设管理局房产科科长
袁惠芬　省住房和城乡建设厅直机关党委副书记
耿玉杰　临汾亚太房地产开发有限公司项目总监
贾　滨　山西省建筑设计研究院院长
贾云植　山西云馨物业管理有限责任公司董事长

贾迎泽　省设计审核室主任
贾树彬　省重点工程建筑技术服务中心主任
顾　颜　大同市桐城物业管理有限责任公司总经理
顾朝晖　恒大地产集团太原有限公司董事长
徐　博　山西坤杰房地产开发有限公司董事长
徐印芳　长治市房屋产权产籍监理处处长
高　峰　晋中恒基房地产开发有限公司总经理
高　潮　大同市房屋产权产籍管理中心主任
高万才　大同市天力房地产开发有限责任公司董事长
高玉武　大同煤矿集团鹏程物业管理有限责任公司总经理
高生明　朔州市金第房地产开发有限公司执行董事
高如华　山西瑞生房地产开发有限公司总经理
高嘉伟　太原诚达物业管理有限公司总经理
郭　忠　大同市达胜房地产开发有限责任公司董事长
郭　涛　山西多力多房地产开发有限公司董事长
郭　瑜　省工程建设标准定额站站长
郭一进　晋城市兰煜房地产开发有限公司总经理
郭少春　大同市宇鑫房地产开发有限责任公司董事长
郭玉增　吕梁市住宅合作社主任
郭永明　晋中市人民政府拆迁办公室主任
郭永钢　大同阳光嘉业房地产开发有限责任公司董事长
郭有寿　山西省介休市绵山房地产开发有限公司董事长
郭廷儒　省住房和城乡建设厅城乡规划处处长
郭志宏　太原市住房和城乡建设委员会房地产开发管理处处长
郭志勇　山西同仁太房地产开发有限公司董事长
郭志强　孝义市三皇集团房地产开发有限公司董事长
郭尚文　山西智诚房地产开发有限公司董事长
郭荣春　忻州市房屋拆迁办公室主任
郭俊思　山西晋联房地产开发有限公司总经理
郭晓彤　长治市广利房地产开发有限公司董事长
郭继生　山西盛世房地产开发有限公司董事长
郭崇喜　山西省运城市开发建筑有限公司总经理
郭舒昌　太原晋东房地产开发有限公司总经理
唐光亮　晋中市太塑房地产开发有限公司董事长
黄　征　山西天和房地产开发公司董事长
黄玉林　临汾市住房保障和城乡建设局房产科科长
黄正才　山西榆缆集团房地产开发有限公司董事长
曹小会　晋城市万通房地产开发有限公司总经理
常　亮　运城市东星房地产开发有限公司总经理
常文明　山西盛祥房地产开发有限责任公司董事长
常鹏程　大同市永华置地有限责任公司董事长
崔明祥　山西佳泰物业管理有限公司总经理
崔学锋　太原市住房和城乡建设委员会副主任
崔晋宏　山西东泰房地产开发有限公司董事长
康小菲　大同市民航房地产开发有限责任公司董事长
康文平　侯马经济技术开发区仁和房地产开发有限公司办公室主任
康守武　太原市大复生房地产开发有限公司董事长
康建斌　太原市房产管理局副局长
阎云鹏　山西云基房地产开发有限公司董事长
阎忠宝　临汾宇宁房地产开发有限公司董事长
盖江涛　山西宇丰房地产开发有限公司总经理
渠成胜　祁县天源房地产开发有限公司董事长
梁昌春　太原化学工业集团房地产开发有限公司总经理
梁建民　山西省建设科技推广与建筑节能监管中心主任
梁晋武　山西万景源房地产开发有限公司董事长
梁晓军　省住房和城乡建设厅住房保障处处长
梁燕绒　阳泉远鑫房地产开发有限公司董事长
梁耀忠　祁县房地产开发总公司总经理
彭　飞　太原市新凯房地产开发公司总经理
董三满　晋城市博厚置业房地产开发有限公司董事长
董汇军　长治市房屋拆迁办公室主任
董成俊　忻州市住房保障和城乡建设管理局副局长
董其民　运城市房屋征收办公室主任
董建国　山西博雅都园房地产开发有限公司董事长
韩　岗　大同市房产管理局副局长
韩再川　山西建设投资集团总经理
韩丽明　阳泉丽玉房地产开发有限责任公司董事长
韩秀文　山西晋阳房地产开发有限公司董事长
韩建宏　山西信通联科工贸有限公司总经理
韩海瑞　山西三正房地产开发有限公司
程永平　省住房和城乡建设厅房地产市场监管处处长
程晨阳　孝义市城市住宅综合开发公司总经理
傅开云　山西源宏房地产开发有限公司总经理
焦玉海　大同市建正房地产有限责任公司董事长
温　刚　山西二建集团有限公司董事长
温双伟　山西佳境房地产开发有限公司董事长
温永生　山西中泰房地产开发有限公司董事长
温国辉　闻喜县龙海房地产开发有限公司总经理
温贵云　省住房和城乡建设厅建设信息中心主任
褚永和　榆次城市建设综合开发总公司总经理
靳光明　晋城市亿泰房地产开发有限公司董事长
靳晓刚　大同市房地建筑开发公司董事长
詹建兵　运城市广鑫房地产开发有限公司总经理
解文亮　大同市泰泽房地产开发有限责任公司董事长
裴小波　运城市金鑫房地产有限公司董事长
裴天德　晋城市住房保障和城乡建设管理局副局长
裴桂兰　大同市房产管理局物业科原科长
雒晓法　吕梁远安房地产开发有限公司总经理
翟建伟　山西桓裕房地产开发有限责任公司董事长
翟顺河　省住房和城乡建设厅总规划师
翟俊峰　晋城市峰景房地产开发有限公司董事长
翟振新　省统计局局长
樊志中　长治市住房保障和城乡建设管理局科长
樊新玲　晋城市房屋征收与补偿管理办公室主任
潘贞朱　孝义市蓝天房地产开发有限公司董事长

燕志勇　大同市广社房地产开发有限责任公司董事长
薛团明　省住房和城乡建设厅住房改革与发展处处长
霍万全　山西万全房地产开发有限公司总经理
霍文元　山西省阳泉市城市建设开发总公司董事长
澹台印玉　山西一建集团有限公司董事长
魏建利　大同市博兴房地产开发有限责任公司董事长
魏晓梅　阳泉市长顺物业管理有限公司董事长
魏植甫　大同市诚益达房地产开发有限责任公司董事长

山西省房地产业协会
会员名单

太原市

太原市住房和城乡建设委员会
太原市房产管理局
太原市房地产产权登记中心
太原市房地产交易所
太原市房地产业协会
太原市房地产开发协会
太原市中和房地产开发公司
山西二建集团有限公司
山西四建集团有限公司
山西省第五建筑工程公司
山西六建集团有限公司
山西八建集团有限公司
山西省工业设备安装公司
太原城市职业技术学院
山西骅燕置业有限公司
山西省陆延房地产开发有限公司
太原市北晨综合开发有限责任公司
山西省裕昌房地产开发有限公司
山西华龙泰房地产开发有限公司
太原市中保房地产开发有限公司
山西华吉地产开发有限公司
山西三晋建设开发公司
山西阳光集团开发有限公司
太原化学工业集团房地产开发有限公司
山西晋建房地产开发公司
山西东泰房地产开发有限公司
山西华夏房地产开发有限公司
山西晋联房地产开发有限公司
山西长实房地产开发有限公司
山西新弘祺房地产开发有限公司
山西光信实业有限公司
山西龙昌房地产开发有限公司
山西澳林百和房地产开发有限公司
山西丽华房地产开发有限公司
山西庆民房地产开发有限公司
山西鸿辰房地产开发有限公司
太原汇远房地产开发公司
山西万全房地产开发有限公司
山西佰晟房地产开发公司
山西宝洁房地产开发有限公司
山西鑫大华房地产开发有限公司
山西融田房地产开发有限公司
太原市汇都房地产开发有限公司
山西瑞驰房地产开发有限公司
山西东方紫光房地产开发有限公司
山西科隆泰开发公司
太原市新凯房地产开发公司
山西省太原市小店区综合开发公司
太原市房产经营公司房地产开发部
太原市基磊房地产开发有限公司
山西百祥房地产开发有限公司
山西铁诚房地产开发有限公司
山西兴业房地产公司
山西太重兴业投资发展有限公司
中汇房地产开发有限公司
山西银丰房地产开发有限公司
山西合力房地产开发有限公司
太原市大复生房地产开发有限公司
山西天鸿基业房地产开发有限公司
太原市园林建设开发公司
山西鼎胜房地产开发有限公司
山西晋阳房地产开发有限公司
太原市云飞房地产开发有限公司
山西闻汇房地产开发有限公司
山西瀚达房地产开发有限公司
山西金厦房地产开发有限公司
山西佳境房地产开发有限公司
太原市富佳房地产开发有限公司
山西恒晟房地产开发有限公司
山西天和房地产开发公司
山西帝景房地产开发公司
太原市福泓地产开发有限公司
山西瑞生房地产开发有限公司
山西同仁太房地产开发有限公司
太原通达建设发展有限公司
清徐县双赢房地产开发有限公司
太原市鸿峰房地产建设有限公司
山西天盛源房地产开发有限公司
太原市商业建设综合开发有限公司
山西力通房地产开发有限公司
太原青龙房地产开发有限公司
山西宇佳房地产开发有限公司
太原市迎泽区城市建设综合开发公司

山西智诚房地产开发有限公司
太原市解困住宅合作社
山西万景源房地产开发有限公司
山西大唐双喜房地产开发有限公司
山西鑫梓房地产开发有限公司
山西宏宇房地产开发有限公司
山西同利达房地产开发有限公司
太原市广厦房地产开发有限公司
山西鼎元伟业房地产开发有限公司
山西南畔房地产开发有限公司
太原市鑫盛通房地产开发有限公司
山西名雄房地产开发有限公司
山西百德兴房地产开发有限公司
山西古唐房地产开发股份有限公司
山西鑫隆房地产开发有限公司
山西九丰房地产开发有限公司
山西国欣房地产开发有限公司
山西鼎宇房地产开发有限公司
太原市港源房地产开发有限公司
山西陆达房地产开发有限公司
太原市煤炭气化恒通房地产开发公司
山西联大房地产开发有限公司
山西华雄房地产开发有限公司
山西金海房地产开发有限公司
山西博雅都园房地产开发有限公司
太原市锦胜博雅房地产开发有限公司
山西万隆房地产开发有限公司
山西恒昌房地产开发有限公司
山西晋能房地产开发有限公司
山西天坤房地产开发有限公司
山西经典房地产开发有限公司
山西尚城房地产开发有限公司
山西晋府综合开发公司
山西霄羽房地产开发公司
山西奥龙德房地产开发有限公司
山西康德顺房地产开发有限公司
山西志超伟业房地产开发有限公司
太原市万和房地产开发有限公司
山西巢歌房地产开发有限公司
太原市金地园房地产开发有限公司
山西威扬房地产开发公司
山西蓝港房地产开发有限公司
山西瑞通房地产开发有限公司
山西万泉房地产开发有限公司
山西百捷房地产开发有限公司
山西同发展房地产开发有限公司
山西康平锦夏房地产开发有限公司
太原康培房地产开发有限公司
太原浩翔房地产开发有限公司
山西顺伟实业有限公司
太原市松竹房地产开发有限公司
太原市富众房地产开发有限公司
太原市吉昌鑫房地产开发有限公司
山西智海房地产开发有限公司
山西海基房地产开发有限公司
山西同盛房地产有限公司
山西汾河房地产开发有限公司
山西金谷源房地产开发有限公司
山西金茂房地产开发有限公司
山西广恒房地产开发有限公司
山西盛银祥房地产开发有限公司
山西恒世达房地产开发有限公司
山西康辰房地产开发有限公司
山西昌泰房地产开发有限公司
山西中兴房地产开发有限公司
山西嘉德房地产开发有限公司
山西汽运集团华运房地产开发有限公司
山西和诚置业有限公司
山西九昌房地产开发有限公司
山西晋都房地产开发有限公司
山西丰田房地产开发有限公司
山西安善房地产开发有限公司
山西泛华房地产开发有限公司
山西龙迪房地产开发有限公司
山西兴龙房地产开发有限公司
太原市科森房地产开发有限公司
山西通富房地产开发有限公司
山西万业泓基房地产开发有限公司
山西盛田房地产开发有限公司
山西隆亨房地产开发有限公司
山西军安置业有限公司
山西恒昌泰房地产开发有限公司
山西丽日房地产开发有限公司
山西广源房地产开发有限公司
山西宏展房地产开发有限公司
山西荣昶房地产开发有限公司
山西福运达房地产开发有限公司
山西华龙综合开发有限公司
山西广鑫房地产开发有限公司
山西坤杰房地产开发有限公司
山西古鑫房地产开发有限责任公司
山西红润房地产开发有限公司
太原市不锈钢生态工业园房地产开发有限公司
山西国都世纪龙房地产开发有限公司
山西万力房地产开发有限公司
山西翔恒房地产开发有限公司
山西新锦房地产开发有限公司
山西路桥房地产开发有限公司

山西君泰房地产开发有限公司
山西维隆房地产开发有限公司
太原晋东房地产开发有限公司
山西国电置业有限公司
山西通润房地产开发有限公司
山西惠恒房地产开发有限公司
山西安金房地产开发有限公司
太原富力城开发有限公司
山西信通联科工贸有限公司
太原锦宏物业管理有限公司
太原祥融物业管理有限公司
太原诚达物业管理有限公司
山西丽华物业管理有限公司
太原市地天物业管理有限公司
山西恒实文化物业管理有限公司
太原达人物业管理有限公司
山西滨汾物业管理有限公司
太原市鸿峰物业管理有限公司
太原西山物业管理有限公司
太原市美嘉乐物业管理有限公司
山西佳泰物业管理有限公司
山西蓝泰物业管理有限公司
山西房地美房地产经纪有限公司
山西荟鑫房地产经纪有限公司
山西省投资集团房地产开发有限公司
山西慧光房地产开发有限公司
山西鸿福房地产开发有限公司
山西国瑞房地产有限公司
太原鼎盛房地产开发有限公司
山西和佳房地产开发有限公司
山西智伟基业房地产开发有限公司
山西鹏远房地产开发有限公司
山西美其家园房地产经纪有限公司
山西赛欧物业管理有限公司
山西建设投资集团
山西万厦建筑机械制造有限公司

大同市

大同市房产管理局
大同市房地产业和物业管理协会
大同市房屋产权产籍管理中心
大同市城市建设开发公司
大同翔龙集团房地产开发有限责任公司
大同市睿和兴业房地产开发有限责任公司
大同市浩海地产置业有限责任公司
大同市深特集团房地产开发有限责任公司
大同华健房地产开发有限责任公司
大同市永华置地有限责任公司
大同市博兴房地产开发有限责任公司
大同市御河房地产建设有限责任公司
大同市阳光嘉业房地产开发公司
大同市建正房地产有限责任公司
大同市房地建筑开发公司
大同市泰泽房地产开发有限责任公司
大同市浩达房地产开发有限责任公司
大同市华田房地产开发有限公司
大同市泰瑞房地产开发有限责任公司
大同市益兴房地产开发有限责任公司
大同市华岳房地产开发有限责任公司
大同市天力房地产开发有限责任公司
大同宝通房地产开发有限责任公司
大同市宇鑫房地产开发有限责任公司
大同市铁建房地产开发有限责任公司
大同市民航房地产开发有限责任公司
大同市华宇中百商业置地有限责任公司
大同市广社房地产开发有限责任公司
大同市华盛房地产开发有限责任公司
大同市梦园房地产开发有限责任公司
大同市金利房地产开发有限责任公司
大同市达胜房地产开发有限责任公司
大同市宏洋房地产开发有限公司
大同市诚益达房地产开发有限责任公司
大同市万森房地产开发有限责任公司
大同市瑞祥房地产开发有限责任公司
大同市新德房地产开发有限公司
大同市恒通房地产开发有限责任公司
大同市三鼎房地产开发有限责任公司
大同市众鑫房地产开发有限责任公司
大同市宏运达房地产开发有限公司
大同市伟通房地产开发有限责任公司
大同市当代房地产开发有限责任公司
大同市和平房地产开发公司
大同市鸿基房地产开发有限责任公司
大同市鑫建房地产开发有限责任公司
大同市锦鑫房地产开发有限责任公司
大同市御苑房地产开发有限责任公司
大同市嘉顺房地产开发有限责任公司
大同市宇明房地产开发有限责任公司
大同市万佳房地产开发有限责任公司
大同市新胜房地产开发有限责任公司
大同市金长城房地产开发有限责任公司
大同市大通房地产开发有限公司
大同市名威房地产开发有限责任公司
大同市奇志房地产开发有限公司
大同市永和世家房地产开发有限公司
大同市建信房地产开发有限公司
大同市浩达永久房地产开发有限公司
大同市胜达房地产开发有限责任公司

大同市经联房地产开发有限责任公司
大同市金厦房地产开发有限责任公司
大同市恒翔房地产开发有限责任公司
大同市新旺永久房地产开发有限责任公司
大同市华泰圣达房地产开发有限责任公司
大同市万城房地产开发有限责任公司
大同市金豪房地产开发有限责任公司
大同市御泉苑房地产开发有限公司
山西新神力伟业房地产开发有限公司
大同市奕城房地产开发有限责任公司
大同市博凡房地产开发有限责任公司
大同市博隆房地产开发有限责任公司
大同市江鸿房地产开发有限责任公司
大同市平城建设房地产开发有限公司
大同市万喜房地产开发有限公司
大同市明达房地产开发有限责任公司
大同市正茂房地产开发有限责任公司
大同市安家房地产开发有限责任公司
大同市贵龙房地产开发有限责任公司
大同市中大房地产开发有限公司
大同市开发区盛大房地产开发有限责任公司
大同市开源房地产开发有限责任公司
大同市天晨房地产开发有限责任公司
大同市鸿晟房地产开发有限公司
大同市仁和广厦房地产开发有限公司
大同市腾逸达房地产开发有限责任公司
大同市金牛房地产开发有限责任公司
山西云馨物业管理有限责任公司
大同煤矿集团鹏程物业管理有限责任公司
大同市城开物业管理有限责任公司
大同市机车工贸物业有限公司
大同市方园物业管理有限责任公司
大同市万科隆物业管理有限责任公司
大同市鑫和物业管理有限责任公司
大同市桐城物业管理有限责任公司
大同市睿和新城物业管理有限责任公司
大同市绿园物业管理有限责任公司
大同市云安花园物业管理有限责任公司
大同市凯德物业服务有限责任公司
大同市欣美房地产开发有限公司

阳泉市

阳泉市住房保障和城乡建设管理局
阳泉市房地产业协会
阳泉市人民政府拆迁办公室
阳泉市房地产交易中心
山西金地房地产开发建设集团有限公司
阳泉太行房地产开发有限公司
阳泉市天峰房地产开发有限公司
阳泉市危旧房屋集资改建处
阳泉市联丰房地产开发有限责任公司
山西省阳泉市城市建设开发总公司
阳泉鑫田房地产开发有限公司
阳泉市恒大房地产开发有限公司
阳泉市豪门房地产开发有限公司
阳泉远鑫房地产开发有限公司
山西佳德置地房地产开发有限公司
阳泉市兴富华房地产开发有限公司
阳泉市阳光房地产开发有限公司
山西嘉瑞房地产开发有限公司
阳泉市城区房地产开发有限公司
阳泉市福祥房地产开发有限公司
阳泉市瑞丰房地产开发有限公司
阳泉市汇鑫房地产开发有限公司
阳泉市房地产修建开发总公司
阳泉市诚远房地产开发有限公司
阳泉金联置业建设有限责任公司
阳泉市五龙房地产开发有限公司
阳泉市太行工贸房地产开发有限公司
山西森宇房地产开发有限公司
山西金明房地产开发有限公司
山西同顺房地产开发有限公司
山西天泉建设开发有限公司
山西宏厦建筑工程有限公司
阳泉市元承建业房地产开发有限公司
阳泉市滨江房地产开发有限公司
山西三正房地产开发有限公司
阳泉市华泰房地产开发有限公司
山西东升恒泰房地产开发有限公司
阳泉市宏业房地产有限责任公司
阳泉咸山雷房地产开发有限公司
阳泉市三洲房地产开发有限责任公司
山西邦原房地产开发有限公司
阳泉晋东海润房地产有限公司
山西金马四方房地产开发有限公司
平定县房地产开发公司
阳泉市聚鑫房地产开发有限公司
阳泉市大富房地产开发有限公司
阳泉市亿隆房地产开发有限公司
阳泉市中泰房地产开发有限公司
阳泉市天元房地产开发有限公司
阳泉市安远房地产开发有型公司
阳泉市义井城镇建设开发有限公司
阳泉市盂县凯通房地产开发有限公司
阳泉市惠丰房地产开发有限公司
阳泉市矿区房地产开发公司
阳泉市金振房地产开发有限公司
阳泉市德丰房地产开发有限公司

山西天正房地产开发有限责任公司
阳泉市商业房地产开发公司
阳泉市长顺房地产经营开发总公司
盂县天荣房地产开发有限公司
阳泉市腾飞房地产开发有限公司
阳泉市新天地房地产开发有限公司
阳泉市益昌房地产开发有限公司
阳泉融泰嘉业房地产开发有限公司
阳泉市盛大房地产开发有限公司
山西长富房地产开发有限公司
阳泉标准信合物业服务有限公司
阳泉市长顺物业管理有限公司
阳泉市方信物业管理有限公司

晋中市

晋中市住房保障和城乡建设管理局
晋中市人民政府拆迁办公室
晋中市房地产交易中心
晋中市房地产业协会
辰兴房地产发展股份有限公司
晋中田森房地产开发有限公司
晋中市通宇房地产开发有限公司
晋中华晟房地产开发有限公司
山西颐景房地产开发有限公司
山西太谷荣星房地产开发有限公司
晋中市太塑房地产开发有限公司
晋中市龙湖房地产开发有限公司
祁县房地产开发总公司
山西省太谷县城市建设开发有限公司
昔阳县新安房地产开发有限公司
介休市凌云房地产开发有限公司
介休市飞达房地产开发有限公司
山西省介休市绵山房地产开发有限公司
介休市鸿瑞房地产开发有限公司
山西绿都房地产开发有限公司
介休市城市建设开发总公司
介休市超华房地产开发有限公司
介休市中鑫房地产开发有限公司
榆次城市建设综合开发总公司
晋中银海房地产开发有限公司
祁县天源房地产开发有限公司
寿阳县房地产开发有限公司
和顺县建安房地产开发有限公司
山西桓裕房地产开发有限责任公司
山西华强房地产开发有限公司
山西榆缆集团房地产开发有限公司
榆次区安居住宅合作社
晋中恒基房地产开发有限公司
祁县桓裕房地产开发有限公司
山西恒基伟业房地产开发有限公司
祁县宏达房地产开发有限公司
祁县巨峰房地产开发有限公司
山西茂源房地产开发有限责任公司
晋中天星房地产发展有限公司
晋中市桐茵房地产开发有限公司
山西祥瑞房地产开发有限公司
山西乐辉房地产开发有限公司
山西和实房地产开发有限公司
山西省平遥峰岩房地产开发有限公司
山西清华金元房地产开发有限公司
山西振鹏投资开发有限公司
太谷县美宝房地产开发有限公司
山西省平遥县承志房地产开发有限公司
平遥光大房地产开发有限公司
山西平遥汇丰房地产开发有限公司
灵石县志嘉房地产开发有限责任公司
晋中市经济适用住房发展有限公司
灵石县东盛房地产开发有限责任公司
太谷县奥泰房地产开发有限公司
太谷广宇房地产开发有限公司
山西锦都房地产开发有限公司
灵石县中和置业房地产开发有限公司
灵石县中煤家园房地产开发有限公司
晋中田森物业管理有限公司
山西万佳物业服务有限公司
晋中市鸿源房地产估价事务所有限公司
晋中恒誉房地产评估有限公司

忻州市

忻州市住房保障和城乡建设管理局
忻州市房产管理局
忻州市房屋拆迁办公室
忻州市房地产交易登记中心
忻州市房地产业协会
忻州市住房公积金管理中心
忻州开来房地产开发有限公司
山西晋业房地产开发有限公司
忻州市华洋房地产开发有限公司
山西省忻州市综合开发公司
五台县友好房地产开发有限公司
定襄虹桥房地产开发有限公司
山西暖神鑫磊房地产开发有限公司
忻州市万家房地产开发有限公司
忻州市利民房地产开发有限公司
山西信发房地产开发有限公司
忻州市中发房地产开发有限公司

山西五洲房地产开发有限公司

朔州市

朔州市建设局
朔州市房地产管理局
朔州市房地产业协会
朔州市房屋征收办公室
朔州市房地产登记中心
山西龙翼房地产开发有限公司
朔州市新世纪房地产开发有限公司
朔州市房地产综合开发公司
山西新时代房地产开发集团有限公司
朔州市建筑总公司
朔州市荣丰房地产开发有限公司
山西平朔房地产开发有限公司
山西中元房地产开发有限公司
朔州市森杰房地产有限公司
朔州市东方房地产有限责任公司
山西中泰房地产开发有限公司
朔州市恒力源房地产开发有限公司
山西金海洋房地产开发有限公司
怀仁县宏玉房地产开发有限责任公司
朔州市海源房地产开发有限公司
朔州市同兴房地产开发有限公司
朔州市金第房地产开发有限公司
朔州市三源房地产开发有限责任公司
朔州市溢源居房地产开发有限公司
怀仁县广厦房地产开发公司
朔州市万鑫房地产开发有限公司
朔州市中宇房地产开发有限公司
朔州市金财房地产开发有限公司
朔州市鑫峰房地产开发有限公司
朔州市炜阁尔房地产开发有限公司
朔州市圆融房地产开发有限公司
朔州市三盛市政建筑有限责任公司
怀仁县国益房地产开发有限责任公司
朔州市日福隆房地产开发有限公司
朔州市和发房地产开发有限公司
朔州市华隆房地产开发有限公司
朔州市都市房地产开发有限责任公司
朔州市慧源房地产开发有限公司
朔州市天地福房地产开发有限公司
朔州市北方鹏伟房地产开发有限公司
朔州中仁房地产开发有限公司
朔州市荣达房地产开发有限责任公司
怀仁县天鹏房地产有限公司
怀仁县绿家园房地产开发有限公司
朔州市宏宇翔房地产开发有限公司
朔州市泽宇房地产开发有限公司
朔州市通宝房地产开发有限公司
朔州市兴达房地产开发有限公司
朔州市平鲁区平安房地产开发有限公司
朔州市煌家房地产开发有限公司
朔州玉百房地产有限责任公司
朔州市信泰房地产开发有限公司
山西春鑫房地产开发有限公司
山西鑫泽房地产开发有限公司
朔州神怡房地产开发有限公司
朔州市金海玉业房地产开发有限公司
朔州市辉煌房地产开发有限公司
怀仁县东海房地产开发有限公司
朔州市大明房地产开发有限公司

吕梁市

吕梁市建设局
吕梁市房地产管理局
吕梁市房屋征收办公室
吕梁市房地产交易中心
汾阳市嘉业房地产开发有限公司
汾阳市中石房地产开发有限公司
山西云栋房地产开发有限公司
吕梁金泽房地产开发有限公司
吕梁市住宅合作社
交城县房地产开发公司
汾阳市城市建设综合开发公司
吕梁离石区海盛房地产开发有限公司
文水县环博房地产开发有限公司
汾阳市伯乐置业有限公司
孝义市城市住宅综合开发公司
吕梁民生房地产开发有限公司
吕梁中天房地产开发有限公司
吕梁市远安房地产开发有限公司
吕梁市豫立房地产开发有限公司
吕梁市永宁集团房地产开发有限公司
吕梁创新房地产开发有限公司
孝义市蓝天房地产开发有限公司
孝义市三皇集团房地产开发有限公司
山西云基房地产开发有限公司
山西九思房地产开发有限公司
山西伟厦房地产开发有限公司
文水县大众房地产开发有限公司
吕梁市恒寓房地产开发有限公司
山西宏鑫源房地产开发有限公司
孝义市申利房地产开发有限公司
文水县全顺房地产开发有限公司
汾阳市新源房地产开发有限公司
孝义市东盛昌旺房地产开发有限公司
孝义市利民房地产开发有限公司

吕梁恒益房地产开发有限公司
吕梁市新平房地产开发有限公司
吕梁市华晨房地产开发有限公司
吕梁房地产开发公司
吕梁宜安房地产开发有限公司
吕梁市房地产综合开发有限公司
吕梁三佳房地产开发有限公司
吕梁市汇江房地产开发有限公司
吕梁欣帮房地产开发有限公司
吕梁市东山房地产开发有限公司
吕梁恒信房地产开发有限公司
孝义市三联房地产开发有限公司
山西晋鑫房地产开发有限公司
山西文峰房地产开发有限公司
中阳县房地产开发公司
兴县房地产开发有限公司
吕梁市金月房地产开发有限公司
吕梁呈瑞房地产开发有限公司
山西曙光房地产开发有限公司
山西弘建房地产开发有限公司
吕梁金域房地产开发有限公司
吕梁市欣杰房地产开发有限公司
吕梁恒升房地产开发有限公司
吕梁日昇房地产开发有限公司
山西万基房地产开发有限公司
吕梁市泰鑫房地产开发有限公司
吕梁金鼎房地产开发有限公司
吕梁华达房地产开发有限公司
山西九洲房地产开发有限公司
交城县鸿泰房地产开发有限公司
交城县隆鑫房地产开发有限公司
交城县久鑫房地产开发有限公司
文水县房地产开发有限公司
吕梁佳谕房地产开发有限公司
吕梁永盛房地产开发有限公司
山西雪恩集团房地产开发有限公司
孝义市居贤房地产开发有限公司
孝义市力达房地产开发有限公司
孝义市民泰房地产开发有限公司
孝义市乾峰房地产开发有限公司
孝义市金泉房地产开发有限公司
孝义市增泰房地产开发有限公司
山西众和富邦房地产开发有限公司
孝义市东兴房地产开发有限公司
孝义市金和房地产开发有限公司
孝义市涌莲房地产开发有限公司
山西荣明房地产开发有限公司
山西安乐房地产开发有限公司
山西世纪光华房地产开发有限公司
山西香江房地产开发有限公司
山西汇丰建业房地产开发有限公司
吕梁盛煜艺苑房地产开发有限公司
中阳县宁盛房地产开发有限公司
山西鸿博房地产开发有限公司
山西兴达房地产开发有限公司
山西鑫源通房地产开发有限公司
方山县商品房开发公司
岚县城市建设综合开发公司
吕梁益众房地产开发有限公司
山西安泽房地产开发有限公司
吕梁市欣邦房地产开发有限公司
吕梁华阳房地产开发有限公司
汾阳市仁和房地产开发有限公司
吕梁广厦源房地产开发有限公司
岚县瑞安房地产开发有限公司
孝义市亚飞房地产开发有限公司
孝义市远泰房地产开发有限公司
山西华明泰房地产开发开有限公司
吕梁市佳信房地产评估咨询有限公司

长治市

长治市住房保障和城乡建设管理局
长治市房屋拆迁办公室
长治市房地产交易管理处
长治市房屋产权产籍监理处
长治市房地产业协会
山西省宏图永盛房地产开发有限公司
山西省第三建筑工程公司
长治市乐源房地产开发有限公司
长治市房屋建筑公司
长治市金德利房地产开发有限公司
长治市启越房地产开发有限公司
长治市怡昌房地产开发有限公司
长治市广利房地产开发有限公司
长治市华森房地产开发有限公司
长治市三宝房地产开发有限公司
长治市仙龙房地产开发有限公司
长治市晋苑房地产开发有限公司
长治市玉华房地产开发有限公司
长治市杰昌房地产开发有限公司
长治市晋源房地产开发有限公司
长治市海德房地产开发有限公司
长治市沁县大地房地产开发有限公司
长治市卓盛房地产开发有限公司
长治市园中夏房地产开发有限公司
长治市康泰房地产开发有限公司
长治市泰舸房地产开发有限公司
长治市世纪景源房地产开发有限公司

长治市广茂房地产开发有限公司
长治市物华房地产开发有限公司
长治市鸿源泰房地产开发有限公司
长治市北华房地产开发有限公司
长治市先导房地产开发有限公司
山西世龙房地产开发有限公司
长治市万月峰房地产开发有限公司
长治市昌盛房地产开发有限公司
长治市方圆房地产开发有限公司
长治市进峰房地产开发有限公司
长治市福泰和房地产开发有限公司
长治市韩世伟业房地产开发有限公司
长治市宇立房地产开发有限公司
长治市容海房地产开发有限公司
长治市淮海房地产开发有限公司
长治市忠辰房地产开发有限公司
长治市紫恩房地产开发有限公司
长治市屯留县城镇建设房地产开发有限公司
山西启东房地产开发有限公司
长治市华青房地产开发有限公司
长治市锦绣房地产开发有限公司
长治市红阳房地产开发有限公司
长治市生华房地产开发有限公司
长治市锦汇房地产开发有限公司
长治市祥龙房地产开发有限公司
长治市久安房地产开发有限公司
长治市振华房地产开发有限公司
长治市海晋房地产开发有限公司
长治市震晋房地产开发有限公司
长治市华日泰房地产开发有限公司
长治市长远房地产开发有限公司
长治市路安鸿房地产开发有限公司
长治市常天佳地房地产开发有限公司
长治市久安房地产开发有限公司
长治市鑫兴房地产开发有限公司
长治市泰兴房地产开发有限公司
长治市紫光房地产开发有限公司
沁源县房地产开发有限公司
长治市安顺房地产开发有限公司
长治市金广厦房地产开发有限公司
山西潞安房地产开发有限公司

晋城市

晋城市住房保障和城乡建设管理局
晋城市房屋征收与补偿管理办公室
晋城市房地产交易管理处
晋城市房地产业协会
山西铭基房地产开发有限公司
山西兰花集团房地产开发有限
晋城市金建房地产开发有限公司
晋城市城区房地产开发总公司
阳城县佳地房地产开发有限责任公司
晋城市博厚置业房地产开发有限公司
山西盛祥房地产开发有限责任公司
山西盛世房地产开发有限公司
晋城市万通房地产开发有限公司
晋城市凤展房地产开发有限公司
晋城市峰景房地产开发有限公司
晋城市亿泰房地产开发有限公司
晋城市太行太岳房地产开发有限公司
晋城市中瑞房地产开发有限公司
晋城市新世达房地产开发有限公司
晋城市摩天房地产集团有限公司
晋城市前胜房地产开发有限公司
晋城市兰煜房地产开发有限公司
晋城市华威房地产开发有限公司
晋城市名人居房地产开发有限公司
山西晋浦发展股份有限公司
阳城县华丰房地产开发有限公司
阳城县宏鑫房地产开发有限公司
阳城县展鸿房地产开发有限公司
阳城县水村房地产开发有限公司
阳城县东昊房地产开发有限公司
阳城县丰泽房地产开发有限责任公司
阳城县天合润房地产开发有限公司
晋城市元昌房地产开发有限公司
晋城市合友房地产开发有限公司
晋城市兆祥房地产开发有限公司
晋城市隆一房地产开发有限公司
山西顺洋房地产开发有限公司
高平市人和房地产开发有限责任公司
高平市阳光房地产开发有限公司
高平市欣鑫房地产开发有限责任公司
高平市恒隆房地产开发有限公司
晋城市盈泰房地产开发有限公司
晋城市金地信房地产开发有限公司
晋城市华洋房地产开发有限公司
晋城市琛凯房地产开发有限公司
晋城市广发房地产开发有限公司
晋城市锐宏房地产开发有限公司
晋城市远东房地产开发有限公司
晋城市润宝房地产开发有限公司
晋城福盛泰房地产开发有限公司
晋城市亿冠房地产开发有限公司
山西达盛昌房地产开发有限公司
鹏龙房地产开发（晋城）有限公司
山西金塘房地产开发有限公司
泽州县鑫博大房地产开发有限公司

晋城市圣拓房地产开发有限公司
山西盛华房地产开发有限公司
晋城市峰花园房地产开发有限公司
晋城市鹏展房地产开发有限公司
晋城市天惟房地产开发有限公司
山西金恒房地产开发有限公司
晋城富景房地产开发有限公司
晋城市东祥房地产开发有限公司
晋城市星湖房地产开发有限公司
沁水县豪祥房地产开发有限公司
沁水县沁城工贸商住区房地产开发有限公司
沁水县房地产总公司
晋城市侯匠瑞麒房地产开发有限公司
晋城市阆苑房地产有限公司
晋城市金厦房地产开发有限公司
晋城市居泰房地产开发有限公司
晋城市鼎秀房地产开发有限公司
晋城市松青房地产开发有限公司
晋城市四方房地产开发有限公司
晋城豪德光彩贸易广场开发有限公司
晋城金建集团锦天房地产开发有限公司
泽州县源芳房地产开发有限公司
晋城市和来鑫房地产开发有限公司
晋城市银基房地产开发有限公司
晋城华港物业有限公司

临汾市

临汾市建设局
临汾市房产管理局
临汾市房屋拆迁管理办公室
临汾市房地产管理局房屋登记中心
临汾市房地产业协会
山西一建集团有限公司
临汾平阳房地产开发有限公司
侯马市华翔房地产开发有限公司
山西多力多房地产开发有限公司
临汾市恒安房地产开发有限公司
临汾五洲城建开发有限公司
侯马市阳光置业房地产开发有限公司
山西省侯马市新田房地产开发有限公司
侯马经济技术开发区仁和房地产开发有限公司
临汾市派德森房地产开发有限公司
临汾市新世纪房地产开发有限公司
山西源宏房地产开发有限公司
临汾吉宇房地产开发有限公司
洪洞县连三房地产开发有限公司
临汾市富安房地产开发有限公司
临汾新安宇房地产开发有限公司
临汾亚太房地产开发有限公司
临汾宇宁房地产开发有限公司
洪洞县范融房地产开发有限公司
临汾市金洋州房地产开发有限公司
侯马市勇杰房地产开发有限公司
临汾市紫东房地产开发有限公司
临汾市敏业房地产开发有限公司
同鑫城市建设项目管理有限公司
临汾京华房地产开发有限公司
临汾市海强房地产开发有限公司
侯马普天众恒房地产开发有限公司
曲沃县馥裕房地产开发有限公司
临汾永泰房地产开发有限公司
临汾同世达房地产开发有限公司
侯马经济技术开发区华隆万盛房地产开发有限公司
侯马市凯强房地产开发有限公司
侯马市三禾房地产开发有限责任公司
侯马市康城房地产开发有限公司
洪洞县恒昌房地产开发有限公司
山西庆丰房地产开发有限公司
山西旺龙房地产开发有限公司
临汾市尧都区创亿房地产开发有限公司
山西远洋房地产开发有限公司
山西利群房地产开发有限公司
曲沃县鑫晟房地产开发有限公司
临汾市金华房地产开发有限公司
临汾华融房地产开发有限公司
洪洞县弘淦房地产开发有限公司
临汾通力房地产开发有限公司
临汾博浩源房地产开发有限公司
侯马经济技术开发区中大房地产开发有限公司
洪洞县业成房地产开发有限公司
襄汾县龙和房地产开发有限责任公司
浮山县房地产开发公司
霍州煤电集团云厦房地产开发有限公司
侯马市昊星房地产开发有限公司
霍州市大地华城房地产开发有限公司
山西恒富煤化集团恒悦房地产开发有限公司
霍州市建筑安装有限公司
洪洞县晋亨荟严开发公司
临汾市尧隆房地产开发有限公司
临汾市岐东房地产开发有限公司
临汾市鸿安世纪房地产开发有限公司
临汾市日月升房地产开发有限公司
侯马市恒荣房地产开发有限公司
临汾市金海湾房地产开发有限公司
临汾市朝暾房地产开发有限公司
临汾广奇房地产开发有限公司
山西宏大宇房地产开发有限公司
山西康泰房地产开发有限公司

霍州市华怡房地产开发有限责任公司
山西宝泓房地产开发有限公司
霍州市天悦房地产开发有限责任公司
临汾博恒房地产开发有限公司
侯马市宏诚房地产开发有限公司
临汾康桥房地产开发有限公司
临汾市富海房地产开发有限公司
山西通涛房地产开发有限公司
山西信诺房地产开发有限公司
临汾市五洲物业管理有限公司
临汾市惠信房地产估价有限责任公司
临汾平阳房地产评估（事务所）有限公司

运城市

运城市住房保障和城乡建设管理局
运城市房产管理局
运城市房屋征收办公室
运城市房地产登记中心
运城市房地产业协会
中房集团山西天泰房地产开发有限公司
中房集团山西天泰房地产开发有限公司临猗分公司
运城市金鑫房地产有限公司
运城市御苑置业有限公司
山西海鑫海天房地产开发有限公司
运城市东星房地产开发有限公司
山西省运城市房地产开发公司
西安铁峰房地产开发公司集团有限公司临猗分公司
山西锦佳房地产开发有限公司
山西鑫马房地产开发有限公司
运城市运泰房地产开发有限公司
垣曲县隆昌房地产开发有限公司
山西省运城市开发建筑有限公司
运城市宇磊房地产开发有限公司
运城市泰森房地产开发有限公司
山西天茂房地产开发有限公司
运城市盛世广厦房地产开发有限公司
运城市广厦房地产开发有限公司
运城市世纪环球置业有限公司
运城市明珠房地产开发有限公司
运城市锦博渊房地产开发有限公司
山西盛地房地产开发有限公司
运城市广鑫房地产开发有限公司
运城豪德贸易广场开发有限公司
运城市华荣房地产开发有限公司
平陆欧达房地产开发有限公司
运城市柄全房地产开发有限公司
山西省运城鑫源房地产开发有限公司
闻喜县红鑫房地产开发有限公司
闻喜县民生房地产开发有限公司
闻喜县龙海房地产开发有限公司
闻喜县鑫河房地产开发有限公司
山西津辉建筑实业有限公司
河津市建筑工程有限公司
山西宇丰房地产开发有限公司
运城市弘昊房地产开发有限公司
临猗县锦达房地产开发有限公司
山西金博雅房地产开发有限公司
运城市通联房地产开发有限公司
垣曲县金龙房地产开发有限公司
山西乾得龙房地产开发有限公司
运城市美汇达房地产开发有限公司
运城市半岛房地产开发有限公司
运城市延鑫房地产开发有限公司
山西星河房地产开发有限公司
运城市高盟房地产开发有限公司
运城市建宇房地产开发有限公司
山西天兆房地产开发有限公司
运城市五兄弟房地产开发有限公司
运城市欣达房地产开发有限公司
运城市鑫鑫房地产开发有限公司
运城佳兆房产开发有限公司
山西强鑫房地产开发有限公司
绛县房地产开发公司
绛县瑞天房地产开发有限公司
绛县钰鑫房地产开发有限公司
河津市政房地产开发有限公司
河津市三联房地产开发有限公司
新绛县绛鑫房地产开发有限公司
闻喜县鸿光房地产开发有限公司
垣曲县鑫泰房地产开发有限公司
垣曲县五龙房地产开发有限公司
山西省平陆县鑫慧房地产开发有限公司
平陆县恒达房地产开发有限公司
山西卓里集团丰源房地产开发有限公司
芮城县金桥房地产开发有限公司
运城市建辉房地产开发有限公司
山西鑫涛房地产开发有限公司
山西飞达鑫房地产开发有限公司
山西省运城市隆港房地产开发有限公司
运城市恒佳苑房地产开发有限公司
临猗县伟达盛房地产开发有限公司
山西晟哲鑫房地产开发有限公司
运城市北海房地产开发有限公司
运城市瑞泽诚房地产开发有限公司
运城市润森房地产开发有限公司
永济市馨怡家房地产开发有限公司
山西南风惠嘉房地产有限公司
运城市桐浩房地产有限公司

嘉禾房地产开发有限公司
山西海容房地产开发有限公司
运城市华泰房地产开发有限公司
运城市盐湖区龙达伟业房地产开发有限公司
山西银海房地产开发有限公司
运城市天缘房地产开发有限公司
山西世捷房地产开发有限公司
山西省瑞安房地产开发有限公司
运城金运房地产开发有限公司
山西荣盛家园房地产开发有限公司
运城市鼎元房地产开发有限公司
运城富邦房地产开发有限公司
芮城县盛世华庭房地产开发有限公司
山西华曦房地产开发有限公司
运城市嘉逸房地产开发有限公司
运城市晟嘉房地产开发有限公司
运城市迎太房地产开发有限公司
运城市绿美房地产开发有限公司
临猗县华迪房地产开发有限公司
山西华晋新生活房地产开发有限公司
闻喜县闻海房地产开发有限公司
平陆春元祥房地产开发有限公司
山西众联房地产开发有限公司
平陆虞圣房地产开发有限公司
山西华曦房地产开发有限公司临猗分公司
山西中冶东晟房地产开发有限公司
运城市恋家房地产开发有限公司
运城经济开发区腾飞房地产开发有限公司
山西恒睿达房地产开发有限公司
运城市金恒房地产开发有限公司
运城深国投商用置业有限公司
运城市东方润达房地产开发有限公司
运城市鸿腾房地产开发有限公司
新绛县汇洋房地产开发有限公司
垣曲万盛房地产开发有限公司
垣曲县昌盛房地产开发有限公司
临猗县玮昊房地产开发有限公司
山西馨博园房地产开发有限公司
林州市凯业房地产开发有限公司临猗分公司
运城市金城房地产开发有限公司
山西金宝圣房地产开发有限公司
运城市云鼎房地产开发有限公司
运城市荣达房地产开发有限公司
运城市鑫宇房地产开发有限公司
运城市德润房地产开发有限公司
运城市旺鑫房地产开发有限公司
运城市三盟房地产开发有限公司
运城市恺鑫房地产开发有限公司
山西省运城市金磊阳光房地产开发有限公司
运城市祥瑞房地产开发有限公司
运城磐石房地产开发有限公司
运城市远航房地产开发有限公司
山西丰泽源房地产开发有限公司
运城市华都房地产开发有限公司
山西国范房发产开发有限公司
闻喜县八达房地产开发有限公司
平陆天盛房地产开发有限公司
山西宇华腾飞房地产开发有限公司
运城市盛之都房地产开发有限公司
绛县飞龙房地产开发有限公司
绛县民生物业管理有限公司
绛县瑞天物业管理有限公司
绛县晟华物业管理有限公司
绛县爱家物业管理有限公司
芮城县魏风房地产价格评估事务所
芮城县富民南路芮平房产信息服务中心

省住建厅机关

厅办公室
厅综合处
厅人事教育处
厅法规处
厅住房改革与发展处
厅住房保障处
厅城乡规划处
厅标准定额处
厅房地产市场监管处
厅建筑与勘察设计市场监管处
厅城市建设处
厅村镇建设处
厅工程质量安全监管处
厅建筑节能与科技处
厅住房公积金监管处
厅计划财务处
省重点工程建设办公室
厅直机关党委
厅纪检监察室

省住建厅直属机构

省城市建设档案馆
省设计审核室
省建设工程质量监督管理总站
省建筑安全监督站
省重点工程建筑技术服务中心
厅稽查办公室
省建设信息中心
厅宣传中心
省建设工程保险与担保管理办公室

省工程建设标准定额站
山西建筑职业技术学院
山西省城乡建设学校
山西省城乡规划设计研究院
山西省勘察设计研究院
省城镇规划建设发展中心
山西省建筑设计研究院
山西省建筑科学研究院

其他

中国中建设计集团有限公司山西分公司
太原我爱我家房屋置换有限公司
建设银行山西省分行住房金融与个人信贷部
中国民生银行地产金融事业部太原分部
中国民生银行股份有限公司太原分行
山西翰思正道投资顾问有限公司
山西圆通干混砂浆有限公司
太原市旭辉力华文化传媒有限公司
太原市恒达世行房地产顾问有限公司
山西金玛财务服务有限公司
山西亚龙盛景建材有限公司
山西亮龙涂料有限公司
山西锋卫律师事务所
太原市远大未来广告有限公司（腾讯网太原站）
山东华建铝业集团有限公司
山西克尔瑞房地产信息咨询有限公司
山西凝固力新型材料有限公司

附 录
Appendix

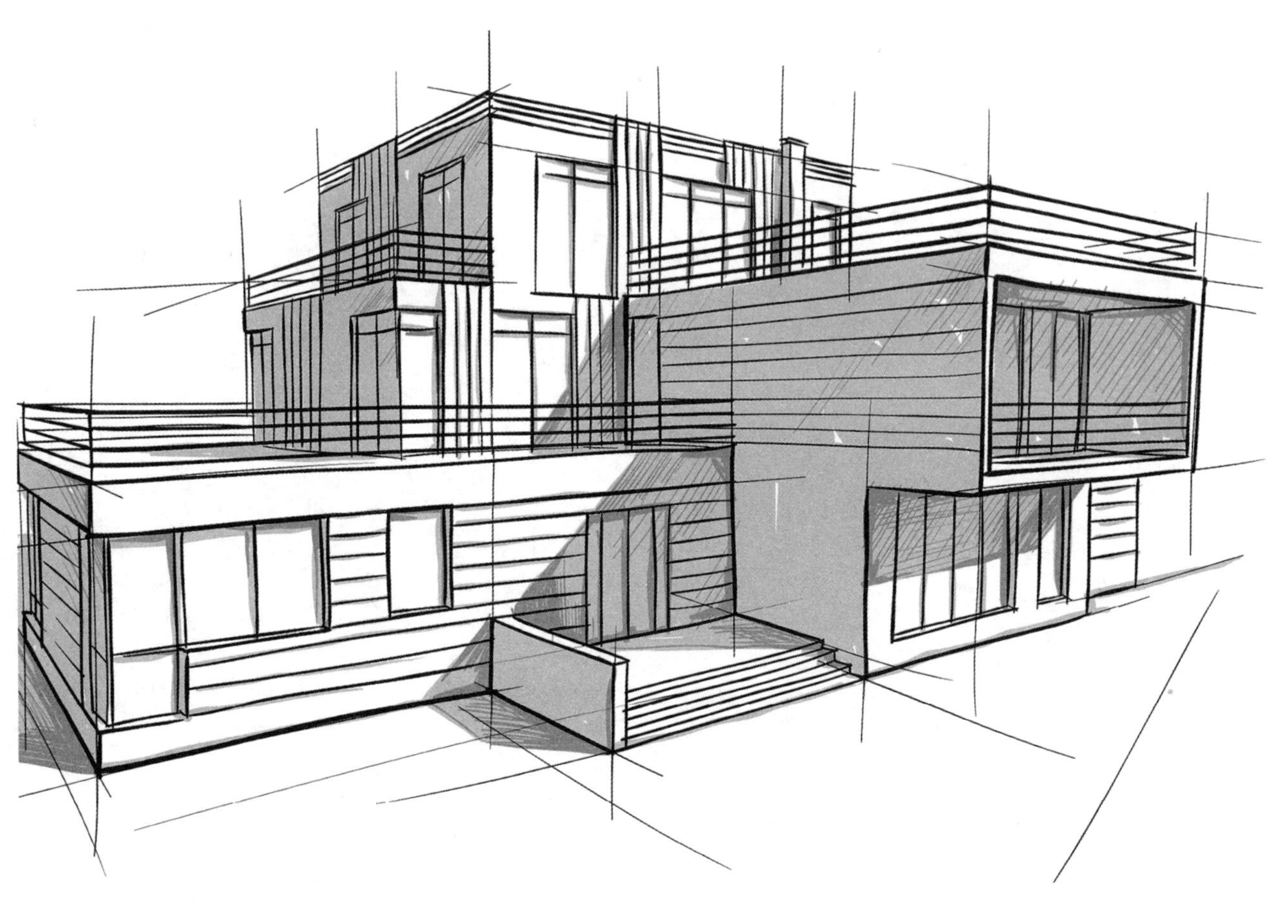

"广厦奖"山西地区获奖项目

第一届（2007 年）

金色水岸·龙园　大同翔龙集团房地产开发有限责任公司

第二届　（2008 年）新世纪花园　太原市小店区综合开发公司

第三届（2009 年）

阳光地带住宅小区 山西阳光房地产开发有限公司

第四届（2010 年）

新兴国际文教城 辰兴房地产发展股份有限公司

第五届（2011 年—2012 年）

开莱国际社区 忻州开来房地产开发有限公司
龙湖·国际　晋中市龙湖房地产开发有限公司

第六届（2013 年—2014 年）

恒大·绿洲恒大地产集团太原公司

山西省"信用示范企业"房地产开发企业获奖名单

一、山西省首届百家"信用示范企业"房地产开发企业获奖名单

1、山西智诚房地产开发有限公司
2、长治市宏图房地产开发有限公司
3、吕梁远安房地产开发有限公司

二、山西省第二届百家"信用示范企业"房地产开发企业获奖名单

1、山西智诚房地产开发有限公司
2、辰兴房地产发展股份有限公司
3、阳泉市金地房地产开发有限公司
4、长治市杰盛房地产开发有限公司
5、长治市宏图房地产开发有限公司
6、山西星河房地产开发有限公司
7、吕梁远安房地产开发有限公司
8、山西兰花（集团）房地产开发有限公司

三、山西省第三届"信用示范企业"房地产开发企业获奖名单

1、山西东龙逸居房地产开发有限公司
2、恒大地产集团太原有限公司
3、山西华龙泰房地产开发有限公司
4、太原我爱我家房地产经纪有限公司
5、山西万景源房地产开发有限公司
6、太原星河湾房地产开发有限公司
7、辰兴房地产发展股份有限公司
8、临汾平阳房地产开发有限公司

四、山西省第四届"信用示范企业"房地产开发企业获奖名单

1、山西华夏房地产开发有限公司
2、山西万景源房地产开发有限公司
3、山西智诚房地产开发有限公司
4、太原我爱我家房地产经纪有限公司
5、辰兴房地产发展股份有限公司
6、临汾恒安房地产开发有限公司
7、临汾平阳房地产开发有限公司
8、忻州国力房地产开发有限公司
9、山西晋业房地产开发有限公司

国家康居示范工程山西项目

太原市大唐・双喜城

项目名称：太原市大唐・双喜城
开发单位：山西大唐双喜置业有限公司
设计单位：海南京创国际建筑设计研究有限公司

"大唐・双喜城"项目位于太原市小店区建设南路以西，亲贤街以北，项目总占地面积约为10.5公顷，住宅面积约为340000平方米，总建筑面积约380000平方米，容积率3.75，绿化率35%以上。场地原为双喜轮胎厂厂区，地形平坦，场地东侧、南侧临主要交通干道，交通十分便利。主要开发建设内容包括高层住宅、商场、公寓、公建项目等。其中高层住宅、公寓采用短肢剪力墙结构，消防站、幼儿园采用框架结构，会所采用钢结构。

昌盛中国地产秉承开发城市高端住宅项目，打造区域地标性建筑的历史，在尊重与继承山西历史文化的基础上，结合现代科技手段及高品质的服务打造太原市首屈一指宜居社区。全面提升太原市房地产开发质量，推动区域地产市场的发展。大唐双喜城"发挥集团在规划、设计、开发、营销、服务等各方面优势，邀请香港许李严建筑事务所打造了总建筑面积约47万平方米，地上建筑面积约38万平米的高尚社区，并由澳大利亚贝尔高林担当景观设计，聘请世界知名物业管理公司进行物业管理，从各个方面全力打造"大唐双喜城"，重视新技术、新工艺、新材料、新产品的推广，增加住宅科技含量，严格执行节能建筑标准。

节地与室外环境

"大唐・双喜城"项目是以住宅为主，兼有商铺和小户型公寓的综合小区，共有20幢建筑物组成，总建筑面积约380000平方米，具体情况如下：

高层住宅共14幢，总建筑总面积约为270000平方米，均为框架剪力墙结构，其中层数分别为25层、28层、29层、33层四类。

商业建筑共6幢，总建筑面积为50000平方米，均为

框架结构，其中层数为3层的共3幢，层数为4层的共2幢，层数为8层的共1幢。

小区会所用房面积合计约为8000平方米，混合结构。

小区内设有一所幼儿园，砖混结构，共3层，总建筑面积约为2000平方米。

设备用房、地下车库，总建筑面积共计70000平方米，共1881个车位，框架剪力墙结构。

小区地上停车场面积约为7000平方米（不计入建筑面积），共有车位302个。

居住区绿化环境保障技术：

1、优质绿草坪及苗木技术。选用适合于太原气候的优质草坪、树种，科学管理。

2、透气透水性铺装材料和施工技术。

（1）选用优质石材，加强砖，用于人行便道、活动场地的铺装，有较好的透气、透水性能，有利于充分利用雨水资源，减弱雨水的地表经流，减轻城市排水压力，改善居住区生态环境。

（2）草坪隔栅技术：草坪隔栅呈网格，草种通过隔栅网下孔与土地连接，使草坪生长。可承载车辆通行。

居住区生活垃圾收运和处理技术：1、垃圾袋装分类收集技术。用不同颜色垃圾袋分装垃圾，上门收集服务。2、小型压缩式垃圾收集、转运站技术。小型固定式压缩站，服务范围内垃圾倒入后，由压缩装置压入配套垃圾箱，由拖车送处理场。特点是占地小、场地选择灵活，效率高。适用于小区垃圾收集、运输。

厨房烟气集中排放系统：

竖向系统1、排放系统由脱排油烟机、变压止逆阀、排烟气道、屋顶风帽四部分组成；2、有配套的定型配件及产品清单，确保小区无烟气污染。

将完全消除工业污染，因项目开发而进行的市政配套、道路、绿化、园林景观的改进，将大大改善周边环境。按照项目提出的实用性、舒适性、安全性、生态性的设计规

划要求，将为社会提供一个具有完善基础设施、优美人居环境的文明小区和明星楼盘。

采用的成套技术

1、推广运用加气砼切块，轻质隔墙板；

2、挤塑聚苯乙烯板材保温；

3、断桥铝合金中空玻璃窗的应用；

4、推广小区智能化技术，确保安全和物业管理的现代化；

5、推广应用变频供水、燃气锅炉供热水技术；

6、推广应用中水回用技术、垃圾处理技术；

7、太阳能的利用；

8、推广使用PB地板低温辐射采暖技术；

9、推广节能灯具的使用；

10、冷媒一拖多中央空调技术的使用；

11、推广应用泳池三集一体气源热泵节能技术。

规划设计严格遵照日照间距要求并保证绿化率不低于35%；节能设计依据：《公共建筑节能标准》DBJ04-241-2006、《民用建筑节能设计标准山西地区实施细则》DBJ04-216-2006、《采暖通风设计规范》JB50019-2003、《公共建筑节能设计标准》GB50189-2005，大量采用挤塑聚苯乙烯板材保温、断桥铝合金中空玻璃窗、变频设备等；节水方面采用中水回用技术、节水卫生设备；节材方面大量采用给水PPR、排水UPVC、加气混凝土砌块、GRC轻质隔板、冷媒铜管等新型材料；室内环境精装修房全部采用新型环保材料，确保无污染。运营管理采用智能化系统。

节能与能源利用

1、加气砼块自重轻，隔热保温性能好。便于施工，填充围护结构。

2、GRC轻质隔墙容重600kg/m3，自重轻、分隔灵活，施工方便，节约占地面积。适用于内墙非承重墙分隔。

3、挤塑聚苯乙烯板自重轻，保温隔热性能好，便于施工。用于短肢剪力墙结构的外墙保温层。

4、断桥铝中空玻璃门窗传热系数低，隔热性能好，隔音性能、气密性、水密性好，耐冲击，防火，用于本项目所有外立面门窗。

5、供暖采用低温辐射地板采暖，分户计量技术供水温度低，散热效果好，节能、舒适，节省室内空间，用于本项目所有室内采暖。

6、中央空调变频控制，变频控制流量，冷媒直接换热，节能效果明显。

7、利用太阳能路灯利用可再生能源，降低能耗。

8、优化型中高层住宅电梯成套技术。（1）适用于7—35层不同住宅类型的节能电梯，电梯配置与住宅建筑设计和施工统筹考虑；（2）载重量、轿厢尺寸、速度等参数符合不同住宅的交通计算及运行模式；（3）采用不着变频变速变压控制系统。

9、居住区水压水质保障技术（1）、水压保障技术。变频调速装置的水泵加压设备，保证用户水压稳定、合理、节能。（2）、水质保障技术。水质达到国家生活饮用水标准。设置封闭式水池，定期消毒，保证用户水压稳定、合理、节能。

10、在会所游泳馆制冷供热系统节能技术采用三集一体热泵节能，比常规制冷供热系统节能50%以上。该系统工作程序通过不断循环运行，以较低的能耗实现“除湿、池水加热、空调”三个系统的和谐平衡。

节水与水资源利用

1、小区全部采用节水型为生器具及水龙头

2、中水利用处理设备系统：模块式SBF系列污水处理，收集生活污水及经处理后满足城市杂用水标准，用于小区绿地喷洒、洗车、浇路、景观用水等。

室内环境质量：根据太原当地自然气候及人们日常生活习惯，户型设计南北通透、动静分离、布局合理；水、电、煤气、电视、电话、宽带、楼宇对讲各类设施全部到位；装修材料全部采用环保材料，确保室内空气质量。

运营管理：小区现代化管理成套技术（包括智能化计量收费、安全防范、设备智能监控、家庭现代通讯等技术）

1、智能化计量收费技术：（1）可将住户的水、电、燃气消耗数据自动采集并传送到管理部门的计算机中，免去入户抄表、收费等程序。适用于具有物业管理能力的住宅区或单体住宅楼。（2）可实现分户计量计费（采用IC卡等）。

2、安全防范系统技术：（1）区域周界防范系统；（2）可视楼宇单元安全门对讲或可视对讲。（3）可实现对住宅偷盗、火灾、有害气体泄漏的紧急呼叫报警。（4）可实现区域联网便于物业管理部门管理。（5）巡更保安系统。

3、设备集中监控与管理技术：采用计算机技术、通讯技术、自动化技术及集中监控技术，对住宅小区的关键设备及设施实现集中监控管理（对公共设施、供电、供水、供气、供暖、电梯及车库运行情况进行集中监控管理）

4、地下车库现代管理成套技术：地下车库无人管理，采用红外线控制，自动计费。

5、家庭现代通讯技术：1）利用小区信息中心实现小区内外信息互通，资源共享；通过家庭电脑联网可阅览各图书馆内的电子书籍和出版物；（2）用户在家中通过网络终端购买商品并自动结算；可与小区物业管理中心实现各项费用的自动结算

6、产业现代化集成管理系统（CIMS）：从住宅工程策划、设计、施工、性能认定及物业管理，进行科学优化，

达到合理利用资源，提高管理效率。

编后语：

“大唐·双喜城”项目以历史与现实的碰撞为精神核心，以山西独有居住文化为蓝本，以地块得天独厚的发展潜力为依托，以现代化科学技术为手段，展现山西丰厚的历史文明的同时张扬现代建筑的生态、环保、科技等优势，同时为业主提供世界品质的生活享受。

“大唐·双喜城”，根据太原市城市总体规划，与本地经济发展水平相协调，力争有所突破，充分考虑太原市民居住需求，为大家营建一个健康、舒适、节能、环保的生活空间，为推动太原市住宅建设水平的提高，带动太原市住宅产业现代化的发展起示范作用。

国家康居示范工程山西项目

太原丽泽花苑

项目名称：太原市丽泽花苑
开发单位：山西九昌房地产开发有限公司
投资单位：中化二建集团有限公司

“丽泽花苑”项目位于太原市滨河西路与南中环桥交汇处西南角，占地面积43866平方米，建筑面积150000平方米，总户数976户，容积率3.50，绿化率40%，停车位1200个，由7栋32层高层组成，是规划中的太原市新的政务中心——长风商务区的配套项目。

区位优势

交通圈、商业圈、文化圈、教育圈、生活圈、风景圈、医疗圈、商务圈八大中心圈，八达通八方。

地段：城西南，汾河岸，长风商务区南侧，城市准核心区域。

交通：汾河东西路、南中环街、晋祠路、龙城大街、长风西大街，网状交通，路路通达；规划地铁4号线、新建太原铁路南站、太原国际机场新航站，多样选择，出行顺畅。

景观：东倚汾河西岸、西望晋阳湖畔、坐拥两大水景公园，享受360度全景观水漾生活。

文化：长风商务区七大场馆（省科技馆、省图书馆、山西大剧院、山西体育中心、中国（太原）煤炭交易中心、太原美术馆、太原博物馆）围绕在侧，山西广电集团即将坐落为邻，多彩文化生活天天璀璨上演。

教育：西侧规划中幼儿园小学将陆续开放，山西省实验中学分校隔河相望，丽泽花苑将成为炙手可热的“学区房”。

医疗：汾河对岸龙城大街上的山西大医院，是山西省规模最大，医疗条件最先进的超大型医院。

购物：未来的长风商务区内，五星级酒店、餐饮娱乐、大型休闲购物中心必经鳞次栉比，全方位满足居民生活需求。

商务：行业翘楚名利沙场、企业大鳄风云际汇，长风商务区社保大厦、山西省考试中心、中化二建科技研发大厦等企业总部基地，感受世界财富脉搏蝴蝶振翅。

项目总体布局

丽泽花苑”项目按照《国家康居示范工程实施大纲》标准，以为业主带来舒适便捷的生活为目的，以最新的住宅科技应用为基础，打造中化二建房地产的“标杆”住宅项目。项目结合基地尺度及日照影响，整体平面布局采用单元板式高层，建筑物交错布局、舒展排列，形成围合空间和大面积的绿地，并以绿地为主线，联系各栋建筑物；在满足容积率的前提下，利用单体的前后错动形成优雅流畅的平面布局。沿街形成富有韵律感的建筑立面，充满活泼和流动感；建筑围合成边界自由的中心绿地，延伸至各幢建筑之间，使各块绿地得以流通，前后庭园可观可及，增强了空间的层次和延伸感。在中心绿地前设置广场水景，阳光草坡，形成景观序列的高潮，从而增强了小区的空间的戏剧性；公共空间引导和围合性强，空间态势更富有"人性化"，充满亲切温馨之"家"的感觉。从庭院内部随视点转移逐步展开不同空间序列，使人心理上产生和谐中的一系列叹奇，形成一种舒畅高尚的总体印象。

建筑风格

丽泽花苑在建筑风格设计引导上，体现大气，古朴，内向，凝重，宏远。本方案致力于创造一个优雅自然的居住环境，建筑立面形式采用中国传统风格做法，提取城市的文化符号，结合大面开窗，并在上面一层采用退台的方法，虚实对比，层次丰富，在整体和谐的情况下加入传统的细部处理，凸现建筑雅致的一面。对于形式的设计是建筑师工作中最具艺术特质的部分，形式的成果主要通过视觉来感知。形式包含视觉所能感受的一切东西，除了空间的构成以外，还包括构成空间的表皮，就是常说的（立面）。简约的立面设计，不累赘、不繁琐，再次将少则多的论点，演绎的经典恒久，韵味深长。

建筑结构

在丽泽花苑项目施工中，地基处理方法采用了钢筋混凝土灌注桩（比预估的桩基承载能力可提高20%）；有效桩长40米，全部支撑在持力层上。建筑物耐火等级为地上一级、地下一级，1#-7#全部为一类高层建筑，建筑物抗震设防烈度为8度。

该项目整体结构采用现浇混凝土剪力墙结构，钢筋用每平米 80KG，车库为每平米 100KG，远远大于其它楼盘项目钢筋含量（一般地产项目 50KG-60KG/ 每平米），为业主提供了安全舒适的生活空间。地库施工时采用了多栋高层大面积连体施工技术，这样地下室和楼体紧密的连接在了一起，比普通施工方案整体性好，抗震性更强。

新技术的应用

小区建设在住宅产业化方面较全面集成了我国目前较先进的成套技术，从各个方面全面的提升小区住宅的综合品质，将使小区具有舒适、环保的住宅，完备、便民、美观适宜的配套设施。

（一）太阳能光电转化系统和太阳能热水系统，节能灯、电子延时和声控系统。

（二）外围护结构保温系统

窗户采用断桥铝单框 中空双层玻璃。

外墙外保温采用玻化微珠保温砂浆。

屋顶外保温采用矿棉板做保温层。

（三）小区智能化管理成套系统

设置闭路电视监控系统、可视对讲与防盗门禁系统、实现安防一卡通。

（四）建筑施工成套技术。泵送混凝土技术，冷轧带肋钢筋应用，电渣压力焊接技术，电动爬梯，轻型大钢模成套施工技术。

窗局部分解

每扇窗的后面必然隐藏着一种生活方式，主人的性情大致可通过窗子开启的方式、次数及窗帘停留的时间加以判断；卫生间格窗，在确保私密性的同时，可使空间变得明亮而更具人性化；落地窗创造出巨大的采光面，为厅内带来充足的自然光线；断桥铝合金窗户，保温性好、隔音性好、耐冲击、气密性好、水密性好、防火性好、防盗性好、免维护；飘窗更贴近自然，咫尺自我。同时，如此阔达的窗户不计入销售面积，可谓鱼与熊掌兼得；钢副框技术弥补门窗型材与墙体间的缝隙，利于防水；2、增强门窗水平与垂直方向的平整度；3、后装法利于门窗成品保护；Low-E 中空双面钢化玻璃。又称低辐射玻璃，是在玻璃表面镀上多层金属或其他化合物组成的膜系产品。使其与普通玻璃及传统的建筑用镀膜玻璃相比，具有优异的隔热效果和良好的透光性。

阳台

丽泽花苑带落地窗的阳台设计，创造出巨大的采光面，为厅内带来充足的自然光线。配合板式阳台的宽绰设计，形同阅兵高台；独特的 L 型转角设计，视野所能触及的汾河水景世界全由心情调遣。

局部之单元大堂

车库

车库入口采用仿古砖的材质及与天同色调的钢化玻璃。强调归家的仪式感，以体现社区阶层形象与气质。阳光穿过玻璃所创造出的斑斓，并结合结构主义的设计手法可唤起居者归家时的奇思异想。

采用的部分材料

散热器：整体压铸成型，无焊接，耗材少、自重轻、水容量小、散热快、散热面积大等，较之铸铁产品节能 50%，较之钢材料节能 30%，非常符合国家节能、环保、安全耐用的供热要求。

五金件：采用最优良的国标 304# 不锈钢（太钢、上海宝钢），优质 3#、5# 锌合金和 6063-T5 压铸专用铝合金原料，美国杜邦公司 PA66、聚甲醛、工程塑料等。

防盗、防火门：加厚门框 1.5MM 厚超过国家乙级防火门门框钢板要求 1.2MM，选用了防火门镜人性化设计。整门选用电镀锌板，加强防腐性、耐火性。防火板选用了全铺盖环保低碳的珍珠岩防火板。

采暖管：采暖管道在任何情况下不降级使用原料，该材料为供水、供暖设备提供了：耐高温性、良好的抗拉、压强度、高冲击强度、低蠕变性、高柔任性等特性。

防水：项目生间防水为 1.8 厚聚氨酯防水涂料，墙面增加 1.8 米高好涂壁防水层。其它地产一般不设此项防水。解决了卫生间漏水的隐患。

小结

百年建筑，质量为先。丽泽花苑从建筑设计、材料采购、质量安全到施工建设等各环节严格把控；该项目在建设上积极推广先进、成熟、适用的新技术、新工艺、新材料、新产品，实现标准化、工业化和装配化，住宅的功能与环境达到文明居住水准，在舒适性、安全性和耐火性方面达到国家商品住宅性能认定的一类 2A 级标准，并符合康居示范工程的建设要求，整个建设过程实现住宅建设全过程的计算化、信息化、集成化，提高决策水平和科技含量，缩短施工周期，提高劳动生产率，在本地区起到示范带头作用，推动住宅产业现代化进程。

国家康居示范工程山西项目

太原澳林·滨河花园

澳林·滨河花园是太原化学工业集团房地产开发有限公司依托太原市长风商务区精心打造的商品房项目。澳林滨河园项目道路交通发达四面环路，与新晋祠路相距约200米，新晋祠路以东为长风商务区，规划建设包括：24层——30层商品住宅楼9栋，托幼1所，西北向沿街为2层底商。规划建设用地107.24亩，规划净用地84亩，总建筑面积196000平方米，容积率3.5。项目采用超大景观设计理念，重点提升居住品质，满足为提高住房质量人群购买需求，是都市人紧张忙碌工作之余身心放松的良好境地。

居民生活成本，同时壮大转型发展力量，拓宽“非化”产业经济道路。

项目亮点二、该项目应用世界先进的小区绿肺绿化理念，超大绿化面积规划，并适时配以景观水系，小区内呈现绿树掩映、鸟语花香，其乐融融的和谐景象。

项目亮点三、户型设计均聘请国家知名设计单位，结合北方住宅的基本特点，体现南北通透、气派实用、舒适大气、采光充分、私密性强，营造美好生活空间。

该项目积极采用新技术、新工艺、新设备、新材料，建筑墙体采用当地产煤矸石大孔砖，并结合外墙及门窗中空玻璃等节能产品可实现建筑节能65%的要求。

项目亮点一、水源热泵和中水回用技术，依托太化集团自身优势，做到洁净无污染供暖，中水回用系统将降低

项目亮点四、由于长风商务区的建成，将幅射带动周边的繁荣发展，市府南街，中环路的通衢，以及新晋祠路多座过街天桥的建设，势必带动该区域餐饮娱乐产业的兴起，在未来三年内必将出现平地起厦千万间，万家灯火夜阑珊的景象。

国家康居示范工程山西项目

太原大唐·四季花园

开发建设单位：山西大唐房地产开发有限公司
规划建筑设计单位：中国有色工程设计研究总院深圳分院

国家康居示范工程是以住宅小区为载体，以推进住宅产业现代化，提高住宅质量为总目标，通过示范小区引路，提高住宅建设总体水平，加速科技成果转化，实现住宅产业现代化。也是转变住宅产业发展方式，用最经济、最有效率的方式向市场提供有质量保证、性价比高的住宅，可以促进住宅产业和房地产市场健康可持续发展。所以在这一年里我们会陆续向大家展示山西优秀国家示范工程。通过对康居住宅示范工程成功经验的总结、推广，进一步提高山西康居示范工程小区的规划设计及建设水平，做到有所创新，有所突破，实现社会、环境、经济效益的统一。

该小区位于山西省太原市千峰南路以东、大王村以西、后王村以南、纺织街以北，规划总用地面积7.11公顷，规划净用地面积7.11公顷，住宅用地面积4.69公顷。建设规模为12万平方米，其中：住宅9.7万平方米，配套公建0.8平方米，办公商业区用房1.5平方米。容积率1.69，建筑密度25%，住宅建筑净密度18%，绿化率44.2%，在小区内规划配套12班小学一座。该项目计划投资约2.87亿元。

“大唐·四季花园”以西班牙式风格为主，在18栋造型独特的建筑包围中，花草树木与楼宇和谐交织。小区在规划设计上突出以下特点：

一、“大唐·四季花园” 绿化率高达44.2%，是真正意义上的园林式小区。

二、“大唐·四季花园”建有三个地下车库，车位数为住户的50%，住户在停车后可乘电梯从车库直接入楼，方便而私密，是真正实行人车分流的住宅小区。

三、“大唐·四季花园”在智能化建设方面，推行IC卡管理。无论进入中央广场还是独立庭院、社区会所、单元门禁，都须凭IC卡，使小区管理实现三重安全防护保障。是真正实现“安全三保障、方便一卡通”的安全小区。同时，设置有周界防越报警、电视监控及电子巡更等保安系统。家居内设置煤气泄漏和紧急求助报警系统等。

四、根据《国家康居示范工程建设技术要点》、《国家康居示范工程成套技术量化评价指标》，结合当地实际情况，大唐四季花园采用了以下系列的住宅成套技术体系：

1、采用粉煤灰加气混凝土块及GRC隔墙做隔墙、隔断；

2、外墙外保温选用舒乐舍板或聚苯颗粒外墙砂浆保温；

3、建筑外窗全部选用塑钢中空玻璃窗；

4、小区采用模块式SBF系列污水处理中水回用技术，用于小区绿化、景观及洗车等。

5、小区有机垃圾处理采用HYW微生物有机垃圾处理技术，使小区有机垃圾降解率在95%以上。

6、小区B－1、B－2楼采用阳台式真空太阳能与电热水器结合技术，满足住户的生活用热水；

7、小区生活用水采用变频调速恒压供水技术；

8、小高层建筑选用永大日立全数字化电梯；

9、小区设置通讯网络机房，数据宽带网实现10兆到户，有线电视网可提供数字电视的播放。

国家康居示范工程山西项目

太原天赐康缘住宅小区

开发建设单位：太原恒广源房地产开发有限公司

康居示范工程通过对新材料、新技术以及先进适用成套技术的研发、生产和推广应用，不仅提高了住宅的使用功能质量、工程质量、环境质量，同时也推进了住宅产业的现代化。所以坚持走科技含量高、经济效益好、资源消耗低、环境污染少、人力资源优势得到充分发挥的新型工业化道路，是住宅建设先进生产力的发展方向。作为国家康居示范工程之一的天赐康缘住宅小区正是如此。“天赐康缘”是由太原市恒广源房地产开发有限公司精心打造的高品质生活社区，位于小店区汾东新区的中心位置，东邻富士康工业园区，西北方是高新技术开发区，东南方是太原经济开发区和教育园区(大学城)，该小区占地面积约168亩，建筑面积28万平方米，40%的高绿化率，38-77米奢侈楼间距以及270度外飘窗。

一、总平面规划

天赐康缘住宅小区总用地面积为9.97公顷，代征城市道路用地为1.38公顷，代征城市绿化用地0.16公顷。居住区用地为8.43公顷。其中住宅用地面积为4.93公顷，公建用地面积为1.55公顷，道路广场用地面积为1.27公顷，公共绿化用地面积为0.68公顷。小区由16幢板式高层住宅、3幢点式高层住宅、2幢板式高层公寓以及配套公建四部分组成。

一期为东南区，布置有4栋高层住宅及部分临街商业与配套公建，全部已建成。

二期为东北区，布置4栋正在施工中。采用的建设技术主要有：采用纯剪力墙结构体系；外墙采用聚苯板外保温；屋面采用挤塑聚苯板保温；采用集中供热低温热水地板热辐射采暖系统；外窗均采用中空玻璃塑钢窗。一、二期中所有建筑面积大于120m^{2}的套型均采用了错层式设计。

三期为西区，布置有7栋住宅、2高层公寓及及部分临街商业与配套公建，采用的建设技术主要有：中水回用系统；雨水回用系统；管道直饮水系统；太阳能集中热水供应系统；住宅室内装修一次到位，直接入住，实现交钥匙工程。

建设总用地面积为9.97公顷，规划建筑面积约为30万平方米。

二、功能布局

根据太原市总体规划设计，小区沿康宁街、真武路及北侧东侧两条规划路布置了配套公建。布置了会所、商场以及为小区配套服务的超市、商铺等，充分体现沿街面的商业价值。它们既服务于小区，亦可服务于周边地区，在管理上可相对独立。另外在小区机动车入口处布置了幼儿园等公建，方便居民使用。

高层住宅围绕中央绿地呈向心式布局。在靠真武路一边布置高层住宅楼以屏蔽干道对小区的干扰，形成规划设计的整体感。小区形成四个组团式片区，板式楼长短不一，错落有致，打破了兵营式布局的单调呆板。

高层点板式住宅—弧心式布局

中央绿地周围弧心地布置了三栋点式高层住宅，为整个小区的核心，有效的连接了东西四个组团片区，使小区形成了一个有机的整体。

1、空间构成

小区整体呈由南向北逐渐增高，由中央绿地向外逐渐增高的态势，高层板楼通过退台形成高低错落，空间形态丰富多变。

各住宅楼间作为户外交往空间是半私密性的，人们置身于其中有归属感和安全感，为邻里的交往提供了方便，这些空间由于板式楼而呈带形。宅间空间与中央公共空间既相互独立，又相互渗透，缩放有致，形成对比。一系列形状不同、大小各异、高低有别的室外空间将整个小区串联在一起，流畅自然，浑然一体，从而达到了功能与形式的统一，满足居民由公共－半私密－私密的心理需求。

2、住宅设计

高层住宅均为单元式住宅，一梯两户，一梯三户，户型面积有90m^2、100m^2、120m^2、140m^{2}几种不等，其中90m^{2}为主力户型。住宅设计中始终强调“以人为本”的住宅设计理念，努力建构一个人性化的居住环境。

2.1 合理的房间尺度，合理的功能分区

根据人体尺度及功能要求，设置不同功能的空间尺度。比如：设计客厅时，均留有两面相对较长的实面墙，保证起居空间能容纳一个小型家庭影院；厨房设计考虑洗、切、

烧的顺序来安排设备，配置相应的案台，并留有冰箱位置；卫生间将洗浴、便溺、盥洗、洗衣功能加以组合分隔，并考虑洗衣机位置。

户内设计功能空间做到动静分离，洁污分离，公私分离，食寝分离，居寝分离等，通过恰当的空间划分使居住生活空间和生活行为适得其所，进而获得最佳的居住空间环境。

为提高居住品质，每种套型内均留有相当的储藏空间，在大套型内设有步入式更衣间。

2.2 重视朝向、采光及通风

户型设计保证每户主卧室及起居室都有一个向南的朝向，做到明厅、明卧、明厨，餐厅的设置也相对独立，靠近外墙，自然采光。户型设计皆考虑穿堂风路线短直，特别是南北起居厅与餐厅对穿的户型设计，通风流畅。厨房、卫生间采用变压式通风道将臭气和潮气排出室外。

2.3 设备管网的有效组织

所有厨房、卫生间均设集中管井，保证室内美观。结合住宅小区的发展趋势，在单元公共区内设置管井，每户均采用电表、水表、暖表三表出户系统，为小区物业管理提供了方便，为智能化小区创造了条件。

2.4 宜人的公共部位设计

公共部位的设计充分体现了人性化空间的特点。每栋楼的一层均设计了面积适当、空间形态完整的大堂空间，所有公共部分均采用无障碍设计，以满足残障人士及老年人的要求。

2.5 重视室内外空间的组织

如何将室外优美的环境渗透到室内来，在住宅设计中易被忽略。本方案设计中南向起居室及卧室等均采用大面积落地窗台、中空玻璃窗，南向阳台亦采用低栏板，这样室外美景尽收眼底，形成了内外交融的效果。端单元户型均特殊设计，面向中心广场做大面积落地玻璃窗，使人们拥有良好的视野和融入自然的感觉。所有住户均能做到户户有景，强调了环境的均好性。

2.6 立面设计

立面通过墙面的虚实对比，玻璃与实墙的材料质感对比，形成简洁流畅、力度感人的形象和丰富的立面效果，整个造型体现出技术浪漫主义风格，塑造出鲜明而真实的现代住宅特性。

立面设计中调动了一切元素作为建筑立面构成的一部分，也是本工程立面设计的一个基本原则，如将空调室外机搁板同阳台或凸窗进行组合设计，避免了立面的杂乱无章。

3、配套公建

为满足居民日常生活所需，保证小区于生活机能上的自给自足，设置了配套齐全的商业服务设施。

小区级主要公建在小区南部及西部，沿康宁街、真武路集中设置，布置了会所、商场以及为小区配套服务的超市、商铺等，充分体现沿街面的商业价值。它们既服务于小区，亦可服务于周边地区，在管理上可相对独立。会所中包括设置了居委会、物业管理等社区服务中心以及健身

房、室内游泳池等休闲活动场所。

小区配备了五班幼儿园，建筑面积约为1200平方米，分四层布置。其内部功能较为齐全，东侧设置各班及集中的儿童游戏场。

每个组团片区设有垃圾收集点及公厕。

小区内还配置了变电站、热交换站、水泵房、煤气调压站等配套设施。

4、道路系统

道路系统的设计以为人、货提供高效、安全和便捷的交通为主旨。机动车交通与步行生活活动，在平面上适当分离，形成便捷安全的人车分流交通系统。

小区内部的道路系统由三种类型的道路组成。小区主要道路呈环状布局，满足机动车、自行车和步行交通的要求，联系全区各住宅组群和城市道路，解决小区与城市交通的联系，路宽6米，两侧各有1米宽人行道。邻里道路满足各邻里单元内部小汽车通达的要求，其道路设计满足应急和消防车辆沿住宅环行的要求，道路宽度不小于4米。中央绿地间布置了绿化步行道，主要为步行和漫步缓跑等休闲健身活动服务，路宽2-3米结合沿路绿化种植设计和环境小品自由布局，地面铺装采用毛石或鹅卵石等自然材质。

5、停车设计

小区停车分为地上和地下两部分。在每两栋高层板式楼之间的绿地下面均设有集中停车库，完全实现就近停放。车库入口设在主要车行道两侧，避免机动车进入组团。地下停车库为机械升降水平横移式车库。地面上在主要干道旁边分散地设置地面停车位，以植草砖铺装辆。

6、绿化景观

小区景观设计摒弃了以往平板一块的做法，结合地形，引入立体绿化的新概念，并且引入“水体”这一景观元素，因为水是环境与生态活动中最重要的因素，是一切生命赖以生存的重要自然资源，设计中利用水体能够起到营造环境，渲染气氛，调节气温，活跃环境等作用。小区绿化体系由小区中心绿化、宅间绿化、沿街绿化、屋顶绿化等层次组成。设计努力使人们在日常生活的每时每刻都能感受到绿化，让绿化形成一个连续的系统。

中央绿地，以水景、喷泉互动，强化中心景观，构图形式自由、饱满又富有张力，颇具现代气质。庭院形态兼

顾高层住宅俯视的效果，创造了良好的心理、视觉环境。中央绿地以大片草地及低矮灌木为主，以保持较开阔的视野。宅间绿地设在地下车库屋顶上，与中央绿地自然分开，但又互相延伸，此处设置了儿童游戏场所、体育活动场地、邻里交往场所，加强了居住区的使用功能，提高了环境质量。

7、科技含量

在住宅产业现代化和科技含量上，于结构体系、围护体系、内隔断体系、管线综合布置体系、屋面体系、厨卫设备体系中体现新技术、新材料以及新的设计方法等。

三、各专业技术设计：

1、建筑专业

高层住宅为钢筋混凝土剪力墙结构，局部选用厚 Gm 板，在地下室与卫生间等较潮的部位填充墙体为厚空心砖。

会所、商场等公共建筑为钢筋混凝土框架剪力墙结构。

2、节能设计

积极贯彻国家节约能源的政策，实现节能50%的目标，小区内住宅及酒店均进行节能设计，满足小于0.30的要求。

2.1 高层住宅外墙为钢筋混凝土墙，采用外墙外保温技术，采用钢丝网架聚苯板现浇混凝土外墙外保温系统。

2.2 屋面保温层采用挤塑聚苯板，地下室顶板下粘贴挤塑聚苯板作为保温层。

2.3 在南北阳台栏板内侧粘贴厚挤塑聚苯板，在阳台首层出挑板下粘贴厚挤塑聚苯板以防止结露。

2.4 所有外门窗均选用塑钢门窗，中空玻璃，以满足节能要求。

3、防水设计

3.1 地下室防水

本工程地下防水等级为二级，根据规范要求，地下室外墙及底板均做全防水处理。地下室外墙和底板均为抗渗混凝土；高层住宅、幼儿园、小楼区在地下室底板下及外墙外粘贴 MEE 改性沥青防水卷材。酒店、写字楼在地下室底板下及外墙外粘贴厚三元乙丙防水卷材。

3.2 桩头防水

桩头防水选用水泥基渗透结晶防水涂料。

3.3 屋面防水

小区内高层住宅的屋面防水等级为II级，设两道防水。

幼儿园等屋面防水等级为 III 级，设一道防水层。

3.4 厨卫成套技术

住宅中厨房卫生间均采用标准化设计，按照模数原则，优化参数，确定厨房卫生间定型设计。在厨房卫生间内均设有集中管道井用于安装上下水管，设有变压式通风道用于通风排烟。在厨房根据洗、切、烧的顺序合理安排了灶具等设备，留有足够的操作平台，予留了吊柜等储藏空间的位置。

4．消防及人防设计

中高层住宅均为 18 层以上，为一类建筑，耐火等级为一级，消防按 GB50045–95《高层民用建筑设计防火规范》设计。每单元设一部防烟楼梯间和一部消防电梯，防火分区、防火间距、消防车道等的设计均符合要求。

设计中幼儿园等均为多层民用建筑，属二类建筑，耐火等级为二级，消防按 GBJ16–87《建筑设计防火规范》设计。防火分区、防火间距、消防车道等的设计均满足要求。

高层住宅的地下二层均按六级人员掩蔽所设计，考虑平战结合，平时作为库房使用。

四、工程中采用的成套新技术

1、住宅结构体系

1.1 承重结构体系

部分层数为高层住宅采用短肢剪力墙结构。

部分层数为 18、20 层的高层住宅采用现浇钢筋砼剪力墙结构。

配套公建、商业采用大开间现浇钢筋砼框架结构。

1.2 围护结构体系

10 层以上高层住宅为钢筋混凝土剪力墙结构，填充墙体为加气混凝土砌块。在地下室与卫生间等较潮的部位填充墙体为厚空心砖。

配套公建、商业等公共建筑为钢筋砼框架结构，填充墙体为加气混凝土砌块。

加气混凝土砌块具有质量轻，保温效果好的特点。

1.3 隔断结构体系

轻质隔墙板具有轻质、隔音良好、适用多种饰面材料的特点，对于它的应用，满足了灵活分隔空间、方便施工的要求。在高层住宅中，部分墙体采用 GM 板，在配套公建及商业内大量使用了 GRC 轻质隔墙板。

2、厨卫体系

住宅中厨房卫生间均采用标准化设计，按照模数原则，优化参数，确定厨房卫生间定型设计。在厨房卫生间内均设有集中管道井用于安装上下水管，设有变压式通风道用于通风排烟。在厨房根据洗、切、烧的顺序合理安排了灶具等设备，留有足够的操作平台，予留了吊柜等储藏空间的位置。

2.1 推广使用节水器具

配水装置和卫生设备是水的最终端使用单元，它的节水性能的好坏，直接影响着建筑节水工作的成效，因而大力推广使用节水器具是实现建筑节水的重要手段和途径。在不同场所推广使用不同类型的节水器具

在选择节水器具时，除要考察其节水性能外，还要考虑价格因素和使用对象。

3、建筑节能

积极贯彻国家节约能源的政策，实现节能65%的目标，小区内住宅及会所等配套公建均进行节能设计，体型系数均小于规范的要求。

高层住宅外墙为钢筋混凝土墙，采用外墙外保温技术，采用钢丝网架聚苯板现浇混凝土外墙外保温系统，即将钢丝网架聚苯板置于剪力墙外模板的内侧，与剪力墙一次浇筑成型。

屋面保温层采用挤塑聚苯板，地下室顶板下粘贴挤塑

聚苯板作为保温层。

在南北阳台栏板内侧粘贴厚挤塑聚苯板，在阳台首层出挑板下粘贴厚挤塑聚苯板以防止结露。

所有外门窗均选用塑钢门窗，中空玻璃，以满足节能要求。

住宅暖通专业设计严格执行《民用建筑节能设计标准》。

4、住宅室内装修成套技术

厨房卫生间一次装修：

厨卫地面和墙面砖铺设完成，顶棚采用防水腻子，防止受潮脱落；通风道安装到位，管线封闭不外露。

住宅室内装修一次到位，直接入住，实现交钥匙工程：

除厨卫装修外，其他房间也按市场需求档次完成地面、墙面、顶棚、门套的安装工作，按住户采用菜单装修一次到位，直接入住，实现交钥匙工程。

专项技术开发、关键技术的突破。

5.1 采用智能住宅布线系统，户内设置家庭信息接入箱，一方面能够集中管理家庭服务各种功能的应用，一方面支持视频、语音、数据及监控等信号的传输，具有高带宽，高速率，高可靠性，兼容性，开放性，异域管理等特点，完全适应网络目前及将来的发展。

5.2 住宅小区采用智能化管理系统，本系统是基于计算机网络技术的楼宇网络

智能控制系统，它将家庭安全防范，燃气泄露，紧急救助，水电气三表自动抄表收费，远程控制家庭智能终端的布防，撤防及家用电器，物业管理及计算机网络集于一体，通过计算机网络线路构成整个住宅小区的集中管理控制系统，系统具有适用性广，功能齐全，直观性好，操作简便等特点。

小结：住宅产业化成套技术的广泛推广，对提高住宅的综合品质，缩短建设周期，降低建造成本，加速资金运转，加快投资回收，提高劳动生产率都起到了积极的促进作用；同时因为建设周期减少，成本的减低等使住宅产品更具有市场竞争力，也有利于营造一个公平、健康的市场竞争环境，使市场环境逐步走向更加规范化、法制化的轨道。

国家康居示范工程山西项目

太原文湃苑康居住宅小区

开发建设单位：山西庆民房地产开发有限公司

建设场地：本项目在并州南路以东，亲贤北街以南，太堡西街以北的位置上建设，工程位于山西省太原市小店区，隶属于太原市小店区管辖。

项目定位：该项目定位为国家康居示范工程，规划总用地面积为 4.22 公顷，约合 63.3 亩，规划净用地面积为 3.75 公顷，约合 56.25 亩，建设用地面规划容积率 4.57，规划总建筑面积为 196450 m²；地上建筑面积为 171390 m²、包括住宅建筑面积 161030 m²，商业建筑面积 5335 m²，配套设施幼儿园建筑面积 1140 m²、物业和社区服务建筑面积 3660 m²，换热站煤气调压站建筑面积 225 m²；地下建筑面积为 25060 m²，包括地下车库 18580 m²，主楼地下室 6480 m²。规划布局采用南北向住宅与东西向住宅相结合，通风好，朝向好，土地利用充分。区内道路采用外环方式，设西、南两个出入口与城市道路连接，出行便捷。机动车停车率达户均一个以上，且以地下停车为主，避免了机动车对居民居住安静、安全的干扰。

整个小区以住宅为主，拟建设 33 层高层 1 幢，32 层高层 2 幢，28 层高层 2 幢，25 层高层 1 幢，其中 2 幢 32 层的高层中间为主入通道加以点缀的设计尤为别具氛格。商住楼裙房 2 层；地下 2 层，地下两层为停车场，设备用房，人防等。小区共有机动停车位 1485 辆，地上 377 辆，地下 1108 辆，非机动停车位 1520 辆；规划总户数为 1358 户，居住总人数 4074 人，绿地率占 38.2%，有利于营造较好的室外空间。

配套设施基本齐全。套型面积多样，类型丰富，适应

市场需求。套型平面良好，功能分区明确，做到动静及洁污合理分离，公共与私密互不干扰。各功能空间尺度基本合理，平面布局紧凑，家具布置稳定。厨房与餐厅之间联系紧密，冰箱位置基本合理。单体一律采用剪刀楼梯，在超过 18 层的条件下，有利于减少公摊面积。厨卫设置基本合理，操作流线清晰，设备管线集中。造型简洁、大方、明快，具有居住建筑特点。

主要采用的产业技术有：

采用框剪结构、煤矸石多孔空心砖砌筑体系技术。RFT 自控变储能墙体保温隔热、保温镀膜两层玻璃门窗及屋面聚苯保温隔热技术。污水源热泵供热制冷、地板辐射采暖、太阳能供热水（公建部分），以及太阳能光热技术。有机垃圾处理、雨水收集、污水处理和中水回用等技术。地下立体停车、智能化计量、门禁和周界防范信息通讯等小区现代管理技术。

该项目结合当地实际情况，积极推广先进、成熟的新材料、新技术、新设备、新工艺，采用当地生产的如煤矸石大孔砖、RFT 自控相变储能墙体保温材料、新型铝合金中空玻璃门窗，促进当地住宅建筑材料、部品的集约化、标准化生产，对提高住宅质量，引领住宅产业化发展起到了积极的作用。

国家康居示范工程山西项目

大同金色水岸·龙园

项目开发建设：大同翔龙（集团）房地产开发有限责任公司
规划建筑设计：同济大学建筑设计研究院
通过康居评审：2005 年 8 月

我国目前正处于城镇化快速发展阶段，全国城镇每年新增加人口近千万，住宅需求量很大所以住宅建设的品质和环境，直接影响居民的生活水平和城市的环境、风貌。康居示范工程正是满足城镇化健康发展和人们生活水平提高的需要。上期我们展示了太原大唐四季花园在规划设计上的突出特点，本期继续向大家展示山西优秀康居示范工程——大同金色水岸·龙园。

金色水岸·龙园项目位于大同市御河西岸，东邻御河，横穿 24 米宽滨河路，直入绿化面积达 90% 以上的大型生态景观园区，环境优良，空气清新；南邻东关商圈仅 300 米，居民购物便利；北接全城最宽 72 米花园大道；西靠市委与雁北行署隔路相望。11 路、22 路、25 路、26 路公交车方便居民出行。学校、宾馆、医院等近在咫尺。项目规划区位正处在大同市城市建设“东拓”后的中心。

项目规划强调小区整体功能与环境的协调，空间布局从整体上形成“一带多区”的结构特点。通过对中心景观带的塑造将北、中、南三个区有机的加以联系，南北两个区均为带底商住宅。

小区采用人车分流设计，环形的车行道路沿小区外围设置，在内部形成幽静的步行系统，消防及紧急运输可以使用，增加行人的安全，形成完善的步行体系。小区设置了地下车库，最大程度减少地面停车。

小区利用曲折的水系将园区景观充分整合统一，景观轴突破传统单一形式，形成多个视觉中心。利用微地形景观，堆坡造丘，结合乔木、灌木，形成龙形景观带，使社区景观更加丰富和具层次感。

除小区中心营造大尺度的景观外，在组团设计中营造亲切景观尺度，利用高差创造景观点，营造景观的层次感。大量的立体绿化应用，利用茂盛的植物把建筑物的环境软化。通过叠泉、喷水池等现代水景的营造，创造舒适的亲水空间。小区园林中设置户外康乐设施，如儿童憩戏区、缓跑径、健身区等。

小区北入口为主入口，丰富的商业气氛，塑造鲜明的入口形象。西入口正对小区的中心绿地，精致的园林设计引人入胜。

小区采用的新型成套技术有：

1、住宅结构体系。采用短肢剪力墙技术，提高了住宅使用面积，改变了传统结构体系带来的内部空间狭小，分隔不灵活的弊端。

2、建筑节能技术。门窗节能技术：采用 LG 塑钢平开门窗，以中空玻璃代替单层玻璃，中空玻璃不仅有优良的采光性能，同时具有隔热、隔音、防霜等优点。入户门使用保温、隔音、防盗多功能门，也将大大提高住宅的保温、隔热功能。外墙保温隔热技术：大同市目前基本上没有使用外墙保温隔热技术，本工程将采用聚苯乙烯板进行外墙外保温，以提高外墙隔热保温效果。屋面防水层下设聚苯乙烯板保温隔热技术，以提高顶层业主居住的舒适度。电梯已成为仅次于空调的“耗电大户”，小高层和多层住宅中将采用新型节能电梯技术，大大减少电梯的耗能。供水加压设备采用变频水泵代替目前普遍使用的普遍气压式加压装置，变频调速给水可以保证用户水压稳定、可靠、节能。在公共空间、楼梯间采用节能灯和电子延时、声控开关应用技术，可杜绝照明中的浪费现象。充分利用现有地形，采用车库、地下室等架空做法，房屋不与地面直接接触，改善了底层住户的热环境，同时也减少房间内的耗热量，达到节能的效果。

3、新设备使用。楼宇净水系统。卫生洁具应用技术，推广冲洗水量 6 升 / 次的便器，有效减少水资源的浪费。节水龙头应用技术，在公共部分及精装修房屋采用陶瓷芯片的节水型龙头，节水效果显著。

4、小区现代智能化管理技术。目前大同市较高档住

宅小区智能化管理也只做到了可视对讲，本小区智能化系统将包括可视对讲系统、区域周界红外线防范系统、电子巡更保安系统、设备集中控制技术、地下车库管理技术等。

5、住宅精装修技术。目前大同市进行住宅精装修的小区基本没有，推行精装修房是推动中国住宅产业化进程的重要内容之一，考虑到大同市目前的实际情况，本小区将选择 20% 的住宅作为样板进行精装修，以引导当地居民改变家庭装修的传统观念，其余住宅全部采用菜单装修，减少二次装修的破坏及污染。

6、居住区环境及保障技术。采用有机垃圾生物处理技术，就地消化处理每天产生的有机垃圾，卫生方便，无二次污染，大大减少垃圾清理量和搬运费用，有利于提高小区的环境质量。此项技术大同市目前尚未使用。采用中水处理回用技术，实现污废水的资源化，既可节省水资源，又可使污水无害化，起到保护环境、防治水污染的重要作用。处理后的水用于绿化、洗车、洒路等。

国家康居示范工程山西项目

大同水泉湾·龙园

在第二期的杂志上我们曾刊登国家康居示范工程山西项目金色水岸·龙园，本期展示的项目是“金色水岸·龙园”的升级版——水泉湾·龙园。该项目在社区配置上引进国外成熟的节能环保减排技术和产品，开发水泉湾龙园建筑豪宅，成就社区未来绿色环境和居民舒适方便快捷的生活。开发商以坚持不懈地实践品质地产的理想与追求，以一种承诺、一种态度、一种标准、一种文化，综合建筑、环境、配套、服务、资源等多方面优秀，全面提升城市居住品质、生活品味，为大同重树豪宅标准、品质标杆。2009 年 3 月以齐全的节能减排配套和超前的规划理念顺利通过国家康居住宅示范工程的方案评审，并被山西省城乡住房与建设厅指定为绿色建筑试点小区。

水泉湾·龙园西临大同第一条高标准景观大道 --- 御河西路，南通京大高速公路，北连得大高速，东接碧波荡漾的御河和生态园的万千美景，绿化面积 90% 以上的大型生态景观园区，国子学府，全程精英教育：西临大同一中，东临大同二中新校址，社区内设有高档的小学，幼儿园，不出社区就能入托。该建设项目占地面积为 174418 平方米，建筑面积为 54 万平方米。

项目在建筑结构体系、围护结构体系、厨卫、管网、智能化、可再生能源利用、环境保障、施工等方面采用产业化成套技术。在低碳减排方面，采用粉煤灰混凝土加气块作建筑外围护用材，采用了硬泡聚氨脂复合板外墙保温系统，断桥铝平开中空玻璃窗、顶层聚苯板屋面保温、双层保温防盗门，只为将来的家免去空调的开支，保持冬暖

夏凉、恒温效果；封闭式垃圾自动收集系统及有机垃圾处理系统，把环保减排与生活的方便融合；地源热泵系统、太阳能光伏电系统、雨水回收、中水回用节能环保措施将一一实现；双供热系统，将实现不分季节自由采暖；分户计量收费系统、低温地板辐射采暖系统，解决冬季采暖诸多弊病，实现低费用高舒适度的采暖效果；室内分室温控系统，自由选择，各取所需；节能拟将达到 65% 标准要求。小区绿化节水喷灌系统与景观水系节水新技术、节能节水环保细节到位；一卡通管理系统，更人性化、更方便。住宅工业化全装修一次到位等，对节水节材具有示范意义。

小区规划设计为组团院落式布局形式，结构紧凑，空间富有变化。住宅建筑采用高低塔配、长短板结合，达到朝向好，通风好的效果。区内道路采用内环的交通系统，三个机动车出入口与二个步行出入口与城市道路相连，布局合理，线形流畅，居民进出方便。机动车停车以地下停车为主，地面为辅，停车率达到 70% 以上，人车分流，全地下停车，保持社区安静祥和的居住环境。小区的景观建设采用中心绿地与组团绿地相结合的方式，使绿色环境分布均衡，景观空间丰富。小区公共服务设施布置合理配套齐全，为居民提供方便的服务。住宅套型面积利用率高，平面功能分区明确，设计中有入户过渡空间及适当的贮藏空间，户内交通联系顺畅，空间尺度合宜。起居室、卧室通风、采光、视野条件良好。餐厨布置紧密，建立有独立的就餐空间。建筑立面造型简洁，挺拔清秀。

该小区规划科学合理，功能齐全，空间利用充分，“四节一环保”产业化成套技术采用得当，项目的建设将为带动大同地区省地节能环保型住宅的发展起到主要的示范作用。

国家康居示范工程山西项目

大同御锦源

御锦源是由大同市博兴房地产开发有限公司开发，地处大同市御河西路以东，东邻皇城水系御河，与滨河生态园相伴；西边与大同一中新址相邻；南靠新建的南三环御河斜拉大桥，直通御东新区、大同二中、京大、大运高速；北与得大高速相通。项目周边有云冈建国宾馆、晨光国际大酒店等高档五星级酒店和商务中心，社区内部配套幼儿园、小学、高档会所等。占地 378 亩，规划建筑面积 96 万平方米，29 幢地中海风情高层阳光板楼峻拔伟岸，10 万平方米商业规划构筑新兴商圈，打造大同市大型、高品质宜居社区，成为城市中靓眼的一道风景。该项目在 2010 年被国家建设部评为“省地节能环保型住宅国家康居示范工程”。

项目概况

1、**项目定位**：大同东、御河畔，集居住、购物、休闲、商务于一体的尚品社区。

2、**项目规划**：集商业与住宅为一体，由高层住宅、底商、独立商街、公寓、会所等多种物业构成。

3、**项目规模**：占地 370 亩，规划建筑面积约 96 万平方米，共建 29 栋地中海风格高层板楼，总户数 5395 户，是大同市目前规模最大、品质最高的社区。其中住宅建筑面积 60 万平方米，商业建筑面积 10 万平方米，地下建筑面积 21 万平方米。写字楼 30000 平米，幼儿园 2500 平米，独立式车库 18 万平米，自行车车库 8000 平米。

4、**项目目标**：坚持以人为本理念，建设集居住、商业为一体，配套设施完善，居住舒适、功能齐全、高效快捷、生态环境优美的现代化大型、高品质宜居社区。其中投资上亿元营造地中海风情园林景观，绿化率高达 40%，园林景观面积约为 65%，在功能配置上从细节着手，为业主配套人性化、多元化功能设施；在园林景观设计中，以山水庭园、动静相织水景的造园手法体现自然山水之美，配植常绿植物及落叶植物营造四季景观，整体景观呈现出集“丰盛、灵动、幽雅”于一体的视觉盛宴……

5、**投资金额**：总投资约 30 亿元人民币。

6、**地理位置**：地处横贯南北交通的御河西路东面，北与水泉湾龙园相连，东邻御河，与滨河生态园相伴；西与大同一中新址对望；向北经御河大桥、向南经南环桥与御东新区相通；为京大、大运高速新入口必经之路；向北直上得大高速，地理位置四通八达，区位优势得天独厚。

7、**周边配套**：项目周边有御馨花都、国际丽都、柳航新村等大型成熟社区以及水泉湾龙园和凯德世家等新型社区，在城市东南已形成较密集的居住圈；同时周边还有云冈建国宾馆、晨光国际大酒店等高档酒店和商务中心，大同一中、九中、大同二中、城区十八小学等学校，已成为城市的发展中心。

国家康居示范工程山西项目

大同御馨花都

项目开发建设：大同市浩达房地产开发有限责任公司
规划建筑设计：北京东方华太建筑事务所
通过康居评审：2005 年 6 月

御馨花都位于大同市御河南路东侧，东、南邻规划路，北邻华岳路。水文地质状况良好，给水、排水、供电、道路、供热、煤气、通讯等市政基础设施一应俱全。基地的东侧是市政府投资 8.2 亿元建设的套型生态林景观园，园区东侧有改造一新的御河水系，绿化面积达 90%，是大同市不可多得的黄金水岸。

小区总用地 9.75 公顷，住宅建筑占地面积 5.11 公顷，公共建筑占地面积 1.11。

规划充分利用小区自然标高与周边城市道路标高之间 3 米的高差，建立一个完善的交通系统，形成小区的地上地下人车分流设计，进入小区的车辆迅速引入地下车库，地面上完整的步行系统连接社区绿化带、住户，增加行人的安全。尽量满足住户将车方便快捷地停在居所附近的需求，通过进入地下的电梯直接到达居所。地面环路主要用于消防及紧急运输，在确保区域通达的前提下，最大程度地减少机动车穿越住宅区。

中心绿地景观轴：利用中心景观绿轴将园区景观充分整合统一，形成良好的居住氛围和社区的归属感。景观轴突破传统单一形式，形成多个视觉中心。堆坡造丘，利用微地形景观作为景观平台及活动地点，使社区景观更加丰富和具有层次感。

绿化庭院：除了小区中心营造大尺寸的景观外，在组团设计中营造亲切的景观尺度。利用高差创造景观点，营造景观的层次感。大量立体绿化的应用，利用茂盛的植物把建筑物的环境软化。通过叠泉、喷泉池等现代水景的营造，创造舒适的青水空间。小区园林中设置户外康乐设施，如儿童憩戏区、缓跑区、健身区。

住宅设计通过创造具有代表性的建筑风格，充分考虑建筑本身的景观作用，使社区建成后具有较强的观赏性。强调整体风格的一致性与个性化的和谐统一。充分考虑居住者的个性及多元特征，通过产品形式的创新体现差异化。小区内多层、小高层、建筑形式决定了建筑风格的多样性，充分体现组团的不可复制性，产品形态的多样性。高低错落的建筑高度，充满动感的设计意向，更增加了小区的识别性。

小区采用的新型成套技术项目有：

1、住宅结构体系

大同市目前常用的结构体系多为混合结构，而本小区的小高层住宅中将使用短肢剪力墙技术，同传统的结构体系相比，室内无柱，并且可以做到无梁或少梁，改变了传统的凸柱给住户家具布置带来困难的不便，提高了住宅的使用面积，改变了传统结构体系带来的内部空间狭小，分隔不灵活的弊端。

2、建筑节能技术

（1）门窗节能技术：目前大同市建筑门窗中使用的为普通铝合金、塑钢单层玻璃门窗，其保温隔热性能较差。而本工程将以中空玻璃代替单层玻璃，中空玻璃不仅有优良的采光性能，同时具有隔热、防霜等特殊优点。同时入户门使用保温、隔音、防盗多功能门，也将大大提高住宅的保温、隔热功能。

（2）外墙保温隔热技术：大同市较少使用外墙保温隔热技术，此工程采用挤塑型聚苯乙烯板进行外墙外保温，以提高外墙隔热保温效果。

（3）屋面防水层下设聚苯乙烯板保温隔热技术，以提高顶层业主居住的舒适度。

（4）电梯已成为仅次于空调的耗电大户，小高层中将采用新型节能电梯技术，大大减少电梯的耗能。

（5）供水加压设备采用变频水泵代替目前普遍使用的普通气压式加压装置，变频调速给水可以保证用户水压稳定、可靠、节能。

（6）使用节能灯和电子延时、声控开关应用技术，节能灯是绿色照明的首选产品，它具有光效高、节能效果明显、寿命长、体积小、使用方便等优点，而且光线柔和，很适合于各种普通照明场所，可以直接取代白炽灯．在公共楼梯间、公共窨选用电子延时、声控开关，可杜绝照明中的浪费现象。

（7）充分利用现有地形，采用车库、地下室等架空做法，房屋不与地面直接接触，改善了底层住户的热环境，同时也减少了房间内的耗热量，达到节能的效果。

3、新材料和设备使用

（1）墙改材料的使用：本小区住宅中的围护体系使用了粉煤灰砌块、加气混凝土块，其具有轻质、隔音、隔热的功能，并能充分利用资源。

（2）节水型卫生洁具应用技术：在公共部分及精装修房屋采用节水型卫生器具，推广冲洗水量6升/次的便器，有效减少水资源的浪费。

（3）节水龙头应用技术：在公共部分及精装修房屋使用陶瓷芯片的节水型水龙头，国际标准是30万次开闭，并且封闭严密，反应灵敏，关闭速度只有老式水龙头的十分之一，节水效益显著。

4、小区现代智能化管理技术

本小区的智能化系统将包括可视对讲系统、区域周界红外线防范系统、电子巡更保安系统、设备集中控制技术、地下车库管理技术等。让业主拥有高效率、舒适、温馨、便利以及安全的居住环境。

5、住宅精装修技术

推行精装修房是推动中国住宅产业化进程的重要内容之一，考虑到大同市目前实际情况，本小区选择了20%的住宅作为样板进行精装修，其余住宅全部采用菜单式装修，尽可能减少二次装修的破坏及污染。

6、居住区环境及其保障技术

（1）使用低噪音变频调速装置的水泵加压设备，保证用户用水压力稳定、合理、节能。

（2）有机垃圾生物处理技术，使用有机废弃物系列化处理有机垃圾设备，可就地消化处理每天产生的有机垃圾，卫生方便，无二次污染，大大减少垃圾清理量和搬运费用，有利于小区环境质量的提高，此项技术大同市目前尚未使用。

（3）中水处理回用技术，利用中水系统，实现污、废水的资源化，既可节省水资源，又可使污水无害化，起到保护环境、防治水污染的重要作用。处理后的水用于绿化、洗车、洒路等。

国家康居示范工程山西项目

大同紫润芳庭

项 目 名 称：紫 润 芳 庭
项目建设单位：大同市恒翔房地产开发有限责任公司

项目概况

"紫润芳庭"位于大同市南环路北侧。东邻永泰南路，南邻南环路，西邻府南街延伸段，北邻向阳西街。15 路、35 路、201 路等多路公交均可到达，方便出行。学校、宾馆、医院等近在咫尺。给水、排水、供电、供热、天燃气、通讯等功能齐全的市政基础设施配套工程已经全面建成。

小区东南侧有"北魏明堂公园"、"御河生态园"、"智家堡森林公园"等城市花园。生态园区郁郁葱葱，碧波荡漾，香花万点，树木繁茂，景色怡人与小区内集中绿化景观交相辉映，在这里，建筑与自然和谐统一，人与自然和谐统一，生活与风景水乳交融，人在其中，便享有一种纯生态的自然生活。

本项目总占地 9. 32 公顷，规划总建筑面积 33. 12 万平方米，其中：住宅 16. 23 万平方米，商业 11. 8 万平方米，配套公建 5. 09 万平方米；总投资为 13. 26 亿元。

规划设计

一、总体规划原则

站在时代的前沿，以超前的理念，规划一个符合国际文明居住标准，代表未来人居方式的前瞻性住宅小区。为御河沿线高尚住宅开发创造一个有代表性的生态居住模式，塑造夺目的区域形象。以完全开放的商业配套提升地价值，树立社区形象全面完善的家居生活配套，除为业主提供完善的生活配套外，还可以吸引城市人流，开拓不同的土地经营方式。

二、道路交通

充分利用小区自然标高与周边城市道路标高之间的高差，建立一个完善的交通系统，形成小区的地上地下人车分流设计，进入小区的车辆迅速驶入地下车库，地面上完整的步行系统连接社区绿化带、住户，增加行人的安全。尽量满足住户将车方便快捷地停在居所附近的需求，通过进入地下的电梯直接到达居所。地面环路主要用于消防及紧急运输，在确保区域通达的前提下，最大程度地减少机动车穿越住宅区。

三、景观环境

环境是位户最重视的因素，通过大量自然景观及人造景观的引入，满足居者对亲近自然的需求。根据场所空间的不同，营造不同的景观空间和绿化形态。

中心绿地景观绿轴：利用中心景观绿轴将园区景观充分整合统一，形成良好的居住氛围和社区的归属感。景观轴突破传统单一形式，形成多个视觉中心。堆坡造丘，利用微地形景观作为景观平台及活动地点，使社区景观更加丰富和具有层次感。

绿化庭院：除了小区中心营造大尺寸的景观外，在组团设计中营造亲切的景观尺度。利用高差创造景观点，营造景观的层次感。大量立体绿化的应用，利用茂盛的植物把建筑物的环境软化。通过叠泉、喷泉池等现代水景的营造，创造舒适的青水空间。小区园林中设置户外康乐设施，如儿童憩戏区、缓跑径、健身区。

四、建筑单体设计

住宅设计通过创造具有代表性的建筑风格，充分考虑建筑本身的景观作用，使社区建成后具有较强的观赏性。强调整体风格的一致性与个性化的和谐统一。充分考虑居住者的个性及多元特征，通过产品形式的创新体现差异化。建筑形式决定了建筑风格的多样性，充分体现组团的不可复制性，产品形态的多样性。高低错落的建筑高度，充满动感的设计意向，使用降低能耗的技术和材料，符合生态标准。

小区采用的新型成套技术项目：

一、住宅结构体系

本小区住宅采用框架剪力墙结构体系技术，同传统的结构体系相比，室内无柱，并且可以作到无梁或少梁，改变了传统的凸柱给住户家具布置带来困难的不便，提高了住宅的使用面积；改变了传统结构体系带来的内部空间狭小，分隔不灵活的弊端。

二、建筑节能技术

小区采取了以下节能措施：

(1) 门窗节能技术：本工程门窗全部采用断桥铝平开门窗，具有隔热、隔音、防霜等特殊优点；同时入户门使用保温、防火、密闭、隔音、防盗多功能门，也将大大提高住住宅的保温、隔热功能。

(2) 外墙保温隔热技术：本工程所有外墙外保温采用燃烧性能等级为 A 级的 60mm，厚的岩棉板以提高外墙保温性能。

(3) 屋面防水层下设 10mm 挤塑聚苯板保温隔热技术，以提高顶层业主居住的舒适度。

(4) 电梯全部采用新型节能电梯技术，大大减少电梯的耗能。

(5) 供水加压设备采用变频水泵代替目前普遍使用的普通气压式加压装置，变频调速给水可以保证用户水压稳定、可靠、节能。

(6) 使用节能灯和电子延时、声控开关应用技术，节能灯是“绿色照明”的首选产品，它具有光效高、节能效果明显、寿命长、体积小、使用方便等优点，而且光线柔和，很适合于各种普通照明场所，可以直接取代白炽灯；在公共楼梯间、公共空间选用电子延时声控开关，可杜绝照明中的浪费现象。

(7) 充分利用现有地形，采用车库、地下室等架空做法，房屋不与地面直接接触，改善了底层住户的热环境，同时也减少了房间内的耗热量，达到节能的效果。

三、新设备使用

(1) 卫生洁具应用技术：在公共部分及精装修房屋采用节能型卫生洁具，推广冲洗水量 6 升 / 次的便器，有效减少水资源的浪费。

(2) 节水龙头应用技术：在公共部分及精装修房屋使用陶瓷芯片的节水型水龙头，国际标准是 30 万次开闭，并且封闭严密，反应灵敏，关闭速度只有老式水龙头的十分之一，节水效益显著。

四、小区现代智能化管理技术

本小区的智能化系统包括可视对讲系统、区域周界红外线防范系统、电子巡更保安系统、设备集中控制技术、地下车库管理技术等。让业主拥有高效率、舒适、温馨、便利以及安全的居住环境。

五、住宅精装修技术

目前大同市进行住宅精装修的小区基本没有，推行精装修房是推

动中国住宅产业化进程的重要内容之一，考虑到大同市目前的实际情况，本小区将选择 20% 的住宅作为样板进行精装修，以引导当地居民改变家庭装修的传统观念，其余住宅全部采用菜单装修，尽可能减少二次装修的破坏及污染。

六、居住区环境及保障技术

（1）使用低噪音带变频调速装置的水泵加压设备，保证用户用水压力稳定、合理、节能。

（2）有机垃圾生物处理技术，使用有机废弃物生化处理有机垃圾，能就地消化处理每天产生有机垃圾，卫生方便，无二次污染，大大减少垃圾清理量和搬运费用，有利于小区环境质量的提高。

（3）中水处理雨水回用技术，利用中水系统，实现污、废水的资源化，既可省水资源，又可使污水无害化，起到保护环境、防治水污染的重要作用。处理后的水用于绿化、洗车、洒路等。

工程中采用成套技术：

一、采用短肢剪力墙结构体系，室内无柱，并且可以作到无梁或少梁，克服了传统的凸柱给住户家具布置带来的不便，提高了住宅的使用面积；改变了传统结构体系带来的内部空间狭小，分隔不灵活的弊端，增加了住宅的安全性和舒适度。

二、建筑能耗在总能耗中所占的比重约 30% 至 40%，将小区建成节能建筑，不仅能够减少电力和常规能源的消耗从而保护了环境，而且能够充分提高生活的质量和舒适度。本小区将重点使用以下建筑节能相关产品及技术：如断桥铝中空玻璃平开窗、保温隔热防火分户门、外墙保温技术、屋面防水层下设保温隔热层技术、节能电梯技术、变频水泵相关技术的应用、节能灯、电子延时声控开关、节水型卫生洁具、陶瓷芯片等节水型龙头的应用等。

三、住宅管线成套技术的应用，该成套技术能够大大提高供水、供电的可靠程度，从而提高居民的生活质量，相关的产品及技术有：电器多回路配线技术、管道集中暗

设系统技术、给水管采用优质PP-R管材、排水管使用优质硬聚氯乙烯（PVC-U)管等。

小区主要体现以下几点：

一、住宅小区的设计质量

采用先进的规范设计理念，突出强调设计的均好性、多样性和协调性，使规划更科学、合理，更符合人们的行为心理。在住宅设计中采用标准化设计思想，积极探索生态型、智能型等新型住宅形式。

二、住宅小区的环保质量

采用生态规划设计技术，应用现代化科技系统综合解决人类可持续发展问题。通过新型环保材料的利用，降低能耗，减轻污染，通过雨污分流，将生活污水集中收集、集中处理，将固体垃圾分类收集、集中处理，有效的防止污染，多层次立体绿化，起到美化环境、净化空气等的作用。通过提升住宅小区的整体环境质量，为人们创造更适宜的人居环境。

三、住宅小区的功能质量

通过大量使用短肢剪力墙结构，提高住宅的使用面积系数，创造出更灵活、更合理的居住空间，为住户提供多样化的选择；通过外墙外保温、中空玻璃平开窗、保温隔热防火分户门的运用，提高了住宅保温、隔热、防火、隔音等各项性能，保障了住宅的安全性和私密性；通过对厨卫标准化设计，使各类管线布置更加合理，采用地下停车为主的停车方术，合理组织小区内部的静态交通，有效地实现人车分流，为住户创造了宁静、安全、便捷的居住环境。

四、保证工程的施工质量

改革施工工艺，加强施工现场的全过程质量管理，实现劳动生产率的提高；使用新型墙体涂料，实现无裂缝、.耐清洗的特性，充分保证了工程建设质量。

五、实现小区智能化物业管理

小区通过运用安全防范系统、设备自动监控系统、家庭现代通讯系统等先进的电子技术，实现小区物业管理智能化，为住户提供更安全、更便捷的服务。

六、倡导住宅装修一步到位

通过菜单式装修，为住户提供多样化的选择，以及推出部分全装修房，积极引导住宅装饰装修的新观念。

七、凸现地方特色

针对目前住宅小区趋同性严重的现象，在住区建设中将现代居住理念与地方文化特色结合一起，体现地方特色。

国家康居示范工程山西项目

大同恒安·中心城

项目名称：大同市保力御东区恒安·中心城
建设单位：大同市保力房地产开发有限责任公司
设计单位：中国建筑设计研究院

"恒安·中心城"位于大同市御东新区中心地段，北邻恒安街，东临太和路，西、南均临城市规划路。总建设用地33.3公顷，总建筑面积95万平方米：其中地上建筑面积66万平方米，地下建筑面积29万平方米，容积率1.84，总居住户数2378户，停车位6800个，绿地率35%以上。社区内部配套完善，五星级酒店、甲级写字楼、五星级会所、星级幼儿园、御东十四校、欧陆风情商业街、托老所等配置齐全。社区周边交通便利，环境优越，北面紧临恒安街，与文瀛湖风景区、体育中心、大剧院、博物馆、美术馆一街之隔，西面紧临大同名校——大同二中、大同妇幼医院、110指挥中心、华堂购物中心，东距大同机场10公里，大同第二火车站5公里，西距大同快速路御河东西路1公里。恒安·中心城项目于2012年6月被国家建设部评为"康居示范工程"。

规划定位——生态型住区：

生态型住区是通过调整人居环境生态系统内生态因子和生态关系，使小区成为具有自然生态和人类生态、自然环境和人工环境、物质文明和精神文明高度统一、可持续发展的理想城市住区。其空间结构合理、基础设施完善、生态建筑、智能建筑和生命建筑广泛应用，人工环境与自然环境融合。符合城市规划和区域规划，与区域和城市融洽，是生态城市的一部分，体系所在城市的风貌和特质。

在我国，随着可持续发展战略的不得推广与实践，维护合理的使用土地资源，建筑与环境和谐共生的生态型住区已经成为设计 必然趋势，本方案在设计过程中通过以下方面努力实现创建生态住区的目标：

（1）自然生态规划——努力提高绿地率（包括景区和水面），使人均公共绿地最大化，强调建筑基地渗水保水能力，尽量减少混凝土覆盖面积，采用自然排水系统，以利于雨水的渗透，使小区大部分裸露地具有透水性能。

（2）经济生态规划——在方案设计的始终努力做到资源的低消耗、环境的轻污染来取得经济的高速增长，应用绿色消费科技和绿色生产科技、逐步改变能源结构，尽可能应用水能、风能、生物能、太阳能等绿色可再生能源，住宅采用自然通风采光，减少了能源消耗。

（3）社会生态规划——为增强小区的归属感建造标志性建筑，设计富有魅力的公共开敞空间，同时在公共空间中设置配套齐全、布局合理的生态基础设施，便于各个年龄层次人群使用，满足多种需求。

通过以上方面的努力，本小区努力设计建造一种能使这种内外物质能源系统良性循环，无废、无污、能源实现一定程度自给的现代生态住区。

规划设计

（1）规划布局

根据当地的限高要求和区域地势条件，住区整体空间布局是中间低，外围高。建筑为南北朝向，布局较为规整严密。总体规划结构——两环、两轴：

两环：方案布置纵向景观轴与横向景观轴，贯通小区中部的生态水景将南北与东西紧密联系起来，把视线、景观、休闲活动联系在一起，把住区环境与建筑联系在一起，成为小区的精神核心。

用地规划包括住宅区和公建区。住宅区总共有五种户型，其中将较大户型布置在用地中心区域，其余户型围绕布置。从整体空间形态来看，根据地势条件及日照要求，沿街布置高层，用地中心区域为中高层。各组团通过公共景观绿化进行分隔，相对独立，自成一体，又与中心绿地、水系系统有机结合。高层住宅沿街布置充分展示小区形象，而布置中高层的中心区域，中心绿地和人造水景坐落其中，使得住区形成独具特色的室内外空间的多样性。规划用地内的公建有会所，幼儿园，小学校，办公楼，酒店，沿街商业等，全部沿街布置，既方便住户的使用，又使得小区成为一个相对独立、安全的整体。

（2）居住组团

住宅组团区采用了院落式的空间规划结构。院落围绕组团绿地布局，组团绿地通往空间序列清晰，既有可识别性强的特点，又有便于管理和居民使用的好处。形成活泼的天际线。组团通过院落式的空间布局，结合建筑造型和室外环境设计来表明其特征和区域界定，为居民创造特点鲜明的空间环境，并且考虑院落专用活动绿地。

规划布置中，满足“均好性”原则，让每栋住宅都坐落在恰到好处的地方，使每户的院子都享有独特的景观和特有的卖点。适当设置的中心水系，尽量做到景观的均好性，满足户户有良好的水景。在满足私密性的同时，提高其领域感。

（3）道路系统与停车

采用人车分行道路系统，地下车库入口设置于住区入口附近，地上停车位均结合小区沿街商业布置。对内人行系统安全有效，通行流畅，道路流线及路面设计可以达到限制车行速度的要求。

人车分行系统为居民提供了安全、宁静的高品质室外活动空间，形成了良好的步行网络。体现了小区规划的人车矛盾中以步行者安全为出发点的规划方式。这种道路系统保证了中心区不被车行道穿越，取而代之的时连接各个住宅的步行道。区内道路分为三级：主路、小区支路、入户道路。本案规划将“步行住区“的理念应用到小区交通设计及空间组织之中，将土地利用和公共交通的使用密切联系，规划合理设置地下车库出入口位置，并适当控制社区内道路的宽度，着重强调生活性，例如步行、安全的邻里环境和便捷的可达性，为街区成员提供交流互动的场地，而不是主要作为交通通道。地面停车场面积控制到最小，停车主要采用地下集中停车，车从各街区入口处直接进入地下车库，避免汽车来回穿梭对居民造成干扰。

（4）绿化系统

本小区设院落绿地、院落间半开放带状绿化系统——点性；

城市线性绿地；中心绿化带——线性

带状绿地内设置小区人口主题景观广场、喷泉、浅水、浮桥以及各种景观元素等，结合主轴步行道及漫游健康步道构成丰富而生动的景观效果。院落与住栋间绿地空间，为就近使用的专用空间，通过精心的景观及小品的设计，创造亲切宜人的生活氛围。

“恒安·中心城”项目以促进住宅产业化发展为目的，在建设过程中采用l了住房和城乡建设部推广、推荐的新技术、新材料和新产品，将国内外建筑部品体系中较为成熟的成套技术加以集成应用，提高小区建设和管理技术含量。“恒安·中心城”项目拟采用的部分高新技术如下所示：

（1）小区智能化系统

小区智能化系统包括闭路电视监控系统、电子巡更系统、周界防越报警系统、门禁对讲系统、停车场管理系统、背景音乐系统、通讯及有线电视系统、智能卡 IC 系统、公共设备监控系统、停车场管理系统、家庭报警系统等组成，实现小区管理更科学、更人性化，使业主居住更安全、更舒适。

（2）智能卡电梯管理系统

智能卡电梯管理系统包括计费功能、联网功能、远程呼梯功能、门禁电梯联动功能、一卡通功能、外呼控制功能、内呼楼控功能、消防联动功能、故障处理功能、时段控制功能等其他功能组成，具有限时限次、限层、密码功能。智能卡电梯管理系统可以使管理人员可对持卡人的使用时间和使用次数进行管理，便于物业收费；根据用户要求可分别控制每个楼层或多个楼层；管理人员可在巡察等特殊情况下直接输入密码使用电梯；用户也可以对IC卡设定密码，将卡遗忘或接待客人时使用；在持卡人将用户卡丢失后管理人员可对该卡进行注销；可以设置特殊楼层任意时间段解除控制或进入控制功能，全面实现小区的智能化管理，方便业主使用及物业管理。

（3）标准设计技术体系

“恒安·中心城”小区全面推进标准化思想，尝试各类户型的标准单元优化设计以及主要建筑部品的系列化、产业化，以推进住宅设计标准化体系的建立。

（4）厨卫一体化装修成套技术。

通过成套定型设备与设施，专业化设计施工，实现厨卫产品的标准化设计、系列化生产、工业化装配的产业化要求。

（5）园区灯光采用 LED 照明技术。

LED 作为一种新型的照明技术，具有耗电量小，发光效率高，显色性好，可靠性高，体积小重量轻，节能环保，使用寿命长等优点，LED 无障碍工作 50000 小时。该技术的应用大大节约了能源，提高了能源利用率。

（6）太阳能景观灯

太阳能灯是光电转换技术的一种应用产品，具有节能、环保、安全、无需布线、安装简便、自动控制、可根据需要随时变换插放位置等优点。太阳能灯具的主要类型有太阳能庭院灯、太阳能路灯、太阳能草坪灯、太阳能景观灯、太阳能信号灯。

结语

恒安·中心城规划以城市总体规划为依据，充分体现规划先行的理念，是城市整体规划设计的延续和有益的补充。建筑设计中，“以人为本”思想为指导，探索适应现代化居住生活需要、符合住宅产业化的住宅设计标准体系，尝试各类户型的标准单元优化设计，以及主要建筑部品的系列化、产业化。大力推广节能、环保型材料的运用，进行新产品的、新材料的开发研制工作，以实现可持续发展的目标；将住房和城乡建设部推广使用的成熟的建筑体系、部品体系中先进的成套新技术加以广泛应用，实现科技成果向现实生产力的转化；革新施工工艺，逐步形成住宅生产的工业化、施工装配化体系。该项目从规划设计到建设施工，再到物业管理，做到了体现中国住宅产业化的发展方向，显示当代住宅产业中的成果，把建筑体系、部品体系中先进的成套技术加以集成，应用于本项目中，把工业化住宅建造方式和现代化管理模式引入到示范工程中，推广先进、成熟的新材料、新设备、新工艺，解决住宅中的关键技术问题。

国家康居示范工程山西项目

大同凯德世家住宅社区

开发建设单位：大同市阳光嘉业房地产开发有限公司
规划建筑设计单位：北京中冶京诚工程技术有限公司京诚华宇建筑设计研究院

凯德世家项目位于素有大同“长安街”之称的迎宾街东首，东至御河西路，西临友谊北街，南至迎宾街，北依规划路，毗邻市政府和城区政府，上风上水，地理位置十分优越。项目周边配套成熟、完善，社区内有企业斥资4200万捐建的城区十八校，与大同重点中学一中、二中相邻；五大金融总部、大同市最负盛名、已建和在建的各类星级酒店、国际旅行社、商务广场贯通东西；享有完善的医疗配套，大同市三医院、筹建中的一医院、五医院等；占踞规划中的城市中心位置，四通八达，拥有完整的交通体系，沿迎宾街向东，驱车约30分钟即可直达大同市飞机场；以西步行约10分钟即可到达永泰南路商业圈；该项目以北，沿御河西路，步行约10分钟可直达大同市东关商业区。凯德世家项目规划于居住功能之外，兼具金融、教育、医疗、住宿、餐饮、购物、健身、休闲于一体，为业主的生活提供极大的便利。2010年4月“凯德世家”住宅产业技术和规划建筑设计方案经国家住宅和城乡建设部住宅产业化促进中心评审，获评“国家康居示范工程”。

一、总平面规划

1、主要技术指标

凯德世家总用地面积约为300多亩，总建筑面积近百万平方米是集合居住、人文教育、商务办公、金融服务、高端会所、休闲购物、餐饮旅游等多功能于体。该项目第一期工程已于2011年底交付使用，共有13栋高层住宅楼组成，总用地面积约9万多平方米，总建筑面积约40万

平方米，容积率2.6，绿化率47%。

2、平面布置

（1）、集中商业、学校、幼儿园集中设置于小区的东南角，方便小区居民和周边城市居民享用，住宅区域相对安静。

（2）、一期住宅楼间距较大，均满足规划和日照要求。

（3）、一期工程将在迎宾街设风情步行街入口，东侧为集中商业、物业管理用房和会所，西侧为社区的配套商业，建成后将形成繁华的景象，非常便于小区居民使用。进入该小区后，呈现在眼前的是2万多平方米的超大景观中心区，此区域设两座下沉广场，主要功能有：为社区居民提供比较集中的活动场所，可从室外直接进入地下车库；各设一处独立卫生间，便于户外活动的居民及施工人员使用；解决地下车库的采光通风要求。

3、沿用地周边布置2层商业，除满足居民的生活需求外，同时也起到了与市政路的屏障、间隔作用，减少了市政路上过往车辆对居住环境的影响。为避免社区过于封闭，结合道路布置，在商业街适当开口。

4、结合日照分析和户型要求，将楼层高度分别予以调整，避免了小区内部空间和城市天际线呆板。

二、道路交通组织

社区道路系统按分级道路系统设计，社区级道路宽6—7米，形成环路可将各个组团道路连接；组团级道路宽4米，可达各楼单元入口。中心绿地和各组团绿地内另有一套相对独立的步行道路系统，步行道以向中心绿化带的延伸为基本走向，同时沿路边形成独立步行休闲散步道，步行线贯穿各个景观中心，形成完善的休闲步行系统。

1、坚持人车分流原则，社区共设有8个双车道的地下车库出入口（含商业），均布置在社区出入口附近，居民用车全部引导进入地下车库，给社区居民营造一个安全、宁静的活动和生活空间。

2、社区共设11个出入口，其中迎宾街、友谊北街、规划路各有3各出口，御河西路设2个出口，为居民的出行提供方便。

3、社区级道路将凯德世家物业管理的住宅楼及幼儿园、学校分开，有利于物业管理。

三、住宅单体设计

1、户型设计

（1）、大开间、短进深，南北通透、通风良好、采光充分。

（2）、动静分区明确，交通路线简捷、顺畅，节约交通面积。

（3）、公共区域设计合理，得房率高。

（4）、每户设大落地窗阳光室，飘窗和半步阳台，采光景观效果好，开敞的半步阳台使用功能多

2、立面设计

简约的欧式风格，将古典主义的经典元素加以提炼后，结合平面功能加以表现，加之丰富的虚实对比，质朴的材质搭配，考究的比例尺寸，细腻的装饰点缀，柔和的色彩，构成了沉稳大气、庄重、典雅及高贵的立面风格

四、消防设计

1、总平面道路系统宽度均大于4米，并形成环路，满足消防规范要求。同时本小区设置室外消防栓和屋顶水箱及消防控制室，做到防患于未然。

2、住宅楼公共区域设室内消防栓，正压送风。楼梯间和前室设防火门，电梯为消防电梯，入户门均为防火门。

五、住宅结构体系

该项目按抗震烈度7.5度设防，住宅楼采用现浇钢筋砼长肢剪力墙体系，该体系与短肢剪力墙比较，室内无柱，极少有梁，室内规整，便于装修。

六、绿化景观

1、注重小区生态环境的设计，以绿地和景观小品相结合在社区中心位置创造出相对集中的大型社区绿化景观，形成具有鲜明特色的社区空间绿化景观核心，并结合绿地与地块设置水榭、藤架等建筑小品，成为居民日常生活中可观可游的精神生活中心。

2、各住宅片组团设置相对集中的组团绿化，与社区中心景观视觉联系、渗透，形成整体统一的大社区绿化景观带，同时也注重每个住宅组团小环境的绿化景观设计，充分体现公平性原则，使每一户居民可以便利的享受社区中心绿地景观的同时，也可以拥有舒适宜人的居住生活小环境。社区中心绿化与住宅组团中心绿化形成由上及下、有主有次、相互连接渗透、点线面结合的绿化景观体系。

3、中心景观体系、环状组团生态景观体系、点状景观绿化相结合，做到小区环境的均好性，使整个环境设计不仅体现园林设计的思想，而且自由空间设计也让人感觉到一切都是宛若天成。

七、该项目具体体现还有以下几方面：

该项目容积率设计为2.8。

户型设计坚持一梯两户的短板设计，平均进深13米左右，南北通透采光充沛。

3、交通组织按人车分流原则进行设计。机动车入口全部设在社区入口附近，给居民创造一个宁静、安全的居住环境。

4、规划设计中特别强调商业、会所、体育健身场地的设置。商业全部设于社区周边，为广大小区居民和城市居民的生活提供方便。

5、该项目设两处地下垃圾处理场，对社区内的日常生活垃圾进行分类收集，并将分类后的有机物通过高速发酵有机垃圾处理机进行处理，之后所产生的有机肥料将全部用于社区绿化施肥，不仅节省了垃圾的外运成本，还达到资源的循环利用，更保证了社区人居环境的清洁、优美。

国家康居示范工程山西项目

大同市太阳城

项目名称：大同市太阳城二期项目
建设单位：山西全顺房地产开发有限责任公司
设计单位：加拿大 · 大地国际建筑师事务所

项目概况

太阳城项目位于大同市城区东部，紧邻御河西路。南邻平城路，西起御华帝景，东紧邻御河生态园，南侧114亩规划五星级酒店，北侧万达集团即将入住，全力打造东小城商街。该项目总用地面积286.42亩，总建筑面积：约57万平方米，容积率3.0，净密度小于25%，绿地率40%，小区内景观面积近4万平米，其中中央景观带面积逾3万平米。

该项目距大同古城直线800米，南距迎宾大桥及迎宾大道800米。项目西侧与大同市古城区相聚800米，古城区内九龙壁、善化寺、凤临阁、上下华严寺等历史文化、旅游资源丰富。御河水上公园、生态园与“太阳城”一路之隔，南北总长5.5公里，东西宽500-800米，总面积为400公顷，“太阳城”紧邻生态园380亩天然绿植，“太阳城”项目所处方位南北平行分布，是大同市民工作之余、生活休闲的场所。

项目配套：

项目区位紧邻大同市稀缺景观资源，公园地产条件成熟，基础设施、交通、教育等各类资源得天独厚，生活、出行便利，周边10分钟生活圈内拥有大同市最大的图书馆，文化氛围浓郁。

基础设施：“太阳城 ”项目位于御河西路东侧，周边高档社区林立，项目位于新老城交接处，市政供水、供暖、天然气、电视、光纤等基础市政管网配套设施齐全，并且项目建设在即，已经达到七通一平状态。

交通资源：项目东侧，滨河路顺势蜿蜒，贯穿五座跨河大桥。项目西侧，御河西路贯穿大同南北。项目南侧，北都街贯通东西城区。项目北侧，万寿路东西横穿大同城区、新区。距离本项目约百米有公交“御河南路站”.，七条公交线路四通八达，连接城市各处。

学校配套：项目周边学校云集，“太阳城”与“市一中”名牌学校已经经过市政府批准为本项目学区，现阶段正在办理相关手续，占据大同稀缺教育资源。“太阳城”内配备有社区幼儿园，现阶段正在与国内一线双语幼教资源洽谈入住。

金融银行：项目西侧百米内，各大银行云集项目周边。便利的银行设施，温馨的银行服务，为您以后的日常生活与理财提供了极大的便利。

商业购物：本项目自身商业配套完善，“太阳城”规划有超市，北侧在建商业城市综合体。

项目周边现有完善的社区生活配备：超市、便利店、医疗等。项目距沃尔玛、华林商厦、大富翁等大型商、超仅有10分钟车程，日常与生活购物快捷方便。

餐饮娱乐：“太阳城”周边有建国饭店、雁北宾馆、豪生大酒店、晨光国际酒店等星级酒店，

项目优势：

项目紧邻御河生态园、三十万平米市民休闲广场、独享御河城市水系，学区优势（大同一中），地铁、快速公交路网系统，高层豪宅+景观洋房低密度社区，40%高绿化率、四万平米绿地，三万平米中心园林，项目人车完全分流，人行、车行入口分离设置，全地下双层停车库，1：1.5停车比例，停车库直接入户。东侧沿河配套风情滨水公园商业，入户层与地下车场双层挑空酒店式大堂，短板大面宽，小进深，全明户型设计，户型动静分区、洁污分离、干湿分区功能完备，星级物业管理体系（之平物业），多功能会所、双语幼儿园、室内泳池。

建筑风格

英伦风格——Art Deco，太阳城”以 Art Deco 立面风格为设计指导，形成了简介、现代的立面风格效果。项目户型设计全明采光、南北通透、动静合理、使用率高、动静分区、洁污分离、干湿分区功能较为完备。其中两居设计紧凑合理，无浪费面积，明厨、卫、起居室、卧室户型、南向全采光。三居设计封闭作为阳光房、开敞作为入户花园、南北双阳台，设计飘窗、双阳台 50% 赠送、功能完备。

建筑用材：

外窗选用断桥铝合金材料，安装双层中空高隔断玻璃；整体结构采用现浇框架剪力墙结构，外墙使用高级保温材料；双入户大堂采用星级酒店装修标准，电梯品牌采用国际一线。

项目小结：

“太阳城”项目规划产品多样，整体规划设计中，层层退台花园洋房产品，小区内中心景观面积逾 3 万平米，低密度、低容积率、高绿化率、现代的高档住宅小区。项目户型做到全明采光，75% 以上做到南北通透，95% 以上做到南北双阳台，储藏室、洗衣房等生活必备功能区齐全，整体户型使用率达 85% 左右，部分户型达 90% 左右。建筑材料采用国家康居示范工程推广材料、安防设施齐全，引入品牌物业为小区居民服务，小区内 S2 地块内规划有项目的高档幼儿园，各项功能设施齐全。

国家康居示范工程山西项目

大同市御河九号住宅项目

项目名称：御河九号
开发单位：大同市欣美房地产开发有限公司

"御河九号" 项目位于大同市城区南环桥与御河西路交叉。占地面积14.88公顷，规划总面积69.85万平方米，停车位 约4000个，容积率3.36，绿化率32%，东侧与御河生态园相邻，大同一中，家乐福、沃尔玛、王府井环绕，小区规划完善，小区商业、私人会所、幼儿园、便利店等生活配套齐全，一站式商业休闲配套。该项目兼具城市河岸自然要素和古城人文要素，从地段、品质、环境、人本、科技、安全等诸多方面，具有独到的优势和长处。2012通过住房和城乡建设部"国家康居示范工程"的评审。

"御河九号"以先进规划设计理念，严格按照国家康居示范工程的住宅设计标准化体系建设；对新材料、新技术及新产品的应用力度，强化住宅工程施工过程的科学化、规范化管理；完善小区基础配套设施、环境设施，提高居民生活居住质量和居住环境舒适度；建立良好物业管理体系与制度，实现小区管理服务的智能化，保证居住环境和居住生活质量的提高；小区新型成套技术项目采用住宅结构体系、建筑节能技术、小区现代智能管理技术、居住区环境及保障技术等；在景观设计方面，除小区中心营造大尺寸景观外，在组团设计中营造亲切景观尺度，利用高差创造景观点，营造最佳景观层次感；在建筑单体设计方面，强调整体风格的一致性与个性化的和谐统一，充分考虑居住者的个性及多元特征，通过产品形式的创新体现差异化。

"御河九号"建筑结构形式为剪刀墙结构，非承重填充墙为加气砼墙，120厚填充墙为焦渣砖。主楼外形为欧式Art Deco风格，60-190㎡多元户型，短进深、大开间、户户朝阳；小区景观求重园林文化，绿化树种季节分明，休闲娱乐与健体器件分布合理，整体布局高雅清新、舒适宜人。

运用U9系统可视对讲门禁、单元可视对讲门禁、单元电梯智能控制和门户可视对讲等设备的配置，创建保障小区住户居家安全、关怀及触手可及的人性化服务管理高端模式，让业主真正感受到安全、舒适和幸福感！

小区智能化建设采用的智能化系统管理和信息化系统服务，以其全新的理念可为社区居民提供个性需求和商业服务。

结语

欣美地产公司立足以"新呈理想、美筑生活"之志向和"以九鼎至信精造御河九号、凭一丝不苟创大同一流"之壮语，以超前理念、总体规划原则，将御河九号规划为一个符合国际文化居住标准、代表未来人居方式的前瞻性住宅小区，为御河沿线高尚住宅区开发创造一个代表性的生态居住模式，塑造夺目区域形象，以百年大计的意识去构筑时代的精品。御河九号也将成为大同房地产高品质开发的范本之一，其各方面条件符合代表中国房地产开发最高水平的国家康居示范工程的申报标准。

国家康居示范工程山西项目

忻州市开莱·国际社区

“忻州市开莱·国际社区”由忻州开来房地产开发有限公司开发建设，是忻州首席大型园林景观居住区，忻州首家国家康居示范工程，是集高档住宅区、园林景观区、教育文化区、配套商业区于一体的高档次城市居住社区。

“忻州市开莱·国际社区”四至范围为忻州市七一北路东、九源街南、五台山路西、公园街北，位于忻州北部新区主城区的核心地带，紧邻忻州市规模最大的城市花园，与云中河水系和顿村温泉旅游经济开发区遥相呼应，地理位置优越，周边环境优美、人文景观良好，是忻州北部新区的龙脉之地。

“忻州市开莱·国际社区”总占地面积为234908.44平方米，约合352.39亩，规划建筑总面积为558132.24平方米。“忻州市开莱国际社区”的建设用地分二期开发建设。

第一期建设用地占地172949.62平方米，约合259.45亩。规划建设B、C、E、F、G、J、中心广场七个住宅组团和学校区。

第二期建设用地地处整个项目东部，占地41665.94平方米，约合62.499亩。规划建设A、D两个组团及周边配套商业建筑区。

项目南北纵向、东西横向各有三条主干道，小区从南到北、从东到西，井字格划分，南面为：A、B、C组团、学校区。中部分布为：D、E和中心广场、F、G组团。北面为J组团，4栋24层临街高层建筑。B、C组团以多层建筑为主，采用砖混结构；A、D、E、F、G、J组团以小高层、高层住宅为主，采用框架剪力墙结构，防地震能力强，户型多样，便于装修。

社区沿九源街、五台山路，布置了两层沿街商用房，分别为商铺，医疗保健中心、文体活动中心、商业服务、金融邮电等，沿五台山路主入口处，设计了引入小区内部的步行商业街，为住户的生活提供了更便利的服务；社区的中心广场建设有26层的社区地标建筑和24层的景观观景建筑，两栋建筑建设宏伟，设计独特，尽显都市奢华风范；26层地标建筑底座设有多功的综合会所，为社区人们提供休闲、娱乐、交际的高品味场所；社区中央广场、社区组团和庭院间，安置运动健身器械、运动场地和背景音乐，在社区便可以边锻炼边享受优美的乐曲；社区在地下设置停车库，地下停车位；社区按照“乙级智能化住宅标准”建设，充分保证了安全保卫问题，社区内设有红外线报警系统、智能保安系统、门禁系统、社区内保安巡逻体系等充分保证了您的生活安全，解决了您的后顾之忧。

“忻州市开莱·国际社区”的一期工程（B、C、E、F、G住宅组团）包括22栋多层建筑，11栋小高层建筑、2栋18层建筑，一栋26层高层建筑、一栋24层高层建筑已全部完工。配套的文化教育区，建设了忻州市十三中，现已投入使用。住宅小区的园林绿化、道路铺装、管网铺设、消防设施、环保卫生清运站等配套工程也已完成建设。“开莱花园”的二期工程（A、D两个组团及周边配套商业建筑区）已取得建设用地手续，正在办理相关建设手续。

国家康居示范工程山西项目

忻州市民心家园

项目开发建设：忻州华悦房地产开发有限公司
规划建筑设计：山西国建工程设计有限公司
太原中晋建筑设计事务所

民心家园项目是忻州市委、市政府确定的保障性住房建设重点工程，也是该市创新模式，政府引资，采取由“山西省浙江商会垫资建设，政府回购”方式建设的第一个保障性住房综合项目。该项目位于忻府区解原乡解原村（城北街南、团结街北、芦芽山路东），经省发改委审批立项。

民心家园总用地面积292亩，总投资约9亿元，面积38万平方米、4988套。其中，廉租住房建筑面积8.7万平方米、1782套；公共租赁住房建筑面积15万平方米、2496套；经济适用住房建筑面积6.8万平方米、710套；配套商业及公共设施建筑面积4.3万平方米。该项目多层为砖混结构，高层为纯剪力墙结构，已于2012年6月19日通过了国家康居示范工程规划、设计以及住宅成套技术评审。

该项目计划于2011年10月开工建设，2014年12月竣工交付使用，建设工期三年。

住宅结构体系

一、住宅结构体成套技术

1.1 短肢剪力墙结构。小区住宅利用剪力墙增加抗震优势，采用纯剪力墙结构达到无柱、无梁，增大了室内空间，保证了室内美观。

1.2 框架结构体系。小区利用框架结构，达到了分隔大空间的作用，适用于大空间内灵活的分隔，保证了商铺使用功能的要求。

1.3 多层砌体结构。小区采用楼层全现浇结构，设立圈梁构柱，结构整体性好，抗震性强，建设成本低。

二、围护结构体系成套技术（包括墙体、屋面、节能、保温、隔热等技术。

2.1 加气砼凝土块砌体。轻质、保温、隔热，砌体结构安全可靠与外室面材料连接可靠。

2.2 岩棉板外墙保温，外抹玻化微珠抗裂砂浆。 轻质、高效保温、隔热具有良好的防水、防冲刷性能。

2.3 屋顶挤塑聚苯板，保温、隔热、轻质。

2.4 管道保温。室外供暖管采用聚氨脂直埋供热管道技术，室内管道采用离心棉保温。

三、建筑节能成套技术（包括门窗节能、供热系统节能、分散式采暖、空调节能、利用太阳能等技术）。

3.1 中空镀膜双玻璃塑钢窗。该种玻璃又称低辐射玻璃，是在普通玻璃上镀上一层金属氧化物薄膜。用于制造中空型双层玻璃。该种玻璃能把90％的远红外线反射在室内，节能效果很好。

3.2 保温、隔音、防盗封户门。具有三种功能特性，兼顾美观，形式多样。

3.3 地板辐射采暖。每户为一个系统管路以蛇形盘管为主，局部辅以蛇形排管和平行排管形式，每户设热量表。

3.4 供热热源采用城市集中供热。小区设置换热站，变频调速补水泵定压。

3.5 利用太阳能电池发电供路灯照明．将太阳能转化为电流，供路灯照明使用，使用清洁、便利。

四、节水节电技术

4.1 节能灯和电子延时，声控开关应用技术。采用节能型灯具，如荧光灯具、金属卤化物灯具，在公共楼梯间公共空间选用电子延时，声控开关，杜绝照明中的浪费。

4.2 节水型卫生洁具应用技术。采用节水型卫生器具，推广冲水量6升/次的便器。

4.3 采用分区段供水系统即六层以下全部为城市自来水供给。有效利用城市自来水资源，达到节电的效果。

五、住宅厨卫体系成套技术

5.1 厨房整体标准化技术。采用标准化设计，按照模数原则，优化参数，确定厨房定型设计；考虑厨房电器设备的配置和插座的位置

5.2 卫生间整体标准化技术。采用标准化系列设计，根据模数协调原则，优化参数系列，确定卫生间定型设计；设置变压式通风道，机械排风设计。

六、防烟排烟系统

楼、电梯前室排烟。采用分段分别设置机械加压送风系统；厨房烟气集中排放系统，排放系统由排油烟机、变压上逆阀、排烟气道、屋顶风帽等四部分组成，通风蓖防倒灌，构造简单，安装方便，利用空气动力学动静压转换原理，满足住宅排气量要求，达到二次油烟分离的要求。

七、住宅智能化技术。

7.1 安全防范系统技术。可视楼宇单元安全门对讲或可视对讲；可实现对住宅头道火灾、有害气体泄漏的紧急呼叫报警；巡更保安系统，可实现区域联网，便于物业管理部门管理；设备集中监控与管理技术，采用计算机技术、通讯技术、自动化技术及集中监控技术，对住宅小区的关键设备及设施实现集中监控管理（对公共设施、供电、供水、供气、供暖、电梯及车库存运行情况进行集中监控管理）；

7.2 地下车库现代管理成套技术。地下车库无人管理、采用磁卡、IC 卡或红外线控制，自动计费。

八、居住环境及其保障技术（包括水质保障、污水处理、垃圾处理等技术）

8.1 水质保障。水质为城市生活供水。

8.2 水压保障技术。生活给水采用分区供水系统，一至六层为低区由市政自来水直接供水，六层以上为高区，采用无负压供水，保证用户用水压力稳定合理。

8.3 居住区生活污水处理。雨、污水排放采用分流制系统，污、雨水分系统排出，生活废水和粪便废水，经化粪池处理后与项目区排水系统汇合排入市政污水管网，雨水排放：小区道路设雨水蓖和检查井，雨水管沿小区道路敷设、直接连接城市雨水管网。

8.4 垃圾中转站处理技术。小区内设置垃圾中转站，占地面积小，清洁、卫生，机械化程度高，不污染环境。

8.5 优质绿化草坪技术。选用适应地方气候特点优质草种、科学管理。

8.6 透气透水性铺装材料加施工技术。预制混凝土异型步道砖：用于人行道和居民活动场地铺装，有较好的透水性能，可使铺装场地土壤的水、气状况满足植物根系生长的需要，有利于充分利用雨水资源，减弱雨水的地表径流，减轻城市的排水压力，对改善居住区生态环境有积极意义。

九、防水技术

9.1 防水卷材成套技术。推广以高分子卷材为代表的防水材料。抗老化，延伸率高，扯断强度高，抗透水性强。

9.2 防水密封成套技术。推广非煤焦油类防水油膏，弹性好，密封性好，施工方便。

9.3 新型瓦材。应具有良好的防水构造，有利于固定安装，色彩多样，色泽稳定。

9.4 新型刚软性防水成套技术。施工方便，工序简单，抗变形加强，抗进水性强。

十、建筑消防成套技术

10.1 消防平面布置及防火疏散。建筑四周设消防通道；公共走道设应急照明，并设诱导疏散方向指示；高层住宅每单元设楼梯 1 部、电梯 2 部，并设置防火分区。

10.2 给排水防火设计。室内外设消火栓系统，并在室内辅以磷酸铵盐手提式灭火器。

10.3 采暖通风防火设计。不满足自然通风的消防楼梯间前室设正压送风系统；配电视设置机械通风系统；通风及排烟管采用镀锌钢板矩形风管，设置近控常闭多页送风口，多页送风口与正压送风机设连锁起动装置，正压送风机选用混流风机。

十一、其他类型住宅及无障碍设计

无障碍设计、楼门口设计坡道、栏杆室外人行道设盲道地砖。

国家康居示范工程山西项目

运城外滩首府

开发建设单位：山西省运城市大运房地产开发有限公司

规划建筑设计单位：上海华邦建筑设计有限公司
上海江南院建筑设计有限公司

项目概况：

“外滩首府”位于河东东街延长线以南，盐湖大道以北，韩信路以东。毗邻河东街行政文化中心，紧依运城中学、新城中学、运城学院等著名学府，周边体育馆、博物馆、科技馆环侍，坐拥5000亩禹都森林公园，俯揽波涛浩渺的八一水库，景观资源条件十分优越！项目占地面积202亩，总建筑面积约23万平方米，社区由16栋花园洋房、5栋高层、1栋办公楼和2栋商业楼组成，是按照城市总体规划开发建设的全新型高档住宅区。其中：花园洋房约9万平方米，高层住宅约11万平方米，办公楼及商铺约2万余平方米。容积率1.72，建筑密度22.61%，绿化率37.22%，在小区内规划配套8班幼儿园一座。

“外滩首府”花园洋房采用新古典主义建筑风格，高层住宅和写字楼采用ARTDECO建筑风格，在5栋高层和16栋花园洋房组合的建筑包围中，花草树木与楼宇和谐交织。项目采用60多项国内领先的建筑技术，打造运城首座科技名宅，是运城唯一的国家A级康居示范社区。小区在规划设计上突出以下特点：

一、“外滩首府” 绿化率高达37.22%，是真正意义上的园林式小区。

二、“外滩首府”建有地面地下车库，车位数多达1346个，真正达到1：1，满足小区住户停车需求。

三、“外滩首府”在智能化建设方面，设置有周界防越报警、电视监控及电子巡更等保安系统。家居内设置煤气泄漏和紧急求助报警系统等。

四、根据《国家康居示范工程建设技术要点》、《国家康居示范工程成套技术量化评价指标》，结合当地实际情况，外滩首府采用了以下系列的住宅成套技术体系：

1、采用粉煤灰加气混凝土块及GRC隔墙做隔墙、隔断；

2、外墙外保温选用聚苯颗粒外墙砂浆保温；

3、建筑外窗全部选用断桥铝中空玻璃窗；

4、小区采用雨水回用技术，用于小区绿化、景观及洗车等。

5、小区有机垃圾处理采用HYW微生物有机垃圾处理技术，使小区有机垃圾降解率在95%以上。

6、小区B－1、B－2楼采用阳台式真空太阳能与电热水器结合技术，满足住户的生活用热水；

7、采用地热井热源、采暖及供热水技术，节约能耗、经济适用、采暖全部采用地板辐射、采暖管线敷设成套技术。

8、在公共楼梯间及公共空间选用电子延时、声光控开关，杜绝照明中的浪费现象。

9、采用管道井集中暗设系统技术、方便检修和后期改造。

10、采用电器多回路配线技术、综合布置、分井设置、管线集中隐蔽。

11、采用智能化计量收费技术，小区水、电、暖、燃气消耗数据自动采集并传送到物业管理计算机系统中，免去入户抄表、收费等程序。

12、地下车库实现无人管理，采用红外线控制技术自动计费。

13、采用可视楼房单元安全门对讲、可视系统和巡更保安系统，及小区视频监控系统。

国家康居示范工程山西项目

晋城市龙凤苑项目

项 目 名 称：晋城市龙凤苑项目
建 设 单 位：山西省晋城市住房保障和城乡建设管理局
规划设计单位：山西省建筑设计研究院（一期）
晋城市建筑设计院（二期）

晋城市龙凤苑位于晋城西南，东邻凤城路，南邻中原西街，西邻西外环路，北邻赵树理文学公园，总占地150亩，投资5亿元，规划总建筑面积24.5万平方米，共分两期建设。晋城市龙凤苑秉承以人为本、自然和谐的理念，遵循面积不大功能全、占地不多环境美、造价不高品质优的基本要求。该项目具有四大亮点：一是区位优势得天独厚。小区位于市区主干道凤城路西侧，紧靠赵树理公园，邻近泽州一中、凤西广场和妇幼保健院，环境优美、功能完善、交通便捷的区位优势十分明显。二是功能齐全配套完善。户型面积80平方米左右，二室二厅，一厨一卫一阳台一储藏室，供水、供热、供气、供电、通讯等配套设施建设一步到位，最大限度地满足住户的使用需要。三是节能环保舒适宜居。严格执行了50%的建筑节能标准，建筑高度18层，容积率2.5。住宅单元南北朝向，户户都有阳面家，区域绿地面积达到35%以上，区内绿化美观、休闲。四是人文关怀经济方便。充分考虑了人性化管理，水、暖、气、电分户控制。科学布局了社区服务，区内交通人车分流，幼儿园、停车位、商业网点、休闲健身等生活设施十分便捷。

一、规划设计

1、规划要点

1.1 规划结构

小区中心一级道路垂直于凤城路开设，贯穿东西，将居住小区分为南北两区，形成了小区结构的主轴线，并且与南北向林荫道、组团路共同将小区划分为四个不同组团，住宅以南北向布置为主、楼间距满足了住户对采光和通风的要求，商业网点、岗亭、物业中心合理安排于小区内，方便居民生活，有利安全防卫和物业管理。儿童活动场、健身器械，分布小区各有利位置，将不同功能、尺度、形态和类型的空间进行有机整合，丰富了从住户家门以外至住区大门之间的空间，形成通透、富于变化的建筑空间与时尚、健康的小区景观环境相辉映，为居住者提供了一个健康、休闲、便捷、安全的居住环境。

1.2 群体空间

考虑到北方气候条件及生活习惯，应充分适应住宅在城市中的肌理。周边以及用地内自然环境和景观 ，让小区内的住宅单位达到匀质、均好、共享。由于北方气候因素，住宅的肌理采用——南北向，根据各庭院的围合布置建筑。建筑和庭院、环行林荫道、中心景观互相穿插、渗透，使每个建筑单元至少拥有一个以上的景观面，多数南北朝向、南北通风，形成了亲切怡人、适宜尺度的庭院空间。

1.3 道路交通

整个小区交通模式分为机动车行系统、步行系统。小区设四个出入口，均位于凤城路。小区主入口设置于用地中部位置，车行次入口设于用地南部位置，另外两个步行出入口分别位于南北两区正中位置。小区车行系统由小区一级道路和环形二级道路交错形成，并与路边绿化停车位一起组成有机生态车行系统。步行区贯穿于区内各个功能区及组团，使区内每一个部分都紧密有序地串接在一起，形成步行系统。步行系统与车行系统分离，为住户创造一个安全、舒适的环境。考虑到生活习性及健康生活的需要，部分建筑设半地下自行车库，与周边花池、树木结合，这样我们将实现小区内无污染的休闲生活交通方式及健康的交通环境。

1.4 环境景观

小区一级道路设计为绿荫大道，形成绿色景观视线走廊，也是小区景观的主轴线，将小区主入口广场、中心会所、幼儿园、中心绿地及西侧防护林带串联起来，并且与小区二级道路环形林荫道、组团路共同将小区划分不同组团院落，形成“不围而合”的空间形态，各种景观互相穿插、渗透，使每个建筑单位至少拥有一个以上的景观面，达到均好性的要求。

良好的景观把人工与自然、技术与观赏、时尚与传统有机地结合起来，使人们在拥有住宅的同时又拥有一座公园或一片绿地，尽情享受阳光、空气、自然和人与建筑构成的和谐居住环境。营造亲切、舒适、优美的居住空间，配合各种有特色的户外活动设施，满足居民业余生活的各种需求，建设可持续发展的宜人居住环境，成为讲究环境与设计紧密配合，层次空间丰富的园林小区。

1.5 公共设施

小区设有完善的服务设施，包括4200平米14个班幼儿园、900平方米2层会所、商业服务网点等；满足了住户的多元生活需求。

2、规划设计思想及设计理念

2.1 突出人本思想

住宅在适用性、安全性和耐久性方面以人为本，充分满足人的行为模式和心理需求，建立居民的认同感及归属感，创造多功能的人性住宅。

2.2 强化精品设计

充分结合地形，发掘城市周边有利条件，优化居住环境，改善地区面貌，避免不利影响，为小区提供多样性、新颖性、独特性的分区环境。户型设计满足住户对居住的日照、通风、卫生等舒适性要求。

2.3 提升科技含量

采用新材料、新技术、新构造、新设备，倡导节能、舒适、安全，加大住宅产业化、模块化与智能化的设计力度。

2.4 注重环境质量

研究项目周边的环境，规划设计结合自然地势，优化环境，并结合考虑户型面积、密度和空间环境等因素。人工景观环境充分尊重自然环境，保持人工景观与它的连续性。

二、建筑设计

本项目包含住宅、底商住宅、幼儿园、会所等几类型的单体项目。建筑设计适应本地区气候特点和生活习惯，突出了均好性、多样性和协调性。

住宅建筑层高为 3.0 米。住宅单元结构形式采用剪力墙结构，填充墙采用加气混凝土砌块。抗震设防烈度为6度。住宅建筑耐火等级为地上二级，地下一级。

1、功能与空间。

住宅标准单元为一梯四户，局部为一梯五户，一梯六户，平面住宅中动静分区明确，私密空间无干扰，所有起居厅、餐厅分设，厨房与餐厅布置合理，并设有生活阳台、厨房内设了小型变压式风道，有效改善了厨房环境，主卧室采用外飘窗，开阔户内视野。

2、通风与采光

住宅标准单元全部南北向布置、超宽楼间距满足了住户对采光和通风的要求。

3、采暖

热源由小区换热站提供。住宅供暖方式为散热器采暖系统，供热管道：采暖干管采用镀锌钢管，户内埋地管道采用聚丁烯（PB）管道。

4、电气系统

电气系统干线设在电气竖井内，垂直敷设的电气干线均明敷在线槽内：每户设计量磁卡式电表一块，电表安装在楼梯间内，每户户内设置配电开关箱：公建部分与住宅部分单独设变配电系统。

5、给排水

生活给水主要用于厨房用水及卫生间盥洗。会所、幼儿园及住宅低区用水由市政水直供，住宅高区采用变频泵组加压供水，变频加压泵组设于室外综合水泵房内。生活污水经化粪池处理后排入市政污水管网，雨水经有组织收集后直接排入市政雨水管网。地下层废水经潜污泵提升后排入市政雨水管网。

三、成套技术应用

1、住宅结构体系：住宅建筑采用剪力墙结构。

2、加气混凝土砌块围护体系：外墙采用轻质加气混道凝土砌块围护结构。

3、外墙保温体系：墙体保温采用 30 厚的聚苯板外墙保温饰面系统。

4、烟道系统：采用变压式排气道。

5、建筑防水及饰面成套技术：

（1）采用新型防水材料施工技术：屋面采用高聚物改性沥青防水卷材，地下室采用 SBS 新型防水材料。

（2）砼结构自防水技术：结构层与防水层二者合一，抗渗等级 P6。

（3）外墙涂料成套技术：采用丙烯酸超耐候外墙防水涂料。

（4）外墙石材成套技术：部分采用干挂花岗岩饰面材料。

6、住宅管网体系：

（1）电器多回路配线技术。

（2）管道集中暗设系统技术。

（3）新型管材应用：室内排水立管采用高温静音排水管。

（4）智能化综合布线系统。

7、节能成套技术：

（1）窗：采用塑钢推拉窗，双层中空玻璃。

（2）入户门：采用防火防盗门。

（3）供热采用分户控制系统，每户单独设有分水器及供热计量表。

（4）采用太阳能庭院灯。

8、小区现代化管理成套技术。

（1）小区内闭路电视监控系统。

（2）可视对讲与门控系统。

（3）消防综合监控系统。

（4）电梯报警系统。

9、居住区环境质量保障技术

（1）水压保障技术：采用变频调速供水设备，解决各建筑供水问题。

（2）水质保障技术：采用新型环保管材供水，防止供水输送进程的的二次污染。

10、施工过程成套技术：

（1）砼泵送技术：全部采用砼泵送技术。

（2)电渣压力焊粗直径钢筋连接技术：在施工过程中，广泛采用 此技术，节约了钢材，保证了钢筋接头的施工质量。

（3）通缝补强抹灰技术：砌体与梁柱结合部位双面钉钢丝网，避免了抹灰层空鼓、裂缝。

工程采用的成套新技术

序号	类别	项目名称	技术特点及应用范围	应用覆盖率
1	住宅结构体系成套技术	（1）异型柱框架结构体系	·配合住宅各房间的布置，框架柱采用“L”“+”“T”等横截面形状。 ·消灭室内柱凸角，便于住户布置，用于小区的低层、多层建筑。	100 %
		（2）外围护墙复合结构体系	· 加气砼砌块节能新型墙体复合材料，集保温、隔热、隔音、抗震、环保、装饰于一体，取代普通粘土砖。	100 %
		（3）剪力墙结构体系	·利用剪力墙的抗震优势，采用现浇达到无梁或少梁的效果。 ·便于住宅中大开间灵活分隔	100 %
2	建筑节能成套技术	（1）新型节能防水保温隔热屋面技术	·质量轻、强度高、冷作业、施工方便 ·抗冻抗高温能力较强	100 %
		（2）外墙外保温隔热技术	·加气砼砌块节能新型墙体复合材料，集保温、隔热、隔音、环保、装饰于一体。形成外墙装饰、施工一体化。	100 %
		（3）节能塑钢门窗（双层中空玻璃）	·质量轻，气密性、水密性隔音效果好。 ·中空玻璃增强保温性能，导热系数小。 ·工业化大规模生产。 ·提高了防风沙、防水能力。	100 %
		（4）防火、隔音、防盗户门	·具有三种功能特性，坚固美观，形式多样。 ·便于工厂系列化生产。	100 %

序号	类别	项目名称	技术特点及应用范围	应用覆盖率
3	住宅厨卫成套技术	（1）厨房整体标准化技术	·采用标准化技术，按照模数协调原则，优化参数，确定厨房定型设计。 ·考虑厨房电器设备的配套和插座位置。	
		（2）卫生间整体标准化技术	·采用标准化系列设计，根据模数协调原则，优化参数系列，确定卫生间定型设计。 ·水平或竖向排风管道及机械排风设计。	
		（3）厨卫烟气集中排放系统	·排放系统由脱排油烟机、变压止逆阀、排烟气道、屋顶风帽四部分组成。 ·通风好、防倒灌、构造简单，安装方便。 ·有配套的定型配件及产品清单。 ·利用空气动力学动静互转换原理，满足住宅排气量2000M³/N，达到二次抽烟分离的要求。	100 %
4	住宅管线成套技术	（1）电器多回路配线技术	·综合布线，回路和插座设置满足电器增长要求，管线集中、隐蔽，为住户装修留有灵活性。 ·每户回路数大于 8 个。	100 %
		（2）管道集中隐蔽设置技术	·管道集中设置，隐蔽暗藏；设置管道夹墙或管道井，方便检查、管理和维修。 ·室内环境整齐美观。	100 %
		（3）新型管材	·耐锈蚀、易清洗、连接方便、使用期长。	100 %
序号	类别	项目名称	技术特点及应用范围	应用覆盖率
4	住宅管线成套技术	（4）空调室外机隐蔽安装技术	·空调室外机标准化设计，整齐划一，隐蔽安装。 ·外观装饰美观。	100 %
		（5）优化型高层住宅电梯成套技术	·电梯的配置与住宅建筑设计和施工方法统筹考虑。 ·载重量、轿厢尺寸、速度等参数符合不同住宅的交通计算及运行模式。 ·采用具有不同拖运方式和控制方式的系列产品。 ·安全可靠，故障率低，维护方便。 ·价格及运行费用适合当前经济水平适合高层使用。	100 %

<table>
<tr><td rowspan="3">5</td><td rowspan="3">小区智能化技术</td><td>（1）智能化计量收费系统</td><td>·三表出户，集中管理收费。</td><td>100 %</td></tr>
<tr><td>（2）小区电话、电视、数据三线综合布线系统</td><td>·小区三线综合布线系统可实现住房与外界信息、咨询沟通的便捷与畅通</td><td>100 %</td></tr>
<tr><td>（3）安全防范系统</td><td>·可视对讲系统
·电梯紧急呼叫报警系统
·小区安防监控系统
·区域联防系统
·巡更保安系统
·停车场管理系统</td><td>100 %</td></tr>
<tr><td rowspan="4">6</td><td rowspan="4">小区环境质量及保障技术</td><td>（1）水压保障技术</td><td>·带变频调速装置的水泵加压设备，保证用户用水压力稳定、合理、节能</td><td>适用高层应用覆盖率100 %</td></tr>
<tr><td>（2）生活垃圾袋装、分类</td><td>·垃圾分类收集、集中处理。</td><td>100 %</td></tr>
<tr><td>（3）优质绿化草坪技术</td><td>·选用适应地方气候特点的优质草种、科学管理。</td><td>100 %</td></tr>
<tr><td>（4）防噪音技术</td><td>·中空玻璃，气密性及隔音效果好。
·加气混凝土砌块复合墙体体系，有效阻隔外来及室内相互噪音。</td><td>100 %</td></tr>
<tr><td rowspan="4">7</td><td rowspan="4">建筑防水成套技术</td><td>（1）平屋面防水技术</td><td>·4厚SRS高聚物改性沥青防水层。
·40厚细面防水混泥土面层。</td><td>用于高层住宅屋面</td></tr>
<tr><td>（2）厨房卫生间楼地面防渗漏技术</td><td>·凡有管道穿孔均预埋套管，要求套管高出地面30MM
·地面使用抗渗漏外加剂防水材料</td><td>100 %</td></tr>
<tr><td>（3）人防、地下室等部位的防水技术</td><td>·抗渗漏混凝土技术、柔性防水技术</td><td></td></tr>
<tr><td>（4）外墙涂料成套技术</td><td>·外墙涂料向水性涂料和环保型溶剂涂料发展；涂膜厚度薄型向厚型发展，从单层向复层发展，以及向超耐久性和高弹性发展。
·涂膜具有耐洗刷性、耐蚀性、耐水性、呼吸性及高盖力，并具有10年以上的寿命。</td><td>部分外墙</td></tr>
</table>

8	住宅施工成套技术	（1）电弧焊及竖向钢筋电渣压力焊焊接技术	·简化工艺、保证强度、节约钢材、减低成本，提高速度。	100 %
		（2）商品混凝土泵送技术	·高效、质量性能稳定、对环境影响小。 ·提高了工作效率，节约了人力。	100 %
		（3）施工现场技术	·充分利用原有地形，减少土方开挖量。 ·充分保护原有绿化与树木。	100 %
9	其他	（1）区内机动车道路及安全步行道路系统	·解决好区内道路人行和车行的关系，减少人车的相互干扰。区内设置安全步行道路，地面铺设导向步行防滑砖，满足残疾人需要。	100 %
		（2）无障碍通道	·人行道设置缘石坡道，高层住宅入口均设坡道，轮椅可经由门厅、电梯直达户门，满足肢残人需要。	100 %

四、成套技术应用说明

为确保工程项目符合国家康居示范工程的要求，在工程项目的各个施工节点，均尽可能的采用成套新技术项目，以提高住宅的品质。

1、住宅结构体系：

高层采用剪力墙结构体系，配合住宅各房间的布置，消灭室内柱凸角，便于住户布置。

2、加气砼砌块外围护结构体系

内外墙大量使用加气砼砌块外围护结构。技术特点：加气砼砌块节能新型墙体复合材料，集保温、隔热、隔音、抗震、环保、装饰于一体，取代普通粘土砖。

3、屋面保温体系

采用新型节能防水保温隔热屋面技术。技术特点是质量轻、强度高、冷作业、施工方便；抗冻抗高温能力较强。

4、烟道系统

排放系统由脱排油烟机、变压止逆阀、变压式烟气道、屋顶风帽四部分组成。其特点是通风好、防倒灌、构造简单，安装方便；有配套的定型配件 及产品清单；利用空气动力学动静互转换原理，满足住宅排气量2000M3/N，达到二次抽烟分离的要求。

5. 建筑防水及饰面成套技术：

（1）采用新型防水材料施工技术：屋面采用4厚SBS改性沥青防水卷材。地下室则采用抗渗漏混凝土技术、柔性防水技术。

（2）混凝土密封防水技术：聚氨酯弹性密封条，遇水膨胀，用于混凝土伸缩缝部位的处理。

（3）外墙涂料成套技术：外墙涂料具有耐洗刷性、耐蚀性、耐水性及高盖力。

（4）外墙干挂石材成套技术：商铺临街外墙采用干挂花岗岩饰面材料，具有耐腐蚀性、洗刷性、耐水性等特点

6. 住宅管网体系：

（1）电器多回路配线技术：综合布线，回路和插座设置满足电器增长要求，管线集中、隐蔽，为住户装修留有灵活性。

（2）管道集中隐蔽设置技术：管道集中设置，隐蔽暗藏；设置管道井，方便检查、管理和维修。

（3）新型管材应用：采用静音排水管，它具有耐锈蚀、易清洗、连接方便、使用期长的特点。

（4）小区电话、电视、数据三线综合布线系统：小区三线综合布线系统可实现住房与外界信息、咨询沟通的便捷与畅通。

7、节能成套技术：

（1）窗：采用节能塑钢窗，双层中空玻璃。技术特点：质量轻，气密性、水密性隔音效果好；中空玻璃增强保温性能，导热系数小；工业化大规模生产；提高了防风沙、防水能力。

（2）门：入户门采用防火、隔音、防盗户门，具有三种功能特性，坚固美观，形式多样。

（3）室内外节能灯、节能灯具和电子延时灯具综合技术：室内采用细管高效荧光灯。路灯采用高压钠灯，庭院灯采用太阳能发光灯。

8、小区现代化管理成套技术：

（1）可视对讲与门控技术，住宅小区安装访客对讲系统，由技术辅助人防，可有效地防止大部分的入室盗窃案件的发生。安装访客对讲系统能有效的威慑和预防事件的发生，提高了住宅小区技防装备与管理档次。因此访客对讲系统也是小区安防系统中重要的一环。对讲系统防止了不速之客的任意私闯，保护了业主的隐私权，提高了安全防范的系统。

（2）家庭现代通讯，布线与设施：小区采用了综合布线技术，每户设一个综合弱电布线箱，里面有语音电话分线装置，数据交换机、电视分配器等不同的模块。数据网络：采用光纤建立通达每户的小区 ADSL 宽带接入网络。

（3）闭路电视监控系统，闭路电视监控系统是采用先进的电子技术和计算机技术，对远端场景进行传感成像、信号传输、集中监视、图像记录以及联动控制的系统。住宅小区安装闭路电视监控系统，由技术辅助人防，实时记录小区个重要区域如公共道路、小区出入口、电梯等处的图像。值班人员可以在控制室内通过该系统全方位的掌握小区的动态。一旦遇到紧急状况，值班人员可以通过监控器进行有效的预防和追踪。这样就提高了小区的管理水平和安全系数。

9、居住区环境质量保障技术：

(1）水压保障技术：采用变频调速泵组加压设备供水，解决高层建筑供水问题。

(2) 水质保障技术：采用新型环保管材供水，防止供水输送进程中的二次污染。

(3）居住区绿化环境保护技术。

①小区整个被绿化、水面覆盖，三季有花，四季常绿，空气清新，湿度适宜，有效调节区划气侯。

②生活垃圾袋装、分类分装垃圾。

③优质绿化草坪技术：选用适应地方气候特点的优质草种、科学管理。

(4) 建筑防水及饰面成套技术：

①防水技术：采集 SBS、聚氨酯等新型防水材料，能大大延长建筑物的防水年限。

②外墙涂料：外墙涂料具有耐洗刷性、耐腐蚀性、耐水性及高遮盖力等特点。

③外墙干挂石材饰面材料，具有耐洗刷性、耐腐蚀性、耐水性等特点。

10、施工过程成套技术：

混凝土砌块技术

①高层住宅中采用的剪力墙结构体系，围护结构采用混凝土砌块复合墙体，隔断结构采用 GRC 隔墙板，施工方便快捷，可有效缩短工期 10%，提高劳动生产率约 3 倍。

②采用商品泵送混凝土技术，机械化程度高，减轻了劳动强度，节省了人力、物力，提高效率近 2 倍。

③复合组合模板技术，板块面积大，表面平整，拆装方面，大大减轻了工人的劳动强度，提高效率 80%。

④采用竖向钢筋电渣压力焊钢筋技术，节约钢筋用量，增加焊接强度，同时提高效率近 2 倍。

结语

“加快科技进步、鼓励技术创新、重视技术推广。积极开发和大力推广先进、成熟的新材料、新技术、新设备、新工艺，提高科技成果的转化率，以住宅建设的整体技术进步带动相关产业的发展”是住宅产业现代化发展的重要指导思想之一。晋城市龙凤苑以居住小区为载体，以推进住宅产业现代化为目标，用示范工程作引导，将提高晋城市住宅建设总体水平，并有效的促进晋城地区住宅产业化的发展，建立地方住宅建设与开发的新模式，改善人民群众的生活环境，提高人民群众的生活质量而且对改变城市环境面貌，优化投资环境推动区域经济发展，特别是在保障性住房建设中具有十分重要的意义。